D1746938

Stalinstadt – Eisenhüttenstadt

Hans **Böckler**
Stiftung

Jenny Richter/Heike Förster/Ulrich Lakemann

Stalinstadt – Eisenhüttenstadt

Von der Utopie zur Gegenwart
Wandel industrieller, regionaler
und sozialer Strukturen in Eisenhüttenstadt

SCHÜREN

Die Deutsche Bibliothek – CIP-Einheitsaufnahme

Richter, Jenny:

Stalinstadt – Eisenhüttenstadt : von der Utopie zur Gegenwart;
Wandel industrieller, regionaler und sozialer Strukturen in Eisenhüttenstadt /
Jenny Richter/Heike Förster/Ulrich Lakemann.-

Marburg : Schüren, 1997

ISBN 3-89472-154-5

Schüren Presseverlag GmbH
Deutschhausstraße 31 35037 Marburg
© Schüren Presseverlag 1997
Alle Rechte vorbehalten

Satz und Druck: alpdruck, Marburg

Coverfotos: Defa Color Serie, Leninallee,
Haus der Organisationen, Friedrich-Wolf-Theater; Richter

Printed in Germany

ISBN 3-89472-154-5

Inhalt

Vorbemerkung 9

Das Problem, eine Stadt als Ganzes zu untersuchen 10
Zielsetzung und Fragestellung des Projekts 10
Die methodische Anlage der Untersuchung 13

Teil 1: Die Entwicklung von Werk und Stadt zwischen 1950 und 1989 14

Vorgeschichte von Region und Stadt 15

Die erste Phase 1950 bis 1962 – Von der Gründerzeit zur Konsolidierung
Der babylonische Plan (Zeitraum 1950 bis 1953) 18
Die Standortfrage: Warum gerade Fürstenberg/Oder? 19
Am Anfang war der Stahl: „Kohle zu Eisen – Eisen zu Brot" 22
Vom Provisorium zu den ersten Konturen – die Anfänge der Stadt 1950-1953 31

Erster Bruch 1953 – der 17. Juni in Stalinstadt und Fürstenberg/Oder
Die Geschehnisse am 17. Juni 1953 in Stalinstadt und Fürstenberg/Oder 49
‚Neuer Kurs' auch für das Werk? 51
Neue Perspektiven für die Stadt 53
Politik für Städtebau (Zusammenfassung der Phase nach dem 17. Juni 1953) 57

1954 bis 1962 – Auf und Ab bis zur ‚politischen Schließung'
Ein Land schirmt sich ab 58
1954 bis 1962: Das Werk stagniert, die Region entwickelt sich 59
Die exklusive Ausstattung im sozialen und Kulturbereich 62
Von Stalinstadt nach Eisenhüttenstadt 64
Politik der Abschottung (Zusammenfassung 1954 bis 1962) 65

Die zweite Phase 1963 bis 1968 – Ein Schritt vorwärts, zwei zurück: Die Inbetriebnahme des Kaltwalzwerkes
Neuorientierung und wirtschaftliche Reformen 67
Das Kaltwalzwerk – Lichtblick am Horizont? 67
Der zweite Bruch 1967 69
Entwicklung der Arbeitskräftesituation ab 1963 – ein Blick zurück 70

EKO wächst, die Stadt wächst mit 73
Politik für Reformen und Technokratie (Zusammenfassung 1963 bis 1968) 76

Die dritte Phase 1969 bis 1989 – Von punktuellen Erfolgen zu Stagnation und Abbruch
Zentralisierung der Wirtschaft und ‚Einheit von Wirtschafts- und Sozialpolitik' 79
Zwischen Hoffnung und Resignation – EKO im Zeitraum 1969 bis 1989 81
Abschied vom Ideal – Stadtentwicklung nach 1969 84
Politik=Einheit von Wirtschaft und Sozialem um jeden Preis (Zusammenfassung 1969 bis 1989) 86

Die Architektur der ‚Stadt ohne Vergangenheit' (Exkurs)

Offene Räume – geschlossenes Denken. Die Idee einer neuen Stadt 90

Die einzelnen Etappen und ihre Grundzüge
Etappe A: 1951 bis 1956 – Allgemeine Grundzüge für die Stadtplanung der neuen Stadt 94
Etappe B: 1956 bis 1978 – der Bau der Wohnkomplexe III, IV, V, VI 96
Etappe C: 1979 bis 1985 – ‚Sorgenkind' Wohnkomplex VII 100

Teil 2: Eisenhüttenstadt zwischen Vergangenheit und Zukunft 104

EKO – der ‚Privatisierungskrimi' oder ‚Stahlpoker in Europa'
Die Entwicklung der nationalen und internationalen Stahlbranche 107
Tagebuch einer Privatisierung 108
Interessenvertretung – zwischen Kooperation und Konflikt 114
Zwischen betrieblicher Notwendigkeit und sozialem Gewissen – die Personalanpassung im EKO 116
EKO als Sozialagentur – Veränderungen des betrieblichen Werte- und Normensystems 121

Erosion oder 2. Aufbruch – Stadtentwicklung 1989 bis 1995
Regionale Einbindung und Strukturentwicklung 124
Prozesse der Auf- und Abwertung von Stadtquartieren 128
Ökonomische Ausdifferenzierung städtischer Bevölkerungsgruppen 135
Von der ‚Aufbaugeneration' zum ‚alten Eisen' 137
Frauen zwischen Resignation und Aufbruch 139
Die Jugend – no future in Eisenhüttenstadt? 142
Neues System – neue Randgruppen? 144

Parallelen von ökonomischer und sozialräumlicher Benachteiligung 145
Erwerbskontext und die Veränderung sozialer Beziehungen sowie sozialer Netzwerke 151
Familie – Rückzug oder Ausbruch? 151
Funktionsverlust Nachbarschaft? 154
Der Arbeitsplatz – vom kommunikativen Zentrum zum formalen System 155
Vereine und intermediäre Organisationen – die neuen kommunikativen Zentren? 157
Soziale Beziehungen – Abkehr von Vergangenheit? 159

Nutzung kommerzieller und kultureller Infrastruktureinrichtungen 161
Die soziale und kulturelle Betreuung älterer Bürger 165
Alternative Kultur für die Jugend – alternative Jugendkultur? 167

Erwerbsbezogene Ungleichheit und regionale Mobilität 169
‚Biete: reiche Vergangenheit – Suche: neue Identität' –
Veränderungen des städtischen Werte- und Normensystems 173
Neue Namen braucht die Stadt 173
Das ‚Sozialistische' der Stadt 174
Verlust von Tradition? 177
Identifikation mit der Stadt – eine Frage der Generation? 180

Teil 3: Eisenhüttenstadt 1950 bis 1995: Vom ‚sozialistischen' zum sozialen ‚Life-Experiment' 198

Anhang 215
Anmerkungen 227
Literaturverzeichnis 269
Archivnachweis 274

Abkürzungsverzeichnis

AK	Arbeitskraft	P2	Wohnungsbautyp in Plattenbauweise
AWG	Arbeiterwohnungsbaugenossenschaft	PGH	Produktionsgenossenschaft des Handwerks
B 1-15	Numerierung der durchgeführten biographischen Interviews	QCW/QZW	Qualifizierungszentrum der Wirtschaft
BetrVG	Betriebsverfassungsgesetz	REW	Roheisenwerk
BDA	Bund Deutscher Architekten	RGW	Rat für gegenseitige Wirtschaftshilfe
BGL	Betriebsgewerkschaftsleitung	RKL-	Rat für die komplexe Leitung des Ausbau EKO
BMK	Bau- und Montagekombinat	RS	Sitzungen des Rates der Stadt Stalinstadt
BR	Betriebsrat		
CIAM	Congres Internationaux d' Architecture Moderne	SAG	Sowjetische Aktiengesellschaft
DEGUSSA	Deutsche Gold- und Silberscheideanstalt	SBZ	Sowjetische Besatzungszone
		SDAG	Sowjetisch- deutsche Aktiengesellschaft
DWK	Deutsche Wirtschaftskommission	SPK	Staatliche Plankommission
E 1-15	Numerierung der durchgeführten Experteninterviews	SVV	Stadtverordnetenversammlung
		TAN	Technisch begründete Arbeitsnormen
EKO	Eisenhüttenkombinat Ost	THA	Treuhandanstalt
EKS	Eisenhüttenkombinat 'Josef W. Stalin'	VEB	Volkseigener Betrieb
FDGB	Freier Deutscher Gewerkschaftsbund	VG 1-14	Numerierung der Vorgespräche mit Vertretern der Stadt und Diskussionen der Geschichtswerkstatt
GEM	Gemeinnützige Gesellschaft für Qualifizierung und produktive Berufs- und Arbeitsförderung der Region Eisenhüttenstadt mbH		
		VVB	Vereinigung Volkseigener Betriebe
		VWR	Volkswirtschaftsrat
HA	Hauptabteilung	WBA	Wohnbezirksausschuß
HG	Hausgemeinschaftsleitung	WBK	Wohnungsbaukombinat
HO	Handelsorganisation	WBS 70-	Wohnungsbausystem in Plattenbauweise
KITA	Kindertagesstätte		
KMU	Klein- und mittelständische Unternehmen	WK	Wohnkomplex
		WPO	Wohngebietsparteiorganisation
KWW	Kaltwalzwerk	WWW	Warmwalzwerk
KSW	Konverterstahlwerk	ZUPA	Zusammenstellung Personal- und Arbeitswirtschaft 1950-89 (EKO-Unternehmensarchiv)
LDPD	Liberal-Demokratische Partei Deutschlands		
MEPRO	Metallprojektierung Berlin		
MOZ	Märkische Oderzeitung		
NAW	Nationales Aufbauwerk		
ND	Neues Deutschland (Presseorgan des ZK der SED)	**Abkürzungen für die Bezeichnung der Akten unterschiedlicher Archive**	
NDPD	National-Demokratische Partei Deutschlands	A	Aktenbezeichnung Unternehmensarchiv EKO
NÖS	Neues ökonomisches System	BArch	Bundesarchiv Koblenz,
NÖSPL	Neues ökonomisches System der Planung und Leitung	BLHA	Brandenburgisches Landeshauptarchiv Potsdam
ÖSS	Ökonomisches System des Sozialismus	SAPMO-BArch, ZPA	Stiftung Archiv der Parteien und Massenorganisationen im Bundesarchiv, Berlin, Zentrales Parteiarchiv
OSW	Oder-Spree-Gesellschaft zur Wirtschaftsförderung und Standortentwicklung		
		StA EHS	Stadtarchiv Eisenhüttenstadt

Vorbemerkung

Der vorliegende Bericht dokumentiert die Ergebnisse eines zweijährigen Forschungsprojektes, gefördert durch die Hans-Böckler-Stiftung. Ziel des Projektes war es, eine ganze Stadt zu untersuchen, nämlich Eisenhüttenstadt. Die Ergebnisse dieses Projektes sollen Auskunft geben über den industriellen Strukturwandel und seine Wirkungen auf regionale und soziale Beziehungen unter Berücksichtigung alters- und geschlechtsspezifisch unterschiedlicher Bevölkerungsgruppen. Dabei werden im ersten Teil des Berichtes die Entwicklungsverläufe seit der Gründung von Werk und Stadt themenorientiert aufgezeigt, da davon ausgegangen wurde, daß nur durch eine systemimmanente sozial-historische Beschreibung Erklärungsansätze für die gegenwärtigen Prozesse gefunden werden können. Für die Analyse der historischen Entwicklung und der Entwicklungslinien WERK-STADT erscheint es sinnvoll, eine Periodisierung vorzunehmen: Das Kriterium für die Definition der einzelnen Perioden ist die spezifische historische Konstellation der politischen und wirtschaftspolitischen Ereignisse in Verbindung mit Daten und Veränderungsprozessen in Werk und Stadt. Aus diesem Grund nimmt der in Phasen unterteilte Nachvollzug von Werks- und Stadtgeschichte sowie der sozialen Prozesse eine gleichberechtigte Stellung neben der Beschreibung des Transformationsprozesses ab 1989 ein. Inhaltlich waren die Entwicklungslinien nur durch die Einbeziehung gesamtgesellschaftlicher, d.h. politischer Positionen zu erfassen, um zu verhindern, daß die Interpretation zu kurz greift, denn „*wer bei der Erörterung gesellschaftlicher Teilprobleme nicht versucht, den Bezug zum Ganzen der Gesellschaft herzustellen, verurteilt die Teilbetrachtung zu einer Kümmerform soziologischen Arbeitens.*" (Herlyn 1985:385)

Die Dokumentenanalyse in den Archiven zeigte einen deutlichen Unterschied in der Aktenlage. Während für die 50er und 60er Jahre eine große Anzahl von Akten mit kritischen Inhalten vorhanden war, nahmen Umfang und Aussagekraft der Dokumente in den Archivakten ab den 70er Jahren sukzessive ab. Dies führte dazu, daß die angestrebte dichte Beschreibung ab dem Jahr 1970 kaum gewährleistet werden konnte, da Beschlußfassungen und Kritikpunkte nicht in dem Umfang dokumentiert wurden. Diese Aktenlage spiegelt Erstarrungstendenzen in Politik und Wirtschaft der DDR ab Ende der 60er Jahre wider. Der historische Teil gleicht einer Zeitreise durch die kurze Geschichte Eisenhüttenstadts, die auch ‚sprachliche' DDR-Spezifika durch die Dokumente zum Ausdruck bringt. Ergänzt und kontrastiert wurden die Ergebnisse mit Aussagen der Interviewpartner, die auf unterschiedliche Art und Weise mit der Entwicklung der Stadt und des Werkes verbunden waren und sind.

Eisenhüttenstadt besitzt spezifische baulich-räumliche Besonderheiten, die den Modellcharakter der Stadt unterstreichen. Im Teil I konnten diese jedoch nicht detailliert ausgeführt werden. Aus diesem Grund ist eine komplexe Darstellung der architektonischen Besonderheiten als Exkurs im Anschluß an Teil I enthalten.

Teil II dieses Berichtes widmet sich den Veränderungen in Stadt und Werk im Verlauf des Transformationsprozesses seit 1989. Der Struktur des ersten Teils folgend werden auch hier die Prozesse im Werk denen in der Stadt vorangestellt. Begründet war dies durch die nach wie vor dominierende Stellung des Werkes, die die Entwicklungsrichtungen der Stadt prägte.

Auf der Werksebene lag der Schwerpunkt der Darstellung auf den Umstrukturierungsprozessen im Verlauf der komplizierten Privatisierung und den entsprechenden Personalanpassungsstrategien. In diesem Zusammenhang wurde auch die Etablierung und Wirkungsweise der Interessenvertretung des Werkes analysiert und beschrieben.

Die Darstellung der städtischen Entwicklung im Prozeß des Systemwandels nahm in diesem Teil den größten Raum ein. Übergreifend ging es darum, die Entwicklung ökonomischer und sozialräumlicher Ungleichheit zwischen städtischen Bevölkerungsgruppen seit der Gründung von Werk und Stadt zu beschreiben und Brüche aufzuzeigen, denen sie nach der Wende unterliegen.

Eine Vielzahl von Dokumenten floß in die vorliegende Studie ein. Aus der Fülle des Materials heraus wurde im abschließenden Kapitel der Versuch der Aufstellung eines Strukturmodelles der Stadtentwicklung unternommen, das politische, regionale, soziale sowie betriebliche Prozesse in ihrem historischen Zusammenhang beschreibt. Dieses Kapitel versteht sich als Zusammenfassung der Ergebnisse der Teile I und II, da die wesentlichen Elemente und Zusammenhänge von Werks- und Stadtentwicklung sowie deren Wirkungen auf die sozialen Bereiche noch einmal dargestellt werden.

Seit Abschluß des Projektes 1996 wurden durch die Stadt zahlreiche Projekte, z. B. im Kinder- und Jugendbereich initiiert, die nicht mehr aufgenommen werden konnten.

Unser Dank gilt an dieser Stelle allen, die uns in der Vorbereitung und im Verlauf des Projektes unterstützt haben: vor allem der Hans-Böckler-Stiftung, dabei insbesondere Dr. Gudrun Linne und Gunther Begenau, Rainer Barcikowski (IG Metall), Gabriele Bischoff (IG Metall), Dr. Jochen Cerný, Geschichtswerkstatt Eisenhüttenstadt e.V., Dr. Dagmar Semmelmann, Andreas Ludwig, Manfred Groß, Simone Krüger, Joachim Niebur, Günter Reski, Silke Röbenack, Rainer Werner, Dr. Annette Weber (Schüren Presseverlag), ‚alpdruck. Marburg', allen Interviewpartnern, die sich sehr viel Zeit für uns nahmen sowie den Mitarbeiter-/innen der Stadtverwaltung Eisenhüttenstadt für die Vergabe der Ausstellungsräume, die Vorgespräche und die unkomplizierte Bereitstellung von Datenmaterial.[1]

Leipzig, im April 1997

Das Problem, eine Stadt als Ganzes zu untersuchen

Weshalb ist es eigentlich so schwierig, eine ganze Stadt auf einmal zu untersuchen? In Städten spiegelt sich die gesamte Vielfalt des Lebens wider. Städte sind, wie Herlyn es nennt, ‚lokale Lebenszusammenhänge' (vgl. Herlyn 1985). In Städten wird gewohnt, gearbeitet, man verbringt dort seine Freizeit, tritt mit Nachbarn und Freunden in Kontakt und lebt dort mit Familien, Verwandten und Kindern. Die Verwaltung der Stadt sorgt im Idealfall dafür, daß es allen gut geht, sie kümmert sich um Schulen, Kindergärten, um die Gesundheit und materielle Versorgung der Bevölkerung. Die Industrie findet dort qualifizierte Arbeitskräfte ebenso wie günstige Standort- und Produktionsbedingungen. Die Bewohner identifizieren sich mit ihrer Stadt, weil sie der Vielfalt ihres Lebens und der Vielfalt ihrer Bedürfnisse entspricht. Sie leben dort vielleicht schon sehr lange oder sind dort aufgewachsen. Manche Plätze, Straßen und Häuser rufen Erinnerungen an ihre Kinder- und Jugendzeit und an ganz bestimmte, für ihr Leben wichtige Ereignisse hervor. Die Stadt ist ein Stück von ihnen geworden und sie ein Stück von der Stadt. Doch dies alles ist ein Idealbild, das es in der Realität so nicht geben kann.

Die Stadt als solche ist ein vieldimensionales Gebilde, und daraus resultiert auch ihre Problematik als Untersuchungsgegenstand.[2] Städte sind von einer Vielzahl globaler gesellschaftlicher Entwicklungen berührt, die einen massiven Einfluß auf die Lebenslagen ihrer Bewohner ausüben und können die problematischen Entwicklungen, die daraus resultieren, nur in begrenztem Maße auffangen. Wie sich auch in Eisenhüttenstadt zeigt, führt der vollständige Umbruch eines gesellschaftlichen Systems zu einer Vielzahl von Schwierigkeiten.

Stadtentwicklung vor 1989 beruhte auf gänzlich anderen Voraussetzungen und Rahmenbedingungen als dies heute der Fall ist. Nach der Wende sah sich die Stadt gleich einer großen Anzahl von Problemen gegenüber, die sowohl aus dem gesellschaftlichen als auch industriellen Wandel erwuchsen, teilweise jedoch bereits vor der Wende angelegt waren und nun zum Vorschein traten. *„Stadtentwicklung ist ein komplexer Prozeß, der sich nicht als Ganzes erklären läßt; erklären lassen sich nur einzelne Sachverhalte des Prozesses, z.B. eine veränderte Nutzung von Gebäuden im städtischen Teilgebiet. Gleichwohl lassen sich Dimensionen angeben, mit denen die Analyse vorgenommen werden kann. Aus diesen Dimensionen lassen sich auch Merkmale gewinnen, mit denen die Phasen der Entwicklung einer Stadt beschrieben werden können."* (Friedrichs 1995: 29) An verschiedenen und nach 1989 veränderten Dimensionen, die die Entwicklung der Stadt Eisenhüttenstadt beschreiben, setzt das Forschungsprojekt an.[3]

Zielsetzung und Fragestellung des Projekts

Das Ziel des Projektes bestand darin, die Auswirkungen des gesellschaftlichen Wandels in Eisenhüttenstadt mit Blick auf die drei wesentlichen Bereiche Industrie, Stadt und Soziales zu untersuchen. Dabei wurde die Aufmerksamkeit zunächst auf die Entwicklung jedes einzelnen Bereiches gerichtet. Es ging also darum, die betrieblichen, städtischen und sozialen Entwicklungslinien seit der Gründung von Werk und Stadt zu Beginn der 50er Jahre bis zur Gegenwart nachzuzeichnen. Spezifische Denk- und Verhaltensmuster wie auch Entwicklungstendenzen können nur im Zusammenhang mit dem historischen Kontext erklärt werden. Bereits der westdeutsche DDR-Forscher Ludz (1977:28) forderte, *„die DDR aus ihren eigenen Bedingungen und Wirkungsweisen, aus ihren strukturellen und funktionellen Zusammenhängen heraus zu begreifen ...Selbst wenn einem das mißfällt, wird man es untersuchen und bereit sein müssen, diese Gesellschaft aus ihrer eigenen Geschichte heraus zu begreifen."* (Cerný 1994:26)

Ziel war es, die jeweiligen Brüche aufzuzeigen, durch die eine kontinuierliche Entwicklung beeinträchtigt wurde. Aus dieser Perspektive ging es zum zweiten darum, die Wechselwirkungen zwischen den drei Bereichen herauszufinden. Zu berücksichtigen waren die Lebenslagen vor allem alters- und geschlechtsspezifisch unterschiedlicher Bevölkerungsgruppen. Diese Vorgehensweise erlaubte es, strukturpolitisch relevante Faktoren zu identifizieren, die auch beim Strukturwandel anderer Regionen der neuen Bundesländer zu berücksichtigen wären und in Eisenhüttenstadt aufgrund der Polarisierung von Werk und Stadt besonders deutlich hervortraten.

Industriebetriebe und Städte haben eine zentrale Gemeinsamkeit: Sie können die soziale Situation positiv beeinflussen, indem sie Lebensperspektiven eröffnen oder negativ, indem sie solche Perspektiven beschränken. So können Städte und auch kleinräumigere Stadtmilieus für manche Bevölkerungsgruppen eher günstige, für andere hingegen auch extrem ungünstige Lebensbedingungen aufweisen. In diesem Zusammenhang interessieren vor allem die Fragen, welche städtischen Bevölkerungsgruppen aufgrund der betrieblichen Strukturveränderungen relativ stark von ökonomischer Abwärtsmobilität betroffen sind und welche gruppenspezifischen Folgeprobleme sich in der Stadt daraus ergeben.

Die theoretischen Ausgangsüberlegungen, die fast allen Transformationsprojekten zugrunde liegen, befinden sich auf zwei Ebenen, der makrosoziologischen Ebene und der mikrosoziologischen Ebene (vgl. Friedrichs 1995:21). Auf der Makroebene werden für die Entwicklung in den neuen Bundesländern angenommen[4]: die Pluralisierung von Lebenslagen[5], eine zunehmende soziale Ungleichheit, Veränderungen der Erwerbsstrukturen (hier besonders die starke Benachteiligung von Frauen) sowie der Verlust der Stabilität gewachsener sozialräumlicher Strukturen. In den Prognosen zum Wertewandel bzw. zur ‚Pluralisierung der Lebensstile' wurde kurz nach der Wende von einem raschen Nachholen der westdeutschen Entwicklung ausgegangen (v. a. für die junge Generation). Die realen Entwicklungen führten jedoch bald zur Ernüchterung und Korrektur der Prognosen. In gängigen Prognosen geht man nun vom längerfristigen Nebeneinanderbestehen unterschiedlicher Lebenswelten in Deutschland aus und konstatiert eine Persistenz traditioneller Werte und Vorstellungen in Ostdeutschland (vgl. Rink 1996:13; Becker/Becker/Ruhland 1992; Spellerberg 1994). Hinsichtlich der Pluralisierung der Lebenslagen stellt sich die Frage, welche geschlechtsspezifischen Konsequenzen diese im erwerbsbezogenen und außererwerblichen Kontext nach sich zieht.

Für die Mikroebene werden die Veränderung der Integrität sozialer Netzwerke, Veränderungen von sozialen Werten, Normen und Interessenlagen sowie der individuellen und familialen Alltagsorganisation angenommen. Auch wenn für die neuen Bundesländer ein Modernisierungsrückstand konstatiert wird, so werden besonders auf der Mikroebene Zukunftspotentiale festgehalten, die aus der spezifischen Entwicklung der DDR resultieren: „*Sowohl die Netzwerke und Gemeinschaften, die noch aus DDR-Zeiten bestehen und gerade heute in Zeiten des Umbruchs wirksam werden, als auch die im Zuge der Transformation gestärkten Wir-Gefühle und regionalen Identitäten könnten sich im Gegenteil sogar als Motor des Modernisierungsprozesses herausstellen.*" (Hradil 1995:13)

Zu fragen bleibt, inwiefern es gelingt, vorhandene Netzwerke und Gemeinschaften zu erhalten und zu festigen. Das Werte- und Normensystem wird sich nicht im Tempo des institutionellen Wandels verändern, vielmehr ist zu prognostizieren, daß „*in soziokulturellen Identitäten, die im Verlaufe eines halben Jahrhunderts entstanden, die DDR-Gesellschaft für unabsehbare Zeit fortbesteht – auch ohne den Staat, in dem sie sich formierte.*" (Cerný 1994:26)

Hypothetisch ließ sich mit Blick auf Eisenhüttenstadt bereits zu Beginn der Untersuchungen formulieren, daß die Stadt als Folge des Werkbaus entstand, der Bau des Werkes selbst durch die Politik begründbar ist. Daraus generierte sich folgendes Kategoriensystem, das für die gesamte Datenerhebung und Auswertung einen groben Rahmen bildet (siehe Abbildung unten).

Vom Ausmaß der sozialen Integration in einer Stadt hängt es ab, ob problematische Entwicklungen eines Industriebetriebes abgemildert oder verstärkt werden. Die städtischen Milieus vermitteln somit zwischen gesellschaftlichen Entwicklungen, Entwicklungen der lokalen Industrie und der Lebenslage der Bewohner (vgl. Hradil 1983). Ein sozialräumliches Milieu kann in diesem Sinne die Probleme, die sich für jeden einzelnen stellen, entweder filtern oder verstärken. Vor diesem Hintergrund lassen sich mit Bezug auf die drei Bereiche Industrie, Stadt und Soziales Thesen formulieren, die für das Projekt forschungsleitend waren und den thematischen Rahmen für die Untersuchung darstellten.

Thesen des Forschungsprojektes

Ausgangsüberlegung der Untersuchung war, daß sich die soziale und ökonomische Ungleichheit zwischen einzelnen Bevölkerungsgruppen verstärkt hat und weiter verstärken wird. „*Die Modernisierung der Sozialstruktur vermittelt also insgesamt die gespaltene Erfahrung zwischen ‚Individualisierung' und ‚Deklassierung': der Öffnung des sozialen Raums in der sicheren Mitte und der privilegierten Spitze steht die Schließung für jene gegenüber, die in dieser Mitte ihre Sicherheiten verlieren oder gar in prekäre Lebensverhältnisse absteigen müssen.*" (Vester 1993:47) In diesem Zusammenhang wurde der Frage nachgegangen, welche Gruppen dies betraf/betrifft, welche gruppenspezifischen Folgeprobleme sich in der Stadt daraus ergaben und wie die städtischen Milieus diese verstärken oder filtern (vgl. Keim 1979). Für die Menschen in den neuen Bundesländern wird eine Entwertung aller der Ressourcen angenommen, die zur Sicherung ihres sozialen Status notwendig sind: 1) die Entwertung des ökonomischen Kapitals, 2) die Entwertung des kulturellen Kapitals und 3) die Entwertung des sozialen Kapitals (vgl. Bourdieu 1985). Durch diese Entwertungstendenzen geht man von einer Potenzierung sozialer Ungleichheiten aus, die unter anderem an folgendem ‚Auflösungssyndrom' festgemacht wird: „*Es kommt zur Emanzipation, aber noch mehr zur Segregation, die als Vorruhestand die Älteren, als Arbeitslosigkeit die Arbeiter und als Rückkehr in die Familie die Frauen trifft und für die meisten einen empfindlichen Statusverlust bedeutet.*" (Vester

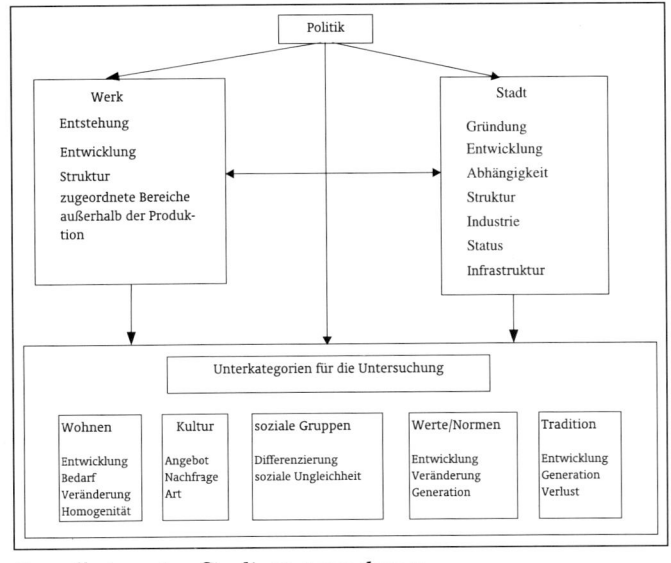

Grundkategorien für die Untersuchung

striesoziologischen Untersuchungen in den neuen Bundesländern belegen (vgl. z.B. Herlyn/Bertels 1994; Lange/Schöber 1993). So war eine zentrale These, daß die finanziellen und psychosozialen Probleme vieler erwerbsloser Personen und Familien dann entscheidend gemildert werden können, wenn sie in soziale Netzwerke der Nachbarschaft, Freundschaft und Verwandtschaft integriert sind. Insbesondere interessierte dabei die Situation vormals erwerbstätiger Frauen, die mittlerweile außerhalb des Erwerbsprozesses stehen.

Mit Blick auf die Stadt war eine zweite These, daß sich Parallelen zwischen ökonomischer und sozialräumlicher Benachteiligung ergeben werden. Es wird Stadtteile geben, die von ihrem baulichen Erscheinungsbild und ihrer Sozialstruktur eine Aufwertung erfahren, andere werden einer Abwertung unterliegen. Angesichts einer Differenzierung der Mieten wird es zu einer Umsetzung bzw. Verdrängung ‚wenig solventer' Bevölkerungsschichten kommen, wie es seit den 60er Jahren in Westdeutschland feststellbar war (vgl. Tessin/Knorr/Pust/Birlem 1983). Solche Prozesse führen zu einer schwerwiegenden Konzentration von Arbeits- und Wohnungsproblemen. Diese Entwicklungen wirken zurück auf die Qualität sozialer Netzwerke: Wenn in einem Stadtquartier zu einem großen Teil Bewohner leben, die vielschichtige ökonomische, familiäre und psychosoziale Probleme haben, so wird ihr Potential, anderen aus Nachbarschaft und Freundeskreis zu helfen, außerordentlich gering sein.

Eine dritte These richtete sich auf die Qualität sozialer Netzwerke. Es war davon auszugehen, daß die zunehmende Konkurrenz im Erwerbssektor ‚Gift' für soziale Netzwerke ist. Es ist schwer vorstellbar, daß zwei Nachbarn, die im Betrieb um den gleichen Arbeitsplatz konkurrieren, außerhalb des Betriebes gute Freunde sind und

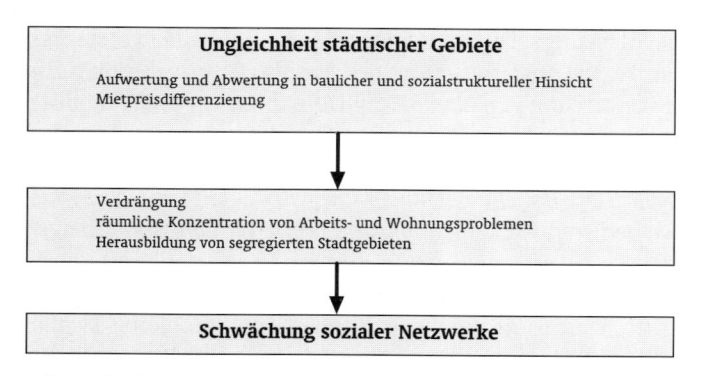

```
┌─────────────────────────────────────────────┐
│         Ungleichheit städtischer Gebiete    │
│  Aufwertung und Abwertung in baulicher und  │
│      sozialstruktureller Hinsicht           │
│         Mietpreisdifferenzierung            │
└─────────────────────────────────────────────┘
                      ↓
┌─────────────────────────────────────────────┐
│                Verdrängung                  │
│  räumliche Konzentration von Arbeits- und   │
│             Wohnungsproblemen               │
│   Herausbildung von segregierten Stadtgebieten │
└─────────────────────────────────────────────┘
                      ↓
┌─────────────────────────────────────────────┐
│         Schwächung sozialer Netzwerke       │
└─────────────────────────────────────────────┘
```

Folgen der Ungleichheit städtischer Gebiete

sich gegenseitig unterstützen. Vielmehr wird es zu einem sozialen Rückzug aus der städtischen Öffentlichkeit in den privaten Wohnbereich kommen, zumal formalisierte Kontaktanlässe abgenommen haben und Freizeit außer Haus teuer geworden ist.

Der vierte Thesenkomplex konzentrierte sich auf spezifische Bevölkerungsgruppen, die aufgrund einer fehlenden Erwerbstätigkeit kaum über eigene ökonomische Potentiale verfügen und deshalb in ihrer Lebensbewältigung besonders stark auf informelle soziale Netze und quartierliche Infrastrukturen angewiesen sind. Vor allem folgende Gruppen sind von Unterprivilegierung bedroht:

Frauen: Die bisherige Biographie der ostdeutschen Frauen war in der Regel in hohem Maße durch Ausbildung und Erwerbstätigkeit geprägt. Vor allem Frauen, die in der Stahlindustrie erwerbstätig waren und dabei insbesondere in der Produktion Aufgaben wahrnahmen, die in Westdeutschland ausschließlich Männer ausführen, werden eine spezifische Mentalität mit einem entsprechenden Selbstbewußtsein herausgebildet haben, das stark durch die Erwerbsrolle geprägt ist. Was bedeutet es für die Lebenssituation dieser Frauen, wenn sie sich gezwungen sehen, langfristig nicht erwerbstätig zu sein? Die Annahme war, daß solche biographischen Brüche nur schwer verarbeitet werden, und daß es angesichts von Frauenerwerbslosigkeit, der Schließung von Kinderbetreuungseinrichtungen sowie der angedeuteten Schwächung sozialer Netze zu einer Verfestigung der geschlechtsspezifischen Arbeitsteilung im Haushalt kommt. Für Frauen, die erwerbstätig sind, ist anzunehmen, daß sich der Arbeitsmarkt geschlechtsspezifisch segmentiert, d.h. Frauen werden lediglich in „frauentypischen" Berufen Erwerbschancen haben. Auch im Einkommen werden sich geschlechtsspezifische Ungleichheitstendenzen verstärken (vgl. Kurz-Scherf 1992).

Ältere Menschen: Für die Vorruheständler ist zwar nicht vorbehaltlos eine ökonomische Notlage anzunehmen, dennoch sind sie weit von der ursprünglich erhofften Teilhabe am gesellschaftlichen Wohlstand entfernt. Ihre lebenslange Konzentration auf die Erwerbsarbeit wird Schwierigkeiten bei der Schaffung eines außererwerblichen Betätigungsbereiches nach sich ziehen (vgl. Opaschowski/Neubauer 1984). Zu fragen ist, was es für die Sozialstruktur von Eisenhüttenstadt bedeutet, wenn in sehr kurzer Zeit ein vergleichsweise großer Anteil an Arbeitskräften in den Ruhestand wechselte.

Kinder und Jugendliche: Es ist ein typisches Merkmal von Kindern und Jugendlichen, daß sie in ihren Lebensperspektiven nicht gefestigt sind. Gleichzeitig sind junge ebenso wie alte Menschen sehr stark auf den räumlichen Nahbereich ihres Wohnviertels oder ihrer Stadt konzentriert. Sie sind räumlich nicht so mobil wie andere. Deshalb sind sie in besonderem Maße darauf angewiesen, daß die Stadt, in der sie leben, ihnen Lebensperspektiven aufzeigen kann. Dies ist zur Zeit nicht nur in Eisenhüttenstadt, aber eben auch hier besonders schwierig. Hier spiegeln sich in besonderer Art und Weise die Überlegungen Kreckels zur Verstärkung sozialer Ungleichheit wider. Kreckel (1983:141) formulierte, *„der hauptsächliche Mechanismus, über den Berufs- und damit Lebenschancen zugeteilt werden, ist in den fortgeschrittenen kapitalistischen Gesellschaften somit der Arbeitsmarkt – und nicht, wie vielfach angenommen wird, das Bildungssystem."* Der Ausbildungsstellenmarkt bietet in Eisenhüttenstadt nur eingeschränkte Möglichkeiten, und daraus könnten sich Gefahren ergeben, die aus Perspektivlosigkeit resultieren: Sucht, Gewalt und die Anfälligkeit für Vereinigungen, die schnelle und einfache Lösungen versprechen.

Arbeitslose: Ein dauerhaft hoher Anteil an Arbeitslosen in Eisenhüttenstadt beeinträchtigt stark die soziale Integration der gesamten Stadt. Arbeitslosigkeit ist eine wesentliche Quelle für eine Vielzahl sozialer Probleme. Nachdem die Privatisierung der EKO Stahl GmbH vollzogen ist, deuten sich glücklicherweise nicht mehr solche zerstörerischen Entwicklungen an, wie sie in den 30er Jahren von Jahoda u.a. für die Stadt Marienthal beschrieben wurden (vgl. Jahoda/Lazarsfeld/Zeisel 1982). Zu fragen ist dennoch, was Arbeitslosigkeit für die Zukunft von Eisenhüttenstadt bedeutet, wenn sie sich zu Langzeitarbeitslosigkeit verfestigt oder verdeckte Arbeitslosigkeit durch das Auslaufen öffentlich geförderter Maßnahmen manifest wird.

Vor dem Hintergrund dieser besonders vom Umbruch betroffenen Gruppen sollte auch untersucht werden, welche Konsequenzen die Abwanderung spezifischer Bevölkerungsgruppen für Werk und Stadt nach sich ziehen kann, wenn – wie auch in anderen Städten der Fall – nur tendenziell jüngere Bevölkerungsgruppen Eisenhüttenstadt verlassen.

Die fünfte These konzentrierte sich auf Werte, Normen und die Interessenvertretung. Ein großer Industriebetrieb hat nicht nur einen unmittelbaren Einfluß auf die Alltagsorganisation in der Stadt, sondern beeinflußt auch die Werte und Normen der städtischen Bevölkerung. Es wurde für Eisenhüttenstadt eine besondere ideologische Beeinflussung des Normen- und Wertesystems seiner Bewohner angenommen. Doch auch für diese unter extremen politischen Bedingungen und ideologischen Prämissen entstandene Stadt und ihre Einwohner gilt, was generell für die DDR zu konstatieren ist, nämlich, „*daß ein ‚Staatsvolk der kleinen Leute' (existierte; d. A.), dessen Leben – gar nicht anders als im Westen ... – zu einem großen Teil in einiger ‚Staatsferne' stattfand."* (Gauss 1983:158, zitiert nach Cerný 1994:26)

Eine weitere These war, daß der Stellenwert der EKO Stahl GmbH mit Blick auf ihre Funktion als politischer und sozialer Integrationsfaktor abgenommen hat. Dies zieht Brüche in der Kultur von Arbeitern/Arbeiterinnen und Angestellten nach sich. Der Verfall von Normen und die nach wie vor herrschende Arbeitsplatzunsicherheit erschweren das Engagement in Fragen der Vertretung von Arbeitnehmerinteressen.

Die methodische Anlage der Untersuchung

Folgende Methoden kamen zum Einsatz: 1) Vorgespräche mit einer offenen Interviewführung zur Gewinnung von Hintergrundinformationen über die Stadt und zur Generierung des Forschungsfeldes, 2) die Dokumentenanalyse zur Sichtung vorhandenen Datenmaterials vorrangig in Archiven und kommunalen Institutionen, 3) fokussierte Interviews mit Experten, 4) narrative Interviews mit ‚Laienexperten' und 5) Methoden der Aktionsforschung. Bereits nach den Vorgesprächen wurde offensichtlich, daß sich das Projekt in zwei Teile gliedern würde, den historischen Teil, der die Entwicklung von 1950-89 beinhaltete und einen Gegenwartsteil, der sich vorrangig den Veränderungen in Werk und Stadt nach 1989 zuwendet. Der historische Teil des Projektes mit der Beschreibung der Entwicklungslinien von Werk und Stadt wurde vorrangig durch qualitative Dokumentenanalyse in verschiedenen Archiven und der Kontrastierung mit den Ergebnissen der Interviewauswertung realisiert. Zur Beschreibung der Veränderungen von Werk und Stadt sowie der aufgeführten Teilbereiche nach der Wende wurden die Expertenbefragungen und die narrativen Interviews genutzt. Insgesamt wurden Interviews mit 12 Frauen, 16 Männern und zwei Interviews mit Ehepaaren durchgeführt. Ergänzend dazu wurden Dokumentenanalysen spezifischer kommunaler Daten und Berichte durchgeführt sowie die Ergebnisse der Vorgespräche mit explorativem Charakter genutzt.

In diesem Projekt wurde weiterhin ein Untersuchungsansatz gewählt, der sich an Methoden der Aktionsforschung orientierte (vgl. Hinte/Karas 1989). Das heißt, es wurde angestrebt, Teilergebnisse den Betroffenen im Verlauf des Projekts zugänglich zu machen und mit ihnen zu diskutieren. Dazu wurden ausgewählte Ergebnisse der Dokumentenanalyse im Rahmen einer Ausstellung sowie einer Arbeitstagung[6] im Rathaus Eisenhüttenstadt präsentiert und eine abschließende Diskussionsveranstaltung mit interessierten Einwohnern durchgeführt.

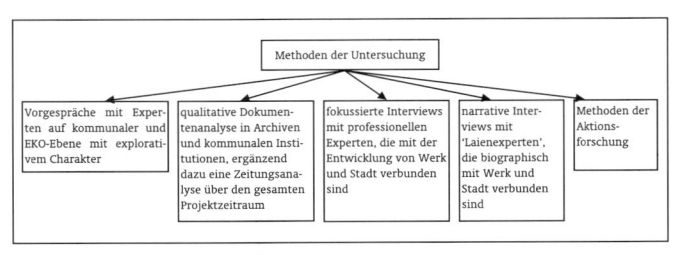

Methoden der Untersuchung				
Vorgespräche mit Experten auf kommunaler und EKO-Ebene mit explorativem Charakter	qualitative Dokumentenanalyse in Archiven und kommunalen Institutionen, ergänzend dazu eine Zeitungsanalyse über den gesamten Projektzeitraum	fokussierte Interviews mit professionellen Experten, die mit der Entwicklung von Werk und Stadt verbunden sind	narrative Interviews mit 'Laienexperten', die biographisch mit Werk und Stadt verbunden sind	Methoden der Aktionsforschung

Methoden der Untersuchung

Teil 1: Die Entwicklung von Werk und Stadt zwischen 1950 und 1989

„Wir haben das Werk in die Heide gesetzt, mit Hacke und Spaten gings los, und was daraus wurde, das seht ihr ja jetzt – das Wort E K O schreibt man groß"

So heißt es in einem Lied aus den 50er Jahren über den EKO-Aufbau. Es zählte zum Repertoire des EKO-Werkschores, des größten Werkschores der DDR. 1988 erschien es auf der werkseigenen Schallplatte anläßlich der letzten Arbeiterfestspiele, die im Bezirk Frankfurt/Oder stattfanden. Der VEB Deutsche Schallplatten Berlin/‚DDR konnte produktionsbedingt jedoch den Herstellungstermin nicht einhalten, so daß diese Schallplatte nie auf den ‚Markt' gelangte und als eines der jüngsten Zeugnisse der DDR-Betriebskultur zum archivarischen Gut des EKO-Archives zählt.[7] Der Liedinhalt kündet heroisch von den Taten der Erbauer von Werk und Stadt. Im historischen Teil des Berichtes sollen vom Tag der Grundsteinlegung bis 1989 die Linien von Werks- und Stadtentwicklung nachvollzogen werden. Für die Erklärung von Veränderungen nach 1989 ist der Rückgriff auf den Zeitraum ab 1950 notwendig.

Von den insgesamt ca. 50.000 Einwohnern Eisenhüttenstadts war bis zur Wende jeder dritte Arbeitsfähige im EKO beschäftigt. Jeder zweite war wirtschaftlich vom EKO abhängig. Schon in den 50er und 60er Jahren entstanden weitere Betriebe in Eisenhüttenstadt, wie z.B. das Hüttenzementwerk, das Fleischkombinat, das Möbelwerk und die Oderwerft. Die differenzierten Verflechtungen der untersuchten Teilbereiche sollen in der chronologischen Abfolge der Entwicklung von Werk und Stadt dargestellt werden.

Der Aufbau der Stahlindustrie in der DDR, orientiert am sowjetischen Stahlmodell[8], führte zur Monostruktur mit einer vom EKO abhängigen regionalen Wirtschaftsstruktur.[9] Betrachtet man die einzelnen Etappen der Entwicklung im Hinblick auf die Bereiche *Industrie, Stadt, Region, Soziales*, werden folgende ‚grobe' Linien deutlich, die in der Gegenwart eine Rolle spielen: Das ‚Aufbrechen' der monostrukturierten Industrie und die Schaffung einer diversifizierten, auf einem breiten Mittelstand aufbauenden Struktur ist das Hauptanliegen der regionalen Wirtschaftsförderung. Für die Stadt besteht das Ziel im Aufbau einer selbständigen Kommunalverwaltung, die, „befreit" von der deterministischen Wirkung des Großbetriebes, die Verantwortung für die Stadt übernimmt. In der Raumentwicklung muß der Übergang von einer „politisch geplanten" und „zentral gesteuerten" zu einer „nur noch regional gesteuerten" Planung realisiert werden. Von der relativ homogenen Sozialstruktur ausgehend kommt es zur Herausbildung sozialer Ungleichheiten.

Grundlegend für das Verständnis der Brisanz der Werksentwicklung ist die Kenntnis des technologischen Produktionsablaufs im Eisenhüttenkombinat. Um einen geschlossenen metallurgischen Kreislauf innerhalb eines Stahl- und Walzwerkes zu schaffen, sind folgende vier ‚Teilwerke' nötig: Im *Roheisenwerk* erfolgt die Herstellung des flüssigen Roheisens, welches in einem weiteren chemischen Prozeß im *Stahlwerk* zu Stahl verarbeitet wird. Dieser Stahl wird in sogenannten ‚Stahlbrammen' im *Warmwalzwerk* zur Weiterverarbeitung vorbereitet. Danach folgt das *Kaltwalzwerk* als letztes Glied im Zyklus. Hier wird die Herstellung kundenspezifischer Produkte vorgenommen, wie z.B. veredelte Bleche für die Automobilindustrie oder kunststoffbeschichtete Bleche für Haushaltsgeräte.

Im nachfolgendem Schema wird die Abfolge des Produktionszyklus dargestellt. Die dazugehörigen Jahreszahlen dokumentieren das Datum der Inbetriebnahme der Teilwerke speziell im Eisenhüttenkombinat Ost.

Roheisenwerk 1950	Stahlwerk 1984	Warmwalzwerk (1997)	Kaltwalzwerk 1968

Produktionszyklus im Stahl- und Walzwerk mit den Daten der Inbetriebnahme einzelner Teilwerke im EKO

Die Abbildung zeigt, daß die Teilwerke nicht in ihrer produktionsbedingten Reihenfolge errichtet wurden. Die Ursachen dafür sollen im historischen Teil hergeleitet werden.

Seit seiner Gründung 1950 versuchte das EKO, ein vollständiges Stahl- und Walzwerk zu errichten. Das Ringen um die Schaffung eines kompletten Produktionszyklus durch die aufeinanderfolgende Errichtung von Roheisen-, Stahl-, Warmwalz- und Kaltwalzwerk begleitet die Entwicklung des EKO bis zur Wende 1989 in der DDR und nimmt im Prozeß der Transformation gesellschaftlicher, regionaler und industrieller Strukturen eine exponierte Stellung ein.

Anhand der Abhängigkeit struktureller Variablen (z.B. Arbeitskräftegewinnung, die wirtschaftliche Struktur der Region etc.) vom Plan, den metallurgischen Zyklus des Werkes zu vervollständigen, lassen sich in Verbindung mit politischen Entscheidungen die Entwicklungslinien von Werk und Stadt nachvollziehen.

Werk und Stadt wurden zwar ‚in die Heide gesetzt', dennoch nicht im ‚Niemandsland'. Die Bewohner zweier kleiner Orte, Fürstenberg/Oder und Schönfließ, ahnten zu Beginn des Jahres 1950 noch nicht, daß in der Nähe ihrer Häuser innerhalb von wenigen Monaten die größte Baustelle des Landes entstehen würde.

Vorgeschichte von Region und Stadt

Die Wohnstadt des EKO und das Werk selbst wurden zwischen den beiden Orten Fürstenberg und Schönfließ errichtet. Von Fürstenberg spricht man auch als dem ‚Städtchen der Schiffer, Korbmacher und Glasbläser.' Ein reges Vereinsleben wurde in dem Ort bis Anfang der 1930er Jahre gepflegt. Im 13. Jahrhundert wurde es erstmals urkundlich erwähnt. Im dreißigjährigen Krieg brannte Fürstenberg teilweise ab (1631). Das Städtchen stellte die wirtschaftliche Stütze des ca. 8 km entfernten Klosters Neuzelle dar. In Schönfließ hingegen dominierte die Agrarproduktion. „*Nach Angliederung der Niederlausitz an Preußen im Jahre 1815 setzten im Gebiet grundlegende ökonomische Wandlungen ein, die auch die Entwicklung der Stadt nachhaltig beeinflußten.*" (Gansleweit 1986:117)

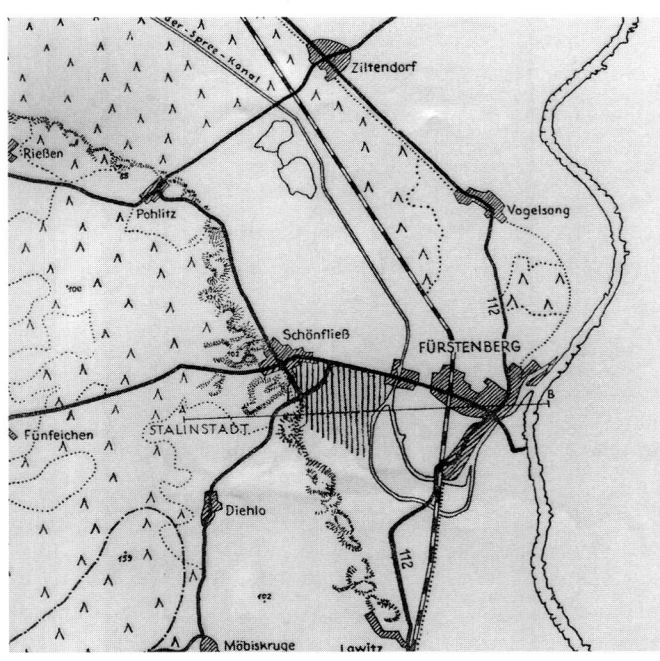

Die Gliederung des Planungsgebietes (Leucht 1957:17)

1858 begann man bei Schönfließ mit dem Abbau von Braunkohle, und der Ort entwickelte sich zur Industriegemeinde. Diese bildete als Energielieferant die Grundlage für die Errichtung der Glashütte in Fürstenberg (1864), die bis zu ihrer Schließung im Zuge der Errichtung des EKO ihre Produkte in alle größeren Staaten exportierte. Ebenfalls Mitte des 19. Jahrhunderts wurde die Korbmacherinnung gegründet. Durch die Einführung der Amerikanischen Korbweide erhielt das Korbmacherhandwerk einen bedeutenden Aufschwung. Die Nachfrage nach Korbwaren stieg insbesondere durch die Aufrüstung Preußens, das Geschoßkörbe benötigte, aber auch für den zivilen Bedarf waren steigende Exportaufträge zu verzeichnen. Gegenwärtig existiert die Tradition des Korbmacherhandwerks in Eisenhüttenstadt nur noch marginal.

Die Vorbereitung des Krieges 1870/71 machte eine Erweiterung der Glashütte notwendig, die Gründerkrise 1873 führte zunächst zur Einstellung jeglicher Erweiterungsabsichten und 1877 zur Schließung sowie Entlassung aller Arbeitskräfte. Erst 1879 wurde der Betrieb mit verändertem Produktionsprofil durch eine böhmische Glasmacherfamilie weitergeführt. Bis 1884 entstanden eine Brikettfabrik, eine Anilinfabrik, und es wurde eine Dampfer-Schiffahrts-Gesellschaft gegründet. Durch den anschließenden Bau des Oder-Spree-Kanals erfuhr Fürstenberg wieder einen wirtschaftlichen Aufschwung. Nach der Eröffnung des Kanals 1891 wurde Fürstenberg zum Umschlagplatz. Die Bevölkerungszahl verdoppelte sich von 1871 bis 1900 auf ca. 5700. Es setzte ein großer Zustrom von Arbeitern und Beamten ein, die sich zum Teil mit ihren Familien in der Stadt niederließen. Auch im Handwerk kam es durch die Reorganisation der Innungen der Fleischer, Bäcker, Korbmacher, Schmiede, Schlosser zu einer gedeihlichen Entwicklung. In der ganzen Stadt belebte sich in dieser Zeit der Geschäftsverkehr und Steuereinnahmen erhöhten sich. Die Wirtschaftskrise in den USA führte 1900 zur erneuten Stagnation der wirtschaftlichen Entwicklung in Fürstenberg, da die zum großen Teil aus Amerika kommenden Aufträge für die Glashütte ausblieben. Brikettfabrik und Grube dehnten jedoch die Produktion aus, so daß die Folgen etwas abgemildert wurden. In Schönfließ waren bis 1926 – einschließlich der Grube – eine Holzwollfabrik, eine Dampfziegelei, ein Sägewerk, eine Schmiede, 19 Korbmachereien, 18 Geschäfte und drei Gaststätten vorhanden. Eine zweite Glashütte (die ‚neue Glashütte') wurde in Fürstenberg errichtet. Eine neue Korbwarenfabrik mußte bald wieder schließen, die ‚neue Glashütte', wie auch die ‚alte', schloß infolge der Weltwirtschaftskrise 1929, da wiederum die Exportaufträge aus Amerika ausblieben. Schon 1927 hatten Kohlengrube und Brikettfabrik die Produktion eingestellt. Den Beginn der Arbeiterbewegung in Fürstenberg stellte 1876 die Gründung einer Gewerkschaftsgruppe in der Glashütte dar. Diese Gruppe wurde nach dem Erlaß des Sozialistengesetzes wieder aufgelöst. Nach der Aufhebung des Sozialistengesetzes 1890 und der Überwindung der Wirtschaftskrise wurde 1892 die Ortsgruppe der SPD gegründet. Ein Teil der Schiffer und Korbmacher nahm in dieser Gruppe rege am politischen Leben teil. Bei den Reichstagswahlen 1912 stimmten mehr als die Hälfte der Wähler Fürstenbergs für die Sozialdemokraten. Demonstrationen, an denen der Großteil der Fürstenberger teilnahm, erfolgten gegen den Kapp-Putsch. Die größte Aktion waren jedoch die Demonstration am Maifeiertag 1932 gegen die drohende Machtübernahme der Faschisten.

„*Nach dem Machtantritt der Faschisten wurde das seit Mitte des 19. Jh. im Gebiet der Kleinstadt Fürstenberg geschaffene Industriepotential zunehmend für Kriegszwecke genutzt. Während des zweiten Weltkriegs erzeugte die Deutsche Gold- und Silberscheideanstalt (DEGUSSA, d. A.)*[10] *auf dem Gelände des heutigen Wohnkomplexes VI Methanol und Zyklon B. Ein unterirdisches Werk des Borsigkonzernes stellte ...Teile für die V-2-Waffen her.*" (Gansleweit 1986:119)[11]

Schon vor Beginn des zweiten Weltkriegs wurde in Fürstenberg ein großes Gefangenenlager errichtet. Die Gefangenen arbeiteten zur Vorbereitung des Krieges in den Werken der DEGUSSA und des Borsigkonzerns, vorrangig an der Herstellung giftiger Chemikalien. Später diente das sogenannte ‚Mannschafts-Stammlager' (Stalag III b) zur Inhaftierung von bis zu 50.000 Kriegsgefangenen. Es wurde auf dem Gelände des späteren Hüttenzementwerkes und in unmittelbarer Nähe des heutigen EKO-Geländes errichtet. *„Es war zeitweilig mit bis zu 50.000 amerikanischen, französischen, jugoslawischen, polnischen und sowjetischen Gefangenen belegt ...Etwa 10.000 Kriegsgefangene sind ins KZ Sachsenhausen zur Vergasung transportiert worden. Die anderen Toten des Stalag wurden in Massengräbern auf dem späteren Baugelände der Erzaufbereitung und Sinteranlage gefunden."*[12] In einem feierlichen Akt wurden 1950 auf dem früheren Platz der Deutsch-Sowjetischen-Freundschaft im Wohnkomplex I (nach der Wende in ‚Platz des Gedenkens' umbenannt) in der Wohnstadt des EKO über 4000 sowjetische Soldaten aus den Massengräbern begraben.

Weiterhin gab es in Fürstenberg in der ehemaligen Glashütte ein Nebenlager des KZ Sachsenhausen, wo vor allem Frauen in die Kriegsproduktion einbezogen wurden. Infolge der Auslagerung von Rüstungsproduktion ab 1943 aus Berlin wurden auch in der Glashütte z.B. Teile für die Luftwaffenrüstung gebaut. In einer Liste des Rüstungskommandos Frankfurt/Oder taucht Fürstenberg als Auslagerungsort für die Produktion der Berliner Argus-Motorenwerke und der Rheinmetall-Borsig AG auf. Verlagert wurden:[13]

„Argus Motorenwerke GmbH in Berlin-Reinickendorf Ost	Vereinigte Lausitzer Glashüttenwerke Fürstenberg/Oder
„Rheinmetall-Borsig AG in Berlin-Tegel	Neue Glashütte, Vereinigte Glashüttenwerke AG, Werk F Fürstenberg/Oder."

Eine der ersten Listen des Bereiches Luftwaffenrüstung des Rüstungskommandos Frankfurt/Oder über die Verlagerung von Produktion

Bis 1945 war noch der Bau verschiedener Anlagen – wie z.B. einer Formaldehydanlage – geplant, durch das Kriegsende wurden diese aber nicht fertiggestellt. Betriebsfähig zu diesem Zeitpunkt war lediglich das Formaldehyd-Gebäude. Im Aufbau befanden sich die Carbid-Fabrik, ein Gebäude zur Herstellung von Helium und ein Ammoniak-Gebäude. Der Zweck der anderen Gebäude war nicht bekannt. Nach dem Krieg 1946/47 wurde das Werk der DEGUSSA aufgelöst und die wichtigsten Einrichtungen durch Demontage restlos entfernt. Bis heute ist der Wert der dort hergestellten Produkte sowie die Anzahl der Arbeitskräfte nicht bekannt. Der Auf- und Ausbau der industriellen Kapazität in diesem Gebiet läßt jedoch die Annahme zu, daß in Fürstenberg die Errichtung größerer Stahl-Produktionsanlagen, vornehmlich für die Rüstungsproduktion, geplant war. Dies bestätigt auch der Bau eines großen Heizkraftwerkes bei Vogelsang (Märkische Elektrizitätswerke, beheizt mit der Braunkohle aus Schönfließ).[14] Nur die zu dieser Zeit in Fürstenberg Wohnenden reflektieren über den schon in der Zeit vor 1945 geplanten Stahlstandort.[15]

Vor Anrücken der sowjetischen Armee wurde Fürstenberg zur Festung erklärt. Die Oderbrücke und die Brücke über den Oder-Spree-Kanal wurden gesprengt. Alle Bewohner wurden evakuiert. Am 24.4.45 wurde Fürstenberg befreit und war zeitweilig Garnisonsstadt der sowjetischen Armee.

Die Nachkriegsordnung hatte zur Folge, daß die Oderregion in eine Randlage geriet. Der Oder-Spree-Kanal verlor als Wasserstraße zwischen Schlesien und dem Ruhrgebiet zunächst an Bedeutung.

Bis 1945 zählte das Gebiet zu den wirtschaftlich schwach entwickelten Gebieten Deutschlands und war durch schlechte kulturelle und soziale Verhältnisse gekennzeichnet. Die kleinen und technisch meist rückständigen Betriebe in Fürstenberg und Schönfließ konnten mit der Entwicklung in anderen Regionen, die über eine ausgebaute industrielle Struktur verfügten, nicht mithalten. So existierte auch eine relativ starke Überbevölkerung, die sich durch eine hohe Zahl von Fernpendlern ausdrückte (vgl. Gansleweit 1986:119).

Ab 1947 machte die „Deutsche Selbstverwaltung über die Verwendung der Gebäude II. Ranges für den friedlichen Aufbau" Vorschläge zur Nutzung dieser Gebäude. Insgesamt standen 47 Gebäude und technische Anlagen zur Disposition, die letztlich doch nicht genutzt wurden.[16]

„Für den Landkreis Guben kommt für ehemals militärische Anlagen, die durch entsprechenden Umbau friedlichen Zwecken zugeführt werden können, lediglich das Degussa-Werk in Fürstenberg/Oder infrage. Die entsprechenden Unterlagen mit Vorschlägen für den friedlichen Aufbau wurden der Provinzialregierung bereits zugestellt."
Schreiben des Landrates/Kreisbauamt an die Provinzialregierung Mark Brandenburg – Minister für Wirtschaftsplanung in Potsdam, betr.: Rundverfügung Nr. XII/3/47 v. 15.4.1947 (StA EHS, Akte Degussa)

Zunächst wurde als einfachste Lösung für den Standort des neuen Eisenhüttenwerkes das ehemalige Degussa-Gelände angesehen. Doch für das Vorhaben einer späteren Erweiterung des Roheisenwerkes um ein Stahl- und Walzwerk wäre auf diesem Gelände nicht genügend Raum gewesen. So fiel die Entscheidung für den Standort auf der ‚grünen Wiese', der dennoch die Anbindung an vorhandene Gleisanlagen sowie das ausgebaute Straßensystem ermöglichte: *„Zunächst galt das Gelände eines demontierten Rüstungszweigwerkes der Deutschen Gold- und Silberscheideanstalt als ‚prädestiniert' für den Neubau. Doch bot es nicht genug Raum für eine spätere Erweiterung des Kombinats. Die beim Neubau des Stahl- und Walzwerks Brandenburg gesammelten Erfahrungen sprachen überhaupt dagegen, ein Fabrikgelände als Baugrund zu benutzen. Die Nachteile beim Bau auf der Grünen Wiese, d.h. in einem nicht aufgeschlossenen Gebiet, erschienen vergleichsweise geringer."* (Cerný 1970:67f.)

Mit der Entscheidung zum Bau des großen Stahlwerkes an der Oder, dessen Vorplanung zumindest Mitte 1950 abgeschlossen gewesen sein muß, war die zukünftige wirtschaftliche Entwicklung der Region völlig neuen Maßstäben unterworfen. Aus der wirtschaftlich rückständigen, als ‚agrarischem Randgebiet Berlins' (vgl. Cerný 1970:6) bezeichneten Region, wurde mit der Entscheidung, hier einen Stahlstandort zu errichten, eine – monostrukturierte – Industrieregion.

Die erste Phase der Entwicklung von Werk und Stadt läßt sich als Phase des ‚Aufbruchs' bis zur ‚Konsolidierung' betrieblicher und städtischer Strukturen beschreiben. Die kleinen Orte Fürstenberg und Schönfließ wurden 1950 plötzlich aus ihrem ‚Dornröschenschlaf' herausgerissen. Innerhalb von drei Jahren erhob sich ein Industriegigant zwischen beiden Gemeinden. Und mit dem Werk wurde eine Stadt erbaut, die – so plante man noch 1950 – am Ende rund 25.000 Einwohner haben sollte.

Die erste Phase 1950 bis 1962 – Von der Gründerzeit zur Konsolidierung

Der babylonische Plan (Zeitraum 1950 bis 1953)

Die Gründung von Werk und Stadt wurde in einer Zeit realisiert, in der der Ausbau der Wirtschaft im Mittelpunkt der DDR-Politik stand.[17] Der Bau eines neuen Hüttenwerkes an der Oder sowie der ‚ersten sozialistischen Stadt'[18] war Beschluß des III. Parteitages 1950 und Bestandteil des 1. Fünfjahrplanes 1950-1955.[19] Dieser Beschluß wurde aus der Zwangslage heraus gefaßt, in der sich die DDR befand. Diese „... bestand schon vor der Wirtschaftsspaltung und wurde im Zweijahrplan-Vorschlag der SED vom Juni 1948 wie folgt beschrieben: »...Wir haben nicht die Möglichkeit, Kohle und Stahl ...ausreichend und regelmäßig zu erhalten. Die westlichen Zonen ‚hemmen bewußt' die Entwicklung unserer Wirtschaft, indem sie nicht einmal jene unzureichenden Materiallieferungen erfüllen, die durch interzonale Abkommen festgelegt wurden.«" (Cerný 1991:1)[20] Das Ziel dieses Fünfjahrplanes war, die Produktion von 1936 zu verdoppeln. Orientiert an den damals vorherrschenden sowjetischen Wirtschaftsmethoden bedeutete dies eine Konzentration auf die Entwicklung der Produktionszweige Energie, Braunkohle und Rohstahl. Die Industrieproduktion sollte in dem Zeitraum von 23 auf 45 Mrd. Mark gesteigert werden, die Produktion in der Landwirtschaft um 25%, das Volkseinkommen um 60% und die Arbeitsproduktivität gar um 72% steigen. Wirtschafts-, Industrie- und Sozialstruktur waren dadurch gekennzeichnet, daß noch ein starker privater Wirtschaftssektor vorherrschte und der größte Teil der Landwirtschaft noch in bäuerlichem Besitz war. 25% der Landwirtschaft gehörten den Großbauern. In der Leichtindustrie dominierte das Privateigentum und es existierte eine breite Mittelschicht. 1948 waren noch 39% aller Betriebe Privatbetriebe, 39% volkseigene Betriebe und 22% SAG-Betriebe (Sowjetische Aktiengesellschaft)[21].

Wichtigstes Ziel der DDR-Wirtschaftspolitik war die Steigerung der Arbeitsproduktivität. Im April 1950 erschien das „Gesetz der Arbeit", in dem als Ziele die ‚Verbesserung der Lage der Arbeiter', das ‚Recht auf Arbeit' sowie die ‚Steigerung der Arbeitsproduktivität' verankert waren.

Die wirtschaftliche Aufbauleistung in der sowjetischen Besatzungszone (SBZ) war aufgrund der ungleich schwierigeren Ausgangsbedingungen im Vergleich zu den westlichen Besatzungszonen gewaltig. Der Großteil der Reparationsleistungen war in der SBZ zu erbringen, die wichtigsten Industrieansiedlungen wurden demontiert, die Rohstoffbasis war schmal und der ‚Marshall-Plan' für die britische und amerikanische Besatzungszone verstärkte die schon vorhandenen ökonomischen Disproportionen in beiden Teilen Deutschlands.[22] Jedoch hatten die unkritische Übernahme sowjetischer Methoden der wirtschaftlichen Entwicklung sowie das politische System mit strenger hierarchischer Gliederung, der zentralen Entscheidungsgewalt in allen Fragen der wirtschaftlichen Entwicklung und dem Prinzip der ‚Parteidisziplin'[23] eine mangelnde Flexibilität in der Wirtschaft zur Folge.[24]

Mit der Gründung der DDR im Oktober 1949 gingen alle

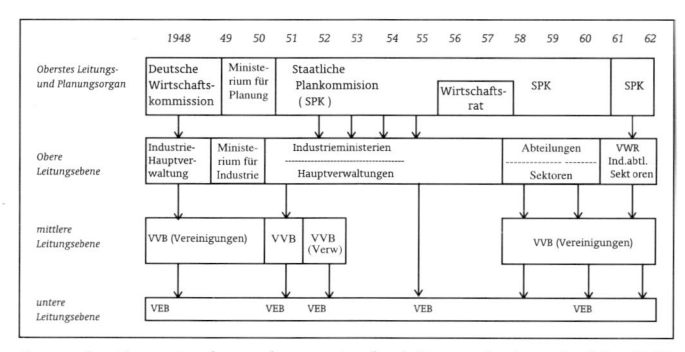

Organisationsstruktur der zentralgeleiteten Industrie bis 1962 (Roesler 1978:33)

Leitungs- und Planungsaufgaben auf die neugebildete DDR-Regierung über. 1949 wurde ein Ministerium für Planung gegründet, dessen Personal weitgehend von der 1946 gegründeten ‚Deutschen Wirtschaftskommission' (DWK) übernommen wurde. Am 8.11.1950 beschloß die Volkskammer der DDR das ‚Gesetz über die Regierung der DDR' und damit die neue Festlegung der Zusammensetzung der Regierung und der staatlichen Zentralorgane. Die 1948 gebildeten Vereinigungen Volkseigener Betriebe (kurz VVB) hatten bis zum Jahre 1952 die mittlere Leitungsposition zwischen den Ministerien und den Volkseigenen Betrieben (VEB) inne. Anfang der 50er Jahre gab es jedoch Schwierigkeiten zwischen den Ministerien und den VVB, was zu einer Umstrukturierung im November 1950 führte.

Bis 1951 stieg die Bedeutung der volkseigenen Betriebe, da die UdSSR wichtige ihrer SAG-Betriebe an die DDR-Wirtschaft übergab. Die SAG-Betriebe, die nicht übergeben wurden, stellten weiterhin einen wichtigen Faktor dar, 13% aller Beschäftigten waren dort tätig, sie lieferten 32% der Produktion des Landes.

Dennoch stellten sich die gewünschten Erfolge in der Volkswirtschaft nicht ein, eine erneute Umstrukturierung erfolgte im Jahre 1958. Die Industrieministerien und Hauptverwaltungen wurden aufgelöst, neue VVB (Vereinigungen) entstanden, die jedoch jetzt von der Staatlichen Plankommission direkt angeleitet wurden. Die Macht der Staatlichen Plankommission wuchs durch diesen Schritt.[25] Der Widerspruch zwischen erzielten Produktionszahlen und „offizieller Politik", die von einer schnell erreichbaren Verbesserung der Lebenslage ausging, machte jedoch schon 1952 deutlich, daß in den Produktionszweigen Rohstahl, Energie und Braunkohle die Planforderungen überzogen waren und das Versprechen eines in kurzem Zeitraum erreichbaren deutlich höheren Lebensstandards nicht eingehalten werden konnte. Die Rohstahlerzeugung war 1946 auf 150.000 Tonnen gesunken, 1953 wurden 2,1 Millionen Tonnen erzeugt. Demgegenüber blieb die Entwicklung der Konsumgüterindustrie zurück.[26] Die *„beschleunigte Förderung der Schwerindustrie"*, die auf der 2. Parteikonferenz der SED 1952 beschlossen wurde, führte zu weiteren Engpässen bei der Versorgung der Bevölkerung. 1952/53 wurden Preissteigerungen vorgenommen, die Arbeitsnormen erhöht – die Mangelwirtschaft wurde permanent und die Stimmung in der Bevölkerung sank. Es kam verstärkt zu repressiven Maßnahmen gegen Bauern (Beschlagnahme von Besitz), Selbständige und Intellektuelle. Kirchenmitglieder – 80% der Bevölkerung waren evangelisch – wurden verfolgt.[27]

Der Beschluß des Politbüros vom 9. Juni 1953 über den **„Neuen Kurs"** stellte den Versuch dar, die krisenhaften Erscheinungen abzuwenden. Am 11. Juni 1953 wurde der Beschluß vom Ministerrat übernommen und konkretisiert.[28] Der Inhalt läßt sich wie folgt zusammenfassen:
- Partei- und Staatsführung gaben die auf ihrer Politik beruhende fehlerhafte Entwicklung zu, daß mit der Begründung eines „verschärften Klassenkampfes" und unter Einsatz repressiver Methoden der „Aufbau des Sozialismus" vorangetrieben werden sollte;
- die Versicherung wurde gegeben, daß der „Neue Kurs" Abhilfe schaffen wird;
- Preissteigerungen wurden zurückgenommen;
- die Lebenslage sollte durch die stärkere Berücksichtigung der Konsumgüterindustrie verbessert werden;
- Rechtssicherheit wurde zugesichert;
- Schritte zur Annäherung beider deutscher Staaten wurden versprochen.

Vielen Schichten wurden Zugeständnisse gemacht, gegenüber den Arbeitern blieb man jedoch „hart", indem z.B. die im Mai 1953 erhöhten Arbeitsnormen nicht zurückgenommen wurden. Letztlich führten jedoch diese späten Einsichten und das geschwundene Vertrauen in die Aussagen der Partei- und Staatsführung zu krisenhaften Erscheinungen, deren Höhepunkt der Aufstand der Arbeiter vom 17. Juni 1953 darstellte (vgl. Kapitel zum 17. Juni).[29]

Die Politik des „Neuen Kurses" war nur mit Hilfe der UdSSR zu garantieren, die ab 1.1.1954 auf alle Reparationsleistungen verzichtete, die Besatzungskosten auf 5% des Staatshaushaltes begrenzte und den Großteil der restlichen 33 SAG-Betriebe übergab, darunter Leuna, Buna und die Filmfabrik Agfa-Wolfen.[30]

Die für die Bevölkerung nur in geringem Maß spürbaren Verbesserungen führten, auch infolge der Niederschlagung der Aufstände vom 17. Juni, zu einer Massenflucht, wobei von 1953 bis 1955 ca. 770.000 Personen, zumeist Jugendliche, Arbeiter und Bauern, die DDR verließen. (Anhang 1)

Der IV. Parteitag der SED im April 1954 ließ das Ende der Politik des „Neuen Kurses" erkennen. Ab dem Jahr 1955 wurde der Entwicklung der Schwerindustrie wiederum der Vorrang eingeräumt.

Die Standortfrage: Warum gerade Fürstenberg/Oder?

In bezug auf die Auswahl des Standortes zur Errichtung eines neuen Stahl- und Walzwerkes dieser Größenordnung an der Grenze zu Polen ergeben sich zwei Fragen:

1. Weshalb erfolgte nicht der Ausbau schon vorhandener Stahlwerke, sondern der Aufbau eines vollkommen neuen Werkes?[31]
2. Warum fiel die Wahl auf diesen Standort, zwischen den Ortschaften Fürstenberg/Oder und Schönfließ?

Zur Beantwortung der ersten Frage ist die wirtschaftliche Situation der gesamten Roheisenproduktion in der Sowjetischen Besatzungszone zu berücksichtigen. Der Eisen- und Stahlbedarf Mitteldeutschlands wurde hauptsächlich durch die Grundstoffindustrie des Niederrhein-Ruhr-Gebietes gedeckt. Die Lieferungen in die sowjetische Besatzungszone nahmen jedoch sukzessive ab, von November 1947 bis Mai 1948 sanken die monatlichen Lieferungen von 21.000 t auf 8.500 t. Nach der separaten Währungsreform in den Westzonen im Juni 1948 kam der grenzüberschreitende Warenverkehr völlig zum Erliegen.[32] Da die eisenerzeugende Industrie in der sowjetischen Besatzungszone 1947 ca. ein Viertel der Bruttoproduktion von 1936, die metallverarbeitende jedoch die Hälfte von 1936 erbrachte, entstanden Defizite in der Materialversorgung für die metallverarbeitende Industrie. Die Stahlwerke in Hennigsdorf und Riesa, die in Vorbereitung und während des 2. Weltkrieges Rohstahl und Halbzeuge für die Waffenproduktion geliefert hatten, wurden demontiert, teilweise zerstört, stillgelegt oder Maschinenteile wurden abtransportiert. Die Maxhütte in Unterwellenborn/Thüringen erhielt *„bei weitgehender Konzentration der knappen Investitionsmittel und mit nachhaltiger sowjetischer Unterstützung ..." (Cerny 1984:6)* einen vierten Hochofen, und es wurde begonnen, kleinere Stahl- und Walzwerke wiederherzustellen. Der Stahlbedarf stieg jedoch rascher. Von insgesamt 124 Hochöfen, die 1936 in Deutschland Roheisen erzeugt hatten, befanden sich nur 4 auf dem Territorium der DDR. Von drei 1948/49 diskutierten Varianten der Entwicklung der Schwarzmetallurgie[33] entschied man sich für den Aufbau einer eigenen Stahlindustrie. Die UdSSR war das einzige Land, welches in bezug auf die metallurgische Produktion und die Rohstoffbasis über ausreichende Kapazitäten verfügte. Dennoch konnte sie den Stahlbedarf der anderen volksdemokratisch oder sozialistisch orientierten Länder nicht decken.[34] So mußte eine ausreichende Kapazität im eigenen Land geschaffen werden.

Zur zweiten Frage: In der wissenschaftlichen Literatur[35] werden drei Faktoren – strukturelle, wirtschaftliche und (mehr oder weniger direkt) politische – angeführt, die zur Entscheidung für diesen Standort führten und die nur in ihrem Zusammenhang und ihrer ‚Überschneidung' das Verständnis für die damalige Entscheidung ermöglichen. Zur

Auswahl für den Aufbau des neuen Werkes standen mehrere Standorte: Küstrin-Kietz, Eberswalde, Ueckermünde, Frankfurt/Oder und Fürstenberg/Oder.

Zunächst muß jedoch hervorgehoben werden, daß an dem Tag, an dem Ulbricht auf dem III. Parteitag den Bau eines neuen Stahl- und Walzwerkes dieser Dimension verkündete (20.7.1950), der Standort sowohl für das Werk als auch die Stadt noch nicht endgültig feststand.

Die endgültige Festlegung für den Standort der Wohnstadt bei Fürstenberg/Oder erfolgte erst im November (14.11.50, vgl. Tabelle unten), also drei Monate nach dem ersten Spatenstich für das Werk. Von sechs möglichen wurde für die Wohnstadt der fünfte Standort zwischen Fürstenberg und Schönfließ als der günstigste angesehen. Die anderen Varianten sahen eine Lage in weiterer Entfernung vom Städtchen Fürstenberg vor. Trotz der unter dem letztlich festgelegten Standort reichlich vorhandenen Braunkohlevorkommen[36] entschied man sich für diesen Ort. Ein Argument für diese Entscheidung war die Gefahr der ‚gesellschaftlichen Trennung von Fürstenberg', die vermieden werden sollte.[37] Die folgende Übersicht zeichnet den Weg der Standort-Festlegung für Werk *und* Stadt nach:

Zeit	Maßnahmen
Juni/Juli 1950	Im Juni 1950 erfolgten die ersten Standort-Diskussionen. Zunächst wurde wegen der Möglichkeit des Rohstofftransportes über die Ostsee Ueckermünde favorisiert. Die Verbindung von Transport auf dem Wasser und Anbindung an die Schiene ließ den Standort Frankfurt/Oder oder Fürstenberg/Oder günstiger erscheinen, und beide wurden vom Aufbauministerium in einem Gutachten vom 25.7. empfohlen.
20.7.1950	Walter Ulbricht verkündet auf dem III. Parteitag den Aufbau eines neuen Stahl- und Walzwerkes.
30.7.1950	Nach einer Geländebesichtigung am 30.7. sprachen sich u.a. auch die sowjetische Kontrollkommission und die Geologische Landesanstalt für das Gebiet Fürstenberg/Oder aus.
17.8.1950	Die Provisorische Regierung der DDR bestätigte am 17. August - einen Tag vor dem ersten ‚Axthieb' des Ministers Selbmann zur Grundsteinlegung des Werkes - den Standort Fürstenberg/Oder.
18.8.1950	Minister Selbmann vollführt den ersten Axthieb zur Grundsteinlegung des Werkes.
31.8.50	erste Besprechung über die genaue Festlegung des Werkstandortes, wobei genaue Pläne noch nicht vorlagen
14.9.50	Auf wiederholtes Drängen der Landesplanung werden zukünftige Stadtgrenzen grob festgelegt; am selben Tag werden Vorstellungen über die Verbindung zur Reichsbahndirektion betr. Hüttenkombinat; diese hat keine Vorstellung über das Werk, was seit Mitte August dort gebaut werden soll.
Mitte September	Klärung der finanziellen Verhältnisse über den Wohnungsbau
21.9.50	Architekt Ehrlich erhält den Auftrag, die Wohnstadt vorzuprojektieren; Vorprojekt liefert er am 30.9. ab
17.10.50	Abteilung Landesplanung bereist Gelände und führt eine Strukturuntersuchung in der Stadt Fürstenberg und Gemeinde Schönfließ durch; dabei Treffen mit dem Betriebsleiter der Grube ‚Präsident' bei Schönfließ; Ergebnis ist, daß die Frage der Abbauwürdigkeit der unter dem ausgewählten Gelände lagernden Kohlevorräte nicht ausreichend geklärt ist.
19.10.50	Mitteilung des Ministeriums für Industrie, daß die endgültige Entscheidung über den Standort bis 21.10. getroffen werden muß
20.10.50	Landesplanung bestimmt den Standort zwischen Schönfließ und Fürstenberg als künftigen Standort mit der Begründung, daß die gesellschaftliche Trennung von Fürstenberg nicht garantieren); Kohleprojektierungsbüro Berlin weist Standort zurück, da hier das meiste Kohlevorkommen
23.10.50	Industrie- und Aufbauministerium fordern, den Standort 2 für das Werk freizuhalten
24.10.50	Hauptabteilung Metallurgie des Ministeriums erklärt, daß auf die Kohlenflöze keine Rücksicht genommen werden könne; Minister Selbmann wird erstmalig an diesem Tag von den Verhältnissen in Schönfließ unterrichtet.
25.10.50	Feststellung, daß auf dem ausgewählten Standort Kleinbauern ansässig sind; daraufhin Anforderung der Katasterpläne vom Amt Guben
3.11.50	erneute Untersuchung eines anderen vorgesehenen Standortes durch die Landesplanung; später doch Entscheidung für Standort zwischen Schönfließ und Fürstenberg;
14.11.50	endgültige Festlegung des Standortes der Wohnstadt

Vorgänge bei der Festlegung des Standortes von Werk und Stadt (zusammengestellt aus Brandenburgisches Landeshauptarchiv (BLHA), Ld. Br., Rep. 601 Bezirk Frankfurt (Oder), Nr. 6065 Territorialstruktur Stalinstadt 1950-1954, S. 4-8)

Diese nüchterne Aufzählung der Schritte zur Standortbestimmung mag dem heroischen – und oft auch etwas verklärten – Verständnis, wie es auch durch Presse und weitere Medien[38], z. B. zahlreiche literarische Werke der 50er Jahre[39], verbreitet wurde, etwas abträglich sein. Unter Berücksichtigung der damaligen Zeit, dem politischen Kontext, einfach der existenziellen Frage, vor der die Gesellschaft und die Menschen standen, scheinen die Überhöhung und der Heroismus in diesen Werken wiederum verständlich.

Die Standortentscheidung wurde nach strukturellen, wirtschaftlichen und politischen Kriterien getroffen, die im folgenden näher erläutert werden. Der *strukturelle Grund* bezieht sich auf die vorhandene Monostruktur. Das bis zu diesem Zeitpunkt hauptsächlich durch die Agrarwirtschaft geprägte Gebiet sollte durch die industrielle Ansiedlung eine Aufwertung erfahren.[40] Für die *wirtschaftlichen Gründe* spielen – neben den o.g. innen- und außenwirtschaftlichen Bedingungen – transporttechnische Faktoren eine Rolle. Durch die unmittelbare Lage an der Grenze und den damit verbundenen kürzeren Lieferwegen für Rohstoffe aus Polen und der Sowjetunion sowie das ausgebaute vorhandene Eisenbahn- und Wasserstraßennetz (Oder-Spree-Kanal), über das Kalkstein aus Rüdersdorf (bei Berlin) und Rohstoffe aus dem mitteldeutschen Raum geliefert wurden, waren günstige Voraussetzungen für diesen Standort gegeben.[41] So peripher in ihrer Lage, wie die Stadt letztlich blieb, war sie ursprünglich nicht geplant. Noch 1950/51 hatte man die Anbindung der neuen Stadt an Berlin durch eine S-Bahn-Strecke bis Mitte der 50er Jahre vorgesehen. Letztlich konnte diese Idee aufgrund mangelnder Investitionsmittel jedoch nicht realisiert werden.

Ein weiterer Vorteil für den Neubau von Werk und Stadt in diesem Gebiet – der jedoch aufgrund der vorhandenen Dokumentenlage bisher nicht vollständig nachgewiesen werden kann – ergibt sich aus der Standortplanung für die Ansiedlung von Industrie in dieser Region bis 1945. So kann davon ausgegangen werden, daß schon vor 1945 das Deutsche Reich hier einen großen Stahlstandort vorsah. Vorhandene Pläne – in welchem Ausarbeitungsstadium diese vorlagen, muß offenbleiben – wurden von den Planungsinstanzen für das Eisenhüttenkombinat genutzt. In Fürstenberg war bspw. ein Bahnhof vorhanden, über den das Werk der DEGUSSA mit Material versorgt wurde (vgl. Kapitel ‚Vorgeschichte von Region und Stadt').

Letztlich ausschlaggebend für die Entscheidung war eine Reihe *politischer Gründe*:

– Im Juli 1950 erfolgte durch die DDR die offizielle Anerkennung der Oder-Neiße-Grenze.[42] Die – bewußte – Wahl des Standortes an der Grenze sollte die Glaubwürdigkeit der ‚friedliebenden Außenpolitik' der DDR untermauern und war letztlich eine Demonstration staatlicher Selbständigkeit gegenüber der Bundesrepublik.[43] In der offiziellen Politik wurde zum Ausdruck gebracht, daß durch den Bau des Eisenhüttenkombinates an diesem Standort die *Freundschaft* und das *Vertrauen* zu den *Bruderländern* bewiesen werde. So zieht sich auch das Thema „Sowjetisches Erz und polnischer Koks zu deutschem Friedensstahl" als ‚Symbol' durch die Aufbauphase von Werk und Stadt.[44]

– Als ein weiterer ‚politischer' Grund, der jedoch so in der bisher vorhandenen Literatur nicht explizit als *politischer* Grund für die Standortwahl zum Ausdruck kam, kann das Ziel der ‚Einbindung' der Vielzahl von Umsiedlern in das öffentliche- (und ‚Arbeits-') Leben gelten.[45] *"Viele Umsiedler aus den ehemaligen deutschen Ostgebieten hatten in den umliegenden Dörfern und nahe gelegenen Städten erste Zuflucht gefunden. Sie wollten nicht weg, weit fort von der Heimat. Sie blieben an Oder und Neiße."* (Bräuer 1990:7)

1950: Plakat EKO (Foto: EKO-Archiv)

„»Ich (der erste Staatspräsident der DDR Wilhelm Pieck; d. A.) bin überzeugt, daß mit diesem Kombinat zwei eurer drückendsten Sorgen verschwinden. Das eine ist die Frage der Unterbringung aller vorhandenen Arbeitskräfte, und das andere ist die leidige Wohnungsfrage.«

Er dachte dabei nicht zuletzt an die vielen Umsiedler, die im Grenzgebiet geblieben waren, obwohl sie hier schlechter Unterkunft und Arbeit fanden als im Landesinneren. Sie blieben – in vager Hoffnung auf Rückkehr in ihre rechts der Oder gelegenen Heimatorte."
Ausführungen W. Piecks zur Einbindung der Umsiedler in das öffentliche und Arbeitsleben (zitiert nach Cerný 1984:9)

— Noch Ende der vierziger Jahre gab es in der SBZ politische Auseinandersetzungen um einen „besonderen deutschen Weg zum Sozialismus", der in Abgrenzung zum herrschenden politischen System in der UdSSR gegangen werden sollte.[46]"Obwohl die SED (auch mit Rücksicht auf Besatzungs- und gesamtdeutsche Belange) 1948 offiziell noch erklärte, die SBZ sei keine „Volksdemokratie" wie die anderen osteuropäischen Staaten, zeichnete sich 1949 ab, daß mit der Anpassung an das System der UdSSR eben doch eine solche „volksdemokratische Ordnung" errichtet wurde. So waren in der Wirtschaft wichtige Branchen der Industrie und des Handels verstaatlicht, damit die Sozialstruktur verändert sowie eine Planwirtschaft nach sowjetischem Muster eingeführt worden. Im politischen System hatte die SED ihre Hegemonie gesichert und dabei ihren organisatorischen Aufbau dem der KPdSU angeglichen." (Weber 1993:25) Mit dem grundlegenden Neuaufbau eines Werkes und einer Stadt sollten erstmals mit Hilfe sowjetischer Erfahrungen auch die neuesten Erkenntnisse der Technologie und Arbeitsorganisation in Wirtschaft[47] und die Ideologie einer sozialistischen Stadtplanung[48] umgesetzt werden. So konnte exemplarisch im großen Maßstab anhand eines ‚Demonstrationsobjektes' auch ein ‚Umschwenken' in der Politik gezeigt werden.

— Eine Voraussetzung für die Errichtung der ‚ersten sozialistischen Stadt' bestand im Nichtvorhandensein benachbarter bürgerlicher Milieus. Durch den Neubau einer Stadt auf der ‚grünen Wiese' war ein Anknüpfen an bürgerliche Traditionen nicht möglich. Für das geplante Stadtgebiet war weder die Ansiedlung privaten Kleingewerbes noch von privatem Handel vorgesehen, die ja in diesem Zeitraum noch integrativer Bestandteil der DDR-Wirtschaft waren, deren Existenz aber nicht mit der ‚Idee' der ‚1. sozialistischen Stadt' vereinbart werden konnte bzw. „sollte".[49]

— Es wurden auch Meinungen gegen den Aufbau des Eisenhüttenkombinates vertreten. Als Gründe wurden aufgezählt: ‚zu teuer' (ca. 600 Mill. Mark), ‚schwierig zu errichten' (der Maschinenbau hatte mit der Ausrüstung von Werken dieser Dimension keine Erfahrung), ‚zu aufwendig im Betrieb' (jährlich sollten 1,1 Mill. t Eisenerz und 900.000 t Hüttenkoks herangeführt werden) (vgl. Cerný 1984:8).

Die Wiedervereinigung der beiden geteilten deutschen Staaten war immer noch ein – wenn zu diesem Zeitpunkt auch entfernteres – Ziel. In diesem Zusammenhang hätte das neue Eisenhüttenkombinat keine ‚Standortberechtigung' mehr gehabt. Dieses Argument wurde vor allem von den Vertretern der LDPD (Liberal-Demokratischen-Partei-Deutschlands) vorgebracht. In der Begründung für den Aufbau ging man jedoch davon aus, daß erst eine wirtschaftlich starke DDR als staatliche Basis und ‚Vorbild' für einen Zusammenschluß dienen kann. Wenn dieser dann vollzogen sei, würden auch Absatzgebiete in Ost- und Südostdeutschland gefunden (vgl. Cerný 1984:8).

„Das Beispiel der friedlichen, ehrlichen Arbeit wird überzeugend auf die Arbeiterschaft und die Bevölkerung Westdeutschlands wirken. Sie wird erkennen, wer der Freund und wer der Feind des deutschen Volkes ist. So ist der Fünfjahrplan zugleich der Plan des Kampfes zur Überwindung der Spaltung Deutschlands, zur Herstellung der Einheit Deutschlands, er entspricht also voll und ganz den Interessen des Volkes.

W. Ulbricht"
Walter Ulbricht, Rede auf dem III. Parteitag der SED „Die Ziele des Fünfjahrplanes" (Neues Deutschland, 23.7.50, S.1)

Die Errichtung des ‚Industriegiganten' EKO veränderte Region und beide Ortschaften Fürstenberg/Oder und Schönfließ grundlegend. Die kontinuierliche Entwicklung handwerklicher Tradition und die der bis zu diesem Zeitpunkt vorhandenen Industrie wurde abgebrochen.

Am Anfang war der Stahl:
„Kohle zu Eisen – Eisen zu Brot"

Der ‚1. Axthieb' und seine Folgen – Werks-, Stadt- und Bevölkerungsentwicklung 1950-1953[50]

Am 18. August 1950 vollführte der Minister für Schwerindustrie Selbmann mit dem Fällen einer Kiefer den symbolisch 1. Axthieb zum Zeichen des Beginns der Bauarbeiten.[51] In der 1968 erstellten Betriebsgeschichte wird die Situation am 18. August 1950, dem offiziellen Beginn der Bauarbeiten für das Werk, etwas verklärt so beschrieben: *„Fürstenberger Genossen schlagen eine Schneise in den Wald an der alten Poststraße. Die ersten 50 Arbeitskräfte nehmen ihre Arbeit auf."* (Unser Friedenswerk, Teil I:103)

Auf dem Gelände der EKO-Baustelle wurden nach der Grundsteinlegung Baracken sowie Materiallager errichtet, und man begann mit dem Bau der ersten Zufahrtswege. Die Arbeitskräfte übernachteten in diesen Baracken, im Freien, nahmen lange Anfahrtswege in Kauf oder wurden in Fürstenberg und den umliegenden Ortschaften untergebracht. *„Im Spätsommer sowie im Herbst 1950 wurden die Erkundung und Vermessung, das Entholzen und Planieren des Terrains fortgesetzt, Wohnbaracken aufgestellt, nach Lageplänen, die sich selbst noch im Entwurfsstadium befanden, die Einrichtung der Baustelle rasch vorangetrieben und der Anschluß an das Straßen- und Eisenbahnnetz sowie die Anlage eines Werkbahnhofes am Oder-Spree-Kanal vorbereitet. Es herrschte ein großer Mangel an Material, insbesondere an Transportmitteln, und schwierige Arbeits- und Lebensbedingungen. Viele mußten lange Fußmärsche und Fahrten mit dem Fahrrad oder auf offenem LKW unternehmen, um die Baustelle zu erreichen; die vorbereiteten Massenquartiere reichten nicht aus; solange die Witterung es zuließ, übernachteten junge Arbeiter im Freien."*[52]
Beschreibung der Anfänge auf dem Werksgelände (Cerný 1970:85)

Aufgrund der Dringlichkeit des Bauvorhabens konnten die technischen Vorbereitungen nicht in dem Maße getroffen werden, wie es für ein solches Großprojekt notwendig gewesen wäre. Die Unterlagen für Bauarbeiten lagen oftmals nicht vor, es fehlte an Material. *„Unter günstigeren Umständen wären auf die gründlichere Vorbereitung des Aufbaus – durch geologische, metallurgische und ökonomische Untersuchungen, durch die Projektierungs- und Konstruktionsarbeiten selbst, durch die Bereitstellung der nötigen Kapazitäten in der Baustoff- und Bauindustrie sowie im Maschinenbau – ein bis zwei Jahre verwandt worden. Unter den politischen und volkswirtschaftlichen Bedingungen stand diese Zeit nicht zur Verfügung."* (Cerný 1970:70) Aufgrund des großen Termindrucks und der Parallelität der Erfüllung aller wichtigen Planungs- und Ausführungsaufgaben kann man im ersten bzw. in den ersten Jahren der Errichtung von Werk und Stadt nicht von einer langfristigen Planung sprechen. Vieles geschah eher spontan. Die Bekanntgabe des Aufbaus eines großen Hüttenwerkes an der Oder als Schwerpunkt des 1. Fünfjahrplanes durch Ulbricht auf dem III. Parteitag 1950 geschah, wie schon ausgeführt, ohne genaue Festlegung des Standortes, ohne vorher klar ausgearbeitete Pläne und somit eher unter dem Druck des schnellstmöglichen Aufbaus einer eigenen funktionierenden Grundlagenindustrie.

In dieser Zeit spielten ‚Großinvestitionen' wie der Aufbau des Eisenhüttenkombinates Ost eine wirtschaftlich *und* ideologisch wichtige Rolle. Das EKO war einer der 54 Betriebe der Grundstoffindustrie und des Schwermaschinen- und Hochseeschiffbaus, die auf Regierungsbeschluß für das Planjahr 1951 zu *Schwerpunktbetrieben* bestimmt wurden.[53] Diese Betriebe erhielten eine *Schwerpunkterklärung*, um die beschleunigte Erledigung aller Aufgaben und Aufträge bei den Leitungsinstitutionen der DDR sowie ihnen nachgeordneten Dienststellen und Betrieben durchsetzen zu können. So waren – neben dem neu zu errichtenden Eisenhüttenkombinat an der Oder – der VEB Bergmann-Borsig, der Magdeburger Schwermaschinenbetrieb (früher ein Rüstungsbetrieb des Krupp-Konzerns und ab 1954 Schwermaschinenkombinat Ernst Thälmann Magdeburg, SKET) und die Warnowwerft im Hafen Rostock Schwerpunktbetriebe des 1. Fünfjahrplanes.[54]

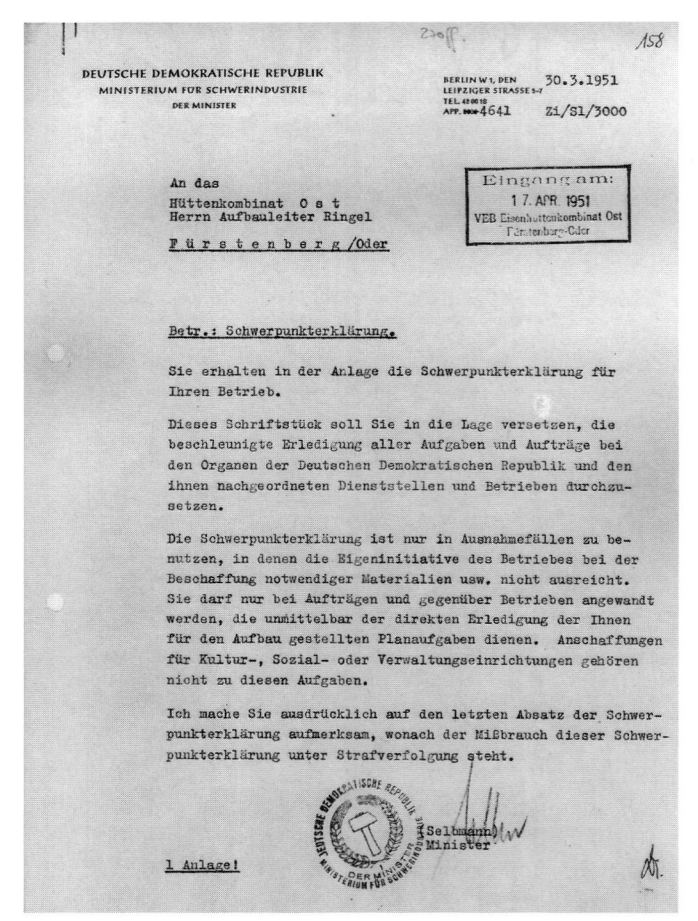

Schreiben zur Schwerpunkterklärung für das EKO (A 270/158)

Das Eisenhüttenkombinat besaß unter den Schwerpunktbetrieben des Metallurgiebereiches in bezug auf die Bausumme die führende Stellung. Die Investitionssumme für Industriebauten sowie die nachgeordneten Gesundheits-, Sozial- und Kultureinrichtungen betrug das doppelte bis dreifache Volumen im Vergleich zu den anderen Schwerpunktbetrieben.

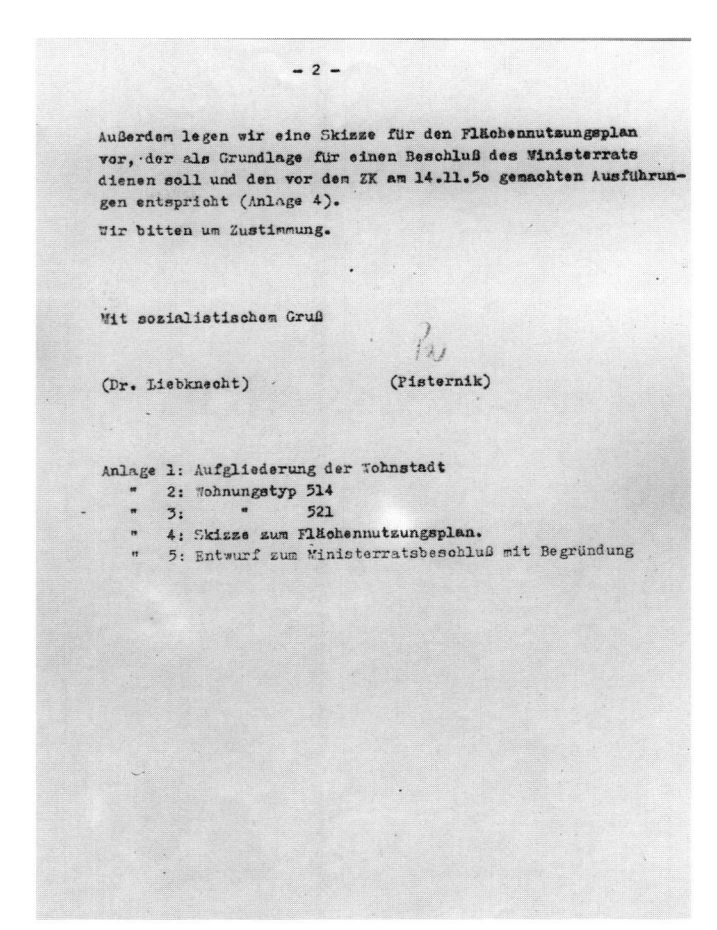

Flächennutzungsplan Anhang (BArch, Bestand Ministerium für Bauwesen, DH 1, Nr. 38708)

Um die Bedingungen für die Arbeitskräfte zu verbessern, forcierte das Ministerium für Aufbau die Errichtung von Wohnunterkünften. Mit dem Bau der ersten, auf den zu diesem Zeitpunkt gängigen Typenbauten basierenden Häusern, wurde sofort nach der durch den Ministerrat erfolgten Festlegung des Standortes sowie nach der persönlichen Begutachtung durch Ulbricht begonnen.[55]

Bis Ende 1950 war einzelne Häuser errichtet, die Barackenstadt für 800 Arbeitskräfte aufgebaut, Bauplätze der kommenden Jahre entwaldet und teilweise planiert, die Fundamente für Hochofen I am 18. Dezember fertig. Die Grundsteinlegung für Hochofen 1 erfolgte am 1. Januar 1951.

Nach der Erklärung des EKO zum Schwerpunktbetrieb erfolgte ein weiterer Regierungsbeschluß zur Absicherung von Schwerpunktaufgaben, die auf die Entwicklung der Infrastruktur gerichtet waren. (Anhang 2) Die Landesregierungen stellten Rahmenpläne für Schwerpunktgebiete auf.

„Die Landesregierung und die Organe der örtlichen staatlichen Verwaltungen haben u.a. an der besseren und schnelleren Lösung nachstehender Aufgaben in diesen Schwerpunkten mitzuarbeiten:

– der Bereitstellung der Arbeitskräfte

– der Organisierung des Berufsverkehrs

– der Bereitstellung von Wohnraum

– der Versorgung der Bevölkerung mit Lebensmitteln und Bedarfsgütern

– der sozialen, kulturellen und gesundheitlichen Betreuung der Bevölkerung ..."[56]

Entwurf eines Rahmenplanes gem. Regierungsbeschluß 54/51 für das Schwerpunktgebiet Fürstenberg/Oder (Der Ministerpräsident des Landes Brandenburg, 1951) (A 747/114)

Telegramm des Ministeriums für Schwerindustrie an das EKO (EKO-Archiv)

Für die Erfüllung der jeweiligen Ziele wurden die zuständigen Ministerien verantwortlich gemacht. Die Vorgaben wurden mit den kommunalen Leitungsorganen sowie Betriebsleitungen der Schwerpunktbetriebe diskutiert.

Zwischen Planung und Konfusion – die Entwicklung der Strukturen

Die Werkleitung unterstand zum Zeitpunkt der Grundsteinlegung der VVB Eisen und Stahl (Vesta) sowie der Hauptabteilung Metallurgie im Ministerium für Industrie.

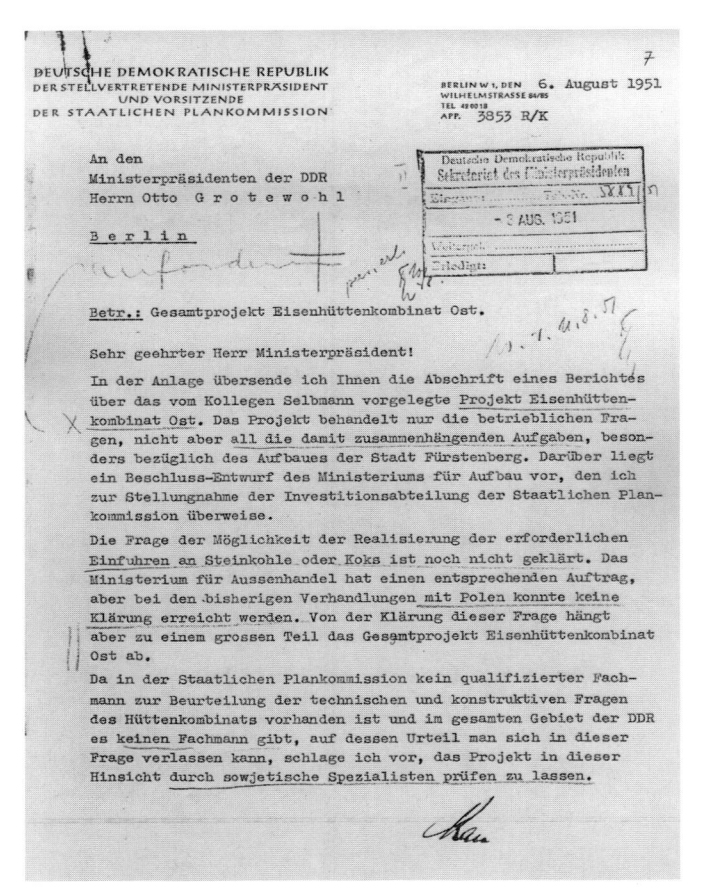

Ende 1950 wurde das EKO, wie andere Schwerpunktbetriebe auch, aus der VVB herausgelöst und als selbständige juristische Person dem Ministerium direkt unterstellt.

Ein Jahr nach der Grundsteinlegung für das Werk und ca. einen Monat vor Inbetriebnahme des Hochofens I bestanden noch immer Unklarheiten über das ‚Gesamtprojekt Eisenhüttenkombinat Ost.' Diese äußerten sich z.B. darin, daß die Rohstofflieferungen nicht geklärt waren, die Fragen der Stadtentwicklung nach wie vor vernachlässigt wurden und ein eklatanter Mangel an qualifizierten Kräften zu verzeichnen war.

Der Plan für den Aufbau eines Werkes mit geschlossenem metallurgischen Zyklus wurde erst im Herbst 1951 endgültig beschlossen. Bis zu diesem Zeitpunkt hatte der Minister für Schwerindustrie Selbmann die Verantwortung für sämtliche Investitionen übernommen, wie aus seinem Schreiben an den Ministerpräsidenten Otto Grotewohl hervorgeht (vergleiche Abbildung unten).

Die Personalisierung von Verantwortung einzelner Minister ging nicht mit einer adäquaten Kompetenzzuschreibung einher. Die Diskrepanz bestand darin, daß Entscheidungen kollektiv im Ministerrat getroffen wurden, die ‚Haftung' jedoch eine persönliche war. Dies zeigt sich konkret an folgendem Schreiben Grotewohls an die Minister unterschiedlicher Ressorts einschließlich Selbmann (Abbildung Seite 25). Dieses Schreiben enthielt eine strenge Rüge und die Androhung persönlicher Konsequenzen im Falle der Nichterfüllung des Investitionsplanes für das Jahr 1951.

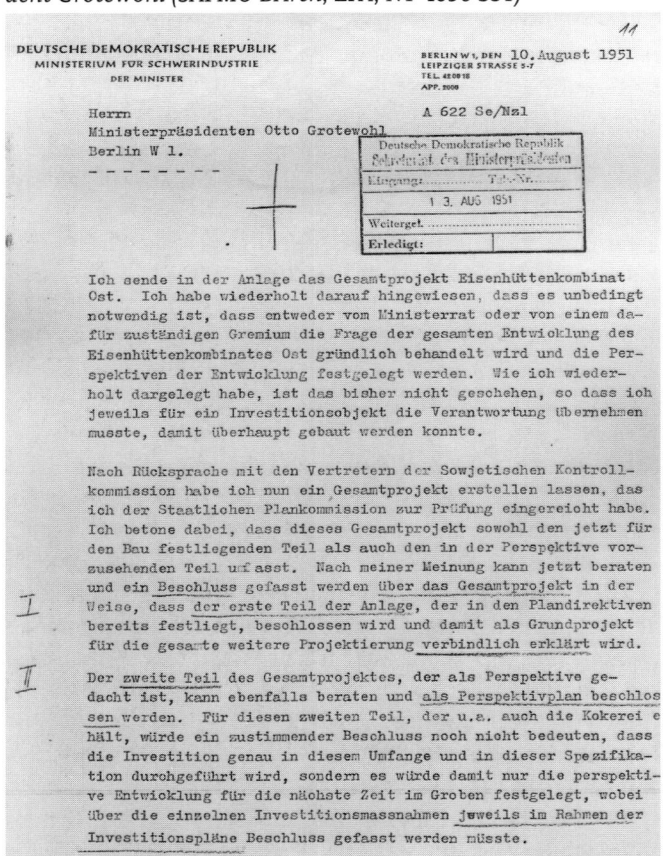

Schreiben des stellv. Ministerpräsidenten Rau an Ministerpräsident Grotewohl (SAPMO-BArch, ZPA, NY 4090-351)

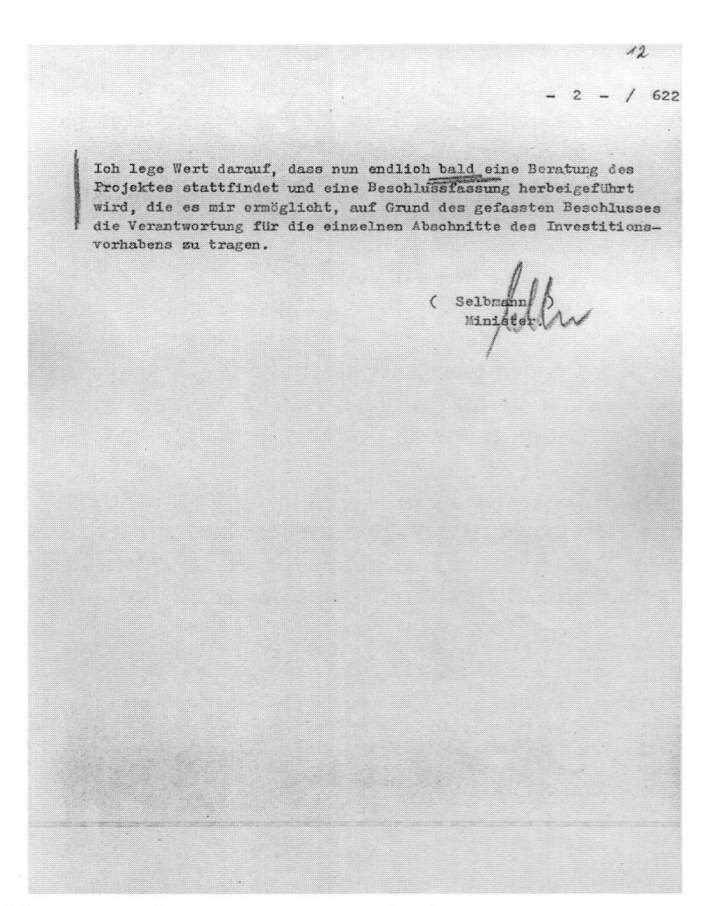

Schreiben von Minister Selbmann an Ministerpräsident Grotewohl (SAPMO-BArch, ZPA, NY 4090-351, Bl. 11)

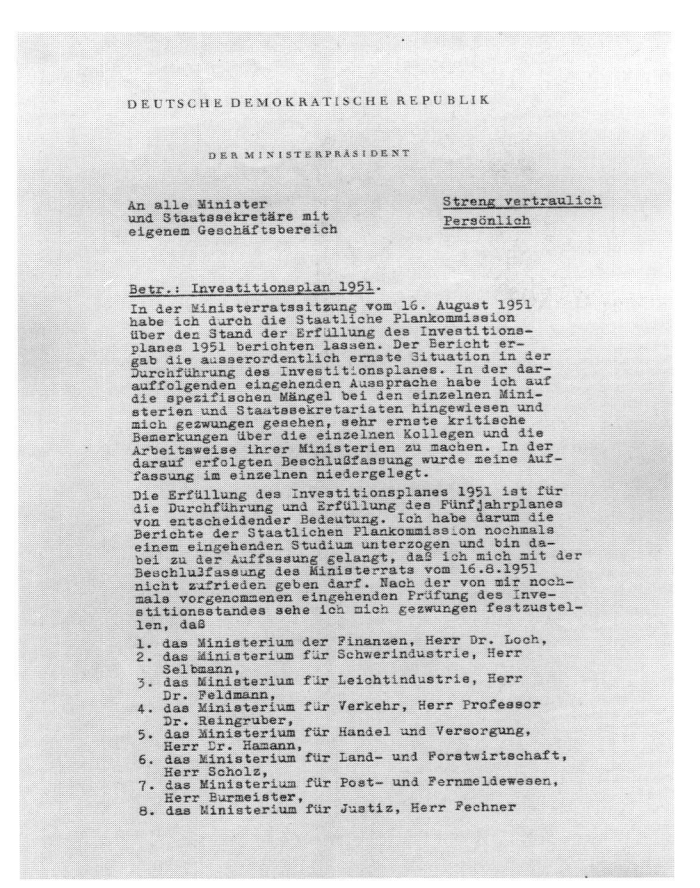

Schreiben von Grotewohl an alle Minister (Barch DG 2, Nr. 1648)

Diese Vorgaben an die Minister, die unbedingte ‚Erfüllung' des Planes, die ‚öffentliche' Rolle, die das EKO in den DDR- und westlichen Medien spielte, führten zur verfrühten Inbetriebnahme des Hochofen I. Er wurde am 19.9.51 mit einem feierlichen Festakt in Betrieb genommen (vgl. Anhang 3), ohne daß die Funktionsfähigkeit aller Aggregate gewährleistet war.[57] Aufgrund der Schwierigkeiten der Produktion, die sich aus der verfrühten Inbetriebnahme ergaben sowie auch der Mängel, die die im EKO Beschäftigten an der Wohnstadt kritisierten, setzte man Anfang 1952 eine Regierungskommission unter der Leitung von Ulbricht ein. Es kam zum Treffen mit Arbeitern, wo diese offen Kritik üben konnten. Folge war ein Beschluß des Politbüros zur Verbesserung der Situation in Fürstenberg/Oder. Im Ergebnis wurde ein Bericht verfaßt, den die Kommission dem Politbüro des ZK der SED in seiner Sitzung am 5.2.1952 vorlegte. Daraufhin faßte das Politbüro einen Beschluß über ‚Maßnahmen zur Verbesserung der Arbeit des Ministeriums für Hüttenwesen und Erzbergbau, der Industriegewerkschaft Metallurgie sowie der IG Bau-Holz beim Aufbau des Eisenhüttenkombinat Ost.' Dieser Beschluß wurde republikweit in der Parteipresse veröffentlicht (vgl. Fromm 1981:44).

Strukturaufbau zwischen Administration und demokratischer Mitbestimmung

Auch wenn in der Anfangszeit 1950/1951 administrative Zuständigkeiten schwer zu trennen waren, so ordnete man die Arbeitskräfte, die am Aufbau des *Werkes* beteiligt waren, der Aufbauleitung des EKO zu. Sie unterstanden damit dem Ministerium für Hüttenwesen und Erzbergbau. Die Arbeitskräfte der ‚Bau-Union Fürstenberg'[58], die die *Wohnstadt* erbauten, wurden dem Ministerium für Aufbau zugeordnet.

Nachdem die Leitung des Werkes[59] bis 1953 durch den *Aufbauleiter* (O. Ringel) wahrgenommen wurde, was gleichbedeutend mit der Funktion des Werkdirektors war, wurde 1953 ein Werkleiter (Fenske) eingesetzt.[60] 1954 wurde die Aufbauleitung des EKS (‚Eisenhüttenkombinat Stalin')[61] aufgelöst und die Verantwortung für alle weiteren Investitionen einer neu gegründeten Investabteilung des Werkes übertragen. In der Plandiskussion zum Jahresplan 1953 wurden im Zusammenhang mit den Problemen der Planerfüllung Schwierigkeiten in der Leitung offensichtlich, die zur ‚Absetzung' des früheren Aufbauleiters führten.

„Was ist die Voraussetzung dafür, daß man einen solchen großen Betrieb leitet? Die Voraussetzung ist eine klare Abgrenzung der Verantwortlichkeiten, wirkliche, feste Leitung. Das ist kein dauerhafter Zustand und es muß so sein, daß, wenn jemand eine Anordnung erteilt, diese dann aber auch ernst genommen wird. Glaubt Ihr, in einem sowjetischen Betrieb wäre das so? Ich kann mir das nicht vorstellen. Die unbedingte Anerkennung einer Autorität ist in einem Betrieb, wie dem EKO, unerläßlich."
Protokoll über die am 24.3.53 durchgeführte Beratung des Betriebsplanes 1953, Beitrag Minister Selbmann (A 758/211)

Die Methoden sowjetischer Betriebsführung waren besonders in den Anfangsjahren handlungsleitend. Eigene Erfahrungen in der Leitung großer Bauvorhaben existierten nicht, und man orientierte sich am sowjetischen Vorbild. Konzeption und Planung des Werkbaus wurden von einem Mitarbeiterstab des DDR-Ministeriums für Aufbau, Institut für Städtebau und Hochbau, *Projektierungsbüro Abteilung Fürstenberg* vorgenommen.[62] In allen Fragen hatte das Aufbauministerium in Zusammenarbeit mit weiteren Ministerien und Sondergremien Entscheidungsgewalt. Im September 1950 öffnete in Fürstenberg das ‚Gemeinschaftsbüro der Projektanten.'[63] Da eine Konzentration aller Aufgaben in diesen beiden ‚Büros' erfolgte, kam es zu Schwierigkeiten bei der Kompetenzzuschreibung und Aufgabenverteilung, so daß sich die Notwendigkeit der Aufgabentrennung ergab. Die Barackenstadt wurde am 1.2.1951 an die Verwaltung bzw. Aufbauleitung des Eisenhüttenkombinates übergeben.[64] Erst Ende 1951 wurde die notwendige administrative Teilung von ‚Werk' und ‚Stadt' vollzogen und eine *Aufbauleitung* für die Wohnstadt Fürstenberg/Oder gebildet.[65]

„Herr Hauptabteilungsleiter Siewert eröffnete die Sitzung ... und erklärte, daß er im Auftrage des Herrn Stellvertretenden Ministerpräsidenten Dr. Bolz die Aufbauleitung für die Wohnstadt zu bilden hat. Gemäß Verordnung der Regierung und Anweisungen der Staatlichen Plankommission ist das Ministerium für Aufbau als alleiniger Planträger für die Wohnstadt vorgesehen. Das Ministerium wird einen Sonderbeauftragten einsetzen, welcher die Aufgabe hat, eine Stadtplanungskommission aufzubauen, in welcher alle Körperschaften, welche am Bau der Stadt interessiert sind, die Vertretung haben."
Protokoll über die am 2.11.1951 stattgefundene Besprechung betr. Bildung der Aufbauleitung für die Wohnstadt Fürstenberg/O. (A 644/152)

Die *Aufbauleitung* arbeitete operativ mit wöchentlichen Zusammenkünften. Gegenstand der Beratungen waren 1. die Kontrolle der festgelegten Aufgaben, 2. die Klärung operativer Fragen, wie z.B. der Zustand des Bauvorhabens, der Stand des Arbeitskräfteeinsatzes oder technische Fragen. 3. ging es um Stellungnahmen zu Grundsatzfragen, wie z.B. den Perspektivplan für das kommende Jahr oder den Zustand in den Wohnlagern. Zu Beginn des Jahres 1952 wurde ein *Sonderbeauftragter* des Ministeriums für Aufbau für die Planung von Werks- und Stadtentwicklung eingesetzt. Damit sollte nicht nur der parallele Aufbau besser koordiniert, sondern auch die ministeriale ‚Kontrolle' effektiver ausgeübt werden. Die *Stadtplanungskommission* hatte beratende und kontrollierende Funktion. In ihr waren Vertreter des EKO, des Gewerkschaftsbundes (FDGB), der Stadtverwaltung Fürstenberg, der Fachministerien und der Bezirksleitung der SED tätig. Die Arbeitskräfte des EKO sollten in Stadtplanung und Diskussion einbezogen werden. Aus diesem Grund wurden die Bemühungen verstärkt, den Mitbestimmungsaspekt, der sich in der Einbeziehung aller am Aufbau von Werk und Stadt Beteiligten ausdrücken sollte, zu realisieren. In der Anfangszeit erwies sich dieses Vorhaben als schwierig.[66] Die Errichtung der „1. sozialistischen Stadt" sollte als ein gemeinsames, *demokratisches*, ‚nationales Aufbauprojekt' aller Parteien und Massenorganisationen demonstriert werden.[67] Aus diesem Grund wurden kontinuierlich, neben den Mitarbeitern des Aufbauministeriums, Vertreter anderer Organisationen einbezogen. Allerdings entstanden diese Gremien durch ein ‚von oben' aufgesetztes Verfahren. Dies geschah auch aus dem Grund, da bis zu diesem Zeitpunkt die ‚Eigeninitiative' der Arbeiter nach Vorstellung der regierenden Seite zu gering war.[68] Ein Personenkreis wurde benannt, in dem Vertreter verschiedener Institutionen und Organisationen mitwirkten.[69]

„Im übrigen sind sämtliche Wohnungstypen in Zusammenarbeit mit der Partei, dem FDGB sowie dem DFD (Demokratischer Frauenbund Deutschlands; d.A.) vom Aufbauministerium entwickelt worden."
Bericht über die Besprechung mit Vertretern des Aufbauministeriums betr. die neue Wohnstadt Fürstenberg-Schönfließ am 1.2.1951 im Hotel „Aufbau" Fürstenberg/Oder (A 255/149)

Das Verhältnis zwischen einem ‚von oben' aufgesetzten Demokratisierungsprozeß und wirklicher Beteiligung der Bewohner ist zu diesem Zeitpunkt nicht leicht zu bestimmen, da in dem – notwendig – durchplanten Aufbauprozeß noch viel reglementiert werden mußte. Erst nach dem 17. Juni 1953 kam es zu mehr Wortmeldungen und Kritik von den Bewohnern selbst, da die regierende Seite in öffentlichen Veranstaltungen zur Stellungnahme gezwungen wurde (vgl. Kapitel ‚Auswirkungen des 17. Juni 1953 auf die Stadt'). Die Bemühungen, die in der Wohnstadt lebenden Menschen in die Planung und Entwicklung einzubeziehen, wurden durch Ausstellun-

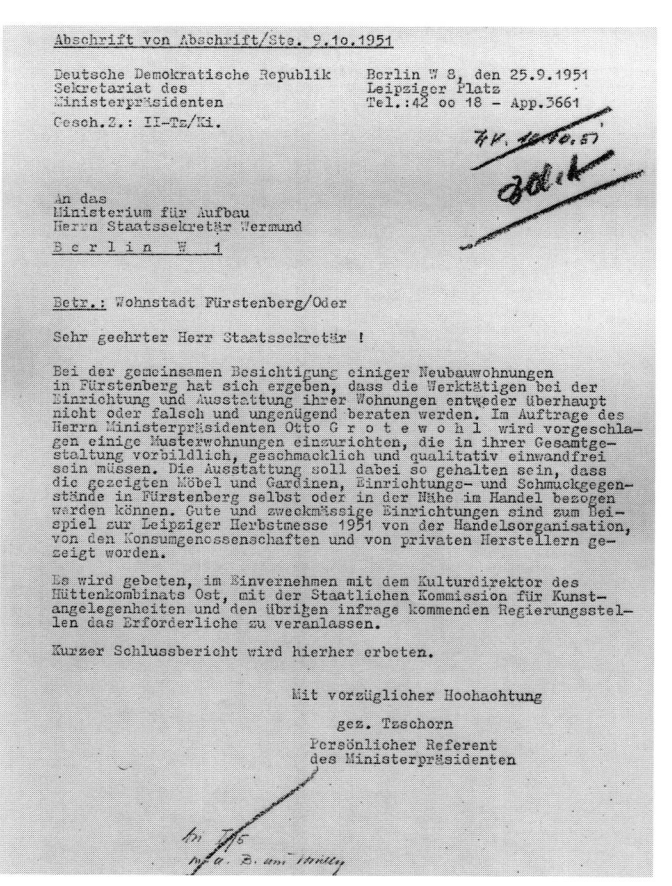

Ausstellung mit Möbelsortimenten (BArch, Bestand Ministerium für Bauwesen, DH 1, Nr. 38708)

```
Aufbauleitung                    Fürstenberg (Oder), den  28. 3. 1953
der ersten sozialistischen Stadt  Baustelle Wohnstadt, Bürobaracke
Fürstenberg/Oder                  Fernruf 103 und 110

Abt. Personalabteilung            Vorlzung
                                  [30. ... 1953]g
                                  vorl. an:
                                  erled.:

An die
Werkleitung des Eisenhüttenkombinats
z.H. Werkdirektor Fenske od. Vertreter

Ihre Nachricht  Ihr Zeichen  Unsere Nachricht  Unser Zeichen  Hausapparat
                                               F1/Sp           20

Betrifft: Öffentliche Berichterstattung
des Ministeriums für Aufbau
am Mittwoch, den 1. 4. 1953, 14 Uhr
in der Kulturhalle des EKO

Wir bitten Sie, an dieser Berichterstattung
mit einigen Ihrer besten Produktionsarbeiter,
Poliere, Brigadiere, Aktivisten, Techniker
und Ingenieure, sowie Partei- und Gewerk-
schaftsfunktionären teilzunehmen.

Wir hoffen, die Rechenschaftslegung von Ihnen
durch kritische Diskussionsbeiträge mit guten
Vorschlägen im Interesse eines vorbildlichen
Aufbaus der Wohnstadt bereichert zu sehen.

                Aufbauleitung
           der ersten sozialistischen Stadt
                  Stalinstadt
                 gez. Köhler
```

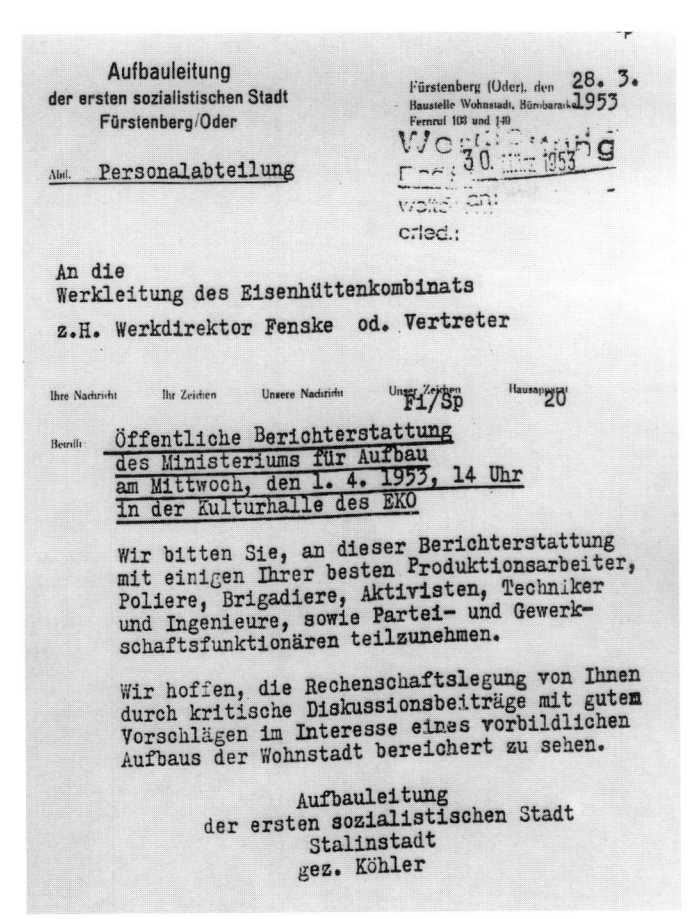

Einladung an die Werkleitung des EKO zur öffentlichen Berichterstattung des Ministeriums für Aufbau im April 1953 (A 255/26)

gen deutlich. So wurden z.B. Musterwohnungen mit Sortimenten eingerichtet, die in den Geschäften Fürstenbergs vorhanden waren (vergleiche Abbildung Seite 26).

Die erste öffentliche Rechenschaftslegung des Aufbauministeriums über den Aufbau der Wohnstadt fand im Dezember 1952 statt. Die nächste folgte im April 1953 (Abbildung oben).

Neben dem bereits existierenden ‚Entwurfsrat Stalinstadt' wurde ein Beirat für Architektur gebildet. Durch die Zugehörigkeit Walter Ulbrichts zu diesem Beirat wurde die politische Bedeutung des Werk- und Stadtaufbaus demonstriert.

„In der Kollegiumssitzung des Ministeriums für Aufbau am 4.11.1952 hat Minister Dr. Bolz die Frage der Bildung eines Architektur-Beirates für Fürstenberg erneut gestellt. Auf seinen Vorschlag hat das Kollegium zugestimmt, daß zur Begutachtung der Entwürfe für die Wohnstadt Fürstenberg ein Architekturbeirat gebildet werden soll. Dieser Beirat setzt sich zusammen aus
COLLEIN, Vizepräsident der Deutschen Bauakademie
LEUCHT, Generalprojektant
PISTERNIK, Hauptabteilung Städtebau
SANDT, Nationalpreisträger und
einer Frau, die vom Frauenausschuß des EKO in Vorschlag gebracht werden soll.
Zur Entscheidung grundsätzlicher Fragen, die die Wohnstadt betreffen, soll ein Kollegium geschaffen werden, dem u.a. der stellvertretende Ministerpräsident Walter Ulbricht und Minister Dr. Bolz angehören. Dr. Bolz machte die Mitteilung, daß er bereits mit Walter Ulbricht über diese Frage gesprochen habe und Walter Ulbricht ...auch seine Beteiligung zugesagt hätte."
Schreiben des Ministeriums für Aufbau, HA II, Siewert, an das ZK der SED, Abt. Wirtschaftspolitik, v.6.11.1952 (SAPMO-BArch, ZPA, DY 30/IV 2/ 6.06, A 32, Bl.370)

Politische Entscheidungen spielten jedoch nicht nur bei der Planung und dem Aufbau der Stadt eine wesentliche Rolle, sondern auch im Prozeß der Arbeitskräfteplanung und -beschaffung. Die in der Umgebung von Fürstenberg und Schönfließ vorhandenen Arbeitskräfte reichten für die Realisierung eines solchen Vorhabens wie dem Werks- und Stadtaufbau bei weitem nicht aus. Aus diesem Grund mußten langfristig Strategien entwickelt werden, durch die der Bedarf an Arbeitskräften gedeckt werden konnte.

Die Goldgräberstadt
Überregionale Arbeitskräftegewinnung und -lenkung

Mit der Grundsteinlegung für den Bau des Werkes und der Stadt war es notwendig, eine Vielzahl von Arbeitskräften zu gewinnen. *„Die Nachricht vom Aufbau des Werkes verbreitete sich im Oderbezirk wie ein Lauffeuer und zog viele Menschen an. Die Leitung des Baubetriebes scheute sich, Arbeitssuchende abzuweisen. Die Projektierung des Hüttenkombinates war zwar im Herbst 1950 noch nicht so weit gediehen, daß es möglich gewesen wäre, Hunderte von Arbeitern rationell einzusetzen. Es war aber vorauszusehen, daß der Bedarf an Arbeitskräften im folgenden Jahr sehr rasch wachsen würde. Dennoch mußte im Spätherbst 1950 eine Einstellungssperre verhängt werden, die lediglich Facharbeiter ausnahm. Erst als der Umfang der Arbeiten – nach der Grundsteinlegung für Hochofen I (1.1.51; d. A.) – rasch zunahm, ging der Baubetrieb ...zur planmäßigen Arbeitskräftewerbung über."* (Cerný 1970:97)

Wie die Tabelle auf Seite 28 zeigt, stieg die Zahl der Arbeitskräfte rasant. Im August 1950 waren beim symbolischen Beginn der Bauarbeiten 200 Arbeitskräfte vertreten, im Juni 1951 arbeiteten 8.200 und 1952 13.000 Menschen auf den Baustellen von Werk und Stadt. Von ca. 1.000 im Werk Beschäftigten Ende 1950, darunter 200 Frauen und ca. 50 Männer, die jünger als 18 Jahre waren, erhöhte sich die Anzahl bis auf 12.700 im Jahr 1989.[70]

Ende 1951 fand der erste Abstich am Hochofen I statt. Die Zahl der Beschäftigten im Werk betrug 1951 rund 1.400. Ende 1952 wurde der vierte Hochofen in Betrieb genommen – von 1.400 Arbeitskräften stieg die Anzahl auf 5.600 und erreichte im Jahr 1953 per 31.7.53 einen Stand von 7.010.[71] Ende 1950 hatte man im Rahmen der ersten Entwürfe für die Stadtplanung von der gesamten Investitionssumme ausgehend Berechnungen zum Bedarf an Arbeitskräften aufgestellt. Diese ergaben, daß allein für die Bauarbeiten jährlich ca. 3.400 Arbeitskräfte benötigt wurden.[72]

„Kollege Ringel (Aufbauleiter des EKO bis 1953; d.A.) führt weiter aus, daß durch den weiteren Aufbau des Werkes eine weitere Zufuhr von Baufachleuten und Hilfsarbeitern zu erwarten ist. Es werden ungefähr 5000 Bauarbeiter aus der DDR im Laufe der nächsten zwei Monate hier eintreffen.

Koll. Weiß, Aufbauleitung, erklärt ebenfalls, daß mit weiteren 2500 Bauarbeitern zu rechnen ist zum Aufbau der Stadt, dazu kommt, daß das Lager Dienst für Deutschland[73] sich um ca. 3000 Jugendliche vergrößert, weiter ist mit einer Erweiterung des Häftlingslagers von 400 auf 1500 zu rechnen.[74]
Das bedeutet, daß die Versorgung und kulturelle Betreuung für rund 11.600 Menschen mehr organisiert werden muß."
Protokoll über die 8. Sitzung des Rates der Stadt v. 29.4.1953, S.4 (StA EHS, RS 1953)

Die Entwicklung der Einwohnerzahl der Stadt und der Arbeitskräftegesamtzahl im EKO ist durch mehrere ‚Sprünge' bzw. ‚Brüche' gekennzeichnet.

	Jahr	Stadt	Werk	
	1950		1000	
	1951	8.200	1400	
	1952	13.000[71]	5600	
	1953		7010	
	1954		6000	
	1955	15.200		3 Wohnkomplexe bestehen
	1956	16.300		IV. Wohnkomplex 1957 begonnen
	1957	17.600		
	1958	19.600		
aus ‚Stalinstadt' und ‚Fürstenberg' wird Eisenhüttenstadt	1959	22.200	6000	V. Wohnkomplex ab 1959
	1960	24.300		Vorplanung WK VI 1963/64
	1961	33.000		
	1962	34.600		
	1963	35.700		
	1964	36.600		
	1965	38.100	5.200	
	1966	39.300		
Inbetriebnahme Kaltwalzwerk	1967	40.600	6.000	
	1968	42.500	7.300	
	1969	44.600		
	1970	45.200		
	1971	45.500		
	1972	46.500		
	1973	46.400		
	1974	46.400		
	1975	47.400		
	1976	47.600		
	1977	48.200		
	1978	48.700		
	1979	48.300		VII. Wohnkomplex 1979
	1980	48.200		
	1981	47.800		
	1982	48.900		
Inbetriebnahme Stahlwerk	1983	49.500	9.500	
	1984	48.200	10.800	
	1985	48.800		
	1986	51.700		
	1987	52.700		
Wende	1988	53.000		
	1989	52.400	12.700	
	1990	50.200	12.346	
Eingemeindung Diehlo	1991	49.100	11.468	
	1992	47.500	8.297	
	1993	47.200	5.473	
	1994	47.400	3.173	
	1995	46.900 (6/95)	2.541 (9/95)	

Entwicklung der Einwohnerzahl in der Stadt und der Arbeitskräftegesamtzahl im EKO

Bis 1960 war die starke Wanderungsbewegung nach Stalinstadt vorerst abgeschlossen. Der massive Zuwachs 1961 ist auf die Eingemeindung Fürstenbergs zurückzuführen. Von 1961 bis 1967 erfolgte dann ein relativ gleichmäßiges Anwachsen der Stadtbevölkerung. Von 1959 bis 1965 sank die Zahl der Arbeitskräfte im EKO sukzessive von 6.000 auf 5.200 und stieg erst ab 1966 im Zuge der Vorbereitungen zur Inbetriebnahme des Kaltwalzwerkes (1968) wieder auf 7300. Auch in der Bevölkerungsentwicklung ab 1968/69 spiegelt sich der Bau des Kaltwalzwerkes wider. Er löste eine zweite Zuwanderungsphase aus, die jedoch wegen des hohen Mechanisierungs- und Automatisierungsgrades dieses neuen Werkteiles geringer ausgeprägt war, als noch in den 50er Jahren. Nach 1970 herrschte dann eine relative ‚Wanderungsruhe'. Mit der Inbetriebnahme des Stahlwerkes 1984 war im EKO noch einmal ein ‚Sprung' von 9.500 auf 10.800 Arbeitskräfte sowie ein Bevölkerungswachstum zu verzeichnen.[75]

Die Motive, Vorstellungen und Lebenslagen der Menschen, die 1950 zur EKO-Baustelle ‚strömten', unterschieden sich. *„Wie der Charakter der Stadt definiert wurde, scheint den meisten ihrer Bürger zunächst gleichgültig gewesen zu sein. Sie waren keiner gesellschaftspolitischen Verheißung wegen hierhergekommen, sondern auf der Suche nach Arbeit und Wohnung. Es überwogen jüngere Leute. Sehr viele stammten aus nunmehr polnischen Gebieten. Viele hatten die Kriegsgefangenschaft, einzelne auch sowjetische Internierungslager hinter sich. Manch einer war mit dem Gesetz in Konflikt gekommen – oder auch mit den neuen Machtverhältnissen. Doch alle wollten hier neu anfangen, wieder Fuß fassen, womöglich seßhaft werden. Vor diesem lebensgeschichtlichen Hintergrund ist ihr Verhältnis zu Werk und Stadt zu betrachten."* (Cerný 1990:6)

„Die Leute kommen aus verschiedenen Gegenden. Einmal wurden sie natürlich angezogen vom Werk. Und ein paar Fachleute wurden hergeholt, und dann hat man Arbeit gesucht, Arbeit gefunden in diesem Werk und auch Wohnungen. Es wurde ja eine Stadt dazu gebaut und verhältnismäßig billige Wohnungen und auch ausreichende Wohnungen ... 'ne Zwei- bis Drei-Zimmer-Wohnung und das für 50,- bis 60,- Mark oder noch weniger – das war ja kein großes Problem. Da hat man sich hier schon gesammelt von allen Ecken und Enden. Und war sehr froh, daß man Arbeit und eine brauchbare Wohnung bekommen hat ...Aber zunächst war das so was ähnliches wie eine Goldgräberstadt. Man hat gut verdient, war ledig zum guten Teil noch, mußte die Abende irgendwie und die freie Zeit verbringen. Natürlich viel mit Alkohol und viel mit Tumulten, Schlägereien und was es da alles gegeben hat. Wie in so 'ner Goldgräberstadt. Das hat sich dann normalisiert, als die anfingen zu heiraten und als man sich festgesetzt hat in den Wohnungen." (1, E 1 Pfarrer)[76]

Doch bevor die ersten Häuser erbaut waren, diente die ‚Barackenstadt' denjenigen, die das Werk errichteten und den Bauarbeitern der ‚1. sozialistischen Stadt' als Unterkunft. Am Aufbau waren über 100 Firmen aus dem gesamten Land beteiligt, die zumeist auf der Baustelle auch ihre ‚Büros' bzw. Anlaufstellen hatten. Der permanente Mangel an Unterkunftsmöglichkeiten für die Arbeitskräfte führte zur Überbelegung der Baracken und des vorhandenen Wohnraumes in Fürstenberg und den umliegenden Ortschaften.[77] Über die Aufbauleitung des Werkes wurde die Versorgung organisiert. Arbeitsplätze, Lebensmittelkarten, die Entlohnung nach der höchsten Ortsklasse A, die Aussicht auf eine eigene Wohnung in einem kürzeren Zeitraum, als in anderen Städten oder Regionen und andere ‚Sonderleistungen', wie z.B. Sonderverkäufe, Werkküchenessen nach den Bestimmungen der Bergmannsverpflegung, lockten massenhaft Arbeitskräfte nach Fürstenberg. Der Durchschnittsverdienst eines Arbeiters betrug zu dieser Zeit ca. 300 Mark brutto und war damit immer noch deutlich höher als in anderen Bereichen. Ein Hochöfner verdiente ca. 850 Mark, der Werkdirektor 2000 Mark. *„Angelockt von Lebensmittelrationen und Löhnen, die hoch waren, gemessen an dem, was es anderswo gab, kamen auch viele ‚Goldgräber'. Ein paar Monate lang schippten und karrten sie emsig und ‚sahnten ab'. Dann zogen sie weiter. Unter den Tausenden gab es Menschen, die Krieg und Nachkriegsnot aus jeder Bindung herausgerissen hatten, Schieber, Leute, die straffällig geworden waren ...und viele*

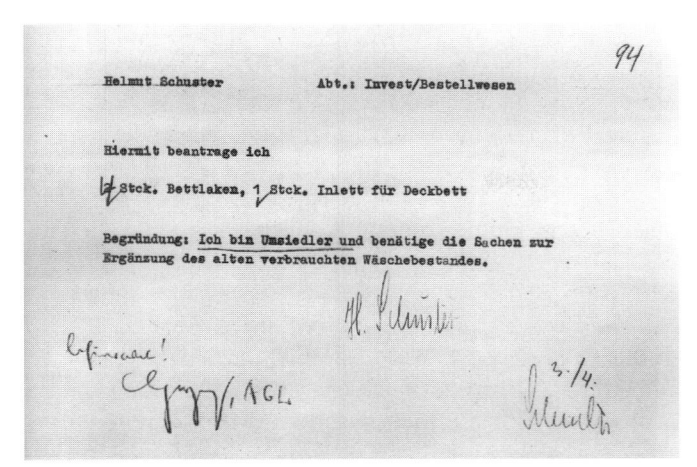

Antrag eines Umsiedlers zum Erhalt wichtiger Gegenstände (A 621/94)

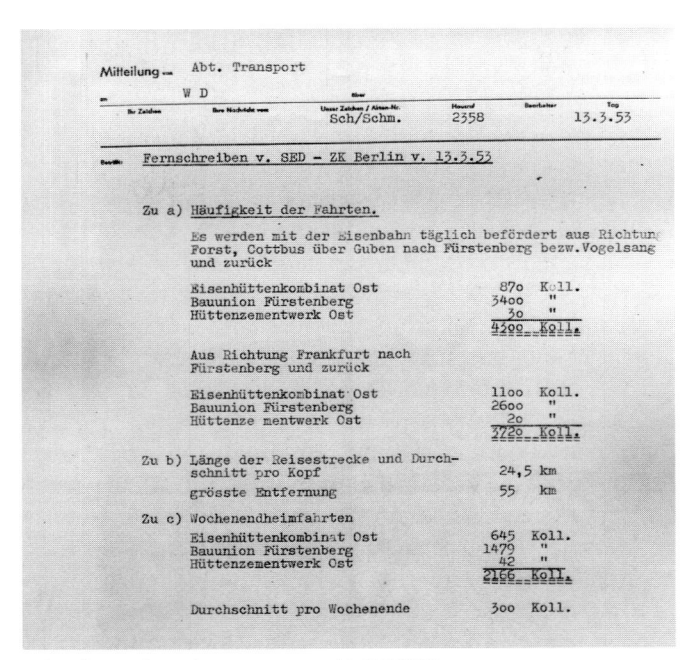

Mitteilung der Abt. Transport (A 256/33)

‚Ehemalige' – sechs, sieben Jahre zuvor noch Amts- und Waffenträger des ‚Führers." (Cerný 1984:19). Doch wie groß war der **Anteil** an ‚Zugvögeln', Umsiedlern, Arbeitskräften aus Fürstenberg und Schönfließ, Arbeitskräften aus den umliegenden Dörfern und Städten sowie – später – derer, die aus Sachsen, Thüringen und Mecklenburg kamen?[78] In der Region um Fürstenberg wurde die Kohlegrube ‚Finkenheerd' geschlossen sowie später die Glashütte. In den großen Städten in Thüringen und Sachsen existierten noch nicht so viele Industriebetriebe, als daß sie alle Arbeitskräfte ‚auffangen' konnten, so daß der Aufbau des EKO die Möglichkeit bot, Arbeitsplätze zu schaffen. „Tatsächlich kamen schon in den ersten Wochen sehr viele Jugendliche, überwiegend Mädchen, die keine Lehrstelle gefunden hatten, junge Frauen ohne Beruf, die Gelegenheitsarbeit verrichtet hatten, Männer, die ihre ursprünglich erlernte Tätigkeit nicht mehr ausüben konnten, Bauern, Handwerker, Schiffer, die im Kriege Hof, Werkstatt und Kahn verloren hatten, Landarbeiter, die nach besserem Verdienst suchten – unter allen viele Umsiedler vom anderen Ufer der Oder – auf das Baugelände." (Cerný 1970:101) Die Umsiedler erhielten notwendige Lebensmittel und die wichtigsten Ausstattungsgegenstände vom Werk (vergleiche Abbildung oben links).

Eine offizielle Statistik zur Erfassung der Arbeitskräfteanzahl in der Barackenstadt bzw. auf der Baustelle existierte nicht.[79] Es liegen allerdings Übersichten zur Beförderung der Arbeitskräfte vor. Täglich pendelten über 8000 Arbeitskräfte aus den nahegelegenen Städten zur EKO-Baustelle und zum Hüttenzementwerk. Über 2000 Arbeitskräfte, die in der Barackenstadt untergebracht waren, fuhren über das Wochenende in ihre Heimatorte (vergleiche Abbildung oben rechts). Der weiteste Arbeitsweg für diejenigen, die nicht in der Barackenstadt oder den zuerst erbauten Häusern wohnten, betrug ca. 50 km, für die Anfahrt wurde ungefähr eine Stunde benötigt.

Vor allem jungen Menschen bot die Baustelle eine Perspektive, wobei die wenigsten von ihnen zu Beginn ihrer Arbeit abschätzen konnten, wie die weiteren Monate und Jahre ihres Lebens verlaufen würden. „In den ersten Aufbaujahren bestand die Belegschaft der Bau-Union Fürstenberg, ihrer Sub-Betriebe sowie des EKO zur Hälfte aus jungen Menschen. Im Spätsommer und Herbst 1950 kamen die meisten von ihnen aus den Dörfern der Kreise Frankfurt, Guben und Beeskow, aus beengten und »besonders für jene Umsiedlerfamilien, die bei der Bodenreform ohne Land ausgegangen sind – oft noch unzulänglichen Arbeits- und Lebensverhältnissen« ... »Vor kurzem wollten sie noch unbedingt nach Berlin, auf Biegen und Brechen ‚heraus aus dem Kaff', weil der Heimatort ihnen nur mit der einen dumpfen Sackgasse aufwarten konnte: mit Hof, Laden und Küche ... Unerwartet haben sich hunderte Wege geöffnet in ein inhaltsreiches, interessantes Leben."« (Cerný 1970:85)[80]

„Also meine Eltern sind 1950/51 hier nach Fürstenberg an der Oder gekommen, weil es hier Arbeit gab und Wohnungen gab, sich was Neues aufgebaut hat ... Durch Kriegswirren nach Eisenhüttenstadt, nach Stalinstadt gekommen. Das hieß ja damals noch nicht Stalinstadt sondern Fürstenberg an der Oder. Und haben hier angefangen auch die Stadt mit aufzubauen. Mein Vater schulte vom Stellmacher und Karosseriebauer um zum Hochöfner und meine Mutter war eine der ersten, sozusagen ‚Imbißverkäufer' im Werk und hier in der Wohnstadt, bei HO, ja ... Mein Vater war aber 35 Jahre lang Schmelzer, Hochöfner, erster Schmelzer und sein Ein und Alles war sein Hochofen. ... Letztendlich war es so, daß meine Eltern hier eine richtige neue Heimat gefunden haben und vier Kinder in die Welt gesetzt haben in dieser Stadt, Eisenhüttenstadt, weil sie auch Vertrauen in ihre Zukunft hatten." (1, E 2 Mitarbeiter Stadverwaltung)

Während ein Großteil der Arbeitskräfte, die aus allen Gegenden des Landes kamen, als Hauptmotiv den Erhalt von Arbeit und Wohnung sowie den Wunsch hatte, etwas Neues aufzubauen, waren die wesentlichen Gründe der Umsiedler andere. Die Zuweisungen von Wohnungen für Umsiedler erfolgten ab 1945 nach den vorhandenen Ressourcen in den Ortschaften und mehr oder weniger nach dem ‚Zufallsprinzip'. Die Umsiedler hatten also nicht die Möglichkeit, einen Ort ihrer Wahl zu finden. Sie waren froh, eine Unterkunft gefunden zu haben, die nicht weit von ihren ursprünglichen Heimatorten entfernt war, da nach wie vor die Hoffnung auf Rückkehr bestand. *„Jene Umsiedler waren umso weniger imstande, im Aufbau des EKO und seiner Wohnstadt ihre Zukunft zu erkennen, als sie immer noch dem Gedanken einer baldigen Rückkehr in ihre Gehöfte und Werkstätten nachhingen. Gerade dieser Gedanke hatte sie hier zurückgehalten, wo viele – von der Diehloer Höhe aus – hinter der Oder ihre Heimatorte sehen konnten."* (Černý 1970:126)

Versuche der Arbeitskräftegewinnung, die auf spätere Strategien der administrativen Arbeitskräfterekrutierung und damit zentralen Arbeitskräfteregulierung verweisen, sind bereits in der Aufbauphase von Werk und Stadt feststellbar. Durch den Regierungsbeschluß 1951 (vgl. Anhang 2) wurde das Ministerium für Wirtschaft und Arbeit für die „Bereitstellung der Arbeitskräfte und Verbesserung der Arbeitskräftelage" verantwortlich gemacht.[81] Die administrative Lenkung der Arbeitskräfte wurde 1952 in einem weiteren Schritt festgelegt. Die politische Dominanz bei strukturellen Entscheidungen wird durch die 1952 herausgegebene Dienstanweisung des Ministeriums für Hüttenwesen und Erzbergbau deutlich, in der unter anderem Sondermaßnahmen für die ‚Bereitstellung von Arbeitskräften für wichtige Großbauvorhaben' festgelegt waren. Das Ziel war die Absicherung einer genügenden Anzahl an Baufachkräften für wichtige Großbauvorhaben.

*„Bei der Durchführung der Schwerpunktvorhaben macht sich ein Mangel an Baufach- und Bauhilfskräften nachteilig bemerkbar. Nach Feststellungen der Abteilung für Arbeit und Berufsausbildung bei den Räten der Kreise sind in den Betrieben der verschiedensten Wirtschaftszweige Baufachkräfte zuweilen noch in erheblicher Zahl berufsfremd beschäftigt. Dieser Zustand ist mit dem großen Bedarf an geeigneten Arbeitskräften für Bauvorhaben von volkswirtschaftlich hervorragender Bedeutung nicht vereinbar. Vielmehr ist es erforderlich, diese Baufachkräfte ihrem eigentlichen Beruf zuzuführen.
Auf Anregung des Ministeriums für Arbeit werden daher die Werkdirektoren und Werkleiter aufgefordert, die Werbung von fachlich geeigneten Arbeitskräften für die Schwerpunktvorhaben, die von den Bau-Unionen gemeinsam mit den Abteilungen für Arbeit und den Räten der Kreise durchgeführt wird, ihrerseits zu unterstützen. Durch entsprechende innerbetriebliche Lenkung der Arbeitskräfte, durch die weitere Einbeziehung von Frauen und der nicht vom Plan der Berufsausbildung erfaßten Jugendlichen wie auch durch die Einschaltung Schwerbeschädigter in den Produktionsprozeß muß es sich ermöglichen lassen, den Hauptteil der noch berufsfremd beschäftigten Baufachkräfte für die Schwerpunktbauvorhaben freizugeben. Wegen der Dringlichkeit dieser Maßnahmen ist nichts dagegen einzuwenden, wenn die Betriebe bei der Entlassung der geworbenen Baufachkräfte auf die Einhaltung der Kündigungsfrist verzichten."*
Dienstanweisung Nr. 20/52 der Regierung der DDR, Ministerium für Hüttenwesen und Erzbergbau (A 256/51)

Die Anweisungen wurden durch die verschiedenen Ressorts der Vereinigung volkseigener Betriebe (VVB) umgesetzt, wobei Gruppen dringend benötigter Arbeitskräfte definiert wurden. Dies betraf hauptsächlich Baufachkräfte und junge, voll einsatzfähige Hilfskräfte, die an allen Standorten mit Schwerpunktbetrieben zum Einsatz kommen konnten.

Die Rekrutierung auf überregionaler Ebene setzte verstärkt erst nach der Ausschöpfung der Arbeitskräfteressourcen im Umland von Fürstenberg ein. Auch auf der regionalen Ebene wurden unterschiedliche Strategien der Arbeitskräftegewinnung verfolgt.

Arbeitskräfterekrutierung auf regionaler Ebene

Die bis 1989 in der DDR-Wirtschaft betriebene Praxis, Arbeitskräfte aus anderen Betrieben, auch kleineren Betrieben, in die Schwerpunktbetriebe abzuziehen bzw. eine Reihe dieser Betriebe zu schließen (vgl. Kapitel ‚Die drei K-Baracken ...'), wird auch in bezug auf den Ausbau des EKO deutlich. Schon 1953 kam es zur Schließung und Übernahme der Gebäude sowie Arbeitskräfte der Glashütte Fürstenberg.[82] Nach der Übergabe des Betriebes an das Ministerium für Hüttenwesen und Erzbergbau wurde in diesem Betrieb die Kokillengießerei des EKO eingerichtet.[83]

Die Schließung einiger Betriebe in der Region traf selbst bei Einwohnern, die nicht unmittelbar betroffen waren, auf Unverständnis[84]. Weder die Betriebssituation noch die Zahl der Arbeitskräfte, die durch die Schließung freigesetzt wurden, rechtfertigten einen solchen Schritt. Die Einstellung der Produktion in der Glashütte verursachte durch die Vertragsstrafen nicht nur zusätzliche Kosten, auch die geplanten zusätzlichen Arbeitskräfte für das EKO blieben aus, da ein Großteil

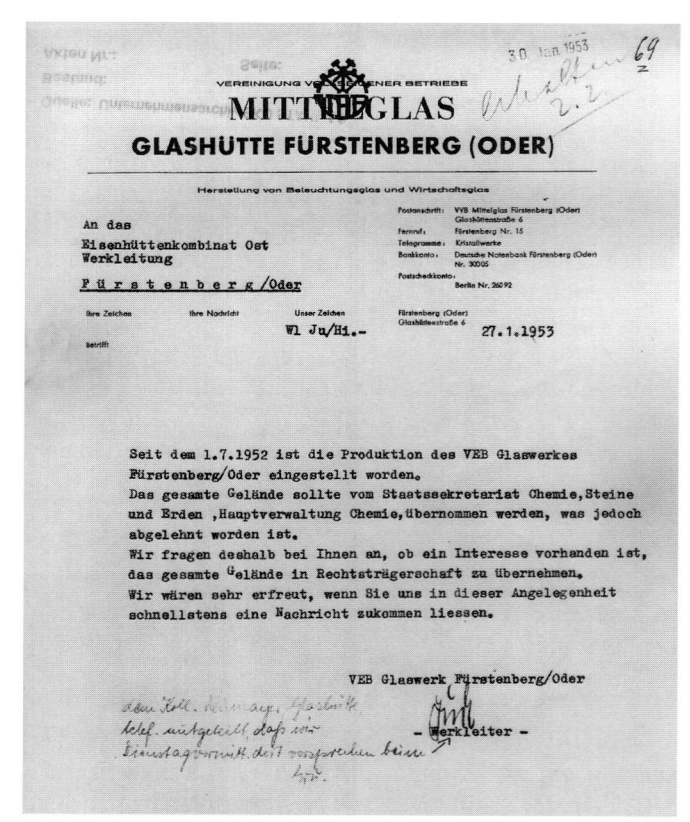

Schreiben des Werkleiters der Glashütte Fürstenberg/O. an die Werkleitung des EKO, 27.1.1953 (A 669/69)

der Spezialisten in andere Betriebe der Glasindustrie abwanderte.

„Die alte Glashütte ist da, ..., diese riesigen Boiler, Gleisanschluß usw., und die haben sehr gutes Glas produziert, auch Bleikristall, haben wir geschliffen, bemalt. Die Exporte gingen nach der Wende, also nicht nach der Wende, sondern '45 auch bis England, und die neue Glashütte ist dann entstanden praktisch da, die ist dann auch zweckentfremdet, ... – also die Glashütte wurde dann zugemacht, weil das mit dem EKO 1950 angefangen hat, da brauchte man die Arbeitskräfte hier und da hat man das eben rigoros, der war eben mit der größte Arbeitgeber gewesen; ...dann haben sie ja nun viele Arbeitskräfte gebraucht, und dann haben sie erst mal die großen Betriebe kaputtgemacht, regelrecht geschlossen, haben die Vertragsstrafe bezahlt an England noch – das hat ja auch ein Vermögen gekostet und dann sollten die alle da anfangen zu arbeiten. Aber ein großer Teil ist auch abgewandert nach Weißwasser – die Spezialisten – denn haben sie in Weißwasser denn das da ein bißchen erweitert." (2, B 14, Selbständiger)

Die Zusammensetzung der zahlreichen Arbeitskräfte auf der EKO-Baustelle war in den ersten Jahren sehr heterogen, denn sie entstammten den unterschiedlichsten Berufsgruppen. Um die geplanten Bauarbeiten so schnell wie möglich zu realisieren, war die Gewinnung einer Masse von Hilfskräften notwendig. Die vorhandenen Fachkräfte reichten nicht aus, um den Bedarf zu decken. So wurden massiv Berufsfremde sowohl im Werk als auch auf der Baustelle der EKO-Wohnstadt in diesen Aufbauprozeß integriert.

„Ich bin von Beruf Schlosser. Damals – die ersten Leute am Hochofen, da wollen wir mal sagen, da waren ja – ach Gott, ach Gott. Damals war die Ofenbesatzung 20 Mann, noch mehr teilweise. Das waren alles andere. Zwei waren von der Maxhütte da als Hochöfner, und der Hochofenchef, der Z. von der Maxhütte. Die anderen, die waren alles mögliche, bloß keine Hochöfner. Die haben Schuster und Glasbläser und Korbmacher und ach – also ein frei zusammengewürfelter Haufen." (VG 9)

Der eklatante Mangel an Facharbeitern machte sich bemerkbar, so daß ab 1952 umfangreiche Qualifizierungsmaßnahmen eingeleitet wurden. Nicht nur auf der EKO-Baustelle bestand dieses Problem, sondern in der ganzen DDR. *„Ein großer Teil der Facharbeiter war aus dem Krieg nicht zurückgekehrt. Viele junge Menschen waren von der Schule oder von der Lehrstelle weg als Luftwaffenhelfer, Arbeitsdienstmänner und Soldaten einberufen worden, hatten also keinen Beruf gelernt. Viele Frauen waren erst in der Nachkriegsjahren in die Betriebe gekommen. Groß war auch die Zahl jener Werktätigen, die den ursprünglich erlernten Beruf nicht mehr ausüben konnten und „umgeschult" werden mußten. Der Anteil der Facharbeiter an der Zahl aller in der Industrie Beschäftigten hatte 1938 etwa 50 Prozent ausgemacht und war seither auf etwa 42 Prozent zurückgegangen." (Cerný 1970:160)*[85] Aus diesem Grund war es dringend notwendig, qualifiziertes Personal im Werk einzusetzen. Dies geschah einerseits dadurch, daß Absolventen von Hoch- und Fachschulen in das Werk vermittelt wurden. Andererseits erfolgte eine Qualifizierung von Facharbeitern in den vorhandenen Stahlwerken ‚Maxhütte' in Unterwellenborn und in Riesa.

„Na dann bin ich 1951-1954 – habe ich an der Fachschule Riesa, Fachschule für Walzwerk-, Schmied- und Presstechnik, als Fachrichtung habe ich gemacht Warmwalztechnik. Und da war ich 1954 fertig. 1953, auch schon '52, alle damaligen Walzwerke und Stahlwerke der ehemaligen DDR große Konsultationen gemacht, längere Zeit dort mitgearbeitet, Praktikum gemacht, so daß ich auch hier schon 1952 und '53 war. Und damals wollte man ja – beziehungsweise hat schon das Stahlwerk begonnen zu bauen. Und anschließend sollte das Warmwalzwerk kommen. Und hier hat man nun eigentlich die besten Bedingungen gehabt, so daß ich dann zugesagt habe und bin dann hierher gekommen. Ich hatte noch Angebote von Thale oder Hettstedt, aber es hat mir hier gefallen. Im Prinzip alles neu, und da hat das schon ein bißchen gereizt." (1, B 4 ehem. EKO-Mitarbeiter)

„Da wurde schon Teamwork gebildet, aus der Not geboren. Es gab ja damals keine fertigen Hochöfner. Die besten oder die meisten kamen von der Maxhütte. Die hatten ja da vier kleine Hochöfen. Die wußten schon ein bißchen. Viele haben ja da unten auch praktisch ihr Praktikum gemacht und dann sind sie hierher gekommen." (4, B 4 ehem. EKO-Mitarbeiter)

Dieser Prozeß war durch einen strukturellen Wandel der Berufe und Qualifikationen gekennzeichnet, denn: *„Die Geschichte des EKO ist zugleich ein wichtiges Kapitel in der Geschichte des Oderbezirkes. Die Bevölkerung dieses Bezirkes stellte die Mehrzahl der Bauleute des Werkes, darunter sehr viele Menschen, die erst beim Aufbau des EKO in die Bau- und Industriearbeiterschaft eintraten." (Cerný 1970:77)* So beschreibt die in der DDR 1966 erschienene ‚Geschichte der Deutschen Arbeiterbewegung' diesen Prozeß als ‚Umschichtungsprozeß in der Arbeiterklasse' mit der damaligen Begrifflichkeit: *'Zehntausende Kleinbürger, viele mit dem Arbeiterleben wenig verwachsene Umsiedler und heimkehrende Kriegsgefangene stießen zur Arbeiterklasse.'*[86]

Der Erhalt eines Arbeitsplatzes und von Lohn reichten als Lebensgrundlage nicht aus. Die Wohnverhältnisse in der Barackenstadt waren unzureichend. Der Aufbau der Stadt mußte forciert werden. Wie kann rückblickend die Entwicklung der Stadt beschrieben werden?

Vom Provisorium zu den ersten Konturen – die Anfänge der Stadt 1950-1953

Von 1950 bis Mitte der 50er Jahre war ein Großteil der Arbeitskräfte in Holzunterkünften untergebracht. Diese nannte man ‚Barackenstadt'[87]. Im Februar 1951 erfolgte die Grundsteinlegung der ‚EKO-Wohnstadt' und man begann, die ersten Wohnhäuser zu errichten. Zunächst übernahm Fürstenberg die wichtigsten Versorgungsfunktionen.

„... das Zusammenarbeiten, die Zusammenarbeit zwischen Stalinstadt und Fürstenberg war eigentlich zu Beginn immer sehr gut gewesen, och die Bürger untereinander, es gab da keene Zwistigkeiten. Gut sie haben sich mal irgendwo gekloppt gut, die ersten sind sowieso bei uns zur Schule gegangen – die hatten also keene Schule, die hatten keen Krankenhaus, die Kinder sind alle bei uns hier im Krankenhaus geboren, die Kinder sind alle bei uns hier zur Schule gegangen, die Schule – ich weß nich, wenn die erste Schule gebaut worden ist, ich würde sagen mit Stadtgründung – haben die dann schon ne Schule gehabt? Ja, ja, da war ne Schule und ein Kindergarten war da auch." (3, B 14, Selbständiger)

Ein knappes Jahr nach der Grundsteinlegung wurde vom Ministerrat der Gesamtplan zum Aufbau der EKO-Wohnstadt beschlossen (Mai 1952). Am 23.1.53 erfolgte wiederum ein Ministerratsbeschluß – der EKO-Wohnstadt wurde zum 1.2.1953 das Stadtrecht verliehen. Bis zur Verleihung des Stadtrechtes war der Weg mit Konflikten und Widersprüchen gepflastert. Dieser Zeitraum war durch Diskussionen und Veranstaltungen zur Verbesserung der Wohnbauten und Stadtplanung gekennzeichnet.

Der maßgebliche Grund für die Verzögerungen war die

Zeit	Maßnahmen
Januar 1952	Besuch der Regierungskommission unter Leitung Ulbrichts und nachfolgender Beschluß des Politbüros beim ZK der SED vom Februar
30.3.52	Öffentliche Einwohnerversammlung in der EKO-Kulturhalle mit Kritik an bisheriger Bauweise und Vorschläge zu deren Veränderung
9.4.1952	Abordnung des Ministeriums für Aufbau mit Minister Bolz zu erneuter Diskussion mit Arbeitern in EKO-Wohnstadt
23.4.52	Treffen von Bolz mit Ulbricht und Vertretern der Deutschen Bauakademie mit dem Ergebnis, den Grundriß der Wohnungstypen zu ändern sowie neue Bautypen für 1953 zu entwickeln
15.5.52	Beschluß des Ministerrates zum Gesamtplan der EKO-Wohnstadt
30.5.52	Beschluß über die Bereitstellung zusätzlicher Mittel für den Aufbau der EKO-Wohnstadt
27.11.52	'Beschluß über das Bauprogramm 1953 für die Wohnstadt' wurde gefaßt. „In dem Beschluß...wurden alle Einrichtungen der Materialversorgung, des Transportwesens bzw. die ihnen übergeordneten staatlichen Organe ...verpflichtet, die Wohnstadt-Baustelle vorrangig zu beliefern. Die Wohnstadt wurde dadurch Aufbauschwerpunkt und in ihrer Bedeutung dem EKO gleichgestellt."
23.1.53	Ministerrat beschließt die Verleihung des Stadtrechtes an die EKO-Wohnstadt zum 1.2.53. Zu diesem Zeitpunkt wohnten fast 2.500 Einwohner im I. Wohnkomplex.

Maßnahmen zur Verbesserung der Stadtplanung und der Wohnbauten (zusammengestellt nach Fromm 1981:71)

Bevorzugung der Errichtung des EKO. Die Belange der Stadt wurden zurückgestellt. Die in der Tabelle aufgeführten Schritte werden im folgenden mit Dokumenten unterlegt.

Industrie- vor Städtebau

Bevor die Politik des ‚Neuen Kurses' proklamiert wurde, spielten die Investitionen in der Industrie die entscheidende Rolle. Das erwies sich als Hemmnis für die parallele Errichtung von Werk und Stadt. Erst Mitte Mai 1953 wurden die städtebaulichen Vorstellungen und Dimensionen konkretisiert.[88] Vordergründig ging es bis 1953 um die Errichtung des Werkes. Stadtplanung und Wohnungsbau hinkten nach. „*Erschwerend für die Arbeit an der Stadtplanung machte sich am Anfang die fehlende Perspektive für die ökonomische und kulturelle Entwicklung des gesamten Gebietes bemerkbar. Im ersten Planjahr war auch eine Abstimmung zwischen den Aufgaben der Projektierung des Werkes und der städtebaulichen Projektierung nicht vorhanden.*" (Leucht 1957:37)[89] So entstanden die ersten Wohnblocks des Wohnkomplexes I als ‚notwendige Unterkünfte' für die schon zahlreich vorhandenen Arbeitskräfte, ohne besondere Merkmale eines neuen Charakters der Wohnbauten in der ‚1. sozialistischen Stadt'. „*Die Arbeits- und Lebensbedingungen im EKO und seiner Wohnstadt (so die damals übliche Bezeichnung) waren anfangs miserabel, die Wohnhäuser billige Typenbauten, wie sie damals an vielen Orten entstanden, 14,59 qm je Zimmer. Und das war angemessen – der unvorstellbaren Wohnungsnot wie der Armut überhaupt. Bis 1950 zehrte das Land von seiner Substanz.*"(Cerný 1991:2)

Für die Schwerpunktstandorte waren verschiedene Typen von Wohnbauten entwickelt worden, die mit geringem materiellen Aufwand zu realisieren waren.[90] Das Ziel bestand in der schnellstmöglichen Versorgung der zahlreichen Arbeitskräfte. Das ‚Dach über dem Kopf' war zunächst wichtiger als die Diskussion um die Qualität der

Die ersten Wohnblocks, Rosa-Luxemburg-Str. (Foto: Richter, 1995)

Wohnungen.[91] Erst in der Folgezeit und insbesondere in der Projektierungsphase nach 1953 wurde dies verändert[92].

Man entwickelte spezifische Bautypen für Standorte ohne Altbausubstanz und somit fehlenden Wohnungstauschmöglichkeiten(vergleiche Abbildung unten).

Die ersten Häuser des Wohnkomplexes entstanden parallel zu den Bemühungen, ein Gesamtkonzept für die Stadt zu entwickeln. Der Beschluß des Ministerrates zum Gesamtplan der EKO-Wohnstadt fiel erst Mitte 1952 (vergleiche Tabelle links).

Schreiben betr. Entwicklung neuer Wohnungsbautypen, 14.3.1951 (BArch, Bestand Ministerium für Bauwesen, DH 1, Nr. 38708)

„3) WOHNUNGSBAU
Im vorliegenden Projekt ist der Wohnungsbau nicht berücksichtigt. Nach Auskunft des Ministeriums für Aufbau besteht auch dort noch kein Projekt. Trotzdem wurde mit dem ersten Bauabschnitt begonnen. Es ist also notwendig, dem Ministerium für Aufbau von seiten der Staatlichen Plankommission den Auftrag zu geben, ein Gesamtprojekt für die zu bauende Stadt mit allen dazugehörigen Anlagen auszuarbeiten und zur Bestätigung vorzulegen.
Das Ministerium für Aufbau hat inzwischen bereits einen Antrag für einen Beschluß über den planmäßigen Aufbau der Stadt beim Eisenhüttenkombinat Ost eingereicht, den man als Grundlage verwenden kann …
gez.: Röhricht, Kommissarischer Abteilungsleiter."
Schreiben der Abt. Metallurgie der SPK an den Vorsitzenden der Staatlichen Plankommission Rau v. 19.3.1951 (SAPMO-BArch, ZPA, NY 4090/351, Büro O. Grotewohl)

Die Entscheidungen Ulbrichts als stellvertretender Ministerpräsident waren sowohl in bezug auf die Stadtplanung als auch architektonische Gestaltung bindend. Es kann davon ausgegangen werden, daß erst durch das ‚persönliche Eingreifen' Ulbrichts, der im Januar 1952 im Zusammenhang mit der Kontrolle der Regierungskommission innerhalb des EKO auch in der Stadt eine Visite abstattete, der ‚Stein ins Rollen gebracht wurde'. Nach seiner Besichtigung der bis zu diesem Zeitpunkt fertiggestellten Wohnungen wurden Veränderungsmaßnahmen angewiesen. Das betraf unter anderem die Höhe der Wohnräume, die Geschoßhöhen und architektonische Verbesserungen (vergleiche Abbildung unten).

Zunächst beschränkten sich Änderungsvorhaben hauptsächlich auf die Planung der Stadt und auf gestalterische Fragen, die Umsetzung verzögerte sich. Die Aufstellung einer Perspektive für die Stadt wurde erst nach der massiven Kritik der in der Wohn- bzw. Barackenstadt lebenden Bauarbeiter und Arbeiter im EKO angegangen.

„Durch die Kritik der Werktätigen schaltete der Minister sich persönlich ein und drang energisch auf Abstellung der Mängel. Der Minister wurde durch die Mitarbeiter des Staatsapparates ungenügend unterstützt, die Fehler wurden nicht gründlich selbstkritisch analysiert, es wurden leichtsinnige Terminversprechungen gegeben, sowohl dem Minister, wie auch dem Architekturbeirat, welche nicht gehalten werden konnten und deren Unrealität bei dem vorhandenen Apparat auf der Hand lag. Das führte zu einer weiteren unqualifizierten Projektierung."
Wohnstadt Stalinstadt, Ministerium für Aufbau, 12.8.1953 (BArch, Bestand Ministerium für Bauwesen, DH 1, Nr. 38712)

Anfang 1952 wurden in der Hauptabteilung I (Städtebau) des Ministeriums für Aufbau Maßnahmen zur Festlegung des städtebaulichen Charakters der EKO-Wohnstadt ergriffen. Der Beschluß sah die Festlegung des Grundzuges der Architektur vor. Ungeklärt bis zu diesem Zeitpunkt war der Charakter der Stadt:

BESCHLUSSENTWURF
Betrifft: Fürstenberg
I. Die Planung für die Wohnstadt Fürstenberg fußt auf den Grundlagen des Städtebaus und den im Volkswirtschaftsplan für den Aufbau des Hüttenkombinates Ost gestellten Aufgaben. Zur Bestätigung werden vorgelegt:
  1. *der Flächennutzungsplan*
  2. *der Stadtbebauungsplan*
  3. *der Aufbauplan 1952*
  4. *der Aufbauplan 1953 in Verbindung mit dem Aufbau 1954 und 1955*
  5. *der Erläuterungsbericht, der eine Begründung für die Flächennutzung und die Stadtbebauung enthält.*

II. Festzulegen ist ferner, welcher Grundzug in der Architektur für die Wohnstadt Fürstenberg maßgeblich ist, nämlich Mittelstadt, Großstadt, Industriearbeiterstadt usw.. Die Größe der Stadt (25.000 Einwohner) rechtfertigt nicht den Charakter einer Großstadt. Ihre Bedeutung für die Industrie verpflichtet einerseits, nicht ein Kleinstadt-Idyll zu schaffen, sondern eine Industriearbeiterstadt. Es werden deshalb die Ergebnisse des zu diesem Zweck ausgeschriebenen Wettbewerbs vorgelegt mit der Bitte, zu dem Charakter der Stadt Stellung zu nehmen und eine Entscheidung zu treffen.
III. Es ist ferner die Architektur im einzelnen zu bestätigen, denn wie die Kritik an den bisherigen Wohnbauten zu Recht aufzeigte, ist die bisherige Fassadengestaltung ungenügend. Es werden deshalb die bisher gebauten Wohnhäuser in der Fassadengestaltung, die zur Zeit im Bau befindlichen und die für die

Protokoll des Besuchs von W. Ulbricht in der Wohnstadt Fürstenberg/Oder, 21.1.1952 (BArch, Bestand Ministerium für Bauwesen, DH 1, Nr. 38708)

Randbebauung der Hauptstraßen vorgesehenen Fassadengestaltungen mit der Bitte um Entscheidung vorgelegt."[93]
Schreiben des Ministerium für Aufbau, Hauptabteilung I – Städtebau, 25.2.1952 (SAPMO-BArch, ZPA, DY 30/IV 2/ 6.06 – 32, Bl. 75/76)

Die Jahre 1951/52 des Stadtaufbaus waren vom Ringen gekennzeichnet, der verkündeten Charakteristik als sozialistischer Stadt zu entsprechen. Bis Ende 1952 schien dies nicht im geplanten Maß zu gelingen. Die unabgestimmte Zusammenarbeit der Ministerien, Kompetenzstreitigkeiten, mangelhafte Materialversorgung, ungenügende fachliche Qualifikation, fehlende Arbeitskräfte – diese Faktoren verdeutlichen generelle Strukturprobleme in den Anfangsjahren der DDR. Sie trafen in Fürstenberg zusammen und potenzierten die Schwierigkeiten der geplanten parallelen Errichtung von Werk und Stadt. Der Ministerrat unter Vorsitz von Grotewohl traf sich – ein dreiviertel Jahr, nachdem schon Ulbricht seine Kritik anbrachte – Ende Oktober 1952 zum Thema ‚Fürstenberg'. Der Minister für Aufbau Bolz nannte alle ‚Übel' beim Namen:

„1. Die Lage in Fürstenberg ist seit langem bekannt. Es wurden auch Beschlüsse gefaßt, jedoch nicht durchgeführt, weil die Kontrolle fehlte. Die Zweiteilung des Ministeriums hat hier schädlich gewirkt, weil jeder Teil für sich arbeitete. Es fehlte auch die gesellschaftliche Kontrolle.
2. Man hat sich auf die Schwächen des Anderen verlassen, denn die Projektierung war zufrieden, wenn die Baudurchführung nicht nachkam, und die Baudurchführung war zufrieden, wenn die Projektierung hinterherhinkte und beide berufen sich dann auf mangelhafte Materialversorgung.
3. Die Bauindustrie hat den Mund vollgenommen und der andere Teil des Ministeriums hat sich damit beruhigt.
4. Die Flucht vor der Verantwortung muß beseitigt werden.
5. Mangelhafte fachliche Qualifikation mancher Mitarbeiter des Ministeriums, die sich für Fürstenberg negativ auswirken müßte.
6. Die Struktur des Ministeriums sieht vor, daß der Minister für das ganze verantwortlich ist, aber das Staatssekretariat für Bauwirtschaft tatsächlich für sich gearbeitet hat (das Staatsekretariat für Bauwirtschaft ist der Koordinierung durch Ministerpräsidenten Rau unterstellt, das alte Ministerium für Aufbau nicht).
7. Das Ministerium hat als Feuerwehr gearbeitet und ist nicht an die grundsätzlichen Fragen herangegangen bzw. nicht herangekommen.
8. Diese Mängel sind zusammengetroffen mit den in Fürstenberg aufgetretenen Schwierigkeiten (Material, Arbeitskräfte)."
Abschrift Ministerrat ‚Fürstenberg', 30.10.1952 (BArch, Bestand Ministerium für Bauwesen, DH 1, Nr. 38711)

Ende 1952 wurde der Aufbau der Wohnstadt per Beschluß der Bedeutung des Aufbaus des EKO gleichgestellt.[94] Diese politisch initiierte Bedeutungsangleichung war der Versuch, eine parallele Industrie- und Stadtentwicklung zu erreichen. Im Zusammenhang mit der vorrangigen Förderung von Investitionen in der Industrie verfügte das Ministerium für Schwerindustrie über die größeren finanziellen Mittel. Um den o.g. Beschluß durchsetzen zu können, war ein Finanztransfer vom Ministerium für Schwerindustrie zum Aufbauministerium notwendig. Für die Realisierung des Beschlusses waren genaue Kennziffern für das Aufbauministeri-

um erforderlich. Aus diesem Grund wurde die Staatliche Plankommission in Vorbereitung auf die Planung des Jahres 1953 damit beauftragt, dem Ministerium für Aufbau als dem alleinigen Planträger für die Errichtung der Nachfolgeeinrichtungen (Schulen, Kindertagesstätten, Kinderkrippen, Waschhäuser, Läden, Kulturhäuser, Kinos) die vorgesehenen endgültigen Kennziffern bis Ende 1952 bekanntzugeben.

„Für die Wohnstadt Fürstenberg / O. wird man eine Sonderregelung treffen müssen, damit auch größere Wohnungen gebaut werden können ... Bisher waren die Mittel für diese Bauten bei den Kontrollziffern der Schwerindustrie eingeplant. Die Vertreter des EKO werden deshalb in Verbindung mit der Aufbauleitung ersucht, dafür zu sorgen, daß die Mittel ... von dort zum Ministerium für Aufbau umgesetzt werden."
Protokoll über die am 2.11.1951 stattgefundene Besprechung betr. Bildung der Aufbauleitung für die Wohnstadt Fürstenberg/O. (A 644/154)

Zwei Übersichten der Investitionsplanung für Fürstenberg im Vergleich zu weiteren Schwerpunkten des Aufbauprogrammes macht die enorme Bedeutung dieses Vorhabens deutlich. Über ein Drittel des Gesamtetats an Investitionen für den volkseigenen Wohnungsbau war für den Aufbau der EKO-Wohnstadt veranschlagt. In den Planübersichten wurde die EKO-Wohnstadt gesondert geführt.

Im Februar 1953 fand die erste ‚Konstituierende Sitzung der Stadtverordnetenversammlung' der EKO-Wohnstadt statt, auf der Oberbürgermeister und Vorsitzender des Rates der Wohnstadt des EKO gewählt wurden.[95] Zu diesem Zeitpunkt diskutierte man im Ministerrat über die Verleihung eines Stadtnamens an die EKO-Wohnstadt. Schon 1950 gab es einige Vorschläge aus der Bevölkerung zur Namensgebung der ‚Barackenstadt'. Diese wurden bis zum ‚Büro Ulbricht' weitergeleitet, jedoch nicht angenommen. Offensichtlich widersprach der Charakter der Barackenstadt zu diesem Zeitpunkt der Verleihung eines bedeutsamen Namens (vergleiche Seite 35 oben).

Einen Stadtnamen erhielt die ‚EKO-Wohnstadt' erst im Mai 1953. Im ‚Karl-Marx-Jahr' 1953 (70. Todestag von Marx) war zunächst der Name ‚Karl-Marx-Stadt' vorgesehen. Er sollte der

Erfüllung des Investitionsplanes 1952 für den volkseigenen Wohnungsbau, Stand 25.11.1952 (SAPMO-BArch, ZPA, DY 30/IV 2/ 6.06 Akte 32, Bl.409)

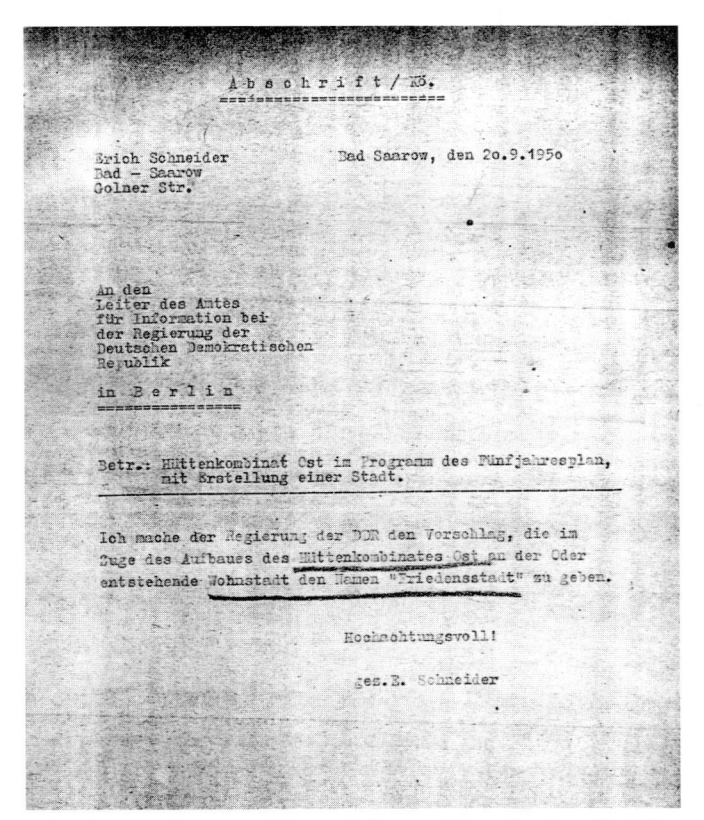

EKO-Wohnstadt am 14. März 1953 verliehen werden.[96] Nach dem Tod Stalins (5.3.1953) erhielt die EKO-Wohnstadt am 7.Mai 1953 stattdessen den Namen ‚Stalinstadt'. (Den Namen ‚Karl-Marx-Stadt' erhielt Chemnitz am 10.5.53.) Die Vorbereitung des Staatsaktes zur Namensverleihung stand unter der Losung „Stalin, der Baumeister des Sozialismus". Drei Wochen vorher begannen in allen Abteilungen des Werkes Lektionen zum selben Thema. Diese Lektionen wurden von der Kreisleitung der SED des EKO durchgeführt. Mit einer breit angelegten Kampagne wurden alle Arbeitskräfte des Werkes und die Bewohner der Stadt auf den Staatsakt vorbereitet. Die Maßnahmen umfaßten neben den Lektionen Anweisungen zur Erarbeitung von Losungen sowie die Fertigstellung von Leitartikeln für die Bezirks- und Regionalpresse. Mehrere Diskus-

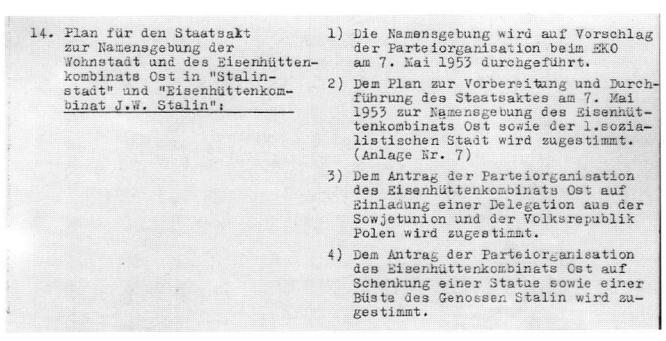

Schreiben mit dem Vorschlag ‚Friedensstadt' an das Amt für Information der Regierung der DDR, 20.9.1950 (BArch DG 2, Nr. 1648)

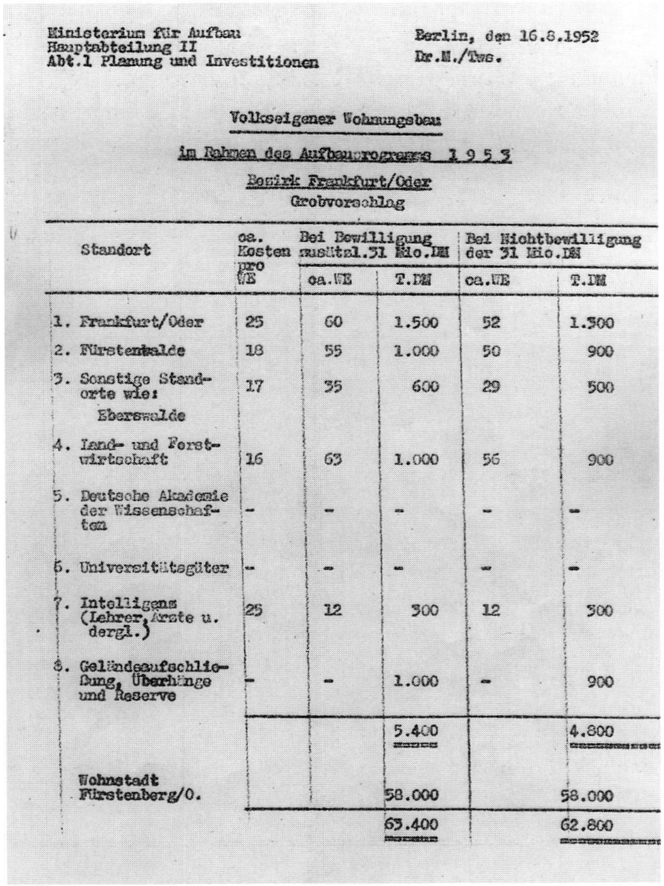

Beschluß des ZK der SED zum Staatsakt der Namensgebung ‚Stalinstadt' am 7.5.1953 (Protokoll Nr. 24/53 S.14) (SAPMO-BArch, ZPA, DY, J IV 2/3-375)

sionsabende mit der Bevölkerung über die Bedeutung des Staatsaktes wurden durchgeführt. Der Akt selbst wurde detailliert vorbereitet und organisiert. So wurde z.B. als Ziel die Beteiligung von 25.000 Menschen festgeschrieben. Jedem Kreis der Region, aus dem Teilnehmer zum Staatsakt kamen, wurde ein Soll an Mitwirkenden auferlegt. Es war mehr als eine Namensgebung, es war ein Akt politischer Machtdemonstration (vgl. Plan zur Vorbereitung des Staatsaktes Anhang 4).

Stalinstadt wurde aus der Fürstenberger Verwaltung herausgelöst und erhielt – im Unterschied zu Fürstenberg – die Ortsklasseneingruppierung A.[97] Dies bedeutete z.B. Unterschiede in den Lohnzahlungen und den Lohnzuschüssen zwischen den Einwohnern von Fürstenberg und Stalinstadt. Für die meisten der Bewohner war die Eingruppierung in unterschiedliche Ortsklassen unverständlich und bewirkte eine Verschlechterung des Verhältnisses zwischen den Einwohnern der Ortschaften.

„Das war doch ewig lange, eh die Ortsklassenunterschiede aufgehoben worden sind. Das ist doch 'ne Unverschämtheit gewesen. Saßen am gleichen Schreibtisch. Einer wurde nach Ortsklasse A und der andere nach Ortsklasse B bezahlt." (21, B 6 Handwerker)

Schon 1953 plante man auf bezirklicher Ebene, die bis zu diesem Zeitpunkt selbständigen Gemeinden Fürstenberg und Schönfließ einzugemeinden. Dieses wurde durch das in drei Stufen unterteilte Entwicklungsprogramm für die Stadt Stalinstadt dokumentiert. Die erste Stufe beschrieb die Einbeziehung ausgewiesener Flächen in das Territorium der

Planung des Aufbauprogrammes 1953 (SAPMO-BArch, ZPA, DY 30/ IV 2 / 6.06, Akte 32, Bl. 246)

Ulbricht zur Namensgebung Stalinstadt 7.5.1953 (Foto: EKO-Archiv)

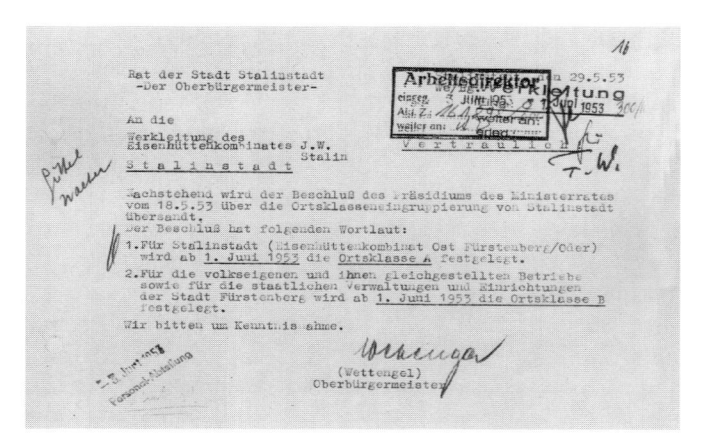

Ortsklasseneingruppierung Stalinstadt, 29.5.1953 (A 255/16)

Stadt. Stufe zwei und drei bezogen sich konkret auf Fürstenberg und Schönfließ.

„*Der Rat des Bezirkes bestätigt den Vorschlag des Rates der Stadt Stalinstadt über die stufenweise Entwicklung von Stalinstadt in folgenden Abschnitten:*

...

2. Entwicklungsstufe : Eingemeindung des Ortsteiles Schönfließ und der Restflächen westlich der Eisenbahn Guben / Frankfurt/Oder ....

3. Entwicklungsstufe: Eingemeindung des Gebietes der Stadt Fürstenberg sowie der Gemeinden Lawitz und Diehlo.

...Der Zeitpunkt der Abschnitte 2 und 3 ist dem Rat des Bezirkes entsprechend dem Tempo der Entwicklung des Aufbaus von Stalinstadt vorzuschlagen."[98]

Kommunalpolitische Entwicklung von Stalinstadt 1952-53, Beschluß des Rates des Bezirkes Nr. 82 v. 14.10.53, Brandenburgisches Landeshauptarchiv (BLHA), Ld. Br., Rep. 601 Bezirk Frankfurt (Oder), Nr. 220)

Block II Typ 514 = 24 Wohnungen
Bezugsfertig zum 15. August 1951

Lfd. Nr.	Name	Vorname	Fam. Stand	zum Haushalt gehören Kinder	Personen insgesamt	bish. Wohnung Küche/Zimmer		1.Wohnsitz (Ort Kreis)	besc-häftigt als	Bemerkungen
1.	■■■	Anton	verh.	1	3	-	1 möbl.	Letschin	Transportarbeiter	Umsiedler
2.	■■■	Fritz	verh.	1	3	1	1	Aurith/Ziltendorf	Eisenverlader	
3.	■■■	Georg	verh.	1	3	-	1	Kolsdorf b.Beeskow	Kranführer	Umsiedler
4.	■■■	Karl	verh.	2	4	1	3	Ranis, Thüringen	Betriebsassistent	Aktivist
5.	■■■	Max	verh.	1	3	1	2	Kavo bei Genthin	Kraftfahrer	Umsiedler
6.	■■■	Walter	verh.	2	4	-	1	Frankfurt/Oder	1.Schmelzer	Umsiedler
7.	■■■	Erich	verh.	1	4	1	1	Guben	Kontrolleur	Umsiedler
8.	■■■	Karl	gesch.	2	3	1	1	Benndorf bei Mansfeld	Platzmeister	
9.	■■■	Günter	verh.	2	4	-	1	Reitwein	Möllerwagenführer	
10.	■■■	Erwin	verh.	-	2	-	1	Guben		Umsiedler
11.	■■■	Hans	verh.	1	3	-	1 möbl.	Freyberg/Sa.	Ingenieur	Aktivist
12.	■■■	Erwin	verh.	-	2	-	1 möbl.	Fürstenberg/Oder	Kranheizer	
13.	■■■	Heinz	verh.	-	3	-	1 möbl.	Fürstenberg/Oder	Schrankenwärter	
14.	■■■	Otto	verh.	1	3	-	1	Groß-Breesen	Lokführer	Umsiedler
15.	■■■	Hans	verh.	1	3	-	1	Weferlingen Krs.Haldensleben	Ingenieur	Aktivist
16.	■■■	Herbert	gesch.	1	3	-	1	Frankfurt/Oder	Transportarbeiter	
17.	■■■	Anton	verh.	1	3	-	1	Letschin	Transportarbeiter	Umsiedler
18.	■■■	Wolfgang	verh.	-	2	-	1	Groß-Breesen	Möllerwagenfahrer	
19.	■■■	Ewald	verh.	1	3	-	1	Guben	Magaziner	Umsiedler
20.	■■■	Fritz	verh.	-	2	1	2	Guben	Gichtaufzug	Umsiedler/Umschüler
21.	■■■	Erhard	verh.	-	2	-	1 möbl.	Kieselwitz	Eisenverlader	Umschüler
22.	■■■	Ida	verw.	2	3	-	1 möbl.	Fürstenberg	Küchenhilfe	Umsiedler
23.	■■■	Günter	verh.	1	3	1	1	Groß-Lindow	Rangierer	
24.	■■■	Karl	verh.	-	2	1	1	Kottbus/Ströbitz	Lokführer	Aktivist

Liste der Wohnungszuweisungen 1951 (Dokumentauszug) (A 644/163)

Die Macht der Wohnraumvergabe

Bis zur administrativen Trennung von Werks- und Stadtverwaltungsfunktionen wurden die Wohnungszuweisungen[99] durch die Verwaltung des Eisenhüttenkombinates vorgenommen.[100] Dies führte in einzelnen Fällen in den nächsten Jahren der Errichtung der Stadt zu Auseinandersetzungen zwischen dem Ministerium für Hüttenwesen und Erzbergbau und der Werkleitung des EKO und dieser wiederum mit der Verwaltung der Stadt.[101] Nach der Teilung der administrativen Wohnraumvergabe mußten der Rat der Stadt, Referat Wohnraumlenkung, sowie die Wohnungskommission des Werkes zusammenarbeiten. Wegen der Bedeutung des EKO als Schwerpunktbetrieb wurde ein sogenannter ‚Wohnraumschlüssel' festgelegt, der den größten Anteil der zu vergebenden Wohnungen dem EKO zuschrieb. Das Werk verfügte über 80% des gesamten zur Verfügung stehenden Wohnraumes.[102]

Bei den Wohnungseinweisungen wurden unterschiedliche Merkmale beachtet bzw. festgehalten.[103] Aus der Übersicht auf Seite 36 geht hervor, daß besonders den Umsiedlern sowie ‚verdienten' Arbeitern zuerst Wohnraum zugesprochen wurde. Damit kam dem Erhalt des Wohnraums – neben dem dringenden Anliegen, die Umsiedler zu versorgen – auch eine stimulierende Funktion zu. Diese war darauf ausgerichtet, eine Steigerung der Arbeitsleistung der Arbeitskräfte auf der Baustelle und im EKO zu erreichen.

Ende 1952 standen die ersten Wohnblöcke der EKO-Wohnstadt, in denen ca. 1.900 Menschen wohnten. Die Stadt hieß nicht ohne Grund ‚jüngste Stadt', denn über die Hälfte der Einwohner war 20 bis 40 Jahre alt. Der Anteil an Kleinkindern und Kindern von sechs bis 13 Jahren betrug über ein Viertel der Wohnbevölkerung.

Bevölkerungszahlen der Wohnstadt (Stand November 1952)

Alter	bis 5	6-13	14-17	18-20	21-24	25-29	30-39	40-49	50-59	60-64	65-69	70 u. darüber
männlich	172	118	31	37	95	139	159	122	52	11	3	2
weiblich	166	102	47	51	97	152	150	88	51	3	6	13
Insgesamt	338	220	78	88	192	291	309	210	103	14	9	15

Bevölkerungszahlen der Wohnstadt 1952 (A 644/37)

Bei der Errichtung der Wohnstadt ging es, wie bereits gezeigt wurde, primär um die Versorgung der Arbeitskräfte mit Wohnungen. Kritisiert wurde dabei, daß die notwendigen Infrastruktureinrichtungen nicht im gleichen Maße Berücksichtigung fanden. Wie gestaltete sich die Entwicklung der Infrastruktur in den ersten Jahren bis 1952?

Die drei ‚K-Baracken' oder die Entwicklung der Infrastruktur
Kultur- und Sozialeinrichtungen

In den ersten Jahren gelang es nicht, die Errichtung des Werkes mit dem Bau sozialer und kultureller Einrichtungen so in Einklang zu bringen, daß die zu tausenden auf der Baustelle tätigen Arbeitskräfte umfassend befriedigt werden konnten.[104] Die Errichtung der Hochöfen hatte Vorrang.

Auch auf diesem Gebiet kam der Regierungsbeschluß 54/1951 vom Oktober 1951 zum Tragen.[105] In diesem wurde für Schwerpunktvorhaben zunächst die Schaffung der *wichtigsten* Einrichtungen der sozialen, kulturellen und gesundheitlichen Betreuung hervorgehoben. Dies betraf vor allem Kinderkrippen, Kindertagesstätten, Jugendheime, Lehrlingswohnheime, Ledigenheime, Polikliniken und Ambulatorien, Kino, Theater, Kultursäle und Räume für Parteien und Massenorganisationen.

Die Umsetzung dieser Vorhaben war jedoch dem Bau der Produktionsanlagen nachgeordnet. So waren die wichtigsten Einrichtungen der ersten Aufbauzeit vorwiegend Einrichtungen zur sozialen Betreuung der zahlreichen Arbeitskräfte, wie Badehaus, Duschen, Umkleideräume, Eßräume und Küchen. Kulturelle Bedürfnisse konnten in den ersten Monaten nur durch eigene Initiative befriedigt werden. Aus dieser entstanden 1950/51 die ersten Kulturgruppen auf der Baustelle und des späteren Werkes, wie der Chor, die Volkstanzgruppe, die Gründung der BSG (Betriebssportgemeinschaft) Stahl z.B. mit den Gruppen Fußball, Handball, Volleyball, Hockey, Leichtathletik oder Radfahren.

Fußball: Hochofen gegen Erzaufbereitung, 20.6.1953 (Foto: EKO-Archiv)

„Nicht selten traten vor den Bauarbeitern Kulturgruppen, meist aus Schulen, und Berufskünstler, wie vom Frankfurter Kleist-Theater, auf. Im Februar 1951 war auch mit der Gewerkschaft Kunst ein Patenschaftsvertrag abgeschlossen worden, der außer vier größeren kulturellen Veranstaltungen die Betreuung von Kulturgruppen der Bauarbeiter durch Musikerzieher und Schauspieler vorsah. Doch die materiellen Möglichkeiten ... reichten lange Zeit nicht aus, um die kulturelle und sportliche Selbstbetätigung der Bauleute gebührend zu fördern. Es fehlte an sachkundiger Anleitung, an Musikinstrumenten, an Räumen. Immer wieder mußten Kulturräume der Wohnbaracken in Unterkünfte verwandelt werden." (Cerný 1970:273) Ausschreitungen, die oft infolge des auf den Baustellen erlaubten Alkoholausschanks auftraten, führten zu einer von der Parteileitung organisierten ‚Kampagne gegen das Trinken von Alkohol während der Schicht, gegen Arbeitsbummelei und rowdyhaftes Verhalten'. In diesem Zusammenhang wurde die Ausdehnung der Kulturarbeit auf einen breiteren Kreis der Bauarbeiter sowie die Aufstellung eines ‚Planes zur Entfaltung der kulturellen Massenarbeit' durch die Gewerkschaftsleitung gefordert. 1952 stiegen die staatlichen Zuschüsse und die Kulturarbeit konnte verbessert werden. Ein Höhepunkt war z.B. das Schostakowitsch-Konzert März 1952 in der Wohnstadt.

Schostakowitsch am 31.3.1952 in Fürstenberg/Oder (Foto: EKO-Archiv)

Die Nachfrage nach kultureller Betreuung wurde größer. Die ‚Kulturarbeit' innerhalb des Werkes mußte dennoch zum großen Teil mit Provisorien auskommen.[106] So waren in der Wohnstadt die sogenannten drei ‚K-Baracken' – eine Küchen-, eine Kultur- und eine Kirchenbaracke – Anlaufpunkte für die Masse der Arbeitskräfte.

„Und dann wurden eben mal 'ne ganze Menge Leute hierher geholt, die zunächst als – wie nennt man diese Leute, die auswärts arbeiten – als Montagegruppen und sowas kamen. Und die wurden in Baracken untergebracht. Im Just-Lager zum Beispiel bei uns unten, wo die Kirche auch gestanden hat, die drei berühmten K-Baracken. Da gab's 'ne Küchenbaracke, da gab's 'ne Kulturbaracke und 'ne Kirchenbaracke, nicht, das waren die drei K-Baracken." (1, E1 Pfarrer)

Diese schlechte Ausstattung widersprach dem Vorhaben, eine ‚sozialistische Stadt' zu errichten, die der „Entfaltung aller schöpferischen Kräfte und Befriedigung der kulturellen Bedürfnisse" ihrer Bewohner gerecht würde.

„Es ist darüber hinaus für die Arbeitsintensität der Gesamtbevölkerung der Wohnstadt notwendig, das kleine Kulturhaus mit Laienspielbühne und Gaststätte 1953 zu erbauen, weil dadurch das Bewußtsein – aber auch die Freude an der Arbeit gehoben wird. Nach den bisherigen Mittelzuweisungen und der Vernachlässigung der Einplanungen von Kultureinrichtungen sind wir weit davon entfernt, eine sozialistische Stadt zu erbauen."

Leucht, Generalprojektant der ersten sozialistischen Stadt
Schreiben des VEB Entwurf, Generalprojektanten der ersten sozialistischen Stadt K. Leucht, an das Ministerium für Aufbau, 15.10.1952 (A 644)

Noch für das Jahr 1952 und Anfang 1953 war der Bau von Sportplätzen, eines Kulturparks, Baracken für Konsum und HO, Bekleidungswerkstätten und Wäschereien in der Barackenstadt vorgesehen. Teilweise wurde damit bereits begonnen. Ein anderer Aspekt war die Herausgabe einer Betriebszeitung sowie die Inbetriebnahme des Betriebsfunks. Bereits 1951 gründete man die Betriebszeitung „Unser Friedenswerk", die von der SED-Betriebsgruppe herausgegeben wurde. Sie erschien 14-tägig und unterstand direkt der Abteilung ‚Agitation und Propaganda' beim ZK der SED. In der ersten Zeit ihres Erscheinens wurde mit Hilfe dieser Zeitung auch Kritik an den Mängeln der Arbeitsorganisation und den Bedingungen in der Barackenstadt geübt. Zunehmend verlor sie jedoch ihr kritisches Potential und nach dem 17. Juni 1953 auch das Vertrauen einer nicht geringen Anzahl der Arbeiter, da sie die Ereignisse – wie offiziell bezeichnet – als „faschistischen Putschversuch" darstellte. Auch im Hinblick auf die sozialen Einrichtungen wurde mit Provisorien gearbeitet. Die Projektierungsunterlagen für einen Kindergarten lagen erst Ende 1952 vor, so daß der Bau verzögert wurde.[107] Diese Betreuungseinrichtungen wurden dringend gebraucht, da sonst Frauen mit Kindern keine Tätigkeit im Werk aufnehmen konnten.

„Wir glauben, daß die Volksbildung sich keinerlei Gedanken gemacht hat, wie die Arbeitsproduktivität im Eisenhüttenkombinat gesteigert werden kann. Sie kann nur gesteigert werden, wenn die werktätigen Frauen wissen, daß sich ihre Kinder in Obhut befinden und nicht in Sorge und Angst während ihrer Arbeitszeit leben müssen. Die Aufstellung der Nationalen Streitkräfte zur Erhaltung des Friedens und im Kampf um die Einheit Deutschlands bedeutet, daß mehr Frauen in den Arbeitsprozeß eingereiht werden, deshalb war laufend die Forderung, schnellstens eine Kindertagesstätte in der sozialistischen Wohnstadt zu bauen."

‚Warum ist in der sozialistischen Wohnstadt Fürstenberg/O. noch keine Kindertagesstätte vorhanden und wo liegen die Gründe?', Sommer 1952 (A 644/31)

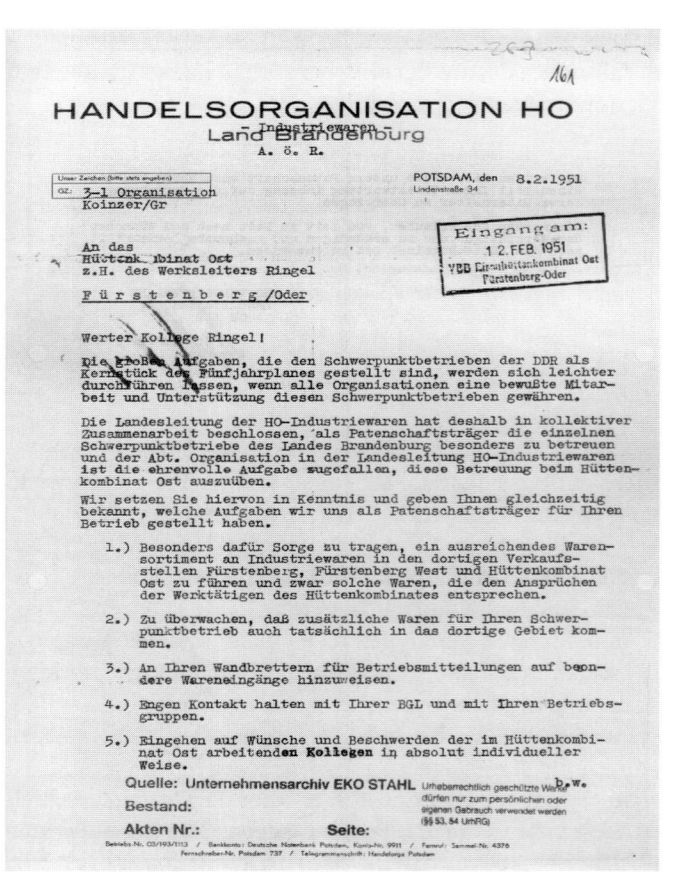

Schreiben der Handelsorganisation HO-Industriewaren, Land Brandenburg, an die Werkleitung EKO, 8.2.1951 (A 263/161)

Doch nicht nur im sozialen und kulturellen Bereich war die Schaffung von Einrichtungen notwendig. Auch Handel und Dienstleistungen mußten den wachsenden Erfordernissen von Werk und Stadt angepaßt werden.

Handel und Versorgung

Bevor die ersten Verkaufsstellen in der Wohnstadt errichtet wurden, dienten Baracken zur Versorgung.[108] Die ‚Schwerpunkterklärung', die das EKO erhielt, hatte auch Auswirkungen auf den Versorgungsbereich. Schwerpunktbetriebe waren bevorzugt mit Industriewaren und Waren des täglichen Bedarfs zu versorgen. Für das EKO übernahm die staatliche Handelsorganisation der DDR (HO) die „Patenschaft." (vergleiche Abbildungen unten)

Diese Sonderversorgung schloß eine Reihe von zentral organisierten Großverkäufen ein, in denen Mangelwaren angeboten wurden. EKO zählte zu den ersten Schwerpunktbetrieben, in denen derartige Verkaufstage stattfanden. Der direkte Auftrag des Zentralkomitees der SED an das HO-Warenhaus am Alex hebt die politische Bedeutung hervor. (Vergleiche Abbildungen Seite 40 und Anhang 5)

Trotz aller Bemühungen gelang es nicht, die Bedürfnisse der Bevölkerung zu befriedigen. Nach wie vor war die Anzahl der Versorgungseinrichtungen zu gering und notwendige Lieferungen wurden nicht gewährleistet. Nicht wahrgenommene persönliche Verantwortung, fehlende materielle Ausstattung und ungenaue Planung führten eher zur

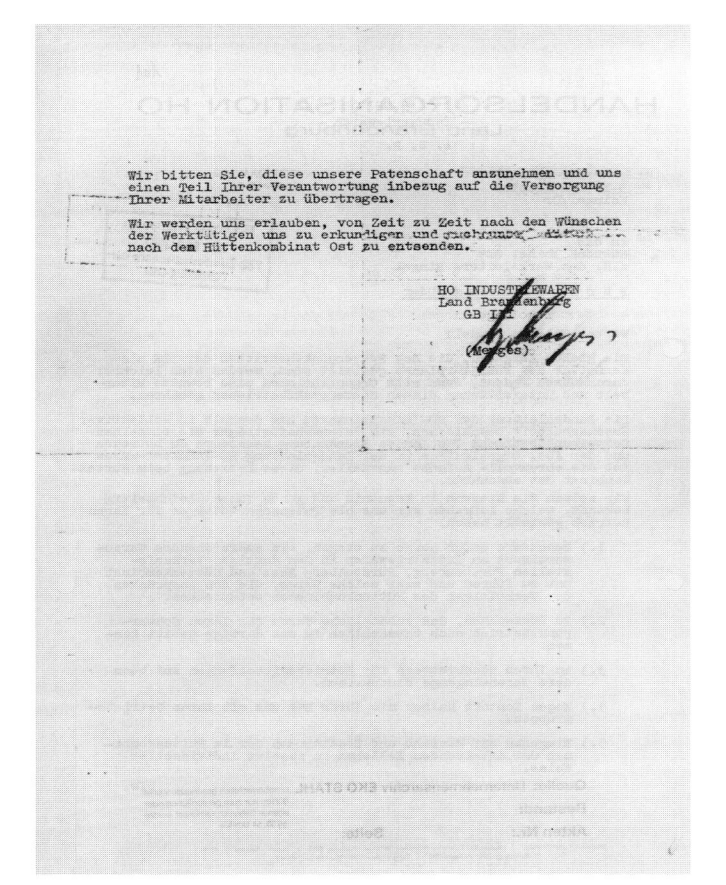

Konsum-Baracke 1951 (Foto: EKO-Archiv)

Verschlechterung der Situation. Immer wieder wurde von politischer Seite versucht, Schwierigkeiten auszuräumen. (vergleiche Abbildung rechts unten)

Die Kritik an der Versorgungssituation führte – auch im Zuge der Namensgebung ‚Stalinstadt' im Mai 1953 – zu verstärkten Bemühungen zur Verbesserung der Lage. Innerhalb des Werkes errichtete man Verkaufsstellen (Baracken), die vorrangig mit Waren versorgt wurden. Auch von den bis dahin existierenden ersten Geschäften in Stalinstadt wurden einige als ‚Schwerpunktversorger' ausgewählt. Allerdings sollten in diesem Zusammenhang Differenzierungen vorgenommen werden, welche Gruppen von Einwohnern in den ‚Genuß' einer besseren Versorgung gelangten und welche nicht. Auf die Zugehörigkeit zum EKO bezogen waren das direkt die Arbeitskräfte des Werkes. In bezug auf die Stadt waren es die ‚Stalinstädter' und nicht die ‚Fürstenberger'.

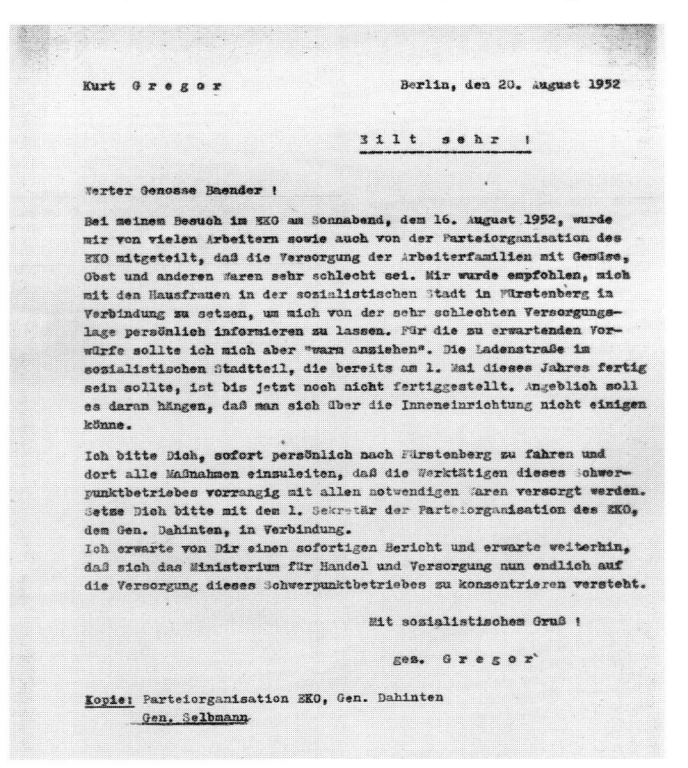

Schreiben betr. schlechte Versorgungssituation in der EKO-Wohnstadt, 20.8.1952 (BArch DG 2, Nr. 1350)

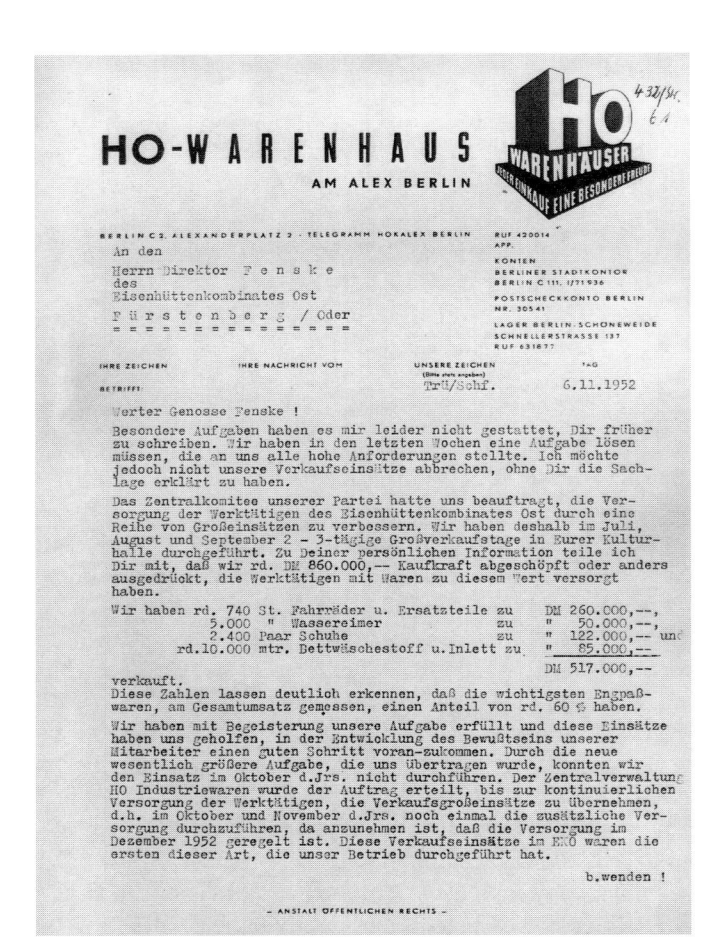

Schreiben des HO-Warenhauses ‚Am Alex' an die Werkleitung EKO, 6.11.1952 (A 256/432)

Im Zusammenhang mit der Entwicklung der Handelsstrukturen wird der Versuch deutlich, eine ‚Vormachtstellung' Stalinstadts gegenüber Fürstenberg zu etablieren. Dies äußerte sich z.B. in der Verlagerung der Handelsverwaltung nach Stalinstadt:

„Mit dem Protokoll selbst konnte man nicht einverstanden sein, da immer von Fürstenberg/Stalinstadt gesprochen wurde. Da in Stalinstadt die erste sozialistische Stadt Deutschlands gebaut wird, können wir auch ein bestimmtes Recht in Anspruch nehmen." ... Man müsse nun „der Wichtigkeit Stalinstadts genüge tun und alle drei Direktionen (gemeint sind die Handelsbereiche Lebensmittel, Gaststätten, Industriewaren, die teilweise noch in Fürstenberg untergebracht waren; d.A.) dort unterbringen ... Gen Ringel (Ratsmitglied), war der Auffassung, daß im Bezirk Frankfurt/Oder die Meinung vertreten wird, daß die Stalinstadt, die erste sozialistische Stadt Deutschlands, kein Schwerpunkt ist. Es muß damit Schluß gemacht werden, Stalinstadt wie jede andere Stadt zu behandeln."

Protokoll der 27. Sitzung des Rates der Stadt vom 14.11.1953, Auseinandersetzung zwischen dem stellv. Vorsitzenden des Rates der Stadt und dem Vertreter Handel und Versorgung des Rates des Bezirkes (StA EHS, RS 1953)

Handwerk und Gewerbe

Die Tendenzen einer Separierung Stalinstadts gegenüber Fürstenberg zeichneten sich noch deutlicher im Bereich Handwerk und Gewerbe ab.

‚Gesichtspunkte für die Struktur des Einzelhandels und Handwerks' (BArch, Bestand Ministerium für Bauwesen, DH 1, Nr. 38578)

Stalinstadt sollte als ‚rein sozialistische Stadt' den erfolgreichen Aufbau der Wirtschaft ohne private Betriebe, Handwerk und Gewerbe demonstrieren. Dies schloß auf der einen

Seite ein, keinen privatwirtschaftlichen Betrieb innerhalb der Stadtgrenzen Stalinstadts zuzulassen, andererseits wurde massiv die Bildung von Produktionsgenossenschaften des Handwerks vorangetrieben. So kam es zu einer ‚Auslagerung' politisch nicht gewollter ‚Institutionen'. Diese konnten nur in dem Stadtteil existieren, der nicht offiziell zu Stalinstadt zählte: Fürstenberg. Bis zur Umbenenung von Stalinstadt 1961 und der damit verbundenen Eingliederung von Fürstenberg als das sogenannte Eisenhüttenstadt-Ost gab es dort privaten Handel und Gewerbe, Kreisvorstände und Ortsgruppen der Blockparteien, eine Kirche.[109]

Schon frühzeitig hatte man die Grundstrukturen für Handwerk und Handel im Ministerium für Aufbau festgelegt (Vergleiche Abbildung Seite 40).

Die Namensgebung von Stalinstadt im Mai 1953 war ein willkommener Anlaß, die Vorzüge der neu erbauten Stadt erneut zum Ausdruck zu bringen. Durch Walter Ulbricht wurde in seiner Rede zur Namensgebung der Stadt explizit auf den Unterschied dieser Stadt im Vergleich zu ‚kapitalistischen' Städten hingewiesen: „Er beschrieb die erste sozialistische Stadt Deutschlands als Stadt ohne Ausbeutung, ohne Elendsviertel ...Es dürfte hier keinerlei kapitalistische Betriebe geben, auch keine kapitalistischen Händler, sondern nur staatliche und genossenschaftliche Industrie-, Handwerks- und Handelsbetriebe." (Cerný 1991:4f.) Es wurde bewußt eine politische initiierte Abgrenzung vollzogen, die sich auch im Bewußtsein der Bewohner Stalinstadts und Fürstenbergs festsetzte. In Stalinstadt kam es nicht zu einer Ansiedlung privaten Handwerks und Gewerbes.[110] So lange Fürstenberg eigenständig war, wurde also die Ansiedlung privaten Handwerk und Gewerbes in der ‚neuen Stadt' verhindert. Schwierigkeiten traten erst mit der späteren Eingemeindung Fürstenbergs auf, wie sich im folgenden Zitat zeigt:

„Ja, das war der politische Grund ja, das, solange hat die erste sozialistische nicht gehabt, da waren ja kene Handwerker, da wurde ja nischt zugelassen. Nachher waren dann paar Dienstleistungsbetriebe und paar PGH's und dann war's aber aus; Privatbetriebe wurden da gar nicht zugelassen, man hat gar keen Gewerbe in Stalinstadt gekriegt, und nu mußten sie, nu haben sie ja auf einmal Eisenhüttenstadt die erste sozialistische Stadt, ne bürgerliche Vergangenheit mit Fürstenberg, also nu mußte da was gemacht werden..." (4, B 14 Selbständiger)

Von den Einwohnern Fürstenbergs wurde deutlich reflektiert, daß mit ihrer bürgerlichen Tradition nach der Eingemeindung gebrochen werden sollte sowie der private Sektor stark zurückgedrängt wurde, ohne ihn ganz ‚tilgen' zu können. Privatbetriebe erhielten im gesamten Gebiet der DDR kaum die Möglichkeit, Produktion und Betrieb zu erweitern. Viele Arbeitskräfte wurden staatlicherseits aus diesen Bereichen (Handwerk und auch Landwirtschaft) „abgezogen". In der offiziellen Politik sprach man von einem dort vorhandenen „Arbeitskräfteüberschuß" (vgl. Cerný 1970:109). Hinzu kam, daß in den Schwerpunktbetrieben ein wesentlich besserer Verdienst angeboten wurde, der manche subjektive Entscheidung vormals im Handwerk und Gewerbe Beschäftigter noch beschleunigt haben mag. Die zahlenmäßige Verringerung der Arbeitskräfte im privaten Sektor wurde staatlich also sowohl durch die Umsetzung von Arbeitskräften als auch durch die Entlohnungsvorschriften für die privaten Betriebe gefördert.[111] Für die privaten Betriebe galten andere Lohnvorschriften als für die volkseigene Industrie. Somit waren die kleinen Privatbetriebe durch die staatlichen Sanktionen nicht in der Lage, ihren Beschäftigten die gleichen Löhne zu zahlen. Dies bewirkte eine starke Abwanderung von Arbeitskräften in die großen Industriebetriebe, die darüber hinaus auch noch Angebote im sozialen und kulturellen Bereich sowie Unterstützung bei Wohnungsproblemen bieten konnten. Dies waren besonders in dieser Zeit Faktoren für die subjektive Entscheidung der Arbeitskräfte, die nicht selten zugunsten der großen Betriebe ausfiel.

„Aus Fürstenberg sind wahrscheinlich och Arbeitskräfte sind ja dahin gegangen, die wurden och abgeworben, das Handwerk wurde schmaler und die Dienstleistungen, weil da besser verdient wurde, die Handwerker durften ja, hier an unserem Maschinenbau durften 1,54 Mark zahlen bloß Stundenlohn. Und das EKO hat dann schon zwei Mark oder 2,50 oder drei Mark gezahlt oder sowas ja. Damit hat man uns die Leute hier abgeworben, die Beschäftigten. Na ja und da hatten wir eigentlich – das ist das einzige, es ist ein Teil von dem dem Handwerk erst mal kaputt gegangen." (3, B 14 Selbständiger)

„Also wie das EKO angefangen hat, da heißt es doch: Aus allen Teilen der DDR kamen die Leute hierher. Und von hier waren Schiffer, Glasmacher und Korbmacher. Es stimmt. Und die Korbmacher, die damals ins EKO gegangen sind, sind nie wieder zurückgekommen. Denn die hatten ja nun die ganze Schinderei dann nicht mehr zu machen, brauchten sich um keine Weiden mehr zu kümmern, hatten plötzlich Urlaub gekriegt und alles was so da ...Konnten die große Lippe riskieren – das haben sie auch getan – ja und ...Aber die sagten, ihr seid ja dumm, ihr seid ja dumm, daß ihr hier 10 Stunden arbeitet ...Wir haben nicht mehr verdient als die, im Gegenteil. Die haben mehr verdient als wir." (13, B 6 Handwerker)

Durch diese Abwanderungsprozesse wurden die langjährige Tradition der Handwerksausbildung vom Lehrling über den Gesellen bis zum Meister unterbrochen. Die Gesellen als Zwischenglieder dieser Kette verließen die Handwerksbetriebe und nahmen zu einem großen Teil eine Tätigkeit im EKO auf.

Die Bildung von Genossenschaften geschah in einem von den oberen Leitungsinstanzen gesteuerten Prozeß.[112] Während das private Handwerk sukzessive zurückgedrängt wurde, gab es im Bereich der volkseigenen Industrie umfangreiche Fördermaßnahmen. Dabei spielte die gezielte Förderung der für den Produktionsaufbau wichtigen sozialen Gruppen eine ausschlaggebende Rolle. Aus diesem Grund soll auf die Gruppe der ‚Intelligenz' und der ‚Frauen' konkret eingegangen werden.

‚Alle Kräfte braucht das Land' – Förderung und Privilegierung spezifischer sozialer Gruppen und die Entwicklung der Masseninitiativen
Gruppe der ‚Intelligenz'

Die ‚Zusammensetzung' bzw. ‚Ansiedlung' unterschiedlicher sozialer Gruppen und Schichten spielte in bezug auf die ‚Intelligenz' beim Aufbau der ‚1. sozialistischen Stadt' eine grundlegende Rolle. Ohne die ‚alte' *Intelligenz* – das Bildungsbürgertum[113] – und bezogen auf das Werk insbesondere die *„technische Intelligenz"* waren jedoch die Aufgaben des Aufbaus nicht zu bewältigen. In der ersten Phase der Errichtung von Werk und Stadt mußten von politischer Seite klassen- und schichtspezifische Unterschiede und Ansprüche verstärkt beachtet werden.[114] Unter dem Aspekt, daß 1949 fast 130.000 und 1950 ca. 200.000 Menschen aus der DDR in die Bundesrepublik Deutschland abwanderten, mußten für die ‚technische Intelligenz' Vergünstigungen geschaffen werden, um sie an die Standorte zu binden. Besonders galt dies für die im Aufbau begriffene Wohnstadt des EKO, da hier die Bedingungen ungleich schwierig waren. Schon im März 1950 wurde ein „Förderungsausschuß für die deutsche Intelligenz beim Ministerpräsidenten der Deutschen Demokratischen Republik" gebildet.[115]

„Bekannt ist, daß für den Aufbau des Eisenhüttenkombinates Ost eine bedeutende Anzahl von Spezialisten auf allen Gebieten der Metallurgie benötigt werden. Die DDR verfügt über eine gewisse Anzahl solcher Spezialisten, die aber bereits in anderen Schwerpunkten der DDR tätig sind sowie eine feste Bindung zu ihrem Betrieb haben und aufgrund der bestehenden Verordnungen nicht abgezogen werden dürfen, wenngleich sie sich für die Arbeiten im Zuge des Aufbaus des Eisenhüttenkombinates Ost interessieren. ...Es steht deshalb fest, daß eine direkte Zusammenarbeit mit dem Ministerium für Schwerindustrie, Hauptabteilung Metallurgie, Personalabteilung, eine bedeutend schnellere und bessere Lösung der bestehenden Probleme zeitigen würde."
Aktennotiz betr. Zusammenarbeit mit der VVB Vesta auf dem Gebiet der Lösung von Personalfragen des Eisenhüttenkombinates Ost Fürstenberg/O., v. 29.3.1951 (A 270/165)

Besondere Vorteile wurden der Intelligenz gesetzlich in folgenden Bereichen gewährt:[116]
– Belohnung und Prämierung,
– Abschluß von Einzelverträgen zur Verbesserung der Entlohnung,
– Organisierung wissenschaftlich-technischer Konferenzen und Ausstellungen durch die Staatliche Plankommission,

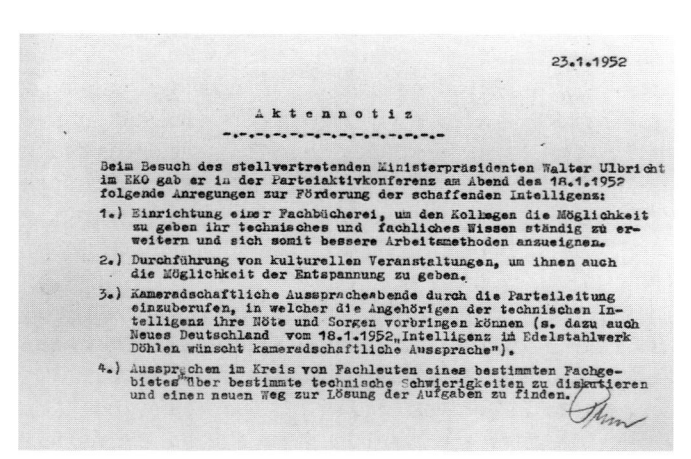

‚Ulbrichts Anregungen zur Förderung der schaffenden Intelligenz', Aktennotiz v. 23.1.1952 (A 652/176)

– Einführung und Verleihung von Ehrentiteln (z.B. „Verdienter Wissenschaftler und Techniker"),
– Lohnzuschläge nach der Anzahl der Beschäftigungsjahre,
– zusätzliche Altersversorgung und die Verbesserung der Wohnverhältnisse. (Anhang 6)

Vergünstigungen für die Intelligenz von seiten des Werkes und der Stadt existierten im Bereich ‚Wohnen', ‚Kultur', ‚Soziales' (vergleiche Abbildung unten).

Fördermaßnahmen Wohnen

Aus Investitionsmitteln des „Förderungsausschusses für die deutsche Intelligenz beim Ministerpräsidenten der Deutschen Demokratischen Republik" wurde eine „Werkssiedlung" neben der Wohnstadt Fürstenberg-Schönfließ mit ‚Eigenheimbauten für die schaffende Intelligenz' errichtet. (Anhang 7 a-c)[117] Dieses Wohngebiet sollte nach Maßgabe Ulbrichts nicht als ein von der Stadt abgegrenztes Gebiet betrachtet werden. Über den Standort der „Werkssiedlung" gab es unterschiedliche Auffassungen, was in folgendem Zitat zum Ausdruck kommt:

„Wie mir von dem Entwurfsbüro für Stalinstadt mitgeteilt wird, ist mit dem Abstecken der 30 Holzhäuser in den Diehloer Bergen für das Ministerium für Erzbergbau und Hüttenwesen begonnen worden. Das widerspricht der Planung der Stadt und den Hinweisen, die der Stellvertreter des Ministerpräsidenten, Herr Walter U l b r i c h t, anläßlich der Grundsteinlegung in Stalinstadt machte, nämlich, daß die Diehloer Höhen nicht bebaut und die Intelligenz nicht abgesondert werden sollte."
Schreiben des Hauptabteilungsleiters Architektur des Ministeriums für Aufbau an den Minister für Aufbau Bolz, 5.9.1953 (BArch, Bestand Ministerium für Bauwesen, DH 1, Nr. 38712)

Auch an den anderen Standorten von Schwerpunktbetrieben lassen sich diese Fördermaßnahmen nachvollziehen.[118] Damit wurde die ‚funktionale Segregation' von leitenden Angestellten des Werkes in einem ausgewählten Stadtteil administrativ befördert.[119] Auch in den zuerst errichteten Häuserblocks der Wohnstadt wurden Wohnungen für die ‚technische Intelligenz' zur Verfügung gestellt. Dies war notwendig, da die Wohnungen in der „Werkssiedlung" nicht ausreichten, um den Bedarf für diese Gruppe zu decken. Andererseits waren sich die Spezialisten ihrer ‚besonderen' Rolle bewußt und nutzten dies in den Verhandlungen mit den betrieblichen Entscheidungsträgern aus:

„In der Personalabteilung gehen in zunehmenden Maße Beschwerden von Technikern und Ingenieuren hinsichtlich ihrer Wohnungsanträge ein, die für uns einen Beweis der völligen Verkennung der Bedeutung der technischen Intelligenz bei einigen Stellen unseres Werkes darstellen. Ein Beispiel: Im Jahre 1952 wurden mit einer ganzen Reihe von Kollegen auf Ingenieurschulen Vorverträge abgeschlossen und im Februar bzw. März 1953 wurden demzufolge etwa 20 Ingenieure und Techniker eingestellt. Hierunter befinden sich vor allem SM-(Siemens-Martin-Technik; d. V.)-Stahlwerk-Ingenieure und Güteingenieure. Diese Kollegen kommen sämtlich aus Betrieben unseres Industriezweiges, sind zum großen Teil verheiratet und haben nun den berechtigten Wunsch, nach der schon mehrjäh-

rigen Trennung von der Familie während ihrer Studienzeit endlich jetzt eine entsprechende Wohnung zu erhalten. ...der Kollege Ing. T. ...sprach persönlich mit dem Vorsitzenden der Betriebswohnungskommission, ...der ihm jedoch nur erklärte, er sei ja erst seit Februar d.J. hier im Werk und da käme er noch lange nicht dran usw. usf ...Wir sind der Meinung, daß so unsere neue, ausschließlich aus der Arbeiterklasse kommende Intelligenz auf keinen Fall behandelt werden darf ... Da die Betriebswohnungskommission nicht in der Lage ist, unsere technische Intelligenz richtig zu bewerten, wie dieses eine Beispiel von vielen zeigt, fordern wir eine Änderung der Zusammensetzung dieser Kommission sowie die Festlegung einer Anzahl Wohnungen für unsere technische Intelligenz, worüber die Personalabteilung das Verfügungsrecht erhält. Die Personalabteilung wird der Kreisleitung der SED und dem Koll. Werkdirektor in bestimmten Zeitabständen Bericht erstatten. Der augenblickliche Zustand ist auf keinen Fall länger tragbar."
Mitteilung der Personalabteilung an den Werkdirektor Fenske, betr. Wohnungen für die technische Intelligenz, 26.5.1953 (A 644/7)

Immer wieder wurde sowohl in den politischen Gremien[120] als auch in der Öffentlichkeit auf die Bedeutung der „technischen Intelligenz" hingewiesen.[121] Rückblickend wird dies auch in den Aussagen von Personen deutlich, die diese Zeit selbst miterlebten.

„...du darfst auch nicht die politische Situation dieser damaligen Zeit vergessen. Man mußte der Intelligenz etwas bieten. Denn wenn man das EKO aufbauen wollte, hatte man ja zum Teil die Intelligenz der alten Zeit – so hat man das zumindest damals formuliert. Um die hier zu halten, damit die nicht nach drüben gingen, mußte man ihnen schon einen solchen Wohnraum anbieten. Ja, also das spielte sicher mit einen Grund. So wie man die Ärzte damals hielt." (VG 9, Herr P.)

Fördermaßnahmen über den Wohnbereich hinaus gab es auch auf anderen Gebieten, wie im sozialen Bereich.

Die Sozialabteilung des EKO verfügte über eine Sachbearbeiterstelle zur ‚Betreuung der technischen Intelligenz'. Deren Aufgabe bestand in der Umsetzung gesetzlicher Festlegungen zur Förderung der Intelligenz:

„Wie wurde die technische Intelligenz betreut? Zur schaffenden Intelligenz im Betrieb gehören z.Z. nach Angaben der Abt. Personal vom 5.12.1951 75 Personen. Sie verteilen sich auf den technischen und kaufmännischen Sektor. Bisher wurden 22 Einzelverträge abgeschlossen und von der Regierung bestätigt. Für 22 Angehörige der Intelligenz ist die zusätzliche Altersversorgung beantragt und bestätigt worden ...Die Angehörigen der Intelligenz werden am Arbeitsplatz aufgesucht und haben Gelegenheit, ihre persönlichen Nöte und Sorgen vorzutragen. Zwischen dem Förderungsausschuß für die deutsche Intelligenz beim Ministerpräsidenten der DDR und dem ...Ministerpräsidenten des Landes Brandenburg einerseits und dem Betrieb Eisenhüttenkombinat andererseits besteht eine gute Zusammenarbeit."
‚Bericht über die Förderung der technischen Intelligenz im EKO', 16.1.1952 (A 614/274)

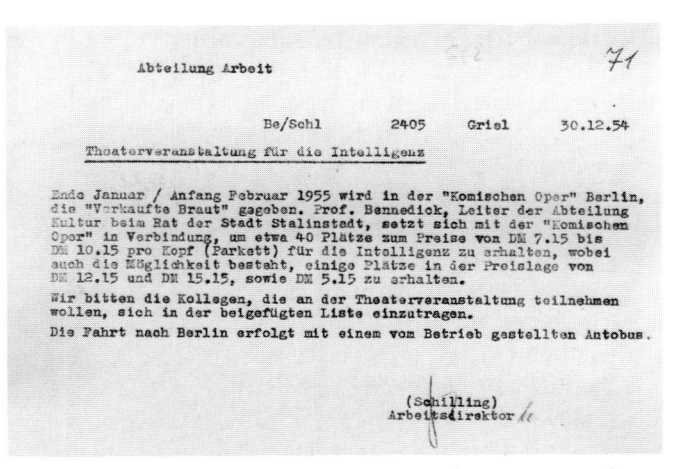

Notiz der Abteilung Arbeit des EKO zur ‚Theaterveranstaltung für die Intelligenz', 30.12.1954 (A 652/71)

Die ‚technische Intelligenz' erfuhr auch in versorgungsmäßiger Hinsicht sowie in der Bereitstellung ‚kultureller Güter' Vorteile.[122] Dies äußerte sich in der Zuteilung sogenannter ‚Mangelwaren' in den 50er Jahren (Anhang 8). Selbst Veranstaltungen wurden für die Intelligenz gesondert organisiert. (vergleiche Abbildung oben)

Gruppe der Frauen

Die Frauen waren von Anfang an auf der Baustelle und im Werk tätig. Ohne weibliche Arbeitskräfte und deren stärkere Einbeziehung in die Aufbau- und Produktionsprozesse wäre die Realisierung der volkswirtschaftlichen Ziele in der DDR nicht möglich gewesen. Eine Forderung des III. Parteitages der SED 1950 war deshalb, den Anteil der berufstätigen Frauen in der Arbeitskräftebilanz von 37 auf 42% zu steigern.[123] Auf den Baustellen von Werk und Stadt verrichteten Frauen auch körperlich schwere Tätigkeiten, wie z.B. Ausschachtungsarbeiten.[124] Die gesetzlich verankerte Gleichberechtigung der Frauen stieß bei den Männern nicht selten auf Vorurteile. Das Eindringen der Frauen in traditionelle Männerdomänen wurde unterschiedlich gewertet. Gleichberechtigung wurde, wie im folgenden Beispiel deutlich wird, teilweise wortwörtlich genommen. *„Bei manchen Arbeitern gab es auch Vorbehalte gegenüber den Frauen und Jugendlichen, die um die Anerkennung ihrer Gleichberechtigung kämpften. M. berichtet über schwere Transportarbeiten: »Wir meinten, wenn die Frauen gleichberechtigt sind, sollen sie auch wie wir die jeweils mit sechs Sack (zu je einem Zentner) ...beladenen Karren den 75 Meter weiten Weg bewegen. Und so geschah das dann auch.« Die Frauen selbst verstanden ihre Gleichberechtigung nicht anders. Und erst nach heftigen Auseinandersetzungen konnte die Betriebsleitung den Arbeitsschutzgesetzen Geltung verschaffen und die Frauen dazu bewegen, die am Bahnhof tätige Transportkolonne zu verlassen und in eine andere Brigade zu gehen."* (Cerný 1970:148)

Im Frühjahr 1952 arbeiteten auf dem Baugelände 2300 Frauen, davon 1900 bei der Bau-Union Fürstenberg. Auch an den Hochöfen arbeiteten in den ersten Jahren Frauen. Das Vordringen von Frauen in bislang fast gänzlich von Männern besetzte Bereiche brachte eine Reihe neuer Probleme mit sich, die gelöst werden mußten. Um die Problemlösung zu forcieren und die Einhaltung gesetzlich verankerter Rechte der Frauen zu gewährleisten, wurde 1952 im EKO ein ‚Frauenausschuß'[125] gebildet.

„...aber es gibt noch viele andere Fragen, die unsere berufstätigen Frauen bewegen, für die jedoch bisher noch niemand mit Nachdruck eingetreten ist. Walter Ulbricht zeigte uns bei seinem Besuch in unserem Werk einen Weg, wie wir auch diese Probleme lösen können. Er sagte: ‚Bildet einen Frauenausschuß'. So haben die Kolleginnen ...die Initiative ergriffen und für die heutige erste Sitzung zur Bildung des Frauenausschusses Kolleginnen aus der Produktion geworben. Alles das, was unsere Frauen fordern, ist bereits in dem Gesetz über den Mutter-und-Kind-Schutz und die Rechte der Frauen uns zugesichert. Es kommt also darauf an, dieses Gesetz bei uns zu verwirklichen ...Wenn die Gleichberechtigung der Frau auch in der Produktion in dem Maße vorhanden ist, wie es das Gesetz fordert, dann wird unser Frauenausschuß überflüssig sein."
Protokoll der 1. Sitzung zur Vorbereitung der Gründung des Frauenausschusses EKO, 11.2.52 (A 614/238-240)

Diese Frauenausschüsse arbeiteten mit den Gewerkschafts- und Parteileitungen zusammen und konnten durch die eigene Arbeit in der Praxis Probleme deutlicher sehen und formulieren sowie an deren Beseitigung mitwirken. Anders als in späteren Jahren, als die gesetzlichen Vorgaben im Selbstlauf eingehalten und die Ausschüsse mehr und mehr zu inhaltsleeren Institutionen wurden, hatten sie zu diesem Zeitpunkt ihre Daseinsberechtigung. Die Mitarbeit von Frauen mußte auch in den Leitungsgremien der Parteien und Gewerkschaften forciert werden, um ihre Rechte stärker durchsetzen zu können. Zu diesem Zeitpunkt kamen Frauen auf Baustellen häufig an solchen Arbeitsstellen zum Einsatz, wo sie männliche Arbeitskräfte ersetzen konnten. Diese ‚Ersatzfunktion' ermöglichte die Umsetzung männlicher Arbeitskräfte zu den Schwerpunktvorhaben bzw. an Arbeitsplätze mit schweren körperlichen Arbeitsbedingungen.[126]

Als Forum, Forderungen der Frauen gegenüber den Betriebsleitungen und der Gewerkschaft zu verdeutlichen, wurden betriebliche und regionale Frauenkonferenzen gewählt. Diese Frauenkonferenzen wurden durch die betrieblichen Frauenausschüsse und die Gewerkschaften vorbereitet und organisiert, um die Mitbestimmung der Frauen zu erhöhen. Die Frauenkonferenzen wandten sich auch an Frauen, die selbst nicht berufstätig waren.

Eine Forderung der Frauenkonferenz war die bessere Vereinbarkeit von Arbeitstätigkeit und Kinderbetreuung. Viele Frauen konnten aufgrund fehlender Betreuungsplätze für ihre Kinder keine Arbeit aufnehmen. Den Frauenanteil in den Betrieben zu erhöhen, konnte nur gelingen, wenn die entsprechenden Voraussetzungen dafür geschaffen wurden. Dabei spielte eine nicht unwesentliche Rolle, daß die Beschäftigten der Betriebe großteils in Schichten arbeiteten und die Betreuung der Kinder in diesen Zeiträumen auch abgesichert werden mußte. So bestand eine Forderung des Frauenausschusses in der

„Schaffung von Kinderkrippen und Kindertagesstätten. Die Öffnungszeiten ...sind der Arbeitszeit der Frauen anzupassen ... Außer der Kinderkrippe muß auch ein Kindergarten in der Wohnstadt errichtet werden. Viele Frauen der Wohnstadt wären dann sofort bereit, im EKO zu arbeiten ...Die Wohnungsämter haben alleinstehenden und kinderreichen arbeitenden Müttern bevorzugt Wohnraum zur Verfügung zu stellen."
Bericht des Werkdirektors, 29.8.1952 (A 256/106)

Eine weitere Forderung war die nach einer stärkeren Einbindung von Frauen in Qualifizierungsmaßnahmen. Die Frauen, die nun in den Produktionsbereichen tätig waren, waren mit den betrieblichen Weiterbildungsmöglichkeiten sehr unzufrieden. Sie forderten die Gewährleistung entsprechender Qualifizierungsmaßnahmen[127] und gaben sich mit der Rolle eines ‚Hilfsarbeiters' nicht zufrieden. Die Frauenausschüsse behandelten dieses Problem als vorrangiges Thema.

„In allen Berufen sind Maßnahmen zur Qualifizierung der Frauen zu treffen. Es ist dafür zu sorgen, daß Frauen in höherem Maße als bisher in leitenden Stellungen arbeiten.
a) Kolln. H. (Bahnwärterin) möchte Maschinist werden.
b) Kolln. K (Reinemachefrau) möchte Schaltwärterin werden.
c) Kolln. K. (Transport) möchte Lokführerin werden.
d) Kolln. W. (Schmiererin) möchte Kranführerin werden."
Protokoll der 1. Sitzung zur Vorbereitung der Gründung des Frauenausschusses des EKO, 11.2.52 (A 614/240

„Kollege E. führte aus, daß sie einen Frauenanteil in der Beschäftigtenzahl von 31% zu verzeichnen haben ...Der Sonderbeauftragte wies auf die am 17.12.1952 stattgefundene Frauenkonferenz hin, wo die Kolleginnen ausführten, daß in bezug auf ihre Qualifikation keine Unterstützung gewährt wird. Gerade dadurch könnte die Arbeitsfreudigkeit der Frauen gehoben werden. Die Betriebsgewerkschaftsleitung muß engsten Kontakt mit der Betriebsleitung und dem Frauenausschuß aufnehmen und die Arbeitsplätze überprüfen."
Protokoll Werkleitungssitzung Dezember 1952 (A 255/51))

Aufbau Stalinstadt/ Wäscherei, 30.5.53 (Foto: EKO-Archiv)

Von betrieblicher Seite aus mußte darauf reagiert werden, und deshalb wurde die Beschäftigung und Qualifizierung der Frauen verstärkt gefördert. In diesen Prozeß wurden die Frauen selbst einbezogen. Eigene Vorschläge und Ideen zur Qualifizierung und Umsetzung von Frauen sollten an die Betriebsleitung herangetragen werden. Ein wichtiger Punkt bei der Umsetzung von Frauen in neue Arbeitsbereiche war auch die Haltung der Männer zu ihren Kolleginnen. Vorbehalte gegen Frauen auf bestimmten Positionen sollten bereits im Vorfeld ausgeschlossen werden. Dennoch blieben Frauen in leitenden Positionen eher eine Seltenheit.

„Die Kollegin … wählte sich aus den in den Abteilungen beschäftigten Frauen je nach Belegschaftsstärke 2-3 Kolleginnen aus, die den Betrieb kennen und Vorschläge machen sollen für eine Umbesetzung oder Qualifizierung ihrer Kolleginnen. Da erfahrungsgemäß bei einem Teil der männlichen Kollegen immer noch eine gewisse Voreingenommenheit besteht gegen die Beschäftigung von Frauen auf Arbeitsplätzen, die man bisher stillschweigend als Reservat der Männer angesehen hat, ist mit den Abteilungsleitern, Meistern, Instrukteuren und der BGL eingehend darüber zu diskutieren, bis man die Gewißheit hat, daß diese Vorurteile auch restlos beseitigt sind."
Quartalsplan für das erste Vierteljahr 1953 – Niveauanalysen und Qualifizierung (A 614/9)

Die Förderung der Frauen und ihre Einbeziehung in alle Bereiche des gesellschaftlichen Lebens entsprach einem Anliegen des neu zu bauenden, demokratischen Staates. Ein administrativer Schritt in diese Richtung war die gesetzlich verankerte Gleichstellung von Frau und Mann.

An den Dokumenten konnte nachvollzogen werden, daß die Umsetzung dieser gesetzlichen Bestimmungen und politischen Absichtserklärungen länger dauern würde als ihre Proklamierung. Die traditionellen Rollenvorstellungen von Frauen und Männern konnten nicht von heute auf morgen gebrochen werden, auch wenn die ersten Ansätze mit dem Vorstoß der Frauen in die Männerdomänen Bauwirtschaft sowie Stahl- und Walzwerk bereits gegeben waren. Eingebettet waren die Bemühungen um die Förderung der Frauen ebenfalls in die großangelegten Masseninitiativen dieser Zeit, auf die im Folgenden näher eingegangen werden soll.

‚Mehr produzieren, gerechter verteilen, besser leben!'

Unter diesem Motto stand die erste ins Leben gerufene Masseninitiative. Der III. Parteitag 1950 stellte die Masseninitiativen als einen Bestandteil des „Befreiungsprozesses der Arbeit" dar, in dem sich das ‚Eigentümerbewußtsein' entwickelt. Mittel und Methoden waren der sozialistische Wettbewerb, die Gründung von Arbeitsbrigaden, die Verbesserung der Arbeitsorganisation, die Aufstellung technisch begründeter Arbeitsnormen (TAN) sowie der Erfahrungsaustausch von Arbeitern und Vertretern der technischen Intelligenz in Produktionsberatungen. Brigaden als kleinste Produktionseinheit bildeten die Grundlage für die Organisation von Masseninitiativen. Die Bildung von Brigaden in Industriebetrieben und in der Landwirtschaft setzte schon 1947 ein, vornehmlich im Steinkohle- und Kupferbergbau, in der Bauwirtschaft und teilweise in der Textilindustrie.[128] Die Brigadebildung vollzog sich zumeist unter Anleitung des FDGB.[129] *„Dem Kenner der Geschichtsbücher kommt hier die Losung ‚Sozialistisch arbeiten, lernen und leben' in den Sinn und der Bitterfelder Aufruf von Januar 1959. In der damit einsetzenden sog. Brigade-Bewegung wurde etwas institutionalisiert und in wachsendem Maße formalisiert, was in Vorjahren organisch gewachsen war – wohl nicht nur in Stalinstadt. Die Kritik kann aber kaum an den erklärten Zielen dieser Bewegung ansetzen, kaum an den ethischen Werten, auf die sie sich bezog. Vielmehr ist ihre Reglementierung sowie die Bevormundung der Brigaden durch Partei und Gewerkschaft zu kritisieren."* (Cerný 1991:8f.)[130]

Im Zusammenhang mit der Brigadebildung entstand auch der „Sozialistische Wettbewerb".[131] Dieser diente dem Ziel der Planerfüllung, Qualitätssteigerung und der Selbstkostensenkung. Die Aufgaben wurden innerhalb der Produktionsbrigaden realisiert. Zu Beginn der Einführung von Wettbewerbsmethoden wurden diese oft als ein von ‚oben aufgesetztes Ausspielen der Arbeitskräfte' durch die Arbeiter kritisiert (*"Wir lassen uns nicht gegeneinander hetzen!"*; Cerný 1970:142). Notwendig wurden bald Struktur- bzw. Organisationseinheiten, die den Wettbewerb kontrollierten. Außerdem wurden weitere Aufgaben, die zu erfüllen waren, integriert. Neben der Realisierung des Produktionszieles sollten beispielsweise alle Mitglieder der Brigade ebenfalls der Gesellschaft für Deutsch-Sowjetische-Freundschaft beitreten. Ein weiterer Punkt war die Erfüllung des Kulturplanes der Brigade, der ein bestimmtes ‚Soll' des Besuches von Kulturveranstaltungen beinhaltete. Dennoch muß das Alltagserleben innerhalb der Produktionsbrigaden von diesen Institutionalisierungsprozessen unterschieden werden. Auch hier muß zur Erklärung der Diskrepanz zwischen staatlich verordnetem Zusammenschluß und dem langen Bestehen der Brigaden bis zur Wende 1989 das Alltagsverständnis der in diesen Brigaden Arbeitenden herangezogen werden. *„Erinnert werden Kollegialität und Kollektivität. Vielfältige Gemeinschaftserlebnisse treten hervor. Da ist vor allem die Brigade, – in manchem Industriezweig etwas Oktroyiertes, im metallurgischen Betrieb etwas Organisches. In der Brigade bilden sich Beziehungen heraus, die über die Sphäre der Arbeit hinauswirken, mehr oder minder weit in die Freizeit hinein. Bald wird es Brigade-Abende und -Ausflüge mit den Ehefrauen geben. Über die Kinder und von den Elternversammlungen her entstehen zu Schulklassen feste Verbindungen, Patenschaften, die auch genutzt werden, um die Heranwachsenden mit dem EKO bekannt zu machen und für metallurgische Berufe zu gewinnen."* (Cerný 1991:8) Abgesehen von den ursprünglichen Produktionszielen gerieten parallel immer mehr politische Aktivitäten in den Mittelpunkt. Auch hier führten Formalisierungsprozesse zur ‚Aushöhlung' der ursprünglichen Idee eines auf die Erzielung höchstmöglicher Produktionsergebnisse gerichteten Wettbewerbs. Der Appell an den Enthusiasmus und die Ideale in Verbindung mit der meist auch formalisierten und oft nicht leistungsgerechten Einschätzung einzelner Arbeitsleistungen reichte nicht zur Motivation aus. *„Die Institutionalisierung … wie auch einige Rituale entsprangen jedoch echten Bedürfnissen: Der Hochöfner wollte sich die Prämie nicht im Vorbeigehen vom Meister zustecken lassen. Der Wettbewerbssieg sollte verkündet und gefeiert werden. Was als ‚Auszeichnungsveranstaltung' spä-*

ter zu müder Routine mißriet, war in den fünfziger Jahren eine – mehr oder minder tief – als verdient empfundene und erwartete Würdigung unumstrittener Leistung." (Cerný 1991:9)

Im Rahmen der Masseninitiativen wurden viele Objekte in die Verantwortung der Jugend übergeben, wie z.B. der Hochofen IV. In diesem Zusammenhang kam es zur Bildung von Jugendbrigaden.[132]

„Habe dann bis 1960 als Hochofenmeister, teilweise Schichtleiter, im Hochofenbetrieb gearbeitet. Zum Schluß war ich am Ofen vier, das war damals der Jugendofen. Das war ein bißchen Paradebeispiel für neue Normen und neue Technik usw.. Es hat also Spaß gemacht. Wir waren alles junge Bengels und wollten im Prinzip die Welt einreißen." (1, B 4 ehemaliger EKO-Mitarbeiter)

Ohne die Einbeziehung der von den Arbeitskräften in freiwilliger Arbeit geleisteten Aufbaustunden, ist die Entstehung des Werkes und der Stadt nicht zu erklären. Die Zusammenarbeit von Werk und Stadt manifestierte sich insbesondere im Rahmen des ‚Nationalen Aufbauwerkes'. Im Zusammenhang mit dem ‚Sozialistischen Wettbewerb' wurden auch für den Wohnbereich spezielle Wettbewerbsmethoden entwickelt. Die Bewegung stand unter dem Motto ‚Schöner unsere Städte und Gemeinden – Mach mit' und knüpfte an die Resultate des am 2.1.1952 begonnen und in den 50er Jahren von allen Bevölkerungsschichten getragenen ‚Nationalen Aufbauwerkes' (NAW) an. Diese ‚Mach-mit-Bewegung' stellte das freiwillige Engagement der Bürger für die Verbesserung der Lebensbedingungen in den Städten und Gemeinden dar und stütze sich dabei insbesondere auf die Hausgemeinschaften. Erste Hausgemeinschaften wurden im Mai 1953 gebildet. Sie waren als die Stützpunkte für die politisch-ideologische Arbeit der ‚Nationalen Front' (der 1950 gegründeten Sammlungsbewegung aller Parteien und Massenorganisationen der DDR) in den Wohngebieten gedacht.[133] Die Hausgemeinschaften wurden jeweils auf Beschluß einer Hausversammlung gegründet, die mit Hilfe des Wohngebietsausschusses der Nationalen Front und der Wohnparteiorganisation der SED (WPO) vorbereitet worden war. Die Hausversammlung wählte den Hausgemeinschafts-leitungs-Vorsitzenden (HGL-Vorsitzender), der die organisatorischen Arbeiten übernahm.

Durch die freiwilligen Aufbaustunden wurden vorrangig solche Arbeiten realisiert, die der Verbesserung der Infrastruktur dienten und die Bauarbeiten geplanter Projekte forcierten. Die Arbeit mußte zentral gelenkt werden, denn zu Beginn waren doch gravierende Schwierigkeiten vorhanden, die Arbeiter in diese Bewegung einzubeziehen.

Vor allem in kleineren Städten und Gemeinden trug das Nationale Aufbauwerk zur Verbesserung der Infrastruktur bei. So wurden in Dörfern Straßen angelegt, Kinos und andere kulturelle Einrichtungen durch freiwillige Arbeitsleistungen geschaffen. Besonders in Orten, die nicht zu den ‚Schwerpunktgebieten' zählten, wurden die Lebensbedingungen der Bevölkerung durch ihre Eigenaktivität verbessert. *„Viele Auskünfte bestätigen die Normalität unbezahlter gemeinnütziger Arbeit. Im Werk sind das eher Notfall-, Havarie-Einsätze, die im Maße der Stabilisierung des Hochofenbetriebes seltener anfallen. Auch in der Stadt sind es zunächst Einsätze, die den regulären Bauarbeiten voranhelfen sollen. Doch die fortschreitende Normalisierung des städtischen Lebens läßt diese Aktivität nicht etwa erlahmen, verändert nur ihre Richtung: Tiergehege, Freilichtbühne ...".* (Cerný 1991:8)

Politik und Industrie vor Städtebau (Zusammenfassung 1950 bis 1953)

Die politische Entscheidung auf dem III. Parteitag der SED 1950 zum Bau von Werk und Stadt an der Oder zog für diese Region einen grundlegenden Strukturwandel nach sich. Dieser Beschluß war für die 1949 gegründete DDR überlebensnotwendig, da ohne eigenständige Metallindustrie und die Förderung der Bereiche Energie, Braunkohle und Rohstahl der Fortbestand des Systems nicht gesichert werden konnte. Die vorhandenen kleineren Stahl- und Walzwerke in der DDR waren kapazitätsmäßig nicht in der Lage, den Bedarf zu decken. So mußte unter Einrechnung des verschärften Embargos aus dem Ruhrgebiet schnellstmöglich eine Lösung gefunden werden, auch wenn der Standort von Werk und Stadt sowie der Zeitpunkt für den Beginn der Bauarbeiten nicht genau festgelegt wurden. Die Standortentscheidung wurde nach strukturellen, wirtschaftlichen und politischen Kriterien getroffen. Das bis 1950 agrarisch geprägte Gebiet sollte durch die Ansiedlung großflächiger Industrie aufgewertet werden. Die Nähe zu den Rohstofflieferanten UdSSR und Polen war durch die Grenzlage gegeben. Ein weiterer Vorteil für die Wahl des Standortes war die Anbindung an das Wasserstraßennetz sowie das Schienennetz, das seit den 30er Jahren im Zuge der Errichtung von Rüstungs-Industriepotential bei Fürstenberg/Oder ausgebaut worden war. Parallel wurden durch die Entscheidung politische Auffassungen manifestiert: Die Anerkennung der ‚Oder-Neiße-Friedensgrenze', die Schaffung neuer Lebensgrundlagen für die Vielzahl von Umsiedlern durch deren Einbindung in das Arbeitsleben, die Demonstration der grundlegenden Anpassung an das sowjetische politische und wirtschaftliche System. Die Realisierung des Planes zum Aufbau des EKO war

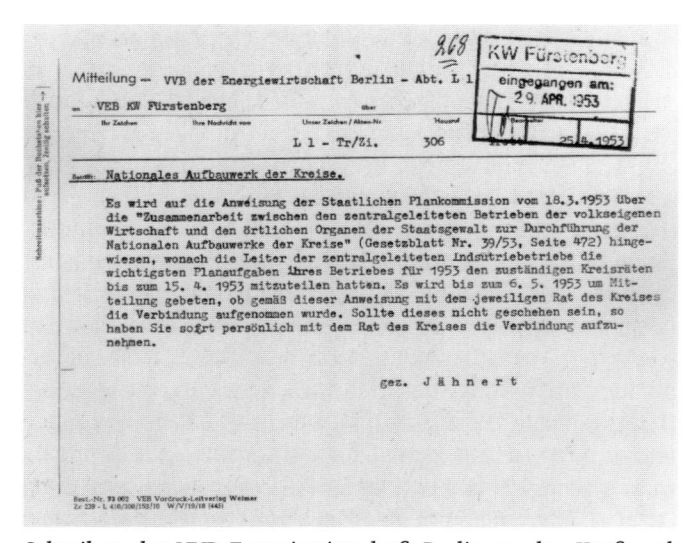

Schreiben der VVB Energiewirtschaft Berlin an das Kraftwerk Fürstenberg, 25.4.53 (A 665/268)

ausschließlich durch das Umschwenken auf ein zentrales Planungs- und Leitungssystem durch die Orientierung am ‚sowjetischen Stahlmodell' möglich.

Der Bau von Werk und Stadt war als Einheit geplant. Mit der parallelen Errichtung des Eisenhüttenkombinates und der „ersten sozialistischen Stadt" sollte einerseits die wirtschaftliche Grundlage für die Erzeugung von Stahl und die Steigerung der Stahlproduktion geschaffen werden, andererseits – zum Zeitpunkt der Grundsteinlegung aber nachgeordnet – sollten die Vorteile des Sozialismus, die Verbesserung von ‚Arbeits- und Lebensbedingungen' sowie die Potenzen der sozialistischen Planwirtschaft nach innen und außen demonstriert werden.

Der Aufbau des Werkes zog tausende Arbeitskräfte an, denen ein ‚Dach über dem Kopf' gegeben werden mußte. Als erste Unterkunft diente die sogenannte ‚Barackenstadt', in der neben den Arbeitern für den Aufbau des EKO auch die Bauarbeiter für die Errichtung der Stadt untergebracht waren. Die Lebensbedingungen in der Barackenstadt und die Arbeitsbedingungen auf den Baustellen waren beschwerlich. Dennoch bot die Entscheidung, am Aufbau von Werk und Stadt teilzuhaben, für die meisten Arbeitskräfte die Voraussetzung, die eigenen Lebensgrundlagen zu sichern. Sie kamen aus allen Teilen des Landes, denn an den Standorten der Schwerpunktbetriebe gab es, was so lange vermißt wurde – Arbeit, Geld, Sonderversorgung, die Aussicht auf eine Wohnung, eine Perspektive. Für den Großteil der Arbeitskräfte bestand das Motiv nicht vordergründig in dem heroischen Gedanken, beim sozialistischen Aufbau mitzuhelfen. Im Alltagsbewußtsein spiegelte sich die ideologische Zielsetzung kaum wider. Bei einem Großteil der Zugezogenen herrschte Desinteresse an der Gesamtentwicklung vor, denn die Befriedigung der eigenen Bedürfnisse stand im Vordergrund.

Wie die Werksentwicklung verlief auch die Anwerbung von Arbeitskräften bis 1951 größtenteils spontan. Ein ‚Konglomerat' aus unterschiedlichen Gruppen fand sich in kurzer Zeit auf der größten Baustelle des Landes zusammen: Jugendliche ohne Ausbildung, Umsiedler, ehemalige Wehrmachtsangehörige und Kriegsgefangene, Straffällige, Wanderarbeiter und ‚Goldgräber', Landarbeiter, Bauern, Handwerker, Schiffer, Vertreter des früheren Bildungsbürgertums und der neuen sogenannten ‚technischen Intelligenz'. Die wenigsten hatten Kenntnis über die Funktionsweise eines Hochofens. Erst 1951/52 wurde die administrative Lenkung der Arbeitskräfte aufgenommen, da sich der offenkundige Mangel an Fachkräften bemerkbar machte. Diese heterogene Zusammensetzung der Arbeitskräfte spiegelt die Besonderheit im Vergleich zu anderen Betrieben des Landes wider, die auf eine lange Werkstradition zurückblicken konnten. In Betrieben, wie z.B. Carl-Zeiss-Jena, konnte von einer stärkeren traditionellen Bindung der Belegschaft an die Firma und den Firmengründer ausgegangen werden. Mit der nach 1945 vorgenommenen Überführung der Betriebe in SAG-Besitz bzw. später in VEB nahm diese Bindung sukzessive ab. Die Belegschaft blieb jedoch im Kern erhalten.[134] Die Integration der Arbeitskräfte auf den Baustellen von Werk und EKO-Wohnstadt war geringer, die Strukturen erst im Aufbau. Ein weiterer Unterschied zu den traditionellen Betrieben ist im Hinblick auf das sogenannte ‚Eigentümerbewußtsein' vorhanden: Die Schwierigkeit für die Stadt bestand darin, die große Anzahl von Zuzüglern in einen Gesamtkontext zu integrieren, ein identitätsstiftendes Moment zu schaffen. Fremdes und Eigenes mußten toleriert und verschmolzen werden. Das war kein Prozeß, der schnell zu vollziehen war. Die Herkunftsmilieus der Zuzügler waren sehr differenziert, und es war trotz politischer und ideologischer Intervention nicht kalkulierbar, wie sich das Konglomerat der Milieus auf den Charakter der Stadt auswirken würde. Der Aufbaugeneration war das ‚kollektive Erleben' (vgl. Mannheims ‚Generationszusammenhang'[135] 1928:310) der Errichtung der ersten Produktionsanlagen des EKO und der ersten Wohnkomplexe gemeinsam. Dies war der einheitliche Erfahrungshintergrund, der sie in Brigaden und Hausgemeinschaften zusammenführte und ‚Eigentümerbewußtsein' evozierte. Dieses Eigentümerbewußtsein entwickelten nicht nur die politischen Enthusiasten, die auch die ideologischen Gehalte mittrugen, sondern erfaßte mehr oder weniger die gesamte Aufbaugeneration. Diese Identifikation entstand unabhängig vom gesellschaftspolitischen Kontext, in dem das ‚Volkseigentum' die Grundlage bildete. Noch nicht gefestigte Verwaltungs- und Betriebsstrukturen und der Idealismus sowie die Hoffnung eines Großteils der Aufbaugeneration auf die Entwicklungsmöglichkeiten einer Gesellschaft, die sich von der bisher erlebten unterschied, machten Werk und Stadt zu ‚ihrem Werk und ihrer Stadt.'

Für die Errichtung einer Stadt neben dem Werk existierte jedoch zum Zeitpunkt der Entscheidung für den Werkaufbau nur die ‚Idee'. Drei Monate nach der Grundsteinlegung für das Werk erfolgte die Festlegung des Standortes für die Wohnstadt. Über den Charakter dieser Stadt war man sich auf Regierungsebene bis Mitte 1952 nicht im Klaren. Erst nach der Namensgebung ‚Stalinstadt' am 7.5.1953 erhielt der weitere Aufbau der ‚ersten sozialistischen Stadt' eine eindeutige ideologische Ausrichtung. Diese ‚erste sozialistische Stadt' war nur auf der ‚grünen Wiese' ohne die Nachbarschaft bürgerlicher Traditionen zu errichten. In der ‚Retorte' sollte der neue Zeitgeist entstehen.

Die Planung für den Werksaufbau verlief eher spontan und zunächst ohne eindeutig abgrenzbare Zuständigkeiten, da der schnelle Handlungsbedarf keine Zeit für langfristige Dispositionen ließ. Dies äußerte sich nicht zuletzt darin, daß der für das Werk verantwortliche Minister für Schwerindustrie Selbmann ein Jahr lang die persönliche Verantwortung für einen Großteil der Investitionen übernommen hatte. Der Hochofen I wurde ohne die Gewähr der Funktionsfähigkeit in Betrieb genommen. Die unabgestimmte Zusammenarbeit der Ministerien, Kompetenzstreitigkeiten, mangelhafte Materialversorgung, ungenügende fachliche Qualifikation, fehlende Arbeitskräfte – diese Faktoren verdeutlichen generelle Strukturprobleme in den Anfangsjahren der DDR. Informelle Strukturen sowie paralleles Arbeiten an Planung und Ausführung zwangen zur Improvisation, förderten aber auch Risikodenken und Eigeninitiative. Die Bemühungen, vorhandene Unzulänglichkeiten zu beseitigen, bewirkten, daß im Mittelpunkt von Politik und Wirtschaft das EKO stand. Die EKO-Baustelle konnte als abgegrenztes System betrachtet werden, und die Zugehörigkeit der Beschäftigten zum EKO erbrachte ihnen im Vergleich zu anderen Vorteile. Sie erhielten eher die Sonderversorgung und beteiligten sich am Aufbau der Kultur- und Sportgruppen. Während die Errichtung des Werkes massiv vorangetrieben wurde, vernachlässigten das zuständige Ministerium für Aufbau und das Ministerium für Schwerindustrie den Stadtaufbau. Der Großteil der Investitionsmittel floß in die Industrie. EKO erhielt wie andere volkswirtschaftlich wichtige Betriebe 1951 die ‚Schwerpunkterklärung‘ und verfügte im Vergleich zu weiteren Betrieben des Metallurgiebereiches über das doppelte bis dreifache Volumen an Mitteln. *Die städtische Entwicklung wurde somit durch die betriebliche maßgeblich determiniert und die Devise hieß ‚Politik und Industrie vor Städtebau‘.* Die Jahre 1951/52 des Stadtaufbaus sind vom Ringen gekennzeichnet, der verkündeten Charakteristik als sozialistischer Stadt zu entsprechen. Bis Ende 1952 gelang dies nicht im geplanten Maß. Der Aufbau der Stadt wurde erst Ende 1952 in seiner Bedeutung dem des EKO gleichgestellt. In finanzieller Hinsicht stellte man staatlicherseits 1952 für den Stadtaufbau zusätzliche Mittel zur Verfügung. Durch diese politisch initiierte Bedeutungsangleichung wurde versucht, Industrie- und Stadtentwicklung in Übereinstimmung zu bringen. Den baulichen Ausdruck dieser Schwierigkeiten liefern die ersten Typenbauten in der EKO-Wohnstadt, die sich nicht von den Bauten anderer Industriestandorte unterschieden.

Um der Errichtung der ‚ersten sozialistischen Stadt‘ mehr politische Bedeutung und Nachdruck zu verleihen, wurden mehrere Gremien gegründet, in denen Regierungsmitglieder und Ministerialbeamte vertreten waren. Die demokratische Einbeziehung der Arbeitskräfte in bezug auf die Planung und Errichtung der Stadt wollten die zuständigen Funktionsträger in den Ministerien auf verschiedenen Wegen erreichen. Auf der einen Seite wurden ‚von oben‘ Gremien initiiert, die in ihrer Zusammensetzung ein Spiegelbild demokratischer Entscheidungsfindung darstellen sollten. Diese plakative Form der ‚Demokratievermittlung‘ führte jedoch genau so wenig zu Erfolgen, wie die auf anderen Wegen versuchte Einbeziehung der Arbeitskräfte durch Ausstellungen sowie die festgelegten öffentlichen Rechenschaftslegungen des Aufbauministeriums. Dieser Prozeß ist Ausdruck einer politischen Überformung, die bis zum Ende der DDR demokratische Mitwirkungsmöglichkeiten sukzessiv einschränkte. Die Arbeiter auf den Baustellen selbst konnten ihre Kritik und Meinungen erst im Rahmen der seit 1953 stattgefundenen öffentlichen Stadtverordnetenversammlungen anbringen. Das politische Versprechen einer parallelen Entwicklung von Werk und Stadt konnte bis Mitte 1953 nicht gehalten werden.

Wie wurde das Wachsen von Werk und Stadt im nahen Fürstenberg reflektiert? Zunächst hatten die Bewohner Fürstenbergs die Anfänge der Stadt als ‚neutrale Beobachter‘ wahrgenommen. Die kleineren Läden, Gaststätten und Handwerker profitierten vom Bedarf der Industrie und Arbeitskräfte. Die erste Verwaltungsstelle der EKO-Baustelle befand sich in Fürstenberg. Doch zunehmend mußte die ‚Einpflanzung‘ des Industriegiganten zwischen die zwei kleinen Gemeinden Fürstenberg/Oder und Schönfließ als ‚Hausfriedensbruch‘ angesehen werden. Die Blockparteien konnten nur in Fürstenberg ihre Geschäftsstellen einrichten. Der noch 1950 geplante Bau einer Kirche in der EKO-Wohnstadt wurde massiv von politischer Seite aus verschleppt mit dem Argument, daß Kirchenarbeit in Fürstenberg geleistet werden könne.[136] Die Entwicklung der kleinen Handwerksbetriebe wurde behindert, da in der ‚ersten sozialistischen Stadt‘ das Privathandwerk nicht zugelassen war und auf die Schaffung von Produktionsgenossenschaften des Handwerks orientiert wurde. 1952/53 wurden mehrere Klein- und Mittelbetriebe in der Umgebung Fürstenbergs geschlossen, um auch die bis dahin in diesen Betrieben beschäftigten Arbeitskräfte für das EKO zu gewinnen. Das war der Anfang des nahen Endes der bisherigen wirtschaftlichen und handwerklichen Tradition dieser Orte. Aber nicht nur die ‚Enttraditionalisierung‘ war ein Ergebnis. Mit der kurze Zeit nach der Namensgebung vollzogenen Eingruppierung von Stalinstadt und Fürstenberg/Oder in verschiedene Ortsklassen wurde ein politischer Ausgrenzungsprozeß von Fürstenberg in Gang gesetzt.

Die ‚Gründerjahre‘ 1950 bis 1953 machen zwei grundlegende Widersprüche deutlich. Der erste bestand zwischen der Notwendigkeit ‚straffer‘ politischer Führung zur Wiederherstellung der wirtschaftlichen Handlungsfähigkeit im Osten Deutschlands und der realen wirtschaftlichen Entwicklung, die diesen Maßgaben nicht entsprach. Der zweite resultierte aus dem gesellschaftspolitisch aufoktroyierten Ziel der Errichtung einer sozialistischen Stadt mit einem ‚neuen Menschenbild‘, das jedoch im Alltagsbewußtsein derjenigen, die Werk und Stadt aufbauten, keine Entsprechung fand.

Ohne die Entwicklung einer leistungsfähigen Stahlindustrie konnte das Ideal einer ‚neuen Gesellschaft‘ nicht realisiert werden. In diesem Prozeß berücksichtigte man die Interessen spezifischer sozialer Gruppen, wie die der Frauen, der Angehörigen des früheren Bildungsbürgertums und der ‚neuen‘ technischen Intelligenz. Diese Beachtung der Belange entsprang im wesentlichen zwei Gesichtspunkten. Auf der einen Seite war die Einbeziehung der Frauen und der Vertreter der Intelligenz politisches Programm und wurde durch zahlreiche Gesetze postuliert. Andererseits wurden sie für den Neuaufbau als Arbeitskräfte gebraucht. Für die Frauen und Jugendlichen war diese Politik der Gleichbehandlung und ihre formale Festlegung in zahlreichen Gesetzen und Verordnungen (z.B. ‚Gleicher Lohn für gleiche Arbeit‘) sowie weitere staatliche Fördermaßnahmen (z.B. gesetzlich verankerte Frauenförderpläne) ein Zeichen der Anerkennung (vgl. Anhang 9 ‚Übersicht über wichtige Maßnahmen und Gesetze der Frauenpolitik 1945 bis 1989). Frauen wurden im Arbeitsprozeß als Arbeitskräfte benötigt und wollten arbeiten. Staatlicherseits wurde dieser dringende Bedarf an weiblichen Arbeitskräften nicht geleugnet, im Gegenteil, er wurde permanent propagiert. Auf der subjektiven Ebene war die Berufstätigkeit der Frauen zum Erhalt ihrer Lebensgrundlagen notwendig und im eigenen Lebensentwurf vorhanden. Die politischen Programme zur Förderung der Frauen sowie die Absage an die ‚Ehe als Versorgungsgemeinschaft‘ ermöglichten die Umsetzung dieser Entwürfe. Das Argument der Doppelbelastung der Frau durch

Arbeit *und* Familie spielte in diesem Zeitraum, in dem es um die Absicherung der Lebensgrundlagen ging, keine Rolle.

Eine weitere Gruppe, deren spezifische Interessen beachtet wurden, waren Vertreter des ehemaligen ‚Bildungsbürgertums' sowie der ‚neuen technischen Intelligenz'. Ergebnis der von 1950 bis Mitte der 50er Jahre vollzogenen Politik der Sonderversorgung der technischen Intelligenz war z.B. eine funktionale Segregation. Die Vertreter dieser Gruppe wollte man staatlicherseits an die Standorte der Schwerpunktbetriebe binden und somit verhindern, daß ein Großteil nach Westdeutschland abwandern. Neben einer Reihe von Vergünstigungen im kulturellen und sozialen Bereich, wurde auch auf dem Gebiet des ‚Wohnens' massive Unterstützung gewährt. Ihre räumliche Ausprägung erfuhr diese funktionale Segregation durch den Bau der Werkssiedlung mit Eigenheimen für die sogenannte ‚schaffende Intelligenz'. Eine sozialräumliche Kontinuität dieser Segregation läßt sich jedoch bis in die Gegenwart nicht nachweisen. Diese ‚Elitenkontinuität' (Kleßmann 1994:254) hat es nur bis Mitte der 1950er Jahre gegeben. Einen entsprechenden Ersatz für die alte bürgerliche Funktions- und Wertelite zu schaffen, gelang der SED später nur partiell.

Die *Symbiose von Werk und Stadt* kann (im Nachhinein) als ein wirtschaftliches, soziales und architektonisches ‚Experiment' betrachtet werden. Die Umsetzung architektonischer Vorstellungen war als Versuch und ‚Vorbild' bzw. ‚Muster' für den weiteren DDR-Städtebau angelegt. Stadtplanerisch und architektonisch sollte die Verbindung von Arbeit und Arbeiterklasse mit zentraler Ausrichtung auf das Werk dokumentiert werden.

Am 17. Juni 1953 kam es auch in Stalinstadt zu Demonstrationen und blutigen Auseinandersetzungen. Dieses Datum markierte einen Bruch in der weiteren Entwicklung von Werk und Stadt.

Erster Bruch 1953 – der 17. Juni in Stalinstadt und Fürstenberg/Oder

Die Geschehnisse am 17. Juni 1953 in Stalinstadt und Fürstenberg/Oder

Die Diskussion über die Ursachen, Bedeutung und Einschätzung des 17. Juni ist bis zum gegenwärtigen Zeitpunkt nicht abgeschlossen. Diese Krise kann nicht monokausal auf die Fehlentscheidungen der DDR-Führung seit Herbst 1952 bzw. verstärkt im Frühjahr 1953 zurückgeführt werden. Vor allem durch die internationale Situation und dem starken Druck der sowjetischen Besatzungsmacht war die politische Führung der DDR nur bedingt handlungsfähig. Bis Ende 1953 bestimmten hohe Reparationsleistungen aus der laufenden Produktion das Bild. Die Erhaltung des Friedens war nicht gesichert (vgl. Hübner 1990:118).[137] In Berlin und über 270 Ortschaften kam es auch nach der am 11. Juni 1953 verkündeten Politik des ‚Neuen Kurses' am 16./17. Juni 1953 zu Unruhen und Streiks, die von der Partei- und Staatsführung als ‚faschistische Provokation' bezeichnet wurden. Das Spektrum der Einstellungen gegenüber den Vorgängen am 17. Juni reichte von der Vertretung der parteioffiziellen Version der ‚faschistischen Putschtheorie', also einem von außen gesteuerten Prozeß, über eine neutrale Position bis hin zur Befürwortung oder Unterstützung des Aufstandes.

Es existiert eine Vielzahl von Literatur, die sich direkt auf dieses Datum in Stalinstadt bezieht.[138] Für Stalinstadt wurden die Auswirkungen der fehlerhaften Politik besonders in der Barackenstadt deutlich. Hier führten die schlechten Lebensbedingungen zu demoralisierendem Verhalten. Besonders die Montagearbeiter hatten bisher am meisten unter den Normerhöhungen und anderen Methoden der Leistungssteigerung sowie den unzureichenden Lebensbedingungen in der Barackenstadt gelitten.

„*In Stalinstadt legten die Bauarbeiter die Arbeit nieder. Ein Teil von ihnen marschierte am Nachmittag zum Rathaus nach Fürstenberg/Oder, in welchem sich der Sitz der Kreisleitung der SED des Kreises Fürstenberg/Oder und eine Registrierstelle der KVP (Kasernierten Volkspolizei; d. A.) befanden. Es sei vermerkt, daß die Kreisleitung der SED Fürstenberg/Oder für Stalinstadt nicht zuständig war. Die Kreisleitung der SED Stalinstadt, die am 21. Mai 1953 gebildet worden war, befand sich in einer Baracke in Stalinstadt. Sie riefen: »Wir unterstützen Berlin und nieder mit der Regierung«.*" (Fromm 1981:84) Vorrangig waren an diesen Aktionen die Montagearbeiter aus der Barackenstadt beteiligt. Sie waren in bezug auf die Ereignisse in Fürstenberg/Oder und im EKO eine ‚Sondergruppe', da sie, ‚heimatlos' von Baustelle zu Baustelle ziehend, z.B. nicht die Vorteile einer Wohnungszuweisung genossen. Das Rathaus in Fürstenberg wurde regelrecht gestürmt, Fensterscheiben wurden zerstört und Akten aus den Fenstern geworfen. Die blutigen Auseinandersetzungen wurden mit dem Eintreffen sowjetischer Panzer beendet.

„Ich hab's auch sehr genau erlebt, weil ich ja am Markt gewohnt habe. Wir wollten gerade zur Konfirmandenstunde gehen. Waren so 5-6 Mädels ... Und da kamen die alle uns entgegen mit diesen schicken Hüten ... die Zimmerleute. Das sah ja schick aus, diese Cordanzüge. Alles neue Anzüge angehabt. Die Hüte dazu. Und dann haben sie gesungen und Fahnen geschwenkt und kamen da so um die Kurve rum, da am Roten Platz. Und da haben sie gesagt: Kinder, nicht hier lang. Ihr müßt alle nach Hause gehen jetzt. Geht mal jetzt alle nach Hause, das kann unruhig werden heute. Da haben wir gesagt: Wir müssen aber hier lang. Wir müssen ja zur Konfirmandenstunde. Ja die fällt heute

aus, hat der eine gesagt. Und wir haben uns gefreut: Ach, fällt aus. Alle umgekehrt ...Und ich wohnte praktisch am Markt. Dann sind die Mädels hier alle mit zu mir rein. ...Da sehe ich noch – das hat uns zwar noch gefallen, da haben wir ja auch mitgelacht, das war ja ganz schön – da haben die – ja, so ein ganz kleiner Polizeihauptmann, ein ganz kleiner. Und dem haben sie die Mütze entwendet. Also die haben, mit dieser dicken Fahnenstange wollten sie – die haben sich drinnen verbarrikadiert, hier im Rathaus, diese Parteileute und hatten Angst vor dieser Übermacht, die da nun auf einmal anrollte. Und dann haben sie so mit so 'ner Fahnenstange immer so die Tür – Hau ruck und so. Und sind auch reingekommen. Und dann kam einer raus und hatte dann den Hut von dem Kleinen oben auf der Stange. Seht ihr den Hut dort auf der Stange, hat der immer gegrölt. Und wir hatten gerade Wilhelm Tell. Das hat uns natürlich gefallen. Das fanden wir gut. Und das hat auch irgendwie mächtig gepaßt. Und dann nachher war's eben ganz schlimm. ...Kam Polizei – glaube ich – an. Und Mannschaften und sowas ...Und Panzer. Panzer kamen direkt auf den Markt gefahren ...Ja, das waren die Russen. Und dann der nächste kam hier auf den Lindenplatz gefahren. Und jetzt konnten die Mädels nicht mehr nach Hause. Die mußten bis ins Dunkle bei uns bleiben, weil ja keiner mehr raus durfte. ..Die sind über Nacht geblieben bei uns. Ich weiß auch nicht genau. Manche sind ja noch hinten raus ...Alles zu und dieses Geschütz auf uns zu ...Und dann nachher war's so schlimm. Da sind die Zimmerleute fast alle ohne Hut blutend, die waren alle voll Blut, das hat so bißchen getrieft. An der Dachrinne ist einer runter geklettert vom Rathaus. Der nächste ist runter gesprungen, hat sich was getan. Der ist noch fast umgekommen. Dann hörte ich bloß, wie mein Opa sagte: Schließt alle Türen zu. Wenn die bei uns reinkommen, wir können alle ins Zuchthaus gehen. Und das tat mir so leid. Ich hätte am liebsten einen auf dem Dach versteckt. So einen blutenden jungen Mann. Mir tat das so leid, wie Opa das gesagt hat. Aber Mami, die hat dann auch abgeschlossen und alle Leute haben abgeschlossen ...Ich weiß nicht, wo sie hingerannt sind. Nachher war's ganz schlimm. Da haben wir abends im Dunkeln noch rausgeguckt. Dann haben sie die ganz vielen – auch blutende junge Leute – wie Vieh auf die LKWs ...haben sie wie Vieh da rauf geschubst und gezerrt ...Ich weiß ja nicht, ...wohin die da gekommen sind. Du kennst sie ja nicht. Gerade die Zimmerleute kanntest du nicht. Die kamen auch aus anderen Städten. Das waren keine von hier." (18/19, B 6 Ehefrau Handwerker)

Die Auseinandersetzungen eskalierten in Fürstenberg. Im Werk selbst war die Situation eine völlig andere. Die Hochöfner ließen niemanden der vorbeiziehenden ‚Aufständischen' auf die Abstichbühnen. Sie verteidigten ihre Hochöfen, die sie ja selbst errichtet hatten, in dem Moment, wo Produktionskapazitäten im Zusammenhang mit dem Aufstand zerstört werden sollten. Daraus bildete sich später die Legende von den ‚Roten Hochöfnern' (vgl. Niethammer 1991:382f.). In ihr vermischten sich ‚Wahrheit' und ‚Verklärung'. Die Haltung der Hochöfner wurde im Nachhinein von der SED im Zusammenhang mit der ‚faschistischen Putsch-Theorie' heroisiert und damit instrumentalisiert.

„...also die Hochöfner haben im Prinzip die Bauarbeiter nicht hochgelassen. Hier war es revolutionär die Stimmung ...Da ging's von den Bauarbeitern aus. Die waren ja im Prinzip überall, die Krakeeler, wenn man so will. Wahrscheinlich haben sie auch die schlechtesten Bedingungen gehabt. Ich sage, ich war zu jung, um das alles mitzukriegen. Bloß ich hatte auch bloß meine 120,- Mark das erste Jahr und dann kriegten wir 160,- das dritte Studienjahr. In der Lehre kriegten wir 60,- Mark. Mir ging es auch nicht besonders. Aber, wie gesagt, die haben andere Ansprüche gehabt. Und wahrscheinlich gerechtfertigt. Gearbeitet haben sie auch wie verrückt und wollten eben doch ein bißchen was mehr haben. Bloß es gab ja auch nicht viel, muß man dazu sagen. Naja, wir mußten erstmal was anderes aufbauen. Das ist immer leichter gesagt. Aber die Menschen, die damals gelebt haben, die wollten's halt auch mal ein bißchen besser haben. Und wenn man verglichen hat zu drüben – die haben's nun besser gehabt. Und die haben auch nicht mehr gearbeitet. Aber da haben die Amis eben reingepumpt. Und bei uns haben die ‚Freunde' alles rausgeholt. Denn die haben ja '54 noch Demontage gemacht." (7/8, B 4 ehem. EKO-Mitarbeiter)

Der Aufstand wurde wie im gesamten Land auch in Fürstenberg und Stalinstadt militärisch niedergeschlagen. Gegen die sogenannten ‚Provokateure' verhängte das Bezirksgericht Frankfurt/Oder nur eine Woche später Strafen zwischen einem Jahr Gefängnis und acht Jahren Zuchthaus (vgl. Fromm 1981:85). In den nachfolgenden Monaten kam es zu mehreren – von Partei und Regierung organisierten – Veranstaltungen in Stalinstadt, die die Verbundenheit des Volkes mit der Politik des ‚Neuen Kurses' demonstrieren sollten. Hochrangige Politiker fanden sich zu den Kundgebungen in der Stadt ein.[139] Die Reaktionen der kritisierten Staatsführung bestanden in einer Lockerung der Politik gegenüber der Masse an Arbeitern und dem parallelen ‚Ausschalten' der heftigsten Kritiker[140], auch in den eigenen Reihen der SED. Dies erschien als der einzige Weg, die Staatsmacht in der DDR zu sichern. Ein anderer Ausgang des Aufstandes hätte die weitere Errichtung von Werk und Stadt in Frage gestellt.

„Das war 'ne blöde Zeit, aber heute sieht man das mit anderen Augen. Hätten sie damals die Wende richtig herbeigeführt, würden wir hier nicht sitzen. Dann hätten sie das wieder zugescho-

Überschrift aus ‚Unser Friedenswerk', EKO-Betriebszeitung vom 24. Juni 1953 (EKO-Archiv)

ben, das bissel hier. Wir hätten ja im Prinzip, wenn wir ein einiges Deutschland geblieben wären, hätten wir ja nicht das EKO gebaut oder das Halbleiterwerk oder dieses Schwedt oder Guben. Das hat man ja gemacht, damit man hier ein bißchen außer Kiefern doch ein bißchen Industrie bekommt, nicht. Fragen doch viele, warum das EKO hier gebaut wurde …Und heute sieht man's mit anderen Augen.". (8, B 4 ehem. EKO-Mitarbeiter)

Eine Woche später erschien in der EKO-Betriebszeitung ‚Unser Friedenswerk' ein Artikel über die Niederschlagung der ‚faschistischen Provokation'. Damit benutzte auch sie die parteioffizielle Bezeichnung für den Aufstand der Arbeiter.

Die Ereignisse des 17. Juni und der danach erfolgte politische Kurswechsel zogen gravierende Veränderungen in Werk und Stadt nach sich.

‚Neuer Kurs' auch für das Werk?

Auf dem Gebiet der DDR wurden 1952 653.000t Roheisen erzeugt. Der Produktionsplan im EKO konnte 1952 nicht erfüllt werden. Dennoch sah der Plan für 1953 eine Steigerung der Roheisenproduktion in der DDR auf 1.260.000t vor. Schon Ende 1952 gab es eine Reihe offensichtlicher Schwierigkeiten, die die Produktionszahlen für 1953 als unrealistisch erkennen ließen.

Die Investitionsmittel des Landes flossen zu überwiegendem Teil in den Aufbau der Industrie, was zur Vernachlässigung des Ausbaus der Konsumgüterindustrie führte. Dies stand nicht nur im Gegensatz zu der Forderung des III. Parteitages nach einer schnellen Verbesserung der Lebensbedingungen, sondern führte eher zur Stagnation der Entwicklung in diesem Sektor. Ein deutlicher Ausdruck für die bis zu diesem Zeitpunkt aufgetretenen Fehler in der Planung dieses und anderer Großprojekte, ist die Kritik und Selbstkritik des Ministers Selbmann, der für Fehler beim EKO-Aufbau von der SED zur Verantwortung gezogen wurde. In einem Schreiben an den Ministerpräsidenten Grotewohl vom März 1952 wies er auf die gravierenden Mängel hin: Inbetriebnahme von Anlagen ohne Absicherung, z.B. der Hochofen I im September 1951, Fehlen einer fachlich kompetenten Leitung und guten Arbeitsorganisation seit Beginn, fehlende Voraussetzungen für die fachliche Weiterbildung im Werk, Mangel an Entschlußkraft und Mut zu Entscheidungen bei den Mitarbeitern des Ministeriums, Vorherrschen von Bürokratie, Schematismus und fehlende Nähe zum Geschehen.

„Die Arbeit der Personalabteilung zeigte alle die Schwächen, die sich in der Kaderarbeit in der volkseigenen Wirtschaft überhaupt entwickelt haben. Die Personalabteilung war der typische Verschiebebahnhof, d.h. die Personalarbeit bestand im wesentlichen darin, sporadisch eine Personallücke zu schließen, indem die andere geöffnet wurde."
Schreiben von Selbmann an Grotewohl v. 15.3.52 (SAPMO-BArch, ZPA, NY 4090/351, Bl.28)

Ende 1952 trat das für die Errichtung von Werk und Stadt verantwortliche Kollegium beim Ministerium für Aufbau zusammen. Schon 1952 waren die Schwierigkeiten bei der wirtschaftlichen Entwicklung der DDR deutlich und man

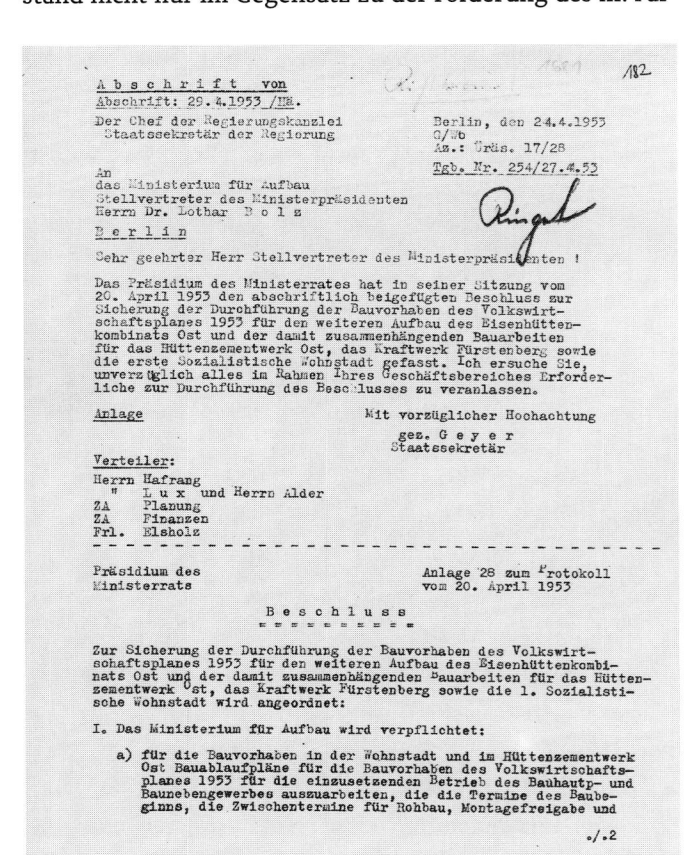

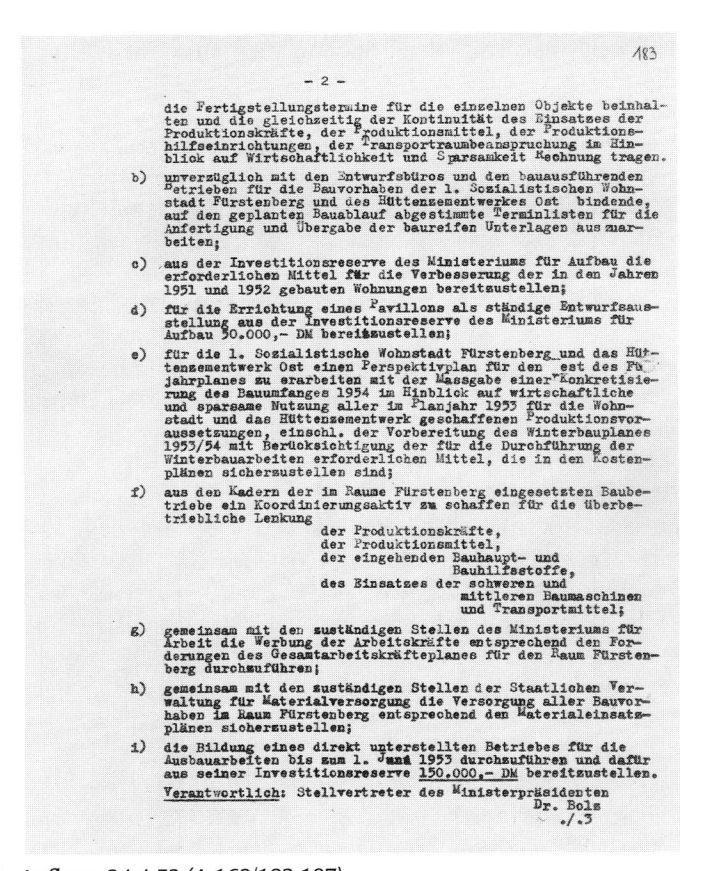

Schreiben des Chefs der Regierungskanzlei an das Ministerium für Aufbau, 24.4.53 (A 168/182-187)

-51-

Baustelle Stahl- und Walzwerk – 1953 Abbruch der Bauarbeiten (im Hintergrund die Hochofenanlage) (Foto: EKO-Archiv)

rechnete mit Problemen im Jahr 1953.[141] Im April 1953 unternahm die Regierung der DDR noch verstärkte Versuche, die Produktion im EKO abzusichern. Das Präsidium des Ministerrates faßte den „Beschluß zur Sicherung der Durchführung der Bauvorhaben des Volkswirtschaftsplanes 1953 für den weiteren Aufbau des Eisenhüttenkombinates und der damit zusammenhängenden Bauarbeiten für das Hüttenzementwerk Ost, das Kraftwerk Fürstenberg sowie die 1. Sozialistische Wohnstadt". Hier ergingen an Ministerien, Staatssekretariate sowie die Staatliche Plankommission Auflagen und Verpflichtungen (vergleiche Abbildung Seite 51).

Rückblickend auf die Schwierigkeiten der Planerfüllung 1952, sollten diese 1953 beseitigt werden.[142] Die beschriebenen Konsequenzen der Partei- und Staatsführung der DDR, die mit der Politik des ‚Neuen Kurses' demonstriert wurden[143], hatten unmittelbare Auswirkungen auf die weitere Entwicklung von Werk und Stadt. Der ‚Neue Kurs' zog den *Abbruch der Baumaßnahmen zur Baustelleneinrichtung für das Stahl- und Walzwerk* nach sich, dessen Aufbau den metallurgischen Zyklus bis 1955 schließen sollte. Die Investitionsmittel für das EKO wurden für das Jahr 1954 von 110 Millionen auf 34 Millionen auf ca. ein Drittel gekürzt.[144] Im EKO produzierte nur das Roheisenwerk, und eine Vervollständigung durch ein Stahl- und Walzwerk wurde mit unbestimmten Termin auf die nächsten Jahre verschoben. 1953 konnte keiner der EKO-Beschäftigten absehen, daß der nächste Werkteil erst ab 1963 errichtet wird.

„Es gab da Beschlüsse, ZK, Politbüro und das alles, Ministerrat, daß man das auf Eis legt. Denn hier waren ja schon die Fundamente für das Stahlwerk. Da wo die Masselgießmaschine ist. Da haben sie auch den Film gedreht: ‚Thälmann, Sohn seiner Klasse'. Habe ich auch noch mitgemacht. Und die Fundamente, die standen ja. Und ein Jahr später hätte das Stahlwerk gestanden. Allerdings nicht das, sondern Siemens-Martin-Öfen. Weil in der Technik damals kannte man nichts anderes. Und nun war klar, das kommt nicht. Und wenn das Stahlwerk nicht kommt, dann kommt das Warmwalzwerk auch nicht. Also erstmal weg. Also wir haben uns damit abgefunden, Roheisenwerk bleibt erstmal. EKO bleibt Roheisenwerk, mehr ist nicht." (9, B 4 ehem. EKO-Mitarbeiter)

Der Abbruch der vorgesehenen Bauarbeiten wirkte sich nicht nur auf das Werk generell aus. Für die Mitarbeiter, die sich seit 1951 auf den Einsatz im Stahl- und Walzwerk vorbereitet hatten, stand die Frage ‚Gehen oder Bleiben'? Viele der Arbeitskräfte, die für die neuen Werksteile vorgesehen waren, blieben in der Hoffnung, daß der Ausbau des EKO bald wieder vorangehen würde. Darüber hinaus hatten sie sich in der Stadt bereits eingelebt:

„Dann kam praktisch 1954 die damalige Wende. Das heißt, da wurde praktisch die Schwarzmetallurgie oder überhaupt die Schwermetallurgie zurückgesetzt, mehr Konsumgüter. Das war ja der Putsch damals – 1953 war der ja – so daß hier alles zurückgestellt wurde, es blieben die Hochöfen stehen und alles andere – ‚jwd'. Da stand auch die Frage, ob man hier bleibt oder woanders hingeht. Mittlerweile die Frau kennengelernt, 'ne richtige, echte Fürstenbergerin. Und da war die Frage entschieden. Da sind wir hier geblieben, haben uns dann praktisch hier weiter betätigt." (1, B 4, ehem. EKO-Mitarbeiter)

Die Ereignisse des Jahres 1953 wirkten sich auch auf die Entwicklung der Arbeitskräfteanzahl aus. Kurze Zeit nach dem 17. Juni mußten auf ministerieller Ebene schnell Entscheidungen zur Perspektive Stalinstadts und zur geplanten Anzahl der Arbeitskräfte getroffen werden. Aus diesem Grund trafen sich die Verantwortlichen vom Ministerium für Hüttenwesen und Erzbergbau sowie des

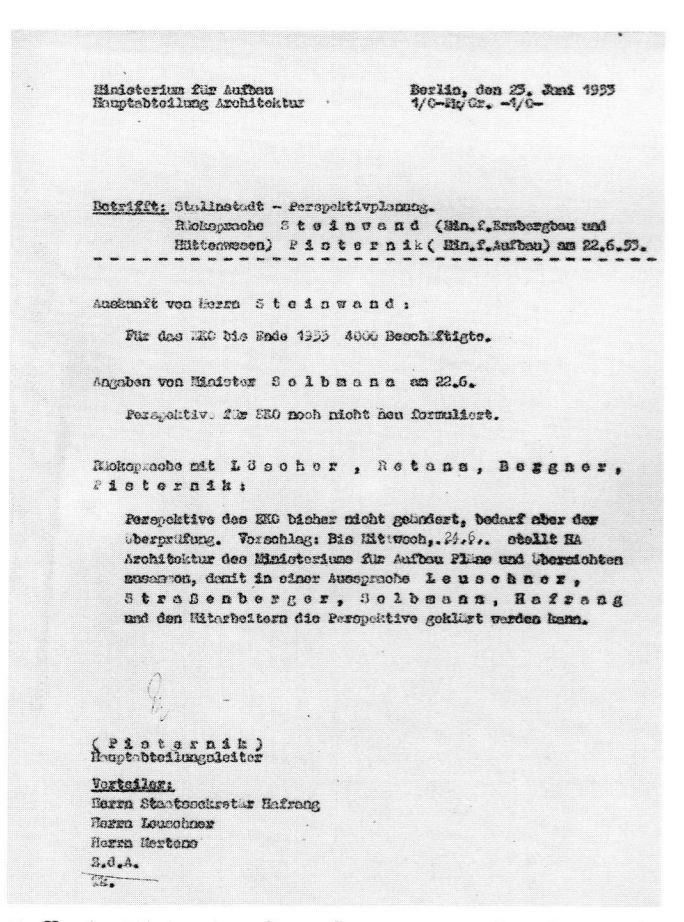

Treffen im Ministerium für Aufbau zur Perspektivplanung für die Arbeitskräfte des EKO nach dem 17. Juni 1953 (BArch, Bestand Ministerium für Bauwesen, DH 1, Nr. 38712)

Ministeriums für Aufbau nach dem 17. Juni mehrmals innerhalb einer Woche (vergleiche Abbildung Seite 52).

Das Ergebnis war der Beschluß einer Einstellungssperre, der ein Absinken des Arbeitskräftebestandes zur Folge hatte.[145] Die ohnehin unabgestimmte Planung von Werks- und Stadtentwicklung erfuhr aus diesem Grund nochmals einen Einschnitt. Die ursprünglich geplanten Arbeitskräfte fehlten sowohl im Werk als auch in der Stadt.

Neue Perspektiven für die Stadt

Insbesondere nach dem Aufstand vom 17. Juni 1953 nahmen auch die Vertreter von Werk und Stadt zum bisherigen Aufbau Stellung und mahnten im Zuge der Politik des ‚Neuen Kurses' Veränderungen an. Eine Schlüsselrolle für die weitere Entwicklung der Stadt nahm die erste ‚Öffentliche Stadtverordnetenversammlung' nach dem 17. Juni ein. An ihr nahmen die Stadtverordneten und die Bewohner selbst teil. Vertreter des Ministeriums für Aufbau fehlten bei dieser Veranstaltung. Inhalt der Diskussionen war eine massive Kritik am bisherigen Entwicklungsstand der Stadt. Den für den Aufbau Stalinstadts Verantwortlichen wurde permanente Abwesenheit vorgeworfen.[146] Die Stadtverordneten hielten die Bewohner dazu an, ihre Forderungen auch gegenüber dem Ministerium zum Ausdruck zu bringen.

„Nun zu unserer Stadt. Man kann beim Aufbau unserer Stadt nicht sagen, daß sich die Verantwortlichen, auch im Ministerium, von dieser Losung (der Redner nimmt Bezug zu seinen vorher gemachten Ausführungen und meint die ‚maximale Befriedigung der Bedürfnisse der Werktätigen'; d. A.) haben leiten lassen. Stalinstadt ist, abgesehen von einigen Läden, nichts weiter als eine Ansammlung von Wohnungen, und es herrscht eine direkte Kulturbarbarei. Man kann nicht sagen, daß die Bedürfnisse der Menschen hier auch nur annähernd befriedigt würden. Wir haben nichts weiter als diese lächerliche Ladenstraße. Die Stadt wächst und wir haben die üble Erscheinung, daß das Schlangestehen eine absolute Selbstverständlichkeit für die Hausfrauen ist. Man steht um alles an, von normalem Einkaufen keine Rede. Die Ursache ist, daß man zwar der Meinung ist, eine Stadt braucht Gas, Wasser, Kanalisation usw., daß man aber alle anderen Einrichtungen, die notwendig sind, erst dann schafft, wo die Bevölkerung bereits da ist. Diese verkehrte Planung konnte man an sich nirgends absehen und schon gar nicht in der Sowjetunion, wo doch während der letzten Jahre immerhin einige Architekten und Städtebauer sich davon überzeugen konnten, wie man richtig Städte aufbaut.

Die Stadtverordneten sollten verlangen, daß mit dieser bisherigen falschen Planung gebrochen wird. Man muß genau feststellen, wieviel Menschen in den nächsten Jahren nach Stalinstadt kommen und wieviel Ladeneinheiten demzufolge vorher fertig

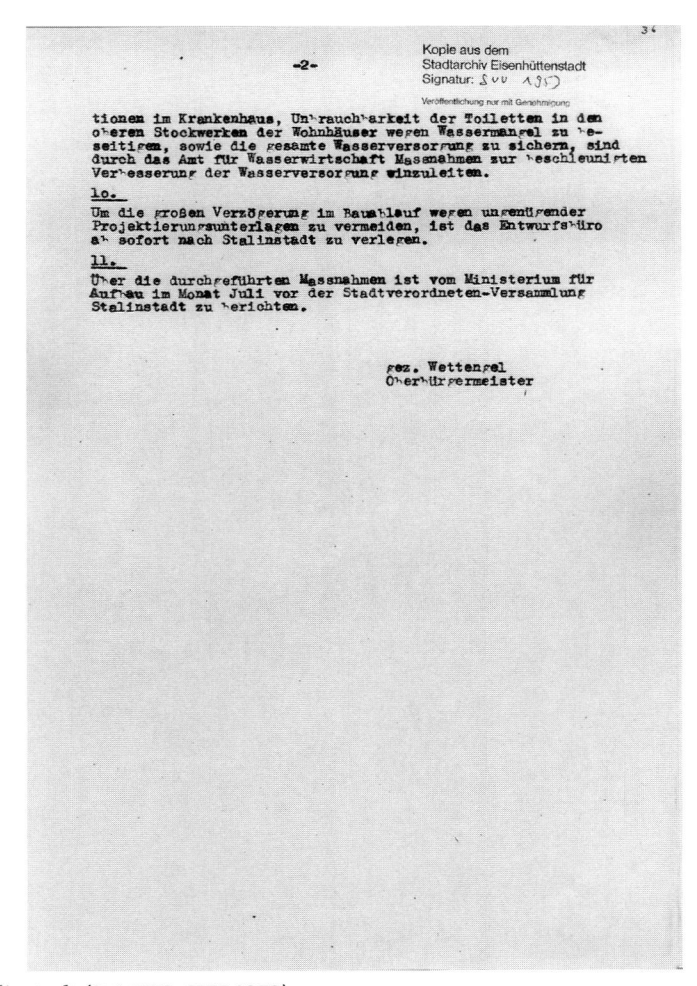

Neuer Perspektivplan ‚11-Punkt-Programm' zum Aufbau von Stalinstadt (StA EHS, SVV 1953)

So bauten wir 1951
Der stürmische Aufbau ließ keine Zeit zu großen Projektierungen. Deshalb griff man zu den damals vorhandenen Typenbauten

Und so bauen wir 1953

Der Charakter der Stadt kommt jetzt auch in der Architektur zum Ausdruck. Die Bilder zeigen die Kreuzung der John-Scheer-Straße und der Straße der Jugend kurz vor der Vollendung

Plan des NAW Stalinstadt 1954, S.8 (A 648/213)

sein müssen. Das Problem ist auch nicht restlos gelöst, wenn man jetzt weitere Läden eröffnet. Was brauchen wir noch, es fehlt doch an allem! Wir sind darauf angewiesen, zum Einkaufen vieler Dinge nach Fürstenberg zu gehen, eine kleine Stadt, die aber viel besser in der Versorgung gestellt ist, als wir. Es ist dies eine Frage der richtigen Bereitstellung von Waren. Es wäre gut, wenn die dafür Verantwortlichen selbst einmal ein Jahr in Stalinstadt wohnen würden ...
Zum Schluß ein Appell an die Bewohner von Stalinstadt: Alle Fehler wurden bereits in der Vergangenheit aufgezeigt. Mini-ster Bolz war wiederholt hier, aber da haben die Bewohner gefehlt. Wenn jetzt Minister Bolz zu uns kommt und vor den Stadtverordneten einen Bericht gibt, dann müssen viele Hunderte Bewohner klipp und klar ihre Forderungen stellen, damit unsere Stadt endlich das ihrem Charakter entsprechende Bild erhält."
Rede des Gen. Dahinten, damaliger 1. Kreissekretär der SED-Kreisleitung Stalinstadt, Protokoll der öffentlichen Stadtverordnetenversammlung am 7. Juli 1953 in Stalinstadt (StA EHS, SVV 1953, Bl. 8)

Resultat dieser massiven Kritik war die Aufstellung eines neuen Perspektivplanes für Stalinstadt.[147] Dieser neue Perspektivplan wurde auch als „11-Punkteprogramm" bezeichnet. Es beinhaltete folgende Maßnahmen: die Aufbauleitung wurde dem Rat der Stadt Stalinstadt unterstellt; der Rat der Stadt sollte mehr Unterstützung durch den Generalprojektanten erhalten; der Aufbau von Nachfolgeeinrichtungen (Backwaren- und Fleischfabrik) sowie der Infrastruktur sollte forciert werden. Das in Berlin tätige ‚Entwurfsbüro' für den Stadtaufbau wurde nach Stalinstadt verlegt, und die Rechenschaftspflicht des Ministeriums für Aufbau gegenüber der Stadtverordnetenversammlung wurde festgelegt. (vergl. Abbildung Seite 53).

In der 2. öffentlichen Stadtverordnetenversammlung nach dem 17. Juni 1953 kamen vor allem die Bewohner zu Wort. Sie kritisierten einerseits, daß aus Anlaß der Namensgebung ‚Stalinstadt' im Mai 1953 die Stadt für den politischen Festakt feierlich hergerichtet wurde, damit Mängel nicht offensichtlich wurden. Andererseits erfolgte der Ver-

chen? Der Denkmalsplatz in Stalinstadt ist prima, aber wie er jetzt aussieht, ist er unmöglich. Die Arbeiter schippen einen Sandhaufen hierhin und dann wieder dorthin ..."
Protokoll der 5. öffentlichen Stadtverordnetenversammlung am 19.8.53 in Stalinstadt, Diskussionsbeitrag Kollege Gesereck, Wohnlager, S. 5 (StA EHS, SVV 1953)

Der Bau der ‚Stalin-Allee' in Berlin verschlang jedoch einen Großteil der Investitionsmittel für den Wohnungsbau und schränkte die Möglichkeiten für Stalinstadt ein. Die Unzulänglichkeiten der ersten Wohnbauten waren den Vertretern des Ministeriums bekannt, und man reagierte mit Veränderungen in der Gestaltung der nachfolgenden Wohnbauten.[148]

„Nun zur Architektur. Ein Vorredner sagte, man müßte es machen wie in der Stalinallee. Der Beschluß wurde gefaßt, das Werk EKS zu bauen und alle, die hierher kamen, wollten in Wohnungen wohnen und nicht in Baracken. Also mußte man Wohnraum bauen. Vor 2 Jahren waren wir in der Architektur noch nicht so weit wie jetzt. Die Bauten von vorn nach hinten betrachtet unterschei-

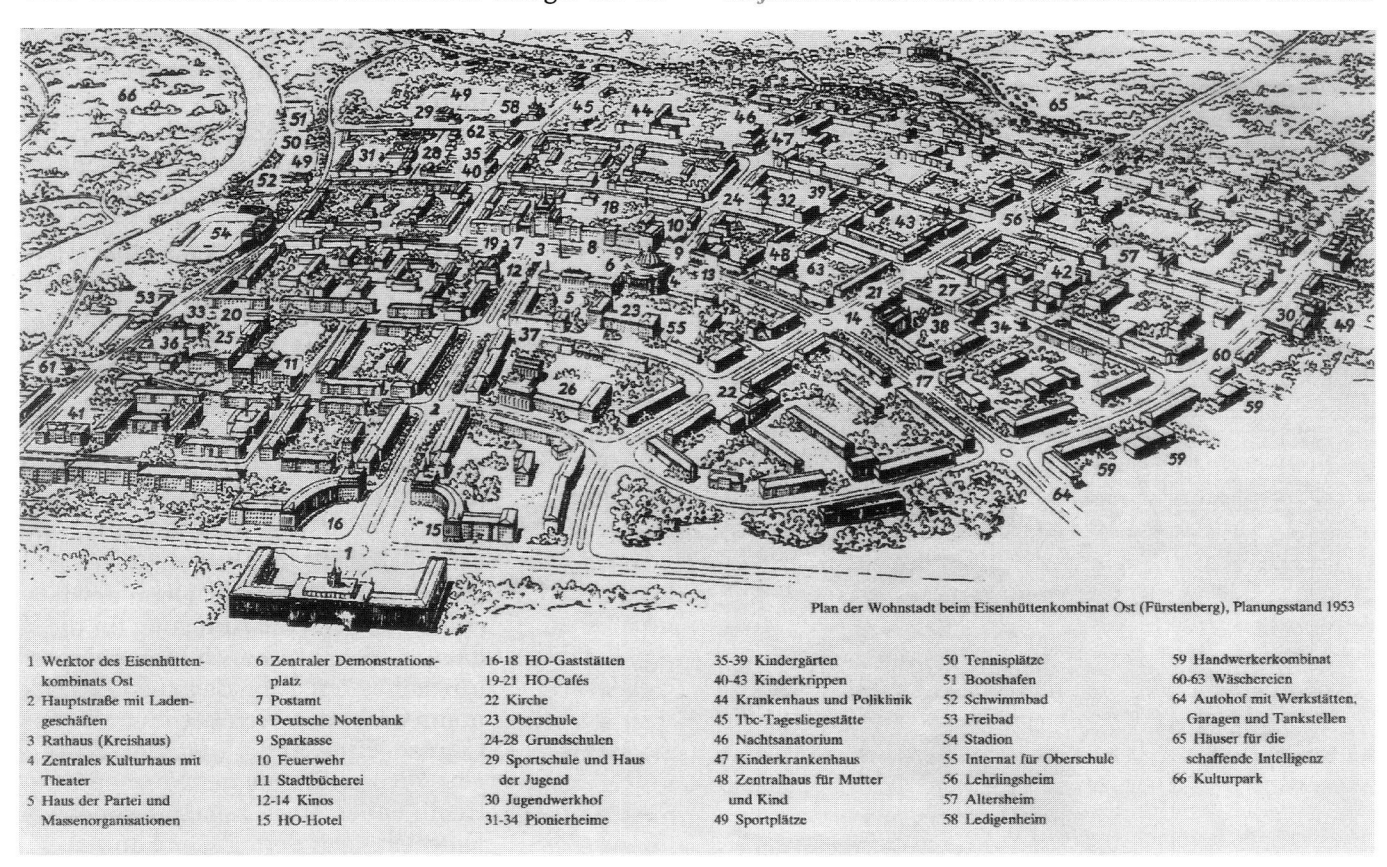

Plan der Wohnstadt beim Eisenhüttenkombinat Ost (Fürstenberg), Planungsstand 1953

1 Werktor des Eisenhüttenkombinats Ost	6 Zentraler Demonstrationsplatz	16-18 HO-Gaststätten	35-39 Kindergärten	50 Tennisplätze	59 Handwerkerkombinat
2 Hauptstraße mit Ladengeschäften	7 Postamt	19-21 HO-Cafés	40-43 Kinderkrippen	51 Bootshafen	60-63 Wäschereien
3 Rathaus (Kreishaus)	8 Deutsche Notenbank	22 Kirche	44 Krankenhaus und Poliklinik	52 Schwimmbad	64 Autohof mit Werkstätten, Garagen und Tankstellen
4 Zentrales Kulturhaus mit Theater	9 Sparkasse	23 Oberschule	45 Tbc-Tagesliegestätte	53 Freibad	65 Häuser für die schaffende Intelligenz
5 Haus der Partei und Massenorganisationen	10 Feuerwehr	24-28 Grundschulen	46 Nachtsanatorium	54 Stadion	66 Kulturpark
	11 Stadtbücherei	29 Sportschule und Haus der Jugend	47 Kinderkrankenhaus	55 Internat für Oberschule	
	12-14 Kinos	30 Jugendwerkhof	48 Zentralhaus für Mutter und Kind	56 Lehrlingsheim	
	15 HO-Hotel	31-34 Pionierheime	49 Sportplätze	57 Altersheim	
				58 Ledigenheim	

Plan der Wohnstadt 1953

gleich mit dem Bau der ‚Stalin-Allee' in Berlin. Unverständnis wurde darüber geäußert, daß die Wohngebäude in Stalinstadt nicht in der Größenordnung der ‚Stalin-Allee' errichtet wurden.

„Walter Ulbricht kam (zur Namensgebung am 7.5.53; d. A.) und es kamen Sprengwagen. Walter Ulbricht fuhr wieder weg und die Sprengwagen auch ... In Stalinstadt sieht es so aus, als ob man Zigarrenkisten neben Zigarrenkisten gestellt hat. Warum kann man die Architektur nicht so wie in der Stalinallee ma-

den sich schon wesentlich. Nicht jede Straße kann man so machen, wie die Stalin-Allee. Wir werden die Straßen differenzieren und der Magistrale eine besonders gute architektonische Gestalt geben. Die Rundbebauung wird auch besonders gestaltet, ebenso Kulturhaus, Rathaus und andere öffentliche Gebäude. Aber an den Häusern werden wir uns zurückhalten müssen."
Protokoll der 5. öffentlichen Stadtverordnetenversammlung am 19.8.53 in Stalinstadt, Diskussionsbeitrag Hauptabteilungsleiter Ministerium für Aufbau Pisternik, S. 8 (StA EHS, SVV 1953)

Der ‚Neue Kurs' zog als positive Auswirkung für die Entwicklung der Stadt nach sich, daß die sogenannten ‚Nachfolgeeinrichtungen', wie Kindergärten, Kulturhaus und Handelseinrichtungen, schneller errichtet wurden, als es im Plan vorgesehen war. Den in Stalinstadt lebenden Menschen sollten dadurch deutliche Zeichen der Umorientierung aufgezeigt werden. Als eine – aus heutiger Sicht – im Hinblick auf das architektonische Gesamtbild positiv zu betrachtende Auswirkung für den Städtebau wurden die vorgesehenen ‚Monumentalbauten', wie das Werktor, das auf dem Zentralen Platz vorgesehene ‚Zentrale Kulturhaus' mit großem Theater u.a. nicht errichtet. *„Der 1951/52 geschaffene ‚Idealplan' der Stadt war weitgehend realisiert – mit einer bemerkenswerten Ausnahme: Der Zentrale Platz blieb unbebaut (und so bis heute). Nicht nur die Kirch-, auch andere Türme fehlten. ‚Zum Glück', sagte ein Architekt später, 'wurde nicht alles gebaut, was wir damals entwarfen.' Doch hatte die Stadt ihre Magistrale erhalten, die Leninallee, 1958 neu projektiert als eine von Wohnbauten umsäumte Geschäftsstraße, dominiert durch drei neungeschossige Punkthäuser."* (Cerný 1991:10)[149]

Auf dem Plan zur Wohnstadt aus dem Jahr 1953 sind z.B. das Werktor für das EKO, das Zentrale Kulturhaus, das Rathaus sowie das Theater noch enthalten. Sie wurden aufgrund der Kürzungen für Repräsentationsbauten nicht realisiert. Bis heute dient das ehemalige ‚Haus der Parteien und Massenorganisationen' (auf der Abbildung die Nr. 5) als Rathaus. 1955 wurde das Friedrich-Wolf-Theater in der Leninallee eröffnet und fungiert ebenfalls bis heute als Kino und Theater.[150] Noch Ende 1953 war für Stalinstadt der Bau einer Hochschule für Metallurgie vorgesehen, der ebenfalls nicht realisiert wurde.[151] Auch der Bau einer Kirche war 1953 noch geplant. Dieser wurde jedoch eher aus politischen Gründen verschleppt, denn aus finanziellen. (vgl. Bräuer 1990, Tillmann 1995)

Die verstärkte Beachtung des sozialen Bereiches durch die staatliche Politik nach dem 17. Juni 1953 zeigte sich nicht nur auf dem Gebiet des forcierten Wohnungsbaus. Der Ausbau des Kultur- und Freizeitbereiches in Werk und Stadt sollte verstärkt werden.

Auswirkungen des 17. Juni im sozialen Bereich

Die Vernachlässigung sozialer Belange und der Vorrang industriepolitischer Ziele wurde nicht nur durch die massive Kritik der ‚Betroffenen' zum Ausdruck gebracht. Auch durch die ‚leitenden Funktionäre', die unmittelbar vor Ort Entscheidungen zu treffen hatten, wurde bereits in den Jahren 1951/52 die fehlende Berücksichtigung sozialer Interessen der Bevölkerung eingeklagt. So schrieb der Minister für Hüttenwesen und Erzbergbau Selbmann an den Ministerpräsidenten Grotewohl:

„Die Durchführung dieser Aufgaben darf jedoch in keinem Augenblick dazu führen, zu vergessen, daß mit dieser Aufgabenstellung die ständige Sorge um den Menschen in den Betrieben untrennbar verbunden ist. Aufgabe der Wirtschaftsverwaltungen in der volkseigenen Wirtschaft muß es sein, dafür zu sorgen, daß die Erfüllung der Planaufgaben nicht als die ausschließliche Aufgabe der Werksleitungen betrachtet wird, sondern daß die Leitungen unseres Werkes ständig den Menschen als das höchste Gut unserer fortschrittlichen Entwicklung ansehen müssen ...Das hat sich nicht nur im EKO, sondern auch in anderen Betrieben ausgewirkt in einer Vernachlässigung der Aufgaben der Schaffung sozialer und kultureller Einrichtungen, der Verbesserung der Werksverpflegungen, der Sorge um Wohnungen und Unterkünfte der Arbeitskräfte, der Verbesserung des Berufsverkehrs und vieler anderer Faktoren."
Schreiben von F. Selbmann an O. Grotewohl v. 15.3.1952 (SAPMO-BArch, ZPA, NY 4090/351, Bl. 34)

Ende 1953 brachte die Regierung der DDR die „Verordnung über die weitere Verbesserung der Arbeits- und Lebensbedingungen der Arbeiter und die Rechte der Gewerkschaften" heraus. Diese Verordnung war für die betriebliche und gewerkschaftliche Arbeit bindend und wurde in den ‚Betriebskollektivvertrag'[152] aufgenommen. Im Eisenhüttenkombinat wurden für 1954 Vereinbarungen zur Verbesserung des Arbeitsschutzes sowie zur Verbesserung der ‚sozialen und kulturellen Belange' getroffen.[153] Neben der mit dem neuen Kurs verbundenen Senkung der Arbeitsnormen und dem Versprechen der schrittweisen Erhöhung der Löhne, wurden verstärkt Sozial- und Freizeiteinrichtungen errichtet. Veränderungen vollzogen sich z.B. auf dem Gebiet der sozialkulturellen Betreuung der Beschäftigten. Die Mittel für den Investitionsbereich des EKO wurden gekürzt, die Errichtung von EKO-Sozialbauten forciert.[154] In den ersten Jahren der Werksentwicklung wurden Ferienplätze durch den Feriendienst der Gewerkschaften (FDGB) verteilt. Innerhalb der Betriebe vergab die Betriebsgewerkschaftsleitung die Plätze an die einzelnen Abteilungen.[155] Das Ferienwesen wurde bis 1989 kontinuierlich ausgebaut.[156] Schon 1952 wurde im Betrieb die ‚Kommission zur Vorbereitung und Durchführung des Kinderferienlagers 1952' gegründet. Die betrieblichen Ferienlager wurden aus Investitionsmitteln des Betriebes und mit staatlicher Hilfe aufgebaut.[157] Das EKO verfügte bereits 1952 über ein Ferienlager in Bad Saarow. Nach dem 17. Juni 1953 wurden die Aktivitäten in diesem Bereich verstärkt.

„Der von Partei und Regierung beschlossene neue Kurs eröffnet große Perspektiven für ein besseres Leben in Glück und Wohlstand und sichert insbesondere unseren Kindern noch größere Möglichkeiten beim Lernen, Spiel, Sport und Erholung. In diesem Jahr verleben 1924 Kinder, davon 124 aus Westdeutschland, frohe Ferien an der Ostsee, am Scharmützelsee ...und in der örtlichen Feriengestaltung."[158]
Plan des Nationalen Aufbauwerkes 1954 (A 648/220)

Das Eisenhüttenkombinat übernahm das Ferienlager als ‚Trägerbetrieb'. Damit ging die gesamte finanzielle Verantwortung auf den Betrieb über. Die Aufgaben zur Durchführung von Kinderferienlagern wurden gesetzlich fixiert.[159] 1955 wurde ein weiteres Ferienlager in Finkenkrug-Falkensee und 1956 in Lauterbach/Insel Rügen errichtet.[160] Neben dem Ausbau des betrieblichen Ferienwesens richtete sich die Aufmerksamkeit auf die Verbesserung der kulturellen Infrastruktur innerhalb des Betriebes. Insbesondere wurden die Kulturgruppen der einzelnen Arbeitskollektive gefördert. So wird aus einem Schreiben der Kulturabteilung des EKO 1954 die Nutzung der Möglichkeiten kultureller Betätigung deutlich:

„Die z.Z. bestehenden Kulturgruppen zeigen seit mehreren Monaten eine gute Entwicklung. Das gleiche kann man von der zentralen Tanzgruppe unseres Werkes sagen. Z.Z. bestehen Musikgruppen in der Investabteilung, der Zentralwerkstatt, Werkinstandhaltung, Eisenbahnbetrieb, im Lehrkombinat, Schalmeienkapelle Hochofen, Tanzorchester Kulturhalle sowie das Werksorchester. Neben der zentralen Tanzgruppe ... besteht noch eine kleine Tanzgruppe in der Zentralwerkstatt."
Bericht über einzelne kulturelle Veranstaltungen 1953, 10.2.1954 (A 652/113)

Von politischer Seite sollte mit der Förderung des kulturellen Bereiches der Realisierung der Ziele des ‚Neuen Kurses' Rechnung getragen werden. Auf betrieblicher Ebene dienten die Maßnahmen einer Verbesserung des Freizeitangebotes, der Erhöhung des kulturellen Niveaus der Arbeitskräfte und der Herstellung von Betriebsverbundenheit. Das Dokument au der rechten Seite verdeutlicht die Dimension der Maßnahmen. Die Arbeit der Kulturabteilung umfaßte die Betreuung von Volkskunstgruppen, des Volkskunstensembles, des Betriebsfunkes, der Betriebsbibliotheken, der Bildungszirkel, des technischen Kabinetts, der Jugendheime und Ferienlager.

Politik für Städtebau (Zusammenfassung der Phase nach dem 17. Juni 1953)

Ab 1952 verhandelten die Siegermächte mehrmals über die Möglichkeiten der Wiedervereinigung des geteilten Deutschland. Bis Ende 1952 verhärteten sich die Fronten, nach Stalins Tod schien es jedoch eine neue Chance zu geben. Die internationale Entwicklung verlief bis 1954 jedoch nicht in Richtung Entspannung. Dazu trugen auch die Auseinandersetzungen des 17. Juni 1953 bei. In der ersten Jahreshälfte 1953 überschlugen sich die Ereignisse in der EKO-Wohnstadt. Anfang Januar wurde ihr das Stadtrecht verliehen, im März hatte eine große Trauerkundgebung anläßlich des Todes von Stalin stattgefunden, im Mai erhielt die Stadt den Namen ‚Stalinstadt' und einen Monat später, am 17. Juni, eskalierten die Auseinandersetzungen während der Demonstrationen. Schon 1952 wurden die Schwierigkeiten in Produktion und Konsumgüterindustrie deutlich. Der permanente Vergleich mit der schnelleren Entwicklung in der Bundesrepublik, die Mitte der 50er Jahre ihr Wirtschaftswunder erlebte, führte bei der Bevölkerung zur Unzufriedenheit. Hinzu kam die verspätete Reaktion der Staatsführung auf die gestiegenen Ansprüche, die sich nach der Grundsicherung der Existenzbedingungen (Arbeit, Wohnung etc.) entwickelten und im Vergleich mit dem westlichen Nachbarn Defizite noch deutlicher hervortreten ließ. Von 1951 bis 1953 wanderten über 680.000 Menschen nach Westdeutschland ab, allein die Hälfte davon 1953. In Stalinstadt fanden die Auseinandersetzungen ihren Höhepunkt auf dem Fürstenberger Marktplatz, wo sich der Sitz der SED-Kreisleitung Fürstenberg befand. Die Polarisierung von Bauarbeitern, die für die Errichtung der Wohnstadt eingesetzt waren, und den EKO-Arbeitern wurde bei den Geschehnissen deutlich. Die Bauarbeiter waren zum größten Teil in den Barackenlagern untergebracht und hatten die schlechten Lebensbedingungen dort am meisten zu spüren bekommen. Die Normen im Bauwesen waren Anfang 1953 trotz vereinzelter Proteste massiv erhöht worden. Die EKO-Arbeiter an den Hochöfen hatten eher die Chance erhalten, eine Wohnung in der Wohnstadt zu bekommen und kamen in den Genuß der zahlreichen Sonderversorgungsmaßnahmen. Sie ließen im Zuge der Auseinandersetzungen niemanden auf die Abstichbühnen der Hochöfen, da sie diese selbst mit errichtet hatten. Im nachhinein wurde aus diesem Verhalten durch die politischen Entscheidungträger die ‚Legende von den Roten Hochöfnern' konstruiert und zur politischen Argumentation benutzt. Auch in der offiziellen Sprache der Politik bezeichnete die SED den Aufstand vom 17. Juni als ‚faschistischen Putschversuch' und schob somit die Hauptschuld den westdeutschen Kräften zu. Die Ereignisse versetzten der DDR-Führung einen tiefen Schock und sie bekräftigte die ‚Politik des neuen Kurses'. Für Werk und Stadt hatte dies entgegengesetzte Wirkungen. Im EKO wurden alle weiteren Arbeiten für die Errichtung des Stahl- und Walzwerkes abgebrochen. Nur das Roheisenwerk mit den Hochöfen produzierte. Die Investitionsmittel für 1954 wurden im Vergleich zum Vorjahr auf ein Drittel gekürzt und eine Einstellungssperre für Arbeitskräfte verhängt. Im Unterschied zum Werk wurde der Aufbau der Stadt forciert. Die weiteren Schritte der städtischen Entwicklung hielt man im sogenannten ‚11-Punkteprogramm' fest. In den Auseinandersetzungen von Bewohnern, Stadtverordneten und Vertretern der Regierung wurde vor allem die Diskrepanz zwischen der offiziellen Bezeichnung von Stalinstadt als ‚erster sozialistischer Stadt' und den realen Lebensverhältnissen des Großteils der Einwohner deutlich. Doch nicht nur die Lebensverhältnisse wurden kritisiert, auch die Gestaltung der Wohnbauten und die Architektur. Erst nach dem 17. Juni 1953 setzte in bezug auf die Entwicklung der Stadt ein Prozeß ein, der dazu beitrug, daß diese sich – zumindest in den bis Mitte der 50er Jahre gebauten Wohnkomplexen – zu einem organischen Ganzen ent-

EKO-Planberichterstattung 1954 – Kulturelle Entwicklung, Gesundheits- und Sozialwesen (A 654/15)

wickeln konnte. *Die Devise hieß nun ‚Politik für Städtebau'.* Die nach dem 17. Juni erfolgte Konzentration auf den Bau von Versorgungs-, Kultur- und Sozialeinrichtungen wirkte sich positiv auf die weitere Stadtentwicklung aus. Die in der Stadtplanung ursprünglich vorgesehene Errichtung von Monumentalbauten zur öffentlichen Machtdemonstration (großes Werktor mit Stalindenkmal, Zentrales Kulturhaus und das Theater auf dem Zentralen Platz) wurde aus Kostengründen nicht realisiert. Die große Bildungsinstitution ‚Hochschule für Metallurgie' fiel ebenfalls den Kürzungen zum Opfer. Der staatliche und genossenschaftliche Wohnungsbau wurden umfangreicher unterstützt. Anfang 1954 gründete man die Arbeiterwohnungsbaugenossenschaft (AWG) als erste des Bezirkes Frankfurt/Oder in Stalinstadt. Auf sozialem und kulturellem Gebiet wurden betriebliche Übereinkommen zur Verbesserung der Lebensbedingungen getroffen. Die Gewerkschaften wurden als eine Institution aufgebaut, die maßgeblich diese Beschlüsse durchsetzen sollte. Das betriebliche Ferienwesen (Urlaubsstätten für die Arbeitskräfte und Ferienlager für deren Kinder) wurde ausgeweitet und das EKO übernahm die Funktion des ‚Trägerbetriebes', d.h. die finanzielle Ausstattung und Verantwortung für die Einrichtungen. Es war der Beginn der betriebszentrierten Sozialpolitik.

Durch die Erschütterung, die der 17. Juni in der Staatsführung verursacht hatte, änderte sich deren Politik in zwei Richtungen. Die große Masse wollte man ‚versöhnen', die härtesten Kritiker ‚vernichten'. Gepaart mit der Namensgebung ‚Stalinstadt', dem Aufbau der Stadtverwaltung, der Parteigruppen und der Institutionen der anderen (Massen-) Organisationen veränderte sich auch das Klima in der Stadt und die Beziehungen der Menschen untereinander. Zunächst hofften diejenigen, die in der DDR blieben, auf Veränderungen durch die Politik des ‚neuen Kurses'. Die ‚soziale Kontrolle' verstärkte sich jedoch, da auch der Staat seine Machtmittel gezielt daraufhin einsetzte, Gegner auszuschalten. Besonders in der Stadt, die als die ‚erste sozialistische' gelten sollte, wollte man von politischer Seite aus weitere Unruhen vermeiden.

1954 bis 1962 – Auf und Ab bis zur ‚politischen Schließung'

Ein Land schirmt sich ab

Nach dem 17. Juni 1953 wurde durch die Politik des ‚Neuen Kurses' der Schwerpunkt auf die Entwicklung der Konsumgüterindustrie und die Verbesserung der Lebensbedingungen gelegt. Doch der Anspruch grundlegender Sorgepflicht des Staates als Garant sozialer Gleichheit und Zufriedenheit hatte sich zu einem Hemmnis für den Aufbau leistungsfähiger wirtschaftlicher Strukturen verkehrt. Der IV. Parteitag der SED im April 1954 ließ schon wieder das Ende der Politik des ‚Neuen Kurses' erkennen. Ab dem Jahr 1955 wurde der Entwicklung der Schwerindustrie erneut der Vorrang eingeräumt. Der 2. Fünfjahrplan 1956 bis 1960 für die Entwicklung der Volkswirtschaft wurde erst 1958 als Gesetz angenommen, im selben Jahr wieder abgebrochen und durch den ‚Siebenjahrplan' 1959-1965 ersetzt. Ursache war, daß man einen in der UdSSR eingeführten neuen Planrhythmus übernehmen mußte und die SED in Abstimmung mit der sowjetischen Führung glaubte, auf ihrem V. Parteitag 1958 eine neue ‚ökonomische Hauptaufgabe' in Angriff nehmen zu können: In den nachfolgenden Jahren der volkswirtschaftlichen Entwicklung sollte die Überlegenheit der sozialistischen Planwirtschaft erwiesen und die international aufgrund des vermeintlichen Wirtschaftswunders bestaunte Bundesrepublik im Pro-Kopf-Verbrauch der Bevölkerung binnen weniger Jahre überholt werden.[161]

„Und da ist tatsächlich '58 eine völlig falsche Weichenstellung geschehen zu dem Zeitpunkt, zu dem also der V. Parteitag dann erklärt, also wir werden in einigen Jahren eben Westdeutschland in allen wichtigen Positionen der Konsumtion einholen und überholen. Das ist prinzipiell falsch, weil das voraussetzt, daß sozialistische Lebensweise und kapitalistische Lebensweise nun eigentlich sich weitgehend decken können und müssen. Das ist nicht nur prinzipiell falsch, sondern es war natürlich dann auch praktisch dann – das schuf nun tatsächlich eine zusätzliche Belastung. Zu der Konkurrenzsituation, die objektiv bestand, kam dann noch die dazu, die man selber proklamierte." (12, E 4 Historiker)

Auf dem V. Parteitag verkündete Ulbricht ebenfalls die „10 Gebote der sozialistischen Moral und Ethik" (Anhang 10), die für die anzustrebende ‚sozialistische Menschengemeinschaft' die Grundlage ihrer Lebensweise darstellen sollten.

Die gesellschaftliche Entwicklung jedoch ließ das ‚Gesetz über den Siebenjahrplan' nicht Realität werden. Anhaltende Versorgungsmängel führten zu einer für die Wirtschaft bedrohlichen Abwanderungskrise, 1961 zur Errichtung der ‚Mauergrenze' und zur Abriegelung der DDR. (Anhang 1) Dies war der Beleg dafür, wie sehr man sich in der Planung übernommen hatte. Und nicht nur in der Kennziffern-Planung waren gravierende Fehler zu verzeichnen. Darüber hinaus hatten Fachkräfte keine ausreichende Möglichkeit, ihr Wissen einzubringen und umzusetzen. Dies resultierte sowohl aus den wirtschaftlichen Defiziten als auch grundlegenden Mängeln der Arbeitsorganisation. Es erfolgte keine Trennung von fachlicher und politischer Arbeit.

1962 mußte der ‚Siebenjahrplan' aufgrund falscher Einschätzung der Kapazitäten und Kostenstrukturen abgebrochen werden. Die Errichtung der ‚Mauergrenze' 1961 und der Ausgleich der Abwanderungsverluste verschlangen die Investitionsmittel für die Industrie und andere Bereiche.

1954 bis 1962: Das Werk stagniert, die Region entwickelt sich

Die Jahre 1954 bis 1956 sind in bezug auf die Entwicklung des Werkes von Stagnation gekennzeichnet. Fehlende Mittel im Staatshaushalt waren die Ursache, daß der metallurgische Zyklus nicht geschlossen wurde. Hochofen V und VI wurden bis zum Sommer 1954 in Betrieb genommen. Der Investitionsstop von 1953 bedeutete, daß neben dem Abbruch der Arbeiten für das Stahl- und Walzwerk die geplanten Hochöfen VII und VIII nicht errichtet wurden. Aus der Hochofenschlacke des EKO fertigte das 1952 fertiggestellte Hüttenzementwerk Eisenhüttenstadt – ein selbständiger VEB – Betonteile für die Bauwirtschaft. Weitere Schlacke ging an die Betonwerke in Schwedt und Frankfurt/Oder. Ausgebaut wurden das Straßenverkehrs-, Eisenbahn- und Binnenschiffahrtsnetz. 1954 und 1956 entstanden die Back- und Fleischwarenfabrik[162] und das 1954 in Betrieb genommene EKO-Gichtgaswerk versorgte das Werk und ab 1955 auch Stalinstadt mit Energie. Seit 1957 arbeitete EKO volkswirtschaftlich rentabel und brachte 1960 45 Millionen Mark Gewinn (vgl. Gansleweit 1986:122). Auch auf dem Sektor der Bildung war trotz der Einstellung von Planung und Vorbereitung des Baus einer Hochschule für Metallurgie ein Erfolg zu verzeichnen: 1954 erfolgte die Gründung der ‚Fachschule für Medizin' Stalinstadt.[163] Alle neu entstandenen Betriebe und Einrichtungen stellten in bezug auf die Arbeitskräftegewinnung für EKO Konkurrenten dar. Zusätzlich zu den ohnehin schon bestehenden Problemen der Arbeitskräfterekrutierung konnte das EKO nicht mehr uneingeschränkt über alle neuen Arbeitskräfte der Stadt ‚verfügen'.[164] Parallel zum „Zustrom" der Arbeitskräfte, der seit Beginn der Bauarbeiten bis 1957 jährlich zwischen 1000 und 2000 Menschen betrug, war ein höhere Fluktuation von Arbeitskräften aus dem EKO zu verzeichnen (vgl. folgendes Kapitel).

Die ab Mitte der 50er Jahre verstärkte Konzentration auf neue wirtschaftspolitische und regionale Schwerpunktbereiche ermöglichte erst Anfang 1957 die erneute Aufnahme der Diskussion über die weitere Entwicklung des Eisenhüttenkombinates. Auf der ‚Jahreshauptversammlung deutscher Berg- und Hüttenleute' im Januar 1957 erfolgte die Ausrichtung wissenschaftlicher Fachkräfte des Industriezweiges auf den weiteren Ausbau der Schwarzmetallurgie.[165] Erste Vorarbeiten für die Wiederaufnahme der Projektierung des weiteren EKO-Ausbaus wurden 1958 aufgenommen. Es wurden Arbeitskreise z.B. für Roheisen, Stahlwerke, Walzwerke, Erforschung der Erzsituation gebildet, in denen Vertreter der Ministerien, des Werkes und wissenschaftlicher Einrichtungen zusammenarbeiteten. Expertisen zur Wirtschaftlichkeit des Vorhabens wurden erstellt. Im Sommer 1958 beschloß die ‚Tagung der ständigen Kommission für Schwarzmetallurgie' beim Rat für gegenseitige Wirtschaftshilfe (RGW) den Ausbau des Eisenhüttenkombinates um ein Stahl- und Walzwerk, wobei die ausgearbeiteten Expertisen eine Entscheidungsgrundlage darstellten.[166] Die Ergebnisse der Arbeitskreise wurden also nicht nur formal eingefordert, sondern für politische Beschlußfassungen benötigt. Die Einbindung in den RGW war Voraussetzung der Planung auf allen Gebieten.[167] Das ‚Gesetz über den Siebenjahrplan' von 1959 bis 1965 behandelt u.a. den Ausbau des EKO unter dem Abschnitt „Großbauten in den nächsten sieben Jahren". Die Erweiterung des EKO um das Stahl- und Walzwerk stellte das wichtigste und größte Investitionsvorhaben der gesamten Eisen- und Stahlindustrie der DDR dar. Die geplanten Leistungskennziffern der zu errichtenden Werke sollte zu einer beträchtlichen Steigerung der Kapazität und der Arbeitsproduktivität führen.

„Das Eisenhüttenkombinat in Stalinstadt wird durch den Neubau eines Stahl- und Walzwerkes für Feinbleche erweitert. Die Endkapazität des nach neuesten technischen Erkenntnissen projektierten Stahlwerkes wird mehr als die Hälfte der jetzigen Gesamtkapazität aller Stahlwerke der DDR erreichen. Das Walzwerk wird 1965 eine Kapazität haben, die fünfmal größer ist, als die jetzige Kapazität für Feinbleche in der DDR. Es wird vollmechanisiert und weitestgehend automatisiert arbeiten und deshalb eine Arbeitsproduktivität erreichen, die sechsmal so hoch ist, wie die derzeitige in den Feinblechwalzwerken erreichte."[168]

Ausbau EKO-Baustelleneinrichtung (A 98/257)

In den Dokumenten zur Erweiterung des EKO wurde jedoch nicht nur auf die Bedeutung dieser Investition eingegangen, sondern es wurden konkrete Verfahren und der Zeitpunkt für den Beginn der Produktion bereits festgelegt. Die Planung sah vor, das Kaltwalzwerk als eigentlich letztes Glied im metallurgischen Zyklus bis zum Jahr 1964 zu realisieren und das Stahl- und Warmwalzwerk bis 1965. Das Kaltwalzwerk sollte zuerst errichtet werden, da die Lieferung von Warmwalzprodukten an die DDR innerhalb des RGW planmäßig vereinbart worden war und die weiterverarbeitenden DDR-Betriebe dringend Kaltband benötigten.[169] Mit der Verwirklichung dieser Investitionsvorhaben wäre der metallurgische Zyklus geschlossen gewesen.

Auf der räumlichen Ebene entstanden im Zeitraum des Siebenjahrplans 1959-1965 in der Region an Oder und Neiße mehrere Industriezentren, wie das Halbleiterwerk in Frankfurt/Oder, das Braunkohleveredlungskombinat ‚Schwarze Pumpe', die Kraftwerke in Lübbenau und Vetschau, das Chemiefaserwerk in Guben und das Erdölverarbeitungswerk in Schwedt.[170] Die Errichtung dieser Werke wirkte sich erheblich auf die Arbeitskräftesituation im EKO aus. In den neuen Betrieben existierten vielfach leichtere Arbeitsbedingungen, bessere Lohn-Eingruppierungen und für viele ehemalige Pendler verringerte sich der Anfahrtsweg. Die Arbeitskräftesituation in Eisenhüttenstadt war durch starke „Personalverschiebungen" innerhalb einzelner Wirtschafts- und Dienstleistungsbereiche gekennzeichnet. *„Die auf Schwerpunkte und Beispielwirkung ausgerichtete Sozialpolitik, die bestimmte Industriezentren und Regionen auf Kosten anderer förderte, ließ sich mit den erklärten Grundsätzen des Sozialismus ohnehin nicht mehr lange vereinbaren. Was aber zugleich zur Geltung kam: Mit dem Braunkohlenkombinat Schwarze Pumpe und Hoyerswerda-Neustadt im Süden sowie dem Erdölverarbeitungswerk und der Neustadt von*

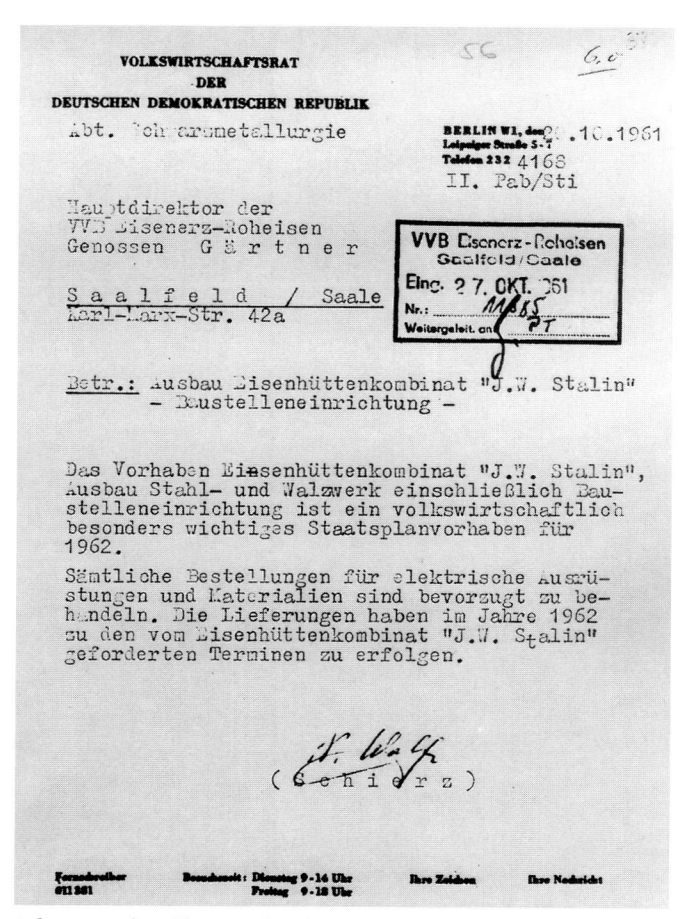

Schwerpunkterklärung für das EKO 1961 (A 56/87)

Schwedt im Norden waren in der Region seit 1955 und 1958 neue, nunmehr vorrangige Aufbauschwerpunkte entstanden, während die (im Siebenjahrplan wiederum vorgesehene) Komplettierung des EKO durch ein modernes Stahl- und Walzwerk (geplante Inbetriebnahme 1965!) unterblieb. – Der Entzug von Privilegien ist schwerlich zu kritisieren." (Cerný 1991:11f.)[171]

Die Entwicklung im Eisenhüttenkombinat 1959 bis 1962 ist durch die Diskontinuität der gesellschaftlichen Entwicklung determiniert. Ausdruck dafür sind die Erarbeitung und Ablehnung mehrerer Investitionspläne, die die Vorbereitungsmaßnahmen zur Einrichtung von Baustellen für das geplante Stahl- und Walzwerk beinhalten. Versuche, die Pläne zur Baustelleneinrichtung für das Stahl- und Walzwerk zu erfüllen, scheiterten bis Ende 1962. Diese Situation muß in den Kontext der allgemeinen Krisensituation der DDR eingeordnet werden. Die überstürzt vollzogene Kollektivierung der Landwirtschaft Ende der 50er Jahre und die hohen Verluste an Arbeitskräften durch Abwanderung nach Westdeutschland destabilisierten Wirtschaft und Staat.

Am 4.1.1961 wurde das sogenannte ‚Programm zur Störfreimachung der Wirtschaft' von der Staatlichen Plankommission beschlossen. Dieses Programm hatte zum Ziel, die Wirtschaft der DDR in einem kurzen Zeitraum bis Ende 1961 von Westimporten unabhängig zu machen. Der volle Bedarf für die Wirtschaft sollte aus eigener Kraft sowie durch Importe aus den sozialistischen Ländern gedeckt werden. Jeder Wirtschaftsbereich mußte über seine Leitungsinstitutionen diesem Programm zuarbeiten. Die relevanten Entscheidungen für das EKO waren im ‚Metallurgieprogramm' enthalten. Auch dieses Metallurgieprogramm konnte aufgrund realitätsferner Aufgabenstellungen und durch die Unstimmigkeiten in den Planabsprachen nicht realisiert werden.[172] Der Ausweg konnte nur durch eine intensivere Einbindung in die Produktions- und Distributionsverhältnisse des Verbandes sozialistischer Volkswirtschaften (RGW) gesucht werden.[173] Im Eisenhüttenkombinat wurden die Voraussetzungen geschaffen, durch enge Verflechtungen im Rahmen des RGW die grundlegenden Aufgaben der Planung und Projektierung des Stahl- und Walzwerkes an die UdSSR zu übergeben.[174] Für die Politik in der DDR bestand allgemein die Notwendigkeit einer stärkeren Einbindung in die Wirtschaftsstrukturen der anderen sozialistischen Länder. Die Einhaltung der im Siebenjahrplan gesetzten Ziele für den Ausbau des EKO waren Ziel der Zusammenarbeit. Im Staatsvertrag zwischen der DDR und der UdSSR wurden im März 1960 vertragliche Vereinbarungen zum weiteren Ausbau des EKO getroffen.

Die Phase Mitte 1960 bis Ende 1961 war durch die enormen Schwierigkeiten gekennzeichnet, die im Siebenjahrplan festgelegten Termine zu erfüllen. Aber auch der Plan 1960 wurde nicht realisiert und der Termin der Baustelleneinrichtung mußte verschoben werden. Anfang 1961 erfolgte durch die Vereinigung Volkseigener Betriebe (VVB) an EKO die Mitteilung, daß alle weiteren Entscheidungen für die EKO-Entwicklung im Jahr 1961 erst nach der Verabschiedung des Volkswirtschaftsplanes erfolgen können.[175] Dennoch erhielt das EKO durch die Staatliche Plankommission Sondergenehmigungen, mit der Projektierung an den Grundprojekten zu beginnen, bevor die Vorplanungen bestätigt vorlagen.[176] Nur durch diese Sondergenehmigungen war es EKO möglich, Planabsprachen zu treffen und Lieferbeziehungen aufzubauen. Parallel erhielt das EKO wiederum eine Schwerpunkterklärung.

Ende des Jahres 1961 waren die Schwierigkeiten offensichtlich. Die ‚Vereinigung volkseigener Betriebe' teilte dem EKO neue ‚Kontrollziffern' mit, die das finanzielle Volumen für den Bau des Stahl- und Walzwerkes auf ein Viertel reduzierten. Erneut mußten Aufträge storniert werden.[177] Die Staatliche Plankommission stellte aufgrund fehlender Perspektivpläne alle weiteren Arbeiten zur Ausarbeitung des Metallurgieprogrammes ein.[178] Bis Mitte 1962 fehlte jegliche Übereinstimmung zwischen UdSSR und DDR über Produktion, Import und den Bedarf an metallurgischen Stoffen. Exakte Angaben des Maschinenbaus, ebenso wie Klarheit über die Höhe der Investitionsmittel sowie festgelegte Verantwortlichkeiten waren nicht vorhanden. Mitte des Jahres 1962 entstanden weitere Verzögerungen in der Projektierung des Stahlwerkes durch die Entscheidung, im Stahlwerk eine andere, effektivere Technologie einzusetzen.[179] Diese ‚Unwägbarkeiten' machten eine generelle Überprüfung der Baustelleneinrichtung für das Jahr 1963 notwendig. Die Aufgabe übernahm eine Prüfgruppe der Deutschen Bauakademie, die im Herbst 1962 Bebauungspläne, Ablaufpläne sowie notwendige Folgeinvestitionen überprüfte. Ergebnis war, daß zur Einhaltung der im Jahresplan 1963 gestellten Termine der Beginn der Projektierungsarbeiten für Haupt-, Versorgungs- und Nebenanlagen vor Bestätigung der Aufgabenstellung erforderlich ist. Erneut wurden für das EKO Ausnahmegenehmigungen erteilt.[180] Absehbar war, daß der im Siebenjahrplan vorgesehene Bau des Stahl- und Walzwerkes, das nach dem Kaltwalzwerk bis 1965 errichtet werden sollte, nicht zu realisieren war. Ende 1962 bahnte sich an, daß die wirtschaftliche und die Entwicklung im Rahmen des RGW dazu führen wird, die Mittel vorrangig auf den Bau des Kaltwalzwerkes zu konzentrieren. Bis zu diesem Zeitpunkt war es in den Verhandlungen mit der UdSSR strittig, welche Kapazitäten im metallurgischen Bereich der DDR geschaffen werden sollten.[181] Dennoch existierten keine verbindlichen Festlegungen über die weitere Entwicklung des EKO und den Aufbau weiterer Verarbeitungsstufen. 1962 war die Situation dadurch gekennzeichnet, daß EKO die Ausnahmegenehmigung erhielt, mit der Baustelleneinrichtung für das Kaltwalzwerk (Ausbaustufe I) zu beginnen. Weder für die Ausbaustufe II (Errichtung des Kaltwalzwerkes) noch für den Bau des Stahl- und Walzwerkes (Ausbaustufe III) gab es genaue Termin- sowie Kapazitätsfestlegungen.

Neue Arbeitskräfte braucht das Werk

Die ungenaue Planung in den Jahren 1959 bis 1962 hatte beträchtliche Auswirkungen auf die Anzahl der Arbeitskräfte. Schwierigkeiten entstanden durch die Fluktuation zahlreicher Arbeitskräfte in die regional neu entstandenen Betriebe.[182] Die Abwanderung nach Westdeutschland führte zu immer mehr Problemen in der Volkswirtschaft. Im Zusammenhang mit der geplanten Erweiterung des Werkes waren jedoch zusätzliche Arbeitskräfte notwendig. Zahlreiche Vorstudien dienten der Ermittlung des für das Stahl- und Walzwerk notwendigen Personals.[183] Schon Ende 1958 wurden Vorlagen erarbeitet, die Vorstellungen zur Unterbringung der benötigten Arbeitskräfte enthielten. Von einer Unterbringung in Baracken sollte abgesehen werden.[184] Dabei stand das Problem im Mittelpunkt, wie die prekäre Arbeitskräftesituation überwunden werden kann. Im Bezirk Frankfurt/Oder war das Arbeitskräftereservoir nach Angaben des dortigen Wirtschaftsrates erschöpft.[185] Zwei Linien wurden dabei verfolgt. Einerseits erfolgten Delegierungen von Betriebsangehörigen an Hoch- und Fachschulen. Andererseits sollten qualifizierte Facharbeiter aus anderen Stahl- und Walzwerken nach Stalinstadt umgesetzt werden.[186] Die Aufbaugruppe des Eisenhüttenkombinates arbeitete zu Beginn des Jahres 1959 den ‚Kaderplan' aufgeschlüsselt auf alle Betriebsteile und Tätigkeiten bis 1965 aus. Dieser Kaderplan enthielt konkrete Festlegungen der Anzahl, Qualifikation und zum Einstellungstermin. Darüber hinaus wurde für ausgewählte Bereiche der Anteil der Frauen festgeschrieben. Sie sollten vorrangig in Bereichen eingesetzt werden, wo sie männliche Arbeitskräfte ersetzen konnten.[187] Auffallend ist hierbei, daß in höherqualifizierten Positionen, wie Ingenieur oder Meister, keine Frauen geplant waren.

Die ungenauen Planvorgaben ermöglichten jedoch keine abgestimmten Pläne für die Werbung von Arbeitskräften. Die Hauptaufgabe lag aufgrund der zunehmenden Abwan-

Arbeitskräfteplanung 1959 für das Stahlwerk (A 96/15)

derung in die in diesem Zeitraum in der Region neu entstandenen Betriebe eher in der Sicherung des Arbeitskräftebestandes. Im Jahr 1959 nahm die Arbeitskräftesituation eine für das Eisenhüttenkombinat kritische Form an, da z.B. Arbeitskräfte in den unteren Lohngruppen inzwischen außerhalb des Metallbereiches mehr verdienten.[188] Das EKO übernahm die Funktion des ‚Zugpferdes' für die Stadt, indem durch Wohnungszusagen zahlreiche Arbeitskräfte für das Werk geworben wurden. Kurze Zeit später verließen sie EKO und nahmen in anderen Betrieben mit leichteren Arbeitsbedingungen und Normalschichtsystem eine Arbeit auf.[189] Von 1959 bis 1965 sank die Arbeitskräfteanzahl schrittweise von 6000 auf 5200 Beschäftigte. Um diese Situation zu ändern, nahm der Wirtschaftsrat[190] des Bezirkes Frankfurt/Oder selbst Einfluß auf die Arbeitskräftelenkung. Diese äußerte sich in einer verstärkten Einwirkung auf die Arbeitskräfte-Werbung in Stalinstadt, d.h. auf den Rat der Stadt, Abteilung Arbeit. Abwerbungen innerhalb der Stadt sollten verhindert werden. Weiterhin wurde verstärkt Einfluß auf die Arbeitskräfte-Situation im Zusammenhang mit dem Aufbau des großen Chemiewerkes PCK Schwedt genommen. Der Wirtschaftsrat ordnete die Kontaktaufnahme der Kaderabteilungen beider Betriebe untereinander an, um gegenseitige Abwerbungen zu unterbinden. Nur mit Ausnahmegenehmigungen durften in der überregionalen Presse Arbeitskräfte geworben werden. Dem Eisenhüttenwerk wurde die Erlaubnis erteilt, in allen überregionalen Zeitungen der DDR (z.B. „Tribüne", „Wochenpost") zu annoncieren. In örtlichen Zeitungen durfte die Annoncierung nur mit Genehmigung des dortigen Kreises erfolgen. Individuelle Werbeaktionen wurden insbesondere in ländlichen Gebieten des Bezirkes Karl-Marx-Stadt durchgeführt, wozu Vertreter der Kaderabteilung und der Abteilung Arbeit diese Region bereisten.

Wieder stellten die weiblichen Arbeitskräfte die Ressource dar, auf die zurückgegriffen wurde. Aus zwei Gründen war es schwierig, weibliche Arbeitskräfte zu gewinnen: Erstens war eine allgemeine ‚Rückzugstendenz' aus dem Erwerbsleben ab Mitte der 50er Jahre vorhanden. 1955 bis 1958 verringerte sich die Anzahl der im EKO beschäftigten Frauen, da in diesem Zeitraum die Zahl der Geburten anstieg.[191] Die Löhne der arbeitenden Männer deckten den Bedarf der Familie ab, und viele Frauen faßten den Entschluß, sich in der neu erhaltenen Wohnung zunächst mit der Erziehung der Kinder zu beschäftigen. Im Zusammenhang mit den weiteren Überlegungen zum Ausbau des EKO und dem daraus folgenden erhöhtem Arbeitskräftebedarf sollten jedoch verstärkt Frauen aus der ‚nichtberufstätigen' Bevölkerung gewonnen werden.

„Steigender Lebensstandard und gute Lohnverhältnisse der Arbeiter führen zu einer Verringerung der Anzahl der im Werk beschäftigten Frauen und zu einem Abgang in die nichtarbeitende Bevölkerung. Die Anzahl der beschäftigten Frauen beträgt:
  1955: 1.621
  1956: 1.562
  1957: 1.501
  1958: 1.450
Die Fluktuationsentwicklung weist uns die wichtigsten Quellen zur Deckung des Arbeitskräftebedarfs, nämlich die verstärkte Einbeziehung der Hausfrauen in den Arbeitsprozeß."[192]
Darstellung der Fluktuation 1954-1958 (A 889/9)

Der zweite Grund, der die Werbung weiblicher Arbeitskräfte erschwerte, war deren Aufnahme einer Tätigkeit in den ab 1958 neu entstandenen Betrieben. Im Zusammenhang mit der Aufnahme einer Tätigkeit männlicher Arbeitskräfte im EKO bestand bis Ende der 50er Jahre das Problem der ‚Unterbringung' der zahlreichen weiblichen Arbeitskräfte, die körperlich schwere Tätigkeiten nicht verrichten konnten. War man Mitte der 50er Jahre froh, daß den Frauen Arbeitsplätze außerhalb des EKO z.B. in der Backwaren- oder Fleischwarenfabrik aber auch in der Region vermittelt werden konnten, fehlte dieses Potential nun beim weiteren Ausbau. Ein Großteil der Frauen aus Eisenhüttenstadt war ab 1959 im Halbleiterwerk Frankfurt/Oder beschäftigt.

1960 setzte sich jedoch der allgemeine Trend fort, das Werk wegen nicht zufriedenstellender Lohnverhältnisse und Arbeitsbedingungen zu verlassen.[193] Das EKO wandte verschiedene materielle und ideelle Stimuli an, um die Fluktuationsrate zu senken. Das Ziel geben die damaligen Schlagworte ‚Festigung der sozialistischen Arbeitskollektive' sowie die ‚Herausbildung und Festigung von Stammbelegschaften' durch den ‚Sozialistischen Wettbewerb' an.[194] Nachdem jedoch auch im Jahr 1961 kein entscheidender Erfolg erzielt wurde, die Fluktuationsrate massiv zu senken, wurden weitere Maßnahmen ergriffen. Diese beinhalteten die Verbesserung des Gesundheitsschutzes, die Schaffung ausreichender Kinderbetreuungseinrichtungen, das Führen individueller Aussprachen und die Einbeziehung der Gewerkschaften bei Kündigungsangelegenheiten.[195]

Das Werk übernahm zunehmend soziale Funktionen. Dies äußerte sich im weiteren Ausbau des betrieblichen Kultur- und Sozialbereiches. Aufgrund des Sonderstatus von EKO und Stadt konnte die Ausstattung in diesen Bereichen erheblich verbessert werden.

Die exklusive Ausstattung im sozialen und Kulturbereich

Stalinstadt war 1960 im Bereich des Gesundheits- und Sozialwesens besser ausgestattet, als andere Regionen in der DDR. Dies äußerte sich in der überdurchschnittlichen Versorgung mit Kinderkrippen-, Kindergarten- und Hortplätzen, die teilweise das Dreifache des DDR-Durchschnitts betrugen. Auch im Bereich des Gesundheitswesens war die Ausstattung im Vergleich zum DDR-Maßstab außerordentlich gut.

Vergleich einiger Kennziffern der Lebenslage 1960

	Stalinstadt	Bez. Frankfurt	DDR
Betten in Krankenhäusern auf 1000 der Bevölkerung	21,4	9,7	11,9
Betten in Kinderkrippen auf 1000 Kinder im Alter bis unter 3 Jahren	312	135	112,5
Betten in Kindergärten auf 1000 Kinder im Alter von 3 bis unter 6 Jahren	516	393	453
Plätze in Horten auf 1000 Kinder im Alter von 6 bis unter 15 Jahren	349	144	128,8

Quellen: Statistisches Taschenbuch 1960 Stadtkreis Stalinstadt, Hrsg. Staatliche Zentralverwaltung für Statistik – Kreisstelle Stalinstadt, S. 89; Statistischer Jahresbericht 1960 Bezirk Frankfurt (Oder), Hrsg. Staatliche Zentralverwaltung für Statistik – Bezirksstelle Frankfurt (Oder), S. 224, 238f, 250f.
Ausstattung Eisenhüttenstadts im Vergleich zum Bezirk Frankfurt/Oder und zum Durchschnitt DDR (Tabelle aus Cerný 1991)

Der hohe Ausstattungsgrad war ein Zeichen für die Umsetzung des Zieles, die Stadt in ihrer Komplexität zu entwickeln. Diskrepanzen zwischen Werks- und Stadtentwicklung konnten in Stalinstadt eher ausgeglichen werden, als in anderen Städten. In Erwartung des weiteren Werkausbaus übertrafen die Dimensionen für die Stadtplanung den aktuellen Bedarf.

Die Einrichtung von Kinderbetreuungseinrichtungen, deren Aufbau und Verwaltung vor 1954 eher von seiten der ‚ersten sozialistischen Stadt' getragen war, wurde zunehmend auch eine Aufgabe der örtlichen Betriebe, vor allem aber des EKO. (Anhang 11) Der Bedarf an Kinderbetreuungsplätzen war in den 50er Jahren beträchtlich gestiegen und konnte allein von der Stadt nicht gedeckt werden. Aus diesem Grund wurden die Betriebe direkt aufgefordert, Kindereinrichtungen aus betrieblichen Mitteln zu schaffen.

Nach 1954 wurden eine Reihe Betriebskindergärten und -krippen gebaut, was sich in der überdurchschnittlich hohen Anzahl an verfügbaren Plätzen zeigte. Dennoch reichten z.B. die Kinderbetreuungseinrichtungen nicht aus, um allen weiblichen Beschäftigten im Schichtbetrieb eine Betreuungsmöglichkeit für die Kinder zu geben. So wurde vom Direktor für Arbeit des EKO 1961 festgestellt:

„Alle Krippen in Stalinstadt einschließlich Wochenkrippe sind überbelegt. Bei der letzten Verteilung lagen beim Rat der Stadt 400 dringende Anträge auf Unterbringung von Kindern vor. Es konnten jedoch davon nur 100 berücksichtigt werden. 33 Plätze wurden bei dieser Zuteilung an Kolleginnen unseres Werkes vergeben. Dem EKS wird empfohlen, ein Provisorium als Schülerwochenheim zu errichten, da vor 1963 der Rat der Stadt keine Mittel hierfür zur Verfügung hat."
Darlegung der Situation Schülerwochenheim und Kinderkrippen, Direktor für Arbeit, 19.9.1961 (A 652/14-15)

Die Knappheit an Investitionsmitteln setzte der Realisierung des Zieles der umfassenden Versorgung mit Kinderbetreuungseinrichtungen deutliche Grenzen. Dabei waren die betrieblichen Möglichkeiten zur Verwirklichung des Anspruchs, die Arbeits- und Lebensbedingungen der Beschäftigten zu verbessern, größer als die der Stadt. So wurde bis 1957 im Werk nicht nur der Bereich Soziales, sondern auch die Bereiche Kultur und Gesundheitswesen umfangreich ausgebaut. Die nachfolgende Aufstellung zeigt den Umfang der Bereiche Kultur-, Sozial- und Gesundheitswesen. Neben den Einrichtungen der betrieblichen Versorgung wie Werkküchen, Speiseräume, Verkaufsstellen sowie den Sanitätsstellen und der gut ausgestatteten Betriebspoliklinik, existierten eine Reihe von Freizeiteinrichtungen für die Beschäftigten. Der Betriebsfunk und die Betriebszeitung, die bereits seit Beginn der 50er Jahre vorhanden waren, wurden durch das Betriebsfilmstudio ergänzt. Das Durchschnittsalter im EKO lag 1958 bei 26 Jahren, was sich auch in den Angeboten niederschlagen mußte. Unter anderem wurden fünf Jugendzimmer und 24 Klubräume eingerichtet, um Kommunikationsmöglichkeiten zu schaffen.

Auf kulturellem Gebiet begann in dieser Phase die Institutionalisierung/Formalisierung von staatlichen und betrieblichen Feiertagen und Jubiläen. Neben den jährlich begangenen Feiertagen des 8. März, 1. Mai, 8. Mai und 7. Oktober, wurden im Werk zusätzliche Feierlichkeiten zur Tradition. Dazu gehörten der ‚Tag des Metallurgen', der bis 1989 jährlich gefeiert wurde und die Hüttenfeste.

Anläßlich des Jahrestages der Inbetriebnahme des Hochofens I im Werk wurde ein Hüttenfest gefeiert, das zu einer festen Tradition wurde. (Anhang 3) Dieses Hüttenfest wurde bis 1969 auch in Verbindung mit Feierlichkeiten der Stadt und des Landes jährlich durchgeführt. So gab es ‚verlängerte' Hüttenfeste:
— 1959 zum 10. Jahrestag der DDR;
— 1960 zum 10. Jahrestag von Werk und Stadt;
— 1964 zum 15. Jahrestag der DDR;
— 1969 zum 20. Jahrestag der DDR.

```
Kultur-, Sozial- und Gesundheitswesen
 1 Volkskunstensemble und verschiedene Laienzirkel
 1 Haus der Gewerkschaften mit Bühne, Klubräumen (Bestuhlung
24 Klubräume mit 2.000 Plätzen                    780 Plätze)
 1 Betriebsfunkanlage mit 360 Lautsprechern
 1 Betriebszeitung, Auflage 5.000 Stck.
 1 Betriebsfilmanlage (Theaterapparatur) stationär
 1 Betriebsfilmanlage, transportabel
12 Sport- und Übungseinrichtungen
 3 Sportplätze
 2 Turn- und Übungshallen
 7 Werkküchen (für 5.500 Personen)
23 Speiseräume "   2.000 Personen
10 HO- und Konsum-Verkaufsstellen
 1 Betriebspoliklinik mit 9 Fachabteilungen
 6 Sanitätsstellen
 1 Erholungsheim an der Ostsee
 1 Werkbücherei          mit 10.000 Bänden
 1 technische Bücherei   mit  5.000 Bänden
 1 Näh- und Flickstube
 5 Jugendzimmer

Durchschnittsalter im Eisenhüttenkombinat:  26 Jahre
Durchschnittsalter im kapitalist. Betrieb:  43 Jahre (Ruhrgeb.)

Durchschnitts-Monatseinkommen
       Produktionsarbeiter              490,-- DM
       Techn. Personal                  995,-- DM
       Wirtschafts- u. Verwaltg.-Pers.  507,-- DM
       Hilfspersonal (Reinig., Heizer)  314,-- DM
       Betreuungspersonal (Küche)       341,-- DM
       Lehrlinge                        100,-- DM

       ges. Ø EKS (ohne Lehrlinge)      513,-- DM
```
Aus der Entwicklung des Eisenhüttenkombinates ‚J.W. Stalin', 21.1.1958 (A 251/66)

Ab 1970 wurden an Stelle des Hüttenfestes ‚Betriebsfestspiele' durchgeführt. Diese Betriebsfestspiele wurden ebenfalls traditionell jedes Jahr realisiert und standen unter einem bestimmten Motto, z.B.:
— 1972 die 3. Betriebsfestspiele im Zeichen des 25. Gründungstages der Gesellschaft für Deutsch-Sowjetische Freundschaft
— 1973 4. Betriebsfestspiele in Verbindung mit der „Woche der Jugend und Sportler" im Zeichen der X. Weltfestspiele der Jugend
— 1974 5. Betriebsfestspiele unter dem Zeichen der Vorbereitung des 25. Jahrestages der Gründung der DDR
— 1975 6. Betriebsfestspiele stehen im Zeichen des 30. Jahrestages der Befreiung des deutschen Volkes vom Faschismus und des 25jährigen Bestehens von Werk und Stadt
— 1979 10. Betriebsfestspiele im Zeichen des 30. Jahrestages der DDR.

1988 waren die Betriebsfestspiele eingebunden in die 22. Arbeiterfestspiele, die im Bezirk Frankfurt/Oder stattfanden. Arbeiterfestspiele waren in jedem Jahr besondere Höhepunkte, die seit 1959 an wechselnden Orten stattfanden und an denen sich Kulturgruppen aus Eisenhüttenstadt stets beteiligten.[196] Alle Feiertage und Jubiläen dienten zur Auszeichnung und Prämierung von Kollektiven bzw. einzelnen ‚verdienten Werktätigen'. In Vorbereitung der Feiertage wurden von den Kollektiven zumeist anhand konkreter Kennziffern Verpflichtungen abgegeben, zu Ehren des jeweiligen Festtages den Plan zu erfüllen.[197] In Zusammenarbeit von Werk, Stadt und den Hausgemeinschaften wurden die Straßen und Plätze nach festgelegten Plänen ausgestaltet.[198] Diese Betriebsfestspiele sollten die Betriebsverbundenheit der Beschäftigten erhöhen. Ebenso wie die formalen Feiertage 1. Mai und der 7. Oktober wurden sie politisch initiiert, nahmen jedoch im Laufe der Jahre eher einen Volksfestcharakter an.

Die ‚Volkskunstbewegung' entwickelte sich zu einer Art ‚Massenbewegung'. Wie weit die Einbeziehung künstlerisch

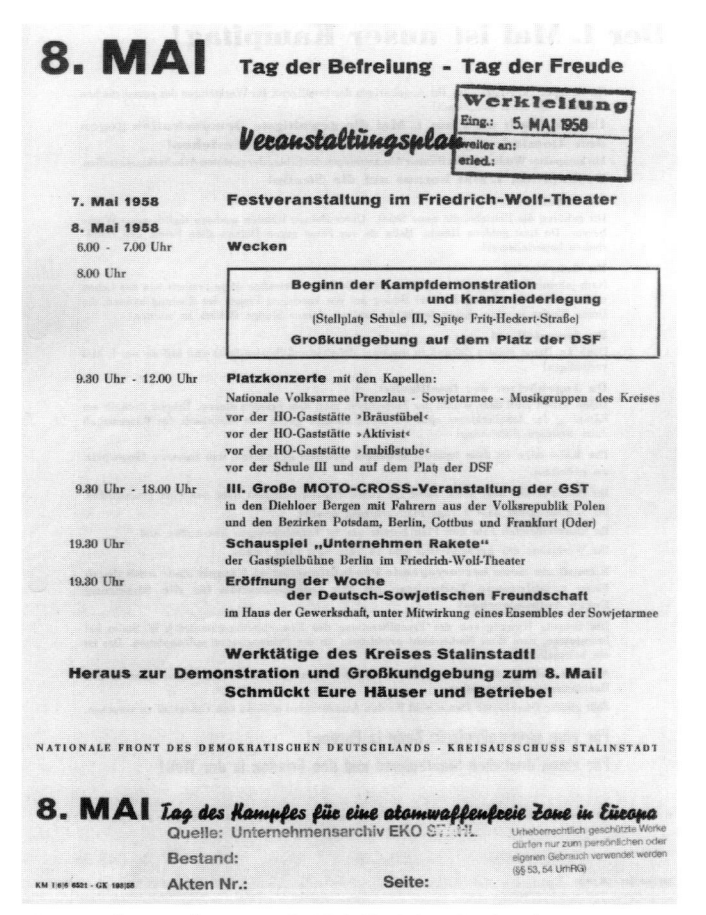

Veranstaltungsplan zum 8. Mai 1958 (A 1675/245)

aktiver Bevölkerungsteile gehen konnte, läßt sich am Beispiel eines Festspieles zeigen, das anläßlich des 10. Jahrestages von Werk und Stadt aufgeführt wurde. In die Aufführung dieses Stücks „Blast das Feuer an" waren rund 2000 Menschen einbezogen, von denen nur ein Bruchteil professionell als Sänger oder Tänzer tätig war. Allein 700 Mitwirkende kamen aus den 29 Kulturgruppen des EKO, die anderen aus der Stadt und den umliegenden Landkreisen. Auch die Freilichtbühne wurde im Rahmen der Masseninitiativen (NAW) durch die freiwillige Arbeit von fast 4000 Einwohnern erbaut (vgl. Cerný 1991:9).[199] Voraussetzung für die Organisation dieser Massenaktivitäten war die enge Verflechtung betrieblicher und städtischer Institutionen.

Von Stalinstadt nach Eisenhüttenstadt

Schon 1959 war es geplant, Fürstenberg einzugemeinden und insbesondere ‚politisch' dem Charakter der Stadt anzupassen. Die Schwierigkeit, den Zeitpunkt für diesen Schritt zu bestimmen, ergab sich aus der fehlenden Kenntnis der Entwicklung zukünftiger Stadtstrukturen.[200] Diese wurden durch die Werksentwicklung determiniert. Die wirtschaftliche und politisch krisenhafte Situation 1959 bis 1961 war in bezug auf die Entwicklung des Werkes durch den Abbruch und die Verschiebung der weiteren Planungen zur Schließung des metallurgischen Zyklus sowie eine verstärkte Fluktuation von Arbeitskräften gekennzeichnet.

Protokoll ZK der SED Nr. 57/61 zum Beschluß des Politbüros zur Umbenennung von Stalinstadt in Eisenhüttenstadt (SAPMO-BArch, ZPA, DY 30, J IV 2/2 – 799, S. 3)

Die geplante Eingemeindung Fürstenbergs ‚gelang' erst in Verbindung mit dem Namenswechsel von Stalinstadt. Ein ‚gesellschaftspolitisches Ereignis' in bezug auf die städtische Entwicklung stellte somit 1961 die Umbenennung von Stalinstadt in Eisenhüttenstadt dar.[201] „Im elften (Jahr nach der Stadtgründung 1950; d.A.) büßte die Stadt ihren Namen ein, und auch der Beiname (erste sozialistische Stadt; d.A.) kam bald außer Gebrauch. Im Oktober 1961 nämlich fand der XXII. Parteitag der KPdSU statt und leitete eine zweite Entstalinisierungskampagne ein. Die blieb zwar oberflächlich, erreichte jedoch größere Publizität als die erste. Spätestens mit der Umbenennung Stalingrads in Wolgograd war ein Namenswechsel auch an der Oder fällig. Der Grund war peinlich, ihn lange zu erörtern unerwünscht. Nach einigen Tagen beendete die SED-Kreisleitung die spontane Diskussion, die schon zu mehreren Resolutionen, Anträgen und Vorschlägen geführt hatte (Thälmann-Stadt, Gagarin-Stadt, Friedensstadt

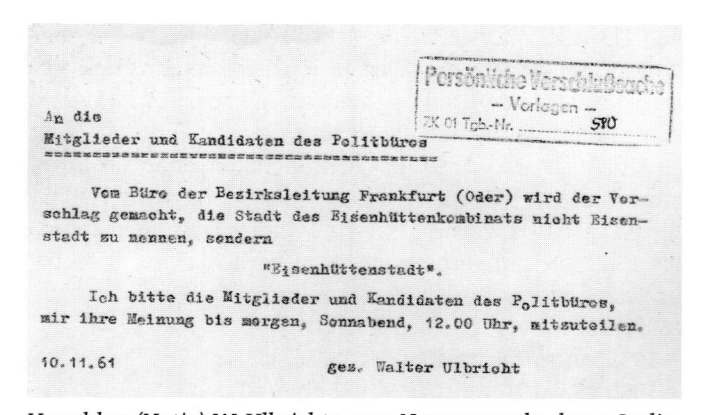

Vorschlag (Notiz) W. Ulbrichts zum Namenswechsel von Stalinstadt, 10.11.1961 (SAPMO-BArch, ZPA, DY 30, J IV 2/2 – 860)

u.a.) mit der Entscheidung für ‚Eisenhüttenstadt' und ließ Mitte November von einem Tag zum anderen die Namensschilder auswechseln." (Cerný 1991:10f.) Daß die Stadt bis heute ‚Eisenhüttenstadt' und nicht ‚Eisenstadt' heißt, hat sie wohl der Intervention Ulbrichts am 10.11.1961 kurz vor dem Tag der Umbenennung zu verdanken (vergleiche Abbildung Seite 64 unten).

Die Entstalinisierungskampagne half, sich von dem mittlerweile ‚unerwünschten' Namen Stalinstadt zu befreien. Es handelte sich damit um einen politisch geplanten Akt der Umbenennung; ein demokratischer Entscheidungsprozeß wurde vorgespielt, denn der Name stand schon fest, als die ‚Kollektive' noch über diesen diskutierten.[202] Der eigentliche Einschnitt in der Stadtentwicklung bestand in der Eingemeindung Fürstenbergs. Aus Stalinstadt, Fürstenberg/Oder und Schönfließ wurde die Stadt Eisenhüttenstadt. Fürstenberg wurde zu ‚Eisenhüttenstadt-Ost', Schönfließ zu ‚Eisenhüttenstadt-West'. Damit war wieder eine neue Konstellation im Verhältnis der beiden Stadtteile Stalinstadt und Fürstenberg/Oder gegeben. *„Die eigentliche Zäsur in der Stadtgeschichte bestand jedoch in der bei dieser Gelegenheit herbeigeführten Wiedervereinigung von Stalinstadt und Fürstenberg. Zwar sollte, dem Parteibeschluß zufolge, »der Charakter des (neuen) Stadtteils als sozialistische Stadt nicht verwischt, sondern weiter entwickelt« werden.*[203] *Doch verlangte dies faktisch nur, daß der Privatwirtschaft hier weiterhin der Zuzug verwehrt blieb. Im alten Stadtteil gab es sie ebenso, wie es dort Kreisvorstände und Ortsverbände der anderen Parteien gab. So verlor die Stadt die ihr 1953 durch Walter Ulbricht zugewiesene sozialistische Exklusivität." (Cerný 1991:11)*

Von der Bevölkerung Fürstenbergs wurde vor allem die parallel vollzogene Eingemeindung ihres Ortes kritisiert. Das Maß der Mitbestimmung der Bürger in diesem Prozeß war denkbar gering.

„Na ja, dann kam der schreckliche Tag, der 7. November 1961 und da hatte Walter Ulbricht am 7. November im ZK angewiesen, daß bis zum 14. November früh Vollzug zu melden ist, daß aus Stalinstadt und Fürstenberg/Oder Eisenstadt oder Eisenhüttenstadt zu machen ist. Da haben eben die Abgeordneten alle die Hand gehoben am 13. November, wie das ja bei allen anderen Veranstaltungen war, und damit wurde das Eisenhüttenstadt. Und dann fing eigentlich Kummer und Elend mit Fürstenberg erstmal an. Da ist denn Fürstenberg ‚Eisenhüttenstadt-Ost' geworden und ‚Eisenhüttenstadt 2' und, ich meine gut, im Volksmund ist es, na sagen wir, zu 60 Prozent Fürstenberg immer geblieben, aber es war eben –, die Zusammenarbeit war nicht mehr da zwischen den beiden Städten – also jetzt war' ja nur eine Stadt, wa – alles was hier wurde, wurde vergammelt, es wurde da nur was gemacht, wir waren eben fünftes Rad am Wagen und och die Bevölkerung wurde da dementsprechend eben na durch Propaganda, da irgendwie wurde da so n Keil zwischengetrieben." (4, B 14 Selbständiger)

Formal bestanden keine Möglichkeiten, gegen diese Entscheidung zu opponieren. Die Ohnmacht und Inakzeptabilität äußerten sich im passiven Widerstand gegen das staatliche Vorgehen. Das Unbehagen der Fürstenberger Bevölkerung über die Vereinnahmung ihres Ortes besteht bis in die Gegenwart und äußert sich im Kampf um einen eigenständigen Ortsteil. Während die Eingemeindung und Namensgebung in Fürstenberg zum großen Teil negativ reflektiert wurden, waren die Meinungen der Bewohner des früheren Stalinstadt differenziert. Das Spektrum reichte von relativer Gleichgültigkeit bis Empörung. Dem Großteil der Bewohner war jedoch die politische Dimension der Umbenennung nicht klar.

„Nein, also ich möchte Ihnen sagen, daß – ich bin hierher gekommen, ich bin nach Stalinstadt gezogen. Der Gedanke, weshalb das so heißt oder so, das war 'ne neue Stadt, die blühte auf, und die hat mir gefallen. Ich habe den Aufbau miterlebt, und man hat gesehen, wie's da und dort vorwärtsgeht und hatte seine Freude daran, aber so direkt darüber Gedanken gemacht, gar nicht. Dann wurde es eben umbenannt, na, da war die Sache erledigt. Da hat man sich gar keine Gedanken gemacht." (18, B 3 Rentnerin)

So wie ‚Stalinstadt' verinnerlicht wurde, geschah es auch mit dem neuen Namen. Im folgenden Zitat wird die Vorgehensweise zur Beschlußfassung der Namensänderung deutlich. Die Stadtverordnetenversammlung konnte der ‚von oben' kommenden Weisung nur noch zustimmen. Das Ergebnis wurde den Bewohnern über den Stadtfunk mitgeteilt. ‚Eisenhüttenstadt' erhielt schon am Tag der Umbenennung im Volksmund andere Bezeichnungen.

„Der erste Bruch ist erfolgt an dem Tag, wo in Stalinstadt bekanntgegeben wurde, Stalinstadt heißt nicht mehr Stalinstadt, sondern ab sofort Eisenhüttenstadt. Kann ich Ihnen genau beschreiben, ich war damals Schülerin der sechsten oder siebten Klasse. Bis dahin von '52 an, Grundstein wurde gelegt als Stalinstadt. Dieses Stalinstadt, das hatte sich verinnerlicht bei den Leuten. Und Stalinstadt sollte es nicht mehr heißen. Und es war eine große Stadtverordnetenversammlung, Stalinstadt durfte sich nicht mehr Stalinstadt nennen, Stalinstadt sollte einen anderen Namen bekommen. Und die Diskussion ging, wie denn der Name sein sollte. Und als man sich dann nun endgültig entschieden hatte, wie der Name sein sollte, wurde das durch den Stadtfunk – damals gab's noch einen aktiven Stadtfunk – da wurde das übertragen. Und da haben unsere Lehrer die zugeschaltet in die Baracke rein, mitten in unseren Unterricht. Und dann hieß es, es heißt nicht mehr Stalinstadt, es heißt jetzt Eisenhüttenstadt. Draufhin sind wir alle rausgerannt, wirklich ganz spontan rausgerannt, mitten aus dem Unterricht vor die Baracke und haben gesagt – ‚Blechbudenhausen', die müssen doch bescheuert sein. ‚Blechbudenhausen' hieß das Ding im Volksmund." (19, VG 5 Mitarbeiterin Frauenprojekt Guben)

Politik der Abschottung (Zusammenfassung 1954 bis 1962)

1954 orientierte der IV. Parteitag der SED erneut auf den Ausbau der Schwerindustrie. Für den zweiten Fünfjahrplan (1956 bis 1960) wurden dem Industriebereich wieder mehr Investitionsmittel zur Verfügung gestellt. Dieser zweite Fünfjahrplan wurde jedoch 1958 wieder abgebrochen und durch einen ‚Siebenjahrplan' (1959 bis 1965) ersetzt. Ein entscheidendes Vorhaben in diesem Siebenjahrplan war der vollständige Ausbau des EKO. Bis 1965 war geplant, neben dem schon bestehenden Roheisenwerk nun auch das Stahl-, Warmwalz- sowie das Kaltwalzwerk zu errichten.

Auf dem V. Parteitag 1958 hatte die SED ihre Politik des ‚Überholens ohne Einzuholen' verkündet, mit der Westdeutschland sowohl in der Produktion als auch Konsumtion innerhalb kurzer Zeit übertroffen werden sollte. Mit diesem politischen Versprechen war man jedoch permanent überfordert, die Produktionsrealität zeigte völlig entgegengesetzte Resultate. Die Versorgungssituation verschlechterte sich grundlegend. Von 1954 bis 1961 siedelten mehr als 1,7 Millionen Bürger nach Westdeutschland über, darunter ein hoher Anteil Jugendlicher und Bauern. Die in der Landwirtschaft beschäftigten Arbeitskräfte waren zu einem großen Teil mit dem überstürzt vollzogenen und ab 1958 forcierten Kollektivierungsprozeß unzufrieden und verließen das Land. 1957/58 wurde eine letzte ‚Säuberungswelle' durch die SED-Führung in den eigenen Reihen vorgenommen, die sämtliche kritische Opposition vernichtete und die Abwanderung verstärkte. Am 13. August 1961 führte der Mauerbau zur endgültigen ‚Selbst-Abriegelung' der DDR und eine Wahl zwischen ‚exit' und ‚voice' (Hirschmann 1992) war nicht mehr möglich.

In dieser orientierungslosen Zeit veränderten sich EKO und die Stadt grundlegend. Für das EKO bestand nach dem 1953 erfolgten Abbruch der weiteren Bauarbeiten am Stahl- und Walzwerk keine Aussicht, den metallurgischen Zyklus in kurzem Zeitraum vervollständigen zu können. Erst 1958 nahm man die Diskussion um den weiteren EKO-Ausbau in verschiedenen technisch orientierten Arbeitskreisen wieder auf. Im selben Jahr erfolgten Absprachen innerhalb des RGW, denn strategische Entscheidungen einzelner Länder konnten nur in Abstimmung mit der wirtschaftlichen Entwicklung der anderen sozialistischen Staaten getroffen werden. Letztlich bestätigte 1958 der neue Siebenjahrplan den Ausbau bis zum Jahr 1965. Zu diesem Zeitpunkt konnten weder die politischen noch wirtschaftlichen Planungsinstitutionen voraussehen, daß auch dieses Vorhaben nicht gelingen würde. Von 1959 bis 1962 stellte man werksseitig verschiedene Investitionspläne zur Vorbereitung auf das Stahl- und Walzwerk auf, die durchgängig abgelehnt wurden und aufgrund der allgemeinen politischen und wirtschaftlichen Krisensituation der DDR nicht realisiert werden konnten. Das 1961 beschlossene Programm der ‚Störfreimachung der Wirtschaft' überforderte alle Wirtschaftsbereiche. Als Ausweg mußte die stärkere Einbindung in den RGW gesucht werden. In dem 1960 zwischen der UdSSR und DDR vereinbarten Staatsvertrag waren wesentliche Punkte des weiteren EKO-Ausbaus festgehalten. Doch bis 1962 fehlte jegliche Übereinstimmung beider Länder in bezug auf die Positionen Produktion und Import an metallurgischen Stoffen. Eine generelle Überprüfung der Projekte fand Ende 1962 statt. Im Ergebnis erteilten die staatlichen Planungsinstitutionen dem EKO Ausnahmegenehmigungen, damit die Baustelleneinrichtung für das Kaltwalzwerk begonnen werden konnte, ohne daß der Ministerrat zuvor seine Zustimmung gegeben hatte. Die weiteren Arbeiten wurden auf das Kaltwalzwerk als der eigentlich letzten Stufe im metallurgischen Prozeß konzentriert, da der volkswirtschaftliche Bedarf an diesen Produkten am größten war.

Ein weiteres Problem für EKO war der Verlust seiner ‚Exklusivität': Es verlor im Zusammenhang mit dem Bau neuer städtischer Betriebe und dem Entstehen neuer regionaler Industriezentren, wie z.B. dem Halbleiterwerk in Frankfurt/Oder oder dem Erdölverarbeitungswerk in Schwedt, seine uneingeschränkte ‚Vormachtstellung' in der Region. Die Investitionsmittel waren für diese neuen Werke ‚reserviert'. Weiterhin wanderte ein Großteil der Arbeitskräfte in diese neuen Betriebe ab, da sich mit der Förderung neuer volkswirtschaftlich wichtiger Bereiche auch das Lohngefüge zuungunsten des Metallurgiebereiches verschoben hatte. Besonders in den unteren Lohngruppen war eine starke Fluktuation zu verzeichnen. Weniger weibliche Arbeitskräfte konnten für das EKO geworben werden, da in den neuen Betrieben die körperlichen Belastungen am Arbeitsplatz geringer waren. Die Strategien, Verluste zu minimieren, können in außerbetriebliche und betriebliche untergliedert werden. Zu den außerbetrieblichen zählte das Eingreifen bezirklicher Wirtschaftsplanungsinstitutionen, die Ausnahmegenehmigungen für Arbeitskräftewerbekampagnen des EKO in der gesamten DDR erteilten sowie in die Kaderplanung der regionalen Großbetriebe eingriffen. Zu den betrieblichen Strategien zählten verschiedene Maßnahmen, wie die Verbesserung der Arbeitsbedingungen oder die Errichtung und Finanzierung weiterer betrieblicher Kinderbetreuungseinrichtungen. Der Wohnungsbau wurde ebenfalls verstärkt, Wohnkomplex V entstand schon in industrieller Bauweise. Die Planungen für den Wohnkomplex VI liefen in Erwartung der Arbeitskräfte für die neuen Werksteile.

Die städtische Entwicklung erfuhr Ende 1961 einen Einschnitt mit der Umbenennung von ‚Stalinstadt' in ‚Eisenhüttenstadt'. Nach der zweiten Entstalinisierungskampagne der KPdSU war dieser ‚Tapetenwechsel' notwendig geworden. Innerhalb weniger Wochen wurde vom Ministerrat der neue Name festgelegt, und es ist wohl nur Ulbrichts Notiz zu verdanken, daß die Stadt heute nicht ‚Eisenstadt' genannt wird. Die Einbeziehung der Bewohner in die Namensfindung war eher formal. Mit der Namensverleihung ‚Eisenhüttenstadt' war der Höhepunkt der Vereinnahmung und parallelen Ausgrenzung Fürstenbergs erreicht. Fürstenberg wurde eingemeindet und bekam eine neue Bezeichnung, behielt dennoch die im Vergleich zur ‚Stadt' niedrigere Ortsklasseneingruppierung. Als ‚Eisenhüttenstadt 2' bzw. ‚Eisenhüttenstadt-Ost' offiziell geführt, setzte sich diese Bezeichnung bei den Fürstenbergern im alltäglichen Sprachgebrauch nie durch. Im Gegenteil, auf den ursprünglichen Namen wurde zur Behauptung örtlicher Eigenständigkeit noch mehr Wert gelegt.

Die Abwanderungswelle nach Westdeutschland hatte auf die Bevölkerungsentwicklung der Stadt insgesamt wenig Einfluß, denn die Zahl der Zuzüge war sehr hoch. Allein von Januar bis Dezember 1960 zogen fast 2000 Menschen nach Stalinstadt. Auch die in der gesamten DDR rasant steigende Zahl der Wegzüge in die Bundesrepublik wirkte sich mit einer Zahl von 144 Bürger/-innen (vgl. Cerný 1991:10) aus Stalinstadt nicht aus.[204]

Von dieser komplizierten gesellschaftlichen Situation ausgehend, mußten ab 1963 grundlegende Entscheidungen für die weitere Entwicklung des EKO getroffen werden.

Die zweite Phase 1963 bis 1968 – Ein Schritt vorwärts, zwei zurück: Die Inbetriebnahme des Kaltwalzwerkes

Neuorientierung und wirtschaftliche Reformen

Auf die Krisenjahre 1960-1962 reagierte die Staatsführung mit Reformvorhaben und wirtschaftspolitischer Kurskorrektur. Der VI. Parteitag 1963 verabschiedete erstmals ein Programm, in dem es hieß: „*Alles, was der Gesellschaft nützt, muß auch für den Betrieb und für den einzelnen Werktätigen nützlich sein.*" (Herbst 1994:1162) Eigenverantwortlichkeit und das ‚Kosten-Nutzen-Denken' der Betriebe sollten gefördert sowie die Arbeitsproduktivität gesteigert werden. In den Jahren 1962/63 wurden Arbeitsgruppen in den Ministerien gebildet, die Wirtschaftsreformen vorbereiteten. Ende Juni 1963 fand eine Wirtschaftskonferenz statt, auf der die Grundzüge des ‚Neuen Ökonomischen Systems der Planung und Leitung der Volkswirtschaft" (NÖSPL/NÖS) vorgestellt wurden. Diese wurde im Juli 1963 als Richtlinie herausgegeben.[205] Das Hauptziel der Reformen bestand in der Verbindung der zentralen staatlichen Leitung mit der indirekten Steuerung der Betriebe über monetäre Lenkungsmittel (bezeichnet als ‚ökonomische Hebel').[206] Die Reformen wurden jedoch nicht als Block eingeführt, sondern schrittweise realisiert.[207] Die Vereinigungen volkseigener Betriebe (VVB) erhielten von der Staatlichen Plankommission keine verbindlichen Vorgaben mehr, sondern arbeiteten mit nur wenigen zentralen Kennziffern. Bedeutend in dieser Phase war die Möglichkeit der Betriebe, ein hohes Maß an Selbständigkeit und Eigenverantwortung auszuschöpfen. Bis 1967 existierten in der Industrie 17 Kombinate, die davon erheblich profitierten.[208] Mit den Dezentralisierungsprozessen traten jedoch massive Kompetenz- und Abstimmungsprobleme auf. 1968 wurde das Konzept der NÖSPL aufgegeben zugunsten des ‚Ökonomischen Systems des Sozialismus' (ÖSS). Dieses bezog sich nicht nur auf den Wirtschaftsmechanismus, sondern auf das gesamte Gesellschaftssystem. Der bestehende Grundwiderspruch zwischen zentraler Planung und Verwaltung und der betrieblichen Eigeninitiative und Selbständigkeit wurde nicht gelöst. Umgehend erfolgten Änderungen mit der Konsequenz der verstärkten Kontrolle von Staat und Wirtschaft durch die SED. Im Vorfeld der 14. Tagung des ZK der SED im Dezember 1970, und auf dieser Tagung selbst erfolgte eine heftige Kritik an diesem Konzept. Statt das Reformmodell weiter zu entwickeln und an die Gegebenheiten anzupassen, wurde die Änderung der Planung und Leitung in Richtung einer Re-Zentralisierung beschlossen.

Diese nationalen Reformversuche konnten nur in Angriff genommen werden, da die Politik Chrustschows und seines Nachfolgers Breschnew der DDR lediglich grobe Linien der Politik vorgaben. Die Einzelheiten der Umsetzung blieben der DDR überlassen. In dieser Zeit wird eine entscheidende Ambivalenz zwischen der Entwicklung der nationalen Volkswirtschaft einerseits und den Internationalisierungstendenzen innerhalb des RGW deutlich. Die Grundprinzipien der internationalen Arbeitsteilung innerhalb des RGW bewirkten eine verstärkte Einbindung der DDR in den Ostblock. Ausdruck dafür ist auch das langfristige Handelsabkommen von 1966 bis 1970, das zwischen der UdSSR und der DDR im Dezember 1965 geschlossen wurde. Die Ereignisse des ‚Prager Frühlings' 1968 zeigten dennoch den Unterschied in den Gesellschaftsauffassungen innerhalb der ‚sozialistischen Staatengemeinschaft'.

Das Kaltwalzwerk – Lichtblick am Horizont?

Diese Etappe wird durch den VI. Parteitag 1963 mit dem Beschluß zum weiteren Ausbau des EKO und der Bildung des Bandstahlkombinates Eisenhüttenstadt (BKE) 1968 begrenzt. Der zweite Versuch, den metallurgischen Zyklus zu schließen, fällt in die Zeit der Einführung des ‚Neuen Ökonomischen Systems der Leitung und Planung'. Nach dem 1. Bruch 1953 und den Unstimmigkeiten der weiteren Entwicklung 1958 bis 1962 beschloß der VI. Parteitag im Januar 1963 den weiteren Ausbau der metallurgischen Industrie. Für das EKO wurde erneut das Ziel der Errichtung eines vollständigen Stahl- und Walzwerkes formuliert.[209] Realisiert wurde bis 1968 jedoch ‚nur' das Kaltwalzwerk.[210] In der ersten Etappe des NÖSPL – im Juni 1963 – war die Metallurgie einer der besonders geförderten Bereiche der Volkswirtschaft. Der Ministerrat beschloß auf der Basis der technisch-ökonomischen Charakteristik der Lage der Schwarzmetallurgie in der DDR das „Metallurgie-Programm".[211] An den Inhalten des Programmes wurde deutlich, daß das Produktionsniveau in der DDR nicht befriedigte und die Arbeitproduktivität entschieden unter den vergleichbaren Werten der Sowjetunion, der Bundesrepublik Deutschland und ČSSR lag. (Anhang 12)

Das Aufbauvorhaben sollte, wie 1961 vereinbart, im Rahmen des RGW in Kooperation mit der UdSSR realisiert werden. Im Juli 1963 wurde ein ‚Protokoll über die technische Unterstützung beim Ausbau EKO durch die UdSSR' unterzeichnet, was die Hilfe bei der Projektierung, Lieferung kompletter Anlagen und die Ausbildung von Spezialisten umfaßte.[212] Im Herbst 1963 wurde mit dem sowjetischen Vertragspartner GIPROMES ein neuer Vertrag abgeschlossen.[213] Dafür gab es zwei Gründe: 1. wurde im Zusammenhang mit dem NÖSPL eine Industriepreisreform durchgeführt, wodurch sich die ökonomischen Kennziffern änderten; 2. wurden erneut Wirtschaftlichkeitsberechnungen realisiert, deren Ergebnis die Entscheidung für eine andere Stahlwerkstechnologie war.

Die Disparität zwischen der Forderung des Neuen Ökonomischen Systems nach relativer Eigenständigkeit betrieblicher Entscheidungen und der offiziellen staatlichen Politik, die nach dem ‚Mauerbau' gezwungenermaßen den Großteil außenwirtschaftlicher Beziehungen im Rahmen des RGW ‚abwickelte', wird an der Entwicklung des Eisenhüttenkombinates deutlich.[214] Die Abhängigkeit des EKO von der Einbindung in die Wirtschaftsstrukturen der anderen sozialistischen Länder und besonders in die langfristig mit der UdSSR vereinbarten Verträge wird durch die widersprüchlichen Verhandlungssituationen zwischen beiden Ländern vor und nach Vertragsabschluß dokumentiert.[215] Hinzu kamen die Unstimmigkeiten zwischen Ulbricht und Chrustschow bezüglich der Entwicklung der nationalen Wirtschaft in der DDR. Erst bei dem persönlichen Zusammentreffen von Ulbricht und Chrustschow, so scheint es, wurden die Weichen für die weitere Entwicklung des EKO gestellt. Dieses Treffen zwischen beiden Funktionären stellte sich retrospektiv wie folgt dar:

„…während des VI. Parteitages der SED 1963, an dem Chrustschow als Gast teilnimmt, gibt es eine Reise Chrustschows, der von Ulbricht begleitet wird, nach Eisenhüttenstadt und dort finden dann am Rande einer Großveranstaltung, auf der Chrustschow auch gesprochen hat, sozusagen Gespräche im Hinterzimmer statt, an denen dann also auch Werksfunktionäre teilnehmen, unter anderem der damalige Werkleiter. Und erst in diesem Gespräch wird eine Differenz deutlich zwischen den Vorstellungen, die jetzt Ulbricht entwickelt unter der Überschrift nationale Volkswirtschaft der DDR und den Vorstellungen, die Chrustschow vertritt, also von der Internationalisierung, also von der RGW-Wirtschaft. …Naja es ging ja in diesen Verhandlungen insbesondere in dieser Ulbricht-Chrustschow-Kontroverse um zweierlei. Vorrangig ging es ja um die Frage der Strategie der Entwicklung der Schwarzmetallurgie in der DDR. Chrustschow erklärte schlicht und einfach, also um Himmels willen, wozu wollt ihr eigentlich noch Rohstahlkapazitäten schaffen? Davon haben wir ja genug. Da fing es ja an. Und das war ja auch nicht völlig von der Hand zu weisen. Wenn man wirklich hätte erwarten können, daß es zu einer echten Integration im RGW-Rahmen in absehbarer Zeit kommt, also okay, aber da schien Ulbricht skeptisch gewesen zu sein. Und diese Skepsis hat sich ja dann auch als begründet erwiesen. Und deswegen setzt sich Ulbricht ein für den vollen metallurgischen Zyklus und dann, das ist aber erst Punkt zwei, erbittet er dafür nun sowjetische Unterstützung." (2, E 4 Historiker)

Die sowjetische Unterstützung, die von Ulbricht für die Realisierung des EKO-Ausbaus erbeten wurde, verdeutlicht die Abhängigkeit der DDR von der Einbindung in den RGW. Um die eigene Verhandlungsstärke zu erhöhen, kam es parallel zu kontinuierlichen und inoffiziellen Absprachen auf technischem Gebiet mit führenden Unternehmen kapitalistischer Staaten.[216]

Auf dem VI. Parteitag wurde der weitere Ausbau des EKO zwar verkündet, aber auch zwei Monate später fehlte noch immer der Beschluß durch den Ministerrat. An diesem Beispiel werden die Mängel im Planungs- und Leitungssystem der DDR sichtbar. Mehr als zwei Jahre hatte die Werkleitung des EKO in Zusammenarbeit mit den entsprechenden Ministerien und der Staatlichen Plankommission Ministerratsvorlagen für den weiteren Ausbau des EKO erarbeitet, ohne zu einer Beschlußfassung zu kommen. In zahlreichen Schreiben wurde auf die Folgen einer solchen Verzögerung aufmerksam gemacht.[217] Erfolg hatten die Interventionen jedoch erst Ende März 1963, als der Ministerrat endlich den weiteren Ausbau des EKO bestätigte und damit den Beschluß des VI. Parteitages präzisierte. Auf dessen Grundlage war es möglich, das Investitionsvorhaben „Ausbau EKO" in die „Liste A der volkswirtschaftlich wichtigen Investitionsvorhaben 1963" aufzunehmen. Dies bedeutete Erleichterungen im Hinblick auf Vertragsabschlüsse und Lieferbeziehungen. 1963/64 wurde mit der Baustellenvorbereitung begonnen.[218] Zuvor hatte das Ministerium Regelungen getroffen, die schon 1961 mit der UdSSR vertraglich vereinbarten Liefertermine für 1964 auf das Jahr 1965 zu verschieben.[219]

Der „1. Spatenstich" für die Großbaustelle ‚Ausbau des Eisenhüttenkombinates Ost um ein Stahl- und Walzwerk' wurde am 1. Juni 1963 vollzogen, wiederum, wie schon die Grundsteinlegung für das gesamte Werk am 18. August 1950, in einen offiziellen Staatsakt eingebettet.[220] 1963 war geplant, bis 1967 das Kaltwalzwerk und bis 1970 das Konverterstahlwerk sowie Warmwalzwerk in Betrieb zu nehmen. Die beiden letzten sollten bis 1971 in einem zweiten Bauabschnitt technologisch erweitert werden. Zusätzlich war bis Ende 1971 noch der Bau eines Rohrschweißwerkes vorgesehen und Ende 1972 sollten ein Elektrostahlwerk sowie Trafobandwalzwerk in Betrieb genommen werden.[221] Aus der nachfolgenden Schilderung wird deutlich, aus welchen Gründen es nicht gelang, die Errichtung des vollständigen metallurgischen Zyklus bis 1970 zu realisieren: Nachdem die Baustelleneinrichtung für das Kaltwalzwerk beendet war, erhielt das EKO auf Anordnung des Ministerrates Sondergenehmigungen, mit den Maßnahmen zum Bau des Kaltwalzwerkes vor Bestätigung der Aufgabenstellung zu beginnen.[222] Mit Beginn der Bauarbeiten verhinderten weitere ‚Unzulänglichkeiten' die Erfüllung der Planvorgaben 1964.[223]

Die darauf folgende Anordnung des Ministerrates ermächtigte die ‚Planungsinstitutionen', mit der Projektierung des Stahl- und Warmwalzwerkes vor Bestätigung der Aufgabenstellung zu beginnen und die vorab erforderlichen Projektierungsleistungen mit der UdSSR vertraglich zu binden.[224] Aufgrund der massiven Schwierigkeiten erfolgte eine Überprüfung des Gesamtvorhabens.[225] Ergebnis der Überprüfung des bisherigen Ausbaugeschehens waren nicht generelle Planänderungen, sondern eine Fortführung politisch determinierter Entscheidungen hinsichtlich der wirtschaftlichen Entwicklung.[226] Bei einem Treffen von Schürer (1965 bis 1989 Vorsitzender der Staatlichen Plankommission) mit der Leitungsebene des EKO im Jahr 1966 wurden die Unzulänglichkeiten deutlich. Es wurden zwei Optionen für die weitere Entwicklung gestellt: Verzicht auf Stahl- und Warmwalzwerk oder Senkung des Aufwandes durch die Optimierung des Vorhabens.

„Genosse Schürer (Leiter der Staatlichen Plankommission; d.A.) nahm zu der Gesamtsituation des Investitionsvorhabens Stellung und schätzte ein, daß unser Großvorhaben genau so kritisch abläuft wie auch andere Vorhaben in der Republik, d.h. extreme Verteuerungen auftreten und die Inbetriebnahmetermine gefährdet bzw. überschritten werden. Er brachte zum Ausdruck, daß dieser Zustand im DDR-Maßstab und für den Ausbau des EKO nicht weiter geduldet werden kann und die Schuldigen ermittelt und bestraft werden müssen ... Dieser Sachlage kann begegnet werden, indem
a) Objekte weggelassen werden und eine Senkung des Aufwandes dadurch erreicht wird, oder
b) eine optimalere Auslegung des ganzen Vorhabens erfolgt"
Aktennotiz über den Besuch des Vorsitzenden der Staatlichen Plankommission Schürer, 21.5.1966 (A 899/37-39)

Zusätzlich kompliziert wurde die Situation durch die stärkere Einbindung der DDR in den RGW. Auf Ministerratsbeschluß wurde 1966 eine Verordnung über die Zusammenarbeit mit den sozialistischen Ländern herausgegeben, die die bestehenden Handlungsmöglichkeiten einzelner Kombinate und Betriebe weitgehend begrenzte und die ‚Entscheidungsgewalt' von Ministerrat, Staatlicher Plankommission, der Industrieministerien, der Vereinigung volkseigener Betriebe und Wirtschaftsräte der Bezirke zentralisierte.

Aus einem internen Schreiben an Walter Ulbricht geht der Rückstand der DDR auf dem Gebiet der Metallurgie hervor. Im Ministerium für Erzbergbau, Metallurgie und Kali schätzte man realistisch ein, daß der Rückstand auch in den nächsten Jahren mit den verfügbaren Investitionsmitteln nicht aufzuholen war:

„Bei den Vorstufen der metallurgischen Produktion (speziell bei der Roheisen-, Rohstahl- und Halbzeugfertigung) beträgt der Rückstand der DDR gegenüber hochentwickelten Industrieländern (USA, UdSSR, Japan, Frankreich, Westdeutschland) gegenwärtig 10-15 Jahre.

Die zur vollen Versorgung der Republik notwendige Schaffung derartiger Kapazitäten, die außer der Fertigstellung des EKO mit vollem metallurgischen Zyklus die Errichtung eines zusätzlichen Kombinates mit mehr als fünf Mio. t Rohstahl notwendig machen würde, erfordert unter Zugrundelegung bekannter internationaler Investaufwandsnormen ein Investitionsvolumen von 5-6 Mrd. Mark. Unter den nationalen Bedingungen der DDR muß eingeschätzt werden, daß ein derartiger Aufwand im Prognosezeitraum nicht betrieben werden kann."
Internes Schreiben des Ministers für Erzbergbau, Metallurgie und Kali an W. Ulbricht v. 24.2.67 (SAPMO-BArch, ZPA, J IV 2/202/428, Bl. 7/8)

Für die weitere Entwicklung der Metallurgie wurden durch das Ministerium neun Varianten entworfen. Eine von diesen war der Aufbau eines völlig neuen Werkes mit einer Kapazität von mehr als fünf Mio. Tonnen Rohstahl. Diese Lösung war jedoch aus finanziellen Gründen nicht realisierbar. Der Vorrang wurde folgenden zwei Vorschlägen eingeräumt: Die erste sah, wie 1963 ursprünglich vorgesehen, ab 1968 den weiteren Ausbau des EKO bei Beibehaltung des damaligen Walzstahlimportes zu einem Werk mit vollständigem metallurgischen Zyklus vor. Die zweite sah nur den Bau des Kaltwalzwerkes vor, wobei der erhöhte Bedarf an Roheisen durch Importe abgedeckt werden sollte. Die Entscheidung fiel für die letztere Variante, da sie aufgrund der finanziellen Lage als die einzig mögliche angesehen wurde.

Bestimmend für die entscheidende Veränderung im Investitionsgeschehen war die zu geringe Baukapazität, die im Bereich der Metallurgie bis 1970 zur Verfügung stand und die eine Überprüfung der Investitionspläne der Betriebe einschließlich EKO erforderte. Diese Überprüfung erbrachte zunächst eine zeitliche Verschiebung des Bauvorhabens Stahl- und Warmwalzwerk.[227] Die Abweichungen von den vorgegebenen Planziffern sowie die ministeriellen Entscheidungen 1966/67, die die ‚Planideologie' verfolgten und keine realistische Einschätzung der Situation darstellten, führten jedoch 1967 zum Abbruch der Bauarbeiten für das Stahlwerk und Warmwalzwerk.[228] Ursachen lagen im ungenügenden Projektierungsvorlauf der Projektierungspartner in der DDR und UdSSR[229], fehlenden Arbeitskräften auf der Baustelle[230], in der Nichtauslastung der Technik, in Mängeln bei Bereitstellung von Material und in der unzureichenden Abstimmung zwischen der VVB, den Ministerien und der Staatlichen Plankommission.[231]

Der zweite Bruch 1967

Der Ministerratsbeschluß im August 1967 legte fest, daß die Projektierung des Stahl- und Warmwalzwerkes einzustellen ist. Die Kräfte wurden auf die eigentlich letzte Stufe im Zyklus, das Kaltwalzwerk konzentriert, da die weiterverarbeitenden Betriebe in der DDR diese Erzeugnisse am dringendsten benötigten.

Der Beschluß hatte neben den erheblichen finanziellen Verlusten[232] vor allem Auswirkungen auf die Arbeitskräfte.

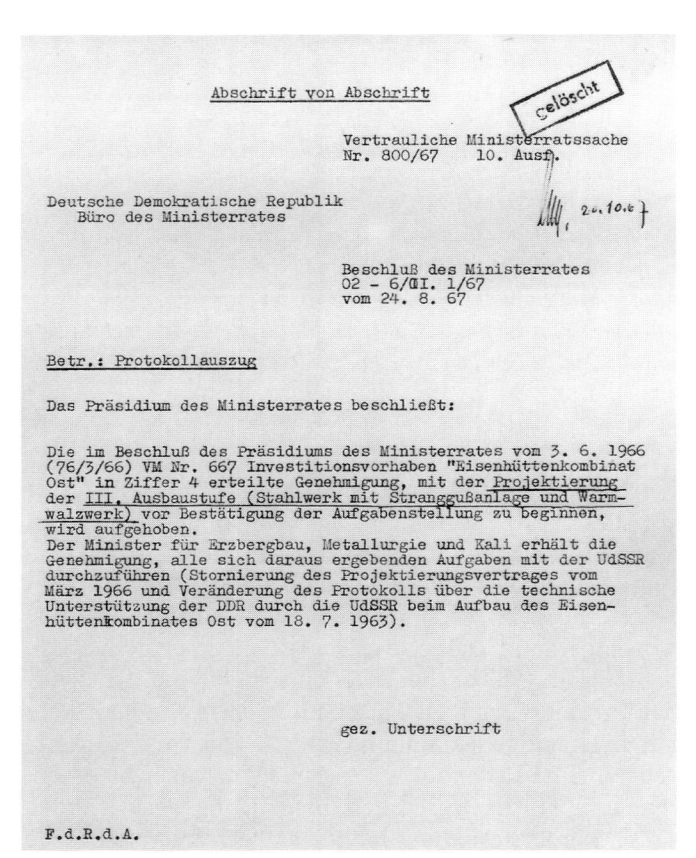

Beschluß des Ministerrates v. 24.8.1967 zur Einstellung aller Projektierungsarbeiten für das Stahl- und Warmwalzwerk (A 715/197)

Besonders betroffen waren die an der Projektierung beteiligten Fachkräfte, die bereits zwei Jahre an den Vorbereitungen des Stahl- und Warmwalzwerkes gearbeitet hatten. Für sie wirkte sich dieser Beschluß nicht nur auf Werksebene aus, sondern direkt auf die Berufsbiographie. Für viele stand nun die Entscheidung, das Werk zu verlassen, um auf ihrer Spezialstrecke – der Warmwalztechnologie – arbeiten zu können oder in andere Bereiche des Werkes zu wechseln. Im nachfolgenden Zitat wird deutlich, daß es sich dabei nicht um eine kleine Gruppe, sondern um ein gewaltiges ingenieurtechnisches Potential handelte.

„Na sagen wir mal so. Ich war zeitweise in Berlin und wir wollten das Warmwalzwerk bauen. Wir hatten schon Schichtleiter, wir hatten unsere Pläne, wir hatten schon alles fertig. Und dann sind die rüber (in die UdSSR; d.A.), die großen Regierungschefs, unser Projektierungschef mit. Kommt zurück und sagt, wir bauen jetzt das Kaltwalzwerk. Und Generalprojektant sind nicht wir, sondern die Russen. In die Metallurgieprojektierung hätten sie ein Streichholz reintuen können, da wäre das Ding in die Luft gegangen. So war alles gespannt. Hier saßen auch 400 Ingenieure, die nicht bloß einen Kopf hatten zum Marmelade essen. Die waren sauer. Und wir waren mit sauer. Was machst du nun wieder. Entweder gehst du zum Hochofen jetzt zurück, oder was sollst du nun machen? Wir hatten echt die Schnauze voll. Da haben sie ganz schön gekurbelt mit uns. Ich sollte dann auch bleiben in Berlin. Ich habe gesagt, mich könnt ihr am Arsch lecken, ich gehe nach Hause." (10, B 4 ehem. EKO-Mitarbeiter)

Doch nicht nur in der Planung und Entwicklung dieser neu geplanten Werksteile waren Technologen und andere Fachkräfte mehrere Jahre tätig gewesen. Vorgespräche und Einstellungen weiterer Arbeitskräfte wurden in Vorbereitung auf die Schließung des metallurgischen Zyklus realisiert.

Entwicklung der Arbeitskräftesituation ab 1963 – ein Blick zurück

Der Beschluß des VI. Parteitages im Januar 1963, im EKO zunächst das Kaltwalzwerk und nachfolgend das Stahl- und Warmwalzwerk zu errichten, wurde erst im März 1963 durch den Ministerrat bestätigt. Das Kaltwalzwerk wurde von 1964 bis 1968 errichtet. Parallel liefen die Projektierungsarbeiten sowie die Arbeitskräfteplanung für Stahl- und Warmwalzwerk. Der Zeitraum bis zur Entscheidung des Ministerrates im August 1967, alle weiteren Arbeiten für das Stahl- und Warmwalzwerk zu beenden, war durch massive Verzögerungen im Planungs- und Aufbaugeschehen gekennzeichnet. Die bis dahin aufgetretenen Unsicherheiten in bezug auf die Produktionsplanung betrafen auch die Bereiche Arbeitskräfteentwicklung und Qualifizierung.[233]

1963 waren für den gesamten EKO-Ausbau 5.700 Arbeitskräfte vorgesehen. Von dieser Zahl ging man zu Beginn der Einstellung und Werbung von Arbeitskräften aus. Die Arbeitskräfteplanung wurde durch den Betrieb – orientiert an den Terminen der Inbetriebnahme neuer Werksteile – nach Berufsgruppen aufgeschlüsselt. In Abstimmung mit der Staatlichen Plankommission sowie den Bezirksplankommissionen wurde die Arbeitskräfterekrutierung zentral gelenkt.[234] Hier wird die enge Verzahnung zwischen politischen und kommunalwirtschaftlichen Institutionen und das bestehende Weisungsrecht deutlich.[235]

In bezug auf die Strategien der Arbeitskräfterekrutierung sind zwei Ebenen zu unterscheiden – die administrative und die betriebliche. Zu den *administrativen* Rekrutierungsstrategien zählte die Vertragsbildung. Zwischen dem Volkswirtschaftsrat und dem Ministerium für Bauwesen wurden zur Absicherung der notwendigen Arbeitskräftezahl für die Baustelle des Kaltwalzwerkes Festlegungen getroffen.[236] Auf der Grundlage dieser Personaleinsatzplanung wurde gezielt Fach- und Führungspersonal aus anderen Betrieben ins EKO umgesetzt.[237] Der Arbeitskräftebedarf konnte nur mit Hilfe administrativer Steuerungsmechanismen gedeckt werden, da ein permanentes Defizit an Fachpersonal in der gesamten DDR bestand. Neben der Umsetzung von Arbeitskräften aus anderen Betrieben der Metallurgie zum EKO zählte dazu auch die Schließung anderer Betriebe.

Mehrere, parallel laufende *betriebliche Rekrutierungsstrategien* dienten zur Abdeckung des enormen Bedarfs an Arbeitskräften für das Kaltwalzwerk, Stahlwerk und Warmwalzwerk. Hierzu können die Gewinnung von weiblichen Arbeitskräften aus der nichtberufstätigen Bevölkerung, der verstärkte Einsatz von Auszubildenden, der Einsatz von Hoch- und Fachschulkadern sowie die Arbeitskräftewerbung gezählt werden.[238] Die *Bilanzierung* des Arbeitskräfte-

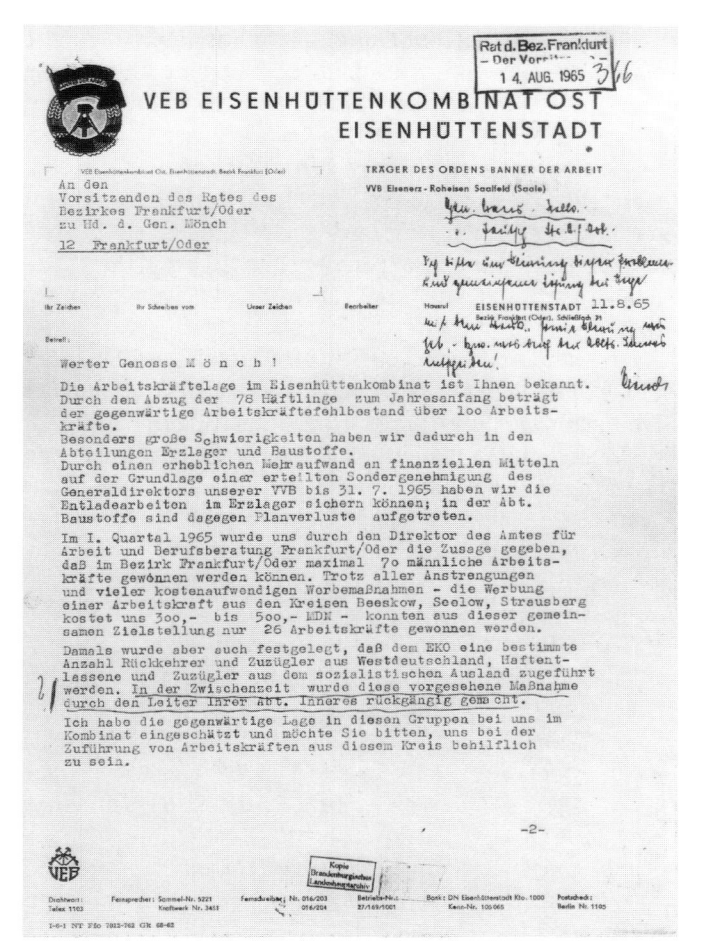

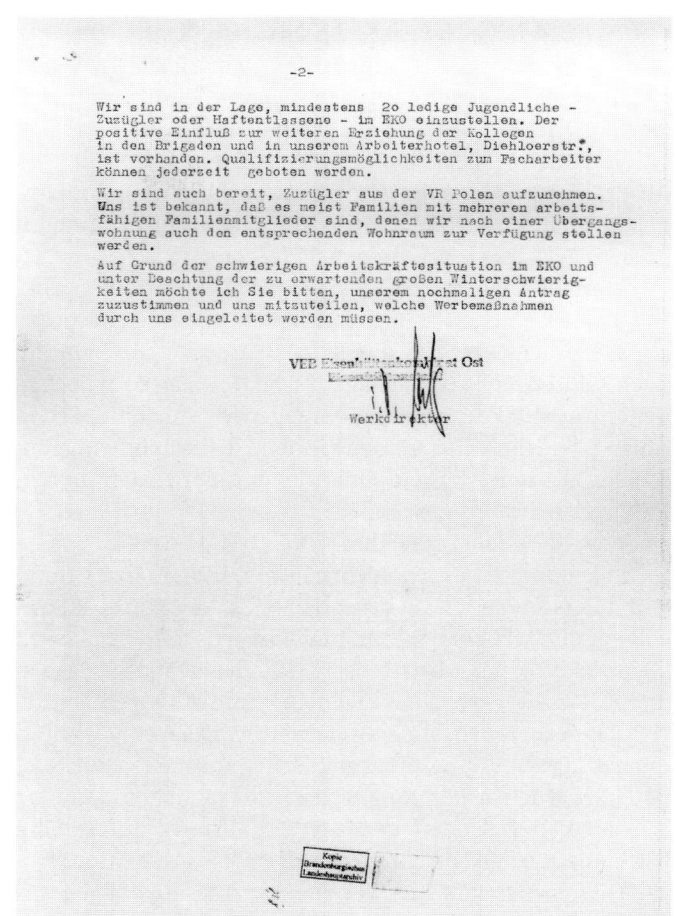

Schreiben zur weiteren Gewinnung von Arbeitskräften, 11.8.1965 (Brandenburgisches Landeshauptarchiv (BLHA), Ld. Br., Rep. 601 Bezirk Frankfurt (Oder), Nr. 5224)

bedarfs erfolgte jährlich in Abstimmung mit der VVB Eisenerz-Roheisen. Hier erfolgte eine projekt- und bereichsbezogene sowie nach *Deckungsquellen* (Lehrlinge, Frauen, Freisetzung, Werbung etc.) geordnete Gegenüberstellung der Anzahl schon vorhandener mit noch einzustellenden Arbeitskräften.[239] Von der VVB erfolgte wiederum eine Rückkopplung mit dem Volkswirtschaftsrat. Rechenschaftspflicht bestand gegenüber den leitenden Institutionen der SED.[240] Für das Kaltwalzwerk wurden 2450 neue Arbeitskräfte benötigt. Zu diesem Zeitpunkt war lediglich die Gewinnung von Auszubildenden und Hoch- und Fachschulkadern gewährleistet. Problematisch stellte sich die Rekrutierung von Frauen aus dem nichterwerbstätigen Bereich sowie die Gewinnung von Arbeitskräften durch die Schließung von Betrieben im Territorium dar.[241]

Die strukturbestimmende Rolle des EKO wird durch die Politik der Schließung sogenannter ‚volkswirtschaftlich nicht entscheidender Betriebe' deutlich. Welche dieser Betriebe dazugehörten, entschieden die bezirklichen und kommunalen Planungsinstitutionen. Durch die Staatliche Plankommission erfolgte die letzte Entscheidung. In Eisenhüttenstadt betraf das den VEB Steinbearbeitungswerk, den VEB Ziegelwerk und den VEB Holzwolle mit ca. 135 Arbeitskräften.[242] Jedoch brachte diese Strategie nicht den erwünschten Zuwachs an Arbeitskräften für das EKO, da die von den Schließungen betroffenen Beschäftigten nur in geringem Umfang wirklich eine Tätigkeit im EKO aufnehmen.[243]

Ein weiterer Weg waren die überregionalen Werbeaktionen, die der Betrieb initiierte. In diesen Werbeaktionen konnte man besonders die städtischen Vorteile (ausreichendes Wohnraumangebot, ausgebaute soziale Infrastruktur) zur Anziehung von Arbeitskräften nutzen. Mit Genehmigung der Staatlichen Plankommission wurde auch 1967 ein halbes Jahr lang in den größten Zeitungen der DDR geworben.[244]

„Darüber hinaus wurde dem EKO die Genehmigung erteilt, im Jahre 1966 in den Bezirken Suhl und Erfurt Arbeitskräfte zu werben. Nach unseren Informationen erhielten in diesen beiden Bezirken insgesamt 22 VVB und Betriebe die Genehmigung zur öffentlichen Werbung. Trotz Einrichtung von Werbebüros sind die Ergebnisse dieser Einrichtungen unbefriedigend. In Suhl hatte z.B. ein Werbebüro der VVB Rohrleitungsbau im Januar ganze 15 Besucher. Es kam aber kaum zu Vertragsabschlüssen, da sich die Besucher nur über Arbeitsbedingungen informierten. Ähnlich ergeht es den Werbebüros der Schwarzen Pumpe und des Stahl- und Walzwerkes Riesa. Bei allen Bewerbungen steht an erster Stelle die Forderung der sofortigen Zurverfügungstellung von entsprechendem Wohnraum."
Referat des Werkdirektors zur Begründung des 1. Entwurfs der Ministerratsvorlage, 22./23.2.1966 (A 738/187)

Der Rückgriff auf weitere Arbeitskräfte-Ressourcen war notwendig, da der Bedarf durch die aufgeführten Strategien nicht gedeckt werden konnte. Angehörige der Armee[245] bzw. ‚Erstzuziehende', Häftlinge, Zuzügler aus dem sozialistischen Ausland, Rückkehrer aus Westdeutschland sollten in Absprache des Rates des Bezirkes (Abteilung für Innere Angelegenheiten), der VVB und der Staatlichen Plankommission dem EKO zugeleitet werden.[246] (vergl. Abb. S. 71)

Innerhalb der verschiedenen Rekrutierungsstrategien besaß die Gewinnung weiblicher Arbeitskräfte einen besonderen Stellenwert. Frauen aus dem nichterwerbstätigen Bereich stellten ein Potential dar, dessen Nutzung dem permanenten Arbeitskräftemangel entgegenwirken sollte. Schon Anfang der 60er Jahre wurden die politischen Rahmenbedingungen für eine stärkere Einbeziehung der Frauen in den Produktionsprozeß geschaffen.

Generell waren die Jahre 1965 bis 1970 durch eine Technikeuphorie gekennzeichnet, wobei Wissenschaft und Technologie (wie z.B. Kybernetik) selbst als Mittel dienen sollten, den technologischen und wissenschaftlichen Stand Westdeutschlands zu erreichen. Besonders Frauen sollten in diesen Prozeß einbezogen werden. ‚Frauenklassen' an Berufsschulen, Frauensonderstudien etc. wurden eingerichtet, um z.B. Ingenieurinnen auszubilden. Weibliche Technikkompetenz wurde ein Faktum. Die 1961 im Frauenkommunique ‚Die Frau, der Frieden und der Sozialismus' aufgestellte Maßgabe, Frauen gleichberechtigt in den Produktionsprozeß einzubeziehen, schien verwirklicht. Dieser politisch vorgegebene Prozeß führte dennoch nicht dazu, daß Frauen prozentual mehr in der Führungselite vertreten waren.[247] 1971, nach dem Machtwechsel von Ulbricht zu Honecker, war auch der Glaube an das ‚Heil'-Mittel Technik geschwunden, da die erhofften volkswirtschaftlichen Effekte nicht erzielt wurden. Aus diesem Grund bestand z.B. ein Überangebot an Ingenieurinnen. Besonders läßt sich dieser Wandel in der Leichtindustrie nachvollziehen, wo sogenannte ‚feminisierte Bereiche', wie die Arbeitswissenschaften, Verfahrenstechnik oder auch Ingenieur-Ökonomie entstanden.[248]

Mit dem Aufbau des Kaltwalzwerkes wurden die Bemühungen verstärkt, Frauen als Arbeitskräfte zu gewinnen. Steigender Arbeitskräftebedarf war jedoch nicht nur im EKO zu verzeichnen, so daß von allen anderen Großbetrieben der Stadt Maßnahmen ergriffen wurden. Besonders gezielt wurde in der ‚nichtarbeitenden Bevölkerung' (Hausfrauen; d.A.) geworben.[249] Für das EKO als einem Betrieb der Metallurgie sind ähnliche Tendenzen zu verfolgen. Deutlicher aber wurde der Einsatz vieler weiblicher Arbeitskräfte als Kranfahrerinnen im Kaltwalzwerk. Dabei ging man – neben dem politisch begründeten ‚Gleichheitsanspruch' – von technologischen Voraussetzungen aus, die den Einsatz weiblicher Arbeitskräfte ermöglichen sollten. In der Arbeitskräfteplanung wurde der Anteil der einzustellenden weiblichen Arbeitskräfte prozentual festgelegt. Vorrangig wurden weibliche Arbeitskräfte auf solchen Arbeitsplätzen eingesetzt, die nachfolgend zur ‚Freisetzung' männlicher Arbeitskräfte führten. Gezielt wurde darauf hingearbeitet, durch Nutzung technischer Ausrüstungen die Arbeitsplätze so zu gestalten, daß sie von Frauen ausgefüllt werden konnten.[250] Zur Werbung weiblicher Arbeitskräfte wurden unterschiedliche Mittel angewandt. In der regionalen Presse wurden Frauen für eine Tätigkeit im Kaltwalzwerk geworben. Für die interessierten Frauen gab es in der Stadtverwaltung und im EKO direkte Ansprechpartner, die auch über Qualifizierungsmaßnahmen informierten.[251] Die Qualifizierung weiblicher Arbeitskräfte und weiblicher Auszubildender erfolgte über das bis Mitte der 60er Jahre im EKO ausgebaute System der Bildung und Qualifizierung.[252] Mit Unterstützung von Stadt und Werk konnten Frauen – insbesondere Hausfrauen – an Qualifizierungsmaßnahmen teilnehmen:

„Der VEB Eisenhüttenkombinat Ost fördert alle Maßnahmen zur weiteren Eingliederung von Hausfrauen in den Arbeitsprozeß durch:
– umfassende berufsaufklärende Tätigkeit;
– Durchführung von Qualifizierungslehrgängen.
Der Rat der Stadt und der VEB EKO prüfen gemeinsam mit den gesellschaftlichen Organisationen die Möglichkeiten der stundenweisen Betreuung der Kinder der Frauen, die sich in der Qualifizierung zur Aufnahme einer Tätigkeit im VEB EKO befinden. Der VEB EKO stellt für die materielle Anerkennung der Betreuung der Kinder Mittel bereit."
Vereinbarung zwischen dem Rat der Stadt Eisenhüttenstadt und dem VEB EKO zur Durchführung der Aufgaben des Volkswirtschaftsplanes 1966 (A 1558/2-3)

Voraussetzung für den Erfolg der Werbemaßnahmen war die Schaffung der entsprechenden sozialen Bedingungen. Dazu gehörte die Sicherstellung der Kinderbetreuung. Das EKO erhöhte 1965 die Kapazität an Kinderkrippen- und Kindergartenplätzen um ca. 200 Plätze. Daneben verfügte es über einen Betriebskindergarten mit 350 Plätzen.[253] Auch die kommunale Kapazität an Kindereinrichtungen wurde erhöht, um dem Bedarf gerecht zu werden (vgl. Kapitel ‚Zusammenarbeit von Werk und Stadt').

1968 wurde das Kaltwalzwerk in Betrieb genommen. Von 1966 bis 1968 wuchs die Zahl der Beschäftigten im EKO von 6000 auf 7300. Der 1967 erfolgte Abbruch der Arbeiten für das Stahl- und Warmwalzwerk zog einschneidende Veränderungen im Personaleinsatz nach sich. Durch die großangelegten Arbeitskräftewerbeaktionen war ein strukturbedingtes ‚überschüssiges Potential an Arbeitskräften' vorhanden. An die für den Arbeitskräfteeinsatz zuständigen Abteilungen des EKO ergingen Auflagen, die Auswirkungen des Abbruchs der Vorbereitungen für die Errichtung des Stahl- und Warmwalzwerkes zu untersuchen.[254] Diese beinhalteten die Klärung der Auswirkungen für das Territorium und den Wohnungsbau sowie die Regelung des Einsatzes der Arbeitskräfte, mit denen man schon Vorverträge für die Arbeit in den neuen Werken abgeschlossen hatte.[255]

EKO wächst, die Stadt wächst mit

Zusammenarbeit von Werk und Stadt

Die Zusammenarbeit von Werk und Stadt in bezug auf den Ausbau des EKO wurde auf allen Gebieten der Stadtplanung – Wohnen, Handel und Versorgung, Kultur und Freizeit, Ausbau sozialer Einrichtungen u.a. – realisiert.[256] 1962 wurden die Investitionspläne für 1963 bis 1972 aufgestellt.[257] Dazu zählten in diesem Zeitabschnitt vorrangig der komplexe Wohnungsbau und Maßnahmen im Bereich Verkehr, Kommunalwirtschaft und Gesundheitswesen. Für die Zusammenarbeit von Werk und Stadt war die Planung und Realisierung von Folgeinvestitionen, die aus dem Ausbau des EKO folgten, ein wesentlicher Punkt. Die Bildung eines Arbeitskreises 1962, der sich mit der Überprüfung einzelner Investitionsvorhaben beschäftigte, führte im Ergebnis zu einer Neueinstufung dieser Vorhaben entsprechend ihrer Dringlichkeit, Kapazität und der veranschlagten Investitionssumme. Durch diese Neugliederungen konnten die zum Teil willkürlichen Einstufungen der Investitionsvorhaben berichtigt werden. Die Staatliche Plankommission, Abteilung Berg- und Hüttenwesen, sowie die VVB Eisenerz-Roheisen bestätigten die Stellungnahme, was Auswirkungen auf die Realisierung der Folgeinvestitionen in der Stadt hatte.[258] So war noch 1962 für den Ausbau des EKO die Errichtung von fünf neuen Wohnkomplexen mit insgesamt 5150 Wohneinheiten vorgesehen. Dabei ging man bis 1972 von ca. 55.000 Einwohnern aus.[259] Die Investitionssummen für die Realisierung dieser Wohnungsbaumaßnahmen wurden mit 206 Mio. Mark im Vergleich zu den DDR-Kennziffern übermäßig hoch angesetzt,[260] was zur Auflage für den Rat der Stadt und den Rat des Kreises führte, die Planung zu überarbeiten.[261] Bis 1963 lagen noch keine Projektierungsunterlagen für den WK VI vor. Das Fehlen dieser Unterlagen führte zu einer Verzögerung der Aufschließungsarbeiten, die erst 1965 begannen.[262] Umfang und zeitliche Folge des Wohnungsbaus wurden vom Bedarf der ‚anzusiedelnden Stammarbeiter' und die notwendigen Unterkünfte für die Bau- und Montagearbeiter bestimmt. Dabei ging man davon aus, die während des Ausbau EKO genutzten Wohneinheiten für die Bau- und Montagearbeiter nach Beendigung des Ausbaus als ‚Wohnungen für die Stammbelegschaft des EKO zurückzuführen'.[263] Die diskontinuierliche Entwicklung im EKO hatte direkte Folgen für die städtebauliche Planung. Die ständig veränderten Kennziffern beim Ausbau des EKO spiegelten sich in den Überarbeitungen der Pläne zur Stadtentwicklung wider. Dies führte in der Folge zu wachsenden Unstimmigkeiten in den Absprachen der einzelnen staatlichen, kommunalen und betrieblichen Funktionsträger. Langfristige Planung war unter diesen Bedingungen nicht möglich, wurde sie doch durch Plankorrekturen häufig ad absurdum geführt.[264] Eine Parallelität von Werks- und Stadtentwicklung konnte somit nicht mehr gewährleistet werden. Im nachfolgenden Schreiben wird die Schwierigkeit der Koordinierung der verschiedenen Funktionsträger in der Stadt und einzelner Betriebe besonders deutlich. Auch die Abhängigkeit der Realisierung von Nachfolgeeinrichtungen vom Investitionsgeschehen und den Plankennziffern im EKO wird nochmals gekennzeichnet.

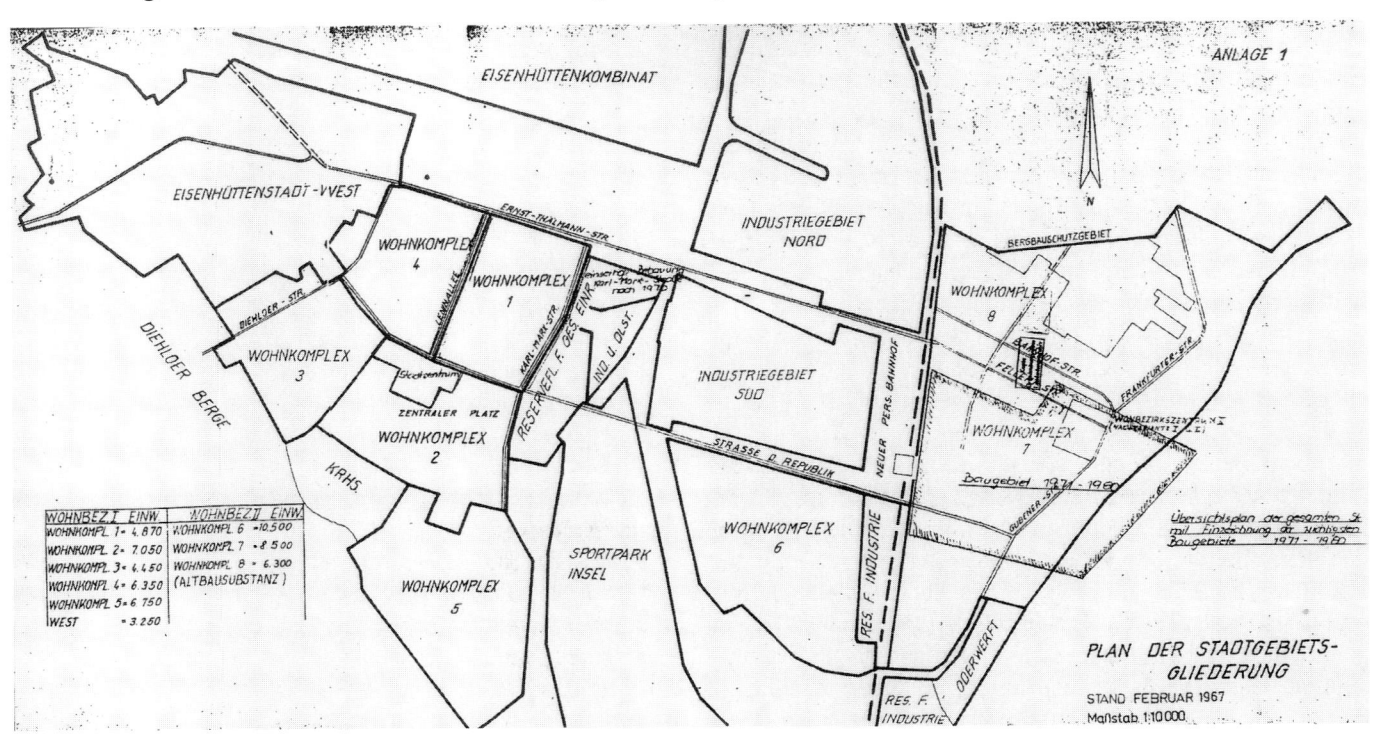

Stadtkonzeption Eisenhüttenstadt, Anlage 1 (Brandenburgisches Landeshauptarchiv (BLHA), Ld. Br., Rep. 601 Bezirk Frankfurt (Oder), Nr. 1976)

„Am 11.12.1963 erfolgte unter der Leitung des BMK Ost als Hauptauftragnehmer für den Ausbau des EKO eine Beratung, in der völlig neue Kennziffern über den Ausbau des EKO vorgelegt wurden. Hierbei handelt es sich besonders darum, daß sich die vorgesehene Zahl der Bau- und Montagearbeiter, die in den nächsten Jahren nach Eisenhüttenstadt kommen werden, grundsätzlich gegenüber der bisherigen Vorstellung verändert. So war uns beispielsweise eine Arbeitskräftespitze im Jahre 1967 mit ca. 3400 Arbeitskräften bisher bekannt, wogegen jetzt solche Vorstellungen bestehen, daß diese Spitze im Jahre 1968 ca. 6700 AK beinhalten soll ... Ohne dabei schon nähere Untersuchungen durchgeführt zu haben, läßt sich bereits heute erkennen, daß mit der z.Z. bestehenden Planung der Nachfolgeeinrichtungen für die kommenden Jahre keine Garantie dafür gegeben ist, den Anforderungen, die sich aus der schnellen Erweiterung des EKO an die Stadt ergeben, gerecht zu werden. Es macht sich unbedingt erforderlich, z.B. das vorgesehene Wohnungsbauprogramm in den einzelnen Jahren vorzuziehen, damit der benötigte Wohnraum zur Unterbringung der Bau- und Montagearbeiter und der Stammbelegschaft des EKO gesichert werden kann. Dabei ist jedoch zu berücksichtigen, daß der hierfür notwendige Vorlauf in der Vorbereitung des Baugeländes und der Projektierung nicht vorhanden ist, da die Stadtplanung auf diese enorme Entwicklung noch nicht restlos abgestimmt ist. Im gleichen Zusammenhang hiermit ist es notwendig, die entsprechenden Folgeeinrichtungen des Wohnungsbaus, wie z.B. Versorgungs- und Dienstleistungseinrichtungen, Kinderkrippen, Kindergärten u.a. im gleichen Tempo wie den Wohnungsbau mit zu entwickeln".
Schreiben des Rates der Stadt an das BMK Ost Eisenhüttenstadt, 12.12.1963 (A 1030/258)

Die Planung der Stadtentwicklung ging stets von der vorgesehenen Kapazität des EKO und dem sich daraus ergebenden Bedarf an Folgeeinrichtungen im wirtschaftlichen, sozialen und kulturellen Bereich aus. Es wurden trotz aller Schwierigkeiten Perspektivpläne für die langfristige Entwicklung erstellt und mehrfach überarbeitet. In einer überarbeiteten Fassung der Bezirksplankommission 1964 ging man von einer Zahl von 57.000 Einwohnern für das Jahr 1980 aus.[265] Auch bis 1966 gelang es nicht, einen abgestimmten Entwicklungsplan aufzustellen, wobei die ungeklärte Perspektive des EKO-Ausbaus den entscheidenden Grund darstellte. Bis 1967 erhöhte sich die vorgesehene Einwohnerzahl für 1980 sogar auf ca. 60.000, was sich am Stadtentwicklungsplan 1967 zeigen läßt (vergl. Abb. S. 73).[266]

Der Abbruch der weiteren Arbeiten für das Stahl- und Warmwalzwerk im August 1967 führte zu einem wesentlich geringeren Wachstum der Stadt, als es noch Anfang 1967 geplant war. Nach der Erweiterung des Wohnkomplexes V Ende der 50er Jahre erfolgte 1965 bis 1968 die Neuerrichtung des WK VI. Das Ideal der ‚1. sozialistischen Stadt' und dessen Umsetzung im Baustil der Wohnkomplexe I-IV in den 50er Jahren konnte hier nicht mehr realisiert werden. Die Block- und Großblockbauweise hielt Einzug und damit die Anpassung architektonischer Ideale an ökonomische Zwänge. In den offiziellen Begründungen für diesen ‚Stilbruch' wurden weniger die wirtschaftlichen Schwierigkeiten der Bauindustrie sowie der enorme Zeitdruck zur Schaffung von großen Wohngebieten angeführt, sonder eher ‚territoriale Begrenzungen' der Stadtlage. Im Wohnkomplex VI wurde erstmalig die fünf- und mehrgeschossige Bebauung angewandt. War in den ersten Wohnkomplexen eine Einwohnerdichte von 190 Ew./ha vorhanden, lag das erklärte Ziel im Wohnkomplex VI bei 300/ha. Bei der Schaffung von Gemeinschaftseinrichtungen, wie Schulen, Annahmestellen für Dienstleistungen oder auch Gaststätten wurden mit dem Ziel der Senkung des Bauaufwandes die sogenannten ‚Kompaktbauten' verwendet.[267]

Neben der Erhöhung der Einwohnerdichte nahm parallel die durchschnittliche Wohnfläche je Wohnung ab (Staatlicher Wohnungsbau 1955=83,3qm durchschn. Wohnfläche, 1966=53qm; Genossenschaftlicher Wohnungsbau 1955=63qm durchschn. Wohnfläche, 1966=53qm).

Stadtentwicklung schloß die Beachtung der Gestaltung der Bauwerke von Werk und Stadt und ihrer gegenseitigen Bezogenheit ein. Dennoch verlor Eisenhüttenstadt seine Exklusivität hinsichtlich der Bauweise. Die neuen Wohngebiete unterschieden sich nicht mehr von denen anderer Städte. Erfahrungen des Städtebaus in Schwedt oder Halle flossen verstärkt in Stadtplanung und Bautätigkeit ein (weitere Ausführungen vgl. Exkurs Architektur).[268]

Die Konzeptionen des EKO für die Absicherung der sozialen und kulturellen Betreuung der Bau- und Montagearbeiter sowie für die Ansiedlung neuer Arbeitskräfte beinhalteten betriebliche (verkehrstechnische, wohnungstechnische, versorgungsmäßige, gesundheitliche, soziale) sowie kommunale Aufgaben und legten Verantwortlichkeiten beider Institutionen fest. Ab dem Jahre 1964 fanden mehrere Zusammenkünfte staatlicher, kommunaler und betrieblicher Planungsinstitutionen statt.[269] Folgende ausgewählte Aufgaben des Rates der Stadt dokumentieren die enge Verzahnung von Werk und Stadt:

— *Übernahme aller Maßnahmen und Aufgaben zur Sicherung des weiteren Ausbau des EKO durch den Rat der Stadt;*
— *Festlegung der Aufgaben abhängig von der Arbeitskräfte- und Bevölkerungsentwicklung durch einzelne Fachabteilungen des Rates der Stadt;*
— *Erarbeitung eines ersten Entwurfs für den Plan der Folgemaßnahmen als Bestandteil der Gebietsplanung Frankfurt/O. – Eisenhüttenstadt;*
— *Bereitstellung von Wohnungen für den VEB EKO aus dem staatlichen und genossenschaftlichen Wohnungsbau;*
— *Wohnungszuteilungen und Wohnungstausche staatlicher und genossenschaftlicher sowie werkseigener Wohnungen in Abstimmung mit dem EKO;*
— *Sicherung der Vorrangigkeit des EKO bei der Lenkung der Arbeitskräfte;*
— *Herstellung der Verbindung zu den Betrieben des Kreisgebietes und Suche nach Möglichkeiten der Freistellung von Arbeitskräften dieser Betriebe für den Ausbau EKO;*
— *Erfassung der nichtarbeitenden Bevölkerung (Frauen);*
— *Unterstützung bei der Werbung von Jugendlichen zur Aufnahme der Berufsausbildung im EKO;*
— *Ermittlung des Bedarfs an Kinderkrippen-, Kindergarten- und Schulplätzen orientiert an der Werksplanung EKO;*

- *Ausbau Heizkraftwerk, Stadthafen, Straßennetz, Berufsverkehr, Dienstleistungsangebot, System gesundheitlicher Betreuung der Stadt in Zusammenarbeit von Werk und Stadt;*
- *Forcierung des Wohnungsbaus;*
- *Absicherung der kulturellen Betreuung der Beschäftigten in der Stadt (Friedrich-Wolf-Theater, Kulturhäuser in den Wohngebieten);*[270]
- *Ausbau von Naherholungsgebieten in der Stadt und näheren Umgebung in Zusammenarbeit von Werk und Stadt (dabei zielgerichtete Werbung für ‚NAW'-Stunden durch das Werk); Ausbau der Kapazitäten von Ferieneinrichtungen;*[271]
- *Verbesserung bestehender Einkaufsmöglichkeiten in der Stadt sowie Erweiterung der Einkaufskioske im EKO (verantwortlich: Stellv. des Vorsitzenden für Handel und Versorgung Rat der Stadt).*[272]

Zusammenarbeit von Werk und Stadt – zusammengestellt aus Vereinbarungen zwischen dem Rat der Stadt Eisenhüttenstadt und dem VEB Eisenhüttenkombinat Ost zur Durchführung der Aufgaben des Volkswirtschaftsplanes 1966, 7.3.1966 (A 1558/1-18)

Die Bereitstellung von Wohnraum erwies sich als grundlegende Voraussetzung für die Ansiedlung von Arbeitskräften und für deren Bindung an die Stadt.[273] Trotz der Problemlage im Bauwesen stellte Eisenhüttenstadt immer noch die Stadt dar, in der für die Zugezogenen relativ schnell Wohnraum bereitgestellt werden konnte. Dies war und blieb der entscheidende Faktor für die erfolgreiche Werbung von Arbeitskräften. Zu den Maßnahmen der Wohnraumlenkung[274] zur Abdeckung des Fehlbedarfs an Wohnungen zählten z.B. die Schaffung von Untermietsverhältnissen, die Veränderung und Ausnutzung unterbelegten Wohnraumes in Eisenhüttenstadt, die Gewinnung von Privatunterkünften im Landkreis und die ständige Abstimmung zwischen dem Stadt- und Landkreis über den Zuzug nach Eisenhüttenstadt.[275] Nach einer Festlegung im Betriebskollektivvertrag des EKO 1965 wurden Aussprachen mit Mitarbeitern geführt, um den Tausch von unterbelegten gegen überbelegte Wohnungen zu erreichen.[276]

Die Diskontinuität in der Stadtplanung und der parallelen Entwicklung von Wohnungsbau und Infrastruktur als Folge der unterbrochenen Werksplanung wirkte sich deutlich auf die Situation in den einzelnen neu erbauten WK aus. Durch den verstärkten Zuzug junger Leute konnten z.B. Krippen- und Kindergartenplätze oder auch Plätze in Schulen nicht mehr rechtzeitig zur Verfügung gestellt werden. Wegen des erhöhten Bedarfs an Kinderbetreuungseinrichtungen wurden 1965 verschiedene Provisorien errichtet.[277] 1967/68 mußte der Bau von Kindereinrichtungen forciert werden, da vom Vorhandensein dieser Einrichtungen der Zuzug neuer Arbeitskräfte abhing.[278]

Im August 1967 wurde als sozialpolitische Maßnahme in der DDR die 5-Tage-Arbeitswoche eingeführt. Dem erhöhten Freizeitvolumen mußten die Angebote im soziokulturellen Bereich entsprechen. Da die Konzentration auf den Wohnungsbau erfolgte, entstanden Disproportionen, die werksseitig reflektiert und kritisiert wurden:

„KULTURELLE BETREUUNG: Das Klubhaus der Gewerkschaft hat seine Veranstaltungen besonders darauf abgestimmt, die Kollegen an den Wochenenden kulturell zu betreuen. Der Veranstaltungsplan für das Winterhalbjahr 1967/68 wurde dementsprechend aufgestellt. Das Kollektiv des Klubhauses stellt sich die Aufgabe, künftig den Kollektiven Anleitung und unmittelbare Hilfe bei der Organisierung ihrer Brigadeabende und Brigadefahrten zu geben, die im überwiegenden Maße an den arbeitsfreien Sonnabenden durchgeführt werden.

LEBENSMITTEL: Von den Bewohnern des Wohnkomplexes VI und besonders des Arbeiterwohnhotels wird Klage geführt, daß die Einkaufsmöglichkeiten in diesem Wohnkomplex unzureichend sind. Es ist nur eine Verkaufsstelle vorhanden. In den Abendstunden, wenn die Bau- und Montagearbeiter ihre Einkäufe tätigen, bilden sich riesige Schlangen, was zur Folge hat, daß es oft zu unliebsamen Auseinandersetzungen mit dem Verkaufspersonal kommt. Es ist zu prüfen, ob es möglich ist, eine zusätzliche Verkaufsstelle in den Kellerräumen des Mittelganghauses einzurichten, in der eine längere Öffnungszeit vorgesehen ist.

GASTSTÄTTEN: Durch den konzentrierten Arbeitskräftezulauf ist die Kapazität an Speisegaststätten z.Z. nicht ausreichend. Dies trifft besonders für die Abendstunden zu. Die Bau- und Montagearbeiter haben nach Arbeitsschluß das Bedürfnis, einen warmen oder kalten Imbiß einzunehmen. Die Gaststätte „Husch" schließt bereits um 21.00 Uhr und im VI. Wohnkomplex, wo diese Arbeitskräfte vorwiegend untergebracht sind, besteht keine Möglichkeit, eine Gaststätte aufzusuchen. Das wirkt sich so aus, daß die ‚Bierschwemme' im ‚Aktivist' und der ‚Club am Anger' stets überfüllt sind. Es ist zu überprüfen, ob die Sozialbaracke der Bauarbeiter im VI. Wohnkomplex, in der sich eine Küche und eine Verkaufsstelle befindet, zusätzlich für die Betreuung der Bau- und Montagearbeiter nach Feierabend genutzt werden kann.

BETRIEBSSPORTGEMEINSCHAFT STAHL: Die sportlichen Wettkämpfe der aktiven Sportler werden in erster Linie an den arbeitsfreien Sonnabenden durchgeführt. Die einzelnen Sektionen wurden angewiesen, mehr als bisher in den Wohngebieten bei der sportlichen Betreuung und Ausnutzung der verlängerten Wochenenden wirksam zu werden."

Schreiben des Direktors für Arbeiterversorgung an den Direktor für Ökonomie ‚Bericht über die soziale und kulturelle Betreuung der Werktätigen in Auswirkung der 5-Tage-Arbeitswoche', 23.10.1967 (A 1186/112)

Massiv wurde der Ausbau des kulturellen und sozialen Sektors vorangetrieben, wobei im Zuge der vorgesehenen Erweiterung des EKO Erscheinungen der ‚Gigantomanie' nicht selten waren. Angekoppelt an die Aufstellung von Plänen zur Sicherstellung der Betreuung der zu erwartenden Arbeitskräfte und den Ausbau der Infrastruktur schoß man über das Ziel hinaus und forderte – in Einrechnung der Unübersichtlichkeit aufgestellter Pläne – Folgeinvestitionen, die weit über das real Benötigte reichten.[279] Dieser ‚Trittbrettfahrer'-Logik versuchte man – natürlich ohne daß dies öffentlich wurde – von seiten der obersten SED-Leitung, dem ZK, entgegenzutreten: *„Einem parteiinternen Bericht zu-*

Aus dem Plan des NAW 1954, S. 14. Das ‚Haus der Parteien und Massenorganisationen' ist bis zum gegenwärtigen Zeitpunkt (1996) das einzige große Gebäude am Zentralen Platz. Alle Ideen – außer Kaufhaus und ein Hotel – scheiterten.

folge mußte sich die Frankfurter SED-Bezirksleitung im August 1963 mit »Erscheinungen des Lokalismus und der Überheblichkeit einiger leitender Funktionäre« Eisenhüttenstadts auseinandersetzen. Die der Stadt jahrelang zuteil gewordene Fürsorge von Partei und Regierung habe die »gefährliche Ideologie« erzeugt, hier sei das Mekka des sozialistischen Lagers«. Man poche auf »Ausnahmerechte« und leiste sich »grobe Verstöße« gegen den Volkswirtschaftsplan. Durch Geld- und Unterschriftensammlungen sowie durch die Masseninitiative bei der Bauvorbereitung für ein Hallen-Schwimmbad und ein ‚Oderland-Theater' wolle man die Staatliche Plankommission »zwingen, den Plan auf Kosten von Bauvorhaben in anderen Kreisen des Bezirkes kurzfristig zu ändern.«" (Cerný 1991:11)[280]

Nach den Vorstellungen zur Bebauung des ‚Zentralen Platzes' Anfang der 50er Jahre, die aufgrund der Kürzungen für die Monumentalbauten in Stalinstadt nach dem 17. Juni 1953 nicht realisiert wurden, sollte im Zuge der erneuten Planung des EKO-Ausbaus nun endlich eine kulturelle Einrichtung ihren Platz dort finden. Zunächst plante man den Bau eines großen Theaters, da die Kapazität des Friedrich-Wolf-Theaters vermeintlich zu gering war.[281] Auch diese Idee wurde nicht realisiert, und die Vorstellungen gingen in die Richtung, ein Kulturhaus im größeren Maßstab zu errichten: Für 1968 bis 1970 war der Bau eines ‚großen Mehrzweckgebäudes' mit Sälen und einer Vielzahl von Räumen für die Kulturarbeit geplant.[282] Auch dieses Vorhaben wurde zu den Akten gelegt. So ist bis zum gegenwärtigen Zeitpunkt (1996) das 1955 errichtete ‚Haus der Parteien und Massenorganisationen' das einzige große Gebäude am Zentralen Platz. Dieses Haus war 1954 lediglich als Übergangslösung bis zur Errichtung eines größeren Kulturhauses vorgesehen. Trotz mehrfacher Versuche konnte man bis heute das damals als ‚Provisorium' angesehene Gebäude nicht durch einen größeren Neubau ersetzen.

Doch nicht nur im kulturellen, sondern auch im Bereich von Handel und Versorgung wurde die privilegierte Stellung von Werk und Stadt deutlich. Das EKO zählte zu den Schwerpunktbetrieben und erhielt demzufolge eine Schwerpunktversorgung. Diese ermöglichte die wesentlich bessere Deckung des Bedarfs der Beschäftigten an ‚hochwertigen Industriewaren', wie Kühlschränken, Waschmaschinen und Pkw.[283] Von dieser Sonderversorgung profitierte auch die Stadt selbst. Zur Koordinierung der Interessen von Stadt und Werk existierte eine *Schwerpunkt-Versorgungs-Kommission*, die sich aus Vertretern des Rates der Stadt, des Rates des Bezirkes, des EKO (z.B. gab es die Funktion ‚Gruppenleiter Schwerpunktversorgung'), des Bau- und- Montagekombinates Ost, des HO-Kreisbetriebes, der Gewerkschaftsleitung EKO, der SED-Kreisleitung zusammensetzte und regelmäßig traf.[284] Für DDR-Verhältnisse herrschten also in den 60er und auch noch 70er Jahren in Eisenhüttenstadt unvergleichbar bessere Versorgungsverhältnisse im gesamten Handels- und Dienstleistungsbereich.[285]

Politik für Reformen und Technokratie (Zusammenfassung 1963 bis 1968)

Die Zeit von 1963 bis 1968 waren die reformreichsten Jahre der DDR-Wirtschaft. Die schrittweise Einführung des ‚Neuen Ökonomischen Systems' (NÖS) sollte die Dezentralität von Entscheidungsprozessen und die Eigenverantwortlichkeit der Betriebe fördern sowie deren relative Selbständigkeit im Wirtschaftsgefüge stärken. Die Anpassung der Angebots- und Nachfragestrukturen sowie der Übergang vom Mengendenken zum Kosten-Nutzen-Denken sollten erreicht werden. Die Reformen konnten aufgrund drastischer Kompetenz- und Abstimmungsprobleme nicht erfolgreich realisiert werden. 1968 wurde das NÖS aufgegeben und ein zweiter reformerischer Schritt versucht: Die Einführung des ‚Ökonomischen System des Sozialismus' bezog sich nicht nur auf den Wirtschaftsmechanismus, sondern auf das gesamte gesellschaftliche System. Doch auch hier war kein Durchbruch der Reformen zu verzeichnen. Ende der 60er Jahre wurden Veränderungen in Richtung einer erneut verstärkten zentralen politischen und wirtschaftlichen Entscheidungsgewalt getroffen.

In diesen Zeitraum fällt der dritte Anlauf, das Werk zu einem vollständigen Stahl- und Walzwerk zu komplettieren. Die DDR lag auf metallurgischem Gebiet im Vergleich zur Entwicklung anderer Länder hinsichtlich Produktion und Arbeitsproduktivität nach eigenen Berechnungen um 10-15 Jahre zurück. Nach dem Abbruch der Bauarbeiten 1953 und den massiven Unstimmigkeiten von 1959 bis 1962 beschloß der VI. Parteitag 1963 nun den endgültigen Ausbau des EKO. Dieser sollte bis 1970 abgeschlossen sein. Doch auch dieses Mal schlug das Vorhaben fehl.

Die Metallurgie war in der ersten Phase des ‚Neuen Ökonomischen Systems' einer der geförderten Bereiche. Dieses Förderprogramm war die Voraussetzung für die politische Entscheidung zum Ausbau des Werkes. Bei Reformvorhaben, wie der Durchsetzung einer größeren Selbständigkeit dezentraler betrieblicher Einheiten, wurden große Werke wie das EKO ausgeklammert. Deren Entwicklung war immer ein ‚Politikum', d.h. direkt von Beschlüssen der Parteitage und des Ministerrates abhängig. In dieser Phase wird die Abhängigkeit der politischen Entscheidungen von der sowjetischen Seite deutlich. Ulbricht drängte auf die Entwicklung einer eigenständigen nationalen Wirtschaft. Die UdSSR mit Chrustschow an der Spitze vertrat zu diesem Zeitpunkt das Ziel, die sozialistischen Länder mehr in den Rahmen des RGW einzubinden. Dementsprechend kompliziert gestaltete sich trotz langfristiger Wirtschaftsverträge die Kooperation zwischen beiden Ländern im Bereich der Planung und industriellen Beziehungen. Nachdem der Ministerrat mit einiger Verzögerung den weiteren EKO-Ausbau bestätigt hatte, konnten 1963 die Arbeiten für das zuerst zu errichtende Kaltwalzwerk beginnen. Die fehlerhafte Planung zog Ausnahmegenehmigungen des Ministerrates für das EKO nach sich. Dadurch war es möglich, mit entscheidenden Ausbaustufen zu beginnen, bevor diese von den nachgeordneten Institutionen bestätigt wurden. 1966 erfolgten erneut Überprüfungen von Großvorhaben der DDR, die den Abbruch des EKO-Ausbaus nach sich zogen. Der Ministerrat legte 1967 die Einstellung aller weiteren Arbeiten für das Stahl- und Warmwalzwerk fest. Fertiggestellt wurde bis 1968 das Kaltwalzwerk. Ursachen für den erneuten Abbruch der Arbeiten waren die Überschreitung von Terminen, Verteuerungen, die Verknappung nationaler Baukapazität, fehlende Arbeitskräfte und die unzureichende Abstimmung der nationalen Institutionen sowie der Projektierungspartner in der DDR und UdSSR. Neben den immensen finanziellen Verlusten, die aus diesen Fehlplanungen resultierten, wirkten sich die Entscheidungen auf die Entwicklung der Arbeitskräfte aus. Ab 1963 hatte das EKO in Erwartung einer großen Anzahl neuer Arbeitskräfte (ca. 6000, davon 2450 für das Kaltwalzwerk) eine detaillierte Aufschlüsselung nach Berufsgruppen und Qualifikationen erstellt. Mit unterschiedlichen administrativen und betrieblichen Strategien der Arbeitskräfterekrutierung versuchte man, das benötigte Potential an Arbeitskräften abzudecken. Bei allen diesen Werbestrategien stand die Hervorhebung der günstigen Wohnraumsituation in Eisenhüttenstadt im Vordergrund. Der Erhalt einer Wohnung in einem vergleichsweise kurzen Zeitraum stellte die ausschlaggebende Voraussetzung für eine erfolgreiche Werbung dar.

Die Gewinnung weiblicher Arbeitskräfte für das Kaltwalzwerk und dort vornehmlich als Kranfahrerinnen markiert den Beginn der verstärkten Einbeziehung von Frauen in die ‚Männerdomäne Metall'. Sie kamen vorrangig an solchen Arbeitsplätzen zum Einsatz, wo sie Männer ‚freisetzten'. Um den Einsatz der Frauen gewährleisten zu können, wurden zusätzliche betriebliche Kindereinrichtungen geschaffen und die kommunale Kapazität von Kindergärten und -krippen mit finanzieller Unterstützung des EKO erweitert.

Die gesamte Stadtplanung basierte auf den Ausbauplänen des EKO. Deren mehrfache Änderung und der letztliche Abbruch wirkten sich entscheidend auf Eisenhüttenstadt aus. Die Diskontinuität der Werksplanung und der nicht absehbare Zeithorizont bis zum vollständigen EKO-Ausbau beeinträchtigte die parallele Stadtentwicklung. Der 1967 vollzogene Abbruch aller Bauarbeiten im Werk führte zu einem geringeren städtischen Wachstum, als geplant. Einen Vorteil zog die Stadt jedoch daraus: Sie war mit Wohnraumkapazitäten immer reichlicher gesegnet, als andere Städte des Landes. Die Stadt veränderte ihr Gesicht durch den in Großblockbauweise errichteten WK VI (vgl. Exkurs Architektur). Dieser unterschied sich nicht nur äußerlich im Hinblick auf die Bauweise und die höhere Bewohnerdichte vom Ideal der ersten Wohnkomplexe. Mit diesem neuen Wohngebiet näherte sich nun auch Eisenhüttenstadt der Gleichförmigkeit anderer Städte an. Die Bewohner, die im Zuge der Errichtung des Kaltwalzwerkes in die Stadt zogen und eine Wohnung erhielten, genossen den für die damalige Zeit hohen Standard der Wohnungsausstattung, die Überschaubarkeit der städtischen Struktur sowie die Einbettung in eine grüne Landschaft. Unterschiede im Vergleich zum Zuzug von Arbeitskräften in den 50er Jahren existierten jedoch hinsichtlich der Integration in die Stadt. Dieser Ansiedlungsprozeß war nicht mehr durch die Euphorie der ‚Aufbauzeit' und ‚Aufbaugeneration' geprägt. Mit der Erarbeitung der eigenen Lebensgrundlagen im Werk und in der Stadt ging in der Aufbauphase der Prozeß der Einwohnerintegration relativ schnell vonstatten. Gefestigte Strukturen innerhalb der Betriebs- und Stadtverwaltung, eindeutige Funktionszuschreibungen und bürokratisierte Entscheidungsprozesse ließen in den 60er Jahren wenig „Spielraum für Experimente", der trotz der ‚stabsmäßig organisierten' Errichtung von Werk und Stadt in der Aufbauphase existierte. Die Formalisierungsprozesse müssen im Zusammenhang mit der Veränderung der allgemeinen Lebensweise in der DDR gesehen werden. Die staatlich garantierte materielle Sicherstellung der Existenzgrundlagen sowie die fortschreitende Institutionalisierung vormals – in den ‚Gründerjahren' – notwendiger und ‚freiwillig' erbrachter Leistungen der Bevölkerung, die nicht abstreitbare Verbesserung der Lebensbedingungen und die immer wieder betonte staatliche Sorgepflicht für die Bürger des Landes führten zu einer Lethargie, zu einem Verlust an Individualismus, zum ‚Sich-Einrichten' in den gegebenen Verhältnissen. Des weiteren war seit 1961 nicht mehr die Möglichkeit der Abwanderung nach Westdeutschland gegeben. Das Fehlen dieser Wahlmöglichkeit und das Abwarten der Ergebnisse vorgenommener Wirtschaftsreformen beförderte den Rückzug in das Private. *„Nach der Aufbau- kam die Anschaffe-Zeit, wie einer ...die 60er und 70er Jahre nannte. Die Familien waren gegründet, die Wohnungen bezogen und (dies zuerst) die Schlafzimmer eingerichtet worden. Jetzt war die ‚gute Stube' dran, für die zuvor weder das Geld, noch das Möbelangebot ausgereicht hätten. Hinzu kamen Kleingärten und Lauben, in den 50er Jahren noch verpönt, nunmehr als Datschen gesellschaftsfähig, die Trabis und die Fernsehgeräte ... Rückzug in die Nische? Eher eine Normalisierung der Lebenswei-*

se, ein Wandel jedenfalls, der primär ebensowenig politisch motiviert war, wie zu ihrer Zeit die Masseninitiative. Gleichwohl ein Vorgang von politischer Relevanz, weil er in Wechselwirkung trat mit der Reglementierung, Formalisierung und Entpolitisierung des Lebens in den Arbeitskollektiven und Hausgemeinschaften. – Die Erfahrungen der Aufbauzeit sowie die Prägung der Gründer-Generation erwiesen sich als unübertragbar. Die stark motivierende, mobilisierende und integrierende Kraft, die jene Erfahrungen »auf dem Hintergrund vorangegangener Entwurzelung oder existentieller Verunsicherung« entfalteten, unterlag der Erosion und teilte sich der zweiten Generation, die in Hüttenwerk und Stadt ein bebautes, weithin durchgestaltetes Terrain vorfand, nicht mehr recht mit." (Cerný 1991:12)[286]

Für die Integration der ‚Zugezogenen' in die Stadt in diesem Zeitraum gab es Besonderheiten, die anders als noch in den 50er Jahren zu beschreiben sind. Die Eingliederung der Bevölkerung in die Stadt bis 1968 kann zunehmend als ein ‚verlangsamter Integrationsprozeß' definiert werden. Der ‚Aufbaugeneration' kam die Notwendigkeit zu, die Verhältnisse (Wohnverhältnisse, Arbeitsverhältnisse etc.) erst einmal zu schaffen. Wer in den 60er Jahren zuzog, fand vorgefertigte Verhältnisse vor, mit denen man sich zwar identifizieren konnte, diese aber nicht als das ‚Selbst-Errichtete' betrachtete. Im Werk vollzogen sich parallele Abläufe. Mit der Errichtung neuer Teilwerke im EKO war verbunden, daß die vorhandene Substanz stark dem Verschleiß ausgesetzt war und sich bei den Arbeitern der Glaube an die wirtschaftliche Leistungsfähigkeit schon in den 60er Jahren verringerte. So mag der Aufbau neuer Bereiche demoralisierend z.B. im Bereich des Roheisenwerkes gewirkt haben, da dort keine Erneuerung vorhandener Aggregate geplant werden konnte. Mit diesen Prozessen der Formalisierung ging auch eine politische Demotivierung einher. Das hing nicht mit einem plötzlichen oder in einem längeren Zeitraum vollzogenen Einstellungswechsel gegenüber dem Staat zusammen, sondern damit, daß für die Masse die Möglichkeiten der Mitwirkung geringer wurden. In diesem Prozeß der Entpolitisierung wurden Repressionen im Alltag nur in Ausschnitten wahrgenommen. Der Staat mit seiner uneingeschränkten politischen Macht spiegelte sich im Alltagsbewußtsein für die Masse der Bevölkerung nicht als der Despot wider.

Die von 1963 bis 1968 breit vorhandene wirtschaftliche und politische Reformfähigkeit büßte die DDR ab Ende der 60er Jahre ein. Wie gestaltete sich unter diesen Bedingungen das Ringen um ein vollständiges Stahl- und Walzwerk? Wie veränderten sich die Stadt und ihre Einwohner?

Die dritte Phase 1969 bis 1989 – Von punktuellen Erfolgen zu Stagnation und Abbruch

Zentralisierung der Wirtschaft und ‚Einheit von Wirtschafts- und Sozialpolitik'

Die folgenreichste Entscheidung für die wirtschaftliche Entwicklung war die verstärkte Kombinatsbildung, die nach ihren Anfängen in den 50er Jahren[287] vernachlässigt und nun in den 70er Jahren forciert wurde. Das Ziel bestand wie bei den Reformversuchen zuvor in der Steigerung wirtschaftlicher Leistungsfähigkeit. Es entstanden 54 Kombinate, die etwa 50% der gesamten Industrie in sich vereinten und direkt der Staatlichen Plankommission unterstellt waren. Die direkte Unterstellung erbrachte einerseits für die Ministerien und die Staatliche Plankommission größere Kontroll- und Eingriffsmöglichkeiten. Andererseits hatte der Kombinatsdirektor, im Vergleich zu einem Generaldirektor der VVB, größere Eingriffsrechte in das betriebliche Geschehen (vgl. Förster 1995). „Kombinate sind heute der Inbegriff für Monopolstrukturen und Unbeweglichkeit im ostdeutschen Wirtschaftssystem. Als sie Ende der sechziger Jahre in größerem Maßstab entstanden, dienten sie einem anderen Zweck – der Bündelung wirtschaftlicher Kräfte zur raschen Durchsetzung des wissenschaftlich-technischen Fortschritts." (Roesler 1991:13)

Bis zum Jahr 1979 entstanden 109 Kombinate. Der Prozeß der Kombinatsbildung ging einher mit dem Rückgang des Einflusses der ‚Vereinigung volkseigener Betriebe' (VVB), die letztlich 1979 bis auf wenige Ausnahmen aufgelöst wurden (vgl. Melzer et al. 1979:368). „Die Bildung der Kombinate war aber zugleich der Versuch, die bestehenden Mangelerscheinungen hinsichtlich fehlender Zulieferungen, Bereitstellung an Instandhaltungs- und Rationalisierungsmittel einzuschränken, bis hin zu der Aufgabe, daß jedes Kombinat, auch die ausschließlich Produktionsgüter erzeugenden Kombinate, einen Beitrag zur Deckung des Bedarfs an Konsumgütern für die Bevölkerung leisten sollte." (Wenzel 1992:12) Die in der dritten Etappe des NÖS mit zunehmender Dezentralisierung aufgetretenen Kompetenz- und Abstimmungsprobleme führten zu einer erneuten Verstärkung der Kontrolle von Staat und Wirtschaft durch die SED. Auf der 14. Tagung des ZK der SED im Dezember 1970 wurde eine grundlegende ‚Kursänderung' beschlossen. Die Phase überzogener Planexperimente sollte durch eine stabile und kontinuierliche Wirtschaftspolitik abgelöst werden.[288] Mit dieser Tagung begann die Demontage wesentlicher Bestandteile der Wirtschaftsreform. Die Entscheidungsspielräume der Betriebe in bezug auf das Produktionsprogramm, die Materialbeschaffung, den Absatz u.ä. wurden erneut weitgehend eingeschränkt. Die Preisbildung wurde rezentralisiert, und die SED erhielt im betrieblichen Kontrollsystem wieder größere direkte Eingriffsmöglichkeiten. Darüber hinaus hatten die Betriebe die Pläne monatlich abzurechnen.[289] „Daran wird deutlich, daß es nicht möglich ist, Betrachtungen zur Struktur und Funktionsweise der Wirtschaftsplanung in der ehemaligen DDR vom Inhalt der Politik im Ganzen, insbesondere der Wirtschaftspolitik und den Methoden zu ihrer Verwirklichung zu trennen." (Wenzel 1992:7)

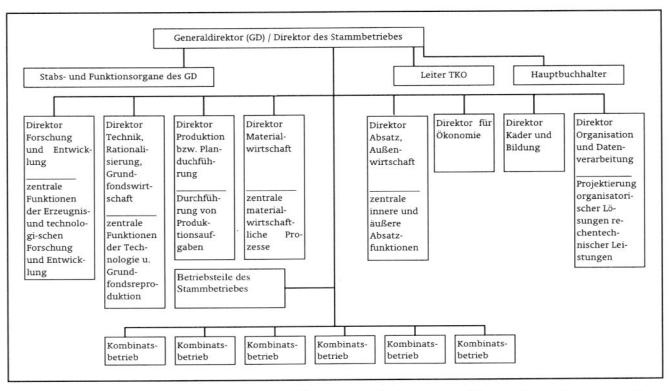

Grundstruktur der Leitung des Kombinates über den Stammbetrieb (vgl. Krömke/Friedrich 1987:42)

Der Parteitag 1971 bedeutete ebenfalls eine ‚Zäsur', eine Abrechnung mit der Politik Ulbrichts. Das Zurückdrängen der Etappe unter Ulbricht im Geschichtsbewußtsein diente auch dazu, unangenehme Seiten der eigenen Entwicklung in Vergessenheit geraten zu lassen. Vor allem galt das für die stalinistische Diktatur der 50er Jahre und die Distanzierung vom sowjetischen Modell Ende der 60er Jahre. „In der SED-Spitze setzte sich allerdings wieder die Vorstellung vom Primat der Politik gegenüber technokratischen Tendenzen durch ...." (Weber 1993:78) Im Mai 1971 übernahm Honecker die Funktion von Ulbricht. Dieser Machtwechsel an der Spitze hatte weitreichende Konsequenzen für die wirtschaftliche Entwicklung. „Eine andere Alternative als der Abbruch der Reform wäre möglich gewesen, wenn es Honecker um die Ökonomie und *nicht um die Politik gegangen wäre."* (Roesler 1991:156) Dennoch wurde dieser Wechsel in vielen Bereichen mit Hoffnungen verbunden. Die starke Konzentration auf bestimmte Zweige in der Industrie hatte erneut zu einem Ungleichgewicht zu Ungunsten der Konsumgüterindustrie geführt. Mit den Zielstellungen des VIII. Parteitags der SED 1971 sollte verstärkt Aufmerksamkeit auf eine Verbesserung des Lebensniveaus der Bevölkerung gelenkt werden.[290] Sozialpolitische Maßnahmen kamen z.B. zum Ausdruck durch die Intensivierung des Wohnungsbaus, Steigerungen der Durchschnittseinkommen und der Renten, Arbeitszeitverkürzungen, ein breiteres Warenangebot (insbesondere an Gebrauchsgütern) und Preisstabilität für Grundnahrungsmittel.[291] Bis Mitte der 70er Jahre stieg das Lebensniveau der Bevölkerung, das monatliche Durchschnittseinkommen z.B. stieg von 755 Mark (1970) auf 860 Mark (1974).[292]

In diesem Zeitraum vergrößerte sich die rechtliche und wirtschaftliche Abhängigkeit der DDR von der UdSSR.[293] Die Zusammenarbeit der Staaten des RGW wurde forciert.[294] Breshnew und Honecker unterzeichneten Ende 1974 einen auf 25 Jahre abgeschlossenen ‚Freundschafts- und Beistandsvertrag', der die verstärkte Zusammenarbeit auf allen Gebieten, insbesondere der Wirtschaft vorsah. Neben dem offiziellen Umschwenken auf die politische Strategie und Taktik der UdSSR gelang es der DDR dennoch, trotz der wirtschaftlichen Schwierigkeiten Ende der 60er Jahre, eine relative Selbständigkeit zu bewahren. Nach der Unterzeichnung des Grundlagenvertrages mit der Bundesrepublik 1972 wurde die DDR international akzeptiert.[295]

Die Entwicklung der DDR 1971 bis 1975, die durch eine relative Konsolidierung der wirtschaftlichen und politischen Verhältnisse gekennzeichnet war, stagnierte ab 1976, nicht nur in bezug auf eine weitere Entwicklung des Lebensstandards, auch eine realistische Einschätzung der politischen Verhältnisse wurde zugunsten parteipolitischen Programmdenkens aufgegeben. Der IX. Parteitag 1976 zeigte keine Lösungsmöglichkeiten für Probleme auf, sondern verfestigte dogmatische Positionen der SED.[296] Das ‚Hinterherhinken' der DDR in bezug auf die weltwirtschaftliche Entwicklung war deutlich, die Einbindung in den RGW bot keinen Rahmen, den technischen Höchststand zu erreichen. In allen volkswirtschaftlichen Bereichen war die finanzielle Situation schwierig. Um den Anschluß an die Entwicklung neuer Technologien nicht zu verlieren, sollte 1977 die mit einem Milliardenprogramm großangelegte Förderung der Mikroelektronik den ‚Durchbruch' bringen und die Wettbewerbsfähigkeit erhöhen. Auch diese Idee stellte sich bald nach Beginn ihrer Realisierung als Illusion heraus.[297] Doch nicht nur die politischen, auch die wirtschaftlichen Strukturen erstarrten in diesem Zeitraum. In den Jahren 1979/80 waren die letzten VVB aufgelöst worden, die Kombinatsleitungen bildeten die mittlere Leitungsebene zwischen den Ministerien und den Betrieben.[298] Dies ließ die Möglichkeit für die Ministerien offen, ständig in Kombinatsprozesse einzugreifen, stark zu reglementieren und zu kontrollieren. Besonders die Eingriffe der politischen Instanzen, wie Kreisleitungen und Bezirksleitungen der SED, in die wirtschaftlichen Prozesse wurden zunehmend von den betrieblichen Akteuren als hinderlich für die Eigenverantwortung in den Kombinaten und Betrieben betrachtet. Die großen Wirtschaftseinheiten allein konnten das angestrebte Ziel der Verbesserung der Versorgungslage der Bevölkerung nicht realisieren, weshalb es zu einer Lockerung der Bestimmungen für Handel- und Gewerbetreibende kam. Widergespiegelt wird dies durch das kurze Aufleben der vielerorts verschütteten Gewerbetradition. Ende der 70er Jahre führten sinkende Zuwachsraten der Industrie sowie ein Anwachsen der Nettoverschuldung des Staates an den Westen zur Stagnation der Entwicklung des Lebensstandards und zu Engpässen in der Versorgung der Bevölkerung. In diese Zeit fällt die erneute Aufnahme der Diskussion über den weiteren EKO-Ausbau, der Inhalt wirtschaftspolitischer Aussagen auf diesem IX. Parteitag ist. Erstmalig seit dem Abbruch der Projektierungsarbeiten für das Stahl- und Warmwalzwerk 1967 wurde von politischer Seite aus der metallurgische Zyklus des EKO Gegenstand der Diskussion[299] Allerdings legte man sich aufgrund der gravierenden finanziellen Probleme zu diesem Zeitpunkt auf keine weitergehenden Aussagen fest. Erst 1978 und 1979 konkretisierten zwei Beschlüsse des Politbüros der SED die Entscheidungen für den Ausbau des EKO.[300] Dieser sollte mit einem Konverterstahlwerk beginnen und mit der späteren Inbetriebnahme einer Warmbandstraße fortgesetzt werden. Nur für das Stahlwerk legte man einen genauen Zeitraum fest. Es wurde von 1980 bis 1984 durch die österreichische Voest Alpine errichtet. Den Beschluß für das Warmwalzwerk, welches für die endgültige Schließung des metallurgischen Kreislaufs notwendig gewesen wäre, legte man zu diesem Zeitpunkt noch ‚auf Eis', da es die Volkswirtschaft in jeglicher Hinsicht überfordert hätte.

Im April 1981 bestätigte der X. Parteitag der SED die Hauptlinie der „Einheit von Wirtschafts- und Sozialpolitik", obwohl die wirtschaftliche Entwicklung die versprochenen Sozialleistungen nicht mehr garantieren konnte. 1982 mußten Importe gedrosselt sowie der Export verstärkt werden, um die Auslandsverschuldung zu verringern. Wiederum kam es zu Engpässen in der Versorgung.[301] Die Krisenerscheinungen wurden offensichtlich, nachdem die DDR 1983 und 1984 gezwungen war, zwei Milliardenkredite aufzunehmen, deren Bürgschaft die Bundesrepublik übernahm.[302] Der letzte Parteitag der SED 1986 bestätigte nochmals den Realitätsverlust der führenden Politiker, der nicht nur darin bestand, die Politik von ‚Glasnost' und ‚Perestrojka' der Sowjetunion zu ignorieren.[303] Trotz der hohen Staatsverschuldung beschloß dieser Parteitag den Bau des Warmwalzwerkes. Bereits ein Jahr später, 1987, wurden die Bauarbeiten wieder gestoppt. Damit wurde die weitgehende wirtschafts- und finanzpolitische Handlungsunfähigkeit der DDR deutlich. Weder Investitionsmittel noch der neueste technologische Wissensstand waren zu diesem Zeitpunkt vorhanden. Damit war dies der letzte politische Beschluß zum EKO, der zur Zeit des Bestehens der DDR getroffen wurde. Bezeichnend für die politische und wirtschaftliche Situation war, daß es sich wiederum um einen Beschluß zum ‚Abbruch' handelte.

Wie gestaltete sich die Umsetzung der politischen Beschlüsse innerhalb des EKO?

Zwischen Hoffnung und Resignation – EKO im Zeitraum 1969 bis 1989

1969 wurde das Bandstahlkombinat mit dem EKO als Stammbetrieb gegründet. (Anhang 13) Mit der steigenden ‚Autorität' als Leitbetrieb wurden von seiten des EKO kontinuierlich Versuche gestartet, die staatliche Politik in Richtung Schließung des metallurgischen Zyklus zu bringen. Dies gelang zunächst nicht. Es wurden mehrere Anlagenkäufe zur Erweiterung und Modernisierung des Kaltwalzwerkes bei österreichischen[304], französischen und westdeutschen Firmen realisiert, wie z.B. 1973/74 die Verzinkungsanlage, 1975 die Kunststoffbeschichtungsanlage und Profilieranlage.[305] Aufgrund der internationalen Entspannungssituation konnten diese wirtschaftlichen Verträge realisiert werden. Im RGW war der technologisch neueste Stand nicht vorhanden:

„ ...schon die Veredlungsstrecke im Kaltwalzwerk, da mußte der RGW dann auch passen. Die Verzinkungsanlage, die Beschichtungsanlage – da hatten die ‚Freunde' eben nichts. Und wir auch nichts. Wir waren froh, daß wir überhaupt ein Kaltwalzwerk hatten. Wir hatten ja auch keine Erfahrung. Aber dort kam auch dann schon die Wende vom RGW, daß wir doch mehr dann – ich muß mal sagen, da war der kalte Krieg auch schon ein bißchen zu Ende ..., da haben wir dann mit Österreichern zusammen gebaut, mit Franzosen und Engländern ... Und dann haben wir noch weiter gebaut hier im Roheisenwerk, aber es war im Prinzip dann 'ne Flaute. Das Kaltwalzwerk lief. Das Stahlwerk und Warmwalzwerk in weiter Ferne." (2, 13, B 4 ehem. EKO-Mitarbeiter)

Die zwei Beschlüsse des Politbüros 1978 und 1979 stellten die politischen Weichen für den Aufbau des Stahlwerkes. Während das Konverterstahlwerk 1984 in Betrieb gehen sollte, legte man den Beginn der Bauarbeiten für das Warmwalzwerk terminlich nicht genau fest. Aus zwei Gründen war die DDR trotz massiver wirtschaftlicher Schwierigkeiten gezwungen, die technologische Lücke zu schließen. Erstens mußte, trotz der Intensivierungsprozesse in der Schwarzmetallurgie bis Ende der 70er Jahre, das notwendige Warmband in vollem Umfang importiert werden. Bei gleichbleibenden bzw. nach 1980 etwas zurückgehenden Warmbandimporten aus der UdSSR und bei steigendem Bedarf der Volkswirtschaft wären als Konsequenz zunehmende Importe aus westlichen Ländern unumgänglich gewesen. Zweitens hätte die Erhöhung der Stahlproduktion in den mit veralteter Technologie arbeitenden Stahlwerken der DDR einen erhöhten Schrottbedarf zur Folge gehabt, der durch das Inland nicht gedeckt werden konnte. Auch in diesem Zusammenhang wären steigende Importe notwendig geworden.

1981 wurde mit der österreichischen Voest Alpine AG Linz der Vertrag über den Bau des Konverterstahlwerkes abgeschlossen. Der Bau des Konverterstahlwerkes kostete mehrere Mrd. DDR-Mark, die allerdings nicht in Geld-, sondern in Sachmitteln verrechnet wurden. Diese sogenannten ‚Kompensationsvorhaben' kamen auch schon vor dem Bau des EKO-Stahlwerkes zum Einsatz, z.B. 1971/72 beim Hochleistungsstahlwerk in Hennigsdorf. Nach den damaligen Angaben hatte sich das Vorhaben Hennigsdorf nach zwei Jahren refinanziert. Diese Strategie wurde in Anbetracht der knappen finanziellen Landesressourcen auch in bezug auf das Konverterstahlwerk im EKO weiterverfolgt.[306]

Für die Mitarbeiter stellt sich die Notwendigkeit einer solchen Vorgehensweise retrospektiv wie folgt dar:

„ ...na mit dem Stahlwerk, das ist ja die Krone dann gewesen, nicht. Wir hätten uns das Stahlwerk gar nicht anders leisten können als mit diesem Kompensationsverfahren. Das ganze Stahlwerk hat die DDR bezahlt. Ob das ein Stück Butter war oder ein Fernglas oder ein Stück Margarine oder die Eier von Mecklenburg – alles wurde dagegen gerechnet, um die Millarde zu bezahlen. Das haben wir ja schon bei unseren kleinen Forschungsanlagen gehabt. Da haben wir – den ganzen Stahl haben wir als Gegengeschäft geliefert ...Aber es ging darum, wir hatten keine Devisen. Das ist das Problem gewesen. Und wir bei Invest, wir haben um jede Mark gefeilscht." (14, B 4 ehem. EKO-Mitarbeiter)

In Vorbereitung der Bauarbeiten für das Stahlwerk wurden wieder zentrale Gremien gebildet. Einen Maßnahmeplan unterzeichneten 1979 die staatlichen und kommunalen Entscheidungsträger (Generaldirektor VEB Bandstahlkombinat Eisenhüttenstadt, Vorsitzender Bezirksplankommission und Oberbürgermeister Eisenhüttenstadt), und es wurde eine Leitgruppe zur Koordinierung der Arbeit eingesetzt.[307] Die Baustelle wurde im Juni 1981 eröffnet.

Schwierigkeiten bei der Realisierung des Bauvorhabens bestanden in diesem Fall nicht durch die Veränderungen der Investitionspläne, diese wurden ja durch die vertraglich gesicherten Kompensationsleistungen langfristig festgeschrieben, sondern, wie noch zu zeigen sein wird, in der Schaffung einer neuen ‚Barackenstadt' für die Bau- und Montagearbeiter aus dem westlichen Ausland.

Ende 1984 wurde das Stahlwerk, wie vertraglich vereinbart, in Betrieb genommen. Einerseits erfolgte mit diesem Schritt eine Aufwertung des Standortes Eisenhüttenstadt, denn zugleich wurde in anderen Stahlwerken der DDR damit begonnen, die international längst veraltete Siemens-Martin-Schmelztechnik zurückzufahren. Andererseits machte sich das Fehlen des Warmwalzwerkes noch gravierender bemerkbar, denn nun mußten auch die Stahlbrammen (rechteckige tonnenschwere Stahlblöcke, die eigentlich im nächsten Bearbeitungsschritt im Warmwalzwerk auf verschiedene Dicken gewalzt werden) zur weiteren Bearbeitung in andere Betriebe der DDR und auch des Ruhrgebietes transportiert werden. Die Hoffnung auf das neue Warmwalzwerk währte nur kurz. Offiziell wurde der 1987 erteilte Baustop mit der Begründung legitimiert, daß auf dem Weltmarkt ein moderneres Verfahren entwickelt wurde (Dünnbrammen-Gießwalzverfahren statt Warmbreitbandstraße), durch das

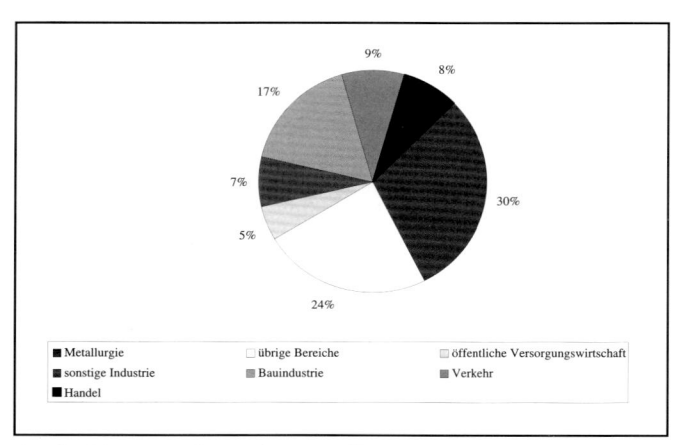

Beschäftigtenstruktur der Bevölkerung von Eisenhüttenstadt 1979 (Gansleweit 1986: 127)

eine Umformstufe wegfallen würde. So stehen bis zum gegenwärtigen Zeitpunkt (Sommer 1996) 34.000 qm Hallenfläche leer, in denen die Cockerill AG das neue Warmwalzwerk bis 1997 errichten will.

Die Metallurgie war in der Beschäftigtenstruktur Eisenhüttenstadts 1979 nach wie vor der bestimmende Bereich und sollte nach der Errichtung des Stahlwerkes noch weiter ausgebaut werden.

Wieder: Neue Arbeitskräfte braucht das Werk – die ‚Erfahrungsträger'

Die seit Ende der 60er Jahre vorgenommene Erweiterung der Produktionsanlagen im Kaltwalzwerk sowie die in den 70er erfolgte Verpflichtung zur Konsumgüterproduktion in allen Betrieben der DDR erforderten neue Arbeitskräfte. 1968 wurde der Aktionsradius der Arbeitskräftewerbung wesentlich erweitert, man ging mit Werbeaktionen in den Bezirken Schwerin, Neubrandenburg und Magdeburg über die eigenen Bezirksgrenzen hinaus. Diese massiven Aktionen führten zu einem kontinuierlichen Arbeitskräfteanstieg, wobei für diese erfolgreiche Werbung eine Reihe betrieblicher sozialer Verbesserungen ausschlaggebend waren. Dazu zählten z.B. die Gewährleistung eines betrieblichen Rentenanteils nach mehr als 20-jähriger Betriebszugehörigkeit sowie die Unterstützung bei der Arbeitsplatzbeschaffung für Familienangehörige im Territorium.[308] Bis 1972 war es wiederum notwendig, eine größere Anzahl von Arbeitskräften einzustellen, da 1973/74 die Verzinkungsanlage bzw. Kunststoffbeschichtungsanlage des Kaltwalzwerkes in Betrieb genommen werden sollte. Weiter verlangte die Aufnahme der Konsumgüterproduktion, zu der mit dem Ziel der Schaffung eines breiteren Warenangebotes ab 1971 alle Betriebe staatlicherseits verpflichtet wurden, zusätzliche Arbeitskräfte. Das Bandstahlkombinat führte darauf folgend wiederum eine ‚DDR-weite' Arbeitskräfte-Werbeaktion durch.[309] Auch in anderen Bereichen, wie dem Bauwesen, wurde die Werbung von Arbeitskräften forciert. Insbesondere Frauen sollten für technische Berufsrichtungen gewonnen werden. Verstärkt wurden Arbeitsplatzanalysen mit dem Ziel des nachfolgenden Einsatzes weiblicher Arbeitskräfte durchgeführt.[310] Damit verbunden war wiederum die Notwendigkeit, ausreichend Plätze in Kinderbetreuungseinrichtungen zur Verfügung zu stellen. Innerhalb des kurzen Zeitraumes 1967 bis 1970 stieg die Zahl betriebseigener Krippen- und Kindergartenplätze beträchtlich. 1971 gelang es, zumindest allen Anträgen auf Kindergartenplätze nachzukommen.[311]

Ein weiteres Problem ergab sich daraus, daß viele Arbeitsplätze im EKO mit Schichtarbeit verbunden waren. Nach der Geburt von Kindern beanspruchten Frauen häufig Arbeitsplätze ohne Schichtbetrieb. Dies konnte durch den Betrieb rein technologisch in den produktiven Bereichen nicht gewährleistet werden. Zur besseren Vereinbarung von Arbeit und Familie wurden ab Mitte der 70er Jahre verstärkt Plätze in Wochenkrippen und -kindergärten zur Verfügung gestellt.[312] Die Umsetzung der 1976 beschlossenen sozialpolitischen Maßnahmen (IX. Parteitag) bedeuteten für den Betrieb die Verkürzung der Arbeitszeit für Schichtarbeiter, Verkürzung der Arbeitszeit für vollbeschäftigte Mütter mit zwei und mehr Kindern, Gewährung von Zusatzurlaub für Schichtarbeiter, verlängerten Schwangerschaftsurlaub sowie die bezahlte Freistellung der Mütter nach Geburt des 2. Kindes. So positiv die sozialpolitischen Maßnahmen individuell erfahren wurden, auf betrieblicher Ebene erforderten sie verstärkte Anstrengungen, die Arbeitskräftesituation zu stabilisieren und das Produktionsprogramm zu sichern. Der Ausgleich konnte nur durch die Neueinstellung von Arbeitskräften realisiert werden.

Zur Sicherung der Produktion des Stahlwerkes ab 1984 war erneut eine gezielte Arbeitskräfterekrutierung notwendig. Für den Standort Eisenhüttenstadt waren für das Konverterstahlwerk über 1600 Arbeitskräfte geplant, die Abstimmungen mit Betrieben in der Region zur Deckung des Bedarfs unumgänglich machten. Für den Zeitraum 1981 bis 1985 waren insgesamt 4000 Arbeitskräfte und 1985 bis 1990 3950 Arbeitskräfte für das Stahl- und Warmwalzwerk geplant. Der größte Anteil sollte durch die Neueinstellung von Schulabgängern nach der Berufsausbildung erfolgen (4150 AK).[313] Zu den Deckungsquellen der Arbeitskräfterekrutierung zählten neben der Neueinstellung von Arbeitskräften und der Berufsausbildung, die Einstellung von Hoch- und Fachschulkadern sowie die Einsparung von Arbeitsplätzen durch innerbetriebliche sowie territoriale Rationalisierung. Die territoriale Rationalisierung bedeutete die Schließung eines anderen Stahlwerkes in Riesa und die Gewinnung der dort Beschäftigten für das EKO.[314]

Ordnet man den Zeitraum der Entstehung des Stahlwerkes in den historischen Kontext der bestehenden gesellschaftspolitischen Situation mit der Verschlechterung der allgemeinen Versorgungslage ein, wird deutlich, daß für die nötigen Arbeitskräfte verstärkt ‚Sonderangebote' geschaffen werden mußten. Für die Arbeit im Konverterstahlwerk waren Arbeitskräfte aus den anderen Stahlwerken der DDR notwendig, die nur nach Eisenhüttenstadt kamen, wenn von seiten des Betriebes und der Stadt Vergünstigungen angeboten wurden, die andere Städte bzw. Industriezentren nicht aufweisen konnten. Die Arbeitskräfte der anderen Stahlwerke nannte man offiziell ‚Erfahrungsträger'. Diese sollten, da sie aus ihren Heimatorten wegziehen mußten, besondere Vergünstigungen als Ausgleich für ihren Zuzug nach Eisenhüttenstadt erhalten.

„Hinsichtlich der Zuführung von Erfahrungsträgern aus dem Metallurgie- und Eisenerz-Metallurgie-Kali-Bereich wird davon ausgegangen, daß die Inbetriebnahme der neuen Anlagen ausgebildetes und erfahrenes Personal erfordert, das aus der eigenen Berufsausbildung und der Absolventenzuführung nicht in vollem zu sichern ist. Es besteht das Ziel, aus Betrieben des Metallurgie- und Eisenerz-Metallurgie-Kali-Bereiches, deren Stahlproduktion reduziert oder eingestellt werden soll, entsprechende Fachkräfte in das EKO umzusetzen."[315]
‚Entwicklung des Arbeitskräftebedarfs und Arbeitskräftedeckungskonzeption zur Ansiedlung von Erfahrungsträgern' (A 1981/151)

Das Paradoxe am Begriff ‚Erfahrungsträger' bestand jedoch darin, daß *jeder*, der im Zuge der Werbung von Arbeitskräften für das Stahlwerk nach Eisenhüttenstadt kam, als ‚Erfahrungsträger' bezeichnet wurde. Der Begriff, ursprünglich nach der Schließung eines Werkteiles des Riesaer Stahlwerkes für die dort freigesetzten Arbeitskräfte eingeführt, wurde damit inhaltsleer und zur Legitimation der Bevorzugung aller neu einzustellenden Arbeitskräfte verwendet, unabhängig von deren Herkunftsregion. So wurden den sogenannten „Erfahrungsträgern" Privilegien und Sonderleistungen zugestanden, die durch die allgemeine ‚Mangelwirtschaft' in anderen Regionen der DDR nicht selbstverständlich waren. Das ‚Anspruchsniveau' war gestiegen und neue ("mehr") Sonderrechte als bei den Werbekampagnen in den Jahren zuvor mußten für eine erfolgreiche Anwerbung geboten werden. Dazu zählten:
— Bereitstellung von Wohnraum;
— Aufnahme in die Arbeiter-Wohnungsbaugenossenschaft (AWG);
— Bau von Eigenheimen (in begrenztem Umfang);
— betriebliche Unterstützung in Form 5000 Mark Prämie (das entsprach zu dieser Zeit im Durchschnitt 4-5 Monatslöhnen);
— mietfreies Wohnen in der Übergangsphase im Arbeiterwohnhotel;
— Trennungsgeld;
— vierteljährliche kostenlose Heimfahrt;
— kostenloser Umzug;
— ‚Gardinengeld' (einmalig gezahltes Einrichtungsgeld in Höhe von 10% des monatlichen Bruttoverdienstes);
— Vorzug beim Garagenbau;
— Vorzug beim Erwerb eines Kleingartens;
— Bereitstellung eines Krippen- oder Kindergartenplatzes;
— Bereitstellung eines Arbeitsplatzes für den/die Lebenspartner/-in.[316]

Die sogenannten ‚Erfahrungsträger' stellten für die schon in Eisenhüttenstadt Wohnenden eine Konkurrenz dar, denn oft wurden diese in bezug auf Sozialleistungen zurückgestellt bzw. benachteiligt, z.B. indem schon zugesagte Termine für den Erhalt eines Kindergartenplatzes wieder verschoben wurden. Die Neuzugänge wurden von den Einwohnern auch danach bewertet, ob sie wirklich die Bezeichnung ‚Erfahrungsträger' verdienten. Für die ‚echten Erfahrungsträger' wurde eingesehen, daß Sonderbedingungen geschaffen werden mußten. Problematisch waren die pauschal angewandten Sondervergünstigungen auf alle neu Zugezogenen in der Stadt. Es erfolgte keine wirkliche Trennung von seiten der Verantwortlichen im Werk.

„Aber Erfahrungsträger, die echten, das waren die, die aus Riesa kamen. Ungefähr 300 Mann, 300 bis 400 Mann. Sind viel gewesen. In Riesa wurde das Martinwerk I geschlossen. Ein ganzer Betriebsteil wurde dort zugemacht ...Weil das hier gebaut wurde. Das war so festgelegt. Weil das moderner ist und Riesa hatte noch eins, noch ein Siemens-Martin-Werk, das Siemens-Martin-Werk II. Dann hatten sie noch Elektrostahl. Aber das I, das älteste, was schon über 100 Jahre besteht ...das haben sie echt liquidiert, abgebaut, das war nicht mehr da. Und die Leute, die haben also schon Stahl geschmolzen. Das waren echte Erfahrungsträger. Die Schmelzer, die dann hierher kamen, das waren Erfahrungsträger, ...die haben ja dort in Riesa Haus, Hof, Garten, Garage, alles stehenlassen. Und für die haben wir Gärten beschafft, Garagen und so – da haben wir viel gearbeitet. Das war gut, das waren Erfahrungsträger. Aber was sich dann noch so drangehangen hat. ... Und da gab's Probleme." (22, B 4 ehem. EKO-Mitarbeiter)

Die Gewährleistung einer ganzen Reihe betrieblicher Sozialleistungen sowie die schnelle Bereitstellung von Wohnraum zahlte sich für das EKO insofern aus, als die Fluktuationsrate im Vergleich zu anderen DDR-Betrieben relativ gering war.[317]

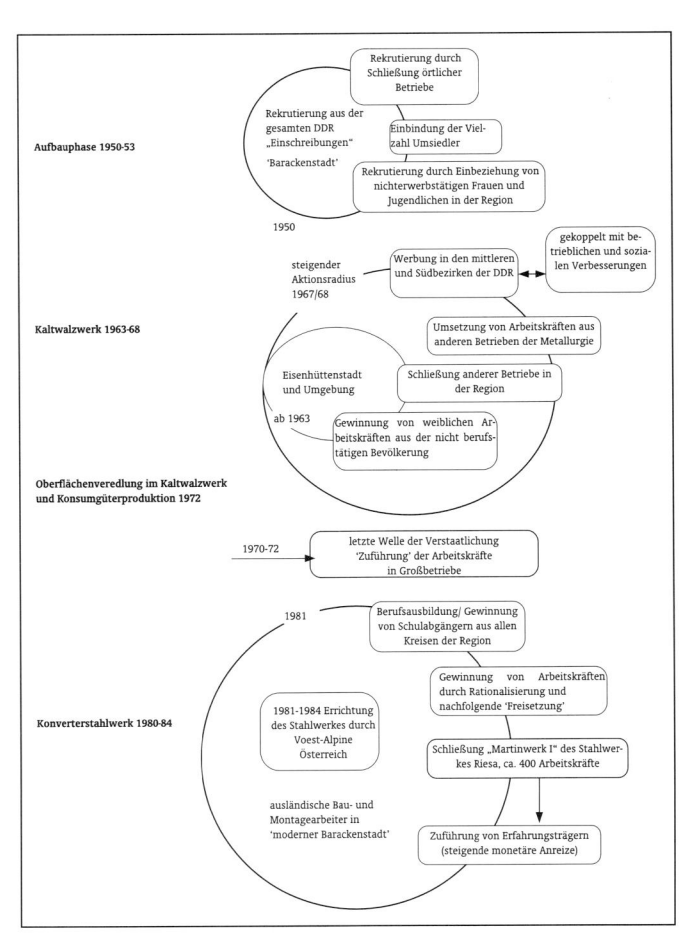

‚Wellen' des Arbeitskräftezuwachses im EKO 1950-1985

Die Wege und Methoden der Arbeitskräfterekrutierung des EKO veränderten sich in den einzelnen Phasen von Werks- und Stadtentwicklung.

1988 wurden dennoch die Schwierigkeiten, Arbeitskräfte zu rekrutieren, immer offensichtlicher.[318] Die Ausreisewelle des Jahres 1989 ließ die Fluktuation sprunghaft ansteigen. ‚Ausreise in die Bundesrepublik' zählte in den betriebseigenen Fluktuationsstatistiken zu den ‚sonstigen Fluktuationsgründen' und ließ 1989 den Anteil von 4,8% auf 36,5% (262 Arbeitskräfte) gegenüber dem Vorjahr ansteigen. Um den Produktionsbetrieb aufrecht zu erhalten, wurde Leitungs- und Verwaltungspersonal eingesetzt.[319]

Abschied vom Ideal – Stadtentwicklung nach 1969

Die Auswirkungen politischer Beschlüsse spiegeln sich in den *Umsetzungskonzeptionen* von Werk und Stadt wider. 1971 wurde ein *Kommunalvertrag* zwischen dem Rat der Stadt und dem VEB Bandstahlkombinat-Stammwerk Eisenhüttenstadt – abgeschlossen, der die gemeinsamen Aufgaben der Zusammenarbeit von Werk und Stadt sowie die einzelnen des Werkes und des Rates der Stadt von 1971-1975 fixierte. Solche umfangreichen Verträge zwischen der Stadt und einem Betrieb gab es unter allen Betrieben Eisenhüttenstadts nur mit dem EKO.[320] Grundlage des Kommunalvertrages war u.a. der Beschluß des Staatsrates der DDR vom 16.4.1970 zur ‚Entwicklung der sozialistischen Kommunalpolitik'. Gemeinsame Vereinbarungen betrafen die Abstimmung der Aufgaben von Werk und Stadt im Rahmen der Jahresvolkswirtschaftspläne, die Gewinnung von Arbeitskräften auf der Grundlage der vom Betrieb erstellten Bilanz, die Entwicklung des ‚kulturellen und sportlichen Lebens', von Handel und Versorgung, der Wohnungspolitik, des Berufsverkehrs, der Gesundheitspolitik, von Maßnahmen im ‚Mach-mit-Wettbewerb' (z.B. die finanzielle Unterstützung der Stadt durch das Werk). Auch die gemeinsame Organisation ‚gesellschaftlicher Höhepunkte' des Jahres (1. Mai, Betriebsfestspiele, Woche der Jugend und des Sports, Oderfestspiele, Volks- und Sportfeste in den Wohnbezirken) sowie die Übernahme von ‚Patenschaftsverträgen' von Werksabteilungen oder -kollektiven für einzelne Wohnbezirksausschüsse (WBA) der Nationalen Front gehörten zu dieser Vereinbarung.

Die Wohnungssituation wurde durch diese Maßnahmen verbessert und bot somit in den 70er Jahren Anreiz, in die Stadt zu ziehen, auch wenn Zuzüge nicht mehr in dem Umfang wie in der Anfangszeit zu verzeichnen waren.

Die Anlage der Stadt insgesamt wurde von den in diesem Zeitraum Zugezogenen positiv beurteilt.

„Ja die Stadt habe ich eigentlich gleich in guter Erinnerung erlebt, wie gesagt, mit der Absolventenvermittlung bin ich erstmal in die Stadt gekommen, mit dem Zug hier am Bahnhof angekommen, und habe natürlich dann erstmal den Betrieb aufgesucht, …und habe dann mir an dem Tag gleich mal so die Stadt mir angeguckt, da war ja noch nicht das neue, was jetzt später noch entstanden ist, sondern das alte, was da ist, der Stadtkern, usw. und war eigentlich über das Grüne, das sehr viele Grüne und auch den Baustil sehr angetan, und habe denn auch die Umgebung, Schlaubetal und alles, auch die Insel, die Naherholung habe ich kennengelernt, und mußte sagen, das ist gar nicht schlecht. Wenn das auch eine neue Stadt ist, aber wenigstens der Stadtkern, das erste, was gebaut wurde, war eben auch Stein auf Stein und sehr viel Grünanlagen dazwischen. Leider ist ja in der Folgezeit durch den Plattenbau doch nicht mehr so viel das Grüne dann geblieben, bzw. was man sich bemüht hat, das Grün ist eben in den großen Wohnblocksilos dann niedergetreten worden usw.. Aber da war eben doch noch die Phase da, daß die Leute eben gesehen haben, hier habe ich eine Arbeit, hier kriege ich eine, versuche mir meine Umwelt auch durch einen vernünfti-

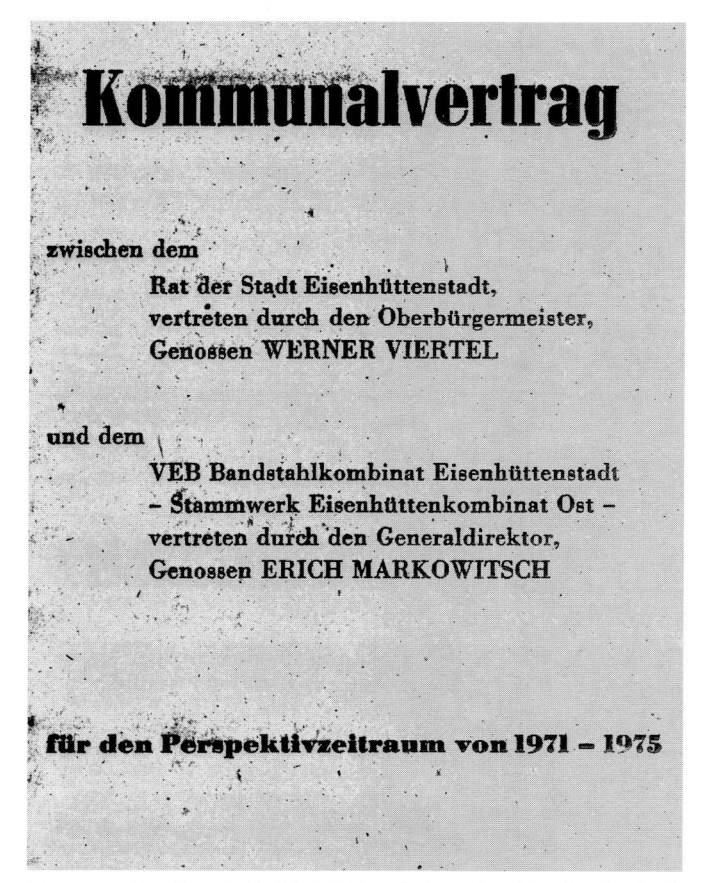

Kommunalvertrag 1971 bis 1975 zwischen dem Rat der Stadt Eisenhüttenstadt und dem Bandstahlkombinat, Stammwerk Eisenhüttenstadt (A 1558/20)

gen Rasen und was alles zum Wohngebiet gehört, zu gestalten und zu entwickeln. Waren viel Initiativen, die gemacht wurden, das hat mir schon an der Stadt gut gefallen ..." (7, B 10 Mitarbeiter Zementwerk)

Masseninitiativen, wie der ‚Sozialistische Wettbewerb' bzw. die ‚Mach-mit-Bewegung', wurden in der Phase instabiler Entwicklung der DDR forciert. In Eisenhüttenstadt wurde für das Jahr 1978 wiederum eine Wettbewerbsprogramm zwischen der Stadt und dem Kreisausschuß der Nationalen Front abgeschlossen. Nur auf der Grundlage vertraglich vereinbarter Eigenleistungen war es möglich, die Pläne zur Verbesserung der ‚Arbeits- und Lebensbedingungen' zu realisieren.

In den 70er Jahren konnte das EKO aufgrund seiner Stellung die Stadt noch massiv unterstützen. Erst in den achtzigern wurde die Lage prekärer, und es begann der ‚Rückzug' des Werkes aus der Stadt. Betriebliche Leistungen in bezug auf die städtische Entwicklung konnten nicht mehr in dem Umfang erbracht werden. Die kritische finanzielle Situation des Werkes wurde durch die Einschränkungen in der weiteren Zusammenarbeit von Werk und Stadt deutlich.[321] Im Stadtbild traten gravierende Veränderungen auf, denn der, hauptsächlich für die Arbeitskräfte des Stahlwerkes[322] in kürzestem Zeitraum gebaute WK VII wies das Bild der typischen Neubausiedlungen in Großplattenbauweise auf (vgl. Exkurs Architektur). Der Anspruch der DDR, die Wohnungsfrage als soziales Problem zu lösen, kollidierte mit der schlechten volkswirtschaftlichen Situation. Verstärkte Typisierung der Bauteile und ‚Platten', Qualitätsmängel in der Bauausführung und parallele Vernachlässigung von Modernisierung der Altbausubstanz waren die Folge. Die soziale Infrastruktur im WK VII wurde weitgehend vernachlässigt.[323] Eine harmonische Verbindung zum alten Stadtteil Fürstenberg ist nicht vorhanden.[324] Ursprünglich gab es Bestrebungen der Stadtplanung, den Stadtteil Fürstenberg teilweise ‚abzureißen'. Auch in anderen Städten erfolgte insbesondere in den 60er Jahren der Abriß von Resten stadtbildprägender bürgerlicher Architektur, wie z.B. in Leipzig die Sprengung der Universitätskirche oder der Abriß der Ruinen des alten Gewandhauses zu Leipzig. Für Ende der 80er/Anfang der 90er Jahre waren in verschiedenen Städten der DDR Flächenabrisse in innerstädtischen Altbaugebieten geplant (vgl. Rink 1996:2). Weiterer massiver ‚Kahlschlag' wurde jedoch durch die neuen gesetzlichen Regelungen zur Erhaltung der Altbausubstanz in den 80er Jahren verhindert.[325]

Die Phasen der städtischen Entwicklung spiegeln sich in der Bevölkerungsstruktur wider. War die Stadt in den 50er bis Mitte der 60er Jahre als typische junge Aufbaustadt durch einen hohen Bevölkerungsanteil im Kindes-, Jugend- und arbeitsfähigen Alter sowie eine geringe Anzahl von Rentnern gekennzeichnet, hatte sich diese Struktur Ende der 70er Jahre fast umgekehrt. Im Vergleich zum DDR-Durchschnitt wohnten in Eisenhüttenstadt 1979 wesentlich weniger Kinder und ein größerer Anteil Rentner als noch im Jahr 1964. Die erste Generation der Zuzügler (Kohorte der um 1920 Geborenen) hatte in der Stadt das Rentenalter erreicht.

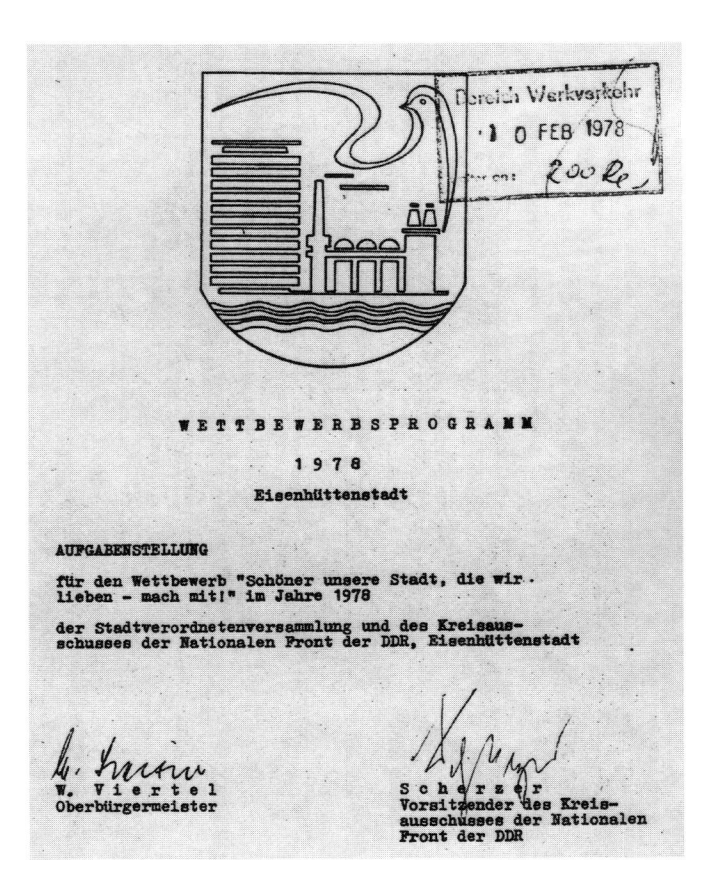

Wettbewerbsprogramm 1978 „Schöner unsere Stadt, die wir lieben – mach mit!" (Aufgabenstellung der Stadtverordnetenversammlung und des Kreisausschusses der Nationalen Front der DDR, Eisenhüttenstadt, A 2255/5)

Von 1984 bis 1986 wuchs die Einwohnerzahl Eisenhüttenstadts um 3.500. Ähnlich wie in den 50er Jahren kam es durch den Bau des Stahlwerkes zu einem Zuzug von Arbeitskräften. Im Unterschied dazu kamen die Bau- und Montagearbeiter diesmal jedoch aus dem westlichen Ausland. Die über 2000 Arbeitskräfte (Bau- und Montagekräfte aus Österreich, Jugoslawien u.a. Ländern) der VOEST Alpine AG, die das Stahlwerk errichteten, wurden in einem Baucamp untergebracht.[326] Es mußte ein separater Komplex errichtet werden, denn hier trafen auch zwei unterschiedliche Gesellschaftssysteme aufeinander, die eine Integration in der Stadt nicht ermöglichten.[327] So wurde das Baucamp als „Stadt in der Stadt" errichtet. In diesem Camp existierten auch Unterschiede in der Ausstattung einzelner Wohn-Einheiten. Für die leitenden Angestellten aus Österreich gab es ein Viertel, welches aus Einfamilienhäusern bestand. Direkt vom Werk führte ein streng abgeschirmter Bereich bis zu diesem Camp.

	1964		1979	
	DDR	Eisenhüttenstadt	DDR	Eisenhüttenstadt
Kindesalter	23,8	32,3	19,1	8,3
arbeitsfähiges Alter	57,8	59,0	62,8	64,2
Rentenalter	18,4	8,7	18,1	27,5

Altersstruktur der Bevölkerung der DDR und Eisenhüttenstadt (in Prozent) (Gansleweit 1986:126)

"Das war ein großer Zaun, Österreich ist ja NSW (Nicht-Sozialistisches-Wirtschaftsgebiet; d.A.). Da war ein Zaun, das Werk, die Baustelle, wo das Stahlwerk gebaut wurde. Dann gab's ein Gleis, da ging die Brücke drüber. Und dann gab's wieder einen Zaun, und da war die Barackenstadt. Und dort haben 2500 Menschen gewohnt – in der hohen Zeit 21 Länder. Da waren Inder da – alles. Die Österreicher haben doch nur – die billigen Arbeiten haben die Inder gemacht. Die Spezialisten waren die Österreicher. Westdeutsche – waren alle dort. So, und dort durfte keiner rein. Aber das Camp dann, das haben wir mit verwaltet, ... Naja, das war 'ne moderne Barackenstadt. Das waren nur zweistöckige Häuser und so. Da gab's ein Wohnviertel, da gab's direkt ein ‚Küß-die-Hand-Viertel', nicht. Da kamen ja die österreichischen Geschäftsleute, die hatten eine schöne Villa dort in Holzbau, extra Küß-die-Hand-Viertel. Das waren so 15 Einfamilienhäuser. Da haben die mit ihren Kindern gewohnt und alles. Und wo die ersten Österreicher da waren, die haben vielleicht zwei Wochen da drinnen gewohnt. Bis Berlin haben die gewohnt. Und 39 oder 50 oder so ungefähr haben die Frauen mitgenommen, haben geheiratet, dann waren die Frauen weg. Das war ja unmöglich sonst, nicht, das Ausreisen nach Österreich." (19, B 4 ehem. EKO-Mitarbeiter)

Dennoch – trotz räumlicher ‚Abschirmung' brachte die Anwesenheit der Bau- und Montagearbeiter das soziale Gefüge der Stadt durcheinander.[328] Das Vorhandensein einer großen Anzahl von ‚westlichen' Arbeitskräften mit ‚entsprechendem Geld' führte auch zur Vergrößerung der Menge von Devisen im Umlauf der Bevölkerung der Stadt. Bei den Einwohnern kam es aufgrund der differenzierten Behandlung der Österreicher zu Unmut, denn durch deren Anwesenheit wurden Mängel und Widersprüche im eigenen Land besonders deutlich. Einem großen Teil der Bewohner gelang es jedoch auch, aus vorhandenen Defiziten ‚Kapital' zu schlagen. Spannungen entstanden vor allem daraus, daß plötzlich ein ‚Männerüberhang' mit ungleichen ‚Wettbewerbschancen' vorhanden war, der zu Konkurrenzen führte, für manche Frauen aber auch das ‚Sprungbrett in den Westen' war.[329]

Für die Arbeitskräfte des geplanten Warmwalzwerkes war der neue WK VIII im Süden von Eisenhüttenstadt geplant. Die Aufschlußarbeiten für dieses Gebiet wurden ebenfalls nach dem Abbruch der Arbeiten im EKO 1987 nicht weitergeführt.

Aus heutiger Sicht läßt sich sagen: *„Für Eisenhüttenstadt waren es die letzten wirklich guten Jahre, wenn es auch bereits seit dem Beginn der siebziger Jahre zunehmend eine Stadt wie viele wurde, mit Versorgungsmängeln, Plattensiedlungen, Problemen in der Infrastruktur der Kommune, die zudem den Sturz in die Normalität als doppelt hart empfinden mußte. In den Achtzigern erreichte Eisenhüttenstadt sogar das durchschnittliche Eingabenniveau von anderen, vernachlässigten Ortschaften, für das ZK der SED Beleg genug, daß auch die Stahlarbeiterstadt dem Fortschritt langsam, aber um so sicherer abhanden kam."* (Köhler 1994:119)

Politik=Einheit von Wirtschaft und Sozialem um jeden Preis (Zusammenfassung 1969 bis 1989)

EKO wurde 1968 Stammbetrieb des gegründeten Bandstahlkombinates Eisenhüttenstadt und erlangte damit eine herausragende Stellung. Aber auch mit dieser ‚Monopolstellung' gelang es nicht, den metallurgischen Kreislauf des Werkes zu schließen. Die seit 1964 in der DDR angestrebten Reformversuche auf wirtschaftlichem Gebiet wirkten sich eher hinderlich aus. Ende 1970 wurden die Wirtschaftsexperimente abgebrochen.

Die Modernisierung des Kaltwalzwerkes Mitte der 70er Jahre geschah als schrittweise Erneuerung durch Anlagenkäufe ausschließlich aus dem westlichen Ausland. Diese entsprachen dem neuesten technologischen Standard. Die langfristigen Verträge mit der UdSSR konzentrierten sich auf die Lieferung der notwendigen Rohstoffe. Die Zusammenarbeit mit dem sogenannten ‚NSW' (Nichtsozialistisches Wirtschaftsgebiet) konnte auf der Grundlage des internationalen Entspannungsprozesses konstruktiv gestaltet werden. Durch die reale Steigerung des Lebensniveaus bis Mitte der 70er Jahre und die Undurchsichtigkeit wirtschaftlicher Planungsprozesse, durch die entspannte internationale Situation sowie die Lockerung des Verhältnisses zur Bundesrepublik glaubte jedoch die Mehrheit der Bevölkerung an die Richtigkeit der eingeschlagenen Politik. Die ‚apolitische Loyalität' der Bürger gegenüber dem Staat wurde dadurch gefestigt. Diese Konsolidierung der wirtschaftlichen und politischen Verhältnisse war jedoch nur in einem kurzen Zeitraum realisierbar. Der Widerspruch zwischen der hohen Staatsverschuldung und den steigenden Ausgaben für den Sozialbereich konterkarierte das Vorhaben der ‚Einheit von Wirtschafts- und Sozialpolitik'. Es wurde die *Politik der Einheit von Wirtschaft und Sozialem um jeden Preis* verfolgt. Die Staatsverschuldung wuchs mit den enormen Ausgaben für den Bereich der Mikroelektronik, wobei es der DDR zu keinem Zeitpunkt gelang, den Wissensstand der führenden Länder auf diesem Gebiet zu erreichen. In dieser Zeit, die durch sinkende Zuwachsraten und ein Ansteigen der Auslandsverschuldung gekennzeichnet war, wurde der Produktionszyklus im EKO erneut Gegenstand der Diskussion. Auf dem 1976 stattgefundenen Parteitag wurde dem Metallurgiebereich die Aufgabe gestellt, die Schließung dieses Zyklus vorzubereiten. Diese vorsichtige Formulierung konnte nicht anders gestaltet werden, da die finanzielle Grundlage für weitergehende Aussagen fehlte und die Staatsführung aus den vorherigen überzogenen Forderungen mit nachfolgenden Abbrüchen der Planungs- und Bauarbeiten scheinbar gelernt hatte. Zwei Beschlüsse des Politbüros Ende der 70er Jahre legten den endgültigen Bau des Konverterstahlwerkes mit einem gigantischen Versuch fest: Das Stahlwerk sollte vom ersten Spatenstich auf der Baustelle bis zum Anfahren der Produktion durch das österreichische Unternehmen Voest Alpine errichtet werden. Termingemäß wurde es nach vier Jahren fertiggestellt. Der weitere ‚Schritt nach vorn', der 1986 auf dem letzten Parteitag der SED gefaßte Beschluß zum Bau des Warmwalzwerkes, stellte sich als ein ‚Schritt in den Abgrund' dar. 1987 wurden alle Arbeiten für das Warmwalzwerk abgebrochen.

Die Arbeitskräfte aus Österreich und weiteren Ländern, die im hermetisch abgeriegelten Baucamp in der Stadt 1980 bis 1984 untergebracht waren, brachten das soziale Gefüge der Stadt durcheinander. Ihre bloße Anwesenheit konfrontierte jeden Stadtbewohner mit den Mängeln des eigenen Systems. Im Zusammenhang mit der Anfang der 80er Jahre vorherrschenden schlechten Versorgungslage in der DDR, die auch in der sonst ‚bessergestellten Eisenhüttenstadt' nicht mehr zu übersehen war, entschlossen sich vor allem die weiblichen Einwohner mit den Montagearbeitern in das ‚kapitalistische Ausland' abzuwandern. Diese Abwanderungsverluste wurden jedoch größtenteils durch den Zuzug von Arbeitskräften für das neue Stahlwerk ausgeglichen. Nach dem Aufbau von Werk und Stadt in den 50er Jahren und dem Zuwachs der Bevölkerung durch die Errichtung des Kaltwalzwerkes 1968 erlebte Eisenhüttenstadt ab 1984 seinen dritten ‚Bevölkerungsschub'.

Die wirtschaftliche Schwäche der DDR spiegelte sich auch im Bauwesen wider. Seinen Ausdruck in Eisenhüttenstadt fand dies in dem neu errichteten Wohnkomplex VII, der in typischer Großplattenbauweise die gleichen mangelhaften Faktoren aufwies wie die Neubaugebiete anderer Städte. Wurde der Zuzug der Arbeitskräfte im Gefolge der Errichtung des Kaltwalzwerkes und die Errichtung des WK VI noch als ‚verlangsamte Integration' in den städtischen Gesamtorganismus beschrieben, so muß bei der Ansiedlung der Arbeitskräfte für das Stahlwerk und die Errichtung des WK VII von einer zunehmenden ‚Desintegration' ausgegangen werden. Baulich äußerte sich diese durch das riesige Neubaugebiet. Eine soziale Desintegration entstand dadurch, daß der Großteil der Zugezogenen als ‚Erfahrungsträger' eingestuft wurde, auch wenn diesem Kriterium nicht entsprochen wurde. Für die sogenannten Erfahrungsträger galten eine Reihe Sonderbedingungen, die das Hauptmotiv für den Zuzug darstellten. Die Privilegierung dieser Gruppe erzeugte eine Konkurrenz zu den Ansässigen.

Das Werk konnte aufgrund der verschlechterten wirtschaftlichen Situation die Stadt finanziell nicht mehr in dem Maße, wie in den vorangegangenen Jahren unterstützen. Es erfolgte die Konzentration auf betriebliche Aufgaben. Innerhalb des Werkes setzte nach dem Abbruch der Bauarbeiten 1987 ein Demoralisierungsprozeß ein. Eine Veränderung der schwierigen Situation aus eigener Kraft schien nicht möglich. Dem Großteil der betrieblichen und städtischen Akteure war jedoch der Ernst der wirtschaftlichen Lage nicht bewußt, da sie zu keinem Zeitpunkt von der politischen Führung des Landes realistisch dargestellt wurde. Der Abbruch der Bauarbeiten löste bei den Bewohnern der Stadt keine großen Diskussionen aus, mehr oder weniger waren sie das ‚Auf' und ‚Ab' gewöhnt.

In der DDR herrschte ein permanenter Kapitalmangel, so daß zu keinem Zeitpunkt ihrer Existenz optimale Entscheidungen für eine ausgewogene Wirtschaftsentwicklung getroffen werden konnten. Der konzentrierte Einsatz von Mitteln in einem gesellschaftlichen Bereich bedeutete die Vernachlässigung eines anderen. Aus diesem Grund konnte die proklamierte Einheit von Wirtschafts- und Sozialpolitik nie verwirklicht werden. An der Betriebsgeschichte des EKO und am Städtebau sind diese Aussagen nachvollziehbar. Die Einbindung in die Beziehungen zur UdSSR schien Mitte der 80er Jahre zumindest politisch keine Sicherheit mehr zu geben, so daß auch hier ein staatlicher Isolierungsprozeß einsetzte. Manipulation der Wahlergebnisse, Verbot von Zeitschriften, weitere Reisebeschränkungen und andere ab Mitte der 80er Jahre immer offensichtlicher werdende Maßnahmen der Einschränkung von Lebensverhältnissen führten insbesondere bei der Jugend zur Abkehr vom gesellschaftlichen System. Als letztendlich weitere ehemals sozialistische Staaten von ihrer dogmatischen Linie abkehrten und dieser Schritt in der DDR nicht vollzogen wurde, mußte es zur ‚Implosion der wirtschaftlichen und politischen Strukturen' kommen.

Die Architektur der ‚Stadt ohne Vergangenheit' (Exkurs)

Offene Räume – geschlossenes Denken. Die Idee einer neuen Stadt

Im ersten Teil wurde dargestellt, daß mit der Errichtung des Werkes eine neue Stadt geplant war[330]. Doch erst 1952 – nach der 2. Parteikonferenz der SED, die den planmäßigen Aufbau des Sozialismus in der DDR beschloß – war man sich über den Charakter dieser Stadt im klaren, und sie erhielt im weiteren eine eindeutige ideologische Richtlinie.[331] Anfängliche Ideen einer einfachen Werkssiedlung oder eines direkt an das Städtchen Fürstenberg/Oder anschließenden Stadtteiles wurden wieder verworfen[332] (vgl. Kapitel zur ‚Standortfrage'). Geplant wurde der Aufbau einer völlig neuen Stadt, die auf dem ‚Reißbrett' zu entwerfen war. Gerade die Ereignisse nach dem 17. Juni 1953 – dokumentiert auch durch die scharfe Kritik der in der Wohnstadt wohnenden Arbeiter – ‚zwangen' regelrecht zu einer Hervorhebung des besonderen Charakters dieser Stadt, der sich in der Architektur widerspiegeln mußte. So reiht sich Stalinstadt/Eisenhüttenstadt in die Reihe der Städte ein, die durch ein totalitäres System ihre Prägung erhielten, denn nur durch diese ‚Autorität' war der Transfer der finanziellen Grundlagen für den Aufbau der neuen Stadt möglich.[333]

Vorbild für den Städtebau war zu dieser Zeit die Sowjetunion. Die Vorbildrolle basiert auf zwei Grundlagen: Erstens in der Übernahme der in der sowjetischen Architektur propagierten Anwendung des sozialistischen Realismus in der Architektur, der verbunden mit der Ablehnung formalistischen Bauens war. Zweitens entsprang die Vorbildrolle im wesentlichen der Idee, eine *Stadt als Gesamtorganismus zu planen*. Obwohl natürlich die Planung einer Stadt als eine ‚organische' nicht neu und auch nicht eine Erfindung sowjetischer Planer ist. Diese Bestrebungen gibt es, seitdem Städte überhaupt geplant werden. Auch der sozial reformierte Städtebau zu Beginn dieses Jahrhunderts verfolgte die Idee des ‚Organischen'. Dessen Prämissen waren: Feststellung einer Zielgröße für die maximale Einwohnerzahl, Berücksichtigung der erforderlichen Infrastruktur, Vermeidung von Staub- und Lärmbelastungen durch die Industrie. Der modifizierte Begriff der ‚Planung' in bezug auf die Wohnstadt des EKO bestand darin, daß a) keine Rücksicht auf Besitzverhältnisse genommen werden mußte[334] und b) der ‚Planungsprozeß' anders definiert wurde. Das Planungsprinzip wurde als Voraussetzung für eine wirksame Stadtplanung angesehen. Städtebauliche ‚Planung' im Sozialismus sollte befreit *„von den kapitalistischen Städtebau erdrückenden Übeln wie Bodenspekulation, Planlosigkeit, Profitstreben und Konkurrenzkampf" (Hoscislawski 1991:29)* sein.[335]

Insbesondere dem architektonischen Ausdruck der Gebäude dieser Zeit gab man die Bezeichnung ‚stalinistische Bauweise'. Diese Charakterisierung ist insofern irreführend, als daß eine typisch ‚stalinistische' Bauart im Grunde nicht existiert. Der Begriff wurde eher dadurch geprägt, daß sie in der Zeit der Stalin-Ära bis Mitte der 50er Jahre voll zur Entfaltung kam.[336] Die Diskussion muß in die gesamte Situation und Stellung der ‚Architektur' der DDR eingeordnet werden, denn *„die ersten zehn Nachkriegsjahre Architektur und Städtebau im Osten Deutschlands waren nicht allein durch die Zwänge eines zügig angestrebten Wiederaufbaus geprägt, sondern vor allem durch eine zunehmende Ideologisierung von Architekturtheorie und Stadtplanung. Die SED-Führung hatte der Architektur als öffentlichste aller Künste eine Führungsposition bei der Vermittlung ideologischer Wertvorstellungen zugemessen."*[337] Die neue Wohnstadt neben dem Eisenhüttenwerk sollte das Sinnbild dieser Ideologie verkörpern.

Die Entscheidung für den *Charakter* der Stadt- noch nicht so sehr für die spezielle Architektur – wurde nach einer Informationsreise im Frühjahr 1950, die unter Leitung des Ministeriums für Aufbau stand, von Architekten und Städteplanern in die Sowjetunion getroffen.[338] Diese Erfahrungen flossen in die Ausarbeitung der ‚Grundsätze des Städtebaus' ein, die parallel zum III. Parteitag im Juli 1950 durch die Regierung der DDR beschlossen wurden. Sie gründeten auf einer Ausarbeitung des ‚Forschungsinstitutes für Städtebau und Siedlungswesen der Deutschen Bauakademie' (Anhang 14). Diese Grundsätze waren, auch wenn dies 1950 den Anschein erwecken sollte, keine neue ‚Regeln'. Sie fußten auf der ‚Charta von Athen', die 1933 statuiert wurde und an deren Erarbeitung, neben anderen Architekten, der französische Architekt Le Corbusier maßgeblich beteiligt war. Architekten aus ganz Europa wollten mit diesen Forderungen Ordnung in das Chaos der gründerzeitlichen Städte bringen, wo sich Industrie und Wohnstätten zu nahe gekommen waren. Die Wohnung sollte wieder zum eigentlichen Zentrum städtebaulicher Bestrebungen werden.[339]

Im 2. der sechzehn Grundsätze des Städtebaus, die von der Regierung der DDR 1950 beschlossen wurden, heißt es: *„Das Ziel des Städtebaues ist die harmonische Befriedigung des menschlichen Anspruchs auf Arbeit, Wohnung, Kultur und Erholung. Die Grundsätze und Methoden des Städtebaus fußen auf den natürlichen Gegebenheiten, auf den sozialen und wirtschaftlichen Grundlagen des Staates, auf den höchsten Errungenschaften von Wissenschaft, Technik und*

Stadtplanung, Stand 1952 (Leucht 1957: Bild 10)

Kunst, auf den Erfordernissen der Wirtschaftlichkeit und auf der Verwendung der fortschrittlichen Elemente des Kulturerbes des Volkes." (Leucht 1957:84)

So wurde auf dem III. Parteitag der SED, der den Bau von Werk und Stadt beschloß, verkündet:

„Bei der Stadtplanung sollen unsere Fachleute ausgehen von der Sorge um den Menschen in bezug auf seine Arbeit, Wohnung, Kultur und Erholung. Wir wollen … keine amerikanischen Kästen und keinen hitlerschen Kasernenstil mehr sehen … Wir sind überzeugt, daß es unseren Baumeistern gelingen wird, … in monumentalen Bauten die Kraft und die Stärke des Aufbauwillens und der großen Zukunft Deutschlands zum Ausdruck zu bringen. Ein Volk, das solche gewaltigen Aufgaben wie den Fünfjahrplan in Angriff nimmt, wird auch Baumeister hervorbringen, die imstande sind, in der Gestaltung der Städte diese grandiosen Ideen zum Ausdruck zu bringen … Unser Beitrag zum Fortschritt soll darin bestehen, daß sowohl unsere Stadtplanung als auch der Städtebau, der Industriebau, der Bau der neuen Kulturstätten und der Maschinenausleihstationen das Besondere unserer nationalen Kultur zum Ausdruck bringen."[340]

Protokoll des III. Parteitages (1951:379f.)

Mit den ersten Entwürfen für die neue Stadt wurde 1950 durch das Ministerium für Aufbau der Architekt Franz Ehrlich beauftragt. An den Vorstellungen des Architekten übten die Verantwortlichen in den Ministerien und der SED-Führung jedoch massive Kritik. Seine Ideen entsprachen nicht dem ‚Leitbild'[341] der sozialistischen Stadt.

„*Ergebnis der Planung*

Zu Plan 1). Ehrlich:

Die Planung ist im Oktober 1950 erstellt worden und zeigt ein Beispiel kosmopolitischen Denkens im Städtebau. Die Wohnzeilen sind wild durcheinandergewürfelt, ohne zu Wohnkomplexen und zu einer Stadt zusammengefaßt zu werden. Die Planung ist nicht nur städtebau-künstlerisch, sondern auch städtebau-wirtschaftlich außerordentlich schlecht. Nach den Erläuterungen zu diesem Entwurf sind 27% des Gesamtgebietes Straßenland, während bei einem wirtschaftlichen Entwurf 10-12% zugrundegelegt werden. Dieser Entwurf wird abgelehnt.

Zu Plan 2). Ehrlich:

Dieser Entwurf weist die gleichen Mängel auf, wenn auch in abgeschwächter Form. Die Wohnzeilen der Hauptstraße sind in langweiligster Form bis zu 300 m lang. Die Organisation der Stadt in Wohnkomplexe ist ebenso wenig gelöst, wie die Verkehrsprobleme. Der Entwurf entspricht nicht den 16 Grundsätzen des Städtebaus und wird daher abgelehnt."[342]

Kurze Analyse der bisher gefertigten Entwürfe für die Wohnstadt des Eisenhüttenkombinates Ost, Ministerium für Aufbau, Hauptabteilung II, -Abt. Städtebau-, 26.6.1951 (BArch, Bestand Ministerium für Bauwesen, DH 1, Nr. 38708)

Die baulich-räumliche Umsetzung der Ideologie ist anhand der Dokumente nachvollziehbar: Die Kriterien der Stadtplanung kamen in bezug auf die Demonstration der sozialistischen Macht in der Planung des Zentralen Platzes sowie der Hauptmagistrale ‚Leninallee' zum Ausdruck. Die Größe des Zentralen Platzes, in der Stadtplanung als ‚Aufmarschfläche' bezeichnet, sowie der Hauptstraßen, ergab sich aus der Anzahl der Demonstranten und der Größe und Länge der Marschsäulen. Der öffentliche Raum war als eine ‚räumliche Fassung des sozialistischen Lebens' darzustellen.

„DEMONSTRATIONSPLAN:
Der Zentrale Platz der Wohnstadt bildet nach Maßstab und Gestaltung den architektonischen Höhepunkt und vereinigt die wichtigsten zentralen Einrichtungen von Kultur und Verwaltung zum gesellschaftlichen Schwerpunkt der Stadt. Hier werden die großen Demonstrationen, Volksfeste und Aufmärsche stattfinden.

WESTLICHE MARSCHSÄULE
Vom Stellplatz des Wohnkomplexes Schönfließ aus bewegt sich der Demonstrationszug auf der F 246, verbindet sich mit dem Zug des Schönfließer Erweiterungsgebietes, trifft mit den Kolonnen des 3. und 4. Wohnkomplexes an der Gabelung Thälmannstr.-Diehloerstr. zusammen, bewegt sich in Richtung Werkeingang, vereinigt sich mit der östlichen Marschsäule und biegt in Richtung Zentraler Platz ein.

ÖSTLICHE MARSCHSÄULE
Im Bezirk Fürstenberg ist der Marktplatz Stellplatz für die Teilnehmer; 400 m südlich schließen sich die Bewohner des Erweiterungsgebietes an und marschieren über die neue Bahnhofstr. an der Hochschule vorbei, wo sich deren Angehörige anschließen. An der Kreuzung Uferstr.-Bahnhofstr. verstärkt sich der Demonstrationszug durch die Bewohner des 1. und 2. Wohnkomplexes. Sie marschieren auf der Uferstraße und Thälmannstr. bis zum Werkeingang.

FLIESSDEMONSTRATION
Hier setzt sich die westliche Marschsäule hinter die östliche und demonstriert gemeinsam am zentralen Platz an der Tribüne der Nordwand des Gebäudes der Partei und Massenorganisationen vorbei. Die Demonstration wird bis zur Kreuzung Uferstr.-Bahnhofstr. weitergeführt, wo sich die Züge auflösen.

STANDDEMONSTRATION
Am häufigsten wird mit Standdemonstrationen am zentralen Platz zu rechnen sein; eine Auflösung ist dann nach allen Richtungen möglich."
Inventur der Stadt Stalinstadt v. 6.2.1954, S. 24/25 (Brandenburgisches Landeshauptarchiv (BLHA), Ld. Br., Rep. 601 Bezirk Frankfurt (Oder), Nr. 6065)

In den verschiedenen Wohnkomplexen sind unterschiedliche Baustile zu finden. Die Ablehnung des Bauhaus-Stils – damals kritisiert als Konstruktivismus und Formalismus – wirkte sich negativ auf die Anwendung einer industriellen Bauweise aus.[343] Dem Ideal dieser Zeit entsprach – in Abgrenzung zum sogenannten ‚formalistischen Bauen' – eine Verbindung vergangener Baustile, so daß an den Bauten (an Balustraden, Giebeln, Dekors, Säulen) Elemente verschiedener Epochen verbunden wurden (als ‚Zuckerbäckerstil' bezeichnet, in Stalinstadt aber aus wirtschaftlichen Gründen nicht in dem Maße, wie in anderen Städten vorhanden).

„Es war klar, daß sich die sowjetische Architektur nicht lange in dieser Sackgasse aufhielt. Und das setzte hier eine Entgegenbe-

Marschsäule	Wohnkomplex	Anzahl der Demonstranten	Wegstrecke z. zentr. Platz m	Weg in Minuten z.zentr. Platz
West	3. Wohnkomplex	3.450	2.710	46
	4. Wohnkomplex	2.700	2.210	37
	Schönfließ	670	2.570	38
	Schönfließ-Erweiterungs-Gebiet	630	2.630	45
Ost	1. Wohnkomplex	3.200	2.560	44
	2. Wohnkomplex	3.450	2.700	46
	Hochschulkomplex	1.500	2.830	49
	Alt-Fürstenberg-Erw.	1.000	4.000	69
	Alt-Fürstenberg-Zentrum	5.800	4.430	76

Für 22.600 Demonstranten ist die ausgewiesene Aufmarschfläche des Zentralen Platzes mit 8.000 m$_2$ ausreichend.

Berechnung der Zeit und des Weges zur Demonstration, nach der Art der Demonstration sowie der Anzahl der Demonstranten aus den einzelnen Wohnkomplexen (Brandenburgisches Landeshauptarchiv (BLHA), Ld. Br., Rep. 601 Bezirk Frankfurt (Oder), (Nr. 6065, S. 24)

strebung ein, die zu dem Neoklassizismus führte, der dann später, so etwa ab '52 auch in Eisenhüttenstadt sichtbar wurde. Wenn auch in einer Form, das kann man in Architekturzeitschriften und auch durch persönliche Anschauung studieren, die hier in Eisenhüttenstadt durchaus ernst zu nehmen war und ziemlich weit entfernt war von dem sogenannten ‚Zuckerbäckerstil', den Crustschow dann in den Folgejahren sehr heftig kritisiert hatte. Also den reinrassigen Eklektizismus, der unter der Überschrift des nationalen Kulturerbes Bauformen wieder aufnahm und wieder zu Leben erweckte, wo er sie nur kriegte und an den unmöglichsten Stellen einsetzte. Bestimmte Tendenzen in dieser Richtung gibt es auch in unserer Stadt. Wer in der Pawlow-Allee wohnt und weiß, daß über den Elefantenbögen, die diese Querachse in der Mitte – die fünf Bögen – bestimmen, daß im letzten Geschoß, das architektonisch sehr stark unterstrichen worden ist aus rein städtebaulichen Gesichtspunkten, daß sich da die Trockenböden befinden, daß da also Wäsche getrocknet wird, weiß, was ich meine, wenn ich sage, daß das Pathos in der Architektur übertrieben war. Daß das aber, da es sich in Eisenhüttenstadt auf wenige Stellen beschränkte, im Großen und Ganzen noch erträglich ist. (3, VG 11, Stadtplaner in Eisenhüttenstadt 1956-1968)

Die Baukunst der ersten Wohnkomplexe lehnt sich an die Doktrin der „nationalen Bautradition" (‚sozialistisch im Inhalt, national in der Form') an, die nach sowjetischem Vorbild in den 50er Jahren die Formensprache der DDR-Architektur dominierte. So findet man in Eisenhüttenstadt Bauten nach dem Vorbild des Klassizismus (z.B. das Friedrich-Wolf-Theater) ebenso, wie nach sowjetischem Vorbild.[344]

Die Gestaltung der Fassaden in den ersten Wohnkomplexen weist Ähnlichkeiten mit den Bauten der 30er Jahre auf. Ursache für die, durch Kritiker oftmals als ‚fatale Ähnlichkeit' mit der Architektur des dritten Reiches bezeichneten Bauweise, ist die Kontinuität der ‚Handschrift' verschiedener Architekten.[345] Die Grundstrukturen der Stadt *„beruhen auf den zum damaligen Zeitpunkt geltenden stadtplanerischen Prinzipien eines geometrisch-monumentalen Aufbaus mit weiträumigen Achsen, mit symmetrischen Gebäudeformationen*

Friedrich-Wolf-Theater 1991 (Lindenallee)

und einem strengen System der hierarchischen Anordnung gesellschaftlicher Zentren." (Fromm 1981:111)[346]

Dennoch – der Anschluß an die Bautraditionen des sozialen Wohnungsbaus der 20er Jahre ist nicht zu verleugnen, „über die man in den 50ern aber nur mit vorgehaltener Hand oder polemisch reden konnte … Walter Ulbricht, der gelernte Tischler, wollte nichts von Architekten wissen, die inzwischen in Amerika Meriten machten und die früher mit sozialen Wohnprojekten Stimmen für die SPD einführen. Dabei waren die ökonomischen Kalamitäten durchaus ähnlich, die der Siemensstadt oder der Onkel-Tom-Siedlung in Berlin das endgültige Aussehen gaben. Bei Baubeginn waren jedoch gerade sie als formalistisch und vor allem kleinbürgerlich abgekanzelt worden, aber still hat man sie auch in Eisenhüttenstadt verarbeitet"[347]

So ist die funktionale Anlage der Stadt, ihre Einheit von Stadt und Landschaft in den ersten Wohnkomplexen, auch als eine Folge der Planungen der Avantgarde der 20er Jahre zu verstehen. Anknüpfungspunkte zur Idee der ‚Gartenstadt'[348] oder auch der ‚Raumstadt'[349] sind ebenfalls vorhanden.

Die Planungen von Stalinstadt waren in den folgenden Jahren kaum normbildend für den weiteren Städtebau in der DDR. Der Generalprojektant der Stadt – Kurt W. Leucht – wurde wegen seiner getreuen Umsetzung des sozialistischen städtebaulichen Ideals selbst von DDR-Kollegen angegriffen[350]: „*Vornehmlich die westdeutsche Presse wertete jegliche Neuerung und Errungenschaft in der DDR ab. Leider griffen auch einige DDR-Architekten diesen Begriff des ‚Homunculus', einer künstlichen Stadt, auf. Lange Zeit bin ich von unseren Architekten und Projektanten angegriffen worden. Aber ich habe konsequent durchgesetzt, daß in Stalinstadt eine Hauptstraße kommt, ein Platz und ein Rathaus gebaut werden müssen.*" *(Meuser 1993, Teil 3)*[351]

Nach dem Umschwenken der DDR-Parteiführung infolge des baupolitischen Kurswechsels in der Sowjetunion (vgl. Etappe B in diesem Kapitel) fiel auch Leucht in Ungnade bei der Landesführung:

„*Und Kurt W. Leucht wurde dann auch … Hauptabteilungsleiter Städtebau im Ministerium für Aufbau. Und er hat diesen, wie auch andere Posten, verlieren müssen, weil er eben da schon gar nicht mehr – das wollte man dann schon gar nicht mehr. Und er hat mit einer Penetranz, einer progressiven Penetranz, um das Städtebaugesetz der DDR gekämpft. Was er auch durchgekriegt hat und was ihn endgültig aus Berlin mit Tritt von hinten dann hinausbefördert hat. Das ist so einer, der eben … er war immer mehr als ein Reformator, er war fast ein Revolutionär. Und daran ist er irgendwo verzweifelt. Aber er hat sich auch nie den Mut nehmen lassen … Das ist so einer, der eben auch versucht hat, dieses Entgleisen der Idee zu vermeiden.*" (19, VG 11 Denkmalpfleger)

Weiterhin wurden Erfahrungen des neuen Städtebaus aus der gesamten DDR einbezogen, z.B. die, die bei der Errichtung der Wohnsiedlungen in Rathenow oder Senftenberg gemacht wurden. Auch hier muß etwas von dem euphorischen Bild genommen werden, daß ‚Stalinstadt' nach dem Krieg die erste Stadt mit spezifischen *Bauten* war, die als Vorbild für den weiteren Städtebau in der DDR dienen sollten. Für die Anlage und Planung einer gesamten Stadt, für die ursprünglich geplanten monumentalen Bauten sowie die ideologische Ausrichtung ihres Charakters trifft dies allerdings uneingeschränkt zu.

Die einzelnen Etappen und ihre Grundzüge

Anhand der Stadtentwicklung läßt sich die Entwicklung der Architektur in der DDR nachvollziehen.[352] Aber auch die enge Verzahnung von Werks- und Stadtentwicklung wird deutlich. So trifft auch für diese neugegründete Stadt zu: „Die ‚Stadt' erscheint in dieser Betrachtungsweise zunächst als geographische Aneinanderreihung von unterschiedlichen baulich-räumlichen Gegebenheiten, in denen der geschulte Blick unschwer städtebauliche bzw. stadtplanerische Konzeptionen aus verschiedenen ...Perioden erkennt, die sich im Geflecht der Interessen im städtischen Raum durchgesetzt haben ...kurz: als ein lebendiges Geschichtsbuch, das man lesen kann." (Rodenstein 1991:31f.) Jeder Wohnkomplex (WK)[353], der durch die zeitversetzte Entwicklung des EKO und seiner einzelnen Werksteile für die ‚Unterbringung' der Arbeitskräfte entstand, weist die für den jeweiligen Zeitabschnitt typische DDR-Bauweise auf und damit den damaligen Entwicklungsstand der Produktion im Bauwesen sowie die wirtschaftlichen Situation im ganzen Land nach.[354] „Insgesamt 7 WK sind zu DDR-Zeiten gebaut worden. Sie spiegeln treulich den Geschmack der Zeit, den Einfluß des jeweiligen Architekten in Berlin und den Zustand der öffentlichen Kassen wider."[355]

So lassen sich für die Errichtung der Wohnkomplexe drei Etappen charakterisieren:

Etappe A   Die Wohnkomplexe I bis III (1951-1956)
Diese Wohnkomplexe wurden vorrangig für die Arbeitskräfte des Hochofenwerkes errichtet. In diesen WK sind die Wohnblöcke mit der als ‚Stalinbauweise' bezeichneten Architektur vorhanden.

Etappe B   Die Wohnkomplexe III, IV, V und VI (1956 – 1978)
Hier befinden sich die in Block- und Großblockbauweise errichteten Wohnungen für die Arbeitskräfte weiterer Betriebe, die in Stalinstadt angesiedelt wurden. Insbesondere der WK VI wurde für die Arbeitskräfte des Kaltwalzwerkes im EKO, das 1968 die Produktion aufnahm, errichtet. Die Etappe markiert die Abkehr von der ‚stalinistischen Bauweise' hin zum industriellen Bauen.

Etappe C   Der Wohnkomplex VII (1979-1985)
In diesem WK befinden sich ausschließlich in Großplattenbauweise hauptsächlich für die Arbeitskräfte des Stahlwerkes errichtete Wohnungen.

(Übersichtsplan vgl. Ende des Architekturkapitels)
Geplant war sogar der Wohnkomplex VIII für das Warmwalzwerk, dessen Bau jedoch 1987 abgebrochen wurde. Nach dem Abbruch der Bauarbeiten wurde auch der Wohnungsbau beendet.[356]

Etappe A: 1951 bis 1956 – Allgemeine Grundzüge für die Stadtplanung der neuen Stadt

Entsprechend den o.g. 16 Grundsätzen wurde die Stadt in Wohnkomplexe und einen Zentrumsbereich gegliedert. Zunächst waren vier Wohnkomplexe für insgesamt ca. 25.000 Einwohner geplant. Der Grundstein für den ersten Wohnblock wurde im Februar 1951 gelegt[357]. Die Wohnkomplexe I-IV stehen schon seit 1975 unter Denkmalsschutz. Die Sanierung begann im September 1995 (vgl. Kapitel „Prozesse der Auf- und Abwertung von Stadtquartieren"). In jeden Wohnkomplex sollten *organisch* die wichtigsten Versorgungseinrichtungen, wie Kinderkrippe, Kindergarten, Schulen, Einkaufsmöglichkeiten für den täglichen Bedarf, Gaststätten, Klubhaus, Dienstleistungseinrichtungen etc. integriert werden. Somit wurde das ‚Nachbarschaftsprinzip'[358] konsequent umgesetzt. Fußwege in den Wohnhöfen und die Wege, die die einzelnen Wohnkomplexe verbinden, wurden vom motorisierten Verkehr abgetrennt. *„Die erste neue Stadt in der DDR mußte im Sinne humanistischer Traditionen errichtet werden. Dabei geht es nicht nur um eine rationale Betrachtung einzelner Bedingungen und Bestimmungsfaktoren der Charta von Athen, wie Sonneneinstrahlung, Belichtung und Durchlüftung, große Abstände der Wohnungen von den Straßen, angemessene Anzahl und zweckmäßige Verteilung der Nachfolgeeinrichtungen sowie Weiträumigkeit des gesamten Stadtaufbaus. Wichtig ist die Schaffung innerstädtischer Idyllen." (Eger 1987:20)*[359] Die ursprüngliche Idee, in jedem Wohnkomplex ein Kino zu integrieren, wurde wieder aufgegeben. Zentrale Einrichtungen, wie Gesellschaftsbauten, wurden im Zentrum (dem ‚Zentralen Platz') und der Magistrale (früher Lenin-, jetzt Lindenallee) lokalisiert. Die Magistrale ‚Leninallee', die das Stadtzentrum in zwei Teile gliedert, ist auf das Werk (den Hochofen I) ausgerichtet und stellt so die Verbindung von Werk und Stadt dar. Arbeits- und Wohnmilieu wurden auf diese Art und Weise miteinander verbunden (vgl. Goldzamt 1975:265f.).

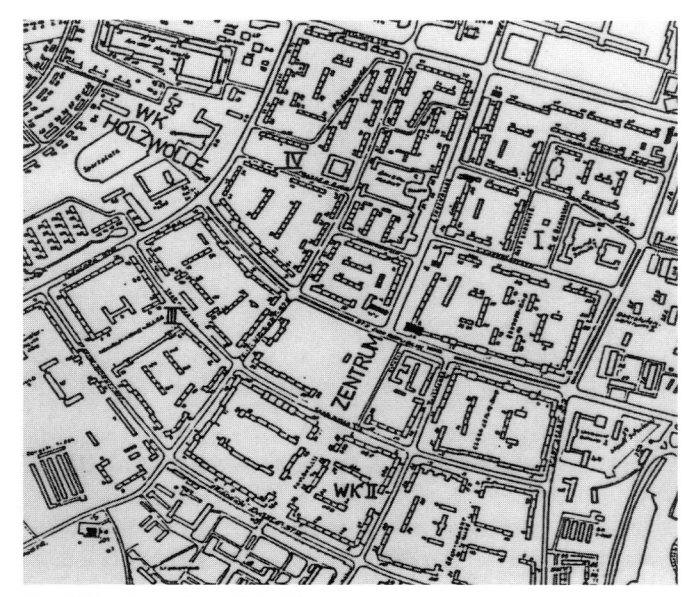

Die Wohnkomplexe I bis IV

Die Leninallee als Verbindung von Hochofengruppe und Zentralen Platz (Aufnahme aus den 70er Jahren, in: Synthese Architektur und Bildende Kunst Eisenhüttenstadt 1976)

Strahlenförmig – im ‚Halbrund' oder auch als ‚Fächerstadt' bezeichnet – ziehen sich die Querachsen durch die Stadt. Monotonie sollte vermieden werden. Das trägt gewisse ‚absolutistische Elemente' in sich, denn auch da wurden fächerartig Städte um eine ‚prominente Achse' errichtet.[360] Wie im historischen Abschnitt hergeleitet, war für den Zentralen Platz eine Anzahl von Monumentalbauten, wie z.B. der Zentrale Kulturpalast, vorgesehen, die letztlich nicht realisiert wurden (vgl. Kapitel ‚Neue Perspektiven für die Stadt'). So befindet sich dort heute ‚nur' das 1954 errichtete Gebäude der Stadtverwaltung, früher als „Haus der Parteien und Massenorganisationen" bezeichnet.[361] Der Zentrale Platz bildet ebenfalls das Achsenkreuz der beiden Hauptstraßen ‚Lindenallee' und ‚Straße der Republik'. Letztere führt bis nach Fürstenberg. Das Zentrum sollte den politischen Mittelpunkt der Stadt darstellen: *„Das Zentrum fungiert als kultureller und politischer Mittelpunkt der Stadt, der von den Wohnkomplexen gut erreichbar und räumlich sowie architektonisch besonders gestaltet ist"* (Eger 1987:22) Auf der Magistrale befindet sich das 1955 gebaute Friedrich-Wolf-Theater, welches auch als – immer noch einziges größeres – Kino arbeitet. 1955 war es ein Symbol für alle ‚Neuankömmlinge' in der Stadt, denn es stand als alleiniges Gebäude auf der Leninallee, umgeben von Kiefern:

„Und ich kenne dieses Erlebnis – aus dem Bus steigen und »Das soll Stalinstadt sein?« und »Das ist ein einziger Kiefernwald!« und »Da steht ein griechischer Tempel, eine Akropolis.« (gemeint ist das im klassizistischen Stil errichtete Friedrich-Wolf-Theater, welches 1955 zwischen Kiefern erbaut wurde; d.A.). Aber es hat mich beeindruckt, daß es ein Kulturbau war, der als erster da war. Nicht die Wohnungen und nicht die Baubuden und die Büros, die hockten in Baracken. Aber die Kultur war vollständig, wie man sie sich damals vorstellte, da. Und es ist ja immer noch da." (10, VG 11 Denkmalpfleger)

Weitere kulturelle und soziale Einrichtungen, wie das Krankenhaus, Ledigenwohnheim, Großgaststätte (‚Aktivist') entstanden in den 50er Jahren verteilt in den Wohnkomplexen I-IV.[362] Ab dem II. Wohnkomplex sind in allen Wohnblöcken Hausdurchgänge vorhanden, die die einzelnen Wohnhöfe miteinander verbinden. Im Sockelgeschoß dieser Häuser befinden sich mehrheitlich Geschäfte, die insbesondere nach der Kritik der Arbeiter an den ersten Wohnbauten des WK I im WK II integriert wurden. In den Wohnkomplexen I und II werden die neoklassizistischen Traditionen deutlich. So ergibt sich für

Wohnbauten in den ersten Wohnkomplexen (Leucht 1957)

denjenigen, der ‚das erste Mal' den ersten Wohnkomplexen der Stadt begegnet, ein ‚abgerundetes Bild': „*Vor allem die ersten Stadtteile vermitteln einen harmonischen Eindruck. Die Straßenführung vermeidet bewußt rechte Winkel, leichte Biegungen vermitteln Raumgefühl. Die Straßen haben eine für heutige Verhältnisse opulente Breite, die Innenflächen sind begrünt, große Bäume setzen Akzente – eine Stadt der kurzen Wege, konzipiert für Radfahrer.*"363 Auch wenn die Architektur und Stadtanlage Stalinstadts und späteren Eisenhüttenstadts nie maßgebend für den DDR-Städtebau wurde, bleibt das Leitbild zur Anschauung in diesen ersten Wohnkomplexen und auch in Gedanken erhalten: „»*Im Grunde genommen würde ich heute auch noch so bauen*«, betont Leucht. Denn die DDR-Architektur der Anfangsjahre war in Stalinstadt menschenfreundlich. Grünzonen ziehen sich durch die drei- bis viergeschossigen Wohnanlagen, die Flachdächer sind mit Gesims abgesetzt. Der Innenraum der Blöcke erzeugt eine nachbarschaftliche Atmosphäre. Torbögen trennen öffentlichen von privatem Raum. Über 90 verschiedene Baumarten geben dem Wohnumfeld ein parkähnliches Aussehen. Das Wohnen in der Stadt, die den Namen des sowjetischen Führers trug, sollte offen, sozial und landschaftsbezogen sein.*" (Meuser 1993, Teil 1)

Der Bau einer Kirche in Stalinstadt war ursprünglich geplant, wurde jedoch von politischer Seite „verschleppt".364 Auch eine Hochschule für Metallurgie war vorgesehen und wurde nach dem ‚Neuen Kurs' nicht realisiert (vgl. historischer Teil).

Etappe B: 1956 bis 1978 – der Bau der Wohnkomplexe III, IV, V, VI

Der erste Bruch in der Bauweise wurde infolge der 1. Baukonferenz im April 1955 vollzogen. Mit ihr beginnt die Etappe des industriemäßigen Bauens. „Stalins Tod im Frühjahr 1953 leitete in der Sowjetunion einen baupolitischen Kurswechsel ein, der sich mit zeitlicher Verzögerung auch auf die DDR auswirkte und die Rückkehr zum Leitbild der funktionellen Stadt zur Folge hatte" (Hoscislawski 1990:132). „*Der 2. Fünfjahrplan der DDR 1956-1960 sah ein hohes Entwicklungstempo der Industrie und Landwirtschaft sowie den beschleunigten Wiederaufbau der kriegszerstörten Städte und Dörfer vor. Die dazu erforderliche beträchtliche Steigerung der Bauleistungen war auf der Grundlage der traditionellen, handwerklich orientierten Bautechnologie nicht zu erreichen. Die niedrige Arbeitsproduktivität der traditionellen Bautechnologie trat in Widerspruch zu den schnell wachsenden Anforderungen der Volkswirtschaft.*" Die Lösung des Widerspruchs sollte durch „*Überwindung der Handwerkelei und Übergang zur Industrialisierung des Bauens*" (Eger 1981:50, zitiert nach Kosel 1980:334)365 erreicht werden. Die Idee des ‚Organischen' mußte ab 1956/57 geopfert werden, da es nicht gelang, ‚neue industrielle Bauweise' und ‚alte Ideen der Stadtplanung' miteinander zu vereinbaren. Im WK III wird ein Einschnitt deutlich, der nur im Zusammenhang mit dem ‚Umschwenken' in der sowjetischen Bauweise und Architektur erklärbar ist. In diesem Zeitraum wurden die Häuser des WK III fertiggestellt und der WK IV begonnen

„Als ich 1955 nach Eisenhüttenstadt kam als 27jähriger Architekt und dann sehr bald verantwortlich wurde für die weitere Planung der Stadt, kam ich vom Industriebau. Ich hatte 1952 mein Studium abgeschlossen, war im funktionalistischen Sinne erzogen, also im Sinne der modernen Sachlichkeit und hielt absolut nichts – absolut nichts – von dem, was in den ersten beiden Wohnkomplexen in Eisenhüttenstadt gemacht worden ist. Ich befand mich da in guter Gesellschaft mit meiner Generation ... Wir haben nicht im Traum daran gedacht, an diese Dinge anzuknüpfen. Und waren sehr froh, als mit der Rede Crustschows vor dem Allunionskongress war das, glaube ich, 1954, als er sich an die teuren, allzu teuren Genossen Architekten wandte. Als mit dieser Rede von Crustschow sehr rigoros, wie das russische Art ist, mit einem großen Strich eine Entwicklung abgeschlossen wurde, die wir alle sehr gerne abgeschlossen sahen ... Etwas ganz anderes ist die heutige Position dazu, daß diese Entwicklung da ist, und daß sie in Eisenhüttenstadt ablesbar ist. Das eine bedingt nicht automatisch das andere. Die damalige Ablehnung bei mir persönlich bedingt absolut nicht, daß ich diese ...heute noch ablehnen muß. Aber ich sehe sie nicht als Vorgabe einer fortzusetzenden Architektur, sondern ich sehe sie als erhaltenswertes Beispiel aus der Baugeschichte der DDR oder der Baugeschichte Deutschlands, wie man will. Auf jeden Fall aber als erhaltenswertes Beispiel .." (4, VG 11 Stadtplaner in Eisenhüttenstadt 1956-1968)

Der WK III – begonnen Mitte der 50er Jahre – ist in seiner Gestaltung dem WK II ähnlich. Er markiert noch nicht in dem Maße wie der WK IV die Idee des industriellen Bauens, da seine Planung und Errichtung vor diesem baupolitischen Kurswechsel erfolgte. Im WK III wurden eher wieder komplexe Versorgungseinrichtungen integriert. Mehr noch als später in WK IV wurde hier die Hervorhebung der sozial-kommunikativen Form verfolgt, indem viel Grünfläche, Brunnenanlagen sowie Sitzmöglichkeiten integriert wurden. Das Zentrum dieses Wohnkomplexes ist die Heinrich-Heine-Allee. Diese ist von allen Wohnhöfen aus gut erreichbar. Begrenzt wird dieser Wohnkomplex durch die Diehloer Höhe, das Gartenfließ und den Rosenhügel (vgl. Karte am Ende des Exkurses).

Das sich in der früheren Leninallee befindende 1955 eröffnete Friedrich-Wolf-Theater wurde in der Bauweise an den Klassizismus angelehnt. Für die auf der gegenüberliegenden Straßenseite zu errichtenden Bauten hatte es schon 1953 eine Ausschreibung für einen ‚Wettbewerb zur Gestaltung von Magistrale und Zentralen Platz' gegeben.366 Die Entwürfe konnten jedoch aus den schon beschriebenen politischen und ökonomischen Gründen in diesem Zeitraum nicht realisiert werden: „*Durch die Einführung der industriellen Bauweise wurden die bereits 1954/55 ausgearbeiteten Projekte für die Leninallee, das Rathaus u.a. Gebäude nicht realisiert und die Entwürfe für das Hotel, das Kaufhaus, den Kulturpalast u.a. konnten keine weitere Verwendung finden.*" (Fromm 1981:112) Erst in den Jahren 1958/59

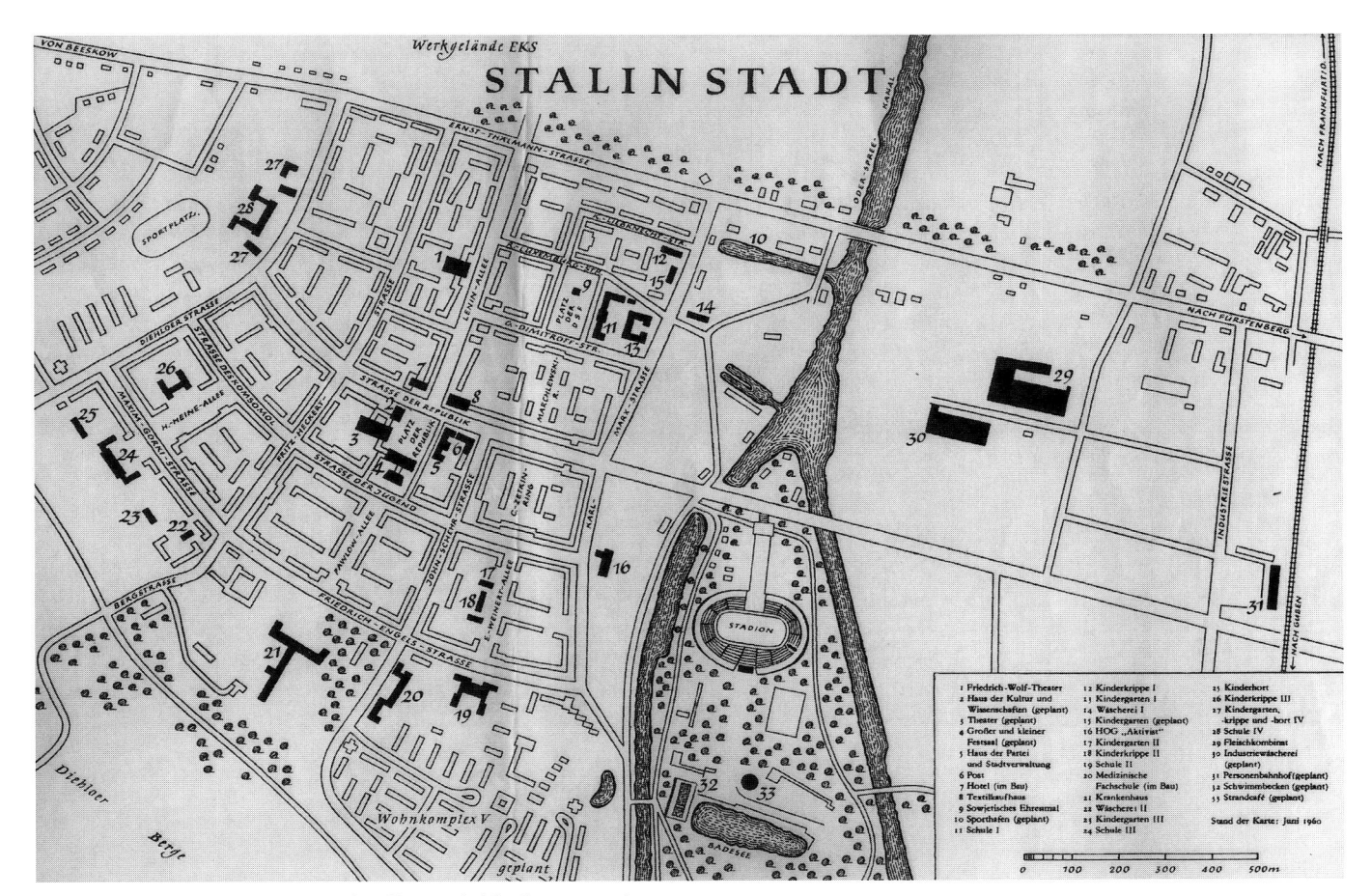

Stadtplanung Stalinstadt 1960 (Hoffmann/Oldenburg 1960)

wurden nach neuen Plänen die Gebäude, wie z.B. die drei 9-geschossigen Punkthochhäuser und die sich am Ende der Magistrale befindenden Gebäude des Kaufhauses und gegenüberliegenden Hotels (‚Lunik') errichtet.

„*In dieser Zeit – Ende der 50er Jahre – entstand auch die Lindenallee mit ihrer Bebauung. Und jeder wird ja feststellen können, daß diese Lindenallee nach planerischen Gesichtspunkten projektiert und gebaut worden ist, die mit dem zweiten Wohnkomplex nicht mehr viel zu tun haben. Wir haben versucht, dort die offene Bebauung in Übereinstimmung – die Prinzipien der offenen Bebauung, der Verwendung von Baukörpern unterschiedlichen Volumens und unterschiedlicher Höhe – in Übereinstimmung zu bringen mit der Aufgabe, eine ja schon bestehende Straße flankierend zu bebauen, zu begleiten.*" (5, VG 11 Stadtplaner in Eisenhüttenstadt 1956-1968)

Ein immer wiederkehrendes Moment in der Stadtentwicklung Eisenhüttenstadts stellen die Versuche dar, den Zentralen Platz zu bebauen. Der zweite Versuch nach 1953 fällt in den Zeitraum 1958/59. Dem Zentralen Platz sollte, anders als noch 1953 vorgesehen, nicht mehr ein monumentales Gepräge gegeben werden. Die bis zu diesem Zeitpunkt errichteten Gebäude des Zentralen Platzes üben jedoch bis in die Gegenwart Einfluß auf alle weiteren Vorstellungen zur Bebauung des Platzes aus:

„*Wenn man auch mit Recht begrüßen kann, daß die Architektur der Bebauungsvorschläge aus dem Jahre 1953/54 für das Zentrum nicht zur Ausführung gelangte, so darf man aber andererseits nicht vergessen, daß die ausgeführte Wohnbebauung und das Haus der Organisationen Teilbestandteil dieser Vorstellungen waren, was heute der Bebauung des Zentralen Platzes Grenzen vorschreibt, die ganz besonders dem Charakter und der flächenmäßigen Ausdehnung der kulturellen Einrichtungen entgegenstehen.*"
Brandenburgisches Landeshauptarchiv (BLHA), Ld. Br., Rep. 601 Bezirk Frankfurt (Oder), Nr. 593 Rat des Bezirkes, Stadtplanungsamt Stalinstadt, Stadtbauamt, 10.9.1959, S. 1

1960 entschied man sich für die Variante von K.W. Leucht, die jedoch wiederum nicht realisiert wurde. Auf dem oben abgebildeten Dokument vom Juni 1960 sind die geplanten und letztlich nicht errichteten Bauten ‚Haus der Kultur und Wissenschaften' (Nr. 2), ‚Theater' (Nr. 3), ‚Großer und kleiner Festsaal' (Nr. 4) eingezeichnet:

Ursprünglich war die Stadt für 25.000-30.000 Einwohner (Angaben differieren) und bestehend aus vier Wohnkomplexen vorgesehen. Bis zu diesem vierten Wohnkomplex ist auch – trotz aller beschriebenen Planungsunzulänglichkeiten und der Verwerfung von Ideen – ein organisches Wachstum vorhanden. Mit dem gravierenden Zuwachs an Einwohnern im Zuge der EKO-Erweiterung hatte man jedoch in der ersten Planungsphase nicht gerechnet. Es war ein Irrtum, die Stadtgröße politisch vorgeben zu können. Dennoch konnten die Planungssprünge der Volkswirtschaft stadtplanerisch immer aufgefangen werden.[367]

Der WK IV – begonnen 1957 – sollte nach der Konzeption K.W. Leucht's ursprünglich den Abschluß des Stadtbaus darstellen. Er wurde nördlich vom Zentralen Platz hinter dem Friedrich-Wolf-Theater errichtet und markiert durch die Verwendung zunächst nur einzelner Fertigteile den Übergang zur industriellen Bauweise.[368] Kritisch ist hier zu vermerken, daß die traditionellen Grünflächen und großzügige Freiräume – wie in den WK I-III angelegt – schon nicht mehr vorhanden sind.

„Im vierten Wohnkomplex zeigt sich schon das, was dann auch offiziell seitens der deutschen Bauakademie verteufelt wurde an der vorangegangenen Periode des nationalen Kulturerbes. Es zeigt sich, daß von der geschlossenen Blockbebauung zur offenen Blockbebauung übergegangen worden ist. Das heißt, die Ecken wurden nicht mehr geschlossen. Die Gebäude wurden als klare, rechteckige Baukörper zueinandergestellt. Wir haben damals allerdings noch das gemacht auf der Basis des ursprünglichen Städtebauentwurfs von Leucht. Das heißt, die Straßenfluchten beibehalten, die Wohnhöfe in ihren Standorten beibehalten." (4, VG 11 Stadtplaner in Eisenhüttenstadt 1956-1968)

Die offizielle Begründung für den Übergang zum Bauen mit Fertigteilbauweise lautete zum damaligen Zeitpunkt folgendermaßen: *„Die Anwendung weiter fortgeschrittener Technologien und vorgefertigter Elemente schlägt sich in der städtebaulich-räumlichen Konzeption nieder. Ökonomische Aspekte, wie die bessere Ausnutzung des Baulandes und eine höhere Effektivität der Stadttechnik, gewinnen die volkswirtschaftlich notwendige Bedeutung."* (Eger 1987:53) In späteren Arbeiten, die sich mit der Gestaltung der Wohnblöcke auseinandersetzten, wurde, wenn auch verhalten, Kritik geübt: *„Der Charakter eines Zweckbaus läßt sich nicht verleugnen".* Die Architektur *„wirkt insgesamt verfestigt, da Schmuckelemente fehlen."* (Eger 1987:55)

Ende der 50er Jahre war die Abkehr vom neoklassizistischen Bauen endgültig vollzogen. Die rationelle Bauweise hatte sich international durchgesetzt. In den historischen Kontext der wirtschaftlichen Entwicklung der DDR eingeordnet, war eine andere Herangehensweise auch nicht möglich: Ende der 50er Jahre stieg die Zahl der Abwanderungen nach Westdeutschland, was zu einer Verknappung der Arbeitskräfte im Baubereich führte. Die Kollektivierung der Landwirtschaft sowie der Aufbau der nationalen Streitkräfte verschlangen die Staatsmittel. Aufwendige Bauprojekte wurden gekürzt bzw. vollständig ‚zu den Akten' gelegt (vgl. Meuser 1993, Teil 2). Der Übergang zur industriellen Bauweise ist der entscheidende Wendepunkt im DDR-Bauwesen. Stalinstadt/Eisenhüttenstadt spielte insofern wieder eine ‚Vorreiterrolle', indem Verfahren auch hier erstmalig zur Anwendung kamen. *„Das Problem der Wirtschaftlichkeit des Bauens und der Bewältigung der ständig wachsenden Bauaufgaben stand im Vordergrund. Dem konnte man nur durch die Einführung neuer Techniken und Verfahren (Serien- und Fließfertigung) sowie neuer Bauweisen (Großblock- und Großplattenbauweise) gerecht werden"* (Eger 1987:73).[369] So wurde der WK V – in der Erwartung, daß mit dem Bau des Kaltwalzwerkes schon Anfang 1960 begonnen wird (vgl. historischer Teil) ab 1959 in Blockbauweise errichtet. Diese Bauweise, offiziell auch ‚industrielle Montagebauweise' genannt, wird kritisch auch als ‚Kranideologie' bezeichnet. Die Häuserzeilen haben genau den Abstand, den der Kranarm von der einen zur anderen Zeile erreichte. Das war entschieden wirtschaftlicher, ging jedoch auf Kosten der Übersichtlichkeit.

„Ein gravierender Einschnitt, den gab es im fünften Wohnkomplex. Von da an wurde die industrielle Bauweise eingeführt. Geübt eigentlich schon im dritten an den ersten Blöcken, allerdings dort noch mit – na wie hatten wir gesagt – Großblockbauweise, mit der Axt gemacht auf der Baustelle. Geübt also schon im dritten, industriemäßig eingeführt im fünften Wohnkomplex. Dort wurde bereits der Städtebau in einer sehr, sehr spartanischen Form ausgeführt, …wir sind zum Zeilenbau der 20er Jahre zurückgekehrt. Haben diesen Zeilenbau eine ganze Reihe von positiven Eigenschaften abgewonnen. Es ist – viele wissen das nicht – aber der fünfte Wohnkomplex gehört – glaube ich – nicht zu den beliebtesten Wohnstandorten innerhalb der Stadt. Es ist im fünften Wohnkomplex gelungen, durch eine Verkehrslösung, die man gar nicht so spürt, wenn man es nicht weiß, den Fahrverkehr und Fußgängerverkehr beinahe völlig zu trennen. Man kann im fünften Wohnkomplex nahezu jede Wohnung erreichen zu Fuß, ohne daß man eine Straße überqueren muß, wenn man ein paar kleine Umwege in Kauf nimmt … Wenn man ein Haus im fünften Wohnkomplex betrachtet und dem zweiten gegenüberstellt, weiß man, was ich meine. Es gibt im fünften Wohnkomplex kaum noch optische Signale, die zu einem Betrachten des einzelnen Gebäudes einladen. Das einzelne Gebäude ist ein Industrieprodukt, wir haben das immer scherzhaft, sarkastisch mit ‚Seifenregalen' verglichen, die eben Ergebnis industrieller Produktion gewesen sind. Wir glaubten eine Zeit lang mit Farbe gegen diese Gebäudemonotonie arbeiten zu können. Das ist nicht gelungen. Wir glaubten eine Zeit lang, diese Monotonie mildern zu können, indem die bildende Kunst stärker in das Stadtbild einbezogen worden ist. Das ist schon besser gelungen. Eisenhüttenstadt ist ja bekannt dafür. Aber eine Alternative zu einer abwechslungsreichen, wenn auch mit ökonomischen Anstand produzierten Architektur ist das natürlich auch nicht. Es kann nur eine Ergänzung sein." (6, VG 11 Stadtplaner in Eisenhüttenstadt 1956-1968)[370]

Mit der Errichtung dieses WK erfolgte durch den engen Anbau an die aus der ersten Hälfte der fünfziger Jahre stammenden WK II die Erweiterung des Stadtgebietes über die ursprünglich geplanten vier Wohnkomplexe hinaus. Der Wohnkomfort hatte sich im Vergleich zum WK IV durch die bessere Ausstattung der Küchen und Bäder und die 100%ig vorhandene Fernheizung verbessert. Kritik an dieser Bauweise erfolgte auch von seiten der Architekten selbst, die die einseitige Betonung technischer Fragen bemängelten: *„Dadurch wurde die notwendige Einheit von Ökonomie, Technik, Funktion und baukünstlerischer Gestaltung, in der sich die neue Qualität der sozialistischen Architektur auch unter den Bedingungen des industriellen Bauens verkörpern muß, verletzt. Das äußerte sich in einem übermäßig eingeschränkten Typensortiment, zu engen und starren Vorstellungen über die industrielle Vorfertigung und Montage und führte im Städtebau zu Erscheinungen der Monotonie und des Schematismus."* (Eger 1987:74, zitiert nach Collein et al. 1969:25)

Im WK VI wurden dann ab 1965 die Großblock- und Plattenbauweise angewandt. Durch diesen WK erfolgte die extensive Erweiterung des Stadtgebietes.[371] Ein Großteil der neuen Arbeitskräfte für das Kaltwalzwerk sollte in diesem WK VI eine

Wohnung erhalten. Der erste Spatenstich für die Baustelle des EKO-Kaltwalzwerkes war 1963 vollzogen -Mit der ‚Eingemeindung' Fürstenbergs 1961 wurden schon vor der Errichtung des WK VI neue Stadtgrenzen festgeschrieben, jedoch die ‚neue Stadt' rückte erst mit dem WK VI näher an den alten Stadtteil Fürstenberg heran. Wohnungen für 9000 Einwohner wurden erbaut. Erstmalig wurde der 5-geschossige Wohnungsbau eingesetzt. *„Die ‚kammartige' Anordnung der Wohnbauten wirkt sich jedoch nachteilig auf Licht- und Lärmeinwirkungen aus. Ungünstig ist die westliche Lage der Wohnzimmer. Die Öffnungen der Ringbebauung liegen zumeist an einer Hauptstraße oder Kaufhalle ...Küchen und Bäder haben keine gefließten Wände mehr, sondern erhielten statt dessen Lackanstriche ...Die Küchen stattete man mit Einbauschränken aus ...Die übrige Ausstattung wurde jedoch nur auf das Notwendigste beschränkt. Das resultiert aus der Dringlichkeit, möglichst viele Wohnungen in kurzer Zeit zu erschaffen."* (Eger 1987:61) In den Wohnbauten wurden keine Läden mehr im Erdgeschoß geplant, verwendet wurden Fertigteile. Die Einwohnerdichte ist höher als im WK V. Im Zentrum dieses WK stehen vier (erst 1978 erbaute) 11-geschossige Punkthochhäuser. Der Wohnkomplex wurde mit mehreren sogenannten „Wohnkomplexzentren" in „Kompaktbauweise" ausgestattet, wie die Fertigteilbauweise für diese Gebäude genannt wurde, in denen sich gesellschaftliche Einrichtungen befanden. Diese sogenannten ‚Komplexzentren' stellten ebenfalls einen Wirtschaftlichkeitsfaktor dar, denn damit sollte die *„Konzentration von Folgeeinrichtungen der Kultur, der Versorgung, der Bildung und der Verwaltung im Interesse kombinierter Benutzbarkeit, vor allem aber zur maximalen Entwicklung städtischen Lebens mit minimalen Aufwand"*[372] erreicht werden. 1969 wurde ein sogenanntes ‚Versorgungszentrum'[373] mit kleineren Geschäften sowie Ruhe- und Sitzmöglichkeiten als Passage erbaut.

In diesen Zeitraum fällt der dritte Versuch, den Zentralen Platz zu bebauen. 1963 sollten die Aufschlußarbeiten beginnen, der Aufbau 1964. Eine Idee bestand darin, auf dem Zentralen Platz das Verwaltungsgebäude des EKO zu errichten, was jedoch vom EKO selbst wie auch von den bezirklichen Planungsinstanzen abgelehnt wurde.

„Zentraler Platz
Die Darlegungen über den Ausbau des Zentralen Platzes zeigen keine eindeutige Konzeption. Nach meiner Auffassung muß mit davon ausgegangen werden, für welche Vorhaben besteht zeitlich die früheste Möglichkeit, eine entsprechende Bebauung des Zentralen Platzes zu erreichen, ohne dabei den generellen Charakter dieses Stadtzentrums zu verwischen. Die Varianten zur Errichtung großer Verwaltungsbauten erscheinen in den nächsten 10 Jahren doch recht zweifelhaft, so daß zu empfehlen ist, sich hinsichtlich der Bebauung in eine günstigere Richtung (Mehrzweckkultureinrichtungen, Wohnhochhaus u.ä.) zu orientieren."
Zur Vorlage des Rates der Stadt Eisenhüttenstadt ‚Stand und Entwicklung des weiteren Aufbaus von Eisenhüttenstadt', Punkt 1. Bevölkerungsentwicklung und Stadtgröße (Brandenburgisches Landeshauptarchiv (BLHA), Ld. Br., Rep. 601 Bezirk Frankfurt (Oder), Nr. 1976 Stadtkonzeption für die Städte Frankfurt/Oder, Eisenhüttenstadt und Schwedt 1965-1968, Bezirksplankommission – Planung von Wirtschaftsgebieten, 1.2.1966)

Wohnzeilen des WK VI nach der Sanierung 1995
(Foto: Richter, 1995)

Auch dieses Vorhaben wurde letztlich nicht realisiert.

1971/72 wurde der WK VI durch 650 Wohneinheiten in der Nähe des Heizkraftwerkes und anderer Betriebe sowie die 1974 errichtete ‚Wohngruppe Süd' mit über 1300 Wohneinheiten erweitert. Der Bau dieser Wohnteilgebiete entsprach der Forderung, das innerhalb der Stadt vorhandene noch freie Bauland intensiv zu nutzen. Von 10.000 stieg die Anzahl der Bewohner in diesem WK auf 18.000.

Der V. und VI. WK ist durch das zwischen ihnen befindliche Erholungsgebiet „Insel" getrennt, auf dem sich auch die Schwimmhalle Eisenhüttenstadt, das Inselstadion und der Tiergarten befinden (vgl. Karte am Ende des Kapitels). Bis Ende der achtziger Jahre wurde das Gebiet künstlerisch z.B. mit Plastiken weiter ausgestaltet.

Die Thematik ‚Kunst in der Stadt' ist ein entscheidender Punkt, der das Bild der Stadt prägte und immer noch prägt. Kleinkunst, Plastiken, Reliefs, besondere baukünstlerische Lösungen für Freiflächen, findet man in der gesamten Stadt. Auch in diesem Zusammenhang war eine Zäsur in der Stadtentwicklung insbesondere der 60er Jahre vorhanden.[374] Während in der Anfangszeit des Stadtaufbaus künstlerische Elemente eher direkt an den Häuserfassaden enthalten sind, entstanden viele dieser Plastiken erst in den 60er und 70er Jahren – sicher auch aus dem Grund, da sie in der späteren Zeit an den Häusern selbst fehlten – und wurden in die vorhandenen Wohnkomplexe eingeordnet. *„Es ist schwierig, in der Generalbebauungsplanung bereits die bildende Kunst zu bestimmen. Die Intensivphase der bildenden Kunst begann erst nach 1960, die Freiflächengestaltung sogar erst nach 1965. Die meisten Plastiken entstanden 1970 bis 1987."* (Eger 1987:70)[375] Die Kunst und Kultur als staatliche ‚Auftragskunst' oder ‚Volkskunst' in Bildern, Grafiken, Theaterstücken, Musik zum Thema Werk und Stadt dokumentiert, nimmt eine wichtige städtebildende Funktion ein. Im Rahmen dieser Arbeit kann darauf nicht eingegangen werden, es sei jedoch auf die Vielzahl der in den einzelnen Wohnkomplexen vorhandenen Plastiken, Wandbilder etc. verwiesen (Anhang 15).[376]

Etappe C: 1979 bis 1985 – 'Sorgenkind' Wohnkomplex VII

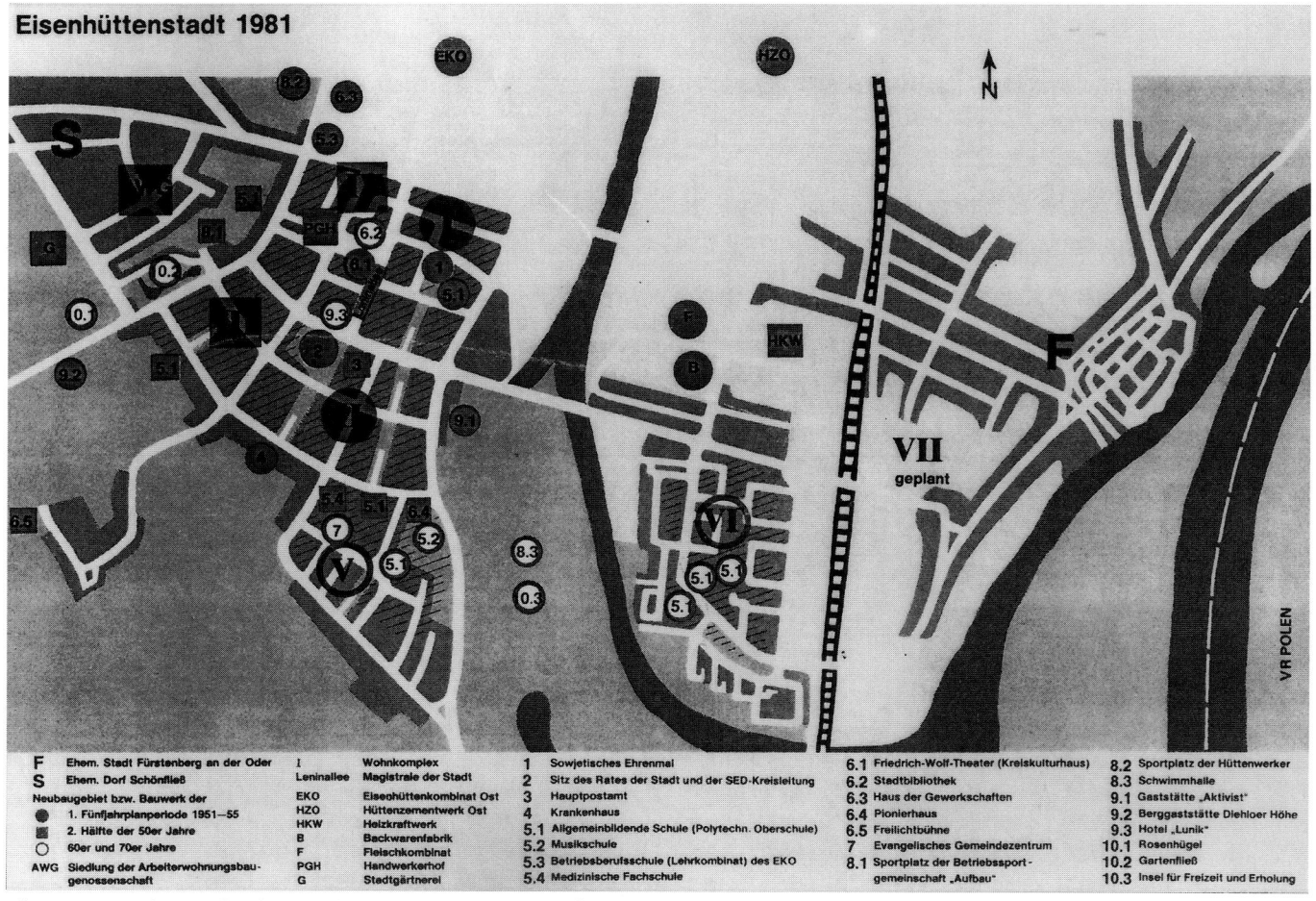

Planungsstand 1981 für die Errichtung des WK VII (Cerný 1984:33)

Die Hauptforderung des VIII. Parteitages 1971 bestand in der Erhöhung des materiellen und kulturellen Lebensniveaus der Bevölkerung. Darin eingeschlossen war die Verbesserung der Wohnbedingungen, die jedoch zur Forcierung des extensiven Wohnungsbaus und nicht zur Erhaltung und Sanierung vorhandenen Wohnungsbestandes führte. Die Direktiven des IX. Parteitages (1976) und X. Parteitages (1981) bezeichneten das Wohnungsbauprogramm als das Kernstück des sozialpolitischen Programms. Bis 1990 sollte das Wohnungsproblem in der DDR gelöst werden![377] Sowohl auf der 6. Baukonferenz 1975 als auch in den ‚Grundsätzen für die sozialistische Entwicklung von Städtebau und Architektur in der DDR' 1982 wurde gefordert, trotz massiver Errichtung riesiger Neubaugebiete anspruchsvolle gestalterische Lösungen zu finden. Das war ein Problem, welches nicht gelöst werden konnte.[378]

Der WK VII wurde nordöstlich vom WK VI ausgehend und als krasser Übergang bis an die aus dem 19. Jahrhundert stammenden kleinen Häuser Fürstenbergs ‚angebaut'. Unverständlicherweise sprach man zu dieser Zeit davon, daß dieser neue WK und Fürstenberg – welches nun zum WK VII gehörte – eine Einheit bilden würden.

Die unübersichtliche Anordnung der Bauten, unzureichende Qualität (schiefe Wände, schlecht verfugte Bauelemente etc.) und die hohe Einwohnerdichte,[379] die nun bundesdeutschen Maßstäben nicht mehr entspricht, sowie die fehlenden Grünflächen zeigen den Vorrang der Ökonomie vor der infrastrukturellen Gestaltung am deutlichsten.

„...der Verfall des architektonischen Anspruchs und der Drang nach radikaler Standardisierung prägte die Entwicklung. Aus den menschenfreundlichen Wohnhöfen der Anfangsjahre wurden unwirtliche Betonlandschaften. Die monotone Platte verdrängte kleinteilige Details, aus dem neoklassizistischen Stalinstadt wurde ein postsozialistisches Eisenhüttenstadt." (Meuser 1993, Teil 1)[380]

Die weitgehend bis zum WK VI vollzogene parallele Planung und Errichtung von Bauten für Kultur, Bildung, Versorgung und Erholung neben den Wohnungsbauten, wurde im WK VII nicht mehr erreicht. Sie sind hier entschieden zu wenig vorhanden, was letztlich im Zusammenhang mit dem erhöhten Anteil Jugendlicher in diesem Wohngebiet auch zu sozialen Spannungen führt (vgl. Kapitel ‚Nutzung kommerzieller und kultureller Infrastruktureinrichtungen').

„Ich muß nicht den schmerzhaften Prozeß nachvollziehen, der dann über den sechsten Wohnkomplex, der noch Wohnqualitäten hat, gewisse Wohnqualitäten hat, zum siebenten Wohnkomplex führte, zur reinen Plattenbauweise mit einer absoluten Vereinheitlichung der Geschoßanzahl. Mit einer gleichzeitig leider

Eisenhüttenstadt
Übersichtsplan M.: 1:5000

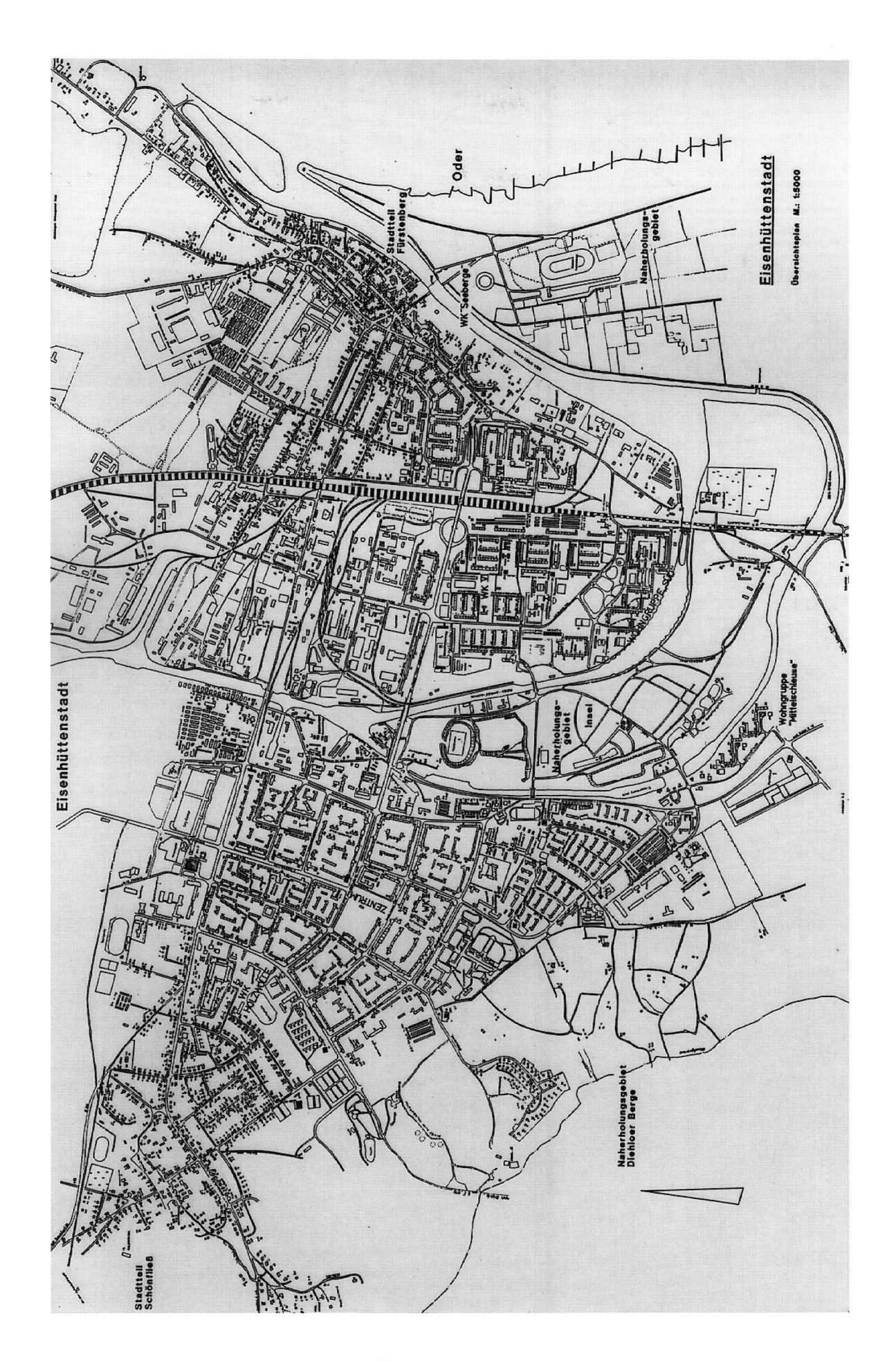

eingetretenen Erhöhung der Gebäude. Wir sind ja dort auf die Sechsgeschossigkeit ohne Fahrstuhl gegangen und gleichzeitig auch mit einer Ausweitung des Baugebietes über die einmal genannten 5000 Einwohner hinaus. Der Wohnkomplex ist ja recht unübersichtlich, einfach zu groß und schon deshalb von vornherein monoton ...Man muß zunächst mal ganz brutal sagen, die von mir am Anfang erwähnten 16 Grundsätze des Städtebaus sind aufgegeben worden, obwohl das keiner sagte und auch keiner sagen wollte. Sie sind aufgegeben worden, sie sind geopfert worden einer schrittweise eingetretenen Diktatur des Bauwesens über den Städtebau. Das war natürlich keine Sache, die das Bauwesen zu verantworten hatte, sondern das war eine Diktatur einer nicht mehr genügend leistungsfähigen Volkswirtschaft über den Städtebau, die zu der Aufgabe dieser progressiven Grundsätze der 50er Jahre führten." (6, VG 11 Stadtplaner in Eisenhüttenstadt 1956-1968)

Plattenbauten in Eisenhüttenstadt

Der Zentrale Platz ist bis heute (1997) nicht bebaut. Ausgearbeitete Bebauungspläne, angepaßt an den jeweiligen technologischen Stand, gab es auch Anfang der 80er Jahre. Die Vorstellungen, den Platz mit dem Verwaltungsgebäude des EKO oder auch mit Wohnbauten zu bebauen, wurden erneut aufgegriffen. In bezug auf die Bebauung mit dem EKO-Verwaltungsgebäude wird der große Einfluß des Werkes deutlich, aber auch schon der ‚Rückzug' des Werkes aus der Zusammenarbeit mit der Stadt in den 80er Jahren:

„Wir standen Ende der 70er, Anfang der 80er Jahre kurz davor. Als das Werk wieder mal einen Wachstumsquell durchbrochen hatte, hatten wir dem damaligen Werkdirektor den Vorschlag unterbreitet, das Zentrum der Wissenschaft und Forschung und der Leitung des Eisenhüttenkombinats auf dem zentralen Platz zu errichten. Dieser Vorschlag wurde untersetzt durch einen ganz hervorragenden städtebaulichen Entwurf, der beste, der aus meiner Sicht entstanden ist in dieser Zeit. Die Zustimmung des Werkdirektors herbeizuführen war außerordentlich schwierig, sage ich mal. Man sollte nicht glauben, wie in einer Gesellschaftsordnung, die eigentlich von komplexen Beziehungen und zentraler Planung lebte und davon ausging, wie weit volkswirtschaftliche Dinge bereits auseinandergedriftet waren. Es war kaum möglich, daß die Stadt einen fordernden Einfluß in Richtung Werk ausübte und diese Gemeinschaftsinvestition getätigt werden könnte. Es ist aber dann doch gelungen. Aber am Ende hatten wir beide dann kein Geld mehr, so daß diese Sache leider nicht realisiert werden konnte." (15, VG 11 Stadtplaner Eisenhüttenstadt 1956-1968)

Auch nach der Wende 1989/90 wurde wiederum eine Ausschreibung gestartet und vier Modelle ausgewählt (vgl. Kapitel ‚Auf- und Abwertung von Stadtquartieren'). Dennoch ist in näherer Zukunft aus eben denselben ökonomischen Gründen – die Sanierung der vorhandenen Substanz in den Wohnkomplexen I bis IV hat Vorrang – mit einer Bebauung nicht zu rechnen.

Es bestand ein Zusammenhang zwischen den materiellen Schwierigkeiten der DDR-Bauwirtschaft, Arbeitsproduktivität, Arbeitszufriedenheit und politischen Entscheidungen, der bis Ende der 80er Jahre in seiner kritischen Bedeutung immer offensichtlicher wurde: *„Etwa von Ende der sechziger bis Anfang der achtziger Jahre waren die Bauschaffenden im großen und ganzen mit ihrer Situation zufrieden. Die Orientierungen von Partei und Regierung zur Überwindung der auch in dieser Zeit reichlich aufgetretenen Schwierigkeiten wurden bereitwillig aufgegriffen und verwirklicht. Das änderte sich Mitte der achtziger Jahre spürbar, zum Teil auch früher. Dafür gab es u.a. folgende Ursachen: Die mit der Verschärfung der außenwirtschaftlichen Bedingungen dem Bauwesen auferlegten Restriktionen wie Stahleinsparung, Energieträgerumstellung, Verbot des Einsatzes von Bitumen für den Straßenbau und von chemischen Dämmstoffen, zunächst als Herausforderung zum effektiveren Wirtschaften empfunden, führten mit der Zeit zunehmend zu Unzufriedenheit. Bestimmte Zielstellungen waren absolut nicht zu realisieren. So wies die Bauakademie in einer wissenschaftlichen Studie (etwa 1984) eine mögliche Stahleinsparung von jährlich etwa zwei Prozent nach, beauflagt wurden weiterhin völlig irreale 6 bis 7 Prozent." (Kühnert 1994:166)*

Abschließend bleibt zu fragen, welche städtebaulichen Leitbilder der fünfziger Jahre für die heutige Planung noch Bestand haben, wenn sie denn zur damaligen Zeit im nationalen Maßstab nie im vorgesehenen Maß realisiert wurden. Nach heutigen Aussagen des Chefplaners von Stalinstadt K.W. Leucht sind das folgende Überlegungen, mit denen er am ursprünglichen Ideal festhält: Eine Nachbarschaft von einzelnen Wohnkomplexen mit jeweils 3000 bis 5000 Einwohnern sollte angestrebt und das Gemeinwesen in den sozialen und kulturellen Einrichtungen der Stadt zusammengebracht werden (vgl. ‚Ich würde heute wieder eine ganze Stadt planen', Meuser 1993, Teil 3).

So stellen Architektur und Umsetzung der städtebaulichen Leitidee in den ersten vier Wohnkomplexen Eisenhüttenstadts ein Beispiel für den Versuch dar, ein Idealkonzept der Verbindung von Wohnen, Leben und Arbeiten zu finden.

Teil 2

Eisenhüttenstadt zwischen Vergangenheit und Zukunft

„Wir sind mehr als nur Eisen und Hütten"

Die rasche Angleichung der Lebensverhältnisse Ost und West, wie 1990/91 noch vorausgesagt, erscheint sechs Jahre nach dem Systemwechsel als fragwürdig. Unmittelbar nach der Zeit der Wende wurden Voraussagen getroffen, die z.B. in der Sozialstrukturforschung von einer raschen Ausdifferenzierung sozialer Gruppen ausgingen. Traditionelle Strukturen sollten demnach einem schnellen Auflösungsprozeß unterzogen und durch individualisierte Lebensmuster abgelöst werden.

Die mit der Einheit Deutschlands einhergehenden Sozialumstellungen stellten parallel einen kollektiven Biographiebruch, einen Bruch der bisherigen Lebensperspektive dar.

Am Beispiel der Stadt Eisenhüttenstadt wurden diese Prozesse untersucht. Die Ergebnisse sind von zu verallgemeinernden Interesse für Städte in den neuen Bundesländern, die ebenfalls unter hohem Veränderungsdruck einen schnellen und nicht immer konfliktlosen sozialen Wandel erleben. Übergreifende Fragestellung war, inwieweit die vorausgesagten Veränderungen zutrafen oder Persistenzen von Strukturen und Handlungsmustern vorhanden sind. Ferner stand im Mittelpunkt der Untersuchung, die Auswirkungen des industriellen Strukturwandels auf regionale und soziale Beziehungen zu analysieren.

Da auch nach 1989 von einer Dominanz des EKO ausgegangen wurde, wurden die Veränderungen auf der betrieblichen Ebene an den Anfang dieses zweiten Teils gestellt. Der von Eisenhüttenstadt im Privatisierungsprozeß eingesetzte Slogan „Wenn die Hütte stirbt, stirbt auch die Stadt" deutet auf die nach wie vor bestehenden Abhängigkeitsverhältnisse hin[381]. Die Erhaltung des Werkes stellte die Grundvoraussetzung für die Realisierung städtischer Entwicklungskonzeptionen dar. Als größter Arbeitgeber waren im EKO auch die umfassendsten Umstrukturierungs- und Personalanpassungsleistungen notwendig, die auf einzigartige Weise realisiert wurden. Daher wird neben der Darstellung dieses Prozesses auch die Arbeit der Interessenvertretung in diesem Zeitraum nachgezeichnet. EKO mußte darüber hinaus aufgrund der betriebsnotwendigen Strukturveränderungen einen Großteil seiner Leistungen im sozialen Bereich einstellen. Aus den Entwicklungstendenzen innerhalb des EKO ließen sich Folgewirkungen auch für die Stadtentwicklung nach 1989 erkennen. Ausgangspunkt der Untersuchung auf Stadtebene war dabei, daß spezifische soziale Gruppen in der Stadt besonders von den Veränderungen durch den Systemwandel betroffen sind, vornehmlich Frauen, Jugendliche und ältere Menschen.

Die Fragestellungen zu den Veränderungen seit 1989 innerhalb der Stadt lassen sich in folgende Schwerpunkte gliedern, die im zweiten Kapitel ausgeführt werden:
– Auf- und Abwertung von Stadtquartieren nach 1989;
– Ökonomische Ausdifferenzierung städtischer Bevölkerungsgruppen; ausgehend von den personalstrukturellen Anpassungsprozessen wurde eine Verstärkung der sozialen Ungleichheit angenommen. Im Ergebnis dieser Umstrukturierung wurde erwartet, daß sich eine Gruppe langfristig nicht Erwerbstätiger abzeichnet, wobei es sich hierbei überproportional um Frauen handelt;
– Parallelen ökonomischer und sozialräumlicher Benachteiligung als Ausdruck der verstärkten sozialen Unterschiede;
– Erwerbskontext und die Veränderungen sozialer Beziehungen sowie sozialer Netzwerke in der Stadt;
– Erwerbsbezogene Ungleichheit und regionale Mobilität;
– Veränderungen des städtischen Werte- und Normensystems.

Unter diesen Gesichtspunkten wird der Transformationsprozeß für die Stadt ausgehend von ihrer kurzen Geschichte und eingeordnet in den gesellschaftspolitischen Kontext der DDR-Geschichte beschrieben. Parallelen und Widersprüche zu ähnlich angelegten Untersuchungen und weiteren Ansätzen werden an den entsprechenden Stellen aufgezeigt. Die Erklärung des Verlaufes gegenwärtiger Veränderungsprozesse und der Umgang mit diesen innerhalb verschiedener sozialer Gruppen läßt sich nur im Kontext der in der DDR erfahrenen Lebensbedingungen und erfolgten Tradierungen erklären (vgl. Cerný 1994:26). Die persistenten Strukturen der ehemaligen DDR fordern und ermöglichen andere Wege der Stadterneuerung und Gewerbeförderung (vgl. Ipsen/Fuchs 1995:236f.). Überlegungen hinsichtlich des Modernisierungsprozesses in den neuen Bundesländern gehen dahin, daß traditionelle Strukturen Ausgangspunkt sehr effizienter und flexibler Ökonomien und sogenannte ‚alte' Denk- und Handlungsmuster der Menschen durchaus zukunftsweisend sein könnten, wenn es gelingt, sie zu erhalten (vgl. Piore/Sabel 1989; Hradil 1995).

Die Entwicklung in den letzten fünf Jahren ist unter zwei Gesichtspunkten zu betrachten. Auf der einen Seite wurden Strukturveränderungen und daraus abgeleitet Problemlagen durch den Wandel des gesellschaftlichen Systems hervorgerufen. Anderseits ist begründet davon auszugehen, daß bestimmte Problemlagen und ‚soziale Brennpunkte' bereits vor 1989 bestanden und jetzt verstärkt hervortreten, aber nicht auf die Wende selbst zurückzuführen sind. Bei der Interpretation ist verstärkt darauf Bezug zu nehmen, inwieweit Persistenzen bestehen bzw. neue Problemfelder auftauchten. Nur so lassen sich Linien und Brüche in der Entwicklung verdeutlichen. Nach einem kurzen Rückblick auf das Erleben der Wende in Eisenhüttenstadt, soll in Anlehnung an den historischen Teil die Gliederung auch in diesem Abschnitt von der Region ausgehend zu den Entwicklungen in Werk und Stadt übergegangen und zum Schluß einzelne Teilbereiche näher beschrieben werden.

Die ‚ruhige Wende' in Eisenhüttenstadt

Die Wende 1989 in Eisenhüttenstadt verlief ruhiger als in vergleichbaren anderen Städten. Mit Sicherheit hat dies etwas damit zu tun, daß den Erwartungen der Bevölkerung in dieser Stadt mehr als in anderen Städten entsprochen wurde. Nach Aussagen der Interviewpartner/-innen basierte diese vor allem auf der besseren Lebenssituation im Vergleich zu weiteren Städten der DDR, der Zufriedenheit mit der Wohnungssituation sowie den kulturellen und sozialen Einrichtungen. Das führte zu einem gering ausgeprägten sozialen Protestpotential, was sich im wesentlichen auf eine kleine Gruppe bzw. Einzelpersonen konzentrierte. Die Kirche übernahm nach Aussagen der Kirchenvertreter selbst nicht *die* Oppositionsrolle, wie in anderen Städten. Hier wurde sie nicht zum Sammelbecken aller Unzufriedenen, sondern wollte ihrer ‚eigentlichen Verpflichtung' nachgehen. Die Opposition fand aus diesem Grund keine Nischen in Eisenhüttenstadt und führende Vertreter, wie z.B. Rolf Henrich, orientierten sich nach Berlin und Frankfurt/Oder. Retrospektiv wurde von Abgeordneten der Stadt 1990 festgestellt: *„Keine Stadt in der ehemaligen DDR ist so eng mit den Sozialismusidealen verknüpft worden wie unsere. Als Stalinstadt gegründet, als erste sozialistische Stadt auf das Schild der SED-Propaganda gehoben, muß sich heute jeder Bürger Eisenhüttenstadts mit der Kluft zwischen angedachten Idealen und der Wirklichkeit auseinandersetzen ... Wenn man bedenkt, daß der Philosoph Rudolf Bahro, aus Fürstenberg kommend, vor zwölf Jahren das Buch „Die Alternative – zur Kritik des real existierenden Sozialismus" veröffentlichte, dafür eingesperrt wurde, daß er einen kühnen Vorstoß der Neuorientierung unternahm. Wenn man bedenkt, daß der Eisenhüttenstädter Rechtsanwalt Rolf Henrich als Mitbegründer des Neuen Forums und vor allem durch sein Buch ‚Der vormundschaftliche Staat' zum Initiator einer machtvollen Bürgerbewegung wurde, kann man stolz darauf sein, daß auch unsere Stadt profilierte Vertreter hervorbrachte."*[382] Es ist eine weitere Besonderheit der ‚sozialistischen Stadt', daß sie aus der ‚Masse' der Bevölkerung zwei extreme Kritiker des Sozialismus hervorbrachte. Eine Ursache bestand ohne Zweifel darin, daß die Widersprüche zwischen dem sozialistischen Ideal und dem realsozialistischen Alltag für kritisch Denkende außerordentlich deutlich waren. Reflektiert wurde auch in Eisenhüttenstadt die Fluchtbewegung aus der DDR, die sich ab August 1989 entwickelte. Beginnend mit der Grenzöffnung Ungarns bis zu den ‚Botschaftsbesetzungen' in Prag und Warschau breitete sich diese Bewegung immer mehr aus. Ausgehend von den Protestbewegungen in Leipzig, Dresden und Berlin, fanden auch in Eisenhüttenstadt Aktionen statt. Wie in anderen Mittelstädten der DDR waren die Demonstrationen und Forderungen ‚eine Nummer kleiner' und fanden keine breite Basis. Parallelen ergeben sich zu ähnlich strukturierten Industriestädten: die relative Privilegierung der Region sowie der großen Betriebe am Ort, der hervorgehobene Status der Belegschaft, die Existenz nur kleiner Gruppen der Intelligenz sowie die unzureichende Kenntnis über die kritische wirtschaftliche Situation in der DDR waren die Ursache für ein geringes Protestpotential (vgl. Schwarzer/Schweigel 1995). Obwohl das EKO im Hinblick auf die Abbrüche geplanter Investitionen eigentlich ein Beispiel für die sinkende wirtschaftliche Kraft der DDR darstellte, wurde dieses Problem in der Öffentlichkeit Eisenhüttenstadts kaum reflektiert.

Mit der Wende war die Hoffnung auf eine Demokratisierung des Staates, die Aufhebung sozialer Blockierungen sowie eine Verbesserung der Lebenssituation verbunden. Forderungen nach Reise- und Pressefreiheit sowie demokratischen Wahlen und später der Wiedervereinigung waren an den Gedanken der Partizipation am materiellen Wohlstand der Bundesrepublik geknüpft. Da sich diese Erwartungen nicht in dem Maße erfüllten, setzte ein Desillusionierungsprozeß bei unterschiedlichen sozialen Gruppen ein. Das betraf auch die neugegründeten basisdemokratischen Bürgerbewegungen, wie das ‚Neue Forum' oder den ‚Demokratischen Aufbruch' in Eisenhüttenstadt. Diese Ernüchterung führte zum Rückzug aus der Öffentlichkeit und zu zunehmender politischer Enthaltsamkeit.[383]

Der Erhalt des EKO wurde von den EKO-Mitarbeitern und der Führungsebene als überlebenswichtig für die weitere Entwicklung der Region und der Stadt angesehen. So stellte, trotz des konstatierten zunehmenden allgemeinen Rückzuges der Bürger aus der politischen Sphäre, der Kampf um das Weiterbestehen des Werkes ein identitätsstiftendes Merkmal von Betriebsangehörigen und den Einwohnern der Stadt dar. Dieses Merkmal kam symbolisch durch die Streiks, außerordentlichen Belegschaftsversammlungen sowie Demonstrationen der Eisenhüttenstädter Bevölkerung zum Ausdruck. Mit dem Satz ‚Stirbt das Werk, stirbt auch die Stadt', der von Beginn an den Arbeitskampf begleitete, wurde die Verflechtung von Betrieb, Stadt und Region zum Ausdruck gebracht. In anderen ostdeutschen Regionen fehlte im Zusammenhang mit dem Arbeitskampf ein solcher Leitspruch. Regionale Spezifika wurden in diesen Regionen weder von Industriegewerkschaften und Parteien noch kommunalen Verwaltungen ausreichend für den Arbeitskampf genutzt (vgl. Schweigel/Segert/Zierke 1995:196). So ist Eisenhüttenstadt ein Beispiel dafür, daß die Bündelung gemeinsamer Interessen, die Einbeziehung der regionalen Spezifik sowie die Nutzung kultureller Protestformen zum Erfolg beitragen kann.

IG Metall-Lied für den Kampf um die Erhaltung des Stahlstandortes Eisenhüttenstadt

„Eisenhüttenstadt muß leben – darum Stahl"
Gute Maloche für gutes Geld
keine Geisterstadt am Arsch der Welt
Gute Maloche für gutes Geld
keine Geisterstadt am Arsch der Welt
Dann doch lieber den eigenen Kantinenfraß
als von irgendwo ein Gnadenbrot
Dann doch lieber die Fäuste auf den Tisch
als die Hände in' Schoß arbeitslos
Dann doch lieber die Stechuhr im Morgengraun
und die Hitze beim Eisenabstich
als den Frost von innen – aus der Traum
nur die Taschenuhr tickt – weiter nichts
Eisenhüttenstadt – laß die nicht hängen mach bloß nicht schlapp
Eisenhüttenstadt – paß auf dich auf – die Zeit wird knapp
Hütte – jetzt tanzen wir um deinen Stahl
Hütte – du und deine IG Metall
Gute Maloche für gutes Geld
keine Geisterstadt am Arsch der Welt
Dann doch lieber den Zoff nach Feierabend
weil den Kids die ganze Lehre stinkt
als verlorene Kinder und Straßengang
die gar nichts mehr sehn, außer daß man sie linkt
Lieber selber mit ihnen auf die Straße
besser mit der Zeit gehn – als gehn mit der Zeit
lieber handeln bevor man behandelt wird
und den cleveren Bossen keinen Pfennig geschenkt
Eisenhüttenstadt – laß die nicht hängen mach bloß nicht schlapp
Eisenhüttenstadt – paß auf dich auf – die Zeit wird knapp
Hütte – jetzt tanzen wir um deinen Stahl
Hütte – du und deine IG Metall
Gute Maloche für gutes Geld
keine Geisterstadt am Arsch der Welt

Liedtext für den Erhalt des EKO (1991, geschrieben von Michael Sellin und Dirk Michaelis)

EKO – der ‚Privatisierungskrimi' oder ‚Stahlpoker in Europa'

Die Entwicklung der nationalen und internationalen Stahlbranche

Der Weg der Privatisierung war von einer Reihe Höhen und Tiefen geprägt. Dies hing nicht nur mit der prekären Situation der ostdeutschen Unternehmen nach 1989 zusammen, sondern auch mit Entwicklungstendenzen der Stahlindustrie auf dem europäischen und internationalen Markt. Vor diesem Hintergrund wird deutlich, daß auch für die Entscheidung zur Privatisierung nicht in jedem Fall nur wirtschaftliche Kriterien bei Standortentscheidungen zählten. „*Angesichts der Interessenlage der westdeutschen Stahlindustrie war für den Transformationsprozeß der ostdeutschen Stahlindustrie von entscheidender Bedeutung, daß relativ frühzeitig eindeutige politische Entscheidungen für ihren Erhalt getroffen worden sind und an diesen Entscheidungen auch in der sich zuspitzenden Stahlkrise – vor allem auch gegenüber der Europäischen Kommission – festgehalten wurde.*" (Gebbert 1995:338) Die westdeutsche Stahlindustrie hatte ein denkbar geringes Interesse am Erhalt des EKO, denn die krisenhafte Entwicklung auf dem europäischen Stahlmarkt ließen die Privatisierungsbemühungen von Treuhand und Regierung als wenig sinnvoll erscheinen. So schrieb ein Beobachter der EU-Verhandlungen: „*Eko liegt der Brüsseler Stahlpolitik im Weg wie der Bauernhof auf der Trasse einer geplanten Autobahn.*"[384] Die westdeutschen Stahlunternehmen hatten zu diesem Zeitpunkt mit ihren eigenen Problemen zu kämpfen, obwohl die schärfsten Einschnitte schon vorüber waren. In den 60er Jahren arbeiteten in der Branche noch 400.000 Beschäftigte, 1990 waren es 120.000.[385] Mit dem wiedereinsetzenden Stahlboom stieg die Produktion von 36,3 Millionen Tonnen 1987 auf jeweils 41 Millionen 1988 und 1989. Die Krisenjahre hatten jedoch einen Abbau von rund 20 Millionen Tonnen Stahlkapazität zur Folge, was der Hälfte des gesamten EG-Kapazitätsabbaus entsprach. Der Stahlboom hielt von 1989 bis 1991 an. Nach einer kurzen Erholungsphase begann Ende 1991, mitten in der Tarifrunde, in der die IGM 10,5% Lohnsteigerung einforderte, die erneute Talfahrt und viele Stahl-Unternehmen standen vor dem Konkurs.[386] Nach dem Zusammenbruch des Handels der RGW-Länder warfen die osteuropäischen Länder ihre Produkte zu Schleuderpreisen auf den Weltmarkt.[387] Gestiegene Produktionskosten, sinkende Preise und der Handelskonflikt 1993 mit den USA verstärkten die Probleme. Frankreich, Spanien und Italien subventionierten in großem Maßstab ihre den nationalen Markt beherrschenden Stahlunternehmen. Diese Subventionspolitik und der ‚Rationalisierungsvorsprung' dieser Länder verschärften die Konkurrenz zu den deutschen Stahlunternehmen. Anfang 1993 fand ein Krisentreffen der europäischen Stahlbranche in Maastricht statt. Hier wurde beschlossen, die Kapazitäten um 26 Millionen Tonnen Rohstahl und 18 Millionen Tonnen Warmwalzerzeugnisse zu verringern. Der Verlust von 45.000 Arbeitsplätzen wurde prognostiziert.[388] In Deutschland beherrschte die Diskussion um das Überleben der Stahlstandorte das Bild. Vor diesem Hintergrund erschien die EKO-Privatisierung schizophren: „*Ganz in diesem Sinne sprach sich gleichzeitig der Präsident der Wirtschaftsvereinigung Eisen- und Stahl, Ruprecht Vondran, für eine Stillegung der EKO-Stahl im ostdeutschen Eisenhüttenstadt aus. Als Ausgleich sollen 1.260 andere Arbeitsplätze geschaffen werden. Da an anderen deutschen Standorten kostengünstiger produziert werden könne, sei zu befürchten, daß mit den bisherigen Plänen die Überkapazitäten nur vergrößert und in Eisenhüttenstadt ein Dauer-Subventionsfall geschaffen werde.*"[389] „*Die Stahlkrise droht nun alle mühsam errungenen Perspektiven zunichte zu machen. Zum einen muß die EG der Staatsinvestition von 1,1 Milliarden Mark zustimmen. Zum anderen lassen die Stahlbarone im Westen keine Gelegenheit aus, den Standort Eisenhüttenstadt als ‚überflüssig wie einen Kropf' (Thyssen-Chef Kriwet) zu verteufeln.*"[390] Der Vorschlag der westdeutschen Stahl-Lobby, in Eisenhüttenstadt lediglich das Kaltwalzwerk zu erhalten, wurde von der Arbeitsdirektion des EKO als ‚schlecht getarnter Stillegungsvorschlag vom Rhein' zurückgewiesen.[391]

Nach den EG-Richtlinien konnten Regierungen Stahlunternehmen subventionieren, wenn parallel Standorte stillgelegt wurden. Dem bundesdeutschen Wirtschaftsminister wurde vorgeworfen, mit dem ‚Fall EKO' die gesamte europäische Stahlsanierung zu blockieren.[392] Die Wirtschaftsvereinigung Stahl forderte 1993 für den Kapazitätsabbau zwei Jahre Zeit. Geplant war der Abbau von 25.000 bis 30.000 Arbeitsplätzen in Westdeutschland und 10.000 im Osten. Verschiedene Krupp-Standorte waren gefährdet, wie der in Dortmund, Rheinhausen, Siegen und Hagen. An allen diesen Standorten kam es zu massiven Demonstrationen der Belegschaften. Im März 1993 drang die SPD auf die Einberufung einer nationalen Stahlkonferenz, die jedoch nicht stattfand. 80.000 Stahlarbeiter demonstrierten zur selben Zeit in Bonn. Einen Monat später, im April 1993, wurde der Tarifvertrag zur Lohnangleichung in Ostdeutschland vorfristig gekündigt. Die Gewerkschaft klagte auf ‚Rechtsbruch'.[393] Arbeitsniederlegungen, Warnstreiks und Kundgebungen kennzeichneten die Lage.

Die gesamte ostdeutsche Stahlbranche vollzog ab 1990 einen in Europa einmaligen Kapazitätsabbau. Die Rohstahlproduktion ging von über acht Millionen Jahrestonnen auf 2,8 Millionen zurück. Von den ehemals ca. 80.000 Beschäftigten in der Stahlindustrie waren 1992 noch 24.000 tätig, 1993 nur noch 12.000 (vgl. Gebbert 1995).[394] Die Probleme wurden nicht allein bei EKO sichtbar, sondern jedes ostdeutsche Stahlunternehmen kämpfte um das Überleben.[395] Von den sieben ostdeutschen Stahlunternehmen mit eigener Stahlbasis sind lediglich zwei noch in deutscher Unternehmerschaft, die restlichen wurden von Unternehmen aus Italien, Luxemburg und Belgien privatisiert. In nicht wenigen Fällen wurde die deutsche Privatisierung auch gar nicht gewünscht, da Negativbeispiele, wie die Übernahme des Kaltwalzwerkes Oranienburg durch die Krupp Stahl AG und die später erfolgte Stillegung des Werkes, in unmittelbarer Nähe vollzogen wurden.

Zu Beginn der Privatisierung hatten die westdeutschen Unternehmen kaum Interesse an den Unternehmen in Ostdeutschland. Diese waren ihres Erachtens nach zu klein, arbeiteten mit veralteter Technik und waren regional verstreut. Eine Übernahme wollten sie nur bei Zusicherung staatlicher Hilfen riskieren. „Erst als die Treuhand in Hennigsdorf und Brandenburg dem italienischen Konzern Riva den Zuschlag erteilte, besann man sich eines besseren."[396] Bei EKO wollte man das Einbrechen eines weiteren ausländischen Konkurrenten verhindern. Die aufkommende Stahlkrise führte dazu, daß die Aktivität der westdeutschen Stahlunternehmen bei der Privatisierung ostdeutscher Unternehmen wesentlich geringer wurde.[397] Für die Zeit kurz nach der Wende wurde konstatiert:

„In der Anfangszeit wollte man uns haben, sowohl Krupp, als auch Peine-Salzgitter als auch Thyssen, da war die Stahlsituation in Ordnung, da wollte man uns unbedingt haben. Sie glauben nicht, ich konnte mich bewegen wo ich wollte, ich war viel unterwegs auch, die sind mir hinterhergelaufen, sowohl die Manager von Krupp, .., als auch Peine-Salzgitter, um in Verhandlungen zu kommen." (VG 12, ehemaliger Betriebsratsvorsitzender)

Die Stahlproduktion wuchs im Juli 1994 im Vergleich zum Vorjahr um 5,6%. Der Stahlverbrauch in den USA und China war erheblich angestiegen. Dieser Aufschwung war eine Voraussetzung, daß die EKO-Privatisierung letztlich erfolgreich verlief. Auf die Zahl der Arbeitsplätze insgesamt hatte das wenig Einfluß, der Abbau ging weiter. Der Weg des EKO soll im folgenden für den Zeitraum 1990 bis Ende 1995 nachvollzogen werden.

Tagebuch einer Privatisierung

Durch den Bau des Warmwalzwerkes wird es gelingen, einen vollständigen Bearbeitungszyklus zu errichten. Die Geschichte des Werkes zeigt, wieviel Anläufe genommen wurden, um den Produktionszyklus zu schließen. Die Abhängigkeit von politischen Entscheidungen und der wirtschaftlichen Lage ließ das bis zum Jahre 1989 nicht zu. Zieht man die Linie weiter, wird die Dominanz der ‚Staatsprotektion' deutlich, da auch die Entscheidung der EU eine politische war. Kapazitätsmäßig bedurfte es keiner weiteren Warmbandanlage in Deutschland, die Produktionskapazitäten des gesamten Werkes hätten durch die Stahlstandorte im Westen erbracht werden können. Damit wäre aber der Region die Grundlage ihrer weiteren Entwicklung entzogen worden.

Betrachtet man die Entwicklung des Werkes seit der Privatisierung, so sind Umsatz- und Kapazitätssteigerungen zu verzeichnen. Der Umsatz soll zum Jahresende 1995 1,4 Mrd. DM erreichen bei einem Absatz von 1,1 Mio. Tonnen Walzstahl und 1,2 Mio. Tonnen Halbzeugen.[398] An der Stärkung der regionalen Industrie ist EKO in den nächsten Jahren durch Auftragsvergaben innerhalb ihres Investitionsprogramms „EKO 2000" selbst beteiligt. Ein Blick auf die Verteilung bisheriger Aufträge verdeutlicht dies. Faßt man die Auftragsvergabe an Firmen in Eisenhüttenstadt und in der Region zusammen, so verbleiben ca. 46,4% des Investitionsvolumens in der Region, weitere 17,6% gehen darüber hinaus in Unternehmen der neuen Bundesländer.

Nicht zuletzt kommt ein Großteil der vergebenen Aufträge an Firmen in Eisenhüttenstadt kleinen Unternehmen zu, die sich im Zeitraum 1990-1994 aus dem EKO ausgegliedert bzw. ausgegründet hatten und als Tochterfirmen von EKO oder aber als eigenständige Betriebe arbeiten. Es wurden insgesamt 37 Firmen mit 1.862 Arbeitnehmern (Niebur 1995) ausgegründet, von denen auch heute noch 35 Unternehmen existieren.[399]

Diese Ausgründungen sind fast unmittelbar an das EKO gebunden und positive und negative Entwicklungstendenzen wirken direkt auf sie zurück. Es ist davon auszugehen, daß 80% dieser Unternehmen nicht mehr existieren würden, wenn es nicht zur Privatisierung von EKO gekommen wäre.

Eine zukünftige Frage wird sein, ob es gelingt, das Fördervolumen von 1,2 Mrd. Mark auch für die Unternehmen der Stadt nutzbar zu machen. Durch die erfolgreiche Privatisierung wurde der wichtigste Industriebetrieb für die Stadt erhalten. Die Stadt hat somit eine Grundlage, auf der sich zukünftige Gewerbestrukturen entwickeln können. Auch wenn die wirtschaftliche Stärke nicht mehr der zu DDR-Zeiten entspricht, bleibt EKO ein bestimmender Faktor für die Stadt und das Umland.

Der Privatisierungsverlauf wurde zu jedem Zeitpunkt durch die Interessenvertretung der Arbeitnehmer begleitet und unterstützt. Sie war maßgeblich an den Konzepten zu einer sozialverträglichen Personalanpassung und an der Einrichtung von Auffanggesellschaften für die ausscheidenden Mitarbeiter beteiligt. Eine Personalreduzierung erwies sich für die erfolgreiche Privatisierung als unumgänglich und wurde im EKO auf einzigartige Weise bewältigt. Grundlage dafür war ein sehr enges Zusammenwirken von Geschäftsleitung und Interessenvertretung, die zeitig entsprechende Regelungen für die Mitarbeiter vereinbarten.

1.5.1990	Im EKO einigten sich Betriebsrat und Werksleitung auf die Einführung der 40-Stunden-Woche für alle Beschäftigten.
16.5.1990	Das Bandstahlkombinat 'Hermann Matern' wurde in eine Aktiengesellschaft unter der Firmenbezeichnung EKO Stahl AG umgewandelt.
1.7.1990	Wirtschafts-, Währungs- und Sozialunion. 'Über Nacht' stand EKO ohne Schonfrist im Wettbewerb mit allen anderen Stahl- und Walzwerken. Ab 1. August 1990 mußten 8.200 der 11.000 Beschäftigten kurzarbeiten. Der Hochofen 4 wurde im selben Monat stillgelegt.
September 1990	Durch den Aufsichtsrat wurde der Vorstand der AG bestellt.
21.3.1991	Warnstreik
26.6.1991	Die EKO Stahl AG übergab das erste Sanierungskonzept an die Treuhand. Das Konzept sah 1,2 Milliarden DM Investitionen vor. THA-Vorstand Krämer kündigte Privatisierung bis Jahresende an.
November 1991	Gespräch zwischen der Treuhand, der Landesregierung Potsdam und der EKO Stahl AG mit dem Ergebnis, daß EKO noch 1991 verkauft werden soll. Die Treuhand konzentrierte sich auf die Angebote von Krupp Stahl AG sowie der Stahlwerke Peine-Salzgitter.
Dezember 1991	Italienischer Stahlkonzern Ilva meldete Interesse an der EKO Stahl bei Treuhand.
20.2.1992	Der Treuhand-Vorstand erklärte, daß von vier Bewerbern um die EKO Stahl AG Krupp als Bestbieter und als Zweitbieter ein Konsortium der Stahlwerke Peine-Salzgitter, der Thyssen Stahl AG und der niederländischen Hoogovens Groep BV übriggeblieben sind; beide Angebote sahen vor: Übernahme des Kaltwalzwerkes und Fortführung mit Ersatzinvestitionen von 350 bzw. 250 Millionen Mark; Krupp plante eine Jahresproduktion von 1,1 Millionen Tonnen Stahl, das Konsortium 0,9 Millionen Tonnen; Krupp plante den Ersatz des veralteten Hochofen durch ein Elektrostahlwerk; zudem war noch eine Dünnbrammengießwalzanlage im Wert von 550 Millionen Mark geplant; 3.800 Arbeitsplätze sollten bestehen bleiben.
21.2.1992	240-Millionen-DM-Kredit zur Modernisierung des Kaltwalzwerkes durch Bankenkonsortium und Europäische Gemeinschaft für Kohle und Stahl; Bund und Land gewähren 23 Prozent Zuschüsse
26.2.1992	Demonstration von 2.000 EKO-Beschäftigten und Bewohnern der Stadt in Eisenhüttenstadt
27.2.1992	Blockade der Autobahn Berlin – Frankfurt/Oder von 1.000 EKO-Beschäftigten als Signal an den Verwaltungsrat der Treuhand, der an diesem Tag über die Privatisierung entschied.
Februar 1992	Entscheidung des Verwaltungsrates der Treuhandanstalt für die Übernahme durch die Krupp Stahl AG
26.10.1992	Verhandlungen wurden von seiten der Krupp Stahl AG abgebrochen. Als Hauptursache wurde die fehlende EU-Zustimmung zur Finanzierung einer neuen Warmwalzanlage benannt sowie zu hohe Investitionskosten in Anbetracht der weltweiten Stahlflaute. Zu diesem Zeitpunkt wurde das Treuhandbudget mit monatlich rund zehn Millionen Mark Verlust belastet. Der EKO Stahl AG wurde durch die Treuhand die Erarbeitung eines neuen Sanierungskonzeptes übertragen.
12.2.1993	Demonstration der Belegschaft „Eisenhüttenstadt muß leben – darum Stahl"
1.3.1993	Der Aufsichtsrat stimmte dem eigenständigen Unternehmens- und Sanierungskonzept der EKO Stahl AG zu. Die Umgestaltung des EKO zu einem 'integrierten Mini-Flachstahlwerk' war vorgesehen. Dafür sollten 750 Millionen Mark bereitgestellt werden.
1.4.1993	Ein Genehmigungsantrag der Bundesregierung zum Unternehmenskonzept der EKO Stahl AG wurde an die EU-Kommission gestellt. Die Entscheidung darüber Ende April (28.4.93) wurde aufgrund angeblich fehlender Wirtschaftlichkeit ausgesetzt. Es erfolgten Kapazitätsstillegungen.

Datum	Ereignis
7.5.93	Arbeitsniederlegung im Streik der gesamten ostdeutschen Stahlindustrie für die Einhaltung des Stufentarifvertrages von 1991; Arbeitskampf ging zwei Wochen bis 21.5.93.
Mitte Juni 1993	Vorverhandlungen liefen, nach denen Riva 51% von EKO Stahl übernehmen wollte, weitere 10% sollten an eine russische Holding des metallurgischen Kombinates Tscherepowez gehen. Die Treuhand behalte 39% des EKO-Kapitals, wobei Riva das Zugriffsrecht darauf behält. Das Konzept sah den Erhalt von 2.350 Arbeitsplätzen der noch vorhandenen 3.400 vor und den Bau einer Dünnbrammen-Gießwalzanlage für 750 Mill. Mark.
21.6.1993	Nach dem Angebot durch Riva schlugen Thyssen AG und Preussag Stahl AG ein sogenanntes 'Alternativkonzept' für EKO vor, wonach auf den Bau eines Elektrostahlwerkes verzichtet werden sollte und statt dessen 1.000 Ersatzarbeitsplätze außerhalb der Stahlbranche geschaffen werden sollten.
22.6.1993	Brandenburgs Wirtschaftsminister kritisierte das von Thyssen und Preussag vorgelegte Konzept als unzureichend.
Anfang Juli 1993	Hamburger Stahlwerke (HSW) meldeten ihr Interesse an EKO bei der Treuhand an. Thyssen und Preussag konkretisierten ihr Konzept, wonach das Kaltwalzwerk mit 1000 Mitarbeitern gehalten werden und etwa zehn mittlere Firmen sich ansiedeln sollen. Riva und die österreichische Voest Alpine bekräftigten ihre Übernahme-Absichten. Parallel teilte die EU-Kommission mit, daß die ostdeutsche Stahlindustrie Investitionshilfen aus dem ERP-Fonds erhalten kann.
Anfang September 1993	Brandenburgs Wirtschaftsminister teilte mit, daß die EG-Kommission nicht wie vorgesehen im September, sondern erst im November über das Sanierungskonzept der EKO Stahl AG entscheidet. Grund seien die noch fehlenden Unterlagen von Riva.
Ende September 1993	Wirtschaftsminister Rexrodt verkündete vor der EU-Kommission, Deutschland werde nur weiteren Sanierungskonzepten für italienische und spanische Stahlunternehmen zustimmen, wenn die EU ihrerseits bereit ist, EKO zu unterstützen.
Anfang November 1993	Die Entscheidung des Verwaltungsrates der Treuhandanstalt fiel für eine Übernahme der EKO Stahl AG durch die italienische RIVA-Gruppe. 60% solle Riva erhalten, 40% verbleiben während der 'Umstrukturierungsphase' bei der Treuhand. EKO sollte in eine GmbH umgewandelt werden. Vor der endgültigen Privatisierung solle Riva jedoch kurzfristig das entsprechende Wirtschaftlichkeits-Konzept liefern. Es wurde erneut ein Genehmigungsantrag der Bundesregierung an die EU-Kommission für das Riva-Konzept gestellt. Der EU-Ministerrat wollte die letzte Entscheidung bei seiner Zusammenkunft am 18.11.93 treffen. Diese Sitzung hatte die Verabschiedung eines Sanierungsplanes für die europäische Stahlindustrie zum Inhalt. Riva benötigte eine Sondergenehmigung, die im EU-Ministerrat einstimmig beschlossen werden mußte. Schwierigkeiten entstanden dadurch, daß keine Vorstellungen darüber bestanden, welche Kapazitäten im Zuge des EKO-Ausbaus an anderen Standorten stillgelegt werden sollten.
10.11.93	Die EU-Kommission lehnte vor der Sitzung des Ministerrates, die am 18.11. stattfinden sollte, das Investitionskonzept für das EKO-Stahlwerk mit der Begründung ab: Für die staatlichen Beihilfen von rund 800 Millionen Mark würden nicht genügend Kapazitäten abgebaut. Die Bundesregierung wurde zur Überarbeitung des Konzeptes aufgefordert mit der Auflage, an anderen Orten in Ostdeutschland Stahlkapazitäten stillzulegen. Diese Auflage sorgte für Erstaunen. Nach dem für Wettbewerbskontrolle zuständigen EG-Kommissar van Miert habe man 'die neuen Bundesländer als Globalität' betrachtet und sei davon ausgegangen, daß die Stahlwerke zu DDR-Zeiten als Kombinat ein einziges zusammengehöriges Unternehmen gewesen seien.
17.11.1993	Es erfolgte durch die EU-Kommission die Genehmigung des Sanierungskonzeptes mit der Auflage zu Kapazitätsstillegungen in Hennigsdorf. In Hennigsdorf sollte die Stahlproduktion um rund die Hälfte gekürzt werden. Die

	Höhe der Subventionierung durch die Bundesregierung für EKO sollte 465 Millionen ECU betragen. Die endgültige Entscheidung hing noch von der Entscheidung des EU-Ministerrates ab, wo noch keine Klarheit über die Riesensubventionen für Italien und Spanien bestand. Die EKO-Privatisierung war direkt von diesen Entscheidungen abhängig.
18.11.1993	Die Regierungsvertreter aus Großbritannien, Dänemark, Frankreich und Luxemburg erhoben auf der EU-Ministerratssitzung schwere Bedenken gegen das EKO-Privatisierungskonzept. Die Befürchtung, daß es zu einer erneuten 'Subventionsrunde' für die europäische Stahlindustrie kommt, wurde geäußert. Das endgültige Konzept über die Wirtschaftlichkeit der geplanten Privatisierung lag von Riva im EKO noch nicht vor. Vorher konnte kein Vertrag unterzeichnet werden. Die EU-Ministerratssitzung war ergebnislos und das EKO-Problem wurde auf die nächste Sitzung am 17. Dezember 'vertagt'. Grundproblem war die Tatsache, daß mit staatlicher Hilfe neue Kapazitäten im Warmwalzbereich geschaffen werden sollten, jedoch im Mittelpunkt der europäischen Diskussion der Abbau von Überkapazitäten stand.
22.12.1993	Die zuständigen Parlamentsausschüsse in Großbritannien und Dänemark gaben 'grünes Licht' für den EKO-Sanierungsplan. Die Tagung der Forschungsminister verabschiedete formal ein Stahl-Subventionspaket von 13 Mrd. Mark Hilfen für EKO, das Stahlwerk Freital sowie italienische, spanische und portugiesische Stahlbetriebe.
Mitte Februar 1994	Zweifel an der Zahlungsfähigkeit Rivas wurden laut; die IG-Metall hatte eine Analyse über die Finanzstärke Rivas veröffentlicht. Die Treuhand warf der IGM Verbreitung unbegründeter Zweifel vor und plante, die restlichen 40% auch an Riva zu verkaufen.
17.2.1994	Der Verwaltungsrat beschloß die Genehmigung zur 100%igen Übernahme der EKO Stahl AG durch Riva. Zuvor hatten sich in einem Gespräch Treuhand-Präsidentin Breuel und Emilio Riva darüber in Mailand verständigt. Im März kam es zu ersten verbindlichen Vereinbarungen zwischen der Riva-Gruppe und der EKO Stahl AG mit der IG Metall und dem DGB.
März 1994	Die RIVA-Gruppe nahm die analytischen und konzeptionellen Arbeiten in Vorbereitung der Übernahme der unternehmerischen Führung zum 1.5.1994 auf.
Ende März 1994	Von der Treuhand erfolgte die Auflage an Riva, ein neues EKO-Management zu benennen. Ebenfalls wurde eine Wirtschaftsprüfung des Riva-Unternehmenskonzeptes vorbereitet.
28.4.1994	Die Arbeiten wurden durch Riva plötzlich abgebrochen, die Privatisierung zum 1.5.1994 kam nicht zustande. Riva und IG-Metall konnten sich nicht auf die Besetzung des Aufsichtsrates einigen. Riva lehnte den vom Betriebsrat vorgeschlagenen früheren SPD-Verteidigungsminister Apel als 'neutrales Mitglied' mit der Begründung ab, dieser sei 'zu arbeitnehmerfreundlich'. Am 29.4.1994 fand eine außerordentliche Belegschaftsversammlung mit über 1.000 EKO-Mitarbeitern statt, die eine vertragsgerechte Privatisierung forderten. Der Betriebsrat verlangte auf dieser Versammlung die Offenlegung des Riva-Konzeptes für das Werk nach der Übernahme. Riva habe bislang lediglich erklärt, die Belegschaft von 3.000 auf 2.300 Mitarbeiter verringern zu wollen. Ein Konzept für einen sozialverträglichen Stellenabbau war nicht vorhanden. Die künftige Produktions- und Organisationsstruktur sei weiterhin unbekannt. Auch die durch die Treuhand beauflagte Vorlage der Bilanzen des Riva-Konzernes über sämtliche Konzernteile wurde nicht vorgelegt. An Riva wurde zunächst dennoch festgehalten, da nur er der Forderung der EU-Kommission nach Stillegung weiterer Kapazitäten in Ostdeutschland – in den Riva-Werken Hennigsdorf oder Brandenburg – nachkommen konnte.
Anfang Mai 1994	Die Treuhand macht Riva einen neuen Privatisierungsvorschlag. Nach diesem sollte Riva nicht, wie geplant, die Eigentumsanteile an der EKO Stahl AG kaufen, sondern das Sachanlagevermögen und dazu die Belegschaft übernehmen. Treuhand und Landesregierung hielten an Riva fest.

13. Mai 1994	Riva verkündete den endgültigen Rücktritt. Die Treuhand suchte einen neuen Investor, wobei alle Werke, die sich für EKO interessiert hatten, neu zur Debatte standen. Der Vorschlag, EKO als Staatsunternehmen auszubauen, wurde durch die Bundesregierung abgelehnt.
18. Mai 1994	Sondierungsgespräch zwischen dem Vorsitzenden der Thyssen Stahl AG und Hans Apel. Thyssen war jedoch gegen einen Ausbau des EKO um eine Warmbandstraße und wollte nur das KWW mit ca. 1.000 Arbeitsplätzen übernehmen. Absagen von Preussag und Krupp-Hoesch.
Mitte Mai 1994	Es erfolgte eine gemeinsame Erklärung der Bundesregierung, des Landes, der Treuhand, der Kommune, der IG Metall, des Vorstandes und des Betriebsrates der EKO Stahl AG zur Zukunft des Standortes. Zu diesem Zeitpunkt konnten nur noch durch politische Eingriffe Standortzusagen gehalten werden. Von beiden Seiten, sowohl vom Management als auch besonders vom Betriebsrat, wurde die Strategie der Einforderung politischer Intervention befolgt.
Ende Mai 1994	Die EU-Kommission verlangte bis 14. Juni Auskunft über das weitere Vorgehen bei der EKO-Privatisierung. Nach Hinweis der Kommission seien die laufenden Betriebsbeihilfen für EKO Stahl nicht mehr gedeckt. Die Beihilfen waren ursprünglich im Dezember 1993 vom EU-Ministerrat genehmigt worden. Diese Genehmigung war jedoch nach dem Scheitern der EKO-Übernahme durch Riva hinfällig. Die Zahlungsfähigkeit von EKO war zu diesem Zeitpunkt zunächst bis Ende Juni 1994 gesichert.
14.6.1994	Der Kreistag Oder-Spree beschließt den Fortbestand der GEM bis 1998.
17.6.1994	Das Unternehmen wurde in eine GmbH umgewandelt. Extrem wichtig für die Zeit der Treuhandverwaltung war die Sicherungen eines bestimmten Auftragsbestandes. Hier waren die Kontakte des Managements zum früheren Hauptauftraggeber Sowjetunion von besonderer Bedeutung. Während fast alle ostdeutschen Betriebe ihre Märkte in Osteuropa verloren, konnte EKO zumindest einen Teil der Aufträge stabil halten. Auch wenn die Produktionskapazität im EKO sank, fiel das Unternehmen nicht in so ein tiefes Auftragsloch, wie der Großteil anderer ostdeutscher Betriebe.
Anfang Juli 1994	Die EU-Kommission leitete ein Prüfverfahren gegen die Bundesregierung wegen der laufenden Beihilfen für EKO-Stahl ein.
Mitte Juli	Solidaritätskonzert verschiedener Rockgruppen im EKO (5.000 Beteiligte)
Ende Juli 1994	Fünf potentielle Investoren interessierten sich für EKO. Dazu zählten die Hegemann-Gruppe aus Bremen, ein Konsortium unter Führung der Hamburger Stahlwerke, Cockerill Sambre aus Belgien und Interessenten aus Rußland und Kasachstan. Thyssen war nicht mehr an der Privatisierung interessiert.
Anfang September 1994	Das italienische Unternehmen Arvedi äußerte Interesse an der EKO-Stahl GmbH.
Ende September 1994	Die belgische Stahlgruppe Cockerill Sambre reichte das Angebot zur Übernahme der EKO Stahl GmbH bei der Treuhand ein. Bis Ende des Monats hatten sich weitere sechs Interessenten beworben: 1.) der italienische Arvedi aus Cremona, der ein Konsortium mit Mannesmann Demag anstrebte, 2.) die Bremer Hegemann-Gruppe, 3.) das Konsortium der Hamburger Stahlwerke mit der US-Firma Nucor. Wenig Chancen wurden der mittelständischen Rass-Stahl aus Trier sowie dem metallurgischen Kombinat aus Rußland und der kasachischen Regierung eingeräumt.
Anfang Oktober 1994	Es erfolgte die Zustimmung des Präsidialausschusses des Verwaltungsrates der Treuhandanstalt zur Übernahme durch Cockerill Sambre. Voraussetzung war, daß das Land Brandenburg einen Investitionsbeitrag von 300 Mill. Mark leistete. Da dieser Betrag um 100 Millionen höher lag, als noch im Riva-Konzept vorgesehen, mußte neben der Walzstraße in Hennigsdorf ein weiteres 'Bauernopfer' für den Kapazitätsabbau benannt werden: Das Feinblechwerk Burg bei Magdeburg wurde beauflagt, eine kleinere Anlage mit 41.000 Jahrestonnen und 24 Beschäftigten abzubauen. Ironie des Treuhand-

	Schicksals: Die Walzstraße von Hennigsdorf mußte von Riva zurückgekauft werden, was den Steuerzahler rund 20 Millionen Mark kostete. Abhängig war die Entscheidung zur Übernahme durch Cockerill nur noch von der Entscheidung der EU am 8. November 1994 zur Entwicklung der gesamten europäischen Stahlindustrie. Ein Punkt dabei war die Beihilfegenehmigung für EKO Stahl.
Ende Oktober 1994	Die Kommission der EU zur Einhaltung der Wettbewerbsregeln zog ihre Bedenken gegen den EKO-Sanierungsplan zurück. Sie wollte den Wirtschaftsministern die Zustimmung nahelegen. Statt der 1,2 Mrd. sollte laut deutschem Wirtschaftsminister die Subvention 900 Millionen Mark betragen.
6.11.1994	EKO produziert nach langer Zeit wieder mit drei Hochöfen.
8.11.1994	Der französische Industrieminister kündigte auf der Sitzung der europäischen Wirtschaftsminister an, der EKO-Privatisierung nur zuzustimmen, wenn sein Land die Erlaubnis erhalte, die Werftenindustrie auch nach 1998 noch mit staatlichen Beihilfen zu unterstützen. Großbritannien äußerte grundsätzliche Einwände gegen die staatlichen Hilfen für das EKO. Die Entscheidung mußte vertagt werden.
8.12.1994	Die endgültige Zustimmung der EU zur Sanierung und Privatisierung von EKO Stahl erfolgte. Cockerill will rund 2.300 Arbeitsplätze langfristig erhalten. Der Zuschuß beträgt 900 Millionen DM, über die Regionalhilfe fließen 400 Millionen ins EKO, je zur Hälfte aus Bonn und der Landeshauptstadt Potsdam. An den Stahlstandorten Hennigsdorf und Burg mußten laut EU-Regeln insgesamt 370.000 Tonnen Stahl stillgelegt werden. Riva erhielt eine 'Entschädigung' für die Kapazitätsstillegungen in Hennigsdorf.
1.1.95	Das Unternehmen wurde mit 60% der Anteile bei Cockerill Sambre[4] privatisiert. Verbunden mit der Übernahme war die Zusage des Erhalts von 2.300 Beschäftigten-Arbeitsplätzen und die Schließung der technologischen Lücke durch den Bau des Warmwalzwerkes (voraussichtlich bis 1997).
Februar 1995	Ende Februar erfolgte die Grundsteinlegung für das Warmwalzwerk. Der neue Eigentümer Cockerill schrieb im März 1995 den Bau des Warmwalzwerkes aus (Kosten: 671 Millionen DM). Im Juli 1997 soll es fertiggestellt sein und 200 neue Arbeitsplätze schaffen. Außerdem wird die Sinteranlage modernisiert (bis Ende 1996) und die Sanierung des KWW (bis 1996) fortgesetzt. Im Sommer 1995 wurde der Grundstein zum Bau eines Großhochofens (280 Millionen Mark, bis 1997) gelegt, der die drei kleineren Hochöfen ersetzt. Mit 'schwarzen Zahlen' rechnet das Unternehmen 1999.
Juli bis November 1995	EKO vergab mehrere Aufträge zur Ausstattung des Warmwalzwerke (den Auftrag für mechanische Hauptausrüstungen an die Anlagenbauer Schloemann-Siemag und Mannesmann Demag Hüttentechnik für insgesamt 200 Millionen DM, den Auftrag zur elektrotechnischen Ausrüstung des Warmwalzwerkes an Siemens für 100 Millionen Mark). Insgesamt sind wurden zu diesem Zeitpunkt Aufträge für 600 Millionen Mark vergeben, darunter 200 Millionen an ostdeutsche Firmen.

Tagebuch der Privatisierung des EKO

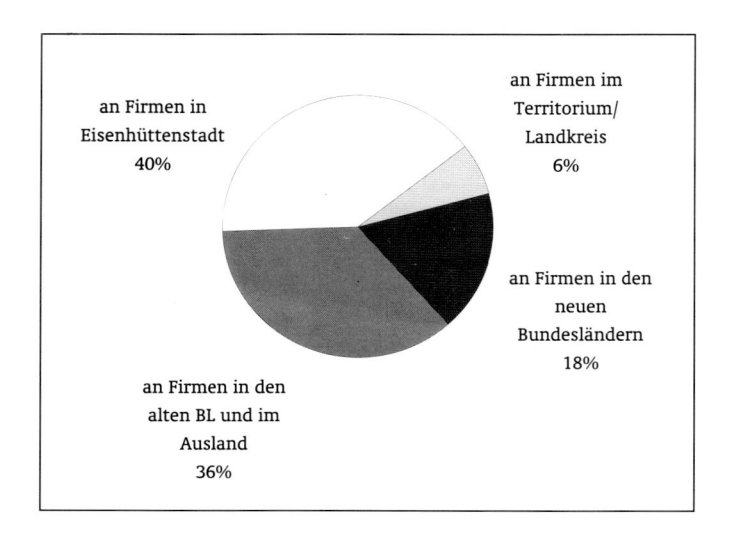

Auftragsvergabe des EKO für den Ausbau (EKO-aktuell 3/1995)

Interessenvertretung – zwischen Kooperation und Konflikt

Vor der Wende wurden die betrieblichen Austauschbeziehungen zwischen Arbeitnehmern und den Betriebsleitungen über die Betriebsgewerkschaftsleitungen (BGL) reguliert. Die strukturellen Veränderungen 1989 holten auch die betriebliche Wirklichkeit schnell ein und erforderten eine Umorganisation der betrieblichen Interessenvertretung. Zu diesem frühen Zeitpunkt kann kaum von einer direkten Orientierung an westdeutschen Austauschbeziehungen und Interessenvertretungsstrukturen ausgegangen werden (vgl. Förster/Röbenack 1996), vielmehr ging die Initiative von der Gewerkschaftsleitung aus. Die zentrale Gewerkschaftsleitung berief zum 6. Dezember 1989 eine Vertrauensleutevollversammlung ein, um über die weitere Entwicklung im EKO zu beraten. Diese, vom späteren Betriebsratsvorsitzenden als ‚historische Vertrauensleutevollversammlung' bezeichnete, war der Ausgangspunkt zur Institutionalisierung einer ‚wirklichen' Interessenvertretung. Die Schwierigkeit bestand in der Größe der Organisation selbst. Allein im Stammbetrieb des Bandstahlkombinates im EKO existierten 30 Betriebsgewerkschaftsleitungen (BGL), die einer zentralen Betriebsgewerkschaftsleitung unterstanden.

Der Verlauf dieser Versammlung war spannungsgeladen. Mißtrauensanträge an die Vertreter der Gewerkschaftsleitung wurden gestellt, und die Forderung nach Bildung einer ‚wirklichen' Interessenvertretung wurde laut. Im Ergebnis wurde eine Arbeitsgruppe aus sechs Vertrauensleuten demokratisch gewählt, die eine Neuwahl der Gewerkschaftsvertretung vorbereiten sollte. Diese Arbeitsgruppe versuchte, den Kontakt zur IG Metall in Berlin herzustellen, die mit neuer Besetzung schon präsent war, mußte jedoch feststellen, daß dort für die bestehende Situation keine Handlungsstrategien vorhanden waren. Daraufhin wandte man sich an die IG Metall Salzgitter und das Zweigbüro in Düsseldorf, das direkt für den Stahlbereich verantwortlich war, um Unterstützung bei den nächsten Schritten zu erhalten.

„Denn es war ja zu der Zeit auch so schwierig, sage ich mal so, wenn wir als Ossis was gesagt haben, dann hatte das ja bei vielen Leuten doch immer Mißtrauen oder ach, das stimmt doch nicht, das kann nicht sein. Und wenn das ein Wessi damals gesagt hat, dann war das heilig." (3, E3 ehemaliger Betriebsratsvorsitzender)

Zudem war die gewählte Arbeitsgruppe auch einer ständigen Kontrolle durch die 300 bis 500 Vertrauensleute aus den einzelnen Werken unterworfen. Fast monatlich wurden Vertrauensleutevollversammlungen durchgeführt, um über den aktuellen Stand zu berichten. Da mit der Arbeitsgruppe die Arbeit nicht zu bewältigen war, mußte ein größeres Gremium gewählt werden. Dies geschah Anfang 1990, als eine erste freie Wahl durchgeführt wurde. Im Gegensatz zu vielen anderen Betrieben entschied man sich im EKO, für die neu zu wählende Interessenvertretung die Institution Gewerkschaftsleitung beizubehalten und nicht die Betriebsratsstruktur zu nutzen. Vorteile entstanden lediglich dahingehend, daß nicht wie in anderen Betrieben eine Parallelität von Gewerkschaftsleitung und Betriebsräten bestand und Kompetenzschwierigkeiten entstanden (vgl. Förster/Röbenack 1996:88). Als schwierig stellte sich heraus, Kandidaten für diese BGL zu gewinnen. Obwohl die Basis an Vertrauensleuten allein schon groß genug war, fanden sich nur wenige bereit, diese Herausforderung anzunehmen. Die Vorbehalte in bezug auf das Gremium Gewerkschaftsleitung waren zu verfestigt. Die Rekrutierung der ersten Belegschaftsvertretungen erfolgte *„hier nicht als Ausfluß fortwirkender gewerkschaftlicher Tradition, sondern aus eigenständigen, in hohem Maße betriebszentrierten Zielsetzungen heraus, die sich traditionellen gewerkschaftlichen Konzepten nicht ohne weiteres einfügen."* (Kädtler/Kottwitz 1994:22) BGL-Mitglieder galten häufig als vorbelastet und wurden nur in wenigen Betrieben als Kandidaten akzeptiert und in die Interessenvertretungen gewählt.

"Was mir zu dem Zeitpunkt fast nicht gelungen ist, weitere Leute zu gewinnen, die bereit waren, an der Gewerkschaftsleitung mitzuarbeiten. Das war erschütternd. Ich habe manchmal schon gedacht, das kann doch wohl nicht sein. Die wollen, alles soll geregelt, gemacht werden und keiner will dir helfen und keiner will dich unterstützen. Was ich da für Absagen bekommen habe, weil ich viele Menschen kannte und sie dann angesprochen habe, mit dem Ziel: Na komm, stell' dich doch auch für die neue BGL oder werde Sekretär. Mir ist schon manchmal schwindlig geworden, muß ich ganz ehrlich sagen." (3, E3 ehemaliger Betriebsratsvorsitzender)

Grundtenor der Arbeit der BGL in diesem Zeitraum, aber auch des nachfolgenden Betriebsrates, war, alles für den Erhalt des Unternehmens zu tun. Aus diesem Grund wurde auch der von den Westgewerkschaften vielfach empfohlene Weg der Etablierung eines konfrontativen Gegenparts zur Geschäftsführung nicht gewählt. Von Anfang an wurde darauf geachtet, für die Arbeitnehmer das bestmögliche Ergebnis zu erzielen, aber nicht um den Preis der Existenz des Unternehmens. Diese Strategie ist keine EKO-spezifische, vielmehr weisen empirische Studien zur Entwicklung industrieller Beziehungen diese für die Mehrzahl der Betriebe Ostdeutschlands nach (vgl. Ermischer/Preusche 1993; Förster/Röbenack 1996; Gut/Heering/Schroeder 1993; Kädtler/Kottwitz 1994; Lakemann/Röbenack/Hirschfeld 1994; Lohr/Röbenack/Schmidt 1994; Mangold 1994). Die Ausfüllung des entstandenen ‚Machtvakuums' (vgl. Ermischer/Preusche 1993) durch kompetente und vor allem durchsetzungsfähige Belegschaftsvertreter war eine grundlegende Voraussetzung für die Gestaltung der betrieblichen Austauschbeziehungen. Das Maß der Zusammenarbeit hing jedoch nicht nur von der Arbeitnehmerseite ab, sondern auch von der Bereitschaft der Geschäftsführungen, eine Partizipation zu gewähren (vgl. Förster/Röbenack 1996).

"Ich glaube, ich habe damals richtig erkannt, daß diese Problematik eigentlich nur in der Gemeinsamkeit mit den Verantwortlichen der Unternehmensleitung zu bewältigen ist und auch versucht, den Weg aufzubauen, daß es wenig Gegeneinander gibt, sondern viel Miteinander. Denn nichts wäre wahrscheinlich schlimmer gewesen in der ganzen Entwicklung, wenn man sich nur mit Gefechten auseinandergesetzt hätte. Nach innen hat's die Probleme sowieso gegeben, aber nach außen mußte man zumindest die Stärke beweisen, daß es hier 'ne Gemeinsamkeitsrichtung ist, die durchzubringen ist." (4, E3 ehemaliger Betriebsratsvorsitzender)

Ende 1990 wurde dann der erste ‚ordentliche' Betriebsrat nach BetrVG gewählt, der in dieser Zusammensetzung bis April 1994 arbeitete. Nach der Stärke der Belegschaft setzte sich der Betriebsrat aus 31 Mitgliedern zusammen, die anteilig dem Verhältnis Arbeiter zu Angestellten gewählt wurden. Zum ersten Betriebsrat gehörten auch entsprechend des Frauenanteils an der Belegschaft 11 Frauen. Schwierigkeiten ergaben sich daraus, daß der Umgang mit dem BetrVG für alle Neuland war, mit dem man sich in kürzester Zeit vertraut machen mußte. Von Vorteil war dabei, daß 18 Mitglieder des Betriebsrates freigestellt waren. Die Anzahl der freigestellten Mitglieder ist dabei gesetzlich verankert, kann jedoch durch Verhandlungsmacht und -geschick des Betriebsrates erhöht werden, wie es im ersten Betriebsrat des EKO der Fall war[400].

Die Stärke und Arbeitsfähigkeit des Betriebsrates zeigt sich in den nunmehr über 100 Betriebsvereinbarungen, die bis Mitte 1995 abgeschlossen wurden, darunter Regelungen zur Eingruppierung, Arbeitszeitregelungen, Entlohnungsfragen, allem voran jedoch zu Sozialplänen im Personalanpassungsprozeß. Schwierig gestaltete sich auch die Eingruppierung, es gab eine Vielzahl Widersprüche, die jedoch zu 99% betrieblich geregelt werden konnten. Grundlage für die abgeschlossenen, und oft über den gesetzlich verankerten Rahmen hinausgehenden Betriebsvereinbarungen, war die außerordentlich kooperative Zusammenarbeit zwischen Betriebsrat und Geschäftsführung. Besonders am Anfang profitierte man von der Unsicherheit der Managementseite, was betriebliche Regelungen betraf.

"Viele Sachen wären uns nicht gelungen, wenn uns die cleveren westdeutschen Stahlunternehmer gegenübergesessen hätten und uns gedrückt hätten mit allen Problemen, die sie nicht wollen, und deswegen hätten die vieles von dem, was wir hier erreicht haben, hätten die einfach weggedrückt." (VG12, ehemaliger Betriebsratsvorsitzender)

Der vom Betriebsrat eingeschlagene Weg der Zusammenarbeit mit der Geschäftsführung ging davon aus, daß ständige Konfrontation in der Situation des Unternehmens nicht sinnvoll erschien. Gegen den Druck von Westgewerkschaften und Westbetriebsräten, die empfahlen, eine „Kluft" zu bilden, entschied man sich für den kooperativen Weg, der phasenweise wie ein Co-Management des Betriebsrates wirkte[401]. Durch diese Entscheidungen wurden Betriebsvereinbarungen abgeschlossen, die in anderen Unternehmen nicht realisiert werden konnten. Die Realisierung des Personalabbaus ohne betriebsbedingte Kündigungen war eine Ausnahmeregelung, wie sie bei kaum einem anderen ostdeutschen Unternehmen zu finden ist.

Die Betriebsratsarbeit und die Entscheidung, welche Strategie eingeschlagen wird, hängt wesentlich vom Betriebsratsvorsitzenden ab. Im April 1994 wurde erneut gewählt[402] und im Ergebnis erfolgte für die Position des Betriebsratsvorsitzenden ein Wechsel.[403] Damit veränderte sich auch die interne Arbeitsweise des Betriebsrates, die Fronten verhärteten sich. Auswirkungen hatte der Führungswechsel aber auch auf die Strategie der Zusammenarbeit mit der Geschäftsführung. Die vorwiegend auf Kooperation und Krisenmanagement ausgerichtete Interaktionsweise des Betriebsrates wurde zugunsten einer stärker konfliktären aufgegeben. Die Reaktionen seitens der Managementseite waren bezeichnend, man verlegte sich auf die Einhaltung der gesetzlich vorgeschriebenen Pflichten. Die Interaktionsbeziehungen werden von beiden Seiten determiniert, Veränderungen auf der einen Seite können demzufolge zur Veränderung des gesamten Interaktionsmodus führen (vgl. Förster/Röbenack 1996, Schmidt et al. 1994), wie auch am Beispiel des EKO deutlich wird. Ein Indikator sind die Freistellungen für Betriebsratsmitglieder. Waren von 1991-1994 18 Betriebsräte freigestellt (7 zusätzlich freigestellte Betriebsräte), so sind gegenwärtig (1995) lediglich die gesetzlich verankerten 5 Betriebsräte freigestellt. Auch die vom Betriebsrat geschaffenen Treuhandbeziehungen brachen nach dem Wechsel an der Betriebsratsspitze sofort ab. Dies wirkte sich negativ auf die interne Betriebsratsarbeit aus. Fraktionsbildungen waren nach Aussagen von Betriebsratsmitgliedern häufiger und verhinderten eine effektive Arbeit des Betriebsrates.

„Ja, man sollte darauf achten, daß das eigentlich verhindert wird und nicht zugelassen wird, weil das 'ne riesengroße Gefahr ist, wo man eben ständig mit Mehrheitsproblemen zu kämpfen hat. Und meistens läuft das ja dann in solchen Fraktionsbildungen gut organisiert. Und da ist 'ne riesengroße Gefahr drin. So direkt gibt es die nicht. Die hat's auch in der Richtung bei mir in Ansätzen gegeben. Habe ich aber aufgepaßt, daß das so schnell wie möglich zerschlagen wird, weil das – wie gesagt – 'ne riesengroße Gefahr ist. Aber es gibt schon so ein bißchen – das entwickelt sich dann meistens auch immer so, daß es zu bestimmten Sachen schon 'ne verdammte Voreingenommenheit gab, die einen einfach nicht den Kopf frei macht, zur Sache zu entscheiden oder Position zu beziehen, sondern es muß dagegen sein."
(16, E3 ehemaliger Betriebsratsvorsitzender)

Eine Verschiebung der Betriebsratsarbeit zu den traditionellen Themen Entlohnung und Arbeitszeit ist zu erwarten. Der Überlebenskampf wurde erfolgreich geführt, auch wenn Fragen zur Personalpolitik weiterhin anstehen[404]. Ein weiterer Punkt ist das Investitionsgeschehen und damit einhergehend Eingruppierungsfragen. Die Frage, vor der alle Betriebsräte in ihrer Entwicklung stehen, ist der Funktionswandel in Richtung Intervention sowie Partizipation an Innovations- und Rationalisierungsprozessen (vgl. Förster/Röbenack 1996). Zu den Inhalten der Betriebsratsarbeit 1995/96 zählten die Mitarbeit bei der Konzeption zur Modernisierung der Hochofenanlage, des Kaltwalzwerkes, der Sinteranlage sowie beim Aufbau des Warmwalzwerkes.

Für die Betriebsratsarbeit von wesentlicher Bedeutung war die Tatsache, daß auch nach der Privatisierung keine Eingriffe in das Mitbestimmungssystem erfolgten. EKO arbeitet relativ eigenständig, und somit ist auch die Frage der Interessenvertretung nach Meinung der Konzernspitze eine betriebsinterne. Ändern wird sich dies nur, wenn es zur Bildung eines Konzernbetriebsrates kommen sollte. In dieser Hinsicht bleibt abzuwarten, wie sich die Entwicklung von Euro-Betriebsräten vollziehen wird und inwieweit sich der EKO-Betriebsrat in diesem Zusammenhang einbringen kann.

Die bedeutendste Leistung des Betriebsrates bestand im Abschluß einer Betriebsvereinbarung mit der Geschäftsführung über die Personalanpassung ohne betriebsbedingte Kündigungen. Wie gestaltete sich vor diesem Hintergrund die Personalentwicklung im Unternehmen, und welche Instrumente konnten entwickelt bzw. genutzt werden, um eine größtmögliche soziale Sicherung zu gewährleisten?

Zwischen betrieblicher Notwendigkeit und sozialem Gewissen – die Personalanpassung im EKO

Der Personalbestand des EKO war, wie der aller Kombinatsbetriebe in der DDR, durch eine Vielzahl unterschiedlicher Qualifikationen und Ausrichtungen geprägt. Der Anspruch, geschlossene Reproduktionskreisläufe (vgl. Voskamp/Wittke 1991) zu schaffen, führte zu einem immer stärkeren Anwachsen produktionsfremder Bereiche in den Betrieben. Die Umstrukturierungsprozesse nach der Wende erforderten einen enormen Personalabbau.

Anfang 1989 waren im EKO 12.713 Beschäftigte tätig. Der Großteil der Mitarbeiter verfügte über einen Berufsabschluß, ca. 3.000 Mitarbeiter besaßen die Meisterprüfung bzw. einen Hoch- oder Fachschulabschluß (vgl. Niebur 1995). Damit lag das Qualifikationsniveau deutlich über vergleichbaren westdeutschen Industriestandorten. Die in mehreren Etappen vollzogene Personalreduzierung wurde unter Nutzung folgender Instrumente und Maßnahmen realisiert:
– Kurzarbeit Null[405];
– Vorruhestand[406];
– Altersübergangsregelungen;
– Ausgliederungen von Betriebsteilen[407];
– Fortbildung und Umschulung[408];
– Arbeitsbeschaffungsmaßnahmen.

Bis Ende Februar 1995 sank die Zahl der Arbeitnehmer auf 2.503. Der Personalabbau in der EKO Stahl AG erfolgte ohne betriebs- und strukturbedingte Kündigungen sowie nach sozialen Kriterien (Alter, familiäre Situation und Unterhaltspflicht für Kinder, Erwerbssituation des Partners, körperliche Behinderung).[409] Dies beruhte auf einer 1990 abgeschlossenen Vereinbarung zwischen der damaligen Geschäftsführung und dem Betriebsrat. Beide Akteure schätzten zum damaligen Zeitpunkt ein, daß die Belegschaftsstärke nicht zu halten war. Für die Geschäftsführung bedeutete die Betriebsvereinbarung eine Legitimation für den nachfolgenden Personalabbau, da er mit Zustimmung des Betriebsrates erfolgte. Für die Arbeitnehmer war eine soziale Grundsicherung in den Anfangsjahren der Umstrukturierung erreicht, die in keinem anderen Betrieb der Stadt gegeben war.

„Ihr werdet nie und nimmer die Personalstärke von der Größenordnung 12.000 halten können. Wenn ihr überhaupt den Laden retten könnt oder rettet, dann wird es aber einen wesentlichen Personaleinschnitt geben, der in Größenordnungen in Abbau geht. Und dann habe ich gesagt, also aus der Kenntnis heraus, jetzt mußt du eins machen, versuch' mal 'ne Vereinba-

rung abzuschließen, wo beide Seiten als Willensbekundung erklären, diesen Personalabbau ohne betriebsbedingte Kündigungen zu vollziehen. Wo ich das verkündet habe, daß es uns gelungen ist, mit dem Vorstand das auszuhandeln, und der Vorstand sich genauso dazu bekannt und erklärt hat, diesen Weg zu gehen, haben sehr wenige das als vielleicht 'ne gute Sache aufgenommen. Es hat ja zu dem konkreten Zeitpunkt noch gar nicht so viele gerührt und gesagt: Na klar muß abgebaut werden, aber ich doch nicht." (4, E3 ehemaliger Betriebsratsvorsitzender)

Zum Zeitpunkt des Abschlusses der Vereinbarung hoffte man auf beiden Seiten eine Lösung gefunden zu haben, die als Überbrückung für die Dauer der wirtschaftlichen Umstrukturierung ostdeutscher Betriebe dienen konnte. Ein wirtschaftlicher Aufschwung wurde retrospektiv betrachtet eher erwartet – die Prognosen wurden nicht bestätigt. Dennoch sind die getroffenen Vereinbarungen in ihrer Gesamtheit eine Ausnahmeerscheinung für die Stadt und auch das Land Brandenburg. Auch darin zeigt sich wiederum die Exklusivität des Werkes und der Stadt, denn ohne die Zustimmung der Treuhandanstalt (und insofern politischer Protektion) wäre eine solche Vereinbarung nicht zustande gekommen. Für die Arbeitsmarktsituation in Eisenhüttenstadt wirkten sich die verschiedenen Maßnahmen sehr positiv aus, da ein erheblicher Teil potentiell Arbeitsloser aufgefangen werden konnte. Das enge Zusammenwirken von Geschäftsführung, Betriebsrat und Vertretern der Stadt war die Grundlagen für die Schaffung eines ausgebauten Netzes des sogenannten zweiten Arbeitsmarktes.

„Personalpolitisch war das Ziel, betriebsbedingte Kündigungen zu vermeiden. Das Ziel hieß, eine Brücke im Arbeitsmarkt zu schlagen, um dann mit einem wiedererstarkenden Wirtschaftsbereich in Ostdeutschland diese beiden Enden wieder zusammenzuknüpfen. Alle, die wir hier sitzen wissen, daß sich das Ufer an der anderen Seite des Flusses schneller im Nebel entfernt hat, als wir die Brücke haben bauen können." (Niebur 1995:3)

Die aufgeführten Instrumentarien sind als ein Gesamtkomplex zu betrachten. Der Personaleinsatz verlief im Rahmen des folgenden Ablaufschemas, in das stets Rückkehrschlaufen eingebaut waren, die zur Gesamtbelegschaft des EKO zurückführen konnten. Der Belegschaftsabbau führte zur Überführung des Personals in den Personaleinsatzbetrieb. Von dort erfolgten die Zugänge zum Qualifizierungscentrum der Wirtschaft (QCW), in die ausgegliederten Betriebe, in die frühzeitige Pensionierung sowie andere Möglichkeiten der Arbeitsbeschaffungsmaßnahmen. Rückkehrschlaufen boten sich insofern, daß im Bedarfsfall vom QCW ausgehend Mitarbeiter wieder in die Gesamtbelegschaft integriert wurden. Mit Hilfe dieser Maßnahmen gelang es, Arbeitskräfte nicht sofort in den Arbeitsmarkt zu entlassen, sondern bei Bedarf ehemalige Mitarbeiter wieder einzustellen.

Eine nicht zu unterschätzende Größe im Prozeß der Personalanpassung war die Fluktuation. Etwa 1.000 Beschäftigte des EKO verließen das Unternehmen auf eigenen Wunsch. Dieser Prozeß hatte sowohl positive als auch negative Effekte für das Unternehmen. Einerseits entlastete der Weggang von Arbeitskräften die Personalsituation, andererseits waren es meist hochqualifizierte Facharbeiter, die den Weg in andere Unternehmen suchten. Selbst für ein so großes Unternehmen waren diese Arbeitskräfte nicht in jedem Fall ersetzbar.

Um den ostdeutschen Arbeitsmarkt zu entlasten, wurde von seiten der Treuhand vor allem Betrieben in der Metallindustrie ermöglicht, Mitarbeiter der Jahrgänge 1940 und älter mit 80% ihres letzten Nettogehaltes in den Vorruhestand ausscheiden zu lassen.[410] Für viele Betriebe wirkte sich diese Regelung positiv auf die Personalanpassungsprozesse aus. Als Schwierigkeit wurde von den Betrieben der Umstand beurteilt, daß diese Möglichkeit wichtige Fachkräfte nutzten, die aus dem verbleibenden Personalbestand nicht kurzfristig ersetzt werden konnten.

Für viele Mitarbeiter führte der Weg direkt in Umschulungs- und Fortbildungsmaßnahmen. Das von EKO ins Leben gerufene QCW war Träger des Großteils dieser Maßnahmen. Problematisch erschien jedoch die Vielzahl der Ausbildungsmaßnahmen in bestimmten Berufsgruppen. Es ist davon auszugehen, daß in bestimmten Bereichen am Markt vorbeiqualifiziert wurde, da z.B. der regionale Bedarf an kaufmännisch ausgebildeten Fachkräften bis über das Jahr 2000 hinaus gedeckt ist. Reale Arbeitsmöglichkeiten bestehen für diese Gruppe kaum. Aus diesem Grund wurden häufig mehrere Maßnahmen durchlaufen, um der drohenden Arbeitslosigkeit zu entgehen.

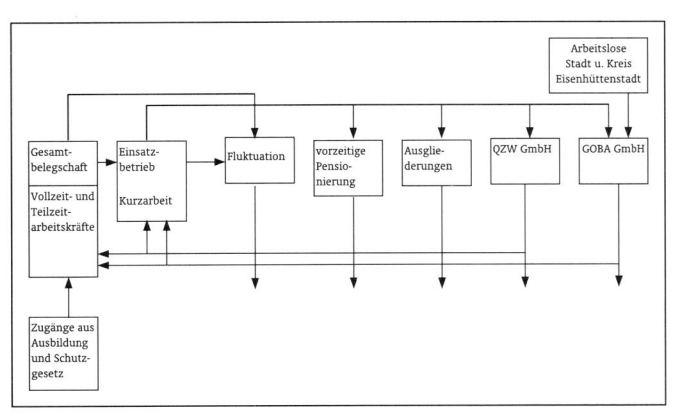

Personalablaufschema der EKO Stahl AG Eisenhüttenstadt (EKO Stahl GmbH, Bild 19)

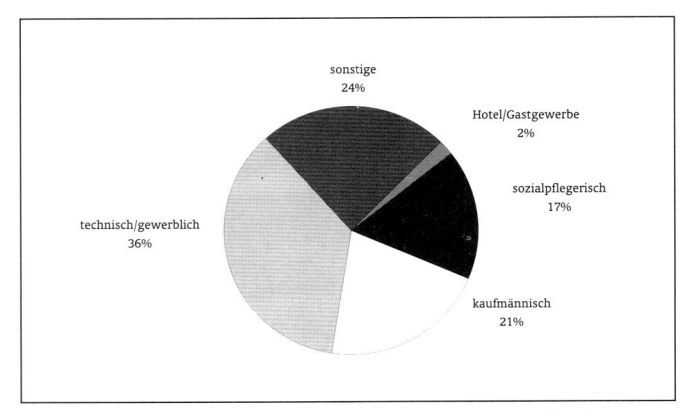

Teilnehmer an Fortbildungs- und Umschulungsmaßnahmen im QCW 1991-95

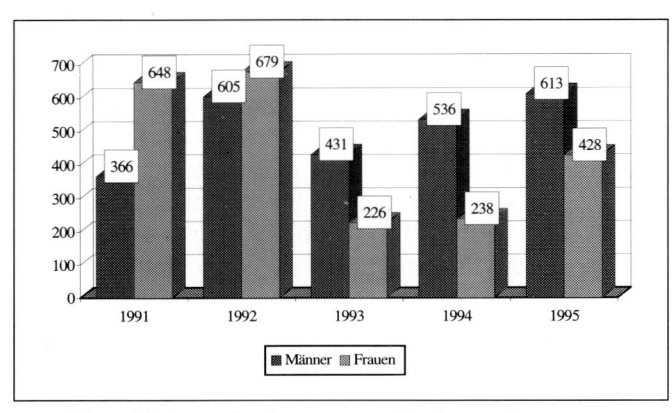

Anzahl weiblicher Teilnehmer an Maßnahmen des QCW

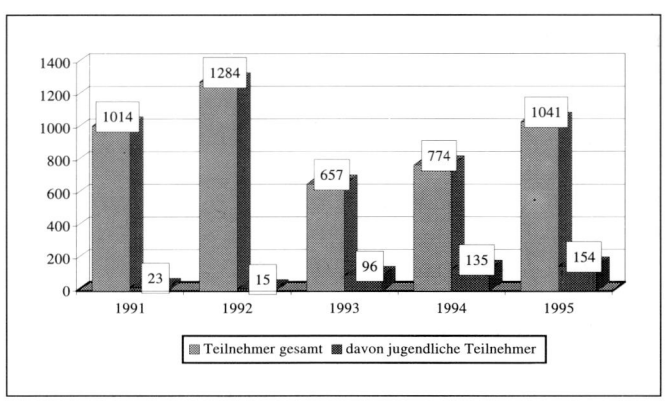

Anzahl jugendlicher Teilnehmer an Maßnahmen des QCW

Im Qualifizierungszentrum der Wirtschaft wurden von 1991 bis 1995 insgesamt 4.770 ehemalige Mitarbeiter qualifiziert und umgeschult. Dabei nahmen Maßnahmen im gewerblich/technischen Bereich den größten Umfang ein, gefolgt vom kaufmännischen und dem sozialpflegerischen Bereich.

Der Frauenanteil an FuU-Maßnahmen veränderte sich von 1991 bis 1995. In den ersten beiden Jahren (1991-1993) betrug er mehr als 50%. Auszugehen ist davon, daß 1993 der erste Schub an Umschulungen beendet war und die Nachfrage sank. In diesen Zeitraum fielen in höherem Maß Freisetzungen von Männern aus dem Unternehmen, die die Umschulungsmöglichkeiten nutzen. Ab 1993 überwog der Männeranteil bei Fortbildungs- und Umschulungsmaßnahmen. Deutlich wird dies auch am Anteil gewerblich/technischer Umschulungs- und Fortbildungsmaßnahmen. Der Anteil Jugendlicher unter 20 Jahren nahm von 1991 bis 1995 ständig zu, liegt aber noch immer unter 12% der Gesamtteilnehmerzahlen.

Für Jugendliche unter 20 Jahren bestand das Problem häufig darin, daß eine Lehrausbildung in den meisten Betrieben noch absolviert werden konnte, eine Übernahme in die Stammbelegschaften jedoch in den seltensten Fällen möglich war.

Das Problem bedarfsgerechter Qualifikation steht nicht nur für das QCW Eisenhüttenstadt, sondern in ganz Ostdeutschland. Der Qualifizierungsgrad der Beschäftigten war, verglichen mit Industriebetrieben in Westdeutschland, relativ hoch. Durch die wirtschaftliche und strukturpolitische Entwicklung der Region konnten die vorhandenen Qualifikationen nicht entsprechend verwertet werden. Vor allem für Frauen kommt es zur doppelten Entwertung ihres Qualifikationspotentials. Mit den Umschulungen bzw. Qualifizierungen war die Hoffnung auf bessere Arbeitsmarktchancen verbunden. Durch die geringe Marktorientierung der angebotenen FuU- Maßnahmen wurden und werden diese Abschlüsse kaum nachgefragt und eine erneute Entwertung der Qualifikation erfolgt (vgl. Schreiber/Ermischer 1992). Grundlage für effektive Qualifizierungsmaßnahmen wäre eine Bedarfsanalyse. Bei der derzeitigen Arbeitsmarktsituation in Eisenhüttenstadt kann kaum von einem echten Bedarf gesprochen werden. Hauptproblem für die Stadt ist also die Schaffung von Arbeitsplätzen, die für eine positive Entwicklung auf dem Arbeitsmarkt notwendig sind.

Eine Möglichkeit des Aufbaus von Arbeitsplätzen – zumindest befristeter Art – sind die Arbeitsbeschaffungsmaßnahmen. Den Rahmen für diese bildet die 1991 gegründete GEM GmbH[411]. Die Arbeitsbeschaffungsmaßnahmen laufen alle über diese ortsansässige Arbeits- und Beschäftigungsgesellschaft. Im Unterschied zu den Beschäftigungsgesellschaften in den alten Bundesländern geht es im Osten Deutschlands nicht vorrangig darum, Langzeitarbeitslose, ältere Arbeitnehmer und Sozialfälle, die auf dem Arbeitsmarkt wenig Chancen haben, zu beschäftigen bzw. wieder an normale Erwerbsarbeit heranzuführen. In den neuen Bundesländern besteht die vorrangige Aufgabe darin, den Strukturumbruch sozialverträglich zu regulieren (vgl. Schreiber/Ermischer 1992). Mit diesen Gesellschaften wurden Initiativen zu einer aktiven Strukturpolitik ergriffen.

Mehr als 3.700 Mitarbeiter des EKO erhielten bislang die Möglichkeit, in Arbeitsbeschaffungsmaßnahmen der GEM zu arbeiten. Hier liegt auch der Schwerpunkt der Frauenbeschäftigung. Der bundesweite ABM-Stop 1993 führte zu einer erheblichen Verringerung des Personalbestandes der GEM. Ende Januar 1996 befanden sich noch 493 Arbeitnehmer in Beschäftigungsmaßnahmen, davon 159 in ABM und 334 in Maßnahmen nach 249h. Weniger als die Hälfte davon waren Frauen, so daß auch in dem Bereich der GEM davon ausgegangen werden muß, daß Frauen zunehmend zurückgedrängt werden.

Am Verlauf der Gründung und Entwicklung der GEM können Statusveränderungen von Werk und Stadt deutlich abgelesen werden. EKO übernahm während seiner gesamten Entwicklung stets auch kommunale und soziale Funktionen. Entscheidungen im EKO dominierten nicht selten die gesamte Stadtentwicklung. Diese dominante Rolle wurde nach der Wende zwar abgeschwächt, jedoch nicht gänzlich aufgegeben. Die Beschäftigungsgesellschaft wurde auf Initiative des EKO vorrangig mit dem Ziel gegründet, den sozialverträglichen Personalabbau zu unterstützen. Aus diesem Grund besaß EKO auch die Mehrheit der Gesellschafteranteile.[412] Darüber hinaus waren bzw. sind die Erfahrungen der Kommunalverwaltungen bzgl. der Übernahme strukturpolitischer Verantwortung für die Einwohner relativ gering. Es wurde eingeschätzt, daß die Initiative für ABM innerhalb der Stadt fast ausschließlich von der GEM und nicht von der Kommune ausging: „*Trotzdem die projektbezogene Zusammenarbeit zwischen den Kommunalverwaltungen und der GEM gut funktionierte, war es zumeist die GEM selbst, die den Mitgesellschaftern kommunalpolitisch relevante ABM-Möglichkeiten angetragen hat, also eigentlich kommunale Aufgaben schon in der Konzeptionsphase mit übernahm.*" (Kühnert 1992:34)

In der Zwischenzeit sind die Anteile der EKO Stahl vollständig auf die Stadt bzw. den Landkreis übergegangen. Dort liegt nunmehr die Gesamtverantwortung für die Nutzung der ABM-Möglichkeiten. Die Verlängerung des Bestandes der GEM von 1995 auf vorerst 1998 ist ein Indikator für Maßnahmen, die zur Abfederung sozialer Härtefälle dienen. Diese Maßnahmen verhinderten bisher eine in vollem Umfang einsetzende ökonomische Ausdifferenzierung. Dies trifft vor allem auf die EKO-Mitarbeiter zu, denen diese Möglichkeiten vorrangig zu Gute kamen. Anderen Betrieben blieben solche Alternativen versagt bzw. stand die GEM diesen erst nach der Veränderung der Gesellschafteranteile in der GEM offen. War also zu Beginn die GEM fast ausschließlich ehemaligen EKO-Mitarbeitern für ABM zugänglich, so hat sich der Anteil von Mitarbeitern anderer Betriebe erheblich erhöht und beträgt derzeit fast 50%.[413] Diese Veränderungen der GEM führten zu einem anderen Image in der Stadt. Sie wird nicht mehr als ‚privilegierte Einrichtung' für EKO-Mitarbeiter angesehen.

Mit dem Übergang der GEM-Anteile des EKO an die Stadt wird auch die Herauslösung des EKO aus Prozessen sozialer Absicherung deutlich. Wie jedes Unternehmen, ist auch EKO nur begrenzt in der Lage, sich finanziell an beschäftigungspolitischen Maßnahmen zu beteiligen. So verliert EKO zunehmend die Funktion der Sozialagentur, die es vierzig Jahre für die Mitarbeiter innehatte. Soziale Folgen für die Arbeitskräfte ergeben sich nicht nur aus dem Arbeitsplatzabbau und nachfolgender Arbeitslosigkeit, sondern auch aus dem Verlust vielfältiger sozialer und gesellschaftlicher Aufgaben, die für alle Erwerbstätigen die individuelle Reproduktion sicherten und deren Träger die Betriebe waren (vgl. Lappe 1992).

Die GEM hatte das Ziel, einen Teil der zu Beginn als ABM geförderten Maßnahmen in Festarbeitsplätze umzugestalten. Das stand damit im Zusammenhang, daß einzelne Betriebsbereiche, die aus dem Kernunternehmen herausgelöst wurden, zunächst der GEM zugeteilt wurden. Die Verwirklichung dieser Zielstellung war – wenn sie überhaupt gelang – an einen langwierigen Prozeß gebunden. Durch die Veränderung der Gesellschafteranteile zugunsten der Stadt vertiefte sich die Kooperation mit kommunalen Ämtern und Einrichtungen, die Ausgliederung einzelner Bereiche als eigenständige Firmen gelang jedoch kaum. Feste Arbeitsplätze entstanden nur in geringem Umfang.

Für EKO Stahl sind zukünftig zwei Linien in der Personalentwicklung prägend. Auf der einen Seite erfolgt der weitere Abbau von Personal, um die Zielgröße 2.300 Beschäftigte zu erreichen. Hiervon sind vor allem die Angestelltenbereiche und dort wiederum verstärkt die Frauen betroffen. Auf der anderen Seite wird durch die Inbetriebnahme neuer Kapazitäten qualifiziertes gewerbliches Personal eingestellt, wovon in den seltensten Fällen Frauen profitieren werden, da es sich vorrangig um männliche Arbeitnehmer handeln wird.

Innerhalb dieses Prozesses wird sich der derzeit noch hohe Frauenanteil von 26% im Werk in den nächsten Jahren weiter verringern. Ausgangspunkt der Personalreduzierungen war ein Frauenanteil von 32% im Unternehmen. Dieser Frauenanteil in der Stahlbranche ist verglichen mit dem in den alten Bundesländern, wo er im Durchschnitt 6% beträgt, sehr hoch.

Der prozentuale Anteil an Frauen wurde im Betrieb nahezu erhalten, die Beschäftigungssituation veränderte sich jedoch gravierend: Frauen waren hauptsächlich im Verwaltungsbereich tätig, Männer überwiegend im gewerblich-technischen Bereich. 60% aller weiblichen Beschäftigten waren im April 1991 im Angestelltenbereich tätig. Von Mai 1994 bis Januar 1996 betrug der Anteil 50%. Der Frauenanteil im gewerblich-technischen Bereich blieb jedoch fast konstant (April 1991=21%, Juli 1993=20%, Januar 1996=21,4%).

Die Struktur der Funktions- und Hierarchieebenen 1993 zeigte, daß sich unter den Vorständen, den Direktoren, den Bereichsleitern und Hauptabteilungsleitern keine Frau befand. Nur vier von 22 Abteilungsleiterpositionen waren von Frauen besetzt. Dazu muß jedoch bemerkt werden, daß der Anteil von Frauen in den oberen Führungsebenen auch vor 1989 nicht wesentlich höher war (vgl. Holst/Schupp 1993a). Auf der Abteilungsleiterebene war der Frauenanteil jedoch höher. Die Besetzung von Führungspositionen mit Frauen wurde staatlicherseits gefördert und durch Maßnahmepläne unterstützt, die die Qualifikation der Frauen für die Ausübung von Führungstätigkeiten erhöhten. Auch wenn durch diese Förderpläne die Voraussetzungen für Frauen in Führungspositionen nach Einschätzung unserer Interviewpartner damals günstiger waren, führte dies nicht zu einer wesentlichen Erhöhung des Frauenanteils in den oberen Hierarchieebenen.

„Bedingt durch den Frauenförderungsplan waren sie schon etwas günstiger damals, aber es gab auch zu DDR-Zeiten keine Mehrheit der Frauen in Leitungsebenen. Das beginnt mit der Meister-, Gruppenleiterebene, das war die erste. Wobei im Verwaltungsbereich logischerweise mehr Frauen in Leitungspositionen waren. Aber wenn ich mal so die ganz obere Ebene, hatten wir damals im EKO nur eine Kraft, das war die Hauptbuchhalterin. Und alle anderen, auch der Ökonomische war ein Mann. ‚Kader' war auch ein Mann. Arbeits- und Lebensbedingungen war ein Mann, waren immer Männer gewesen komischerweise, das wäre auch so ein Bereich gewesen, wo eine Frau reingepaßt hätte. Und es war damals schon so, daß auf der oberen und mittleren Ebene eben Frauen die Ausnahme waren. Das hängt vielleicht auch damit zusammen, daß die Anforderungen körperlich und auch psychisch sehr hoch gestellt waren. Damals

schon. Eine hohe Einsatzbereitschaft, man mußte ständig verfügbar sein, und das halte ich schon für sehr problematisch für eine Frau mit Familie." (26, B9 Mitarbeiterin GEM)

Als problematisch für die Frauen stellte sich in dieser Hinsicht nicht die fehlende Infrastruktur für die Unterbringung der Kinder dar, sondern die Realisierung ständiger Verfügbarkeit in Verbindung mit Familienpflichten.

Die Frage der Vereinbarkeit von Beruf und Familie stand jedoch nicht nur für Frauen in Führungspositionen. Für einen Teil der weiblichen Beschäftigten ließ sich dies vor 1989 mit der Möglichkeit der Teilzeitarbeit lösen. Nach der Wende fand im Zuge der Personalanpassung ein Abbau von Teilzeitarbeitsplätzen statt. Arbeitete im Januar 1990 noch jede 10. Beschäftigte in Teilzeit, so waren es im August 1993 nur noch 3% der Frauen. Dies bedeutete besonders für Frauen, die aufgrund familiärer Verpflichtungen auf eine Teilzeitstelle angewiesen waren, den Verlust des Arbeitsplatzes. Die freie Entscheidungsmöglichkeit für eine Teilzeitarbeit besteht derzeit kaum.

Die Verringerung des Frauenanteils im gewerblich-technischen Bereich vollzieht sich im EKO nicht vorrangig durch die direkte Verdrängung von Frauen aus dem Arbeitsprozeß, sondern durch die geschlechtsdifferenzierte Auswahl im Ausbildungsbereich. Im EKO ist generell ein starker Rückgang der Auszubildenden zu verzeichnen. Von 1989 (774 Auszubildende) sank die Anzahl bis 1993 auf weniger als ein Drittel (235). 1995 war EKO mit einer Zahl von über 80 Auszubildenden der Betrieb mit der höchsten Zahl in Eisenhüttenstadt. Der Anteil weiblicher Auszubildender ist von 31% (1993) auf 23% (1996) zurückgegangen. Besonders davon betroffen ist der gewerblich-technische Bereich. Dort sank der Anteil weiblicher Auszubildender von 12% (1993) auf 4,9% (1996). Im kaufmännischen Bereich hingegen blieb der Anteil von 80% (1993) zu 78% (1996) nahezu konstant, aber auch hier zeichnet sich eine rückläufige Tendenz ab. Dieser Trend ist auch weiterhin zu verzeichnen, da der Zahl der Schulabgänger ein geringeres Angebot an Stellen gegenübersteht und männliche Schulabgänger nicht nur die traditionellen Berufsfelder besetzen, sondern verstärkt Ausbildungsrichtungen wählen, die vor 1989 fast ausschließlich von weiblichen Schulabgängern besetzt wurden.

Diese Tendenzen bestätigen die Ergebnisse weiterer Untersuchungen zur geschlechtsspezifischen Polarisierung in den neuen Bundesländern.[414] Nickel und Schenk (1995) konstatieren geschlechtsspezifisch ungleich verteilte Chancen und Lasten im Transformationsprozeß. Sie beschreiben die Re-Strukturierung des Geschlechterverhältnisses, den „backlash", und heben hervor, daß dieser unabhängig von den Entwicklungsperspektiven der jeweils untersuchten Branche (schrumpfend, stagnierend, prosperierend) als auch unabhängig davon ist, ob es sich eher um frauen- oder männertypische Erwerbsfelder handelt. Für die traditionell männertypischen Branchen Bergbau/Energie, Bauwirtschaft sowie Metall- und Elektroindustrie stellen die Autorinnen eine weitere Schließung gegenüber Frauenerwerbstätigkeit fest, so daß Frauen bei der Personalrekrutierung kaum noch Chancen haben. In der Metall- und Elektroindustrie z.B. lag der Frauenanteil an den von November 1991 bis Mai 1992 neu eingestellten Beschäftigten mit 16 Prozent deutlich unter dem Frauenanteil (30 Prozent), den die Branche noch im November 1990 verzeichnete. Die erneute Zementierung geschlechtsspezifischer Chancen-ungleichheiten findet somit auf zwei Ebenen statt: Erstens auf der Ebene der Neuverteilung des knapper werdenden Gutes Erwerbsarbeit zu Lasten der Frauen und zweitens auf der Ebene eines sukzessiven ‚Geschlechtswechsels' von Berufsfeldern, der Frauen auf die weniger zukunftsträchtigen, unsichereren und weniger lukrativen Entwicklungspfade verweist (Nickel/Schenk 1995:266f.).

Geschlechtsspezifische Nachteile werden zukünftig verstärkt im Hinblick der Chancen auf dem Arbeitsmarkt nach dem Ausscheiden aus dem Unternehmen deutlich. Die Personalleitung des EKO geht davon aus, daß die Mehrzahl der Frauen, die sich gegenwärtig (März 1995) in Umschulung, Fortbildung, Kurzarbeit oder Arbeitsbeschaffungsmaßnahmen befindet, nicht wieder in das Werk zurückkehrt, sondern den Weg auf den Arbeitsmarkt einschlagen wird.

Frauen sind in stärkerem Maß von Langzeitarbeitslosigkeit betroffen. Vor allem die Kommune und die regionale Wirtschaft sind gefordert, Konzepte zu finden, die auch Frauen auf dem Arbeitsmarkt nicht zu Außenseitern werden lassen.

„Na Eisenhüttenstadt jetzt die Wirtschaftsförderung, es tut sich ja sicher, ein paar Arbeitsplätze wird's dann schon geben um das Jahr 2000, aber für Frauen kaum, haben wir das Problem, und wir haben ja viele emanzipierte Frauen, .., die jetzt ganz schön alt dastehen mit ihren Kindern. Früher haben wir gesagt, du kannst alles werden, kannst auf den Kran gehen, kannst dies und das und jenes machen, immer raus. Die Kinder kriegst du so nebenbei groß, und das ist ja die Generation, es bricht ja alles weg. Sie hatten ja immer Arbeit, und alles lief ganz gut …Die Berufsabschlüsse taugen ja auch nichts, in die Umschulung rein gut ja oder nein, das ist jedem überlassen, aber wenn die Ministerin sagt zur Frauenwoche: »Laßt Euch sieben Mal umschulen, uns macht's nichts aus, Hauptsache ihr habt's auf dem Tisch und könnt's zu jeder Zeit hier vorlegen.« Es waren ja die Frauen, die gefragt haben, was nützt jetzt meine vierte, fünfte Umschulung. Na sei doch froh, erstmal ist dein Arbeitslosengeld ein bißchen verlängert, und du kannst es jederzeit aus dem Schubfach rausholen." (12, E 13 Mitarbeiterin Obdachlosenhilfeverein e.V.)

Der Übergang von einer Qualifizierungsmaßnahme in die nächste wurde durch unsere Interviewpartner/-innen nicht als taugliches Instrument zur Verbesserung der Chancen der Frauen auf dem Arbeitsmarkt angesehen. Als generelles Problem wurde angeführt, daß Umschulungsangebote sehr undifferenziert sind und dem Bedarf sowie der strukturpolitischen Entwicklung der Region oft nicht entsprechen. Die Mehrfachnutzung von derartigen Maßnahmen führt zu einer Anhäufung von Abschlüssen, die kaum nachgefragt werden. Für den Moment entlasten diese Instrumente zwar den Arbeitsmarkt, jedoch zukunftsweisende Entwicklungen sind dadurch nicht zu erwarten. Für die Frauen bedeutet dies eine langfristige Verhinderung eigenständiger Verdienstmöglichkeiten und die erzwungene Aufgabe beruflicher Selbständigkeit. Dies entspricht kaum ihrem arbeitszentrierten Lebensentwurf (vgl. Böckmann-Schewe/Kulke/Röhrig 1995). Allein im EKO waren ca. 3.300 Frauen vom Arbeitsplatzabbau betroffen. Vor allem für die Frauen mit gewerblich-technischen Abschlüssen in der Metallindustrie bieten sich wenig alternative Arbeitsplätze. Durch Umschulung und Fortbildung verbesserten sich deren Chancen auf dem Arbeitsmarkt kaum. Sie sind am stärksten von betrieblichen und gesellschaftlichen Veränderungen betroffen. Geschlechtsspezifische Nachteile werden somit durch qualifikationsspezifische verstärkt.

Durch die Realisierung der Investitionsvorhaben im EKO wird sich die Belegschaftszahl stabilisieren. Die Zahl der jährlich Auszubildenden (ca. 50-80) wird auch in den nächsten Jahren konstant bleiben. Durch das neue Warmwalzwerk werden zusätzliche Arbeitsplätze durch qualifiziertes Personal zu besetzen sein (ca. 350). Dies schließt jedoch nicht die Lücke, die der Wegfall der mehr als 9.000 Arbeitsplätze durch die Umstrukturierung des Unternehmens hinterlassen hat.

EKO als Sozialagentur – Veränderungen des betrieblichen Werte- und Normensystems

Im EKO existierten neben den Produktions- und den produktionsnahen Bereichen auch Bereiche, die sich um die sozialen und kulturellen Belange der Beschäftigten kümmerten. Es gab einen eigenständigen Bereich Arbeits- und Lebensbedingungen, zu dem das Wohnungswesen, das Sozialwesen, die Abteilung Kultur, die Abteilung Sport, das Gesundheitswesen u.a. zählten. Insofern entwickelten Industriebetriebe wie das EKO sich über ihre eigentlich wirtschaftlichen Funktionen hinaus zu einem eigenständigen sozialem Raum, in dem die Kollektive Unterabteilungen bildeten (vgl. Hübner 1994:181). Der Umfang der Sozialleistungen war in allen Betrieben beträchtlich. Von Roesler (1994:161) wird aber darauf verwiesen, daß sie in „*solchen Betrieben am stärksten ausgebaut (waren; d.A.), die erst in der DDR-Zeit und gewissermaßen vom Reißbrett aus entstanden.*" Im Zuge der Umwandlung des Kombinates zur AG wurden diese Bereiche sukzessive abgebaut bzw. teilweise in die GEM überführt. In der GEM sollte versucht werden, Teilbereiche zu späterem Zeitpunkt zu privatisieren. Nur ein Bruchteil der vorhandenen Strukturen konnte erhalten werden.

„Ich sage, solange ein Unternehmen rote Zahlen schreibt und von Steuergeldern lebt, können solche sozialen Komponenten schon gleich gar nicht getragen werden. Das waren die ersten Dinge, die abgeschafft wurden, ob das die Kindergärten, die Kinderkrippen, das ganze Sozialwesen, das ganze Wohnungswesen, wurde also abgegeben, und das geht ja bis in die Betreuungsbereiche rein, Ferienheime, Bungalowsiedlung, die wir ja für die Werktätigen hatten, wo sie billig Urlaub machen konnten, die Dinge sind alle weg. Das waren die ersten Leute, die also eingespart wurden, die abgebaut wurden, alles das, was nicht mehr mit dem Kerngeschäft zu tun hatte wurde abgebaut, da man der Meinung war, dafür sind andere zuständig." (VG 13, EKO-Mitarbeiter)

Einen großen Raum innerhalb der Sozialleistungen nahm das Ferienwesen ein. Dort wurden Ferienplätze für die werkseigenen Ferienheime und die des FDGB vergeben. Darüber hinaus gab es das Angebot der Ferienlager für Kinder im Alter von sieben bis 14 Jahren. Die beiden großen Ferienlager für die Kinder der EKO-Mitarbeiter konnten nicht erhalten werden. EKO besaß für die Beschäftigten zwei eigene Ferienheime (z.B. das Haus ‚Goor' auf Rügen) sowie eine Bungalowsiedlung in der Region um Eisenhüttenstadt. Durch die Kontaktpartner innerhalb des RGW gab es Austauschplätze in Ungarn und Polen. Der Zwang zur Effektivierung des Unternehmens bewirkte auch das Verschwinden dieses Bereiches, was von allen Interviewten als Verlust artikuliert wurde. Zu interpretieren ist dies nicht nur vor einem materiellen Hintergrund, der z.B. in der Stützung der Urlaubsplätze bestand, sondern als Verlust von identitätstiftenden Leistungen und Einrichtungen. Das Gefühl der Zusammengehörigkeit wurde durch diese sozialen Maßnahmen erzeugt, und der Wegfall dieser kann nicht sofort durch Alternativen kompensiert werden.

„Eindeutig wird das als Verlust empfunden. Sehr großer Verlust insofern man sich dort auch arbeitsmäßig eingebracht hat, und daß man diese Vorzüge genossen hat, daß man das immer als angenehm empfunden hat und daß das plötzlich nicht mehr da ist. Nach meiner Kenntnis ist das Haus ‚Goor' bis heute nicht in privates Besitztum zurückgeführt worden, sondern steht nach wie vor leer …Ja, so ist das mit den anderen Dingen, in Müllrose z.B. wurde das Hauptgebäude abgerissen, diese Bungalowsiedlung ist verkauft worden. Das empfindet man schon irgendwo als Verlust, daß das jetzt einfach nicht mehr da ist. Denn das gehörte damals so mit bißchen zum Leben. Man kann das auch nicht kompensieren mit einer Auslandsreise." (20, B 9 Mitarbeiterin GEM)

Haus ‚Goor' auf Rügen (seit 1957 Erholungsheim des EKO)

Ähnliche Tendenzen zeigen sich im kulturellen Bereich. Im EKO gab es eine Vielzahl künstlerisch engagierter Gruppen und Zirkel. So existierte ein Werkschor, ein Betriebskabarett, ein Betriebs-Filmstudio, verschiedene Betriebssportgemeinschaften, ein Ballettensemble, ein Jugendklub, Musik-, technische- und Fotozirkel, eine Bibliothek, Volkskunstgruppen, eine Betriebsgalerie (eröffnet 1988), Auftragswerke der Bildenden Kunst wurden vergeben, ‚Hütten- und Betriebsfestspiele' organisiert, und es bestand eine enge Zusammenarbeit mit dem „Friedrich-Wolf-Theater" Eisenhüttenstadt. Im Kulturhaus des EKO waren 25 der sogenannten ‚Volkskunstkollektive' tätig. Teilweise arbeiteten im Kulturbereich des Werkes Berufskünstler. 1988 fand das 3. EKO-Pleinair auf dem Werksgelände statt. Diese Pleinairs waren Kunstausstellungen, die alle zwei Jahre einen Monat lang auf dem Werksgelände organisiert wurden in Zusammenarbeit von Werk, der Kulturabteilung der Stadt und dem Verband der Bildenden Künstler der DDR. Maler, Grafiker, Fotografen, Bildhauer und Metallgestalter stellten ihre Werke innerhalb der Betriebsteile und auch auf den Freiflächen des Werksgeländes aus. Es kam zu Treffen und Diskussionen mit unterschiedliche Betriebskollektiven (vgl. ‚EKO-Pleinair 1988'). Die finanzielle Ausstattung des Kulturbereiches des Werkes war überdurchschnittlich gut.

„Das Ensemble, das wir hatten, also wir hatten, wenn ich mich jetzt noch richtig erinnere, im Kulturhaus in der letzten, also zweiten Hälfte achtziger Jahre so, '88 waren die Arbeiterfestspiele, also davor das Jahr, einen Haushalt von 1,2 Millionen. Das war natürlich 'ne Super-Sache. Die haben natürlich auch was erwartet, und auch was jetzt Eintrittspreise waren. Wenn da so ein Tanzturnier war, ein internationales Tanzturnier, das war so Standard bei uns zwei Mal im Jahr, dann durften die Karten nicht mehr als 15 Mark kosten." (6, B 8 ehem. Mitarbeiter EKO)

Mit der Auflösung kultureller Einrichtungen sowie Gruppen fand nur ein kleiner Teil der ehemals im betrieblichen Kulturbereich beschäftigten Arbeitskräfte die Möglichkeit, die Arbeit fortzusetzen. Diese waren vorrangig mit der Auflösung ihres eigenen Bereiches beschäftigt, mit dem Archivieren oder der Veräußerung kultureller Werke. Die Mitarbeiter mußten sich neue Möglichkeiten für ihre künstlerische Betätigung suchen. Viele versuchten, sich als eigenständiger Verein am Leben zu halten. Teilweise kam es zu Zusammenlegungen mehrerer kleiner Gruppen, so z.B. beim EKO-Kabarett, das sich mit dem städtischen Kabarett der Lehrer zusammenschloß und heute noch aktiv ist. Aber längst nicht alle Gruppen haben außerhalb des Werkes eine ‚neue Heimat' gefunden.

Ein Bereich, der im Vergleich zu den anderen in relativ großem Umfang erhalten werden konnte, war der Sport. Auch dort wurden natürlich Einschränkungen getroffen, denn die finanzielle Ausstattung, wie sie bis 1989 für diesen Bereich üblich war, konnte nicht weiter realisiert werden. Ein Zukunftskonzept für die Entwicklung dieses Bereiches kann jedoch nicht aufgestellt werden, da die Finanzierung von der Stadt nicht umfassend übernommen werden kann. Dieser Bereich ist auch nach wie vor sehr gefragt, denn die Betriebssportgemeinschaft Stahl Eisenhüttenstadt (BSG Stahl), die 1950 bereits gegründet wurde, hat gegenwärtig noch 1.310 Mitglieder, die sich in 25 verschiedenen Sektionen sportlich betätigen. Damit ist ein Großteil der Eisenhüttenstädter Bürger, die in Sportvereinen aktiv sind – laut Statistischem Jahresbericht zum 31.3.1995 3.952 Bürger –, Mitglied einer der Sektionen der BSG Stahl. Dennoch sind viele der damals hauptamtlichen Trainer und Übungsleiter inzwischen ehrenamtlich tätig. Ein Rückgang der Mitgliederzahlen insgesamt ist aber zu verzeichnen, denn 1989 gab es in der BSG noch über 4.000 Mitglieder. Es besteht jedoch die Hoffnung, daß dieser Bereich durch das Unternehmen wieder stärker gefördert wird, wenn der ‚break even' erreicht ist.

Nicht selten war die erste Anlaufstelle für neue Mitarbeiter im EKO die Abteilung Wohnungswesen. Wie alle großen Betriebe in der DDR hatte auch EKO Anteile an einer Arbeiterwohnungsbaugenossenschaft und ein bestimmtes Kontingent aus dem kommunalen Wohnungsbau[415], über das es verfügen konnte. Eine Kontingentierung ist aufgrund der gegenwärtigen Wohnungssituation nicht mehr erforderlich[416]. Darüber hinaus hatte EKO bis 1989 werkseigene Arbeiterwohnunterkünfte, die angemietet wurden und in denen neue Mitarbeiter untergebracht werden konnten. Diese Unterkünfte wurden verkauft. Die Anteile gingen an die Arbeiterwohnungsbaugenossenschaft.

Die werkseigenen Kindergärten und Kinderkrippen wurden ebenfalls 1990 an die Stadt überführt.

Der Bereich Gesundheitswesen war überdurchschnittlich gut ausgestattet. Neben den gesetzlichen Leistungen der Sozialversicherung konnten über einen zusätzlichen Beitrag von 30 Mark pro Monat weitere Leistungen in Anspruch genommen werden. Überdies waren die Leistungen durch die Zugehörigkeit zur Knappschaft bis 1976 denen des Bergbaus angeglichen und lagen über dem DDR-Durchschnitt. Seit 1990 gibt es im EKO eine Betriebskrankenkasse (BKK), der ca. 12.000 Mitglieder angehören. Die Beiträge sind vorteilhafter als die der gesetzlichen Krankenkassen, und auch der Service ist besser, da sie sich unmittelbar auf dem Betriebsgelände befindet. Durch diese Betriebskrankenkasse konnten außerdem Arbeitsplätze aus dem Bereich Arbeits- und Lebensbedingungen erhalten werden. Ab Januar 1996 ging diese BKK in freie Trägerschaft.

Aus diesen Ausführungen wird ersichtlich, daß ein Großteil der vor 1990 im Werk realisierten sozialen und kulturellen Aktivitäten jetzt in die Verantwortung der Stadt übergegangen sind. Sehr drastisch wirkte sich das im Bereich Kultur aus, da vom EKO aus sowohl jährliche Betriebsfestspiele als auch eine Vielzahl anderer kultureller Veranstaltungen organisiert wurden, die von den EKO-Beschäftigten und Bewohnern Eisenhüttenstadts wahrgenommen wurden und jetzt vermißt werden.[417]

Die Rolle des EKO als Sozialagentur ist indes nicht unumstritten. Während die Betriebsangehörigen die umfassenden sozialen Aktivitäten des Werkes, die bis in die privaten Lebensverhältnisse hineinwirkten, als identitätsstiftendes Moment zwischen den Mitarbeitern betrachten, das den Betrieb neben der ‚Sozialagentur' auch zur Sozialisationsinstanz machte, sind die Auffassungen darüber außerhalb des Werkes geteilt. In den Gesprächen wurde der ‚Neid' auf die großzügige soziale Ausstattung des EKO und die Möglichkeiten für deren Mitarbeiter mehrfach deutlich. Auch wenn die betriebs- und stadtübergreifenden Angebote des EKO genutzt wurden, kritisierte man die Privilegierung der EKO-Mitarbeiter. Nach der Wende wird die Sonderstellung des EKO und seiner Mitarbeiter insbesondere bei den Personalanpassungsprozessen reflektiert. Die soziale Funktion des Betriebes besteht, wenn auch in deutlich geringerem Maß, fort. Dies ist dem engagierten Zusammenwirken von Interessenvertretung und Geschäftsleitung vor allem in den ersten Jahren zu verdanken. Das betriebliche Werte- und Normensystem erfuhr sowohl durch den gravierenden Personalabbau als auch durch das Wegbrechen der umfangreichen Sozial- und Kulturbereiche einen enormen Wandel. Das Arbeits-‚kollektiv' verlor zunehmend den Stellenwert eines kommunikativen und integrativen Zentrums, das sich auch außerhalb der betrieblichen Sphäre zusammenfindet. In den Interviews kam zum Ausdruck, daß die Konkurrenz um die Arbeitsplätze die Arbeitsbeziehungen verschlechterte und das Zusammengehörigkeitsgefühl partiell verlorenging. Dies kann damit begründet werden, daß für die Brigaden das identitätsstiftende Moment kaum in einer ‚Identität durch Arbeit', sondern viel eher in einer ‚Identität durch die Sozialbeziehungen am Arbeitsplatz' bestand (vgl. Roesler 1994).

Ein wirkliches Zusammengehörigkeitsgefühl konnte im Kampf um den Erhalt des EKO zumindest phasenweise bei der Belegschaft wieder erzeugt werden. Die Interessenvertretung verweist nicht ohne Stolz darauf, daß insbesondere ihr Engagement unter Nutzung politischen Drucks mit dazu geführt hat, daß EKO doch noch privatisiert werden konnte. Nach wie vor ist das Werk in der Region dominierend, und es stellt heute einen besonderen Wert dar, Mitarbeiter im Werk zu sein. Dies weniger vor dem Hintergrund erfahrener materieller Privilegien, sondern aufgrund der knappen Arbeitsplatzressourcen in der Region.

EKO hat seine Funktion als Sozialagentur aufgegeben, ohne alle sozialen Leistungen preiszugeben. Neue identitätsstiftende Momente müssen sich innerhalb des betrieblichen Systems allmählich entwickeln, um die entstandenen Verluste teilweise zu kompensieren.

Erosion oder 2. Aufbruch – Stadtentwicklung 1989 bis 1995

Regionale Einbindung und Strukturentwicklung

Für die Stadt haben die gesellschaftlichen und die strukturellen Umgestaltungen grundlegende Statusänderungen bewirkt. Obwohl das EKO für die weitere wirtschaftliche und regionale Entwicklung nach wie vor dominierend ist, erfolgten Statusänderungen in bezug auf das Verhältnis von Werk und Stadt. Diese wurden durch den Rückzug des Werkes aus der Entscheidungsfindung bei Problemen befördert, die direkt die Stadtentwicklung berührten. Verantwortungsbereiche, die früher teilweise durch die Werksentwicklung bestimmt wurden, gingen auf die Stadt über. Dazu zählen z.B. im Planungsrecht teilweise die Flächennutzungsplanung und Bebauungsplanung. Dies führte zu einer eindeutigen Aufwertung der Funktion und Rolle der Stadt. Eine abwärts weisende Statusänderung ist auf die 1993 durchgeführte brandenburgische Gebietsreform zurückzuführen. Vor dieser Gebietsreform war Eisenhüttenstadt kreisfreie Stadt und besaß umfangreiche Entscheidungsrechte. Nach der Gebietsreform zählt Eisenhüttenstadt als größere kreisangehörige Stadt zum Landkreis Oder-Spree mit Kreissitz Beeskow und damit zur Planungsregion Oderland-Spree.[418] Durch die verwaltungsmäßige Anbindung an Beeskow und dem damit einhergehenden Verlust des Status einer Kreisstadt verlor die Stadt an kommunaler Kompetenz und regionaler Zentralität (vgl. Stadtentwicklungskonzeption 1994:13).[419] Diese unstete Strukturierung der Region erschwerte das konzeptionelle Arbeiten innerhalb der Verwaltung, da mit der Gebietsreform parallel eine Kreisfunktionalreform vollzogen wurde, die bisher in Eisenhüttenstadt vorhandene Kompetenzen nach Beeskow verlagerte. Als ein Beispiel können die ‚Kompetenzabgaben' des Sozialamtes Eisenhüttenstadt angeführt werden: Nach Beeskow wurden die Eingliederungshilfe, die Unterhaltszahlungen, die Betreuungsbehörde Vormundschaftswesen, die Hilfe zur Pflege, die stationäre Altenpflege und die Widerspruchsbehörde verlagert. In Eisenhüttenstadt verblieben die Wohngeldstelle und das Versicherungsamt.[420]

Das größte regionale Problem für die Stadt besteht in der wirtschaftlichen Umstrukturierung und der hohen Arbeitslosigkeit. Dabei kann Eisenhüttenstadt nicht auf ein diversifiziertes, historisch gewachsenes Industriepotential zurückgreifen, wie es z.B. für den Stahlstandort Brandenburg konstatiert wird (vgl. Schweigel/Segert/Zierke 1995:190). Weitreichende Veränderungen vollzogen sich in der Wirtschaftsstruktur. Das Unternehmen EKO belegt ca. ein Drittel der bebauten Fläche der Stadt. Die Wirtschaftsförderung der Stadt hob aufgrund der optimalen Transportanbindungen, der größten zusammenhängenden Gewerbefläche Brandenburgs mit 1600 ha (davon allein 500 ha nichtbetriebsnotwendige Grundstücke im EKO) sowie dem geringen Altlastenverdacht die Chance für Eisenhüttenstadt hervor, sich zum industriellen Zentrum der Region Ostbrandenburg zu entwickeln (vgl. Industriepark Oderbrücke 1993:25). Städtische Entwicklungsszenarios, von denen es eine Reihe gibt, gehen jedoch für die nächsten Jahre von folgenden Grundtendenzen aus:

– Der Verlust von Arbeitsplätzen im produktiven Gewerbe wird sich weiter vergrößern.
– Die Anzahl der Leistungsempfänger – vornehmlich die der Arbeitslosen – wird zunächst weiter anwachsen.
– Ein fortschreitender Strukturwandel wird zur weiteren Stärkung des tertiären Sektors (Bereiche Handel und Dienstleistungen) führen. Diese einsetzende Tertiarisierung wird nur in geringem Umfang dazu beitragen, Arbeitsmarktdefizite zu beseitigen.
– Die Höhe des 1989 vorhandenen Beschäftigtenniveaus wird nicht mehr zu erwirken sein.
– Der Zustrom an Pendlern wird erheblich geringer; weniger Berlin als vielmehr Frankfurt/Oder werden als Pendlerzielorte weiter an Gewicht gewinnen.
– Mit positiven Auswirkungen aus der EKO-Privatisierung, wie z.B. Gewerbesteuerzahlung an die Kommune, wird frühestens Ende 1996 gerechnet (vgl. Stadtentwicklungskonzeption 1994).

Innerhalb intraregionaler Städtevergleiche wurden für Eisenhüttenstadt eher negative Entwicklungstendenzen prognostiziert. Auf der Grundlage der Theorie der Produktzyklen sowie der Theorie des Niedergangs von Städten wurde von Friedrichs und Kahl untersucht, in welchen Branchen ein ökonomisches Wachstum zu erwarten ist und in welchen eher Arbeitsplatzverluste (vgl. Friedrichs 1995:48). Mittelfristig (bis 1995/96) wurde von den Autoren für Eisenhüttenstadt eine Stagnation oder sogar ein Niedergang erwartet.[421] Die Entwicklung des regionalen Arbeitsmarktes bestimmt, ob die jeweilige Stadtregion zu den ‚Gewinnern' oder ‚Verlierern' des Modernisierungsprozesses zu rechnen ist. Die Autoren Alisch und Dangschat (vgl. 1993:35f.) beschreiben die Kriterien für die ‚Gewinner'- und ‚Verlierer'-Position von Städten. Die Gewinner sind vor allem durch eine niedrige Arbeitslosenrate, moderne Wirtschaftsstrukturen, eine hohe Rate der Wertschöpfung, hohe Zuwanderungsraten, umfangreiche Investitionen im Bürosektor und im Reproduktionsbereich (Einkaufgalerien, Hotels, Messen, Kultur, Festivals, Sport) gekennzeichnet. Zu dieser Kategorie zählen sie z.B. München, Frankfurt/Main und Stuttgart. Die Verlierer verfügen eher über eine hohe Arbeitslosenrate, veraltete Wirtschaftsstrukturen mit niedriger Wertschöpfung, Abwanderungen und ausbleibende Investitionen im Bürosektor und im Reproduktionsbereich mit entsprechenden Verlusten an Lebensqualität. Dazu rechnen sie z.B. die Großstädte im Ruhrgebiet, Saarbrücken, Bremen sowie den Großteil der ostdeutschen Städte mit Ausnahme von Berlin, Leipzig und Dresden. Die reine Zuordnung Eisenhüttenstadts zu einer Kategorie ist nicht möglich, da sich hier gemischte Strukturen zwischen den Extremtypen entwickeln, die sowohl Gewinner- als auch Verlierer-Anteile aufweisen (vgl. folgendes Stärke-Schwächen-Profil).

Bis 1989 verfügte Eisenhüttenstadt in einem Vergleich von 27 ostdeutschen Städten mit über 50.000 Einwohnern (vgl. Friedrichs 1995:47) über den zweitgrößten Anteil an Industriebeschäftigten (50,7%, nach der Stadt Plauen mit 52,8%). In der Beschäftigungsstruktur 1995 dominiert nicht mehr der industrielle Bereich (30%), sondern der Dienstleistungsbereich (33%). Handel und gewerblicher Bereich verfügen jeweils über 10%. Die durch eine monostrukturierte Wirtschaft gekennzeichnete und bewußt auf bürgerliche Traditionen verzichtende Stadt verfügte nicht über einen Mittelstand, auf den im Diversifikationsprozeß nach 1989 aufgebaut werden konnte.

Der Blick auf die Belegschaftsstärken der Unternehmen im verarbeitenden Gewerbe verdeutlicht, daß vorrangig Kleinbetriebe den Arbeitsmarkt bestimmen. EKO ragt, wie zu früheren Zeiten, auch jetzt mit seinen derzeit noch ca. 2.400 Beschäftigten heraus.

Beschäftigtenzahl	Anzahl der Unternehmen
50-99	10
100-199	2
200-499	5
500-999	-
1.000-4.999	2

Anzahl der Unternehmen in Eisenhüttenstadt mit mehr als 50 Beschäftigten (1994) [422]

Insgesamt existieren nach den Gewerbeanmeldungen in Eisenhüttenstadt 89 Unternehmen in der Industrie (vgl. Statistischer Jahresbericht der Stadt Eisenhüttenstadt 1994). In der obenstehenden Tabelle finden sich nur 19 davon, der Rest sind Unternehmen mit weniger als 50 Beschäftigten. Noch ist es demnach nicht gelungen, einen tragfähigen Bestand an mittelständischen Unternehmen anzusiedeln, der die notwendigen Ersatzarbeitsplätze bereitstellen kann. Die statistischen Zahlen der Stadt zum Gewerbebestand 1992 bis 1995 zeigen zwar eine geringe Zunahme der Anmeldungen im Industriebereich, im Handel und im Handwerk, diese reicht aber als Alternative zum ‚Arbeitgeber EKO' nicht aus. Für die Entwicklung einer wirtschaftlichen Infrastruktur, die nicht nur über das EKO definiert ist, sind diese Bereiche aber tragend. Bisher sind die Chancen für Industrieansiedlungen nach wie vor bescheiden und die Auswirkungen auf die weitere Entwicklung des Handels- und Dienstleistungs-

Gewerbebestand Bereich	31.12.1992	31.12.1993	31.12.1994	1. Halbjahr 1995
Handels- und Versicherungsvertreter	46,3%	45,5%	43,9%	43,2%
Handel	32,3%	33,5%	30,6%	32,8%
Handwerk	7,3%	8,4%	11,7%	7,8%
Gastgewerbe	6,9%	6,1%	5,3%.	5,9%
Industrie	3,1%	4,0%	3,8%	5,0%
Verkehr	2,7%	2,5%	4,5%	4,5%

Entwicklung des Gewerbebestandes in Eisenhüttenstadt 1992-1995

bereiches noch nicht abzusehen. Wo immer weniger Leute verdienen, können auch Handel und Dienstleistungen schwer Fuß fassen.

Die Stadt muß – will sie die monostrukturellen Bedingungen überwinden – eine Neuansiedlung mittelständischer Unternehmen forcieren, die Arbeitskräfte übernehmen können.[423]

Sowohl früher als auch heute ist EKO demnach der strukturbestimmende Betrieb der Region, auch wenn sich die Dimensionen verschoben haben. Für die Strukturentwicklung der gesamten Region in Ostbrandenburg spielte die erfolgte Privatisierung des Unternehmens im Dezember 1994 eine wesentliche Rolle (vgl. Werner 1995). Das Werk wird als das ‚Zugpferd' betrachtet, durch das Investoren angrenzender Industriebereiche in die Region gebracht werden können. Man ist sich der Notwendigkeit der industriellen Umstrukturierung und Diversifikation bewußt und versucht, diese durch vielfältige Maßnahmen zu erreichen. Hauptproblem der Region ist, Ansiedlungen im berlinnahen Raum durchzusetzen.[424] Daß dies ein ambivalentes Problem ist, kommt dadurch zum Ausdruck, daß die Nähe zu Berlin in der nachfolgenden Skala der Stärken/Schwächen-Analyse der Stadt als Vorteil angeführt wird. Welche regionalspezifischen Stärken und Schwächen können ausgemacht werden, die erheblichen Einfluß auf die Strukturentwicklung der Region haben werden?

Stärken:
– Nähe zu Berlin;
– gut erschlossene Flächen (die meisten altlastenfrei);[425]
– wirtschaftliche und kulturelle Kontakte über die Grenze zu Polen hinweg;
– bei Arbeitsplatzsicherung ausreichend junges Potential vorhanden;
– relativ gut ausgebautes Verkehrsnetz und verstärkte Anstrengungen zur Verbesserung dessen;
– technische Infrastruktur quantitativ vorhanden (Hafen, Güterbahnhof, Kanal);
– Entstehung neuer Wirtschaftszweige;
– Wachstum des Baugewerbes;
– industrielle Erfahrung und Tradition als positives Produktionsmilieu;
– bei Einbeziehung des polnischen Lohngefälles lassen sich Produkte preiswerter herstellen und verarbeiten;
– qualifiziertes ingenieurtechnisches Potential;
– bis 1989 stark ausgeprägte, industrienahe Forschungsbereiche;
– Wohnungsmarkt nicht so stark belastet;

- erträgliche Mieten;
- ausgebaute Handelsstruktur;
- soziale Infrastruktur vorhanden;
- günstige landschaftliche und natürliche Voraussetzungen im Umland.

Den vorhandenen Stärken steht jedoch eine Anzahl *Schwächen* bzw. *Standortnachteile* gegenüber:
- peripher zu den großen Wirtschaftszentren gelegen;
- Überlastung des Grenzraumes durch den Ferntransitverkehr;
- Endpunkte des nationalen Verkehrsnetzes;
- fehlende Grenzübergänge;
- relativ lange Reisezeiten zu großen Zentren;
- keine ausreichendes Förderinstrumentarium für Kooperation und Partnerschaft;
- hohe Migrationsverluste besonders in jüngeren Altersgruppen;
- Schrumpfung von Industrie und Landwirtschaft ohne gleichschnelles Wachstum anderer Bereiche;
- zu wenig Neuinvestitionen;
- zu wenig Fremdansiedlungen;
- eklatante Kapitalschwäche der einheimischen klein- und mittelständischen Unternehmen (KMU);
- kommunale Finanzschwäche;
- regionaler Absatzmarkt durch die Grenzlage nur zur Hälfte vorhanden;
- hoher Anteil an Industriebrachen und Altlastengelände;
- wenig Weltmarkt-Know-How;
- zu geringer wissenschaftlicher Vorlauf;
- Produktentwicklung noch schwach;
- Siedlungsgebiete pflegebedürftig;
- Umweltprobleme;
- rudimentäre Altstadtstrukturen in schlechtem Zustand (Fürstenberg);
- Region noch zu wenig bekannt bzw. mit Negativ-Image behaftet;[426]
- touristische Infrastruktur nicht ausreichend.[427]

Die konsequente Ausnutzung der Stärken und die Beseitigung der vorhandenen Defizite sind vorrangige Aufgaben für die kommunale Verwaltung, wenn die Umstrukturierung der Region in den nächsten Jahren gelingen soll. Dieser Prozeß wird dadurch erschwert, daß Eisenhüttenstadt, wie andere Kommunen auch, hoch verschuldet ist.[428]

Ein Schritt in Richtung Umstrukturierung war 1991/92 das Konzept des „Industrieparks Oderbrücke". Zunächst als Idee für ein grenzüberschreitendes Vorhaben zur Sicherung des Stahlstandortes Eisenhüttenstadt entwickelt, wurde er nachfolgend zum kompletten Leitbild der Umstrukturierung einer ganzen Region mit dem industriellen Kern Eisenhüttenstadt und der Anbindung der polnischen Seite. Zur Umsetzung des Konzeptes und zur Verteilung der unterschiedlichen Aufgaben der Wirtschaftsförderung beschloß die Stadtverordnetenversammlung im Dezember 1991 die Gründung der ‚Oder-Spree-Gesellschaft zur Wirtschaftsförderung und Standortentwicklung' (OSW).[429] Gründungsgesellschafter im April 1992 waren die Stadt mit 51% und die Unternehmensgruppe Kienbaum International Ges. mit 49%. Im Sommer 1992 erfolgte der Beitritt der EKO Stahl AG und des Landkreises Eisenhüttenstadt. Hauptaufgabe war u.a. die Ansiedlung von Investoren auf den nicht betriebsnotwendigen Flächen der EKO Stahl. Dilemma hierbei war, daß die Entscheidung zum Erhalt des EKO zu diesem Zeitpunkt noch nicht gefallen war und sich der Prozeß, Investoren zu gewinnen, wesentlich schwieriger gestaltete. Die Hauptaktivitäten der OSW waren:
- Bedarfsanalyse für einen Gewerbehof;
- Stadtmarketingkonzept;[430]
- verschiedene Nutzungskonzeptionen sowie regionalspezifische Studien, wie das Leitkonzept Industriepark Oderbrücke und die Verflechtung von Verkehr und Wirtschaft.

1993 wurde die OSW aufgelöst, letztlich auch aus dem Grund, da die gestellten Ziele nicht vollständig erreicht werden konnten.[431] Sinnvoll zum gegenwärtigen Zeitpunkt (1996; d.A.) wäre die Gründung einer Wirtschaftsförderungsgesellschaft für den grenznahen Bereich, da 1999 die EG-Förderung der grenznahen Bereiche ausläuft. Im Rahmen eines mit EU-Geldern geförderten Projektes (J.O.B.-Projekt) werden seit 1994 die Umstrukturierungserfahrungen anderer Regionen in England und Polen genutzt.[432] Im Land Brandenburg sind mehrere Fördereinrichtungen tätig, u.a. die Deutsch-Polnische Wirtschaftsfördergemeinschaft. Es finden regelmäßige Treffen der Bürgermeister von Guben, Eisenhüttenstadt und Frankfurt/Oder zur Abstimmung der Strukturpolitik und Entwicklung der Infrastruktur statt, wobei davon ausgegangen wird, daß die Städte Eisenhüttenstadt und Frankfurt/Oder als ein Wirtschaftsraum anzusehen sind. Die Nähe zu Polen wird jedoch nicht durchgängig als Standortvorteil betrachtet. Mittelständische Unternehmen siedeln sich nicht so häufig an, da sie in dieser Region ‚nur im Halbkreis' agieren können[433] und die Vorteile aus einer möglichen Förderung von Grenzregionen nicht zum Tragen kommen. Hier werden erst Verbesserungen erwartet, wenn Polen zur EG zählt.[434] Kritiker befürchten jedoch, daß der Standort an der Grenze dann noch mehr Nachteile erbringt, da es Unternehmen aufgrund der Lohnkosten (in Polen derzeit ein Zehntel des Lohnes in der Bundesrepublik) und der Industriestromvorteile vorziehen werden, gleich auf polnischer Seite zu investieren.

Die Stadt zielt in Anknüpfung an die Konzepte der OSW auf drei zentrale Schwerpunkte der Strukturentwicklung.[435]

Die Revitalisierung des Binnenhafens ist die vordringlichste Aufgabe in der Stadt, da er für die Verkehrsinfrastruktur von herausragender Bedeutung ist. Der Binnenhafen, der zu Spitzenzeiten ca. 1,8 Mio. Tonnen Güter umgeschlagen hatte, verlor nach der Wende seine Bedeutung und die Um-

Revitalisierung Binnenhafen — Entwicklung Recycling Zentrum — Aufbau Fachhochschule

Die drei Schwerpunkte der wirtschaftlichen und regionalen Entwicklung der Stadt (1995)

schlagsmenge sank auf 200.000 Tonnen pro Jahr. 1995 betrug die Umschlagsmenge bereits wieder 400.000 Tonnen bei steigender Tendenz. Die Revitalisierung soll durch einen deutsch-polnischen Hafenverbund erfolgen, deren Betreibergesellschaft noch 1996 die Arbeit aufnehmen soll. Eng verbunden mit dieser Idee ist auch die Schaffung eines integrierten Recyclingzentrums für den Großraum Berlin und Brandenburg in Eisenhüttenstadt bis zum Jahr 2000. Als Gründe für die Aufnahme Eisenhüttenstadts in das Flächenrecyclingprogramm des Landes Brandenburg und die Entwicklung eines integrierten Recyclingzentrums können benannt werden:
- das Vorhandensein eines monostrukturierten Wirtschaftsraums;
- der ökonomische Zwang, sich unter marktwirtschaftlichen Bedingungen zu behaupten, was zu einer Freigabe von nicht betriebsnotwendigen Flächen führt (EKO Stahl);
- Ansiedlung neuer industrieller und gewerblicher Branchen;
- Existenz einer gut entwickelten Infrastruktur.

Eisenhüttenstadt als Entsorgungsstandort im Stahlbereich bietet sich deshalb an, weil hier Anlagen und Know-how für die Stahlerzeugung und -weiterverarbeitung existieren. Zur Vorbereitung des Recyclingzentrums wurde im August 1995 der Erschließungsvertrag unterzeichnet, und die Stadt hofft, bis zum Jahr 2000 das Vorhaben realisiert zu haben (vgl. Industriepark Oderbrücke 1993:11). Die Diskussion um den Standort Eisenhüttenstadt für dieses Recyclingzentrum war von den politischen Auseinandersetzungen der Parteien begleitet, wobei insbesondere die Grünen auf die Gefahren der Müllverbrennung verwiesen.

Mit der angestrebten Diversifikation der Wirtschaft will man sich von der Abhängigkeit von EKO Stahl, die über Jahrzehnte bestand und gefördert wurde, befreien. Sicher wird das Werk durch die 2300 Arbeitsplätze das dominante Unternehmen in Eisenhüttenstadt bleiben, dennoch existieren hier eine ganze Reihe Ausgründungen aus der ‚alten' EKO Stahl und Neuansiedlungen neben den traditionellen Unternehmen. Dazu kommt der Erhalt einer Vielzahl von Arbeitsplätzen in den Eisenhüttenstädter Betrieben, wie z.B. im Nahrungsgüterbereich bei den Firmen Brot- und Feinbackwaren F&M-GmbH, Onken (Molkereiwaren) sowie der Fürstenberger Fleischwaren-GmbH. Als weiterer Wirtschaftsfaktor sind die zahlreich angesiedelten Verbrauchermärkte anzusehen.

Die Einbeziehung der benachbarten Wirtschaftsstandorte Frankfurt/Oder und Guben in der regionalen Planung wird fortgesetzt. Vor 1989 existierten enge Verflechtungen zwischen den drei Wirtschaftsstandorten, die unter anderem durch die großen Pendlerströme zum Halbleiterwerk in Frankfurt/Oder bzw. Chemiefaserwerk Guben zum Ausdruck kamen (vgl. Baltz 1992). Durch den massiven Personalabbau auch in diesen Betrieben verloren vor allem auch Frauen aus Eisenhüttenstadt ihren Arbeitsplatz im Halbleiterwerk. Die Weiterführung der regionalen Zusammenarbeit wird besonders deutlich bei der Betrachtung des 1992/93 entwickelten Konzeptes zum Aufbau einer auf Umwelttechnologie ausgerichteten Fachhochschule in Eisenhüttenstadt. 1995 wurde letztlich von Landesseite ein anderer Standort präferiert. Durch die Existenz einer Fachhochschule in Eisenhüttenstadt neben der Europa-Universität Viadrina in Frankfurt/Oder versprach man sich insbesondere den Zuzug junger Menschen, eine größere Zahl von Arbeitsplätzen, positive Auswirkungen auf das kulturelle Leben der Stadt sowie einen Gewinn an Urbanität. Die ursprüngliche Stadtplanung hatte für die EKO-Wohnstadt und das spätere Stalinstadt den Aufbau einer Hochschule für Metallurgie vorgesehen. Letztlich fiel die Gründung den Sparmaßnahmen nach dem 17. Juni 1953 im Zusammenhang mit der Politik des Neuen Kurses zum Opfer. Dieses Defizit im Bildungsbereich wirkt sich zum gegenwärtigen Zeitpunkt noch immer auf die Stadtentwicklung aus. Die Initiatoren des Interessenverbandes Fachhochschule Ostbrandenburg gingen von zwei Ansätzen aus, die für die Errichtung der Fachhochschule als relevant angesehen wurden (vgl. Behrendt 1995:20f.):
- Der *strukturpolitische Ansatz*, der davon ausgeht, daß die Fachhochschule als Impulsgeber für die Diversifikation der Wirtschaftsstruktur dienen kann und die notwendigen Akzentuierungen auf die angewandten Wissenschaften darstellt.
- Der *politische Ansatz*, der darin besteht, der Jugend der Region eine Zukunft durch Ausbildung zu vermitteln und die Fachhochschule zur Vitalisierung der Region zu nutzen, da sie als wesentlicher Standortfaktor bei der Ansiedlung produzierenden Gewerbes gilt.

Die Fachhochschule sollte bewußt als ein standortfördernder Faktor und für eine ‚Öffnung des sozialen Raumes' aufgebaut werden. Eine Parallele kann zur Entwicklung der Stadt Oberhausen, die als „Wiege des Ruhrgebiets" bezeichnet wird, gezogen werden. Bergbaukrise, Zechenstillegungen, Firmenzusammenschlüsse und die Gründung der Ruhrkohle AG waren in den 60er Jahren Vorboten der Krise, Folge des Rückzugs der Großindustrie aus Oberhausen. Den damit verbundenen Auflösungserscheinungen traditioneller Lebenszusammenhänge versuchte die Stadt mit einer Entscheidung zu begegnen, die die homogene Sozialstruktur erhalten sollte: Trotz mehrfacher Angebote der Landesregierung lehnte sie die Ansiedlung von Fachhochschulen und Universitäten ab, was bis heute weitreichende Auswirkungen hat (vgl. Vester 1993:159).[436]

Das Konzept für die Fachhochschule Eisenhüttenstadt sah vor, im Rahmen der Innovationsförderung mit vorhandenen Einrichtungen in Frankfurt/Oder (BIC Technologiezentrum, Technologie- und Innovations-Agentur T.I.N.A.) und Guben (Centrum für Innovation und Technologie- CIT) sowie Institutionen auf Landesebene zu kooperieren. Die Fachhochschule in ihrer ursprünglichen Planung mußte jedoch ein Konzept bleiben, da die Entscheidung für einen anderen Bewerber fiel. Neuruppin erhielt 1995 den Zuschlag für die in Brandenburg neu zu schaffende Fachhochschule.[437] Die finanzielle Situation des Landes Brandenburg schließt die Gründung einer weiteren Fachhochschule für das nächste Jahrzehnt aus. Als Reaktion auf die Entscheidung des Landes für einen anderen Standort wurde vom Interessenverband

Fachhochschule zunächst ein Kooperationsvertrag mit der Technischen Fachhochschule Wildau abgeschlossen. Dieser ermöglicht die Etablierung von Einrichtungen der Hochschule in Eisenhüttenstadt. Seit Ende 1995 existiert die Außenstelle ‚Technologietransfer' der Technischen Fachhochschule Wildau in Eisenhüttenstadt. Ziel dieser Einrichtung ist der Aufbau kooperativer Strukturen mit klein- und mittelständischen Unternehmen, die unter anderem das Know-how der Einrichtung nutzen können.

Prozesse der Auf- und Abwertung von Stadtquartieren

Zahlreiche Folgen wirtschaftlicher, sozialer und städtebaulicher Veränderungsprozesse, mit denen westdeutsche Städte seit mehreren Jahrzehnten kämpfen, stehen nun auch in Eisenhüttenstadt im Problemkatalog der Stadtplanung. Dazu zählt die Suburbanisierung mit Handelseinrichtungen oder der Einwohnerrückgang. Die Stadt war bis 1989 durch die Zunahme der Einwohneranzahl gekennzeichnet. Die 1990/91 erfolgte massive Abwanderung von Einwohnern ging bis 1995 in einen ‚schleichenden' und allmählichen Einwohnerrückgang über. Die mit Wohnraum immer besser als andere Kommunen versorgte Stadt klagt nun über einen Leerstand von über 800 Wohnungen. Die Prozesse der Auf- und Abwertung von Stadtquartieren sollen im folgenden mit der Darstellung der Raumbezogenheit sozialer Probleme verbunden werden. Die Übersicht zeigt zunächst den Anteil der Bewohner in den einzelnen Wohnkomplexen, Fürstenberg und Schönfließ (Stand 1994):

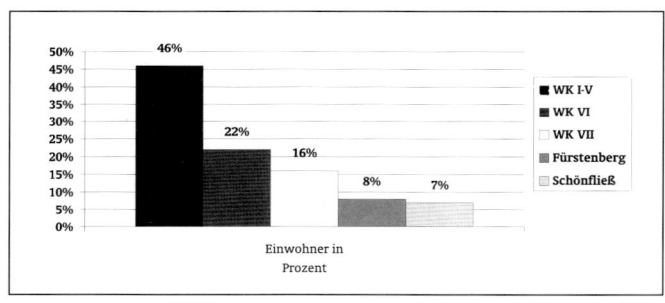

Verteilung der Einwohner nach Wohnkomplexen

Die wichtigste Aufgabe der Stadtplanung 1994/95 bestand in der Erstellung des Flächennutzungsplanes der Stadt, in dem enthalten sind:
– das Verkehrsentwicklungskonzept in Abhängigkeit von der regionalen und überregionalen Entwicklung,
– die Festlegung der Wohnungsstandorte für die nächsten fünf Jahre,
– die Planungen für die Fachhochschule,
– das Gestaltungskonzept für die Lindenallee,
– das Sanierungskonzept für WK I bis IV,
– das Neuordnungskonzept für Fürstenberg,
– die Wohnumfeldverbesserung im VII. WK,
– der Dorferneuerungsplan Diehlo (seit 1993 zu Eisenhüttenstadt gehörend),
– die Planung für drei verschiedene Gewerbegebiete.

Die Auf- und Abwertung einzelner Wohnkomplexe ist differenziert in bezug auf die Funktionsänderung einzelner Gebäude, die Sanierung und Modernisierung von Wohngebäuden, der mit dem Neubau von Handelseinrichtungen verbundenen Tertiärisierung innerhalb der Stadt sowie die Privatisierung ehemals kultureller Veranstaltungsorte zu beschreiben.

Das Hauptaugenmerk ist in Eisenhüttenstadt auf die Erhaltung des Bestandes an Wohnungen und die Modernisierung gerichtet und in Anbetracht der über 800 leerstehenden Wohnungen (vgl. Kapitel ‚Parallelen von ökonomischer und sozialräumlicher Benachteiligung') nicht auf einen massiven Neubau von Wohnungen. Sanierungsbestrebungen existieren besonders für die ersten Wohnkomplexe, in denen vor allem ein modernes Heizungssystem fehlt. Ca. 46% der Einwohner Eisenhüttenstadts leben in den Wohnkomplexen I bis V. Das ‚Sinnbild' der ersten sozialistischen Stadt, die Wohnkomplexe I bis IV, stehen schon seit 1975 als Flächendenkmal unter Denkmalsschutz.[438] Seit 1992 hatten sich Vertreter des Kultusministeriums Brandenburg dafür eingesetzt, daß Eisenhüttenstadt in das städtebauliche Modellprogramm des Bundes einbezogen wird.

„Warum schützen wir die Stadt? Nicht als eine schöne Stadt und nicht als eine häßliche Stadt. Denn dies ist nicht Aufgabe der Denkmalpflege, der Irrtum wird sehr oft gemacht. Sondern wir schützen die Stadt als etwas Bemerkenswertes, als etwas ganz Besonderes und als einen geschichtlichen, architektonischen und städtebaulichen Sachzeugen. Und dieser Sachzeuge – wie jedes Denkmal – soll möglichst mit Leben erfüllt sein. Und deshalb bedeutet dieser Schutz nicht Käseglocke oder Museum, sondern es soll weiterleben. Daß das schwierig ist, weil diese Stadt natürlich durch einen Gesellschaftsgedanken geprägt ist, den man nicht schnell wieder umkippen kann. Die Menschen können sich relativ schnell gewöhnen, die Häuser, weil aus fester Materie, und das Stadtgebilde werden es etwas schwerer haben. Die Stadt ist in der Tat für viele Dinge ein Denkmal." (10, VG 11 Denkmalpfleger)

Schon 1991/92 gab es innerhalb der Stadtverwaltung Diskussionen, dem hohen Leerstand an Wohnungen in den WK I bis IV zu begegnen, indem im Parterre-Bereich der Wohnhäuser der Ausbau zu Geschäftsstraßen erfolgen sollte. Das Stadtplanungsamt sowie die Denkmalschutzbehörde konnten jedoch verhindern, daß diese Ideen in die Tat umgesetzt wurden. Weitere Vorstellungen gingen in die Richtung, ganze Wohnblöcke der ersten Wohnkomplexe an private Investoren zu verkaufen und mit dem Erlös den verbleibenden Wohnungsbestand zu sanieren. Im Falle der Realisierung dieser Vorstellungen wären die Mitsprache- und Entschei-

Eisenhüttenstadt soll Modellstadt werden

twl. **Eisenhüttenstadt.** Kultusminister Hinrich Enderlein (FDP) will sich dafür einsetzen, Eisenhüttenstadt in das städtebauliche Modellprogramm des Bundes einzubeziehen. Nach einem Besuch der Stadt sagte er dieser Zeitung, daß „auch so ein Komplex interessant ist". Die Architektur aus den 50er Jahren mit ihrem sozialen Umfeld schaffe gerade jetzt „eine große Identität für die Bewohner". Die aus dem Boden gestampfte Stadt um das Fürstenberger Stahlwerk wuchs in den 50er und 60er Jahren. Vier Wohnkomplexe stehen zur Dokumentation jener Epoche unter Denkmalschutz. Mit seinem Vorhaben will sich der Minister für eine Förderung mit Bundesmitteln einsetzen, wie sie etwa Görlitz als Modellstadt erhält.

Zeitungsartikel zum Vorhaben ‚Modellstadt' (Neue Zeit, 12.11.1992)

Blick zum Innenhof, der oft ein großer Parkplatz ist

Sanierung der Häuser im WK I (Fotos: Richter, 1995)

dungsrechte der Stadt z.B. in bezug auf die Einhaltung von Denkmalschutzbestimmungen gesunken. Im April 1994 wurden die Wohnkomplexe I bis IV durch die Stadtverordnetenversammlung zum Sanierungs- und Modernisierungsgebiet erklärt. Das Land Brandenburg stellte zu Beginn des Jahres 1995 für die Modernisierung der Wohnungen 43 Millionen Mark als Fördermitteldarlehen zur Verfügung. Für die Wohnumfeldverbesserung werden im ersten Bauabschnitt nochmals 5,2 Millionen Mark verbaut. Damit umging man die sogenannte ‚Förderlücke', denn dieser Kredit wurde unabhängig von der Richtlinie Brandenburgs zur Sanierung der bis 1949 errichteten Bauten gewährt.[439] Der Großteil der Sanierungsarbeiten an den ca. 500 Wohnungen mit Ofenheizung wird in den Jahren 1996/97 realisiert. Als Grundlage dient eine Denkmalsbereichs- und Gestaltungssatzung. Die Modernisierung begann im September 1995 und erfolgt im bewohnten Zustand.[440] Der Investitionsbedarf für die Sanierung aller Wohnungen der denkmalgeschützten Innenstadt beträgt 750 Millionen DM. Es ist in bezug auf die Modernisierung der Gebäude eine Aufwertung der innenstadtnahen Wohnviertel auszumachen. Obwohl die ersten Wohnkomplexe von der Ausstattung her schlechter sind als die späteren, sind sie von der gesamten Wohnanlage und dem Wohnumfeld her erstrebenswerter.

Im Einklang mit dem städtebaulichen Erscheinungsbild werden die Häuser saniert. Dabei wird es nicht möglich sein – außer exemplarisch in einem Block – die ursprünglichen Grundrisse in den Häusern beizubehalten. Aber auch das ‚Bild der Häuserwände' wird sich verändern, stellt es sich gegenwärtig noch wie folgt dar: *„Zeugen der ‚neuen Zeit' sind Graffiti in den Durchgängen und die große Anzahl von Autos, die dort parken, wo sich in den fünfziger und sechziger Jahren die Hausgemeinschaften trafen."*[441]

Hypothetisch wurde für die Entwicklung ostdeutscher Städte angenommen, daß nach der Wende die steigende Motorisierung und steigende Nachfrage nach Wohnungen mittelfristig zu einer Suburbanisierung[442] führen wird. Der Suburbanisierungsprozeß führte in den alten Bundesländern im Zusammenhang mit dem stagnierenden Wachstum von Großstädten zu vielen Problemen, wie z.B. Verkehrs- und Pendlerzunahme, Einkommenssteuerverluste der Kernstädte, zunehmende Zersiedlung und Infrastrukturdisparitäten (vgl. Herlyn 1993:249). Eine Suburbanisierung mit Einkaufszentren und Verbrauchermärkten trat unmittelbar nach der Wende ein (vgl. Friedrichs 1995:57). Dieser Prozeß kann in Eisenhüttenstadt für den Handelsbereich nicht nur im peripheren Bereich der Stadt, sondern insbesondere in den ersten unter Denkmalschutz stehenden Wohnkomplexen bestätigt werden. Für die Suburbanisierung der Bevölkerung in Siedlungen außerhalb der Stadt kann noch keine starke Entwicklung nachvollzogen werden. Durch den Tertiärisierungsprozeß gab es bis 1992 einschneidende Veränderungen in der städtischen Bebauung. Das Bild der Stadt hat sich, kommt man über die Fernverkehrsstraßen aus Frankfurt/Oder bzw. Beeskow nach Eisenhüttenstadt, geändert. Auf der Beeskower Straße, die das EKO und die ersten Wohnkomplexe voneinander teilt, befindet sich mittlerweile ein Hotel, welches internationalem Standard entspricht und durch den Umbau eines ehemaligen Wohnheimes errichtet wurde. Am Rande der Wohnkomplexe I bis IV wurde das fünf Etagen zählende und 21 Millionen DM teure Gebäude der Sparkassenhauptstelle des Landkreises Oder-Spree nach zwei Jahren Bauzeit Ende 1995 eröffnet.[443]

Doch nicht alle Neubauten fanden ungeteilte Zustimmung bei den Bewohnern, Verantwortlichen innerhalb der

Modell der Sparkassenhauptstelle (Eröffnung Dezember 1995) (MOZ, 9./10.12.1995, S. 9)

Einkaufszentrum City-Center; im Hintergrund die EKO-Hochöfen (Junge Welt, 4.6.1994, S.10)

Verwaltung, des Denkmalschutzes und Politikern.[444] Ein Umdenken in der Verwaltung setzte erst 1994/95 ein, nachdem verschiedene Studien und eine Handelsentwicklungskonzeption ergaben, daß Eisenhüttenstadt, ähnlich wie viele andere ostdeutsche Städte, mit Handelseinrichtungen überversorgt ist (vgl. auch Herlyn/Bertels 1994:349f.)[445] Die Tendenzen der Benachteiligung des kleinen mittelständischen Einzelhandels gleichen sich ebenfalls. Besonders die Geschäfte in Fürstenberg sowie in der Zentrumslage der Wohnkomplexe I bis IV mußten aufgrund der Übermacht großer Handelszentren schließen bzw. enorme Umsatzeinbußen hinnehmen.[446] So wurde im Stadtentwicklungsplan 1994 darauf aufmerksam gemacht, daß es *"zu einem Verlust an Vitalität und Attraktivität usw. des Altstadtkerns Fürstenberg infolge des fortschreitenden Rückgangs und Auszugs von Handel, Dienstleistungen und Gastronomie kommen kann."* (Stadtentwicklungskonzeption 1994:7) Schon in den achtziger Jahren kritisierte die westdeutsche Stadtentwicklungsplanung diese fehlerhaften Prozesse (vgl. Ipsen/Fuchs 1995:236f.). Kennzeichnend war eine zunehmende Monofunktionalisierung der Räume, verbunden mit einer Suburbanisierung von Wohnen und Gewerbe. In den ostdeutschen Städten scheinen sich in Verbindung mit einem verkehrten Modernisierungsverständnis diese Fehler zu wiederholen.[447]

Das größte Einkaufszentrum, das sogenannte ‚City-Center' als glasüberdachter Raum für den Erlebniseinkauf, befindet sich knapp 1 km vor dem Werkseingang des EKO, interessanterweise genau an der Stelle, wo noch 1953 das monumentale Werktor mit dem Stalindenkmal errichtet werden sollte. Hier wird, genau wie in den anderen neu entstandenen Einkaufspalästen in den neuen Bundesländern, der neuzeitliche Kaufrausch organisiert. Dem Besucher, der die Stadt noch ohne das Center kannte, stellt sich zu Beginn 1994 dieses wie folgt dar: *"Mitten in der Innenstadt ragt ein riesiges Gerüst über die denkmalgeschützten Wohnkomplexe aus den Gründerjahren der sozialistischen Republik empor. Das ‚City-Center' wirbt gut sichtbar um Kunden für Bau-, Möbel- und Supermarkt. Die Anlage hätte noch größer werden sollen, aber solange das Überleben von EKO nicht gesichert ist, warten die Investoren mit weiterem Engagement."*[448]

Mit seiner Eröffnung übernahm das ‚City-Center' die positive Funktion, Arbeitsplätze für einen Teil der aus dem EKO entlassenen Frauen bereitzustellen sowie ein ‚Zeichen' für die städtische Entwicklung zu setzen. Dieses ‚Zeichen' wird von den Gegnern dementsprechend kritisiert. Eisenhüttenstadt erlebt einen Wandel und eine Polarisierung zwischen ‚postmoderner Einkaufspassage' und ‚Graffiti an Hausdurchgängen und Bahnhofsvorhalle'. Der Großteil der Einwohner steht jedoch dem Bau des Einkaufszentrums neutral gegenüber und nutzt reichlich die dort gegebenen Einkaufs- und Möglichkeiten kultureller Betätigung. Die Übernahme kultureller Funktionen (Ausstellungen, Frühlingsball, Herbstball, Tagungen etc.) gehören zum Marketing-Konzept des Centers. Folge ist, daß die ‚eigentlichen' kulturellen Einrichtungen, wie z.B. das Friedrich-Wolf-Theater, in ihrer Funktion entwertet werden. Das Ideal der ersten Wohnkomplexe der 50er Jahre – Weiträumigkeit zur Schaffung von Öffentlichkeit und parallele Privatheit durch die Abgeschlossenheit der einzelnen funktionalen Wohnkomplexe – wird, mit der Absicht, diese zu fördern, ‚gebrochen'. Die Privatisierung des öffentlichen Raumes, das ‚Verschwinden der Öffentlichkeit' drückt sich in diesem Fall in dem riesigen städtischen Baukomplex aus (vgl. auch Feldtkeller 1994:41): *"Der vollendete Ausdruck der Flucht von der Straße weg sind die Megastrukturen: große Mehrzweckkomplexe, die Büros, Läden, Hotels und Garagen vereinen und die in einen großen Panzer aus Beton und Glas eingeschlossen sind. Ihr entscheidendes Charakteristikum ist Unabhängigkeit. Zur Rettung der Innenstädte erdacht, neigen sie dazu, sich von ihnen abzulösen, und ihre äußere Erscheinung unterstreicht dies. Die Megastrukturen sind ganz nach innen gewandte Umwelten mit eigener Versorgung und keinerlei Abhängigkeit von den Straßen – von denen höchstwahrscheinlich eine ausradiert wurde, damit die Struktur so groß gemacht werden konnte, wie sie ist. Ihre Außenwände sind fensterlos und der Stadt kehren sie eine glatte Fassade zu. Die Ähnlichkeit mit Festungen ist nicht zufällig. Sie gehört zu ihrer philosophischen Grundlage. »Sie sehen etwas abweisend aus«, erklärte mir einer ihrer Befürworter, »aber dafür gibt es einen Grund: Es ist eine harte Tatsache, daß wir den Mittelstandskunden nicht in die Stadt zu-*

rücklocken können, wenn wir ihm nicht Schutz vor der Stadt versprechen«. Um die Stadt zu retten, sind diese Leute bereit, sie zu verraten." (Whyte 1988:206f.) Die ‚sozialistische Stadt' wird aufgesogen und verzehrt. Ihre zumindest in den ersten Wohnkomplexen noch dokumentierte Vision verschwindet stückweise. Der dem City-Center vorgelagerte Parkplatz riesigen Ausmaßes und sechs Fahrspuren sperren die Verbindung zu den alten Wohnkomplexen wie ein Wall ab. Das trifft auch auf die einst belebte Hauptmagistrale ‚Leninallee', die jetzige ‚Lindenallee', in ihrer Funktion als Einkaufsstraße zu. Mittlerweile eröffneten drei große Banken ihre Filialen in Geschäftsräumen, die bis 1991 Einzelhandelsgeschäfte waren. Im Herbst 1995 wurden in der Lindenallee Parkflächen geschaffen mit einer festgelegten kostenlosen Parkzeit. Diese neuen Regelungen brachten laut Analyse des Einzelhandelsverbandes 18% mehr Umsatz für die Händler. Durch den Neubau von Stahl- und Glaspavillons, die Geschäfte und kleinere Gaststätten (Eisverkauf) enthalten und den ‚Charme von Bushaltehäuschen' (Meyhöfer 1995:46) versprühen, sollte die Attraktivität der Lindenallee gesteigert werden. Interessant ist sicher der Aspekt, daß in der ursprünglichen Stadtplanung die Bebauung dieser Straße schon vorgesehen war, jedoch infolge der Ereignisse des 17. Juni 1953 mit nachfolgendem Sparkurs nicht realisiert wurde. Der Denkmalsschutz kritisierte massiv diese ‚ex-post-Funktionalisierung'.

„Und so haben die jetzigen Stadtplaner in Eisenhüttenstadt nichts anderes gemacht, als das, was immer vorgesehen war. Daß das nun wirklich nahezu brutal geworden ist, das ist den heutigen gesetzlichen Vorschriften über das Bauwesen geschuldet. Denn das Stadtplanungsamt hat heute nicht mehr das Recht, da herumzukritteln und zu sagen, da muß 'ne griechische Säule oder hier muß das hin. Die können nur Baumassen formulieren. Und da wird sicherlich auch ein ganz schöner materieller und auch schon wieder politischer Druck dahinter gewesen sein." (8, VG 11 Denkmalsschützer)

Im Nordabschnitt dieser Ladenreihe – wobei zu Beginn des Jahres 1996 noch nicht alle Geschäfte vermietet waren – befindet sich eine Spielhalle.

Die Nutzungsordnung gibt nur einen begrenzten Rahmen, um bestimmte Gewerbearten auszuschließen. Allein der Bürgerprotest könnte Entscheidungen verhindern, jedoch *„die Bürger schimpfen, es kommt aber nicht zu wirklichen Einsprüchen!" (E 5 Mitarbeiterin Stadtverwaltung).*[449] Eine doppelte Barriere besteht bei der Umsetzung städtebaulicher Planungen und Ideen: Die Bürger werden von seiten der Verwaltung nach wie vor zu wenig in die Entscheidungsfindung einbezogen und nutzen jedoch parallel nicht ausreichend die gegebenen Einspruchsmöglichkeiten. Dieses Problem ist nicht nur für Eisenhüttenstadt charakteristisch, sondern tauchte ebenfalls in anderen stadtsoziologischen Untersuchungen weiterer ostdeutscher Städte auf: *„In solcher Situation ist aktivierende Sozialplanung in besonderem Maße angezeigt. Viele Bewohner müssen an die aktive Vertretung ihrer eigenen Interessen erst herangeführt werden – mithin eine völlig andere Lage als bei vielerorts eingespielten Beteiligungsverfahren in Städten der alten Bundesländer." (Hunger 1995:216)*

Ladenreihe Lindenallee (Foto: Richter, 1995)

Neben den o.g. Prämissen der Stadtplanung in der Gegenwart stellen die Sanierung bzw. Umnutzung der sogenannten ‚Nachfolgeeinrichtungen' den Schwerpunkt dar.[450] Hier tritt das Problem des Verfalls einstmals symbolträchtiger sozialer und kultureller Institutionen der Stadt und des Werkes auf. Am Beispiel des ‚Aktivisten', der 1954 errichteten und bis zur Wende genutzten sogenannten ‚repräsentativen HO-Großgaststätte', werden Veränderungen deutlich. Anfang 1993 ergab sich folgendes Bild: *„Außer beim Krankenhaus erfuhren alle anderen Nachfolgeeinrichtungen Änderungen: Das Ledigenwohnheim wurde Feierabendheim. Seit über einem Jahr steht das Gebäude leer und harrt einer neuen Nutzung ...Interessante Überlegungen gibt es zur einstigen HOG (HO-Gaststätte; d.A.) ‚Aktivist', die seit einigen Monaten leersteht. Während die ‚Ökonomisten' den denkmalgeschützten ‚Akki' zum Eldorado der Glücksritter an Spielautomaten machen wollen, würden ihn Protagonisten für die Präsentation der DDR-Kultur und -Geschichte gern als entsprechendes Museum nutzen."*[451] Der lange Leerstand wurde von ehemaligen Stadtplanern und Bürgern der Stadt kritisiert und der Verwaltung vorgeworfen. Diese Gaststätte soll nach Meinung der Bürger nicht nur als ein Symbol der Aufbauzeit der Stadt erhalten werden, sondern auch wieder die Funktion eines kulturellen Mittelpunktes in den ersten Wohnkomplexen übernehmen. Trotz europaweiter Ausschreibung der Stadt und TLG (Treuhandliegenschaftsgesellschaft) wurden Interessenten aufgrund des hohen Verkaufspreises eher abgeschreckt. Anfang 1995 stimmte die Stadtverordnetenversammlung der Einzelvergabe bei gewerblicher Nutzung als Hotel- und Gastronomiebetrieb zu. Bis zum gegenwärtigen Zeitpunkt (Frühjahr 1996) stand noch kein Käufer fest. Lösungen für den Erhalt, z.B. auch durch die Übernahme des Gebäudes durch Initiativgruppen aus dem Kulturbereich der Stadt, wurden bisher nur diskutiert.[452]

Eine ähnliche Situation ist in bezug auf das 1956 eröffnete ‚Ledigenwohnheim' vorhanden, welches den Arbeitskräften bis zum Erhalt einer Wohnung zunächst Unterkunft bot. Die mehrfache Umnutzung und Neustrukturierung nach der Wende betrifft jedoch insbesondere Jugendeinrichtungen. Das nach der Wende vor allem von der Stadt durch umfassende finanzielle Mittel geförderte Haus ‚Am Trockendock' gehörte zu den meistbesuchten kulturellen Jugendeinrich-

Die Freiterrasse des ‚Aktivisten' war ein beliebter Treffpunkt (Foto aus den 50er Jahren) (MOZ, 3./4.2.1996, S.11)

‚Aktivist' (Foto: Richter, 1995)

tungen. Dort waren 19 Interessengemeinschaften im Aufbau, an vielen Abenden zählte es über zweihundert Besucher. Mehrere Angestellte und ABM-Kräfte sowie ehrenamtliche Helfer arbeiteten dort. Letztlich geschlossen wurde es noch 1991, da man der Auseinandersetzungen ‚linker' und ‚rechter' Jugendgruppen nicht Herr wurde. Kurze Zeit später wurde es an einen kommerziellen Nutzer verkauft. Seitdem wird es nicht mehr in dem Maße wie noch 1990/91 genutzt.

Probleme treten in den ersten Wohnkomplexen ebenfalls bei der Nachnutzung ehemaliger Kinderbetreuungseinrichtungen auf, mit denen Eisenhüttenstadt sehr gut versorgt war.[453] In den nächsten Jahren wird sich das Problem der Nachnutzung von Kinderbetreuungseinrichtungen auf das der Schulgebäude übertragen. Von 1994 vollzogenen ca. 800 Einschulungen wird die Zahl im Jahr 2001/2002 auf 250 Einschulungen zurückgehen.

Werden gegenwärtig die ehemaligen Kinderbetreuungseinrichtungen in Treffpunkte für Jugendliche umgewandelt, so bieten sie zumeist Freizeitmöglichkeiten für Jugendliche bis 14 Jahre an. Die Altersgruppen darüber sind jedoch der Problempunkt. Diese nehmen die in den fünfziger Jahren erbauten sozialen Einrichtungen als Treffpunkte nicht an. Eingefordert wird das Engagement der Stadt für den Erhalt der Einrichtungen mit einer Umnutzung, die den Bürgern des jeweiligen Wohngebiets zugute kommen soll. Der Trend geht auf die Stadtteilorientierung, kurze Wege und gemeinschaftliche Treffpunkte, wie sie auch zu DDR-Zeiten angedacht, jedoch in der Form nie verwirklicht wurden. Wichtig in diesem Zusammenhang würde die Erfassung der gewünschten Nutzerstrukturen innerhalb der einzelnen Wohnkomplexe sein. Diese Planungs- und Beteiligungsmethode kam jedoch bisher kaum zur Anwendung.

„Und ich bin der Meinung, wir haben ja jetzt die Möglichkeiten, gerade aus dem Bereich, was wir jetzt an Kindertagesstätten haben, also die Immobilien, die wir haben, teilweise, wenn man da einen guten Mix findet – sage ich mal – so eine Riesen-Jugendeinrichtung wird sicherlich gar nicht mal so unbedingt sinnvoll sein. Aber daß man wirklich auch Anlaufpunkte in dieser Richtung sucht." (15, E 8 Abgeordneter der Stadt)

Innerhalb der ersten vier Wohnkomplexe bildet der Zentrale Platz das Zentrum. Von der Stadtgründung 1950 bis zur Wende 1989 wurden mehrere ‚Anläufe' unternommen, den Zentralen Platz zu bebauen. Daß die Bebauung nicht realisiert wurde, mag wiederum eine Metapher für die Verbundenheit und gegenseitige Bedingtheit von Werks- und Stadtentwicklung sein. Auch im Werk gelang die ‚Krönung' – der Bau des Warmwalzwerkes – nicht. 1992 gab es einen erneuten Städtebauwettbewerb zur Bebauung des Zentralen Platzes.[454] Im Ergebnis wurden vier Modelle prämiert (zu den Entwürfen vgl. Meyhöfer 1995:48). Vorgesehen war eine Zentrumsgestaltung, die einen zentralen großen Gebäudekomplex enthält, in dem *„Boulevards mit kleinen Geschäften, Café, gemütlichen Gaststätten sowie ein Hotel"*[455] enthalten sind mit einer gesamten Fläche von 13.600 qm. Investoren waren 1991 vorhanden. Die Architektur sollte sich harmonisch in den Baustil der 50er Jahre einfügen. Doch bis jetzt ist der Zentrale Platz nach wie vor unbebaut. Die Ursachen bestehen vor allem darin, daß das Konzept, so wie es 1991 geplant war, aufgrund der Überversorgung Eisenhüttenstadts mit Handelsflächen nicht mehr aktuell ist.[456] Andererseits kann ein neu zu erbauendes städtisches Zentrum auch nur als das Zentrum kulturellen Lebens fungieren, wenn es über Anziehungspunkte, wie z.B. Geschäfte, verfügt. Durch die Finanzmisere der Kommune besteht auch nicht die Möglichkeit, die im Entwurf vorgesehenen Bauten, wie Bücherhalle, Freizeiteinrichtungen oder auch ein zweites Stadthaus zu realisieren.

Mittlerweile kann die Situation um die Entscheidung der zukünftigen Entwicklung des Zentrums der Stadt, dem Zentralen Platz, als ‚Stillhalteabkommen' bezeichnet werden. Die Verwaltung verschiebt die Entscheidung auf den Zeitraum, zu dem innerhalb der Stadt der Bedarf nach mehr Handelsfläche bestehen sollte sowie die finanzielle Lage der Kommune eine bessere ist. Auch die Bürgermeinungen gehen bezüglich der Bebauung auseinander. Die im Rahmen des Projektes durchgeführte Befragung während der Ausstellung ‚Wandel in Eisenhüttenstadt' (März 1995 im Rathaus Eisenhüttenstadt) erbrachte, daß die Mehrzahl eine „weiche" Variante bevorzugt – einen Kulturpark mit viel Grün.

„Das sollte man wirklich, wenn man da den Zentralen Platz mal irgendwie bebaut, nicht machen und da hat man einen Bankpa-

Blick auf den Zentralen Platz 1995 (Deutsche Bauzeitung 5/95, S. 48)

1. Preis im Wettbewerb zur Bebauung des Zentralen Platzes (Deutsche Bauzeitung, 5/95, S.48)

last und Bürobauten, es sind genug, mehrere Büroräume, die nie genutzt sind oder noch nie genutzt sind. Wie es mal in zwanzig Jahren aussieht, weiß keiner. Bloß, es kann nicht sein, daß dann die Stadt nur noch aus Bürohäusern oder aus Büroetagen – wer soll da sich einmieten, denn so viel Rechtsanwälte und so viel Versicherungsfritzen kann es nicht geben, die da sich welche Paläste leisten oder leisten können." (17, B 13 arbeitslos)

Eisenhüttenstadt hat damit die Chance, seine ‚grüne Mitte' zu behalten und ein wesentliches räumliches Element urbaner Kultur[457] sowie seine Unverwechselbarkeit zu sichern.

In Eisenhüttenstadt befindet sich das ZAST – das Zentrale Aufnahmelager für Asylbwerber des Landes Brandenburg. Es wurde 1992 in einem ehemaligen Gebäude der Bereitschaftspolizei Eisenhüttenstadt im WK V eingerichtet. Diese Änderung der Funktion des Gebäudes zog eine Veränderung des ‚politischen Klimas' innerhalb eines Wohnkomplexes und situationsbezogen der Stadt nach sich. Als Erstaufnahmeeinrichtung für das Land Brandenburg können dort 800-1000 Personen untergebracht werden, wobei ab 1994 die Zahl 300-500 Personen betrug. Durch die abgeschirmte Unterbringung werden die Asylbewerber nicht direkt in die Stadt integriert, was sicher auch dem Charakter einer Erstaufnahmestelle geschuldet ist. Von diesem Aufnahmelager ausgehend wurden die Asylbewerber in andere Städte verteilt, d.h. in der Anlaufstelle war eine sehr große ‚Durchlaufzahl' von Personen zu verzeichnen. Auf dem Höhepunkt der Auseinandersetzungen mit Ausländern in Deutschland 1993 kam es auch in Eisenhüttenstadt zu Übergriffen und Spannungen, die ähnlich wie in Hoyerswerda und Rostock-Lichtenhagen verliefen. Eine Integration der Asylbewerber in den Stadtteil gelang 1992 nicht, die Wohnlage erfuhr eine massive Abwertung und die Atmosphäre in diesem Wohnkomplex schien ‚vergiftet'. So bildete sich infolge der Funktionsänderung eines Gebäudes ein sozialer Brennpunkt in Eisenhüttenstadt.[458]

„Und im Wohngebiet, denke ich mal, die leben nebeneinander. Also da ist ein Zaun ringsrum um die ZAST, und es wird ständig kontrolliert durch den Bundesgrenzschutz, das wird auch sehr widersprüchlich aufgefaßt. Ich denke, das findet bei vielen Leuten durchaus Zustimmung, es gibt aber auch Kritiken über die Art und Weise, wie der Bundesgrenzschutz vorgeht ... Zumal der BGS ja direkt in der ZAST stationiert ist und jeden, der ankommt, kontrollieren kann. Die haben dort die Möglichkeiten die Identität zu prüfen, können erkennungsdienstlich handeln, können Fingerabdrücke nehmen, können kontrollieren, ob es ein Doppelantragsteller ist ..." (6, E 9 Mitarbeiterin Stadtverwaltung)

Am ‚Runden Tisch', der nach den Auseinandersetzungen eingerichtet wurde, waren alle Parteien und viele Vereine sowie Initiativen beteiligt. Auch der einzige Abgeordnete der Republikaner in Eisenhüttenstadt, im WK V wohnend, beteiligte sich an diesem Runden Tisch. Besonders die Kirche und das Diakonische Werk übernahmen einen Großteil der stadtteilbezogenen Arbeit mit Ausländern, indem sie Treffpunkte einrichteten, die die Möglichkeit zur Begegnung von Ausländern und Eisenhüttenstädtern boten. Die Beziehungen der Bewohner zur ZAST scheinen auch im Zusammenhang mit der Beruhigung der Situation in der Bundesrepublik insgesamt mittlerweile neutralisiert, es setzte ein ‚Gewöhnungseffekt' ein.

Das ‚Sorgenkind' ist der in den 80er Jahren hauptsächlich zur Unterbringung der Arbeitskräfte für das Stahlwerk in Plattenbauweise errichtete *Wohnkomplex VII*. Er dokumentiert am krassesten den Bruch im Baustil zu den Wohnkomplexen I bis IV der ‚ersten sozialistischen Stadt' und die Anpassung architektonischer Ideen an ökonomische Zwänge. Dieser Stadtteil ist durch eine sehr hohe Einwohnerdichte, die dichteste mehrgeschossige Wohnbebauung, monofunktionale Strukturen, fehlende Stellflächen sowie durch eine geringe Identifikation der Bevölkerung mit diesem Wohnkomplex gekennzeichnet. 16 Prozent der Einwohner Eisenhüttenstadts wohnen dort. Allein 44.000 qm Grünfläche müßten nach den nun neuen bundesdeutschen Kennzahlen geschaffen werden. Wohnqualität wird in hohem Maße am Wohnumfeld festgemacht. Genau in diesem Punkt besteht eine Unzufriedenheit in den zuletzt gebauten Neubauvierteln der Stadt. Strategische Diskussionen gehen gegenwärtig dahin, eine Steigerung der Attraktivität durch Verringerung der Wohndichte mit Hilfe von ‚Entkernung' zu erreichen. Wie diese ‚Entkernung' vorzunehmen ist, ist noch strittig. Die Erfahrungen in den neuen Bundesländern zur Entkernung von Neubaugebieten fehlen, und ein Konzept für Eisenhüttenstadt ist noch nicht vorhanden. Diskutiert werden der Abriß ganzer Wohnblöcke, das Abtragen von Etagen oder das Aufsetzen von Spitzdächern.[459] Parallel wurden bisher Fördermittel zur ‚Wohnumfeldverbesserung' z.B. für die Schaffung von Grünflächen zur Verfügung gestellt.[460] Der Schwerpunkt liegt auf der Verbesserung der

Lebensqualität im Wohnumfeld. Auf seiten der Verwaltung wird damit gerechnet, daß in den nächsten Jahren in diesem Wohnkomplex relativ schnell Entmischungstendenzen zu verzeichnen sein werden und soziale Konfliktfelder vorprogrammiert sind, wenn es nicht gelingt, die dort ansässige Bevölkerung parallel in Umgestaltungen einzubeziehen. Allerdings sind in großem Umfang einsetzende Segregationstendenzen („Filtering-down"), die vergleichbar mit denen in den Großsiedlungen westdeutscher Städten wären, nicht nachweisbar (vgl. auch Bertels/Herlyn 1990:179f.).[461] Als Erklärungshintergrund muß die grundlegend andere sozialhistorische Bestimmung von ‚Neubaugebieten' (im westlichen Sprachgebrauch ‚Großsiedlungen') dienen und nicht vorschnell und schematisch auf die Situation in den alten Bundesländern rekurriert werden. Diese Gebiete entstanden in der DDR nicht als ‚sozialer Wohnungsbau' und wiesen daher einen viel größeren Durchmischungsgrad auf (vgl. Rink 1996).[462] Infolge anderer Wohnpräferenzen waren sie in der DDR-Bevölkerung nicht einem rapiden Abwertungs- und Stigmatisierungsprozeß ausgesetzt. Wer nach Eisenhüttenstadt zog und eine Neubauwohnung im WK VII erhielt, war im Verhältnis zu den anderen Einwohnern privilegiert. Der nach der Wende einsetzende gesellschaftliche Wertewandel, der die Neubauwohnung in einem hochverdichteten Siedlungsgebiet nicht gerade als erstrebenswerte Wohnform begreift, setzt bei der Mehrzahl der Einwohner verzögert ein und wird durch die geringe materielle Ausstattung der Haushalte sowie aufgrund mangelnder Alternativen in Eisenhüttenstadt erst in einigen Jahren sichtbare ‚Filtering-down'-Prozesse befördern.

Eine der Besonderheiten Eisenhüttenstads besteht darin, daß die neue Stadt zwischen den Ortschaften Schönfließ und Fürstenberg errichtet wurde. Die existierenden altstädtischen Strukturen liegen somit am Rande der Stadt und nicht, wie bei traditionell gewachsenen Städten, im Zentrum. In Schönfließ wohnen ca. 7 Prozent der Stadtbevölkerung, in Fürstenberg acht Prozent. Die Stadtverordnetenversammlung beschloß Ende 1993 die Festlegung des Sanierungsgebietes Fürstenberg/Oder. Zur Durchführung der Sanierungsmaßnahmen, insbesondere zur Betreuung der Eigentümer und Mieter, wurde die als Sanierungsträger fungierende ‚Stadtentwicklung Südwest gGmbH' (STEG) eingesetzt. Diese Gesellschaft gab die ‚Sanierungszeitung Fürstenberg' mit Informationen zum Sanierungsgeschehen heraus, die in unregelmäßigen Abständen an die Haushalte verteilt wurde und richtete Sprechstunden im Rathaus Fürstenberg ein (vgl. Sanierungszeitung Fürstenberg Nr. 1, Dezember 1993). Bis zum Jahr 2005 gehen die Planungen. Die Sanierung schließt die Modernisierung von Häusern ein, die sich im kommunalen Besitz befinden sowie die Ausgabe von Fördermitteln für Modernisierungsmaßnahmen an Privathäusern.[463] Fürstenberg soll wieder in der Tradition der Schiffer und Handwerker gestaltet, das historische Ortsbild erhalten sowie bereits veränderte Bausubstanz ortsbildgerecht erneuert werden. Das Typische der Altstadt waren eine besondere Straßenbeleuchtung, Cafés, Töpfereien, Bücherläden, die Lage am Wasser und der ‚Atem' der Oderschiffahrt.[464] Einer weiteren Verödung der traditionsreichen Hauptstraße ‚Königstraße' soll entgegengewirkt werden.

Wertvolle historische Bausubstanz wurde schon durch die Sanierung des Rathauses Fürstenberg erhalten. Auch die Nikolaikirche in Fürstenberg, deren Rekonstruktion 1963 plötzlich abgebrochen wurde und nach der Wende bis 1995 geplant war, soll bis 1996 saniert werden.[465] Ebenso wird der Eisenhüttenstädter Bahnhof in Fürstenberg ab 1996 saniert, der bis zu diesem Zeitpunkt eher trauriges Aushängeschild der Stadt war. Die Kommune ist sich des kulturellen Wertes von Fürstenberg bewußt und strebt eine Strategie behutsamer Stadterneuerung an. Hierbei wird der Milieuschutz jedoch zu sehr als gestalterische Aufgabe verstanden, die sich auf die äußeren Ausdrucksformen der Gebäude bezieht.[466] Die Aufwertung eines Raum-Milieus ohne Schutz des sozialen Milieus führt zur Verdrängung der bisherigen Bewohner und tradierter Nutzungen. Kritisch bleibt hier die zunehmende Verdrängung des schon zu DDR-Zeit ansässigen klein- und mittelständischen Handels anzumerken, der wesentlich das Fürstenberger Ortsbild geprägt hatte. Vor 1989 unterlag Fürstenberg der Dominanz der Stadt, blieb peripher und wurde kulturell dominiert. Durch die Errichtung der großflächigen Handelseinrichtungen im Zentrum von Eisenhüttenstadt und am Stadtrand verlor Fürstenberg nach der Wende jedoch noch mehr an Urbanität. Gerade in diesem altstädtischen Gebiet wären genügend ‚Nischen' vorhanden, die für die Existenzmöglichkeiten kleinteiliger unternehmerischer Initiativen die meisten Perspektiven aufweisen. Das soziale Mikromilieu und die ‚lokale Identität'[467] erscheint in diesem Stadtteil dennoch am stärksten ausgeprägt, da hier von ‚Ur-Fürstenbergern', ehemaligen Handwerksleuten und Kirchenvertretern in der ‚Bürgervereinigung Fürstenberg' (250 Mitglieder 1995) versucht wird, die Eigenständigkeit des Stadtteiles zu befördern. Diese Bürgervereinigung stellt als Interessenvereinigung innerhalb des Stadtparlamentes eine neue Bindungskraft für den Ortsteil dar.[468] Über diese kleine Gruppe gelang es, legitime Mitwirkungsmöglichkeiten der Bewohner Fürstenbergs zu garantieren. So besteht in diesem Stadtteil eine Art ‚Bollwerkcharakter' (Hunger 1994a:295) eines bislang integrierten sozialen Milieus.[469] Ein Entwicklungsimpuls für die Gesamtstadt ist jedoch noch nicht zu verzeichnen.

Wie wird sich das städtische Leben verändern? Gelingt es, insgesamt an Urbanität zu gewinnen oder wird sich Eisenhüttenstadt eher in Richtung der zahlreichen Mittelstädte entwickeln, die über einen Verlust an Vitalität klagen? Spiegelt sich der massenhafte Rückgang von Arbeitsplätzen als ein Rückzug aus der städtischen Öffentlichkeit wider?[470] Auch vor 1989 erschienen die Straßen als relativ ruhig. Belebtheit trat im Schichtwechselrhythmus ein oder war im Zusammenhang mit den zahlreichen Feierlichkeiten von Werk und Stadt zu verzeichnen. Die Schichten im Werk benötigen nicht mehr so zahlreiche Arbeitskräfte und auch die Feierlichkeiten in der Stadt wurden reduziert. Gegenwärtig scheint eher ein Stillstand eingetreten zu sein, von einem ‚Vitalitäts-Schub' ist nichts zu merken:

„...auf den ersten Blick, wenn ich das Leben so in den Straßen beobachte und von der Reklame mal völlig absehe, dann sehe ich eigentlich wenig Veränderung. Es war eigentlich immer eine verhältnismäßig ruhige Stadt, die anders als nun Berlin keine

solchen Zeiten hatte, in denen sich auf den Straßen verhältnismäßig viel tat, während dann ruhige Vormittagsstunden waren. Der Schichtbetrieb brachte das mit sich, daß sich irgendwie das verteilte, also da waren eben die Nachtschicht dann am frühen Nachmittag auf den Beinen, und die Frühschicht ja auch, und am Abend war die Stadt meistens ruhig. Insofern hat sich da wenig verändert. Dieser Arbeitsplatzabbau, dieser ganz rapide und diese verdeckte, insbesondere durch Frühverrentung verdeckte Arbeitslosigkeit, wird nicht augenscheinlich. Das ist das, was mich immer wieder verblüfft, das man von der eigentlich völlig desolaten Situation nichts sieht ... Ich fürchte, daß die Stadt, so wie sie nun einmal strukturiert ist, so EKO-zentriert wie sie nun einmal über Jahre hinweg bestanden hat, die verliert mit dem Werk, also schon mit der Reduzierung, selbst wenn da noch was bleibt, verliert sie doch an Lebenskraft. Das hat auch die Stadt ins Mark getroffen, was da mit dem Werk passiert ist. Ich kann mir leider nicht recht vorstellen, wie sich das entwickeln soll." (20/21, E 4 Historiker)

So ist die Entwicklung in den einzelnen Stadtquartieren parallel durch Stillstand, Auf- und Abwertung gekennzeichnet. Der Stillstand besteht in der Verschiebung der Bebauung des Zentralen Platzes. Eine Aufwertung ist im Zusammenhang mit der Modernisierung der aus den fünfziger Jahren stammenden Wohngebäude in den ersten Wohnkomplexen, mit der Wohnumfeldverbesserung im Neubaugebiet WK VII sowie der Sanierung Fürstenbergs vorhanden. Parallel muß jedoch auch eine Abwertung insofern konstatiert werden, daß großflächige Handelseinrichtungen unsensibel neben die unter Denkmalschutz stehenden Wohnkomplexe eingepflanzt wurden. Neben der völligen Veränderung der Raumstruktur kommt es zu einer negativen Beeinflussung der Entwicklung des mittelständischen Einzelhandels in den ersten Wohnkomplexen und der Handels- und Handwerkertradition in Fürstenberg. Der lange Leerstand und auch Verfall zahlreicher Gebäude stellt ein weiteres Kriterium für die Abwertung einzelner städtischer Quartiere dar. Dabei erfolgte im Zusammenhang mit der Umnutzung ehemaliger Kultureinrichtungen für kommerzielle Zwecke insbesondere im Jugendbereich eine Verdrängung der dortigen Gruppen, wobei äquivalente ‚Ersatztreffpunkte' bisher nicht geschaffen wurden. Eine Aufwertung durch die Neu- oder Umnutzung ehemaliger sozialer und kultureller Einrichtungen in den ersten Wohnkomplexen könnte in den nächsten Jahren erfolgen, wenn es gelingt, durch Planungs- und Beteiligungsmethoden die Bewohner der Wohnkomplexe einzubeziehen sowie Nutzerstrukturen im vorab zu erfassen. Dieses Herangehen kann einen wertvollen Beitrag dafür leisten, den ‚Symbolverlust' der für die Stadt charakteristischen Gebäude zu vermeiden. Alternative Ideen der Nutzung können mit einem Stadtmarketing-Konzept, das mit der Vergangenheit der Stadt ‚wuchert', verbunden werden.[471]

Sanierung und Funktionswandel von Gebäuden wirken sich nicht nur auf das äußere Erscheinungsbild aus. Im Zusammenhang mit sozialen Umbruchprozessen können sich das gesamte ‚städtische Klima' und städtische Räume hinsichtlich ihrer sozialen Zusammensetzung verändern. Welche gruppenspezifischen Veränderungen lassen sich in Eisenhüttenstadt nachvollziehen?

Ökonomische Ausdifferenzierung städtischer Bevölkerungsgruppen

In der DDR existierten gravierende soziale Unterschiede nicht in dem Maße wie in marktwirtschaftlichen Systemen. Insbesondere durch eine gezielte Lohnpolitik sollten soziale Unterschiede formal nivelliert werden (vgl. Hübner 1994). Erwerbstätigkeit war der Normalstatus der Bürger, und eine hohe soziale Wertigkeit des Arbeitsprozesses kann für die DDR als strukturspezifisch angesehen werden (vgl. Marz 1992; Lange 1993). Diese Merkmale sind jedoch allen Industriegesellschaften immanent. „*Berufsarbeit als komplexer Zusammenhang von Arbeits- und Erwerbsprozessen und von sozialen Interaktionen ist in modernen Industriegesellschaften (noch immer) ein wirksamer Indikator für soziale Integration und Identifikationen (vgl. Baethge 1991).*" (Böckmann-Schewe/Kulke/Röhrig 1995: 218)

Die Arbeitszentriertheit in der DDR wird auch in den subjektiven Darstellungen unserer Gesprächspartner deutlich. Alle waren vor der Wende bzw. vor ihrer Verrentung erwerbstätig. Um so nachhaltiger wirkten sich Veränderungen im Erwerbsleben nach der Wende aus. Die Möglichkeit des Verlustes des bis dahin rechtlich garantierten Arbeitsplatzes stellt für alle einen Unsicherheitsfaktor dar, der die Lebensplanung beeinflußt (vgl. Cornelsen 1994a). Lediglich für die sich bereits im Rentenalter befindenden Interviewpartner (4) spielten die strukturellen Veränderungen im Erwerbsbereich keine Rolle mehr. Weitere vier konstatierten keine Veränderung ihres Erwerbsstatus, während 22 unserer Gesprächspartner Veränderungen des Arbeitsinhalts bzw. den Abbruch ihrer bisherigen Berufskarriere verzeichneten. Dies war Ergebnis der Umstrukturierungen aller ortsansässigen Betriebe. Die nachfolgende Tabelle verdeutlicht die Veränderungen in der Beschäftigungsstruktur der Stadt Eisenhüttenstadt.[472]

Allein im Bereich Industrie gingen bis 1994 mehr als 8.000 Arbeitsplätze verloren, die nicht durch andere Bereiche aufgefangen werden konnten. Der stetige Anstieg der Arbeitslosenzahlen in Eisenhüttenstadt führte dazu, daß immer

Jahr	sämtliche Wirtschaftsbereiche ges.	Industrie o. Bau gesamt/weiblich		Bauindustrie gesamt/weiblich		Wasserwirtschaft gesamt/weiblich		Handel gesamt/weiblich		Bereiche außerhalb d. mater. Produktion gesamt/weibl.	
1988	30.038	15.296	k.A.	3.880	k.A.	178	k.A.	2.508	k.A.	6.053	k.A.
1994	22.181	6.963	1.897	3.632	304	k.A.		2.005	1.318	8.663	5.710

Beschäftigungsstruktur in Eisenhüttenstadt 1988 und 1994 (Quellen: Statistisches Taschenbuch der DDR 1988 sowie Statistischer Jahresbericht der Stadt Eisenhüttenstadt 1994) [473]

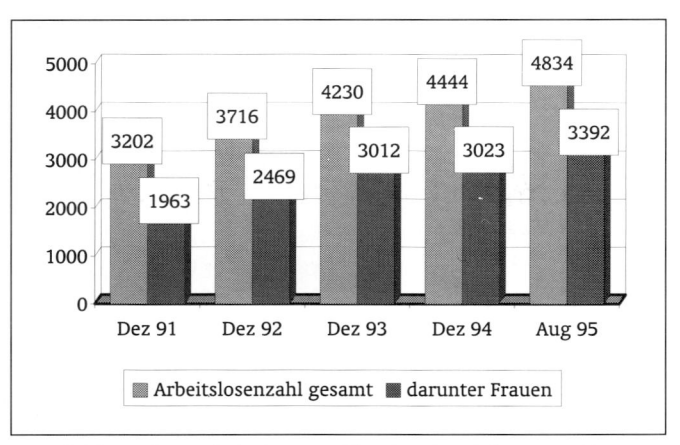

Entwicklung der Arbeitslosenzahlen in Eisenhüttenstadt

mehr Menschen von diesem Problem betroffen sind und diese Situation verarbeiten müssen.

Der Umgang mit dem in der DDR unbekannten Phänomen Arbeitslosigkeit ist von Unsicherheiten auf beiden Seiten begleitet: Zurückhaltung findet man sowohl bei den Arbeitslosen als auch bei den Erwerbstätigen. Durch die Massenhaftigkeit des Prozesses kommt es nach Aussagen unserer Interviewpartner bisher nur vereinzelt zu Stigmatisierungen dieser Gruppe, da der Status der Arbeitslosigkeit durch die bei Personalanpassungen häufig angewandte Sozialauswahl kein Indiz für eine geringe Leistungsfähigkeit der Betroffenen ist. Mehr als zwei Drittel der Arbeitslosen sind Frauen, die durch die besondere Situation in Eisenhüttenstadt noch weniger Chancen auf dem Arbeitsmarkt besitzen als Männer.

Lediglich im tertiären Sektor ist eine Beschäftigungszunahme erkennbar, die jedoch das Defizit nicht ausgleicht. Die ehemaligen Großbetriebe, wie das frühere Fleischkombinat (jetzt: Fürstenberger Fleischwaren GmbH), das Backwarenkombinat (jetzt: F & M Brot- und Feinbackwaren GmbH), das Wohnungsbaukombinat (WBK), der Milchhof (jetzt: Onken), das Plattenwerk sowie das Zementwerk (jetzt: readymix) sind in der Zwischenzeit privatisiert und haben sich mit einem deutlich verringerten Personalbestand stabilisiert. Die Industriebau Ost GmbH (früher zu BMK Ost gehörend) unterstand bis September 1995 einer Managementverwaltung, wurde erfolgreich privatisiert, hatte aber zu diesem Zeitpunkt die Talsohle des Personalabbaus noch nicht erreicht. Der neue Eigentümer (Firma Penz) gab jedoch lediglich eine Beschäftigungsgarantie für 250 Mitarbeiter der noch 300 Beschäftigten. Ursprünglich waren in diesem Unternehmen 1.700 Mitarbeiter tätig. Der Betriebsteil Eisenhüttenstadt der Möbelwerke Frankfurt/Oder wurde 1994 geschlossen. Auch das 1957 eröffnete Heizkraftwerk wurde 1996 stillgelegt. 1989 hatte das Werk 188 Mitarbeiter, 1996 wurden die ca. 90 verbliebenen Mitarbeiter über einen Sozialplan entlassen. Im Sommer 1995 erhielt die Stadt 168 Millionen Mark Fördermittel durch die Investitionsbank des Landes, um das Kraftwerk des Versorgungsunternehmens ‚Vulkan Energiewirtschaft Oderbrücke GmbH' zu modernisieren, an dem die Stadt zu 49% beteiligt ist. Bis 1993 hatte sich der Personalbestand im verarbeitenden Gewerbe und Bauhauptgewerbe um 49,8 Prozent reduziert. Im Gegensatz zum EKO, dessen Personalanpassung bereits dargestellt wurde, hatten diese Betriebe bei weitem nicht die finanziellen Möglichkeiten zur Abfederung sozialer Härtefälle. In allen noch bestehenden Betrieben kamen zwar Sozialpläne zur Anwendung, die aber nicht den Umfang der EKO-Regelungen erreichten. Auch eine direkte Überleitung von Mitarbeitern in die GEM konnte hier nicht erfolgen. Diese Ungleichbehandlung verdeutlichte erneut die privilegierte Stellung des EKO und rief Unmut bei den Beschäftigten anderer Betriebe hervor.

„Und was mich so ärgert, dort werden sie rausgeschmissen. Und wenn ich so sehe das EKO, die die, die maulen alle rum ja, ach arbeitslos, arbeitslos – da ist noch nicht einer arbeitslos geworden, im EKO ist noch, die haben noch nicht einen rausgeschmissen, nur die haben sie alle auf Kurzarbeiter Null einen Teil geschickt, ja, die haben sie ja, die waren ja drei, vier Jahre zu Hause, die haben Kurzarbeitergeld Null gekriegt, ja, das gleiche, was sie verdient haben, waren aber noch nicht arbeitslos, nich. Nu und die dann unterschrieben haben, da kamen sie ja dann zu unterschreiben mit Abfindung und so zweitausend oder tausend Mark haben sie angefangen, ich glaube tausend Mark, die das dann unterschrieben haben, die sind ja alle in der GEM gelandet, so nach und nach, aber da ist nicht einer arbeitslos geworden ... Und die letzten, die jetzt eben dieses Schreiben nicht unterschrieben haben, die kriegen schönes, ne schöne Abfindung. Wo ich 1000 weiß ich, 600 gekricht habe für 15 Jahre ja, die hätten sie sich auch schenken können, da hab ich gesagt, die könnt ihr Euch mal, nich und die kriegen jetzt, weß ich, 20.000 oder 25.000 kriegt die, die jetzt mit der GEM aufhört, die hat jetzt auch einen ABM-Platz bei der GEM und wenn die jetzt raus muß, dann kricht sie eine Abfindung und denn gibt's erstmal Arbeitslosengeld." (5, B11 ehemalige Mitarbeiterin Oderwerft)[474]

Die den EKO-Beschäftigten zugeschriebene Privilegierung, die bereits zu DDR-Zeiten existierte, wird auch nach der Wende wahrgenommen und nun von Beschäftigten anderer Betriebe kritisch hinterfragt. Eine Benachteiligung wird dabei sowohl finanziell als auch bei der Vermittlung in ABM registriert. Der Sonderstatus des EKO, der sich in einer nach wie vor hohen Finanzkraft – gestützt durch die Treuhand – zeigt, schlägt sich auf der individuellen Ebene nieder. Vor allem anhand der Abfindungssummen, die in den Betrieben sehr unterschiedlich waren, werden die Statusdifferenzen mehr als deutlich. Doch nicht nur in der Bevölkerung wurden die ungleichen Bedingungen reflektiert, sondern auch an verantwortlichen Stellen anderer Großbetriebe der Stadt. Anders als das EKO hatten sie keine so weitreichende Unterstützung durch die Treuhand und mußten ihren Personalabbau vor allem durch betriebsbedingte Kündigungen vollziehen. Möglichkeiten, ihre zu entlassenden Mitarbeiter direkt in eine Beschäftigungsgesellschaft zu überführen, bestanden nicht. Es wurde durch die Gesprächspartner konstatiert, daß durch diese sozialen Regulierungsmechanismen im EKO das Bewußtsein für die veränderte wirtschaftliche Situation des Unternehmens bei den Mitarbeitern bisher kaum ausgeprägt sei.

„Natürlich ist das EKO einen ganz anderen Weg gegangen mit ihren Beschäftigungsgesellschaften, mit ihrer tariflichen Regelung 90% für Kurzarbeiter. Die Leute haben zu Hause gesessen und haben nichts gemacht, haben 90% gekriegt, also ich meine, da muß ich schon sagen, da habe ich immer gedacht, daß wir eigentlich auf der richtigeren Linie waren, nämlich gleich zu reduzieren. Mein Mann hat ja selber mal im EKO gearbeitet und ist praktisch damals mit ausgegliedert worden, oder hat sich mit ausgliedern lassen gleich am Anfang und hat dann eben gesehen, daß da eben teilweise Stagnationen waren, daß sich nichts verändert hat, daß die Leute ihren gewohnten Trott gemacht haben und die Marktwirtschaft an deren Köpfe oder Birne noch gar nicht richtig rangekommen ist. Einfach aus dieser Situation, daß man eben diese ganzen Maßnahmen genutzt hat, um eben den Beschäftigungsabbau nicht so rigoros zu betreiben. Wir haben unsere Leute gleich zu Anfang in Qualifizierungsmaßnahmen gebracht, die ja damals unmittelbar nach der Wende wie Sauerbier angeboten wurden." (5, E 14 Mitarbeiterin eines Eisenhüttenstädter Betriebes)

Auch wenn die privilegierte Stellung des EKO bzw. dessen Mitarbeiter nicht durch die gesamte Bevölkerung getragen wird, waren sich alle Interviewpartner darin einig, daß EKO auch nach der Umstrukturierung der größte Arbeitgeber in der Stadt bleibt und ihm daher weiterhin ein besonderer Status zukommen wird. Besondere Hoffnungen für die Verbesserung der Arbeitsmarktlage sind mit dem Bau und der Inbetriebnahme des Warmwalzwerkes im EKO 1997 verbunden (ca. 300 bis 350 neue Arbeitskräfte sind für das Warmwalzwerk vorgesehen. Hier rechnen sich besonders die jüngeren Arbeitnehmer, die derzeit arbeitslos sind, Chancen aus.

Ganz anders gestaltet sich die Situation für die über 50jährigen Arbeitnehmer, die im Zuge der Umstrukturierungen der Betriebe aus dem aktiven Erwerbsleben ausgeschieden sind. Für einige bedeutete dies gleichzeitig das Ende ihrer Arbeitstätigkeit, da sie den Vorruhestand bzw. Altersübergangsregelungen der drohenden Arbeitslosigkeit vorzogen. Gegen die Nutzung der Regelungen des Vorruhestands oder des Altersübergangsgeldes setzten sich die Beschäftigten aufgrund der Arbeitsmarktsituation selten zur Wehr. Oft als Mittel zur sozial verträglichen Personalanpassung der Betriebe genutzt, standen die älteren Arbeitnehmer diesen Maßnahmen positiv gegenüber, wenn die Regelung zusätzlich mit Abfindungen gekoppelt waren.

„Meine Generation, die hat sich zurückgezogen, sind bloß ein paar Einzelne, die da noch kämpfen und sagen, ich geh mit 60 in die Arbeitslosigkeit- ich muß bescheuert sein. Aber es ist so unterschiedlich. Die Männer haben sich auch zurückgezogen, haben Abfindungen bekommen usw., das geht dann schon ..." (12, E 13 Mitarbeiterin Obdachlosenhilfeverein e.V.)

Durch unsere Gesprächspartner wurde der Rückzug des Großteils dieser Gruppe aus dem Erwerbsleben konstatiert. Die wahrgenommene Chancenlosigkeit und das Betroffensein einer ganzen Generation bewirkte diesen ‚kampflosen' Übergang. Zudem vollzog sich die Beendigung ihres Erwerbslebens im Zeitraffertempo, woraus sich auch die aktuelle Problemlage dieser Gruppe erklären läßt, auf die nun detaillierter eingegangen werden soll.

Von der ‚Aufbaugeneration' zum ‚alten Eisen'

Die Gruppe der Vorruheständler und Altersübergangsgeldempfänger, die in der DDR nicht existierte, bildete sich ab 1990/91 heraus. Mit ihr wurde die ostdeutsche Sozialstruktur um ein neues, bislang nicht dagewesenes ‚Element' erweitert. Vorruheständler sind in diesem Sinne keine organisch gewachsene Soziallage, sondern ein soziales (sozialstrukturelles) Resultat einer politischen Intervention in den Arbeitsmarkt. Die Zugehörigkeit zu dieser Soziallage wurde an eine klar definierte ‚Verweildauer' von fünf Jahren bzw. an ein bestimmtes Lebensalter gebunden (vgl. Kretzschmar/Wolf-Valerius 1995:363). Die Verordnung vom 8. Februar 1990 (GBl. I Nr. 7/42) über die Inanspruchnahme von Vorruhestandsgeld bot erstmalig noch zur Zeit des Bestehens der DDR die Möglichkeit, vor Erreichen des gesetzlichen Rentenalters von 60 (Frauen) bzw. 65 Jahren (Männer) aus dem Erwerbsleben auszuscheiden.[475] Damit stellten sie für den Staat eine neue ‚Versorgungsklasse' (Lepsius) dar. Vorruhestand bzw. Altersübergangsgeld beschränkt sich nicht nur auf eine oder wenige Soziallagen, sondern ist über diese querverteilt. Neben der Veränderung formal-rechtlicher Tatbestände hat diese Altersgruppe im Vergleich zu den jüngeren kaum noch die Möglichkeit der eigenen Einflußnahme auf grundlegende Seiten ihrer sozialen Lage, wie z.B. Erwerbstätigkeit oder Vermögensbildung (vgl. Schwitzer 1995:277f.). Bis Ende 1993 nahm die Gruppe der Vorruheständler kontinuierlich an Umfang zu. Durch den Prozeß der Verrentung wird sie sich sukzessive wieder verkleinern. Die Regelung, Beschäftigte mit Erreichen des 55. Lebensjahres in den Altersübergang zu schicken, wurde von allen Unternehmen in Eisenhüttenstadt genutzt. Vor allem in der Metallindustrie, wo diese Regelung für Treuhandunternehmen noch einmal verlängert wurde, kam sie in großem Umfang zum Tragen. Die Zahlen des Arbeitsamtsbezirkes Frankfurt/Oder zu den Altersübergangsempfängern zeigen die rückläufige Entwicklung dieser Gruppe, aber auch den Umfang, den sie vor allem in den Jahren 1993/94 besaß[476].

Die angegebenen Zahlen zeigen, daß es sich hier nicht nur um eine kleine Gruppe handelt, die für die Kommunen vernachlässigbar ist. Besonders vor dem Hintergrund, daß diese gesamte Gruppe in der DDR noch bis zu 10 Jahre im Erwerbsleben gestanden hätte, wird die Problemlage deutlich. Die Beendigung des Berufslebens erfolgte in der Bundesrepublik im Unterschied zu Ostdeutschland *„nahezu ausschließlich aus privaten Motiven heraus (gesundheitliche Gründe, Haushalt, Partnerschaft, Freizeitinteressen) und (war) nicht auf arbeitsmarktbedingte und wirtschaftsstrukturelle Trends, betriebliche Interessen, Modernisierungsstrategien u.ä. zurückzuführen, also eher nicht unmittelbar sozial determiniert." (Schwitzer 1995:288f.)* Das vorzeitig erzwungene Ausscheiden der 55- bis 64jährigen aus dem Arbeitsprozeß manifestiert

Monat/Jahr	12/91	12/92	12/93	3/93	6/94	9/94	12/94	3/95	6/95
Anzahl	8.629	14.807	16.946	15.315	14.535	14.163	13.644	10.992	9.480

Anzahl der Empfänger von Altersübergangsgeld im Arbeitsamtsbezirk Frankfurt/Oder 1991-1995[477]

sich dabei nicht nur in einer relativen Sinnentleerung eines bis dahin ausgefüllten Arbeitslebens, sondern gleichzeitig auch in einer sozialen Benachteiligung einer ganzen Generation. Einer unserer Interviewpartner stellte die Situation wie folgt dar:

„Aber am 1.7.1995, so Herr Blüm will, gehe ich in die Rente. Und dann werde ich bestraft, mein ganzes Leben lang, daß ich in der Zeit geboren bin. Weil, mit 60 da fehlen schon wieder für die letzten fünf Arbeitsjahre die Punkte, sind 200 bis 300 Mark, die ich jeden Monat weniger bekomme, als wenn ich bis 65 gearbeitet hätte. Aber das läßt sich nicht mehr ändern, damit muß man leben. Man muß sich so was einteilen, das haben wir jetzt schon gelernt in den vier Jahren, das geht auch. Man kann sich eben vielleicht nicht alles leisten, was andere sich leisten können, die noch arbeiten. Aber da kann man nichts machen, das ist nun mal der Gedanke der freien Marktwirtschaft. Nicht in der sozialen Marktwirtschaft, das haben die uns bloß erzählt, um uns ein bißchen zu kuschen." (2, B4 ehem. Mitarbeiter EKO)

Die subjektive Wahrnehmung der Gruppe der Vorruheständler und Altersübergangsempfänger zeigt, daß sie die Verhinderung der Partizipation am ‚neuen' Wohlstand sehr stark reflektieren und sich als ‚betrogene' Generation betrachten, die jetzt aufs ‚Abstellgleis' geschoben wird (vgl. Cornelsen 1994a). Das vorzeitige Ausscheiden wird als Strafe empfunden, mit der fast eine ganze Generation der DDR belegt wird. Dies wirkt für die Betroffenen noch ungerechter vor dem Hintergrund, daß gerade diese Generation entscheidenden Anteil am Aufbau nach dem Krieg besaß.[478] Für diese Altersgruppe existierten in der DDR kaum sozialpolitische Maßnahmen zur Verbesserung ihrer Lebenslage. Von den Aufbauleistungen der ersten Jahre profitierten stets die nachfolgenden Generationen. Die Benachteiligung setzt sich unter den gegenwärtigen Bedingungen der Verdrängung aus dem aktiven Erwerbsleben durch die jüngeren Altersgruppen fort. Diejenigen 55- bis 64jährigen, die sich in Arbeitslosigkeit bzw. Vorruhestand befinden, artikulieren deutlich einen Statusverlust, der sich sowohl materiell als auch ideell äußert. Der Wegfall des Einkommens und Bezug von Vorruhestandsgeld führt jedoch nicht zu massiven Verarmungsprozessen innerhalb der Stadt.[479] Dieser Gruppe scheint jedoch ein noch ganz anderes Element immanent zu sein, ein gewisser Fatalismus, der auch im oben angeführten Zitat zum Ausdruck kommt. Die Situation wird in einer bestimmten Art und Weise wahrgenommen und als unabänderlich betrachtet. Eine starke Resignation zeigt sich in den Worten: *„Aber das läßt sich nicht mehr ändern, damit muß man leben. Man muß sich so was einteilen, das haben wir jetzt schon gelernt in den vier Jahren, das geht auch."* In unseren Gesprächen trafen wir demnach eher den Typus von Bewältigungsstrategie an, den z.B. H. Lehmann in seiner Untersuchung als ‚Resignativ-pragmatischer Rückzug' bezeichnet (Lehmann 1994:296).[480] Gepaart damit tritt bei diesem Typ eine Minimalisierung der eigenen Ansprüche auf, die durch Bezüge, die sich an den unteren Einkommensgrenzen bewegen, hervorgerufen wird. Diese Generation hatte insbesondere in den Aufbaujahren der DDR Verständnis für die vorhandene Situation aufbringen müssen. War jedoch in der DDR-Aufbauzeit noch die Hoffnung auf eine selbstbestimmte Perspektive vorhanden, fühlt sich diese Altersgruppe in dem neuen System hochgradig fremdbestimmt. Auch Lehmann (1994:283f.)[481] konstatiert in seiner Untersuchung der Personengruppe der ‚Vorruhestandsgeneration' in den neuen Bundesländern eine krasse Umbewertung der bisherigen biographischen Muster und Vorerfahrungen. Erstens: Die Frühverrentung, seit Mitte der siebziger Jahre in den alten Bundesländern als arbeitsmarktpolitisches Instrument etabliert und auch „moralisch legitimiert"[482] (Kohli 1991:23), wurde in Ostdeutschland kurzfristig umgesetzt. Zweitens: Die erste Generation der Vorruheständler in den neuen Bundesländern zählt zur Aufbaugeneration der DDR. Die individuellen und kollektiven Lebensverläufe dieser Generation waren eng mit dem institutionellen System der DDR verbunden. Die Lebensentwürfe waren demnach durch Konsistenz, Kontinuität und Arbeitszentriertheit geprägt.[483] Drittens: Die erzwungene ‚Frühverrentung' stellt insofern ein ‚generationsbildendes Ereignis' dar, da die ‚Normalbiographie' als Orientierungsmuster brüchig geworden ist. Viertens: Die Gleichzeitigkeit des Zusammentreffens von gesellschaftlichem und kulturellem Wandel, Verlust der Stellung im Erwerbsleben und Wahrnehmung individueller Alterungsprozesse stellt eine besonders prekäre Konstellation dar. Auf ähnliche Ergebnisse verweist auch Thomas Gensicke (1995), der sich mit dem Wertewandel nach der Wende beschäftigte. Er konstatiert, daß 1990 die Gruppe der 55-64jährigen den größten Anteil an Konventionalisten und einen relativ geringen Anteil Resignierter ausmachte.[484] Mit der Wende waren die Hoffnungen verbunden, in den letzen Arbeitsjahren noch am gesellschaftlichen Wohlstand zu partizipieren und die Vorteile des neuen Systems zu nutzen. Bis 1993 kehrte sich dieses Verhältnis fast um, denn die *„Resignation ist stark gestiegen, was völlig zuungunsten des Konventionalismus geschehen ist"* (Gensicke 1995:144). Durch den Orientierungsverlust im Zusammenhang mit dem Systemumbruch und dem Wegfall der Arbeitswelt verlieren die bisher hochgehaltenen traditionellen Werte ihren Sinn. Die Distanz und Illusionslosigkeit wird besonders in der letzten Sequenz des Textteils deutlich: *„Aber da kann man nichts machen, das ist nun mal der Gedanke der freien Marktwirtschaft. Nicht in der sozialen Marktwirtschaft, das haben die uns bloß erzählt, um uns ein bißchen zu kuschen."* Diese Altersgruppe befindet sich in einer ambivalenten Situation sowohl zwischen der älteren Generation, die als ‚normale' Altersrentner ihre Arbeitstätigkeit beendeten und jetzt von der sukzessiven Rentenanpassung aufgrund ihrer überdurchschnittlichen Dauer der Erwerbstätigkeit profitieren, als auch der jüngeren Generation, die sie aus dem Arbeitsleben drängt. Sie haben keine Chancen mehr auf dem Arbeitsmarkt (vgl. Cornelsen 1994a) und sind für die Dauer ihres Rentendaseins aufgrund der fehlenden Arbeitsjahre benachteiligt. Dies wird nicht als sozialer Abstieg artikuliert, als soziale Benachteiligung wohl aber wahrgenommen. Von Vertretern städtischer sozialer Einrichtungen wurde auf die Gefahr aufmerksam gemacht, daß diese Gruppe sehr schnell zu einer Randgruppe werden kann, wenn angebotene integrative Maßnahmen nicht angenommen werden. Auch von dieser Seite wurde das ‚Umschlagen' von Hoffnung in Resignation thematisiert:

„Und natürlich dann parallel dazu das Problem der Vorruheständler nach der Euphorie vieler, die sich haben gerne in den Vorruhestand schicken lassen, dann doch relativ schnell auch tiefe Depressionen. Man hatte nicht gedacht, daß man a) ja geschickt wurde und b) ja sich Hals über Kopf entscheiden mußte, ohne sich auf den Ruhestand vorbereiten zu können. Jeder Rentner weiß, dann und dann gehe ich in die Rente, und man richtet sich ein bißchen ein schon. Gestaltet unter Umständen auch seinen Bekanntenkreis um, sagt, der ist ja auch in Rente, oder der geht auch in Rente. All die Dinge konnten gar nicht gemacht werden, man mußte sich innerhalb von Tagen entscheiden oftmals, also du bist ja oder wirst dann 55 und du könntest das noch in Anspruch nehmen, und kriegst ja auch noch Geld und und und. Und hinterher sitzt man in seinem Luxusappartment in der Stadt und weiß nicht wohin mit Händen und Füßen. Das führte hier in Eisenhüttenstadt auch zur Bildung von zwei Begegnungsstätten, die Vorruheständler und Ruheständlercafes. Ich bin einer der Vertreter, die vermeiden wollen, daß sich Randgruppen als Randgruppen treffen. Es ist also ganz schwierig, wenn man nur Rentner, nur Vorruheständler, nur Arbeitslose, man trifft ja dieselben, mit denselben Problemen. Von Anfang an wollte ich eigentlich eine Mischung. Das funktioniert nicht immer, daß geteiltes Leid doppelte Freude ist, aber manchmal geht es doch. Da bin ich froh, daß das so nach einem Jahr etwa, wo ich das doch sehr stark begleitet habe, und auch hier von den Pfarrern stark begleitet wurde, eine Eigendynamik jetzt erreicht hat, wo ich auch keine Angst habe, daß das als ‚ehrenamtlicher Kreis' nur weiterleben wird, weil's diese Problemzonen auch weiter gibt." (E6, Mitarbeiter Diakonisches Werk)

Die Vertreter dieser Einrichtungen verfolgen vorrangig das Ziel, diese Gruppen nicht in eine Isolation zu drängen, sondern mit Hilfe von Durchmischung die Eigenaktivitäten zu erhöhen. In den Ausführungen des Mitarbeiters des Diakonischen Werkes wurde deutlich, daß dies für die beiden Begegnungsstätten nach anfänglichen Schwierigkeiten gelungen ist. Das ehrenamtliche Engagement in sozialen Einrichtungen war, abgesehen von der Volkssolidarität und den Institutionen der beiden Kirchen in der DDR, kaum ausgeprägt und stellte somit Neuland dar (vgl. Hockerts 1994). Die gegenwärtig verfolgten Ansätze der sozialen Arbeit innerhalb des Diakonischen Werkes können somit auf den Erfahrungshintergrund zurückgreifen, den sie zu DDR-Zeit entwickeln mußten. Die kirchlichen Einrichtungen entfalteten eine Art ‚Nischen-Betreuungsmethode' für sozial Benachteiligte und Randgruppen, da die Problemlagen dieser Gruppen zumindest in der öffentlichen Diskussion eher ein ‚Tabu-Thema' darstellten. Insofern erscheint die Umstellung auf neue Anforderungen in der Sozialarbeit den in der Diakonie verbliebenen Mitarbeitern nicht schwerzufallen.

Nach wie vor kann jedoch die Situation für diese Gruppe als ‚institutionelles Vakuum' (Kretzschmar/Wolf-Valerius 1995:374) bezeichnet werden, da weder eine die gesamte Soziallage umfassende Organisation zur Interessenartikulation, noch entsprechende Struktureinheiten in den staatlichen und kommunalen Verwaltungen existieren, die speziell auf die Probleme der Vorruheständler zugeschnitten sind. Arbeitsamt, Arbeitslosenverband, Sozialamt, Gewerkschaften, Rentnerverbände, ehemalige Betriebe haben andere Zielgruppen. Um so mehr Bedeutung erhalten die kleinen und dezentralen Vereine, die ihre Arbeit auch mit der Einbeziehung der Gruppe der Vorruheständler verbinden. In einem eher langsamen Prozeß entstanden ab 1990/91 diese Institutionen in Eisenhüttenstadt, die die Interessen dieser Soziallage vertraten. In der Stadt existiert seit September 1993 die parlamentarische Vertretung ‚Die Grauen – Graue Panther' mit einer Stimme (bis 1994) und seit dem Zusammenschluß mit den ‚Grünen' mit drei Stimmen. Die Abgrenzungs- bzw. Rückzugstendenzen insbesondere der Älteren werden erkannt, Maßnahmen im Rahmen der Möglichkeiten dieser Einrichtungen eingeleitet. Diese müssen aber von den ‚Ziel'-Gruppen angenommen werden, denn das Angebot selbst löst die Isolation nicht auf. Die Kommune ist sich zwar dieser steigenden Bedeutung bewußt, die Aktivitäten für diese Gruppe müßten jedoch verbreitert werden. Folgerichtig wurde im Altenbericht der Stadt von 1994 konstatiert: *„Dennoch zeigt die jetzt nachwachsende Altersgeneration, deren sogenannte dritte Lebensphase sich bei frühzeitiger Verrentung und steigender Lebenserwartung deutlich verlängert, neue Akzente, die neue Bedürfnisse entwickeln."* (Altenhilfe Stadt Eisenhüttenstadt – Organisation der Leistungen für ältere Bürger 1994: 3). Die deutliche Wahrnehmung von Abstiegsprozessen innerhalb der Gruppe der 55- bis 64jährigen wurde auch im Rahmen anderer stadtsoziologischer Erhebungen bestätigt (vgl. Cornelsen 1994b:300f.). Für die Stadt stellt sich daher die Aufgabe, auch für diese Gruppe Angebote zu schaffen, die auf die Bewältigung dieser neuen Lebenssituation hinwirken.

Frauen zwischen Resignation und Aufbruch

Der Anteil der Frauen an der Gesamtzahl der Arbeitslosen stieg in Eisenhüttenstadt, wie in anderen Städten und Regionen der neuen Bundesländer, kontinuierlich (1991 61%, Ende 1994 über 68% und Mitte 1995 ca. 70%). Die relative Chancenlosigkeit von Frauen auf dem Arbeitsmarkt steht im Widerspruch zu ihren eigenen Lebensentwürfen, in denen Erwerbstätigkeit eine zentrale Rolle spielt (vgl. Böckmann-Schewe/Kulke/Röhrig 1995). In einer von der Gleichstellungsbeauftragten der Stadt Eisenhüttenstadt durchgeführten Frauenbefragung[485] kam es bei der Frage: *„Wie wichtig ist es Ihnen persönlich, berufstätig zu sein?"* zu folgenden Antworten, die kaum Unterschiede zu ähnlich angelegten Befragungen in den fünf neuen Bundesländern (vgl. Schenk 1995) aufweisen.

	Anzahl	Prozent
sehr wichtig	281	72,8%
wichtig	101	26,2%
kaum wichtig	2	0,5%
nicht wichtig	1	0,3%
weiß ich nicht	1	0,3%

Einschätzung des Wertes der eigenen Berufstätigkeit durch Frauen (n=386)(Eisenhüttenstadt 1993)

Fast alle befragten Frauen (99 Prozent) schätzen die Berufstätigkeit als „sehr wichtig" bzw. „wichtig" ein. Ebenfalls 99% antworteten auf die Frage *„Was halten Sie für besonders wichtig in Ihrem Leben: Wie wichtig ist folgender Sachverhalt:"* „im Beruf tüchtig sein und etwas leisten" mit ‚sehr wichtig' und ‚wichtig'. Als Motiv für die Berufstätigkeit werden persönliche Gründe als genau so wichtig wie die finanzielle Absicherung eingeschätzt. Auf die Frage: *„Warum ist es Ihnen persönlich wichtig, berufstätig zu sein?"* ergab sich folgende Antwortverteilung:
– Weil ich das Geld brauche 30%,
– weil ich den Kontakt zu anderen Menschen brauche 29%,
– weil ich meinen Beruf gern ausübe 28%,
– weil ich persönliche Bestätigung im Beruf finde 14%.

Der Fakt, der zu DDR-Zeiten die hohe Erwerbsorientierung der Frauen determinierte, nämlich finanziell unabhängig zu sein und Bestätigung sowie Kontakt außerhalb des Familienbereiches durch die berufliche Tätigkeit zu haben, kommt auch in diesen Ergebnissen zum Ausdruck. Daß die finanzielle Absicherung auf Platz 1 steht, ist nicht verwunderlich, da die Lebenshaltungskosten erheblich gestiegen sind. Fast ein Drittel der Frauen geben den sozialen Kontakt als Motiv an. Dies deckt sich mit Ergebnissen von Böckmann-Schewe/Kulke/Röhrig (1995:219), die feststellen: „Für Frauen hatte die Berufsarbeit einen besonderen Stellenwert als zentrales soziales Terrain für Interaktion und Identifikation angesichts der hohen Erwerbsquote, angesichts ihrer Orientierung auf ‚lebenslange' Erwerbstätigkeit und der erreichten formalen Gleichheit bei so gut wie kaum erfahrener ökonomischer Abhängigkeit vom Ehemann." Die

	Anzahl	Prozent
ja, aber ich würde verkürzt arbeiten	215	56,7%
ja, ich würde weiter voll arbeiten	145	38,3%
nein	11	2,9%
ich weiß nicht	8	2,1%

Frage nach der weiteren Berufstätigkeit von Frauen bei ausreichendem Verdienst des Partners (Eisenhüttenstadt 1993)

Frauen schufen sich durch die spezifische Verknüpfung von Arbeits- und Familienleben auf der Basis oft langer Betriebszugehörigkeiten im Betriebskollektiv eine zweite wichtige Gemeinschaft (vgl. Gensior 1992). Dies erklärt auch die Ergebnisse bei der Beantwortung der Frage innerhalb der Frauenbefragung, die sich darauf richtete, ob die Frauen – bei ausreichendem Verdienst des Partners für den Unterhalt – weiter berufstätig sein wollen:

Nur 3% der Frauen geben an, nicht mehr berufstätig sein zu wollen. Die Mehrheit der Frauen (57%) würde verkürzt arbeiten, während mehr als ein Drittel (38%) der Frauen angab, weiter vollzeittätig sein zu wollen. Diese sehr hohe Erwerbsorientierung von Frauen sowie ein massiver Druck von aus dem Erwerbsleben ausgeschiedenen Frauen auf den ersten und zweiten Arbeitsmarkt wird auch durch Ergebnisse belegt, die in weiteren Forschungszusammenhängen erhalten wurden (vgl. Nickel/Schenk 1995:275f.). Eine nach wie vor hohe Erwerbsorientierung kann anhand der Eisenhüttenstädter Befragungsergebnisse festgestellt werden, auch wenn die Realisierungsmöglichkeiten bei einem Frauenanteil an Arbeitslosen von fast 70% denkbar gering sind. Der Verlust des Berufsumfeldes wird von den meisten Frauen als problematisch erlebt. Diese Problemlage wird auch von Frauen gesehen, die selbst noch voll erwerbstätig sind, sich damit jedoch auseinandersetzen und die Erfahrungen betroffener Frauen reflektieren.

„Weil es viele Frauen sind, die auch im EKO gearbeitet haben, die Ausbildungen haben und die wollen auch nicht zu Hause bleiben. Gerade wenn man mit den Frauen spricht, die wollen nicht zu Hause bleiben. Die sind todunglücklich, die meisten. Ich will nicht alle in einen Topf schmeißen, manche sagen auch vier Stunden oder sechs Stunden reichen mir auch, aber diese Entscheidung haben die meisten ja erst gar nicht. Die sagen eben, sie werden verrückt zu Hause, die kriegen – denen fällt die Decke auf den Kopf. Und sie finden nichts gerade mit ihren technischen Berufen. Bei uns haben über 90% der Frauen gearbeitet, die haben, was weiß ich, vielleicht zu 80% eine Ausbildung, das ist ja gerade in den alten Bundesländern, in England und so in diesen Ländern, ist das ja nie so gewesen. Da war ja immer ein ganzer Teil Frauen Hausfrau und hat eigentlich auch dieses Lebensbild und nicht unbedingt dieses Bestreben also diesen ganzen – die sind vielleicht ganz froh, wenn sie einen Mann haben, der die ganze Familie ernährt. Und die sagen, es wäre ein Zwang, wenn es nicht reicht, arbeiten zu gehen. Aber eben auch gerade abzufallen von einem Stand, wo jeder ökonomisch selbständig ist und ich sage mal, wer eben ‚Blut geleckt' hat und sagt, ich habe eine qualifizierte Arbeit gemacht, ich habe diese Anforderungen im Beruf gehabt, wer möchte denn schon wirklich nur zu Hause sitzen." (12, E9 Mitarbeiterin Stadtverwaltung)

1988 wurden in der DDR 95,3% der Kinder von berufstätigen Müttern, 3,6% der Kinder von in Ausbildung befindlichen Müttern und 1,1% der Kinder von Hausfrauen geboren. 91% aller Frauen im entsprechenden Alter waren berufstätig (vgl. ‚Die Frau in der ...' 1989). *„Die individuellen Lebenspläne der Frauen waren langfristig aufgebaut auf der mit der Berufstätigkeit verbundenen Unabhängigkeit vom Partner und den damit zusammenhängenden sozialen Kontakten zu anderen Menschen, dem Vorhandensein von Kinderbetreuungseinrichtungen, einer Gesetzgebung, die die Ehe nicht als Versorgungseinrichtung unterstellte."* (Schröter 1995:142) Im Leben ostdeutscher Frauen, welches durch einen umfassenden Bruch in der Erwerbstätigkeit gekennzeichnet ist, ist jedoch eine Kontinuität hoher Erwerbsneigung auch sechs Jahre nach dem Beginn des gesellschaftlichen Wandels festzustellen. Der Begriff der ‚hohen bzw. ungebrochenen Erwerbsneigung' gerät jedoch zunehmend in Kritik, da er aus ostdeutscher Frauensicht ein diskriminierendes Element enthält. So hebt U. Schröter hervor, daß dies zum *„einen wegen der Reduzierung des Zusammenhanges auf Erwerb"* erfolge. *„Ginge es den meisten Frauen z.B. bei der Arbeitslosigkeit nur um den fehlenden Erwerb, so wären die psychischen Nöte nicht so groß, wie gegenwärtig schon nachweisbar und erst recht abseh-*

bar. Die materiellen Reserven sind im allgemeinen noch nicht aufgebraucht. Was den meisten Frauen fehlt, ist das Gefühl, gebraucht zu werden, das anerkannte Teilhabenkönnen am gesellschaftlichen Lebensprozeß ...Zum zweiten ist der Begriff diskriminierend, weil berufliche Arbeit für die meisten ostdeutschen Frauen ein Bedürfnis oder eine Notwendigkeit ist und keine (leicht zu unterdrückende) Neigung." (Schröter 1995:144) Qualifizierte Berufstätigkeit war für die Frauen in der DDR die Norm, die ‚Hausfrau' war eher eine Ausnahme im gesellschaftlichen System. Dieser in der DDR entwickelte und normativ gestützte ‚Habitus' (vgl. Kreckel 1995) bewirkt, daß die Frauen am Vollerwerbsmodell festhalten und sich somit gegen die drohende ‚Hausfrauisierung' (vgl. Werlhof/Mies/Bennholt-Thomsen 1988) wehren. Dies wird auch daran deutlich, daß die Frauen versuchen, durch Umschulungen bzw. Fortbildungen ihre Einsatzmöglichkeiten zu erhöhen. Mißlingen diese Versuche, setzt jedoch auch bei ihnen ein Frustrationspunkt ein. Rettungsanker in dieser Situation ist nicht selten die Nutzung von AB-Maßnahmen, um die sie sich selbst bemühen.

„Ja, dann war ich ein Jahr und zwei Monate arbeitslos, dann habe ich den Betriebswirt gemacht – Umschulung an der Uni Oldenburg, aber da die jetzt .., da ich ja dann überqualifiziert bin, ich hatte ja das Fernstudium, ich bin Ökonom ja, und dann jetzt den Betriebswirt hinterher, also haben sie uns gesagt, gleich Null. Dann war ich fertig, dann wieder ein Jahr arbeitslos; mir stand ja dann wieder ein Jahr zu, dann habe ich einen Monat Arbeitslosenhilfe bekommen, und da bin ich dann zur GEM gegangen, und da habe ich dort für ein Jahr 'ne ABM-Stelle gekriegt bis Oktober, bis jetzt Oktober, wie es dann weitergeht – ..?" (B 11, Frau, in ABM)

Die Möglichkeit der Nutzung von ABM stellt einen wichtigen Faktor der Erhaltung des Selbstwertgefühls für die Frauen dar. Das Instrument der Arbeitsbeschaffungsmaßnahmen bewirkte somit nicht nur, daß für viele die Arbeitslosigkeit zeitlich nach hinten verschoben wurde.[486]

Zunehmend schwieriger wurde es, Frauen in ABM zu bringen, da gerade Sanierungs- und Abrißarbeiten, wie sie in großem Umfang z.B. im EKO über ABM realisiert wurden, kaum Beschäftigungsmöglichkeiten für Frauen boten und eine Segmentierung des zweiten Arbeitsmarktes einsetzte.[487] Zudem ist der Bestand an ABM Schwankungen unterworfen. Im Oktober 1995 ging die Zahl der ABM-Beschäftigten auf einen Tiefstand von 696 zurück, konnte jedoch durch neue ABM im November 1995 wieder auf 811 erhöht werden. Eine ähnliche Tendenz ist bei den Maßnahmen nach 249h zu verzeichnen. Den Höchststand an Beschäftigten erreichte man im April 1995 mit 870 Beschäftigten, im November 1995 waren 811 Personen über diese Maßnahmen beschäftigt. Durch die Verringerung dieser Maßnahmen wird vor allem die Dauer der Arbeitslosigkeit in den nächsten Monaten und Jahren zunehmen, da nicht von einem plötzlich einsetzenden Nachfrageboom durch mittelständische Unternehmen auszugehen ist[488]

Die Angaben zeigen, daß Frauen wesentlich häufiger von Langzeitarbeitslosigkeit betroffen sind als Männer. Eine Änderung der Situation ist nicht abzusehen. Selbst wenn Arbeitsplätze im tertiären Sektor neu entstehen, sind es selten

Struktur der Arbeitslosen nach Dauer der Arbeitslosigkeit (nach Anzahl und Prozent) in Eisenhüttenstadt (Stand 30.9.1993)					
Dauer der Arbeitslosigkeit	gesamt Anzahl	Männer Anzahl	Männer Prozent	Frauen Anzahl	Frauen Prozent
unter 1 Monat	401	193	48,13	208	51,87
1 Monat bis 3 Monate	1158	470	40,59	688	59,41
3 Monate bis 6 Monate	807	246	30,48	561	69,52
½ Jahr bis 1 Jahr	1084	343	31,64	741	68,36
1 Jahr bis 2 Jahre	755	193	25,56	562	74,44
2 Jahre und länger	305	83	27,21	222	72,79
gesamt	4510	1528	33,88	2982	66,12

Struktur der Arbeitslosen nach Dauer der Arbeitslosigkeit (30.9.1993)

Frauen, die davon profitieren (vgl. Hauser 1995), da Männer zunehmend in diesen Bereich ‚eindringen'.

Viele Frauen sind schon nach relativ kurzer Dauer der Arbeitslosigkeit bzw. nach mehreren Qualifizierungsmaßnahmen frustriert und pessimistisch in bezug auf ihre weiteren Beschäftigungsperspektiven. Als problematisch wurde auch von unseren Interviewpartnerinnen vielfach angesehen, daß vor allem Frauen mit Kindern auf dem Arbeitsmarkt noch weniger Chancen besitzen. Was vor 1989 kaum als Hindernis gesehen wurde, wird heute schnell zur Beschäftigungsbarriere. Es verwundert daher nicht, daß *„als eine Reaktion auf die eingeschränkten Chancen auf dem Arbeitsmarkt die derzeit auszumachenden neuen Orientierungs- und Handlungsmuster hinsichtlich des Kinderwunsches zu werten (sind; d.A.). Da Mutterschaft die Chancen auf dem Arbeitsmarkt verringert, also ein ‚Ausschlußgrund' vom Arbeitsmarkt zu sein scheint, wird die Orientierung auf gleichzeitige Mutterschaft und Erwerbsarbeit brüchig. Die Arbeit rückt bei der Lebensgestaltung und -planung partiell in den Vordergrund."* (Böckmann-Schewe/Kulke/Röhrig 1995:216). Berufstätigkeit und Mutterschaft wurden in der DDR nicht als einander ausschließende Lebensbereiche erfahren (vgl. Hahn 1993), während gegenwärtig Frauen mit Kindern deutlich benachteiligt sind. Auch in Eisenhüttenstadt ist diese Entwicklung nachvollziehbar. Im Vergleich zur Zeit vor 1989 sank die Geburtenrate in Eisenhüttenstadt auf 31%. Der Rückgang der Geburtenzahlen nach der Wende 1989 hat nichts mit der Schließung von Kindereinrichtungen zu tun, sondern mit der Verringerung der Chancen auf dem Arbeitsmarkt als Mutter mit Kind/Kleinkind.

Jahr	Anzahl der Geburten
1984	806
1988	764
1989	703
1990	652
1991	330
1992	262
1993	232
1994	245
6/1995	131

Entwicklung der Geburtenzahlen in Eisenhüttenstadt 1984-95

Die Angst vor dem Arbeitsplatzverlust und dadurch die Gefährdung der Existenzgrundlage lassen heute viele Frauen auf Kinder verzichten oder den Kinderwunsch ‚nach hinten' verschieben[489]. Es kommt zur Entwicklung der Ein-Kind-Familie, während früher zwei und mehr Kinder keine Seltenheit darstellten (vgl. Böckmann-Schewe/Kulke/Röhrig 1995). In der Frauenbefragung Eisenhüttenstadt 1994 wurde diese Diskrepanz deutlich, denn auf die Frage: *„Wie sehen Sie aus heutiger Sicht Ihren Kinderwunsch?"* gaben fast 20 % der befragten Frauen an, keine Kinder haben zu wollen und 41 % nur ein Kind. Diese Tendenz trifft seit 1990 für die gesamten neuen Bundesländer zu (vgl. Kreckel 1995) und bestätigt den Trend zur ‚Ein-Kind-Familie'. Der ‚Verzicht' auf Kinder bzw. weitere Kinder wird von dieser Gruppe zum größten Teil mit der Unsicherheit der eigenen Entwicklung, der weiteren gesellschaftlichen Entwicklung und damit im Zusammenhang stehenden notwendigen sozialen Absicherung begründet. Dieser Rückgang wird sich auf die Altersstruktur der Stadt in den nachfolgenden Jahren noch auswirken.

Die Frauen sind sich der Benachteiligung auf dem Arbeitsmarkt bewußt, hoffen jedoch bei einer Verbesserung der wirtschaftlichen Situation auch auf positive Auswirkungen auf ihre Lage. Als wichtigstes Problem in der Region wird von Frauen im Rahmen der Frauenbefragung aus diesem Grund die Schaffung von Arbeitsplätzen angegeben. Die Frauen konnten die drei ihrer Meinung nach wichtigsten Probleme in der Region eintragen, wobei die Ergebnisse deutlich machen, daß die Problemlagen im wirtschaftlichen Bereich artikuliert werden.

Auch wenn ein Großteil der befragten Frauen nicht im EKO tätig ist, maßen knapp 77% dem „Erhalt des Arbeitsplatzes" und des „EKO" sowie von „Frauenarbeitsplätzen" an 1. Stelle die höchste Bedeutung bei. Dies macht erneut die strukturbestimmende Bedeutung des EKO deutlich. Doch bereits jetzt ist abzusehen, daß die Mehrzahl der Frauen, die im Stahlbereich tätig waren, dort keine Arbeit mehr finden werden. Anders als in weiten Teilen der DDR waren durch das Vorhandensein des EKO in Eisenhüttenstadt viele Frauen im gewerblich-technischen Bereich tätig. Die geschlechtsspezifische Segmentation von Ausbildung und Beruf, wie sie für die DDR häufig konstatiert wird (vgl. Böckmann-Schewe/Kulke/Röhrig 1995; Holst/Schupp 1992), war hier nicht in dem Maße ausgeprägt. Die hohe Konzentration von Beschäftigten im gewerblich-technischen Bereich der Stahlindustrie erschwert die Situation für Frauen zusätzlich.

Ein Problem, das bereits 1993 von den Frauen benannt wurde und sich seitdem noch verschärft hat, ist das der Jugendarbeitslosigkeit. Jugendliche werden von den Frauen als Problemgruppe, die sich nach der Wende mit Benachteiligung auseinandersetzen muß, explizit benannt.

Die Jugend – no future in Eisenhüttenstadt?

Der Entwicklung einer diversifizierten Wirtschaftsstruktur kommt vor allem für die Gewährleistung von Lebensperspektiven für Frauen und Jugendliche eine überragende Bedeutung zu.

Der Anteil der Jugendlichen an der Gesamtbevölkerung Eisenhüttenstadts ist hoch. 31% der Einwohner sind unter 25 Jahre (1995)[490]. In bezug auf die Eröffnung von Perspektiven für die Gruppe der Jugend existiert in Eisenhüttenstadt – wie in anderen Städten auch – das zentrale Problem des Lehrstellenmangels. Bisher gelang es in der Stadt, auch über großangelegte Förderprogramme durch Bund und Land, für alle Absolventen Ausbildungsplätze zur Verfügung zu stellen, wobei das EKO einen Großteil bereitstellte.[491] 1995 trat erstmalig der Fall ein, daß nicht für alle Schulabgänger Plätze vorhanden waren, da z.B. den 670 Abgängen aus den 10. Klassen bis Ende Januar 1995 (letzte Angabe) nur 80 gemeldete Ausbildungsplätze gegenüberstanden. Großangelegte Sonderprogramme sind zukünftig nicht mehr zu erwarten. Noch im Juni 1995 waren im Land Brandenburg für 17.000 Bewerber keine Ausbildungsstellen vorhanden. Die Landesregierung Brandenburg setzte 1995 eine Arbeitsgruppe zur Suche nach Lösungsmöglichkeiten ein. Nur durch den kurzfristigen Transfer von Bundes- und Landesmitteln konnte eine weitere Verschärfung der Ausbildungssituation abgewendet werden. Es besteht auch 1996 die Gefahr einer ‚jährlichen Jahresreparatur', wenn nicht langfristige Konzepte gefunden werden. Die Kontraproduktivität arbeitsmarktbedingter Entwicklungen, die die Entwicklung der Stadt determinieren, wird besonders in bezug auf diese soziale Gruppe deutlich. Tendenzen zur erhöhten Abwanderung von Jugendlichen aus der Stadt wurden bereits deutlich. Ebenfalls kann davon ausgegangen werden, daß die Jugendlichen, die Eisenhüttenstadt zur Ausbildung verlassen, für die Stadt ‚verloren' sind. Die Angebote auf dem Arbeitsmarkt und in der Stadt selbst sind für Jugendliche nicht so umfassend, daß eine Rückkehr nach Beendigung der Lehre erfolgen wird. Zudem stellt sich nach der Ausbildung ohnehin für eine Vielzahl der Auszubildenden das Problem der Übernahme durch den Ausbildungsbetrieb. So wurde von Interviewpartnern festgestellt, daß besonders die jungen Facharbeiter durch die Sozialauswahl betroffen waren und ihre Arbeitsplätze verloren. Aufgrund der geringen Berufserfahrung haben

Problem, das in Angriff genommen werden muß	Anzahl	Prozent bei 338 Antworten
Arbeitsplätze	176	52,1%
Erhalt des EKO	66	19,5%
Frauenarbeitsplätze	18	5,3%
Wirtschaftslage/Wirtschaftsentwicklung/ Industrieansiedlung	11	3,3%
Kriminalität	7	2,1%
Wohnungen/ Wohnungszustand	6	1,8%
Infrastruktur	6	1,8%
Umweltschutz	5	1,5%
Jugendeinrichtungen	5	1,5%
Asylantenproblem	5	1,5%
Soziale Sicherheit	3	0,9%
Kindertagesstätten erhalten	3	0,9%
Sozialleistungen	2	0,6%
Freizeitgestaltung ab 30 Jahre	2	0,6%
Jugendarbeitslosigkeit	2	0,6%
Schulen/ Schulen ausbauen	2	0,6%
Kultur/ kulturelle Betreuung	2	0,6%
gesamt	321	95,2%

Wichtigste Probleme, die in Eisenhüttenstadt in Angriff genommen werden müssen (Frauenbefragung 1993)

sie auf dem Arbeitsmarkt jedoch nur bedingt Chancen, einen neuen Arbeitsplatz zu erhalten. Die Folge dieses Prozesses ist die Zunahme des Anteils Jugendlicher an Fortbildungs- und Umschulungsmaßnahmen kurz nach Beendigung der Lehre. Eine große Anzahl Jugendlicher der 10. Klassen von Haupt- oder Realschulen versuchte über den Weg der Wiederholung dieser Klassenstufe die Chancen auf eine Lehrstelle zu erhöhen.[492] Dieser Weg ist jedoch keine Lösung des Problems, sondern allenfalls eine Verschiebung, die in den nachfolgenden Jahren die schlechte Lage noch potenzieren kann.

„Und hier in Eisenhüttenstadt hat meine Tochter keine Chance …Ich kann gar nicht erkennen, daß ihre berufliche Zukunft hier liegt, und ich könnte es, ich würde es ihr nicht verübeln, wenn sie woanders hingeht …Und ich hoffe sehr, daß in 4-6 Jahren die Situation eine andere sein wird, nicht so kompliziert. Ich hatte auch damals gedacht, nach der 10. Klasse stand für meine große Tochter die Entscheidung, Lehre oder Abitur, und damals hatte sie eine Lehrstelle. Da haben wir gesagt, na Abitur kann ja nicht verkehrt sein. Ich bin mir heute schon gar nicht mehr so sicher ob diese Entscheidung richtig war. Das ist ein Theater, was sich hier abspielt. Dreißig mal (beworben; d.A.) reichen bestimmt nicht. Aber wirklich verschiedenes, jetzt nicht nur auf eine Strecke spezifisch. Über den Zoll, Gericht …einige haben sich noch gar nicht gemeldet, ja, EKO, Kochausbildung alles mögliche. Na sie war ja nun nicht mal so stur und verbissen und hat gesagt, ich will nur das und nichts anderes. Es war ja nicht der Fall gewesen …Aus ihrer Klasse haben, glaub ich, bis jetzt nur zwei von 25 Zusagen, daß sie nach dem Abitur etwas machen." (18, B 9 Mitarbeiterin GEM)

Wie in diesem Beispiel war nicht in jedem Fall die Entscheidung für das Abitur mit einer Verbesserung der Berufschancen verbunden. Die Lehrstellensituation verschlechterte sich in den Jahren von 1990-1995 zunehmend, da vor allem privatisierte Betriebe ihre Ausbildungskapazitäten erheblich einschränkten bzw. Ausbildungseinrichtungen wegfielen. Lediglich EKO hat sich mit einer jährlichen Zahl von ca. 50 bis 80 Ausbildungsplätzen stabilisiert. Die Entwicklung in Eisenhüttenstadt bestätigt erneut, daß *„der hauptsächliche Mechanismus, über den Berufs- und Lebenschancen zugeteilt werden, in den fortgeschrittenen kapitalistischen Gesellschaften somit der Arbeitsmarkt (ist; d.A.) – und nicht, wie vielfach angenommen wird, das Bildungssystem."* (Kreckel 1983:141) Die Schaffung von Ausbildungsplätzen ist jedoch an die Stabilisierung der wirtschaftlichen Strukturen gebunden sowie an die breitere Etablierung eines Mittelstandes. Nur so lassen sich für die Jugendlichen auch langfristig berufliche Perspektiven gewährleisten.

Jugendliche können aber neben ihrer individuellen Benachteiligung am Arbeitsmarkt auch noch eine weitere erfahren, nämlich dann, wenn ihre Eltern von Arbeitslosigkeit betroffen sind und diese auf ihre Lebensgestaltung einwirkt. Durch die Einschränkung der finanziellen Möglichkeiten der Eltern können nicht alle Wünsche der Jugendlichen erfüllt werden, und dies gefährdet den Status der Jugendlichen in ihren Bezugsgruppen.

„Es sieht ja schon so aus, daß die eingestuft werden in den Schulen ja, was die Eltern für ein Auto fahren, was die – alles Drum und Dran. Witboy ist ja auch nicht mehr in, jetzt sind ja die Fashhosen und Adidasanzüge und so, und wenn einer sowas nicht hat, der wird dann geschnitten …Es gibt auch – es gibt auch Eltern, wo die Mutter jedes Paar Schuhe und jeden Monat ein Paar Hosen für zweihundert Mark kricht, ja und, das ist klar, die anderen gucken auch. Und ich muß sagen: »Na ich, ich kann's nicht«, und da stellen die sich hin und: »Wieso kannst denn du das nicht?« Soweit sind die noch nicht, daß man soundsoviel Miete zahlen muß, daß man soundsoviel für dies machen muß." (8, B 11 Mitarbeiter Oderwerft)

Das Statusdenken der Jugendlichen ist gestiegen und wird immer stärker an materiellen Werten festgemacht, wobei die berufliche Situation der Eltern zum Indikator für den Status deren Kinder wird.

Eine Gruppe, die hinsichtlich ihrer beruflichen Entwicklung besonders benachteiligt ist, sind die noch zu DDR-Zeiten als Teilfacharbeiter ausgebildeten Jugendlichen, deren Qualifikation nach bundesrepublikanischen Bestimmungen nicht anerkannt wird, die somit ohne Berufsabschluß eingestuft und als erstes entlassen wurden. Erst sozial engagierte Einrichtungen, wie das Diakonische Werk, machten in Eisenhüttenstadt auf dieses Problem aufmerksam und leiteten Maßnahmen in Form von berufsfördernden Projekten ein.

„Ein Problem was ich nannte, daß es eine ganze Menge Jugendliche gibt, die kein Beruf haben und folgerichtig arbeitslos sind. Da haben wir ein Projekt gestartet für benachteiligte Jugendliche, die zu DDR-Zeiten Teilfacharbeiter gemacht haben, der nichts wert ist. Kann man als Rarität aufheben aus der DDR-Geschichte, weiter nichts. Die lungern halt rum, und mir war das auch auf dieser Jugendsynode klargeworden, daß da ein Defizit ist. Wir haben da ein Projekt entwickelt, wo wir benachteiligten Jugendlichen die Möglichkeit einer Nachausbildung mit ordentlichem Zertifikat anbieten Und als wir damit zum Arbeitsamt gingen, sagte man, »Naja, wir haben den Computer danach noch nie gefragt, sind denn das überhaupt so viel?« Und dann hörte man bei 400 auf zu zählen, und wir hatten nur 20 Plätze. Also das ist ein Projekt mit 20 Jugendlichen. Wo erstmal das Bewußtsein dafür geschärft wurde, und das ist auch ein Modell, das bis jetzt einzig in Brandenburg ist. Also ich denke, das spiegelt noch mal die Situation wider."(8, E 6 Mitarbeiter Diakonisches Werk)

Auch die Gegenüberstellung der Anzahl von 400 betroffenen Jugendlichen und dem Angebot an 20 Projektplätzen zeigt die Brisanz des Problems. Reichen schon die Lehrstellen für die Schulabgänger der 10. bzw. der Abiturstufen nicht aus, sind Schulabbrecher absolut chancenlos. Für sie bietet sich auch kaum die Möglichkeit, in anderen Städten oder Bundesländern eine Lehrstelle zu finden, sondern sie sind auf Förderprojekte angewiesen, die durch die Kommune bzw. das Land gestützt werden.

Problematisch ist diese Gruppe vor allem vor dem Hintergrund, daß sie kaum Anrecht auf Arbeitslosengeld bzw. Arbeitslosenhilfe erworben hat und somit relativ schnell in die Sozialhilfe abrutscht. Die Gruppe der Sozialhilfeempfänger wächst durch den Übergang aus der Arbeitslosenhilfe und soll deshalb in ihrer Struktur näher beschrieben werden.

Neues System – neue Randgruppen?

Der Systemwandel war nicht nur mit einer Umstrukturierung der wirtschaftlichen Bereiche verbunden, sondern die gesamte Gesellschafts- und Sozialstruktur, einschließlich ihres rechtlich-institutionellen Grundgerüstes und ihrer kulturell-normativen Orientierungsmuster wurde zur Disposition gestellt (vgl. Berger 1992). Durch den Transformationsprozeß entstanden neue, große Gruppen, die in der DDR nicht als ‚Massenphänomen' auftraten.[493] Dazu gehören neben den Arbeitslosen vor allem die Obdachlosen. Da auf die Zahl und die Bedingungen der Obdachlosen im nächsten Abschnitt näher eingegangen wird, seien sie hier nur erwähnt. Auch die Gruppe der Sozialhilfeempfänger, die bereits in der DDR in geringem Umfang existierte, strukturiert sich unter den heutigen Bedingungen vollkommen anders. Da in der DDR jeder Arbeitsuchende auch Arbeit erhielt, bestand die Gruppe der Sozialhilfeempfänger im wesentlichen aus Nichterwerbstätigen, die nicht arbeiten wollten bzw. konnten und war dementsprechend gering. Charakteristisch für die soziale Entwicklung Eisenhüttenstadts in den letzten fünf Jahren ist nicht nur eine absolute Zunahme der Anzahl der Arbeitslosen, sondern auch der Obdachlosen und – eingeschränkt – der Sozialhilfeempfänger.

Mit dem Auslaufen sowie den Kürzungen der Unterstützungsleistungen durch die Bundesanstalt für Arbeit wird sich der Anteil an Sozialhilfeempfängern in den nächsten Jahren erheblich vergrößern und deren Struktur wird sich verändern. Momentan wird dieser Prozeß durch die Anwendung von Arbeitsbeschaffungsmaßnahmen noch verzögert.

Im gesamten Oder-Spree-Kreis leben über 3000 Menschen von Sozialhilfe.[494] Dauerarbeitslosigkeit und auslaufende Arbeitslosenhilfe, aufgebrauchtes Vermögen und Mietsteigerungen sowie permanente Ausgabensteigerungen werden als Ursachen für die steigende Anzahl der Sozialhilfeempfänger angegeben. Eisenhüttenstadt verfügt im Vergleich zu den anderen Städten des Kreises Oder-Spree zwar über die höchste absolute Anzahl an Sozialhilfeempfängern, im Vergleich der Anzahl der Hilfeempfänger je 1000 Einwohner liegt sie jedoch noch hinter den Städten Beeskow und Fürstenwalde.[495]

Monat/Jahr	Anzahl
6/1992	1201
12/1992	1090
6/1993	859
12/1993	872
6/1994	946
12/94	964
6/95	977

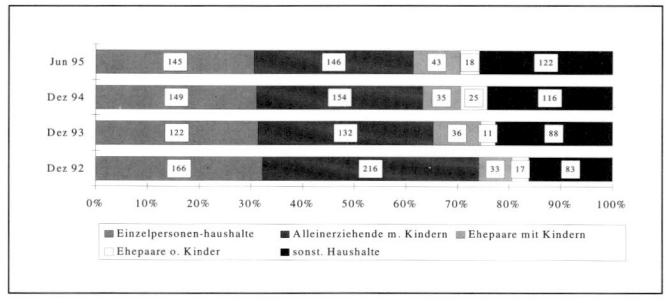

Entwicklung der Zahl der Sozialhilfeempfänger in Eisenhüttenstadt 1992-1995

Die Verringerung der Anzahl der Sozialhilfeempfänger 1992/93 hat ihre Ursache darin, daß der Wegzug aus der Stadt zu diesem Zeitpunkt noch sehr hoch war sowie ein Teil der Sozialhilfeempfänger wieder in ABM oder Arbeit vermittelt werden konnten. Ende 1995 wird wiederum mit einer Anzahl von weit über 950 Sozialhilfeempfängern gerechnet, da der Zuzug größer geworden ist und sich unter den Zuziehenden schon ein Teil von Sozialhilfeempfängern befindet. Hinzu kommt eine steigende Anzahl von Aussiedlern aus Rußland, und ältere Leute erhalten in zunehmendem Umfang Hilfe zur Pflege.

Betrachtet man die Struktur der Sozialhilfeempfänger, so sind Verschiebungen deutlich sichtbar:

Während die Zahl der Einpersonenhaushalte fast konstant blieb, nahm die Zahl der Alleinstehenden mit Kind 1993 hauptsächlich durch Vermittlung in ABM ab, stieg 1994 wieder leicht an und stabilisierte sich 1995 bei einem Anteil von ca. 30%. Prozentual nahm der Anteil Alleinerziehender mit Kind ständig ab, was aber vor allem von 1994 bis 1995 nicht mit einem Absinken der absoluten Zahlen einhergeht, sondern mit dem Anwachsen anderer Personenkreise.

In den Interviews wurde deutlich, daß die Betreuung dieser sozialen Gruppen in größerem Umfang durch ehrenamtlich Arbeitende in sozialen Vereinen erfolgt, als durch kommunale Einrichtungen. Von Vertretern dieser Vereine wurde konstatiert, daß Randgruppen nicht erst nach der Wende ‚entstanden', sondern bereits in der DDR latent vorhanden, jedoch die Diskussion über diese tabuisiert war. Das Problem der sozialen Armut sucht man daher in der DDR-Literatur vergebens. Erst nach der Wende wurde versucht, Daten zu ‚rekonstruieren' und Aussagen zur Problematik zu verfassen (vgl. Manz 1992). Von unseren Gesprächspartnern wurde eingeschätzt, daß die Stadt den Hilfebedarf dieser Randgruppen nicht allein decken kann, jedoch auch für die sozialen Vereine zu wenig Fördermöglichkeiten bestehen, die die Finanzierung der Arbeit dieser Vereine gewährleisten können. Am Beispiel des Obdachlosenhilfevereins wird deutlich, daß nur ehrenamtliches Engagement die Arbeit für die betroffenen Bürger ermöglicht. Die sieben aktiven Mitglieder waren zum Zeitpunkt der Untersuchung (Frühjahr 1995) arbeitslos und arbeiteten täglich mehr als acht Stunden in diesem Verein, um andere Bürger mit Hilfeleistungen zu unterstützen. ABM waren zum Zeitpunkt des Interviews beantragt, bis Ende 1995 wurden einige davon bewilligt. In Verbindung mit dem Sozialamt wurde versucht, präventiv zu wirken, d.h. Betroffene zu unterstützen, bevor eine Räumungsklage erhoben wird.

„Und da haben wir gesagt, mit dem Sozialamt, das sind es zwei Sozialarbeiterinnen und die Amtsleiterin also von Amts wegen, Institution Sozialamt, das schaffen wir nicht. Die bestellen sich die Leute, die machen auch Hausbesuche. Es ist also eine sehr gute Vorarbeit geleistet worden, aber das ist einfach nicht zu

schaffen. Hier muß einfach was passieren. Hier müßte mal jemand zwischengeschaltet werden, und ich wußte, andere Vereine haben ja wieder andere Aufgaben und diese Zielgruppe, zunehmend Obdachlose und vielfach mehrfachbelastete Menschen, ist nicht jedermanns Sache." (2, E13 Mitarbeiterin Obdachlosenhilfeverein e.V.)

In den Aussagen wird deutlich, daß sich bei den sozial tätigen Vereinen fünf Jahre nach der Wende eine Spezialisierung auf bestimmte Gruppen abzeichnet. Dennoch reichen die Betreuungsmöglichkeiten nach Angaben der Vereinsvertreter bei weitem nicht aus, da das ehrenamtliche Engagement in sozialen Vereinen noch nicht weit ausgeprägt ist. Ein Mangel an ausgebildeten Sozialarbeitern macht sich insbesondere in diesen Bereichen bemerkbar, so daß auf engagierte ‚Laien' zurückgegriffen werden muß. Als problematisch in dieser Hinsicht wird angesehen, daß ABM-Stellen nur in wenigen Fällen an Personen vergeben werden, die keine Ausbildung im sozialen Bereich nachweisen können. So werden in diesem Bereich selbst stark engagierte Frauen benachteiligt, die vorher z.B. im metallverarbeitenden Bereich tätig waren. Durch diese bürokratische Auswahl wird die Arbeit in den Vereinen z. T. als gefährdet angesehen, da auch dieses soziale Engagement nicht grenzenlos ist.

„Die Frau B., das muß man auch mal so als Muster, langzeitarbeitslos, und ich kenne sie schon viele Jahre, da war ich noch bei der Arbeiterwohlfahrt, und da hat sie gesagt, ich will unbedingt Sozialarbeit machen. Und die hab ich mir dann für den Verein rangezogen, und das ist eine ‚Allroundfrau'. Wenn Sie sich das vorstellen, wir gehen täglich arbeiten alle Mann, wir gehen täglich hier arbeiten und haben unser Arbeitslosengeld, ja mehr haben wir nicht. Das ist eine der drei ABM, die ich im Dezember beantragt hatte, denn sie fährt den LKW und macht dann draußen noch zusätzlich, hat jede Menge Klientel, da ist mit vier Stunden nichts zu machen, sind acht. Wir hier überhaupt generell, und es ist – das ärgert mich, ich hab auch gestern bei der Amtsleiterin gesagt, wenn ich wenigstens für sie erstmal die ABM hätte, das kann man einfach nicht verlangen." (4, E13 Mitarbeiterin Obdachlosenhilfeverein e.V.)

Aufgrund der finanziell schwachen Ausstattung zahlreicher Vereine und Initiativen gleichen sich deren Probleme und Arbeitsweisen. An diesen Beispielen wird jedoch deutlich, daß Arbeitslosigkeit bzw. der Status Sozialhilfeempfänger nicht zwangsläufig zu einem Rückzug aus der Öffentlichkeit führen muß, sondern auch verstärkte Aktivität auslösen kann. Auszugehen ist jedoch anhand des angeführten Beispiels der Bewilligung von ABM bereits jetzt davon, daß eine Segmentierung selbst des zweiten Arbeitsmarktes eingesetzt hat, die nicht nur ökonomische Ausdifferenzierung, sondern auch Prozesse sozialräumlicher Benachteiligung evozieren.

Parallelen von ökonomischer und sozialräumlicher Benachteiligung

Für das Aufzeigen von Veränderungen der sozial-räumlichen Strukturen in der DDR nach 1989 ist die Beschreibung der Entwicklung dieser Strukturen in der Zeit davor notwendig. Hier gehen bei der Darstellung des Themas ‚Segregation in der DDR' so gut wie alle Autoren von einem Konsens aus. Sie nehmen an, daß es in der DDR praktisch keine durch ökonomische Kriterien bedingte Segregation der Wohnbevölkerung gegeben hat, da die Mieten für alle Haushalte erschwinglich waren. Große Uniformität und Homogenität seien ebenfalls kennzeichnend gewesen. Nach Marcuse wurde „*in der DDR ... ein Ziel der sozialistischen Stadt teilweise erreicht: die hierarchische soziale Unterscheidung zwischen Wohngegenden, verfügbarem Komfort, den Vor- und Nachteilen des Stadtlebens wurde abgeschafft. Damit ging aber auch gleichzeitig die Vielfalt jener Städte verloren; das Spektrum an alternativen Lebensräumen, Lebensweisen, Ausdrucksformen in der Umwelt, im Westen realen Grenzen unterworfen, ist im Osten kaum zu finden.*" *(Marcuse 1991:208f.)* Oder es wird im Unterschied zu westdeutschen Wohnmilieus von einer erheblich stärker gemischten Sozialstruktur ausgegangen, wobei keine ‚sozialen Barrieren' vorhanden waren und der Wohnalltag von ‚umfassenden Unterstützungsleistungen' gekennzeichnet war (Hunger 1994:289)[496]. Friedrichs und Kahl führen das Nicht-Vorhandensein von Segregation im Sozialismus auf die „*geringen Einkommens- und Statusunterschiede und die systemimmanente Umbewertung vieler Berufe in der DDR*" zurück (Friedrichs/Kahl 1991:190).

Betrachtet man den ‚Stadtplan als Grundriß der Gesellschaft' (Herlyn 1993:252) muß das Problem der Segregation im Sozialismus jedoch differenzierter beschrieben werden. In der DDR sind die Städte geringer segregiert, als in westlichen Ländern, in denen z.B. Unterschiede zwischen den sogenannten ‚bürgerlichen' und ‚Arbeitervierteln' festgestellt werden können und die Bevölkerung weitgehend sortiert nach sozialer Zugehörigkeit wohnt (vgl. Herlyn 1993:252). Von einer ‚totalen Durchmischung' in den Städten der ehemaligen DDR kann jedoch nicht ausgegangen werden. Rink (1996) weist nach, daß trotz des politischen Programms der Beseitigung sozialer Unterschiede[497] eine Segregation vorhanden war. Durch seine Analyse der vor 1989 öffentlich zugänglichen DDR-Publikationen werden differenzierte Formen von Segregation beschrieben: So verwies z.B. Grundmann (1984:231) auf die Tendenz der Vertiefung einer Alterssegregation im Zusammenhang mit der vorrangigen Vergabe von Wohnraum in städtischen Neubaugebieten an Bürger jüngeren Alters. In den Gebieten mit hohem Anteil Altbausubstanz verblieben überproportional ältere Bewohner. In der DDR-Wohnungspolitik wurde dieses Problem vor allem als Planungs- bzw. Wohnraumlenkungsproblem betrachtet (Rink 1996:3). Deutlichere Aussagen sind aus internen Berichten zu gewinnen. In diesen ging man von einer

„*großen Differenziertheit der demographischen und sozialen Struktur von Stadt und Wohnbezirken*" sowie einer „*Korrelation zwischen hohem Qualifikationsgrad, guten Wohnbedingungen u.a.m.*" aus (Rink 1996:3). Weiter geht hervor, daß in Gebieten mit einem hohen Verschleißgrad der Bausubstanz ein hoher Anteil von ‚Werktätigen ohne Abschluß der achten Klasse' und ohne Berufsausbildung wohnen und diese Räume ‚von Funktionären freigezogene' Gebiete darstellen. Charakteristisch sind ein hoher Rentneranteil, ein hoher Anteil an Einpersonenhaushalten, ein überdurchschnittlich hoher Arbeiteranteil sowie geringer Anteil von Angehörigen der Intelligenz. Ausschlaggebend für Segregationstendenzen waren nicht vorrangig ökonomische Faktoren, sondern Indikatoren wie Alter, Qualifikation, Verfügung über Macht, historisch gewachsene Wohnpräferenzen (Rink 1996:7). Spezifisch für Eisenhüttenstadt war die in der Aufbauzeit der Stadt in den fünfziger Jahren vorhandene ‚funktionale Segregation', die im Zusammenhang mit der Errichtung der Werkssiedlung mit Häusern für die dringend benötigten Fachkräfte sowie größeren Wohnungen innerhalb einiger Wohnblöcke der Stadt entstand. Diese Werkssiedlungen entstanden in allen Siedlungen, in denen Schwerpunktbetriebe rekonstruiert bzw. neu errichtet wurden (vgl. historischer Teil). Grundlage für diese Segregation waren politische Programme und Gesetze zur Förderung der sozialistischen Intelligenz. Nach der Errichtung der Mauergrenze 1961 erübrigten sich weitere umfassende Fördermaßnahmen und Segregationstendenzen dieser Art wurden nicht mehr verstärkt.

In mehreren ostdeutschen Städten wurden von 1990 bis heute stadtsoziologische Untersuchungen durchgeführt. In bezug auf die ökonomische Ausdifferenzierung in Ostdeutschland und der Widerspiegelung dieses Prozesses auf räumlicher Ebene wurde die Spezifik ostdeutscher Wohnmilieus durch verschiedene ‚Sprünge' oder ‚Schübe' in der Entwicklung milieurelevanter Strukturen dargestellt (vgl.Herlyn/Hunger 1994:22f.)[498]. Dabei wird unter anderem von einem ‚Schub sozio-ökonomischer Differenzierung' ausgegangen. Die zunehmende vertikale und horizontale Differenzierung von Lebenschancen und Lebensstilen wirkt sich unterschiedlich auf die Wohnmilieus aus: Es wird konstatiert, daß die sich weiter verschärfende sozialstrukturelle Polarisierung die räumliche Entmischung sozialer Gruppen befördert und sozialschichtneutrale Wohnmilieus zurückgehen werden. Auch Friedrichs (1995) stellt fest, daß es innerhalb der städtischen Bevölkerung zu einer stärkeren Differenzierung kommen wird, die in den Großstädten zeitiger und stärker eintritt als in den kleineren Städten. Er prognostiziert, daß sich „*die Spanne der Einkommen und damit die soziale Ungleichheit erhöhen werden: mittelfristig nimmt die Zahl der Arbeitslosen und Sozialhilfeempfänger zu – was die soziale Ungleichheit zusätzlich vergrößert.*" (Friedrichs 1995:57)[499] Grundmann geht von einer sich rasch vergrößernden sozialen Segregation aus (vgl. Grundmann 1992:175f.). Als Kritik an diesen Prognosen wird angemerkt, daß sie ausgehend von der Position, daß in der DDR keine bzw. nur marginal Segregation vorhanden war, für die Entwicklung nach 1989 zu einseitig auf sozio-ökonomische Merkmale als Segregationsursachen rekurrieren.[500] Für die zukünftige sozialräumliche Differenzierung in ostdeutschen Städten „*werden neuartige Segregationsmuster vorausgesagt, ohne auf kulturelle Wandlungsprozesse (wie Pluralisierung, Individualisierung, Herausbildung neuer Haushaltsformen) einzugehen.*" (Rink 1996:5)[501]

Die Segregation in Ostdeutschland nach 1989 erhält durch die Ablösung politischer durch Marktmechanismen einen grundlegend anderen Charakter. Dieser Prozeß kann eher als eine allmähliche Veränderung der aus der DDR überkommenen Segregationsmuster, denn als ein Bruch beschrieben werden, der spezifisch andere Züge als in den alten Bundesländern tragen wird.[502] Da in Zukunft die marktvermittelte Segregation zunehmen und die ausgleichenden Wirkungen staatlicher Wohnungspolitik schwächer werden, können in den nächsten Jahren Tendenzen sozialräumlicher Polarisierung auftreten. Mit der Ausprägung eines neuen Musters von ‚Segregation', das in den Großstädten, wie Berlin, Leipzig und Dresden etwas eher einsetzen wird, kann in den neuen Bundesländern allerdings erst im nächsten Jahrtausend gerechnet werden (vgl. Rink 1996:10f.). Auch Hunger (1994a:289ff.) geht in seiner Prognose zum Wandel ostdeutscher Wohnmilieus eher von vorsichtig formulierten Hypothesen aus und hebt Tendenzen hervor.[503] Besonders für die Bewohner hochvergesellschafteter Wohnformen konstatiert er derzeit einen „*Schwebezustand*" zwischen sozialem Auf- oder Abstieg. Insgesamt betreffe der Wandel ostdeutscher Wohnmilieus eher soziale als städtebauliche Probleme. Dabei weist er auf die Gefahr einer Verstärkung der zu DDR-Zeiten latent vorhandenen Konfliktpotentiale hin, die durch Vollbeschäftigung und soziale Betreuung gedämpft waren.

Für die umfassende Darstellung von Entwicklungstendenzen ist es noch zu früh, da die Anpassungsprozesse sowohl in der Wirtschaft als auch in den kommunalen Verwaltungen noch nicht abgeschlossen sind. Parallelen von ökonomischer und sozial-räumlicher Ausdifferenzierung sind in Eisenhüttenstadt nicht in dem Maße, wie in anderen Städten der neuen Bundesländer nachvollziehbar.[504] Eine Grundlage dafür ist der Neubau dieser Stadt auf der ‚grünen Wiese', in der somit – mit Ausnahme des weiter entfernten Ortes Fürstenberg – kein Nebeneinander von überkommenen und neuen Strukturen oder bürgerlichen und Arbeitervierteln bestand. Die ersten neu errichteten Wohnungen dienten der Befriedigung elementarer Wohnbedürfnisse für die EKO-Arbeiter. Hinzu kommt die gute Ausstattung der Wohnungen in Eisenhüttenstadt, die mit traditionellen Städten kaum vergleichbar ist. In Eisenhüttenstadt findet sich eine besondere Situation, da man in der günstigen Lage ist, den Wohnraumbedarf fast zu decken und über 80 Prozent der Wohnungen in kommunalem oder genossenschaftlichem Besitz sind.[505] Das ist für die Kommune letztlich nur von Vorteil, da sie über das Belegungs- und Benennungsrecht verfügt und damit Segregationsprozessen entgegenwirken kann.[506] Die Kommune wird demzufolge auch nicht mit solch einer Masse an Rückübertragungsansprüchen überhäuft, wie es in traditionellen Städten der Fall ist.[507] In diesem Zusammenhang traten massive Verdrängungsängste der Bevölkerung bisher nicht in dem Maße auf.

Wohnungen	1992	1993	1994	30.6.1995
insgesamt	21.674	21.665	21.660	21.813[6]
leerstehend	866	1023	752	k.A.
Gebäudewirtschaft GmbH (EGW)[7]	12.700	12.698	12.696	12.696
Eisenhüttenstädter Wohnungsbaugenossenschaft (EWG)	7088	7075	7096	7075
privat	1897	1889	1868	1790

Wohnungsbestand in Eisenhüttenstadt nach Eigentumsformen[508]

Ein großes Problem für die Kommune ist der große Leerstand an Wohnungen, der im Vergleich zu allen anderen Städten in Brandenburg (außer Schwedt mit 500 leerstehenden Wohnungen) einmalig ist. Dennoch zählt Eisenhüttenstadt zu den ‚Städten mit erhöhtem Wohnraumbedarf'.[509] Drei Viertel der leerstehenden Wohnungen zählen zum Bestand der Gebäudewirtschaft GmbH und ein Viertel zur Eisenhüttenstädter Wohnungsbaugenossenschaft e.G.. Die Leerstandsdauer der EGW-Wohnungen insbesondere in den ersten Wohnkomplexen nahm kontinuierlich zu.[510] So konstatierte das Wohnungsamt in seinem Bericht 1992: *„Es zeichnet sich ab, daß schlecht ausgestattete Wohnungen, hier sind überwiegend Wohneinheiten im WK I bis IV gemeint, in zunehmenden Maße leerstehen. Besonders negativ ist dabei die relativ zentrale Lage im Stadtzentrumsbereich zu werten. Um die Attraktivität dieser Wohnungen zu erhöhen und eine Verödung bzw. ein Abgleiten in ein sehr niedriges soziales Niveau zu verhindern, sind hier Konzepte zur Rekonstruktion und Modernisierung gefragt."* (Arbeitsbericht …1992:12) Der hohe Leerstand von Wohnungen ist einerseits der diskontinuierlichen Stadtentwicklung geschuldet, die ihre Ursachen in den Abbrüchen beim Bestreben, den metallurgischen Zyklus im EKO zu schließen, hat. Bei der Planung eines neuen Werkteils wurden massiv Wohnungen gebaut, die dann letztlich nicht belegt wurden (vgl. historischer Teil). Weiterhin wurden sämtliche Arbeiterwohnunterkünfte sowie Lehrlingswohnheime, die dem EKO gehörten, der Stadt übertragen. Andererseits wurden ab 1990 diese Wohnungen durch die Gebäudewirtschaft Wohnungssuchenden angeboten, die jedoch aufgrund der gestiegenen Ansprüche und der schlechten Ausstattung der Wohnungen diese nicht annahmen. Aufgrund der zu diesem Zeitpunkt noch nicht erfolgten Festlegung des Sanierungsplanes konnten von Vermieterseite keine Auskünfte über den Zeitpunkt der Mängelbeseitigung erteilt werden. Vermieterbüros, die in Frankfurt/Oder und Beeskow eingerichtet wurden und Mieter werben sollten, wurden bald wieder geschlossen, da die Nachfrage ‚gleich Null' war.[511] Bis 1995 existierten auch keine ‚Grundsätze für die Wohnungsvergabe' und erst im Herbst 1995 lag der Entwurf eines ‚Kommunalen Wohnungskonzeptes' der Stadt als Diskussionsmaterial vor.[512]

Trotz des hohen Leerstandes wird auch in Eisenhüttenstadt neu gebaut, damit die Vielfältigkeit an Angeboten – von der Sozialwohnung bis zur Eigentumswohnung – erhöht wird. Das Angebot an Eigentumswohnungen[513] in der Stadt soll erhöht werden, um einem zukünftigen stärkeren Abwanderungsprozeß in die für den Eigenheimbau vorgesehenen Ortschaften Lawitz, Diehlo und Mixdorf und damit den Zersiedlungsprozeß der Landschaft zu mindern. Der Zulauf zu Reihenhaussiedlungen am Stadtrand ist derzeit noch nicht massiv vorhanden. Da jedoch hier von mittelfristigen Entwicklungen die Rede ist, bleibt abzuwarten, wie sich die Bevölkerung in Eisenhüttenstadt orientieren wird.[514] In weiteren Forschungszusammenhängen wurde nachgewiesen (vgl. Hardt 1994:94), daß für die Schaffung von Eigentum weniger die Höhe des Einkommens entscheidend ist, sondern vielmehr eine stabile Beschäftigungsperspektive des Gesamthaushaltes. Tendenzen für eine weitere Steigerung der Wegzüge sind vorhanden, wie folgende Abbildung über die Umzüge zwischen Eisenhüttenstadt und den umliegenden Ämtern zeigt. Es ziehen eindeutig mehr Eisenhüttenstädter in die umliegenden Gemeinden, als umgekehrt. Wenn auch die Altersgruppe der 25 bis 35jährigen am meisten in dieser Gruppe vertreten ist, nimmt die Zahl der über 55jährigen zu (1993 noch 76, 1995 103).[515]

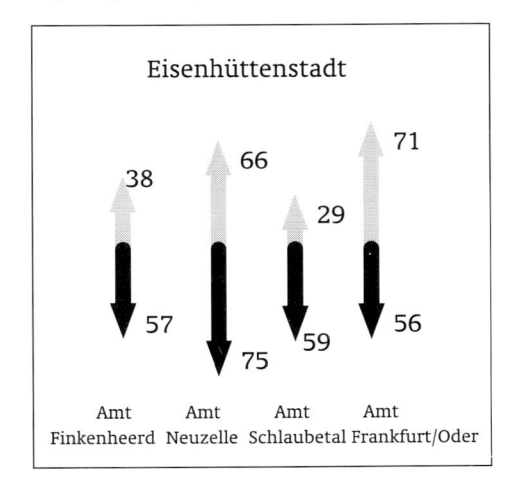

Umzüge zwischen Eisenhüttenstadt und den umliegenden Ämtern im ersten Halbjahr 1995 (MOZ,

In den nächsten Jahren können Segregationsprozesse in Eisenhüttenstadt einsetzen, wenn die beiden größten Eigentümer Wohnungen bzw. ganze Wohnkomplexe saniert bzw. nach dem Altschuldenhilfegesetz 15% ihres Bestandes privatisiert haben, so daß es zu einer Mietpreisdifferenzierung und darauf folgend zu Differenzierungsprozessen der Bevölkerung kommt. Für die Privatisierung sind z.B. 487 Wohnungen der Eisenhüttenstädter Gebäudewirtschaft vorgesehen.[516] Darüber hinaus sind der Verkauf kompletter Grundstücke und der Rückzug des Wohnungsunternehmens aus den Ortsteilen Fürstenberg und Schönfließ geplant. Das entsprechende Privatisierungskonzept hatte die Stadtverordnetenversammlung bereits 1993 beschlossen. Insgesamt ist jedoch die Nachfrage nach dem Kauf von Wohnungen nicht sehr hoch, so daß Mitte 1995 dem Angebot von 487 Wohnungen 144 Kaufinteressierte gegenüberstanden. Als ein weiteres Beispiel für ‚geringe Kaufkraft und Kaufwillen' der Eisenhüttenstädter kann das Beispiel des vorgesehenen Verkaufs von 252 ehemaligen EKO-Wohnungen durch die TLG dienen, die seit 1993 mit rund 10 Millionen Mark vollständig saniert wurden. Eine Privatisierungsquote von 66% wurde angestrebt. Anfang 1996 lagen nur 35 Kaufverträge vor. Hauptursachen für die geringen Abschlußzahlen sind das fehlende Eigenkapital der Mieter sowie die geringe Bereitschaft, für Plattenbauten ‚30 Jahre lang abzuzahlen'.[517]

Folgende Tendenzen, die im weiteren zu einer stärkeren Ausdifferenzierung führen können, sind vorhanden:

- Der Anteil der Arbeitslosen an den Antragstellern auf Wohngeld hat zugenommen (1991=8,4%, 1992=12,6%, 1994=24%).[518] Nach Angaben des Wohnungsamtes waren 1993 30 bis 45 Prozent der Haushalte in Eisenhüttenstadt Wohngeldempfänger.
- Schon 1992 verzeichnete der ‚Mietschuldenberg' der Eisenhüttenstädter Gebäudewirtschaft GmbH (EGW) eine Summe von 1,6 Millionen Mark. Die Eisenhüttenstädter Gebäudewirtschaft sprach monatlich (1995) durchschnittlich 60 Kündigungen aus. Auch die Eisenhüttenstädter Wohnungsbaugenossenschaft (EWG) klagte über Mietrückstände, die dennoch nicht so hoch ausfallen, wie bei der EGW.[519]
- Die in verschiedenen Vereinen, städtischen Institutionen oder intermediären Organisationen etablierte Mietschuldnerberatung weist einen steigenden Anteil von Beratungsleistungen auf.
- Der Wegzug in neu errichtete Einfamilienhaussiedlungen in der Nähe von Eisenhüttenstadt steht erst am Beginn. Ein ‚Suburbanisierungsschub', wie in größeren Städten der neuen Bundesländer nachvollziehbar, ist noch nicht vorhanden.[520]
- Mieter erkundigen sich zunehmend nach der Möglichkeit, die eigene Wohnung zu kaufen. Diese Nachfragen ziehen jedoch nicht automatisch den Kauf der Wohnung nach sich. So wurde von der durch die EGW zum Verkauf der Wohnungen beauftragten Gesellschaft konstatiert: „*In Eisenhüttenstadt ist feststellbar, daß die Mieter, denen laut Altschuldenhilfegesetz*[521] *erstrangig ihre Wohnung zum Kauf angeboten ist, zurückhaltend reagieren, was sich u.a. in einer relativ geringen Teilnahme an den Mieterveranstaltungen und einer zögerlichen Annahme der durch die ISG mbH angebotenen Beratungsmöglichkeiten ausdrückt.*" (Informationsheft EGW Nr.7/1995, S. 10)
- Sanierungsbescheide an die Mieter werden zur steigenden Nachfrage der Mieter nach den Endkosten (Miete) führen. Dann wird – voraussichtlich – die Zahl der „Sanierungsflüchter" leicht zunehmen. Bei der Ankündigung von Sanierungsmaßnahmen mit nachfolgenden Privatisierungsvorhaben wurden Unsicherheiten insbesondere bei älteren Bürgern konstatiert, die jedoch auf nicht ausreichende Informationen zu Kündigungsschutz und Kaufrecht durch die Gebäudewirtschaft zurückgeführt wurden (vgl. Eisenhüttenstädter Gebäudewirtschaft Nr. 6/1994, S. 10)
- Die Wohnungswechsel erfolgten 1991 noch sehr nach den Kriterien Lage und Wohnqualität[522] sowie der Wohnungsgröße. Für das Jahr 1991 konstatierte z.B. das Wohnungsamt noch eine starke Orientierung der Antragsteller auf spezielle Wohngegenden.[523] War zu diesem Zeitpunkt die Nachfrage nach größeren Wohnungen sehr stark, geht der Trend gegenwärtig auf bezahlbare Wohngrößen zurück.
- Im Sommer 1993 befragte das Wohnungsamt 20.000 Mieter der EGW und EWG sowie private Mieterhaushalte. Der Rücklauf war enttäuschend (5%). Die wichtigsten Ergebnisse der ca. 1000 beantworteten Fragebögen waren: Nur 6% der Befragten antworteten, daß sie nicht gern in Eisenhüttenstadt wohnen, 5% wollten eventuell die Wohnung aufgeben und die Stadt verlassen. Der Anteil der Miete am Familieneinkommen betrug 15% bis 25% (Bundesdurchschnitt 30%). 70% schätzten den Wohnkomfort für verbesserungswürdig ein (wobei keine Korrelationen mit unterschiedlichen Wohngebieten oder Wohnraumgrößen vorgenommen wurden). 87% gaben an, für den höheren Komfort auch ‚tiefer in die Tasche greifen zu wollen'. Der Großteil der Befragten gab an, daß Wohnungsprivatisierung für sie ‚noch kein Thema ist' (vgl. Arbeitsbericht ...1993:10).

Eine Aufschlüsselung des Anteils der Bevölkerung nach verschiedenen Siedlungsformen zeigt, daß 1991 nur ca. 5% der Gesamtbevölkerung in Ein- bis Zweifamilienhäusern wohnten.[524] Unter Beachtung der in den Punkten a) bis h) aufgeführten Tendenzen werden in den nächsten Jahren Differenzierungsprozesse deutlicher hervortreten.

Der Anteil der Bevölkerung in Neubaugebieten ist im Vergleich zu anderen ‚Neustädten' in Brandenburg dennoch gering. In Schwedt z.B. besteht der gesamte Wohnungsbestand zu 85% aus Plattenbauten.

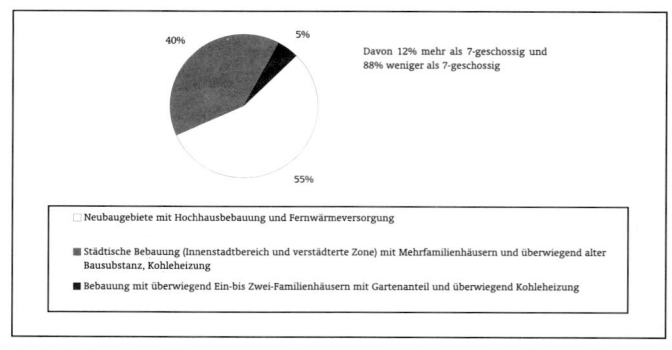

Anteil der Bevölkerung an den verschiedenen Siedlungsformen (Quelle: Arbeitsbericht ...1991:7)

In den neuen Bundesländern hat sich das Verhältnis zur Wohnung generell geändert. In diesem Zusammenhang wird der Wandel der Wohnverhältnisse vor allem in folgenden Dimensionen zum Ausdruck kommen: Veränderung der Wohnqualität, veränderte Zugangswege zur Wohnung und verändertes Verhalten gegenüber der Vermieterseite, Bezahlbarkeit der Wohnung sowie Ansätze einer räumlichen Distanzierung sozialer Gruppen (vgl. Harth 1995:64f.).[525] Dabei wird davon ausgegangen, daß sich in der relativ kurzen Zeit seit der Vereinigung die objektiven Merkmale der Wohnqualität für die Mehrzahl der Menschen noch nicht durchgreifend verändert haben, wohl aber die subjektive Bewertung der eigenen Wohnbedingungen. Trotz komplizierter Zugangswege zu einer Wohnung und langer Wartezeiten war die Wohnsicherheit in der DDR sehr hoch. Kündigungen gab es nicht, auch wenn Mietzahlungsprobleme oder Beschwerden anderer Mieter vorlagen. Hatte man erst einmal eine Wohnung, so wurde diese weitgehend nach freiem Ermessen gestaltet und genutzt. Das hohe Maß an Sicherheit des Wohnens, das zu DDR-Zeiten gegeben war, hat bei vielen Bewohnern zu einem eigentumsähnlichen Verhältnis und Umgang mit der Wohnung geführt. Es herrschte ein auf die Wohnung bezogener ‚Privatismus' (auch: ‚Quasi-Eigentum', Hunger 1995:216). Der ‚Enteignungsschub der Wohnung' kennzeichnet den Stellenwert der ‚Wohnung', der sich seit der Wende grundsätzlich verändert hat. Die Wohnung ist zu einer Ware geworden und gewinnt somit eine neue ökonomische Bedeutung. Sprunghaft gestiegene Mieten und Mietschulden sind der ‚finanzielle' Ausdruck. Der Verlust früher vorhandener Wohnsicherheit führt auf der subjektiven Ebene zu Verunsicherung der Mieter. So konstatiert A. Hardt für die Zeit nach der Wende, daß von den Mietern die Miet- und Nebenkostenerhöhungen als die gravierendste Veränderung der Wohnsituation angesehen werden. Alle anderen Veränderungen, wie die Modernisierungen oder Probleme mit der Vermieterseite treten dagegen in den Hintergrund. Der Wandel, der sich aufgrund des Bedeutungszuwachses ökonomischer Faktoren auf dem Wohnungsmarkt vollzieht, greift tief in bislang bestehende Besitzstände ein und wird zum Teil als Verunsicherung erlebt (vgl. Hardt 1994:72).

Der Ausstattungsgrad der Wohnungen in Eisenhüttenstadt im Vergleich zu vielen anderen Städten ist enorm hoch.

Weiterhin zählte Eisenhüttenstadt bis 1989 zu den Städten mit den geringsten Wohnungsanträgen je 1000 Einwohner. In dem Städtevergleich von 27 ostdeutschen Städten über 50.000 Einwohner wird Eisenhüttenstadt mit 37,4 Anträgen je 1000

Ausstattung	Eisenhüttenstadt (1989)	DDR (1989)
IWC	99,28%	79%
Bad / Dusche	98,6%	83%
moderne Heizung	81,9%	47,2%

Wohnungsausstattung Eisenhüttenstadts im Vergleich zum Ausstattungsgrad DDR (1989)[526]

Einwohner nach Dessau (36,2) und Cottbus (36,9) auf dem dritten Platz angegeben (vgl. Friedrichs 1995:69). In den größeren Städten, wie Berlin, Chemnitz, Leipzig oder auch Zwickau wurden weit über 70 Wohnungsanträge je 1000 Einwohner gestellt (vgl. Friedrichs 1995:69). Neben dieser vorteilhaften Situation in bezug auf die Wohnraumausstattung führen gegenwärtig eine Reihe von *Antisegregationsstrategien* zur Linderung der Problematik (vgl. Lichtenberger 1991:240f.). Dazu zählen vorrangig Belegungsschutzregelungen, Mietzuschüsse, wie das Wohngeld und die Mieterschutzgesetzgebung sowie länderspezifische Regelungen zur Absicherung besonders gefährdeter sozialer Gruppen.[527] Auch nach erfolgter Sanierung und dem Entscheid des Mieters, die Wohnung nicht zu kaufen, besteht ein 10-jähriger Kündigungsschutz. Schon 1991 hatten die Abgeordneten Eisenhüttenstadts das ‚Gesetz über Belegungsrechte im kommunalen und genossenschaftlichen Wohnungswesen' durch die Verabschiedung eines ‚Dringlichkeitskataloges', der eine größtmögliche Berücksichtigung der sozialen Dringlichkeiten vorsieht, präzisiert. Dieser Dringlichkeitskatalog war in ähnlicher Form vom Ministerium für Stadtentwicklung, Wohnen und Verkehr als Musterkatalog für Brandenburg empfohlen worden. Die noch geltenden Gesetze und Rechtsgrundlagen zu Wohngeldzahlungen und Mietpreisbindungen lassen das Bevölkerungsbild als relativ stabil erscheinen. Eine ‚Abwärtsmobilität' soll damit nicht gänzlich in Abrede gestellt werden. Diese ist aber eher dadurch zu verzeichnen, daß langjährige Mietschuldner, denen laut DDR-Gesetz nicht gekündigt werden konnte, jetzt z.B. durch Räumungsbefehl gezwungen werden können. In diesem Zusammenhang muß auf die große Bedeutung veränderter formaler Abläufe durch neue Gesetze und Rechtsgrundlagen aufmerksam gemacht werden.[528] So ist hier eher von einer ‚Verstärkung' bzw. ‚Persistenz' der schon vor 1989 vorhandenen Problembereiche auszugehen. Dieses Problem wird jedoch verstärkt durch die steigende Anzahl der Mietschuldner, die erst nach 1989 aufgrund von Arbeitslosigkeit in Zahlungsrückstände gerieten. Schon 1992 konstatierte das Wohnungsamt eine steigende Anzahl von Räumungsklagen (Arbeitsbericht ...1992:14). 1993 mußten 86 Zwangsräumungen durchgeführt werden, 1994 waren 138 und bis April 1995 72 Familien davon betroffen. Die überwiegende Anzahl der Mietschuldner ist arbeitslos bzw. Empfänger von Arbeitslosenhilfe und kaum Sozialhilfeempfänger, da bei diesen die Miete übernommen wird. Bei Sozialhilfeempfängern – hier kommt der ‚sozialverträgliche Personalabbau' zur Geltung – war der Hauptanteil der Empfänger früher nicht im EKO beschäftigt. Der Großteil war in kleineren Betrieben Eisenhüttenstadts tätig, die 1990/1991 schließen mußten. Zunehmend rechnen die Vermieter alleinstehende Mütter mit Kindern zu ihrem problematischen Klientel.[529]

Auch in Eisenhüttenstadt gab es zu DDR-Zeit Wohngebiete, die durch ungünstige Lagequalität sowie einfache Wohnbebauung gekennzeichnet waren und in die vorrangig unterprivilegierte Gruppen, wie ‚Arbeitsbummler', Haftentlassene, Alkoholiker etc. eingewiesen wurden.[530] Diese Gruppen zählten auch schon vor 1989 zu den benachteiligten Gruppen. In der offiziellen Politik stellten sie jedoch kein Thema dar. Die Problematik der ‚Randgruppen' wie die der ‚Armut' war sowohl in der öffentlichen als auch wissenschaftlichen (soziologischen) Diskussion der DDR, wie andere Begriffe auch, ein Tabuthema. So schreibt Hanesch (1994:49): *„Da in der ehemaligen DDR die Existenz von Armut mit dem Selbstverständnis eines sozialistischen Staates nicht zu vereinbaren war, durfte es weder Armut noch eine Armutsforschung geben (vgl. dazu die entsprechenden Leerstellen in den maßgeblichen Sozialpolitik-Lehrbüchern: Winkler 1987; Manz/Winkler 1988). Zwar wurden zumindest in der Endphase der DDR erste Daten über die soziale Wirklichkeit erhoben und veröffentlicht (vgl. Winkler 1990), eine mit der BRD vergleichbare Armutsforschung war aber offiziell nicht existent (Berechnungen zur ‚relativen Armut' und zu ‚bedarfsorientierten' Armutsgrenzen wurden erst nachträglich von Manz 1992 veröffentlicht). Allerdings läßt das nur spärlich verfügbare Datenmaterial zur früheren DDR erkennen, daß bei einem erheblich niedrigeren Einkommensniveau die Verteilung dieser Einkommen deutlich gleichmäßiger erfolgte als in der alten Bundesrepublik (vgl. DIW-Wochenbericht 17/91), und daß durch die allgemeine Arbeitspflicht sowie ein ausgebautes System sozialer Sicherung Einkommensarmut tatsächlich kaum auftrat und dementsprechend dem letzten Netz der Sozialfürsorge nur eine marginale Bedeutung zukam (Sozialhilfe und Jugendhilfe Deutschland 1990)."*

So zählte vor 1989 das unweit des Bahnhofs und außerhalb des Zentrums von Fürstenberg gelegene Quartier ‚Glashütten-

Obdachlosenheim Glashüttenstraße

straße' als segregiertes Gebiet, da hier überproportional unterprivilegierte Gruppen vertreten waren. In Eisenhüttenstadt wurde dieser Straßenzug schon vor 1989 als ‚Ghetto' bezeichnet, erhielt damit eine negative Typisierung[531] und wurde von der übrigen Bevölkerung gemieden. Auch gegenwärtig zählt es zu den ‚sozialen Brennpunkten' der Stadt. In der Glashüttenstraße wurde das Obdachlosenheim[532] eingerichtet, was zu einer Verstärkung der spezifischen Probleme in diesem Stadtteil führt.

Die Betroffenheit der Obdachlosen ist mehrdimensional, d.h. neben gesundheitlichen Beeinträchtigungen und Suchtverhalten[533] waren teilweise auch schon vor 1989 Mietschulden vorhanden. Der Eintritt in die Arbeitslosigkeit und der parallele Wegfall staatlich gestützter Fürsorge war der Anlaß, daß diese Problemfelder sich verstärkten und allein nicht mehr bewältigt werden konnten. Neben vielen anderen Vereinen und Initiativen[534] leistet der Obdachlosenhilfeverein einen Großteil der präventiven und begleitenden Hilfe.[535] Andererseits muß die geringe materiell-technische und personelle Ausstattung des Obdachlosenheimes und Obdachlosenhilfevereines bemängelt werden, die mit Sicherheit die schon vorhandene stigmatisierte schlechte Situation dieses Wohngebietes in Fürstenberg verstärkt. 1995 wurde durch den Verein eine Tagesaufenthaltsstätte für Obdachlose geschaffen. Für 1995 übernahm die Stadt die Mietkosten für das Gebäude und ermöglichte für Möbeltransporte die Anschaffung eines gebrauchten LKW. Gespräche mit Vertretern des Sozialamts ergaben, daß die Zahl der Zwangsräumungen bis 1996 und in den nachfolgenden Jahren zunehmen wird. Für die Betroffenen müssen ‚Ersatzwohnungen' bereitgestellt werden und innerhalb der Stadtverwaltung besteht Bewußtsein darüber, keine weitere Konzentration von Problemlagen in bestimmten Wohngebieten zuzulassen. Der Arbeitskreis ‚Vermeidung von Obdachlosigkeit', der auf der Grundlage eines Dienstanweisung des Bürgermeisters gebildet wurde, arbeitet seit Mai 1994. Im Sozialamt wurde eine Anlauf- und Koordinierungsstelle für Wohnungsnotfälle eingerichtet, die 14tägig die anstehenden akuten Fälle berät.[536] Die Vermeidung von sozialräumlicher Segregation setzt zunächst bei der kommunalen Wohnungspolitik an. Hier ergeben sich zwei Fragen: Welchen Spielraum geben gesetzlich vorgeschriebene Strategien zur Vermeidung sozialer Problemlagen im städtischen Zusammenhang, z.B. die in den Maßgaben für Stadtplanung vorgegebenen Richtlinien. Im Städtebauförderungsgesetz der Bundesrepublik 1976 wurde gefordert, daß während der Durchführung von Sanierung insbesondere Berufs-, Erwerbs- und Familienverhältnisse, Lebensalter, Wohnbedürfnisse, soziale Verflechtungen sowie örtliche Bindungen und Abhängigkeiten der Betroffenen berücksichtigt werden.[537] Was ist wirklich möglich, *präventiv* allgemein auf die Stadt und einzelne Stadtteile bezogen zu machen oder ist meist nur ein ‚Kitten' nicht zu verändernder Zustände möglich, und wie können Betroffene einbezogen werden? Stadtsoziologische Forschungen in den neuen Bundesländern wiesen eine noch zu geringe Partizipation der Betroffenen bei Stadterneuerungsprozessen nach. Ursache hat dies jedoch nicht nur in einer zu geringen Meinungsäußerung der Bürger, sondern auch in einem falschen Verständnis von ‚Sozialplanung' auf seiten der Verwaltung. Diese darf nicht nur zur Gewährleistung eines reibungslosen Erneuerungsverlaufs gebraucht werden, sondern sollte über die Milderung sozialer Härten hinaus als soziale Entwicklungsplanung begriffen werden (Herlyn/Hunger 1994:30f.).[538] Von dieser kontinuierlichen Beteiligung der Betroffenen ist man auch in Eisenhüttenstadt noch entfernt. Ein Grund dafür ist unter anderem das Defizit an sozialplanerisch ausgebildeten Fachkräften. Zwei Befragungen der Mieter wurden vom Wohnungsamt als auch durch die Eisenhüttenstädter Gebäudewirtschaft durchgeführt, die jedoch infolge eines zu geringen Rücklaufes nicht den erhofften Erkenntnisgewinn brachten.[539]

Zur Vermeidung weitgehender zukünftiger Ausdifferenzierung in den einzelnen Wohngebieten existieren alternative Ansätze zur ‚sozialen Mischung', allerdings eher in Gedanken, als daß bisher umsetzbare Konzepte vorhanden sind (zu Ansätzen und Problemen ‚sozialer Mischung' vgl. Brech/Thalgott 1993:92f.). Ideen von den im ‚Obdachlosenhilfeverein' tätigen Arbeitskräften wurden dahingehend entwickelt, das Gebiet um die Glashüttenstraße in den nächsten Jahren aufzuwerten und zu einem sozialen und kulturellen Zentrum zu machen, in dem sich Betroffene und Einwohner treffen. Doch durch die finanzielle Situation der Kommune können diese Vorstellungen nicht realisiert werden. Für die anderen Wohngebiete bestehen ebenfalls Vorstellungen, die jedoch nur als Denkansatz geäußert wurden. Ansichten zur ‚sozialen Mischung' in einzelnen Quartieren wurden insbesondere von ehemaligen Stadtplanern Eisenhüttenstadts geäußert. Aus der Not des Überangebotes an Wohnungen sollte die Tugend eines differenzierten Angebotes an Wohnungen gemacht werden. Hier wurde auch der Gedanke der ‚vertikalen Mischung' verschiedener sozialer Ansprüche in unterschiedlich bemessenen und gestalteten Wohnungen geäußert, wie etwa im Gründerzeithaus der Jahrhundertwende die Einrichtung einer ‚Bel etage' (vgl. Feldtkeller 1994:57f.) in den Wohnblöcken vorzunehmen. Lichtenberger (1991:241) bezeichnet die von der Kommune vorgenommene Strukturierung der Wohnbauten und -anlagen selbst als Antisegregationsstrategie. Mit Hilfe der Mengung verschiedener Wohnungsgrößen mit unterschiedlicher

Wohnqualität wird versucht, der sozialen Segregation entgegenzutreten und eine ‚soziale Mischung' der Bevölkerung zu erzeugen. Neue Konzepte können jedoch nur in einer finanziell stabilen Kommune umgesetzt werden. *„In den meisten unter ökonomischem Druck stehenden Großstädten läßt sich das Wohnungsproblem jedoch nicht mehr innerhalb der Stadtgrenzen lösen. Neue politische und planerische Regulationsformen müssen entwickelt werden, um das Umland angemessen einzubeziehen. Hierfür sind derzeit noch keine praktikablen Lösungen in Sicht."* (Rodenstein 1991:62) Wenn man zum gegenwärtigen Zeitpunkt auch von ‚wirklichen' Segregationsprozessen in objektiv abgrenzbaren Stadtteilen in Eisenhüttenstadt noch entfernt ist, kommt es darauf an, Konzepte zu entwickeln, die bei einer Verschlechterung der sozialen Situation die Lage in einzelnen Stadtteilen nicht verschärfen. Deshalb ist Bestrebungen, die diese Problemlage nicht erkennen, entgegenzutreten. So wurden vom Wohnungsamt Vorschläge in die Diskussion zur Sanierung der Wohnungen eingebracht, die dahin gehen, daß die städtische Gebäudewirtschaft einige Blöcke nicht modernisiert, um den ökonomisch schlechter gestellten Gruppen das Wohnen in diesen Blöcken weiter zu ermöglichen. Unschlüssigkeit scheint in bezug auf die Strategien des Umgangs mit den Mietern nach erfolgter Räumung zu bestehen: *„Die Leute werden doch nur hin- und hergesetzt. Besser und billiger wäre es, Unterkünfte zu schaffen, wo diese Menschen, die zum großen Teil lebensuntüchtig sind, unter Betreuung wohnen können,* meint die Geschäftsführerin (der Eisenhüttenstädter Gebäudewirtschaft; d.A.). *Zwar wolle die Stadt durch die dezentrale Eingliederung in Wohnungen eine Ghettoisierung vermeiden, doch würde die zwangsläufig kommen: Hier die guten, dort die schlechten Wohnviertel."* (MOZ, 12.10.1995, S. 7) Dies würde Segregationsprozesse innerhalb der Stadt befördern. Aus diesem Grund sollte eine eindeutige Positionierung auf Verwaltungsseite erfolgen, inwieweit ein Konflikt- oder Integrationsmodell im Umgang mit sozialen Problemgruppen und dem Thema Segregation verfolgt wird.[540]

Mit dem Ausscheiden eines Großteils der Beschäftigten aus dem Werk und somit dem Verantwortungsbereich des Unternehmens kommt der kommunalen Strukturpolitik der Stadt eine immer größere Bedeutung zu. Durch die arbeitsmarktpolitischen Regelungen werden kritische Prozesse jetzt und auch in den nächsten Jahren noch erheblich abgefedert[541]. Für die Entwicklung in den sanierten Häusern werden sich in den nächsten Jahren keine sehr starken Parallelen von ökonomischer und sozialräumlicher Benachteiligung ergeben. Hier führen Wohngeldregelung, Mietpreisbindung, die überdurchschnittlich gute Ausstattung mit Wohnraum in mittlerer Preislage sowie die Vielzahl leerstehender Wohnungen in Eisenhüttenstadt dazu, daß dieser Prozeß vorerst nicht erkennbar zu massiven Segregationsprozessen führen wird, wie diese bereits in einigen Großstädten der neuen Bundesländer tendenziell nachweisbar sind. Dieser Prozeß steht erst am Beginn.

Erwerbskontext und die Veränderung sozialer Beziehungen sowie sozialer Netzwerke

Veränderungen des Erwerbskontextes wirken sich auf nahezu alle Lebensbereiche aus. Ausgangspunkt dieser Überlegung ist die Tatsache, daß die Menschen in unterschiedliche Netzwerke eingebunden sind, die Modifikationen unterliegen. *„Netzwerke bilden sich aufgrund von ‚Treffpunkten', von Feld (1981:1016) als ‚Foci' bezeichnet. Die vier wichtigsten Foci sind Familie, Nachbarschaft, Arbeitsplatz und freiwillige Vereinigungen, z.B. Sportvereine."* (Friedrichs 1995:169) Wie wirkten sich die Veränderungen durch den Systemwandel vor diesem Hintergrund auf die Entwicklung von Netzwerken aus? Im folgenden sollen anhand der Ergebnisse unserer Interviews die vier wichtigsten Foci detaillierter analysiert werden, um festzustellen, inwieweit der Erwerbsstatus die sozialen Beziehungen beeinflußt.

Familie – Rückzug oder Ausbruch ?

Viele Netzwerkanalysen (vgl. Friedrichs 1995) konstatieren für die Bundesrepublik eine hohe Verwandtschaftsorientierung. Von den Interviewten in Eisenhüttenstadt wurde nach eigenen Aussagen jedoch ein anderes Verhalten realisiert, als die Ergebnisse soziologischer Untersuchungen weiterer Städte in Ostdeutschland aufzeigen. Diese Untersuchungen ergaben, daß, ähnlich den Verhältnissen in den alten Bundesländern, die Mehrzahl der Befragten überwiegend verwandtschaftsorientiert ist (vgl. Hardt 1994:131f.). In Eisenhüttenstadt muß davon ausgegangen werden, daß, anders als in traditionell gewachsenen Städten, Verwandtschaftsbeziehungen weniger ausgeprägt sind. Der wellenartige Zuzug in diese neu gebaute Stadt bewirkte eine relativ große räumliche Distanz zu den Herkunftsfamilien und eine relative Beschränkung auf Kontakte innerhalb der Kernfamilie.

Dennoch lassen sich Veränderungen der Beziehungen zum Verwandtschaftskreis nach der Wende konstatieren. In fast allen Aussagen kam zum Ausdruck, daß sich das Verhältnis durch die veränderten Bedingungen abgekühlt und an Wertigkeit gegenüber dem Freundeskreis eingebüßt hat. Als Ursachen wurden unter anderem politische Meinungsunterschiede angegeben.

„Ja, auch – sage ich mal – auch in der Familie gab es nach der Wende – das ist vielleicht jetzt nur noch so 'ne Einschränkung – sehr unterschiedliche Veränderungen. Also es gab da Leute, mit denen man plötzlich – eigene Verwandte – nicht mehr reden konnte, weil die 'ne ganz andere Meinung hatten. Das hatte ich vorher nicht so zu DDR-Zeiten empfunden, daß man so extrem sich dann auch lösen könnte. Das hat sich hier gezeigt. Inzwi-

schen hat man sich einen neuen Freundeskreis aufgebaut, mit dem man auch gemeinsam kann. Und es ist natürlich aber auch so, daß bestimmte Sachen, die man vielleicht ein, zwei Jahre nach der Wende – die noch sehr verschärft waren – daß die sich jetzt auch wieder relativieren. Daß man auch wieder mit dem einen oder anderen reden kann oder daß der eine oder andere auch wieder auf einen zukommt, der damals mich abgelehnt hat. Das ist jetzt auch wieder anders geworden." (12, E 10 Mitarbeiterin Frauenprojekt)

Neben unterschiedlichen politischen Einstellungen, die insbesondere während und kurze Zeit nach der Wende Verwandtschaftsbeziehungen stark beeinflußten, werden zunehmend Stigmatisierungstendenzen von Arbeitslosen vor allem durch Verwandtschaftskreise wahrgenommen. Nicht selten führten derartige Stigmatisierungen bis zum Abbruch der Verwandtschaftskontakte.

„Wir haben gar keinen Kontakt mehr … der (ihr Schwager; d.A.) ist im EKO noch und sie (die Schwägerin; d.A.) ist beim Bauunternehmer, die hat da auch Arbeit, na jetzt ist es schon soweit, jetzt sind die schon in höhere, verkehren die schon in höhere Kreise, ja mit Direktoren und mit Rechtsanwälten. Mit uns will sie gar nicht, wir sind ihr eben zu blöd, daß ich überhaupt arbeitslos bin, also bescheuert, daß man keine Arbeit findet … Der ist ja selber schuld und so bescheuert sind wir eben – so kricht man das – Wenn sie zu ihrer Mutter sagt: Du bist doch selber schuld, wenn du kene Arbeit hast, und du kannst dir doch welche suchen, oder du kannst auch zum Rentnerklub da gehen und weß ich was …". (B11, ehemalige Mitarbeiterin Oderwerft)

Das Statusdenken bestimmt demnach nicht nur den eigenen Lebensstil, sondern determiniert auch Veränderungen der sozialen Netzwerke und macht auch vor Verwandtschaftsbeziehungen nicht halt. Unterstützungsnetzwerke scheinen sich besonders in Eisenhüttenstadt eher auf den Freundeskreis aufzubauen, denn auf Verwandtschaftsverhältnissen. Die Pflege von Beziehungen zu Verwandten ist dabei auch vom Nutzen abhängig, der aus den Kontakten gezogen werden kann. Nach den Aussagen unserer Gesprächspartner scheint das Kosten-Nutzen-Kalkül (vgl. Friedrichs 1995:166; Axelrod 1991) nicht nur für den Freundeskreis, sondern auch für den Umfang der Verwandtschaftsbeziehungen Anwendung zu finden. Veränderungen ergaben sich aber nicht nur für die Kontakte zu Verwandten, sondern auch in den Kernfamilien selbst wurde die Alltagsorganisation neu strukturiert. Die erste Zeit nach der Wende war dadurch geprägt, den ‚Alltag' überhaupt bewältigen zu können, sich umzustellen und diese ‚eigene Transformation' mit so geringer Auswirkung auf das Familienleben wie möglich zu gestalten.

„Und ich war mit den ganzen Problemen so voll, daß ich kaum noch gemerkt habe, wie jeder Tag ein neues Problem mit sich gebracht hat. Ich war immer nur bestrebt – heute mußte das lösen und morgen das, und dann habe ich mich da durch gewuselt durch das Ganze, und im Nachhinein hab ich mich dann gefragt, wie hast du das eigentlich gepackt, diesen arbeitsmäßigen Umbruch von heute auf morgen. Mein Bestreben war damals nur, nicht unter die Räder zu kommen mit den Kindern, und da hab ich halt mein Heil in der Arbeit gesehen, die so gut wie möglich zu machen, denn das war mir klar, wenn ich Arbeit habe, hab ich Geld, und wenn ich Geld hab, dann geht es mir gut. Da kann ich meine Kinder ordentlich versorgen, und das war mein oberstes Ziel, was ich zu verwirklichen hatte zunächst. (10, B 9 Mitarbeiterin GEM)

Diese Strategie, sein ‚Heil in der Arbeit' zu suchen, die von vielen Ostdeutschen nach der Wende gewählt wurde, um den Arbeitsplatz so lang wie möglich zu halten, führte dazu, daß die noch Erwerbstätigen über einen wesentlich geringeren Zeitfond verfügten, der für die Pflege sozialer Kontakte inner- und außerhalb der Familie genutzt werden konnte. Schon durch diese formale Einschränkung der frei verfügbaren Zeit kam es zur Verkleinerung der unterhaltenen Netzwerke. Im Gegensatz dazu verfügten die Nichterwerbstätigen über einen ausreichenden Zeitfond, der jedoch selten zu einer Vergrößerung der sozialen Netzwerke führte. Es ist eher davon auszugehen, daß ein starker Individualisierungsprozeß eingesetzt hat, der mit den Metaphern ‚Rückzug in die Familie' oder ‚Verstärkung geschlechtsspezifischer Arbeitsteilung' nicht ausreichend erklärt werden kann. Dagegen meinen Herlyn und Hunger (1994), daß durch Arbeitslosigkeit ein großer Teil der Frauen und Männer in die Wohnquartiere ‚gezwungen' werden, in denen sie neue Rolle lernen und übernehmen müssen, die ihnen weitgehend fremd sind. Dies betrifft vor allem Männer, die von Arbeitslosigkeit betroffen sind, deren Frauen jedoch im Arbeitsprozeß stehen. In wenigen Fällen übernehmen die Männer die bis dahin den Frauen zugeschriebenen Aufgaben im Haushalt. Ein Rollenwechsel, wie im nachfolgenden Beispiel, findet eher selten statt.

„Mittlerweile staatlich geprüfter Hausmann. Dann jetzt die vier Jahre, die Frau ist zur Arbeit gegangen, und ich habe den Haushalt geschmissen. Und heute muß ich nachher auch anfangen, aber das hat noch Zeit. Das Mittagessen machen, weil sie heute schon um halb eins Feierabend hat. Dann machen wir nachher Essen, wir beide (seine Enkelin und er; d.A.)." (6, B4 ehemaliger EKO-Mitarbeiter)

Wesentlich häufiger zu beobachten ist jedoch nach Aussagen unserer Gesprächspartner der individuelle Rückzug als Bewältigungsstrategie. In diesen Fällen wird die Belastung für die erwerbstätigen Frauen noch größer, da neben den beruflichen und den Haushaltspflichten noch die psychosoziale Betreuung der Ehemänner zu bewerkstelligen ist.[542] Oft kommt zum Problem, den Alltag überhaupt zu bewältigen, der Statusverlust als ‚Arbeitsloser' hinzu, der sowohl die familiären Beziehungen, als auch die Beziehungen im Verwandten- und Bekanntenkreis nachhaltig beeinflußt. Soziale Netzwerke sind, selbst wenn sie aufrechterhalten werden, oft kaum in der Lage, diese individuell empfundenen Statusverluste zu kompensieren. Die Aufrechterhaltung sozialer Beziehungen ist für die Betroffenen mit finanziellen Aufwänden verbunden, die durch die Arbeitslosigkeit nicht mehr erbracht werden können.

„Ja, die sitzen meistens vorm Fernseher. Und wenn man da nicht von sich aus die Initiative hat, und auf die Leute zugeht, dann bleibt das halt so. Aber das war auch so ein Gespräch mit meiner ehemaligen Kollegin, die sich vor der Arbeitslosigkeit fürchtet nach der Umschulung. Sie sagt, das ist auch ein finanzielles Pro-

blem. Wenn man Bekanntschaften pflegt, ist das ja auch meistens mit ein bißchen Geld verbunden, und wenn es nur der gedeckte Tisch ist, und was weiß ich eine nette Musik oder eine CD auflege, dann brauche ich eine Stereoanlage und eins bedingt das andere. Ein nettes Umfeld ist ja angenehm, aber dann ist das nicht so einfach dann immer mitzuhalten. Je nachdem, was man nun für einen Bekanntenkreis hat. Wenn alle Arbeit haben, ist es sicherlich einfach, da mitzuhalten, währenddessen, jemand der arbeitslos ist, da schon Probleme hat. Und vielleicht auch die Angst da ist, kann ich da überhaupt mithalten, ruf ich ihn überhaupt an, lade ihn ein, das sind dann solche Fragen." (24, B 9 Mitarbeiterin GEM)

Arbeitslosigkeit, aber auch der Übergang in Vorruhestand oder Rente, führen zu einer Veränderung der Finanzsituation in den Familien, die sich auf das Zusammenleben generell auswirken. Durch die verringerten Möglichkeiten der Nutzung von Freizeit- und Infrastruktureinrichtungen, die an finanzielle Leistungen gebunden sind, wird der Aktionsradius zunehmend eingeschränkt. Ein Rückzug aus der Öffentlichkeit ist jedoch nicht nur an den Erwerbsstatus gebunden, sondern wird durch die gesamte Persönlichkeitsstruktur befördert oder verhindert. Bei vielen DDR-Bürgern war das individuelle Engagement sehr gering ausgeprägt, man verließ sich auf die Informationsgebung von ‚oben' und wartete auf die Aufforderung zum Handeln. „*Hierarchische Gesellschaften, wie wir die DDR bezeichnen können, sorgen für ihre Mitglieder, nehmen ihnen viele Verantwortungen ab, ziehen die Schwachen und Mittelmäßigen mit, garantieren jedem einen festen Platz und sind primär an der Loyalität und Konformität, nicht an der Leistung der Menschen interessiert. Man kann aus einer Hierarchie nicht wirklich herausfallen, allenfalls nach unten absinken. Und wenn einem solches widerfährt, stehen dafür Erklärungen zur Verfügung, die wiederum auf das System verweisen und das Individuum entlasten.*" (Rottenburg 1992:248) Eigeninitiative muß somit von vielen erst erlernt werden, denn eine Verantwortungszuschreibung nach ‚oben' funktioniert nicht mehr. Vorteile haben dabei jene, die bereits vor der Wende Tätigkeiten ausübten, die kommunikative Fähigkeiten und Eigenaktivität erforderten. Durch die Gesprächspartner wurde konstatiert, daß diejenigen, deren frühere Tätigkeit o.g. Fähigkeiten erforderte, auch gegenwärtig soziale Kontakte und Netzwerke eher aufrechterhalten. Für diese Gruppe ist festzustellen, daß die familiären Beziehungen nur einen kleinen Teil des gesamten sozialen Netzwerkes ausmachen.

Von Arbeitslosigkeit sind Frauen in wesentlich größerem Umfang betroffen als Männer. Sie definieren vor diesem Hintergrund die Planbarkeit und Absehbarkeit ihrer eigenen persönlichen und beruflichen Entwicklung sowie die umfangreichen sozialpolitischen Maßnahmen als einen Vorteil der sozialistischen Gesellschaft. Diese trugen entscheidend zum *subjektiven* Wohlbefinden bei. Frauen sehen nach wie vor das Ideal darin, ganzheitliche Lebensentwürfe (Verbindung von Arbeit, Familie, Kultur etc.) für sich und die Familie entwickeln zu können (vgl. Böckmann-Schewe/Kulke/Röhrig 1995, Nickel/Schenk 1995:275, Schröter 1995). Die seit 1989/90 bestehenden Strukturen behindern jedoch die Entwicklung und Realisierung derartiger Lebensentwürfe massiv.

„Aber Fakt war doch, ich habe eine Lehre, ich habe ein Studium absolviert, und ich habe eine Arbeit gehabt und ich, ja das war alles so. Und man mußte sich früher keine Gedanken machen, irgendwo eine Arbeit zu finden, man mußte sich eher umgekehrt Gedanken machen, wenn man sich mit der Absicht getragen hat, sich zu verändern, man durfte ja gar nicht weg. Da wurden einem ja Steine in den Weg gelegt, wenn man solche Gedanken hegte. Und dann die ganze Frage der Kinderbetreuung und der soziale Status, den die Mutter in der DDR hatte. Also der war doch beachtlich gewesen, oder die Frau überhaupt. Ich hab das immer so empfunden, daß die Frau in der DDR sehr geachtet war, das empfinde ich jetzt nicht mehr so deutlich." (19, B 9 Mitarbeiterin GEM)

Die Betonung der Selbstverständlichkeit von paralleler Berufstätigkeit und Familie vor 1989 fand sich bei allen Interviewpartnerinnen. Die Unterbrechung (über das gesetzlich verankerte ‚Babyjahr' hinweg) oder gar eine Aufgabe der Erwerbsarbeit waren für die DDR-Frauen keine Alternative zur Doppel- oder Dreifachbelastung durch Berufstätigkeit (vgl. Böckmann-Schewe/Kulke/Röhrig 1995). Für den Zeitraum 1991 bis 1992 konstatierten Holst und Schupp (1993:6), daß Frauen aus einer Erwerbstätigkeit kaum noch (0,7%) den Erziehungsurlaub in Anspruch nahmen, da sie darin eine Gefahr für ihren Arbeitsplatz sahen. Die Bewältigung der Doppelbelastung vor 1989, die in der Vereinbarkeit von Beruf und Familie bestand, führte zu einem spezifischen Selbstwertgefühl der Frauen und zu einer breiten Anerkennung der Leistungen der Frauen im gesellschaftlichen System. Vor diesem Hintergrund ist die Verdrängung der Frauen aus der Erwerbstätigkeit ausschließlich in die familiäre Sphäre ein Prozeß, der kognitive Dissonanzen bei den Frauen auslösen kann. Der Anspruch eigener beruflicher Selbstbestätigung kollidiert mit den Selektions- und Schließungsmechanismen des externen Arbeitsmarktes, der zu einer Neustrukturierung des Erwerbssystems führt und den in der DDR vorhandenen ‚Gleichstellungsvorsprung' der Frauen auflöst (vgl. Böckmann-Schewe/Kulke/Röhrig 1995; Schenk 1995).[543] Findet die Frau als Hausfrau in den alten Bundesländern bereits kaum Anerkennung im gesellschaftlichen Normensystem, so ist der Status in den neuen Bundesländern noch geringer. Das Verständnis für eine solche Tätigkeit wurde nicht gelernt. Kaum eine Frau, die in der DDR im Erwerbsleben stand, kann sich vorstellen, die Hausfrauentätigkeit aus freier Entscheidung zu wählen.

„...ach, wenn ich im Fernsehen höre: Ich bin Hausfrau. Wissen Sie, wie das da bei mir nach oben geht? Wie wie kann ich ‚Hausfrau' so herausstreichen, wie kann ich ein Leben lang nur zu Hause glucken; da wäre die DDR-Frau damit nie zufrieden gewesen, die wollte ein erfülltes Leben haben ... Und das ist eben das, also wenn, noch zu DDR-Zeiten, wir konnten ja schon Westen gucken, jedes Mal 'ne Veranstaltung, und dann haben die gedacht, als sind sie sonst wer als Hausfrau ... So ist es, ja, und dadurch wurde eben hier oft eine viel selbstbewußter. Na und das Lernen, das stand ja dann im Vordergrund. Wenn sie eine neue Tätigkeit aufgenommen haben, daß sie dann qualifiziert sein mußten, denn der Nachweis mußte ja sein ..." (14, B 3 Rentnerin)

Frauen wollen sich nicht einfach in eine Rolle zurückdrängen lassen, die in der DDR fast vollständig überwunden wurde. Auch wenn die Frau in der DDR die Hauptverantwortliche für die Familien- und Reproduktionsarbeit blieb (vgl. Böckmann-Schewe/Kulke/Röhrig 1995)[544], war sie damit nicht automatisch aus anderen Sphären ausgeschlossen. Frauen, die jetzt ungewollt aus dem Erwerbsleben ausscheiden, geraten relativ schnell in die Situation, zum ‚seelischen Mülleimer' der Familie zu werden. Durch die ständige Präsenz zu Hause wird eine Bereitschaft vorausgesetzt, sich allen Problemen der Familienmitglieder anzunehmen. Die individuelle Situation und das Selbstwertgefühl der Frauen gerät dabei aus dem Blick. Soziale Kontakte, die vor der Wende über den familiären Kreis hinaus in der Nachbarschaft und im Berufsleben realisiert wurden, laufen Gefahr verlorenzugehen. Diese Tendenz trifft jedoch nicht nur auf die Frauen, sondern in ähnlicher Weise auch auf die Männer zu. Welche Veränderungen können unter diesen Voraussetzungen für den Bereich der Nachbarschaft konstatiert werden?

Funktionsverlust Nachbarschaft ?

In der neueren stadtsoziologischen Literatur wird davon ausgegangen, daß die für die DDR charakteristischen Unterstützungsbeziehungen im Wohnmilieu weiteren Entsolidarisierungsprozessen zum Opfer fallen werden (Herlyn/Hunger 1994:22f.). Den face-to-face-Kontakten in lokalen Netzwerken kommt jedoch unter dem Einfluß des gesellschaftlichen Umbruchs eine Schutzfunktion gegenüber der als unsicher erlebten Umwelt zu.[545] Damit entsteht die paradoxe Situation, daß nachbarschaftliche Beziehungen gerade dann notwendig werden, wenn sie unter starken Auszehrungsdruck geraten.[546] Dieser Auszehrungsdruck entstand vorrangig durch externe Prozesse. Den grundlegenden Anschub lieferte die ‚Entfunktionalisierung' von Institutionen, wie z.B. den Hausgemeinschaften: In Eisenhüttenstadt hatte die durchgrünte und mit dem Anspruch, Nachbarschaftsbeziehungen zu fördernde Gestaltung der Wohninnenhöfe von ihrer Funktion schon vor der Wende einen Teil ‚eingebüßt'. ‚Eingebüßt' in dem Sinn, daß schon in den 60er Jahren in der DDR ein Rückzug in die Privatsphäre stattfand und nicht, wie für die sozialistische Stadt geplant, ein Großteil des privaten Lebens im ‚öffentlichen' Raum realisiert wurde.[547] Der Kontakt, die Treffen der Hausgemeinschaften waren bereits seit 1950 in den einzelnen Häusern von unterschiedlicher Intensität. Der Rückzug bzw. die Etablierung eines gewissen Wohlstandes, beginnend in den 60er Jahren, sowie die verbesserte Technik, taten das Ihre dazu, daß sich auch Nachbarschaftsbeziehungen anders als noch in den 50er Jahren entwickelten.

„Hm. Wir waren früher – wie gesagt – sechs Familien im Haus. Da war eigentlich alles ruhig, Friede, Eierkuchen. Waren alles Arbeiter in unserem Haus. Keine Intelligenz, daß man hätte sagen müssen, ja, die hebt die Nase oder wie – gar nicht. Wir waren alle, als wenn wir alle vom Dorf gekommen wären, wie wir da oben eingezogen sind. Ja ...Erinnern kann ich mich dran, wie wir den Fernseher kriegten. Wir hatten eine ‚Claudia'-Truhe für 5000,- Mark gekauft. Das Viech jetzt erstmal hoch, bis oben hoch. Da hat jeder mit angepackt. Und dann ging's los. Antenne auf's Dach. Da waren auch wieder alle dabei. Von der Brigade die Männer und im Haus. Und da hat Mutter schön aufgetafelt, Frühstück gemacht. Das war auch ein Ereignis. Das war neunzehnhundertund ... – wir waren mit die ersten, die den Fernseher hatten. Und wenn mal ein Fernsehprogramm lief, dann kamen immer alle gucken. Ja. So war's ...Die Stube war ja bloß halb so groß wie die hier, unsere Wohnstube. Da oben sind ja dann kleiner die Wohnungen wie hier. Na dann waren sie eben alle da, gucken." (9, B 1 Rentnerin)

Die Hausgemeinschaften ‚funktionierten' in verschiedener Ausprägung durch die ihnen übertragenen Aufgaben, wie Säuberung der Treppenhäuser, Pflege der Grünanlagen, Hausgemeinschaftsversammlungen etc.. Mit der nach der Wende erfolgten Privatisierung dieser Dienstleistungen durch die Gebäudeverwaltungen und der Umlage der zuvor eher freiwillig geleisteten Arbeit auf die Miete, ist auch die ‚Eigenverantwortung' sowie die Verantwortung der (Haus-) Gemeinschaft für das Ergebnis der Arbeit nicht mehr ‚gefragt'. Den Regulationsfaktor für diese Beziehungen übernahm das Geld. So wäre der Rückschluß, daß durch die Verschlechterung der privaten Situation Nachbarschaftsbeziehungen oder auch Netzwerke gestärkt werden, zu einfach. Herlyn (1993:255) konstatiert für den Prozeß der Entfunktionalisierung nachbarschaftlicher Funktionen, der in den neuen Bundesländern abrupt einsetzte, daß dieser in den alten Bundesländern schon über einen langen Zeitraum besteht: *„Die städtische Nachbarschaft ist für den Erwachsenen weitgehend entfunktionalisiert, seitdem verschiedene öffentliche Institutionen viele Funktionen der Nachbarschaftshilfe übernommen haben."* Weiter gehen Herlyn und Hunger (1994:22f.) davon aus, daß eine Verminderung nachbarschaftlicher Kontakte durch die erhöhte Konsumneigung und bessere Ausstattung der Haushalte hervorgerufen wird, die die Anlässe für Kommunikation im Nahbereich reduzieren.

Das vor der Wende in den nun neuen Bundesländern vorhandene Selbsthilfepotential wieder zu erreichen, wird in den nächsten Jahren nicht gelingen, da erstens sämtliche formale Anknüpfungspunkte nicht mehr bestehen und zweitens die subjektive Bereitschaft, ehrenamtliche Aufgaben außerhalb der individuellen Existenzsicherung zu übernehmen, massiv abnahm.[548] Die gegenwärtigen Versuche, durch staatlich geförderte Modellprojekte oder andere Initiativen Selbsthilfepotentiale zu aktivieren, gründen sich gerade auf die spezifischen Fähigkeiten der ehemaligen DDR-Bürger, z.B. deren ‚solidarische Beziehungen' oder die ‚Chaosqualifikation' (Hradil 1995:13). Doch diese Chaosqualifikation wird unter den neuen und völlig anderen Organisationsstrukturen nicht abgefordert, sondern eher entwertet. Im nachfolgenden Beispiel wird deutlich, wie selbst noch funktionierende Hausgemeinschaften durch formale Entscheidungen systematisch demontiert werden. Das bedeutet nicht, daß nachbarschaftliche Beziehungen im Sinne des gegenseitigen Aushelfens nicht mehr existieren, aber eine gemeinsame Verantwortung für bestimmte Objekte ist nicht mehr gegeben. Die Folge solcher Entscheidungen ist die Abkehr der Bürger vom sozialen und auch kommunalpolitischen Engagement. So muß von einer sich entwickelnden ‚Politikabstinenz' ausgegangen werden, die sich der konstatierten apolitischen Loyalität vor der Wende annähert. Eine ‚alltägliche Ernüchterung' setzte in bezug auf die wahrgenommenen Partizipationsmöglichkeiten bei politischen Entscheidungen, insbesondere auf kommunaler Ebene ein.

„Das haben wir selbst nach der Wende noch kaputt gemacht, da haben wir noch Chancen gehabt. Da haben wir hier hinten im fünften Wohnkomplex gerade noch solche Wohngemeinschaften gehabt, die haben dann wirklich noch gesagt, auch nach der Wende, wir wollen hier das weitermachen, zum Beispiel. Alleine erstmal nur unsere Gartenflächen. Wollen wir ein bißchen Geld von der Gebäudewirtschaft oder wo haben und machen das weiter. Ja, was hat die Gebäudewirtschaft gemacht? Geht nicht, dürfen wir nicht. Das macht jetzt 'ne Firma. Aber dadurch sind ja auch bestimmte Gemeinschaften und sowas zusammengewachsen ... Das ist eigentlich auch das, was die Leute irgendwo vermissen. Jeder verkriecht sich in seine eigene Bude, igelt sich immer mehr ein ... Die Frage ist ja nicht unbedingt, daß man jetzt sagt von oben, man organisiert sowas und das muß so gemacht werden. Sondern die Frage wäre eigentlich die, da wo wir jetzt vielleicht noch so Leute oder Gruppen haben, oder die sagen, wir würden was machen, da müssen wir als erstes ansetzen, müßten sagen, jawohl, das unterstützen wir. Und das müßte dann – sage ich mal – wieder Schule machen. Und wenn es dann andere, die sagen, das würden wir auch gerne machen – das muß sich natürlich selber finden ... Aber die Sachen, die eben noch teilweise existieren oder auch in einer recht lockeren Gemeinschaft existieren, die müßten eben gefördert werden ... Das andere ist ja kein Weg, daß die Leute sich zu Hause einschließen und ihnen die Decke auf den Kopf fällt oder was." (20, E 8 Abgeordneter der Stadt)

Parallelen im Verhalten der Einwohner tauchen im Vergleich zu den in den 80er Jahren untersuchten Stahlarbeiterstädten Völklingen und Scunthorpe auf (vgl. Schönbauer 1990), die Anfang der 80er Jahre durch die Strukturkrise der Stahlindustrie einen Strukturwandel erlebten. Diese Städte weisen einen anderen städtischen Charakter und eine Bauweise auf, deren Strukturen nachbarschaftliche Kontakte nicht in dem Maße ermöglichen, wie es in Eisenhüttenstadt gegeben ist.[549] Durch sogenannte ‚Nachbarschaftszentren' wurde versucht, die Kontakte der Bewohner untereinander zu verstärken. Diese ‚funktionalen Äquivalente' bearbeiteten das Problem jedoch nur und lösten es nicht.

Die Förderung der Beziehungen im Stadtteil- bzw. Wohnbereich in der DDR war auch dadurch gekennzeichnet, daß sogenannte Wohngebietsfeste betrieblich und von seiten der Stadt stark unterstützt wurden. Diese Feste wurden langfristig in Zusammenarbeit betrieblicher, städtischer und Vertreter der Wohngebietsausschüsse vorbereitet. Nach der Wende erfolgte ein Abbruch. Es gab kaum noch Aktivitäten. Seit 1993 geht der Trend dahin, daß ‚Sponsoring' der sich mittlerweile in Eisenhüttenstadt angesiedelten bzw. etablierten Unternehmen im jeweiligen Wohngebiet (auch Autohäuser, neue Tankstellen etc.) – in bestimmten Fällen mit der Förderung durch die Stadt – teilweise diese Aufgaben übernimmt.

„Aber ein Trend zeichnet sich ja ab, daß also gerade in diesen Wohnbezirken ...kindermäßig erstmal, da fangen wir mal an, viel gemacht wird. Ich merke das also im Besuch von Veranstaltungen hier, von den Kinderveranstaltungen, Filmveranstaltungen unter anderem, daß die also sagen, ne, wir machen mehr in unserem Wohngebiet. Und da beziehen wir die Kleinstbetriebe oder Werke dort ein, also auch auf dieser Förderungsbasis passiert sehr viel. Und wenn dort also eine Musikgruppe oder ein junger Musiker, der hier auch so die Popshow, der kriegt dann also auch von uns Förderung, von der Stadt. Also der reicht ein Projekt ein, daß er sagt, er will jetzt mit diesen jungen Leuten das und das machen und kriegt dann also auch Fördermittel, wenn der Kultusausschuß das genehmigt für kulturelle Zwecke." (14, E 11 Mitarbeiterin Stadtverwaltung)

In bezug auf die Nachbarschaft kann folgendes Resümee gezogen werden. Die Interviewpartner gaben übereinstimmend an, daß die privaten nachbarschaftlichen Kontakte kaum Veränderungen durch die Wende erfuhren. Dort, wo die Hausgemeinschaften nicht nur durch formale Bestimmungen operierten, sondern eigenes Interesse an gemeinschaftlichen Aktivitäten hatten, wurden diese auch nach der Wende fortgesetzt. Der Wegfall eigenständiger Verantwortungsbereiche im Wohngebiet durch die Vergabe an private Unternehmen wird als Verlust definiert, der den Zusammenhalt der größeren Gemeinschaft im Wohngebiet verringert hat. Nach dem durch die Wende hervorgerufenen kategorischen Einbruch werden die Traditionen der Wohngebiets- oder Stadtteilfeste auf neuer Basis langsam wieder aufgenommen. Die formalen Netzwerke auf Stadtteilebene haben sich neu strukturiert, während die persönlichen nachbarschaftlichen Netzwerke kaum Veränderungen unterlagen. Eine solche Konstanz kann für den Bereich der Arbeitswelt nicht festgestellt werden.

Der Arbeitsplatz – vom kommunikativen Zentrum zum formalen System

Die wohl einschneidensten Veränderungen sozialer Beziehungen vollzogen sich im Bereich der Erwerbsarbeit. In der DDR bestand oft eine Übereinstimmung von Arbeits- und Freizeitkollektiv, wodurch sich Freundschaftskontakte und enge familiäre Beziehungen ergaben. *„Das Beziehungsgeflecht am Arbeitsplatz und im Arbeitskollektiv war ein multiples soziales Gebilde (vgl. Marz 1993), dessen vielfältige Sozialfunktionen zwischen Kontroll- und Unterstützungsmechanismen auch entsprechend ambivalent erfahren wurden. Dieses Beziehungsgefüge verweist auf den Arbeitsprozeß als einen markanten sozial-kommunikativen Bezugsrahmen und Konstitutionsbereich für soziale Identifikationen."* (Böckmann-Schewe/Kulke/Röhrig 1995:219)

Mit dem Auseinanderbrechen kollektiver Strukturen lösen sich diese Netzwerke zunehmend auf. Zu finden sind sie meist nur noch dort, wo ein Teil der früheren Kollegen noch zusammenarbeiten und die Zukunft des *Kollektivs* zunächst gesichert scheint. Veränderungen werden nicht nur von Gesprächspartnern angesprochen, die nach der Wende arbeitslos wurden und somit rein formal aus dieser Sphäre ausgeschlossen waren. Auch noch Erwerbstätige thematisieren das Wegbrechen sozialer Beziehungen. So wurde von fast allen Interviewten angegeben, daß sich durch die Konkurrenzen im Arbeitsbereich die sozialen Beziehungen veschlechtern und es in der Folge zu einer Vertiefung der Netzwerke im außerberuflichen Bereich kommt. Die oft vorhandene Identität von Kollegen- und Freundeskreis löst sich zunehmend auf. Arbeit und Arbeitsmilieu als soziales Beziehungsgeflecht, das in der DDR eher als lebensweltlicher Zusammenhang betrachtet werden konnte, wird sukzessive zum formalen System (vgl. Böckmann-Schewe/Kulke/Röhrig 1995). Es entsteht eine Trennung von Arbeits- und Privatsphäre, die so in der DDR kaum zu finden war. Mit der Auflösung der Kollektivstrukturen geht der auch der Verlust organisierter Freizeit einher.

„Wenn wir uns nur auch mal verständigen, das, was wir früher mal an Kollektivveranstaltungen usw. usf. gemacht haben, das haben wir gerne gemacht, da hat uns nicht einer dazu gezwungen, daß wir sowas gemacht haben, daß wir unsere Brigadefahrten gemacht haben, das waren schöne Erlebnisse. Wenn wir heute uns noch mal irgendwie treffen, dann sprechen wir heute noch, wo wir dort im Jugendtouristenhotel waren oder in der Tschechei, und wo wir die Kinder mithatten und was wir da alles gemacht haben, da reden wir heute noch drüber. Bloß, die Dinge sind nun mal vorbei. Das können wir vergessen, da ist schon die Atmosphäre, wer ist der Nächste! Vielleicht entwickelt es sich mal, wenn wir den Endstand mal erreicht hat und einigermaßen es sich wieder normalisiert und daß dann die Kollektive wieder enger zusammenkommen. Ich versuche das wenigstens, wir machen jedes Jahr unsere Weihnachtsfeier, gehen auch mal Kegeln. Ich würde sagen, es lebt dann allmählich wieder auf, daß – es liegt ja auch an jedem Kollektiv selbst, ob sie was machen, das hängt damit zusammen, wie das Kollektiv zusammenbleiben kann." (VG 13, EKO-Mitarbeiter)

In der retrospektiven Einschätzung wird deutlich, daß man sich in diesen kollektiven Strukturen sehr wohlfühlte, auch wenn nicht alle Aktivitäten eine hundertprozentige Zustimmung erfuhren. Die größte Anziehungskraft der Kollektive bestand vermutlich darin, daß sie auch als ein kommunikatives Zentrum fungierten und sich eine spezifische Identität aufgrund der langjährigen Zugehörigkeit zu diesen Strukturen entwickeln konnte, die eher auf den Sozialbeziehungen am Arbeitsplatz beruhte, denn auf der Arbeit selbst (vgl. Roesler 1994). Dieses kollektive System hatte somit eine weitere Funktion; der Betrieb fungierte als Sozialisationsinstanz (vgl. Gensior 1992). Es wurde ein Zusammenhang des betrieblichen Sozialsystems erzeugt, der den Begriff der Betriebsgemeinschaft rechtfertigt.

Das Auseinanderbrechen unterschiedlicher sozialer Beziehungsgefüge, wie der betrieblichen Kollektivstrukturen und der Strukturen in einzelnen Häusern, hat nicht unbedingt zur Folge, daß die familiären Netzwerke, wie bereits gezeigt wurde, mehr genutzt werden, sozusagen aus diesem Grund ein ‚Rückzug in die Familie' stattfindet. In Eisenhüttenstadt können ähnliche Tendenzen, wie in anderen stadtsoziologischen Untersuchungen aufgezeigt werden, die massive Desorganisations- und Entfremdungsprozesse in den Wohngebieten negieren: Die soziale Integration in Nachbarschafts-, Verwandtschafts- und Freundschaftsnetzwerke ist für den Großteil der Betroffenen noch vorhanden

(vgl. auch Hardt 1994:165). Innerhalb des betrieblichen Beziehungsgefüges werden tradierte Formen der Einbeziehung verschiedener Gruppen punktuell fortgesetzt, wie z.B. die materielle und organisatorische Unterstützung bei Betriebsfeiern und -jubiläen. Für die aus dem Unternehmen bereits ausgeschiedenen Gruppen trifft die weitere Einbeziehung jedoch nur auf die Rentner zu, denen durch kontinuierliche und vom Betriebsrat organisierte Treffen die Möglichkeit gegeben wird, den Betriebskontakt nicht abreißen zu lassen.

Als Problem, vor dem ein Großteil der Ostdeutschen nach der Wende stand, wird die Eigeninitiative und die eigenständige Verantwortung und Problemlösung angesehen. Dies gilt sowohl in der Arbeitswelt, als auch in anderen sozialen Bereichen. Die Sozialisation in der DDR und die Verantwortungsübernahme für viele Prozesse durch den Staat führte dazu, daß die Mehrheit der Bevölkerung sich über viele Dinge kaum noch Gedanken machte, alles dem Selbstlauf, dem sogenannten ‚sozialistischen Gang' überließ. Es ist davon auszugehen, daß *„sich grundlegende Einstellungen und Persönlichkeitsstrukturen erheblich langsamer verändern als die äußerlichen politischen, ökonomischen und juristischen Rahmenbedingungen, die man per Beschluß …von heute auf morgen umstellen kann."* (Rottenburg 1992:240) Aus diesem Grund wird von vielen Ostdeutschen heute noch kritisiert, daß ‚man bestimmte Informationen ja nicht bekäme'. Daß viele Institutionen jedoch keine ‚Bringepflicht' mehr gegenüber dem Bürger haben, wird kaum registriert. Obwohl bei unseren Interviewpartnern solche Verantwortungsdelegierung kaum zu verzeichnen war, wurden von ihnen derartige Tendenzen deutlich gemacht.

„Naja, ich denke es ist schon eine Schwierigkeit, die Menschen ändern sich ja nicht so absolut erstmal von einem Tag auf den andern. Wir haben ja nun auch alle unsere Vergangenheit und da sehe ich schon die Schwierigkeit, daß alle irgendwo gewöhnt sind, daß alles von oben vorgegeben wird und dann wird das gemacht." (5, E 9 Mitarbeiterin Stadtverwaltung)

Der Verweis auf eine 40jährige Sozialisation verdeutlicht noch einmal, warum die Veränderungen für viele Ostdeutsche als so gravierend erfahren werden. Die verstärkte Übernahme von Sozialfunktionen durch die Betriebe führte zu einer immer größeren Einflußnahme auch auf den privaten Bereich ihrer Mitarbeiter. Probleme, wie Wohnungsvergabe oder Feriengestaltung, konnten über die Betriebe leichter gelöst werden, demnach entwickelte sich auch eine Verantwortungszuschreibung der Mitarbeiter an die Betriebe, die sich immer mehr differenzierte. Man erwartete Lösungen von ‚oben' und diese Erwartungshaltung besteht zumindest bei einem Teil der Bevölkerung noch heute. Die Fähigkeit, zustehende Rechte und Mitbestimmung einzuklagen, ist bisher noch gering ausgeprägt.

„40 Jahre lang hat man uns gesagt, was wir zu machen haben, und der Bürger hat sich da in den 40 Jahren darauf eingestellt. Es gibt ja so viel Bürger, die so viel Rechte fordern könnten, auch mit Wohnungszuschuß und Mietzuschuß und Sozialzuschuß und was alles gibt, aber da muß er sich alleine drum kümmern, wa; das war ja früher nich. Wie ich angefangen habe zu lernen,

wußte ich schon, was ich eben, wenn ich 65 bin, was für Rente kriege, das war schon festgelegt die dreihundert Mark oder wie. Die haben's immer noch nicht gepackt, die Bürger, einige haben's gepackt, aber viele haben's eben noch nicht gepackt." (20, B 14 Selbständiger)

Besonders betroffen von diesen Prozessen sind die Erwerbslosen, die nicht nur den Verlust des kollektiven Rahmens hinnehmen müssen und somit das Empfinden von Zugehörigkeit zu einer Gemeinschaft einbüßen, sondern auch mit einem neuen individuellen Status zurechtkommen müssen, der sie an neue Institutionen bindet. War der Prozeß der Entlassung noch ein kollektiver Prozeß, so muß die Verarbeitung des Ausscheidens aus dem Erwerbsleben sowie die Neuorientierung im gesellschaftlichen System mit all seinen Subsytemen auf der individuellen Ebene geschehen.[550] „Wenn mit der Berufs-/Erwerbsarbeit und mit ihr Bewußtsein und Erfahrung der eigenen Fähigkeiten, Kompetenzen und sozialen Bestätigungen sowie die relevanten Beziehungen und damit das zentrale Terrain von sozialen Identifikationen wegbrechen, hat dies für die Individuen entscheidende Folgen, die noch tiefer greifen als es der Verlust der materiellen und ökonomischen Basis und des sozialen Status ohnehin bereits tut. Der Wegfall der Zugehörigkeit zu einem Arbeitskollektiv wird gleichbedeutend mit der Zerstörung von Gemeinschaft und zwischenmenschlichen Beziehungen; ein beachtliches Ausmaß von Bedrohungen humaner Ansprüche und Bedürfnisse wird damit erfahrbar." (Böckmann-Schewe/Kulke/Röhrig 1995:221) Um einen Rückzug in die ausschließlich familiäre Sphäre zu verhindern und einem allmählichen ‚Stillstand' zu entrinnen, arbeiten, nach den Ergebnissen unserer Interviews, vor allem Frauen zunächst einmal ehrenamtlich in Vereinen, v.a. in Institutionen, die als Klientel soziale Problemgruppen haben, oft in Verbindung mit der Hoffnung, daß es aus dieser zunächst ehrenamtlichen Tätigkeit möglich ist, eine ABM-Stelle zu schaffen. Diese Tendenzen bestätigt auch die Untersuchung des Stahlstandortes Brandenburg, wo v.a. weibliche Arbeitslose „ein Zuviel an ‚Frei'-Zeit mit Bildungsmaßnahmen und zeitlich begrenzten ABM" überbrückten (Schweigel/Segert/Zierke 1995:193). Es wird also auch über den zweiten Arbeitsmarkt versucht, in die Erwerbstätigkeit zurückzukehren und die verlorenen Integrationsfunktionen der Arbeitskollektive zu ersetzen. Problematisch wird dies, weil die ABM durch ihre zeitliche Befristung schon die Grenzen derartiger neustrukturierter Beziehungsgefüge setzen. Die Herausbildung gemeinschaftsorientierter Seiten des Arbeitsmilieus kann unter diesen Bedingungen kaum erwartet werden.

„Und das ist momentan für sehr sehr viele Frauen die einzige Chance, überhaupt zwischen Kochtopf und Kind vorzugucken und mal was anderes zu sehen, mal mit anderen ins Gespräch zu kommen. Ehrenamtlich irgendwie in irgendeinem Verein mitzumachen. Oder überhaupt, nicht mal ehrenamtlich, sondern einfach hinzugehen und in irgend einer kreativen Gruppe mitzuarbeiten oder beim DRK sich mit einzubinden oder bei der AWO oder so." (12, VG 5 Frauenleitstelle)

Der Versuch der Rückkehr ins Erwerbsleben kann sowohl für Männer als auch für Frauen vor allem als ein Versuch betrachtet werden, den Verlust beruflicher Beziehungsgefüge zu kompensieren und neue Netzwerke zu schaffen. Durch die von allen Interviewpartnern wahrgenommenen Veränderungen der sozialen Beziehungen in der Arbeitswelt wird dies jedoch kaum möglich sein. Aus diesem Grund wird der vierte von Friedrichs hervorgehobene Bereich, die Vereine, wesentlich an Bedeutung gewinnen.

Vereine und intermediäre Organisationen – die neuen kommunikativen Zentren ?

Im folgenden Abschnitt wird aufgrund der wachsenden Relevanz der Vereine nicht nur der Bezug der Individuen auf die Vereine betrachtet, sondern auch die Institutionalisierung von Vereinen und ihr zahlenmäßiges Wachstum sowie deren Schwierigkeiten bei der Finanzierung und Realisierung ihrer Ziele. Diese Institutionen, Vereine etc. sind als Vermittler, Anreger, Berater und Förderer zwischen Bewohnergruppen einerseits und staatlichen Verwaltungen bzw. verschiedenen Märkten andererseits tätig. Einrichtungen dieser Art waren in der Bundesrepublik etwa seit Anfang der 80er Jahre verstärkt im Aufbau (vgl. Selle 1991). In den neuen Bundesländern spielen sie im Prozeß der Umstrukturierung von Organisationen auf verschiedenen Ebenen sowie der Neukonstituierung von Gruppen aus dem Arbeitsmarkt eine wesentliche Rolle.

Die von Werk und Stadt geschaffenen Institutionen bildeten die Grundlage für eine Verknüpfung von Werten, normativen Mustern, Verhaltensweisen und Erfahrungen (vgl. Herlyn 1985:370). Mit der Wende und dem Kampf um die wirtschaftliche Existenz des EKO fiel der größte Teil dieser Institutionen der Kultur, des Sports, der Freizeit etc. weg und es entstand ein ‚Vakuum'.[551] Mit dem Wegfall formalisierter Feierlichkeiten, die vor 1989 lange Zeit im voraus organisiert werden konnten, war im Freizeitverhalten ein starker Rückgang gesellschaftspolitischer und freiwilliger Tätigkeiten festzustellen. Die Sorge um die Existenz bestimmte zunächst die weiteren Handlungen und schränkte den Spielraum für gemeinnützige Tätigkeit entschieden ein. Neu geschaffene städtische Institutionen und Strukturen sowie die Einrichtungen freier Träger bedeuteten einen Wechsel von (‚Leit'-) Personen und Ansprechpartnern sowie räumlich-zeitlichen Zusammenhängen. Diese Institutionen wurden für die unmittelbare Zeit nach der Wende von der Bevölkerung eher als ‚Anlaufstellen' bei aktuellen Problemen angesehen, denn als Ersatz oder ‚Auffang-Institutionen' für einmal Weggebrochenes.

Die Etablierung neuer Vereinsstrukturen ist für ein lebendiges Stadtleben notwendig. Ehrenamtliche Arbeit ist dafür eine wichtige Voraussetzung. Die Bereitschaft, ehrenamtlich zu arbeiten, ging jedoch massiv zurück, da durch den Druck der hohen Arbeitslosigkeit die Betroffenen eher daran interessiert sind, eine Stelle auf dem ersten bzw. zweiten Arbeitsmarkt zu erhalten. In der derzeit noch angespannten Situation ist für derartige ‚Freizeitarbeit' wenig Raum.

„Was mir noch fehlt ist dieses, aber das ist vielleicht wirklich ein langer Prozeß, daß die Leute viel mehr selber darauf orientiert werden so, was man unter ehrenamtlichen Strukturen versteht,

aufzubauen. Sie müssen immer noch sehr geschoben werden. Eigentlich verständlich, wenn man immer im Betriebskollektiv gelebt hat, wo alles irgendwie strukturiert war, wo auch die Bekannten, die Kegelklubs waren ja auch darüber organisiert, daß einem das wirklich bewußt wird, ich muß das selber machen, wenn ein Motor da ist, ich muß mich auch selber ranhängen, es ist keiner, der mich schickt, und ich brauch auch nicht mehr für das Brigadetagebuch daran teilnehmen, sondern einfach nur um meinetwillen. Dieses Umdenken ist schon schwierig." (3, E 6 Mitarbeiter Diakonisches Werk)

Informationsdefizite werden nicht mehr durch das „Einspringen" und „An-die-Hand-nehmen" von seiten staatlicher und/oder betrieblicher Einrichtungen beseitigt, die Eigenaktivität der ‚Betroffenen' ist gefragt. Diese muß jedoch als Fähigkeit erst ‚erlernt' werden. Als Ursachen für das Überwiegen einer eher ‚lethargischen' Haltung werden die ‚depressive Grundhaltung' und ‚Erfahrung von Verlusten', das ‚Abwarten' der Einwohner, das ‚Ausgebranntsein' nach 4-jährigem Arbeitskampf für das Weiterbestehen des EKO, die noch nicht ‚erlernte' Fähigkeit des früheren DDR-Bürgers, mit neu geschaffenen Institutionen umzugehen und diese damit ‚anzunehmen', die noch nicht gefestigten Strukturen innerhalb dieser neuen Institutionen und daraus resultierend deren oft noch unregelmäßige Arbeitsweise genannt. Auch aus diesem Grund wird die Tendenz verstärkt, daß viele neue Institutionen eher in die „Beratungsfunktion" hinübergleiten, als daß sie ihre eigentlichen Aufgaben (z.B. präventive Arbeit) wahrnehmen können. In diesem Zusammenhang können Defizite auch nicht durch eine verstärkte „Selbsthilfe" aufgefangen werden, denn die Überformung durch den Prozeß der Institutionalisierung neuer Verwaltungsstrukturen ließ wenig Raum für die Entwicklung funktionierender selbstorganisierter Strukturen.

„Und wir haben aber noch immer die Mentalität, bei den Frauen mit denen wir ins Gespräch kommen, die müssen was machen, die müssen uns was sagen …Und es reicht dann nicht, wenn wir den Frauen sagen – wir kriegen die einfach nicht in Gang, daß sie sich bewegen. Wenn wir sagen, paß mal auf, du kannst nicht meine Idee umsetzen, du kannst nur deine Idee umsetzen, dann kommt wirklich was raus – auch für dich. Und das will bei uns bei der Vielzahl von Frauen einfach noch nicht in die Köpfe rein. Und das hatten wir gestern bei der Veranstaltung im Prinzip auch drin, daß so angeklungen ist, daß die Frauen noch nicht begreifen können – zum Teil auch wollen – daß sie mit ihren Ideen und mit ihrer Handlung sich selber ihre zukünftige Berufstätigkeit absichern müssen." (1, VG 5 Frauenleitstelle)

Von den Vereinsvertretern wird vor allem die Verantwortungsdelegierung bei vielen Bürgern kritisiert. Da besonders die sozialen Vereine verstärkt auf ABM-Basis arbeiten, hängt vom Engagement der Mitarbeiter sehr viel ab. Profitiert haben diese sozialen Vereine vor allem von der Tatsache, daß soziale Einrichtungen durch die Kommune oder die Betriebe nicht mehr getragen wurden. Die kommunale Verwaltung war nach der Wende aus diesem Grund froh, daß viele dieser ‚bedrohten' Einrichtungen durch freie Träger u.a. Institutionen übernommen wurden, auch wenn nicht in jedem Fall klar war, was diese Trägerschaft rechtlich für beide Akteure bedeutete. Auf seiten der Verwaltung bestand zunächst das Ziel, die finanziellen Belastungen für den Sozialbereich einzuschränken. Die finanzielle Unterstützung der Vereine durch die Kommune ist die Grundlage für die Arbeit dieser Einrichtungen und führt bei der gegenwärtigen Verknappung der Finanzen zu erneuten ‚Versorgungslücken' z.B. im sozialen Bereich.

Die Retrospektive der Vereinsmitglieder belegt, daß sich das Verhältnis zwischen den freien Trägern und den kommunalen Ämtern in den letzten Jahren sukzessive verbessert hat und die Zusammenarbeit inzwischen als kooperativ eingeschätzt werden kann. Dies wird unter anderem damit begründet, daß die Kompetenz im Umgang mit freien Trägerschaften auf beiden Seiten zugenommen hat. Dazu trug auch die Spezifizierung der einzelnen Vereine bei, die in der Zwischenzeit ihren Aufgabenbereich klar definiert haben, so daß Abgrenzungen untereinander möglich sind. Es wurde konstatiert, daß gerade in der Anfangszeit von den Vereinen ein möglichst breites Feld bearbeitet wurde und sich erst in den letzten beiden Jahren ‚Spezialisten' entwickelt haben, die konkrete Zielgruppen haben.

„Und, so daß die ersten Jahre, also sag ich mal, ein ziemliches auch Gegeneinander waren. Inzwischen meine ich, daß 1.) in den Verwaltungen die Sachkenntnis inzwischen da ist. Die wissen inzwischen, warum sie freie Träger brauchen und was die können, aber daß sie auch unterstützt werden müssen …Wobei auf der anderen Seite es natürlich so ist: Eh, ich meine, in den Jahren '90, '91, '92, hat auch jeder freie Träger erst mal versucht, ‚Wir machen alles'. Und es war ja auch förderungsmäßig viel möglich. Es gab beim Land ja für alles mögliche Geld. Dort so was und da so was, so daß viele Sachen doppelt und dreifach entstanden sind, also, klar, freie Trägerlandschaft ist gut, auch die Vielzahl, aber es muß ja auch der Bedarf da sein. So, und jetzt ist das natürlich so, jetzt müssen wir einfach uns zusammenraufen, auch mit den anderen freien Trägern, …die staatlichen Organe, die sagen natürlich jetzt, ‚Wir finanzieren für die Bevölkerungszahl das und das und nun einigt Euch, wer das macht!' Also, jetzt ist es nicht mehr so einfach, zu sagen, ‚Wir machen irgendwas.' Und dadurch, denke ich, wird sich in den nächsten Jahren noch einiges einfach umprofilieren." (6, B 15 Mitarbeiterin Wohlfahrtsverband)

Ein weiteres Problem stellt nun das Ringen der nach der Wende neu entstandenen Institutionen, Vereine etc. um das ‚Überleben' dar, welches nicht mehr nur von der Eigeninitiative der Mitarbeiter und deren Möglichkeit abhängig ist, aufgrund staatlicher Fördermaßnahmen in diesen Projekten mitzuarbeiten. Die finanzielle Situation der Kommune läßt zwischen den Vereinen eine ‚Konkurrenzsituation' entstehen. So werden Überschneidungen z.B. in der Arbeit mit sozialen Gruppen ‚in Kauf genommen' oder Projekte nach den Inhalten aktueller Förderprogramme ausgewählt. Regulierungsmechanismen des freien Marktes machen auch vor ‚sozialen Trägern' nicht halt.

Die Situation ist dennoch an einem Punkt angelangt, wo die verschiedenen Institutionen zusammenarbeiten ‚müssen', da die sonst knappen Gelder verwendet werden, ohne die nötigen Synergieeffekte zu erzielen. Zu diesem Zweck wurde 1995 ein Arbeitskreis aufgebaut, der neue Projekte und Ideen vor allem für Jugendliche und Frauen in der Region entwickeln sollte. Zu Beginn wurde eine deutliche Zurückhaltung aller Vereinsvertreter registriert. Die Angst, eigene Ideen in den Projekten anderer Vereine wiederzufinden, führte jedoch dazu, daß einige Vereinsvertreter diesen Arbeitskreis verließen. Als wichtig für die Wirksamkeit des Arbeitskreises wird vor allem die Zugehörigkeit neutraler Vertreter erachtet, die kein Eigeninteresse an diesen Projekten besitzen.

Beklagt wurde in den Gesprächen, daß der Vielfalt der sozialen Vereine ein zu geringer Bekanntheitsgrad in Eisenhüttenstadt gegenübersteht.

„Weil man in Eisenhüttenstadt auch erkannt hat, da sind sehr viele freie Träger, da ist das Sozialamt, da ist das Jugendamt, und jeder hat ein bestimmtes Angebot und keiner weiß vom andern und erst recht nicht die, die es bräuchten, die wissens ganz und gar nicht. Und da ist jetzt auch der Gedanke angeregt worden, aus der Stadtverwaltung selber, doch mal ein Projekt ins Leben zu rufen, die sich direkt damit beschäftigen mal aufzulisten, also so einen richtig aktuellen Katalog, wer wo was wann für wen anbietet. Und das natürlich dann auch aktualisiert … Und diejenigen, die eigentlich diese Hilfe und Unterstützung benötigen, die wissen das ja erst recht nicht. Weil, sie sind ja nicht irgendwo im Betrieb, wo sie sich mit Kollegen täglich austauschen, der eine weiß dieses und der andere jenes, sie haben ja nur ihren kleinen Pfad und aus diesem Teufelskreis kommen sie nicht raus" (10, B 9 Mitarbeiterin GEM)

Für den Erfolg der sozialen Vereine ist also nicht nur das Engagement der Mitglieder notwendig, sondern auch eine Öffentlichkeitsarbeit, die die Bürger anspricht. Oft erreichen die Angebote die Zielgruppen nicht, da sie nicht in den entsprechenden Medien publiziert wurden. Dabei müssen auch neue Wege gegangen werden, denn bestimmte Zielgruppen, wie z.B. Obdachlose, sind durch Zeitungsartikel nicht erreichbar.

Der Arbeit vor allem sozialer Vereine stehen nach Aussagen unserer Interviewpartner somit eine ganze Reihe von Problemen entgegen, deren Ursachen wie folgt zusammengefaßt werden können:

– Die Brüche, die in der eigenen Arbeit und damit Biographie der Mitarbeiter auftraten. Diese Mitarbeiter mußten sich in kurzer Zeit auf neue Arbeitsaufgaben einstellen;
– Der begrenzte Zeitraum für laufende Projekte, der durch die Fördermodalitäten bestimmt wird (Zeit der ABM-Stelle, Zeit der Stelle nach 249 h etc.) bringt enorme Probleme mit sich. Neben der Übernahme spezifischer Arbeitsinhalte und -aufgaben spielen die Vereine eine wichtige Rolle für die Schaffung von Arbeitsplätzen, wenn auch vorrangig auf ABM-Basis. Rund 50% der Stellen in den ostdeutschen Einrichtungen der freien Wohlfahrtspflege waren 1992 mit ABM-Stellen besetzt (vgl. Schwitzer 1995:296). Damit gehen die Unsicherheit der Mitarbeiter bzgl. des Erhaltes ihres Arbeitsplatzes bzw. der Verlängerung der Maßnahme einer sowie die Unmöglichkeit für Vereine oder Projekte, langfristig zu planen;
– Die sich zunehmend verschlechternde finanzielle Situation der Kommune und Einschränkung von Förderprogrammen verschiedenster Institutionen. Dadurch werden die bestehenden ‚Fördertöpfe' situationsbezogen genutzt. Parallel zu diesem Prozeß wird die zunehmende Verkomplizierung von Beantragungsverfahren sowie Abrechnungssystemen bemängelt;
– Die Kreisneugliederung in Verbindung mit einer Funktionalreform, die Zuständigkeiten innerhalb der städtischen Verwaltung und weiterer sozialer Dienstleister völlig neu zuschrieb;
– Durch die ‚Überschneidung' verschiedener Arbeitsbereiche sowie Zielgruppen werden Institutionen zu ‚Konkurrenten'; wo eigentlich Zusammenarbeit Synergieeffekte erbringen soll, müssen im Ergebnis verknappter Fördermittel die ‚Kleinsten' weichen.
– Durch den infolge des Ablaufes bzw. der Reduzierung von ABM erfolgenden Wechsel der Personen und damit vertrauten ‚Ansprechpartner' entstehen nachfolgend Unsicherheiten bei den ‚Betroffenen', z.B. Obdachlosen oder Jugendgruppen;
– Insbesondere Ältere und in sozialen Einrichtungen Beschäftigte beklagen die Wirkungen hoch arbeitsteilig organisierter Sozialdienste und die Dominanz von Verbandsinteressen, die die ‚Nähe' zum Problemfall teilweise nicht ermöglichen (vgl. auch Prengel 1995:345).

Diesen Institutionen kommt im Prozeß der Transformation eine andere Funktion zu, als denen in den alten Bundesländern. Gerade auf dem Gebiet der sozialen Arbeit wurden nach der Wende viele Maßnahmen unterstützt, in denen zunächst von Arbeitslosigkeit Bedrohte einen Halt fanden. Durch den Wiedereinstieg in die Erwerbstätigkeit konnten die verlorenen sozialen Beziehungen der früheren Arbeitskollektive zumindest teilweise kompensiert werden. Vereine boten vor allem die Möglichkeit eines Engagements, das über den Familienkreis hinausging. Dadurch sind neue Sozialgefüge im Entstehen. Diese Funktion gilt jedoch nicht nur für die sozialen Vereine, sondern ebenso für den Bereich Kultur oder Sport. Im Unterschied zu letztgenannten boten die sozialen Vereine jedoch eher die Möglichkeit, über den zweiten Arbeitsmarkt in die Erwerbstätigkeit zurückzukehren. Für die soziale Integration verschiedener Bevölkerungsgruppen sind die Vereine unterschiedlicher Bereiche und Interessenlagen von wachsender Bedeutung.

Soziale Beziehungen – Abkehr von Vergangenheit ?

Die Bewertung der Veränderungen der sozialen Beziehungen seit 1989 erfolgte subjektiv ganz unterschiedlich. Sie ist von den Erfahrungen der Einzelnen in den vergangenen fünf Jahren geprägt und vor allem auch den selbst formulierten Zukunftsaussichten. Ein wesentlicher Aspekt der Bewertung ist auch hier die Zugehörigkeit zu einer bestimmten Generation. Desillusionierung und Pessimismus ist vorrangig bei denen anzutreffen, die sich im mittleren Alter befinden, derzeit ohne Beschäftigung sind und deren Chancen zu einer Verbesserung ihrer spezifischen Lebenslage für die Zukunft nicht abzusehen ist. Sie stellen einen Teil der ‚Wende'-Verlierer (vgl. Bialas/Ettl 1993) dar. Sie konstatieren auch am stärksten die Verschlechterung sozialer Beziehungen. Bei der Einschätzung wird jedoch sehr stark unterschieden nach berufsbedingten sozialen Kontakten und den ausschließlich privaten. Teilweise vollzogen sich auch Umstrukturierungen des Freundeskreises, da bei vielen eine Übereinstimmung von Kollegen- und Freundeskreis bestand. Während die berufsbedingten nach Aussagen unserer Interviewpartner fast gänzlich abgebrochen wurden, vertieften sich die sozialen Beziehungen im neu definierten Freundeskreis.

„Sie (die Gesellschaft; d.A.) hat natürlich auch – naja das, was wir eigentlich nur theoretisch mal gelernt haben, das zeigt sie jetzt in der Praxis. Daß dieser Staat große Unterschiede macht zwischen arm und reich, das wird kommen. Daß diese Unterschiede auch sich mehr und mehr verschärfen, denke ich mal. Daß auch das Klima nicht mehr gut ist. Also – was man jetzt schon nach fünf Jahren Wende spürt – daß man mit manchen Leuten überhaupt nicht mehr über bestimmte Themen reden kann. Daß Freundschaften auseinander gegangen sind, die es vorher noch gab." (12, E 10 Mitarbeiterin Frauenprojekt)

Die Ausdifferenzierung von Lebenslagen bestimmt auch wesentlich die Aufrechterhaltung sozialer Beziehungen. Von einer unserer Gesprächspartnerinnen wurden die Einschränkungen sozialer Beziehungen durch drei Ursachen begründet:
– Nutzenbeziehungen zur Beschaffung materieller Güter sind kaum mehr notwendig;
– Der Ausgrenzungsprozeß von Arbeitslosen und Vorruheständlern setzt ein;
– Die Arbeitszeit der Erwerbstätigen erhöht sich, so daß der Zeitfaktor zur Aufrechterhaltung sozialer Beziehungen im privaten Bereich immer geringer wird.

Die unterschiedlichen Lebenslagen spiegeln sich jedoch nicht nur in den Veränderungen der sozialen Netzwerke, sondern auch im Verhalten gegenüber anderen Bevölkerungsgruppen, wie z.B. Ausländern, wider. Es entstehen ungewollte Konkurrenzen, die sich auf die sozialen Beziehungen auswirken.

„Ich mache auf der einen Seite die Erfahrung, daß Leute, die Arbeit haben, die also im Arbeitsprozeß stehen, die auch erstmal für sich eine relativ gesicherte Existenz im Moment auf eine absehbare Zeit sehen, sind auch relativ aufgeschlossen vielen Sachen gegenüber, und sehen dann auch eine Zukunft. Hat man es aber mit Leuten zu tun, die wirklich zu knabbern haben, die Arbeit suchen, die wenig Chancen haben, Arbeit zu finden, dann sieht das oft schon anders aus. Dann hat man wirklich ein breites Spektrum von Leuten, die auf der einen Seite auch nach Ideen suchen, auch selber aktiv sind und für sich eine Zukunft suchen, auch versuchen, irgendwo eine Möglichkeit zu finden, auch vielleicht für sich einen Arbeitsplatz zu schaffen, sei es nur über ABM oder über ein Projekt erst einmal, bis hin zu Leuten, die sich auch sehr zu machen, die dann auch sagen, erstmal wird uns nicht geholfen, dann bin ich auch nicht für irgendwelche anderen Projekte und für Dinge wo Geld reinfließt, die also total abblocken." (2, E 9 Mitarbeiterin Stadtverwaltung)

Bei Erwerbstätigen wird demnach eine wesentlich größere Offenheit auch gegenüber Gruppen festgestellt, für die Projekte oder Maßnahmen getroffen werden, die durch die Stadt finanziert werden. Die Unzufriedenheit der Arbeitslosen mit ihrer persönlichen Situation wirkt sich eher negativ auf die Akzeptanz solcher Projekte aus. Man versteht diese Gruppen als Konkurrenten, die die Chancen auf dem Arbeitsmarkt noch zusätzlich verringern. Im Zitat wird noch einmal die Spaltung dieser Gruppe deutlich: Einerseits die ‚Engagierten', die versuchen, selbst etwas zur Verbesserung ihrer Situation zu tun, und auf der anderen Seite die ‚Resignierten', die sich aus der Öffentlichkeit zurückziehen und deren Unzufriedenheit größer wird. Während die ‚Engagierten' ihre sozialen Netzwerke aufrechterhalten bzw. neu definieren, wird der Umfang sozialer Kontakte der ‚Resignierten' immer geringer.

Es wird jedoch nicht nur reflektiert, daß sich soziale Beziehungen verringern, sondern auch darauf aufmerksam gemacht, daß dies ein Orientierungsphänomen ist. Ausgegangen wird davon, daß sich nach den ersten Jahren der Neuorientierung in einem fremden System jetzt die Strukturen festigen und auch an den sozialen Netzwerke wieder verstärkt gearbeitet wird. Private Probleme überlagerten vor allem in den ersten Jahren das Bedürfnis nach Beziehungspflege. Sechs Jahre nach der Wende wird ein langsames Anwachsen eines ausgewählten Beziehungsnetzwerkes registriert. Von Bedeutung ist hier der Passus ‚ausgewählte Beziehungsnetzwerke'. Daran wird deutlich, daß durch die Verkleinerung des kontaktierten Personenkreises eine gezielte Auswahl notwendig erscheint. Dabei steht das Nutzenkalkül u. E. noch nicht an erster Stelle. Ausgeprägte Unterstützungsnetzwerke zur Verbesserung beruflicher Positionen wurden in unseren Interviews nicht ersichtlich. Es wird zwar festgestellt, daß derartige Beziehungen heute noch wesentlich wichtiger seien als früher, aber der Aufbau dieser beruflichen Unterstützungsnetzwerke scheint erst am Anfang zu stehen. Die Herausbildung einer Art Lobby und daraus folgender Positionsbesetzungen wird im wesentlichen für den Bereich der Kommunalpolitik festgestellt.

Man kann davon ausgehen, daß die Wertigkeit sozialer Netzwerke nicht geringer geworden ist. Der Wegbruch kollektiver Beziehungsgefüge durch die Veränderungen in der Arbeitswelt wird versucht, durch die Vertiefung der individuellen, von der Arbeitswelt unabhängigen Netzwerke zu kompensieren. Reine Beschaffungsnetzwerke, wie sie in der DDR bestanden, verloren ihre Existenzberechtigung und werden großteils aufgegeben. Die Bedeutung der Vereine in unterschiedlichen Bereichen für die Aufrechterhaltung sozialer Kontakte hat enorm zugenommen.

Die Pflege sozialer Beziehungen kann durch kommunale Angebote in den Bereichen Kultur und Sport unterstützt werden. Besonders Vereinsarbeit in diesen Bereichen ist in hohem Maß von öffentlichen Finanzierungsmitteln abhängig. Interessant ist demnach im Zusammenhang mit der Veränderung der sozialen Beziehungen auch die Nutzung kultureller und infrastruktureller Einrichtungen der Stadt.

Nutzung kommerzieller und kultureller Infrastruktureinrichtungen

Die Stadt war bis 1989 durch die kontinuierliche Entwicklung von Volkskunst, Betriebskulturgruppen, das Bestehen kultureller städtischer Einrichtungen, durch die Arbeit haupt- und ehrenamtlicher Leiter dieser Gruppen etc. kulturell versorgt, wie kaum eine andere mittlere Industriestadt in der DDR.[552] EKO besaß ein eigenes Kulturhaus, welches gleich nach der Wende seine Arbeit aufgeben mußte (vgl. Kapitel ‚EKO als Sozialagentur'). Nach wie vor verfügt Eisenhüttenstadt über eine überdurchschnittlich gute Ausstattung mit Einrichtungen der sozialen Infrastruktur, die ein Resultat der besonderen politischen und städtebaulichen Rolle der Stadt in der Vergangenheit ist.[553]

Hauptziel der betrieblichen kulturellen und sportlichen Einrichtungen war, Betriebsverbundenheit herzustellen und kontinuierlich zu festigen. Von Hockerts wird konstatiert, daß aufgrund der Übernahme eines Großteils sozialer Kosten durch den Betrieb eine Betriebsverbundenheit erreicht wurde, die zu den ‚wesentlichen Kohäsionskräften' in der Geschichte der DDR zu rechnen ist (vgl. Hockerts 1994:535). Andererseits existierten „freie" künstlerische oder andere Gruppen außerhalb des EKO und auch städtischer Institutionen als sogenannte *Subkultur* kaum, was nicht nur charakteristisch für Eisenhüttenstadt als Stahlarbeiterstadt war, sondern auch für weitere Industriestädte, in denen ein dominanter Großbetrieb vorhanden war (wie z.B. das Stahlwerk in Brandenburg). In ihrer Untersuchung des alternativen Milieus in Brandenburg benutzten Schweigel/Segert/Zierke den Begriff des ‚Submilieus' und erzielten vergleichbare Ergebnisse: *„Im Unterschied zu größeren DDR-Städten konnte sich das politisch-alternative Submilieu im mittelgroßen Brandenburg mit einer eher traditionellen Sozialstruktur nur in geringem Maß ausprägen. Ein überschaubares Alltagsleben, deutliche Traditionen in Industrie- und Handwerksbereichen, eine kleine kulturelle und künstlerische Szene und partiell beschränkte Möglichkeiten, sich höhere Bildung anzueignen, erschweren die Konstituierung alternativer Lebensarten."* (Schweigel/Segert/Zierke 1995:200) Die staatlichen Institutionen der DDR waren bestrebt, auf diese Art und Weise den „Überblick" über die Entwicklung auf kulturellem Gebiet zu behalten, die ‚Werktätigen' unmittelbar in ihre Interessen einzubeziehen und dadurch an Einfluß zu gewinnen. Verstärkt wurde dieser Prozeß durch die spezifische Anlage von Eisenhüttenstadt. In solch einer ‚durchplanten' Stadt konnte sich im Vergleich zu den ‚alten' traditionsreichen Städten kein sogenannter breiter ‚Untergrund' entwickeln, da die Infrastruktur – in Verbindung mit der Ausrichtung auf die Förderung zentraler kultureller Einrichtungen – verhältnismäßig wenig Nischen bot. „*Gerade das Chaotische der Stadtentwicklung (ist; d.A.) als Resultat einer Abfolge von städtebaulichen und planerischen Ordnungsvorstellungen herauszulesen .., in deren Nischen, Brüchen und Widersprüchen die Chancen für Urbanität und städtische Freiheiten zu vermuten sind."* (Rodenstein 1991:32) Diese Nischen oder auch ‚Poren' (Ipsen/Fuchs 1995:254) sollten nicht als unerwünschte Unordnung angesehen werden. Das Fehlen alternativer Kultur und individueller Freiräume sind jedoch gegenwärtige Kritikpunkte, die in den Interviews mehrfach geäußert wurden.

„In Berlin (1982; d.A.), gerade Prenzlauer Berg, war ja nun das Viertel, wo viele Künstler lebten, wo viele aufgeschlossene Menschen, Arbeiter- und das hielt sich so die Waage, und es hat sich einer nicht um den anderen geschert, und wenn einer rote, grüne, blaue Haare hatte, das hat einen überhaupt nicht gejuckt, das hat man akzeptiert, und das fand ich gut. Währendessen in der kleinen Stadt, um Gottes Willen, Minirock, wo's noch gar nicht Mode ist und Hüte … Jeder starrte mich an. Z.B. ein Ohrring, heute fast jeder ein Ohrring, wo ich damals angefangen habe mit einem Ohrring sind die fast alle in Ohnmacht gefallen. Ich paßte gar nicht … Das war furchtbar, schlimm, die haben mich da runtergemacht, als wenn ich sonst was verbrochen hätte. Das war eigentlich och sone Sache, die mir nicht gefallen hat … man kann doch die Persönlichkeit nicht in ein Schema pressen, wie man zu sein hat. Oder was man darf und was man nicht darf … Da paßte ich irgendwie nicht rein, das hab ich gespürt, und in Berlin hab ich mich eigentlich so richtig glücklich gefühlt." (14, B 7 arbeitslos, alleinerziehend, 2 kleine Kinder)

Dieses Defizit ‚schlägt' gegenwärtig um so stärker zurück, da vor allem von den Jugendlichen ein fehlendes Angebot konstatiert wird. Durch die neuen Angebote in fast allen kulturellen Bereichen und eine verstärkte Individualisierung suchen die Jugendlichen nach alternativen Möglichkeiten zur Befriedigung ihrer Interessen. Die zentralen Angebote auf ‚Massenbasis' werden von ihnen nicht in dem Maße wahrgenommen. Es ist zu konstatieren, daß nach 1989 auch Eisenhüttenstadt von den ‚unbekannten' und mehr oder weniger anspruchsvollen Kulturangeboten der Marktwirtschaft eingeholt wurde: *„Inzwischen flimmern im Friedrich-Wolf-Theater ‚Rocky V' und ‚Werner Beinhart' über die Leinwand. Das Dienstleistungskombinat ist GmbH und betreibt einen ‚Videothek-Recorder-Verleih', am Glogower Ring auch einen ‚Erotik-Shop'. Bibliotheken und Klubs werden geschlossen, redegewandte Geschäftsleute aus dem Westen wollen Kulturhäuser in Spielcasinos verwandeln. Die Eisenhüttenstädter nehmen die neuen Angebote an. Engagierte Kulturfunktionäre von einst registrieren das Verdrängen ihrer Utopien durch Unterhaltung und Kommerz mit Schmerz."* (‚Das Ende vom kleinen Idyll'. In: Wochenpost 8/1991) Besonders von Kulturinteressierten und ehemals in diesem Bereich Engagierten wird konstatiert, daß die vermeintlich neuen Angebote in der Stadt bereits viel früher existierten und teilweise über ein qualitativ höheres Niveau verfügten. Insofern werden durch ehemalige Kulturfunktionäre die Veränderungsprozesse als eine Entwertung der jahrzehntelangen Arbeit wahrgenommen:

„ … der kulturelle Prozeß, das Kulturelle ist abgebrochen. Und, eh, alles das, was war, eh, war ja ‚nicht gut'. War ja rot und so." (3, B8 ehem. EKO-Mitarbeiter)

Die ehemals im Bereich der Kultur Tätigen haben heute kaum noch Chancen, auf die Entwicklung in diesem Bereich Einfluß zu nehmen. Resigniert wird zur Kenntnis genommen, wie die in langen Zeiträumen aufgebauten Einrichtungen und kulturellen Gruppen sich auflösten.

Die Frage der Ausgestaltung des Kultur- und Freizeitbereiches steht zwar insbesondere, aber nicht nur für die Jugendlichen. Die Stadt muß versuchen, mit ihrem Angebot alle Altersgruppen als auch Interessenlagen zu berücksichtigen. Es reicht nicht aus, Großveranstaltungen für die ‚Masse' anzubieten, wenn man sich als Kultur- und Bildungszentrum in der Region verstehen will. Ein Blick auf die Angebote des Friedrich-Wolf-Theaters zeigt, daß man auch in diesem Bereich zu diversifizieren versucht, daß es aber einige Zeit braucht, bis diese Angebote von der Bevölkerung angenommen werden.[554] Darüber hinaus muß der Gedanke Platz greifen, daß nicht mit jedem Angebot das Gros der Einwohner zu erreichen sein wird. Das Bewußtsein, auch alternative Interessen zu befriedigen, ist vorhanden, dennoch kollidieren viele Ideen mit der Pflicht, auch im Kulturbereich möglichst kostendeckend zu arbeiten. Dies ist z.B. in bezug auf das Friedrich-Wolf-Theater nur durch ausverkaufte Veranstaltungen auf Dauer zu gewährleisten. Vor dem Hintergrund der veränderten finanziellen Situation in den einzelnen Haushalten und der gravierenden Preiserhöhungen[555] für kulturelle Veranstaltungen wird der Rückgang der Besucherzahlen erklärbar. Dennoch scheint ein Großteil der Eisenhüttenstädter sich auch heute eher für zentrale Großveranstaltungen zu interessieren, als für kleinere alternative Angebote.

„Ich würde denken, ein kleines Angebot ist schon da, aber es ist, wie Sie formulierten, war es früher auf Massen ausgerichtet, und diese Massen haben sich auch angesprochen gefühlt, und die fühlen sich auch heute noch angesprochen. Wenn die Wildecker Herzbuben hier in Eisenhüttenstadt sind oder Iwan Rebroff, da ist da Theater brechend voll bis auf den letzten Platz, selbst miterlebt ... Die Leute, die jetzt so Konzerte besuchen, Opern besuchen, das ist ein Kulturangebot, was auch auf bestimmte Gruppen ausgerichtet ist und auch nur von bestimmten Gruppen angenommen wird ... Aber es wird auch nicht alles angenommen ... Und das sind für mich so erkennbare Tendenzen, wo ich sage, die Leute sind noch mehr auf diesen Massenkonsum aus. Man kriegt sie wahrscheinlich im Moment auch nur mit solchen Angeboten. Und das muß dann erst ganz allmählich wieder wachsen. Dann kommt noch dazu, daß die Karte ja doch jetzt ein bißchen mehr kostet als früher, und das ist auch nicht unerheblich. Wenn jemand rechnen muß, dann überlegt er schon, ob er 30 Mark für eine Karte ausgibt, und wenn der Partner mitkommt dann sind das schon 60." (17, B 9 Mitarbeiterin GEM)

Die Stadt muß es lernen, den Gegensatz von Hoch- und Soziokultur nicht als etwas Negatives zu begreifen, sondern im Verständnis für die ‚kulturelle Tradition' der Stadt und ihrer Einwohner ein ausgewogenes Angebote für alle Gruppen zu schaffen. Hier stehen zwei Problembereiche ‚im Weg'. Einmal ist das der Versuch, vor allem neu eingestellter Verwaltungsmitarbeiter, endlich ‚Kultur' in die Arbeiterstadt in Form von Konzerten mit Neuer Musik, Theaterwochen, Tanzfestivals usw. zu bringen. In diesem Zusammenhang führt die fehlende Nachfrage auf Publikumsseite zu einer Diskrepanz von Angebot und Anspruchsdenken sowie zu einer finanziellen Überforderung des Kulturbereiches. Andererseits bilden die Frustration und das Kulturverständnis verschiedener Publikumsgruppen sowie das zu DDR-Zeit ausgeübte ‚Anrechtswesen' eine schier unüberwindbare Schranke. Das Anrechtswesen, d.h. der für die Arbeitskollektive betrieblich organisierte Besuch kultureller Veranstaltungen, wurde in einem hohen Grad internalisiert, so daß es jetzt schwerfällt, individuelle Interessen zu definieren und in Eigeninitiative kulturelle Veranstaltungen zu besuchen. Von den Kulturverantwortlichen, die bereits vor 1989 in diesem Bereich waren, wird darauf verwiesen, daß es traditionell gewachsene Kulturinteressen in Eisenhüttenstadt kaum gibt.

„...noch schlimmer ist es ja, unsere Leute gehen ja nicht, oder sind nicht so ins Theater gegangen, nur wenn sie mußten, also jedenfalls hier in diesem Bereich. Woanders, Berlin oder Leipzig, da gibt es ja Tradition, aber hier doch nicht in der Provinz. Und wer ins Theater will, fährt nach Frankfurt/Oder oder in die Konzerthalle oder bis nach Berlin, wer wirklich was sehen will. Also ist nur der Durchschnitt, und der ist früher nur gegangen, weil es im Brigadebuch stehen mußte ... Das war doch so. Also wer was anderes behauptet, der lügt ... Es ist ganz eindeutig und auch ganz klar, man muß nämlich davon ausgehen, diese Stadt Eisenhüttenstadt, das ist eine zusammengewürfelte Provinzstadt und nichts weiter, keine Stadt der Intelligenz, so wie viele glauben und denken. Und das wird sie auch nicht, kann sie gar nicht werden von der Entwicklung her." (4, E 11 Mitarbeiterin Stadtverwaltung)

Voraussetzung für die Herausbildung individueller Kulturinteressen ist ein vielseitiges Angebot, was über die ‚Großveranstaltungen' im Friedrich-Wolf-Theater hinausgeht. Auch wenn die Zahl derer, die an solchen Veranstaltungen teilnehmen, zunächst gering ist, geht es darum, potentielle Möglichkeiten zu schaffen, um alternative Kulturinteressen zu entwickeln und zu fördern. Die betriebliche Stützung von Kulturleistungen und Eintrittspreisen entfiel nach 1989. Dies führte zu einer veränderten ‚kulturellen Infrastruktur' sowie zu einer neuen ‚Besucherstruktur'. Die betrieblich gestützten Eintrittspreise beeinflußten den Besuch kultureller Veranstaltungen nachhaltig. Bei Preisen von 3,00 – 5,00 Mark pro Karte mußte das Interesse nicht unbedingt ausgeprägt sein, um die Angebote wahrzunehmen. Durch die Kulturverantwortlichen wird eine Manipulation der Besucherstruktur über den Preis und kollektive Anreize konstatiert, die eine realistische Einschätzung und Bewertung der Besucherzahlen vor 1989 kaum zuläßt. Als positiv wird dennoch hervorgehoben, daß auf diesem Weg verschiedene kulturelle Bereiche für einen Großteil der Besucher zumindest zugänglich gemacht wurden. Nach der Wende gab es durch die veränderten Bedingungen einen enormen Rückgang der Besucherzahlen, die 1995 laut Aussagen unserer Interviewpartner langsam wieder ansteigen. Nach der ersten ‚Nach-Wende-Orientierungsphase', in der vor allem existentielle Fragen im Vordergrund standen, gehört es jetzt *„wieder zum guten Ton, ein Konzert oder eine Veranstaltung zu besuchen ..."* (10, E 11 Mitarbeiterin Stadtverwaltung). Präferiert wird jedoch von der breiten Masse der Eisenhüttenstädter eher die Unterhaltungskunst. Der Charakter der Stadt als

‚Stadt der Stahlarbeiter' kam im Publikumsverhalten zum Ausdruck, welches sich bis heute kaum geändert hat: „*Die Eisenhüttenstädter nahmen als Publikum wenig Rücksicht auf sensible Künstler und introvertierte Feingeister. Sie zeigten genauso schnell Begeisterung, wie Ablehnung. Wenn ihnen was nicht schmeckt, stehen sie auf und verlassen den Saal.*" „*Etikette zählt hier weniger ...Viele, die bislang Aitmatow und Böll ausgeliehen haben, sagen nun, Konsalik und Simmel, die lesen sich ja viel besser*" (‚Das Ende vom kleinen Idyll'. In: Wochenpost 8/1991) Hauptveranstaltungsort für kulturelle Großveranstaltungen war und ist das Friedrich-Wolf-Theater. Im nachfolgenden Diagramm wird deutlich, daß durch eine Differenzierung des Angebotes unterschiedlichen kulturellen Interessen entsprochen werden soll. Diesem Engagement werden jedoch finanzielle Grenzen gesetzt, die in der schlechten Haushaltssituation der Stadt begründet sind. Aus diesem Grund muß das Verhältnis von Angebot und Nachfrage abgewogen werden. Deutlich ist das Übergewicht von Filmveranstaltungen gegenüber allen anderen Angeboten.

Vor 1989 war ein Großteil der Veranstaltungen Sprechtheater, Konzerte, Chanson- und Unterhaltungsprogramme. Dies änderte sich unter den neuen Vorzeichen und einer finanziellen Beschränkung in den nachfolgenden Jahren. Es wurde versucht, stärker zu differenzieren und bestimmte Zielgruppen anzusprechen.

Ein eigenes Schauspielerensemble besaß das Friedrich-Wolf-Theater nicht, so daß Theateraufführungen nur als Gastspiele anderer Theater realisiert wurden. Heute sind die Mehrzahl der Veranstaltungen Filmveranstaltungen, und dort ist eine Konzentration auf die ‚Trendfilme' zu verzeichnen.[556] Neu im Friedrich-Wolf-Theater ist ein Amateurkabarett, das sich nach 1989 aus zwei verschiedenen Gruppen gründete und hier eine eigene Spielstätte fand. Kabarett etablierte sich aus diesem Grund fest im Veranstaltungsangebot des Hauses. Diese Gruppe kann als eine der wenigen Amateur- und Volkskunstgruppen angesehen werden, die sich trotz der weggefallenen großzügigen Finanzierung durch Betriebe und Stadt halten konnte.

„*Und dieses Kabarett ist natürlich auch immer unterstützt worden ...Und wir haben uns nach der Wende, da drohte ja auch alles auseinanderzufallen, und hier war auch ein gutes Lehrerkabarett, daß auch drohte auseinanderzufallen, und wir haben uns aber zusammengefunden. Wir haben uns irgendwann mal getroffen und haben gesagt, wollen wir uns nicht zusammenschließen. Die Hälfte und die Hälfte, und mit der Wende sind wir zusammengekommen, und wie gesagt, der positive Umstand, daß wir uns hier einmieten konnten, jeden Montag hier Probe haben und auch Auftritte für dieses Haustheater in einer Form entwickelt, eine ganz neue Form in diesem Haus, ...und ich hoffe, daß das nicht kaputt gemacht wird.*" (6, E 11 Mitarbeiterin Stadtverwaltung)

Nach der Währungsunion mußte man einen Besucherrückgang bei Filmen um 30% und bei anderen Veranstaltungen gar um 85% hinnehmen.[557] Die Gesamtzahl der Besucher stieg nach einer Talfahrt in den Jahren 1991 und 1992 wieder an. Dies kann zum einen damit begründet werden, daß sich das

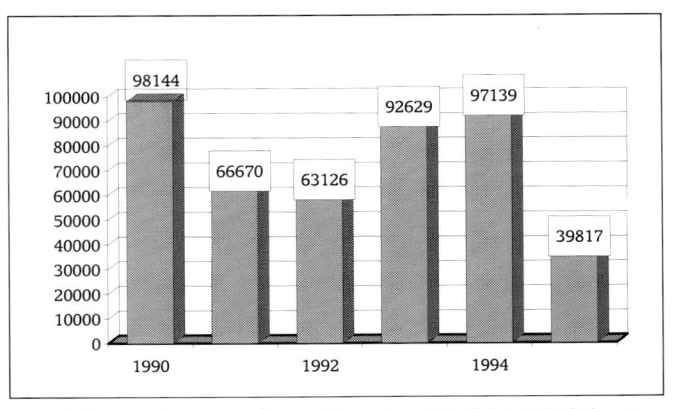

Entwicklung der Besucherzahlen des Friedrich-Wolf-Theaters 1990-1995

Angebot bis 1994 vergrößerte. Andererseits ist zu vermuten, daß sich die Strukturen in Eisenhüttenstadt einigermaßen gefestigt haben, die großen Kündigungswellen in den Betrieben vorüber sind und man sich wieder stärker der Kultur widmet.

Der generelle Rückgang in der Nutzung der Kulturangebote ist aber auch darauf zurückzuführen, daß ein Großteil der Abonnements durch Betriebskollektive getragen wurde, was nun nicht mehr der Fall ist. Kultur ist jetzt ‚Privatsache', keine ‚Pflichtveranstaltung' mehr. Auszugehen ist bei allen Ressentiments, die gegenüber diesen kollektiv organisierten und erlebten Veranstaltungen bestehen, vor allem davon, daß diese zu einer Gewohnheit geworden waren, auf die keiner verzichten wollte. Sie stifteten ein hohes Maß an Gemeinsamkeit und Erfahrungshorizont, der heute nicht mehr vorhanden ist und kaum durch individuelle Freiheiten kompensiert werden kann. Fast alle Interviewpartner beschrieben diese Entwicklung als Verlust, der ihnen erst nach einem längeren Prozeß der Neustrukturierung und -formierung gesellschaftlicher und individueller Lebensgestaltung bewußt wurde. Die folgende Passage zeigt die Ambivalenz und das Bewußtwerden des Verlustes im Prozeß der Reflexion über die Vergangenheit. Ähnliche Aussagen finden sich in fast allen Interviews wieder.

„*Und wenn manche Veranstaltungen, diese Brigadeveranstaltungen zunächst sehr diesen Charakter des ‚Muß', weil ‚Erfüllen des Planes' hatten und so ...Das war dann nicht so gezwungen. Also irgendwie war dann aus dem Muß dann auch eine Gewohnheit entstanden, die dann heute im nachhinein, von allen mit denen ich gesprochen habe, als eine sehr angenehme und wohltuende Gewohnheit empfunden wurde. Aber erst jetzt, nachdem es nicht mehr da ist. In gewisser Weise auch von mir selber. Gleich nach der Wende, wie gesagt, ist ja sehr viel kulturelles Angebot nicht mehr da gewesen, und man hat ja auch sehr viel mit den anderen Problemen, mit dem Geld und mit der Umstellung, mit der Arbeit zu tun gehabt, das mans am Anfang nicht vermißt hat. Nach zweieinhalb Jahren hab ich angefangen es zu vermissen, dieses kulturelle Angebot, was früher organisiert war, was ins Haus gebracht wurde, man brauchte ja bloß noch die Karte zu nehmen und hinzugehen. Ich hab's dann wirklich vermißt, und wir haben dann wieder angefangen mal zu gucken, was gibt es denn hier in Eisenhüttenstadt, was wird hier geboten. Und wir haben dann wirklich wieder so versucht, Veranstaltun-*

gen wahrzunehmen, hinzugehen, sich damit zu befassen und dieser Erholungseffekt, der dann ja doch logischerweise eintritt. Das erlebe ich heute intensiver, als daß ich es früher erlebt habe. Vielleicht, weil das Angebot heute nicht mehr so vielschichtig ist, daß man sich dann wirklich freut, eine Veranstaltung zu erleben und mal abzuschalten von den Problemen." (7, B 9 Mitarbeiterin GEM)

Beklagt wird von nahezu allen Gesprächspartnern, daß die Vielschichtigkeit der Veranstaltungen erheblich abgenommen hat. Zu erklären ist dies vor allem damit, daß im Friedrich-Wolf-Theater durch die finanzielle städtische und betriebliche Unterstützung eine Vielzahl Großveranstaltungen mit bekannten Künstlern durchgeführt werden konnten, was jetzt nicht mehr der Fall ist. Das Kulturhaus des EKO, in dem bis 1989 ein umfangreicher Teil dieser Veranstaltungen durchgeführt wurden und darüber hinaus eine große Anzahl von Amateur- und Volkskunstgruppen bestand, wurde 1991 geschlossen. Ein Großteil der Amateurgruppen mußte sich in eigener Regie eine ‚neue Heimat' suchen. Somit steht vor dem Friedrich-Wolf-Theater die Aufgabe, mit seinen Angeboten den Verlust des EKO-Kulturhauses auszugleichen.

Überlegungen im Zusammenhang mit Maßnahmen zur Verwaltungsmodernisierung, das Theater zumindest teilweise zu privatisieren, mußten verworfen werden, da es nicht möglich ist, kostendeckend zu arbeiten. Vorstellungen zu Strukturänderungen im Kulturbereich gehen auch dahin, die Organisationsstruktur des Friedrich-Wolf-Theaters zu ändern, indem der Direktionsbereich in die Stadtverwaltung verlegt wird, die Kinoveranstaltungen aus dem Haus herausgenommen werden und in weiterer Zukunft ein größeres Kino erbaut wird. Hinterfragt wird vor allem von langjährig mit den Kultureinrichtungen der ex-DDR vertrauten Mitarbeitern, ob dieser Anpassungsprozeß an die in den alten Bundesländern vorhandenen Strukturen der Kulturverwaltungen den spezifischen Bedingungen in Eisenhüttenstadt entspricht.

„Man will also im Moment, und so ist die Struktur auch beschlossen ..., so wie die Hallen drüben sind, ohne Personal, vom Amt aus. Ist ja nicht schlecht, wenn das gewachsen ist von unten, das sind ja ganz andere Häuser, ja. In den alten Bundesländern gibt es Filmtheater, Theater und Veranstaltungshäuser, und dieses Haus ist weder das eine noch das andere, sondern es ist ein Mischmaschhaus des Sozialismus. Das ist ja ein sehr schönes Haus, aber weder noch ein Kino noch und und und …". (3, E 11 Mitarbeiterin Stadtverwaltung)

Entscheidende Einschnitte hat es in den vormals staatlich sehr stark gestützten Einrichtungen gegeben, wie z.B. dem Kulturzentrum, welches vor 1989 als Pionierhaus arbeitete. Eine Vielzahl von Zirkeln und Gruppen existiert nicht mehr, und auch jetzt ist noch ein rückläufiger Trend in der Entwicklung der Freizeitgruppen zu verzeichnen, obwohl die Besucherzahlen seit 1991 stetig steigen. Die Übernahme erfolgte durch die Kommune bzw. durch freie Träger, so daß sich das Gefüge erst allmählich stabilisieren muß. Hier ist vor allem die Eigeninitiative der Einwohner gefragt. Zentrale Vorgaben existieren nicht mehr, höchstens die finanzielle Einschränkung durch die wirtschaftliche Situation in der Kommune. Die Nachfrage nach einer derartigen Einrichtung existiert ohne Zweifel, was an den steigenden Besucherzahlen deutlich wird. Schwierig gestaltet sich die Arbeit des Kulturzentrums vor allem vor dem Hintergrund, daß fast alle Zirkel über ABM-Kräfte realisiert werden und die Kontinuität durch das Auslaufen der Maßnahmen gefährdet ist. Nach einem ‚Einbruch' in der Entwicklung der Besucherzahlen und der Zirkel zeigte sich für 1995 wieder ein positiver Trend. Dieser Prozeß steht im Zusammenhang mit der vorzeitigen Beendigung von AB-Maßnahmen im kulturellen Bereich.

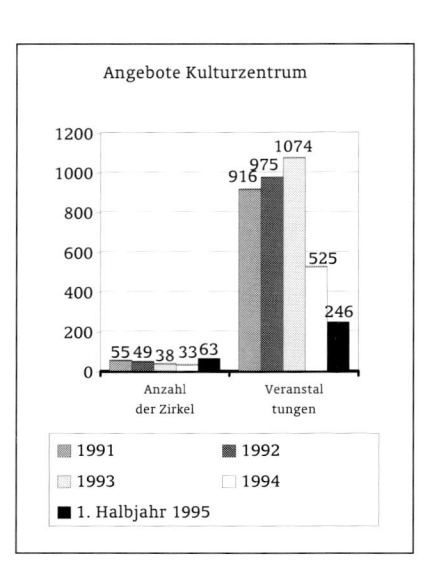

Angebote des Kulturzentrums 1990-95

Die Angebote des Kulturzentrums beziehen sich im wesentlichen auf die Zielgruppe der 7-14jährigen. Dies ist auch der Kritikpunkt, der in den Interviews zum Ausdruck kam. Für die älteren Jugendlichen und auch die Erwachsenen werden kaum Veranstaltungen angeboten.

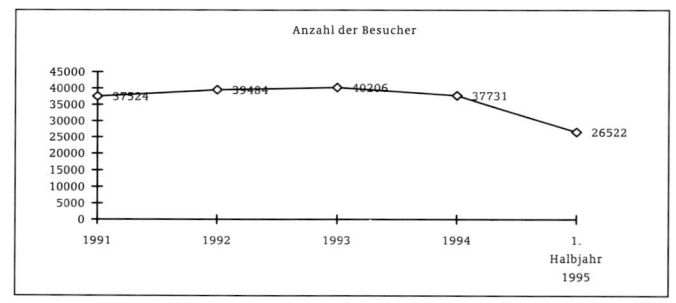

Besucherzahlen des Kulturzentrums 1990-95

Für die Jugendlichen und spezielle Zielgruppen bei den Erwachsenen werden Veranstaltungen hauptsächlich im ‚Club-Marchwitza' durchgeführt. Dieser Club kann auf eine langjährige Tradition zurückblicken und wird von den Zielgruppen angenommen. Hier sind kaum Rückgänge in der Nutzung zu verzeichnen. Von den Kulturverantwortlichen wird zusammenfassend konstatiert, daß die Anzahl der Kultur- und Infrastruktureinrichtungen für die Größe der Stadt ausreichend ist, auch wenn die Angebote nicht immer allen Interessen entsprechen können.

„Dieses Kulturzentrum war ja als Pionierzentrum bekannt, und sollte es bleiben. Und was die an Kinderarbeit machen, ist eigentlich auch hervorragend. Nun soll aber die Musikschule eigenständig werden, so wie das eigentlich üblich ist, und dann wird sich natürlich dieses Bild, muß sich ja automatisch verschieben. So, dann haben wir das Museum, das sind drei Sparten, Feuerwehrmuseum, und der Tiergarten, Bibliothek und das Friedrich-Wolf-Theater. Also das ist für solche kleine Stadt schon enorm, was da ist. Das wäre schade, wenn man das kaputt machen würde, wobei diese kleinen, ..., diese kleinen Einrichtungen wie der Club Marchwitza, die werden ja auch alle noch gestützt, und die sollten auch ihre Clubs, das sollte bleiben. Nichts ist schlimmer als zu sagen, machen wir eine Kneipe draus nur. Also das finde ich ganz furchtbar." (14, E 11 Mitarbeiterin Stadtverwaltung)

Defizite wurden in den Interviews hinsichtlich des Angebotes an alternativen gastronomischen Einrichtungen artikuliert. In bezug auf die Ausstattung Eisenhüttenstadt mit Cafés und jugendgemäßen alternativen Einrichtungen werden unterschiedliche Interessenlagen generationsspezifisch deutlich. Diese Spezifik wird auch bei der Aufbaugeneration deutlich, die den Verfall ‚ihrer ersten Gaststätte', dem ‚Aktivisten', hervorhebt. Mit dieser Einrichtung verbinden sich Erinnerungen an Veranstaltungen und Betriebsfeste. Bis heute ist es der Stadt nicht gelungen, einen Investor für den Wiederaufbau dieser Einrichtung zu finden, die seit 1989 geschlossen ist (vgl. Kapitel ‚Auf- und Abwertung von Stadtquartieren').[558] Diese Tatsache findet gerade in der ersten ‚EKO-Wohnstadt-Generation' kein Verständnis.

Eine nahezu konstante Linie läßt sich für den Bereich des Sports ziehen. In dieser Angebotspalette waren im Vergleich zum kulturellen Bereich kaum Einschnitte zu verzeichnen. Aufgrund des Wechsels der Trägerschaft vom Werk zur Stadt wurde auch hier die finanzielle Ausstattung in vielen Sportgemeinschaften wesentlich schmaler, aber ein Großteil der Vereine konnte bestehen bleiben.

Die Anzahl der Sportvereine stieg sogar nach 1989 an. Auch die Mitgliederzahlen zeigen eine steigende Nachfrage nach sportlicher Betätigung. Von einem Rückgang der Nutzung in diesem Bereich kann nicht ausgegangen werden. In diesem Bereich ist auch die Mischung sozialer Gruppen am größten und die Berührungsängste am geringsten. Die Sportvereine haben eine hochgradig integrative Funktion innerhalb der Stadt. Doch deren Zukunft und insbesondere der Erhalt der Grundstücke sowie Sportanlagen ist unsicher, da die finanzielle Situation von Stadt und vor allem des Landkreises prekär ist. Aus diesem Grund sieht z.B. die Sportkonzeption der Stadt vor, einzelne Sportanlagen an Vereine zu übertragen, um die Kommune zu entlasten. 1995 wurden die Überlegungen verstärkt, ob alle vorhandenen Sportstätten erhalten werden sollen bzw. wie man den Auslastungsgrad weiter erhöhen kann. Für den Bereich des Sports können spezielle Angebote für verschiedene Altersgruppen nachgewiesen werden, die von diesen angenommen werden. Doch diese Beachtung der Generationsspezifik erweist sich auch in anderen kulturellen und infrastrukturellen Bereichen als notwendig. Kritische Zielgruppen sind vor allem die älteren Bürger und die Jugendlichen im Alter von 14 bis 20 Jahren. Für beide Gruppen sind spezifische Stadtgebiete und Quartiere nachweisbar, in denen die Nachfrage nach derartigen Einrichtungen und Angeboten besonders groß ist. Dies macht eine ausführlichere Betrachtung der beiden Gruppen notwendig.

Die soziale und kulturelle Betreuung älterer Bürger

Eisenhüttenstadt ist mit dem Altersdurchschnitt von 38 Jahren nach wie vor eine relativ junge Stadt. Dennoch nimmt die Gruppe der älteren Bürger an Bedeutung zu. 16,6% der Wohnbevölkerung sind über 60 Jahre und älter und bedürfen eines speziellen Angebotes im Hinblick auf die kulturelle Ausgestaltung bzw. auf die soziale Betreuung durch die Stadt.

Die Gliederung nach Wohngebieten zeigt, daß der größte Teil der älteren Bewohner im Stadtzentrum wohnt, d.h. in den Wohnkomplexen I-IV (vgl. Altenhilfe Stadt Eisenhüttenstadt 1994:2). In diesem Zusammenhang kann davon ausgegangen werden, daß ein großer Teil der in den Anfangsjahren der Stadt Zugezogenen auch gegenwärtig noch in diesen Stadtteilen wohnt. Im Zusammenhang mit der Sanierung und nachfolgenden Privatisierung von Wohnungen in den ersten Wohnkomplexen kommt zukünftig der sozialplanerischen Arbeit eine große Bedeutung zu, da stadtsoziologische Forschungen in den alten Bundesländern nachwiesen, daß ältere Menschen in den Städten der Bundesrepublik stärker segregiert sind, als die jüngeren Bevölkerungsgruppen (vgl. Vaskovics 1990:59f.)[559]

Die Verteilung der älteren Bevölkerung zeigt, daß kulturelle und Infrastruktureinrichtungen, die für diese Alters-

Sportvereine	1991	1992	1993	1994
Anzahl	24	23	28	29
ausgeübte Sportarten	33	34	35	36
Mitglieder	3293	3310	3399	3952
darunter Kinder u. Jugendliche	1060	1199	1642	1758

Übersicht Sportvereine und Mitgliederzahlen 1990-1994

bild 156

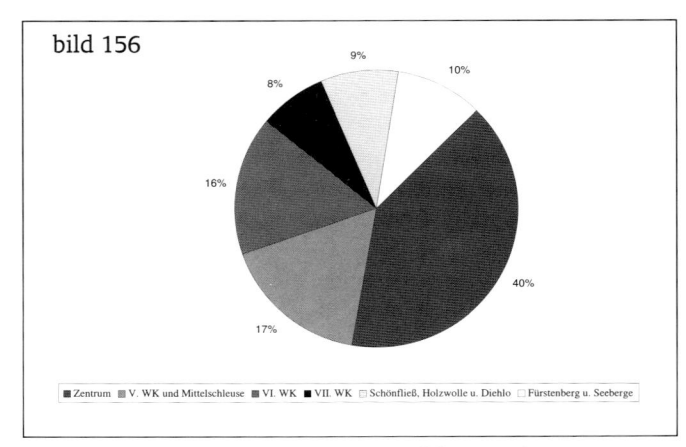

Verteilung der älteren Bevölkerung auf die einzelnen Stadtgebiete in Eisenhüttenstadt

gruppen zugeschnitten sind, sich vor allem im Stadtzentrum befinden müßten. Aus diesem Grund versucht die Stadt, soziale Vereine und Einrichtungen in diesen Stadtteilen zu etablieren. Genutzt werden hierfür vor allem ehemalige Kindergärten und Kinderkombinationen, die nach 1989 geschlossen wurden, da die Nachfrage nach Kindergartenplätzen in diesen Gebieten sank. Das Phänomen der Konzentration bestimmter Alterskohorten in den einzelnen Stadtgebieten ist vor allem in neu gebauten Städten zu finden, in denen das Wachsen der Stadt mit den Zuzügen bestimmter Generationen verbunden war. Eine Durchmischung nach Altersgruppen setzte verzögert ein.

„Dann kommt natürlich auch noch bei solchen Städten, die also im Prinzip nicht über die Jahrhunderte und Jahrzehnte gewachsen sind, wie beispielsweise Eisenhüttenstadt und auch Guben dazu, daß immer, wenn ein Wohnkomplex eröffnet wurde, im Prinzip eine Altersgruppe dorthin gezogen ist. Und man kann sehen, in jedem Wohnkomplex hast du dann die Kinder-Kombination. Und du hast also dann in Eisenhüttenstadt, genauso in Guben, Wohngebiete, wo du Leute drinnen hast, die – ganz toll übertrieben – alle 40 sind. Und dann haste da 'ne Kinder-Kombi. Die Kinder-Kombi ist nach 'ner gewissen Zeit witzlos, weil die 40jährigen keine Kinder mehr kriegen in der Regel." (11, VG 5 Frauenleitstelle)

Die Kommune kann ihren Auftrag der sozialen und kulturellen Betreuung dieser Altersgruppe nur mit Hilfe gemeinnütziger und gewerblicher Träger realisieren. Hauptsächliche Träger sind Seniorenclubs der Volkssolidarität, die Arbeiterwohlfahrt, das Diakonische Werk sowie das DRK. Viele dieser freien Träger finanzieren sich auch über Spenden und Sammlungen. Waren früher die Spenden für diese Organisationen freigiebig, so wird mit der Veränderung der Erwerbssituation auch ein deutlicher Rückgang der Spendenbereitschaft festgestellt. Mit Verständnis für dieses veränderte Spendenverhalten wurde von den ehrenamtlichen Mitgliedern als Ursache nicht ein Sinken des sozialen Engagements angeführt, sondern eher die veränderten finanziellen Möglichkeiten der einzelnen Bürger hervorgehoben. Für die Arbeit dieser sozialen Organisationen ergibt sich daraus eine noch stärkere Abhängigkeit von Förderprogrammen des Landes und den Finanzhilfen durch die Kommune.

„…da können sie gegen vergangenes Jahr also solche Unterschiede feststellen von den Leuten; nur als Beispiel: Im vergangenen Jahr habe ich 183 Mark in diesen drei Aufgängen gesammelt. Dieses Jahr hatte die Frau S. 63 und ich 32, nu. Das sehen Sie mal die Unterschiede, die Arbeitslosigkeit macht sich mehr bemerkbar, die älteren Leute sagen: Wir kriegen jetzt Rente, wir geben nichts mehr …Die Bereitwilligkeit, die ist dann nicht mehr so vorhanden, da irgendwas zu geben, wo sie doch sonst immer gegeben haben für die Volkssolidarität." (19, B 3 Rentnerin)

Die Leistungsangebote haben sich im Vergleich zu DDR-Zeiten deutlich vergrößert. Die freien Träger sind in folgenden Bereichen tätig: ambulante Hilfsangebote, Hauswirtschaftspflege, häusliche Krankenpflege, mobiler Hilfsdienst, Pflegehilfsmittel, Essen auf Rädern, betreutes Einzelwohnen. Ein wichtiges Angebot ist die Bereitstellung altersgerechten Wohnraumes. Die Stadt verfügt über 13 Häuser mit insgesamt 380 altersgerechten Wohneinheiten. Für die Heimaufnahme steht das Städtische Alten- und Pflegeheim zur Verfügung mit einer Kapazität von 181 Plätzen. Doch das Wohnen allein reicht für eine zufriedenstellende Lebensgestaltung nicht aus. Wesentlich sind die Freizeitangebote für diese Gruppe. Im Freizeitbereich stehen in Eisenhüttenstadt Seniorenbegegnungsstätten zur Verfügung, die ebenfalls von freien Trägern betreut werden: fünf Begegnungsstätten der Volkssolidarität, 1 Begegnungsstätte der Arbeiterwohlfahrt, eine Begegnungsstätte der Diakonie. Als ‚Lücke in der altersgerechten Versorgung und Betreuung' wurde im Bericht der Stadt Eisenhüttenstadt zur Altenhilfe 1994 die Tages- und Kurzzeitpflege benannt, die jedoch im Sommer 1995 geschlossen werden konnte. Für Eisenhüttenstadt und das Land Brandenburg kann die ‚Tagespflegestelle für ältere und pflegebedürftige Senioren' der Arbeiterwohlfahrt als modellhaft angesehen werden.[560]

„Wir haben ja inzwischen unsere Tagespflege eingerichtet … Das ist inzwischen eingerichtet, läuft langsam an. Das ist übrigens die erste im Land Brandenburg. Ich sage mal jetzt so, das ist ein ‚Kindergarten für alte Leute'. Konkret heißt das, eine Tagespflege für ältere und pflegebedürftige Senioren, die dort den ganzen Tag versorgt werden. Die werden entweder zu Hause abgeholt vom Zivi, oder kommen alleine her, oder Angehörige bringen sie her. Also die fangen an mit zweitem Frühstück, da sind da Altenpfleger, die sie betreuen. Die spielen gemeinsam, die machen Puzzles gemeinsam, also auch wo sie geistig ein bißchen …, die gehen zusammen spazieren, die essen dann gemeinsam, dann gibt's 'nen Liegeraum, da kann, wer will, sich hinlegen. Dort werden auch solche Leistungen angeboten, wie also Baden und Waschen. Wir sind so ausgerüstet unten, das ist alles umgebaut extra, daß man sie also auch hier baden kann." (11, B15 Mitarbeiterin Wohlfahrtsverband)

Die Tagesstätte findet nach Aussagen der Verbandsvertreter bei den älteren Bürgern regen Zuspruch. Für viele Einwohner kann durch diese Tagesstätte die Betreuung älterer Angehöriger auch dann gewährleistet werden, wenn sie selbst erwerbstätig sind und somit nicht ganztags die Pflegeaufgabe übernehmen können.

Von der Stadt wurde eine Arbeitsgruppe ‚Soziales' gebildet, die sich mit der Situation älterer Bürger beschäftigt. In dieser Arbeitsgruppe sind die wichtigsten freien Träger auf diesem Gebiet vertreten, so daß notwendige Abstimmungen bereits hier geschehen können. Darüber hinaus existiert ein Seniorenbeirat als Interessenvertreter der älteren Menschen.

Die Leistungen für ältere Menschen werden teilweise auch aus dem Haushalt der Kommune finanziert. Dazu gehören eine Bezuschussung der Mahlzeitversorgung, Maßnahmen der kulturellen Betreuung und die Mitfinanzierung der Seniorenclubs (vgl. Altenhilfe Stadt Eisenhüttenstadt 1994). Auch wenn die Angebote nicht alle Interessen berücksichtigen können, ist die Betreuung dieser Altersgruppe ausgebauter, als in vielen anderen Städten der neuen Bundesländer. Wesentlich kritischer wird die Situation im Bereich der Jugendarbeit gesehen.

Alternative Kultur für die Jugend – alternative Jugendkultur?

Defizite werden von Jugendlichen nicht nur hinsichtlich des Lehrstellenangebotes, sondern auch bzgl. der Freizeitangebote konstatiert. Die wenigen noch arbeitenden Einrichtungen haben die Schwierigkeit zu bewältigen, unterschiedliche Interessenlagen der verschiedenen Jugendgruppen zu koordinieren. Nach 1989 setzte eine verstärkte Ausdifferenzierung der Interessen und Interessenartikulation bei den Jugendlichen ein. Die Polarisierung in ‚rechte' und ‚linke' Jugendgruppen behindert oft die Integrationsbemühungen. Vereine und Einrichtungen mußten die Erfahrung machen, daß Interessengegensätze sich auch bei kulturellen Angeboten nicht aufheben. ‚Offene' Angebote, die für alle Jugendgruppen gemacht wurden, führten oft nicht zu gemeinsamen Berührungspunkten, sondern zu einer noch stärkeren Abgrenzung der Gruppen untereinander.

„Und dann gibt es eben Cliquen, da haben wir auch festgestellt, wir haben hier eigentlich erst, die Vorstellung war hier im Gemeindezentrum ein Angebot für alle Jugendlichen zu machen, dann habe ich gleich gesagt, das geht sowieso nicht, man kann nur die Jugendlichen des Stadtteils zusammennehmen, man ist also sehr stadtteilorientiert ... Aber wichtig ist, daß man eben hier zu dieser kirchlichen Jugendarbeit, die auch läuft, es gibt hier die junge Gemeinde, daß sich die Kirche auch öffnet für solche Leute, die eben nicht kirchlich orientiert sind und trotzdem im Haus der Kirche sich treffen können, daß also nicht das Haus der entscheidende Faktor ist, sondern hier einfach die Ziellosigkeit den Jugendlichen erstmal, wir wollen mit euch auch was zusammen machen, mal gucken, welche Gemeinsamkeiten finden wir denn, um das zu koordinieren. Aber das ist eben mit rechts und links, also das ist, entweder kommen nur Rechte oder nur Linke, man kann die Polarisierung nicht vermeiden." (9, E 6 Mitarbeiter Diakonie)

Das mangelnde städtische Angebot für Jugendliche führte dazu, daß die kirchlichen Einrichtungen sich verstärkt dieser Zielgruppe zuwandten. Die Veranstaltungen beinhalten neben den traditionellen kirchlichen auch ‚weltliche', von der Konfessionszugehörigkeit unabhängige Themen. Von verschiedenen Gesprächspartnern wurde registriert, daß die immer noch vom Durchschnittsalter sehr junge Stadt Eisenhüttenstadt auf Jugendliche nicht sehr anziehend wirkt. Ein Widerspruch zwischen Angebot und Nachfrage von Kultur- und Sozialeinrichtungen besteht in dem Zusammenhang, wenn man die überdurchschnittlich gute Ausstattung mit Einrichtungen der sozialen Infrastruktur Eisenhüttenstadts betrachtet. 16 Freizeiteinrichtungen – davon sechs Kinder-Freizeiteinrichtungen und 10 Jugendfreizeiteinrichtungen gab es 1994 in der Stadt. 18 freie Träger haben die Kinder- und Jugendarbeit als Bestandteil ihrer Aufgaben integriert. 1993 konnten über 1.400 Kinder und Jugendliche Ferienangebote freier Träger und der Kommune wahrnehmen. Kinder aus sozial benachteiligten Familien erhielten vom Amt für Jugend und Sport Zuschüsse zu den Teilnehmergebühren. Dennoch wurde durch die zur Altersgruppe der Jugend zählenden Interviewpartner eine fehlende Dezentralisierung von Alternativen im kulturellen Bereich hervorgehoben.[561] Auf diesem Gebiet existieren zu wenig Einrichtungen in der Stadt. Zukünftig wird die Einrichtung entsprechender Jugendzentren sowie Treffpunkte eine zunehmende Rolle im Zusammenhang mit dem Verbleib jugendlicher Bewohner in der Stadt spielen. Sporadisch gab es seit der Wende Versuche, im städtischen Zusammenhang in Eigeninitiative der Jugendlichen Räume zu schaffen, die zu einem Treffpunkt werden könnten. Die Vorstellungen der Jugendlichen selbst konnten oftmals durch fehlende langfristige Nutzungskonzeptionen bzw. ungelöste Immobilienfragen nicht realisiert werden. Die Gefahr der Abwanderung Jugendlicher besteht nicht erst seit 1989, aber der Trend hat sich verstärkt, denn das spezifisch auf Jugendliche ausgerichtete Angebot im kulturellen Bereich ist aufgrund der finanziellen Situation erheblich zurückgegangen. Schon seit Beginn der achtziger Jahre richtete sich das Interesse eines Großteils der Jugendlichen darauf, die Stadt zu verlassen. Die Elternhäuser der Jugendlichen können nicht einem spezifischen Milieu (‚Arbeiter' oder ‚technische Intelligenz' etc.) zugeordnet werden, der Abwanderungswunsch war somit querverteilt.

„Und die Stadt der Jugend hat die Jugend nie gehalten. Wir hatten hier vor der Wende so'n Film gehabt, ‚Eisenzeit' hieß der, da hatte jemand 'n Projekt gehabt und hat die Abwanderung, also hat ein paar Jugendliche vorgestellt, die vorrangig auch aus Eisenhüttenstadt weggegangen sind und ... die sind alle so in Richtung Prenzlauer Berg gegangen, da gab's wohl schon so ne richtige kleine Kolonie Eisenhüttenstädter – die Jugend hält's bis heute nicht hier, weil es so ne triste Stadt ist, und jetzt grade och nach der Wende; das, was man vorher, der Herr G., der unendliche Kohle noch rangeholt hat für die Kultur, noch weggefallen, und eigenständig ist nichts entstanden auf der Kulturszene, wenn man woanders hinkommt, außer vielleicht ein Café oder so oder zwee Kneipen, die mal bißchen was machen." (19, B 14 Beitrag Herr O.)

Auf der Stadtverordnetenversammlung zu Beginn des Jahres 1995 wurde der Antrag eingebracht, für die Ferienzeit 1995 von der Leitung des Kulturzentrums, des Friedrich-Wolf-Theaters, des Heimattiergartens, des Städtischen Galerie, der Schwimmhalle etc. spezifische Angebote für differenzierte Altersgruppen vorzulegen. Diese wichtige Methode der kommunalen Planung von Kultur und Freizeit knüpfte jedoch an Planungsmethoden und -traditionen an, die zu sehr auf Altersgruppen, statt auf die in den Gruppen variierenden Ansprüche orientierte und Eigeninitiativen, die sich nachfolgend in neuen ‚Räumen' bzw. Milieus hätte entfalten können, zu sehr vernachlässigte. Dieses Herangehen an die Jugendarbeit bedeutet die Anwendung von Methoden einer „lebensweltorientierten Jugendhilfe". Daß es bestimmten Vereinen inzwischen dennoch gelingt, problembezogen zusammenzuarbeiten und eigene Interessen zur Erzielung von Synergieeffekten zurückzustellen, zeigte sich bei der Erarbeitung des Positionspapiers der AG „Jugend", das dem Jugendhilfeausschuß und der Stadtverwaltung im Dezember 1995 vorgelegt wurde. Daran beteiligt waren 12 Organisationen, die eine Bestands- und Bedarfserhebung in Eisenhüttenstadt durchgeführt und in einer Prioritätenliste umgesetzt hatten.[562] Inhalt dieses Papiers war vorrangig die Frage, wie in Eisenhüttenstadt zukünftig die

Strategie einer ‚offenen Jugendarbeit' verfolgt werden kann. Dieses Herangehen könnte einen ‚Umschwung' in der Jugendarbeit befördern und die ‚Betroffenen' mehr einbeziehen.563
Im Zusammenhang mit der sozialen Situation Jugendlicher in städtischen Quartieren wurde deutlich, daß die Verwaltung stadtteilbezogene Arbeit zumeist dann abgrenzbar durchführte, wenn Problemlagen offensichtlich wurden. Durch das Jugendamt z.B. wurde 1994 eine stadtteilbezogene Cliquenanalyse von Streetworkern durchgeführt. Damit ist Eisenhüttenstadt anderen Städten in den neuen Bundesländern weit voraus, indem Chancen zur Analyse sozialer Problemfelder genutzt werden, die es zu DDR-Zeiten nicht gab. 1994 gab es 28 Cliquen in der Stadt mit einer Altersstruktur zwischen 10 und 27 Jahren. Die Cliquen bestanden durchschnittlich aus 18 Kindern und Jugendlichen. Treffpunkte sind nach wie vor hauptsächlich die Innenringe von Wohnbereichen sowie Spielplätze und Freiflächen, die sich in unmittelbarer Wohnnähe befinden. In diesen Cliquen sind feste politische Einstellungen nur in Einzelfällen der Grund für das Zusammenfinden. Schwerpunkte der Jugendarbeit sind vornehmlich die Neubaugebiete WK VI, VII, IV/Holzwolle und Mittelschleuse. Ansätze stadtteilbezogener Arbeit wurden verfolgt und auch im Kinder- und Jugendbericht 1994 artikuliert. Für die Entscheidung der Errichtung von Freizeitstätten wurden in diesem Bericht folgende Gesichtspunkte hervorgehoben: Notwendig ist die Errichtung dezentraler kleiner Einrichtungen, Wohngebietsnähe, Überschaubarkeit, Selbst- und Mitbestimmung der Kinder und Jugendlichen, der Einsatz fachlich versierter Sozialarbeiter, sowie die Finanzierbarkeit dieser Einrichtungen. Die Aufgabenbreite der Streetworker der Stadt umfaßt die Einzelfallbetreuung, Beratung von Jugendgruppen und Gruppengespräche sowie die Erstellung bedürfnisorientierter Freizeitaktivitäten. Streetwork geschieht nicht flächendeckend, sondern in sozialen Brennpunkten. Von den Stadtverordneten wurde diese Analyse positiv beurteilt und in diesem Herangehen eine Möglichkeit gesehen, Problemlagen zu erkennen. Von den Einwohnern wurde vorrangig der Einsatz von Streetworkern als notwendig erachtet. Die Finanzierung dieser Streetworker über ABM verhinderte jedoch eine kontinuierliche Arbeit, da eine Anschlußfinanzierung nach Ablauf der AB-Maßnahmen nicht gewährleistet werden konnte.

„Streetworker wieder, das war nicht schlecht gewesen, die wurden damals von ‚Pro Familia' unterstützt; das ist eine Beratungsstelle ja, dort draußen in der ...straße 14, ja, das tat denen selber leid, es waren keine Gelder, und das Arbeitsamt hat die gestrichen. Die, da ging's dann noch ja, die haben auf die Jugendlichen aufgepaßt." (9, B 11 Mitarbeiter Oderwerft)

Insbesondere im schon hervorgehobenen WK VII häufen sich die Störungen im Zusammenleben. Gerade hier ist ein hoher Anteil Jugendlicher vertreten. Die in diesem WK vorhandenen Kultur- und Freizeitangebote stehen im Hinblick auf die Ausstattung mit spezifischen Einrichtungen für Jugendliche in keinem Verhältnis zu anderen Stadtteilen.564

Vorhandene Jugendklubs wurden z.B. schon 1991 in kommerzielle Einrichtungen umgewandelt (vgl. ‚Prozesse der Auf- und Abwertung von Stadtquartieren') oder sind weiterhin in Neustrukturierung begriffen. Eisenhütten-

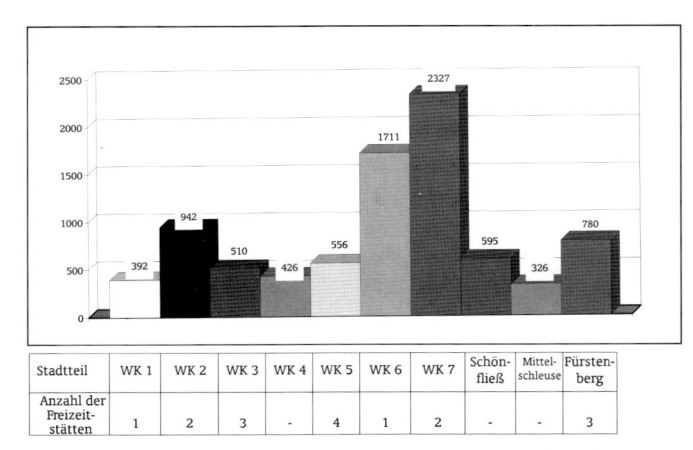

Stadtteil	WK 1	WK 2	WK 3	WK 4	WK 5	WK 6	WK 7	Schön-fließ	Mittel-schleuse	Fürsten-berg
Anzahl der Freizeit-stätten	1	2	3	-	4	1	2	-	-	3

Anzahl der Kinder und Jugendlichen und entsprechende Freizeiteinrichtungen nach Wohngebieten

stadt ist überschaubar, und die Jugendlichen könnten zur Befriedigung ihrer kulturellen- und Freizeitbedürfnisse in andere Stadtteile gehen, aber die Zufriedenheit mit der Ausstattung des eigenen Wohnumfeldes steigt dadurch nicht. Wenn sich fast alles ändert, sind kompensatorische ‚Ruhepunkte' besonders wichtig, und gerade für diese Altersgruppe sind feste Anlaufstellen notwendig. In dieser Lebensphase herrscht Rollenunsicherheit vor, weshalb auch in der Raumaneignung ein ‚Probierverhalten' kennzeichnend ist. Bei der räumlichen Organisation der Städte werden die Interessen Jugendlicher regelmäßig vernachlässigt. Besonders in den neuen Großsiedlungen sind kaum Räumlichkeiten für Aktivitäten der Jugendlichen eingeplant. *„Die oft beklagte Verletzung von durch andere soziale Gruppen ‚besetzte' Territorien kann als eine fast zwangsläufige Folge dieser Mißachtung jugendlicher Rauminteressen erklärt werden." (Bertels/Herlyn 1990:19)*565 Ansätze stadtteilorientierter Arbeit mit Jugendlichen gibt es in Eisenhüttenstadt, wobei die zahlreichen Vereine in bezug auf dieses Problem noch nicht genügend zusammenarbeiten. Eine Ursache liegt darin, daß viele Initiativen, Vereine etc. nach den ersten Jahren des Aufbaus ihrer Institutionen gegenwärtig die Profilierung und Konzentration auf die ihnen wichtigen Aufgaben betreiben.

„Und noch mal zu dem stadtteilorientierten – Betreuung und so. Also nach der Wende, zu dem damaligen Zeitpunkt ...sind wir auch damals schon nach West-Berlin gefahren, haben uns das dort wirklich angeguckt. Und da ist ja wirklich auch – Jugendarbeit, Jugendtreffs, Jugendkiez ...Da war 'ne Menge da. Da war 'ne Menge los. Da habe ich manchmal schon gestaunt, habe gedacht: Toll, eigentlich ja. Das ging so weit, daß sogar Kinder und Jugendliche dort eben sich einfinden konnten, wenn sie zu Hause Probleme hatten da, und da auch mal 'ne Nacht dort geschlafen haben. Und das ging alles so selbstverständlich." (24, E 10 Mitarbeiterin Frauenprojekt)

Ansätze gibt es von seiten der Stadt und in verschiedenen Bereichen, wie z.B. Schulen, jedoch auch Mißerfolge. Frage bei allen Aktivitäten ist die Akzeptanz bei den Jugendlichen. Dem Engagement von Kommune und freien Trägern steht die notwendige Eigeninitiative der Jugendlichen gegenüber. In den Interviews wurde mehrfach deutlich, daß Chancen und Möglichkeiten, die den Jugendlichen gewährt werden, zu wenig wahrgenommen werden. Dies betrifft sowohl institutionelle Formen, wie die Nutzung von Schülervertretungen zur Formulierung und Durchsetzung eigener Interessen im Rahmen der jeweiligen Schulen, als auch den Freizeitbereich.

„Was meinen Sie, wie schwer sich die Wahl von Schülersprechern an der Schule gestaltet ...Keine Lust. Null Bock. Keine Verantwortung übernehmen. Tatsache, das ist so. Es gibt ganz ganz wenige, ...die anderen haben keinen Bock. Die wollen ihre Ruhe haben, wollen Schule machen, fertig, aus, weg. Nicht noch für andere." (7, E 2 Mitarbeiter Stadtverwaltung)

Das Problem, die Waage zwischen Integration und ‚Loslassen' zu halten, ist gerade in bezug auf diese Gruppe nicht leicht. Seit 1994 diskutierten die Stadtverordneten über die Schaffung eines Kinder- und Jugendforums, welchem Mitspracherecht (kein Entscheidungsrecht) bei verschiedenen Problemen, die die Entwicklung der Stadt betreffen, eingeräumt werden sollte. Dieses Vorhaben zeigte, daß der Durchsetzung der Interessen von Jugendlichen weitere ‚Barrieren' gegenüberstanden. Als ein neues Forum für die Mitsprache sollten in diesem Zusammenhang neue Methoden der Einbeziehung von Jugendlichen realisiert werden. Leider kam es, auch nach mehreren ‚Anläufen', bis Ende 1995 nicht zur Bildung dieses Forums, da sich weder die Parteien noch die Stadtverordnetenversammlung über Programm, Inhalte, Organisation und Finanzierung einigen konnten[566]. Als Kritikpunkt wurde in den Gesprächen benannt, daß die Jugendlichen die ihnen zur Verfügung stehenden Formen der demokratischen Mitbestimmung, wie z.B. Schülervertretungen nicht ausschöpfen und in diesem Zusammenhang kein Handlungsbedarf zur Schaffung eines zusätzlichen Forums bestünde. Nur von wenigen Abgeordneten wurde dieses Forum auch als Chance begriffen, die Jugendlichen bereits frühzeitig an politischen Partizipationsprozessen zu beteiligen und somit einer häufig insbesondere für Jugendliche konstatierten ‚Politikmüdigkeit' entgegenzuwirken.

Die Jugendlichen müssen nicht nur mit der veränderten Situation in der Stadt und der Schule zurechtkommen, ein neues Werte- und Normensystem herrscht vor, was sich besonders darin manifestiert, daß materielle Werte eine viel größere Rolle spielen, als dies vor 1989 der Fall war. Dies läßt sich bis auf das individuelle äußere Erscheinungsbild zurückführen. Der gestiegene Anspruch kollidiert oft mit der Verschlechterung der finanziellen Situation im Elternhaus und führt zu Frustrationen.

„Dann ist ja och dieses Konsumdenken unter Jugendlichen, das macht mir unheimliche Angst, was meine Kinder betrifft. Ich versuche, ich mein, ich kann sowieso nicht mithalten, aber och wenn ich's könnte, würde ich versuchen zu bremsen. Aus der Überzeugung, aber ob das die Kinder später so sehen, ist die zweite Frage. Denn die Clique ist sehr stark, und irgendwann stehst du als Mutter an zweiter Stelle, und darüber muß man sich absolut bewußt sein ...dieses Konsumdenken in der Gesellschaft allgemein, daß man für andere Menschen nicht mehr viel tun will, ...nicht alle." (23, B 7 arbeitslos, alleinerziehend, zwei kleine Kinder)

Von den Interviewpartnern mit Kindern im schulpflichtigen Alter wurde hervorgehoben, daß die finanziellen Möglichkeiten des Elternhauses zunehmend den Status der Jugendlichen in ihren unmittelbaren Bezugsgruppen (Schulklasse, Clique) beeinflussen. Die finanziellen Ressourcen der Eltern wirken sich auch auf die Möglichkeiten der Teilnahme an kulturellen Angeboten und die Nutzung von Infrastruktureinrichtungen aus. Für diese Gruppe wirken sich die Preiserhöhungen im kulturellen Bereich besonders gravierend aus. Die Nutzung von Einrichtungen der Kultur und Infrastruktur sind mit einem finanziellem Aufwand verbunden, der in steigendem Maß von der Mehrheit der Jugendlichen nicht getragen werden kann. Bei der gegenwärtigen finanziellen Situation in der Stadt ist davon auszugehen, daß der Finanzbedarf im Bereich Kultur, Sport und Freizeit als nachgeordnet behandelt werden muß, um die dringlichen Aufgaben im Wirtschafts-, Wohnungs- und Sozialbereich lösen zu können. Die hohe Verschuldung der Stadt führt zwangsläufig dazu, daß diese sich immer mehr auf die Pflichtaufgaben zurückzieht.

Erwerbsbezogene Ungleichheit und regionale Mobilität

Für die Entwicklung der regionalen Mobilität nach der Wende wird in weiteren stadtsoziologischen Untersuchungen ein ‚Mobilitätssprung' angenommen. Dieser besteht darin, daß die Mobilität seit der Wende zugenommen hat und ebenso die zwischengemeindliche und innerstädtische Binnenwanderung zunehmen wird (Herlyn/Hunger 1994:22f.). Schon die neu eröffneten Möglichkeiten der Mobilität führten zu einer erhöhten inneren Bereitschaft, sich aus dem gegebenen sozialen Quartiersgefüge zu lösen. ‚Mobilitätsbarrieren' in der DDR bestanden vor allem in der Vollbeschäftigung, die Ortsveränderungen aufgrund von Berufswechseln nicht abforderte, und in der staatlich geregelten Wohnungszuteilung. Das Wohnmilieu wurde stabilisiert, da man sich in den gegebenen Verhältnissen einrichten mußte. Herlyn und Hunger nehmen an, daß sich die Formen der Bindung an die Wohnviertel und damit auch das soziale Verhalten ändern werden.

Die Mobilität in der DDR war gering. Einmal für eine Tätigkeit bzw. einen Arbeitsplatz entschieden, blieb man meistens bis zum Erreichen des Rentenalters ‚an Ort und Stelle'. Die Anforderung, ‚mobil' zu sein, bestand nicht. Im Gegenteil, langjährige Betriebszugehörigkeit, Bildung von ‚Stammbelegschaften', ‚Kontinuitäten' etc. stellte das Ziel dar. Jetzt stellt die ‚Mobilitätsbereitschaft' im Anforderungsprofil oft ein Auswahlkriterium dafür dar, ob eine Stelle mit einem Bewerber besetzt wird oder nicht. Die Anforderungen

waren zu DDR-Zeit völlig andere. Sie zielten für männliche wie weibliche Beschäftigte auf die Bereitschaft zu Vollzeitarbeit und speziell im EKO auch zu Schichtarbeit. Teilzeit wurde von Frauen eher als kurzzeitiges ‚Instrument' der besseren Vereinbarkeit von Beruf und Familie nach der Geburt des Kindes und Inanspruchnahme des ‚Babyjahres' ausgeübt.[567]
So muß von einem abrupten Wechsel im Anforderungsprofil ausgegangen werden:

„Ja, und da spielt aber wieder 'ne Rolle, das was bei uns als Mentalität in der DDR gepflegt wurde und gehegt wurde. Bei uns warst du doch 'ne ganz tolle Frau oder ein ganz toller Mann mit 'ner Betriebszugehörigkeit von 10, 15, 20 Jahren. Und du warst irgendwie mit Vorsicht zu genießen, wenn du ein Wandervogel warst, der alle zwei oder drei Jahre seinen Betrieb oder seine Tätigkeit gewechselt hat. Das war anrüchig ...Und wir haben mitunter Wert gelegt auf Dinge, die sich heute nach der Wende als negativ für die einzelne Person auswirken." (12, VG 5 Frauenleitstelle)

Betriebszugehörigkeiten von 20 bis 30 Jahren waren in den großen Betrieben der DDR keine Seltenheit, was dem Anspruch nach Traditionalisierung und der Herausbildung von Betriebsgemeinschaften auch im Produktionsprozeß genügte. So selten, wie man annehmen möchte, sind jedoch lange Betriebszugehörigkeiten auch in den großen Konzernen der Bundesrepublik nicht. Eine überproportionale Mobilität ist häufiger in solchen Unternehmen vorhanden, die geringe Aufstiegschancen innerhalb des Unternehmens bieten und ein Aufstieg nur durch Wechsel gewährleistet werden kann.

Der tägliche Zustrom von Pendlern im Verflechtungsraum Eisenhüttenstadt-Frankfurt/Oder-Guben, der 1988 noch täglich 5000 Personen umfaßte, ging gravierend zurück (vgl. Stadtentwicklungskonzeption 1994:28). Entscheidend ist jedoch der Rückgang der Einwohnerzahlen. Seit 1989 bis zum ersten Halbjahr 1995 verließen über 15.000 Bewohner die Stadt. Dem steht ein Zuzug von ca. 9.000 Personen gegenüber. Das bedeutet insgesamt einen Einwohnerrückgang um 6.000 Personen. Bis zum Jahresende 1993 verringerte sich die Bevölkerung von Eisenhüttenstadt im Vergleich zum 31.12.1988 auf 88,4 Prozent. Mit einem Einwohnerverlust von 7,94 Prozent im Saldo aller Wanderungen zur Wohnbevölkerung in der Zeit vom 1.1.1989 bis 30.6.1992 nahm Eisenhüttenstadt gefolgt von den Städten Schwedt mit 7,4 und Brandenburg mit 6,5 Prozent die Spitzenstellung unter den ehemaligen 44 Kreisen und kreisfreien Städten des Landes Brandenburg ein (vgl. Stadtentwicklungskonzeption 1994:13). Der Höhepunkt des negativen Wanderungssaldo war 1990 mit -2453 Personen erreicht. Eisenhüttenstadt hatte im Vergleich der ostdeutschen Städte mit mehr als 50.000 Einwohnern im Zeitraum 1990 bis 1993 den höchsten Wanderungsverlust mit -6,4% hinnehmen müssen (Dessau -6,1%, Frankfurt/Oder -2,0%, vgl. Friedrichs 1995:47). 1994 war der Wanderungssaldo erstmals nach 1989 positiv für die Stadt, im ersten Halbjahr 1995 überwogen jedoch bereits wieder die Wegzüge.

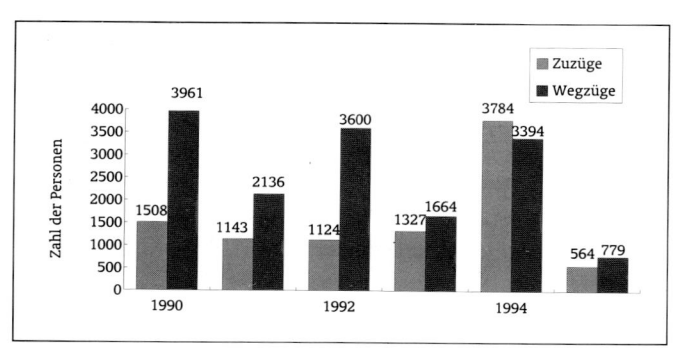

Der Hauptgrund für den Wegzug aus der Stadt war nicht nur der bessere Verdienst an anderen Standorten der alten Bundesländer, sondern vor allem die unsichere Lage in den Eisenhüttenstädter Betrieben selbst. Als eine Lösungsstrategie, dem Verlust des Arbeitsplatzes zuvorzukommen, kristallisierte sich demnach der Wegzug aus der Stadt heraus.

„Und was, das ist natürlich auch eine rein menschliche Geschichte, was, denke ich, eine ganz große psychische Belastung für viele war. Der lange Schwebezustand, immer dieses Wechselspiel zwischen Hoffnung und Illusionslosigkeit, bei den Älteren genauso wie bei den Jüngeren. Das war also eine ganz schwierige Sache, und das kann ich gut verstehen, weil ich mit solchen Dingen auch ganz schwer umgehen kann. Ich will immer lieber alles selber bestimmen, als mich bestimmen zu lassen. Und wenn man dann so hilflos und dann kommt wieder jemand, der sagt, naja es könnte ja werden. Und dann reduziert sich die Zahl der Arbeitsplätze wieder und wieder und wie auch die Leute sagen, ich weiß nicht, bleibt die Abteilung oder nicht ...Und dann einfach aus dieser Hoffnungslosigkeit sind viele, auch die Stärksten, die dann sagen, so jetzt könnt ihr mich mal, jetzt geh ich." (14, E 6 Mitarbeiter Diakonisches Werk)

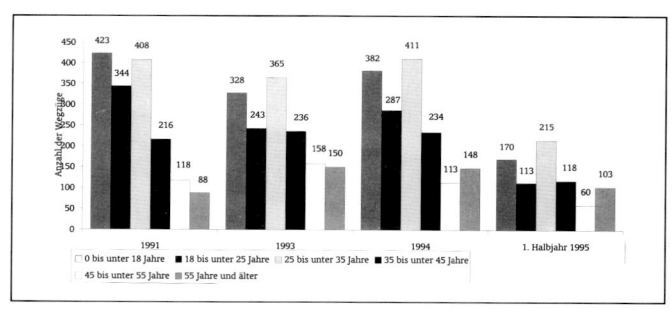

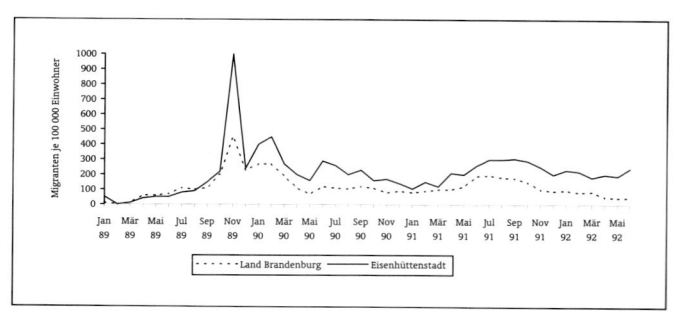

Wegzüge 1991-1994 nach Altersgruppen

Zu- und Wegzüge 1990-1995

Ost-West Migration Januar 1989 bis Juni 1992 Eisenhüttenstadt im Vergleich zum Land Brandenburg (Quelle: Stadtentwicklungskonzeption 1994:12)

Eine Tendenz, die besonders in den Jahren 1989 bis 1992 zu verzeichnen war, bestand in der Abwanderung vorrangig jüngerer Arbeitnehmer in die alten Bundesländer. Zwischen Januar 1989 und Juni 1992 wanderten über 4.500 Personen in die Altbundesländer. Eisenhüttenstadt verfügte im Vergleich zu den anderen Städten des Landes Brandenburg über die höchsten Wanderungsverluste in die alten Bundesländer, wobei Ende 1989 die Spitze erreicht wurde:

Ab 1994/95 erfolgte der Wegzug zum überwiegenden Teil in die neuen Bundesländer. Der massive Wegzug der Altersgruppe der 25-35jährigen (drei Viertel aller Fortgezogenen waren jünger als 35 Jahre) wirkte sich im Zusammenhang mit dem Sinken der Geburtenrate auf ein Drittel auf die Bevölkerungsstruktur insgesamt aus. Eisenhüttenstadt war in den 50er Jahren eine typische junge Aufbaustadt, gekennzeichnet durch einen hohen Bevölkerungsanteil im Kindes-, Jugend- und arbeitsfähigen Alter sowie eine geringe Anzahl von Rentnern. Ende der 70er Jahre schon erfolgte eine Angleichung an den DDR-Durchschnitt. Das Durchschnittsalter der Bevölkerung in Eisenhüttenstadt in den 50er Jahren betrug 25 Jahre, 1960 27,5 Jahre, 1964 waren es 28,6 Jahre, 1989 schon 35 Jahre und 1995 38 Jahre. Im Sommer 1991 überstieg erstmals die Anzahl der Sterbefälle die Anzahl der Geburten. Damit endete der Trend des natürlichen Bevölkerungszuwachses der Stadt. Die Proportionen der Anteile der Bevölkerung im Kindes- und Rentenalter begannen sich beschleunigt umzukehren.

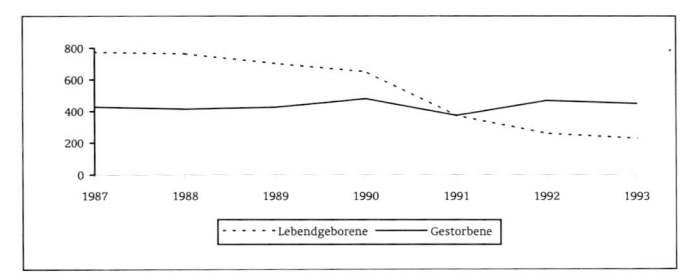

Lebendgeborene und Gestorbene 1987 bis 1993 Eisenhüttenstadt (Quelle: Stadtentwicklungskonzeption 1994:34)

Eine Bevölkerungsvorausberechnung für Eisenhüttenstadt gibt für das Jahr 2010 eine Zahl von 45.000 Einwohnern an (vgl. Stadtentwicklungskonzeption 1994). Damit wird eine absolute Bevölkerungsentwicklung angenommen, die von einem Verlust von 1650 Einwohnern bis zum Jahr 2010 ausgeht (in Prozent = 3,5%). Aus dieser Berechnung ergibt sich ein erforderlicher Wanderungsgewinn[568] von 2870 Einwohnern, welcher jedoch u.E. bei Fortsetzung der bisherigen Abwanderungstendenzen nicht erreicht werden kann. Für die Stadt muß es darauf ankommen, eine ausgewogene Altersstruktur und somit auch Beschäftigtenstruktur zu erhalten. Es ist ein Alarmsignal, wenn vorrangig Jugendliche und junge Familien die Stadt verlassen und der Zuzug gerade dieser Altersgruppe fehlt. Von einer schnell einsetzenden Überalterung der Bevölkerung, wie sie z.B. für die Stadt Brandenburg konstatiert wird (vgl. Schweigel/Segert/Zierke 1995:196)[569], ist jedoch innerhalb der nächsten Jahre nicht auszugehen. Dennoch müssen Alternativen auf dem Arbeitsmarkt geschaffen werden, damit sich die ‚schleichende' Erhöhung des Durchschnittsalters langfristig nicht weiter fortsetzt und Eisenhüttenstadt den Standortvorteil des Vorhandenseins jungen ausgebildeten Potentials nutzen kann.

„Von der Altersstruktur lange Zeit jüngste Stadt. All die jungen Leute hatten dort Arbeit, sind dort hingezogen, haben Kinder gekriegt. Rentner gab's da 'ne ganze Zeit lang überhaupt nicht. Jetzt kann es wieder so passieren, die Jungen ziehen ab, wie es auch hier sein wird in den Regionen, die totgelegt werden. Die Jugend zieht fort, die Alten bleiben zurück ... Eine Rentnerstadt ... Und von den jungen Leuten bleiben dann meistens die, die nicht mobil sind. Also ich denk jetzt mal gerade an unser Klientel, die dann immer zur Beratung kommen. Das sind alleinerziehende Mütter, die kein Auto haben, keine Fahrerlaubnis und auch kein Hinterland irgendwo anders, daß sie jetzt sagen können, gut, ich geh nach dem Westen, da hab ich vielleicht 'ne Möglichkeit, 'ne Arbeit zu bekommen. Die sind auf Gedeih und Verderb eigentlich hier ausgeliefert, daß hier was passiert." (11, VG 5 Frauenleitstelle)

Für diejenigen, die bis zum gegenwärtigen Zeitpunkt (1996, d.A.) in der Stadt verblieben, ergeben sich auf die Frage ‚Gehen oder Bleiben' altersgruppenspezifische Unterschiede. Die Interviews wurden in der Mehrzahl mit denjenigen geführt, die nun sechs Jahre nach der Wende noch in Eisenhüttenstadt leben und/oder arbeiten, so daß man bei den ausgewählten Personen davon ausgehen kann, daß die Wegzugsbereitschaft geringer ist. Ausgenommen davon ist die jüngere Generation, die sich noch im Ausbildungsprozeß befindet. Es muß davon ausgegangen werden, daß die Wegzugsbereitschaft vornehmlich der Schulabgänger, Auszubildenden und Abiturienten nach wie vor sehr hoch ist. Einen wesentlichen Grund stellen jedoch nicht nur stadtspezifische Faktoren dar, sondern die schlechte Lage auf dem Ausbildungsstellenmarkt insgesamt. In den innerhalb des Projektes durchgeführten Gruppendiskussionen mit Schulklassen im Zusammenhang mit der Ausstellung ‚Wandel in Eisenhüttenstadt' (März 1995 im Rathaus Eisenhüttenstadt) bemängelten Jugendliche vorrangig das Fehlen von Ausbildungsplätzen und das Defizit an alternativen Kultureinrichtungen in der Stadt. In den Diskussionsrunden mit Realschülern konnte man kaum gegen den pessimistischen Grundton ankämpfen, denn nur wenige der Schüler sahen ab Herbst 1995 für sich die Chance, eine Ausbildung beginnen zu können. Von rund 1.300 Bewerbern hatten 600 Ende April 1995 für das Ausbildungsjahr 1995/96 noch keine Lehrstelle. Die finanziellen Mittel der Kommune für die überbetriebliche Ausbildung waren erschöpft, so daß auf diesem Sektor eine starke Abhängigkeit von der Auflage und Neuauflage staatlicher Förderprogramme zur Vermeidung von Jugendarbeitslosigkeit bestand.[570] Gerade jüngeren Leuten fiel der Schritt, die Stadt zu verlassen leichter, da die Verbindung zur Stadt keine so große war. Interessant ist der Aspekt, daß die ‚Elterngeneration' gegenwärtig mit dazu beiträgt, die Jugendlichen, also die nachfolgende Generation, darin zu bestärken, die Stadt zu verlassen und das ‚Glück' woanders zu suchen. Hier wird das Argument der eigenen Erfahrung beim Zuzug in die Wohnstadt oder Stalinstadt gebracht:

"...und was mich nach der Wende auch sehr bestürzt gemacht hat, wieviel Leute hier weggingen. Ich hab sehr viele Gespräche gehabt am Anfang mit Leuten, die hilfesuchend hierher kamen und dann irgendwann gesagt haben, also ich habe jetzt einen Job gefunden in München, Stuttgarter Raum, die Ecke da unten im Schwabenland, da war ja unheimlicher Bedarf an Fachkräften so im Schwermaschinenbau, das paßte gut hier, EDV, da haben sie unheimlich viel Leute abgeworben. Und das waren alles auch sehr viele junge Leute, die weggingen, für mich natürlich vollkommen logisch, hier leben ja sehr viele Leute ohne Traditionen, die sind ja irgendwann zugezogen, haben relativ lockere Bindung zu der Region hier, also gehen sie auch sehr viel leichter wieder weg ...Oder vielleicht die Eltern, die damals nach Stalinstadt oder nach Eisenhüttenstadt kamen, weil es ein Angebot Wohnung, mehr Geld gab, und die sagen, mach's doch so wie wir, wir haben doch den Schritt gemacht, die dann auch Mut machen, macht doch den Schritt. Das gab in den ersten zwei, drei Jahren hier eine ganz schöne Auszehrung." (13, E 6 Mitarbeiter Diakonisches Werk)

Ein Argument für den Verbleib in Eisenhüttenstadt war das Vorhandensein sozialer Netzwerke, das vorrangig von den Vertretern der mittleren Generation angeführt wurde. Die Entscheidung für einen Wegzug aus der Stadt und damit die Aufgabe von räumlich nahen Freundschaftsnetzwerken wurde nur vor dem Hintergrund einer gesicherten Existenz an einem anderen Ort als vorstellbar artikuliert. So kann für die Generation der 25- bis 45jährigen, die bisher in der Stadt verblieben, dennoch von einer latenten Wegzugsbereitschaft ausgegangen werden, die sich bei einer erneuten Verschlechterung der wirtschaftlichen Situation in Eisenhüttenstadt schnell in ein manifestes Verhalten wandeln kann:

"...also für den engeren Kumpelkreis, den man sich so ...aufgebaut hat, stand eben die Frage, wat machen wir. Gehen wir nun alle aus Eisenhüttenstadt weg oder bleiben wir? Wir hatten alle hier unsere Wohnung, unser Umfeld, hatten den Fußball, es war schon sehr wichtig. Und dann haben wir uns eigentlich entschlossen, nicht so wie andere, daß wir eben vordergründig erst mal versuchen, in den Westen zu gehen und einen Lehrgang machen, um dann, weß ick, als ein Lehrer oder frisch Besoldeter hier nach bundesdeutschen Maßstäben zurückzukommen und irgendwelche Karriere zu machen, sondern uns hier festzusetzen und ...etwas zu suchen, wo man nicht allzu viel fahren muß, sondern bei der Familie bleiben kann." (1, E 8 Abgeordneter der Stadt)

Die Gründe, die von Vertretern der mittleren und älteren Generation für den Verbleib angegeben werden, differieren bzgl. der Wohndauer in Eisenhüttenstadt, dem Eingebundensein in familiäre bzw. Freundschafts-Netzwerke und in Abhängigkeit vom Besitz oder Erhalt des Arbeitsplatzes.

Die Erfahrung des ‚biographischen Neubeginns' der Älteren in dieser Stadt prägt im Zusammenhang mit der Erkenntnis, daß die Chancen dieser Generation, in anderen Städten einen Arbeitsplatz zu finden, ähnlich gering sind wie in Eisenhüttenstadt, die Entscheidung zum Verbleib in der Stadt maßgeblich. *„Die vielfach beklagte Immobilität ostdeutscher Arbeitskräfte ist daher nicht bloß Ausdruck einer tradierten Grundhaltung, die aus der Erfahrung kontinuitätsverpflichteter Berufsbiographien zu DDR-Zeiten gespeist ist, sondern auch Resultat des simplen Kalküls der geringen Chancen und Alternativen." (Schmidt 1995:460).*

„Meine Gedanken sind weniger, aus Eisenhüttenstadt wegzugehen. Ich bin hier geboren, bin hier aufgewachsen, hab einen großen Teil meines Lebens hier verbracht, mir gefällt Eisenhüttenstadt, manch einem gefällt es nicht, dem ist es zu trist. Mir gefällt es, mir gefielen schon immer die Grünanlagen und das großzügig Angelegte. Trotzdem in den einzelnen Wohngebieten jetzt mittlerweile erkennbar ist, die langjährig hier wohnen, haben auch einen gewissen Zusammenhalt schon entwickelt, denn es sind ja aller 10 Jahre ein ganzer Schub neuer Leute hergekommen. Alle immer bedingt mit dem Wachsen des EKO. Es wurden ja Leute angeworben aus allen Teilen der Republik, die dann hier ortsansässig geworden sind und auch heute noch hier wohnen, obwohl sie zum Teil schon nicht mehr im EKO arbeiten. Aber die dann auch gesagt haben, jetzt bin ich hier, und jetzt bleibe ich hier, und jetzt mach ich das Beste daraus. Und ich denke im Prinzip genauso. Meine Kinder sicherlich nicht, aber für mich ist das mehr oder weniger schon entschieden, wenn jetzt nicht ein Zwangspunkt in meinem Leben gesetzt wird, daß ich dann schon gerne hierbleiben möchte." (10, B 9 Mitarbeiterin GEM)

Zunächst muß für die Zeit nach 1989 eine generelle Veränderung in den Anforderungen an die Mobilität sowie Voraussetzungen für Mobilität konstatiert werden. Auf der einen Seite vergrößern die neuen gesellschaftlichen Bedingungen die innere Bereitschaft zu Mobilität. Die zentralen DDR-‚Kategorien' Vollbeschäftigung sowie zumeist feste Bindung an den Wohnort als Mobilitätsbarrieren befinden sich in Auflösung. Dieser Prozeß läßt wiederum Mobilitätsbereitschaft zu einem Auswahlkriterium werden, welches die Chancen des Einzelnen im Berufsleben bzw. auf dem Arbeitsmarkt erhöht. Andererseits können die verschiedenen sozialen Gruppen aus unterschiedlichen Gründen den neuen Anforderungen an Mobilität und Flexibilität nicht im gleichen Maß gerecht werden. Je nach Zugehörigkeit zu einer sozialen Gruppe, nach Alter und Geschlecht, biographischem Hintergrund sowie individuellen Voraussetzungen werden Chancen bzw. Nachteile verstärkt. Eisenhüttenstadt verließen in den ersten drei Jahren nach der Wende überproportional häufig jüngere Arbeitnehmer, was zu einer Erhöhung des Durchschnittsalters der Bevölkerung von 35 auf 38 Jahre führte. Der Wegzug aus der Stadt war eine Strategie, dem drohenden Arbeitsplatzverlust zuvorzukommen. Die Bedingungen, die die Stadt zu DDR-Zeit von anderen Städten abhob (gute Infrastruktur, eine Vielzahl kultureller Möglichkeiten, bessere Wohnraumsituation) konnten die Vertreter dieser Gruppe nicht an die Stadt binden. Die mittlere Generation weist eher eine zögernde Mobilitätsbereitschaft auf. Hauptargument für den Verbleib in der Stadt waren, neben dem Besitz eines Arbeitsplatzes, das Vorhandensein enger Freundschaftsnetzwerke. Die ältere Generation richtet sich in den gegebenen Verhältnissen ein, da ihre Bindung an die Stadt am größten ist und ihre Chancen auf dem Arbeitsmarkt auch in anderen Städten vergleichsweise gering sind. Der wesentliche Einschnitt im demographischen Verhalten der Bevölkerung (allgemeiner Bevölkerungsrückgang und Abwanderung vorrangig der jüngeren Altersgruppen, negativer Wanderungssaldo, mehr Sterbefälle als Geburten, Geburtenrückgang) kann dennoch nicht als allgemeiner Trend der Bevölkerungsentwicklung fortgeschrieben werden. Es muß aber davon ausgegangen werden, daß die latente Wegzugsbereitschaft der jüngeren und mittleren Altersgruppen nach wie vor vorhanden ist und sich bei einer weiteren Verschlechterung der Arbeitsmarkt- sowie Ausbildungsstellensituation schnell in manifestes Verhalten wandelt.

‚Biete: reiche Vergangenheit – Suche: neue Identität' – Veränderungen des städtischen Werte- und Normensystems

Die Veränderung des städtischen Werte- und Normensystem soll anhand von vier verschiedenen Dimensionen beschrieben werden. Erstens wurde nach der Wende im Zusammenhang mit der Suche nach einer neuen städtischen Identität überlegt, den Stadtnamen zu verändern. Eisenhüttenstadt hat bis heute seinen Namen behalten, und das wird auch so bleiben. Doch welche Beweggründe gab es, die Diskussion um eine Namensänderung erneut aufzunehmen? Sollen Veränderungen nach 1989 beschrieben werden, stellt sich zweitens die Frage, was die Einwohner Eisenhüttenstadts als das ‚Sozialistische' an ihrer Stadt betrachten. Gab und gibt es Merkmale, Eigenarten oder auch Verhaltensweisen, die einen Bezug zu ‚Sozialismus' herstellen lassen? Drittens ist von Interesse, ob diese junge Stadt nach Meinung ihrer Einwohner eine Tradition hat und wenn ja, worin diese besteht. Und viertens bleibt die Frage, inwiefern sich eine Identifikation mit dieser Stadt entwickeln konnte und wie sich diese gruppenspezifisch äußert.

Neue Namen braucht die Stadt

Unter ‚regionaler Identität' soll im Anschluß an Bassand und Hainard (1985) die unterschiedliche Identifizierung der Bewohner mit der Region, in der sie wohnen, verstanden werden. „Die regionale Identität ist mit einem Zugehörigkeitsgefühl zu einem bestimmten Raum verknüpft, der wiederum an Bezugsräume gebunden ist. Dabei handelt es sich um die Dialektik des ‚Wir' und des ‚Es', des ‚Hier' und des ‚Anderswo'. (Bassand/Hainard 1985:24). Diese Identität macht sich an einem ‚räumlichen Zeichen-, Symbol- und Repräsentationssystem' (Läpple 1991:197), materialisiert vor allem in der Stadtgestalt, fest." (Rink/Grahl 1993:70)

Nach der Namensgebung ‚Stalinstadt' am 7.5.1953 und der 1961 vollzogenen Umbenennung in ‚Eisenhüttenstadt', verbunden mit der Eingemeindung von Fürstenberg als das sogenannte Eisenhüttenstadt-Ost und Schönfließ als Eisenhüttenstadt-West, wurde die Diskussion um die Umbenennung Eisenhüttenstadts nach der Wende wieder aufgegriffen. Hier sind Parallelen zum Austausch der Bezeichnungen von Betrieben, Einrichtungen und Straßen in allen neuen Bundesländern zu ziehen. Wie um sich von einer Last zu befreien, wurden folgende Institutionen, Straßen und Plätze in Eisenhüttenstadt umbenannt (Auswahl): Der Platz der Deutsch-Sowjetischen-Freundschaft in Platz des Gedenkens, Leninallee in Lindenallee, Thälmannstraße in Beeskower Straße, Marx-Engels-Platz in Markt, Wilhelm-Pieck-Straße in Königstraße, Roter Platz in Roßplatz, Straße der Jugend in Wilhelmstraße, John-Schehr-Straße in Poststraße, Marchlewskiring in Brunnenring, Klement-Gottwald-Straße in Alte Ladenstraße, Georgi-Dimitroff-Straße in Eichendorffstraße, Otto-Grotewohl-Ring in An der Holzwolle, Walter-Ulbricht-Stadion in Stadion Fürstenberg und die Straße des Komsomol in Saarlouiser Straße.[571] Insbesondere bei der früheren Magistrale ‚Leninallee' fällt die Gewöhnung an den neuen Namen nicht leicht. Die meisten Einwohner geben ihr aus Gewohnheit die frühere Bezeichnung:

„Ja, mit der Zeit. Ja, mit der Lindenallee. Bei mir ist es immer noch die Leninallee. Wird's auch bleiben. Wenn man vielleicht näher dran wohnen würde, würde man sich auch schneller damit abfinden." (22, B 1 Rentnerin)

Das erste Mal entspann sich 1991 eine größere Diskussion um den Stadtnamen „Eisenhüttenstadt", wobei sich die Mehrzahl der Einwohner gegen einen neuen Namen aussprach.[572]

„Na sowas finde ich genauso bescheuert, das fand ich schon mit den Straßenumbenennungen saubescheuert. Was hätt mich das denn gestört, ob das Straße des Komsomol oder Saarlouiser heißt, ob ne Straße der Jugend oder Wilhelmstraße hieß – die Straße hat vorher gar nicht existiert ... Mich hat noch nicht mal, mich hat's noch nicht mal gestört, ich bin in Stalinstadt geboren, denn hieß es eben Stalinstadt, das ist doch nun alles scheißegal; gut das war ja nun kommunistisches Gemache und weß ich – das ist nun mal so." (19, B 11 Mitarbeiter Oderwerft)

Der Großteil der Einwohner hat ein eher pragmatisches Verhältnis zum Stadtnamen. Parallelen tauchen im Zusammenhang mit der Gewöhnung an den Namen „Stalinstadt" auf. Bei der Erwähnung des früheren Namens Stalinstadt wird dieser Pragmatismus anhand der Aussagen eines Interviewpartners deutlich.

„Wir haben uns keine Gedanken gemacht um die Namensbenennung „Stalinstadt". Erstmal lag 's im Trend der Zeit. Jedes sozialistische Land hatte sein Stalingrad und wie sie nun alle hießen. Und '53 war das sicherlich auch noch möglich, denn Chrustschow hat ja erst '56 alles offenbart. Das waren ja für uns die Vorbilder. Deswegen ist so 'ne Frage eigentlich für unsere Generation, die in dieser Zeit groß geworden ist, das Selbstverständliche gewesen, daß man darüber gar nicht nachgedacht hat."

(Lesung Geschichtswerkstatt Eisenhüttenstadt, Herr R., In: „Wandel ...1995:28)

Man setzte sich in der Stadt nicht intensiv mit dem ideologischen Gehalt des Namens auseinander, sondern nahm ihn als Gegebenheit. Ähnlich geschah dies bei den Diskussionen um eine erneute Umbenennung der Stadt nach 1989. Der ‚Trend der Zeit' nach 1989 sind erneute Umbenennungen. Das Argument vieler gegen eine Umbenennung war, daß durch diesen Namen die enge Verbindung von Region, Stadt und Werk immer noch dokumentiert werde. Die Fraktionen des Stadtparlamentes CDU, SPD, PDS sowie Bündnis 90/ Grüne waren der Auffassung, daß es wichtigere Probleme zu lösen gebe und eine Umbenennung enorme Kosten verursachen würde. Allerdings sollten die Stadtteile Fürstenberg und Schönfließ stärker als bisher in ihrer Eigenständigkeit hervorgehoben werden.[573] Als ‚wirtschaftsschädigend' betrachtete man den Namen der Stadt von seiten der EKO Stahl auf keinen Fall. Bei der Interpretation der Diskussion um die Umbenennung wurde deutlich, daß eine Polarität zwischen den Einwohnern Fürstenbergs und den Bewohnern der ‚Neustadt' existiert. Die Fürstenberger verloren 1961 durch die Eingemeindung nach Eisenhüttenstadt ein Stück ihrer Identität und versuchten nach 1989 massiv, ihren früheren Ortsnamen wieder zu erlangen. Die Distanz der Fürstenberger zu Eisenhüttenstadt wird an der Wortwahl ‚*die dort draußen*' (Stadt Eisenhüttenstadt) und ‚*hier unten*' (Fürstenberg) deutlich. In den Interviews mit Fürstenbergern wurde auf den 1961 erfolgten politischen Zwangsakt der Eingemeindung mehrfach hingewiesen, der ohne Mitbestimmungsmöglichkeiten für die Einwohner vollzogen wurde. Im Zusammenhang mit der Diskussion um die Namensänderung fühlten sie sich erneut benachteiligt.

„Na ja, die dort draußen stört's nicht ...na ja, hier unten fragen sie mich nicht, nee, die fragen nämlich alle bloß alle draußen in der Stadt. Jetzt schimpft's sich Ortsteil Fürstenberg; der wurde damals zwangsmäßig eingegliedert in die Stadt, dann sollen, wenn sie sonst schon mit ihre ganzen Alteigentümer und Altlasten und weß ich was, dann sollen sie das och wieder so machen, wie's war, und dann is gut. So'n Rathaus, alles steht da, und Fürstenberg hat ja wieder eine ganz andere Geschichte, nich, hat ja mit der Stadt gar nischt zu tun, das ist ja och Asbach uralt." (20, B 11 Mitarbeiter Oderwerft)

Als Möglichkeit, ihre ‚alte' Identität wieder aufzubauen, wird die offizielle Rückbenennung des früheren Stadtteiles Eisenhüttenstadt-Ost in Ortsteil Fürstenberg gesehen. Nach 1989 hatten die Fürstenberger gehofft, daß die demokratischen Mitbestimmungsmöglichkeiten auch mehr Spielraum für ihre eigene Entwicklung als Stadtteil bieten. Diese Hoffnungen mußten schnell aufgegeben werden, da es keinen Interessenvertreter spezifisch für ihren Ortsteil im Stadtparlament gab. Ohne Stimmrecht im Parlament konnten keine Anträge in die politischen Gremien eingebracht, und die Forderungen der Fürstenberger konnten nicht realisiert werden. Da besonders für die ‚alten' Fürstenberger ihr Selbstbestimmungsrecht einen hohen Wert darstellt, gründeten die engagiertesten von ihnen eine Bürgervereinigung, um in den politischen Gremien überhaupt antragsberechtigt zu sein. In Fürstenberg erhielt die Bürgervereinigung einen sehr hohen Stimmanteil, so daß der Einzug ins Stadtparlament bei den Wahlen 1993 tatsächlich gelang.[574] Nur so konnten Anträge zu wichtigen Entscheidungen der weiteren Entwicklung Fürstenbergs in die politische Diskussion gebracht werden. Die wichtigste Entscheidung nach Aussagen der Vertreter dieser Bürgervereinigung war die für einen Ortsteil Fürstenberg. Damit konnte ein Stück eigener ‚Identität' zurückerobert werden.

„ ...und dann haben wir den Antrag reingebracht, Ortsteil zu werden, und die letzte Abstimmung war ja denn immer, immer wieder haben sie was geändert usw., und die letzte Abstimmung war dann von 18 zu 17 Stimmen, da sind ja noch ein paar Abgeordnete von anderen Parteien hier im Ortsteil Fürstenberg ja, aber mit 18 zu 17 Stimmen haben wir es geschafft denn; wenn einer noch hätte, denn war's remis, dann weiß ich nicht, wie es dann gegangen wäre, oder der Antrag wäre abgelehnt. Ja, kam dann in die Satzung rin und da haben wir auch festgelegt, daß der Ortsteilbürgermeister, also ein Ortsteilvorsteher, ein ehrenamtlicher Ortsteilvorsteher steht uns zu, und der muß aus der SVV gewählt werden. Das hat natürlich drei oder vier Anträge gebraucht, ehe ich das da durchhatte. Der muß aus der Stadtverordnetenversammlung gewählt werden und hier im Ortsteil wohnen." (11, B 14 Selbständiger)[575]

Fürstenberg als alte Handwerkerstadt mit langer Tradition konnte sich mit der Neustadt nur wenig anfreunden. Die Zusammenarbeit beider als eigenständige Städte war bis 1961 schon durch eine Reihe von Konflikten geprägt. Viele Arbeitskräfte wanderten in das neue Werk ab oder das Stadtparlament der Neustadt behandelte Fürstenberg als ‚peripheren Ort'. Ursache der Auseinandersetzungen war die ideologische Grundlegung der Stadt als ‚erster sozialistischer Stadt' und der damit in Zusammenhang stehenden Präferierung von genossenschaftlichem bzw. Volkseigentum. 1961 ‚schluckte' die Stadt den Ort und gab ihm einen neuen Namen. Die Auseinandersetzungen um die Eigenständigkeit des Ortsteiles in der Gegenwart führen also bis auf das Jahr 1950 zurück (vgl. historischer Teil).

Das ‚Sozialistische' der Stadt

Zumindest in den ersten vier Wohnkomplexen Eisenhüttenstadts wurde zu Beginn der 50er Jahre auf der Grundlage der 16 Grundsätze des sozialistischen Städtebaus und nach den beschriebenen Auseinandersetzungen der Bewohner mit Planern und Funktionären der Anspruch realisiert, eine Stadt als ‚organische Gesamtheit' aufzubauen. Somit konnte das damalige Stalinstadt durchaus als Vorbild des deutschen Städtebaus gelten. Erst später mußte die Idee des ‚Organischen' den Zwängen der Ökonomie geopfert werden. Die Herrschaftsinteressen in anderen neu errichteten Industriestädten vor 1945 beeinflußten vergleichbar das Wert- und Normensystem der Einwohner. Die Besonderheit für Eisenhüttenstadt, etwa im Vergleich zu den Industriestädten Wolfsburg (vgl. Schwonke/Herlyn 1967, Herlyn/Schweitzer/Tessin/Lettko 1982, Forndran 1984) oder Salzgitter (vgl. Benz 1992), besteht in der Verstärkung des *ideologischen*

Aspekts. Besonders deutlich wird dies in der Vorreiterrolle, die Eisenhüttenstadt bei der Einführung bestimmter staatlicher Feierlichkeiten spielte, wie der ‚sozialistischen Eheschließung', ‚sozialistischen Namensgebung', ‚Jugendweihe', ‚weltlichen Beerdigung' u.a., die als Pendant zu kirchlichen Traditionen entwickelt werden sollten (vgl. Tillmann 1995b). Dieser Einführungsprozeß war ein ‚von oben', von der SED-Führung der DDR initiierter Prozeß, der zur Ablösung christlicher Feiern dienen sollte. In welcher anderen Stadt als in Stalinstadt hätte man besser mit der Umsetzung beginnen können? 1959 erschien die von der Parteileitung der Stadt herausgegebene Schrift „Grundsätze und Erfahrungen bei der Gestaltung sozialistischer Feierlichkeiten um Geburt, Eheschließung und Tod in Stalinstadt"[576] (vgl. Kleßmann/Wagner 1993:453). Die kirchlichen Einrichtungen dagegen hatten es in der Stadt schwer, Fuß zu fassen. Ein Kirchengebäude existierte in Eisenhüttenstadt nicht, Gottesdienste und kirchliche Veranstaltungen wurden in der sogenannten ‚Kirchen-Baracke' in der EKO-Wohnstadt und späteren Stalinstadt oder der Kirche in Fürstenberg abgehalten. Erst 1981 konnte im WK V das Gemeindezentrum errichtet werden. Die in der ursprünglichen Stadtplanung noch bis 1953 vorgesehene Errichtung einer Kirche wurde insbesondere nach den Ereignissen des 17. Juni 1953 maßgeblich von den Funktionären der SED in Berlin verschleppt. Auf diese Weise sollte der Einfluß der Kirche auf die Entwicklung der Stadt so gering wie möglich gehalten werden. Die Funktion, die traditionell die Kirche innehatte, ein Zusammengehörigkeitsgefühl in einer Gemeinde zu erzeugen, wurde in Eisenhüttenstadt durch andere Institutionen übernommen, die vor allem im Bereich der Arbeitswelt existierten und deren Wirkung sich auf die Freizeitbereiche ausdehnte (vgl. Bräuer 1990).

„Aber man hat's eben versucht, dort Menschen zueinander zu bringen. Auch mit Brigadefeiern und diese Dinge, die alle da gewesen sind, ja auch sonst in der DDR. Aber hier eben auch sehr stark. Und wahrscheinlich immer etwas früher als woanders. Also wenn ich an die Jugendweihedinge denke, die ich im Pfarrkonvent doch immer erzählt habe – also so ist das bei uns hier. Ja Sie mit ihrem Stalinstadt. Das kann bei uns nicht passieren.' Es kam da eben später. Wir waren so ein bißchen 'ne Vorreiterstadt, eine Anzeigestadt, 'ne Vorzeigestadt. Und alles zeigte mit dem Finger auf uns. Stalinallee und Stalinstadt, das waren noch die beiden Dinge, wohin man alle Besucher schickte, um was vorzuzeigen." (2, E 1 Pfarrer)

Nicht nur mit diesen kirchlichen Traditionen sollte in der ‚ersten sozialistischen Stadt' gebrochen werden. Generell sollte insbesondere in der ersten Aufbauzeit kleinbürgerliches Gedankengut mit allen seinen Äußerungsformen ferngehalten werden. Daß dieses Vorhaben letztlich nicht gelang, ist wohl den Bedürfnissen der Stalinstädter Einwohner selbst zu ‚verdanken', die nicht in jedem Fall den Sinn dieser ‚Neuerungen' einsahen. Zum Beispiel wehrten sie sich massiv dagegen, daß in ihrer Stadt der Bau von Kleingartenanlagen nicht vorgesehen war:

„...und wir sollten uns mal überlegen, was hat den dieser Begriff bedeutet: erste sozialistische Stadt. Weil ja da immer versucht worden ist, von den Politikern Sinn reinzulegen, und jeder hat das aber anders empfunden ... Unter anderem gab es auch die Auffassung, Schrebergärten haben in der ersten sozialistischen Stadt nichts zu suchen, denn die halten die Leute von der Versammlung, vom Gemeinschaftsleben ab. Ja, das wurde auch als kleinbürgerlich abgestempelt. Und dann kam die Rede von Walter Ulbricht in Leipzig, das muß wahrscheinlich schon Anfang 60 oder gar Ende 50 gewesen sein – ...Und dort hat Walter Ulbricht gesagt: Der Schrebergarten ist immer ein proletarisches Freizeitvergnügen gewesen; denkt an Kuhle Wampe und, und; ja, der hat was mit der Arbeiterklasse zu tun ...Und wups, da hat's eine Umorientierung gegeben, und da hat sich alles verständigt – och hier in Eisenhüttenstadt oder Stalinstadt. Dann wurde gesagt: Eigentlich müßten wir unter dem Gesichtswinkel dem Drang der Bevölkerung nach Schrebergärten – denn der war ja drin – nachgeben." (Lesung zur Abschlußveranstaltung zur Ausstellung ‚Wandel in Eisenhüttenstadt', Herr H., Geschichtswerkstatt Eisenhütenstadt, In: „Wandel ... 1995:32)

Diejenigen, die der Entwicklung der Stadt und der besonderen ideologischen Rolle, die man ihr zumaß, kritisch gegenüberstanden, benennen die Punkte, die ‚von oben' auf die Stadt übertragen diese zu einer sozialistischen machen sollten. In den Gesprächen wurde deutlich, daß dies nicht im vorgegebenen Maß gelang. Besonders der Aufbaugeneration wird Euphorie bei Baubeginn des Werkes und der Stadt zugeschrieben. Diese Euphorie entsprang vorrangig Motiven der eigenen Existenzsicherung. Die ersten Wohnkomplexe berechtigen dazu, den sozialen Charakter der Stadtanlage hervorzuheben. Die Weiträumigkeit und Gliederung der Gebäude trugen dazu bei, daß sich die ersten Generationen in dieser Stadt wohlfühlten. Es wurde auch eine weitgehende Übereinstimmung der Interessen konstatiert, die zur Entwicklung eines Zusammengehörigkeitsgefühls beitrug.

Dennoch sind die Aussagen unserer Interviewpartner zum Thema Integration in der Stadt ambivalent. Während die einen von einem schnellen Zusammenwachsen der aus allen Teilen der DDR Zugezogenen sprechen, wird von anderen eine langwährende Fremdheit und Distanz zwischen den Einwohnern konstatiert.

„Wir haben immer gesagt: Hüttenstadt wird nie 'ne Stadt, weil ja – aus aller Welt waren sie ja hier. Es war immer wie – als wenn man auf dem Dorf wohnt, so war das. Die ganzen Hochbauten sind ja erst entstanden. Damals waren ja nur die normalen Häuser. Da hat ja einer den anderen gekannt. War auch schön. Ja." (5, B1 Rentnerin)

Während diese Aussage von einer Frau stammt, die Ende der 50er Jahre selbst in einem der ersten Wohnkomplexe wohnte, stammt die folgende Aussage, die eher eine Distanz konstatiert, vom Pfarrer, der zunächst in der Nähe der Kirchenbaracke und danach im Pfarrhaus in Fürstenberg wohnte.

Zumindest für diese Anfangszeit, in der die Zahl der Bewohner noch überschaubar war, wird eine schnell erfolgende Integration der damaligen Einwohner konstatiert. Die face-to-face-Kontakte, die auch in der heutigen stadtsoziologischen Literatur als wichtiges integratives Merkmal hervorgehoben werden, waren gegeben. Die Einschätzung des Pfarrers ist dennoch hervorzuheben, da sie auf ein wesentliches Merkmal dieser Stadt aufmerksam macht. Der Staat wollte in seiner sozialistischen Stadt mit alten Traditionen brechen und den Einfluß der Kirche zurückdrängen. Darin sah man den neuen Zeitgeist, die Verwirklichung ‚sozialistischer Ideale'. Aus diesem Grund war der Kontakt zu Vertretern der kirchlichen Einrichtungen nicht sehr umfassend. Der Pfarrer stellt retrospektiv fest, daß der Etablierung einer Kirchengemeinde in Stalinstadt und später Eisenhüttenstadt massiver Widerstand entgegengebracht wurde, der sich u.a. auch darin äußerte, daß viele Kirchenmitglieder nach ihrem Zuzug in die Stadt die Arbeit in der Kirchengemeinde aufgaben und teilweise sogar aus der Kirche austraten.

„Erst waren die Leute untereinander – lassen Sie mich das dazu noch sagen – in der Tat sich fremd. Und sie haben auch, wenn sie hergekommen sind, sehr schnell gemerkt, daß diese Stadt eine besondere Atmosphäre hat. Ob sie sie gehabt hat, weiß ich nicht, aber es ging ihr der Ruf nach oder voraus. Und man hat das sehr schnell hier gerochen, daß hier irgend etwas besonderes ist. Und so hielt sich jeder in seinen vier Wänden zurück. Es hat sehr lange gedauert, daß die Brigaden untereinander Freundschaft geschlossen haben und dann Brigadefeiern gemacht haben." (3, E1 Pfarrer)

Diese Rolle, in einer ‚besonderen Stadt' zu wohnen, brachte für die Einwohner im Zusammenhang mit der Werksentwicklung eine ganze Reihe Privilegien. So entwickelten sich Traditionen im kulturellen Bereich immer mit engem Bezug zur Werksgeschichte. Die neue Stadt schuf ‚neue' Formen gemeinschaftlicher Erlebnisse. Ein Beispiel dafür sind die Hüttenfeste, die ausgehend vom Werk auf die ganze Stadt ausgedehnt und zum festen Bestandteil des Eisenhüttenstädter Kulturlebens wurden.

Nach der Wende und der damit einhergehenden Veränderung der gesellschaftlichen Grundlagen werden diese „Vorteile" – oder auch „Errungenschaften" – entwertet. Dies spiegelt sich im Wegzug vieler junger Leute wider oder auch in der Verbitterung eines Teils der Aufbaugeneration, die diese Wende als die Entwertung ihrer Arbeit versteht.

So wird das eigentlich „Sozialistische" der Stadt im nachhinein von den Bewohnern, die den Staat ‚mittrugen', vor allem an den zahlreichen sozialen Vergünstigungen festgemacht. Diese sozialen Maßnahmen werden in Verbindung zur spezifischen Stadtanlage in WK I bis IV gebracht.

„Als ich 1962 mit meiner Familie hierher kam, ...empfand ich als sozialistisch, daß meine Kinder einen ganz kurzen Weg zum Kindergarten hatten, daß die kaum über 'ne Straße mußten. Mal abgesehen davon, daß die Straßen ja damals nicht so verkehrsreich waren. ... Die konnten morgens alleine losgehen. Daß das alles in der Nähe war, daß auch die Einkaufseinrichtung in der Nähe war, daß man also keine großen Wege hatte, denn die Frauen waren hier in der Mehrzahl – das wissen wir ja – berufstätig. Und das war alles 'ne Erleichterung für sie. Das empfand ich als sozialistisch ...Und daß, vor allen Dingen, daß auch jede Wohnung 'ne annehmbare Wohnung war, daß sie 'ne Sanitärzelle hatte. Daß es keine Kellerwohnungen gab, in denen zum Beispiel mein Mann in Frankfurt groß geworden ist ...Das empfand ich als sozialistisch. Keine Hinterhöfe ..., überall Weite, Licht, Luft und Grün. Das empfand ich als sozialistisch. Das hat mir gefallen." (19, VG 11 Beitrag Frau K.)

War man sich vor 1989 der besonderen Rolle der Stadt bewußt und nutzte diese für die Realisierung vieler Maßnahmen im kulturellen und sozialen Bereich, so tat man sich nach der Wende schwer mit dem Erbe der Vergangenheit. Das Stadtmarketing in der Nachwendezeit war damit beschäftigt, das sogenannte ‚Negativimage' der Stadt als monotone oder auch ‚rote' Stahlstadt zu beseitigen, was in dem Slogan „Wir sind mehr als nur Eisen und Hütten – Eisenhüttenstadt" zum Ausdruck kommt. Damit verbunden war die Hervorhebung der günstigen Möglichkeiten zur Ansiedlung von Industrie (Nutzungsflächen des EKO sowie der Gewerbegebiete) und die Darstellung Eisenhüttenstadts als Stadt mit hohem Wohn- und Freizeitwert („Das Schlaubetal als Erholungsgebiet"). Parallel wurde die Besonderheit Eisenhüttenstadts als „erster sozialistischer Stadt" und die Darstellung von Architektur sowie Stadtanlage vernachlässigt. Dies war drei Gründen geschuldet. Erstens konnte der Aspekt, daß Eisenhüttenstadt die ‚erste sozialistische Stadt' war, der nach Meinung der Stadtverwaltung zum ‚Negativimage' zählte, nicht vermarktet werden. Zweitens mußte eine starke Orientierung auf den Überlebenskampf um das EKO erfolgen. Drittens wurde Eisenhüttenstadt im Zusammenhang mit der Darstellung des Arbeitskampfes in den Medien gerade wegen dieser Spezifik in der Mehrzahl der Berichte ‚ausgeschlachtet', so daß beim Auftauchen von Fernsehteams und Pressevertretern sowohl bei der Bevölkerung als auch bei Vertretern der kommunalen und betrieblichen Institutionen eine gewisse Antwortmüdigkeit bzw. auch Verweigerung auftrat. Erst seit 1995 erfolgt wieder eine stärkere Hervorhebung der Einmaligkeit der Stadt, die darin besteht, die Idee einer ‚sozialistischen Stadt' sowie deren baulich-räumliche Umsetzung in den WK I bis IV zu dokumentieren.[577]

„Wir hatten vor sechs Wochen, glaube ich, sind's gerade her, eine Journalistengruppe von 40 – 45 Leuten hier in der Stadt, die sich eigentlich dann, nachdem wir auf einige dieser Hochhäuser hier gestiegen sind, doch recht angenehm gewundert haben, wieviel Grün in dieser Stadt ist, wieviel Freiräume diese Stadt hat, ja, gerade auch diese WK I bis IV, diese großzügige Innenhofgestaltung mit den ganzen integrierten Einrichtungen dazu. Also es sind schon Dinge, die man dann erst sich erarbeiten muß, wo man 'nen Blick erst für haben muß, ja; nicht immer dieses Arbeiten und Wohnen nur mit Eisenhüttenstadt und womöglich einem schlechten Emissionswert mit dieser Stadt zu verbinden, weil's eben hier 'ne Eisenhüttenstadt ist, die mit Stahl und Eisen und weiß ich was zu tun hat." (5, E 15 Mitarbeiter Stadtverwaltung)[578]

So gehen die Bestrebungen jetzt dahin, differenziert beide Marketingstrategien je nach Zielgruppe (Industrie, Kultur etc.) anzuwenden.

Bedeutsam für die Erhaltung eines ausgewogenen Stadtklimas ist die Berücksichtigung der Ansprüche der Einwohner in den unterschiedlichen Ortsteilen. Das Gefühl der Benachteiligung bei den Fürstenbergern besteht auch nach der Wende, und nur durch entsprechende kommunale Entscheidungen zur Entwicklung dieses Ortsteils kann man den Bedürfnissen der Einwohner in diesem Stadtteil gerecht werden. Stadtmarketing wird auch aus diesem Grund in den nächsten Jahren verstärkt das Wiederaufleben der bis zur Wende weniger beachteten Fürstenberger und Schönfließer Traditionen nutzen. Die Akzeptanz von Individualität und Eigenentwicklung der Stadtteile ist die notwendige Voraussetzung für die Identifizierung der Bewohner mit ihrem Wohnumfeld. Die Stadt arbeitete an der Verbesserung ihres Images und nutzt dabei vielfältige Möglichkeiten der Präsentation, wie z.B. die Teilnahme an der Ausstellung zur Architekturgeschichte ‚Berlin-Moskau/Moskau-Berlin 1900-1950' 1995 in Berlin[579], die Vorstellung der Stadt in der Bonner Landesvertretung[580] bzw. die 1997 stattfindende Ausstellung ‚Wolfsburg und Stalinstadt/Eisenhüttenstadt' im Deutschen Historischen Museum Berlin.[581]

Kritik von einem kleinen Teil der Bevölkerung wurde angesichts der Veränderungen in der Stadt nach der Wende laut. Chancen und Möglichkeiten, die für die Stadtentwicklung gesehen werden, werden nach ihrer Meinung nicht genügend genutzt, die Bürger zu wenig einbezogen.

„Wenn ich mir die Stadt heute angucke, bin ich eigentlich ein bißchen enttäuscht. Denn im Grunde genommen hat die Stadt kein Gesicht mehr. Es ist so das Gefühl, das Zentrum ist tot … Man ist früher mal gerne durch die Lindenallee flaniert und hatte das Gefühl, ja, das ist nun das Zentrum und da trifft sich auch alles. Das ist eigentlich heute nicht mehr so …Und da denke ich, da hat die Stadt ein bißchen an Gesicht verloren. Also – was mir damals immer noch gut gefallen hat, das fehlt eigentlich …es fehlt mir so jetzt ein bißchen das Typische für diese Stadt. Und man sollte auch mit dem Image der Stadt ein bißchen mehr wuchern. Ich meine, es gibt ja – und es gab – heiße Diskussionen auch im Rathaus und in den Sitzungen der Stadtverordnetenversammlung, ruhig mal mit dem Image der ersten – in Anführungsstrichen jetzt – sozialistischen Stadt, ruhig etwas zu wuchern. Es ist nun mal die typische Stadt in der DDR. Und warum soll man das nicht vermarkten jetzt. Das ist doch eigentlich nicht schlecht …Auch das Stadtzentrum – so Wohnkomplexe eins bis vier im Zentrum – Aber das Stadtzentrum war wunderschön. Die Innenhöfe sehr schön. Mit Planschbecken, mit viel Grün …"(6, E 10 Mitarbeiterin Frauenprojekt)

Offensichtlich haben die Bürger Eisenhüttenstadts wesentlich weniger Berührungsängste mit ihrer Vergangenheit als die Verantwortlichen für Stadtmarketing. Die Entwicklung Eisenhüttenstadts zu einer Stadt mit konformem Straßenbild wird sehr kritisch gesehen. Man kann sich z.B. an die vordergründige Präsenz der Banken in der Hauptstraße der Stadt nur schwer gewöhnen. Um ihre Exklusivität zu bewahren, sollten Veränderungen in der baulichen Gestalt besonders der vier ersten Wohnkomplexe nur sehr vorsichtig realisiert werden, damit identitätsstiftende Momente für ihre Bewohner bewahrt werden können.

Verlust von Tradition?

Eisenhüttenstadt wird nachgesagt, es hätte keine ‚Tradition' oder keine ‚Vergangenheit'. Nimmt man die zeitliche Dimension beider Begriffe zum Maßstab und vergleicht die kurze Geschichte der Stadt mit der anderer Städte, mag dies zutreffen. Im Alltagsverständnis ihrer Bewohner spiegelt sich dieses Phänomen differenzierter wider. Das, was sie eigentlich voneinander ‚entfremden müßte – der Zuzug in Wellen, je nachdem, wie das Werk wuchs bzw. neue Betriebe entstanden, schafft zunächst einmal ihre Spezifik. So kann der Zuzug in Wellen in die Stadt (die drei ‚Bevölkerungsschübe') als die Erfahrung angesehen werden, die als gemeinsame die Einwohner Eisenhüttenstadts eint.

„Eisenhüttenstadt hat keine Spezifik, vielleicht ist gerade das das Spezifische. Ich hatte das ja schon mal erwähnt, daß immer mit den einzelnen Aufbauphasen des EKO neue Leute hergekommen sind. Ganz am Anfang war es, als die Hochöfen gebaut worden sind, da kamen ja sehr viele Leute her, wo dann diese Barackenstadt noch existierte und diese Wohnlager, Wohnstadt hieß das damals."(21, B 9 Mitarbeiterin GEM)

Seit Beginn der Errichtung von Werk und Stadt kann man nicht von einer *traditionell gewachsenen Kultur* ausgehen. Der Zuzug von Arbeitskräften aus allen Gebieten der DDR, die punktuellen ereignisgebundenen ‚Wachstumsschübe' (Investitionsbauten im Werk, Errichtung neuer Stadtteile) ließen die jeweils Zugezogenen sich am meisten mit ihrem Betrieb und dem jeweils bezogenen Stadtteil identifizieren. Vor allem ein Zusammenhalt der verschiedenen ‚Zuzugsgenerationen' wird kaum festgestellt. Vollzog sich die Integration der ersten Generation, die mit dem Aufbau von Werk und Stadt begann, noch relativ schnell und konfliktfrei, kann dies für die folgenden ‚Zuzügler' nicht mehr in diesem Sinn festgestellt werden. Ursache dafür war das gestiegene materielle Anreizsystem, das für den Zuzug von Arbeitskräften sorgte. Das Zuzugsmotiv war bereits in den 60er Jahren nicht mehr mit dem Motiv der grundlegenden Existenzsicherung und einem gewissen Aufbauenthusiasmus verbunden. Wesentlich günstigere Arbeits- und Lebensbedingungen als noch in den 50er Jahren wurden in Eisenhüttenstadt vorgefunden.

„Ja. Das ist ja für Eisenhüttenstadt wirklich ganz eigenartig. Im Grunde genommen sind ja von der Küste bis runter zum Gebirge der ehemaligen DDR, ist ja alles hier bunt zusammengewürfelt. Es gab ja hier eigentlich auch keine Tradition, keine ausgeprägten Entwicklungen. Das hat auch Nachteile für so 'ne Stadt gehabt, muß ich auch sagen. Das ist bestimmt auch nicht günstig gewesen, weil der Zusammenhalt ist da nicht so."(22, E 10 Mitarbeiterin Frauenprojekt)

Die Industrie stellte – auch wenn es in der ursprünglichen Stadtplanung anders vorgesehen war – in der Anfangszeit *den* städtebildenden Faktor dar. Erst Mitte der fünfziger Jahre konnten sich Kultur, Handel und weitere Bereiche mehr entfalten. Die geplante große Bildungseinrichtung, die Hochschule für Metallurgie, fiel den Sparmaßnahmen nach dem 17. Juni 1953 zum Opfer. Die evangelische Kirche erhielt nach jahrzehntelangem Ringen erst 1981 ein Gemeindezentrum. Die geplanten Infrastruktureinrichtungen in der Stadt wurden immer nach den ökonomischen Möglichkeiten der Stadt und vor allem denen des Werkes errichtet. In der Retrospektive der Stadtplaner von damals wird deutlich, daß das Fehlen bestimmter Bildungseinrichtungen auch die Herausbildung anderer Milieus, wie z.B. dem studentischen oder alternativen, verhinderte. Die Stadt wurde als Stahlarbeiterstadt gebaut und ist es aufgrund fehlender wissenschaftlicher Infrastruktureinrichtungen bis heute geblieben. Dies wurde bereits in bezug auf die wenig nachgefragte ‚Hoch-Kultur' in Eisenhüttenstadt hergeleitet. Noch heute wird das Fehlen einer derartigen Bildungseinrichtung, die auch zu einer Diversifikation von Angeboten und Chancen für die Jugendlichen führen könnte, bedauert. Mit der vom Land Brandenburg erfolgten Entscheidung, den Sitz der neuen Fachhochschule an eine andere Stadt als Eisenhüttenstadt zu vergeben, wird dieses Problem auch noch einen längeren Zeitraum für die Stadt bestehen.

„Das ist natürlich sehr schwer – der Zeitpunkt zu definieren und die Bedingungen zu nennen, ab wann eine Stadt wirklich eine Stadt ist ... Natürlich waren von Anfang an mehr Dinge geplant, als dann realisiert worden sind, die deutlicher, als das was realisiert worden ist, in Richtung Stadt gezielt haben. Zum Beispiel war der sechste Wohnkomplex, der jetzt also als Wohnkomplex bebaut ist, geplant als Standort für eine Hochschule. Und das wäre natürlich eine hervorragende Geschichte geworden. Wenn das gekommen wäre, dann hätte natürlich Stalinstadt und Eisenhüttenstadt noch mehr das gehabt, was jede Stadt braucht, um leben zu können, um städtisch zu wirken. Nämlich eine große Portion Jugend, vor allen Dingen akademische Jugend. Jeder Gedanke und jedes Bemühen ist deshalb zu unterstützen, das gegenwärtig von dem Vorschlag ausgeht, hier eine Fachhochschule anzusiedeln." (14, VG 11 Stadtplaner Eisenhüttenstadt 1956-1968)

In Verbindung mit der gesellschaftlichen Entwicklung und mit dem Rückgriff auf den jeweiligen Stand der wirtschaftlichen, sozialen und politischen Entwicklung läßt sich für die neue Stadt ein Zeitpunkt ausmachen, bis zu dem ‚Heimatgefühl'[582] in bezug auf die neu errichtete Stadt vorhanden ist oder auch angegeben wird, daß sich eine ‚Tradition' entwickelte. Oft wurde in den Interviews statt der Bezeichnung ‚Heimatgefühl' die des ‚Lebensgefühls' verwendet, was u.E. eher den Zeitbezug herstellt sowie den politischen oder gesellschaftlichen Kontext einschließt. Dieser Zeitpunkt war zu Beginn der sechziger Jahre, noch vor dem Bau des Kaltwalzwerkes und nach der Zeit des Einlebens und der ‚Normalisierung' sowie Etablierung der Lebensverhältnisse der sogenannten ‚Aufbaugeneration', die hier nach dem Krieg eine neue Heimat fand (vgl. auch Abschnitt „Politik für Reformen und Technokratie"). Der Unterschied der einzelnen Zuzugsgenerationen wird auch darin gesehen, daß das Engagement zu freiwilliger Arbeit außerhalb der Betriebe immer mehr abnam. Die Errichtung von Gemeinschaftseinrichtungen durch Eigeninitiative war integraler Bestandteil des Lebens der Aufbaugeneration. Dies verkörperte auch das ‚Neue', das ‚Sozialistische', womit man sich von traditionellen Städten abheben konnte. Für die nachfolgenden Generationen sind diese Intentionen kaum nachvollziehbar.

„Also da kann man ja auch sagen, das ist etwas ‚sozialistisches' gewesen, wie hier gebaut wurde, in welcher freiwilligen Arbeit hier also die Stadt auch geschaffen wurde. Und das hat ja auch das ‚Lebensgefühl' – glaube ich – der Menschen, die hier gelebt haben, wesentlich mitbestimmt. Daß sie also wirklich hier eine Heimat gefunden haben ... Ich denke, die, die hier gelebt haben, die haben hier das als Stadt empfunden, weil sie mit der Stadt gewachsen sind und sie nicht von außen betrachten." (18, VG 11 Historikerin)

Dies trifft auch für die vielen Umsiedler zu, die am Aufbau der Stadt und des Werkes beteiligt waren. Die Erinnerungen an ihre Herkunftsorte wurden nicht verdrängt, aber die historische Entwicklung ließ keine andere Wahl, so daß die ‚neue Heimat' angenommen wurde. Mit der Errichtung einer neuen Stadt war auch die Chance verbunden, eigene Intentionen einzubringen und zu realisieren. Die Interessendefinition war viel stärker ausgeprägt, als es für die nächstfolgende ‚Zuzugs-Generation' konstatiert werden kann. Wer sich am Aufbau mit eigenen Initiativen beteiligte und die Stadt mit jedem Gebäude wachsen sah, auch wenn er diese Gebäude nicht unbedingt „schön" fand, konnte wesentlich stärker ‚verwurzeln'. Zu Beginn war der Rahmen überschaubar, die Strukturen kaum verfestigt und deshalb noch beeinflußbar. Man war auf gegenseitige Unterstützung angewiesen, da das staatliche finanzielle Potential selbst nicht ausreichte, auch die wenigen Bedürfnisse zu befriedigen. Ansprüche, die sich entwickelten, wurden zum Großteil noch durch eigene Mitarbeit befriedigt und nicht durch das Abwarten der nächsten staatlichen Maßnahmen. Der Großteil der ersten Generation lebt noch immer im Zentrum der Stadt, in den Wohnkomplexen I bis IV, die sehr weiträumig und großzügig gebaut wurden. Daraus entstand eine relativ hohe Wohn- und Lebenszufriedenheit und eine kritische Reflexion der Errichtung der nachfolgenden Wohnkomplexe. Mit jedem weiteren Gebiet, das entstand, kommt eine besondere Wertigkeit der Verbindung von Bewohner und Stadtteil zum Ausdruck. Der jeweils neueste Stadtteil war ‚technisch' auch am besten ausgestattet.

„Gut, ich freue mich heut auch noch, wenn diese Bautätigkeit weitergeht. Die einzelnen Stadtteile, wie sind sie entstanden? Wie gesagt, von Schönfließ dann zuerst dieser alte Wohnkomplex, was jetzt der Stadtkern ist, dann wurde ja ringsherum gebaut, der V. Wohnkomplex. Es war damals ein sehr begehrter Wohnkomplex, überhaupt dort zu wohnen, es war dort sehr ruhig. Jeder Wohnkomplex der dort entstanden ist, ist eigentlich mit freudigem Herzen aufgenommen worden. Das war jetzt zum Schluß schon nicht mehr so. Der VII. Wohnkomplex und Seeberge nannte man nachher ‚Schnarchkonzerne', ja ich glaub, so sagte man. Ja, wie hat man es empfunden? Eigentlich angenehm, damals war ja noch der alte Teil von Eisenhüttenstadt sehr viel mit Ofenheizung und dann begann man mit Fernheizung. Alle sehnten sich nach einer Fernheizungswohnung und diese Bedürfnisse wurden ja hier in Eisenhüttenstadt auch zum großen Teil befriedigt." (3, B 9 Mitarbeiterin GEM)

Verbundenheit entwickelte sich jedoch nicht nur auf dieser individuellen Ebene, sondern viel stärker auf der gemeinschaftlichen. Und auch hier hatten die Wohnkomplexe I bis IV wesentlich günstigere Ausgangsbedingungen. Dies lag sowohl an der baulichen Anlage als auch an der gewachsenen Gemeinschaft, die sich über Jahre vor allem durch den homogenen Erfahrungshintergrund entwickeln konnte.

Verbunden waren diese eher nachbarschaftsorientierten Beziehungen auch mit der Pflege der ‚formalen' Traditionen, die sich im Verlauf der Stadtentwicklung herausgebildet hatten, wie z.B. die gemeinsamen Feiern von Werk und Stadt zu den sogenannten ‚Hüttenfesten'.

Eine Anknüpfung an diese Traditionen ist gegenwärtig nicht mehr möglich. Das, was man als Tradition für die ‚neue' Stadt, die ‚erste sozialistische Stadt' mit ihrer dokumentierten Verbindung von Werk und Stadt ansehen könnte, ist nicht mehr vorhanden bzw. besitzt einen völlig anderen Stellenwert. Diese Art ‚Traditionen' sind gesellschaftlich entwertet und deren ‚Symbole' längst nicht mehr tragbar. Ein Rückzug auf noch weiter zurückliegende Traditionen ist nicht möglich, da die Stadt erst 1950 entstand. So wird seit der Wende verstärkt auf die beiden ‚traditionsreichen' Stadtteile Fürstenberg und Schönfließ zurückgegriffen. Insbesondere in Fürstenberg existieren historische Traditionslinien, Stabilitäten, die wie ein ‚genetischer Code' (vgl. Hunger 1995:217) des Ortes heutiges Milieu beeinflussen. Die Herausbildung bzw. das „Wieder-Aufleben" von Traditionen in den Stadtteilen Fürstenberg und Schönfließ wird eher der Fall sein, als in der ab 1950 erbauten ‚Neustadt', in der ein Rückgriff auf ‚tradierte Elemente' nicht möglich ist. Diesen Prozeß kann man als ‚forcierte Retraditionalisierung' bezeichnen. Traditionsäußerungen waren für Fürstenberg und Schönfließ bis zur Wende kaum möglich, da die Enttraditionalisierung schon in den 50er und 60er Jahren begonnen hatte (Abziehen von Handwerkern und Gesellen in das EKO, Schrumpfung der Korbmacherinnung, Schließung der Glashütte etc.). Die ‚Wiederbelebung' von Traditionen wird jedoch auch in Fürstenberg nicht mehr im ursprünglichen Umfang erreicht werden. Nicht nur für Beschäftigte im ehemals volkseigenen Bereich ergaben sich weitreichende Veränderungen der Arbeitssituation. Auch die bis zur Wende privaten Handwerker waren negativ betroffen. Dies trifft vor allem auf die im Ortsteil Fürstenberg ansässigen Korbmacher zu. Durch die Wende und die damit einhergehende globale Öffnung der Absatzmärkte, wurde ihnen die Existenzgrundlage fast vollständig entzogen. Nur wenige der privaten Korbmacher schafften den Sprung in die Marktwirtschaft, konnten sich gegen die Billiganbieter aus osteuropäischen Ländern durchsetzen. Von ehemals 46 Korbmachern gab es Anfang 1995 noch 6. Andere gaben ihre berufliche Selbständigkeit auf und mußten sich wie die ausscheidenden Arbeitnehmer aus den ehemals volkseigenen Betrieben mit der Situation der Arbeitslosigkeit auseinandersetzen.

Dennoch gingen nicht alle Äußerungsformen verloren. Die beiden Stadtteile werden durch die gegenwärtige Hervorhebung ihrer Eigenständigkeit sowie die Stärkung dort vorhandener Netzwerke gefördert. Dieses Anliegen wird von den Bürgervereinigungen unterstützt.

„Na, gewisse Traditionen gibt es schon. Man spricht auch wieder von Schönfließ, man spricht auch wieder von Fürstenberg/Oder, nicht mehr nur von Eisenhüttenstadt, das ist eben ein Stadtteil, Fürstenberg/Oder oder die Gemeinde Schönfließ ist ein Verband Eisenhüttenstadt; da gibt es doch schon Traditionen, so. Letztens hatte ich irgendwie mal in der Zeitung wat gelesen über Schönfließ, da gab's ja einen Karnevalsverein von sowieso und, oder der Ruderverein, der Kanuverein – es gibt da schon gewisse, so mit Sportvereinen, mit irgendwelchen Heimatvereinen, die schon auf 50, 60 Jahre, weiß ich, oder ob's die Feuerwehr ist oder so was – Traditionen gibt es schon ja." (15, B 13 arbeitslos)

Das Verhältnis der Einwohner der beiden ‚alten' Stadtteile Fürstenberg und Schönfließ zur Neustadt, wie sie auch genannt wird, war nicht immer konfliktfrei. Vor Stadtgründung und Eingemeindung waren beide Stadtteile eigenständig mit entsprechenden Kompetenzen und Verantwortung. Eine enge Verbindung zwischen Schönfließ und Fürstenberg existierte in dem Sinne nicht. Erst durch den Bau der neuen Stadt als Verbindungsglied beider Städte war diese gegeben. Vor allem die Einwohner Fürstenbergs fühlten sich jedoch nach der Eingemeindung benachteiligt. Mitspracherechte bei der Entwicklung ihres Stadtteils existierten kaum und so kam es zu einem Rückzug der Fürstenberger und der Schaffung einer ‚Gegenidentifikation', die die Neustadt systematisch ausschloß. Die Zugehörigkeit zu Eisenhüttenstadt wurde von vielen, vor allem älteren Fürstenbergern nicht akzeptiert, und in dem Sprachgebrauch konnte sich die Bezeichnung ‚Eisenhüttenstadt-Ost' für Fürstenberg nicht durchsetzen.

Für die EKO Beschäftigten hingegen manifestierte sich ‚Identifikation' eher im Rückgriff auf geschaffene Institutionen des Werkes auf dem Gebiet der Kultur, des Sports, der Freizeit, der Erholung etc.. Bei denjenigen, die nicht im EKO tätig waren und sind, spielen die Institutionen des Werkes nicht solch eine große Rolle, die Abhängigkeit der Stadt vom Werk wird eher konstatiert, oft kritisiert.

Diese Stadt hat zu DDR-Zeiten die Lebenschancen und -qualität für den Großteil der Einwohner verbessert. Am Anfang zählte sie als reine Existenzbedingung und Garantie, überhaupt einen ‚normalen' Lebensrhythmus finden zu können. In den nachfolgenden Jahren glichen die Sonderbedingungen, die die Stadt bis Anfang der 80er Jahre bot, viele Defizite im Versorgungs- und weiteren Bereichen aus, die nach wie vor in den meisten Regionen der DDR bestanden. Die Bereitstellung des Arbeitsplatzes und von Arbeitsplätzen für die Angehörigen, des Kindergartenplatzes, Krippenplatzes, die Leistungen des EKO selbst auf dem Gebiet der Kultur, Freizeit, Gesundheit etc., von denen die Stadt profitierte, wurden eher als eine ‚Selbstverständlichkeit' angesehen. Besitzstände wurden mit der Errichtung der Stadt geschaffen und spielen nun, da sie wegfielen bzw. ‚bedroht' sind, im Alltagsleben und -verhalten nach der Wende eine entscheidende Rolle.

Traditionen zu entwickeln bedeutet auch, mit der Vergangenheit umgehen zu können und sie nicht als eine ‚Last' zu empfinden. Ein Beispiel für diesen kritischen Umgang mit der Geschichte wird in Eisenhüttenstadt aufgebaut. Seit ca. zwei Jahren besteht die Idee, in Eisenhüttenstadt ein „Dokumentationszentrum für DDR-Alltagskultur" zu etablieren.[583] Dieses könnte zu einem standortfördernden Faktor im Kulturbereich werden. Vorrangige Aufgabe des Dokumentationszentrums ist zunächst die Sicherung der vielfältigen alltagskulturellen Objekte als Kulturgut und ihre Bereitstellung für Ausstellungen, um Auseinandersetzungen mit Fragen der alltäglichen Lebensweise in der DDR zu unterstützen. Das Dokumentationszentrum versteht sich als ein Ort der Objektpräsentation und Kommunikation. Die Ausstellung zeigt die Alltagskultur der DDR nicht als abgeschlossenes Thema, sondern als offenen, andauernden Prozeß von Sammlung, Erinnerung und Auseinandersetzung. Sie vermittelt kein feststehendes Geschichtsbild, sondern zeigt die Möglichkeiten einer Beschäftigung mit dem DDR-Alltag auf. Dabei geht es den Initiatoren dieses Dokumentationszentrums, die mehrheitlich aus den alten Bundesländern kommen, vor allem auch um die wissenschaftliche Auseinandersetzung mit diesem Thema.[584] Die Meinungen der Einwohner zu dieser Art Geschichtsaufarbeitung sind geteilt, Skepsis wurde auch gegenüber dem wissenschaftlichen Wert dieser Sammlung von Gegenständen der Alltagskultur geäußert:

„Ja und mit dem Dokumentationszentrum tue ich mich bißchen schwer, gebe ich auch ehrlich zu, ist meine persönliche Meinung jetzt, tue ich mich schwer zu den Inhalten. Also, was will man wirklich installieren in so einem Dokumentationszentrum, ja. Soll das ne ‚Wallhalla' werden hier für vergangene Zeiten oder will man da geschichtlich und damit auch wissenschaftlich eigentlich etwas aufarbeiten. Das würde ich unterstützen. Also ich sag mal, die sollte sich schon in diesem WK I bis IV hier wiederfinden, das muß irgendwo so 'ne, na ja, so 'ne Struktur sein, die sich natürlich auch in diesem, in dieser Zeit widerspiegelt."
(8, E 15 Mitarbeiter Stadtverwaltung)

Die anfänglich schleppende Realisierung der Idee, deren Konzeption schon seit 1993 vorlag, hing mit der Finanzknappheit der Kommune, ungelösten Immobilienfragen und hauptsächlich Parteienstreitigkeiten zusammen. So wehrte sich die CDU dagegen, einen *„Wallfahrtsort für Stalinisten und Alt-Kommunisten"* einzurichten (vgl. „Am Anfang war das Werk", In: Neue Zeit, 3.3.94). Die Entscheidung fiel dennoch für das Dokumentationszentrum, das eine Auswahl der seit Juli 1993 gesammelten 15.000 Stücke aus dem DDR-Alltag von November 1995 bis Februar 1996 in einer ersten Ausstellung „Tempolinsen und P2" präsentieren konnte. Die Musealisierung des Alltags einer ‚nahen Vergangenheit' wird vorgenommen. In diesem Zusammenhang bleibt abzuwarten, inwieweit das Zentrum in seiner öffentlichen Funktion neben Vertretern unterschiedlicher Wissenschaftsgebiete die Eisenhüttenstädter selbst in die Diskussion einbeziehen und auch zur Identifikation mit der Stadt beitragen kann.

Identifikation mit der Stadt – eine Frage der Generation?

In diesem Abschnitt soll basierend auf den durchgeführten biographischen und Experteninterviews eine Typisierung vorgenommen werden, die die Stellung der Eisenhüttenstädter zu ihrer Stadt und ihrer Geschichte betrifft. Welche Merkmale determinieren ‚Identifikation' mit der oder Distanz zur Stadt? Lassen sich spezifische Gruppen finden, die durch biographische Homogenität gekennzeichnet auch über eine identische Stellung zur Stadt verfügen?

Durch die nachvollzogenen Entwicklungslinien von Werk und Stadt wird die besondere Rolle der ‚Aufbaugeneration' deutlich. Die Entwicklung von Normen und Werten in dieser Stadt wurden maßgeblich durch diese Generation und ihre Zeit geprägt. Die Ideologisierung des Aufbaus hat zur Herausbildung eines generationsspezifischen Wertesystems geführt, dessen Ausdrucksformen bis in die Gegenwart Bestand haben. Viel mehr als in den 70er und 80er Jahren wurde in der Anfangszeit das politische und ideologische Moment hervorgehoben.

„Der Anspruch, erste sozialistische Stadt zu sein, der war schon da, weil er tagtäglich in der Presse publiziert wurde, und er war auch da, weil die Stadt neu war. Wahrscheinlich hing es auch damit zusammen, die Architektur, jetzt wird die Stadt gebaut, und das ist die erste sozialistische Stadt, und weil die so ist, sieht auch so aus, und das wurde so suggeriert, das war schon da im täglichen Leben. Die 70er Jahre waren ja eigentlich die Jahre, wo tendenziell eine Aufwärtsentwicklung war, und da hat man sich gerne mit diesem Beiwerk geschmückt. Irgendwann ist es nicht mehr erwähnt worden, wann, kann man jetzt schlecht sagen, wann die Abstände größer werden, wann der Zeitpunkt eingetreten ist, vielleicht ab '82, '83. Ab dem Zeitpunkt wurde nicht mehr so viel davon gesprochen und auch nicht mehr erwähnt, daß das mal so war." (21, B 9 Mitarbeiterin GEM)

Es kann in den unterschiedlichen Entwicklungsabschnitten der Stadt anhand der ‚Bevölkerungsschübe' (z.B. 1967/68 und 1984) nachvollzogen werden, daß sich Werte und Normen bereits verschoben hatten und der ursprünglich idealistische Charakter der Stadt schon lange vor 1989 verloren ging. Die im historischen Kontext erfolgende Zuordnung zu bestimmten Generationen läßt sich als Erklärungsansatz für die Entwicklungsprozesse in der Stadt nutzen.

Disparitäten unterschiedlicher Richtung bestanden schon zu DDR-Zeiten und werden durch die Aussagen der ‚Aufbaugeneration' gestützt. Diese betrachtet die Stadt als ‚ihre Stadt' (‚ihr Lebenswerk'), für die sie die Grundlagen schuf. In dieser Gruppe ist die „Identifikation" mit dem EKO, mit der Stadt (oder auch der Hausgemeinschaft) am meisten ausgeprägt. Die starke ‚Ideologisierung' von Werks- und Stadtaufbau räumt dieser Generation eine offiziell durch Politik und DDR-Geschichtsschreibung bestätigte ‚Sonderstellung' ein und läßt den ab Ende der 50er/Anfang der 60er Jahre zugezogenen Arbeitskräften und Einwohnern einen anderen Status zukommen. Insofern greift hier der Generationenbegriff von Mannheim. Er definiert Generation als *„gleichzeitig aufwachsende Individuen, die in den Jahren der größten Aufnahmebereitschaft, aber auch später dieselben leitenden Einwirkungen, sowohl von seiten der sie beeindruckenden Kultur, als auch von seiten der gesellschaftlich-politischen Zustände erfahren."* (Mannheim 1928a:163)

Da dieselben Ereignisse von den Individuen der gleichen Generation dennoch unterschiedlich bewertet werden können, z.B. durch unterschiedliche Klassenlage bzw. regionale Unterschiede, untergliedert Mannheim noch in ‚Generationszusammenhang' und ‚Generationseinheiten'.[585]

So bestand eine Disparität zwischen der ‚Aufbaugeneration' und den später ‚Zugezogenen', denen eher ein Zuzug nach Eisenhüttenstadt wegen der dort erfahrbaren Vergünstigungen zugeschrieben wird. Bestätigt wird diese Hypothese auch durch die Aussagen unserer Interviewpartner. Wurden als Motiv für den Zuzug von den Älteren vor allem die vorhandenen Arbeitsplätze und die schnellere Aussicht auf Wohnung sowie das Vorhandensein einer Perspektive für die eigene Entwicklung angegeben, so dominiert bei den für die Jüngeren hauptsächlich das Motiv ‚Erhalt einer Wohnung.' Das materielle Anreizsystem des EKO verfehlte darüber hinaus seine Wirkung nicht. In den 80er Jahren gestaltete sich aufgrund dessen die Integration zwischen „Erfahrungsträgern" und denjenigen Zugezogenen bzw. Einwohnern, die nicht unter diese Kategorie fielen, besonders schwierig. Es entstanden Unstimmigkeiten, da sie gegenüber den ‚Erfahrungsträgern' Benachteiligungen (z.B. Zurückstellung des Zeitpunktes zum Erhalt der Wohnung, eines Kindergartenplatzes oder auch Urlaubsplatzes) erfuhren. Konkurrenz bestand auch zwischen EKO-Beschäftigten (Sonderversorgung etc.) und Beschäftigten anderer Betriebe, die die Sonderstellung des EKO kritisierten.

„Ich weiß nicht, ob man das damals so empfunden hat, später, jetzt nach der Wende, hat man es so empfunden. Oder auch schon kurz vor der Wende, daß das EKO immer in der Stadt so ein ‚Staat im Staate' war, immer der tonangebende Betrieb. Wer im EKO arbeitet, der ist was und der kann was oder hat es sich zumindestens eingebildet." (6, B 9 Mitarbeiterin GEM)

„Ja. Ja, das EKO war immer, man könnte sagen, wie so 'ne Krake. Jeder, der Arbeit suchte, hat sich aufs EKO konzentriert, und alle, die im EKO gearbeitet haben, die waren auch immer sehr gut gestellt den anderen gegenüber; ob das verdienstmäßig war oder gab's irgendwelche Sachen, die's in anderen Betrieben oft nicht gab." (21, B 3 Rentnerin)

Die Konkurrenzsituationen sind durch die grundlegenden Veränderungen nach 1989 nicht verschwunden, verfügen gegenwärtig aber über einen vollkommen anderen Hintergrund. Richtete sich die Kritik vor 1989 vor allem auf Benachteiligungen hinsichtlich sozialer Privilegien spezifischer Gruppen, so bildet jetzt der Erwerbskontext die entscheidende Trennlinie. Sozialer ‚Frust' vor allem der Erwerbslosen richtet sich a) gegen diejenigen, die zwar nicht mehr im EKO arbeiten, jedoch aufgrund des sozialverträglichen Personalabbaus nicht arbeitslos wurden und sich somit in einer günstigeren Situation befinden und b) gegen die, die in der GEM oder noch im EKO tätig sind. Gleichzeitig ist die Arbeit im EKO nach 1989 mit einem Statusverlust verbunden, da die Arbeitskräfte sich in einer ähnlich ungesicherten Position, wie die Arbeitskräfte anderer Betriebe befinden.

„Ich denke ja, weil die, die jetzt im EKO noch arbeiten ja auch nicht so definitiv wissen, wie lange es noch ist. Und so besehen finden sie sich auf der gleichen Stufe mit Leuten, die in anderen Betrieben der Stadt jetzt arbeiten, weil diejenigen, die Arbeit haben, haben sie zwar, aber keiner weiß wie lange, und keiner weiß im Moment auch im EKO, ist es das nun gewesen mit dem Personalabbau oder kommt doch noch mal was auf uns zu. Oder wenn ich jetzt mal das letzte Beispiel nehme, die Möbelfabrik hier in Eisenhüttenstadt, da konnte man ja auch vor zwei Jahren noch nicht daran denken, daß da mal das Aus kommt. Ich würde schon denken, daß die Leute, die jetzt im EKO arbeiten, sehr froh darüber sind, daß sie noch hier arbeiten dürfen, daß sie sehr viele Überstunden machen und auch wirklich alles geben dafür, daß sie ihren Arbeitsplatz behalten. Aber »Ich bin EKO-Mitarbeiter und dann eine Weile nichts«, also das ist, würde ich sagen, nicht mehr so." (14, B 9 Mitarbeiterin GEM)

In der Gegenwart entwickelt sich Disparität zunehmend zwischen denen, die noch Arbeit haben, den ABM-Kräften sowie Arbeitslosen, die nun im ‚städtischen' Zusammenhang deutlich wird. Bezogen auf die ‚Veränderungen nach der Wende' wurden in den Interviews der Wegfall der sozialen Einrichtungen in den Betrieben aber auch außerhalb dieser häufig als erstes thematisiert. Die soziale Absicherung wurde grundlegend als positiv empfunden und führte nicht zu einem niedrigeren Stand des Wertes Arbeit. Im Unterschied zur Gegenwart hatte Arbeit häufiger einen Wert, der über die bloße Existenzsicherung hinaus ging und nicht bloß als ‚Job' verstanden wurde.

„Bei uns war das ja nun, ja sogar noch stärker ausgebildet diese Absicherung. Sie war allumfassend, und sie war auch eher sozial im Sinne weitgehender Gleichheit. Das hat aber nun nicht etwa dazu geführt, daß die Leute arbeitsscheu wurden. Ich kenne keine Zahlen, aber der Prozentsatz derer, die sich also vor jeder Arbeit gedrückt haben, der war wahrscheinlich gering. Insofern glaube ich also nicht, daß eine solche Sicherheit demotiviert im Sinne –, wir brauchen uns nicht zu kümmern.'" (18, E 4 Historiker)

Der Verlust dieser abgesicherten Existenzgrundlage wird als größter Veränderungsfaktor angeführt und bewirkt eine Erhöhung des Wertes ‚Arbeit' im gesamten Persönlichkeitssystem. Das Unbehagen darüber, daß der Wert, der ‚Arbeit' zugeschrieben wird, in der Realität aufgrund von Arbeitslosigkeit nicht umgesetzt werden kann, führt zu psychosozialen Spannungen, jedoch nicht (bzw. noch nicht) zu einer Veränderung dieses Wertes in der Hierarchie. Diese Konstanz der Einstellungen und Persönlichkeitsstrukturen kann vor allem für die mittlere und ältere Generation verzeichnet werden, da sie dort viel stärker verfestigt sind als bei den Jüngeren. Aus diesem Grund wirken bei ihnen die über Jahrzehnte eingeübten Verhaltens- und Anpassungsstrategien fort. Diesbezüglich wird von L. Marz konstatiert, daß sich die sozialen Handlungsräume der DDR-Deutschen erstens durch eine eindeutige Doppeldeutigkeit der sozialen Fremdbezüge, nämlich durch eine Anerkennungs-/Verweigerungs-Balance und zweitens durch eine doppelte Eindeutigkeit der sozialen Selbstbezüge, und zwar eine Identifizierungs-/Distanzierungs-Balance auszeichnete (vgl. Marz 1992:228). Dabei bestand *„das eigentliche Hauptproblem der Doppeldeutigkeit sozialer Fremdbezüge nicht nur darin, daß sie doppeldeutig waren und die Menschen hier eine Anerkennungs-, dort eine Verweigerungsrolle spielten, die mehr oder weniger eng miteinander verbunden waren und die sie dann irgendwie koordinieren mußten, sondern vor allem darin, daß diese Doppeldeutigkeit über weite Strecken so eindeutig war, daß man weder den Betriebsalltag in ‚wirkliche' und ‚unwirkliche', ‚reelle' oder ‚virtuelle' Welten teilen, noch im Rollenrepertoire zwischen ‚echtem' und ‚unechtem' Spiel unterscheiden konnte …Die wahre Kunst be-*

stand darin, sich in der Anerkennung zu verweigern und in der Verweigerung anzuerkennen." (Marz 1992:230). In der folgenden Interviewpassage wird der Sinn des Begriffes ‚Doppeldeutigkeit sozialer Fremdbezüge' in Form und Inhalt veranschaulicht. Der 1. Mai war jährlich ein Feiertag, der mit der obligatorischen Demonstration als Pflichtveranstaltung verbunden war. Nach außen wurde dies als Zwang empfunden, auf der individuellen Ebene jedoch positiv ausgelegt. Man distanzierte sich wohl von der formalen Setzung des Anlasses und des ideologischen Gehalts, auf der anderen Seite identifizierte man sich mit dem damit verbundenen sozialen Kontext, der das Gefühl der Zusammengehörigkeit vermittelte.

Interviewpassage (Die Namen wurden geändert)
I.: Wie hat man so diese Feiertage, da ist ja auch immer unheimlich viel gemacht worden, Betriebsfestspiele und …
Frau B.: Na ja, waren ja immer …
Herr B.: Das war ja Zwang. Ja, das war Zwang, das war echt Zwang.
Frau B.: Also am 1. Mai …
Herr B.: Es gab bei uns so 'ne innerbetriebliche Regelung, einmal im Jahr sozialistische Brigade. Da gab's bei uns pauschal 150 Mark, und das wurde aber oft vorher abgestoppt, was man so gesellschaftlich gemacht hatte, und wenn du zum 1. Mai nicht marschieren gegangen bist, dann waren erstmal schon 30 Mark weg. So, also hast du gesagt, die 30 Mark kannst du auch an der Bierbude versaufen, also gehste hin, ob's dir gut geht oder nicht, da stehste eben of, um achte am Dreieck, und dann drehste deine Runde und Parade, hast aber die 30 Mark gutgemacht fürs nächste Jahr bei der Auszeichnung wieder, die kannste jetzt an der Bierbude, kannste die ersetzen.
Frau B.: Das war auch so ein Gefühl, da gab's zu essen, ja, da hatten sie Schaschlik und so.
Herr B.: Das war ein sehr schöner Teil, denn draußen haste kene Banane gesehen, dann hatten sie Bananen, dann hatten sie Apfelsinen, dann hatten sie auch grüne Gurken und Tomaten zu einer Zeit, wo's das eigentlich noch nicht gab.
Frau B.: Wir sind wirklich marschieren gegangen, um daß du dann mal was zu kaufen kriegst.
Herr B.: Da haste denn mal solche heiße Pfannkuchen gekricht, richtig schön und Spritzkuchen, frisch immer, wo du ja sonst die Fensterscheiben einschmeißen konntest, was du im Backkombinat geholt hast.
Frau B.: Bei uns wurde auch marschiert, da wurde direkt dann geguckt, wir haben zehn Mark dafür gekriegt.
Herr B.: Das war alles nicht schlecht, das war gut.
Frau B.: Ach doch, für die Kinder sind wir dann schon mal, der Rummel, der Rummel war da, und für die Kinder war's sehr schön. Mein Gott dann biste eben mitmarschiert. Ich meine, da haste es ja auch nicht so, biste ja doch- …
Herr B.: Du bist nicht wegen die Partei auch marschieren gegangen, aber trotzdem biste gerne gegangen, es ist so, schon die, diese Marktbuden, die sie aufgebaut haben; es gab da eben Artikel, die hast du das ganze Jahr nicht gesehen.

Diese Balance zwischen Anerkennung und Verweigerung lebte der Großteil der Bevölkerung auch in Eisenhüttenstadt. Die Haltung der Einwohner wird von den Interviewpartnern als sehr inaktiv vor allem in den letzten Jahren bis 1989 beschrieben. Die Unzufriedenheit der Bevölkerung wurde nicht laut geäußert, sondern ‚hinter vorgehaltener Hand'. In den Interviews wurde konstatiert, daß die Mehrheit der Einwohner bereits ‚innerlich exiliert' war und sich verstärkt am Westen orientiert hat (vgl. Hirschmann 1992). Die Anpassung wurde nach Meinung der Gesprächspartner als Selbstschutz vollzogen, es herrschte eine apolitische Loyalität (vgl. Cerný 1994:17), auf die der Staat bauen konnte. Loyalität ist indes keineswegs ein dem Sozialismus immanentes Merkmal, sondern findet sich in jeglicher Form von Organisation, ist gewissermaßen Voraussetzung für deren Funktionsfähigkeit (vgl. Hirschmann 1992, Kanter 1968: 499). Kritisiert wurde jedoch das ‚geringe Protestpotential der Masse', die selbst vorhandene Mitbestimmungsmöglichkeiten kaum nutzte.

„Es ist schwer. Also, der weitaus größte Teil, der überwiegend größte Teil, hat angepaßt gelebt. Man hat sich keinen Ärger schaffen wollen. Den Ärger hat's gegeben, wenn man opponiert hat. Man wollte sich auch keine Nachteile einhandeln. Nicht, die Prämie war einem schon wichtig, die es da Anfang des Jahres oder Ende des Jahres gab. Warum, wegen so – meine Güte, wir können's doch nicht ändern. Die große Gleichgültigkeit der Masse. Das ist ja ein ganz schwer beweglicher Klumpen, so 'ne Masse, nicht. Und von daher hat man angepaßt gelebt, und man hat mitgemacht."
(11, E1 Pfarrer)

Das Gefühl der Unveränderbarkeit der Dinge und die geringen Erfolgschancen für Widerspruch (vgl. Hirschmann 1992) führten in der DDR und somit auch in Eisenhüttenstadt lange Zeit nicht zur Formierung einer Opposition, sondern zu einer steigenden Gleichgültigkeit. Aus dieser passiven Haltung heraus konstruierten viele ihr Selbstbild: *„Erstens konnte jeder auf brachliegende Fähigkeiten und Potenzen verweisen, die zu entfalten ihm tatsächlich oder vermeintlich nicht möglich war, weil ‚das System' ihn daran hinderte; zweitens war man der Meinung, daß es sich bei der eigenen Anerkennungs- und Verweigerungs-Balance nicht nur um ein Idealverhalten handelt, das es gestattet, das jeweils Beste aus den immer schlechter werdenden Verhältnissen zu machen, sondern um eine Fähigkeit, die einen in die Lage versetzt, über dem System zu stehen, in dem man lebte. Dies verhalf zu der Überzeugung, eine solche Position auch in anderen Gesellschaftssystemen – etwa der BRD – relativ problemlos einnehmen zu können; drittens schließlich führte der skizzierte Mechanismus wechselseitiger Verachtung dazu, sich nicht nur dem System, sondern den meisten – im Extremfall allen anderen – Ost-Menschen gegenüber haushoch überlegen zu fühlen." (Marz 1992:233).*

Die Veränderungen nach 1989 führten zu einer Neubewertung sozialen Handelns und individueller Einstellungen. Nicht in jedem Fall gehen die gesellschaftlichen Umbrüche mit einem radikalen Wertewandel einher. Besonders hier ist das Alter ein wichtiger Indikator. Die Euphorie der Jahre 1989/90, die sich bei vielen mit der Hoffnung auf schnelle Partizipation am westlichen Wohlstand verband, also ein Ansteigen materieller Wertestrukturen zu Folge hatte, war 1993 bereits wesentlich gedämpft. Vergleichsuntersuchungen zur Veränderung von Wertestrukturen aus den Jahren

1990 und 1993 weisen erhebliche Umschichtungen in den neuen Bundesländern nach (vgl. Gensicke 1995). Unterschieden wurde nach Konventionalisten, Resignierten, Realisten, Hedomats und Idealisten.[586] Konventionalisten finden sich vor allem in den Jahrgängen 55-65 Jahre und älter. Im Vergleich von 1990 zu 1993 ist jedoch ein spürbarer Rückgang zu verzeichnen, der bei den 55-64jährigen zu einer Zunahme der Resignierten führte, während die über 65jährigen eine Wiederaufwertung idealistischer Werte verzeichnen.[587] Auszugehen ist bei der Interpretation dieser Umschichtungen davon, daß 1990 eine Ausnahmesituation in Ostdeutschland herrschte und die mit der Euphorie verbundenen Hoffnungen zu einer Überlagerung des Wertesystems durch vorrangig materielle Indikatoren führten, die sich jetzt sukzessive ‚normalisieren' und der Realität Platz machen. Darüber hinaus ist bei der Interpretation darauf zu achten, daß das Wertesystem Werte auf verschiedenen Ebenen beinhaltet, die einer Abbildung von Bereichen der objektiven Realität nahekommt. „*So existieren Gruppen von Werten, die a) auf elementare Verhaltensformen, b) auf Verhalten zur Entwicklung von eigenständiger schöpferischer Aktivität und c) auf Entwicklung gesellschaftlichen Engagements (politisches, soziales Engagement u.ä.) gerichtet sind.*" (Förster 1995:15). Demzufolge gibt es bestimmte Werte, die den relativ stabilen Kern der Persönlichkeit ausmachen, während andere Werte lediglich aus Gründen der Anpassung an bestehende Machtverhältnisse angenommen wurden und ohne größere innere Probleme schnell aufgegeben werden, wenn sie nicht mehr gebraucht werden (vgl. Kasek 1990:50). Vor diesem Hintergrund ist u.E. nach nicht von einem grundsätzlichen Wertewandel auszugehen, der alle Ebenen des Wertesystems betrifft, auch wenn generationsspezifisch Veränderungen in den Wertorientierungen zu verzeichnen sind. Dies betrifft vor allem die jüngeren Generationen, bei denen das gesamte Persönlichkeitssystem noch nicht so gefestigt ist und somit auf veränderte Bedingungen in größerem Maße reagiert. Zudem wurde bereits in den 80er Jahren eine verstärkte Individualisierung, verbunden mit einer Expansion hedonistischer und materieller Werte und einem Verfall sozialistischer Orientierungen insbesondere bei den jüngeren Leuten in der DDR konstatiert (vgl. Gensicke 1995:139).

Diese Generationenspezifik wurde auch in unseren Gesprächen deutlich, wenn auch vor einem etwas anderen Hintergrund. Eine unserer Fragestellungen war, wie die Einwohner ihre Stadt erlebten und erleben, ob sie die Besonderheiten wahrnehmen und akzeptieren oder ihnen mit Distanz begegnen. Unsere Ausgangshypothese bestand in der Annahme, daß insbesondere bei der ersten Generation, die die Stadt und das Werk mit erbaute, bis heute eine starke Identifikation mit der Entwicklung der Stadt besteht, während sie bei den nachfolgenden Zuzugsgenerationen sukzessive abnahm. Die Interviews zeigten deutlich, daß die Zugehörigkeit zu einer bestimmten Generation zwar einen erheblichen Einfluß auf die Stellung zur Stadt besaß, aber nicht allein ausschlaggebend für die Herausbildung von Identifikation mit der Stadt war. Im folgenden sollen bezogen auf die Einstellung zur Stadt verschiedene Typen beschrieben und mit ihren spezifischen Merkmalen vorgestellt werden.

Bei der Auswahl der Interviewpartner wurde bewußt darauf geachtet, daß Vertreter unterschiedlicher Generationen, Betriebszugehörigkeiten, Erwerbskontexte und Wohnkomplexe sowie Wohndauer einbezogen wurden. Die Gesamtheit der Interviews setzte sich aus 12 Frauen, 16 Männern und zwei Interviews mit Ehepaaren zusammen. Weitere Merkmale der Zusammensetzung sind folgende:

Nach dem Alter:	
zwischen 30 und 40 Jahren	7
zwischen 40 und 50 Jahren	10
zwischen 50 und 60 Jahren	6
über 60 Jahre	7
Nach dem Tätigkeitsbereich:	
Rentner	4
Vorruhestand	1
arbeitslos	4
Mitarbeiter EKO	3
Mitarbeiter Stadtverwaltung	8
Mitarbeiter anderer Betriebe und Einrichtungen	7
selbständig	3

Wichtig für die Aussagefähigkeit war neben dem Alter vor allem die Wohndauer in der Stadt bzw. vor 1950 in Fürstenberg und Schönfließ. So werden bestimmte Prozesse und Veränderungen von den später zugezogenen Interviewpartnern ganz anders beurteilt, als etwa von den Vertretern der Aufbaugeneration oder den in den 60er Jahren Zugezogenen.

Wohndauer:	
weniger als 10 Jahre	3
10 – 20 Jahre	3
20 – 30 Jahre	6
30 – 40 Jahre	8
40 – 50 Jahre	7
mehr als 50 Jahre	3

Die ausgewählten Interviewpartner sollten die Vielfalt, das Spektrum der Vertreter verschiedener Generationen und Bereiche in der Stadt abdecken. Eisenhüttenstadt hatte vor allem in den Anfangsjahren den Status der besonderen Stadt. Inwiefern spiegelte sich dieser Fakt in den Interviews wider? Welche Stellung bezogen die Interviewten zur Entwicklung der Stadt und wodurch wurde diese Einstellung geprägt? Was führte dazu, sich mit der Stadt zu identifizieren, welche Erlebnisse und Ereignisse trugen zur Herausbildung von Nähe und Distanz bei? Wann kam es zur Veränderung des Charakters der Stadt und wodurch wurde diese nach Meinung der Gesprächspartner hervorgerufen? Diesen Fragen soll im folgenden anhand der Interviews nachgegangen werden.

Vorangestellt werden muß,
- daß für die Experten, die in der Stadt auch heute noch tätig sind, ein ‚Funktionsengagement' vorausgesetzt werden kann, was jedoch nicht gleichgesetzt werden darf mit der persönlichen Identifikation mit der Stadt;
- daß im Fall der persönlichen Identifikation mit der Stadt diese nicht in jedem Fall den politisch-ideologischen Hintergrund der Stadt umfaßt, sondern auch wertneutral zu sehen ist;
- Besteht häufig eine sehr enge Verbindung zwischen der Identifikation mit der Stadt und dem Werk, wobei das Werk den entscheidenden Faktor darstellt und beides nicht getrennt voneinander betrachtet werden kann.

Aus den Aussagen der Interviewpartner lassen sich fünf Typen in bezug auf die Einstellung zur Stadt generieren, die wie folgt beschrieben werden können.

Distanz: Vertreter dieser Einstellung sind vor allem in Fürstenberg zu finden. Seit der Eingemeindung Fürstenbergs nach Eisenhüttenstadt wurde ihnen zum Teil ihre eigene Entwicklungsmöglichkeit entzogen, sie fühlten und fühlen sich benachteiligt. Fürstenberg als Handwerkerstadt war eher durch kleinbürgerliche und bürgerliche Traditionen geprägt, und durch die erzwungene Zugehörigkeit zu Eisenhüttenstadt wurden ihnen neue ideologische Inhalte ‚übergestülpt'. Die Einwohner wehrten sich eher passiv, indem sie die ‚soziale Zugehörigkeit' verweigerten. Ein weiteres Merkmal dieser Gruppe besteht darin, daß keiner der Vertreter im EKO tätig war. Für die vorwiegend im Handwerk tätigen Fürstenberger stellte das EKO mit seinen Bedingungen und Leistungen eine Konkurrenz für die Erhaltung ihrer eigenen Generationenfolge dar. Dies führte zu einer doppelten Abneigung, die sich auf das Werk und die Stadt bezog. Auf Distanz gehen aus dieser historischen Begründung heraus vor allem die älteren Einwohner Fürstenbergs, die im biographischen Kontext die Veränderungen spürten, die sich in Fürstenberg im Zusammenhang mit dem Bau des Werkes und der Eingemeindung in die Neustadt vollzogen. Als Reaktion darauf wurde jedoch nicht die Abwanderung gewählt, sondern ein Beharren in den vorhandenen Strukturen und bescheidene Formen der Opposition. Die Bildung der Bürgervereinigung Fürstenberg als Oppositionsinstanz im kommunalen Parlament ist Ausdruck für ein neues Selbstverständnis nach der Wende.

Eine andere Gruppe stellen die jüngeren Einwohner Eisenhüttenstadts dar, die einen eher alternativen Begriff von Leben entwickelten, den sie in Eisenhüttenstadt aufgrund mangelnder Angebote nicht verwirklichen können. Bei ihnen findet sich auch eine höhere Motivation die Stadt zu verlassen, sobald sich die Möglichkeit dazu bietet.

Ambivalenz: Die Vertreter dieser Gruppe gehören eher der mittleren Generation der 40-60jährigen an. Sie waren und sind nicht im EKO tätig, sondern im kommunalen und sozialen Bereich der Stadt. Die Ambivalenz besteht in einem sehr hohen beruflichen Engagement für die Stadt und einer individuellen, im Einzelfall auch politischen Distanz, was die Stadtgeschichte und ihre weitere Entwicklung angeht. Sie kamen etwa in den 60er Jahren in die Stadt und versuchten, mit ihrem Engagement die Stadtentwicklung positiv zu befördern. Dabei stießen sie an Grenzen, die eine gewisse Distanzhaltung beförderten, ohne daß dies dazu führte, die Stadt zu verlassen. Auch die Entwicklung nach 1989 führte bei dieser Gruppe eher zu Enttäuschung, da sich gerade in ihren Tätigkeitsbereichen grundlegende Veränderungen vollzogen, die sie kaum mittragen konnten. Die Entwicklung des Werkes wird bei diesen Vertretern weitgehend ausgeblendet. Bezeichnend ist für alle Vertreter dieser Einstellung ein hohes ehrenamtliches soziales und teilweise politisches Engagement, um auf die Stadtentwicklung Einfluß zu nehmen.

Neutralität: Kennzeichen dieser Gruppe ist ein weitgehendes Desinteresse, was die Vergangenheit und Gegenwart Eisenhüttenstadts angeht. Eine Zuordnung dieser Einstellung zu einer bestimmten Altersgruppe ist kaum möglich. Auffallend war jedoch, daß kein Vertreter dieser Gruppe im EKO tätig war. Das Werk blieb auch in den Erzählungen eher peripher. Politisches Engagement ist bei dieser Gruppe ebensowenig zu finden wie rege Vereinsarbeit. Mit dem Zuzug nach Eisenhüttenstadt waren keine Vergünstigungen verbunden, man lebte hier und war zufrieden. Auch beruflich war diese Gruppe kaum mit der Entwicklung der Stadt verbunden. Interesse und Engagement zeigt diese Gruppe erst, wenn individuelle Betroffenheit Entscheidungen verlangt, und selbst dann ist ihre Aktivität eher marginal.

Engagement: Diese Gruppe ist sehr heterogen zusammengesetzt. Hier finden wir Vertreter aller von uns befragten Altersgruppen. Auch in dieser Gruppe waren bis auf eine Ausnahme alle außerhalb des EKO beschäftigt. Basis für die Entscheidung, in die Stadt zu ziehen, war neben dem Vorhandensein von Wohnraum vor allem deren architektonische Anlage und die vielen Grünflächen innerhalb der Stadt sowie die Umgebung. Hier findet sich auch die Mehrzahl derer, die in der Region geboren wurden und politische oder ideologische Intentionen kaum ein Motiv für ihren Zuzug in die Stadt darstellten. Mit den ideologischen Gehalten der Vergangenheit geht man aus diesem Grund auch nicht konform. Sie sind stark an der Entwicklung der Stadt interessiert und manifestieren dies auch durch ehrenamtliches Engagement in Vereinen oder politischen Organisationen. Bei vielen dieser Vertreter kommt es auch zu einer Verknüpfung von beruflichem und ehrenamtlichen Aktivitäten, um das Lebensgefühl in der Stadt und deren Image zu verbessern. Dieser Gruppe ist besonders bewußt, daß die ‚Chancen der Stadt' sich nur entfalten können, wenn es gelingt, die Jugend zum Bleiben zu veranlassen und nicht zur Abwanderung.

Identifikation: In dieser Gruppe sind – bis auf eine Ausnahme – die Einwohner vertreten, die im EKO arbeiteten bzw. noch heute dort tätig sind. Hier wird auch die Verbindung von Werks- und Stadtentwicklung in den biographischen Lebensentwürfen sehr deutlich. Die Identifikation mit der Stadt ist in großem Maße durch die Identifikation mit dem Werk determiniert. Vertreter dieser Gruppe sind daher auch nicht von ungefähr Angehörige der älteren Generation. Sie sind spätestens bis Ende der 50er/Anfang der 60er Jahre in die Stadt und ins Werk gekommen. Sie hatten noch persönlichen Anteil am Wachsen des Werkes sowie vieler Einrichtungen der Stadt und verbanden ihren Zuzug noch mit einer ‚sozialistischen' Perspektive nach dem Krieg. Dennoch kann auch diese Identifikation mit dem Werk und der Stadt nicht mit einer Identifikation der zugrundeliegenden ideologischen Prämissen gleichgesetzt werden. Eher betrifft es wohl den Stolz auf die geleistete Arbeit, auf die geschaffenen Werte im Werk und in der Stadt. Aus diesem Grund wird die Entwicklung nach 1989 von dieser Gruppe auch besonders kritisch gesehen. Es fällt schwer, mit der Entwertung bestimmter Institutionen und Ideale umzugehen, die den Lebensinhalt über mehrere Jahrzehnte bestimmten. Das Interesse an der Werksentwicklung ist nach wie vor hoch, auch wenn man nicht mehr dort tätig ist. Gleiches gilt für die Entwicklung der Stadt, die auch durch politisches Engagement unterstützt wird. Besonders von dieser Gruppe wird die Stadtentwicklung nach wie vor in Abhängigkeit von der Weiterentwicklung des EKO gesehen.

Um zu veranschaulichen, wie sich Einstellungen und Werte aus dem individuellen Erleben im Prozeß der Interaktion mit der sozialen Umwelt herausbilden, daß also Einstellungen einen eindeutigen biographischen Bezug haben und im Lebensverlauf gewachsen sind, sollen die fünf generierten Typen anhand von Fallbeispielen illustriert werden.

1. Die Distanzhaltung – Klaus Fern

Klaus Fern wurde 1933 in Fürstenberg als Sohn eines selbständigen Kleinunternehmers geboren. Nach Beendigung der Schule nahm er eine Lehre auf und besuchte die Berufsschule. Die Möglichkeit des Abiturs blieb ihm aufgrund der Stellung seiner Eltern versagt. Er trat nach der Lehre in das Unternehmen seines Vaters ein und führte es später als selbständigen Betrieb weiter. Politische Versuche, seinen Betrieb zu verstaatlichen oder in eine PGH umzuwandeln, lehnte er ab. Er reflektierte den Weggang eines Großteils seiner Angestellten aufgrund der unterschiedlichen Zahlungsmöglichkeiten im privaten und staatlichen Sektor. Mit der Eingemeindung Fürstenbergs 1961 verschlechterte sich die Situation für seinen Betrieb noch mehr, weil die Einordnung der beiden Städte in unterschiedliche Ortsklassen beibehalten wurde und sich daraus unterschiedliche Lohnzahlungen ergaben. Gegen diese Deklassierung wehrte er sich massiv und versuchte, auf gesetzlichem Weg diese unterschiedlichen Ortsklassen aufheben zu lassen, aber ohne Erfolg. Bis 1980 arbeiteten jedoch noch Angestellte für ihn, die er nur mit Mühe und unter Zuhilfenahme persönlicher Zuzahlungen halten konnte. Ab 1981 arbeitete er mit seiner Frau allein im Unternehmen.

Die Eingemeindung Fürstenbergs führte zum Verlust eigenständiger Entwicklung und zu erheblichen baulichen Veränderungen der Stadt, die ihn selbst mit seinem Unternehmensstandort negativ betrafen. Es kam zu Konflikten zwischen Vertretern der Stadt und ihm. Um die Eigenständigkeit zumindest teilweise wieder herzustellen, gründete er 1991 mit weiteren engagierten Fürstenbergern eine Bürgervereinigung, die er auch später im kommunalen Rahmen vertrat. Hauptziel dieser Bürgervereinigung ist die politische Vertretung und Mitbestimmung der Einwohner Fürstenbergs innerhalb des Stadtparlaments, um auf die weitere Entwicklung des Stadtteils Einfluß nehmen zu können.

Für die Entwicklung der Distanzhaltung zur Stadt sind im biographischen Verlauf mehrere Ereignisse relevant. Als erstes wurde von ihm als negativ benannt, daß durch die Errichtung des Werkes eine Konkurrenz entstand, die ihm und auch allen anderen selbständigen Handwerkern Fürstenbergs Arbeitskräfte abwarb. Dies kam in seinen Erzählungen deutlich zum Ausdruck.

„Na ja und ich würde sagen, daß diese, Stalinstadt und Fürstenberg haben sich eigentlich nicht getan, ... Arbeitskräfte sind ja dahin gegangen, die wurden och abgeworben, das Handwerk wurde schmaler und die Dienstleistungen, weil da besser verdient wurde, die Handwerker durften ja, hier an unserem Maschinenbau durften 1,54 Mark zahlen bloß Stundenlohn und das EKO hat dann schon zwei Mark oder 2,50 oder drei Mark gezahlt oder sowas ja. Damit hat man uns die Leute hier abgeworben, die Beschäftigten. Na ja, und da hatten wir eigentlich – das ist das einzige, es ist ein Teil von dem Handwerk erst mal kaputt gegangen." (3, B14 Selbständiger; folgend nur noch Angabe der Seitenzahl)

Die Äußerung zeigt, daß das Nebeneinander der selbständigen Städte Fürstenberg und Stalinstadt, wie Eisenhüttenstadt von 1953-61 hieß, zu Beginn noch relativ harmonisch war. Die Konkurrenz um die Arbeitskräfte bestand, aber das Zusammenleben selbst wurde durch diese Konkurrenz nicht direkt beeinflußt. Die ersten Bewohner der EKO-Wohnstadt nutzten die vorhandenen Infrastruktureinrichtungen Fürstenbergs, ja sie waren darauf angewiesen. Die traditionell gewachsenen Strukturen Fürstenbergs konnte die Wohnstadt nicht aufweisen. Erst nach und nach entstanden die notwendigen Einrichtungen in Stalinstadt. Die Städte konkurrierten auf der kommunalen Ebene nicht miteinander, sondern kompensierten gegenseitig ihre Defizite. Dennoch litt der Handwerks- und Dienstleistungsbereich Fürstenbergs unter der Arbeitskräftebewegung ins EKO, die Generationenfolge war bei vielen Handwerkern nicht mehr gegeben, da die Gesellen aufgrund der besseren Verdienstmöglichkeiten ins EKO abwanderten.

Die Beeinträchtigung der eigenständigen Entwicklung Fürstenbergs und damit auch seiner Bewohner wird jedoch erst ab 1961 im Zusammenhang mit der Eingemeindung mit vollem Bewußtsein reflektiert. Entscheidend dabei war, daß der Bevölkerung kein Mitspracherecht eingeräumt, sondern der Beschluß auf der politischen Ebene gefaßt wurde.

„Na ja, dann kam der schreckliche Tag, der 7. November 1961, und da hatte Walter Ulbricht am 7. November im ZK angewiesen, daß bis zum 14. November früh Vollzug zu melden ist, daß aus Eisenhüttenstadt, äh aus Stalinstadt und Fürstenberg/Oder Eisenstadt oder Eisenhüttenstadt zu machen ist. Und dann fing eigentlich der Kummer und das Elend mit Fürstenberg erstmal an. Eisenhüttenstadt war dann ‚da draußen' ...Ja, und damit ist eigentlich och Fürst ..., da ist denn Fürstenberg Eisenhüttenstadt-Ost geworden und Eisenhüttenstadt 2 und, ich meine gut, im Volksmund ist es, na sagen wir, zu 60 Prozent Fürstenberg immer geblieben, aber es war eben –, die Zusammenarbeit war nicht mehr da zwischen den beiden Städten – also jetzt war's ja nur eine Stadt wa – alles was hier war, war vergammelt, es wurde da nur was gemacht, wir waren eben fünftes Rad am Wagen, und och die Bevölkerung wurde da dementsprechend eben, na,

durch Propaganda da irgendwie wurde da so 'n Keil zwischengetrieben." (4/5)

Damit wurde der Mehrzahl der Bevölkerung Fürstenbergs ein Stück ihrer eigenen Identität genommen. Einzige Möglichkeit, sich dagegen zur Wehr zur setzen, war die passive Beharrung auf dem Stadtnamen im Volksmund, gegen den keine formale Rechtssprechung ankam. Es wurde im Interview mehrfach hervorgehoben, daß die Zusammenarbeit nach der politisch erzwungenen Eingemeindung nicht mehr so harmonisch war, daß es mehrfach zu Konflikten kam. Dies verwundert nicht, wenn eine Benachteiligung der eigenen Stadt und der Bewohner real wahrgenommen wird. Das Wachsen der Neustadt und die Konzentration auf die Entwicklung dieser sowie die staatliche Städtebaupolitik, die auf Neubau orientierte, führte dazu, daß die vorhandenen Altbausubstanzen in Fürstenberg zusehends verfielen.

„Für Fürstenberg gab es eben nischt. Da hieß es, dies wird weggerissen und das soll da verändert werden, und so haben dann die Bürger hier und die Eigentümer von den Häusern, die haben praktisch langsam Bruchbuden gekriegt oder die haben das eben auf eigene Kappe gemacht, ohne da was zu sagen usw.. Da gab' och Strafen und so. Aber denn ist Fürstenberg eben erstmal abgesackt." (4)

Die relativ beständige Bautätigkeit in Eisenhüttenstadt und der parallele Verfall traditioneller Substanz in Fürstenberg führte zu einer immer größeren Distanz zwischen denen ‚da draußen' (Eisenhüttenstadt; d.A.) und denen ‚hier unten' (Fürstenberg; d.A.). Nur mit hohem eigenen Risiko konnten die alten Häuser über Jahre hinweg erhalten werden. Besonders kritisch wurde von Klaus Fern der Bau des letzten Wohnkomplexes betrachtet, der bis an die ersten Häuser Fürstenbergs heranreichte. Nur durch massive Proteste gelang es damals zu erreichen, daß der Übergang zwischen dem neuen Wohnkomplex und der Altstadt Fürstenberg nicht so krass gestaltet wurde. An Stelle der geplanten Hochbauten wurden hier ‚nur' sechsgeschossige Wohnhäuser errichtet. Sehr stilvoll war die Lückenschließung zwischen der ‚Neustadt' und Fürstenberg jedoch nicht, und die Fürstenberger fühlten sich in ihrer Eigenständigkeit noch mehr gestört.

Ausschlaggebend für eine distanzierte Haltung gegenüber Eisenhüttenstadt war aber nicht nur der Verlust der Eigenständigkeit, sondern auch die damit verbundene Deklassierung als Eisenhüttenstädter zweiter Klasse in lohnrechtlichen Fragen. Die Fürstenberger Betriebe, Handwerker und sonstigen Einrichtungen wurden in eine andere Ortsklasse eingestuft und durften aus diesem Grund nur niedrigere Löhne zahlen. Einer ohnehin schwierigen Integration von Fürstenberg und Eisenhüttenstadt stand dies zusätzlich im Wege. Für Klaus Fern hatte dies auch persönliche Auswirkungen, da er als Selbständiger direkt davon betroffen war. Für seine Beschäftigten wirkte es sich nun doppelt nachteilig aus, dort zu arbeiten. Für ihn war das ein Grund, gegen diese Ungerechtigkeit und direkte Benachteiligung vorzugehen.

„Alle Handwerksbetriebe, alle kleenen Betriebe, die Werften, durften nur Ortsklasse 2 zahlen, trotzdem sie ja nu ein Ort waren. Wir waren also der einzigste Ort in der DDR – ich hab 15 Jahre drum gekämpft, persönlich, Einzelkämpfer gemacht, der zwei Ortsklassen hatte. Sowas gab's gar nicht. Aber es führte och ken Weg hin. Da haben sie uns vorgerechnet, was das für Geld kostet. Wir haben gesagt: Deshalb wird doch nicht teurer bei uns, wir wollen, wir wollten, wir mußt'n uns doch wenigstens steuerlich absetzen können – es führte kein Weg hin. 15 Jahre lang haben wir gekämpft über Gewerkschaft und über Gewerkschaft Bezirk und Arbeitsministerium, bis wir dann im oben, Finanzministerium sind wir dann zuletzt gelandet." (6)

Der Erfolg in diesem Kampf um einheitliche Zahlungsmodalitäten in den verschiedenen Stadtteilen blieb ihm versagt, und dies führte zu einer Verstärkung der Distanz gegenüber der Stadt, aber auch den staatlichen Behörden.

Nachdem in der DDR die Chancen für eine Veränderung der peripheren Stellung Fürstenbergs kaum vorhanden waren, verbanden sich mit dem gesellschaftlichen Wandel 1989 große Hoffnungen. Diese wurden jedoch nicht erfüllt, und es mußten Eigeninitiativen ergriffen werden, um Ergebnisse in dieser Richtung zu erzielen. Bei Klaus Fern äußerte sich dies in Nachforschungen zur Stadtgeschichte und zur 1961 vollzogenen Eingemeindung. Ziel war, die städtische Eigenständigkeit für Fürstenberg zu erreichen, um sich in eigener Verantwortung weiter zu entwickeln. In der Entwicklung seit 1989 wurde deutlich, daß kaum juristische Möglichkeiten bestanden, die frühere Selbständigkeit als Stadt zurückzuerhalten. Einzige Möglichkeit, sich auch formal von der Stadt zu distanzieren, bestand in der Beantragung eines eigenständigen Ortsteils ‚Fürstenberg'. Dazu mußten jedoch Anträge an die Stadt gestellt werden, wofür sich keine der etablierten Parteien bereit fand. Aus diesem Grund wurde die Bürgervereinigung Fürstenberg unter Federführung Klaus Ferns gegründet. Durch sie waren erstmals die Interessen Fürstenbergs im Stadtparlament separat vertreten. Auch dieser Schritt bewirkte die Verfestigung der distanzierten Haltung zur Stadt. Die Teilerfolge im politischen kommunalen Bereich führten nicht zu einer Integration in die Stadtentwicklung als Ganzes, sondern zu einer eher separaten, nur auf Fürstenberg bezogenen Politik. Für Klaus Fern in seiner subjektiven Wahrnehmung hat sich nicht viel geändert. Er fühlte sich in der DDR als Oppositioneller, und er sieht sich auch jetzt in der Oppositionshaltung. Die gewachsene Distanzhaltung zu Eisenhüttenstadt werden auch die Sanierungsprogramme der Stadt in Fürstenberg und der verstärkte Rückgriff auf seine Traditionen nicht vermindern.

„Für mich persönlich habe ich nur Nachteile. Ich bin zu sozialistischen Zeiten in Opposition gewesen und hatte dann organisiert, daß der Wohnungsbau hier nicht so dichte ranrückt und daß hier die ganzen Würfel, das sollten Hochhäuser werden, das haben wir übers Ministerium abgewürgt ...Ja, da war ich jetzt wieder in Opposition. Und bin jetzt zu der Regierung wieder, weil es ist eigentlich, widerspricht sich eigentlich dem wa, also." (14)

Die Distanzhaltung Klaus Ferns schlägt sich jedoch nicht als radikaler Rückzug nieder, sondern bewirkt ein starkes Engagement für seinen Ort, für seine Identifikation mit Fürstenberg. Die Veränderungen nach 1989 führten für ihn nicht zu einer Einstellungsänderung in bezug auf die Stadt, sondern verfestigte das bereits vorhandene Einstellungsmuster.

2. Die Ambivalenzhaltung – Inge Spalt

Inge Spalt wurde 1945 in der Umgebung von Eisenhüttenstadt geboren. Nach dem Schulbesuch absolvierte sie eine Ausbildung zum Wirtschaftsprüfer. Bereits mit 15 Jahren trat sie mit einer Kabarettgruppe auf, deren Leitung sie mit 18 Jahren übernahm. Sie erhielt das Angebot, hauptberuflich im kulturellen Bereich zu arbeiten und nahm dieses an. Nach dem Studium an einer Fachschule übernahm sie erste Aufgaben im Kulturbereich der Stadt und bereits kurze Zeit später wurde sie Leiterin einer kreisweiten kulturellen Abteilung und war eigenverantwortlich tätig. Um immer wieder auftretenden politischen Diskussionen aus dem Weg zu gehen, trat sie in eine Blockpartei ein. Neben ihrer hauptberuflichen Arbeit leitete sie mehrere Kabaretts in verschiedenen Betrieben der Stadt. Ihre Funktion im Kulturbereich behielt sie auch bis zur Wende 1989. 1990 wurde ihre Abteilung aufgelöst, und sie wechselte für ein Jahr in eine kulturelle Einrichtung nach Frankfurt/Oder. Als eine Leitungsposition einer kulturellen Einrichtung in Eisenhüttenstadt neu besetzt wurde, bewarb sie sich und wurde angenommen. In dieser Position war sie zum Zeitpunkt des Gesprächs noch tätig. Ihre Freizeitbeschäftigung Kabarett wurde auch nach 1989 weiter verfolgt. Die betriebsgebundenen Kabaretts lösten sich auf, und es kam zu einem Zusammenschluß von zwei verschiedenen Kabarettgruppen, die sich zu Beginn der 90er Jahre zum Stadtkabarett auf Amateurebene etablieren konnten. Darüber hinaus engagiert sich Inge Spalt sehr stark für die jüngere Generation, baut Theatergruppen in Schulen auf und organisiert spezielle Veranstaltungen für Kinder und Jugendliche, um sie für differenzierte kulturelle Angebote zu begeistern. Festzustellen ist bei ihr eine Ambivalenz in der Einstellung zur Stadt. In ihren Aktivitäten, die auch weit in den Freizeitbereich hineinreichen, wird ein sehr starker Bezug zur Stadt deutlich, in ihrem persönlichen Empfinden und Erleben der Stadt stößt man hingegen eher auf Distanz. Die berufliche Identifikation und die Zufriedenheit mit der Arbeit war bestimmend.

Die Ambivalenz von Inge Spalt scheint im Gegensatz zur Distanzhaltung von Klaus Fern keine gewachsene, sondern eher eine latent vorhandene zu sein. Es gibt im biographischen Verlauf keine derart prägnanten Punkte, die wie bei Klaus Fern als Auslöser begriffen werden können. Eher sind Anhaltspunkte dafür im formal gesetzten Charakter der Stadt als ‚erste sozialistische Stadt' zu finden. Dieser Charakterisierung sollte nicht nur die Anlage der Stadt entsprechen, sondern auch das Menschenbild, und dies führte nicht nur bei ihr zu Widersprüchen. In der Beschreibung der Stadt, so wie Inge Spalt sie über Jahrzehnte erlebt hat, wird der Widerspruch zwischen Anspruch und Realität deutlich:

„Es ist ganz eindeutig und auch ganz klar, man muß nämlich davon ausgehen, diese Stadt Eisenhüttenstadt, wenn Sie sich mit dieser Stadt beschäftigen, das ist eine zusammengewürfelte Provinzstadt und nichts weiter, keine Stadt der Intelligenz so wie viele glauben und denken. Und das wird sie auch nicht, kann sie gar nicht werden von der Entwicklung her. Hier ist aus aller Herren Länder das Volk zusammengekommen, ich sag das jetzt mal so ohne eine böse Wertung vorzunehmen. Und jeder ist nur arbeiten gegangen im 4-Schichtsystem, Geld verdienen, Geld verdienen, Geld verdienen. Und die Leute, die haben hier viel Geld verdient im EKO. Und dann rein in diese „Kasernenhütten", nicht, die hier gebaut wurden. Und dann haben sie sich schnell eine Datsche draußen gebaut, und wenn hier Feierabend war, dann war hier alles hochgeklappt, und alles war draußen. Das ist doch diese Stadt gewesen. So schön wie im Verhältnis die Stadt ist zu Schwedt und so, also die ist ja grüner und so, aber ich sage immer, das ist das einzige, was die Stadt überhaupt hat, ich sage immer ‚nur nicht begraben sein in Eisenhüttenstadt'. Aber vermutlich kommt man eben irgendwann und dann bleibt man kleben, das ist ja klar." (4, E11 Mitarbeiterin Stadtverwaltung; folgend nur noch Angabe der Seitenzahl)

Positive und negative Momente der Stadt und ihrer Einwohner wurden auf den Punkt gebracht. Als einen positiven Aspekt empfindet Inge Spalt die Anlage der Stadt mit viel Grün, die sie von anderen neu gebauten Städten erheblich unterscheidet. Dem stehen die Zuzugsmotive der Menschen und ihre Verhaltensweisen, die sich in der Stadt zeigten, gegenüber. Die Stadt wird als Provinzstadt bezeichnet, deren Einwohner aus allen Richtungen kamen, zum großen Teil der Arbeiterschaft zuzuordnen waren und kaum Traditionen mitbrachten. Für ihren beruflichen Hintergrund spielte dies insofern eine Rolle, als der kulturelle Bereich für die ‚Intelligenz' eine andere Wertigkeit besaß als für die Arbeiterschaft. Diese Charakterisierung muß in den entsprechenden Zeitkontext eingeordnet werden. Inge Spalt übernahm nach ihrem Studium ca. 1965 ihre ersten Funktionen im kulturellen Bereich in Eisenhüttenstadt. Zu diesem Zeitpunkt hatten sich nach unseren Ergebnissen die Motive des Zuzugs schon erheblich verändert, und auch das materielle Anreizsystem von seiten des EKO lockte längst andere Gruppen von Arbeitern und Angestellten in die Stadt. Man hatte sich in dieser Zeit bereits vom Erreichen des Ideals der ‚sozialistischen Stadt' entfernt.

Inge Stark fand in ihrem Bereich jedoch günstige Bedingungen vor. Der kulturelle Bereich wurde verstärkt, die Angebote differenzierten sich und die Strukturen waren noch nicht so verfestigt. Es bestanden Spielräume für eigene Ideen und deren kreative Umsetzung. Sie identifizierte sich zunehmend mit ihrer Arbeit und verfolgte das Ziel, möglichst viele Gruppen in der Stadt zu erreichen. Auch im Engagement für den Aufbau der Kabarettgruppen in einzelnen Betrieben kommt ihr Bedürfnis, Kultur zu vermitteln, zum Ausdruck. Kulturelle Aktivität bedeutete für sie jedoch nicht politische, und so verwahrte sie sich auch in ihrer Arbeit in den Kabaretts gegen den Druck einer politischen Ausrichtung der Programme. Die gleiche Distanz zeigte sie auch gegenüber dem Eindringen politischer Dominierung im Arbeitsbereich. Dies ist ein zweiter Punkt, aus dem eine Ambivalenz gegenüber der Stadt entstand.

„So lange, wie sie fachlich nicht rankonnten, wie auch immer fachlich, das ist ein breites Feld, aber – können Sie bestehen. Aber hier, gerade in dieser Stadt, hat man mich so lange bedonnert, also Leiter sein und dann mußt du doch- Schreiben kamen grundsätzlich mit der Anrede ‚Genossin X'. Ich mußte mich da-

gegen verwahren, das war damals so in der Leitung: »Na, der ist doch Genosse, das ist doch normal« ...So bin ich eigentlich in die andere Partei gegangen, wenn man das mal so will. Aber ich muß Ihnen sagen, na klar konnten wir, und die Blockpartei war ja nun die Partei, wo also Lehrer, Ärzte und Handwerker drin waren. Ich sage das mal von der Wertung her. Und die hatten natürlich einen ganz anderen Stand, und da ist man nicht so rangenommen. ...Ich muß schon sagen, es war ein gewisser Schutz für uns, die wir jetzt kritisch waren" (7)

Sie wollte ihre Arbeit mit hoher fachlicher Kompetenz ausführen, wollte für die Stadt das Bestmögliche in ihrem Bereich verwirklichen, aber sie wollte keine Unterordnung unter politische Intentionen, die von außen gesetzt wurden. Die Entscheidung für den Eintritt in eine Blockpartei ist vor diesem Hintergrund nicht als politisches Bekenntnis zu sehen, sondern hatte, wie sie selbst formuliert, eine hohe Schutzfunktion, um die ständigen Diskussionen um eine Parteimitgliedschaft in der SED zu beenden. Sie begreift sich selbst nicht als politischen Menschen und sieht auch heute sehr kritisch die vorgenommenen parteipolitischen Positionsbesetzungen und Entscheidungen innerhalb der Stadt. Ihr ging es um eine optimale Gestaltung des ihr anvertrauten Bereiches, nicht um die Erfüllung eines Parteiauftrags, in wessen Namen auch immer. Dabei verzichtete sie in ihrem Leben mehrfach auf einen beruflichen Aufstieg oder eine materielle Anerkennung ihrer Arbeit, konnte aber ihrem Ideal treu bleiben, sich nichts aufoktroyieren zu lassen, sondern weitgehend selbst zu entscheiden. Dies ist eine Grundhaltung, die sich biographisch verfolgen läßt und von der sie auch heute nicht abgehen möchte.

„Und das mache ich eigentlich heute auch noch. Ich laß mir das nicht aufdiktieren, dann gehe ich lieber. Und sage, wenn du es besser machen kannst, dann mach du es. Also das sollte man nicht im Leben machen, das ist immer schwer. Der Bessere zu sein und zu kriechen ist leichter erstmal. Aber dazu muß man auch geboren sein." (7)

Nach 1989 veränderte sich ihr berufliches Umfeld, da der von ihr geleitete Bereich aufgelöst wurde. Sie mußte die Einrichtung und den Ort wechseln, um nicht arbeitslos zu werden und den Kontakt zu diesem Bereich zu verlieren. Die erste Möglichkeit zu einer Rückkehr in die Stadt nahm sie wahr, und es gelingt ihr, wieder in ihr bewährtes Berufsfeld zu kommen. Die vor der Wende beruflich erfahrene Eigenständigkeit erreichte sie jedoch nicht wieder, und das bedeutete eine erhebliche Umstellung der Verfahrens- und Handlungsweisen. Die veränderten Rahmenbedingungen in der Arbeitswelt zogen jedoch auch andere Anpassungsstrategien nach sich. Nur das intensive Verhältnis zu ihrem Berufsfeld führte zu einer derartigen Zurücknahme jahrelang gepflegter und ertrotzter Entscheidungskompetenzen und Freiheitsgrade. Die Aufgabe dieser erworbenen Spielräume wird jedoch mit Bitterkeit konstatiert und ist dem Fehlen von Alternativen in der Arbeitswelt für bestimmte Altersgruppen mit geschuldet.

„Man muß sich unterordnen können und das ist für manche, und für mich ist das ein bißchen schwer. Weil man wie gesagt lange genug das war. Aber wenn man hier nicht auf der Strecke bleiben will, muß man das machen. Für die Sache eigentlich, im Grunde genommen." (12)

Die Unterordnung der eigenen Person geschieht um der Sache willen, mit der man sich identifiziert. Daraus spricht auch die Überzeugung, auf diesem Posten der kompetente Vertreter zu sein, der in der aktuellen Situation das Optimum für diesen Bereich realisieren kann.

Der Kulturbereich der Stadt ist wie alle anderen Bereiche auch von gravierenden strukturellen Veränderungen seit 1989 betroffen, und diese werden nicht kritiklos aufgenommen. Besonders die Entscheidungen der Abgeordneten, gerade in diesem Bereich erfahrene Bewerber aus den westlichen Bundesländern zu präferieren, stößt bei den schon vor 1989 im Kulturbereich Tätigen auf Unverständnis.

„Aber solange die Abgeordneten dort sitzen und die eigenen Leute nicht schätzen, und sagen, da müssen eben alles Fremde hin, kann man eben nichts machen." (5)

Es erfolgt eine Verdrängung der erfahrenen Personen in die zweite Reihe bzw. verlassen diese den Kultursektor generell. Durch die Besetzung von entscheidenden Positionen im Kulturbereich mit Vertretern aus den alten Bundesländern wird eine Strukturveränderung konstatiert, die den vorhandenen Gegebenheiten nicht angepaßt erscheint. Auch diese ‚Entfremdung' von Einrichtungen führt zu einem Anwachsen von kritischer Distanz gegenüber der derzeitigen Stadtentwicklung und ihren Entscheidungsträgern. Die Strukturen werden als nicht adäquat erlebt, und dies führt zu einer immer größer werdenden Ambivalenz zwischen dem Engagement im Berufsleben und der Betrachtung der Entwicklungstendenzen in der Stadt, denen man eher ablehnend gegenübersteht.

„Und das ist nicht gut, finde ich. Da muß irgend was nicht stimmen. Das hat mit der Person nichts zu tun. Da stimmt die Struktur nicht. Man kann also erstens nicht nach westlichem Standard gehen, und sagen, das ist ein Haus – das ist so gebaut worden über Jahre und dieses Haus ist anders gedacht gewesen." (10)

Inge Spalt kann/will nicht nachvollziehen, weshalb sich die gegenwärtige Entwicklung im Kulturbereich den westlichen Vorbildern widerspruchslos anpaßt. Die besonderen räumlichen Spezifika der kulturellen Einrichtungen der Stadt werden ihrer Meinung nach vernachlässigt, und dies kann zum Verlust des besonderen Charakters des Hauses beitragen. So, wie es gebaut und genutzt wurde, wurde es auch von den Einwohnern der Stadt angenommen, und es wird keine Veranlassung gesehen, dies notwendigerweise zu verändern. Die Strukturveränderungen werden als ineffektiv betrachtet, da sich der Verwaltungsaufwand erhöht und Entscheidungswege unnötig in die Länge gezogen werden. Der Entzug bereits erworbener Entscheidungskompetenzen bewirkt einen erheblichen Verlust an Eigenständigkeit, die als identitätsstiftendes Moment im Berufsleben betrachtet wurde. Dennoch gilt nach wie vor, auch wenn sich die Ambivalenz gegenüber der Entwicklung der Stadt vergrößert, der Leitspruch:

„Aber bloß, daß sie also auch verstehen, trotzdem man das nicht liebt, man für diese Stadt, für diese Sache dann eben auch

dann kämpft, weil man es muß, weil man da sitzt und sagt, man brennt für diese Dinge." (4)

„Man brennt für diese Dinge", bedeutet, daß auch heute noch die Identifikation mit dem beruflichen Umfeld und Ziel die persönliche Distanz überlagert.

3. Die neutrale Haltung – Marta Neutrum

Marta Neutrum wurde 1927 im heutigen Polen geboren. 1945 kam sie als Umsiedlerin mit ihren Eltern über viele Stationen nach Neuruppin, wo sie zunächst als Haushaltshilfe Arbeit fand. 1949 ging sie aufgrund der besseren Verdienstmöglichkeiten zur Wismut nach Annaberg, wo sie als Signalistin beschäftigt wurde. Dort lernte sie auch ihren Mann kennen. Einige Schächte der Wismut in Annaberg wurden geschlossen, und aus diesem Grund kam es im Mai 1957 zum Umzug nach Stalinstadt, wo ihr Mann bereits eine Arbeit im EKO aufgenommen hatte. Sie arbeitete nach der Geburt ihrer Tochter in verschiedenen Aushilfstätigkeiten im Handel, später als Köchin in einer Gaststätte. Nach fünf Jahren verließen sie aus beruflichen Gründen die Stadt und zogen in ein Dorf in der Umgebung. Dort arbeitete sie in der Gemeindeverwaltung. Die Nähe zur Stadt führte zu einem regelmäßigen Kontakt und zur Nutzung der vorhandenen Infrastruktureinrichtungen. 1987 wurde sie Rentnerin. Nach der Wende zog das Ehepaar zurück nach Eisenhüttenstadt. Politisch engagiert war Marta Neutrum kaum, ihre Aktivitäten bezogen sich mehr auf die Betreuung älterer Bürger. Auch heute noch ist sie für die Volkssolidarität tätig und kümmert sich um andere ältere Mitbewohner.

Die biographische Erzählung von Marta Neutrum war vor allem durch ein Ereignis geprägt, auf das sie immer wieder zurückgeht: die Umsiedlung von Polen nach Deutschland 1945. Die Erfahrung des Verlusts ihrer Heimat wurde im Gespräch mehrfach thematisiert und führte in ihrem Lebensverlauf dazu, daß sie an keinem Ort wieder ein Heimatgefühl aufbauen konnte. Egal ob Neuruppin, Annaberg, Stalinstadt oder später das Dorf in der Umgebung – keiner dieser Orte vermittelten ihr dieses Gefühl. Sie charakterisierte diesen Umstand sehr pragmatisch:

„So Heimat kann ich gar nicht sagen. Ich bin eben hier und da ist's gut." (30, B1 Rentnerin, folgend nur noch Angabe der Seitenzahl)

Umzüge und Ortsveränderungen von Marta Neutrum waren in jedem Fall mit praktischen alltagsweltlichen Erwägungen verbunden. Die Entscheidung für Annaberg war eine rein finanzielle, da der Verdienst bei der SDAG Wismut nach ihren eigenen Angaben wesentlich höher lag, als ihr Lohn bei der Rechtsanwaltsfamilie. Nachdem sie mehrere Jahre dort gearbeitet hatte, wurde die nächste Veränderung von außen herbeigeführt, indem verschiedene Schächte geschlossen wurden. Es mußte eine persönliche Entscheidung fallen, die perspektivisch sinnvoll erschien und eine Verbesserung der Lebenslage ermöglichte. Unter anderem durch die Verbindung zu ihrer Familie in Neuruppin erhielt sie Kenntnis von den Entwicklungen in der Region und vom Aufbau des EKO. Eine Vorsprache bei der dortigen Personalleitung beförderte die Entscheidung.

„Das war ja damals großes Gerede – EKO ist die Zukunft. So, nun hin." (22)

Für die Entscheidung nach Stalinstadt zu gehen, sprachen vor allem die günstigen Wohnbedingungen. Zehn Monate nach dem Arbeitsbeginn ihres Mannes im EKO erhielten sie bereits eine Wohnung, was in dieser Zeit im DDR-Maßstab eine außergewöhnliche Tatsache war. Ihr Motiv war also keineswegs, den Aufbau des EKO mitzugestalten und Einwohner der ‚1. sozialistischen Stadt' zu werden. Die ideologische oder politische Komponente blieb eher peripher. Auch der Name Stalinstadt wurde nicht hinterfragt, er spielte keine Rolle für die Entscheidungsfindung. Die Namensgebung der Stadt wurde noch in Annaberg mitverfolgt, hatte jedoch keinen Einfluß auf die Einstellung zu dieser Stadt.

„Und da hieß es, die Stadt hier, die wird Stalinstadt. Und das wußte ich von Annaberg her. Und wir sind damals ja nach Stalinstadt gezogen." (22)

In den 50er Jahren nach Stalinstadt zu kommen, bedeutete nicht zwangsläufig Verfechter der Ideen der neuen Stadt zu sein. Auch wenn u.E. davon ausgegangen werden kann, daß die Euphorie für die Entwicklung und Mitgestaltung der Stadt bei dieser Anfangs- bzw. Aufbaugeneration größer war, als in den nachfolgenden Jahrzehnten. Die pragmatische Grundeinstellung von Marta Neutrum teilten wahrscheinlich viele. Im Interview mit ihr wurde deutlich, daß die politische Dimension des Werkes und der Stadt eine von außen gesteuerte war und sich dies im Alltagsleben der Einwohner kaum widerspiegelte. Sicher wurde durch das neue Werk und die großzügige Gestaltung der ersten Wohnkomplexe günstige Bedingungen dafür geschaffen, daß sich die Einwohner mit ihrer Stadt identifizieren konnten und dafür bereit waren, sich stärker an der Ausgestaltung zu beteiligen. Jedoch selbst diese Beteiligung hatte nicht zwangsläufig politischen Charakter. Eher entsprang sie der Euphorie eines Neubeginns nach den Jahren des Krieges. Und in Stalinstadt waren die Bedingungen dafür zumindest in den 50er Jahren gegeben. Angesprochen auf den Slogan des EKO-Aufbaus, zeigt sich erneut die nüchterne Betrachtungsweise von Marta Neutrum.

„Int.: Hier war doch das, gerade in Eisenhüttenstadt, also Stalinstadt, daß man immer gesagt hat: Freundschaft zu Polen, polnisches Erz, polnischer Koks, sowjetisches Erz wird zu deutschem Friedensstahl.

U.: Ach so, ja. Ja, ja.

Int.: Was hat man da so empfunden?

U.: Gar nichts. Ich gar nichts. Das war eben so." (30)

Für sie verband sich mit den großen Losungen der damaligen Zeit kaum ein Gefühl. Es wurde hingenommen ohne Wertung in positiver oder negativer Richtung. Ihr eigenes Leben blieb von diesen Losungen weitgehend unberührt, sie beeinflußten die Entscheidungen in ihrem Lebensverlauf kaum. Sie war natürlich aufgrund ihrer beruflichen Tätigkeit auch nicht mit dem Werk verbunden und konnte die Bedeutung des Werkes nur schwer nachvollziehen. Sie selbst war nur zeitweilig in verschiedenen Institutionen tätig und somit konnte sich auch kaum ein kollektiver Kontext bei ihr entwickeln. Dennoch war jedem Einwohner Stalinstadts der besondere Charakter der Stadt bewußt. Durch ihren Umzug in die Umgebung und die dortigen Erfahrungen wurde wohl eher retrospektiv deutlich, daß die Situation für die Bewohner Stalinstadts deutlich besser war, als in anderen Orten des Landes.

„Int.: Hatte man das Gefühl, daß Stalinstadt 'ne besondere Stadt ist?
U.: Na es hat doch immer geheißen, erste sozialistische Stadt Deutschlands.
Int.: War das so?
U.: Naja, ich denke doch, daß die Menschen gerade in unserer Generation doch schon alleine aufgrund der Wohnung und der Arbeit zufriedener waren. Ja, denke ich doch. Hm. Ach ja." (9)

Die Kennzeichnung ‚erste sozialistische Stadt' wurde nicht zufällig gleichgesetzt mit der Zufriedenheit der Menschen mit den Wohn- und Arbeitsbedingungen in dieser Zeit. Die Anlage der Stadt, der Wohnkomplexe und selbst des Werkgeländes sollte genau dieser Spezifik entsprechen und das Neue widerspiegeln.

Bei dem Gedanken an ihre erste Wohnung in Stalinstadt, ein Erstbezug in einer 3-Raum-Wohnung, gerät Marta Neutrum noch heute ins Schwärmen. Man hatte bei der architektonischen Gestaltung der Wohnungen und des Wohnumfeldes insbesondere nach den Veränderungen im Städtebau 1953/54 im Zusammenhang mit der Politik des ‚Neuen Kurses' den Nerv des Großteils der Menschen getroffen. Auch wenn sich nicht für jeden diese Bedingungen mit den entsprechenden politischen Haltungen verbanden, gelang es zunächst, eine positive Grundeinstellung zur Stadt zu erreichen.

Politische Ambitionen besaß Marta Neutrum kaum. In ihren Erzählungen wurden bedeutende politische Ereignisse, wie z.B. der 17. Juni 1953, nicht aufgegriffen. Sie scheinen demnach für ihren Lebensverlauf keine Relevanz zu besitzen. Auch bei der Einschätzung solcher politischen Ereignisse begegnete uns eine große Sachlichkeit und Unberührtheit.

„Int.: Hat der Mauerbau denn für Sie irgendwie 'ne Rolle gespielt?
U.: Nee, gar nicht. Ich war nicht drüben, und die Verwandten waren nicht hier. Ich sage Ihnen ja, wir kennen uns nicht mehr." (22)

Für ihr persönliches Lebens war das Kriegsende mit der damit verbundenen Umsiedlung das maßgebliche biographische Ereignis. Alles, was danach kam, erreichte nicht annähernd diese Bedeutung. Daraus leitet sich ihr Pragmatismus und die relativ große Anpassungsfähigkeit an veränderte Bedingungen ab. Dennoch bewirkte die Wende 1989 noch einmal eine Veränderung in ihrem persönlichem Umfeld. Fast 30 Jahre verbrachte sie in der Umgebung von Eisenhüttenstadt und hatte sich dort so eingelebt, daß sie selbst eine erneute Ortsveränderung nicht wünschte. Wieder sind es pragmatische Erwägungen, diesmal dem Alter geschuldet, die zu dieser Entscheidung führen. Neben dem Alter und dem Gesundheitszustand war auch der Wunsch des Mannes entscheidend dafür, nach Eisenhüttenstadt zu ziehen.

„Und mein Mann wollte immer wieder in 'ne Stadt. Ich eigentlich nicht. Ich habe immer gesagt, ich will in K. sterben, aber es wird nichts draus. Er wollte weg. Naja, und da haben wir uns bemüht." (10)

Die Umstellung vom Landleben auf das Leben in der Stadt verkraftete sie nach eigenen Aussagen gut, die Anpassung geschah nahezu problemlos. Obwohl sie lange Zeit außerhalb von ihr war, fühlt sie sich in der Stadt nicht fremd. Alte Bekanntschaften wurden aufgefrischt, neue durch ihr Engagement in der Volkssolidarität geschlossen. Befremdend wurden lediglich die veränderten Rahmenbedingungen empfunden. Eine Rückkehr in ihr damaliges Wohngebiet, den WK IV, war nicht möglich. Sie erhielten eine altersgerechte Wohnung im Wohnkomplex VII, mit dem sie sich jedoch ‚schwertun'. Dem Ideal ihrer ersten Wohnumgebung entspricht dieser Wohnkomplex nicht mehr.

Unverständlich sind Marta Neutrum die Diskussionen nach 1989 um eine erneute Umbenennung der Stadt. Sie hatte weder Probleme mit dem Namen Stalinstadt, noch mit Eisenhüttenstadt. Für sie sind das feststehende Begriffe, über die es nicht zu diskutieren lohnt. Auch hier wieder ein wertfreier Umgang, der ihrem biographischen Hintergrund geschuldet ist. Umbenennungen ändern ihrer Meinung nach nichts an den Gegebenheiten.

„Ja warum? Eisenhüttenstadt, was tut denn das? ...Ist doch gar nicht so schlecht. Essen heißt auch Essen. Da kräht auch keiner drüber." (22)

Ihrer Meinung nach hat der Name seine Berechtigung aus seiner Vergangenheit heraus, eine Veränderung erscheint unangebracht. Diese Haltung wurde jedoch nicht nach außen vertreten. Ein Engagement für die Stadt war in keiner Phase ihres Lebens erkennbar. Sie hat sich mit den jeweiligen Bedingungen arrangiert und ist damit zufrieden. Aktivitäten beschränkten sich auf den sozialen, unpolitischen Bereich. Dennoch kann sie sich in die Lage derer versetzen, die im Gegensatz zu ihr aktiv an der Entwicklung von Werk und Stadt beteiligt waren. Auch wenn ein solches Engagement für sie nie zur Disposition stand, stellt sie sich nicht auf die Position der Distanzierten.

„Ja. Wer nun ganz intensiv mit dem Werk verbunden war, was ich persönlich ja gar nicht kannte oder kenne – mit dem EKO ... Und die nun dort Hand angelegt haben und fleißig waren und sich geschindert und geschunden haben und jetzt dort zugucken müssen, wie alles untergeht. Das glaube ich, daß das denen weh tut. Oh ja." (24)

Zu vermuten ist, daß für sie die Frage des Engagements bereits 1945 mit der Umsiedlung entschieden war. Dort hatte sie gesehen, wie schnell Eigentum verloren gehen kann, man ‚vor dem Nichts steht' und ‚von vorn beginnen' muß.

Marta Neutrum erlebte nach ihrer gegenwärtigen Reflexion den gesellschaftlichen Wandel nach 1989 als einen wesentlich gravierenderen Bruch als das Kriegsende und die damit einhergehenden Veränderungen. Die Begründung sucht sie im Alter, denn sie beschreibt den Unterschied zwischen 1945 und 1989 folgendermaßen:

„Hm. Ich habe die (Wende; d.A.) 1945 nicht so schlimm erlebt wie die jetzt. Also, ‚empfunden' wollen wir mal sagen, empfunden. Erstmal war man damals ja jung, 16, 17, 18. Ach juchhu, was kostet die Welt. War doch ganz anders, als wenn man jetzt in dem Alter das noch mal miterlebt. Ich meine, wir hatten nichts verbrochen, und wir haben keinem was getan. Aber eben

– ich weiß auch nicht. Ich weiß nicht, wie man das beschreiben soll." (11)

Diese Ausführungen zeugen von einer gewissen Ratlosigkeit und Resignation. Veränderungsmöglichkeiten werden nicht gesehen und entsprächen auch nicht dem im Lebenslauf erfolgten pragmatischen Umgang mit gesetzten Rahmenbedingungen. Man lehnt sich nicht auf, sondern paßt sich an. Marta Neutrum konnte nach diesem harten biographischen Einschnitt der Umsiedlung zu keinem der nachfolgenden Lebensräume eine wirkliche Beziehung aufbauen. Geprägt ist der gesamte Lebensverlauf von einer gewissen apolitischen Grundhaltung oder Loyalität, die sich auch auf ihr Verhältnis zu Eisenhüttenstadt beziehen läßt.

4. Die Engagierten – Georg Starke

Georg Starke wurde 1960 in Berlin geboren. Nach dem Schulbesuch absolvierte er eine Lehre im landwirtschaftlichen Bereich. Sein Elternhaus war politisch engagiert, und es fanden besonders mit dem Vater Auseinandersetzungen über die widersprüchliche Entwicklung in der DDR statt. 1980 begann er ein Studium an einer Offiziershochschule, das er 1984 beendete. Bereits 1985 kam er im Rahmen seines Abschlußpraktikums nach Eisenhüttenstadt, da er nicht nach Berlin zurückgehen wollte. In Eisenhüttenstadt blieb er auch nach Abschluß des Studiums. 1985 lernte er in Berlin seine spätere Frau kennen, und 1988 bezogen sie ihre erste gemeinsame Wohnung in Eisenhüttenstadt.

Sein politisches Engagement vor 1989 bezog sich auf den begrenzten Arbeitsbereich, Aktivitäten im kommunalen Bereich waren nicht vorhanden.

Mit der Wende 1989 wurde sein Standort aufgelöst, und er mußte sich einen neuen Arbeitsbereich suchen. Er entschied sich gemeinsam mit Freunden für den Verbleib in Eisenhüttenstadt und bewarb sich beim Bundesgrenzschutz. Er wurde angenommen und blieb dort bis zum Auftreten größerer Schwierigkeiten in Zusammenhang mit seinem gewerkschaftlichen Engagement. Danach wechselte er aus diesem Bereich in den sozialen Bereich über, wo er seit 1993 eine feste Anstellung hat.

Seine politische Entwicklung vollzog sich nach 1989 eher stadtbezogen. Seit 1992 arbeitete er in der Stadtverordnetenversammlung mit und wurde 1994 wiedergewählt. Politische Aktivität verbindet sich in seinem Fall mit kommunalem Engagement für die Entwicklung der Stadt und die Verbesserung der Situation besonders von Jugendlichen.

Obwohl Georg Starke noch nicht lange in Eisenhüttenstadt lebt, verfestigte sich bei ihm eine positive Grundhaltung zur Stadt, die vor allem durch die Anlage der Stadt bestimmt wird. Der Zuzug war beruflich motiviert, und die Entscheidung zugunsten Eisenhüttenstadts fiel in Alternative zu Berlin, da die dortigen beruflichen Bedingungen schlechter waren und Georg Starke sich darüber hinaus eine Distanz zu seinem Elternhaus schaffen wollte. Die Nähe Eisenhüttenstadts zu Berlin ließ die Möglichkeiten offen, die Infrastruktur dort zu nutzen und trotzdem die Vorteile Eisenhüttenstadts zu genießen. Seinen ersten Eindruck von der Stadt beschrieb Georg Starke wie folgt, und damit findet sich eine Gemeinsamkeit zu den anderen Vertretern dieser Gruppe der Engagierten:

„So vom Eindruck her war Eisenhüttenstadt eigentlich so für mich 'ne schöne, saubere, geordnete Stadt, die man so – sage ich mal – nicht so von Dresden – Dresden ist sicherlich auch von der Größenordnung was ganz anderes – oder von Berlin her gekannt hat. Also sagen wir mal vom Grundsatz her erstmal für mich sehr geordnet hier. Aber auch sehr ruhig. Also was mir hier immer wieder fehlt zu Berlin ist eben, daß man hier die Schwierigkeit hat, irgendwo hinzugehen, also Kultur, irgendwas zu erleben, Musik zu hören. 20.00 Uhr werden die Bürgersteige hochgeklappt, dann ist Ruhe da." (4, E8 Abgeordneter der Stadt; folgend nur noch Angabe der Seitenzahl)

Er wies nach der Aufzählung der Vorteile der Stadt sofort auf ein grundsätzliches Defizit hin, daß sich für ihn auch in den letzten Jahren nicht verändert hat. Hier wird der biographische Hintergrund des Aufwachsens in einer Großstadt mit den entsprechenden Möglichkeiten und Alternativen sichtbar. Der Umzug in diese kleinere Stadt verlangte in allen Bereichen erhebliche Anpassungsleistungen von ihm. Bis 1987 kompensierte er den charakterisierten Mangel an kulturellen Möglichkeiten mit regelmäßigen Besuchen in Berlin. Nachdem seine Familie 1988 nach Eisenhüttenstadt zog, vergrößerte sich das familiäre Engagement und seine Aktivitäten in sportlicher Hinsicht. Vor 1989 fiel das Defizit auch deshalb nicht so ins Gewicht, da seiner Erzählung nach der Alltag vorrangig durch die Arbeit bestimmt war. Mit den Veränderungen der Wende waren für ihn nicht nur berufliche, sondern auch politische Konsequenzen verbunden. 1988 war er mit seiner Familie nach Eisenhüttenstadt gezogen und hatte sich dort sukzessive eine Freundes- und Bekanntenkreis aufgebaut. Das Wegbrechen des beruflichen Standortes verlangte eine Entscheidung, die nicht nur für ihn, sondern auch für seine Familie von Bedeutung war. Unterstützt wurde die Entscheidung, in Eisenhüttenstadt zu bleiben, durch die Übereinstimmung der Meinungen im engsten Freundeskreis.

„Der Standort hier in Eisenhüttenstadt sollte aufgelöst werden, und für uns ... also für den engeren Kumpelkreis ... stand eben die Frage, wat machen wir. Gehen wir nun alle aus Eisenhüttenstadt weg oder bleiben wir? Wir hatten alle hier unsere Wohnung, unser Umfeld, hatten den Fußball, es war schon sehr wichtig, und dann haben wir uns eigentlich entschlossen, nicht so wie andere, daß wir eben vordergründig erst mal versuchen, in den Westen zu gehen und einen Lehrgang machen, um dann, weß ick, als ein Lehrer oder frisch Besohlter hier nach bundesdeutschen Maßstäben zurückzukommen und irgendwelche Karriere zu machen, sondern uns hier festzusetzen und einen Dienstposten, etwas anders kam ja für uns damals nicht in Frage, zu suchen, wo man nicht allzu viel fahren muß, sondern bei der Familie bleiben kann. (1)

Die sozialen Beziehungen und das Umfeld stellten die Entscheidungskriterien für den Verbleib in Eisenhüttenstadt dar, verbunden damit war auch ein beruflicher Wechsel. Sein erster Arbeitgeber nach der Wende war der Bundesgrenzschutz. Dort wurden mehrfach Umstrukturierungen vorgenommen, so daß eine Zuordnung zu verschiedenen Dienststellen erfolgte. Georg Starke engagierte sich dort im Personalrat, was zu

Schwierigkeiten führte und letztlich zu der Entscheidung, den Dienst zu kündigen. Sein Verständnis von demokratischer Mitbestimmung in der Arbeitswelt ging nach seiner Aussage der übergeordneten Hierarchie zu weit, und an die vorgegebenen Grenzen wollte er sich nicht anpassen.

„Auf jeden Fall bin ich auf dem Level, und das wird sicherlich auch mein ganzes Leben durchziehen, daß ich nicht für irgend 'ne reine Existenzfrage, daß mir jetzt einer sagt: Wenn du in dem Job was werden willst, dann kannst du eben nicht so 'ne Gedanken äußern oder kannst nicht das und das machen. Also diese Einstellung habe ich spätestens seit der Wende ...Also wo ich gesehen habe, daß es – sage ich mal – auch in der DDR viele Leute auch schon gegeben hat, die ja nur nach dieser Maxime gehandelt haben, die nicht Mal versucht haben, auch ein bißchen kritisch zu diskutieren. Aber ich bin der Meinung, man muß dann eben auch viele Möglichkeiten suchen. (6)

Er wies mehrfach im Gespräch darauf hin, daß diese Einstellung, sein ‚Engagement nicht von oben reguliert zu bekommen‘, an den Zeitpunkt der Wende geknüpft war. Die gravierenden Veränderungen bewirkten bei ihm, daß er sich nicht in eine Karriereschiene pressen läßt, die an einen blinden Gehorsam gebunden ist. War dies schon in der DDR nicht sein Fall, so lehnt er diese Aufstiegsorientierung nach der Wende erst recht ab. Er kritisiert damit aber nicht nur die im Westen weit verbreitete Zielorientierung, sondern auch die Anpassungserscheinungen, die in der DDR zu verzeichnen waren. In dieser Hinsicht distanziert er sich von einem kollektiven Kontext. Sein Ziel war nicht die steile Karriere, denn sonst hätte er sich eher für eine Weiterbildung im Westen entschieden, sondern die Mitbestimmung bei der Neustrukturierung der Institutionen. Da dies nicht möglich war, verließ er diesen Bereich.

„Und dann habe ich versucht mir 'ne eigene, also 'ne andere Existenz aufzubauen. Habe mich beworben, und bin eben jetzt seit 1.1.93 bei X in einem Beamtenverhältnis, wo ich ja auch vorher schon drin gewesen bin ...Und seitdem habe ich keine Schichten, habe freitags Feierabend. Bleibt eben auch viel Zeit, hat man auch ein bißchen mehr Zeit für das Hobby, für die Politik mit, was ja auch viel Zeit in Anspruch nimmt." (1)

Die neue berufliche Umgebung hatte zwei Vorteile. Erstens bot sie ihm einen relativ geregelten Arbeitstag, der Freiheiten für andere Interessen ließ, zum zweiten konnte er nun strikt Arbeit und politische Arbeit trennen. Er wollte sich nicht aus dem politischen Geschehen zurückziehen, sondern suchte Möglichkeiten, sich stärker zu engagieren. Bereits mit dem Nachrücken in die Stadtverordnetenversammlung boten sich ihm dafür Chancen. Im Gegensatz zu vielen, die sich nach der Anfangseuphorie 1989 von der Realität der demokratischen Mitbestimmungsmöglichkeiten ernüchtert aus diesem Bereich zurückzogen, betrachtet er es heute nach wie vor als wichtig, an diesem Engagement festzuhalten. Auch er hat die Illusionen des demokratischen Aufbruchs 1989 aufgegeben und sich den parteipolitischen Machtkämpfen beugen müssen.

„Aber auf der anderen Seite sage ich mir auch, daß es eben eigentlich auch irgendwo sein muß, daß man für bestimmte Sachen auftritt. Daß das auch was Wichtiges sein kann, auch wenn man sich sicherlich viele Illusionen macht, was man bewegen kann, was man zumindest versucht und vielleicht für seine Kinder auch eben. Naja – das klingt vielleicht ein bißchen hochtrabend – aber nicht so 'ne ganz beschissene Welt zu haben, wo im Grunde genommen sich gar keiner irgendwo regt." (2)

Sein Grundanliegen besteht darin, sich nicht erneut etwas aufoktroyieren zu lassen, sondern selbst an der Entwicklung der Stadt teilzuhaben. Für ihn ist dies insofern wichtig, da seine Kinder an diesem Ort mit seinen gegenwärtigen und zukünftig absehbaren Problemen aufwachsen werden. Er betrachtet es als Generationsverpflichtung, Verantwortung mit zu übernehmen und die Initiative nicht anderen zu überlassen. Für die Stadt sieht er Potentiale, die wesentlich besser genutzt werden können, als dies bisher der Fall ist. Er betont die vorhandenen Defizite und übt damit aber nicht nur Kritik an den politischen Strategien, sondern will selbst Lösungsansätze anbieten, die zu einer Verbesserung der Situation führen können. Das Hauptaugenmerk seines Engagements bezieht sich auf die Gruppe der Jugend, für die derzeit wenig Alternativen in Eisenhüttenstadt vorhanden sind. Auch wenn der finanzielle Aspekt in der Jugendarbeit für ihn als Politiker nicht unerheblich ist, neigt er zu der Überzeugung, daß nicht jede Aktivität für die Jugendlichen mit hohem Geldaufwand verbunden sein muß. Der Bedarf ist sicherlich groß, aber auch mit geringerem Aufwand lassen sich seiner Meinung nach Schritte in diese Richtung tun.

„Also, daß Riesenanstrengungen eigentlich auch unternommen werden müßten, bloß das fehlt immer wieder auch an der finanziellen Seite. Aber ich denke, wenn der Willen dafür da wäre, könnte man sicherlich in kleinen Schritten einiges machen. Gerade auch für die Jugend, daß man hier bestimmte Erlebnisbereiche schaffen muß, um eben diese Stadt wirklich nicht nur wohnbar zu machen, sondern auch erlebbar für die Leute zu machen." (4)

Georg Starke hat in diesem kommunalpolitischen Engagement eine Alternative gefunden, seine Interessenlagen zu artikulieren und die Entwicklung der Stadt zumindest partiell mitzugestalten. Er verwahrte sich dagegen, Kritik im Stillen zu üben und in der Öffentlichkeit stumm zu bleiben. Im Gespräch wurde mehrfach deutlich, daß er die geringe Bürgerbeteiligung bei vielen Entscheidungen bedauert, andererseits auch feststellt, daß die Chancen wirklicher Mitbestimmung durch die Einwohner minimal sind. Doch selbst die geringen Chancen werde seiner Meinung nach zu wenig genutzt. Mit seiner Stimme in den kommunalen Gremien kann er Entscheidungen mit beeinflussen, Denkanstöße geben und auch auf eingefahrene Gleise einwirken. In seiner geäußerten parteipolitischen Strategie kommt prononciert zum Ausdruck, worauf es ihm ankommt:

„Sagen wir, irgendwo auch bißchen ein Stachel zu sein, nicht immer nur den ganz normalen Trott mitzugehen, immer Ja und Amen zu allem zu sagen, sich alle Mieten einfach überbügeln zu lassen oder jeden Mietbescheid einfach zur Kenntnis zu nehmen und zu unterschreiben." (6)

Aktivität im kommunalen Parlament bedeutet für ihn auch Aktivität für die Einwohner der Stadt, als deren Vertreter er gewählt ist. Ihm ist bewußt, daß die Einwohner der Stadt sehr kritisch die Arbeit ihrer Abgeordneten reflektieren, und die

Ansprüche sehr hoch sind. Dies widerspricht scheinbar der Tatsache, daß sie sich nach Einschätzung von Georg Starke nur unzureichend selbst in die Entscheidungsfindung einbringen. Je mehr sich die Bewohner jedoch aus der Mitgestaltung zurückziehen, desto größer wird die Verantwortungszuschreibung an die gewählten Abgeordneten und deren realisierte Kommunalpolitik. Für Georg Starke bedeutet dies, sich dieser Verantwortung zu stellen, um die Ziele, die in den Zeiten des Wahlkampfes vertreten wurden, auch zu realisieren. Besonders für die Oppositionsparteien stellt das eine Schwierigkeit dar, da sie ihre politischen Strategien nicht in dem Maße durchsetzen können. In der Parteiendemokratie sind die Kompromißfähigkeit und die Kompetenz entscheidend, wenn man etwas bewegen will. Georg Starke betrachtet Kompromißfähigkeit jedoch nicht als Schweigepflicht, sondern als Durchsetzung der besseren Argumente. Das dies nicht in jedem Fall gelingt, wurde ihm bereits mehrfach bewiesen. Auf seinem Standpunkt beharrt er trotzdem:

„Aber – wie gesagt – ich sehe meine Verantwortung nicht darin, mich auf irgend einen Posten zu setzen und die Schnauze zu halten – sage ich mal – in dem Sinne, wie es da von mir verlangt wurde. Sondern eben wirklich auch zu versuchen, eigenständig auch irgendwo was zu gestalten." (8)

Durch seine Entscheidung, die politischen Institutionen der demokratischen Mitbestimmung in der Stadtentwicklung zu nutzen, hat er sich eine eindeutige Linie gegeben. Im Gegensatz zu anderen Vertretern dieser Gruppe, die sich z.B. in sozialen Vereinen engagieren, sah er hier die weitreichendsten Möglichkeiten, Einfluß zu nehmen und Verbesserungen für bestimmte Zielgruppen zu erreichen. Nichts lehnt er für sich mehr ab, als eine formale Wahrnehmung seiner Funktion als Abgeordneter der Stadt. Die Devise ‚ganz oder gar nicht' bestimmt seine kommunalpolitische Arbeit. Dafür ist er bereit, viel zu investieren, auch wenn sich nicht in jedem Fall der Erfolg sofort einstellt. Auch hat er gelernt, geduldig zu sein, und die Zeit auch für sich arbeiten zu lassen. Die Ziele sind in den letzten Jahren nach Phasen der Resignation vielleicht etwas kleiner geworden, dafür aber realistischer und für die Bevölkerung nachvollziehbarer.

„Aber mit diesem Problem habe ich mich eigentlich jetzt auch abgefunden, habe gesagt: Also bis '98 gehe ich diese Linie eben auch weiter, eben diese Frage der Investition. Also was man wirklich jetzt an Zeit und Kraft investieren muß – sage ich mal – nur allein auf dieser parlamentarischen Schiene, um nur ein bißchen Licht in manches Dunkel zu bringen. Und – ich sage mal – da hat man dann wirklich manchmal so 'ne Phase, wo man resigniert. Aber da sage ich eigentlich auch für mich: Also diese Dinge, die ich eben auch angefangen habe, die will ich bis '98 erstmal auf jeden Fall durchziehen. Ich will jetzt auch – sage ich mal – diese Zeit investieren. Also ich kann mir nicht vorstellen, daß ich jetzt im nächsten Jahr mich einfach so hinsetze, wie manch anderer Parlamentarier eben in einen Ausschuß geht und seine 30,- Mark kassiert und eben ab und zu zur Stadtverordnetenversammlung geht und da eben seine 250,- Mark Diäten eintreibt und nie einen Mucks sagt." (11)

Die biographische Entwicklung Georg Starkes zeigt, daß Engagement und eine positive Einstellung zur Stadt nicht zwangsläufig an eine lange Wohndauer in Eisenhüttenstadt gebunden ist, sondern auch in erheblichem Maß von der Persönlichkeitsstruktur und dem politischen Hintergrund bestimmt wird. Er begnügt sich nicht mit der kritischen Feststellung vorhandener Defizite, wie ein Teil seiner Mitbürger, vielmehr setzt er dieses kritische Potential in Lösungsvorschläge um. Seine Umsetzungsebene hat er auf der politischen Plattform gefunden. Unterstützt wird er von ebenso Engagierten in den sozialen Vereinen und Bewegungen, die vor allem nach der Wende entstanden sind. Seine Einstellung zur Stadt kann nicht mit Identifikation beschrieben werden, denn dafür fehlt ihm ein ‚Stück Vergangenheit' in der Stadt.

5. Die Identifikation – Peter Gleich

Peter Gleich wurde 1935 in Riesa geboren. Nach dem Schulbesuch absolvierte er eine Lehre im Stahlwerk Riesa, die er nach zwei Jahren aufgrund guter Leistungen vorfristig beendete. Von 1952-54 studierte er an der Fachschule Riesa Warmwalztechnik und war mit 19 Jahren der damals jüngste Ingenieur in der DDR. Bereits 1953 kam er zu mehrmonatigen Praktika nach Stalinstadt. Die Arbeit gefiel ihm und die Hoffnung auf das zu bauende Warmwalzwerk beförderte seine Entscheidung, nach dem Studium dort zu arbeiten. Von Juli bis Dezember 1954 durchlief er alle Abteilungen des Werkes und am 24. Dezember war er erstmals eigenverantwortlich Schichtmeister am Hochofen. Bis 1960 arbeitete er als Meister im Hochofenbereich und überbrückte so die Zeit bis zum geplanten Bau des Warmwalzwerkes. 1960 ging er zur Vorbereitung des Warmwalzwerkes zur Metallprojektierung nach Berlin. Nach einjährigen Projektierungsarbeiten wurde jedoch auf Ministerratsseite der Beschluß gefaßt, zuerst das Kaltwalzwerk zu bauen. Er ging zurück ins Werk und wurde Assistent des Werkdirektors, weil er sowohl das Altwerk kannte, als auch an der Projektierung des neuen Werkes mitgearbeitet hatte. Von 1964 – 78 arbeitete er im Bereich Investitionen. In diesem Zeitraum war er einige Zeit mit mehreren EKO-Kollegen in einem Betrieb in der Sowjetunion tätig und war mitverantwortlich für den Bau des Kaltwalzwerkes im EKO. Nach Beendigung der Arbeiten am Kaltwalzwerk ging er 1970 in den Bereich Investitionen zurück und beschäftigte sich nun hauptsächlich mit Forschungsarbeiten zur Verbesserung der Anlagen des Kaltwalzwerkes. Eine Verzinkungsanlage wurde Mitte der siebziger Jahre noch in Betrieb genommen, danach war wenig zu tun im Bereich Investitionen, denn der Bau des Stahl- und Warmwalzwerk war ‚in weite Ferne' gerückt.

1978 erhielt er das Angebot in den Bereich Arbeits- und Lebensbedingungen zu wechseln und dort als Abteilungsleiter Kultur, Erholung, Wohnungswesen zu arbeiten. Dieses Angebot nahm er an, und er erlebte dort die Wende 1989. Der Bereich gehörte zu den ersten, die aufgelöst wurden und Peter Gleich arbeitete daraufhin noch ein Jahr im Bereich Sicherheitstechnik. Am 1. Oktober 1990 schied er aufgrund der Altersübergangsregelung aus dem Werk aus, und am 1.7.1995 ging er mit 60 Jahren in Rente. Kontakt zum Werk hat er jedoch auch heute noch, indem er Betriebsführungen durch das EKO macht.

Keiner der bisher aufgezeigten Lebensläufe war so eindrucksvoll mit dem Wachsen von Werk und Stadt verbunden, wie der von Peter Gleich. Aus dieser engen Verknüpfung von biographischem Verlauf und betrieblicher Entwicklung entsteht auch die Identifikation Peter Gleichs mit Werk und Stadt. Eine Identifikation mit dem ideologischen Anspruch der Stadtgründung kann jedoch bei ihm nicht nachvollzogen werden.

Entscheidend war für Peter Gleich die Chance, in seinem studierten Beruf zu arbeiten, da er zu dem Zeitpunkt davon ausging, daß das Warmwalzwerk bis 1955 entstehen sollte. Darüber hinaus gefiel ihm die Stadt und die Herausforderung, die mit einem Neubau von Werk und Stadt verbunden war.

„Und damals wollte man ja – beziehungsweise hat schon das Stahlwerk begonnen zu bauen. Und anschließend sollte das Warmwalzwerk kommen. Und hier hat man nun eigentlich die besten Bedingungen gehabt, so daß ich dann zugesagt habe und bin dann hierher gekommen. Ich hatte noch Angebote von Thale oder Hettstedt, aber es hat mir hier gefallen. Im Prinzip alles neu, und da hat das schon ein bißchen gereizt." (1, B 4 ehemaliger EKO-Mitarbeiter; folgend nur noch Angabe der Seitenzahl)

Bereits zu der Zeit, als Peter Gleich seine Arbeit im Werk aufnahm, war der erste Bruch in der Werksentwicklung zu verzeichnen. Nach den Auseinandersetzungen am 17. Juni 1953 veränderten sich in den nachfolgenden Jahren die Bedingungen in der Wirtschaft. Man mußte zwangsläufig mehr Investitionen im Bereich der Konsumgüterindustrie tätigen, und dies geschah auf Kosten der kontinuierlichen Entwicklung in anderen Bereichen, unter anderem auch im EKO. Diese wirtschaftspolitischen Entscheidungen hatten jedoch auch Konsequenzen auf der individuellen Ebene. Für Peter Gleich, der in der Hoffnung auf eine Tätigkeit in dem zu bauenden Warmwalzwerk nach Stalinstadt gekommen war, stellte sich die Frage, ob eine anderer Standort nicht bessere Chancen bieten würde. Für die Entscheidung waren aber nicht nur berufliche Ambitionen ausschlaggebend, sondern auch die jeweilige familiäre Situation und die Alternativen, die zur Disposition standen.

„Dann kam praktisch 1954 die damalige Wende. Das heißt, da wurde praktisch die Schwarzmetallurgie oder überhaupt die Schwermetallurgie zurückgesetzt, mehr Konsumgüter. Das war ja der Putsch damals – 1953 war der ja – so daß hier alles zurückgestellt wurde. Es blieben die Hochöfen stehen und alles andere ‚jwd'. Da stand auch die Frage, ob man hier bleibt oder woanders hingeht. Mittlerweile die Frau kennengelernt, 'ne richtige, echte Fürstenbergerin. Und da war die Frage entschieden. Da sind wir hier geblieben, haben uns dann praktisch hier weiter betätigt." (1)

Von Peter Gleich werden in der Lebensgeschichte immer zwei Faktoren als wichtig benannt, die ihn in der Entscheidung in Stalinstadt zu bleiben bestärkten. Der erste Punkt ist die berufliche Herausforderung bezogen auf den Neubau des Werkes und die noch nicht verfestigten Strukturen. Der zweite ist die familiäre Bindung an die Stadt. Zu diesem Zeitpunkt wird von ihm auch angeführt, daß die Beteiligungsmöglichkeiten für den Einzelnen noch wesentlich höher waren, als dies später der Fall war. Von Vorteil war ebenfalls, daß im Werk ein Großteil junger Leute beschäftigt waren und eine relative Interessenübereinstimmung bestand, die sich sowohl im Arbeitsalltag, als auch in den sozialen Beziehungen zeigte. Unter diesen Bedingungen konnte die jüngere Generation auch ihr ‚Abenteurertum' befriedigen, was an den Worten und dem dahinterliegenden für damals formulierten Anspruch ‚die Welt einzureißen' deutlich wird. Die Ausführungen demonstrieren, daß neben den schwierigen Bedingungen in dieser Zeit auch größere Chancen existierten, sich in einem neuen Umfeld zu beweisen. Die politische Komponente wurde von ihm nicht als so vordergründig empfunden, sie spielte in seiner gesamten Erzählung erst in einem späteren Zeitraum eine Rolle.

„Da haben wir uns durchgebissen. Und es hat Spaß gemacht. Denkt man gern zurück. Es war ja auch 'ne wilde Zeit, muß man dazu sagen, '54, nicht. Der Krieg war gerade zuende, dann hier in der Taiga, rundrum war noch nichts. Da haben wir uns schon durchbeißen müssen. Und alleine konnte man da sowieso nur untergehen. Man mußte ein Kollektiv haben ... Zum Schluß war ich am Ofen vier, das war damals der Jugendofen. Das war ein bißchen Paradebeispiel für neue Normen und neue Technik usw.. Es hat also Spaß gemacht. Wir waren alles junge Bengels und wollten im Prinzip die Welt einreißen." (4)

Ein Aspekt, auf den sich u.E. der wesentliche Zusammenhalt und die relativ problemlose Integration der ersten Generation zurückführen läßt, sind die sozialen Beziehungen untereinander in dieser Zeit. Das Terrain war überschaubar und man kannte sich. Es entstanden neben den ersten Wohnungen der Stadt und des Werkes auch alternative Unterbringungsmöglichkeiten zur Barackenstadt, die im wesentlichen einen schlechten Ruf hatte. Man wollte sich nach und nach davon lösen, in Provisorien zu leben und den Beschäftigten im Werk eine Möglichkeit bieten, sich in der Stadt heimisch zu fühlen. Bei der Schaffung der notwendigen Strukturen war eine relativ große Eigenaktivität, befördert durch staatliche Institutionen und Masseninitiativen, wie z.B. das NAW, vorhanden. Als Beispiel für das ungezwungene und integrative Zusammenleben wurde von Peter Gleich das Ledigenwohnheim des EKO angeführt, in dem er selbst mehrere Jahre untergebracht war. Die sozialen Beziehungen, die in diesem Wohnheim aufgebaut wurden, haben sich bis heute gehalten und werden gepflegt. Die Erinnerung an die damals vorhandene Gemeinsamkeit ist nicht verblaßt. Aus ihr entwickelte sich die Identifikation mit dem Werk, der Stadt und den Menschen, die den gleichen Erfahrungshorizont besitzen.

„Dann wurde Ende 1956 das Ledigenheim eröffnet. Damals war das 'ne feine Sache. Dort haben wir die schönsten Feiern gemacht, die es gibt. Und nach einem Jahr fingen dann die ersten Hochzeiten an. Wir waren so 90 Mann da drinnen. Und die 90 Mann, die gehörten eben zu den Hochzeitsgästen, das ging gar nicht anders. Wir sind dann alle groß geworden dort, nicht. Noch heute kennen wir uns und wissen genau, wer in welchem Zimmer wo und wann gewohnt hat. Das war phantastisch." (6)

Für Peter Gleich waren es die Erfahrungen in diesem Ledigenwohnheim, die neben der beruflichen auch eine sozial starke Bindung schaffte. Ähnliche Aussagen liegen ebenfalls zu den Beziehungen in den Hausgemeinschaften der ersten Wohnkomplexe vor.

Auch nach dem 1953 erfolgten Abbruch der Bauabeiten für das Warmwalzwerk gab er die Hoffnung auf dessen spätere Errichtung nicht auf. Nach der Krise Mitte und Ende der 50er Jahre im Bereich der Schwarzmetallurgie bestand zu Beginn der sechziger Jahre zunächst wieder Aussicht auf den weiteren Ausbau des EKO. Dies bedeutete für Peter Gleich eine berufliche Veränderung, da er zur Metallprojektierung nach Berlin ging, um die Vorbereitungsarbeiten für das Warmwalzwerk zu realisieren. Die Entwicklung sollte jedoch ganz anders verlaufen, denn die wirtschaftspolitischen Erwägungen der DDR in Abstimmung mit der UdSSR führten zu einer Entscheidung, die radikal und für die Mehrheit der beteiligten Projektanten unverständlich war. Statt der aufeinanderfolgenden Errichtung von Kaltwalz-, Stahl- und Warmwalzwerk wurde aufgrund der schwindenden Finanzkraft des Landes ‚nur' das Kaltwalzwerk bis 1968 errichtet und dies auch nicht unter Leitung von DDR-Projektanten, sondern unter sowjetischer. Die Arbeit eines ganzen Jahres war entwertet und die Reaktion Peter Gleichs verwundert nicht. Er beschreibt sehr plastisch, wie die Situation im Bereich Projektierung zum Zeitpunkt der Entscheidung war und wie sich dies auf der individuellen Ebene widerspiegelte. Mit dem Entzug des Auftrags war die Arbeit von 400 Ingenieure plötzlich gegenstandslos geworden und sie mußten in neue Bereiche umgesetzt werden. Peter Gleich war ziemlich frustriert und kehrte ins EKO zurück, wo er eine neue Aufgabe übernahm. Sein Traum vom Warmwalzwerk war ein zweites Mal geplatzt.

„Ich war in Berlin, und wir wollten das Warmwalzwerk bauen. Wir hatten schon Schichtleiter, wir hatten unsere Pläne, wir hatten schon alles fertig. Und dann sind die rüber (in die UdSSR; d.A.), die großen Regierungschefs, unser Projektierungschef mit, M. K. Er kommt zurück und sagt, wir bauen jetzt das Kaltwalzwerk. Und Generalprojektant sind nicht wir, sondern die Russen. Metallurgieprojektierung hätten sie ein Streichholz reintuen können, da wäre das Ding in die Luft gegangen. So war alles gespannt. Hier saßen auch 400 Ingenieure, die nicht bloß einen Kopf hatten zum Marmelade essen. Die waren sauer. Und wir waren mit sauer. Was machst du nun wieder. Entweder gehst du zum Hochofen jetzt zurück, oder was sollst du nun machen? Wir hatten echt die Schnauze voll. Ich sollte dann auch bleiben in Berlin. Ich habe gesagt, mich könnt ihr am Arsch lecken, ich gehe nach Hause." (10)

Diese Desillusionierung führte jedoch nicht zu der Entscheidung, das Werk ganz zu verlassen, denn inzwischen war er in der Stadt heimisch geworden, erhielt berufliche Anerkennung und an verantwortungsvoller Arbeit im Werk mangelte es nicht. Aufgrund seiner umfangreichen Kenntnisse im Werk wurde er zunächst Assistent des Werkdirektors und wechselte 1964 in den Bereich Investition, wo er maßgeblich am Aufbau des Kaltwalzwerkes beteiligt war. Aber mit dem Aufbau des Kaltwalzwerkes verbanden sich für ihn keine beruflichen Perspektiven, da er nach wie vor auf einen Einsatz in seinem Gebiet, der Warmwalztechnik, hoffte. Für sein berufliches Selbstverständnis und die Verbundenheit mit dem Werk war die Arbeit in dieser Investabteilung maßgeblich prägend. Die Arbeiten am Kaltwalzwerk liefen mit allen Nacharbeiten bis 1970, und er mußte sich dann entscheiden, ob er eine Position dort einnehmen wollte. Er entschied sich dagegen, da er im Investbereich für sich die größeren Möglichkeiten beruflicher Herausforderung sah. Noch immer war der Glaube an die Realisierung ‚seines' Warmwalzwerkes ungebrochen. Doch die nächsten zehn Jahre brachten keinen Investitionsschub für das Werk, da gerade ab 1970 im Zusammenhang mit dem Wechsel der politischen Strategie in der DDR mehr finanzielle Mittel in den sozialpolitischen Bereich des Landes flossen.

„Aber ich bin bei Invest geblieben, ich bin also nicht ins Kaltwalzwerk rein, weil ich wollte nur Warmwalzwerk machen. Ich hätte ja dann noch mal anfangen müssen. Nun hatte ich mir aber bei Invest meine Sporen verdient. Und, wie gesagt, wenn man da immer wieder neue Aufgaben bekommt und dann schöne Aufgaben, da gibt's überhaupt keine Frage, da macht das schon Spaß, wenn man was Neues bauen kann. Heute gehe ich durchs Werk, da sage ich, das habe ich –. Macht auch ein bißchen stolz da drauf. Und dann haben wir wieder ein bißchen Hoffnung gehabt. Naja, das war '68. Und dann wieder – '84 – wieder 16 Jahre, kam das Stahlwerk." (11)

Bereits 1978 wechselte Peter Gleich aus dem Investbereich in den Bereich Arbeits- und Lebensbedingungen. Dies hatte zum einen die Ursache in dem geringen Aufgabenvolumen, welches aufgrund fehlender Investitionen im Werk in diesem Zeitraum vorhanden war und kaum mehr eine Herausforderung für ihn darstellte. Zum anderen war dies auch der Zeitpunkt, an dem er seine Hoffnung auf ein Warmwalzwerk und seine eigene Beteiligung an der Realisierung dessen endgültig aufgab. Durch seine Tätigkeit im Investbereich hatte er jederzeit Überblick über die finanziellen Möglichkeiten des Werkes und teilweise somit auch der DDR-Wirtschaft insgesamt. Bereits bei kleineren Investitionen registrierte er, mit welchen enormen Kraftakten die Finanztransfers realisiert wurden. Diese Situation führte ihn zu der Entscheidung, seinen beruflichen Schwerpunkt in einen anderen Bereich zu verlagern. Möglichkeiten zum Wechsel boten sich in unterschiedlicher Richtung an. Aber Peter Gleich hatte in seinem beruflichen Leben nie den einfachen Weg gesucht, er wollte auch jetzt keinen ‚Ruheposten, um alt zu werden'. Statt dessen begab er sich in einen Bereich, der zu dem Zeitpunkt keine so große Anerkennung genoß, wie ihm zugestanden hätte. Er begründet seine Wahl mit folgenden Worten:

„Man hätte ja zum Beispiel auch Technologe machen können. Da sitzt man den ganzen Tag im Büro. Dann geht man mal ein bißchen raus, gucken, ob sie die Technologie einhalten oder Arbeitsnorm. Es gibt ja genug Posten, die hätten mich nie befriedigt. Also ich wollte … auch mit den Menschen arbeiten. Man lebt ja bloß einmal. Man muß ein bißchen – Arbeit muß Spaß machen, sage ich immer. Und wenn sie richtig Spaß macht, dann guckt man da auch mal nicht auf die Stunden." (17)

Spaß an der Arbeit, ‚sich mit dem identifizieren, was man macht', war immer seine Devise. Die Arbeit in dem neuen Bereich erforderte Anstrengungen in ganz anderer Richtung als zuvor und einen zeitlich anderen Arbeitsrhythmus. Doch er entschied sich dafür, weil auch dies eine Herausforderung für ihn darstellte und er einen Sinn in dieser Tätigkeit sah. Zu diesem Zeitpunkt war nach seinen Aussagen die finanzielle

Ausstattung in seinem Bereich sehr gut, es bestanden viele Möglichkeiten, zur Verbesserung der Arbeits- und Lebensbedingungen der Beschäftigten beizutragen, und dieser Umstand wurde von ihm als sehr positiv reflektiert. Dennoch reichten die Ressourcen selbst bei EKO nicht aus, um der hohen Nachfrage vor allem im Bereich Wohnungs- und Erholungswesen gerecht zu werden, und so war die Arbeit auch sehr ambivalent für ihn. Einerseits sah er die positiven Effekte seiner Arbeit im Kulturbereich, auf der anderen Seite war er stets den Angriffen der ‚Nichtberücksichtigten' ausgesetzt. Seine Einschätzung macht diesen Zwiespalt noch einmal deutlich. Das ‚Schöne der Arbeit' wurde immer auch von der ‚Undankbarkeit' derselben überschattet. Dennoch bereut er nicht, daß er sich für diesen Bereich engagierte.

„Das war schon 'ne schöne Arbeit. Und da war auch das Geld dann da. Vorher war ja – beim Kaltwalzwerk zum Beispiel haben wir auch mächtig viel Geld gehabt, auch für die Kultur. Aber es gab noch keinen Faible dafür in dem Werk ...Aber im Stahlwerk dann haben wir aufgepaßt, und da gab's ganz schön Geld, denn das kostet ja alles Geld. Und da haben wir 'ne ganze Menge gemacht ...Naja, es war im Prinzip eine undankbare Aufgabe. Man hat einem Freude bereitet und zehn haben geflucht. Das ist nun mal so, und einer mußte den Kopf hinhalten." (2)

Vor allem in den 80er Jahren wurden die Bedingungen in diesem Bereich für ihn durch Spannungen zum Vorgesetzten zunehmend schlechter, und er wollte in den Investbereich zurück, zumal die Planung des Warmwalzwerkes für 1987 erneut aufgegriffen wurde. Seinem Anliegen wurde jedoch nicht entsprochen, und so erlebte er 1989 die Auflösung seines Bereiches. Die Arbeit seiner letzten Jahre begreift er als entwertet, was er mit Bitterkeit konstatiert. Alle Bemühungen, zumindest Teilbereiche zu erhalten, führten nicht zum Erfolg, da die Geschäftsführung ausschließlich auf die Kernbereiche setzte. Der gesamte Bereich Arbeits- und Lebensbedingungen wurde in die GEM überführt, und er mußte sich ein neues Betätigungsfeld suchen. Er startete noch einen Versuch, sich ein neues Feld im Werk aufzubauen, aber auch dieser scheiterte vor allem an der Altersgrenze. Die Personalanpassungsstrategien erfaßten auch ihn, und er fand sich 1990 außerhalb des Werkes wieder, mit dem sein ganzes Leben verbunden war. Er konstatiert diese Tatsache relativ emotionslos, aber die Wahl seiner Worte zeigt, daß dieser jähe Abschluß seiner Berufslaufbahn nicht spurlos an ihm vorüberging.

„Naja, und das ging bis zur Wende, dann war Schluß. Es gab ja damals auch keine Bereitschaft im Werk, noch ein Ferienlager zu halten oder sonstwas ...Da habe ich dann noch zwei Jahre oder anderthalb im Bereich Sicherheit gearbeitet, für Sicherheitstechnik ...Aber dann kam die Altersübergangsregelung, und da war's passiert. Und nun bin ich seit 1. Oktober '90 arbeitslos. Aber am 1.7., so der Herr Blüm will, gehe ich leider mit 60 in die Rente." (2)

In der Retrospektive wechseln die positiven und negativen Erfahrungen des fast 40jährigen Wirkens in und für das Werk ab. Manches Erlebnis scheint er im Gespräch noch einmal zu durchleben, und die heutige Einschätzung dazu ist doch unverändert. Es ist eine tiefe Verbundenheit mit der Werksgeschichte vorhanden, die sich nicht durch einzelne Negativereignisse zerstören läßt. Prägend waren für diese Einstellung vor allem die ersten Jahre, in denen er Herausforderung suchte, Bestätigung und Anerkennung sowie ein soziales Gefüge fand, das in späteren Jahren kaum erschüttert werden konnte. Die plötzliche Beendigung seines Arbeitslebens schlug nicht in einen radikalen Rückzug um. Er sucht im Gegenteil die Stätten seiner Anfangszeit immer wieder auf, indem er Betriebsführungen durch das EKO macht und somit den Kontakt zu ‚seinem' Werk auch nach seinem formalen Ausscheiden hält.

„Es gab da schon nicht nur Freude. Aber, wie gesagt, ich hatte mich dazu bekannt. Da mußte ich durch. Leider mußte ich bis zum bitteren Ende machen. Das hat mich meine Gesundheit ganz schön gekostet. Aber damit muß man leben ...Hat auch Spaß gemacht. Und deswegen – das war 'ne schöne Zeit. Ich gehe heute noch gerne an den Hochofen. Deswegen mache ich auch die Betriebsführung, weil ich die Gefahren überall kenne und kenne mich überall aus." (4)

Die enge Bindung an Werk und Stadt hat sich seit seinem Zuzug 1954 entwickelt. Faktoren dafür waren nicht nur die berufliche Tätigkeit, sondern auch das soziale und regionale Umfeld. Die von hoher Integration gekennzeichneten sozialen Beziehungen der Menschen in der Aufbau- und Etablierungsphase trugen entscheidend dazu bei, daß in resignativen Momenten nicht der Entschluß zum Ortswechsel realisiert wurde. Auch die Lage der Stadt und das regionale Umfeld schufen Identifikation und führten dazu, der Stadt nicht den Rücken zu kehren. Über Jahrzehnte waren die Bedingungen in der Stadt wesentlich günstiger, vor allem in infrastruktureller Hinsicht und in bezug auf die Wohnsituation. Die Entscheidung für einen Wechsel der Arbeitsstelle wurde aus diesen Gründen nie getroffen.

„Da war schon zwischendurch oft mal die Möglichkeit hier, andere Arbeit – irgendwo in der Republik zumindestens – zu finden. Aber letztendlich haben wir dann immer Abstand genommen. Und deswegen sind wir hier geblieben. Nun bin ich hier oben schon über 40 Jahre. Bin zwar ein Sachse, aber mittlerweile bin ich ein Brandenburger." (5)

Die Selbsteinschätzung, mittlerweile Brandenburger zu sein, deutet auch auf einen gewachsenen regionalen und städtischen Identifikationsbezug hin. Peter Gleich fühlt sich nicht nur dem Werk, sondern auch der Stadt intensiv verbunden, weil er mit ihr und sie mit ihm gewachsen ist.

Die fünf Lebensverläufe stehen stellvertretend für all die anderen im Projekt befragten Einwohner von Fürstenberg und Eisenhüttenstadt. Sie stellten die Einstellungstypen in ihren biographischen Kontexten am eindrucksvollsten dar. Die Typisierung erhebt jedoch keinen Anspruch auf Repräsentativität, sondern stellt einen Ausschnitt aus gelebten Einstellungen in bezug auf die Stadt dar. Nicht in jedem Lebensverlauf werden sich derart prononciert Erlebnisse und Ereignisse ausmachen lassen, die den Begründungszusammenhang zur Bildung dieser oder jener Einstellung liefern. Wir hatten jedoch das Glück, zumindest einige solcher ‚Fälle' aufzuspüren und sie zur Erzählung ihrer Lebensgeschichte bewegen zu können.

Teil 3

Eisenhüttenstadt 1950 bis 1995: Vom ‚sozialistischen' zum sozialen ‚Life-Experiment'

Eisenhüttenstadt stellt einen Sonderfall der Stadtentwicklung dar. Die 1949/50 ursprünglich geplante kontinuierliche Werks- und Stadtentwicklung ist durch externe Einflüsse verhindert worden, deren Ursachen nur im Kontext der Entwicklung sozialhistorischer und wirtschaftspolitischer Strukturen der DDR erklärt werden können. Eisenhüttenstadt sollte als sozialistische Stadt aufgebaut und das Sinnbild des neuen Menschen hier herausgebildet werden. Die reale Entwicklung von Stadt und Werk bildet spiegelbildlich DDR-Geschichte in all ihren Widersprüchen, krisenhaften Erscheinungen und positiven Faktoren ab. So hatten es allerdings die ‚Väter der Idee' 1950 nicht geplant: Stadt und Werk erlebten kein kontinuierliches Wachstum, sondern diskontinuierliche, politisch induzierte „Wachstumsschübe" in Form des Aufbaus kompletter neuer Werksteile, wobei jeder ‚Schub' eine Veränderung der Stadt- und Bevölkerungsstrukturen bewirkte.

Dieser Erfahrungshintergrund der EKO-Beschäftigten und Bewohner der Stadt war ein Potential, das sie in den Umbruchszeiten nach 1989 einsetzen konnten. Die Fähigkeit, mit Brüchen umzugehen, Geduld und Beharrungsvermögen aufzubringen, trugen entschieden dazu bei, daß EKO letztlich privatisiert werden konnte. Wie keiner anderen Stadt gelang es Eisenhüttenstadt, die Politik zu diesem Zweck einzuschalten. Hier sollte kein ‚zweites Bischofferode' entstehen. Der Bevölkerung war klar, daß die Schließung des Werkes der Stadt und der Region die Existenzgrundlage entzogen hätte. Auch dies ist dem gewachsenen Bewußtsein geschuldet, daß Stadt und Werk etwas Besonderes und Einmaliges sind. Politische Intervention und Staatsprotektion waren über Jahrzehnte die Norm-(alität).

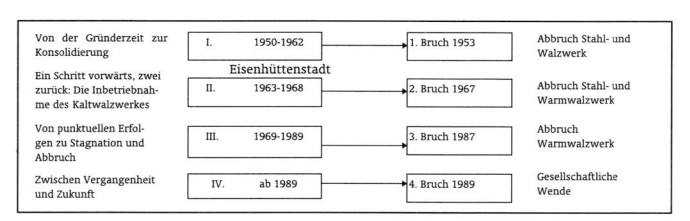

Von der Gründerzeit zur Konsolidierung	I. 1950-1962	1. Bruch 1953	Abbruch Stahl- und Walzwerk
Ein Schritt vorwärts, zwei zurück: Die Inbetriebnahme des Kaltwalzwerkes	Eisenhüttenstadt II. 1963-1968	2. Bruch 1967	Abbruch Stahl- und Warmwalzwerk
Von punktuellen Erfolgen zu Stagnation und Abbruch	III. 1969-1989	3. Bruch 1987	Abbruch Warmwalzwerk
Zwischen Vergangenheit und Zukunft	IV. ab 1989	4. Bruch 1989	Gesellschaftliche Wende

Charakterisierung der Entwicklungslinie des Werkes 1950-95 (Anhang 16)

Für die Analyse der historischen Entwicklungslinien von Werk und Stadt war es sinnvoll, eine Periodisierung vorzunehmen. Das Kriterium für die Definition der einzelnen Perioden war die je spezifische historische Konstellation gesellschaftspolitischer und wirtschaftspolitischer Ereignisse in Relation zu den Veränderungsprozessen in Werk und Stadt.

Diese einzelnen Zeitabschnitte und die durch die gesellschaftliche Entwicklung induzierten ‚Brüche' (1953, 1967, 1987 sowie 1989) werden nachfolgend als übergreifende Entwicklungsphasen bis 1995 charakterisiert. Damit wird der Transformationsprozeß ab 1989 einbezogen. Der Abschnitt von 1950 bis 1968 wird als die Zeit der Entwicklung *Von der „Goldgräber- zur gutbürgerlichen Arbeiterstadt"* charakterisiert. Von 1969 bis 1989 entwickelte sich Eisenhüttenstadt *Von der ‚gutbürgerlichen Arbeiterstadt' zur ‚assimilierten Stahlarbeiterstadt'*. Ab 1989 bis zur Gegenwart ist der Trend *Von der ‚assimilierten' zur ‚um- und ungebrochenen Stadt'* zu verzeichnen.[588]

„Von der ‚Goldgräber-' zur ‚gutbürgerlichen Arbeiterstadt'" (1950 bis 1968)

*„Aber zunächst war das so was ähnliches wie eine Goldgräberstadt. Man hat gut verdient, war ledig zum Teil noch, mußte die Abende irgendwie und die freie Zeit verbringen. Natürlich viel mit Alkohol und Tumulten ... Wie in so 'ner Goldgräberstadt. Das hat sich dann normalisiert, als die anfingen zu heiraten und man sich festgesetzt hat in den Wohnungen. **Dann wurde das eine gutbürgerliche Stadt ... Aber auch eine Arbeiterstadt, das muß man ja auch sagen.**" (1, E1 Pfarrer)*

Bis 1949 erfolgte in der Sowjetischen Besatzungszone die Etablierung des staatssozialistischen Systems. Die Gründung der DDR 1949 stellte den Abschluß dieser Entwicklung dar. Von 1949 bis 1961 wurden die grundlegenden Strukturen des sozialistischen Staates – staatliches Eigentum und das zentrale System der Planwirtschaft – geschaffen. Nach der ‚Selbst-Abriegelung' der DDR im August 1961 vollzog sich bis Ende der siebziger Jahre eine relativ systemstabilisierende Phase. Offizielles Ziel der SED war die ‚schrittweise Überwindung der sozialen Ungleichheit zwischen den Menschen'. Dieses Ziel konnte sie jedoch nur durch die Erhöhung der wirtschaftlichen Effizienz erreichen. Über das Programm der Dezentralisierung wirtschaftlichen Handelns (Einführung des NÖS) sollten Produktivitätssteigerung und Wohlstand befördert werden. Die Jahre 1963 bis 1968 bilden die reformreichsten Jahre der DDR. Sie fanden Anfang der siebziger Jahre mit dem Umschwenken auf stärkere Rezentralisierung ihren Abschluß.

Als eine Voraussetzung für die neue Gesellschaftsordnung erwies sich im Prozeß extensiver Industrialisierung der Aufbau einer eigenen Grundstoffindustrie und Metallurgie. Der sozialistische Osten mußte sich seine Ruhr an der

Oder schaffen ("sowjetisches Stahlmodell"), da durch Embargos Lieferungen aus dem Westen nicht mehr erfolgten. An der Oder waren günstige transporttechnische Bedingungen für das Werk und die Nähe zu den Rohstofflieferanten in Polen und der UdSSR gegeben. Außerdem sollte eine neue Stadt für die Arbeiter des Werkes erbaut werden, die erste ‚sozialistische' in Deutschland. Beide Vorhaben waren 1950 Parteitagsbeschluß, obwohl genaue Pläne noch nicht vorlagen. Nach Verkündung des Werkaufbaus und Festlegung des Standortes verwandelte sich die Fläche zwischen den Orten Fürstenberg und Schönfließ in eine ‚Goldgräberstadt'. Die größte Baustelle des Landes bot den Arbeitskräften Sonderbedingungen sowie überdurchschnittlich hohen Lohn, ähnlich wie sie zuvor an anderen Standorten z.B. in der Wismut oder auch beim Talsperrenbau vorhanden waren. Die Arbeitskräftewerbung verlief wie der Arbeitsprozeß spontan, arbeitsfähige Strukturen waren im Werk im ersten Jahr nur marginal vorhanden.

Von der ‚ersten sozialistischen Stadt' war von 1950 bis 1952 real nicht viel zu sehen. Statt dessen bestanden bei der Parteiführung und den Planungsbüros in Berlin weitreichende Pläne zur Errichtung einer solchen Stadt, die nach verschiedenen Wettbewerben zunächst ihren Charakter nur auf dem Reißbrett entfalten konnte. Die Staatsmittel flossen zum größten Teil in den Aufbau des Werkes. Stadt und Werk stellen das ‚staatliche Experiment' dar, eine ‚sozialistische Stadt' aufzubauen mit Bewohnern, die dem neuen sozialistischen Menschenbild entsprachen. Die Gestalt der Stadt und die Anlage der Wohnbauten sowie der gesellschaftlichen Einrichtungen sollten Ausdruck dieser neuen Idee sein. Doch nicht nur eine Idee sollte dokumentiert werden. Durch die enge Verzahnung von Werk und Stadt und die Betonung der Arbeiterklasse als führender Klasse erlag man auch der Vorstellung, daß ein Determinismus des Baulich-räumlichen besteht, d.h. eine kausale Beeinflussung sozialen Verhaltens durch baulich-räumliche Bedingungen. In diesem Gedanken verfolgten die Städteplaner und Politiker die Idee Le Corbusiers zur ‚funktionalen Stadt' (vgl. Rodenstein 1991:54f.). Die Planer sahen für die Stadt ein ‚ideologisches Soziotop'[589] vor. In dieser Stadt sollte sich demnach auch ein neues, ein ‚sozialistisches Arbeitermilieu' herausbilden. Aus dieser besonderen Situation der EKO-Wohnstadt erwuchs deren ‚Experiment-Charakter', der wohl den meisten Arbeitskräften nicht bewußt war. Sie wären auch ohne diese ideologische Verheißung auf die Baustelle gekommen. Die experimentellen Bedingungen waren durch die Retortensituation gegeben, die die Abgrenzung von abhängigen Variablen ermöglichte. Eine der entscheidenden Variablen war das Nicht-Vorhandensein des bürgerlichen Milieus (Privateigentum, bürgerlich-humanistische Traditionen), da Werk und Stadt auf der ‚grünen Wiese' errichtet wurden, in weiterer Entfernung von traditionellen Städten. Die Tradition der unweit gelegenen Orte Fürstenberg und Schönfließ gründete sich auf das Schiffer-, Glasbläser- und Korbmacherhandwerk. Aus dieser quasi ‚tabula-rasa'-Situation entwickelte sich in kurzer Zeit eine ‚Milieumischung', die durch einen heterogenen Erfahrungshintergrund unterschiedlicher sozialer und Berufsgruppen gekennzeichnet war. Kaum einer der Arbeitskräfte verfügte über Kenntnisse des Hochofenprozesses, Spezialisten waren so gut wie keine vorhanden. Das Erlernen der Arbeitsabläufe erfolgte während des Arbeitsprozesses und in anderen, noch bestehenden Werken, wie z.B. der Maxhütte Unterwellenborn. Aus nicht- bzw. fremdqualifizierten Arbeitskräften entstand bis in die 60er Jahre ein breit qualifiziertes Industriearbeiterpotential.[590] Dieser sozialstrukturelle Mobilitätsprozeß ordnet sich in andere kollektive Mobilitätsprozesse ein: vom Landarbeiter bzw. landarmen Bauern zum selbständigen Bauern, vom Arbeiter zum Angehörigen der sich etablierenden „sozialistischen Dienstklassen" oder vom Privateigentümer zum Besitzlosen (vgl. Solga 1995:98).

Der 17. Juni mit seinem nachfolgenden ‚Neuen Kurs' und dem Wechsel von der Förderung der Schwerindustrie hin zur Konsumgüterindustrie ist en miniature an der Entwicklung Stalinstadts abzulesen. Von ‚Politik und Industrie vor Städtebau' erfolgt ein Wechsel der Devise zur ‚Politik für Städtebau'. Das Werk erlebt 1953 den Abbruch der Bauarbeiten für die drei weiteren Werksteile Stahl-, Warmwalz- und Kaltwalzwerk, die schubartig erst fünfzehn Jahre später (1968 Kaltwalzwerk) bzw. dreißig Jahre später (1984 Stahlwerk) in Betrieb gehen konnten. Der letzte ‚Schub', das Warmwalzwerk, geht als ‚Vorbote der Zahlungsunfähigkeit' des Landes schon 1987 unter, indem sämtliche Arbeiten zu diesem Werksteil abgebrochen werden. Die Werksteile wurden in ihrer Reihenfolge nicht entsprechend dem Produktionszyklus (Roheisen-, Stahl-, Warmwalz-, Kaltwalzwerk) errichtet, sondern nach dem volkswirtschaftlichen Bedarf (1950-1954 Roheisen-, 1963-1968 Kaltwalz-, 1981-1984 Stahl-, 1987-Abbruch Warmwalzwerk).

Die Stadt dagegen ‚blühte' ab 1953 auf, wird nach den auf dem Reißbrett entwickelten Vorstellungen errichtet, wenn auch bescheidener als geplant und ohne Monumentalbauten, für die die Mittel letztlich doch nicht ausreichen.

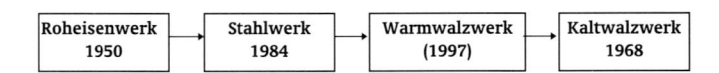

| Roheisenwerk 1950 | → | Stahlwerk 1984 | → | Warmwalzwerk (1997) | → | Kaltwalzwerk 1968 |

Produktionszyklus im Stahl- und Walzwerk mit den Daten der Inbetriebnahme einzelner Teilwerke im EKO

Nachdem bis Mitte der fünfziger Jahre das Roheisenwerk errichtet, verschiedene andere Betriebe in der Stadt aufgebaut, die Verwaltungsstrukturen etabliert sowie die Wohnkomplexe I bis IV fertiggestellt waren, hatte sich auch der Prozeß der Entdifferenzierung von Berufs- und Sozialstruktur weitgehend vollzogen. Auf dem Bildungssektor erfolgte die Ansiedlung der Medizinischen Fachschule Stalinstadt und der Ausbau des städtischen Krankenhauses, die auch verstärkt Frauen den Zuzug und eine Ausbildung außerhalb der Metallbranche ermöglichten. Der Abbruch der Bauarbeiten für eine Hochschule für Metallurgie hinterließ dennoch Spuren bis in die Gegenwart, in der Eisenhüttenstadt für die Ansiedlung einer technisch orientierten Fachhochschule kämpft. Die Stadt hat noch heute mit diesem 1953 hervorgerufenen Defizit zu kämpfen, da ein ‚bürgerlich-humanistisches' Milieu nur marginal vorhanden war und ist. Besonders in der ersten Aufbauzeit war das Potential des früheren Bildungsbürgertums sowie der ‚neuen technischen Intelligenz' notwendig, da in allen Bereichen Spezialisten fehlten. In der neuen Stadt lassen sich Strukturen einer ‚funktionalen Segregation' nachvollziehen, die aufgrund der Beachtung von Bedürfnisstrukturen dieses ‚bürgerlich-humanistischen' Milieus und der neuen Gruppe ‚technischer Intelligenz' entstanden. Die unweit der Stadt errichtete Werkssiedlung in den Diehloer Bergen sowie größere Wohnungen für die technische Intelligenz in der Stadt entstanden aus externem Grund: Die offene Grenze, die jedem Vertreter unterschiedlicher Milieus den Systemvergleich erlaubte und das ‚exit' (Hirschmann 1992) ermöglichte, erforderte die Schaffung von Sonderbedingungen, die zum Verbleib im Land beitrugen. Politische Gesetze und Institutionen zur Förderung der ‚Intelligenz' regelten und ermöglichten insbesondere bis Mitte der fünfziger Jahre deren Sonderstellung. Nach dem Schließen der Grenze hatte sich diese Bevorzugung endgültig erübrigt. Der ‚Austausch der Eliten' (Solga 1995:98) war weitgehend vollzogen.[591]

EKO zog bis Mitte der fünfziger Jahre die Ansiedlung komplementärer Betriebe, wie z.B. das Zementwerk sowie Unternehmen des sekundären Sektors (Backwarenkombinat, Fleischwarenkombinat) nach sich. Von 1954-1962, in der Phase der ‚Politik der Abschottung', verloren EKO und auch die Stadt bis Ende der fünfziger Jahre einen Teil ihrer Exklusivität. Die Entstehung eines neuen regionalen ‚Industriegürtels' mit dem Halbleiterwerk in Frankfurt/Oder und dem Erdölverarbeitungswerk in Schwedt führte zur Einbuße der ‚Vormachtstellung' in der Industrieregion. Mit der Förderung der chemischen Industrie in diesem Planzeitraum übernahm nun Schwedt die Rolle der ‚neuen sozialistischen Industriestadt.' EKO blieb jedoch ‚Führer' der Metall-Großindustrie in der DDR.

Die Stadt erfuhr eine extensive Erweiterung über die ersten vier ursprünglich vorgesehenen Wohnkomplexe hinaus. Der fünfte Wohnkomplex, vorrangig für die Arbeitskräfte dieser neuen Betriebe errichtet, markierte den Übergang zur industriellen Bauweise und folgt in diesem Sinn nicht mehr dem ursprünglichen Ideal der ‚sozialistischen Stadt'. Dennoch konnte das Prinzip des ‚Organischen' (ausgewogene Ausstattung der Wohnkomplexe mit Wohnungen, Kindergärten, Gaststätten, Spielplätzen, Grünflächen etc.) annähernd umgesetzt werden, da staatliche Mittel noch zur Verfügung standen.

Nicht nur Berufs- und Sozialstruktur unterlagen bis Mitte der 60er Jahre einem grundlegenden Wandel, auch die Altersstruktur veränderte sich. Waren die ersten Arbeitskräfte auf den Baustellen im Durchschnitt 24 Jahre und jünger, erreichte der Altersdurchschnitt der Bevölkerung Mitte der sechziger Jahre 29 Jahre. Familiengründungen und Steigerung der Geburtenrate setzten ab 1952/1953 ein.

Frauen wurden von Beginn an als Arbeitskräfte in die Aufbauarbeit einbezogen. 1950 waren kurzzeitig mehr weibliche als männliche Arbeitskräfte auf der Baustelle tätig. Arbeitslosigkeit existierte noch in der DDR und die schlechte Ausbildungsstellensituation ließ viele junge Frauen die Entscheidung treffen, zur größten Baustelle des Landes zu gehen. Mitte der fünfziger Jahre konnte ein tendenzieller Rückzug der Frauen aus der Erwerbsarbeit konstatiert werden: Die Wohnungen waren errichtet und ein Großteil der Frauen blieb zur Kinderbetreuung zu Hause. Der Lohn in der Metallbranche ermöglichte, daß nur ein ‚Verdiener' tätig sein mußte. Doch diese Rückzugstendenz in Stalinstadt war episodenhaft. Der beständige Arbeitskräftemangel der DDR bewirkte ihre permanente Integration in den Arbeitsprozeß. Dieser Prozeß wurde durch zahlreiche Maßnahmen sowie sozialpolitische Bestimmungen befördert.[592] Die Gleichstellungspolitik in der DDR läßt sich in zwei Phasen unterteilen. Die erste reichte bis Mitte der sechziger Jahre und kann als ‚Frauenarbeitspolitik' bezeichnet werden. Diese wurde abgelöst durch die Phase der ‚Familienpolitik' (vgl. Böckmann-Schewe/Kulke/Röhrig 1995). In der ersten Phase wurde die vollerwerbstätige Frau zum Leitbild. Familienaufgaben wurden partiell von gesellschaftlichen Institutionen übernommen (Kinderbetreuung, Schulspeisung, Kantinenversorgung etc.). In Stalinstadt spiegelt sich dieser Prozeß eindrucksvoll im Ringen der Stadtplaner um die Realisierung ihrer Ideen wider. Für die ‚sozialistische Stadt' mit ihrer organischen Ausstattung der einzelnen Wohnkomplexe waren ausreichende Kinderbetreuungseinrichtungen vorgesehen, die jedoch aufgrund des permanenten Kapitalmangels erst nach 1953 planmäßig errichtet wurden. Sukzessive wurde parallel die Kapazität betrieblicher Kinderbetreuungseinrichtungen erhöht, so daß Stalinstadt/Eisenhüttenstadt auch in dieser Hinsicht besser ausgestattet war, als andere Städte der DDR. Frauenerwerbstätigkeit wurde zur relativen Selbstverständlichkeit. Im EKO existierte ein ausgebautes System beruflicher Qualifizierungsmöglichkeiten und betriebliche Frauenförderung wurde im Betriebskollektivvertrag (BKV) festgehalten. Mit der Inbetriebnahme des Kaltwalzwerkes 1968 öffnete sich der männerdominierte Bereich ‚Metall' nochmals, und Frauen wurden z.B. als Kranfahrerinnen tätig. In Eisenhüttenstadt wurde über einen längeren Zeitraum die von betrieblichen und städtischen Institutionen initiierte Werbekampagne ‚Hausfrauen in die Produktion' gestartet, mit der ein großer Teil der Bewohnerinnen für die Berufstätigkeit im EKO gewonnen werden konnte. So bestand ein Unterschied zur westdeutschen Metallbranche z.B. darin, daß insbesondere im gewerblich-technischen Bereich in der DDR ein weit höherer Frauenanteil vorhanden war (Frauenanteil im EKO 1989: 32%, gegenüber ca. 6% im Ruhrgebiet).

Es entwickelte sich im EKO ein selbstbewußtes Arbeitermilieu mit kurzer Tradition, was bestimmend für die ‚kleineren Arbeitermilieus' der Stadt wurde. Das Terrain wurde nicht mit dem in Fürstenberg vorhandenen traditionellen Handwerkermilieu geteilt, im Gegenteil, es fand eine langsame Enttraditionalisierung und Ausgrenzung statt (niedrigere Ortsklasseneingruppierung Fürstenbergs, Schließung kleinerer Handwerksbetriebe, EKO-Hegemonie und ‚Überlaufen' von Arbeitskräften im jugendlichen und mittleren Alter in das Werk, 1961 vollzogene Eingemeindung Fürstenbergs), befördert durch staatsprotektionistische Entscheidungen (Genossenschaftsgründung etc.).[593] Durch die Privilegierung der EKO-Arbeiter (hohe Löhne, umfassende betriebliche Leistungen) hatte sich bei diesen ein ‚Elitedenken' herausgebildet. Sie identifizierten sich stärker als andere Arbeiter der Stadt mit betrieblichen Lebens- und Organisationsweisen (Ferienheime, Kinderferienlager, Kultur- und Volkskunstgruppen, Festtagen etc.). Dieser Elitisierungsprozeß von Gruppen regional entwicklungsdominierender Betriebe ist ebenfalls bei den Brandenburger Stahlarbeitern nachvollziehbar (vgl. Schwarzer/Schweigel 1995:42).

1961 verlor die Stadt im Zusammenhang mit der zweiten Entstalinisierungskampagne per Partei- und Ministerratsbeschluß ihren Namen ‚Stalinstadt' und erhält über Nacht den neuen: Eisenhüttenstadt. Fürstenberg erhielt nach der Eingemeindung die Bezeichnung ‚Eisenhüttenstadt-Ost', Schönfließ hieß ‚Eisenhüttenstadt-West.' Doch der Etikettenwechsel bewirkte nicht automatisch eine Veränderung festgefügter Milieustrukturen. Im Gegenteil, die externe dominierende Einflußnahme erzeugte einen stärkeren Zusammenschluß des lokalen Mikromilieus insbesondere in Fürstenberg, indem sich z.B. im alltäglichen Sprachgebrauch der dortigen Bewohner der neue Name nie durchsetzte. Nach 1989 wurde im Zusammenhang mit den neuen Möglichkeiten demokratischer Einflußnahme auf Stadtentwicklungsprozesse durch die Interessenvertretung ‚Bürgervereinigung Fürstenberg' bis 1995 erreicht, daß die ‚alte' Bezeichnung ‚Ortsteil Fürstenberg' zurückerlangt werden konnte.

Die Phase ‚Politik für Reformen und Technokratie' 1963-1968 mit der Einführung des NÖSPL (später NÖS) gab der Werksentwicklung nach dem Stillstand in den Jahren 1953 bis 1962 einen neuen Impuls. Für die zunächst geplante Vervollständigung des metallurgischen Zyklus reichten jedoch wiederum die staatlichen Mittel nicht, und das EKO eröffnete 1968 zunächst das Kaltwalzwerk. Die Realisierung des Stahl- und Warmwalzwerkes wurde ohne genaue Zeitvorstellung nach ‚hinten' verschoben. In der EKO-Entwicklung wurde damit der 2. Bruch 1967 vollzogen, der im Abbruch der weiteren Arbeiten zur Komplettierung des metallurgischen Zyklus bestand. Die Stadt erlebte infolge des Neubaus ihren zweiten Bevölkerungsschub, der jedoch wegen des hohen Mechanisierungs- und Automatisierungsgrades dieses neuen Werkteiles sowie der Verfestigung von Strukturen geringer ausgeprägt war, als der Wanderungsschub in den fünfziger Jahren. Die Dynamik regionaler und sozialer Mobilität der Aufbauzeit hatte sich in den 60er Jahren deutlich abgeschwächt. Parallel kam es zur weiteren Ansiedlung von Industrie (z.B. des Wohnungsbaukombinates) sowie der Entwicklung des tertiären Sektors. Es existiert eine verstärkte Nachfrage nach Arbeitskräften, die durch zentrale Regulierungsmechanismen gedeckt wurden. Frauen wurden wiederum verstärkt in den gewerblich-technischen Bereich eingebunden.

Der neue Wohnkomplex VI entsteht ab 1963/64 vorrangig für die Arbeitskräfte des Kaltwalzwerkes und das Stadtgebiet wird somit nochmals extensiv erweitert. Er wird in Großblockweise errichtet und die Handwerks- und Baukunst, in den ersten Wohnkomplexen an verschiedenen Bauten noch zu entdecken, verschwindet mit der Zunahme ökonomischer Zwänge.

Die Eingliederung der Bewohner verlief im Unterschied zu den fünfziger Jahren als ‚verlangsamter Integrationsprozeß'. Dieser Ablauf gründet nicht nur auf einen generellen Wertewandel in der DDR (zunehmende Befriedigung materieller Bedürfnisse, Zuschreibung der Sorgepflicht an den Staat), parallel führten Formalisierungs- und Entpolitisierungsprozesse zum Sich-Einrichten in den gegebenen Verhältnissen. Diese ‚neuen' Werte brachten die Zugezogenen mit und die Erfahrungswerte der ‚Aufbaugeneration' waren für die zweite Generation nicht mehr nachvollziehbar. Ende der sechziger Jahre hatte die Stadt sich von der ‚Goldgräberstadt' zur ‚gutbürgerlichen Arbeiterstadt' entwickelt.

Eisenhüttenstadt erlebte bis 1968 einen kontinuierlichen Bevölkerungszuwachs, der in den Phasen der Eröffnung neuer Werksteile schubartig erfolgte. Auch in Krisenzeiten, wie nach dem 17. Juni 1953 und den Jahren vor der ‚politischen Schließung' 1960/61 wies Stalinstadt/Eisenhüttenstadt kein negatives Wanderungssaldo auf. Dies muß den Sonderbedingungen der Stadt (Arbeitsplätze mit guter Bezahlung, ausreichendes Wohnraumangebot, bessere Versorgungssituation, gute Infrastruktur etc.) zugeschrieben werden. Im Zusammenhang mit der politisch gesteuerten Arbeitskräfteregulierung verfügte die Stadt über ausreichende monetäre Mittel, diese Arbeitskräfte langfristig an Industrie und Stadt zu binden. Darin liegt eine Ursache, daß die Loyalität der Einwohner Eisenhüttenstadts gegenüber der staatlichen Politik in diesem Zeitraum höher war, als in anderen Städten der DDR. Ein zweite Ursache besteht darin, daß mit der ab 1950 vollzogenen ‚Milieumischung' der Zugezogenen die Auflösung traditioneller Erfahrungen verbunden war und die Ansiedlung in einer neuen Stadt sowie die Arbeit in einem neuen Werk die existentielle Abhängigkeit der Arbeitskräfte darstellte. Damit ging eine weitgehende Antizipation neuer Lebensstile einher. So erreichte die Lebensführung der Eisenhüttenstädter z.B. nie die ‚Widersetzlichkeit der Brandenburger Stahlarbeiter' oder auch der ‚Leipziger Kirow-Werker'. Bei letzteren war ein ‚Eigensinn' vorhanden, über alle Systeme hinweg an ihrer Lebensführung festzuhalten und sich möglichst nicht vereinnahmen zu lassen (vgl. Schwarzer/Schweigel 1995:41).

Die ‚Politik für Reformen und Technokratie' wurde 1971 mit Abbruch des NÖS beendet. Die ab 1963 vorgenommenen Dezentralisierungsmaßnahmen hatten nicht zu einer generellen Verbesserung des Wirtschaftssystems der DDR geführt. Mit der Ablösung Ulbrichts durch Honecker wurde ab 1971 wieder in Richtung Rezentralisierung orientiert. Ab dieser Phase änderten Stadt und Werk wiederum ihr Bild.

‚Von der ‚gutbürgerlichen Arbeiterstadt' zur ‚assimilierten Stahlarbeiterstadt' (1969 bis 1989)

Die siebziger Jahre sind durch einen radikalen Kurswechsel des Staates zur ‚Einheit von Wirtschafts- und Sozialpolitik' gekennzeichnet, der auf die Erhöhung des Lebensniveaus der Bevölkerung ausgerichtet war. Dadurch setzte eine relative Systemstabilisierung ein, die auf der breiten apolitischen Loyalität der Bevölkerung basierte. Dieser Konsolidierungsprozeß hielt jedoch nur bis Ende der siebziger Jahre an. Die neuen sozialpolitischen Maßnahmen führten

Phasen der Stadtentwicklung

Von der ‚Goldgräber'- zur ‚gutbürgerlichen Arbeiterstadt'

Phase	Politik	Industrie	EKO	Stadt/ Stadtteile	Soziales/ Normen und Werte
1950-62 Von der Gründer-Zeit vorwärts zur Konsolidierung	• III. Parteitag 1950 beschließt Aufbau Werk und Stadt (Strukturdominanz des Politischen) • Stärkung der Grundstoffindustrie, nach 17. Juni '53 Abbruch • ‚neuer Kurs' orientiert auf Konsumtion • ‚Frauenarbeitspolitik' (vollerwerbstätige Frau wird zum Leitbild)	**extensive Industrieentwicklung** • Ansiedlung für die Stadt notwendiger Industriebetriebe (Bauunion Fürstenberg, Backwarenkombinat, Fleischwarenkombinat), notwendiger Einrichtungen für Handel und Versorgung sowie dem EKO nachgelagerter Industrie (Zementwerk)	• Aufbau selbständiger metallurgischer Basis in Anlehnung an 'sowjetisches Stahlmodell'	**Ziel: Schaffung eines 'ideologischen Soziotops'** 1950-53 1. Bevölkerungsschub • Barackenstadt, ab '53 eigenes Stadtrecht, Mai '53 Namensgebung 'Stalinstadt' • niedriger Altersdurchschnitt (24 Jahre) • Beginn der Familienbildungen • funktionale Segregation ('Werkssiedlung')	• nach dem 17.6.53: Finanztransfer zu Konsumtion, Infrastruktur in WK I-IV nach 1953 parallel • Milieumischung' führte zu Traditionsverlust • ‚Eigentümerbewußtsein' vor allem bei EKO-Arbeitern hoch
1. Bruch '53	1950-Juni '53 Politik und Industrie vor Städtebau 1953-54 Politik für Städtebau 1954-62 Politik der Abschottung • Orientierung auf andere Industrieschwerpunkte im Land	In Fürstenberg und Schönfließ Beginn der politisch programmierten Beseitigung privater Kleinbetriebe Entstehung eines regionalen 'Industriegürtels' (Schwedt, Frankfurt/Oder, Guben)	• EKO als geschlossener Zyklus geplant, dann Abbruch '53 (Stahl- und Walzwerk) • Aufbau eines enormen Qualifizierungssystems • bereits hoher Frauenanteil (über 20%)	• Aufbau des tertiären Sektors, Bildungseinrichtungen im medizinischen Bereich • Abbruch Bau der Hochschule für Metallurgie schon 1954 • Bevölkerung: niedrige innerstädtische Mobilität in WK I-IV • 1961 Umbenennung In 'Eisenhüttenstadt' und Eingemeindung Fürstenberg + Schönfließ -> Aufbau von Konfliktfeldern • extensive Erweiterung des Stadtgebietes (Entstehung WK V (Blockbauweise)	• hohe Bevölkerungsintegration in der Neustadt • Entdifferenzierung der Berufs- und Sozialstruktur • Abgrenzungstendenzen von Fürstenberg und Schönfließ (Beginn der Enttraditionalisierung)
1963-68 Ein Schritt vorwärts, zwei zurück: **2. Bruch '67** Die Inbetriebnahme des Kaltwalzwerkes	• Kurskorrektur '63 (Einführung NÖS) • VI. Parteitag 1963 beschließt den Bau des Stahl- und Walzwerkes • Abbruch der NÖS-Reformen 1968 1963-1967 Politik für Reformen und Technokratie	• Wohnungsbaukombinat (WBK)	• 1963-68 Bau Kaltwalzwerk in Kooperation mit UdSSR (ursprünglich Zyklus vollständig geplant) • 1967 Abbruch Stahl- und Warmwalzwerk, 1968 'nur' Inbetriebnahme Kaltwalzwerk • ab 1965 verstärkte Einbindung von Frauen in gewerblich-technischen Bereich in Vorbereitung Errichtung Kaltwalzwerk ('Kranfahrerinnen')	1967/68 2. Bevölkerungsschub • schwächere Dynamik regionaler und sozialer Mobilität als in Aufbauzeit • Entstehung WK VI in Großblockbauweise • Abbruch bzw. 'Verlust' des Organischen in der Umsetzung der Stadtplanung (zeitlicher Abstand bis Vervollständigung der Infrastruktur wächst) • Altersdurchschnitt 29 Jahre • verstärkter Bau von Kindereinrichtungen (kommunal u. betrieblich)	• „allgemeiner Wertewandel" • Erosion des Eigentümerbewußtseins • ‚verlangsamter' Integrationsprozeß • Versuch der bewußten Traditionsentwicklung in 'Neustadt' • vorstrukturierte Normalbiographie • Abgrenzung lokaler Mikromilieus (Neustadt-Fürstenberg-Schönfließ)

-202-

Von der ‚gutbürgerlichen Arbeiterstadt' zur ‚assimilierten Stahlarbeiterstadt'

Zeitraum	Erfolge wirtschaftsstruktureller Wandel	Werk	Stadt	Entwicklungsintentionen
1969-1980 Von punktuellen Erfolgen zu Stagnation und Abbruch	• Einführung des Ökonomischen Systems des Sozialismus' (ÖSS) • Einheit von Wirtschafts- und Sozialpolitik • Machtwechsel = Politikwechsel (Ulbricht -> Honecker) • abschließende Welle der Kombinatsbildung führt zu zunehmender Erstarrung der Wirtschaftsstrukturen • Wechsel von der Frauenarbeitspolitik zur ‚Familienpolitik' • 1981-84 schwierige wirtschaftliche Situation • Finanzprobleme (Milliardenkredite von der Bundesrepublik)	• 1972 letzte Welle der Verstaatlichung privater Betriebe *Übergang von der extensiven zur intensiven Industrieentwicklung* Beteiligung von städtischem Industriepotential am Aufbau des Stahlwerkes	• EKO wird zum Stammbetrieb des Bandstahlkombinates ‚Hermann Matern' • 1973-75 Rationalisierung Kaltwalzwerk (Anlagenkäufe in Österreich, Frankreich, Bundesrepublik) EKO wird zunehmend zur ‚Sozialagentur' für die Beschäftigten 1981-1984 Bau Stahlwerk durch NSW-Objekt ‚Kompensationsobjekt' 1986 Beginn Bau Warmwalzwerk (1987 Abbruch) (Demoralisierungsprozeß auch innerhalb des Werkes)	• Programm zur ‚Verbesserung der Arbeits- und Lebensbedingungen' Parteitag 1971 + IX. Parteitag IX. 1976) • politische Loyalität der Bevölkerung *Zunahme des monetären Anreizsystems* • Vergünstigungen für betriebliche Erfahrungsträger • -> Zunahme von Konkurrenzen städtischer Bevölkerungsgruppen/ Erosion des Sozialgefüges der Stadt) • hohe Betriebszentriertheit der Einwohner, • kollektive Erlebnisstrukturen kontra zunehmender Individualisierung • Formalisierungsprozesse führen zu steigender ‚Staatsferne'
3. Bruch 1987	X. Parteitag 1986 bereitet Beschluß zum Bau Warmwalzwerk vor 1971-89 *Politik der Einheit von Wirtschaft und Sozialem um jeden Preis*		1984/85 3. Bevölkerungsschub • Errichtung WK VII in Plattenbauweise • wachsende ‚Desintegration', • unzureichende Infrastruktur, • steigende innerstädtische Mobilität • Altersdurchschnitt 35 Jahre (1989)	

↓ Verminderung der Zusammenarbeit von Werk und Stadt ‚Rückzug' des Werkes

Von der ‚assimilierten' zur ‚um- und ungebrochenen Stadt'

Zeitraum	Wirtschaftsstruktureller Wandel	Werk	Stadt
1989-1995 Zwischen Vergangenheit und Zukunft **4. Bruch 1989** Erosion o. 2. Aufbruch	gesellschaftlicher Umbruch in der DDR, Wirtschafts-, Währungs- und Sozialunion, Einführung der Marktwirtschaft und Umgestaltung der volkseigenen Betriebe und Kombinate in eigenständige Unternehmen unter Verwaltung der Treuhand, nachfolgende Privatisierung Bemühungen der westdeutschen Stahlindustrie nur auf Erhalt des Kaltwalzwerkes gerichtet; führte zu konträrer Haltung zu Regierungs-, politik und Treuhand, die auf Integration eines Warmwalzwerkes in das bestehende Unternehmen orientierten	• gegenläufige Tendenzen von Deindustrialisierung und Reindustrialisierung • Umgestaltung der ortsansässigen Betriebe in eigenständige Unternehmen. • erfolgreiche Privatisierung einzelner Betrieb (Backwarenkombinat, Fleischwarenkombinat, Zementwerk) • Konkurs Möbelwerke, Schließung Heizkraftwerk • schwierige Situation der Oderwerft • bisher nur unzureichende Ansiedlung von Mittelstand • Ausgründungen aus umstrukturierten Unternehmen (vor allem des EKO) • Abbau ‚Tertiärisierungsrückstand' (führt unter anderem zur Überversorgung mit großflächigen Handelseinrichtungen)	• Umwandlung vom Kombinat in AG, 1994 in eigenständige GmbH, -bis Ende 1994 in Treuhandverwaltung, seit 1.1.1995 privatisiert durch Cockerill • Warmwalzwerk für 1997 geplant, Sinken der Belegschaft auf 2.300 Beschäftigte, • Aufgabe der Funktion als Sozialagentur • weiterhin ‚Zugpferd' für die Region • erhebliche Investitionsvolumen wird auch zur Stärkung der regionalen Industrieunternehmen eingesetzt • Statusverlust, aber weiterhin dominantes Unternehmen	• kommunale Selbstverwaltung • Zuordnung zum Landkreis ‚Oder-Spree' (Verlust des Status der kreisfreien Stadt) • Finanzkrise der Kommune • Übernahme einer Reihe Funktionen vom EKO (Gleichzeitigkeit von Bedeutungszunahme und Statusverlust) • umfangreiche Sanierungsprogramme WK I bis IV • Isolation des WK VII = Problem-WK (Aufwertung durch Wohnumfeldverbesserung) • Parallelität von Auf- und Abwertung von Stadtquartieren sowie Stillstand • Leerstand symbolträchtiger Gebäude • erhöhte Mobilität über die Stadtgrenze hinweg • Altersdurchschnitt 39 Jahre (1995) • Ortsteile Fürstenberg und Schönfließ kämpfen um Eigenständigkeit • Veränderung der Nutzung kultureller- und Infrastruktureinrichtungen

Entwicklungsintentionen:
• soziale Funktionen nur noch durch Stadt bzw. gemeinnützige Vereine getragen,
• Ökonomische Ausdifferenzierung städtischer Bevölkerungsgruppen:
• hoher Sockel an Langzeitarbeitslosen
• Zunahme der Arbeitslosen
• Frauen als ‚Verliererinnen auf dem 1. und 2. Arbeitsmarkt
• Arbeitsplatz- und Ausbildungsstellendefizite
• steigende Zahl Sozialhilfeempfänger und Obdachloser
• Bruch der Erwerbsstrukturen,
• nach wie vor hohe Erwerbsorientierung
• ‚forcierte Retraditionalisierung' in Fürstenberg und Schönfließ (Rückbezug auf tradierte Elemente der Neustadt nicht möglich)
• Reduzierung des Umfangs sozialer Netzwerke, verstärkte Individualisierungstendenzen,
• Neudefinition vorhandener Netzwerke und Orientierung auf außerberuflichen Bereich
• Potentialabbau von Modernisierungs'vorsprüngen'
• Beginn sozialräumlicher Differenzierungsprozesse

-203-

nicht zu einer ökonomischen Stabilisierung der Betriebe, wie es am Beispiel der ‚Frauenförderung' aufgezeigt werden kann, sondern trugen zum Sinken der Wirtschaftskraft bei. Im sozialpolitischen Programm der Verbesserung der Arbeits- und Lebensbedingungen waren z.B. gesetzliche Regelungen zur Förderung der Frauenerwerbstätigkeit enthalten (Arbeitszeitverkürzungen bei bestimmter Kinderzahl, Freistellungen und Lohnfortzahlungen bei Krankheit der Kinder, Ausbau des Kinderbetreuungssystems etc.). Von der Phase der ‚Frauenarbeitspolitik' der 50er bis Mitte der 60er Jahre war man zur ‚Familienpolitik' übergegangen. Parallel ließen diese Regelungen im betrieblichen Prozeß Frauen zunehmend zum ‚Risikofaktor' werden, den die Betriebe einplanen mußten.

Wirtschaftspolitische Veränderungen zeigten sich vor allem in struktureller Hinsicht. Von 1968 bis Anfang der 70er Jahre kam es zu einer forcierten Kombinatsbildung, in deren Ergebnis 54 Kombinate entstanden, die etwa 50% der gesamten Industrie in sich vereinten. Die Zahl der Kombinate erhöhte sich bis zum Jahr 1989 auf 124 in der zentralgeleiteten Industrie. Gebildet wurden diese Kombinate zur Stärkung der Wirtschaftskraft und zur Schaffung möglichst geschlossener Reproduktionskreisläufe (vgl. Voskamp/Wittke 1991:17). Für die Anfang der siebziger Jahre gegründeten Kombinate wurde dieser Anspruch nahezu realisiert, für die später entstandenen Kombinate konnte diese Zielstellung nicht mehr erreicht werden. Die Wirtschaftsstrukturen erstarrten zunehmend und blockierten, gepaart mit den bürokratischen planwirtschaftlichen sowie politischen Entscheidungsprozessen, die Wirtschaftsentwicklung.

Das Eisenhüttenkombinat Ost wurde 1968 zum Stammbetrieb des Bandstahlkombinates ‚Hermann Matern', was zu einer Erhöhung seines Status auch in der Stadt führte. Investiert wurde in den siebziger Jahren hauptsächlich in notwendige Rationalisierungsarbeiten im Kaltwalzwerk. Einen großen Wachstumsschub verzeichneten Werk und Stadt durch die Errichtung des Stahlwerkes 1981 bis 1984. Kennzeichnend für den technischen Rückstand und für eine allmähliche Lockerung der Beziehungen zur UdSSR war jedoch die Vergabe des Auftrags an die österreichische Voest-Alpine. Beim Bau des Kaltwalzwerkes ab 1963 hatten sich die sowjetischen Vorstellungen zur Zusammenarbeit im RGW durchgesetzt und zur Realisierung des Projektes durch die UdSSR als Generalauftragnehmer geführt. Dies hatte sich in den 80er Jahren verändert. Kein Staat des RGW konnte dem technisch notwendigen Standard für den Bau des Stahlwerkes entsprechen, und so mußte man auf westliches ‚Know-how' zurückgreifen. Dies hatte jedoch erhebliche Folgen. Die materielle ‚Schwäche' der DDR kam in der Bezahlung dieses Milliardenprojektes durch das ‚Kompensationsprogramm' zum Ausdruck, indem nicht Geld-, sondern Sachwerte ausgetauscht wurden, was letztlich zur Verschärfung der krisenhaften Versorgungssituation im ganzen Land führte. Milliardenkredite von der Bundesrepublik mußten 1983 und 1984 aufgenommen werden.

Angelegt als Motivationsfaktor für die Bevölkerung und zur Steigerung der Produktion, evozierten die umfangreichen sozialpolitischen Maßnahmen eher einen beginnenden Stillstand. Zu Beginn führten die Maßnahmen zu einer Erhöhung der Lebenszufriedenheit, später wurden sie als Normalität angesehen und neue Ansprüche entwickelten sich. Es entstand eine immer größere ‚Staatsferne' der Bürger. Der Prozeß der Entpolitisierung, der bereits in den 60er Jahren begonnen hatte, setzte sich verstärkt fort. Die Möglichkeiten zur Mitbestimmung und Mitgestaltung innerhalb des Werkes und der Stadt verringerten sich sukzessive. Sie bestanden zwar formal z.B. in Form von Plandiskussionen auf Kollektivebene, reale Wirkungen hinterließen sie jedoch nicht. Durch die zunehmende Formalisierung nahm das Interesse der Beschäftigten an diesen Foren der betrieblichen Mitbestimmung weiter ab. Es setzte ein Prozeß der zunehmenden Anonymisierung und Außensteuerung bei gleichzeitigem Mitsprache- und Demokratieverlust ein. Inhalt und Form drifteten so weit auseinander, daß bestehende institutionalisierte Formen der ‚Mitbestimmung' die Menschen nicht mehr erreichten. Zunehmend mußten monetäre Anreizsysteme eingesetzt werden, um Aktivität zu erzeugen (vgl. die Werbung von ‚Erfahrungsträgern' für das Stahlwerk).

Die Entwicklungstendenzen in der Wirtschaft wurden in Eisenhüttenstadt deutlich sichtbar. Die Zentralisierungsbemühungen in der Wirtschaft führten zur Zuordnung wichtiger Eisenhüttenstädter Betriebe zu größeren Kombinaten, so daß die eigenständigen Kompetenzen und Möglichkeiten geringer wurden. Während Betriebe, wie das Zementwerk oder der Industriebau Ost, durch diese Zuweisungen einen Statusverlust erlebten, erhöhte sich der des EKO durch die Kombinatsbildung. Wesentlich für den Einfluß in der Stadt war, daß die Mittel für die kulturellen und sozialen Bereiche in den Stammbetrieben den größten Umfang hatten. EKO konnte somit auf die Gestaltung des städtischen Kulturlebens weiteren Einfluß nehmen. Die Stadt profitierte andererseits von den erheblichen Finanzressourcen im sozialen und Kulturbereich. Die Möglichkeiten kultureller Betätigung, die im EKO durch eine große Anzahl von Kulturgruppen gegeben waren, standen nicht nur den Beschäftigten des Werkes offen. In diesem Zeitraum setzte jedoch auch in dem Bereich eine erhebliche Formalisierung der Strukturen und Handlungsspielräume ein, was sich nicht zuletzt darin äußerte, daß traditionelle Feiertage des EKO mit einem Motto ‚zu Ehren' spezifischer DDR-Feiertage versehen wurden (z.B. die 5. Betriebsfestspiele 1974 unter dem ‚Zeichen der Vorbereitung des 25. Jahrestages der Gründung der DDR', die 6. Betriebsfestspiele 1975 stehen im ‚Zeichen des 30. Jahrestages der Befreiung des deutschen Volkes vom Faschismus und des 25jährigen Bestehens von Werk und Stadt', die 10. Betriebsfestspiele 1979 im ‚Zeichen des 30. Jahrestages der DDR'). Nachdem besonders in den 70er Jahren auf die Expansion dieser Bereiche großer Wert gelegt worden war und das EKO sich förmlich in eine ‚Sozialagentur' verwandelt hatte, wie sie in gleicher Größenordnung nur bei anderen Kombinaten mit ähnlicher Monopolstellung in der DDR-Wirtschaft vorhanden war, wurden auch hier die Mittel knapp. Die Kombinate mußten ihre finanziellen Ressourcen zunehmend auf die Realisierung des ‚Kerngeschäftes' verwenden. Es wurde die ‚Politik der Einheit von Wirtschaft und Sozialem um jeden Preis' verfolgt, die 1989 mit zur Implosion wirtschaftlicher und sozialer Strukturen beitrug. Damit war die DDR der erste Staat, der an seiner ‚Wohlfahrtsstaatlichkeit' zugrunde ging (vgl. Solga 1995:95).

Einer der Vorboten dieses staatlichen ‚Untergangs' war der dritte Abbruch des Vorhabens zur Vervollständigung des Produktionszyklus im EKO, als 1987 aufgrund fehlender staatlicher Mittel alle weiteren Arbeiten für das Warmwalzwerk beendet wurden. Innerhalb der Arbeiterschaft und insbesondere in den ‚nichtmodernisierten' Betriebsteilen, wie z.B. dem Roheisenwerk, setzte ein Demoralisierungsprozeß im Hinblick auf die stockende wirtschaftliche Entwicklung ein, die sich in den Abbrüchen bei der Werkserweiterung widerspiegelte. Im Zusammenhang mit dem ‚Sichtbarwerden' staatlicher Finanzschwäche und den Demoralisierungsprozessen verlor auch das arbeits- und gruppenzentrierte Leben an Attraktivität. Dies führte zur verstärkten Orientierung auf die Privatsphäre. Dennoch blieben die Betriebe bzw. ihre Kollektive die Hauptbezugspunkte für die sozialen Beziehungen. Kontakte zu Arbeitskollegen wurden häufig auch außerbetrieblich gepflegt und es bestanden im wesentlichen stabile soziale Netzwerke, die ihre Grundlage in den oft langen Betriebszugehörigkeiten hatten.

Auch auf der städtischen Ebene spiegelte sich die kritische Finanzsituation der letzten DDR-Jahre wider. Ein neuer Wohnkomplex (WK VII) wurde als Plattenbausiedlung ab den achtziger Jahren errichtet und verfügte über keines der idealtypischen Merkmale aus der Anfangszeit Eisenhüttenstadts mehr. Die Infrastruktur blieb bei der Errichtung der Neubaublocks vorerst unberücksichtigt, und erst im Nachgang wurden dringend notwendige Infrastruktureinrichtungen geschaffen. Die ansässige Bevölkerung nahm diesen letzten Wohnkomplex kaum an, für die Neuzugänge der Stadt stellte sich diese Frage jedoch nicht. Wohnraum war in der gesamten DDR Mangelware, in Eisenhüttenstadt erhielt man ihn schneller als anderswo. Der WK VII rückte ,eisbergmäßig' an das alte Fürstenberg heran, türmte sich auf und dokumentierte in Verbindung mit dem weiteren Verfall der Fürstenberger Altbausubstanz die Finanzschwäche des Staates.

Das Werk zog seine materielle Beteiligung sukzessive aus städtischen Gestaltungsprozessen zurück, was sich finanziell auf die Stadtentwicklung und den Stadthaushalt auswirkte. Hinzu kam, daß die staatliche Bevorzugung durch die kontingentierte Sonderversorgung der Stahlarbeiterstadt nicht mehr aufrechterhalten werden konnte. Konkurrenzen städtischer Gruppen nahmen in bezug auf die Anwesenheit von Arbeitskräften aus dem ‚nichtsozialistischen Wirtschaftsgebiet' (NSW) sowie der bevorzugten Behandlung von ‚Erfahrungsträgern' zu. Vor allem die Erfahrungen durch die ‚westlichen Arbeitskräfte' förderten die ersten Auflösungserscheinungen und Abwanderungsprozesse in Richtung Westen. Das Sozialgefüge der Stadt unterlag zunehmend einer Erosion und war nicht mehr mit dem der Anfangsjahre in seiner Geschlossenheit vergleichbar. Statt dessen prägten Desintegrationsprozesse durch zunehmende Individualisierung das Bild. Eisenhüttenstadt hatte sich von der ‚gutbürgerlichen' Arbeiterstadt zu einer dem DDR-Durchschnitt angepaßten oder ‚assimilierten' Stahlarbeiterstadt entwickelt.

Es zeigte sich durchgängig bis zum Ende der DDR, daß EKO und Eisenhüttenstadt selbst Sinnbild der sozialistischen Gesellschaft im Positiven wie Negativen war. Erst nach der Wende wurde den meisten Eisenhüttenstädtern bewußt, wie schwer man an der Beweislast der Leistungsfähigkeit der DDR in Form einer Modellstadt trug, die der Stadt durch Staat und Politik aufgebürdet worden war. Aus diesem Grund gab es insbesondere in der ersten Nachwendezeit verstärkte Bemühungen, dem Image der ‚1. sozialistischen Stadt' zu entfliehen.

Das ‚Ende des ökonomischen Booms' wurde in Werk und Stadt schon lange vor 1989 sichtbar. In jeder ‚nichtsozialistischen' Stadt hätte die Erosion der Strukturen zu einem weit früheren Zeitpunkt Abstiegsprozesse in Gang gesetzt. Aufgrund staatlicher Regulierung mußte sich das Werk nicht auf einem ‚wirklichen Markt' behaupten. Dies ist erst seit 1989 der Fall.

Der Weg von der ‚assimilierten' zur ‚um- und ungebrochenen Stadt' (ab 1989)

Eisenhüttenstadt hatte sich bis Ende der achtziger dem Standard anderer Städte angeglichen. Die Vorteile, über die sie lange Zeit verfügte (Sonderversorgung, Zukunftspotential in der Industrieentwicklung) erodierten sukzessive seit den 70er Jahren, da die Kapitalschwäche der DDR auch ihre Protagonistenstädte (außer Berlin) vernachlässigen ließ. Dieser Assimilationsprozeß bewirkte einen ‚Statusverlust' auf unterschiedlichen Ebenen, der auf der ökonomischen z.B. durch den 1987 vollzogenen Abbruch der Arbeiten für das Warmwalzwerk deutlich wurde. Zehn Jahre später, 1997, soll das Warmwalzwerk errichtet sein. Doch dazwischen lag 1989 ein Bruch, der 4. Bruch in der Entwicklung von Werk und Stadt. So wird sich in den nächsten Jahren herausstellen, ob „der Blick in die leere blaue Halle (des Warmwalzwerkes; d.A.) ein Blick zurück in die Zukunft" ist (H. J. Krüger, Geschäftsführer EKO Stahl GmbH).

Die Phase von der ‚assimilierten' zur ‚um- und ungebrochenen Stadt' begann mit der gesellschaftlichen Wende in der DDR. Die endgültige Kennzeichnung dieser Phase muß noch offenbleiben, da die Perspektiven in der weiteren Stadtentwicklung selbst liegen. ‚Erosion oder 2. Aufbruch' – zwischen diesen beiden Polen kann sich die Entwicklung in den nächsten Jahren bewegen. Eisenhüttenstadt und die Region verfügen im Umstrukturierungsprozeß sowohl über ‚Verlierer'- als auch ‚Gewinner'-Anteile, die als Risiken und Potenzen im folgenden zusammenfassend dargestellt werden.

Durch den massiven Prozeß der *Deindustrialisierung* steht Eisenhüttenstadt mit den gravierenden Folgeproblemen eindeutig auf der Verliererseite. Der ökonomische Niedergang ereilte die Stadt, wie die gesamte DDR-Wirtschaft, in weniger als einem Jahr. Die Entwicklung der Wirtschaftsstruktur in den letzten fünf Jahren war in Eisenhüttenstadt, wie auch in allen anderen industriebestimmten Regionen Ostdeutschlands, durch zwei gegenläufige Tendenzen gekennzeichnet. Einerseits durch eine *Deindustrialisierung,* die sich in der erheblichen Verkleinerung der Unternehmen bzw. in deren Schließung widerspiegelte, anderseits durch eine zögerlich beginnende *Reindustrialisierung,* deren Ansätze auch in Eisenhüttenstadt nicht zu übersehen sind. Die ortsansässigen Großbetriebe wurden bis auf einen Betrieb (die Möbelwerke) erhalten. Dies konnte jedoch nur durch einen massiven Personalabbau in allen Betrieben realisiert werden. Allein im Industriebereich gingen von 1989 bis 1995 in Eisenhüttenstadt mehr als 8.000 Arbeitsplätze verloren. Der Überlebenskampf anderer Unternehmen, wie z.B. der der Oderwerft GmbH, ist noch nicht beendet.

Die exisitierenden größeren Unternehmen haben ihren Bestand nach der Personalanpassungswelle gesichert und stabilisieren sich allmählich auf diesem Niveau. Sie stellen damit den konkurrenzfähigen Industriekern dar. Nach wie vor dominierend in der Region bleibt das EKO mit seinen derzeit (Mitte 1996) noch 2.400 von ehemals 12.700 Beschäftigten. Die Beschäftigtenzahlen von 1989 werden keinesfalls wieder erreicht werden. Ein Zuwachs an Arbeitsplätzen (ca. 300) wird am ehesten durch die Errichtung des Warmwalzwerkes bis 1997 realisiert werden. Dadurch gewinnt EKO weiter an Dominanz.

Der Erhalt bestehender Unternehmen reicht als Entwicklungspotential für die Überwindung der Monostruktur und den Aufbau einer diversifizierten Wirtschaftsstruktur nicht aus. Die *Ansiedlung eines stabilen Mittelstandes* im Bereich Industrie und Handwerk stellt die Grundvoraussetzung für eine Zukunftsperspektive des Standortes dar. Erste Tendenzen hierfür zeichneten sich bereits durch eine Anzahl von Ausgründungen kleinerer Unternehmensbestandteile aus dem EKO ab. Im Ergebnis des EKO-Umstrukturierungsprozesses entstanden 37 kleinere und mittlere Firmen mit insgesamt 1.862 Arbeitsplätzen (Stand: Frühjahr 1995). Diese Ausgründungen sind in ihren Produktspektren und Leistungen fast unmittelbar an EKO gebunden, und positive wie negative Entwicklungstendenzen des Werkes wirken direkt auf sie zurück. Derzeit profitieren viele dieser Ausgründungen von dem erheblichen Auftragsvolumen im Rahmen des Investitionsprogramms ‚EKO 2000', da ca. 46% des Gesamtvolumens an Firmen in der Region vergeben werden. EKO trägt somit direkt zur Stärkung der regionalen Industrieunternehmen bei. Für die weitere Entwicklung der Wirtschaftsstruktur war die Übergabe der EKO-Flächen an die Stadt von Bedeutung. EKO ist auch nach 1989 das ‚Zugpferd' für die Region, um die industrielle Strukturentwicklung zu fördern. Dennoch gelang eine Reindustrialisierung in den letzten Jahren nur unzureichend, da Unternehmen aus anderen Bundesländern nur zögerlich investierten. Auch investitionswillige Unternehmen machten ihre Ansiedlung vom Gelingen der EKO-Privatisierung abhängig. Zunehmend stellt sich in der Gegenwart die Grenzlage Eisenhüttenstadts als Hinderungsgrund für weitere Ansiedlungen heraus, da für die Unternehmen nur ein Agieren ‚im Halbkreis' möglich ist. Von einem tragfähigen Mittelstand, der die notwendigen Ersatzarbeitsplätze in der Stadt bereitstellen kann, ist man noch weit entfernt.

Bis zum Jahr 2010 ist die Realisierung von drei zentralen Punkten der *Strukturentwicklung* geplant: Für die Verbesserung der Verkehrsinfrastruktur die *Revitalisierung des Binnenhafens* und für die Ansiedlung weiterer Investoren die Schaffung eines *integrierten Recyclingzentrums.* Als Impulsgeber für die Diversifikation der Wirtschaftsstruktur, für den Ausbau des Bildungssektors und die Vitalisierung der Stadt und Region war der *Aufbau einer Fachhochschule* vorgesehen. Damit wurde interessanterweise eine ‚frühe' Idee aus den Anfängen des Stadtaufbaus wiederbelebt: Die ursprüngliche Stadtplanung hatte Stalinstadt bis 1954 als Standort für eine Hochschule für Metallurgie vorgesehen, deren Errichtung jedoch infolge der Mittelkürzungen nach dem 17. Juni 1953 nicht realisiert werden konnte. *Eine Entwicklungslinie der Stadt* wird hier deutlich, indem sich dieses vierzig Jahre zuvor hervorgerufene Defizit immer noch auf die Strukturpolitik der Stadt auswirkt. Für den Verbleib jüngerer Altersgruppen in der Stadt nach 1989, und für die Beschäftigungsperspektiven der Frauen wäre der Aufbau der auf Umwelttechnologie ausgerichteten Fachhochschule eine Grundlage gewesen. Daß 1995 die Entscheidung für einen anderen Standort fiel, muß als gravierender Verlust für die Stadt angesehen werden. Die als „Flucht nach vorn" zu wertende Eröffnung einer Zweigstelle der Technischen Fachhochschule Wildau in Eisenhüttenstadt wird nicht die Effekte zeitigen, die mit der Fachhochschule vorgesehen waren. Die regionale Nähe zur Europa-Universität Viadrina in Frankfurt/Oder ist eine Voraussetzung für die Zusammenarbeit auf wissenschaftlichem Gebiet. Einen nachhaltigen Effekt für die Vitalisierung Eisenhüttenstadts übt diese Universität jedoch nicht aus.

Will Eisenhüttenstadt die Strukturentwicklung der Region positiv gestalten, so müssen einerseits die vorhandenen *Stärken* (Standortnähe zu Berlin, gut erschlossene Gewerbeflächen, ausreichendes Potential an jungen und gut ausgebildeten Arbeitskräften, relativ gut ausgebautes Verkehrsnetz, wenig belasteter Wohnungsmarkt, ausgebaute Handelsstruktur und soziale Infrastruktur, günstige landschaftliche und natürlichen Voraussetzungen im Umland) effektiv genutzt werden. Auf der anderen Seite muß an der Beseitigung der bestehenden *Defizite* gearbeitet werden, die sich unter anderem in einem hohen Migrationsverlust besonders jüngerer Altersgruppen, der Schrumpfung von Industrie ohne adäquates Wachstum anderer Bereiche, zu geringen Neuinvestitionen und Fremdansiedlungen sowie einer schwachen Produktentwicklung zeigen.

Die *Produktions- und Beschäftigungsstruktur* Eisenhüttenstadts hat sich nach 1989 durch die Umstrukturierungsmaßnahmen in den Unternehmen erheblich verändert. Noch 1989 waren ca. 50% aller Beschäftigten in der Industrie tätig, 1995 betrug der Anteil noch ca. 30%, während der Anteil im tertiären Sektor von 28% auf 48% stieg. Der für Ostdeutschland konstatierte *Tertiärisierungsrückstand* des Beschäftigungssystems (Geißler 1991:182) wird damit sukzessive auch in Eisenhüttenstadt abgebaut. Ein starkes relatives Wachstum der Branche Kredit, Versicherungen und sonstige Dienstleistungen ist zu verzeichnen. Zu berücksichtigen ist dabei, daß die Verschiebung der Anteile weniger auf Umschichtungen als vielmehr auf die Arbeitsplatzverluste im Industriebereich zurückzuführen ist. Die Entwicklung im Einzelhandelsbereich vollzog sich ebenfalls gegenläufig. Während der klein- und mittelständische Einzelhandel mit erheblichen Existenzproblemen kämpft, bauen die angesiedelten Großmärkte ihre Kapazitäten umfassend aus. Das negative Moment dieser Entwicklung besteht in der Zunahme prekärer Beschäftigungsverhältnisse im Bereich des großflächigen Einzelhandels und in der Verdrängung des klein- und mittelständischen Einzelhandels, der vorrangig im Stadtzentrum und in Fürstenberg angesiedelt war. Die extensive Entwicklung des tertiären Sektors kompensiert zwar nicht den Arbeitsplatzverlust im sekundären, stellt aber eine wichtige Stütze für die Stabilisierung des Arbeitsmarktes dar. Mit existentiellen Problemen kämpfen ebenfalls die Vertreter des traditionellen Handwerks, insbesondere die noch rudimentär vorhandene Korbmachertradition. Auch in diesem Bereich werden städtische Entwicklungslinien deutlich: Standen in der DDR der Entfaltung des privaten Handwerks Prozesse der Vergenossenschaftlichung entgegen, so bildet gegenwärtig die Marktöffnung eine erhebliche Gefahr für den Fortbestand dieser gewachsenen Traditionen. Den Markt beherrschen größtenteils Billiganbieter aus osteuropäischen Ländern, die die Absatzgebiete ‚besetzten'. Durch den Rückgang der Beschäftigtenzahlen werden Entwicklungschancen dieses Bereiches nachhaltig gebrochen.

Die angeführten Ergebnisse weisen auf drei wesentliche Tendenzen der weiteren städtischen und regionalen Entwicklung hin, die ebenfalls in städtischen Entwicklungsszenarien hypothetisch angenommen wurden: 1.) Die Arbeitsplatzverluste im produktiven Bereich werden sich weiter erhöhen. 2.) Die Anzahl der Leistungsempfänger – vornehmlich der Arbeitslosen – wird weiter anwachsen. 3.) Ein fortschreitender Strukturwandel führt zur weiteren Stärkung des tertiären Sektors.

Die gravierenden Umstrukturierungsprozesse in der Wirtschaft führten zum massenhaften Auftreten von Phänomenen, die in der DDR unbekannt waren: *Arbeitslosigkeit, Altersübergangsregelung, Vorruhestand, Arbeitsbeschaffungsmaßnahmen*. Gegenwärtig liefert die Arbeit dem Arbeitenden keine *stabile Identität* mehr (vgl. Sennett 1996). Das Gefühl des ‚Gebrauchtwerdens' erodiert. Der Übergang in die Arbeitslosigkeit wurde als ‚kollektiver Rausschmiß' erlebt, dem ein Phase individueller Verarbeitung folgt (vgl. Beck 1994). Die Zahl der Erwerbstätigen in den neuen Bundesländern sank von 1989 bis 1995 um ein Drittel (von 9,8 auf 6,4 Millionen). Es setzte auch in Eisenhüttenstadt ein *Prozeß der ökonomischen Ausdifferenzierung* städtischer Bevölkerungsgruppen ein, von dem besonders Frauen, Jugendliche und ältere Menschen betroffen waren und sind.

Für viele der Arbeitnehmer über 55 Jahre bedeutete das Ausscheiden aus den Unternehmen gleichzeitig das *Ende ihrer Erwerbsbiographie*, denn die Chancen auf dem Arbeitsmarkt für diese Gruppe sind denkbar gering. Die Möglichkeiten des Vorruhestandes und Altersübergangsregelungen wurden von vielen Betrieben als Instrumente des sozialverträglichen Personalabbaus genutzt und betrafen nicht wenige Beschäftigte. Für diese manifestiert sich die neue Soziallage durch einen *Verlust gewachsener Sozialbeziehungen im Arbeitsbereich* und ferner durch die *Verhinderung der Partizipation am ‚neuen' Wohlstand*. Diese Altersgruppe verfügt über die doppelte Erfahrung von Niedergang (des Sozialismus) zum einen und dem Ausgeliefertsein (in der Gegenwart) zum anderen. Häufig ist als Reaktion darauf ein ‚resignativ-pragmatischer Rückzug' (vgl. Lehmann 1994:296) festzustellen, der mit einer Minimalisierung der eigenen Ansprüche einhergeht. Nachteilig für die Integration dieser Gruppe wirkt sich das Bestehen eines ‚institutionellen Vakuums' aus, da weder eine die gesamte Soziallage umfassende Organisation zur Interessenartikulation, noch entsprechende Struktureinheiten in den staatlichen und kommunalen Verwaltungen existieren. Es besteht die Gefahr, daß sich eine neue Randgruppe etabliert.

Integrationsdefizite bestehen aber nicht nur bei der Gruppe der Vorruheständler, sondern vor allem bei den *Sozialhilfeempfängern und den Obdachlosen*, die sich in den wirklichen Randlagen der Gesellschaft befinden. Den größten Anteil an den Empfängern der laufenden Hilfe zum Lebensunterhalt nach der Haushaltsstruktur machen Alleinerziehende mit Kindern aus (die Hälfte aller Haushalte, die Sozialhilfe erhalten). Die Segmentierung des 1. und 2. Arbeitsmarktes und das Auslaufen von Unterstützungsleistungen der Bundesanstalt für Arbeit führen zu einer steigenden Zahl von Arbeitslosen und in der Folge zur Zunahme von Sozialhilfeempfängern, die in den Arbeitslosenstatistiken nicht mehr sichtbar werden.

Von über 3.200 im Jahr 1991 als arbeitslos gemeldeten Personen stieg die Zahl auf über 4.800 im Halbjahr 1995. Die ‚verdeckte Arbeitslosigkeit' einbezogen, müßte die Anzahl der ‚Arbeitslosen' verdoppelt werden (vgl. Ribhegge 1995). Die Arbeitslosenquote stieg von 14,5%-15% (1994) auf 16,1% (Mitte 1995). Die nach 1989 einsetzende Wirtschaftskrise führte zu einem tiefen *Bruch der Erwerbsstrukturen*, der in einer seiner drastischsten Auswirkungen im massiven *Rückgang der Erwerbsquote der Frauen* zum Ausdruck kommt. Deren Anteil an der Gesamtzahl der Arbeitslosen in Eisenhüttenstadt stieg von 61% (1991) auf ca. 70% (Mitte 1995). Ein hoher Sockel an *Langzeitarbeitslosen und vom Arbeitsmarkt ausgegrenzten* Gruppen bildete sich heraus. In bezug auf die Langzeitarbeitslosigkeit werden geschlechtsspezifische Unterschiede besonders deutlich: Der *Anteil der Frauen an den Langzeitarbeitslosen ist überproportional höher* und steigt mit zunehmender Dauer der Arbeitslosigkeit (1993: Männer unter einen Monat arbeitslos=48%, Frauen=52%; 2 Jahre und länger arbeitslos – Männer 27%, Frauen 73%). Es kommt zur *dauerhaften Etablierung eines zweiten Arbeitsmarktes*. Mehr als 3.700 Arbeitskräfte waren in den letzten Jahren über die Berufs- und Arbeitsförderungsgesellschaft des EKO (GEM GmbH) in Arbeitsbeschaffungsmaßnahmen eingebunden. Auch in diesem Zusammenhang zeichnen sich die Frauen wiederum als Verliererinnen im Verteilungskampf um das knappe Gut ‚Arbeitsplätze' ab: Aus der GEM heraus fanden im Zeitraum 1991 bis 1993 nur 19% der Frauen eine neue Arbeitsstelle nach Beendigung der ABM (Männer=81%). Schon Anfang 1995 war im EKO absehbar, daß die Mehrzahl der Frauen, die sich zu diesem Zeitpunkt in Umschulung, Kurzarbeit oder ABM befand, nicht wieder in das Werk zurückkehren, sondern den Weg auf den Arbeitsmarkt einschlagen wird. Im Zusammenhang mit dem sozialverträglichen Personalabbau mit Hilfe des ‚Rückkehrschlaufenmodells' (vgl. Kapitel ‚Zwischen betrieblicher Notwendigkeit …') hatte es im EKO im Unterschied zu allen anderen Betrieben der Stadt bis zu diesem Zeitpunkt keine betriebsbedingten Kündigungen gegeben. Zahlreich nahmen Frauen Umschulungs- und Weiterbildungsmöglichkeiten wahr. Dabei ist auf dem Arbeitsmarkt nur marginal eine Nachfrage nach diesen Qualifikationen vorhanden. Insbesondere für Frauen aus dem gewerblich-technischen Bereich ist durch Mehrfachqualifizierung und Weiterbildung die *Tendenz einer doppelten Entwertung ihrer Qualifikation* vorhanden. Die ursprünglichen Qualifikationen können nicht mehr eingesetzt werden, und die neu erworbenen werden am Markt nicht abgefordert. Der tertiäre Sektor kann zwar einen geringen Aufschwung verzeichnen, jedoch sind auch in diesen Bereichen genügend ausgebildete Fachkräfte auf dem Arbeitsmarkt vorhanden. Frauen aus dem gewerblich-technischem Bereich sind in dieser Hinsicht benachteiligt. Eine weitere *Zementierung geschlechtsspezifischer Ungleichheit* wird durch den ‚sukzessiven Geschlechtswechsel' (Nickel/Schenk 1995) von Berufsfeldern erfolgen. Wenn auch z.B. im EKO der Anteil weiblicher Arbeitskräfte nicht massiv, wie in anderen Betrieben und Branchen zurückgegangen ist (1991=33%, Anfang 1996=26%) und im gewerblich-technischen Bereich sogar gleichblieb (1991 bis Januar 1996=21%), werden sich durch die verschlechterte gesamte Ausbildungsstellensituation zukünftig Veränderungen ergeben.

Die festzustellende relative Chancenlosigkeit der Frauen steht im Widerspruch zu ihren Lebensentwürfen, in denen Erwerbstätigkeit eine zentrale Rolle spielt. Die Berufstätigkeit war für viele Ausdruck einer finanziellen Unabhängigkeit und der Gleichberechtigung in der Gesellschaft und stellte darüber hinaus die Grundlage für den Aufbau sozialer Netzwerke dar. Der Verlust des Berufsumfeldes wird daher von den meisten Frauen als problematisch erlebt. Frauen halten nach wie vor am Vollerwerbsmodell fest und versuchen, sich gegen die drohende ‚Hausfrauisierung' sowie die *Deprivation von Erwerbsmöglichkeiten* zu wehren. Die derzeit noch zur Verfügung stehenden Möglichkeiten, wie Arbeitsbeschaffungsmaßnahmen sowie Fortbildung und Umschulung tragen erheblich zum Erhalt des Selbstwertgefühls bei. Für die nächsten Jahre ist jedoch ein Anstieg der von Arbeitslosigkeit betroffenen Frauen zu erwarten, denn die Zahl der ABM nimmt sukzessive ab. In besonderem Maß sind die Chancen für Frauen mit Kindern auf dem Arbeitsmarkt beeinträchtigt. Kinder werden somit direkt zu Beschäftigungsbarrieren. Doch nicht nur die Frauen befinden sich auf dem Arbeitsmarkt in einer Verliererposition, zunehmend betrifft dies auch Jugendliche. Erstens wirkt der Erwerbsstatus der Eltern auf die Jugendlichen dahingehend zurück, daß bei Arbeitslosigkeit deren Konsumfähigkeit eingeschränkt wird und die gewachsenen materiellen Ansprüche der Jugendlichen weniger befriedigt werden können. Im Zusammenhang mit der merklichen *Bedeutungszunahme hedonistischer Werte* bei Jugendlichen wächst deren Unzufriedenheit, wenn die Bedürfnisse nicht befriedigt werden können.

Zweitens sind ihre Zukunftsperspektiven aufgrund der *prekären Lehrstellensituation* in Eisenhüttenstadt sehr begrenzt. Auch im EKO, der noch einer der wenigen Betriebe in Eisenhüttenstadt mit Ausbildungsplätzen ist, sank die Zahl der Auszubildenden rapide (1989=774, 1993=235, 1995=82). Der Anteil weiblicher Auszubildender ging von 31% (1993) auf 23% (1996) zurück. Im Sommer 1995 betrug der Anteil der Jugendlichen unter 20 Jahre an den Arbeitslosen ca. 2,4%, was etwas unter dem Durchschnitt des Landkreises lag. Deutlicher wird Jugendarbeitslosigkeit jedoch bei der Altersgruppe der 20-25jährigen, die zum selben Zeitpunkt einen Anteil von 16% hatte. Aufgrund des Ausbildungsplatz- und Arbeitsplatzmangels ziehen es immer mehr Jugendliche vor, länger als bisher im Schulsystem zu verbleiben und die letzte Klassenstufe zu wiederholen. Diese Tendenz wird sich, werden keine Alternativen geschaffen, in den nächsten Jahren verstärken. Die ‚jährlichen Jahresreparaturen' verschiedener Ministerien mit Hilfe unterschiedlicher und kurz aufgelegter ‚Feuerwehrprogramme' werden die Probleme nicht lösen.

Um so wichtiger erscheinen vor diesem Hintergrund die Schaffung bzw. Erhaltung von alternativen Freizeit- und Infrastruktureinrichtungen für Jugendliche, um ihnen Aufenthalts- und Beschäftigungsmöglichkeiten zu bieten. Betrachtet man die gesamte Anzahl der Freizeiteinrichtungen, so sind diese für die Größe der Stadt eigentlich ausreichend. Zu konstatieren ist hingegen eine *fehlende altersgruppenspezifische Dezentralisierung von Alternativen im kulturellen Bereich*. Besonders auffällig ist die *Ungleichverteilung von Freizeiteinrichtungen im räumlichen Bezug*, da gerade die neuen Großsiedlungen mit dem höchsten Anteil an Kindern und Jugendlichen vernachlässigt wurden. Eine Beteiligung von Jugendlichen an Planungsprozessen der Stadt hinsichtlich der Nachnutzung kommunaler Einrichtungen durch die Jugendlichen wurde bisher nicht ausreichend gewährleistet. Der *verstärkten Ausdifferenzierung der Interessen und Interessenartikulation bei den Jugendlichen* wurde somit die Stadt bisher kaum gerecht. Ein Defizit an Fachkräften für die stadtteilspezifische Jugend- und Sozialplanung wurde von Vertretern unterschiedlicher Institutionen hervorgehoben.

Die *Defizite an Arbeits- und Ausbildungsplätzen sowie an Angeboten im kulturellen und Freizeitbereich* führten und führen weiterhin zur selektiven Abwanderung vor allem jüngerer Leute. Der Altersdurchschnitt in Eisenhüttenstadt betrug 1995 38 Jahre (1989=35 Jahre) und wird, wenn auch zukünftig in einem verlangsamten Prozeß, weiter steigen. *Mobilitätsprozesse* äußern sich vorrangig durch die *Abwanderung jüngerer Altersgruppen* (drei Viertel der Weggezogenen waren jünger als 35 Jahre). Seit 1989 erfolgte ein *Bevölkerungsrückgang* um ca. 6000 Einwohner. Eisenhüttenstadt hatte im Vergleich der ostdeutschen Städte mit mehr als 50.000 Einwohnern im Zeitraum 1990 bis 1993 den höchsten Wanderungsverlust mit -6,4% hinnehmen müssen (noch vor Dessau mit -6,1%, vgl. Friedrichs 1995:47). Der *negative Wanderungssaldo* war Ende 1989 mit über -2.400 am höchsten. Seit 1993 beträgt der Wanderungssaldo im Durchschnitt -300. Der *natürliche Bevölkerungszuwachs endete* im Sommer 1991, indem erstmalig die Zahl der Sterbefälle höher lag, als die der Geburten. Ausdruck existentieller Verunsicherung von Frauen bzw. Familien ist der *drastische Geburtenrückgang* seit 1989 in Eisenhüttenstadt auf rund ein Drittel (1989=703, 1991=330, 1994=245 Geburten). Die Proportionen zwischen den Anteilen der Bevölkerung im Kindes- und Jugendalter begannen, sich beschleunigt umzukehren. Die Folge ist nicht nur ein verringerter Anteil Kinder und ein steigender Anteil Bürger im höheren Lebensalter, sondern auch eine *sinkende Effizienz der infrastrukturellen Ausstattung,* deren Unterhaltung und Nutzung sowie ein weiteres Abschmelzen der wirtschaftlichen Standortgunst. Dieser negative Trend kann nicht als allgemeiner Trend der Bevölkerungsentwicklung fortgeschrieben werden. Die *Wegzugsbereitschaft* der jüngeren Bevölkerungsgruppen ist dennoch *latent vorhanden* und kann bei Bestehenbleiben der schlechten Ausbildungsstellensituation sowie einer weiteren massiven Verschlechterung der Arbeitsmarktlage schnell wieder in manifestes Verhalten übergehen.

Die *Stadtpolitik* steht in vielen ostdeutschen Städten vor bislang unbekannten Anforderungen der Stabilisierung der sozialen Situation. Gravierend in allen Bereichen und besonders im kommunalen wirkt sich die *Ablösung politischer Mechanismen durch Marktmechanismen* aus. Das soziale System der Städte befindet sich in der Krise (vgl. Sennett 1996). Die Spielräume auf anderen Politikfeldern (Wirtschaftsförderung, Ausbau Infrastruktur, Bildung, Kultur etc.) sind aufgrund der *Finanzknappheit der Kommunen* drastisch eingeschränkt. In Eisenhüttenstadt wird dieser Prozeß insbesondere seit 1995 deutlich (Haushaltsdefizit 1995 mehr als 50 Millionen DM), und die Situation wird sich weiter verschärfen. Die städtischen Institutionen sind zunehmend weniger in der Lage, aus eigener Kraft dem Prozeß des Niederganges entgegenzutreten. Die Steuereinnahmen sind gering, hingegen bestehen die Sozialleistungen und die Kosten zur Finanzierung der sozialen Infrastruktur weiter (vgl. Friedrichs 1995:38). Die *freiwilligen Aufgaben* (Kindergärten, Sport, Jugendförderung, Kultur) der Kommune werden zukünftig weiter abgebaut. Bislang konnten viele soziale Belastungen durch Arbeitsbeschaffungsprogramme, Umschulungs- und Weiterbildungsmaßnahmen, durch die Regelung des Vorruhestandes etc. abgefangen bzw. zeitlich gestreckt werden. Dies wird künftig mit den sinkenden Transferleistungen des Bundes, auslaufenden Sonderregelungen und der Ausbildung eines hohen Sockels von Dauerarbeitslosen nicht mehr wie im bisherigen Maß der Fall sein. Gegenwärtig (Mitte 1996) befindet sich die Kommune in der Diskussion, in welchen Bereichen Sparmaßnahmen vorrangig angesetzt werden müssen. Letztlich wird es auch zu weiteren Einsparungen im Personalbereich der Verwaltung kommen. Die Verschuldung der Stadt muß in Grenzen gehalten werden, damit Alternativen aufgebaut werden können, um z.B. den Wegzug der jungen Generation zu mindern und eine Konsolidierung auch ohne eine staatliche Regulierung zu ermöglichen.

Die Geschichte der Stadt besteht, wie in den vorherigen Kapiteln aufgezeigt, aus einer *Zusammenballung von Sonderfällen.* Die Kontinuität ihrer Entwicklung bestand in der Diskontinuität. Auch nach der Wende stellt sie einen ‚Sonderfall' dar. Die wichtigste Grundlage für ihre weitere Entwicklung, der Erhalt und Ausbau des EKO, wurde durch politische Entscheidungen gesichert. Aus dieser Stellung scheint auch ihre Exklusivität zu erwachsen: Die Tradition der Stadt ist demnach der ‚ständige Sonderfall'. Für die weitere Stadtentwicklung bedeutet dies vorrangig, daß die *Stadt sich von dieser exklusiven Abhängigkeit lösen,* d.h. eine neue Perspektive entwickeln muß. Sie muß sich aus der ‚Verklammerung von Werk und Stadt' befreien, ohne die historischen Besonderheiten zu negieren, sondern diese sinnvoll einsetzen. Dieses Herangehen wird jedoch nachhaltig durch die bereits aufgezeigten Problemlagen erschwert. Hinzu kam die *Veränderung der Regionalstruktur* nach der brandenburgischen Gebietsreform 1994. Diese führte für die Stadt zum Verlust des Status einer kreisfreien Stadt und damit zu einem Rückgang an kommunaler Selbstbestimmung sowie regionaler Zentralität. Die jahrzehntelange Vernachlässigung anderer Städte in der Region durch die politischen Akteure ließ diese Städte nun gegen eine weitere Protektion Eisenhüttenstadts aufbegehren. Die gewachsene Verantwortung der Stadt nach der Wende stellt sich demnach als *Gleichzeitigkeit von Bedeutungszuwachs und Statusverlust* dar. Eine finanzielle Abhängigkeit vom Werk besteht nach wie vor, mit umfassenden Steuereinnahmen kann jedoch erst gerechnet werden, wenn EKO ‚schwarze Zahlen' schreibt (nach EKO-Berechnungen ab 1999).

Es wird auch in Eisenhüttenstadt längerfristig zu einer Vertiefung sozialer Ungleichheit kommen, wobei sich hier – wie in den anderen Städten der neuen Bundesländer – andere Muster als die in der alten Bundesrepublik bestehenden herausbilden werden. Die Frage ist, ob sich diese Prozesse ebenso rasch auf räumlicher Ebene widerspiegeln. Der ‚Markt' setzt sich nicht überall gleich durch, sondern zeitlich gestreckt und räumlich differenziert. Deshalb wird sich eher eine allmähliche Veränderung der aus der DDR überkommenen Segregationsmuster, denn ein Bruch vollziehen. Gerade in Eisenhüttenstadt schlägt sich aufgrund der historischen Spezifik der Stadt die ökonomische Ausdifferenzierung städtischer Bevölkerungsgruppen nicht sofort in *sozialräumlichen Differenzierungsprozessen* nieder. Dieser Prozeß steht erst am Beginn. Eisenhüttenstadt kann von der Substanz seiner ‚jungen Stadtgründung' zehren, die z.B. im qualitativ hohen Ausstattungsgrad der Wohnungen besteht und im Vergleich zu anderen Städten in den neuen Bundesländern herausragt (Bad/Dusche und IWC in 99%, modernes Heizungssystem in 81% der Wohnungen). Hinzu kommt, daß ca. 92% des Wohnungsbestandes kommunales und genossenschaftliches Eigentum sind. So war und ist die Stadt nach der Wende in dieser Beziehung nicht durch eine Extremsituation gekennzeichnet, wie z.B. Leipzig mit seiner großen Anzahl verfallender Wohnbauten, desolater Fabrikgebäude, Schulen und Krankenhäuser, den havariegefährdeten Netzen und Anlagen der Stadttechnik, der extremen Verschmutzung von Wasser, Böden und Luft sowie der hohen Anzahl von Rückübertragungsansprüchen (vgl. Döhler/Rink 1995). Diese Rückgabe-Regelung wirkte insbesondere in großen traditionsreichen Städten als Impuls für den Wohnungs- und Immobilienmarkt, reduzierte jedoch zugleich kommunale sowie staatliche Steuerungsmöglichkeiten, da die Klärung von Eigentumsverhältnissen oft Jahre in Anspruch nimmt. Die wesentlichen Potentiale, über die Eisenhüttenstadt in dieser Beziehung verfügt, basieren demnach auf der kurzen Geschichte der Stadt. Eine Reihe von *Antisegregationsstrategien* (Belegungsschutzregelungen, Wohngeld, Mieterschutzgesetzgebung, länderspezifische Regelungen zur Absicherung besonders gefährdeter sozialer Gruppen) wirken ebenfalls sozialräumlichen Differenzierungsprozessen entgegen. Zunehmend geraten jedoch auch diese Regelungen aufgrund der schlechten finanziellen Situation der Kommune unter Druck. Risiken bestehen dennoch und können den ‚sozialen Stadtplan' in den nächsten Jahren stark verändern: 1.) Die schrittweise *Etablierung eines Immobilien- und Wohnungsmarktes* ist neben der staatlichen und kommunalen Wohnungspolitik ein zunehmender Faktor für Segregationsprozesse. Laut Altschuldenhilfegesetz werden sowohl das städtische Unternehmen Eisenhüttenstädter Gebäudewirtschaft als auch die Wohnungsbaugenossenschaft 15% ihres Bestandes bis zum Jahr 2003 privatisieren. 1995 begannen nach erfolgten Sanierungsprozessen die ersten Verkäufe an die Mieter, allerdings ohne die geplanten Verkaufszahlen zu erreichen. Gründe waren fehlendes Eigenkapital der Mieter sowie Zurückhaltung dieser beim Kauf von Wohnungen in sanierten Plattenbauten. 2.) Seit 1995/96 erfolgt ein *massiver Neubau* von Miet-, Eigentums- und auch Sozialwohnungen in der Stadt sowie Einfamilienhaussiedlungen innerhalb der Stadt und in Stadtrandsiedlungen. Damit wird sich der Anteil des privaten Wohnungsbestandes in den nächsten Jahren erhöhen und im Zusammenhang mit den Sanierungs- sowie Privatisierungsprozessen zu Mietpreisdifferenzierungen führen, die die noch sichtbare homogene Siedlungs- und Sozialstruktur zunehmend auflösen. Der Suburbanisierungsprozeß wird dadurch ‚vorangetrieben'. 3.) Bisher sichtbare sozialräumliche Differenzierungsprozesse entstanden vorrangig auf der Grundlage neuer gesetzlicher Regelungen. Zu den ‚persistenten Merkmalen', die aus der DDR übernommen wurden, zählen auch die langjährigen Mietschuldner. Nach 1989 erfolgter Räumung wurden diese vorrangig aus der Stadt ausgegrenzt, indem die Einweisung z.B. in das Obdachlosenheim erfolgte, welches in einem Stadtgebiet mit ungünstiger Lagequalität und einfacher Wohnbebauung liegt (Bahnhofsgebiet Fürstenberg). Die Schaffung und Verstärkung ‚sozialer Brennpunkte' ist dadurch vorprogrammiert. Im Hinblick auf die ständig steigende Anzahl von Räumungsklagen war die Stadt gefordert, ein wohnungspolitisches Konzept zu entwerfen, mit dessen Erarbeitung jedoch erst Anfang 1996 begonnen wurde. Die dargestellten Prozesse verlangen nach einer eindeutigen Positionierung der Stadtverwaltung und Vermieter, ob zukünftig ein Konzept der Trennung oder lokalen Integration (Mischung) sozialer Problemgruppen erfolgen soll (vgl. Herlyn 1993:252). Erst wenn dieses Konzept erstellt ist, wird Präventivarbeit möglich sein. Gerade in Städten, die sowohl über Gewinner- als auch Verliereranteile verfügen, kann unter Umständen eine forcierte Entwicklung städtischer Armut erfolgen. Einerseits produziert der Arbeitsplatzmangel Armut, andererseits treibt das ‚wohlhabende Drittel' die Lebenshaltungskosten (Wohnkosten) hoch. Es besteht die Gefahr, daß politische Entscheidungsträger die ‚Verlierer' übergehen, sich vorrangig am ‚Wachstumsteil' orientieren und Armut eher als Kostenfaktor ansehen (vgl. auch Alisch/Dangschat 1993:36).

4.) Weiterhin lassen sich folgende Tendenzen anführen, die zu einer stärkeren Ausdifferenzierung führen können: Zunahme des Anteils der Arbeitslosen an den Antragstellern auf Wohngeld, Zunahme des ‚Mietschuldenbergs' der Eisenhüttenstädter Gebäudewirtschaft mit nachfolgender Zunahme der Anzahl der Kündigungen, Zunahme der Mietschuldnerberatung, beginnender Wegzug in Einfamilienhaussiedlungen, Differenzierung der Nachfragen nach Wohnungskauf durch die Mieter (entweder auf der Grundlage vorhandenen Kapitals bzw. als Vorklärung für ein Verlassen der Wohnung). Die Wohnungswechsel/Wohnungstausche erfolgten bis drei Jahre nach der Wende vorrangig nach den Kriterien Lage und Wohnqualität sowie der Wohnungsgröße. Der gegenwärtige Trend geht dahin, auf bezahlbare Wohngrößen zu orientieren.

Die beschriebenen baulichen Veränderungen (Neubau, Sanierung etc.) beeinflussen sozialräumliche Strukturen. Im Zusammenhang mit der *Auf- und Abwertung einzelner Stadtquartiere* werden Segregationsprozesse befördert oder ‚abgehalten'. Nach der Wende wandelte sich die Stadtstruktur hinsichtlich ihrer funktionalen Ordnung, ihrer urbanen Qualität und in ausgewählten städtischen Teilräumen auch in ihrer ästhetischen Erscheinungsweise. Die städtische Entwicklung ist gegenwärtig durch eine *Parallelität von Stillstand, Auf- und Abwertung einzelner Stadtquartiere* gekennzeichnet. Eine Aufwertung ist im Zusammenhang mit der seit 1995 begonnenen Modernisierung der aus den fünfziger Jahren stammenden Wohngebäude in den ersten Wohnkomplexen, mit der Wohnumfeldverbesserung im Neubaugebiet WK VII sowie der Sanierung der Altstadt Fürstenberg vorhanden. Mit der Wohnumfeldverbesserung in der Plattenbausiedlung WK VII soll der Isolation dieses zuletzt erbauten Wohnkomplexes entgegengewirkt werden. In diesem Wohnkomplex besteht eine monofunktionale Infrastrukturausstattung, und die hohe Bevölkerungsdichte kollidiert mit den für die Stadt ‚neuen', in den alten Bundesländern festgelegten Standards. Im Zusammenhang mit dem überproportionalen Anteil Jugendlicher und Familien sowie der für diese Altersgruppen konstatierten höheren Mobilität werden in diesem städtischen Quartier am ehesten Entmischungstendenzen zu verzeichnen sein.

Durch die Sanierung der ersten Wohnkomplexe soll dazu beigetragen werden, den hohen Leerstand in diesem Gebiet (ca. 500 Wohnungen) zu beseitigen. Gleichzeitig erfolgte jedoch auch eine Abwertung dieses Gebietes infolge der Tertiarisierung und unsensibler Verdichtung des Raumes durch die Ansiedlung eines großen Einkaufsmarktes. Die negativen Auswirkungen spürten vor allem der mittelständische Einzelhandel im Zentrum der ersten Wohnkomplexe und die Handelsgeschäfte in Fürstenberg. Insofern trägt auch dieses Einkaufscenter nicht zur Revitalisierung des Stadtzentrums bei. Damit steht Eisenhüttenstadt, wenn auch in abgeschwächter Form, den Fehlentscheidungen zum Aufbau von Subzentren in anderen Städten nicht nach, wie z.B. der Halle-Saale-Park bei Leipzig. Der lange Leerstand und auch Verfall zahlreicher, die Besonderheit der ‚ersten sozialistischen Stadt' zum Ausdruck bringender symbolträchtiger Gebäude stellt ein weiteres Kriterium für die Abwertung einzelner städtischer Quartiere dar.

Der Stillstand besteht in der zeitlichen Verschiebung der Bebauung des Zentrums der Stadt, des Zentralen Platzes. Die historische Entwicklung weist mehrere Versuche auf, diesen Platz zu ‚komplettieren' Letztlich konnte diese ‚Vervollständigung' nie realisiert werden, was im Nachhinein betrachtet im Hinblick auf die architektonischen Ideen nicht unbedingt einen Verlust darstellt. Auch nach der Wende gab es Wettbewerbe zur Bebauung des Platzes, die unterschiedliche Entwürfe und Vorstellungen realisierten, jedoch bisher sowohl aus Kostengründen als auch zur Verhinderung einer weiteren Verschlechterung der Handelsstrukturen nicht umgesetzt wurden. Hier verfügt die Stadt über das Potential, die ‚grüne Mitte' und ein Stück urbaner Kultur zu erhalten.

Wo lassen sich für Eisenhüttenstadt in bezug auf die Stadtentwicklung weitere Potentiale finden? Viele Städte haben ein typisches ‚Image', das stark durch die dort ansässigen Industrie- und Dienstleistungsbranchen geprägt ist (Frankfurt als Bankenzentrum, Düsseldorf als Handels- und Messezentrum, Hannover und Leipzig als Messestädte, Hamburg als Hafenstadt und Zentrum der Printmedien etc., vgl. Friedrichs 1995:53). Diese ‚Etiketten' sind dennoch einseitig und spiegeln nicht das tatsächliche Ausmaß an Differenzierung wider.

Die Stadt sollte demnach vorrangig folgende Aspekte in ihrem Marketing ausbauen, die kurze Zeit nach der Wende im Zuge der Imageänderung zum Opfer fallen sollten. 1.) Eisenhüttenstadt ist die einzige Stadt, die die DDR in ihrem ersten Jahrzehnt errichtete. Sie war die ‚erste sozialistische Stadt', vor allem dokumentiert in der räumlichen Umsetzung dieser Idee. Diese Besonderheit versuchte man, im Zusammenhang mit dem Systemwechsel zu negieren. Empfindlichkeiten verschiedenster Ausprägung bestanden sowohl auf seiten der Politiker als auch der Bewohner. Seit 1995 ist jedoch ein Umdenken zu verzeichnen, das nicht zuletzt durch die Entscheidung zum Ausdruck kommt, das „Museum für Alltagskultur der DDR" in Eisenhüttenstadt aufzubauen. Es existiert eine Fülle von symbolträchtigen Gebäuden aus den fünfziger Jahren, die zu touristischen Anziehungspunkten entwickelt werden könnten. Im Fall des fortgesetzten Leerstandes dieser Gebäude muß mit einem weiteren Symbolverlust gerechnet werden. Die Stadt muß ihre einmalige Geschichte als ‚Marktchance' begreifen. 2.) Auch das Kriterium ‚Stahlstadt' kann stärker hervorgehoben werden, denn mit der endgültigen Vervollständigung des metallurgischen Zyklus im EKO erfolgt die Errichtung eines der modernsten Werke Europas. 3.) Für die Ansiedlung von Investoren und zur Charakterisierung der Region sollte der Aspekt, der im Stadtmarketing bisher vorrangig im Mittelpunkt stand, weiterhin verfolgt werden: Die Darstellung Eisenhüttenstadts als Stadt im Grünen, als Stadt mit einem hohen Freizeitwert, die Einbettung in das Schlaubetal sowie die Nähe des Klosters Neuzelle. Die Hervorhebung der altstädtischen Strukturen sowie des lokalen Milieus in Fürstenberg und Schönfließ im Prozeß einer „forcierten Retraditionalisierung" sollte im Zusammenhang mit der historischen Entwicklung der Gesamtstadt erfolgen.

Grundsätzlich muß davon ausgegangen werden, daß die Pluralisierung von Lebensstilen eine Ausdifferenzierung der Stadtpolitik verlangt. Die Kommunalpolitik muß sich zukünftig an den Interessen der verschiedenen städtischen Gruppen orientieren, was z.B. auch den Einsatz flexibler Stadtmarketingstrategien für unterschiedliche Gruppen (Unternehmen, Jugendliche, Touristen etc.) sowie die Beachtung der Interessendifferenzierung in verschiedenen Bereichen (Wirtschaft, Kultur, einzelne Stadtteile etc.) bedeutet. Gerade in Eisenhüttenstadt fällt diese Umstellung schwer, da fast vierzig Jahre lang die Alltagsorganisation und das städtische Leben durch den Großbetrieb EKO dominiert wurden. In diesem Zusammenhang verfügt die Stadt noch über einen gewissen ‚Verliereranteil', da die Ausstattung der kommunalen Kultur- und Freizeitinfrastruktur den Nachfrageverschiebungen (z.B. hin zu Fitneß, Squash, Medien, differenzierte Angebote an Gaststätten, Cafes und ‚Kneipen') noch nicht entspricht. Dies kollidiert insbesondere mit den Interessen der Jugend und wirkt als Verstärker für Abwanderungsprozesse. Opfer sind, das zeichnet sich gegenwärtig bereits ab, die traditionellen Kultureinrichtungen, wie das Friedrich-Wolf-Theater und die ehemaligen Klubhäuser.

Eine weitere Besonderheit Eisenhüttenstadts besteht nach wie vor in der guten Ausstattung mit Einrichtungen der *sozialen Infrastruktur*, die ein Resultat der besonderen politischen und städtebaulichen Rolle der Stadt in der Vergangenheit ist. Hier verfügt die Stadt über einen wesentlichen Modernisierungsvorsprung (Habermas 1990) gegenüber den alten Bundesländern. Dieses Potential kollidiert zunehmend mit der verschlechterten Finanzsituation der Kommune sowie dem gravierenden Geburtenrückgang, der z.B. zur Schließung von Kinderbetreuungseinrichtungen führt. Ähnliche Prozesse sind im Kultur- und Freizeitbereich nachvollziehbar. So führt die Überformung mit neuen Systemstrukturen sowie Interessenveränderungen zum *Potentialabbau*. Nach dem Wegbruch vieler auch über das EKO gestützter Einrichtungen entstand nach der Wende ein Vakuum, welches teilweise durch die Neugründung von Vereinen und Institutionen aufgelöst wurde. Auch wenn Vereine und Verbände, die sozial-integrativ und identitätsstabilisierend wirken können, bisher nicht in dem Umfang existieren, der für die alten Bundesländer charakteristisch ist, besteht in Eisenhüttenstadt eine breite Ausgangsbasis. In diesem Bereich vollzieht sich gegenwärtig ein Prozeß der *Auslese städtischer Vereine und Institutionen*, der mehrere Ursachen hat: 1.) Die Basis der Vereinsarbeit in Eisenhüttenstadt und den neuen Bundesländern allgemein stellt nicht vorrangig ehrenamtliches Engagement, sondern die Vielzahl an ABM im sozialen Bereich dar. Mit dem Auslaufen dieser Stellen, der Einschränkung von Förderprogrammen sowie der verschlechterten finanziellen Situation der Kommune fallen Arbeitsplätze und Arbeitsinhalte weg. 2.) Bestehende Vereine werden zu ‚Konkurrenten', und die verbleibenden müssen den ‚Fördermittelkuchen' untereinander aufteilen. Es entstehen Unsicherheiten bei dem jeweiligen Klientel, was sich besonders bei Randgruppen negativ auswirkt.

Die Brüche im Erwerbskontext führen auch zu Veränderungen *in den Sozialbeziehungen*. Die Etablierung sozialer Netzwerke war in der DDR vor allem an die Arbeitswelt gebunden, die nach 1989 einen erheblichen Wandel vollzog. Die in der Bundesrepublik weitverbreitete Verwandtschaftsorientierung bei der Herausbildung von Netzwerken war in Eisenhüttenstadt anhand der Interviews nicht nachvollziehbar, es existiert eher eine Orientierung auf die Kernfamilie. Dies kann auf die historische Spezifik der Stadt in bezug auf die ‚drei Bevölkerungsschübe' zurückgeführt werden, die für die jeweilige Zuzugsgeneration die Ablösung aus dem engeren Familienkreis an den Heimatorten bedeutete. Unterstützungsnetzwerke scheinen sich demnach besonders in Eisenhüttenstadt eher auf den Freundeskreis aufzubauen, denn auf Verwandtschaftsverhältnissen. Während für Erwerbstätige eine *Reduzierung des Umfangs sozialer Netzwerke* aufgrund des geringeren Zeitvolumens angegeben wird, ist für Erwerbslose die Aufrechterhaltung der bestehenden Netzwerke eher ein finanzielles und ein Statusproblem. Da eine häufige Übereinstimmung von Arbeits- und Freizeitkollektiv bestand, durch die sich Freundschaftsbeziehungen und soziale Netzwerke entwickelten, sind in diesem Bereich auch die einschneidensten Veränderungen vor sich gegangen. Diese Netzwerke sind durch den Verlust von Erwerbsarbeit am ehesten in Auflösung begriffen. Aber auch generell ist durch Konkurrenzen im Arbeitsprozeß die Identität von Kollegen- und Freundeskreis kaum noch gegeben. Es kommt zu einer *Vertiefung sozialer Netzwerke im außerberuflichen Bereich*. Es erfolgt jedoch nicht ein Rückgriff auf die familiären Netzwerke, sondern in größerem Maß werden Vereine zum Aufbau von sozialen Netzwerken im Freizeitbereich genutzt. Darüber hinaus kann konstatiert werden, daß auch die Nachbarschaftsbeziehungen nach wie vor einen Integrationsfaktor darstellen. Dennoch wird der von Hradil (1995) als Zukunftspotential für Modernisierungsprozesse definierte Gemeinschaftssinn der Ostdeutschen immer geringer, je mehr öffentliche und privatwirtschaftliche Institutionen die *Entfunktionalisierung nachbarschaftlicher Beziehungen* befördern.

Der gesellschaftliche Wandel führte zu einer relativ schnellen und grundlegenden Umstrukturierung des Institutionensystems. Im Gegensatz dazu ist bei der *Veränderung des städtischen Werte- und Normensystems* von einem differenzierten und langandauernden Prozeß auszugehen. Im Hinblick auf vier Dimensionen wurde dies deutlich: Während Straßennamen schnell ihrer Bezeichnung entledigt wurden, ergab sich nach der Wende eine längere Diskussion um die Änderung des Stadtnamens. Auch in dieser Hinsicht läßt sich eine weitere Entwicklungslinie aufzeigen. Drei Namenswechsel hatte die ‚junge Stadt' in ihrer kurzen Geschichte erlebt: 1953 von ‚EKO-Wohnstadt Fürstenberg' zu ‚Stalinstadt' und 1961 von ‚Stalinstadt' zu ‚Eisenhüttenstadt'. Die politische Lage der DDR spiegelte sich immer im Namen der Stadt wider, also war es nur logisch, daß mit dem ‚Verschwinden' des Landes 1990 die Diskussion um eine erneute Umbenennung wieder auftauchte. Schließlich hatten es Karl-Marx-Stadt (Chemnitz) und in nächster Nähe Wilhelm-Pieck-Stadt (Guben) auch ‚geschafft'. Die Umbenennung Eisenhüttenstadts wurde jedoch mehrheitlich von der Bevölkerung und Kommunalpolitikern mit der Begründung abgelehnt, daß der Name die enge Verbindung von Region, Stadt und Werk noch immer dokumentiere. ‚Eisenhüttenstadt' war mittlerweile durch den Kampf um den Erhalt des EKO weit bekannt, der Name bedeutete Identität. Diese Entscheidung für die Beibehaltung des Namens kann eher als eine pragmatische, denn ‚ideologische' angesehen werden. Von Beginn des Stadtaufbaus an entsprachen die der ‚sozialistischen Stadt' durch die Politik zugeschriebenen Merkmale in bezug auf die Herausbildung eines ‚neuen Menschen' nicht der realen sozialistischen Entwicklung mit ihren krisenhaften Erscheinungen. Auch die anfänglich experimentelle ‚Retortensituation' konnte krisenhafte Entwicklungsprozesse nicht abhalten. Die ‚Idee' der sozialistischen Stadt wurde vorrangig nur in ihrem räumlichen Ausdruck umgesetzt. In diesem Punkt – der baulich-räumlichen Umsetzung eines Gesellschaftsideals – gleicht sie anderen Retortenstädten, wie Wolfsburg oder Salzgitter.

Anhand der Definition des ‚Sozialistischen' der Stadt durch deren Bewohner läßt sich die zweite untersuchte Dimension aufzeigen. Der Begriff ‚sozialistisch' wurde in seiner positiven Ausrichtung auf den ‚sozialen Charakter der Stadtanlage' in den ersten Wohnkomplexen sowie die günstige Versorgungssituation in der Stadt bezogen. Als das ‚SOZIAListische' wurde vor allem von Frauen die überdurchschnittlich gute Versorgung mit modernen Wohnungen und Infrastruktureinrichtungen definiert, die eine bessere Vereinbarkeit von Familie und Beruf garantierte. In der negativen ‚sozialistischen' Ausrichtung wurden Dogmatismus und Reglementierung durch Parteifunktionäre in unterschiedlichen Institutionen der Stadt angeführt. Ein Großteil der Funktionäre politischer und gesellschaftlicher Organisationen, die beruflich nach Eisenhüttenstadt kamen, hatten sich zuvor in anderen Städten und Einrichtungen ‚verdient' gemacht. Kritisiert wurde die Vorreiterrolle der Stadt bei der Einführung sozialistischer Feierlichkeiten, die von ‚oben' initiiert erstmals in Stalinstadt ‚getestet' wurden.

Die enge Verbindung von Werk und Stadt sorgte für eine gute Ausstattung auch im kulturellen Bereich, der zu kollektiven Gemeinschaftserlebnissen verhalf. Der Wegfall dieser Möglichkeiten, die aus der Abgabe der Funktion des ‚EKO als Sozialagentur' resultieren, wird als erheblicher Verlust empfunden. Die betrieblich organisierten Feierlichkeiten hatten sich zu einer Tradition in der gesamten Stadt entwickelt, die nach 1989 rigoros abgebrochen wurde. Diese Art ‚Traditionen' sind gesellschaftlich entwertet und deren ‚Symbole' nicht mehr tragbar. Diese ‚Symbole' waren z.B. die ‚politisch inszenierten Öffentlichkeiten' (Feiertage, Aufmärsche, Demonstrationen). Statt dessen wird in der Stadt auf eine *forcierte Retraditionalisierung* orientiert, die in der Hervorhebung und Beachtung von Spezifika der lang vernachlässigten Ortsteile Schönfließ und Fürstenberg besteht. Fürstenberg mit seinen revitalisierten Traditionen kann die Funktion als Impulsgeber für die gesamte Stadt jedoch nicht übernehmen.

Die Stadt tat sich schwer mit dem Erbe der Vergangenheit, und erst fünf Jahre nach der Wende setzte eine Orientierung auf die Nutzung vorhandener Potentiale der ‚ersten sozialistischen Stadt' ein. Nach einer Phase der Orientierungslosigkeit wird man sich nun dem ‚Wert der Exklusivität' wieder bewußt. Für die Einwohner machte sich die Exklusivität der Stadt an einer besseren Versorgungslage und somit Privilegierung gegenüber anderen Städten fest. Wirkliche Identifikation mit der Stadt in ihrer ideologisch ursprünglich geplanten Ausrichtung entwickelte jedoch nur ein geringer Teil der Bevölkerung, der vorrangig zur ersten Generation in der Stadt gehörte und sowohl Werk als auch Stadt mit aufgebaut hatte. Die hohe Bevölkerungsintegration und die Mitgestaltungsmöglichkeiten in den Anfangsjahren ließen Werk und Stadt zu ‚ihrem Werk' und ‚ihrer Stadt' werden. Für die nachfolgenden Zuzugsgenerationen ist eher eine neutrale Positionen und ein pragmatisches Verhältnis zur Stadt kennzeichnend.

Das seit der Gründung von Werk und Stadt bestehende konfliktäre Verhältnis zwischen Fürstenberg und Eisenhüttenstadt spiegelt sich auch in der Einstellung eines Großteils der Fürstenberger wider. Sie nehmen eine Distanzhaltung ein, die sich in den Bemühungen um eine formale Abgrenzung als eigenständiger Ortsteil niederschlagen. Seit 1989 werden die bis zur Wende ausgegrenzten Ortsteile in die Stadtentwicklung einbezogen, was sich letztlich in der Mitarbeit der Bürgervereinigung im kommunalen Parlament, in der forcierten Sanierung der Altstadtstrukturen sowie der Unterstützung bei der Wiederbelebung von Traditionen äußert.

Diese unterschiedlichen Einstellungen, die sich generationsspezifisch und stadtteilspezifisch herausgebildet hatten, veränderten sich auch nach 1989 nur unwesentlich. Neue Möglichkeiten demokratischer Mitbestimmung wurden zur Interessenartikulation genutzt und ließen differenzierte Haltungen erst nach 1989 in der Öffentlichkeit sichtbar werden.

Was bleibt als Ausblick für die weitere Stadtentwicklung festzuhalten? Wenn es gelingt, den EKO-Ausbau so zu gestalten, daß die regionale Wirtschaft davon profitiert, den gewerblichen Bereich (Mittelstand) zu stärken, den Kampf um die Ansiedlung einer Fachhochschule weiterzuführen, das brachliegende Potential an erfahrenen Arbeitskräften zu nutzen, Traditionen in den altstädtischen Ortsteilen wieder aufleben zu lassen und die Geschichte der Stadt als Chance für ihre Darstellung nach außen zu begreifen, dann sind wesentliche Voraussetzungen für die angestrebte Vitalisierung des städtischen Lebens in Eisenhüttenstadt geschaffen. Auch wenn die Merkmale für die Lebensqualität von Städten – Wohnen, wirtschaftliche Lage, Infrastruktur, Umweltbedingungen, Bevölkerungsentwicklung – in Eisenhüttenstadt nach wie vor ‚im Wandel' begriffen sind, besitzt die Stadt das Potential für den ‚zweiten Aufbruch'.

Anhang

Tabelle 1: Flüchtlinge und Übersiedler von 1949-1989 aus der Deutschen Demokratischen Republik (einschließlich Ostberlin) in die Bundesrepublik Deutschland (inklusive Westberlin, in absoluten Zahlen)

Jahr	Flüchtlinge	darunter Übersiedler	Freikäufe politischer Häftlinge	Insgesamt
1949	129.245	-	-	129.245
1950	197.788	-	-	197.788
1951	165.648	-	-	165.648
1952	182.393	-	-	182.393
1953	331.396	-	-	331.396
1954	184.198	-	-	184.198
1955	252.870	-	-	252.870
1956	279.189	-	-	279.189
1957	261.622	-	-	261.622
1958	204.092	-	-	204.092
1959	143.917	-	-	143.917
1960	199.188	-	-	199.188
1961	207.026	-	-	207.026
1962	16.741	4.624	-	21.365
1963	12.967	29.665	8	42.632
1964	11.864	30.012	880	41.876
1965	11.886	17.666	1.160	29.552
1966	8.456	15.675	400	24.131
1967	6.385	13.188	550	19.573
1968	4.902	11.134	700	16.036
1969	5.273	11.702	850	16.975
1970	5.047	12.472	900	17.519
1971	5.843	11.565	1.400	17.408
1972	5.537	11.627	730	17.164
1973	6.522	8.667	630	15.189
1974	5.324	7.928	1.100	13.252
1975	6.011	10.274	1.150	16.285
1976	5.110	10.058	1.490	15.168
1977	4.037	8.041	1.470	12.078
1978	3.846	8.271	1.480	12.117
1979	3.512	9.003	900	12.515
1980	3.988	8.775	1.010	12.763
1981	4.340	11.093	1.584	15.433
1982	4.095	9.113	1.491	13.208
1983	3.614	7.729	1.105	11.343
1984	3.651	37.323	2.236	40.974
1985	3.484	21.428	2.676	24.912
1986	4.660	21.518	1.536	26.178
1987	6.252	12.706	1.247	18.958
1988	9.718	27.939	1.083	39.832
1989	-	-	-	343.854

Quellen: Thomas Ammer, „Stichwort: Flucht aus der DDR", Deutschland-Archiv, 22 (1989), S. 1207, und Hartmut Wendt, „Die deutsch-deutschen Wanderungen", Deutschland-Archiv, 4 (1991), S. 390.

Anhang 1
Flüchtlinge und Übersiedler aus der DDR 1949 bis 1989 (Hirschmann 1992)

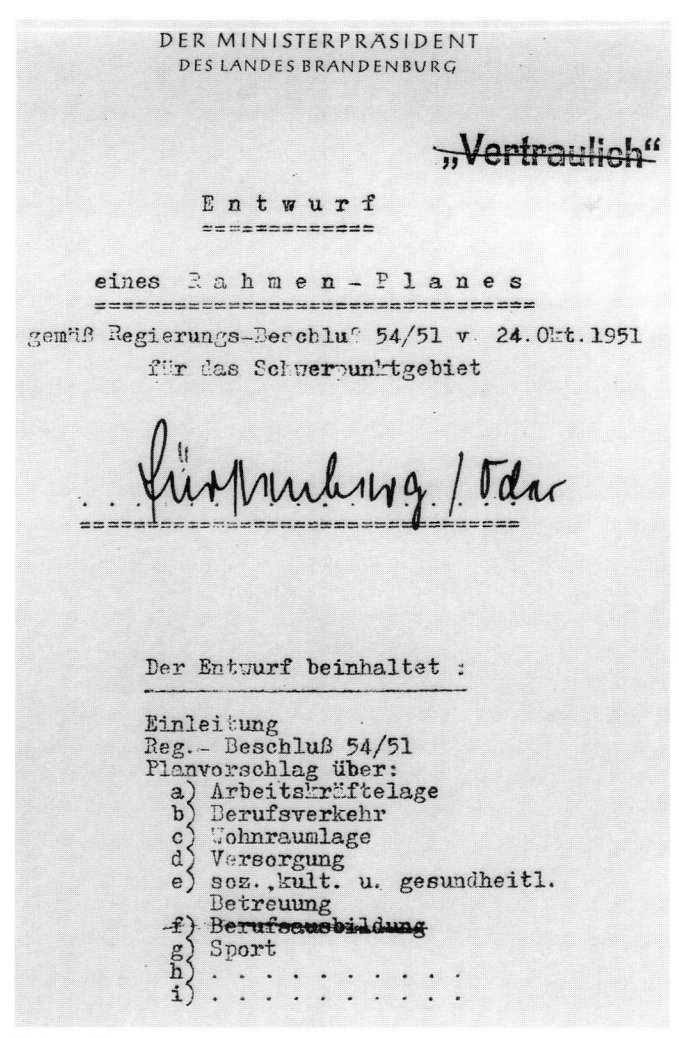

DER MINISTERPRÄSIDENT
DES LANDES BRANDENBURG

„Vertraulich"

E n t w u r f
==============

eines R a h m e n - P l a n e s
======================================

gemäß Regierungs-Beschluß 54/51 v. 24. Okt. 1951

für das Schwerpunktgebiet

...Fürstenberg./.Oder
=======================

Der Entwurf beinhaltet :

Einleitung
Reg.- Beschluß 54/51
Planvorschlag über:
a) Arbeitskräftelage
b) Berufsverkehr
c) Wohnraumlage
d) Versorgung
e) soz., kult. u. gesundheitl. Betreuung
f) ~~Berufsausbildung~~
g) Sport
h) . . . .
i) . . . .

Anhang 2
Der Regierungsbeschluß Nr. 54/51 „Mitarbeit der Organe der örtlichen staatlichen Verwaltungen bei der Durchführung der Schwerpunktaufgaben des Fünfjahresplanes" wurde gemäß einer Direktive der Staatlichen Plankommission vom 4. 10. 1951 herausgegeben. Er war für die Landesregierungen und Organe der örtlichen staatlichen Verwaltungen bindend (A 747/120)

Anhang 3
Einladung zur feierlichen Inbetriebnahme des Hochofens I im September 1951 (A 263)

Anhang 4
Plan zur Vorbereitung des Staatsaktes zur Namensgebung Stalinstadt am 7. Mai 1953 (SAPMO-BArch, ZPA, DY 30/J IV 2/3-375, S. 63 – 71, Anlage Nr. 7 zum Protokoll Nr. 24/53 vom 13. April 1953)

- 2 -

3. Für die Angehörigen der Intelligenz ist eine technisch-wissenschaftliche Beratung durchzuführen, zu deren Beginn eine Lektion gelesen wird über die "Stalin'sche Lehre von der Rolle der Intelligenz beim Aufbau des Sozialismus".
Lektor: Genosse Schreiber
(II. Sekretär der Kreisleitung EKO)
Termin: 20.4.1953
Anleitung und Kontrolle: Genosse Zimmermann.

4. Vor den Jugendlichen des Werkes wird eine öffentliche Lektion gelesen mit dem Thema:
"Lernt von Josef Wissarionowitsch Stalin, dem großen Lehrmeister der deutschen Jugend beim Aufbau des Sozialismus".
Lektor: Genosse Neumann (I.Sekretär FDJ-Bezirks-Leitung)
Termin: 20.4.1953
Ziel dieser Lektion muß sein, die Übernahme von Einzel- und vor allem Kollektivverpflichtungen mit dem Inhalt:
a) Studium der Werke des Genossen Stalin
b) Qualifizierung auf fachlichem Gebiet
c) Erhöhung der Verteidigungsbereitschaft.

5. Mit den Bauarbeitern der Bau-Unionen sind Beratungen durchzuführen unter dem Motto:
"Stalin und die Architektur"
Hierbei ist besonders auf die architektonische Gestaltung in der ersten sozialistischen Stadt einzugehen.
Termin: 25.4.1953
Verantwortlich: Genosse Heinz Schmidt
(Mitglied des Sekretariats der Kreisleitung EKO)
(Es soll versucht werden, die Genossen Professor Henselmann oder Dr. Kurt Liebknecht zu bekommen).

6. Die Abteilung Agitation und Propaganda erarbeitet bis zum 10.4.1953 einen Losungsplan (60 Losungen)
Hauptmotiv dieser Losungen ist: "Stalin, der Baumeister des Sozialismus".
Verantwortlich: Genosse Pelz
Kontrolle: Genosse Richter

7. Die Kreisleitung des EKO berücksichtigt bei der Aufstellung des Planes zur Sichtwerbung vor allem die Ausgestaltung von "Roten Ecken" im Werk selbst.
Verantwortlich: Genosse Dahinten
Termin für die Aufstellung des Planes: 10.4.1953
Termin für die Ausgestaltung der Ecken: 20.4.1953

- 3 -

8. Leitartikel im Neuen Tag zum 7.Mai 1953 über die "Bedeutung der Namensgebung und des damit verbundenen Staatsaktes".
Verantwortlich: Genosse Grüneberg
Termin: 1.5.1953

9. Auf den Lokalseiten Frankfurt/Oder, Fürstenberg/Oder und EKO erscheinen ab 12.4.1953 Aufrufe an die Bevölkerung und Losungen zur Vorbereitung des Staatsaktes.
Zum 7.5.1953 werden Spitzenartikel der 1. Kreissekretäre veröffentlicht.
Verantwortlich: 1. Kreissekretäre

10. a) Richtungsweisende, grundsätzliche Artikel über die Bedeutung des Staatsaktes und die Namensgebung sowie agitatorische Artikel sind zu veröffentlichen.
Ausarbeitung eines Presseplanes dafür bis zum 15.4.1953
b) Laufende Veröffentlichungen von Selbstverpflichtungen aus Anlaß des Staatsaktes ab 15.4.1953 in der Presse auf Haupt- und Lokalseiten. Dafür ist eine besondere Rubrik einzurichten.
Verantwortlich: Genosse Schultheiß
Termin: laufend

11. Die Kreissekretariate Frankfurt/Oder, Fürstenberg/Oder und EKO erarbeiten bis zum 10.4.1953 Pläne für den Einsatz von Agitatoren zur Erreichung der Mitarbeit der Bevölkerung bei der Ausgestaltung und der Großkundgebung anläßlich des Staatsaktes.
Verantwortlich: 1. Kreissekretäre
Termin: 10.4.1953
Kontrolle: Genosse Richter

Es sind Diskussionsabende zu organisieren über die Bedeutung des Staatsaktes
Verantwortlich: Genosse Wettengel
Termin: 25.4.1953

12. Die 1. Kreissekretäre werden beauftragt, mit den Sekretären der Betriebs- und Ortsparteiorganisationen, die an der Anfahrtstrecke liegen, Beratungen durchzuführen mit dem Ziel, die aktive Mitarbeit der Parteiorganisationen zur Mobilisierung der Bevölkerung zu erreichen.
Verantwortlich: 1. Kreissekretäre
Termin: 15.4.1953
Kontrolle: Genosse Richter

13. Die Abteilung Agitation-Propaganda wird beauftragt, einen Plan zu entwerfen, der die Auflage von Transparenten, Bildern und Fahnen aus den einzelnen Kreisen des Bezirkes festlegt. z.B. Fürstenwalde liefert 200 Transparente, 20 Transparente, 10 Bilder
Verantwortlich: Genosse Richter
Termin für die Fertigstellung des Planes: 10.4.1953

- 4 -

14. Bis zum 15.4.1953 wird eine Beratung mit den Sekretären der Massenorganisationen im Bezirk durchgeführt, um die Mitarbeit dieser Organisationen zu erreichen.
Verantwortlich: Genosse Katz

15. Die Kreisleitungen Frankfurt/Oder, Fürstenberg/Oder und EKO werden beauftragt, bis 10.4.1953 einen genauen Plan auszuarbeiten, um die Spalierbildung zum Staatsakt durch die Bevölkerung, Jugend und Schulen zu organisieren.
Verantwortlich: 1. Kreissekretäre
Kontrolle: Genosse Katz

16. Die Kreisleitung EKO wird beauftragt, dafür Sorge zu tragen, daß nach einem genauen Plan die gesamte Wohnstadt, d.h. die Häuserfronten, einheitlich aber trotzdem individuell ausgeschmückt werden.
Verantwortlich: 1. Kreissekretär
Kontrolle: Genosse Richter

17. Die Kreisleitung EKO entwirft einen genauen Lageplan zur Ausgestaltung des Festplatzes und für den Aufmarsch der Delegationen zur Kundgebung. Dazu müssen mindestens 100 Ordner ebenfalls nach einem Plan eingesetzt werden.
Verantwortlich: Genosse Dahinten
Termin: 10.4.1953
Kontrolle: Genosse Richter, Genosse Katz

18. Alle Kreisleitungen werden beauftragt, dafür Sorge zu tragen, daß die Delegationen mit entsprechenden Transparenten, Losungen, Fahnen und Bildern zur Kundgebung erscheinen, aus denen ersichtlich ist, aus welchen Betrieben, Orten und Städten die Delegationen kommen.
Verantwortlich: 1. Kreissekretäre

19. Die FDJ-Bezirksleitung organisiert die Teilnahme von mindestens 1000 Jungen Pionieren zum Staatsakt.
Verantwortlich: Genosse Neumann
Kontrolle: Genosse Plöger

Organisatorischer Plan:

1. Zur Durchführung aller Aufgaben wird ein Organisationskomitee gebildet, das aus folgenden Genossen besteht:

a) Gesamtleitung:
Genosse Grötschel   MdI
Genosse Neumann   Präsidialkanzlei
Genosse Sorgenicht   Koordinierungs- und Kontrollstelle
Genosse Richter   Zentralkomitee
Genosse Grüneberg   1. Sekretär der Bezirksleitung
Genosse Peplinski   Vorsitzender des Rates des Bezirkes

- 5 -

b) Unterkomitees
Die Unterkomitees arbeiten unter Leitung des Genossen Wildberger.

1. Unterkomitee:	Organisation	Genosse Katz
2. "	Transport u. Verkehr	Genosse Schulz
3. "	Kundgebung und Ablauf	Genosse Glashagen
4. "	Kultur-Programm	Genosse Plöger
5. "	Einl. und Versorgung	Genosse Springer
6. "	Prop.- u. Agitation	Genosse Richter
7. "	Sichtwerbung und Ausgestaltung	Genosse Ulbricht

außerdem folgende Genossen:
Genosse Dahinten   1 Vertreter   HVP
Genosse Ebert   1 Vertreter   MfS
Genosse Höcker
Genosse Wettengel

2. Die Bezirksbehörde der Volkspolizei arbeitet einen genauen Einsatzplan zur Sicherung des Staatsaktes aus.
Verantwortlich: Genosse Kottulan
Kontrolle: Genosse Grüneberg
Termin: 25.4.1953

3. Die Kreisleitung EKO organisiert Anträge an das Zentralkomitee um Teilnahme einer Delegation aus der Sowjetunion, aus Magnitogorsk und einer polnischen Delegation aus Nova-Huta
Verantwortlich: Genosse Dahinten
Termin: 10.4.1953

4. Als Ehrengäste des Staatsaktes werden teilnehmen:
1. Vertreter des Zentralkomitees der SED
2. Vertreter der Regierung der Deutschen Demokratischen Republik
3. Vertreter der SKK
4. Die Chefs der Diplomatischen Missionen
5. 24 Aktivisten des EKO
6. 10 Genossen aus dem Bezirk (Sekretäre der Bezirksleitung, Vorsitzender des Rates des Bezirks Frankfurt/Oder)

5. Die Kreisleitung EKO stellt den Antrag an das Zentralkomitee, eine Statue Josef Wissarionowitsch Stalin's zu erhalten.
Verantwortlich: Genosse Dahinten
Termin: 10.4.1953

6. Bei der Kreisleitung EKO wird ein Org.-Büro eingerichtet, welches ab 25.4.1953 seine Arbeit aufnimmt.
Die Vorbereitung dazu schafft der Genosse Dahinten
Verantwortlich: Genosse Katz

— 6 —

7. Aufstellung einer Übertragungsanlage mit mindestens 10 Tonsäulen erfolgt durch Oberpostdirektion Berlin
   Verantwortlich: Genosse Grötschel
   Termin: 6.5.1953

8. Vor Beginn der Kundgebung um 14.00 Uhr, ist ein Imbiß vorzubereiten für etwa 20 Personen
   Vorschlag für Speisekarte: Genosse Binder
   Verantwortlich: Genosse Naumann

9. Die Abteilung Wirtschaft wird beauftragt, dafür Sorge zu tragen, daß bis zum 15.4.1953 ein genauer Fahrplan speziell für Sonderzüge nach Fürstenberg/Oder ausgearbeitet wird (einschließlich der Züge aus anderen Bezirken)
   Verantwortlich: Genosse Schulz
   Termin: 15.4.1953
   Kontrolle: Genosse Kormoneit

10. Die Abteilung Verkehr beim Rat des Bezirkes wird beauftragt, bis zum 15.4.1953 einen Plan zum Sondereinsatz von Omnibussen zur Kundgebung aufzustellen.
    Verantwortlich: Abteilung Verkehr beim Rat des Bezirkes
    Anleitung und Kontrolle: Genosse Schulz, Abteilung Wirtschaft, Bezirksleitung

11. a) Der Rat der Stadt trägt dafür Sorge, daß die Wohnstadt den Erfordernissen des Staatsaktes entspricht
    Verantwortlich: Genosse Wettengel
    Termin: 1.5.1953

    b) Der Rat des Bezirkes trägt dafür Sorge, daß alle Gemeinden und Kreise angewiesen werden, daß die Zufahrtsstraßen, vor allem der Wohnstadt, den Erfordernissen des Staatsaktes ebenfalls entsprechen.
    Verantwortlich: Genosse Peplinski
    Termin: 1.5.1953

12. Zur Mobilisierung der Massen zur Teilnahme am Staatsakt stellt die Abteilung Leitende Organe der Bezirksleitung einen Plan auf, nach dem alle Kreise des Bezirkes und darüber hinaus die angrenzenden Bezirke, vor allem Cottbus, mit entsprechenden starken Delegationen aufwarten.
    Ziel dieser Aktion muß die Beteiligung von 25 000 Menschen sein.
    Hierbei ist jedem Kreis ein genaues Soll zu stellen.
    Hauptsächlich ist Wert zu legen auf Delegationen aus LPG, MTS, VEG und aus den Dörfern sowie Industriebetrieben.
    Verantwortlich: Genosse Katz
    Termin: 10.4.1953

— 7 —

13. Beim Aufmarsch der Delegationen, insbesondere aus den LPG muß ein farbenprächtiges Bild geschaffen werden. z.B.: Spreewälderkostüme, Zimmerleute, Maurer, Eisenbahner, JP, FDJ, GST usw. erscheinen in ihren Trachten bzw. Uniformen.

14. Die Gesellschaft Sport und Technik beteiligt sich bei der Kundgebung mit Ausrüstung und Geräten, wobei der Bezirk Cottbus ebenfalls starke Delegationen entsendet.
    Verantwortlich: Genosse Griese

15. Die Kreisleitung EKO bestimmt einen Platz für die Aufstellung eines Triumph-Eogens mit der Inschrift:
    "Eisenhüttenkombinat J.W. Stalin".
    Verantwortlich: Genosse Dahinten

16. Anläßlich des Staatsaktes ist nachmittags ein Volksfest zu organisieren, das mit einem Feuerwerk seinen Abschluß findet. Aufstellung eines Programms bis 20.4.1953
    Verantwortlich: Genosse Plöger

17. Zur Betreuung der 25 000 Kundgebungsteilnehmer ist dafür Sorge zu tragen, daß die HO und der Konsum von Beginn des Staatsaktes bis zur Beendigung des Volksfestes genügend Lebensmittel zur Verfügung haben und Imbißzelte aufgestellt werden.
    Verantwortlich: Genosse Springer

18. Die Verpflichtungserklärung des Genossen Wettengel zum Abschluß der Großkundgebung muß bis zum 25.4.1953 dem Sekretariat der Bezirksleitung vorgelegt werden.
    Verantwortlich: Genosse Dahinten

19. Als Tribüne wird die am Ostflügel der Schule befindliche Treppe ausgebaut und 60 Stühle für das Orchester bereitgestellt.
    Verantwortlich: Genosse Wettengel
    Termin: 1.5.1953

20. An der Schule in der Stalinstadt wird in 1 Meter großen Buchstaben (Goldfarbe) der Name "Stalinstadt" angebracht, welcher bei der Kundgebung feierlich enthüllt wird.
    Verantwortlich: Genosse Dahinten
    Termin: 25.4.1953

21. Für die Ausgestaltung des Ostflügels der Schule wird ein Entwurf angefertigt.
    Verantwortlich: Genosse Dahinten
    Termin: 15.4.1953
    Anleitung und Kontrolle: Genosse Ulbricht, Bezirksleitung

— 8 —

III. Programm und Ablauf am 7. Mai 1953

10.30 Uhr   Empfang der Regierungsdelegation am Ende der Autobahn von Frankfurt/Oder durch den Genossen Grüneberg und den Genossen Peplinski

10.50 Uhr   Weiterfahrt nach Frankfurt/Oder
            an der Spitze motorisierte Abordnung
            a) Sport und Technik
            b) FDJ
            mit Fahnen

13.00 Uhr   Fahrt durch Frankfurt/Oder, durch festlich geschmückte Gemeinden bis zur Wohnstadt

14.00 Uhr   Empfang durch:
            a) Oberbürgermeister Wettengel
            b) Delegation der Jungen Pioniere und FDJ
            c) Delegation der Arbeiter und Bauern

14.30 Uhr   Nationalhymne, Orchester der HVDVP

14.45 Uhr   Eröffnung durch den 1. Sekretär der Bezirksleitung, Genossen Grüneberg

15.00 Uhr   Referat des stellvertretenden Ministerpräsidenten und Generalsekretär der SED, Genossen Walter Ulbricht

16.00 Uhr   Feierliche Namensgebung

16.15 Uhr   Verpflichtung des Oberbürgermeisters im Namen der Stadtbevölkerung anläßlich der Namensverleihung
            Abschluß: Die Internationale
            (Orchester der HVDVP)

16.30 Uhr   Gemeinsames Essen mit geladenen Gästen im Kulturhaus

bis 17.30 Uhr   Abfahrt zum EKO

17.45 – 18.45 Uhr   Besichtigung des Werkes
            Weg festlegen und Teilnehmer festlegen

ab 16.30 Uhr   auf allen Straßen und Plätzen Volksfest

20.00 Uhr   Großes Feuerwerk
            Zum Volksfest spielt das Erich-Weinert-Ensemble auf dem Kundgebungsplatz und andere Kulturgruppen

20.00 Uhr   Großes künstlerisches Programm im Kulturhaus
            (Übertragung über alle Sender der Deutschen Demokratischen Republik)

— 9 —

IV. Maßnahmen zur Sicherung

1. Mit allen Betrieben und Institutionen wie: DEWAG
   Gärtnerei
   Funk usw.
   sind Verträge abzuschließen, daß die Arbeiten 24 Stunden vor Beginn des Staatsaktes beendet sind. Personallisten über alle Menschen, die aus diesen Betrieben und Institutionen mitarbeiten, sind bis zum 15.4.1953 anzufertigen.
   Verantwortlich: Genosse Dahinten

2. Über die Unterlagen aller Ordner und Mitarbeiter der verschiedenen Komitees sind wie folgt zusammenzustellen:
   1. Name
   2. Geburtsdatum
   3. DPA-Nummer

3. Über alle Teilnehmer der Delegation, die an der Begrüßung beteiligt sind, sind die gleichen Unterlagen anzufertigen.
   a) Junge Pioniere
   b) FDJ-ler
   c) Arbeiter und Bauern

   Verantwortlich: Genosse Dahinten
   Termin: 15.4.1953

4. Werkbesichtigung:
   a) Was wird besichtigt
   b) Wer nimmt teil
   c) Welche Straßen werden benutzt.

Kow.

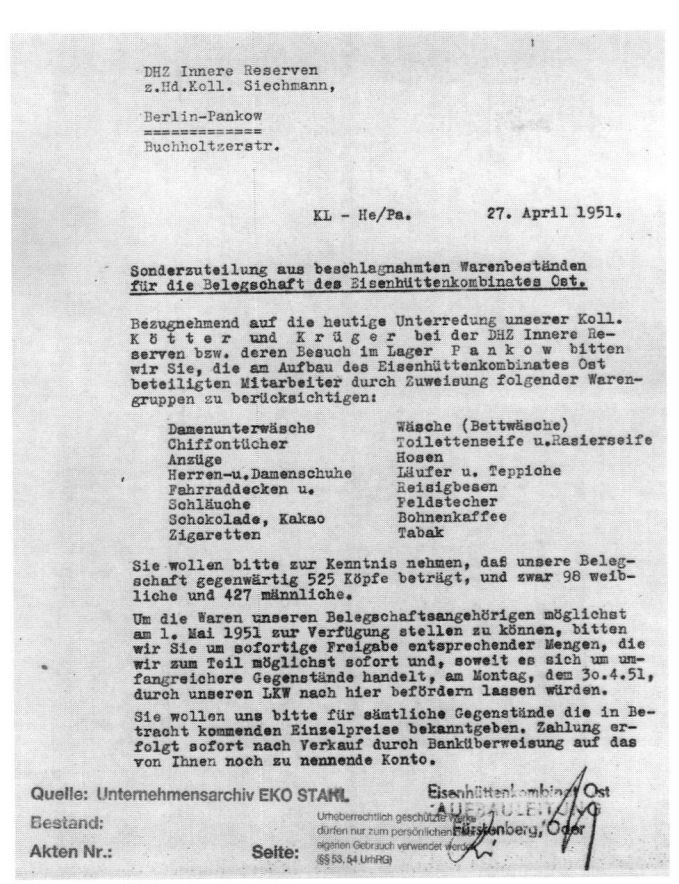

Anhang 5: *Mitteilung der Deutschen Handelszentrale Innere Reserven über die Sonderzuteilungen aus beschlagnahmten Warenbeständen für die Belegschaft des Eisenhüttenkombinates Ost (A667/220)*

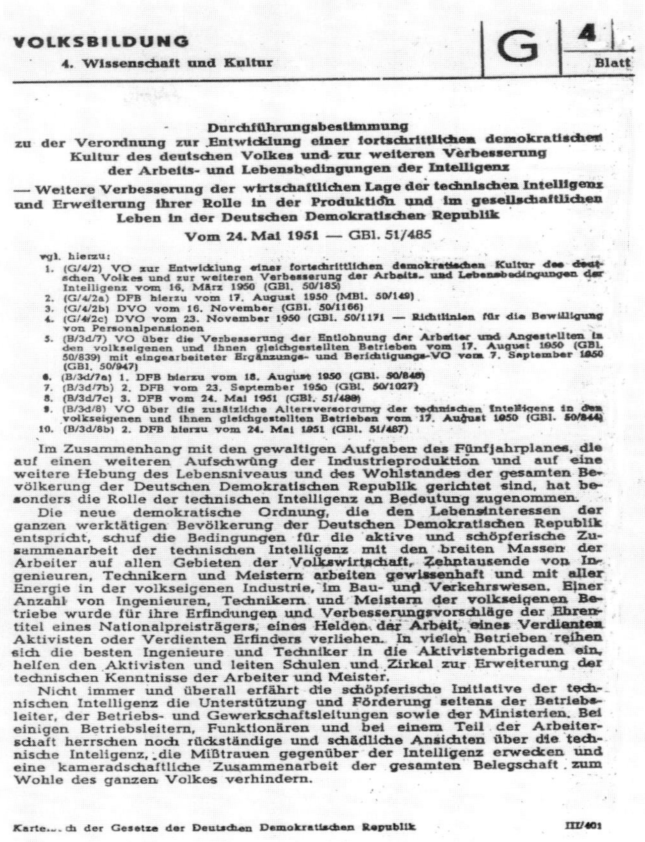

Anhang 6: *Gesetzblatt über die Durchführungsbestimmung zur weiteren Verbesserung der Arbeits- und Lebensbedingungen der Intelligenz (A 1672/162)*

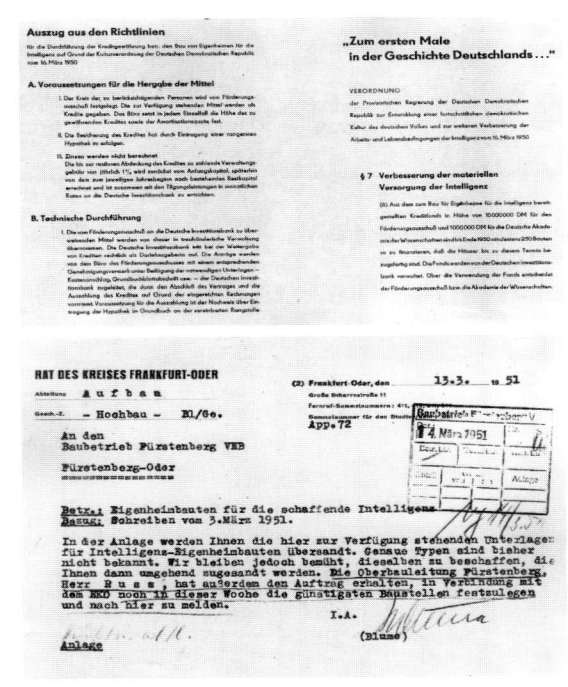

Anhang 7a,b: *Informationen zu den „Eigenheimbauten für die schaffende Intelligenz" des Förderungsausschusses für die deutsche Intelligenz beim Ministerpräsidenten der DDR (A255/135)*

Anhang 7c: *Schreiben der Abteilung Aufbau des Rates des Kreises Frankfurt/Oder an den Baubetrieb Fürstenberg vom 13. 3. 1951 (A 255/135)*

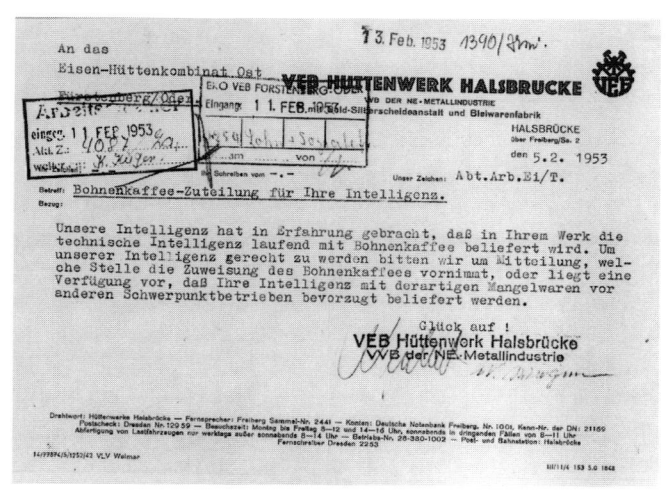

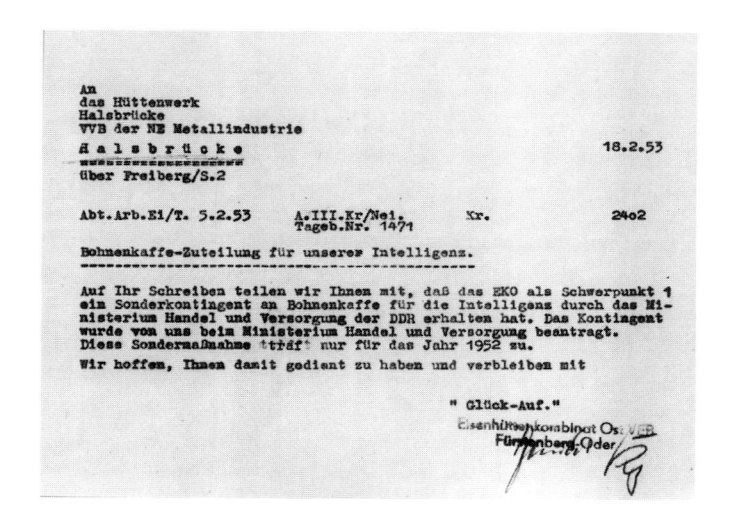

Anhang 8:
Briefwechsel zwischen dem VEB Hüttenwerk Halsbrücke und EKO betr. „Bohnenkaffeezuteilung für die Intelligenz" vom Februar 1953 (A 1667/44)

Anhang 9:
Übersicht über wichtige Maßnahmen und Gesetze der Frauenpolitik (Auswahl) (vgl. Hildebrandt 1994:328f.)

Abkürzungen:
AO = Anordnung
VO = Verordnung
SMAD = Sowjetische Militäradministration

Mai/Juni 1945	Bildung „Antifaschistischer Frauenausschüsse"
September 1945	Befehl Nr. 2 des Chefs der SMAD über das Recht auf politische Arbeit für Frauen
Oktober 1945	Befehl Nr. 080 des Chefs der SMAD über die Organisation antifaschistischer Frauenausschüsse
August 1946	Befehl Nr. 253 der SMAD über gleiche Entlohnung von Arbeitern und Angestellten für gleiche Arbeitsleistung
Februar 1947	Befehl Nr. 39 der SMAD über das Verbot der Beschäftigung von Frauen mit schweren und gesundheitsschädlichen Arbeiten
September 1947	Resolution zur Frauenfrage (II. Parteitag der SED)
April 1949	Beratung der SED zum Thema „Die Arbeit mit den Frauen ist Aufgabe der ganzen Partei"
April 1950	Politbüro der SED verabschiedet eine Entschließung zur Frauenfrage
September 1950	Gesetz über den Mutter- und Kindschutz und die Rechte der Frau
Januar 1952	Beschluß zur Bildung von Frauenausschüssen in den Betrieben der Industrie und Landwirtschaft
Mai 1952	Beschluß zur Erarbeitung von Frauenförderplänen
Mai 1952	Maßnahmen zur Erhöhung des Anteils der beschäftigten Frauen in den Betrieben (monatlicher Hausarbeitstag)
August 1952	Frauenkonferenz der SED
September 1952	Funktionärskonferenz des FDGB zur Verbesserung der Gewerkschaftsarbeit unter den Frauen
Februar 1953	1. Durchführungsbestimmung zum Gesetz über den Mutter- und Kindschutz und die Rechte der Frau
Mai 1953	Deutsche Frauenkonferenz in Berlin zur Vorbereitung des Weltkongresses der Frauen
August 1953	VO über die Aufgaben und Organisation der Krippen und Säuglingsheime als Einrichtungen des Gesundheitswesens
1954	Konstituierung schulischer Betreuungseinrichtungen (Horte)
Januar 1956	AO über die materielle Hilfe für alleinstehende Mütter bei Erkrankung ihrer Kinder
Februar 1956	Frauenkonferenz des ZK der SED
Juli 1956	AO über die Zahlung von Beiträgen bei der Unterbringung von Kindern in kommunalen und betrieblichen Kinderkrippen
Juni 1958	Mädchenkonferenz der FDJ und Frauenkonferenz der SED
Mai 1959	VO über die Zahlung eines staatlichen Kindergeldzuschlages
März 1960	Bildung einer Frauenkommission beim ZK der SED
Mai 1960	Zentrale Frauenkonferenz des FDGB
Dezember 1961	Kommunique des Politbüros des ZK der SED „Die Frauen – der Frieden und der Sozialismus
September 1962	Beschluß des Ministerrates der DDR zur Unterstützung der berufstätigen Mütter bei der Unterbringung ihrer Kinder in Kindereinrichtungen

September 1963	Beschluß des Ministerrates über Verlängerung des Schwangerschafts- und Wochenurlaubs
Juni 1964	Frauenkongreß der DDR
Dezember 1964	Beschluß des Politbüros des ZK der SED über die Frauenausschüsse in den Betrieben
Juli 1966	AO über die Aus- und Weiterbildung von Frauen für technische Berufe und ihre Vorbereitung für den Einsatz in leitenden Tätigkeiten
Juli 1967	AO zur Ausbildung von Frauen in Sonderklassen an den Fachschulen
September 1968	AO zur Qualifizierung wissenschaftlich ausgebildeter Frauen in einer Frauensonderaspirantur an Universitäten und Hochschulen der DDR
Juni 1969	Frauenkongreß der DDR
Mai 1970	AO (Nr. 1) zur Durchführung der Ausbildung von Frauen im Sonderstudium an den Hoch- und Fachschulen
Juni 1970	Richtlinie zur Gestaltung der Frauenförderpläne
November 1970	AO (Nr. 2) zur Durchführung der Ausbildung von Frauen im Sonderstudium an den Hoch- und Fachschulen
Dezember 1970	AO zur Unterstützung von Werktätigen mit Kindern durch die Betriebe bei Erkrankung nichtberufstätiger Ehegatten
Mai 1972	AO zur Förderung von Studentinnen mit Kind und werdenden Müttern, die sich im Studium befinden, an Hoch- und Fachschulen
	AO über die finanzielle Unterstützung von Studentinnen mit Kind an den Hoch- und Fachschulen
Juli 1972	Durchführungsbestimmung zur VO über die Erhöhung der staatlichen Geburtenbeihilfe und der Verlängerung des Wochenurlaubs
Dezember 1972	AO über die Förderung von vollbeschäftigten Frauen für die Ausbildung zu Produktionsfacharbeiterinnen
Oktober 1974	Gesetz zur Ergänzung und Veränderung der Verfassung der DDR – bezahlte Freistellung für Alleinerziehende bei Krankheit des Kindes
Mai 1976	VO über die Verlängerung des Wochenurlaubs und die Verbesserung von Leistungen in der Mutterschaft
Juni 1976	AO (Nr. 3) zur Durchführung der Ausbildung von Frauen im Sonderstudium an den Hoch- und Fachschulen
Juli 1976	AO über die Verbesserung von Leistungen bei der Mutterschaft für Studentinnen, Aspirantinnen sowie Mütter im Lehrverhältnis
November 1980	2. Durchführungsbestimmung zur VO über die Gewährung eines staatlichen Kindergeldes sowie die besondere Unterstützung kinderreicher Familien und alleinstehender Bürger mit 3 Kindern
Juli 1981	AO (Nr. 2) über die finanzielle Unterstützung von Studentinnen mit Kind an den Hoch- und Fachschulen
Mai 1984	VO über die besondere Unterstützung für Ehen mit 3 Kindern
	Erhöhung des Wochenurlaubs
April 1986	VO über die Gewährung von Krediten zu vergünstigten Bedingungen an junge Eheleute
Juli 1986	VO über die Anrechnung von Zeiten der Freistellung nach dem Wochenurlaub auf die Dauer der Betriebszugehörigkeit
August 1988	AO über Fördermaßnahmen bei der Qualifizierung von Frauen an Universitäten, Hoch- und Fachschulen

Anhang 10:

Zehn Gebote für den neuen sozialistischen Menschen (Walter Ulbricht auf dem V. Parteitag der SED 1958)

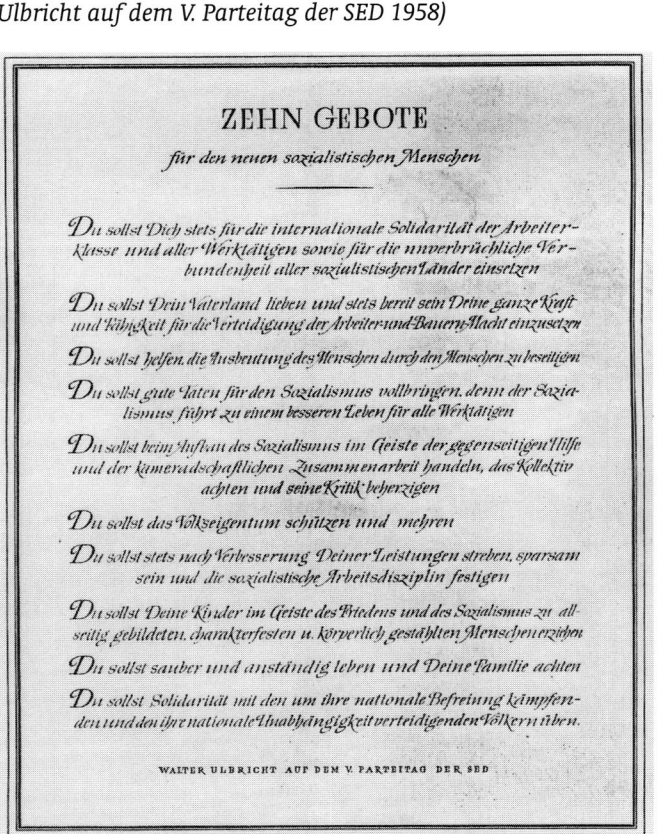

ZEHN GEBOTE
für den neuen sozialistischen Menschen

Du sollst Dich stets für die internationale Solidarität der Arbeiterklasse und aller Werktätigen sowie für die unverbrüchliche Verbundenheit aller sozialistischen Länder einsetzen

Du sollst Dein Vaterland lieben und stets bereit sein Deine ganze Kraft und Fähigkeit für die Verteidigung der Arbeiter-und-Bauern-Macht einzusetzen

Du sollst helfen, die Ausbeutung des Menschen durch den Menschen zu beseitigen

Du sollst gute Taten für den Sozialismus vollbringen, denn der Sozialismus führt zu einem besseren Leben für alle Werktätigen

Du sollst beim Aufbau des Sozialismus im Geiste der gegenseitigen Hilfe und der kameradschaftlichen Zusammenarbeit handeln, das Kollektiv achten und seine Kritik beherzigen

Du sollst das Volkseigentum schützen und mehren

Du sollst stets nach Verbesserung Deiner Leistungen streben, sparsam sein und die sozialistische Arbeitsdisziplin festigen

Du sollst Deine Kinder im Geiste des Friedens und des Sozialismus zu allseitig gebildeten, charakterfesten u. körperlich gestählten Menschen erziehen

Du sollst sauber und anständig leben und Deine Familie achten

Du sollst Solidarität mit den um ihre nationale Befreiung kämpfenden und den ihre nationale Unabhängigkeit verteidigenden Völkern üben.

WALTER ULBRICHT AUF DEM V. PARTEITAG DER SED

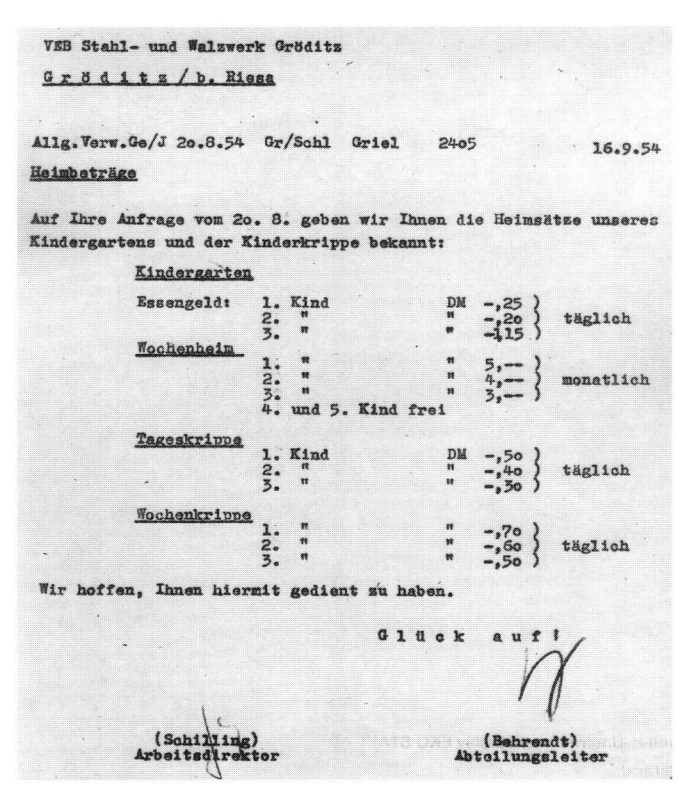

Anhang 11: *Schreiben an das Stahl- und Walzwerk Gröditz zu den Beträgen für Kinderkrippe/Kindergarten vom September 1954 (A 5/1)*

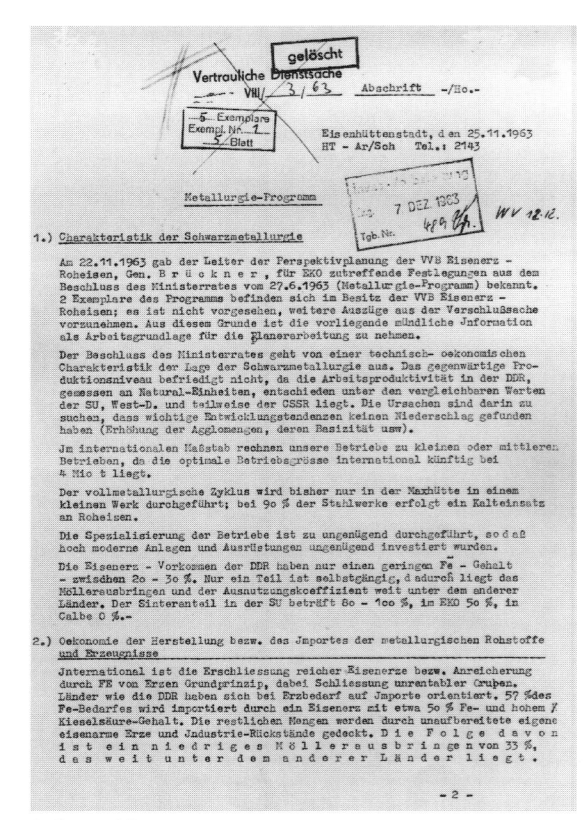

Anhang 12: *Metallurgieprogramm (Dokumentenauszug vom 25. 11. 1963) (A 715/222)*

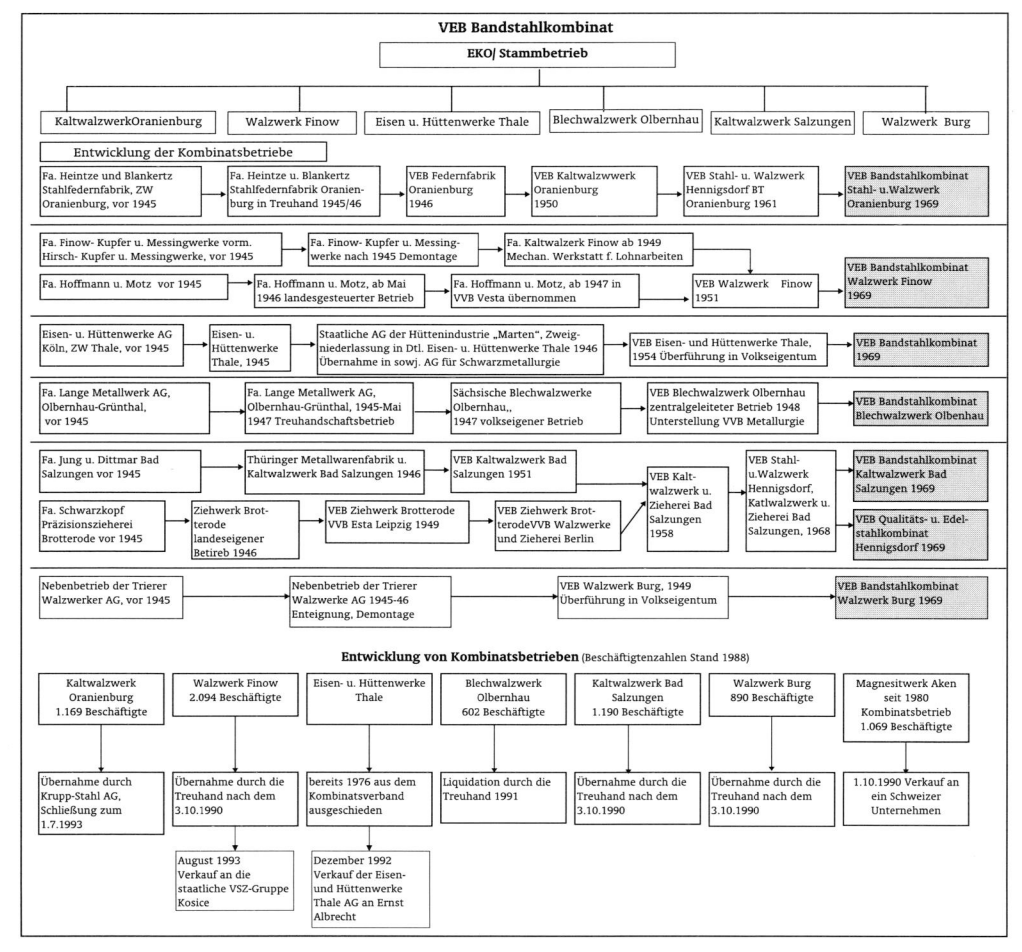

Anhang 13: *Struktur VEB Bandstahlkombinat und Entwicklung von Kombinatsbetrieben*

-222-

Vorbemerkung

Bei der Planung und Projektierung von Stalinstadt wurden die im Forschungsinstitut für Städtebau und Siedlungswesen der Deutschen Bauakademie entwickelten Richtzahlen und Normen für die städtebauliche Planung einer Prüfung unterzogen. Die daraus abgeleiteten Ergebnisse werden zum Teil in diesem Anhang aufgeführt. Es erschien ferner zweckmäßig, die 16 Grundsätze des Städtebaus, auf die verschiedentlich Bezug genommen wird, hier nochmals abzudrucken.

Grundsätze des Städtebaus

Von der Regierung der Deutschen Demokratischen Republik am 27. Juli 1950 beschlossen

Die Stadtplanung und die architektonische Gestaltung unserer Städte müssen der gesellschaftlichen Ordnung der Deutschen Demokratischen Republik, den fortschrittlichen Traditionen unseres deutschen Volkes sowie den großen Zielen, die dem Aufbau ganz Deutschlands gestellt sind, Ausdruck verleihen. Dem dienen die folgenden Grundsätze:

1. Die Stadt als Siedlungsform ist nicht zufällig entstanden.
   Die Stadt ist die wirtschaftlichste und kulturreichste Siedlungsform für das Gemeinschaftsleben der Menschen, was durch die Erfahrungen von Jahrhunderten bewiesen ist.
   Die Stadt ist in Struktur und architektonischer Gestaltung Ausdruck des politischen Lebens und des nationalen Bewußtseins des Volkes.
2. Das Ziel des Städtebaus ist die harmonische Befriedigung des menschlichen Anspruches auf Arbeit, Wohnung, Kultur und Erholung.
   Die Grundsätze und Methoden des Städtebaus fußen auf den natürlichen Gegebenheiten, auf den sozialen und wirtschaftlichen Grundlagen des Staates, auf den höchsten Errungenschaften von Wissenschaft, Technik und Kunst, auf den Erfordernissen der Wirtschaftlichkeit und auf der Verwendung der fortschrittlichen Elemente des Kulturerbes des Volkes.
3. Städte „an sich" entstehen nicht und existieren nicht. Die Städte werden in bedeutendem Umfange von der Industrie für die Industrie gebaut. Das Wachstum der Stadt, die Einwohnerzahl und die Fläche werden von den städtebildenden Faktoren bestimmt, das heißt von der Industrie, den Verwaltungsorganen und den Kulturstätten, soweit sie mehr als örtliche Bedeutung haben.
   In der Hauptstadt tritt die Bedeutung der Industrie als städtebildender Faktor hinter der Bedeutung der Verwaltungsorgane und der Kulturstätten zurück.
   Die Bestimmung und Bestätigung der städtebildenden Faktoren ist ausschließlich Angelegenheit der Regierung.
4. Das Wachstum der Stadt muß dem Grundsatz der Zweckmäßigkeit untergeordnet werden und sich in bestimmten Grenzen halten.
   Ein übermäßiges Wachstum der Stadt, ihrer Bevölkerung und ihrer Fläche führt zu schwer zu beseitigenden Verwicklungen in ihrer Struktur, zu Verwicklungen in der Organisation des Kulturlebens und der täglichen Versorgung der Bevölkerung und zu betriebstechnischen Verwicklungen sowohl in der Tätigkeit wie in der Weiterentwicklung der Industrie.
5. Der Stadtplanung zugrunde gelegt werden müssen das Prinzip des Organischen und die Berücksichtigung der historisch entstandenen Struktur der Stadt bei Beseitigung ihrer Mängel.
6. Das Zentrum bildet den bestimmenden Kern der Stadt.
   Das Zentrum der Stadt ist der politische Mittelpunkt für das Leben seiner Bevölkerung.
   Im Zentrum der Stadt liegen die wichtigsten politischen, administrativen und kulturellen Stätten. Auf den Plätzen im Stadtzentrum finden die politischen Demonstrationen, die Aufmärsche und die Volksfeiern an Festtagen statt.
   Das Zentrum der Stadt wird mit den wichtigsten und monumentalsten Gebäuden bebaut, beherrscht die architektonische Komposition des Stadtplanes und bestimmt die architektonische Silhouette der Stadt.
7. Bei Städten, die an einem Fluß liegen, ist eine der Hauptadern und die architektonische Achse der Fluß mit seinen Uferstraßen.
8. Der Verkehr hat der Stadt und ihrer Bevölkerung zu dienen. Er darf die Stadt nicht zerreißen und der Bevölkerung nicht hinderlich sein. Der Durchgangsverkehr ist aus dem Zentrum und dem zentralen Bezirk zu entfernen und außerhalb seiner Grenzen oder in einem Außenring um die Stadt zu führen.
   Anlagen für den Güterverkehr auf Eisenbahn und Wasserwegen sind gleichfalls dem zentralen Bezirk der Stadt fernzuhalten.
   Die Bestimmung der Hauptverkehrsstraßen muß die Geschlossenheit und die Ruhe der Wohnbezirke berücksichtigen.
   Bei der Bestimmung der Breite der Hauptverkehrsstraßen ist zu berücksichtigen, daß für den städtischen Verkehr nicht die Breite der Hauptverkehrsstraßen von entscheidender Bedeutung ist, sondern eine Lösung der Straßenkreuzungen, die den Anforderungen des Verkehrs gerecht wird.
9. Das Antlitz der Stadt, ihre individuelle künstlerische Gestalt, wird von Plätzen, Hauptstraßen und den beherrschenden Gebäuden im Zentrum der Stadt bestimmt (in den größten Städten von Hochhäusern). Die Plätze sind die strukturelle Grundlage der Planung der Stadt und ihrer architektonischen Gesamtkomposition.
10. Die Wohngebiete bestehen aus Wohnbezirken, deren Kern die Bezirkszentren sind. In ihnen liegen alle für die Bevölkerung des Wohnbezirks notwendigen Kultur-, Versorgungs- und Sozialeinrichtungen von bezirklicher Bedeutung.
    Das zweite Glied in der Struktur der Wohngebiete ist der Wohnkomplex, der von einer Gruppe von Häuservierteln gebildet wird, die von einem für mehrere Häuserviertel angelegten Garten, von Schulen, Kindergärten, Kinderkrippen und den täglichen Bedürfnissen der Bevölkerung dienenden Versorgungsanlagen vereinigt werden. Der städtische Verkehr darf innerhalb dieser Wohnkomplexe nicht zugelassen werden, aber weder die Wohnkomplexe noch die Wohnbezirke dürfen in sich abgeschlossene isolierte Gebilde sein. Sie hängen in ihrer Struktur und Planung von der Struktur und den Forderungen der Stadt als eines Ganzen ab.
    Die Häuserviertel als drittes Glied haben dabei hauptsächlich die Bedeutung von Komplexen in Planung und Gestaltung.
11. Bestimmend für gesunde und ruhige Lebensverhältnisse und für die Versorgung mit Licht und Luft sind nicht allein die Wohndichte und die Himmelsrichtung, sondern auch die Entwicklung des Verkehrs.
12. Die Stadt in einen Garten zu verwandeln, ist unmöglich. Selbstverständlich muß für ausreichende Begrünung gesorgt werden. Aber der Grundsatz ist nicht umzustoßen: in der Stadt lebt man städtischer; am Stadtrand oder außerhalb der Stadt lebt man ländlicher.
13. Die vielgeschossige Bauweise ist wirtschaftlicher als die ein- oder zweigeschossige. Sie entspricht auch dem Charakter der Großstadt.
14. Die Stadtplanung ist die Grundlage der architektonischen Gestaltung. Die zentrale Frage der Stadtplanung und der architektonischen Gestaltung der Stadt ist die Schaffung eines individuellen, einmaligen Antlitzes der Stadt. Die Architektur muß dem Inhalt nach demokratisch und der Form nach national sein. Die Architektur verwendet dabei die in den fortschrittlichen Traditionen der Vergangenheit verkörperte Erfahrung des Volkes.
15. Für die Stadtplanung wie für die architektonische Gestaltung gibt es kein abstraktes Schema. Entscheidend ist die Zusammenfassung der wesentlichsten Faktoren und Forderungen des Lebens.
16. Gleichzeitig mit der Arbeit am Stadtplan und in Übereinstimmung mit ihm sind für die Planung und Bebauung bestimmter Stadtteile sowie von Plätzen und Hauptstraßen mit den anliegenden Häuservierteln Entwürfe fertigzustellen, die in erster Linie durchgeführt werden können.

Anhang 14:

Grundsätze des Städtebaus (von der Regierung der DDR am 27. 7. 1950 beschlossen) (Leucht 1957: 84ff.)

Wohngebiet	Bezeichnung des Kunstwerkes	Autor	Technik/Material	Standort
Wohnkomplex I	Ehrenmal „Obelisk"	Claus/Dresden	Sandstein	Platz der DSF
	Wandbild „Familienfreude"	Claus/Dresden	Porzellan	Wohnblock – Nordgebiet Platz der DSF
	Wandbild „Soz. Leben"	Claus/Dresden	Porzellan	Wohnblock – Südgiebel Platz der DSF
	Brunnen		Keramik farbig	Möbelkaufhaus
	Wandbild „Rostocker Hafen"	Robbel	Sgraffito	1. Oberschule Haupthalle
	Wandbild „Jugend"	K. Schütze	Frescosecce	1. Oberschule Nordhalle
	Wandbild „Hochgebirge"	K. E. Schäfer	Frescosecce	1. Oberschule Nordtreppenhaus
	„Georgi Dimitroff" Büste	Richl, Berlin	Gips getönt	1. Oberschule
	Plastik „Maurer"		Beton	Rosa-Luxemburg-Str.
	Plastik „Seehund"	Markgraf	Kunststein	Kinderspielplatz R.-L.-Str.
	Eulenspiegelbrunnen	Prof. Naumann	Keramik	Kindergarten I
	Plastik „Pinguin"	Laubener	Sandstein	Kindergarten I
Wohnkomplex II	Plastik „Mädchen mit Junge"	H. Burschik	Bronze	7. Oberschule
	Ferien der Kinder	S. Womser	Wandfries-Gipsintarsie	7. Oberschule
	Joh. R. Becher	H. Burschik	Bronzerelief	7. Oberschule
	Schulische Arbeitsgemeinschaft	O. Schutzmeister	Glasfenster	Schülerwochenheim
	Plastik „Enten"	G. Thieme	Bronze	Str. d. Komsomol
	Viguetten „Trinkmotive"	Körting, Dornburg	Keramik	HOG „Aktivist"
	Ziergitter	Körting, Dornburg	Kunstschmiedearbeit	HOG „Aktivist"
	Glasfenster „Kinder"	W. Womacka	Glasfenster	Kinderkrippe II
	Wandtafel „Märchen"	K. Knebel	Tempera	Kindergarten II a
	Wandtafel „Lampionzug"	K. Käthner Berlin	Tempera	Kindergarten II b
	Supraporten	L. Arnold Berlin	Sandstein	Fr.-Engels-Str.
	Brunnen Märchenmotive	Körting, Dornburg	Keramik	2. Oberschule
	Plastik „Dreiergruppe"	Rost, Dresden	Sandstein	Krankenhaus
	Tiermotive 2 Stück	Womcka, Berlin	Mosaiken	Krankenhaus
	Wandplatten „Erde, Wasser, Luft"	Schmidt, Sangerhausen		Lockschliffplatten

Wohngebiet	Bezeichnung des Kunstwerkes	Autor	Technik/Material	Standort
	Wandfries – Alchimisten	Freitag, Halle	Keramikrelief	Krankenhaus
	Mutter mit Kind	Teichmann	Tafelbild	Kinderkrippe II
	Junge Arbeiterin	Teichmann	Tafelbild	Kinderkrippe II
	Arbeitender Mensch	Heller	Mischtechnik	HOG Aktivist
	Trennwände	Bischhof	Glasschleiferei	HOG Aktivist
Wohnkomplex III	Waldbilder	R. Kaiser, Zeuthen		Kindergarten II
	Der kleine Fischer	Annelore Polleck	Latex auf Holz	Kindergarten III
	Kinder in den Jahreszeiten	Annelore Polleck	Latex auf Holz	Kindergarten III
	Bummi und Dolli	W. Klemke	Farblithographie	Kindergarten III
	Kleine Gärtnerin	Annelore Polleck	Latex auf Holz	Kindergarten III
	Springende Böckchen	Günter Hein	Kohlezeichnung	Kindergarten III
	Hase, Igel, Spatzen	Engler/Feldmann	Grafik	Kindergarten III
	Kinderbildnis	chin. Tuschzeichnung		Kindergarten III
	Bremer Stadtmusikanten Aschenputtel, Schneewittchen		Mischtechnik	Kindergarten III
	Der Truthahn	Annelore Polleck	Latex auf Holz	Kindergarten III
	Fuchs und Gans	Engler, Feldmann	Grafiken	Kindergarten III
	Pitti und Schnatterinchen, Pinselohr	W. Klemke	Mischtechnik	Kindergarten III
	Kinder der Welt	Teufel	Farblithographie	Kindergarten III
	Kaspar und Gretel		Tempera	Kindergarten III
	Spielende Kinder	K. Weber	Linolschnitt	Kindergarten III
	Lampionzug	Litzmann	Linolschnitt	Kindergarten III
	Junge Mutter	Bondzin	Tempera/Öl	Kindergarten III
	Vietnam-Soldat	Thien	Linolschnitt	Kindergarten III
	Großvater und Enkel Traubenernte		Mischtechnik	Kindergarten III
	Wandbilder „Sport"	K. E. Müller, Dresden	Mosaik	3. Oberschule
	Wilhelm Pieck-Büste	Rogge, Dresden	Bronzeplastik	3. Oberschule
	2 Waldbrunnen	Kaiser, Zeuthen	Keramik	3. Oberschule
	Waldbrunnen	Bollhagen, Velten	Keramik	3. Oberschule
	Brunnen „Jugend"	Jäger, Dresden	Muschelkalk	H.-Heine-Allee
	Brunnen „Altweiber"	Howard, Dresden	Terrakotta	H.-Heine-Allee
	Fassadendekor	Schwertner, Dessau	Sgraffito	H.-Heine-Allee
	Plastik „Schnecken"	Braun, Erfurt	Terrakotta	Kinderkrippe III a
	Spielende Kinder	R. Bergander, Dresden	Tafelbild	Kinderkrippe III a
	Handstehende Jungen	Kreap, Berlin	Bronzeplastik	Diehloer Straße
	Mädchen mit Tuch	Burschik, Ehst.	Bronzeplastik	Diehloer Straße/Gartenfließ
	Hasensäule	P. Fritzsche	Bronzeplastik	Diehloer Straße

Wohngebiet	Bezeichnung des Kunstwerkes	Autor	Technik/Material	Standort
Wohnkomplex III	Mutter mit Kind	Ernst Sauer	Bronzeplastik	Diehloer Straße
	Kraniche	Fr. Stachat	Keramik	Diehloer Straße
	Sonnenuhr	Ernst Sauer	Terrakotta	Diehloer Straße
	Brückengeländer	P. Pechmann	Kunstschmiedearbeit	Diehloer Straße
Wohnkomplex IV	Tafelbild „Landwirtschaft"	Bondzin, Dresden	Ölbild	Kreisgericht
	Tafelbild „Aufbau"	Damme, Dresden	Ölbild	VPKA
	Mädchen mit Taube	Burschik Ehst.	Kunststein	4. Oberschule
	Wandbilder „Polytechn. Unterricht" 2 Stück	Sieger, Frankfurt (O.)	Gipsintarsien	4. Oberschule
	Wandgestaltung „Jugend"	Sieger, Frankfurt (O.)	Sgraffito	4. Oberschule
	Plastik „Frosch"	Braun, Erfurt	Terrakotta	Kindergarten IV
	Glasfenster „Jugend"	O. Schutzmeister	Glasfenster	BBS EKO
Wohnkomplex V	Wandbild „Entwicklung der menschl. Gesellschaft"	Kracht, Dresden	Keramik farbig	5. Oberschule
	Wandbild „Aufbau"	Womser, Ehst.	Frescosecco	5. Oberschule
	Plastik „Turnerin"	Kreisel, Ffo.	Bronzeplastik	5. Oberschule
	Plastik „Sitzende"	Kreisel, Ffo.	Bronzeplastik	Club am Anger
	Ornamentale Wandflächengestaltung	Menge, Berlin	Keramik farbig	Club am Anger
	Ornamentaler Wandfries	Grunemann, Ffo.	Tempera	Club am Anger
	Tryptychon „Lebensfreude"	O. Schutzmeister Ehst.	Ölmalerei	Club am Anger
	Plastik „Liegender Junge"	H. Burschik, Ehst.	Bronzeplastik	Club am Anger
	Plastik „Sitzende"	Stötzer, Berlin	Bronzeplastik	Club am Anger
	Inquisition	Gossmann, Fürstenwalde	Ölmalerei	Musikschule
	Tafelbilder „Aus der Musikgeschichte"	Gossmann, Fürstenwalde	Hinterglasmalerei	Musikschule
	Plastik „Liegende"	Sammler, Berlin	Bronzeplastik	Med. Schule
	Fabeln	Grunemann	Holzstiche	Med. Schule
	Mädchen in unserer Zeit (Bildfolge)	E. Hückstädt	Tafelbilder	Med. Schule
	Landschaft bei Spreenau	K.-H. Roehricht	Mischtechnik	Med. Schule

Anhang 15:

Übersicht über Standorte von Kunstwerken in der Stadt (in: Synthese, Architektur und bildende Kunst Eisenhüttenstadt. 1976, Hrsg. Rat der Stadt Eisenhüttenstadt, Abteilung Kultur)

Wohngebiet	Bezeichnung des Kunstwerkes	Autor	Technik/Material	Standort
Wohnkomplex V	Neuzittau an der Spree	K.-H. Roehricht	Tafelbilder	Med. Schule
	Winterlandschaft	Teuber, Ffo. †	Tafelbilder	Med. Schule
	Stilleben	Teuber, Ffo. †	Mischtechnik	Med. Schule
	Kanal-Landschaft	Kuropka	Mischtechnik	Med. Schule
	Apfelbaum	Kuropka	Tafelbild	Med. Schule
	Storkower See	Loni Roehrich	Lithographie	Med. Schule
	Goswerk Wriezen	Loni Roehrich	Lithographie	Med. Schule
		Loni Roehrich	Lithographie	Med. Schule
	Stolp-See	Loni Roehrich	Lithographie	Med. Schule
	Kraftwerk Finkenheerd	Loni Roehrich	Lithographie	Med. Schule
	Bootshafen		Linolschnitt	Med. Schule
	Rügenlandschaft		Linolschnitt	Med. Schule
	7 Holzschnitte	Grunemann Ffo.		Med. Schule
	2 Holzschnitte	S. Womser, Ehst.		Med. Schule
	Jugend	W. Voigt, Ffo.	Ölgemälde	Med. Schule
	Schwedt	Axel Schulz	Grafik	Club am Anger
	Taube	Junghans	Metall	Musikschule
	Kachelmosaik	Grunemann	Kacheln	Oberschule 5
Wohnkomplex VI	Wandteller	Dannecker, Bln.	Keramik plastisch gestaltet	Kindergarten VI a
	Plastik „Kamele"	Burschik, Ehst.	Beton	Kindergarten VI
	Verkehrserziehung	Grunemann, Ffo.	Eisenbiegearbeit	Kindergarten VI b
	Kastanienzweig	S. Womser	Ölgemälde	10. Oberschule
	Sitzendes Mädchen	S. Womser	Tafelbild	10. Oberschule
	Kinder der Welt	Anni Teufel	Tafelbild	10. Oberschule
	Das Dorf	Maletzki	Tafelbild	10. Oberschule
	Verwandnis	Fellhof	Tafelbild	10. Oberschule
	Alexander Schulgin	H. Burschik	Relief	10. Oberschule
	Mosaikwand Weltall, Erde, Mensch	O. Schutzmeister	Mosaik	VI. Wohnkomplex
	Springender Stier	E. Sauer	Bronzeplastik	
	Wandbild	J. Donath	Mosaik	Kinderkrippe 7 b
	Erholung und Sport	S. Womser	Wandbild	9. Oberschule — Turnhalle
	Peter und der Wolf	S. Womser	Glasgrösel, Wandbild	Kindergarten 7 a
	Drachensteigen	S. Womser	Mosaik	Kindergarten 7 b
	Gerhart Eisler	H. Burschik	Porträtplastik	8. Oberschule

Wohngebiet	Bezeichnung des Kunstwerkes	Autor	Technik/Material	Standort
Stadtzentrum Leninallee	Wandbild „Theater"	W. Wichmann, Bln.	Freskosecco	Fr.-Wolf-Theater
	Wandbild „Arbeiterzeitung"	O. Schutzmeister Ehst.	Lasurmalerei	Redaktion „Neuer Tag"
	Musizierende	Klakow, Potsdam	Kupfer getrieben	Lesecafé
	Wandbild „Varieté"	W. Wichmann Bln.	Freskosecco	Fr.-Wolf-Theater
	Plastik „Kraniche"	Bebernis, Halle	Bronzeplastik	Autopavillon
	Steinplastik	H. Burschik, Ehst.	Beton	Leninallee
	Wandbild „Vignette"	Grunemann, Ffo.	Kaseintechnik	HOG „Broiler"
	Glasbild	Marx, Dessau	Hinterglasmalerei	Hotel Lunik — Bar
	Wandbild „Deutsch-polnische-sowjetische Freundschaft"	W. Womacka, Bln.	Mosaik	Textilkaufhaus
	Bildwand	Eisel, Potsdam	Tafelbilder Öl	Café — Str. d. Republik
	Säulen	Marx, Dessau	Keramik	Hotel Lunik
		Grunemann	Türleibung	Zoo-Handlung
	Friedrich-Wolf	W. Lammert	Bronze	Fr.-Wolf-Theater
	Liegende	H. Burschik	Zement	Möbelkaufhaus
	Hahn	J. v. Woyski	Terrakotta	Leninallee
	Löwe und Maus	P. Fritzsche	Bronze	Leninallee
Rat der Stadt	Wandbild „Völkerfreundschaft"	W. Womacka, Bln.	Mosaik	Rat d. Stadt
	Plastik „Mädchenakt"	Drake, Berlin	Bronzeplastik	Rat d. Stadt
	Wilhelm Pieck		Bronzebüste	Rat d. Stadt
	4 Stilleben	W. Womacka	Ölbilder	Rat d. Stadt
	Industrielandschaft	S. Womser	Ölbilder	Rat d. Stadt
	Eingangstor EKO	Prof. Kretzmar, Dresden	Ölbilder	Rat d. Stadt
	Baden am See	K.-H. Roehricht	Mischtechnik	Rat d. Stadt
	Napoleons Gedächtnisstätte	G. Gossmann	Ölbilder	Rat d. Stadt
	Blumenstilleben	S. Womser	Ölbilder	Rat d. Stadt
	Blick auf Eisenhüttenstadt	Prof. Kretzmar, Dresden	Aquarell	Rat d. Stadt
	Beizturm Eisenhüttenstadt	K.-H. Roehricht	Mischtechnik	Rat d. Stadt
	Blick auf Eisenhüttenstadt	K.-H. Roehricht	Mischtechnik	Rat d. Stadt
	Eisenhüttenstadt/Ost	K.-H. Roehricht	Mischtechnik	Rat d. Stadt
	Misket	W. Voigt	Tafelbild	Rat d. Stadt
	Herbst an der Autobahn	Uwe Pfeifer	Mischtechnik	Rat d. Stadt
	Winterlandschaft	Loni Roehricht	Mischtechnik	Rat d. Stadt
	Landschaft an der Mulde	K.-H. Roehricht	Mischtechnik	Rat d. Stadt
	Am Schloßpark	K.-H. Roehricht	Mischtechnik	Rat d. Stadt
	Wandteppich, ornamentale Gestaltung		Knüpftechnik	Rat d. Stadt
	Sportler	O. Schutzmeister	Tafelbild	Rat d. Stadt

Wohngebiet	Bezeichnung des Kunstwerkes	Autor	Technik/Material	Standort
	Jugendklub	O. Schutzmeister	Tafelbild	Rat d. Stadt
	Weinlese	O. Schutzmeister	Tafelbild	Rat d. Stadt
	Eisenhüttenkombinat	Aschmann — Meenig	Tafelbild Tryptychon	Rat d. Stadt
	4 Landschaften	Sepp Womser	Aquarell	Rat d. Stadt
	Begegnung	Sepp Womser	Öl	Rat d. Stadt
	Landschaft in Rumänien	Sepp Womser	Öl	Rat d. Stadt
	Oderlandschaft	M. Neumann	MT	Rat d. Stadt
	Landschaft bei Schwerin	M. Neumann	MT	Rat d. Stadt
	Melker	M. Neumann	MT	Rat d. Stadt
	Landschaft mit Birken	M. Neumann	MT	Rat d. Stadt
	Kampf mit dem Hai	G. Goßmann	Öl	Rat d. Stadt
Rosenhügel	Mädchen mit Blume	H. Burschik, Ehst.	Bronzeplastik	Rosenhügel
	Liebespaar unterm Schirm	J. v. Woyski Hoyerswerda	Bronzeplastik	Rosenhügel
	Affenpaar	St. Horotha, Bln.	Bronzeplastik	Rosenhügel
	Liegender Junge	Fitzenreiter	Bronzeplastik	Rosenhügel
	Esel	Chemnitz, Leipzig	Bronzeplastik	Rosenhügel
	Eselreiter	A. Schulz, Schwedt	Bronzeplastik	Rosenhügel
	Nashorn	R. Fleck, Ffo.	Bronzeplastik	Rosenhügel
	Weiblicher Akt	R. Fleck, Ffo.	Bronzeplastik	Freilichtbühne
	Die Trauernde	Renné Graetz, Berlin	Bronzeplastik	Inselfriedhof
Bereich Insel	Sitzende	Jürgen v. Woyski	Bronze	Insel
	Trinkbrunnen	Sepp Womser	Keramik	Insel
	Ausziehende	H. Burschik	Bronze	Insel
	Durchbruchwände	H. Burschik	Beton	Insel
Eisenhüttenstadt Ost	Ich singe dem Frieden	Otto Schutzmeister	Tafelbild	Staatl. Kulturhaus
	Forsythien-Stilleben	Otto Schutzmeister	Tafelbild	Ernst-Thälmann
	Liebespaar	Heinz Sieger	Tafelbild	
	Landschaft auf Rügen	Heinz Sieger	Tafelbild	
	Singende Kinder	D. Bollatschek	Plastik	
	Ernst Thälmann		Porträtbüste	
	Ehrenmal der sowjetischen gefallenen Soldaten		Stein	Gubener Straße

Wohngebiet	Bezeichnung des Kunstwerkes	Autor	Technik/Malerei	Standort
Eisenhüttenstadt West	Friedrich Wolf	H. Krüger	Zement	6. Oberschule
Eisenhüttenkombinat Ost	Sinnvolle Freizeitgestaltung	O. Schutzmeister Ehst.	Keramik Wandbild	Garküche I
	Sport als Freizeitgestaltung	O. Schutzmeister	Eisenbiegearbeiten	Mehrzweckgebäude
	Hermann Matern	Dr. Rogge	Bronzeplastik	Investgebäude I
	Wilhelm Pieck	Dr. Rogge	Bronzeplastik	Werkleitergebäude
	Ernst-Schneller-Gedenkstätte		Oblisk	Betriebsschule EKO
	Sportmotive	H. Burschik	Durchbruchwand	BBS EKO
	Weltjugend	Hansky/Schutzmeister	Wandbild	EKO
	10 Gebote	Dennewitz	Holzschnitte	BBS EKO
	Werk und Stadt	Franz Nolde	Triptychon	EKO

Anhang 16
Übersicht Daten Betriebsgeschichte (Politik) in Verbindung mit ‚Brüchen'

Abkürzungen:
KWW = Kaltwalzwerk
WWW = Warmwalzwerk
SPK = Staatliche Plankommission

Juli 1950	III. Parteitag beschließt Aufbau von Werk und Stadt (1. Fünfjahrplan) **vollständiger metallurgischer Zyklus geplant**
August 1950	37. Sitzung Prov. Regierung beschließt Fünfjahrplan
März 1951	EKO auf Beschluß der Regierung Schwerpunktbetrieb
Januar 1953	Ministerrat beschließt „Maßnahmen zur Entwicklung der metallurgischen Industrie"
Juni 1953	„Neuer Kurs" der SED **Abbruch Errichtung Stahl- und Walzwerk**

1. Bruch 1953

April 1954	Sitzung Präsidium Ministerrat: Beschluß zur Sicherung Bauvorhaben EKO, Stadt und anderer Betriebe
Anfang 1958	Vorarbeiten für Wiederaufnahme Ausbau EKO
Sommer 1958	RGW beschließt weiteren Ausbau
Mai 1959	X. Tagung RGW (Expertise; Beschluß Ausbau EKO)
September 1959	Gesetz über Siebenjahrplan behandelt Ausbau EKO
Bis Ende 1962	erfolgen Konzeptionen und Ausarbeitung von Investitionsplänen, die „in 3 Akten" nicht bestätigt werden (Ende 1959, Dezember 1960 und Ende 1962)
Januar 1963	VI. Parteitag Beschluß über das Programm für die Entwicklung der metallurgischen Industrie und Ausbau EKO (März Beschluß Ministerrat)
Januar 1963	Unstimmigkeiten zwischen Entscheidungen SPK-Ministerrat, fehlende politische Bestätigungen von Aufgabenstellungen bzw. Ermächtigungen, vor Bestätigung der Aufgabenstellungen mit Projektierung zu beginnen, Unzulänglichkeiten in Planung, Bilanzierung und Beauflagung und die reduzierte Baukapazität in der DDR führten zu Ministerratsbeschluß im
August 1967	‚weitere Projektierung der Ausbaustufe III ist einzustellen'

2. Bruch 1967

Juni 1968	Inbetriebnahme (nur) KWW
Dezember 1968	EKO wird Kombinat (mehrere Anlagenkäufe, jedoch keine Schließung metallurgischer Zyklus)
März 1973	Beschluß Politbüro zur Entwicklung Schwarzmetallurgie
Juni 1979	Politbüro beschließt Ausbau EKO (bis 1983 Stahlwerk, dann WWW geplant)
1984	Inbetriebnahme Stahlwerk
1986	XI. Parteitag beschließt Bau Warmwalzwerk
1987	Baustop

3. Bruch 1987

1989	Wende

4. Bruch 1989

Mai 1990	BKE wird EKO Stahl AG

Anmerkungen

1) Im Rahmen des Projektes bestand die Einbeziehung in ein überregionales Städteprojekt. Es handelt sich um das von der EG geförderte J.O.B.-Projekt (Job creation management strategies), in das neben Eisenhüttenstadt die Städte Ripley aus Großbritannien und Głogów aus Polen einbezogen sind.

Vom Problem, eine Stadt als Ganzes zu untersuchen

2) Schwierigkeiten bestehen bei den Stadtsoziologen selbst bei der Abgrenzung ihres Forschungsgegenstandes. „Als ihm schließlich klar wurde, daß die meisten stadtsoziologischer Beschäftigung zugleich Themen übergreifender anderer spezieller Soziologien wie der Familiensoziologie, der Schichtungssoziologie oder der politischen Soziologie waren, entstand bei Saunders der Verdacht, »daß es so etwas wie die Stadtsoziologie überhaupt nicht gibt!«" (Körner-Badoni 1991:1)

3) Besonders zu berücksichtigen ist bei dieser Betrachtung, daß die „Stadt nur der Ort (ist; d.A.), an dem die Gesellschaft in ihrer Struktur und ihren Konflikten erscheint." (Häußermann/Siebel 1978:483). Aus diesem Grund wird in die Forschungsarbeit als Hintergrundinformation immer die aktuelle Politik von Region, Land und Bund aufgenommen.

4) Diese Annahmen stimmen mit den aus der Modernisierungstheorie gewonnenen Hypothesen überein. „Was die sozialstrukturelle Angleichung betrifft, so werden gemäß Modernisierungstheorie die meisten Entwicklungen der DDR in westdeutsche Richtung gehen: Rückgang der Frühehen und Frühscheidungen, ein erhebliche Bildungsexpansion, ein Wachstum nicht-öffentlicher Dienstleistungen, eine Vergrößerung der Ungleichheit, eine Differenzierung der Lebensformen und Lebensstile." (Zapf 1991:44)

5) Nach Vester (1993:38) ist darunter zu verstehen, „daß mit der Auflockerung oder Auflösung der historisch von Klassen- und Konfessionszwängen geprägten sozialmoralischen Großmilieus die Gesellungen, insbesondere die Form des Zusammenlebens und des Gemeinschaftshandelns der Menschen vielfältiger und situationsoffener gestaltet werden kann."

6) Die Arbeitstagung „Wandel in Eisenhüttenstadt" fand am 14.3.1995 im Sitzungssaal des Rathauses Eisenhüttenstadt statt und stellte Zwischenergebnisse des Projekts vor Vertretern von Werk und Stadt sowie wissenschaftlichen Einrichtungen vor (vgl. Broschüre „Wandel in Eisenhüttenstadt" 1995).

Die Entwicklung von Werk und Stadt zwischen 1950 und 1989

7) „Lied vom Eisenhüttenkombinat Ost" (Text: Klaus Lettke, Musik: Helmut Nier) (Schallplatte ‚Wir, die Herren des Feuers', VEB Deutsche Schallplatten Berlin DDR, 1988)

8) „Die Schließung zum Weltmarkt durch die Vorherrschaft der Sowjetunion (stalinistisches Dogma von der Blockautonomie im Kalten Krieg) führte auch in der DDR zur Orientierung am sowjetischen ‚Stahlmodell' (Primat der Schwerindustrie und Bemessung der Produktionserfolge in Tonnen statt in Werten). Diese Entwicklung wurde in der DDR auf die westliche Embargopolitik zurückgeführt, was aber nur eine Seite der Medaille thematisiert. Denn nachdem Polen und die damalige CSSR dazu geneigt hatten, sich am Marshallplan zu beteiligen, wurde den ost- und mitteleuropäischen Ländern 1947/48 von Moskau die Abgrenzung und Sowjetisierung verordnet." (Schwarzer/Schweigel 1995:248)

9) Die Grundstoffindustrie auf dem Gebiet der Sowjetischen Besatzungszone und späteren DDR war aufgrund der regionalen Arbeitsteilung des Deutschen Reiches wesentlich geringer entwickelt (1936: 2,3 % des Steinkohlebergbaus, 0,02 % der Erdölgewinnung, 6,6% der eisenschaffenden Industrie, 24% der chemisch-technischen Industrie und 23,4 % der Eisen- und Stahlindustrie). Dominierend war eher eine vielfältige verarbeitende Industrie (speziell Leicht- und Textilindustrie), die durch Klein- und Mittelbetriebe und in Sachsen und Thüringen durch viele eng verflochtene lokale Produktionsverbünde gekennzeichnet war.

10) DEGUSSA – Deutsche Gold- und Silberscheideanstalt, das u.a. Hexamethylentetramin für die Sprengstoffherstellung produzierte. Nach Kriegsende wurde nicht weiterproduziert. Die Anlagen waren teilweise zerstört bzw. wurden im Zuge der Reparationen abgebaut.

11) Dem im Text nachfolgenden Dokument war folgendes Schreiben der Verwaltung der DEGUSSA in Frankfurt/Main beigelegt: „Die in Fürstenberg/Oder zu erbauende Anlage ‚Chemische Fabrik Fürstenberg/Oder' ist von dem Generalbevollmächtigten für Sonderfragen der chemischen Erzeugnisse genehmigt und zwar unter : O – CH Brandenburg 3003. Die Genehmigung ist erteilt gem. Beschluß der Bauunterkommission des Vorsitzes der Prüfungskommission des Wehrkreises III vom 1. Dezember 1941. Frankfurt / Main, d. 17.4.42, Deutsche Gold- und Silberscheideanstalt, Roesler" (StA EHS, Akte Degussa)

12) Pegert (1975); Zwei Massengräber wurden entdeckt. „1. Massenfriedhof am Seelas Hof, enthaltend vier Massengräber mit insgesamt 2.882 bestatteten Angehörigen der Roten Armee. 2. Massenfriedhof im ehemaligen Kriegsgefangenenlager Stalag III b, enthaltend 1.227 Angehörige der Roten Armee." (Fromm 1981: 38f.); in seiner Anmerkung zitiert Fromm die Akte Rep. 203, Nr. 800, Bl. 59, des Staatsarchivs Potsdam. Zur unmenschlichen Behandlung der Kriegsgefangenen, Zeugenaussagen, feierlichen Bestattung am Ehrenmahl in der Wohnstadt des EKO vgl. Fromm (1981:38f.).

13) Vgl. Eichholtz 1993:67

14) „Auch bei der Suche nach einem geeigneten Standort griffen die Genossen in die Schubladen: Bereits in der nationalsozialistischen Diktatur waren Vorlagen zur Errichtung eines neuen Stahlstandortes entstanden." (Meuser 1993, Teil 1)

15) Da aber auch die befragten Fürstenberger nicht mehr als die Dokumente des Eisenhüttenstädter Museums zu diesem Punkt kennen und weitere Dokumente noch nicht bearbeitet wurden, müssen die genauen Zusammenhänge über die Industrieplanung des Dritten Reiches für diese Region offenbleiben. So erzählte unser Interviewpartner: „Das ist aber ein Projekt aus der Weimarer Zeit, das Werk ... Das ist also nicht auf dem Mist von den Sozialisten gewachsen, sondern das war schon ein Projekt aus der Weimarer Zeit, und was die Nazis ja auch bauen wollten. Und die hätten das MEW, das Märkische Elektrizitätswerk, das war dafür gedacht, um das Werk zu versorgen mit Strom. Man hat also erst das Elektrizitätswerk gebaut; da hieß es – die Kohle kam ja von – Kohle aus Schlesien und Erz aus Schweden und deswegen hat man das hierhersetzen, wollte aber nicht hier unsere, unsere Gewerbe hier kaputtmachen oder schließen, die wollten die Arbeitskräfte, die drüben über die Oder, die haben eben überwiegend Landwirtschaft gehabt, und die Arbeiter wollten sich ja so überzeugen, ja, war ja damals ... Arbeitsplatzmangel ... Also, das war von der Weimarer Republik und die Nazis wollten auf jeden Fall ein Stahlwerk bauen ..." (2, B 14, Selbständiger) Eine weitere Aussage zur Thematik war: „... die haben also schon Ansiedlung von Schwerindustrie ... angedacht und es gab sicherlich Voruntersuchungen, genauso, wie sie eben die Eingemeindung schon vorgenommen hatten, die wollten da ein großes Gebiet schaffen und haben Vogelsang eingemeindet ... Vogelsang gehörte ja och mal zu Fürstenberg ... und Schönfließ 1944 noch, schon als die Niederlage sichtbar war, haben die hier noch riesen-industrielle Sachen gemacht." (18, B 14 Selbständiger)

16) Vorgesehen waren eine Tafelglasfabrik (600 Arbeitskräfte, Bauzeit ca. 2-3 Jahre), eine Bau- und Reparaturwerkstatt für landwirtschaftliche Maschinen (50 Arbeitskräfte, Bauzeit drei Monate), die Errichtung eines Kreislagers für den Handel zur Versorgung der Bevölkerung (30 Arbeitskräfte, die sofortige Nutzung wäre möglich gewesen) und die Fabrikationsräume für eine Korbmachergenossenschaft (600 Arbeitskräfte). Letztlich wurde keines der Vorhaben realisiert.

Die erste Phase 1950 bis 1962 – Von der Gründerzeit zur Konsolidierung

17) Der Begriff „babylonischer Plan" stammt aus einem Zitat: ‚„Vor vierzig Jahren", heißt es in einer Reportage der Zeitschrift ‚Das Parlament', machten »die Gründerväter der DDR einen wahrhaft babylonischen Plan. Laßt uns eine Stadt bauen, die unseren neuen Staat ideal verkörpert ...«..Unbeschadet der so beschriebenen Ausnahmestellung Eisenhüttenstadts, wie die Stadt seit 1961 heißt, ist sie, der Einzelfall. Nur rein sozialistische Zutaten wurden verwendet'. Und: »Wenn irgendwo zu besichtigen ist, was das sei, eine DDR-Identität, dann hier.«" (Cerný 1991:1, zitiert nach: ‚Das Parlament', Bonn, 30.3.1990, S. 9)

18) Es gab für Stalinstadt bzw. Eisenhüttenstadt mehrere solcher ‚offiziellen' Bezeichnungen: „1. sozialistische Stadt auf deutschem Boden", „1. sozialistische Stadt in Deutschland", „1. sozialistische Stadt in der DDR" oder „erste neue Stadt in der DDR" (Leucht 1957) bzw. „die erste Stadtgründung nach dem zweiten Weltkrieg in Deutschland" (ders. 1957). Der Zeitpunkt des Wechsels offizieller Bezeichnungen ist nicht genau festzulegen. Er kann zum Zeitpunkt der Namensgebung „Eisenhüttenstadt" 1961 erfolgt sein (vgl. Kapitel ‚Von Stalinstadt nach Eisenhüttenstadt') oder zu einem anderen Zeitpunkt, etwa als von offizieller Politik nicht mehr das

Ziel eines einheitlichen Deutschlands verfolgt wurde. Es fanden sich für den Wechsel in der Bezeichnung – bisher – nur zwei Hinweise: „... kam es zum Bau einer neuen Stadt, der ‚ersten sozialistischen Stadt Deutschlands', wie sie offiziell genannt wurde. Später hieß sie die ‚erste sozialistische Stadt' der DDR." (Bräuer 1990:8) Auch während einer Gruppendiskussion wurde dieses Thema angeschnitten: „- und ich glaube das war auch in der DDR schon klar – denn die Stadt hieß ja nicht die ‚erste sozialistische Stadt der DDR', sondern die hieß, nachher schamhaft verborgen, ‚erste sozialistische Stadt Deutschlands'. Es war ja auch ein planerisches Ideal für ein erträumtes sozialistisches Gesamtdeutschland, was man gar nicht sozialistisch in den ersten Jahren haben wollte, sondern antifaschistisch-demokratisch ...- Also Walter Ulbricht, der wußte, daß er die Westdeutschen dabei in den Sack hauen wollte. Daß das nun schon von den Größenverhältnissen gar nicht geht – es war immer deutscher Städtebau und als solcher wird er auch heute geschützt, denn es ist das Produkt von einem Drittel Deutschlands ...Und es ist in Deutschland, in diesen anderen zwei Dritteln, geprägt durch die dortige Entwicklung, ja kaum zu einer neuen Stadt gekommen." (11, VG 11 Denkmalschützer)

19) Geschichte der deutschen Arbeiterbewegung (1966)

20) Zitiert nach: Dokumente der SED. Beschlüsse und Erklärungen des Parteivorstandes, des Zentralsekretariats und des Politischen Büros, Bd. II, Berlin 1950, S. 28; ab 1949 bereitete man im Industrieministerium der DDR die Projektierung eines Eisenhüttenkombinates vor.

21) Die Sowjetische Aktiengesellschaft (SAG) bestand von 1946 bis 1953. Es war ein von der sowjetischen Besatzungsmacht gegründeter und geleiteter Wirtschaftsbetrieb in der Sowjetischen Besatzungszone/DDR. Weitere Ausführungen vgl. Ranke et al. (1994:870f.).

22) "Rückblickend zeigt sich freilich, daß mit den Zielsetzungen der fünfziger Jahre auch die Weichen falsch gestellt wurden. Trotz fehlender Betriebe und Rohstoffe unternahm die DDR ehrgeizige Anstrengungen, eine eigene Schwerindustrie aufzubauen, wobei es ihr besonders auf Kohle und Stahl ankam. Sie vernachlässigte daher nicht nur die Konsumgüterindustrie und die Dienstleistungen, sondern baute zudem unrentable Werke an falschen Standorten auf. Nach Jahrzehnten stellte sich heraus, daß die DDR mit ihrer (von der UdSSR verfügten) Bevorzugung der traditionellen Schwerindustrie nur verkrustete Strukturen festigte." (Weber 1993:36)

23) Schon 1950 gehörte die Mehrheit der Mitarbeiter des Staatsapparates der SED an. Eine Parteiüberprüfung 1950/51 führte zum Ausschluß von über 150.000 Mitgliedern der SED und zur Verhaftung führender Funktionäre.

24) „Auf anderen Gebieten wurde die beginnende Eigenstaatlichkeit der SBZ noch deutlicher. Die Deutsche Wirtschaftskommission erwies sich nach ihrer Reorganisation im März 1948 immer klarer als Vorstufe einer Regierung der DDR, da sie mit ihren Weisungsbefugnissen die Rechte der Länder einschränkte. Über die DWK, die völlig von der SED beherrscht wurde, konnte die Einheitspartei außer im politischen System auch in den Verwaltungen und in der Wirtschaft weitgehend bestimmen." (Weber 1993:23f.)
„Starre Befehlsstränge von oben nach unten und unbewegliche Strukturen verhinderten nicht nur ideenreiche Impulse von der Basis her, sondern auch Innovationen von seiten der Wissenschaft ... Die Schaffung eines zuverlässigen, geschulten Funktionärskorps war ein Hauptanliegen der Führung, ihr schien ideologische Ausrichtung wichtiger als Sachverstand, daher sollten alle Positionen in Partei, Staat, Kultur und Wirtschaft mit indoktrinierten Funktionären besetzt werden. Dabei rückten die sogenannten Kaderprinzipien in den Mittelpunkt der Personalpolitik; Kritik und Selbstkritik sowie Anleitung und Kontrolle durch den übergeordneten Apparat galten neben politischer Qualifikation als Garantien der Machtsicherung." (Weber 1993:37f.)

25) Nach 1965 bis zum Ende der DDR war die SPK allein führende Planungsinstanz. Das letzte Statut der SPK vom 9.8.1973 regelte deren rechtliche Stellung, Aufgaben, Leitung und Arbeitsweise. Der Vorsitzende der SPK war gleichzeitig Mitglied oder Kandidat im Politbüro. Der SPK lag das Prinzip der Einzelleitung zugrunde. Die SPK war gegenüber dem Politbüro sowie dem ZK der SED rechenschaftspflichtig. In den 80er Jahren hatte die SPK 2000 Mitarbeiter.

26) „Trotz vieler Propheceiungen der SED-Führung ... war der Lebensstandard weiterhin relativ niedrig (und erheblich bescheidener als in der Bundesrepublik). Noch immer mußten Fett, Fleisch und Zucker rationiert werden, sehr viele Güter waren Mangelware, und ihre Qualität ließ oft zu wünschen übrig. Für große Teile der Bevölkerung waren die überhöhten Preise in den HO-Läden unerschwinglich. Die Bruttostundenlöhne betrugen 1951 für Maurer 1,60 Mark, für Schlosser 1,78 Mark, die Mehrheit der Arbeiter verdiente unter 312 Mark brutto im Monat, bis 1955 stieg der monatliche Durchschnittsverdienst von Arbeitern und Angestellten auf 345 Mark. Damals betrugen die Preise in den HO-Läden für ein kg Zucker 12 Mark, für ein kg Schweinefleisch 15 Mark, für ein kg Butter 24 Mark, für ein Herrenhemd 40 Mark und für ein Frauenkleid 108 Mark. Hingegen waren die rationierten Lebensmittel relativ billig, so kostete ein kg Schweinefleisch 2,68 Mark, ein kg Butter 4,20 Mark und ein Zentner Braunkohlebriketts 1,72 Mark. Preisgünstig waren auch Mieten und Fahrpreise der öffentlichen Verkehrsmittel." (Weber 1993:36)

27) Die politische Unterdrückung brachte auch eine Verfolgung der Kirche, vor allem der evangelischen Kirche. Von Januar bis April 1953 verhaftete das MfS etwa 50 Geistliche, Laienhelfer und Diakone. Die „Junge Gemeinde" war heftigen Angriffen ausgesetzt. Durch diese Zwangsmaßnahmen verschlechterte sich die Stimmung, ebenso wie durch Preissteigerungen (vgl. Weber 1993:39). Für die Verhaftung von Geistlichen zeichnet der Pfarrer Heinz Bräuer (bis 1983 Pfarrer in Eisenhüttenstadt) beispielhaft den Weg des Pfarrers R. Gnettner nach, der ab 1946 Pfarrer in – dem späteren Stadtteil von Eisenhüttenstadt – Fürstenberg/Oder war und am 6. August 1950 verhaftet, am 4. April 1951 zum Tode verurteilt, zu langer Haftstrafe begnadigt und in die Sowjetunion deportiert wurde. Seitdem verlor sich jede Spur (vgl. Bräuer 1994).

28) „Der Tod Stalins am 5. März 1953 schockierte die DDR-Führung, da die neue Spitze der Sowjetunion (Malenkow, Berija, Molotow) eine Kurskorrektur, eine Abkehr von der harten Linie in der DDR forderte. Im Politbüro der SED drängten Wilhelm Zaisser und Rudolf Herrnstadt auf eine flexiblere Politik und sogar auf eine Ablösung Ulbrichts." (Weber 1993:40).

29) "Nach der Wende in der DDR wurde ein ‚Beschluß' bekannt, den das Politbüro der KPdSU nach Stalins Tod 1953 faßte und in dem es die ‚fehlerhafte politische Linie' der SED kritisierte. Zur ‚Verbesserung der Lage' konstatierte die KPdSU damals: »Unter den heutigen Bedingungen (ist) der Kurs auf eine Forcierung des Aufbaus des Sozialismus in der DDR, der von der SED eingeschlagen und vom Politbüro der KPdSU(B) in seinem Beschluß vom 8. Juli 1952 gebilligt worden war, für nicht richtig zu halten.« Jedoch vermied die sowjetische Führung Experimente: nicht Ulbricht wurde verdrängt, sondern seine Gegner Zaisser und Herrnstadt verloren im Juli 1953 ihre Positionen." (Weber 1993:40)

30) Die uranerzeugende Wismut blieb bis zur Wende 1989 teilweise (50:50 Prozent) eine sowjetische Aktiengesellschaft.

31) Die größten Stahlwerke in der sowjetischen Besatzungszone bzw. DDR waren die Maxhütte Unterwellenborn, das Stahlwerk Riesa, die Stahlwerke in Hennigsdorf, Brandenburg und Calbe sowie das Stahl- und Walzwerk Gröditz. Kleinere Werke gab es in Döhlen und Kirchmöser. Sie fielen massiv unter die Demontage, da sie vor 1945 der Rüstungsproduktion dienten (Bau von Panzerkuppeln und Panzerwagen sowie Vorhandensein von Panzerplattenstraßen in Brandenburg, Geschützbau in Gröditz, modernste Geschoßfabrik Deutschlands in Döhlen, zwei große Geschoßfabriken in der Maxhütte).

32) Das Handelsabkommen zwischen Ost- und Westdeutschland im Oktober 1949 (Frankfurter Abkommen) bildete neue Voraussetzungen für einen regelmäßigen Bezug von Eisen- und Stahlerzeugnissen aus dem Ruhrgebiet. Im Februar 1950 erfolgte jedoch auf Weisung der Amerikaner ein Embargo für Stahllieferungen in alle sozialistischen Länder mit der Begründung, in diese Länder keine kriegswichtigen Waren zu liefern.

33) Folgende Varianten wurden diskutiert: Einkalkulierung des Walzstahldefizits, Investitionen an den Standorten von Kohle und Eisenerz in den Volksdemokratien bzw. der UdSSR bzw. Aufbau einer eigenen, von der westdeutschen Montanindustrie unabhängigen Basis.

34) Parallelen gab es beim Aufbau der metallurgischen Basis in den anderen sozialistischen Ländern. So wurden in Pernik (Bulgarien), Hunedoara (Rumänien), Dunaujvaros (Ungarn), Ostrava-Kuncice (dam. Tschechoslowakei) und Krakow (Polen) neue Werke errichtet.

35) Auswahl an Literatur: Cerný (1984), Leucht (1957) u.a..

36) So heißt es in einer Aktennotiz des Ministeriums für Aufbau: „Unter dem Gelände Fürstenberg-Vogelsang lagern etwa 114 Millionen t Kohle. In den nächsten 20 Jahren ist ein Abbau nicht vorgesehen." (BArch, Akte 38710, Aktennotiz der Hauptabteilung I Ministerium für Aufbau, v. 20.10.1950) Bei einem dennoch erfolgten Abbau der Kohle hätte es nach Berechnung der Hauptabteilung einen Verlust von 350 Millionen Mark gegeben durch die in Mitleidenschaft gezogenen Werte (Bahnanlagen hauptsächlich der schon erwähnten Werke der DEGUSSA, der Kanal, die Schleuse, Straßen, das Städtchen Fürstenberg und Vogelsang) (BArch, Akte 38710, Mitteilung des Hauptabteilungsleiters Landesplanung im Ministerium für Aufbau, betr. Standort Wohnstadt für Kombinat Fürstenberg/Oder, v. 2.11.1950).

37) Vgl. Territorialstruktur Stalinstadt 1950-1954, S. 1, Aktenvermerk v. 10.11.1950 (BLHA, III/2 Bez. Ffo. Rep. 601, Akte 6065 Ministerium für Aufbau, Hauptabteilung Landesplanung)

38) Vgl. z.B. die filmische Dokumentation „Wo einst noch Sand und Kiefern standen …", Film Nr. 107 Archiv der EKO Stahl GmbH (Dokfilm des EKO-Betriebsfilmstudios in den 80er Jahren).

39) Vgl. Roman von Hans Marchwitza „Roheisen" (1955). Dieser schrieb z.B. über den Tag der Grundsteinlegung, der für die in Fürstenberg und Umgebung Wohnenden unter Beachtung des späten Termins für die Festlegung des Standortes recht überraschend kam. In einem Streitgespräch derjenigen Bauern, die den Akt der Grundsteinlegung beobachteten, wird dargestellt (S. 6): „Ihr Voreiligen werdet es euch nicht erleben. Bestimmt stecken die Russen dahinter. Man wird es euch nicht auf die Nase binden …". (S. 11) „Und die andere Last! Jetzt setzt der neue Nomadenstrom ein, der wieder von den Einwohnern untergebracht werden muß. Man ist die eine Plage noch nicht los, nun wird unser enges Nest ganz und gar zu einer Tummelstätte für alles mögliche lichtscheue Volk gemacht. …. Das ist das Ende aller Ruhe hier!" (S. 11) „… es war die Angst, das Häuschen und ein paar Morgen Land aufgeben zu müssen. Es wurde seit Tagen darüber geredet, daß alle dem Baugelände benachbarten Grundstücke später in den gewaltigen Baukomplex mit einbezogen würden. Andere wiederum erschreckte die willkürliche Verwandlung der gewohnten Ländlichkeit in eine Industrielandschaft."
Relativ spät, erst im Frühjahr 1951, hatte man mit den Bauern Verhandlungen über ihren Grund und Boden begonnen. Sie erhielten zur Entschädigung das Doppelte der zu dieser Zeit üblichen Bodenpreise.
Im Zusammenhang mit der Markierung der Oder-Neiße-Grenze kam es zu Auseinandersetzungen auf der EKO-Baustelle, insbesondere zwischen den Umsiedlern. So lautete ein Bericht der SED-Kreisleitung aus dieser Zeit: „Dem Bericht zufolge gab es bei der Mehrheit jener Werktätigen eine zunächst in ‚Interessenlosigkeit' begründete ‚Unklarheit und Verworrenheit in politischen Dingen, die durch Rias-Propaganda noch verstärkt wird'. Der Rias wurde ‚mehr gehört' als der demokratische Rundfunk, und die von Rias weitverbreiteten antikommunistischen Losungen wurden nachgesprochen: ‚Weltherrschaft des Kommunismus', ‚Diktatur der Ostzone', ‚Totmachen der kleinen Unternehmer', ‚Wertlosigkeit der Ostmark', ‚Ostzonen-Armee.'" (Cerný 1970:118), zitiert nach einem Bericht der SED Kreisleitung ‚Über den Stand des politischen Niveaus der Kollegen von der Transportabteilung', v. 17.5.1951)

40) Als einen weiteren Standortvorteil, der zu dieser Entscheidung führte, benennt Cerný die Nähe von Fürstenberg/Oder. „Ausschlaggebender Vorteil: Die Nähe von Fürstenberg. Bestehende kommunale Einrichtungen ließen sich von den ‚Neustädtern' nutzen, bis für sie bessere gebaut wurden, die dann wiederum den Fürstenbergern offenstanden. So sollten beide Städte im Laufe der Jahre zu einem Gemeinwesen zusammenwachsen." (Cerný 1984:9)

41) Die schon bestehenden kleineren Stahlwerke erhielten Lieferungen aus einheimischen Erzvorkommen (z.B. Calbe/Saale).

42) Die Unterzeichnung des „Abkommens über die Markierung der festgelegten und bestehenden deutsch-polnischen Staatsgrenze" wurde am 6. Juli 1950 durch die Ministerpräsidenten Grotewohl und Cyrankiewicz vollzogen.

43) Die Bundesrepublik Deutschland nahm bereits die vorbereitenden Verhandlungen zum Anlaß, um am 13. Juni in einer gemeinsamen Erklärung von Bundesregierung, Bundestag und Bundesrat (angenommen gegen die Stimmen der KPD, aber mit denen der SPD) die Anerkennung der Oder-Neiße-Grenze abzulehnen.

44) „Die Errichtung des Eisenhüttenkombinates … an der Oder-Neiße-Friedensgrenze ist eine politische Dokumentation des Friedenswillens des deutschen Volkes gegenüber seinen Nachbarstaaten." (A 251/61, Bedeutung und Standortwahl EKO, Abt. Technologie, 21.1.1958)

45) Im Dezember 1945 lebten 1,2 Millionen Menschen mehr im Gebiet der SBZ als 1939, im Oktober 1946 sogar 3,4 Millionen mehr als 1939. „Einschneidende demografische Umschichtungen gab es sowohl wegen der Evakuierungen, als auch wegen des Flüchtlingsstromes aus den Ostgebieten oder der großen Zahl von Kriegsgefangenen, die noch festgehalten wurden." (Weber 1993:11)

46) Zu den Hintergründen vgl. auch Weber (1993:10f.).

47) Eine reale und grundlegende Hilfe war die Übergabe wichtiger Planungsunterlagen oder auch für Reparationen vorgesehener Bauteile sowie Maschinen an das Ministerium durch die Sowjetische Kontrollkommission. Literatur zur Metallurgie aus der Sowjetunion lag den Planern und Konstrukteuren erstmalig im Herbst 1952 vor. Nach Aussagen des Chefplaners des Werkes hätten bei zeitigerer Kenntnis dieser Fachliteratur viele Fehler vermieden werden können. Mehrmalige Hilfseinsätze sowjetischer Spezialisten (wie die von Michailowitsch und Shulgin 1952), die wiederum als politische und ideologische ‚Kampagne' genutzt wurden, wurden – unter den damaligen Bedingungen berechtigt – von den Arbeitskräften mit Begeisterung aufgenommen. Sie deckten aber gleichzeitig gravierende Mängel der Planung und Ausführung auf (vgl. Cerný 1970:308).

48) In seinem Buch „Die erste neue Stadt" führt K.W. Leucht das Ziel sozialistischer Siedlungsplanung aus und beruft sich dabei auf W.I. Lenin (Sämtliche Werke, Wien-Berlin 1929, Bd. XVIII, S. 37): „Die sozialistische Siedlungsplanung unterscheidet sich grundlegend von der Praxis der kapitalistischen Siedlungspolitik. Die sozialistische Stadt ist eine neue Form der Siedlung »mit Aufhebung sowohl der ländlichen Öde, Weltabgeschiedenheit …, wie der widernatürlichen Zusammenballung gigantischer Massen in den großen Städten.«" (Leucht 1957:10)

49) Die Politik der SED versuchte, auch der Kirche keinen Raum zur Entfaltung in der ‚1. sozialistischen Stadt' zu lassen. Das äußerte sich zunächst in repressiven Maßnahmen gegen die in Fürstenberg/O. vorhandene Kirche und deren Vertreter. Erst nach dem 17. Juni 1953 ‚lockerte' sich das Verhältnis (vgl. auch Bräuer 1990, 1994).

50) Die Überschrift stammt von dem Buch von Köhler „Kohle zu Eisen – Eisen zu Brot" (1994).

51) Diese ‚geschichtsträchtige Axt' ist im Unternehmensarchiv der EKO Stahl GmbH zu besichtigen.

52) Cerný (1970:85); der Autor führt weiter an: „Der Leiter der Hauptabteilung Bauindustrie urteilte nüchtern: »Nahezu alle Schwerpunktvorhaben' wären nicht zu realisieren gewesen, »wenn die Baubetriebe sich streng nach den Bestimmungen der Gesetze und der Grundordnung für die volkseigene Bauindustrie gerichtet hätten.«" (Cerný 1970:92)

53) A 270/158, 160-163, 141-142, Schwerpunkterklärung. Schreiben des Ministeriums für Schwerindustrie, Minister Selbmann, an das Hüttenkombinat Ost, v. 30.3.51; Anlage 1 und 2 zur Dienstanweisung Nr. 45 v. 15.5.1951

54) Innerhalb von fünf Jahren sollte die gesamte Volkswirtschaft ‚arbeitsfähig' gemacht werden. Dafür wurden über 15 Milliarden Mark investiert. Neben dem Aufbau einer eigenen stahlerzeugenden Industrie 1951 bis 1953 und der Beseitigung der Disproportionen von eisenerzeugender und eisenverarbeitender Industrie, sah der Fünfjahrplan in den Jahren 1952/53 den beschleunigten parallelen Ausbau der brennstofferzeugenden Industrie und die Entwicklung des Maschinenbaus vor. Beide sollten die Grundlage für den Ausbau der Energiewirtschaft 1953/54 darstellen. Diese wiederum stellte die Voraussetzung für den Investitionsschwerpunkt ‚Chemische Industrie' 1954/55 dar.
„Das war die Grundidee des 1. Fünfjahrplanes. Sie lief darauf hinaus, den Torso von Wirtschaft … („Rumpfwirtschaft" sagte der Minister für Planung, Heinrich Rau), in einen vollständigen, lebensfähigen Wirtschaftskörper zu verwandeln." (Cerný 1984:6)

55) Weitere Ausführungen zur städtebaulichen Planung vgl. Abschnitt ‚Auswirkungen auf die Entwicklung der Stadt nach dem 17. Juni 1953' sowie Exkurs zur Architektur.

56) Zu den Schwerpunkten innerhalb des Fünfjahrplanes in Brandenburg zählten z.B. die Stahl- und Walzwerke Hennigsdorf, Kirchmöser und Brandenburg, das Lausitzer Bergbaugebiet, die Kalk- und Zementwerke Rüdersdorf, die ‚Deka'-Reifenwerke Fürstenwalde, die Zellwolle-Werke Wittenberge u.a.. (vgl. A 747/118 b).

57) „Als die Parteileitung des EKO … auf den 19. September orientierte, mußte sie sich darüber im Klaren sein, daß nicht alle für den normalen Hochofenbetrieb erforderlichen Einrichtungen bis dahin fertig sein würden und große Anstrengungen erforderlich sein würden, um den Hochofenbetrieb im Oktober, wie im Volkswirtschaftsplan vorgesehen, aufzunehmen. Das Anblasen des Hochofen I am 19. September gab den vielen Bauleuten, die keine metallurgischen Kenntnisse besaßen die Illusion, daß der Ofen betriebsfertig sei, trug dazu bei, daß es in der Aufbauleitung zu Fehlorientierungen kam, und führte – nach weiteren Verzögerungen … – zu erheblichen Störungen des Ofenganges … Der Triumph über die rasche Fertigstellung wich einer tiefen Niedergeschlagenheit. Die Erfahrungen lehrten, Ehrlichkeit und Vernunft über Prahlerei zu stellen …". (Cerný 1970:291)

58) Es kam in bezug auf administrative Zuständigkeiten bzw. bei der sozialen Versorgung der Arbeitskräfte oder auch z.B. im Hinblick auf die Wohnungsvergabe immer wieder zu Konflikten zwischen der Aufbauleitung des Werkes und der Leitung der Bau-Union, wie folgendes Zitat beweist. „Es wird ausdrücklich von Aufbauleiter Ringel hervorgehoben, daß die dem EKO ab 1.3.1951 verantwortlich unterstellte Küche nicht für die Verpflegung der am Aufbau der Wohnstadt beteiligten Arbeitskräfte zuständig ist, da für letztere bekanntlich als Investitionsträger das Auf-

bauministerium die Verpflegungsmaßnahmen zu treffen hat." (A 255/142)

Kurze Skizzierung der Entwicklung der Bau-Union Ost bis 1995:

1960-1967	1960 erfolgte die Umbildung zum VEB Industriebau Ost Frankfurt/Oder, Betrieb Industriebau Eisenhüttenstadt. Zu diesem Zeitpunkt war der Aufbau der anderen Eisenhüttenstädter Betriebe, wie des Industriekraftwerkes und Hüttenzementwerkes abgeschlossen. Die Bautätigkeit verlagerte sich nach Schwedt, wo der Betrieb am Bau des Erdölverarbeitungswerkes und der Papierfabrik beteiligt war.
1968	Im Zuge der ersten Welle der Kombinatsbildung wird das Bau- und Montagekombinat Frankfurt/Oder (BMK) gegründet mit dem Betrieb Industriebau Eisenhüttenstadt. Im Mittelpunkt steht his 1968 der Aufbau des Kaltwalzwerkes.
1969	Der Schwerpunkt der Bautätigkeit verlagerte sich wiederum nach Frankfurt/Oder und Berlin.
1981-1984	Im Auftrag der VOEST-Alpine Österreich errichtet das BMK fast komplett die Nebenanlagen des EKO-Stahlwerks.
1987/1988	1987 war der Schwerpunkt der Bau des Warmwalzwerkes, der aber schon 1988 wieder abgebrochen wurde.
1990	Am 30.6.1990 kam es zur Auflösung des gesamten BMK, der Betrieb Industriebau Eisenhüttenstadt wurde am 27.7.90 als Industriebau Ost GmbH in das Handelsregister eingetragen.
1990-1995	Bis September 1995 unterstand die GmbH der Treuhandanstalt bzw. deren Nachfolgeorganisationen, zuletzt der Urban-Management KG, danach wurde sie durch ein Westberliner Unternehmen privatisiert.

59) Werkdirektoren 1950 bis 1994: September 1950-1952 Otto Ringel (Aufbauleiter und Werkdirektor), 1952-1954 Hermann Fenske, 1954-1959 Erich Markowitsch, 1959-1965 Bruno Teichmann, 1965-1967 Wilhelm Marter, 1967-1975 Erich Markowitsch (ab 1969 gleichzeitig Generaldirektor Kombinat), 1975-1985 Manfred Drodowsky, 1985-1994 Karl Döring. Ab Juli 1994 übernahm Dr. Hans-Joachim Krüger die Leitung des Werkes. K. Döring übernahm die Funktion des Technischen Direktors.

60) Mehrmals wurden insbesondere ab 1953 Funktionszuschreibungen und Hierarchien verändert. Direktorensitzungen fanden bis Mitte 1952 täglich statt, dann zweitägig. Werkleitersitzungen fanden bis dahin wöchentlich statt, dann 14-tägig. Täglich gab es Arbeitsbesprechungen der Abteilungsleiter. Wöchentlich wurden Produktionsbesprechungen im Betrieb durchgeführt (vgl. A 256/103, Bericht zum Kontrollbericht vom 29.8.1952).

61) Im Zuge der Namensgebung ‚Stalinstadt' im Mai 1953 erhielt auch das Eisenhüttenkombinat Ost (vormals EKO) die Bezeichnung ‚Eisenhüttenkombinat J.W. Stalin' (EKS). 1961, nachdem der Stadtname obsolet wurde, kehrte man zum alten Werksnamen ‚EKO' zurück.

62) A 255/166, Aktennotiz betr. Wohnstadt Eisenhüttenkombinat Ost 12.1.1951

63) „Das war kein selbständiger Betrieb, sondern eine Arbeitsgemeinschaft zwischen dem ZKB (Zentrales Konstruktionsbüro, d. A.) und dem Berliner VEB Industrieentwurf, in der das Zentrale Konstruktionsbüro der metallurgischen Industrie federführend war. (Die Gemeinschaftsarbeit mit dem VEB Industrieentwurf, der die bautechnischen Projektierungsarbeiten besorgte, hatte sich bereits beim Aufbau des Stahl- und Walzwerkes Brandenburg bewährt.) Dem Gemeinschaftsbüro oblag nicht nur die Projektierung. Es bereitete auch die Lieferung der metallurgischen Ausrüstung vor (bei deren Bestellung die EKO-Werkleitung federführend war) und hatte die technische Oberleitung der Bau- und Montagearbeiten inne, die von der in Fürstenberg errichteten Außenstelle des Gemeinschaftsbüros ausgeübt wurde." (Cerný 1970:79) Das Gemeinschaftsbüro bestand bis Ende 1951.

64) A 255/132, Schreiben der Aufbauleitung an das Ministerium für Schwerindustrie, 16.3.1951

65) A 644/152-154, Protokoll über die am 2.11.1951 stattgefundene Besprechung betr. Bildung der Aufbauleitung für die Wohnstadt Fürstenberg/O. Anwesend waren Vertreter des Ministeriums für Aufbau, der Oberbauleiter der Wohnstadt, der Investbeauftragte der Wohnstadt, der Leiter der Sozialabteilung des EKO, Vertreter der Bau-Union Fürstenberg, der Bürgermeister Fürstenberg, der Stadtrat, Vertreter des VEB Projektierung, Entwurfsbildung und der Betriebsgewerkschaftsleitung des EKO.

66) Der Sonderbeauftragte des Ministeriums für Aufbau brachte seine Bedenken zum Ausdruck: „Die bisher durchgeführten Veranstaltungen, um über die neue Wohnstadt eine breite Diskussionsgrundlage zu entwickeln, haben nicht den gewünschten Erfolg gehabt." (A 255/166, Sonderbeauftragter des Ministeriums für Aufbau Russ an die Betriebsleitung des EKO, Aktennotiz betr. „Öffentlicher Diskussionsabend über die Wohnstadt Fürstenberg/Oder mit dem Ministerium für Aufbau). Tagesordnung dieser Versammlung: 1. Eröffnung durch stellv. Ministerpräsidenten Dr. Bolz, 2. Lichtbildervortrag und Stadtplan d. Chefarchitekt K.W. Leucht, 3. Wohnungen in der neuen Stadt, 4. Diskussion.

67) Schon im September 1950 wurden die SED-Leitung und auch die Betriebsgewerkschaftsleitung sowie die FDJ-Betriebsgruppe des EKO gebildet.

68) „Die Konzeption des Herrn Ministers Dr. Bolz ging dahin, die Werktätigen des Kombinats stärker an den Aufbau der Wohnstadt heranzuführen und die Voraussetzungen für eine Kontrolle durch die Werktätigen zu schaffen ..." (A 255/90, Schreiben des Sonderbeauftragten der Aufbauleitung Wohnstadt EKO an die Betriebsleitung EKO, Aktennotiz v. 25.9.1951)

69) Das betraf jeweils einen Vertreter der Betriebsleitung, der Wohnungskommission, der Betriebsgewerkschaftsleitung, eine Hausfrau, Vertreter der Parteigruppe, der Kulturdirektion, der FDJ, der Bau-Union, der Oberbauleitung, der Betriebsgewerkschaftsleitung Bau, der Kreisverwaltung, der Investitionsträger und des Frauenausschusses (vgl. A 255/86).

70) Ursache für den aus heutiger Sicht ‚aufgeblähten' Personalbestand war die kombinatstypische Gründung betriebseigener Bau- und Ausbaubetriebe, eines eigenen Maschinen- und Anlagenbaus, einer Instandhaltung sowie die Eigenversorgung durch einen Dienstleistungsbereich.

71) Eine interessante Übersicht zur Struktur der Arbeitskräfte findet sich bei Cerný (1970:101f.). Er erfaßte die Zusammensetzung der Arbeitskräfte nach dem vorherigen Wohnsitz, nach dem Alter sowie den Tätigkeiten und Berufen, die vor Beginn der Arbeit auf der Baustelle ausgeübt wurden. In seiner Aufstellung erfolgt der Hinweis, daß aufgrund der dünnen Aktenlage über die Jahre 1950/51 keine sicheren Rückschlüsse auf die Zusammensetzung der Belegschaft 1950/51 möglich sind.

72) Die Berechnung der Anzahl der benötigten Arbeitskräfte wurde folgendermaßen vorgenommen: „Eine Arbeitskraft im Baugewerbe setzt im Jahr DM 15.000 um. Der Arbeitskräftebedarf beträgt DM 250.000.000 : 15.000 = 16.670, rund 17.000 Arbeitskräfte. Umgerechnet auf den Arbeitskräftebedarf eines Jahres im Fünfjahrplan ergibt das 17.000 : 5 = 3400 Arbeitskräfte." (BArch, Akte 38707, EKO-Wohnstadt, Entwicklung eines Strukturplanes, 2. Fassung, Dresden, 12.10.1950, S. 51)

73) Der ‚Dienst für Deutschland' wurde nach der II. Parteikonferenz der SED 1952 als Arbeitsorganisation der Jugend gegründet. „Sie verpflichtete Jugendliche zu einem 6-monatigen konzentrierten Einsatz beim Aufbau des Sozialismus. Dafür erhielten die Jugendlichen mehrere Vergünstigungen während ihres Einsatzes." (Fromm 1981:62). In unseren biographischen Interviews wurde der Dienst für Deutschland kritisiert und mit dem Reichsarbeitsdienst verglichen. Die Unterbringung der 14- bis 16-jährigen und älteren Jugendlichen an den verschiedenen Einsatzorten im gesamten Land war in Zelten organisiert. Beim Aufbau der EKO-Wohnstadt wohnten sie in Baracken. Die Unterbringung in der Wohnstadt muß gegenüber der in anderen Lagern, wo katastrophale Versorgungszustände und demoralisierendes Verhalten – insbesondere in Mädchenlagern – vorherrschend war, noch gut gewesen sein. Oftmals sollten diese Lager auch der ‚Umerziehung' vorbestrafter oder als Auffang elternloser Jugendlicher dienen. In Kontrollberichten von Ärzten oder Parteikontrollkommissionen wurden die dortigen Zustände mit denen in ‚faschistischen KZ' s gleichgesetzt (vgl. SAPMO-BArch, ZPA, J IV 2 / 202 – 458). Die Jugendlichen trugen teilweise Uniform, was wohl die Kritik der Bevölkerung im Zusammenhang mit den unangenehmen Erinnerungen an die Uniformen der Zeit 1932 bis 1945 hervorrief. Nach dem 17. Juni 1953 wurde der Dienst für Deutschland wieder aufgelöst und ist demnach eine Episode im Versuch der Mobilisierung aller Arbeitskräfte.

74) Der Aufbau des Häftlingslagers war Beschluß des Sekretariats des ZK der SED. An mehreren Schwerpunktstandorten entstanden derartige Lager. In der Wohnstadt des EKO wurden über drei Millionen Mark für dieses Lager investiert (vgl. SAPMO-BArch, ZPA, J IV 2/3 / 374, Beschluß des ZK der SED, Reinschriftenprotokoll vom 9.4.53. S. 3, 7, Errichtung von Unterkünften für den Einsatz von Strafgefangenen bei wichtigen Investitionsvorhaben).

75) Zu den Ursachen und Auswirkungen der Schwankungen der Arbeitskräfteanzahl im Zuge des Aufbaus von Kaltwalzwerk und Stahlwerk vgl. Abschnitte ‚Auswirkungen des Bruches 1967 auf die Entwicklung der Arbeitskräfte' und ‚Entwicklung des Werkes 1969 bis 1989'.

76) Einer der ersten Brigadiere der Holzfällerkolonnen 1950 erzählte: „Wenn ich ehrlich sagen soll, mit welchen Gedanken und Vorstellungen wir damals anfingen – ... wir (wollten) so viel Bäume wie möglich fällen, um so viel wie möglich zu verdienen ... Und wenn uns dann jemand ein Bild von dem entwarf, was wir mitbauen sollten und was sich einst auf diesem öden Gelände erheben (würde), dann schmunzelten wir nur ungläubig oder machten so mal diese oder jene abfällige Bemerkung. Wir begannen eben ... zu arbeiten, ohne uns annähernd vorstellen zu können, wozu die befreite Arbeiterklasse in der Lage ist." (Cerný 1970:125; zitiert nach „Unser Friedenswerk, Nr. 26, v. 14.7.1960)

77) Im Protokoll einer Besprechung von Vertretern der Landesregierung wird auf die Wohnsituation eingegangen: „Die Wohnraumsituation im Kreisgebiet ist zum größten Teil völlig erschöpft. In Fürstenberg selbst haben wir eine besondere Notlage ... Es müssen schnellstens sechs Baracken für ca. 500 Personen beschafft werden, wobei sich die Landesregierung einschalten wird." (A 608/147, Protokoll über die am 9.11.1951 mit Vertretern der Landesregierung Brandenburg im EKO Fürstenberg/O. stattgefundene Besprechung)

78) Es existiert keine Statistik. In bezug auf die Umsiedler geht Niethammer (1991:400) von 2/5 Anteil an Umsiedlern aus. Nach Cerný (1970:103) be-

fanden sich im April 1951 unter den 4000 Arbeitskräften ca. 900 Umsiedler. Ein Vermerk in den Akten des Landeshauptarchives Brandenburg besagt: „Es bestanden 3.436 Haushaltungen in Fürstenberg, 600 in Schönfließ und 234 in Vogelsang bei einem Zuzug von rund 2.500 Umsiedlern seit 1945." (BLHA, III/2, Bez. Ffo Rep. 601, Akte 220, Ministerium für Aufbau, Erläuterungsbericht zur städtebaulichen Planung von Stalinstadt, 18.8.53, S. 14). Die ersten Arbeitskräfte auf der Baustelle stammten vorrangig aus der näheren Region: 90% der Bauleute kam in den ersten Wochen aus Fürstenberg und Umgebung (vgl. Cerný 1970:97).

79) Auch von seiten des EKO wurde dieser Umstand negativ beurteilt: „Es ist ein großer Mangel, daß es im EKO keine Stelle gibt, in der die Werksangehörigen wohnortmäßig erfaßt sind. Die bei der Sozialabteilung geführte Kartei dient nur zur Ermittlung des Bedarfs an möblierten Zimmern in Fürstenberg/O. und zur Verteilung der Wohnräume in der Wohnstadt." (A 608/141, Niederschrift über die am 8.1.1952 stattgefundene Besprechung über den Arbeiterberufsverkehr)
Die Kapazität der Barackenstadt reichte 1951/52 nicht aus, um alle notwendigen Arbeitskräfte zu beherbergen.
„Die Barackenstadt wird jedoch nicht ausreichen, um die gesamten Montagefirmen unterzubringen. Man wird dazu übergehen müssen, einen Teil der Kollegen – schätzungsweise 300-400 – in die umliegenden Ortschaften und Städte möbliert unterzubringen. Die Entfernung wird teilweise bis zur Arbeitsstelle 30 km betragen. Die Heranführung bzw. Abbeförderung von der Arbeitsstelle muß per Eisenbahn bzw. Omnibusverkehr durchgeführt werden." (A 5/139, Aufstellung über die Belegung der einzelnen Baracken, Der Sozialreferent, Aktennotiz v. 15.3.1951)
Parallel befürwortete die Staatliche Plankommission Sonderkontingente zur Unterbringung der zahlreichen Arbeitskräfte: „Der Antrag auf Bereitstellung zusätzlicher Investitionsmittel zur Unterbringung von Arbeitskräften wurde von der Bau-Union am 7.2.51 gestellt. Im Antrag wurden als Fehlbedarf 1.450 Plätze ausgewiesen ..."
Mit dem Antrag wurde gleichzeitig um Mittelbereitstellung gebeten für: a) Aufbau, Einrichtung einer Großküchenanlage für die Wohnstadt, b) Aufbau einer Kulturbaracke, c) Bau einer Badeanlage, d) Schulungsbaracke, e) Sanitätsbaracke, f) Verwaltungsbaracke.
Die Staatliche Plankommission bewilligte TDM 2.210 zusätzliche Investmittel, zweckgebunden für Eisenhüttenkombinat und Wohnstadt Fürstenberg/Oder (vgl. A 5/41, Bericht über den Stand der Arbeiten zur Schaffung transportabler Bauarbeiterunterkünfte).

80) Zitat nach (Wiens 1952:369 ff.)
Der Schriftsteller Paul Wiens besuchte 1950/51 das Baugelände und beschrieb den Alltagsleben, allerdings nicht so sehr heroisch, wie sein Schriftstellerkollege Hans Marchwitza in ‚Roheisen' (1955). Die Baustelle wurde zum zentralen Jugendobjekt der FDJ. Jugendobjekte waren zeitlich begrenzte volkswirtschaftliche Aufgaben, die einem FDJ-Kollektiv übertragen wurden. Das erste Objekt dieser Art war z.B. die Aktion ‚Max braucht Wasser' (1949). Es folgte ‚Talsperre des Friedens' in Sosa von 1949 bis 1951. Eine Aufzählung weiterer Jugendobjekte vgl. Herbst et al. (1994:443).

81) „Die Abteilungen Arbeit in den Kreisen sind zur Aufstellung von Arbeitskräftebilanzen anzuleiten unter Auswertung der Meldung und Berichterstattung bestehend aus Bedarfsplan und Bereitstellungsplan." (A 747/118b, Entwurf eines Rahmenplanes gem. Regierungsbeschluß 54/51 v. 24.10.1951 für das Schwerpunktgebiet Fürstenberg/Oder) Monatsmeldungen der Betriebe hatten demzufolge bis zum 5. des Monats an die Abteilung Arbeit in den Kreisen zu erfolgen. Von diesen hatte bis zum 10. des Monats eine Aufstellung der Monats-Arbeitskräftebilanz zu erfolgen. Nach Bedarf sollte über die Hauptabteilung Arbeit beim Ministerium ein ‚zwischenbezirklicher Ausgleich von Arbeitskräften' stattfinden.

82) Das betraf ca. 25 Glasmacher/Glasbläser.

83) So läßt sich durch folgendes Dokument der Abriß der Anlagen nachweisen: „Die Skizze über die Entwicklung der Reichsbahnanlagen erfordert die Beseitigung der Industrieanlagen der ehemaligen Glashütte, die z.Z. als Gießerei des EKO vorübergehend genutzt werden soll. Herr Minister Selbmann erklärte die Bereitschaft zur Aufgabe dieser Anlage zugunsten der vorgeschlagenen Entwicklung der Güter-Gleis-Anlage der Eisenbahn." (A 758/189, Niederschrift Besprechung bei der Werksleitung, 5.5.1953)

84) Die Schließung betraf neben der Glashütte in den nachfolgenden Jahren noch andere Betriebe (vgl. dazu auch Kapitel ‚Entwicklung der Arbeitskräftesituation ab 1963 – ein Blick zurück').

85) Schon im April 1951 hatte man in der Betriebsberufsschule der Bau-Union mit der Lehrlingsausbildung begonnen und die Betriebsvolkshochschule nahm die Arbeit auf (vgl. Cerný 1970:277); „In 2 Lehrgängen wurden ca. 30 Hochöfner-Facharbeiter qualifiziert, ca. 15 Kolleginnen wurden zu Schaltwärterinnen ausgebildet, ca. 40 Kollegen und Kolleginnen wurden zu Lokführern, Heizern, Weichenwärtern und Stellwerkswärtern entwickelt. Eine umfassende Qualifizierung nach einem Plan für die gesamte Belegschaft hat in den ersten sechs Monaten d.J. nicht stattgefunden. Es wurden aber die Vorbereitungsarbeiten dazu geleistet, indem die fachliche Qualifikation von 1600 Arbeitern überprüft und eine Qualifikationsanalyse aufgestellt wurde, deren Ergebnis u.a. die Feststellung war, daß ca. 95% der überprüften Kollegen keine Fachkenntnisse in unserer Produktion besitzen." (A 256/105, Bericht des Werkdirektors, 29.8.1952); im Frühjahr 1951 befanden sich 37 Hochöfner in der Maxhütte, 33 in Riesa, 19 in Hennigsdorf. Andere waren zeitweilig in Döhlen und anderen Werken.

86) Geschichte der deutschen Arbeiterbewegung (1966:266); vgl. auch Cerný (1970:108)

87) Bis 1954 existierten noch fünf große Barackenlager, das Wohnlager ‚Insel' und das Wohnlager ‚Helmut Just' der Bau-Union Stalinstadt, das Lager der Bau-Union Süd, die ‚Barackenstadt' in heutigen Zentrum der Stadt neben den neugebauten Wohnblöcken sowie die ‚Stadtrandsiedlung'. So führte einer unserer Interviewpartner aus: „Da gab's zwar auch ein paar Baracken, die ein bißchen besser eingerichtet waren, aber im Prinzip war das ein ganz schönes Räuberviertel. Naja, das ist normal. Dort haben im Prinzip die ganzen Bauarbeiter gewohnt, die hier das Werk gebaut haben. Und teilweise auch – es gab ja nichts anderes – die Arbeiter, die dort gearbeitet haben. Und dann gab's eine Kneipe, den ‚Friedensstahl', und dort konnte man Bier trinken, essen, mußte alles machen. Und da ist man manchmal gar nicht reingekommen, so voll war's. Oder man hatte gewartet, bis es drinnen richtig knallt. Und da wurde die Kneipe halb leer. Weil eine Seite flog raus. Welche mußten immer verlieren. Da konnte man dann wieder mal rein. Aber sowas hat mich nicht gereizt, ich habe immer – bin immer abgehauen. Wenn es richtig wurde, war ich weg. Das brachte nichts ein. Und einige sind nur davon ausgegangen, da rein zu gehen, um sich zu prügeln. Das ist nicht meine Welt gewesen." (6, B 4 ehem. EKO-Mitarbeiter)

88) Auch diese Vorhaben wurden von Minister Selbmann begutachtet: „Die vorgelegte Skizze über die Zusammenfassung der Wohngebiete mit dem Zentrum und zentralen Bezirk der ersten sozialistischen Stadt unter Einbeziehung der Wohnbezirke von Alt-Fürstenberg und Schönfließ fand die Anerkennung von Herrn Minister Selbmann. Die Größe des Wohngebietes muß nach endgültiger Klärung der städtebildenden Faktoren im einzelnen noch abgestimmt werden. Kollege Mertes berichtete abschließend, daß gelegentlich der Feier der Namensgebung (Namensgebung ‚Stalinstadt' am 7.5.1953, d.A.) die Skizze des Flächennutzungsplanes mit der jetzt vorgeschlagenen Grundkonzeption zur Vorlage kommt. Die abschließende Bearbeitung der grundlegenden Städtebauplanung soll dann bis zum 30.6.1953 zur Vorlage an den Ministerrat erfolgen, in gleicher Weise wie in der vorigen Woche für die Städte Merseburg und Calbe". (A 255/20-21, Abschrift der Besprechung bei der Werksleitung des EKO 5.5.1953) Vertreten waren: Minister Selbmann, stellv. Werksleiter EKO, Aufbauleitung Wohnstadt, Rat der Stadt, Vertreter des Generalprojektanten, Vertreter des Ministeriums für Aufbau)

89) Vgl. auch: „Wohnungslage: Der Bau des Eisenhüttenkombinates hat hier ebenfalls eine völlig neue und im Augenblick nicht übersehbare Lage geschaffen. Der Wohnraummangel war begründet durch die Zerstörung von 70 Wohnungen durch Kriegseinwirkungen, die Zweckentfremdung von Wohnraum und den Zuzug von rund 2500 Arbeitern." (BLHA, III/2 Bez. Ffo. Rep. 601, Akte 6065 Territorialstruktur Stalinstadt, Inventur der Stadt Stalinstadt v. 6.2.1954, S. 42) Die Wohnungsdichte im Februar 1954 betrug noch sechs qm pro Einwohner.
Auch im Ministerium für Aufbau wurde die Situation realistisch eingeschätzt: „Die Stadt ist durch die verspätete Stadtplanung in ihrer Struktur planwirtschaftlich nicht entwickelt, und die Voraussetzungen für eine Stadtfeinplanung sind deshalb nicht gegeben." (BArch, Akte 38708, Ministerium für Aufbau, Hausmitteilung des Hauptabteilungsleiters Pisternik, Wohnstadt Fürstenberg – Organisation für den Aufbau der Wohnstadt, 12.7.1951)
„**V. Änderung des Planes** Das Hüttenkombinat und seine Arbeit unterlag in den vergangenen Jahren verschiedentlich einer Wandlung, und zwar in bezug auf seine Größe und in bezug auf die dort auszuführenden Arbeiten (Beispiel: Walzwerk ja oder nein). Das hatte natürlich seine Auswirkungen auf die Größe der Stadt und seine Nachfolgeeinrichtungen. Es stand also zu keiner Zeit konkret fest, wie im einzelnen das Werk gestaltet sein würde. Die zwischen dem Werk und der Stadt bestehenden Wechselwirkungen konnten also nicht konkret festgelegt und als Bindung angesehen werden." (BArch, Akte 38712, Wohnstadt Stalinstadt, 12.8.1953)

90) „**IV. Der Wohnungsbau:** Die erste und dringendste Anforderung war: ‚Baut Wohnungen'. Da 1951 sofort mit dem Wohnungsbau begonnen werden mußte, wurde mit den vorliegenden Wohnungsbautypen im er-

sten Wohnkomplex begonnen, und zwar so, daß die für das Stadtbild entscheidende Randbebauung zunächst zurückblieb. Bei diesen Typen waren noch keine Läden vorgesehen. Die Versorgung der Bevölkerung hatte, da zunächst Wohnmöglichkeiten zu schaffen waren, aufgrund des Wunsches des Werkes in Provisorien stattzufinden. In der ersten Zeit stand jedoch immer die Wohnungsfrage im Vordergrund, so daß bei der Einplanung aufgrund der Anforderung des Werkes und bei der begrenzten Baukapazität der Bau der Nachfolgeeinrichtungen hinterherhinkte." (BArch, Akte 38712, Wohnstadt Stalinstadt, 12.8.1953, Ministerium für Aufbau, HA Architektur)

91) Die durchschnittliche Größe der Zimmer betrug z.B. 14 qm, was im Vergleich zu den Bauten ab 1953 gering war.

92) Zum Beispiel wurden Mietpreisdifferenzierungen vorgenommen, die zur Herabsetzung der Mieten in diesen ersten Wohnblöcken führten. Bis Ende Oktober 1952 war die Fertigstellung von 903 Wohnungen geplant. Von diesen waren erst 123 bezogen, 286 standen vor der Fertigstellung, 494 waren erst zur Hälfte fertiggestellt, was zur berechtigten Kritik der Arbeitskräfte in Baracken- und Wohnstadt führte. Es fehlte an allem – rechtzeitige Bereitstellung der Projektierungsunterlagen, auf die genaue Bauausführung. Gebäude wurden abgerissen und wieder aufgebaut. Material und vor allem Arbeitskräfte fehlten.
Staatlicherseits wurde für die forcierte Errichtung der Stadt zusätzliche Mittel bereitgestellt, wie aus dem Protokoll einer Ministerratssitzung hervorgeht: „Rau – Stellvertreter des Ministerpräsidenten: Es ist nicht beschlossen, in der Wohnstadt 70 Mio. DM zu verbauen. Hierfür darf keine Propaganda gemacht werden, bis der endgültige Beschluß vorliegt. Es muß aber für eine solche Summe projektiert werden, damit wir in Vorlauf kommen. Die Kritik an den Bauten für 1951 muß erweitert werden auf die Kritik der Bauten von 1952. Die Architektur ist unter Inkaufnahme höherer Kosten zu verbessern, denn die bisherigen Bauten entsprechen nicht unseren Vorstellungen von einer sozialistischen Stadt." (BArch, Akte 38711, Abschrift Ministerrat ‚Fürstenberg', 30.10.1952)

93) Vgl. auch Exkurs zur Architektur.

94) Dieser Beschluß hatte folgenden Inhalt:
„ ‚Beschluß-Entwurf'
Auf Grund der beim Aufbau der Wohnstadt des Eisenhüttenkombinates Ost eingetretenen und durch die Presse und Berichterstattung im Ministerrat bekannten Lage wurde veranlaßt: Abberufung des bisherigen Sonderbeauftragten Russ und Einsetzung des Architekten Ehlers als Sonderbeauftragten des Ministers für Aufbau, Berufung des beim Aufbau der Stalinallee in Berlin bewährten Oberbauleiters Schröder als Aufbauleiter, Fertigstellung der noch fehlenden Projektierungsunterlagen für 1952 . zum 4. November 1952, Bereitstellung von Mitteln für den Bau der Kindertagesstätte, Einsetzen von Facharbeitskräften der Handwerksgenossenschaften und mit 400 Lehrlingen der Bau-Union Berlin, Aufstellung neuer Arbeitsbrigaden und der Beginn des sozialistischen Wettbewerbs." (SAPMO-BArch, ZPA, DY 30/ IV 2/ 6.06 / A 32, Bl. 364) Zusätzlich zu diesen Maßnahmen wurden weitere Verantwortlichkeiten festgelegt (Minister für Aufbau, Kollegiumsbildung Sonderbeauftragter, Aufbauleiter, Generalprojektant, Vertreter Bau-Union, Vorsitzender Bezirksrat, Vertreter EKO); im Punkt 4 wurde beschlossen: „In der Materialversorgung ist die Wohnstadt des Eisenhüttenkombinates dem Aufbau der Betriebsanlagen des Eisenhüttenkombinates Ost gleichzustellen."

95) Die Stadt hatte folgende Oberbürgermeister: 1953 bis 1956 Albert Wettengel, 1956 bis 1965 Max Richter, 1965 bis 1969 Siegfried Sommer, 1969 bis 1985 Werner Viertel, 1985 bis 1988 Dr. Manfred Sader, 1988 bis 1990 Ottokar Wundersee, 1990 bis 1993 Wolfgang Müller, seit 1993 Rainer Werner.

96) Aus dem Protokoll Nr. 10/53 der Sitzung des Politbüros des ZK der SED am 24.2.53 ist zu entnehmen: „Tagesordnungspunkt 10: Namensgebung der Wohnstadt des Eisenhüttenkombinates Ost – Die Namensgebung der Wohnstadt des Eisenhüttenkombinates erfolgt am Sonntag, d. 15. März 1953 durch Genossen Walter Ulbricht." (SAPMO-BArch, ZPA, J IV 2/2 – 264, Bl. 5)

97) Diese ‚Problemkonstellation' zwischen ‚Stalinstadt' und ‚Fürstenberg' sowie seiner Bewohner zieht sich wie ein roter Faden durch die Entwicklung der Stadt. Die Fürstenberger definieren sich als ‚Anhängsel' und ungeliebtes Kind der ‚großen' Stadt. 1953 wurde ‚Stalinstadt' von Fürstenberg ‚abgelöst', 1961 praktisch wieder ‚eingemeindet' unter der Bezeichnung ‚Eisenhüttenstadt-Ost'. Die reale Benachteilung Fürstenbergs wirkt sich bis auf die heutige Stadtentwicklung und Stadtpolitik aus (vgl. Kapitel ‚Eisenhüttenstadt zwischen Vergangenheit und Zukunft').

98) Nachfolgend wurde dieser Beschluß als Vorlage an das Ministerium für Aufbau und von diesem an den Ministerrat der DDR geleitet.

99) Die Wohnraumvergabe wurde als ‚Wohnraumlenkung' bezeichnet. 1975 legte das Zivilgesetzbuch der DDR die Regeln der Wohnraumvergabe fest. Grundlage waren die ‚Verordnungen über die Lenkung des Wohnraumes', die letztmalig der Ministerrat im Oktober 1985 erlassen hatte. Die Abteilungen für Wohnungspolitik beim Rat der Stadt hatten danach über Wohnungsanträge zu entscheiden, indem sie die Aufnahme und Plazierung des Antrages auf Vergabeplänen sowie die Zuweisung von Wohnungen nach ‚Wohnbelegungsnormen'" (z.B. stand einer Person eine Einraumwohnung zu etc.) vornahmen. Diese Abteilungen entschieden über die Vergabe von staatlichem (volkseigenem) und privatem Wohnraum, auch die der AWG in Zusammenarbeit mit staatlichen Stellen und nahmen die Genehmigungen für Wohnungstausche vor. Wohnraumlenkung war ‚Mangelverwaltung', die nicht verhindern konnte, daß viele Antragsteller jahrelang leer ausgingen. Insbesondere für junge Leute und auch junge Ehepaare, wobei letztere bevorzugt behandelt werden sollten, war es schwierig, nach kurzer Zeit Wohnraum zu erhalten (vgl. auch Herbst et al. (1994:1196)). In diesem Kontext wird die besondere Stellung Eisenhüttenstadts deutlich, da der Zuzug sowie die Aufnahme einer Tätigkeit im EKO grundlegend vom Erhalt der Wohnung abhing.

100) Die neu geschaffene Betriebswohnungskommission übernahm die Verteilung der Wohnungen: „Die Wohnungen werden durch die Betriebswohnungskommission auf die einzelnen Betriebswohnungsabteilungen aufgeschlüsselt, in welchen die Abteilungswohnungskommissionen dieselben an ihre wohnungssuchenden Kollegen vergeben." (A 614/28, Stellungnahme ür die Werbebroschüre, Abt. Arbeit, 18.12.1952); vgl. auch (A 608/132, Protokoll über die Sitzung des Wohnungsausschusses am 19.2.1952)
Am 19.2.1952 konstituierte sich der Betriebswohnungsausschuß, dem fünf Mitglieder angehörten. Dieser Wohnungsausschuß sollte die Vergabe von Wohnungen beschließen. Wohnungsansprüche sollten nach Meinung der Mitglieder berücksichtigt werden: in Fällen, wo dem Betrieb Unkosten an Trennungsgeldern entstehen, b) bei weiten Anmarschwegen, wie Forst usw., c) bei Mangelberufen in der Produktion sowie in der Verwaltung, d) bei Aktivisten, Bestarbeitern, VVN usw..
In der Sitzung des Wohnungsausschusses vom 3.4.1952 wird die schlechte Zusammenarbeit zwischen Ausschuß und Werkleitung kritisiert. Es wurde gefordert:
„1) die Abteilung Wohnungswesen direkt der Werkleitung zu unterstellen, 2) das Ledigenwohnheim noch in diesem Jahr fertigzustellen, damit einmal die Unterbringung der anfallenden Intelligenz gesichert ist und darüber hinaus Wohnungen für Familien zur Verfügung stehen." (A 608/105, Protokoll über die Beratung der Betriebswohnungskommission am 3.4.1952)
Bis zur Wende erfolgte die Wohnraumvergabe nach Kontingenten. So teilte uns einer der ehemals zuständigen Mitarbeiter mit: „Die Wohnungen waren staatlich bzw. AWG-Wohnungen, da gabs ja beim Rat der Stadt, so wie heute auch, Wohnraumlenkung, und da wurde eben festgelegt, EKO hat einen Arbeitskräftezuwachs von soundsoviel, das entspricht soundsoviel Wohnraum, und dann hat EKO den Wohnraum zugewiesen bekommen, daß sie über soundsoviele Wohnungen verfügen kann, und dort Leute, die die Berechtigung haben dort einzuziehen. Und dann gab es eine Wohnungskommission im Werk, dort sind die ganzen Anträge hingegangen, und dort wurde dann entschieden, wie die Vergabe erfolgt. Und dann hatten wir immer die Auflage, daß wir mit einer neu zugewiesenen Wohnung mindestens zwei bis drei Wohnungsprobleme lösen." (VG 13, Mitarbeiter EKO)

101) Minister Selbmann schritt persönlich in die Auseinandersetzungen ein: „Das fehlte noch, daß die Bau-Union Kompensationsgeschäfte mit Wohnungen macht, die sie aus Investitionsgeldern erstellt. Die Wohnungen sind an die Mitarbeiter des Eisenhüttenkombinates zu vergeben" (A 608/115, Schreiben des Ministers Selbmann an den Werksdirektor EKO v. 21.12.1951)

102) Nachdem sich der Rat der Wohnstadt des EKO konstituiert hatte, wurde der Wohnraumvergabeschlüssel geändert, wobei die nicht unmittelbar im Werk Beschäftigten stärker Berücksichtigung fanden. Die Wohnungskommisson des Werkes hatte nur noch Vorschlagsrecht, konnte über die Verteilung aber nicht abschließend bestimmen. Die Verteilung der Wohnungen für die außerhalb EKO arbeitenden Personen übernahm der Rat der Stadt.

103) Dazu zählte der Name und Vorname, der Familienstand, die Anzahl der zum Haushalt gehörenden Kinder, die bisherige Wohnung, der 1. Wohnsitz, ‚beschäftigt als' – z.B. ‚Umschüler', ‚Lokführer', ‚Transportarbeiter', ‚Kraftfahrer' etc. Eine Spalte diente dazu, Bemerkungen zu machen, wie ‚Umsiedler', ‚Bestarbeiter', ‚Aktivist' (vgl. A 644/163, Übersicht Block II, Typ 514, 24 Wohnungen) bzw. (A 255/119, Aktennotiz v. 10.8.1951)
In einer weiteren Notiz über die Wohnungszuweisungen finden sich Anmerkungen zu den bis zu diesem Zeitpunkt errichteten Gebäuden: „Es

werden gebaut 1-, 2-, 3-, 4- und 5-Zimmerwohnungen. Die getrennt lebenden Kollegen werden bis zur Zuweisung einer Wohnung in der Barackenstadt oder in den Unterkunftsheimen Finkenheerd, Guben sowie in möblierte Zimmer untergebracht. Außer den Wohnungen sind in der Wohnstadt bereits vorhanden eine Zehnklassenschule, eine Kinderkrippe mit 88 Plätzen, ein Kindergarten mit 120 Plätzen und 45 Übernachtungsmöglichkeiten, eine Waschanstalt mit 20 Waschmaschinen, eine Ladenstraße mit HO- und Konsumgeschäften, eine Ambulanz...." (A 614/28, Stellungnahme für die Werbebroschüre laut Schreiben des Ministeriums für Erzbergbau und Hüttenwesen, Abteilung Arbeit, 2.1.1953)

104) Allerdings bestand 1952 schon eine ‚Kulturhalle', in der täglich Filmvorführungen stattfanden. Diese Kulturhalle wurde zunächst als Provisorium angesehen: „Es besteht die Forderung, in Fürstenberg täglich 2 Kinovorstellungen stattfinden zu lassen, so, wie es sonnabends und sonntags der Fall ist Ein Kulturzentrum besteht z.Z. noch nicht. Für 1952 ist eine Kulturhalle für 800 Plätze vorgesehen, welche beim Umfang des EKO nur ein Provisorium darstellt ... Man kann feststellen, daß in bezug auf die kulturelle Betreuung ... der Wichtigkeit des Betriebes in keinem Falle Rechnung getragen wird." (A 608/149, Protokoll über die am 9.11.1951 mit Vertretern der Landesregierung Brandenburg im EKO Fürstenberg/O. stattgefundene Besprechung)

105) „Bei der Schaffung solcher Einrichtungen sind die gemeinsamen Interessen von Betrieb und Verwaltung zu erkennen und Ressortegoismus durch regionale Planung auszuschalten. (A 747/115, Entwurf eines Rahmenplanes gem. Regierungsbeschluß 54 / 51 v. 24.10.1951 für das Schwerpunktgebiet Fürstenberg/Oder)

106) „Bücherkisten wurden in den einzelnen Abteilungen aufgestellt. Davon fünf Bücherkisten in den Produktionsabteilungen und 2 Bücherkisten in Verwaltungen." (A 256/107, Bericht des Werkdirektors, 29.8.52)

107) Die Betreuung erfolgte in der ersten Zeit in gerade fertiggestellten Wohnungen: „Für die Einrichtung einer provisorischen Kinderkrippe wurden sechs Wohnungen in der Wohnstadt zur Verfügung gestellt." (A 256/107, Bericht des Werkdirektors, 29.8.1952); „Ein Kindergarten, welcher den Bau von 110 Plätzen vorsieht, löst keinesfalls das Problem für die Unterbringung der Kinder in der Wohnstadt. Es ist unbedingt erforderlich, daß ein Kindergarten mit 200 Plätzen errichtet wird. Das gleiche trifft zu für die Kinderkrippe, welche den Bau von 34 Plätzen vorsieht, hierfür aber mindestens 80 Plätze benötigt werden." (A 608/149, Protokoll über die am 9.11.1951 mit Vertretern der Landesregierung Brandenburg im EKO Fürstenberg/O. stattgefundene Besprechung)

108) Auch im Versorgungsbereich gab es zuerst Provisorien: „Die HO und der Konsum haben nicht immer so gearbeitet, wie es den Werktätigen des EKO Rechnung tragen müßte Beim Verkauf des Konsums in der Wohnstadt besteht der Mangel, daß nur der Anhänger eines Verkaufszuges zum Verkauf dient." (A 608/148, Protokoll über die am 9.11.1951 mit Vertretern der Landesregierung Brandenburg im EKO Fürstenberg/O. stattgefundene Besprechung)

109) „Nachdem die II. Parteikonferenz der SED im Juli 1952 den ‚planmäßigen Aufbau des Sozialismus' beschlossen hatte, begannen auf dem Lande wie in der Stadt die Versuche, bäuerliche und handwerkliche Privatbetriebe zum freiwilligen Eintritt in Produktionsgenossenschaften zu bewegen. Handwerkliche Produktions- und Dienstleistungsbetriebe sollten sich beim genossenschaftlichen Zusammenschluß zunächst am schon vorliegenden Organisationsmodell der LPG orientieren, doch die Bereitschaft zur Umwandlung war offenbar äußerst gering, denn bis 1954 waren erst 50 PGH mit insgesamt 1449 Mitgliedern entstanden." (Herbst et al. 1994:829) Dieser massive Kollektivierungsprozeß führte zu einer verstärkten Abwanderung von Vertretern des Privathandwerks: „Auch die Haltung des Staates zum privaten Handwerk hatte katastrophale Auswirkungen. Im August 1955 war mit der Verordnung über Produktionsgenossenschaften des Handwerks (PGH) ein entscheidender Schritt in Richtung Verstaatlichung gegangen worden. Das maßlose Verlangen der SED, alles zu kontrollieren, führte zu einem Ansteigen der Republikflucht von Gewerbetreibenden und damit zu weiteren Engpässen in der Versorgung." (Flocken/ Scholz 1994:179)
Durch die Anwendung differenzierterer Methoden der Bildung von Genossenschaften stieg deren Zahl bis 1960 auf 3878. Der Anteil am gesamten Leistungsumfang betrug 34,3 %. Zu Beginn der 70er Jahre gab es erneute Restriktionen, die z.B. in steuerlichen Erschwernissen und einem Einstellungsstop bestanden. Erst der Beschluß von Politbüro und Ministerrat v. 12.2.1976 zur „Förderung privater Einzelhandelsgeschäfte, Gaststätten und Handwerksbetriebe für Dienstleistungen im Interesse der weiteren Verbesserung der Versorgung der Bevölkerung" führte zu einigen Erleichterungen. 1982 erbrachten die ca. 160.000 Mitglieder in den PGH's 41,2 % handwerklichen Leistungen in der DDR.
Bis zur Eingemeindung Fürstenbergs 1961 taucht in der Statistik Stalinstadts/Eisenhüttenstadts auch nur eine PGH auf: (zusammengestellt aus den Statistischen Jahrbüchern der betreffenden Jahre). Für die neue sozialistische Stadt hatte man eine PGH vorgesehen, die sämtliche Handwerksaufgaben der Stadt übernehmen konnte. Baulich-räumlich wurde diese Idee durch die Errichtung des sogenannten ‚Handwerkerhofes' in den ersten WK umgesetzt.

Jahr	Anzahl der PGH	Beschäftigte
1955	1	134
1956	1	146
1957	1	184
1958	1	234
1959	1	220
1960	1	239
1961	1	256
1962	3	769
1963	3	756
1964	2	775
1965	3	803
1966	3	825

110) Die Ausgrenzung privaten Handwerks beschrieb einer unserer Interviewpartner: „Na und da nun Stalinstadt die erste sozialistische Stadt war, konnte ja auch kein Privatbetrieb da sein. Es konnte kein Privathandwerker da sein. Ja, und wir wollten privat bleiben. Also hatten wir mit Stalinstadt nichts zu tun." (14, B 6 Handwerker)

111) Auf der ersten Sitzung des Rates der Stadt wurde folgende Festlegung getroffen: „Der Abteilungsleiter Koll. K. wird beauftragt, bei der Abteilung Staatliches Eigentum beim Rat des Bezirkes Frankfurt festzustellen, welche Einrichtungen, die für den Aufbau des Bauhofes zu verwenden sind, in die Wohnstadt des EKO zur Einrichtung eines Bauhofes umgesetzt werden können. Insbesondere ist Wert zu legen auf Tischler-, Klempner-, Elektro-, Installateur-, Schlosser-, Dachdecker-Werkzeuge. Mit der Abt. Arbeit beim Rat des Kreises Fürstenberg ist Verbindung aufzunehmen, um die erforderlichen Kräfte zu erhalten." (StA EHS, RS 1953, Protokoll der 1. Sitzung des Rates der Stadt am 28.2.1953, Beschluß Nr. 7)

112) Bei diesem politisch gesteuerten Prozeß achteten die lokalen Entscheidungsträger darauf, in die Genossenschaften nur Handwerksmeister einzugliedern, die sich dem Staat gegenüber loyal verhielten: „Koll. A. von der Landeshandwerkskammer ließ dann an die Handwerksmeister Fragebogen verteilen, welche die Anwesenden sofort ausfüllten und deren Sichtung erst in diesen Tagen stattfinden kann. Es soll damit erreicht werden, daß in die Genossenschaft nur wirklich staatsbejahende Handwerker eintreten und aufgenommen werden." (BLHA, III/2 Bez. Ffo. Rep. 601, Akte 220, Bericht über die am 12. Januar 1953 auf Veranlassung der Landeshandwerkskammer in Potsdam stattgefundene Sitzung für die vorbereitenden Arbeiten zur Gründung einer Produktionsgenossenschaft des Handwerks, v. 16.1.1953, Rat des Bezirkes, Abt. Industrie, Ref. Handwerk u. Gewerbe, S. 52/53)
Selbst die Vertreter der Stadt schienen sich in der ersten Zeit über den Begriff der ‚Genossenschaft' nicht einig zu sein: „Gen. Wettengel (erster Bürgermeister von Stalinstadt, d.A.) erklärt, daß durch falsche Informationen in Stalinstadt das sog. Handwerkerkombinat entstanden ist. Nach Absprachen mit dem Stellvertreter des Ministerpräsidenten Genosse Walter Ulbricht wurde daraus der Zusammenschluß der Handwerker auf genossenschaftlicher Basis herbeigeführt, als dienstleistendes Handwerk. Die Handwerker haben sich sofort bereiterklärt, eine Handwerkergenossenschaft zu gründen im Zusammenschluß aller drei Berufssparten, der Friseure, Schuhmacher und Schneider." (StA EHS, RS 1953, Protokoll der 9. Sitzung des Rates der Stadt am 13.5.1953)

113) Für die DDR-Geschichte ist der Begriff ‚bürgerlich' insofern problematisch, da hier die Verquickung von ideologischen und sozialen Komponenten kaum aufzulösen ist. So wurde der Begriff ‚Bildungsbürgertum' als Relikt der vergangenen Zeit betrachtet und für diese Schicht nicht verwendet. 1946 wurde offiziell die Bezeichnung ‚Intelligenz' als sozialstatistische Kategorie eingeführt.

114) Die offizielle staatliche Bildungspolitik war darauf ausgerichtet, das ‚Bildungsprivileg' zu überwinden. Die Zahl der Studenten verdoppelte sich zwischen 1951 und 1955 auf 57.000, der Anteil der Arbeiter- und Bauernkinder stieg auf 53%.

115) Diese Förderstellen bestanden nur ca. fünf Jahre. 1956 wurden sie abgeschafft. Daraufhin ergab sich eine Diskussion, ob diese 1957 wieder errichtet werden, da die „Probleme" nicht gelöst waren. Mit der offiziellen ‚politischen' Begründung, daß die Förderung der Intelligenz mittlerweile Aufgabe aller Fachabteilungen wäre, wurde die Diskussion beendet (vgl. BLHA, III/2 Bez. Ffo. Rep. 601, Akte 5250, Schriftwechsel mit den Ministe-

rien, Schreiben des Ministers des Innern an den Vorsitzenden des Rates des Bezirkes Neubrandenburg v. 4.9.1956).

116) Vgl. A 1672/162, Durchführungsbestimmung zu der Verordnung zur Entwicklung einer fortschrittlichen demokratischen Kultur des deutschen Volkes und zur weiteren Verbesserung der Arbeits- und Lebensbedingungen der Intelligenz, 24.5.1951. In dieser Verordnung wurden Personenkreise, an die Zuschläge zu zahlen waren, festgelegt: alle Ingenieure, Konstrukteure, Architekten und Techniker, Chemiker, Werkleiter, Leiter großer Werksabteilungen, Bauingenieure, Bautechniker, Statiker, Werkdirektoren und Lehrer technischer Fächer an den Fach- und Hochschulen. Weiterhin zählten dazu Produktionsleiter, Abteilungsleiter, Meister, Steiger, Poliere etc..

117) In einem Schreiben zur städtebaulichen Planung Stalinstadts wurde festgehalten: „Westlich des Zentrums entsteht, im Gartenstadtcharakter angelegt, ein Wohngebiet mit zwei- und eingeschossigen Wohnbauten für die Intelligenz und Aktivisten im Übergang zu dem Randwohngebiet des Ortsteiles Schönfließ." (BLHA, III/2 Bez. Ffo, Rep. 601, Akte 220, Ministerium für Aufbau, Hauptabteilung Architektur, Erläuterungsbericht zur städtebaulichen Planung von Stalinstadt v. 18.8.53, S. 24)
Die Grundlage für die Errichtung solcher Werkssiedlungen, die auch an anderen Schwerpunktstandorten gebaut wurden, bildete der 7 zur „Verbesserung der materiellen Versorgung der Intelligenz", Abschnitt 6 der „Verordnung der Provisorischen Regierung der DDR zur Entwicklung einer fortschrittlichen demokratischen Kultur des deutschen Volkes und zur weiteren Verbesserung der Arbeits- und Lebensbedingungen der Intelligenz" vom 16. März 1950. Dieser lautete: „Aus dem zum Bau für die Intelligenz bereitgestellten Kreditfonds in Höhe von 10 Millionen DM für den Förderungsausschuß und 1 Million DM für die Deutsche Akademie der Wissenschaften sind bis Ende 1950 mindestens 250 Bauten so zu finanzieren, daß die Häuser bis zu diesem Termin bezugsfertig sind. Die Fonds werden von der Deutschen Investitionsbank verwaltet. Über die Verwendung der Fonds entscheidet der Förderungsausschuß bzw. die Akademie der Wissenschaften." (A 255/136)
Der Standort für die Häuser von Minister Selbmann bestätigt. „Die Besprechung am 15.9.53 beim Minister Selbmann in Anwesenheit des Herrn Staatssekretär Hafrang und der drei Mitgliedern des Rates der Stadt Stalinstadt Wettengel, Ringel und Schmiele, betreffend des Baus von 30 Holzhäusern in den Diehloer Höhen, südlich Stalinstadt, wird zugestimmt, lt. beiliegendem Protokoll dieser Sitzung." (StA EHS, RS 1953, Protokoll der 21. Sitzung des Rates der Stadt, Punkt 3); Das Werk vergab die Häuser sowohl an die sogenannte ‚technische Intelligenz', als auch an ‚verdiente' Arbeiter – Aktivisten – oder auch Familien mit mehreren Kindern. So läßt sich bisher keine Spezifik in der sozialen Zusammensetzung dieses Wohngebietes nachvollziehen, zudem sich der Status bestimmter Berufsgruppen im weiteren Verlauf der DDR-Entwicklung, insbesondere nach Schließung der Grenze 1961, änderte. Der Status der sogenannten technischen Intelligenz sank, was sich auch in der Entlohnung widerspiegelte. „Eine gewisse Elitenkontinuität hat es offenkundig nur anfangs gegeben, und einen adäquaten Ersatz für die alte bürgerliche Funktions- und Werteelite zu schaffen, ist der SED später nur partiell gelungen." (Kleßmann 1994:254f.)

118) Zum Beispiel wurden ‚Intelligenzhäuser' auch in Fürstenwalde/Spree (Land Brandenburg) für die Angestellten der – ehemaligen DEKA – Reifenwerke errichtet (BLHA, III/2 Bez. Ffo., Rep. 601, Akte 3351 Anleitung des Bezirksbauamtes).

119) Die Literatur und Dokumente zu Segregationsprozessen im Sozialismus sind bisher noch nicht aufgearbeitet. Zu einigen Problemen vgl. Kapitel ‚Parallelen von ökonomischer und sozialräumlicher Benachteiligung'. Lichtenberger schreibt z.B.: „Die Literatur über die Segregationsprozesse in den Städten der bisher sozialistischen Länder ist unzureichend, nicht zuletzt deshalb, weil Segregation in einer ‚klassenlosen Gesellschaft' ein Tabuthema darstellt. Über ein kompliziertes System von Informationen, Privilegierungen und segmentierten Wohnungsmärkten kommt es zu einer – wenn auch im Vergleich zu Westeuropa abgeschwächten – Segregation der genannten Gruppen, wobei zentrale Stadtteile überproportional von der ersten Gruppe ‚besetzt' sind, in den Wohnblöcken der ‚Außenstadt' die Normalbevölkerung lebt und sowohl hier als auch in den älteren, weniger attraktiven Baugebieten Zuwanderer (zunächst als Untermieter, wie in den gründerzeitlichen Städten Europas) Platz finden." (Lichtenberger 1991:240)

120) Die mangelnde Unterstützung der ‚technischen Intelligenz' wurde in verschiedenen Schreiben kritisiert: „Im Zusammenhang mit den gewaltigen Aufgaben des Fünfjahrplanes, die auf einen weiteren Aufschwung der Industrieproduktion und auf eine weitere Hebung des Lebensniveaus und des Wohlstandes der gesamten Bevölkerung der DDR gerichtet ist, hat besonders die Rolle der technischen Intelligenz an Bedeutung zugenommen.. Nicht immer und überall erfährt die schöpferische Initiative der technischen Intelligenz die Unterstützung und Förderung seitens der Betriebsleiter, der Betriebs- und Gewerkschaftsleitungen sowie der Ministerien ." (A 1672/162, Durchführungsbestimmung zur Verordnung zur Entwicklung einer fortschrittlichen demokratischen Kultur des deutschen Volkes und zur weiteren Verbesserung der Arbeits- und Lebensbedingungen der Intelligenz, 24.5.1951)

121) Die Bevorteilung staatlicherseits fand im ‚Arbeitsalltag' wenig Entsprechung. Aus diesem Grund wurde die besondere Beachtung der Belange der „technischen Intelligenz" von den politischen Instanzen im Betrieb immer wieder eingeklagt: „Wir müssen also heute konkret zu den Fehlern und Mängeln Stellung nehmen und Beschlüsse fassen. Berücksichtigt werden muß dabei auch die Einstellung zur Intelligenz, die von seiten der Betriebsleitung der Bau-Union nicht die richtige ist, denn ohne die technische Intelligenz wäre es unmöglich, das Hüttenkombinat zu erstellen." (A 5/224-225, Protokoll über die am 3.5.1951 stattgefundene außerordentliche Parteileitungssitzung im EKO, Beitrag des Parteisekretärs EKO)
Auf der selben Sitzung nahm auch der Aufbauleiter des EKO das Wort: „Zur Frage der Einstellung zur Intelligenz wird es Zeit, daß man hier Einhalt gebietet, denn ohne sie kann das Werk nie erstellt werden. Also muß man mit den wenigen vorhandenen Intelligenz umgehen wie mit rohen Eiern". (A 5/225, Protokoll über die am 3.5.1951 stattgefundene außerordentliche Parteileitungssitzung im EKO, Ausführungen des Aufbauleiters EKO)

122) Weiter erhielten die Angehörigen der Intelligenz gesonderte Zuteilungen für Kohle, es wurden ‚Intelligenzabende' mit Referaten zu wissenschaftlichen Themen organisiert, ein ‚technisches Kabinett' zur Demonstration technischer und arbeitsmethodischer Probleme wurde gegründet sowie ein ‚Intelligenzwochenendheim' zur Erholung unweit der EKO-Wohnstadt eingerichtet.
Die bessere Versorgung spiegelte sich auch in der Werksversorgung wider: „In dem technischen Verwaltungsgebäude ist ein Speiseraum für die technische Intelligenz vorgesehen. Nach einer Rücksprache beim Förderungsausschuß der DDR steht diesem keine höhere Zuteilung an Intelligenz-Karten in dem Jahre 1952 zur Verfügung. Es ist daher erforderlich, daß das Ministerium für Erzbergbau und Hüttenwesen Voraussetzungen für eine erhöhte Zuteilung für das EKO schafft und der Förderungsausschuß dem Ministerium für das EKO ein Sonderkontingent bewilligt" (A 1667/44, Schreiben des EKO an das Hüttenwerk Halsbrücke Freiberg, ‚Bohnenkaffee für unsere Intelligenz', 18.2.1953)

123) Vgl. Cerný (1970:108); zitiert nach Protokoll der Verhandlungen des III. Parteitages der SED, Bd. 1, S. 381f., Berlin 1951

124) „Die Frauen der Transportabteilung werden oft mit schwerer körperlicher Arbeit betraut, z.B. das Abhacken von Schlacke" (A 614/239, Protokoll der 1. Sitzung zur Vorbereitung der Gründung des Frauenausschusses des EKO, 11.2.52)

125) Frauenausschüsse wurden auf Beschluß des Politbüros der SED vom 8.12.1952 als Interessenvertretungen der Frauen gebildet. Das Politbüro der SED hatte am 8.1.1952 den Beschluß über die ‚Bildung von Frauenausschüssen' gefaßt. Dort wurde festgestellt: „Trotz entsprechender Beschlüsse des ZK der SED und des Bundesvorstandes des FDGB wird den besonders in den Betrieben sowohl von den Leitungen der SED als auch von den Betriebsgewerkschaftsleitungen die Förderung der Frauen und ihrer Einbeziehung in das politische, wirtschaftliche und kulturelle Leben immer noch zu wenig Aufmerksamkeit geschenkt. Um die Entwicklung und Förderung der Frauen und Mädchen in den Betrieben zu beschleunigen, empfiehlt daher das Politbüro des ZK der SED den Betrieben der Industrie und Landwirtschaft, Frauenausschüsse zu bilden M" (A 1779/82). Bis 1965 arbeiteten diese Frauenausschüsse als eigenständige Gremien, danach wurden sie in die Betriebsgewerkschaftsleitungen integriert. Die Ausschüsse nahmen Einfluß auf die betriebliche Qualifizierung der Frauen und sorgten dafür, daß die Frauen bei der Besetzung politischer, gesellschaftlicher und betrieblicher Positionen berücksichtigt wurden. Darüber hinaus kümmerten sie sich um die Arbeits- und Lebensbedingungen sowie die Einhaltung der gesetzlichen Rechte der Frauen.

126) Für Fürstenberg wurden kontinuierlich Sonderpläne zur Gewinnung von Arbeitskräften aufgestellt, wobei Frauen die Plätze von männlichen Fachkräften einnehmen sollten, um diese ‚freizusetzen': „Das Ministerium stellt einen Sonder-Arbeitsplan für die Abteilungen Arbeit der Kreise auf, um festzustellen a) wo Ansatz von Frauen, Schwerbeschädigten und Jugendlichen; b) wo Austausch von Fach- und vollseinsatzfähigen Kräften durch Frauen in Industrie-, Handwerk und Landwirtschaft möglich ist." (A 747/118b, Entwurf eines Rahmenplanes gem. Regierungsbeschluß 54 / 51 v. 24.10.1951 für das Schwerpunktgebiet Fürstenberg/Oder.)

127) Ab 1952 wurden Maßnahmen zur Qualifizierung für Frauen ergriffen: „Die Kollegen der Technischen Abendschule sind jetzt dabei, einen Plan

128) für die Qualifizierung von Frauen aufzustellen". (A 256/106, Bericht des Werkdirektors, 29.8.1952)

128) Die forcierte Bildung von Brigaden nach sowjetischem Vorbild setzte nach dem SMAD-Befehl 234 v. 9.10.1947 ein. „Dieser als ‚Aufbauplan 234' in die DDR-Geschichtsschreibung eingegangene Befehl verpflichtete Länderregierungen, Verwaltungsorgane und Betriebsleitungen, umgehend Maßnahmen zur Steigerung der Arbeitsproduktivität, zum Kampf gegen das ‚Bummelantentum' sowie zur Verbesserung der materiellen Lage der Arbeiter und Angestellten festzulegen. Bereitschaft und Fähigkeit zur bewußten Einordnung in das Kollektiv galten im Prozeß der Formung ‚sozialistischer Persönlichkeiten' als Verhaltensqualitäten hohen Ranges. Denn in erster Linie das Arbeitskollektiv – die sozialistische Brigade mit ihren propagierten Gruppennormen – sollte als Impulsgeber und Träger oder auch Filter und Vermittler gesellschaftlicher Forderungen dienen. Die daraus abgeleiteten Normsetzungen und Verhaltensregeln erwiesen sich jedoch als fiktive Denkmuster; in der Praxis des betrieblichen Alltags klafften Wunschvorstellungen und Realität auseinander. Die erstrebte höhere Arbeitsmoral und die dadurch gesteigerte Arbeitsproduktivität wurden häufig nur mit dem ‚spitzen Bleistift' des Brigadiers auf dem Papier erzielt. Diese Methode wurde in vielen Varianten erprobt und wuchs sich mit der Zeit zu einem flächendeckenden Selbstbetrug aus, an den man sich aber gern gewöhnte. Die Bildung von ‚Brigaden der sozialistischen Arbeit' begünstigte in vielen Fällen diese Entwicklung noch." (Herbst et al. 1994:131f.)

In der Bau-Union Fürstenberg z.B. wurde die herkömmliche Struktur nach ‚Kolonnen' (aufgabenbezogene Struktur, z.B. drei große Transport-, Wald- und Handwerkerkolonnen, die wiederum in kleinere Einheiten aufgegliedert waren) in ca. 45 kleinere Brigaden mit durchschnittlich 12-15 Mitgliedern umgewandelt (vgl. Cerný 1970:138). Die mit der Brigadebildung einsetzende Einführung des Leistungslohnes wurde aber auch – insbesondere von den älteren Arbeitskräften – kritisiert und mit dem Akkordlohn gleichgesetzt, da die Methoden zu dessen Norm-Festlegung sich kaum unterschieden. So erwies sich die Einführung technisch begründeter Arbeitsnormen als eines der kompliziertesten Probleme.

129) Weitere Ausführungen zur Bedeutung des Kollektivs vgl. Roesler (1994: 144ff.).

130) Zitiert nach Ulbricht, W. „Grundsätze der sozialistischen Ethik und Moral". In: Protokoll der Verhandlungen des V. Parteitages der SED, 10.-16.7. 1958 in der Werner-Seelenbinder-Halle zu Berlin, Berlin 1959, S. 159ff.

131) „Der Sozialistische Wettbewerb galt als die dem Sozialismus eigene Methode zur Entwicklung der für die Erfüllung des Volkswirtschaftsplanes unerläßlichen Masseninitiative der Werktätigen; er wurde deshalb als umfassendste Form der schöpferischen Teilnahme an der Leitung und Planung der Produktion deklariert. Im Theoriegebäude des Marxismus-Leninismus wurde der Sozialistische Wettbewerb begründet durch den sozialistischen Charakter der Arbeit, der sich aus dem ‚Volkseigentum' an Produktionsmitteln ergebe. Als sozialistische Entsprechung der kapitalistischen Konkurrenz sei der Sozialistische Wettbewerb dieser jedoch prinzipiell überlegen, weil im Sozialismus eine prinzipielle Übereinstimmung von gesamtgesellschaftlichen Erfordernissen und den individuellen und kollektiven Interessen erreicht sei. Im volkswirtschaftlichen Alltag der DDR zielte der Sozialistische Wettbewerb vor allem auf die Steigerung der Arbeitsproduktivität." (Herbst et al. 1994:924f.) Er war ein politisch-ideologisches Führungsinstrument und wurde auf dem II. Parteitag der SED beschlossen, der die zentrale Losung herausgab ‚Mehr produzieren, gerechter verteilen, besser leben!'
Der erste Betriebskollektivvertrag (BKV) als wichtigstes Mittel der Planerfüllung und -kontrolle wurde auf der Baustelle Fürstenberg am 1.7.52 zwischen Bau-Union und Betriebsgewerkschaftsleitung abgeschlossen.

132) „Der Ofen IV (Jugendbrigaden) war der Ofen, der als erster den Franikbrigade-Vertrag abschloß. Der Abschluß dieses Vertrages hat entscheidend dazu beigetragen, die Produktion am Ofen IV planmäßig zu erfüllen." (A 758/196, Protokoll über die am 24.3.53 durchgeführte Beratung des Betriebsplanes 1953)
„Die von Franz Franik ..., Brigadier im Zwickau-Oelsnitzer Steinkohlenrevier, verkündete Absicht, seine Arbeitserfahrungen allen Mitgliedern seiner Brigade detailliert zu vermitteln, wurde von der SED als ‚Franik-Bewegung' propagiert, indem die durch gegenseitige Hilfe gekennzeichnete kameradschaftliche Zusammenarbeit zum ‚Wesen der gesellschaftlichen Beziehungen in der sozialistischen Produktionsweise' erklärt wurde." (Herbst et al. 1994:925)
Neben der ‚Franik-Bewegung' kamen folgende Wettbewerbsmethoden zum Einsatz: Anwendung des Zweier-, Dreier- und Fünfersystems sowie die Anwendung der Tausendbewegung beim Mauern, die Anwendung neuer Putzmethoden, die Rationalisatoren- und Erfinderbewegung, später ausgebaut als ‚Neuererbewegung'.
Weitere Beispiele zur ‚Wettbewerbsbewegung' aus den Dokumenten des EKO-Archives:
„Der Wettbewerb läuft auf der Grundlage des Kampfprogrammes seit dem 1.11.1952 und endet in einer einmaligen Auswertung am 21.12.52 anläßlich des Geburtstages von Generalissimus Stalin Zur Prämierung stellt die Bau-Union 12.500,- zur Verfügung. Die Vertreter des Ministeriums wurden beauftragt, Herrn stellv. Ministerpräsidenten Dr. Bolz zu beauftragen, daß weitere 10.000 DM für diesen Wettbewerb bereitgestellt werden." (A 255/83, Protokoll der Sitzung der Aufbauleitung der Wohnstadt des EKO v. 28.11.1952)
„Kollege Ehlers eröffnete die Sitzung und gab bekannt, daß heute im Verlaufe des Monats der ‚Deutsch-Sowjetischen-Freundschaft' der ‚Tag der Neuerer' durchgeführt wurde. Es hat ein Schaumauern stattgefunden. (A 255/72, Protokoll der Sitzung der Aufbauleitung der Wohnstadt des EKO v. 28.11.1952)

133) Oft war die Nationale Front der Organisator von Arbeitseinsätzen: „Die Nationale Front des Kreises Fürstenberg wird von der Aufbauleitung umgehend angesprochen, einen Aufbau-Einsatz von der Bevölkerung für besondere Sonntagsleistungen auf dem Gebiete des Transportes von Baumaterialien zu organisieren."(A 758/83, Protokoll der Sitzung der Aufbauleitung der Wohnstadt des EKO v. 28.11.1952)

134) Unterschiedliche traditionelle Arbeitermilieus wurden anhand der Kohlearbeiter in Espenhain und der Metallarbeiter der Kirow-Werke in Leipzig (Hofmann 1995) sowie der Stahlarbeiter in Brandenburg (Schwarzer/Schweigel 1995) beschrieben.

135) Unter Generationszusammenhang versteht K. Mannheim folgendes: „Von einem Generationszusammenhang werden wir also nur dann reden, wenn reale soziale und geistige Gehalte gerade in jenem Gebiete des Aufgelockerten und werdenden Neuen eine reale Verbindung zwischen den in der selben historisch aktuellen Generationslagerung befindlichen Individuen stiften. Die selbe Jugend, die an der selben historisch aktuellen Problematik orientiert ist, lebt in einem ‚Generationszusammenhang'." (Mannheim 1928b: 310f.)

136) Auf die Behinderungen im Kampf um einen Kirchenbau in der EKO-Wohnstadt und im späteren Stalinstadt gehen ausführlich Bräuer (1990) sowie Tillmann (1995) ein.

Erster Bruch 1953 – der 17. Juni in Stalinstadt und Fürstenberg/Oder

137) Aufgrund der Nachwirkungen der ‚Berlin-Krise' und des Korea-Krieges sowie der im Abschnitt ‚Internationale Entwicklung' beschriebenen erfolglosen Bemühungen um die Wiedervereinigung der beiden Teile Deutschlands rechnete die sowjetische Führung mit einer militärischen Auseinandersetzung.

138) Semmelmann (1993), Fromm (1981:84f.), Niethammer et al. (1991:382f.), Cerný (1990:118f.)

139) Dazu gehörten z.B. der stellvertretende Ministerpräsident Rau, der Minister für Aufbau Bolz, der Vorsitzende der CDU Nuschke, die Justizministerin Hilde Benjamin und der Vorsitzende der FDJ E. Honecker.

140) Nach der Niederschlagung des Aufstandes wurden bis Ende Juni ca. 6000 Personen im ganzen Land verhaftet.

141) Hinzu kamen Schwierigkeiten wegen Nichteinhaltung vereinbarter Lieferungen aus Westdeutschland: „Der Perspektivplan für das Jahr 1953 liegt in der Vorplanung dem Ministerrat zur Bestätigung vor. Es ist wahrscheinlich, im Zuge der politischen Entwicklung, mit einer individuellen Reduzierung zu rechnen " (A 255/86, Bericht über die Werkleiterbesprechung 8.11.1952)

142) „Wir haben uns auf allen Gebieten große Nachlässigkeit zu Schulden kommen lassen; z.B. beim Wagenumlauf, persönlichen Kosten, persönlichen Nebenkosten, Einhaltung des Arbeitskräfteplanes, Mieten und Pacht sowie hinsichtlich des gesellschaftlichen Aufwandes. Auf allen diesen Gebieten haben wir wesentliche Überschreitungen im Verlauf des Vorjahres zu verzeichnen." (A 758/194, Protokoll über die am 24.3.53 durchgeführte Beratung des Betriebsplanes, Bericht des Werkdirektors);
„Dadurch war die Arbeit in diesen Jahren gekennzeichnet durch Produktionsausfall, Mehrbeschäftigung von Arbeitskräften für manuelle Tätigkeiten, mangelnde Versorgung der Hochofenanlage. Die Belegschaft war dem geplanten Kapazitätszuwachs angepaßt ... Durch den Ausfall der Produktion ergaben sich erhöhte Kosten. Weitere Schwierigkeiten ergaben sich für den Betrieb durch die häufigen und bis weit in das jeweilige Planjahr hinein vorgenommenen Planänderungen. So bekam der Betrieb im Jahre 1953 z.B. erst Mitte Mai die Planunterlagen, ein neuer Plan wurde Mitte August gegeben und am 17.10. erfolgte eine weitere Änderung (Kürzung) des Finanzplanes." (A 1779/168, Bericht über die ökonomische Entwicklung des VEB Eisenhüttenkombinat „J.W.Stalin" im ersten Fünfjahrplan 1951 – 1955, Hauptbuchhalter 1957)

143) Der Inhalt der Politik des ‚Neuen Kurses' läßt sich wie folgt zusammenfassen: Partei- und Staatsführung räumten Fehler ein, daß mit der Begründung eines „verschärften Klassenkampfes" und unter Einsatz repressiver Methoden der „Aufbau des Sozialismus" vorangetrieben werden sollte; sie gaben die Versicherung, daß der „Neue Kurs" Abhilfe schaffen wird; Preissteigerungen wurden zurückgenommen; die Lebenslage sollte durch die stärkere Berücksichtigung der Konsumgüterindustrie verbessert werden; Rechtssicherheit wurde zugesichert sowie Schritte zur Annäherung beider deutscher Staaten versprochen (vgl. auch Kapitel ‚Der babylonische Plan – Zeitraum 1950 bis 1953')

144) Vgl. A 75/59, Aus der Entwicklung des Eisenhüttenkombinates J. W. Stalin (Stand 1957)

145) „Bei den Produktionsarbeitern wurde in den Jahren 1952 und 1953 die Anzahl der Kräfte wesentlich erhöht. Ab 1954 erfolgte bereits eine Reduzierung, die ihre Ursache mit im ‚Neuen Kurs' hatte." (A 140/9, Entwicklung der Arbeitskräfte 1951-1955)
„Die Entwicklung der Arbeitskräfte zeigte im ersten Halbjahr 1953 eine steigende Tendenz, durch die Einschränkung im Aufbauprogramm des Werkes wurde jedoch eine ‚Einstellungssperre' verhängt, so daß der Bestand schnell wieder absank." (Zusammenstellung ‚Personal- und Arbeitswirtschaft 1950-1989', EKO-Archiv, S. 4; im weiteren ‚ZUPA')

146) „Der Sekretär des Rates des Bezirkes Frankfurt/Oder, Springer, führte auf der 3. Stadtverordnetenversammlung aus: »Es ist ein sehr ernstes Zeichen, daß die Maßnahmen, die von den Werktätigen schon lange gefordert werden, noch nicht realisiert worden sind. Nicht der Generalprojektant wohnt hier, sondern die Kumpel des Eisenhüttenkombinates und darum müssen ihre Wünsche auch von ihm berücksichtigt werden. Die Arbeiter wollen kein Zukunftsgeflüster mehr hören, sondern Taten sehen." (Fromm 1981:89)

147) Vgl. StA EHS, RS 1953, Protokoll der 18. Sitzung des Rates der Stadt v. 19.8.53 , S. 2, Rede des Hauptabteilungsleiters des Ministeriums für Aufbau Pisternik

148) Vgl. Exkurs Architektur

149) Zitiert nach (Schuster 1985)

150) Das Theater wurde am 6.3. 1955 der Öffentlichkeit übergeben und diente zunächst als Kino. Es verfügt über 700 Plätze.

151) Der Auftrag für die Vorprojektierung einer Hochschule erfolgte erst Anfang 1953. Im einzelnen waren z.B. vorgesehen ein Institut für Eisenhüttenkunde, für Hüttentechnik, für Verformung, für Wärmewirtschaft, Metallurgie, Metallkeramik, Chemie, Physik, Maschinenbau, ein Mensagebäude und ein Internat (vgl. A 695/25-27, Dampfbilanz des Eisenhüttenkombinates und der Hochschule für Metallurgie Stalinstadt, Schreiben des Ministers Selbmann an das Staatssekretariat für Energie, 20.10.53).
„Technische Hochschule: Zwischen Kulturpark und Bahnhof ist an der Bahnhofstraße eine Technische Hochschule vorgesehen. Ausgewiesen ist ein Hauptschulgebäude, eine Mensa, ein Kulturgebäude mit Saal (600 Plätze), 10 Institute mit Hörsälen, 4 Praktikagebäude sowie Internate für 1500 Hörer." (BLHA, III/2, Bez. Ffo. Rep. 601, Akte 6065 Territorialstruktur Stalinstadt 1950-1954, Inventur der Stadt Stalinstadt v. 6.2.1954, S. 16)
Zur Namensgebung der Stadt ‚Stalinstadt' am 7. Mai 1953 kündigte Walter Ulbricht in seiner Rede auch den Bau einer Hochschule an (vgl. Cerný 1991:4); bis Ende 1953 war die Hochschule und die umgebenden Anlagen auch noch in Planung (vgl. StA EHS, SVV 1953, Protokoll der 5. öffentlichen Stadtverordnetenversammlung in Stalinstadt, S. 8)

152) Der erste Betriebskollektivvertrag (BKV) wurde 1951 im Stahl- und Walzwerk Riesa abgeschlossen. Dieser Vertrag war eine Vereinbarung zwischen der Betriebsleitung und der Betriebsgewerkschaftsleitung zur Sicherung der Planerfüllung, des Sozialistischen Wettbewerbs und von Arbeitsdisziplin und Arbeitsschutz. Bestandteil waren auch Frauenförderpläne. Der Rahmen für die in der BKV aufzunehmenden Verpflichtungen wurde in zentralen Richtlinien, dem ‚Rahmenkollektivvertrag' (RKV), seit 1978 im Arbeitsgesetzbuch der DDR vorgegeben.

153) Vgl. A 691/156ff., Plan des Betriebsbereiches Erzaufbereitung, Sinteranlage, Hafenbetrieb zur Verwirklichung der Verordnung vom 10.12.1953, Stalinstadt, 15.2.1954.

154) Der Errichtung von Sozialbauten stand jedoch der permanente Arbeitskräftemangel entgegen: „Im Eisenhüttenkombinat J.W. Stalin ist in diesem Jahr aufgrund des genehmigten Investitionsplanes speziell die Sozialbauten in den Vordergrund zu stellen. Wie ihnen bekannt ist, wurde bisher bei der Erstellung von Investitionsvorhaben in größerem Maße das Hauptaugenmerk auf die Errichtung von Produktionsstätten gelegt. Der neue Kurs unserer Regierung, der dahingehend ausgerichtet ist, den Menschen in den Mittelpunkt des Geschehens zu stellen, schreibt deshalb vor, die Errichtung der Sozial- und Kulturbauten in den Betrieben in weit größerem Umfange als bisher nachzuholen und fertigzustellen. Gerade im Eisenhüttenkombinat J.W. Stalin gibt es im Investitionsplan eine Rubrik „Sozial- und Kulturbauten". Diese müssen laut Anweisung unseres Fachministeriums aufgrund der Forderungen unserer Kollegen in den Betrieben unbedingt fertiggestellt werden." (A 695/39-40, Schreiben des Aufbauleiters EKO Ringel an das Ministerium für Aufbau, betr. ‚Arbeitskräftemangel bei der Durchführung von Investitionsbauten', 12.8.1953)
Diese Beschlüsse spiegeln sich in dem Bericht des Arbeitsdirektors für das Jahr 1953 wider: „Für den Betriebsplan 1953 haben wir lange mit den Kollegen diskutiert, was sie an sozialen Einrichtungen in den Betriebsabteilungen benötigen. Dadurch ist auch unser Betriebsplan in diesem Jahr in dieser Hinsicht gut aufgebaut. Es ist beschlossen worden, unsere sozialen Einrichtungen im Betriebsplan 1953 um 1 Mill. Mark zu erhöhen." (A 758/203, Protokoll über die am 24.3.1953 durchgeführte Beratung des Betriebsplanes 1953, Bericht des Arbeitsdirektors)

155) Vgl. A 652/100, Beschluß der Betriebsgewerkschaftsleitung, Kommission Feriendienst, Sommer 1954. Dem EKO standen bspw. 1954 898 Ferienplätze zur Verfügung. Die Betriebsurlaubsvereinbarung war Bestandteil des Betriebskollektivvertrages.

156) Das erste EKO-Ferienheim ‚Haus Goor' auf der Insel Rügen wurde 1957 eröffnet. Bis Anfang der 80er Jahre verfügte EKO weiter über ein Betriebsferienheim in Müllrose, eine Bungalow-Siedlung am Helene-See bei Frankfurt/Oder sowie vertraglich gebundene Austauschplätze mit anderen Betrieben in der DDR, CSSR und Ungarn.

157) Vgl. A 632/276, Protokoll der Sitzung der Kommission zur Vorbereitung und Durchführung des Kinderferienlagers 1952, 9.6.1952; 1954 verfügte das Ferienlager Bad Saarow über eine Kapazität von 250 Plätzen und ein Pionierlager über 500 Plätze je Durchgang. Im Juni 1967 erfolgte eine gesetzliche Neuordnung zur Feriengestaltung – ‚Vierte Durchführungsbestimmung zum Jugendgesetz der DDR, Feriengestaltung der Schüler und Lehrlinge, Gesetzblatt II Nr. 72 v. 5.8.1967 (vgl. A 1179).
So vermerkt eine Bericht der Gewerkschaftsleitung aus dieser Zeit: „Das Ferienlager wurde in 2 Durchgängen von je drei Wochen in den Monaten Juli/August durchgeführt. Pro Durchgang wurden durchschnittlich 500 Kinder untergebracht. Die Kinder wohnten zu 95% in Pionierzelten. Für Unterhaltung der Kinder sorgten neben den Kapellen unserer Volkspolizei, Laienorchester und Tanzgruppen der FDJ und verschiedene EnsemblesNeben den nicht unbeträchtlichen Investmitteln wurden aus dem Direktorenfonds dem Ferienlager DM 66.637, 22 zur Verfügung gestellt. Zu dieser Summe kommt noch ein Betrag der Betriebsgewerkschaftsleitung von ca. 14.000,--DM." (A 652/112, Bericht über einzelne Veranstaltungen 1953, 10.2.1954); Das größte Kinderferienlager des EKO in Bad Saarow verfügte 1973 über 1000 Plätze.

158) Die Mittel des EKO für die Kinderbetreuung wurden erweitert: „Der ‚Tag des Kindes' wurde am 1.9.1953 durchgeführt.Zur Ausgestaltung der Feier wurde dem Rat der Stadt vom EKS ein Betrag von DM 2000,-- überwiesen. Den Kinderkrippen wurden für verschiedene Anschaffungen im Jahre 1953 ein Betrag von DM 2.201,-- zur Verfügung gestellt." (A 652/112, Bericht über einzelne Veranstaltungen, Arbeitsdirektor, 10.2.1954)

159) Vgl. A 1688/144, Gesetzblatt – Zentralblatt der DDR, Sonderdruck 26/1954, Direktive zur Durchführung der Ferienaktion „Frohe Ferientage für alle Kinder" im Jahre 1954.

160) Vgl. A 1667, Mitteilung vom Kaufmännischen Direktor über Pionier- und Ferienlager, 22.1.1954

161) Auf politischem Gebiet ist für die beiden Jahre 1957/58 ein ‚letztes Aufbegehren' der innerhalb der SED vorhandenen Opposition festzuhalten, zu der auch Fritz Selbmann gehörte: „1957/58 rollte über die DDR jene letzte ‚Säuberungs'-Woge, die als Ergebnis ihrer negativen Selektion den Typus des farblosen Nickesels hervorbrachte, mausgraue Einheitsfiguren wie Krenz, Sindermann, Hager und Herrmann. Fast ein Drittel aller hauptamtlichen Mitarbeiter in den SED-Bezirksleitungen wurde ausgewechselt. Es folgten weitere Verhaftungen, Schauprozesse, Parteiausschlüsse, Rügen, berufliche Disziplinierungsmaßnahmen. Kollektive und individuelle Demütigung der Opfer, meist mit erzwungenen Selbstbezichtigungen einhergehend, brachen einer ganzen Generation das moralische Rückgrat. . Auf dem V. SED-Parteitag vom 10.-16. Juli 1958 ließ man der Wut gegen die Opponenten noch einmal ungehemmten Lauf. Um Schirdewan, Wollweber, Ziller, Selbmann und Oelßner, so war zu hören, habe sich eine Gruppe gebildet, die mit Fraktionsarbeit versuchte, die Parteiführung und die Politik der Partei zu ändern." (Flocken/Scholz 1994:202f.)
Schirdewan wurde schon im Februar 1958 aus dem Zentralkomitee ausgeschlossen und erhielt eine strenge Rüge. 1958-1965 war er Leiter des Staatsarchivs des MdI in Potsdam. 1965 verlor er auch diesen Posten. Wollweber wurde ab 1958 in die ‚Frührente' geschickt. Ziller hatte schon Ende 1957 Selbstmord begangen. Selbmann erhielt 1958 eine ‚strenge Rüge' und wurde im März 1959

zur Selbstkritik genötigt. Von 1961 bis 1964 war er stellvertretender Vorsitzender des Volkswirtschaftsrates, anschließend freiberuflicher Schriftsteller, 1969 bis 1975 Vizepräsident des Schriftstellerverbandes. Oelßner wurde 1958 aus dem Politbüro des ZK der SED ausgeschlossen und war 1958 bis 1969 Direktor des Institutes für Wirtschaftswissenschaften der AdW.

162) Alle drei Betriebe haben die Wende ‚überstanden'. Das Zementwerk als ein Betriebsteil der Rüdersdorfer Zement GmbH, die ehemalige Backwarenfabrik wird bis zum gegenwärtigen Zeitpunkt (Stand 1996) als F & M Backwaren GmbH geführt, die Fleischwarenfabrik als Fürstenberger Fleischwaren GmbH.

163) Aus der Chronik dieser Schule geht hervor: „Am 1. März 1954 begann in einigen Baracken hinter dem alten Städtchen Fürstenberg/Oder unsere Arbeit und das Leben in einem provisorischen Internat. Noch war die neu gegründete ‚Fachschule für Medizin' in der Republik unbekannt. Im August desselben Jahres vergrößerte sich das Lehrerkollektiv, die Leitung der Fachschule wurde ebenfalls komplettiert, zahlreiche Bewerbungen gingen ein." (Weitere Ausführungen zur Entwicklung dieser Fachschule bis 1984 vgl. Teudt (1987:18)). Bis Ende 1961 erfolgte der Zusammenschluß der Medizinischen Fachschule, wie sie dann hieß, mit dem Krankenhaus der Stadt, und es wurde ein neues Schulgebäude errichtet. In den 30 Jahren ihres Bestehens wurden an dieser Schule bis 1984 ca. 1.900 Krankenschwestern, 1.800 Kinderkrankenschwestern, 600 Krippenerzieherinnen sowie ca. 1.000 Abschlüsse erzielt. Eine unserer Interviewpartnerinnen beschrieb die Rolle der Fachschule in der Stadt: „Und, also, in der Stadt hatte das schon einen besonderen Wert, weil wir zu den neuen Städten gehörten, überhaupt zu den Städten, die eine solche Ausbildungsmöglichkeit für Mädchen hatte. Denn Fakt ist eines: Man konnte natürlich als Mädchen auch Stahlwerker werden, alles, was machbar ist, aber es entsprach ja nicht unbedingt den Bedürfnissen der Mädchen. ..Es war auch so'n bißchen Vorzeigeobjekt. Erstens war die Schule neu gebaut, wir hatten einen Hörsaal, also wir hatten ja auch sehr gute Bedingungen in der Schule, große Mensa, Internat dran usw.. Und man hat auf der anderen Seite., man hat sehr viel die Schule, wenn Delegationen kamen, und nach Eisenhüttenstadt kamen sehr viele Delegationen durch das EKO, und durch diese Besonderheit der Stadt sowieso, der sozialistischen Stadt. Dort wurde die Schule sehr viel einbezogen. Also, wir haben sehr sehr viele Gäste gehabt, die bei uns, Delegationen, die bei uns mit abgestiegen sind, sich das angesehen haben, so ein bißchen als Vorzeigeobjekt im Prinzip." (2, B 15 Mitarbeiterin Wohlfahrtsverband)

164) 1963 arbeiteten noch ca. 1/4 aller 1951/52 eingestellten Arbeitskräfte im EKO (ca. 1300 von 5600). „Und die Frage der Zusammensetzung jener drei Viertel der Belegschaft, die das Werk im Laufe der folgenden 10 Jahre verlassen haben, läßt zunächst an jene Menschen denken, denen die wirtschaftliche Entwicklung der 50er Jahre die Möglichkeit bot, wieder in ihrem Heimatort und womöglich im alten Beruf zu arbeiten, sowie an jene Frauen, die in den Handels- und Dienstleistungsbetrieben der neuen Stadt oder in den Nahrungsmittelfabriken, die hier ab 1954 aufgebaut wurden, eine für sie günstigere Arbeit fanden." (Cerný 1970:106)

165) In diesen Zeitraum wurde die Wirtschaft zugunsten von Metallurgie und Schwermaschinenbau umstrukturiert. Im Zusammenhang damit legte man für andere wichtige Industriezweige Sonderprogramme auf, wie 1957 das ‚Kohle- und Energieprogramm' oder 1958 das ‚Chemieprogramm'. Die Entwicklung der Konsumgüterindustrie wurde erneut vernachlässigt.

166) Vgl. A 98/257, Ausbau EKO – Baustelleneinrichtung

167) Die weitere Entwicklung des EKO war abhängig von der im RGW und vor allem den Entscheidungen der sowjetischen Seite: „In der gesamten Perspektive des EKS (Eisenhüttenkombinat ‚Stalin', d.A.) muß gesagt werden, daß es sich hierbei um Vorstellungen handelt, deren Realisierung abhängig ist von den Ergebnissen der zur Zeit in Moskau stattfindenden Abstimmungen und Beratungen." (SAPMO-BArch, ZPA, DY 30 / IV 2 / 2.029 – 55, Bl. 2, Schreiben der Abteilung Maschinenbau u. Metallurgie d. Wirtschaftskommission der SED an Dr. Apel, Wirtschaftskommission beim Politbüro, betrifft: ‚Die weitere Entwicklung des Eisenhüttenkombinates in Stalinstadt (EKS) v. 4.7.58)

168) Im Herbst 1958 wurden ein Organisationsbüro sowie sechs Kommissionen innerhalb des EKO zur Bearbeitung der Vorstellungen gebildet, die später als Aufgabenstellung für die weitere Projektierung dienten. Die Kommissionen waren 1. Verkehr und Transport, 2. Technische Vorleistungen, 3. Kaderfragen, 4. Unterbringung der Arbeitskräfte, 5. Aufbauleitung, 6. Werkssicherung. Richtlinien für die Arbeit der Kommissionen waren die vom Werkdirektor am 30.10.1958 herausgegebenen Aufgabenstellungen (vgl. A 98/257). Mit der Zusammenstellung der voraussichtlichen Kosten für den Vorlauf und das Baugeschehen zum Ausbau EKO für 1959 endete die Arbeit der Kommissionen.

169) In den Planungsunterlagen des EKO wurde noch einmal das Ziel zusammengefaßt: „Als wichtigstes und größtes Investvorhaben der Eisen- und Stahlindustrie ist im Eisenhüttenkombinat J.W.Stalin ein modernes Stahl- und Walzwerk aufzubauen. Das Stahlwerk soll nach dem Sauerstoffaufblasverfahren arbeiten. Das Walzwerk ist mit einer hochproduktiven Breitbandstraße auszurüsten. Ferner ist ein Kaltwalzwerk und eine Rohrschweißerei aufzubauen. Das KWW ist bis zum Jahre 1964 in Betrieb zu nehmen. Das Stahl- und Walzwerk soll im Jahre 1965 die Produktion aufnehmen." (A 98/257)

170) Offiziell wurden die neuen Betriebe jedoch nicht als Konkurrenten dargestellt, wie aus einer Rede des damaligen Werkdirektors hervorgeht: „Es zieht sich ein Gürtel neuer, großer industrieller Werke an der Oder-Neiße-Friedensgrenze hin. Wenn man anfängt von Schwarze Pumpe über Trattendorf, Bertzdorf, Lübbenau, Vetschau, Guben, Eisenhüttenstadt, Frankfurt /O. (Halbleiterwerk) dann nach Finow, Schwedt, bis rauf nach Fürstenwalde, so sind dies alles neue Marksteine, die entstanden sind." (A 64/78-137, Protokoll über die am 23.4.1963 im VEB EKO durchgeführte Beratung zum Ministerratsbeschluß Ausbau EKO, Rede des Min. Markowitsch, S. 81)

171) Diese regionale Entwicklung und die Verschiebung der Schwerpunkte spiegelt sich in der Aktenlage wider. In den von städtischen und übergeordneten Institutionen geführten Verhandlungen zur Gebietsplanung stehen vor allem die Städte Guben mit der vorrangigen Entwicklung im Rahmen des Chemieprogrammes und die Stadt Frankfurt/Oder als Bezirksstadt im Mittelpunkt. Stalinstadt erscheint bei einem Großteil der Berechnungen als ‚Einzugsgebiet' für die anderen Zentren. (Vgl. BLHA, III/2, Bez. Ffo. Rep. 601, Akte 7712, Gebietsentwicklungsplanung 1958-1960)

172) Der vollständige Wortlaut des Programmes war: ‚Programm über die Sicherung der Produktion des Berg- und Hüttenwesens gegen willkürliche Störmaßnahmen militaristischer Kreise in Westdeutschland.' (SAPMO-BArch, ZPA, DY 30 J IV 2 / 604 / 48). Grund dafür, daß das Metallurgieprogramm nicht realisiert wurde, waren die Auseinandersetzungen zwischen Staatlicher Plankommission und Volkswirtschaftsrat sowie der Abteilung Maschinenbau und Metallurgie beim ZK der SED. „Die Fragen der ungenügenden Zuwachsrate, der mangelhaften Investitionspolitik, der Differenzen zwischen dem Volkswirtschaftsplan und den Lieferplänen, die Überwindung der ‚Tonnenideologie', die Mängel in der Qualität der Erzeugnisse.wurden in der Einschätzung schöngefärbt." (SAPMO-BArch, ZPA, DY 30 / IV 2 / 6.04-134, SED ZK Maschinenbau und Metallurgie, Brief des Volkswirtschaftsrates an Dr. Apel, 16.12.61, Betr. Entwurf des Programmes der Entwicklung und Produktion der Metallurgie im Jahre 1962) Es fehlten: die Übereinstimmung von UdSSR und DDR über die Produktion, den Import und Bedarf an metallurgischen Stoffen, exakte Angaben des Maschinenbaus, Klarheit über die Höhe der Investitionsmittel, klare Verantwortlichkeiten (vgl. persönliches Schreiben von dem Abteilungsleiter Berg- und Hüttenwesen in der Staatlichen Plankommission Zauleck an Ulbricht v. 16.10.62, S. 112-116). In diesem Schreiben argumentierte Zauleck: „Im Gegenteil glaube ich, es verantwortungslos gewesen wäre, der Parteiführung vorzeitig ein Programm für die Entwicklung der Metallurgie zur Beschlußfassung vorzulegen, das unkoordiniert mit den anderen Zweigen der Volkswirtschaft und der UdSSR ist und zu schwerwiegenden ökonomischen Folgen und zur Selbsttäuschung der Partei führen würde."

Das ‚Metallurgieprogramm' konnte bis 1962 nicht fixiert werden. Das rief die massive und gleichzeitig realitätsferne Kritik der Abteilung Metallurgie und Maschinenbau beim Zentralkomitee der SED an den ‚Praktikern', den Verantwortlichen in den Betrieben und auch der Staatlichen Plankommission hervor: „Mit dem Datum vom 11.8.1961 wurde die Vorlage des Metallurgieprogrammes der DDR an den Volkswirtschaftsrat von der Hauptabteilung Berg- und Hüttenwesen eingereicht, aber anschließend nicht behandelt. Diese Vorlage weist eine Reihe grundsätzlicher Fehler auf. 1. Sie ist entgegengesetzt der Aufgabenstellung der Parteiführung und negiert die Beschlüsse der Partei. 2. Sie beinhaltet nicht eine maximale Produktion von Defizit-Material, um unsere Republik störfrei zu machen, sondern es wird der Nachweis erbracht, daß wir weiterhin von westdeutschen Militaristen und Imperialisten abhängig sind. Die Partei hat die Aufgabe gestellt, unsere Volkswirtschaft bis zum 1.12.61 störfrei zu machen. In der Vorlage wird aber für die Lösung dieser Aufgabe Zeit bis zum Jahre 1965 eingeräumt. 4. Die ausgewiesenen Zuwachsraten, insbesondere bei Walzstahl warmgewalzt, sind vollkommen unzureichend und gewährleisten nicht, daß im gesamten Umfang in der Produktion ab 1963 die Ziele des Siebenjahrplanes wieder erreicht werden. 5. Die in der Vergangenheit von den Werktätigen der Metallurgie entwickelte Initiative wird vollkommen ignoriert. Zusätzlich mobilisierte Reserven zur Produktion bestimmter Defizitmaterialien wurden nicht in den Plan aufgenommen, sondern als Möglichkeiten ausgewiesen."

(SAPMO-BArch, ZPA, DY 30 / IV 2 / 6.04 – 134, Bl. 3, Der gegenwärtige politisch-ideologische Zustand und die bisherige Arbeit am Metallurgieprogramm, ZK der SED, Abt. Maschinenbau und Metallurgie, November 1961)

173) EKO befand sich in bezug auf die Zusammenarbeit mit der Sowjetunion mit Ziel der Errichtung des vollständigen metallurgischen Zyklus immer im Spannungsfeld zwischen der staatlichen Politik, die, gerade in politischen Krisenzeiten, nichts anderes als die Einbindung wirtschaftlicher Strukturen der DDR in die des RGW verfolgen konnte und dem Wissen, daß der neueste technologische Stand nur im kapitalistischen Wirtschaftsgebiet vorhanden war. Diese ‚Spannung' lockerte sich für die Großbetriebe erst Mitte der 70er Jahre, in denen volkswirtschaftliche Berechnungen mehr überzeugten, als politische Dokumentationen. Z.B heißt es schon in einem Dokument 1961: „Für die Lieferung der kompletten Stahlwerksanlagen wurden durch den diplomatischen Außendienst und Mepro im Auftrage der Staatlichen Plankommission Verhandlungen mit der VOEST (Österreich) durchgeführt." (A 98/334, 'Vorlage für die SED-Kreisleitung Ausbau EKO, 6.9.1961). Aus einem weiteren Schreiben geht hervor, daß EKO sich gegenüber verschiedenen Institutionen und Ministerien wegen seiner Verhandlungen mit ‚kapitalistischen' Firmen rechtfertigen mußte: „Tjashpromexport bestätigt, daß die VOEST auf eigenen Wunsch Verhandlungen über die Lieferung des Stahlwerkes für die DDR an die UdSSR geführt hat. Eine vorläufige Anfrage durch uns wurde dahingehend beantwortet, daß die UdSSR in der Lage sei, das Stahlwerk entsprechend dem Stand der Entwicklung, wie ihn die VOEST anbietet, selbst zu liefern.DIA (Deutscher Innen- und Außenhandel, d.A.) Maschinenexport führt ab 11.1.1965 jeweils Verhandlungen mit Vertretern der VOEST und japanischen Firmen über Vergleichsangebote . Die Verhandlungen dienen zunächst einzig und allein dem Zweck, technische und ökonomische Vergleiche zur Verfügung zu haben, um auf die sowjetische Seite einwirken zu können. Wenn es bei weiteren Abstimmungen mit der UdSSR notwendig wird, kann das Material neben Unterlagen von Davy Ashmore als Variante zur Lieferung herangezogen werden. Die CSSR hat das Stahlwerk für Kosice bei der VOEST bestellt und den Vertrag mit der UdSSR gelöst." (A 1063/88, Aussprache beim Deutschen Innen- und Außenhandel Maschinenexport, 13.1.1965)

174) Parallel dazu erfolgte eine Aussprache des EKO-Werkdirektors bei der Staatlichen Plankommission. „Im Reisebericht wurde festgelegt, daß auf Grund der Aussprachemit den ‚sowjetischen Genossen' eine Fachkommission in die SU reist und Aussprachen führt, inwieweit die SU in der Lage ist, für den Ausbau des EKO, besonders warm- und kaltbandseitig die Vorprojekte bzw. die Vorplanungen auszuarbeiten, sowie die schweren Ausrüstungen für das Walzwerk zu liefern." (A 98/263, Ausbau EKO-Baustelleneinrichtung)

175) Aus dem Schreiben an EKO geht hervor: „daß die Beauflagung der Investitionsvorhaben 1961 erst nach Verabschiedung des Volkswirtschaftsplanes 1961 durch die Volkskammer erfolgen kann. Vor diesem Zeitpunkt kann keine Beauflagung erfolgen." (A 98/272, Ausbau EKO-Baustelleneinrichtung)

176) In einem EKO-Schreiben heißt es: „Ausgehend von dem Staatstermin, daß ab 1.1.62 mit dem Bau der Produktionsstätten begonnen wird, macht es sich erforderlich, daß im Jahre 1961 die Baustelleneinrichtung realisiert wird. In der Werkdirektor-Vorlage kommt die Besorgnis der Investabteilung zum Ausdruck, daß die Frage der Projektierung noch nicht restlos geklärt ist, da sich inzwischen Veränderungen hinsichtlich des Standortes der Baustelleneinrichtung durch die Delegation, die in der SU weilte, ergaben. Die Vorlage weist aus, daß – wenn nicht entsprechende Schritte unternommen werden – die Realisierung im Jahre 1961 gefährdet ist." (A 98/267, Ausbau EKO – Baustelleneinrichtung)
Und die Ausnahmegenehmigung der Staatlichen Plankommission lautete: „Entsprechend der Bedeutung des Vorhabens Ausbau EKO – Stahl- und Walzwerk – erteile ich Ihnen hiermit die Genehmigung, Bestellungen für den Lieferumfang des Planjahres 1962 vor Bestätigung der Grundkonzeption Baustelleneinrichtung EKO zu erteilen. Die Zustimmung der Abteilung Investitionen – Forschung und Technik – liegt vor." (A 98/276, Schreiben der SPK, Abt. Berg- und Hüttenwesen, an den Hauptdirektor der VVB, 3.7.61)

177) "Entsprechend Ihres Fernschreibens vom 4.1.62 bestätigen wir Ihnen hiermit unser Einverständnis zu den vorgeschlagenen Maßnahmen hinsichtlich der Umlegung der Lieferaufträge. Wir bitten Sie, alle Schritte einzuleiten, damit die Lieferfirmen schnellstens davon Nachricht erhalten, daß die Aufträge auf 1963 verschoben werden." (A 98/281, Mitteilung der VVB an EKO v. 25.1.1962)

178) Die Unstimmigkeiten zwischen Volkswirtschaftsrat und Staatlicher Plankommission kommen in folgendem Schreiben zum Ausdruck: „Darüber hinaus möchte ich Dir folgendes mitteilen: Gemäß einer Information des Gen. Dr. Z. (Abteilungsleiter Berg- und Hüttenwesen, SPK) wurden auf seinen Vorschlag und einem daraus resultierenden Schreiben des Gen. M. an den Gen. K. M. die Arbeiten am Metallurgieprogramm ‚Teil 1963-1965', von der Abt. Berg- und Hüttenwesen der Staatlichen Plankommission eingestellt. Dies wurde damit begründet, daß die Genossen der SPK am Plan 1962 mitarbeiten müssen und für eine bestimmte Zeit nicht in der Lage sind, am Programm weiterzuarbeiten. Die Einstellung der Arbeiten durch die SPK bedeutet eine ernsthafte Verzögerung in der Schaffung der notwendigen Klarheit für die Entwicklung der Metallurgie, zur Sicherung der Versorgung der Volkswirtschaft mit metallurgischen Erzeugnissen. Sie fand daher nicht die Zustimmung des Volkswirtschaftsrates." (SAPMO-BArch, ZPA, DY 30 / IV 2 / 2.029-55, Bl. 78,79 Hausmitteilung der Abt. Maschinenbau/Metallurgie an Gen. Dr. Apel, Wirtschaftskommission beim Politbüro der SED; betrifft: Entwurf eines Programms der Entwicklung und Produktion der Metallurgie im Jahre 1962, v. 16.12.1961)
Die Vertreter des VWR baten Apel um das persönliche Eingreifen: „Da unsere Möglichkeiten der Einflußnahme auf die richtige Erarbeitung des Metallurgieprogrammes nicht mehr ausreicht, bitten wir um Dein Eingreifen". (SAPMO-BArch, ZPA, DY 30 / IV 2 / 6.04-134 SED ZK Maschinenbau und Metallurgie, Brief an Apel v. 21.2.62, Bl. 67)

179) Statt dem Kokillengußverfahren und der Brammenstraße sollte eine Stranggußanlage eingesetzt werden (vgl. A 903/7).

180) An der Ausarbeitung der Materialien waren beteiligt: VEB Metallprojektierung, VEB EKO, VEB Industriebau Ost, Rat des Bezirkes Frankfurt /Oder, Rat der Stadt Eisenhüttenstadt, Staatliche Plankommission u.a. (vgl. A 1047/377, Gutachten Ausbau EKO für die VVB v. 29.10.1962).

181) „Die sowjetischen Planungsorgane und Metallurgie-Spezialisten haben unsere Konzeption als richtig anerkannt. Es gibt jetzt auch volle Übereinstimmung darüber, daß in der DDR vorrangig alle Kraft auf die Erweiterung der II. Verarbeitungsstufe konzentriert werden muß und nicht auf die Erhöhung der Rohstahlkapazität..Wir sind davon ausgegangen, daß die uns zur Verfügung stehenden Fonds unbedingt auf die II. Verarbeitungsstufe (Kaltwalzwerk; d.A.) zu konzentrieren sind und alles getan werden muß, um die Abhängigkeit besonders bei Defizitmaterialien vom kapitalistischen Ausland zu vermindern." (SAPMO-BArch, ZPA, DY 30 / IV 2 / 6.04-134, SED ZK Maschinenbau und Metallurgie, Brief des stellv. Vorsitzenden des ZK an Ulbricht v. 20.10.62, Bl. 96)

182) Die Fluktuationsanalyse dieses Zeitraumes sagt aus: „In den ersten Jahren des Aufbaus des Kombinates und der ersten sozialistischen Stadt ist eine relativ hohe Fluktuation zu verzeichnen. Die Quellen des Arbeitskräftebedarfs sind vorwiegend die Betriebe anderer Wirtschaftsbereiche, insbesondere des Zugangs aus der Landwirtschaft. Als wichtigste Ursachen des Abgangs von Arbeitskräften gelten die Arbeitsbedingungen und die Rückkehr zum Wohnort. Anlaß zu häufigem Arbeitsplatzwechsel waren insbesondere die Lohnbedingungen der Produktionshilfsarbeiter (Erzaufbereitung usw.), die entsprechend der Tätigkeitsmerkmale gegenüber denen der Facharbeiter ungünstig lagen." (A 889/9, Darstellung der Fluktuation 1954-1958)

183) 1958 wurden die Diskussionen um den EKO-Ausbau vorsichtig wieder aufgenommen. Die Frage, aus welchen Bereichen die neuen Arbeitskräfte kommen sollen, stand im Mittelpunkt einer Werkleiterbesprechung: „Es liegen nunmehr Vorstudien vor, wie man sich einmal die Entwicklung des EKS vorstellt. Gen. Markowitsch (Werksdirektor; d.A.) weist ausdrücklich darauf hin, daß die hier genannten Zahlen in keiner Form im Betrieb diskutiert werden können, sondern nur einer vertraulichen Information dienen Ein weiteres Problem ist die Frage der Arbeitskräfte, denn das Arbeitskräftevolumen wird in den nächsten Jahren nicht steigen. Wo kommen die benötigten Arbeitskräfte her? Man wird die Landwirtschaft mechanisieren müssen, um Arbeitskräfte frei zu bekommen. Damit in Verbindung steht dann die Großraumbewirtschaftung. Eine andere Frage ist, schnellstens das Mittelschulsystem durchzusetzen, denn wir wollen Ingenieure heranbilden." (A 96/241, Protokoll über die am 31.3.1958 durchgeführte Beratung über die Perspektive des EKS, 1.4.1958)

184) So bestanden im Werk folgende Vorstellungen zur Unterbringung der Arbeitskräfte: „Mit Beginn der Aufbauperiode werden nach Stalinstadt eine große Zahl Arbeitskräfte strömen. Um den Charakter der sozialistischen Stadt zu wahren, ist es notwendig, von einer Unterbringung der Werktätigen in Baracken abzusehen. Auf Grund der Erfahrungen, die bei der Unterbringung von Arbeitskräften der Bau-Union in Wohnblöcken gemacht wurden, sind in einer 2-1/2 Zimmer-Wohnung nach den z.Z. in Stalinstadt im Bau befindlichen Typen, sechs Arbeitskräfte unterzubringen. Für einen Aufgang muß im Durchschnitt für die soziale, kulturelle, gesundheitliche und verwaltungsmäßige Betreuung eine Wohneinheit zur Verfügung stehen. Die vorhandene Barackenstadt des EKS mit einer Kapazität von 800 Betten, bleibt als Durchgangslager bestehen. Von diesem Lager aus werden sämtliche Arbeitskräfte, je nach Fertigstel-

-238-

lung der einzelnen Aufgänge in den Wohnblöcken, in diese umquartiert." (A 96/86, Vorlage 4.1. des Organisationsbüros Aufbau Eisenhüttenkombinat Stalin ‚Vorstellungen über die Unterbringung der Arbeitskräfte für den Aufbau EKS, 1.12.1958). Vorstellungen, wer die Finanzierung und Verwaltung der Bauten für die Bau- und Montagearbeiter übernimmt – die Stadtverwaltung oder die Aufbauleitung des Werkes – existierten nur vage.

185) Die prekäre Arbeitskräftesituation wurde deutlich: „Die Bau- und Montagearbeiter müssen aus anderen Bezirken kommen, da das Arbeitskräftereservoir, laut Angaben des Gen. X., Mitarbeiter des Wirtschaftsrates, im Bezirk Frankfurt/Oder erschöpft ist. Es besteht auch keine Möglichkeit innerhalb des Bezirkes eine Umbesetzung aus anderen Wirtschaftszweigen vorzunehmen." (A 96/11-50, Aufbaugruppe EKS, Kaderplan 1959 bis 1965, 14.1.1959)

186) „Studenten, die vom Werk aus an Hoch- und Fachschulen delegiert wurden und nach ihrem Abschluß für das Aufbaugeschehen in Frage kommen, mit denen noch kein Vorvertrag abgeschlossen wurde, müssen von der Kaderabteilung noch erfaßt werden. Genaue Vorstellungen über die Qualifizierung von Ingenieuren und Arbeitern im sozialistischen Ausland sowie über einen innerbetrieblichen Umbesetzungsplan müssen noch in Verbindung mit der Kaderabteilung nach der Festlegung der zu bauenden Aggregate gemacht werden. Es sind noch Verhandlungen von seiten unserer Kaderabteilung mit anderen Stahl- und Walzwerksbetrieben zu führen, wieviel bewährte Facharbeiter nach genaueren Vorstellungen nach Stalinstadt umgesetzt werden können." (A 96/49-50, Aufbaugruppe EKS, Kaderplan 1959 bis 1965, 14.1.1959)

187) So wurde im Kaderplan für die Zeit von 1959 bis 1965 festgehalten: „Die Kräfte, die für die Erweiterung des EKS benötigt werden, können nicht durch männliche Arbeitskräfte abgedeckt werden, so daß man schon bei der Projektierung den Einsatz von Frauen stärker berücksichtigen muß. Des weiteren ist eine Kommission zu bilden, die sich aus Ärzten, Sicherheitsinspektoren und Kollegen vom Arbeitsschutz sowie der Kaderabteilung zusammensetzt, die eine Überprüfung der neuen Arbeitsplätze sowie der schon bestehenden Arbeitsplätze unserer Betriebsabteilungen vornimmt, mit dem Ziel, Frauen dort einzusetzen, wo es den Arbeitsbedingungen entspricht. Die freiwerdenden männlichen Arbeitskräfte sind dann in die neue Betriebsabteilung umzusetzen und zwar in die Planstellen, wo lt. Arbeitsschutzvorschriften nur männliche Arbeitskräfte eingesetzt werden dürfen." (A 96/50, Aufbaugruppe EKS, Kaderplan 1959 bis 1965, 14.1.1959)

188) „da die sich in Stalinstadt befindlichen kleineren Betriebe sich zwischenzeitlich so profiliert hatten, daß sie Arbeitskräfte aus dem Eisenhüttenwerk mit günstigeren Entgeltangeboten abwerben konnten. Es konnte dazu kommen, weil z.B. das Heizkraftwerk oder der Kraftverkehr mit Annoncen in der Kreiszeitung werben durfte mit Lohnversprechungen aufgrund anderer Wirtschaftszweigeinstufungen als die Metallurgie." (ZUPA, S. 3)

189) „Weiterhin gab es auch eine Reihe von Fällen, in denen Kollegen im Eisenhüttenwerk eine Arbeit aufnahmen, nach verhältnismäßig kurzer Zeit eine Wohnung erhielten und sich dann in Stalinstadt bequemere Arbeitsplätze (Normalstein) suchten." (ZUPA, S. 3)

190) Bezirkswirtschaftsräte bestanden von 1963 bis 1989. Die Wirtschaftsräte wurden auf Beschluß des VI. Parteitages 1963 als ‚doppelt unterstellte' Fachorgane gebildet. Sie wurden einerseits vom Ministerium für bezirksgeleitete Industrie und Lebensmittelindustrie angeleitet, andererseits waren sie dem Bezirkstag rechenschaftspflichtig. Den Wirtschaftsräten waren wiederum alle VEB direkt unterstellt. Privatbetriebe (die noch bis 1972 bestanden) und industriell produzierende PGH's waren ihnen zugeordnet (vgl. Ranke et. al. 1994:106).

191) Entwicklung der Geburtenzahlen in Stalinstadt/Eisenhüttenstadt 1955 bis 1974 (Der Rückgang 1971 ist auf den ‚Pillenknick' zurückzuführen)

192) Das Problem der fehlenden Arbeitskräfte trat 1958, nach der erneuten Aufnahme der Überlegungen zum Ausbau des EKO, wiederum auf. Im Zeitraum 1955 bis 1965, den man in bezug auf den Aufbau neuer Bau-

Jahr	Geburten	Jahr	Geburten
1955	413	1965	747
1956	383	1966	759
1957	407	1967	767
1958	489	1968	778
1959	577	1969	808
1960	623	1970	813
1961	756	1971	699
1962	834	1972	626
1963	874	1973	508
1964	808	1974	528

steine im metallurgischen Zyklus als ‚stagnative Phase' beschreiben kann, sank die Anzahl der im EKO beschäftigten Arbeitskräfte von 6000 auf 5200 und erreichte erst wieder kurz vor Inbetriebnahme des Kaltwalzwerkes die Zahl 6000. In diesen Zeitraum fällt auch der Aufbau der nationalen Streitkräfte der DDR, der ab 1952 begann. Nachdem die Bundesregierung den Vertrag über die ‚Europäische Verteidigungsgemeinschaft' unterzeichnet hatte (EVG-Vertrag), verschärfte die Regierung der DDR die Bewachung der Grenzen und zog auch aus den Großbetrieben junge Männer für die ‚Kasernierte Volkspolizei' ab. Nach der Gründung der NVA 1956 wurden verstärkt aus den Betrieben junge Männer geworben und eingezogen.

193) Ursachen dieser Erscheinung waren: 1. In den verschiedenen Wirtschaftszweigen kam es durch die zeitlich differenzierte Einführung der ‚Wirtschaftszweiglohngruppenkataloge' (WLK) besonders in den unteren Lohngruppen zu Tariferhöhungen, die sich in den meisten Stalinstädter Betrieben auswirkten. 1959/60 hatten die Beschäftigten mit Eingruppierung in den unteren Lohngruppen prozentual an der höchsten Anteil an der Gesamtzahl der Abgänge. 2. Die Arbeitsbedingungen des Eisenhüttenwerkes für vorwiegend untere Lohngruppen mit Sonn-, Feiertags- und Nachtarbeit sowie körperlich schwerer und schmutziger Arbeit waren nicht mit denen in anderen Industriezweigen vergleichbar. Selbst unter Einbuße von Lohn wurde in die Industriezweige abgewandert, die nur einschichtig arbeiteten. Beschäftigte fanden in anderen Industriezweigen bessere Verdienstmöglichkeiten und entscheidend leichtere Arbeitsbedingungen. 3. Für die unteren Lohngruppen bestand zu dieser Zeit keine Aussicht, in eine höhere Lohngruppe eingeteilt zu werden, da die Aggregate nur eine einfache Bedienweise bzw. vorwiegend körperliche Arbeit erforderten. Einen Ausweg sah man in a) der Verbesserung der technischen Abläufe und b) der Qualifizierung der Arbeitskräfte für eine zweite Tätigkeit (z.B. Hilfsschlosser). Beide ‚Wege' waren jedoch zeitaufwendig.

194) ‚Stammbelegschaft" bedeutete für das Werk: Erwerb hoher Arbeitsfähigkeiten und enge Verbundenheit mit dem Betrieb. Diese Vorteile sollten von Nutzen sein für die Organisierung des sozialistischen Wettbewerbs, die Festigung der Arbeitsmoral und -disziplin und die planmäßige Qualifizierung der Arbeitskräfte.

195) Ausführliche Beschreibung dieser Neuerungen: „1. In Auswertung dieses Zustandes wurde eine Kommission unter Mitwirkung des Betriebsarztes und der Sicherheitsinspektion gebildet, um die Fluktuation aus gesundheitlichen Gründen einschränken zu können. 2. Das Eisenhüttenkombinat drang aus diesen Gründen darauf, mit den Räten der Kreise Stalinstadt, Fürstenberg und Nachbarkreisen Verhandlungen aufzunehmen, bestehende Verfügungen durchzusetzen, daß Einstellungen von Beschäftigten aus Schwerpunktbetrieben nur mit der Genehmigung der Räte vorgenommen werden durften. Es war vielmehr die Möglichkeit der Umsetzung innerhalb des Betriebes entsprechend der Fähigkeiten des Beschäftigten zu prüfen. 3. Bei Kündigungen wegen mangelnder Versorgung von Kleinkindern kristallisierte sich deutlich das Fehlen von Kinderbetreuungseinrichtungen heraus. Als Ergebnis wurde ein Betriebskindergarten eingerichtet. 4. Bei Beschäftigten, deren Kündigung auf familiären Ursachen zurückzuführen war, waren gründliche Aussprachen vorzunehmen zur Findung der wahren Ursachen, um betrieblicherseits ein Einwirkungsinstrument zu haben, die Beschäftigten im Werk zu halten. 5. In Auswertung einer Grundsatzanalyse über die Fluktuation von Arbeitskräften wurde die Organisationsanweisung zur ‚Behandlung von Kündigungen' herausgegeben. In dieser Anweisung wurde u.a. die Mitwirkung der Gewerkschaftsfunktionäre bei Kündigungsangelegenheiten festgeschrieben." (ZUPA S. 8/9)

196) ‚Arbeiterfestspiele': 1958 beschloß der Bundesvorstand des FDGB die regelmäßige Durchführung von Arbeiterfestspielen. Bis Ende der 60er Jahre bestand die kulturpolitische Intention vor allem darin, die ‚gegenseitige Durchdringung von Berufs- und Laienkunst' zu befördern. In den 70er Jahren wurden sie dann ideologisiert und als ‚Leistungsschauen der kulturschöpferischen Kräfte der Arbeiterklasse' bezeichnet. Sie nahmen zunehmend Volksfestcharakter an.

197) Einige Beispiele, die den Aufwand zur Vorbereitung dieser Feste verdeutlichen: Vgl. u.a. A 648/207, Plan zur Vorbereitung und Durchführung der Propaganda zum 18./19.9.1954 zum Hüttenfest am 18./19.9.1954; A 1675/245, Veranstaltungsplan zum 8. Mai 1958 -Tag der Befreiung; A 648/188, Maßnahmeplan für das Hüttenfest 1958 Stalinstadt; A 648, Plan zur Vorbereitung des 10. Jahrestages der Gründung der DDR, 3.8.1959; A 648/51, Hinweise für Patenschaftsarbeit bei der Vorbereitung der Ökonomischen Abteilungskonferenzen sowie des 10. Jahrestages der Gründung der DDR, 24.8.1959; A 969/282, Plan zur Entwicklung des Wettbewerbs auf dem Gebiet der kulturellen Massenarbeit für das Jahr 1960 unter der besonderen Berücksichtigung der Vorbereitung der Feierlichkeiten anläßlich des 10. Jahrestages der Gründung des EKS und Stalinstadts; A 969/195, Organisati-

onsanweisung Nr. 5/60 Ordnung der betrieblichen und staatlichen Auszeichnungen, 27.4.1960 -Held der Arbeit, Verdienter Aktivist, Verdienter Erfinder, Verdienstmedaille der DDR, Verdienter Meister, Aktivist des Siebenjahrplanes, Medaille für ausgezeichnete Leistungen, Brigade der sozialistischen Arbeit, Brigade der besten Qualität, hervorragende Jugendbrigade der DDR.

198) Vgl. A 583/101f., Konzeption der kulturellen Massenarbeit 1964; hier wurden die Aufgaben für das Kombinat im allgemeinen und die Kulturgruppen im einzelnen festgelegt, wie z.B. für das Arbeitermusiktheater, das Arbeitertheater, Kabarettgruppen, Blaskapellen, Filmstudio, Bibliothek, Zirkel ‚Schreibender Arbeiter', Fotozirkel, Malzirkel und das Klubhaus der Gewerkschaften.

199) Noch 1988 wurde die Schallplatte „Wir – die Herren des Feuers" vom EKO anläßlich der 22. Arbeiterfestspiele produziert. Aufgrund von Planschwierigkeiten kam sie jedoch nicht rechtzeitig auf den Markt und ist nun im Archiv der EKO Stahl GmbH als Zeugnis der Kulturarbeit im EKO vorhanden.

200) So geht aus den Akten des Rates des Bezirkes Frankfurt/Oder 1959 hervor: „Zur Zeit bilden die Städte Stalinstadt und Fürstenberg jeweils noch eigene Stadtkreise. In der Zukunft, nach Zusammenschluß beider Städte, wird vermutlich die äußere Begrenzungslinie beider Stadtkreise die neue Stadtkreisgrenze der Gesamtstadt bilden. Da Fürstenberg ohnehin ökonomisch und politisch bei weitem noch nicht dem Charakter der neuen sozialistischen Stadt Stalinstadt entspricht, ist es um so wichtiger, das Problem der richtigen Koordinierung und Proportionierung sämtlicher administrativer, politischer, kultureller und sonstiger Folgeeinrichtungen möglichst im Interesse des Gesamtstadtorganismus zu klären."(BLHA, III/2, Bez. Ffo. Rep. 601, Akte 593 Rat des Bezirkes, Stadtplanung Stalinstadt, Stadtbauamt, 10.9.1959, S. 5)
„Das heutige Ausbaustadium der Stadt, die vorhandene und geplante überörtliche Industrie, lassen zwar Schlüsse auf die Stadtgröße zu, die jedoch aufgrund der z.Z. vorhandenen Bevölkerungsstruktur und andererseits der immer noch nicht endgültig bekannten städtebildenden Faktors, des ‚Eisenhüttenkombinates J. Stalin', ebenfalls einer exakten Realität entbehren." (BLHA, III/2, Bez. Ffo. Rep. 601, Akte 593 Rat des Bezirkes, Stadtplanung Stalinstadt, Stadtbauamt, 10.9.1959, S. 1)

201) Aus Stalinstadt und Fürstenberg wurde der Stadtkreis Eisenhüttenstadt und aus dem Kreis Fürstenberg ging der Landkreis Eisenhüttenstadt hervor.

202) „Der ‚Neue Tag' berichtete am 14. November 1961: »Entsprechend den vielen Eingaben beschloß die Stadtverordnetenversammlung Stalinstadt am 13. November 1961, eine Vereinigung der Stadt Stalinstadt und Fürstenberg/Oder vorzunehmen und dieser Stadt den Namen Eisenhüttenstadt zu geben.« Den vielen Eingaben sei einmal an Hand der Unterlagen des Stadtarchives nachgegangen. Dort lagern die eines Bürgers aus Hoyerswerda vom 5. November und 17 von sozialistischen Brigaden Eisenhüttenstadts aus dem Zeitraum vom 11. bis 14. November 1961. Es handelt sich um Abschriften, ein Drittel trägt kein Datum und zum Beispiel nur den lapidaren Hinweis ‚6 Unterschriften.' Selbst am Faschingstag (11.11.) und am Sonntag (12.11.) wurden Brigadeversammlungen einberufen und Eingaben verfaßt." (MOZ, 5.2.1992 ‚Vor 30 Jahren: Umbenennung von Stalinstadt in Eisenhüttenstadt'). An neuen Namen wurden in diesem Zusammenhang auch vorgeschlagen ‚Oderstadt', ‚Oderhütte', ‚Leninstadt', ‚Thälmannstadt', ‚Friedensstadt', ‚Gagarinstadt'.

203) Vgl. BArch, IV/4/06/152, Protokoll der Sondersitzung der SED-Kreisleitung Stalinstadt am 13.11.1961

204) Vgl. SAPMO-BArch, ZPA, DY 30 / IV 2 / 5 / 682 SED ZK Parteiorgane; in den Jahren 1957/58 verließen pro Monat ca. 10 bis 40 Einwohner Stalinstadt Richtung Westdeutschland. Eine offizielle Statistik darüber wurde nicht geführt, diese Zahlen sind den internen Parteiberichten der SED-Stadtleitung Stalinstadt an das ZK der SED Berlin entnommen. In jedem Wochenbericht der SED-Stadtleitung erfolgten unter der Rubrik ‚Kirchenarbeit', unterteilt in ‚evangelisch' und ‚katholisch', sowie ‚Republikflucht' (getrennt nach ‚in Stalinstadt' und ‚nicht in Stalinstadt wohnend') Angaben zu bestimmten Personen mit Namen und Adresse. Die Zahl der Zuzüge resp. Rückkehrer aus Westdeutschland und Westberlin war gering und betrug im Monat durchschnittlich drei bis 5. Insgesamt war aber ein positiver Wanderungssaldo vorhanden, da die Zahl der Zuzüge allgemein hoch war.

Die zweite Phase 1963 bis 1968 – Ein Schritt vorwärts, zwei zurück: Die Inbetriebnahme des Kaltwalzwerkes

205) Von Juli 1963 an wurden Reformen in der wirtschaftlichen Praxis umgesetzt. Die entscheidenden Elemente waren: das Prinzip der Eigenwirtschaftung der Mittel; die Produktionsfondabgabe; der ‚fondbezogene Preistyp'; eine Preisdynamisierung; das einheitliche Betriebsergebnis; die Nettogewinnabführung (vgl. Handbuch DDR-Wirtschaft 1985:82)

206) Im Zusammenhang mit dem NÖSPL wurde von einem System ökonomischer Hebel gesprochen. Als die wichtigsten Hebel können angesehen werden:
a) für den Bereich der Betriebe: als direkte Hebel: Gewinn, Preis, Kosten; als indirekte Hebel: Kredit, Wirtschaftsvertrag; b) für den Bereich persönlicher Interessen: als direkte Hebel: Lohn, Prämie, Sonderurlaub; bzw. Lohnfonds, Preisfonds (vgl. Kiera 1975:100f.).

207) Die Etappen können in drei Zeiträume gegliedert werden.
I. Etappe 1964/65
– schrittweiser Beginn der Reformen
– Einführung der wirtschaftlichen Rechnungsführung
– Anfänge der Industriepreisreform
– Einrichtung von 17 Industrieministerien (1965), die der Staatlichen Plankommission unterstellt waren
II. Etappe 1966/67
– Einführung der Produktionsfondabgabe als ‚Zins für das eingesetzte Kapital'
–Abschluß der Industriepreisreform und Beginn einer dynamischen Preisgestaltung
–Zusammenfassung aller Prämien zu einer Jahresendprämie
–Einführung des NÖSPL in den kommunalen Verwaltungsbetrieben
–Verwirklichung des Grundsatzes der Eigenwirtschaftung der Mittel für Investitionen
– verstärkte Kreditfinanzierung der Investitionen
– Arbeitszeitverkürzung und Einführung der 5-Tage-Arbeitswoche
– Änderung der Planmethodik, die einschneidende Veränderungen für die Mitbestimmungs- und Eingriffsrechte der Betriebe brachte
III. Etappe 1968
– Konzept strukturbestimmender Aufgaben' wurde entwickelt, womit Konzept der NÖSPL aufgegeben wurde
zugunsten des ÖSS (Ökonomisches System des Sozialismus)
– ÖSS bezog sich nicht mehr nur auf den Wirtschaftsmechanismus, sondern auf das gesamte gesellschaftliche System
– Inhalt des Konzeptes: Für die strukturbestimmenden Bereiche wurden wieder verbindliche materielle Plankennziffern vorgegeben und aus den NÖSPL-Regelungen ausgeschlossen.

208) Die Arbeit mit den Perspektivplänen 1964, 1965, 1966 geschah über Koordinierungsvereinbarungen, die das wichtigste Leitungsinstrument zur Verwirklichung der Pläne und Bilanzen waren. Auch das 1965 geschaffene neue Vertragssystem trug zur Verbesserung der zwischenbetrieblichen Kooperation bei. Aus den Erzeugnisgruppen, die in den 50er Jahren gebildet wurden, entwickelten sich in den 60er Jahren Kooperationsverbände. Aus diesen entstanden die ersten Kombinate.

209) Der Wortlaut der Ulbricht-Rede zu diesem Thema: „Dazu gehört Z.B. auch der Aufbau eines modernen Stahl- und Walzwerkes in Eisenhüttenstadt mit einer Kapazität von etwa 540.000 t Kaltband und Feinblechen. Das EKO wird damit zu einem modernen Kombinat mit vollem metallurgischen Zyklus, vom Roheisen bis zu hochwertigen Erzeugnissen der 2. Verarbeitungsstufe." (W. Ulbricht, Rede VI. Parteitag, In: A 738/169, Referat des Werkdirektors zur Begründung des 1. Entwurfes der Ministerratsvorlage zur Bestätigung der TÖZ (Technisch-Ökonomischen Zielstellungen) für das Investitionsvorhaben Ausbau EKO, 22./23.2. 1966)

210) In diesem Beschluß wurde sowohl die grundsätzliche technologische Konzeption als auch die zeitliche Reihenfolge und Inbetriebnahme der einzelnen Ausbaustufen und des dafür voraussichtlich erforderlichen Wertumfanges bestätigt (vgl. A 903/3, Dokumentation über die ökonomischen Auswirkungen der Konzeptionsänderung Ausbau EKO (Ausbaustufe III-VI), 25.4.1968); am Aufbau des Kaltwalzwerkes waren beteiligt: das Projektierungsinstitut GIPROMES Moskau, VEB Mepro (Metallprojektierung) Berlin als Generalprojektant, der sowjetische Maschinenbaubetrieb URALMASCH, das Schwermaschinenbaukombinat ‚Ernst-Thälmann' Magdeburg sowie das Bau- und Montagekombinat (BMK) Ost Frankfurt/O.. Das Vorhaben Kaltwalzwerk wurde auch als ‚Neue Hütte' bezeichnet gegenüber den Hochofenanlagen der ‚Alten Hütte'.

211) Vgl. A 715/222, Abschrift ‚Metallurgie-Programm' von VVB Eisenerz-Roheisen, 25.11.1963

212) Vgl. A 967/123f., Entwurf zum Protokoll über die technische Unterstützung der DDR seitens der UdSSR, Juli 1963

213) Vgl. A 1063/266, Erarbeitung einer neuen Projektaufgabe durch GIPROMES, Schreiben des Sonderbeauftragten Ausbau EKO an Leiter Abt. Schwarzmetallurgie des VWR, 3.10.63

214) Der Leiter der Abteilung Wirtschaft beim Politbüro des ZK der SED Erich Apel beging 1965 Selbstmord. Christa Wolf beschreibt die Situation während des 11. Plenums 1965: „Es war eine düstere Atmosphäre auf diesem Plenum. Man sagte gleich am Anfang, man könne das Tagebuch von Erich Apel einsehen, wenn man wollte. Man könnte dort sehen, daß es Depressionen waren, die ihn zu seinem Selbstmord getrieben haben. Die gesundheitliche Betreuung der Parteiarbeiter müsse verbessert werden. Ich werfe mir heute noch vor, daß ich nicht den Mut hatte zu sagen, ich möchte das mal lesen. Uns allen war klar, daß das Plenum unter dem Zeichen dieses Selbstmordes stand, und wir alle haben ihn mit den sowjetischen Handelsverträgen in Verbindung gebracht. Es wurde gemunkelt, die DDR sollte durch diese Verträge in eine Lage gebracht werden, daß sie nicht mehr eigenständig entscheiden, daß sie sich ausverkaufen ließe. Das habe er, Apel, nicht mehr mittragen wollen." (Wolf 1994:61)

215) Vgl. A 967/167, Aktennotiz zur Reise in die SU v. 12.-20.7.1963 betr. Ausbau EKO, 24.7.1963; Aus einem weiteren Dokument geht hervor: „Es ist der Delegation nicht gelungen, während der Zeit ihrer Anwesenheit in Moskau Richttermine für die Projektauslieferung zu vereinbaren. Es sei aber jetzt schon einwandfrei zu erkennen, daß die Forderungen der DDR nicht erfüllt werden können. Es muß deshalb umgehend mit allen am Ausbau des EKO beteiligten Organen in der DDR geprüft werden, um festzustellen, ob Kompromisse geschlossen werden können. Es ist sehr zweifelhaft, ob der Inbetriebnahmetermin des Kaltwalzwerkes unter diesen Voraussetzungen gehalten werden kann." (A 344/186, Bericht über den Verlauf und das Ergebnis der Verhandlungen, die die Delegation des Volkswirtschaftsrates 5.-14.2.1964 in Moskau führte, 27.2.1964)

216) Zwischen VVB und VWR gab es diesbezüglich Absprachen: „In diesem Zusammenhang erlaube ich mir, darauf hinzuweisen, daß der VOEST im Jahre 1962 bereits Verhandlungen in Österreich geführt worden sind." (A 1063/253, LD-Verfahren Ausbau EKO, Schreiben Generaldirektor VVB an VWR, Abt. Schwarzmetallurgie, 15.11.63)
Einer unserer Interviewpartner Beschrieb die Informationspolitik. „Wir haben aufgrund unserer guten persönlichen Beziehungen davon ein bißchen Wind bekommen, aber man durfte da nichts sagen, weil, das war ja nun gegen den RGW. Aber wir mußten ja ab und zu mal uns wirklich von der anderen Seite auch ein Angebot holen, um mal zu sagen: Paß auf, es gibt auch bessere Technik." (12, B 4 ehem. EKO-Mitarbeiter)

217) Die betrieblichen Akteure kritisierten die schleppenden Verhandlungen: „Trotz des hohen Staatsbesuchs von Nikita Chrustschow und Walter Ulbricht am 19.1. bei uns im Kombinat sind auf der Grundlage des Beschlusses des VI. Parteitages hinsichtlich des Ausbaus des EKO keine weiteren nennenswerten Weisungen bzw. Anordnungen ergangen, um dem Fragenkomplex Ausbau EKO eine größere politisch/ökonomische Bedeutung zu geben. Um eine volkswirtschaftlich richtige Abstimmung und eine komplexe Sicherung des Ausbaus des EKO und der daraus resultierenden Folgeinvestitionen zu erreichen, wurde bereits vor 2 Jahren (Mai 1961), unter Federführung der Staatlichen Plankommission eine Ministerratsvorlage erarbeitet. Man muß mit aller Dringlichkeit darauf hinweisen, daß der Ministerrat diese Vorlage noch immer nicht bestätigt hat. Man kann aber nicht länger verantworten, daß nach wie vor der anarchistische Zustand im Ausbaugeschehen beibehalten wird. Bei dieser von uns dargelegten Situation muß man unbedingt noch erwähnen, daß auch bei den verantwortlichen Genossen und Mitarbeitern, die bereits mehr als 2 Jahre am Aufbaugeschehen des EKO arbeiten, das Selbstvertrauen erschüttert wird und daß auch innerhalb der Volkswirtschaft unserer Republik krasse Disproportionen entstehen durch Bestellungen, die dann wieder annulliert werden." (A 967/396, Bericht über die Situation des Ausbaus des VEB EKO Stahl- und Walzwerk durch den Generaldirektor der VVB und den Werkdirektor des EKO, 9.3.1963)

218) Die Teilvorhaben gliederten sich folgendermaßen: 1. Zentrale Baustelleneinrichtung, 2. Kaltwalzwerk, 3. Stahlwerk mit Stranggußanlage und Warmwalzwerk. Das Roheisen wurde bis dahin in den kleineren Stahlwerken der DDR weiterverarbeitet bzw. der Stahl aus diesen Werken im Ruhrgebiet warmgewalzt. Der Bedarf an kaltgewalzten Produkten war in der DDR zu diesem Zeitpunkt größer, als der an den Produkten der Vorstufen. Außerdem wurde im Dezember 1965 mit der UdSSR ein langfristiges Handelsabkommen über die Lieferung von Warmband für das Kaltwalzwerk und 6 Millionen t Eisenerz abgeschlossen. So ist zu erklären, daß zunächst ein Kaltwalzwerk und danach das Stahl- und Warmwalzwerk errichtet werden sollte (vgl. A 842/11, Die politisch-ökonomische Bedeutung des vom VI. Parteitag beschlossenen Ausbau EKO).

219) Aus dem Schreiben des Außenhandelsbüros in Leipzig geht hervor: „Wir haben soeben offiziell aus Moskau erfahren, daß die Arbeiten am technischen Projekt nicht weitergeführt werden. In dem Brief des Gen. X. wurde uns mitgeteilt, daß die Lieferungen aus den Jahren 1964/65 auf die Jahre nach 1965 übertragen werden. Aus dieser Situation heraus haben wir z.Z. keinerlei Möglichkeiten, weitere Verhandlungen zu führen. Wir bitten Sie, die in Frage kommenden Stellen von der Situation zu unterrichten." (A 967/398, Schreiben des Deutschen Innen- und Außenhandel Leipzig an VEB Schwarzmetallurgie-Projektierung, 7.3.63)

220) Die Baustelle erhielt den Namen „Baustelle des VI. Parteitages".

221) Vgl. A 98/167, Antrag auf Erteilung der Standortgenehmigung, April 1963 Noch 1966 wurden – nach den Erfahrungen der bis dahin erfolgten Investitionsmaßnahmen – die Termine der unterschiedlichen Ausbaustufen konkretisiert (Übersicht über die Investitionsdurchführung und Produktionsentwicklung Ausbau EKO, 7.2.1966 (A 42 / 84-90))

Ausbaustufe	Beginn Baustelleneinrichtung	Inbetriebnahme
Kaltwalzwerk	erfolgt	1.7.1968
Warmwalzwerk	1.3.1967	1.4.1971
Stahlwerk	1.8.1968	1.4.1972
Kaltwalzwerk/ 2. Stufe	1.4.1970	30.9.1973
Rohrschweißwerk	1.4.1970	1.1.1974
Elektrostahlwerk	1.2.1970	1.7.1973
Erzaufbereitung		31.12.1975
Produktions- und Prozeßsteuerung	1.1.1971	31.12.1975

222) Für jedes Teilvorhaben mußte laut Investitionsverordnung auf Antrag durch die Staatliche Plankommission die Bestätigung durch den Ministerrat erfolgen. Die Teilvorhaben konnten jedoch nur bestätigt werden, wenn die vollständigen Projektierungsunterlagen vorlagen, welche jedoch nicht planmäßig erstellt wurden. Ursache hierfür waren wiederum Abstimmungsprobleme zwischen dem Projektanten in der DDR (Mepro) und der UdSSR (GIPROMES).

223) Dazu gehörten ,Unzulänglichkeiten', wie: fehlende Vorlage einer bestätigten Aufgabenstellung, noch keine Möglichkeit für die Sicherung der Vertragsbeziehungen aller Partner, Unstimmigkeiten und fehlende Absprachen zwischen den Projektanten der Sowjetunion (GIPROMES) und DDR (Mepro), Unterbrechung der Planbesprechungen des RKL (Rat für komplexe Leitung), fehlende Bestätigung Arbeitskräfteplan, Fehlen von Projektierungsunterlagen mit festgelegten Lieferterminen (vgl. A 967/ 96,110, Bericht des Werkdirektors über den ‚Ausbau EKO', 11.3.1964).

224) Vgl. ‚Anordnung des Vorsitzenden des Ministerrates Nr. 25/5/65' vom 15.11.1965. Dieser Anordnung gingen vier Variantenvorschläge des EKO voraus, wie die Investitionsvorhaben abgesichert werden können (vgl. A 56/280, 284); erst im September 1965 erfolgt die Bestätigung für das Vorhaben durch die Staatliche Plankommission. Der Beschluß des Ministerrates erfolgte wiederum ca. ein Jahr später (vgl. A 715/198, Beschluß des Ministerrates 76/3/66 vom 3.6.66).

225) Im Februar 1966 fand im EKO eine Beratung zur Ministerratsvorlage über den weiteren Ausbau des EKO statt. Die aufgetretenen Schwierigkeiten zwangen zur Überprüfung der Möglichkeit, den metallurgischen Zyklus zu schließen (vgl. A 738/1-3, Protokoll über die Beratung zur Ministerratsvorlage zum Ausbau des EKO, 22./23.2.1966).
„Beim Warmwalzwerk werden z.B. von 30 Projekten 9 vor der Bestätigung der Aufgabenstellungen begonnen, 11 zum Zeitpunkt der Bestätigung und nur 10 nach Bestätigung der Aufgabenstellung. Für die weiteren Ausbaustufen sind ähnliche Verhältnisse vorhanden. Dieser Verfahrensweg wird durch die Investverordnung zugelassen, kompliziert allerdings im großen Maße die vertraglichen Beziehungen und beinhaltet ein außerordentlich hohes Risiko für den Investträger." (A 738/178, Referat des Werkdirektors zur Begründung des 1. Entwurfes der Ministerratsvorlage für Ausbau EKO)

226) Grundlegend wurde der spätere Abbruch des weiteren EKO-Ausbaus durch die Entscheidungen des 11. Plenums des ZK der SED im Dezember 1965 bestimmt: „Es kommt ferner darauf an, die vorgesehenen Investitionen mit dem Ziel zu überprüfen, nur solche Investitionen durchzuführen, die die höchste volkswirtschaftliche Produktivität garantieren, um die erweiterte Reproduktion selbst erwirtschaften zu können. Die Mittelbereitstellung für Investitionen aus dem limitierten Gesamtfonds erfolgt in Höhe des nachgewiesenen zukünftigen Nutzens." (A 1053/168, Hinweise für die Ausarbeitung des Planangebotes für den Perspektivplan bis 1970, VEB EKO 1966)

227) Die Begründung für die zeitliche Verschiebung lautete folgendermaßen: „Weiterhin wurde im Ergebnis einer Beratung des Präsidiums des Ministerrates und Komplexberatungen in den Bezirken zu Problemen der Baubilanzierung bis 1970 das limitierte Bauvolumen der VVB Eisenerz-Roheisen erheblich reduziert. Daraus resultierte für das EKO die Notwendig-

228) keit, den Beginn der Ausbaustufe III (Stahl- und Walzwerk) zeitlich zu verschieben." (A 978/39, Begründung des verlorenen Aufwandes, S. 40)

228) Erschwerend für die Realisierung des fortlaufenden Ausbaugeschehens wirkte sich die Umstrukturierung der Ministerien aus. Im Dezember 1965 wurde nach der Auflösung des Volkswirtschaftsrates das Ministerium für Erzbergbau, Metallurgie und Kali gegründet.

229) „Es soll nicht unerwähnt bleiben, daß es auch in der Zusammenarbeit mit dem sowjetischen Projektanten bestimmte Schwierigkeiten gibt. So sind in der Übergabe von Projekten Terminüberschreitungen eingetreten, die sich nachteilig und verzögernd auf den Projektierungsvorlauf für die Arbeiten auswirken, die durch unsere Projektanten zu erbringen sind." (A 56/101, Analyse des Ablaufs der Investdurchführung 1965 Ausbau EKO, 10.1.1966)

230) „Das Bau- und Montagekombinat Ost schätzt selbst ein, daß dem Betriebsteil nicht genügend Arbeitskräfte zur Verfügung standen und im Planjahr 1965 durchschnittlich 100 Arbeitskräfte fehlten" (A 56/105, Analyse des Ablaufs der Investdurchführung 1965 Ausbau EKO, 10.1.1966) Der permanente Mangel an Arbeitskräften für die Baustelle des Kaltwalzwerkes führte zu enormen Leistungsausfällen.: „Wie bereits erwähnt, hat es im Verlaufe des gesamten Jahres 1965 ständig ein Fehl an Arbeitskräften gegeben. Auch hier hat das Bau- und Montagekombinat Ost seine Zusicherungen nicht eingehalten. Statt der zugesagten 80 wurden nur 30 Arbeitskräfte zugeführt. Dadurch entstand auf Grund der geplanten Arbeitsproduktivität ein Produktionsausfall von ca. 3,4 Mio. Mark. Hinzu kommt, daß bis 31.10.1965 10.320 Stunden Wartezeit und 11.130 Stunden für Nacharbeit beim BMK Ost angefallen sind. Dadurch entstand ein Leistungsausfall von 433 TM." (A 56/108, Analyse des Ablaufes der Investdurchführung 1965 Ausbau EKO)

231) „Sowohl durch den Generaldirektor der VVB Eisenerz-Roheisen, als auch durch den Stellvertreter des Vorsitzenden des Volkswirtschaftsrates wurde laufend auf das Bauwesen eingewirkt und gefordert, solche Maßnahmen zu ergreifen, die eine Aufholung der Rückstände und zugleich Plangleichheit gewährleisten." (A 56/107, Analyse des Ablaufs der Investdurchführung 1965 Ausbau EKO)

232) Es ergab sich im Zusammenhang mit strukturpolitischen Entscheidungen ein verlorener Aufwand in Höhe von 33 Millionen Mark, davon entfielen Kosten in Höhe von 18 Millionen Mark auf Vorbereitungs- und Projektierungsarbeiten.

233) Die Schwierigkeiten einer parallelen Werks- und Arbeitskräfteentwicklung kamen in folgendem Schreiben zum Ausdruck: „Weiterhin wurde ein detailliertes Programm zur kadermäßigen Sicherung des Ausbaus des EKO Ost und zur Durchsetzung der in diesem Zusammenhang erforderlichen Maßnahmen auf dem Gebiet der Erwachsenenqualifizierung und Berufsausbildung erarbeitet. Aber auch diese Arbeiten können nur dann sinnvoll und volkswirtschaftlich richtig weitergeführt und realisiert werden, wenn die Anlauftermine der einzelnen Produktionsaggregate bestätigt sind." (A 967/396, Bericht über die Situation des Ausbaus des VEB EKO Stahl- und Walzwerk durch den Generaldirektor der VVB und den Werkdirektor EKO, 9.3.63)

234) Allerdings wurde der Begriff ‚Arbeitskräfterekrutierung' nicht verwendet. Die zentrale Lenkung wurde als „Zuführung von Arbeitskräften" bezeichnet.

235) "In Realisierung des Ministerratsbeschlusses wird durch die Bezirksplankommission auf die Abteilung des Rates des Bezirkes Einfluß genommen, in Verbindung mit der Perspektivplanung bis 1970 die Entwicklung der kleineren örtlichen Betriebe und Einrichtungen des Gebietes festzulegen und zu überprüfen, inwieweit Arbeitskräfte für das Stahl- und Walzwerk gewonnen werden können." Weiter heißt es in dem selben Dokument: „Die Sicherung der Arbeitskräftezuführung für das Bauvorhaben Stahl- und Walzwerk Eisenhüttenstadt ist eng mit der Arbeitskräftelage im Betrieb Schwedt des BMK Ost verknüpft. Dieser Betrieb hat von mir die Auflage erhalten, bis Ende des Monats eine Überarbeitung des Planes 1963 vorzunehmen. Dabei ist vorgesehen, daß im IV. Quartal 1963 bereits Arbeitskräfte nach dem BMK Ost Frankfurt/Oder zurückgehen." (A 1030/271, Schreiben der VVB Industrie- und Spezialbau an den Rat des Bezirkes, Leiter der Bezirksplankommission betr. Absicherung der geplanten Arbeitskräftezuführung, 9.8.1963)

236) Ein weiteres Beispiel für die zentrale Arbeitskräfteregulierung: „werden aus dem Bereich des Volkswirtschaftsrates entsprechend dem Struktur und Stellenplan die in der Anlage aufgeführten Kader bis 30.6.65 zur Verfügung gestellt, davon 14 Kader noch im 2. Halbjahr." (A 1030/169, Vereinbarung zwischen dem Volkswirtschaftsrat und dem Ministerium für Bauwesen über die Entwicklung der Generalauftragnehmerschaft für das Investitionsvorhaben „Ausbau EKO" 1964)

237) Die Bezirksplankommission legte langfristig Maßnahmen fest, aus welchen Betrieben Arbeitskräfte abzuziehen waren: „Die VVB versucht über die entsprechende Abteilung des Volkswirtschaftsrates eine Abstimmung mit der Abteilung Energie des Volkswirtschaftsrates bezüglich des VEB Beeskow-Werk, Beeskow und über die Abteilung Maschinenbau bezüglich der Schiffswerft Eisenhüttenstadt in der Hinsicht herbeizuführen, inwieweit aus diesen Betrieben Arbeitskräfte für das Stahl- und Walzwerk gewonnen bzw. bereitgestellt werden können. Durch die Bezirksplankommission des Rates des Bezirkes erfolgt im Zusammenhang mit der Untersuchung zum Perspektivplan bis 1970 mit dem Rat des Bezirkes Cottbus eine Abstimmung der Arbeitskräfte, Bereich Stahl- und Walzwerk Eisenhüttenstadt und Chemiefaserwerk Guben." (A 97/156, Protokoll der Beratung über die Standortgenehmigung Stahl- und Walzwerk EKO, Bezirksplankommission Frankfurt/Oder 29.3.1963)

238) Auf die einzelnen Maßnahmen bezogen betraf dies folgende Anzahl von Arbeitskräften: „a) Weitere Einführung der neuen Technik sowie Rekonstruktions- und Mechanisierungsmaßnahmen in den Betrieben der Metallurgie mit zweckgebundener Umsetzung zum Eisenhüttenkombinat Ost (900 Arbeitskräfte), b) Stillegung bzw. Reduzierung von volkswirtschaftlich nicht entscheidenden Betrieben im Bezirk Frankfurt/Oder in den nächsten Jahren (600 Arbeitskräfte). Vorschläge zur Überprüfung liegen vom Rat des Bezirkes Frankfurt/Oder vor., c) Gewinnung von Frauen aus der nichtberufstätigen Bevölkerung von Eisenhüttenstadt und dem Einzugsgebiet (1200 Arbeitskräfte). Der Anteil an weiblichen Arbeitskräften beträgt im bestehenden Werk ca. 20%. Im neuen Werksteil wird – insbesondere im Kaltwalzwerk – ein höherer Anteil von Frauen bis mindestens 25% angestrebt. Der genaue Anteil wird im Verlauf der weiteren Projektierungsarbeiten durch exakte Arbeitsplatzanalysen ermittelt., d) Nachwuchskräfte aus Eisenhüttenstadt, dem Bezirk Frankfurt/Oder und anderen Bezirken (2000 Arbeitskräfte)., e) Verstärkter Einsatz von Hoch- und Fachschulkadern aus dem Volumen des Volkswirtschaftsrates (100 Arbeitskräfte)., f) Öffentliche Werbung von Arbeitskräften im gesamten Gebiet der DDR, außer Nordbezirken (1200 Arbeitskräfte)." (A 98/197, Antrag auf die Erteilung der Standortgenehmigung für den Ausbau des EKO um ein Stahl- und Walzwerk, VVB Eisenerz-Roheisen, April 1963)

239) Hier erfolgte eine Unterteilung der sog. ‚Deckungsquellen' aus der ‚Lehrlingsausbildung', ‚Hoch- und Fachschulkader', ‚Freisetzung EKO', ‚Freisetzung VVB Eisenerz-Roheisen', Freisetzung VVB Stahl- und Walzwerke', ‚Freisetzung VEB Hettstedt', ‚Werbung durch VVB und EKO für Investdirektion', ‚Werbung von Frauen im Bezirk', ‚Werbung von Männern im Bezirk', ‚Öffentliche Werbung DDR'. Mit den Beauftragten und Kaderleitern des Volkswirtschaftsrates, stellv. Generaldirektor Ausbau EKO, Staatlichen Beauftragten Ausbau EKO u.a. wurde gemeinsam die Besetzung leitender Stellen (Leiter Kaltwalzwerk, Produktionsleiter etc.) sowie die Hauptmerkmale (Funktionsprofile) festgelegt (vgl. A 865/197-202, Protokoll zur Beratung über die Konzeption der kadermäßigen Sicherung der für das Kaltwalzwerk benötigten Mitarbeiter, 4.6.1965, Investdirektion EKO und A 56/255-258, Vorlage zur ‚Sicherung des Arbeitskräftebedarfs für das Vorhaben Ausbau EKO-Kaltwalzwerk', 15.7.1965).

240) Für den Zeitraum 1966/68 wurden Verträge zur Sicherung des Arbeitskräftebedarfs zwischen der Bezirksplankommission des Rates des Bezirkes Frankfurt/O. und der VVB Eisenerz-Roheisen abgeschlossen. Für die Gewinnung ingenieurtechnischen Personals, von Meistern und qualifizierten Facharbeitern schlossen der Generaldirektoren der VVB Stahl- und Walzwerke und der VVB Eisenerz-Roheisen für den Zeitraum 1966-70 Verträge ab. Für die öffentliche Arbeitskräftewerbung bestand ein befristeter Vertrag für 1966 zwischen der Staatlichen Plankommission und dem Volkswirtschaftsrat, Abt. Schwarzmetallurgie, und über die termingemäße Zuführung von Hoch- und Fachschulkadern schlossen das Staatssekretariat für Hoch- und Fachschulwesen und die VVB Eisenerz-Roheisen einen Vertrag ab (vgl. A 738/186, Referat des Werkdirektors zur Begründung des 1. Entwurfs der Ministerratsvorlage, 22./23.2.1966).

241) Die Schwierigkeiten, Arbeitskräfte zu gewinnen, waren von Beginn an deutlich: „Ein Hauptproblem bildet sich ganz deutlich bei der Abdeckung der benötigten Arbeitskräfte heraus. Für das Kaltwalzwerk werden an Stammbelegschaft 2450 Personen benötigt. Zum heutigen Tage ist etwa eine solche Einschätzung möglich, daß die Bereitstellung der Arbeitskräfte durch die Berufsausbildung etwa planmäßig erfolgen wird und daß auch die Beschaffung der erforderlichen Hoch- und Fachschulkader durch eigene Kraft möglich sein wird. Ein unserer Einschätzung nach noch völlig ungeklärtes Problem ist der Einsatz der benötigten Arbeitskräfte aus dem Gebiet ‚Öffentliche Werbung, Abgang aus der NVA, Schließung von Betrieben im Territorium sowie die Gewinnung von ca. 700 Frauen und ca. 500 Hausfrauen' für die Belegschaft des Kaltwalzwerkes. Durch die Schaffung des Direktorenbereichs für Qualifizierung wird diese Aufgabe jetzt zielstrebig bearbeitet. Es liegen die präzisen Unterlagen für die 2450 benötigten Arbeitskräfte, unterteilt nach Ingenieure, Meister, Fachrichtungen, Berufsgruppen usw. vor, so daß zum gegenwärtigen Zeitpunkt

-242-

eine detaillierte Kaderwerbung erfolgen kann." (A 899/92, Entwurf einer Information für die leitenden Genossen der Partei- und Staatsführung über Hauptprobleme beim Stand der Vorbereitung und Durchführung des Investbauvorhabens EKO, Stand April 1965)

242) Vgl. A 1063/290, Schreiben der Staatlichen Plankommission an den Volkswirtschaftsrat, Stellvertreter des Vorsitzenden Bereich Bezirke, 18.7.1963

243) Ein Beispiel war die Gewinnung von Arbeitskräften der Ziegelei Eisenhüttenstadt: „Während die Gewinnung der erforderlichen Lehrlinge z.Z. offensichtlich keine Schwierigkeiten bereitet, zeichnet es sich ab, daß die Arbeitskräfte, die durch Werbung bzw. durch Schließung bereits vorhandener Betriebe gewonnen werden können, nicht in der vorgesehenen Höhe bereitgestellt werden können. Ich darf an das Beispiel Ziegelei Eisenhüttenstadt erinnern, wo von 41 für das EKO zu gewinnenden Arbeitskräften nur 7 Arbeitskräfte ihre Tätigkeit im EKO aufnahmen." (A 899/62, Diskussionsbeitrag des Werkdirektors zur Stadtverordnetenversammlung am 28.4.1965 zu Fragen des Ausbaus)

244) „Durch die öffentliche Werbung 1967 auf der Grundlage einer Genehmigung der Staatlichen Plankommission für den Zeitraum vom 1.6.-31.12.67 gingen im EKO 5.841 Bewerbungen ein, von denen 748 Arbeitskräfte eingestellt wurden." (ZUPA, S 15)

245) „Gleichzeitig ist zu überprüfen, in welchem Umfang Einheiten der NVA auf der Baustelle eingesetzt werden können." (A 967/16, Minimalprogramm der Bauleistungen und notwendigen Maßnahmen zur Inbetriebnahme des Kaltwalzwerkes für C-Stähle, 5.7.1966) (vgl. auch A 64/167, Öffentliche Werbung von Arbeitskräften im gesamten Gebiet einschließlich der Lenkung von Abgängen aus der NVA)

246) „Gleichzeitig wurde der Werkdirektor des VEB EKO nach Absprache mit der Abteilung für innere Angelegenheiten des Rates des Bezirkes in Kenntnis gesetzt, daß eine Lenkung von Arbeitskräften, außer Bürgern, die aus der VR Polen übersiedeln, aus Sicherheitsgründen nicht erfolgen kann. Auf Grund der Wohnraumlage in Eisenhüttenstadt wurde darauf hingewiesen, nach Möglichkeit nur Einzelpersonen und Familien ohne größeren Anhang zum Einsatz zu bringen." (BLHA, III/2 Bez. Ffo. Rep. 601-5224 Zusammenarbeit mit der Bezirksplankommission 1964-65, Aktenvermerk über die Beratung im VEB EKO Eisenhüttenstadt über Arbeitskräftezuführung aus besonderen Personengruppen, v. 6.10.1965)

247) Punktuell wurde dies auch in den Protokollen festgehalten: „Jungarbeiter und Frauen müssen bei der Besetzung besonders beachtet werden. Es ist ein Mangel der bisherigen Kadervorschläge, daß kaum Frauen für Leitungsfunktionen vorgesehen sind." (A 865/197, Protokoll zur Beratung der Konzeption über die kadermäßige Sicherung der für das Kaltwalzwerk benötigten Mitarbeiter, 8.6.1965)

248) Nach 1989 fielen zuerst diese Bereiche weg und damit die Arbeitsplätze für weibliches ingenieur-technisches Personal.

249) Sondersprechstunden für Hausfrauen wurden in den Betrieben eingerichtet, wo sich die sogenannte ‚nichtberufstätige arbeitsfähige weibliche Bevölkerung' nach den Arbeitsinhalten und -bedingungen erkundigen konnte: „Zur weiteren Gewinnung von Frauen aus der nichtarbeitenden arbeitsfähigen weiblichen Bevölkerung der Stadt ist es notwendig, daß von den Betrieben mit wachsenden Arbeitskräftebedarf wie EKO, Baubetriebe, Transportbetriebe, Handelsbetriebe und Halbleiterwerk Frankfurt/Oder gemeinsam mit dem Amt für Arbeit die sich in der Praxis bewährten Sondersprechstunden durchgeführt werden." (A 896/76, Beschluß der Sitzung des Rates der Stadt am 6. Mai 1964, 16.5.1964)

250) „Die Technologie des Walzwerkes, besonders der Kaltwalzabteilungen, gestattet einen größeren Einsatz von weiblichen Arbeitskräften, als das im bestehenden Betriebsteil des EKO und anderen metallurgischen Betrieben der DDR möglich ist. Der hohe Stand der Mechanisierung und Automatisierung werden den Anteil der dafür geeigneten Arbeitsplätze wesentlich erhöhen. Es ist damit zu rechnen, daß ca. 1200 Frauen im neuen Betrieb arbeiten werden." (A 842/16-17, Die politisch-ökonomische Bedeutung des vom VI. Parteitag beschlossenen Ausbau des EKO)
"Nachstehend führe ich Probleme auf, deren Klärung die Bezirksplankommission Frankfurt/Oder wünscht: 1. Erhöhung des Frauenanteils der Beschäftigten für das Stahl- und Walzwerk, insbesondere auch für das Teilvorhaben auf 25% (beim Teilvorhaben II (Kaltwalzwerk, d.A.) bedeutet die Erhöhung der bisher geplanten 16,7% auf 25% eine Einsparung von 160 männlichen Arbeitskräften." (A 1063/118, Schreiben des Ministerrates der DDR, Staatliche Plankommission, Leiter Abt. Schwarzmetallurgie an den Leiter Abt. Schwarzmetallurgie des Volkswirtschaftsrates, betr. ‚Gebietsprogramm Eisenhüttenstadt-Frankfurt/O.', 5.12.1964)

251) „Die nichtarbeitende arbeitsfähige Bevölkerung der Stadt ist so zu erfassen, daß erkennbar wird, welche Voraussetzungen zur Gewinnung dieser Arbeitskräftereserven geschaffen werden müssen. Die Benachrichtigung der Haushalte erfolgt durch die Post und Presse, so daß diese Frauen an bestimmten Tagen zusammengenommen werden, um im persönlichen Gespräch die Voraussetzungen für die Arbeitsaufnahme zu erfahren. Diese Aktion ist durch die Kreispresse zu popularisieren." (A 1030/244, Beschluß der gemeinsamen Sitzung des Rates der Stadt und des Rates des Kreises Eisenhüttenstadt am 2.1.1964, 9.1.1964)

252) „Wir haben erstmalig erreicht, daß von der Gesamtteilnehmerzahl der Auszubildenden an der Technischen Betriebsschule über 30% Frauen in technischen Berufen sind. Darunter befindet sich auch ein Lehrgang von Hausfrauen, die zum Walzwerker ausgebildet werden. Auch an der Betriebsberufsschule hat sich der Prozentsatz an Mädchen in technischen Berufen im Jahre 1965 wesentlich erhöht. Ein Schwerpunkt, um den Anteil der Frauen im Kaltwalzwerk zu sichern, wird die in diesem Jahr beginnende Ausbildung von Kranführern sein. In diesem Jahr beginnt an der Außenstelle der Fachschule ein Abendstudium zur Ausbildung von Ingenieur-Ökonomen. In diese Studienrichtung sollen vorzugsweise Frauen aufgenommen werden. Diese Kolleginnen sind bei Inbetriebnahme des Kaltwalzwerkes am Ende des zweiten Studienjahres und können bereits in bestimmten Funktionen der Arbeitsvorbereitung, der Produktionsplanung u.ä. eingesetzt werden." (A 865/197, Protokoll zur Beratung der Konzeption über die kadermäßige Sicherung der für das Kaltwalzwerk benötigten Mitarbeiter, 8.6.1965)
Es wurden verschiedene Arten der Qualifizierung angeboten, wie die ‚Qualifizierung für den derzeitigen Arbeitsplatz', die ‚Höherqualifizierung', die ‚Aktivistenschule', produktionstechnische Kurse und Schulungen, Vorbereitungskurse für das Fach- und Hochschulstudium, Sonderprüfungen für Meister, Techniker und Ingenieure. Frauenförderpläne waren im Betriebskollektivvertrag enthalten. Ebenfalls gab es Frauensonderklassen. Schon 1953 bestanden eine Technische Abendschule und eine TBS – Technische Betriebsschule. Die Betriebsakademie des EKO qualifizierte die Mitarbeiter ab 1959.

253) „Bereits heute jedoch läßt sich erkennen, daß die Bedarfsdeckung der Arbeitskräfte, insbesondere der weiblichen, zum größten Teil aus der Stadt Eisenhüttenstadt kommen muß. Die Gewinnung dieser Frauen für die Arbeit im Kaltwalzwerk wird eine wichtige Aufgabe der entsprechenden Organe des Rates der Stadt in enger Zusammenarbeit mit dem Kombinat sein. Das EKO wird deshalb im Rahmen seiner Möglichkeiten Unterstützung bei der Schaffung zusätzlicher Kindergarten- und Kinderkrippenplätze geben." (A 899/59, Diskussionsbeitrag des Werkdirektors zur Stadtverordnetenversammlung am 28.4.1965 zu Fragen des Ausbaus)
„Ca 25% des Arbeitskräftezugangs sollen weibliche Arbeiter und Angestellte sein. Damit verbunden ist die Bereitstellung von Kindergärten- und Kinderkrippenplätzen. Auf diesem Gebiet besteht eine erhebliche Diskrepanz zwischen Bedarf und Bedarfsdeckung. Besonders augenfällig sind die Differenzen bei Kinderkrippenplätzen, wobei einem Gesamtbedarf bis 1970 von 961 Krippenplätzen nur 400 durch den Bau neuer Objekte vorgesehen sind. Die Arbeitskräftekennziffer von 1,4 Beschäftigten pro Wohneinheit ist auf den geplanten Anteil mit weiblichen Arbeitskräften aufgebaut. Unter den Bedingungen einer verhältnismäßig jungen Bevölkerung wirkt sich das Fehlen von Kinderkrippen- und Kindergartenplätzen äußerst ungünstig auf die Gesamtarbeitskräftesituation aus. Es müssen alle Voraussetzungen geschaffen werden, um verstärkt Frauen in den Arbeitsprozeß einzubeziehen. 1965 hat das Kombinat aus Eigenmitteln 72 Kinderkrippenplätze und 104 Kindergartenplätze neu geschaffen. Daneben ist noch ein Betriebskindergarten mit 350 Plätzen vorhanden. Damit sind die betrieblichen Möglichkeiten erschöpft." (A 899/187-188, Diskussionsbeitrag des Werkdirektors zur Stadtverordnetenversammlung am 28.4.1965 zu Fragen des Ausbaus) Die Anzahl der Kinderbetreuungseinrichtungen stieg von 1954 bis 1966 kontinuierlich (zusammengestellt aus: Statistische Jahrbücher Stalinstadt/Eisenhüttenstadt 1954 bis 1966)

Jahr	Anzahl der Einrichtungen	Plätze
1954	3	270
1955	3	347
1956	4	455
1957	6	462
1958	5	594
1959	7	762
1960	8	936
1961	12	1326
1962	14	1612
1963	14	1591
1964	16	1839
1965	17	1690
1966	18	1947

254) Zwei Jahre – 1967 bis 1969 – erfolgten Berechnungen zum ‚verlorenen finanziellen Aufwand' durch den Abbruch der Arbeiten zur Ausbaustufe Stahl- und Walzwerk. Aus ökonomischen Gründen hatte es bei dem Bau des Kaltwalzwerkes bei bestimmten Anlagen Vorgriffe auf die weitere

Ausbaustufe gegeben. Die enge Verzahnung der einzelnen Stufen erschwerte eine eindeutige nachträgliche Zuordnung der Kosten (vgl. A 978/77, Unser Antrag an die VVB wegen Erstattung des verlorenen Aufwandes durch die Änderung der Perspektive des EKO, Schreiben der Abt. Finanzen EKO an den Direktor für Ökonomie, 27.3.1968); (vgl. auch A 978/75 und 83, Schreiben des Werkdirektors EKO an den Generaldirektor VVB Eisenerz-Roheisen v. 23.3 und 4.4.1968) sowie (A 903/1-11, Dokumentation über die ökonomischen Auswirkungen der Konzeptionsänderung Ausbau EKO (Ausbaustufe III-VI) v. 25.4.1968). Hier wird ein gesamter Aufwand von 57 Millionen Mark ausgewiesen.

255) An das EKO ergingen folgende Beauflagungen: „Die sich aus dem veränderten Arbeitskräftebedarf ergebenden Auswirkungen auf die Entwicklung des Territoriums, Wohnungsbau u.a., sind überschlägig zu ermitteln und mit den örtlichen Organen abzustimmen. (verantwortlich: Direktor Arbeit und Versorgung, Ökonomischer Direktor)"; „Der Einsatz der im EKO für die III. Ausbaustufe bereits vorhandenen Kader ist zu klären. (verantwortlich: Direktor für Kader und Qualifikation)"; „Die Veränderungen des Arbeitskräftebedarfs bis 1970 sind zu ermitteln und bis 1975 einzuschätzen. Dabei ist die Realisierung der II. Ausbaustufe des Kaltwalzwerkes nach der vom Generaldirektor bestätigten Konzeption zu beachten. (verantwortlich: Ökonomischer Direktor, Technischer Direktor)"; „Die Änderung des Bedarfs an Hoch- und Fachschulkadern ist dem Staatssekretariat für Hoch- und Fachschulwesen mitzuteilen. Der Einsatz der Kader, mit denen bereits Vorverträge bestehen, ist umzudisponieren. (verantwortlich: Direktor für Kader und Qualifikation)." (A 442/32, Beauflagung des Generaldirektors, die sich aus dem Ministerratsbeschluß Nr. 02 – 6/II.1/67 von 24.8.1967 ergeben: 5. Arbeitskräfte und Kader, 11.10.1967)

256) In diesem Zusammenhang sollten die Stadtverordneten in ihren Bereichen auf den EKO-Ausbau hinweisen: „Wir sind uns darüber im klaren, daß der Ausbau des EKO nur dann entsprechend den Beschlüssen unserer Partei und Regierung erfolgreich durchgeführt werden kann, wenn alle Bürger unserer Stadt unmittelbar in diese Aufgaben einbezogen werden. Deshalb sollte es Aufgabe jedes Stadtverordneten sein, in seinem Wirkungsbereich die Probleme des Ausbaus von Werk und Stadt darzulegen und damit die Bereitschaft jedes Bürgers unserer Stadt zur Mitarbeit zu erlangen." (A 899/73, Diskussionsbeitrag des Werkdirektors zur Stadtverordnetenversammlung am 28.4.1965)

257) Vgl. A 1047/363, Stellungnahme zum Generalbebauungsplan Stahl- und Walzwerk des EKO durch die Deutsche Bauakademie, Prüfgruppe EKO, Gruppe Gebietsplanung, 26.9.1962

258) „Aus der Erkenntnis heraus, daß bei verschiedenen Industriebauschwerpunkten die Fragen der mittelbaren Folgeinvestitionen nur ungenügend oder zu spät gelöst worden sind, wurde in Abstimmung mit dem Bezirksbaudirektor durch die Gruppe Gebietsplanung am 28.8.1962 ein Arbeitskreis zur Untersuchung der gebietskomplexen Folgemaßnahmen gebildet, dessen Leitung in den Händen des Rates der Stadt liegt. In ihm sind neben den Vertretern der örtlichen und bezirklichen Organe auch der Werkssektor EKO des VEB Mepro vertreten. Die Einstufung der einzelnen Investitionsvorhaben erfolgte jedoch z.T. recht willkürlich, so daß sie bei einer gründlicheren Überprüfung nicht befriedigen konnte. Es wurde daher durch die Arbeitsgruppe Gebietsplanung eine Neugliederung vorgenommen, wobei eine grobe Überprüfung der einzelnen Investitionsvorhaben entsprechend ihrer Dringlichkeit, Kapazität und Investitionssumme gemeinsam mit den Planträgern bzw. dem Rat der Stadt vorgenommen wurde." (A 1047/454, Stellungnahme zu den mittelbaren Folgeinvestitionen im Bereich Eisenhüttenstadt, die durch den Aufbau des Stahl- und Walzwerkes des EKO erforderlich werden, Deutsche Bauakademie, Prüfgruppe EKO, Gruppe Gebietsplanung, 27.9.1962)
Gestrichen wurde demzufolge der Ausbau des ‚Wildgeheges' in Eisenhüttenstadt für 11 Millionen Mark und Kosteneinsparungen gab es bzgl. des Baus der Erweiterten Oberschule, des Feierabend- und Pflegeheimes u.a.. Weitere Festlegungen erfolgten für die Erweiterung bzw. den Bau von Heizkraftwerk, Dampfleitung, Trinkwasserversorgung, Kläranlage, Großküche, Wäscherei, Hotel, Verlegung Straße 246, Bau der Straße der Republik mit Tunnel als Verbindung zum WK VI.

259) In späteren (1965) weiteren Berechnungen finden sich Angaben, die für Eisenhüttenstadt bis 1980 eine Einwohnerzahl von ca. 59.000 annehmen (vgl. A 1779/133, Programm zur ökonomischen Entwicklung des Wirtschaftsgebietes Eisenhüttenstadt-Frankfurt/Oder – Informationsübersicht, April 1965). Hier wird eine Zahl von 4900 Wohneinheiten bis 1970 angegeben.

260) "Die für Maßnahmen des komplexen Wohnungsbaus vorgesehenen 206 Mio. Mark Investitionssummen sind unverantwortlich hoch angesetzt. Bei 5150 WE würden demnach die Kosten für eine Wohnung einschließlich der unmittelbaren Folgemaßnahmen 40.000 Mark betragen, während die aus Bestwerten ermittelten Kostenrichtzahl der Deutschen Bauakademie hierfür nur 28.000 Mark ausweist". (A 1047/462, Stellungnahme zu den mittelbaren Folgeinvestitionen im Bereich Eisenhüttenstadt, die durch den Aufbau des Stahl- und Walzwerkes des EKO erforderlich werden, Deutsche Bauakademie, Prüfgruppe EKO, Gruppe Gebietsplanung, 27.9.1962)
In Eisenhüttenstadt gibt es sieben Wohnkomplexe (1996). In der Vorplanung 1962 war vorgesehen, daß der 5. Wohnkomplex bis 1965, der 6. bis 1968, der 7. und 8. bis 1969 und der 9. Wohnkomplex bis 1971 errichtet werden sollte. Für den 5. WK war die Planung vorhanden und für den 6. die Vorplanung abgeschlossen. Für den 7. und 8. existierten Bebauungsplanvorstellungen, für den 9. keine klaren Vorstellungen. In der ursprünglichen Konzeption der Stadt war der Neubau von 4900 WE vorgesehen. Die in dieser früheren Konzeption vorgesehene Rekonstruktion von Eisenhüttenstadt-Ost (wie Alt-Fürstenberg bezeichnet wurde) wurde in der Stellungnahme abgelehnt, da mit dieser bis 1972 nicht zu rechnen sei. Die verbleibenden Wohneinheiten wären nicht bedarfsdeckend gewesen. Der Rat der Stadt wurde aus diesem Grunde aufgefordert, eine neue Konzeption aufzustellen. An dieser wiederum wurde der Standort Pohlitz als 9. Wohnkomplex verworfen: „Dieser Wohnkomplex wäre unverantwortlich weit vom Stadtorganismus getrennt, wodurch er den Charakter eines Wohnsatelliten erhalten würde. Die Realisierbarkeit der neuen Kapazitätsangaben konnte nicht mehr überprüft werden, doch scheint sie auf größeren Schwierigkeiten zu stoßen, da die Stadt durch natürliche Gegebenheiten (Oderniederung, Diehloer Berge) sowie durch die Festlegungen der Kohleabbaugrenzen in ihrer weiteren Entwicklung stark eingeengt ist. Es sind durch den Rat der Stadt die Möglichkeiten der Unterbringung – u.U. durch dichtere Bebauung oder eine eventuelle Abstimmung über die Veränderung der Bergbauschutzgrenze – zu überprüfen." (A 1047/462) Durch neue Werte wurde eine Einsparung von über 20% der Kosten nachgewiesen und es erging die Auflage, den Plan zu überarbeiten. Im ‚Programm zur ökonomischen Entwicklung des Wirtschaftsgebietes Eisenhüttenstadt-Frankfurt/O.' vom April 1965 wurde aufgezeigt, daß die Bebauung des schon vorhandenen, 5. WK abgeschlossen werden soll, der VI. WK als voll funktionsfähige Einheit errichtet und im VII. WK eine Teilbebauung durchgeführt wird. WK VIII wurde vorerst als ‚Reservestandort' ausgewiesen und der WK IX wurde nicht mehr erwähnt (A 1779/133).

261) „Im Rahmen der 1963 durchzuführenden Gebietsplanung wird der gesamte Umfang der standortbedingten Folgemaßnahmen des Vorhabens EKO in Abstimmung mit den übrigen Standortvorhaben des Bezirkes unter Einbeziehung aller Notwendigkeiten zur komplexen Entwicklung der Stadt Eisenhüttenstadt festgelegt. Auf der Grundlage der endgültigen Konzeption dafür erarbeitet der Rat des Bezirkes ein konkretes Programm der Folgemaßnahmen, das die SPK bestätigt. Termin: 30.3.1964" (A 64/44-45, Arbeitsordnung der Kontrollgruppe Staatlicher Leiter für den Ausbau des EKO Ost, 3.5.63)

262) „Der Rat des Bezirkes hatte zusätzlich die Erschließung des VI. Wohnkomplexes mit in den Plan aufgenommen. Jedoch liegen hier die Projektierungsunterlagen im wesentlichen erst im I. Quartal 1964 vor und allen Anstrengungen zur Vorziehung haben zu keinem Ergebnis geführt. Der Baubeginn für die Aufschließungsmaßnahmen erfolgt am 2.1.1965."(A 1030/267, Schreiben der Bezirksplankommission an den VEB Bau- und Montagekombinat Ost Frankfurt, betr. Überprüfung des Standes der Vorbereitung der Folgeinvestitionen des Bezirkes 1964 für den Ausbau des EKO, 16.9.1963)

263) In Eisenhüttenstadt sind gegenwärtig (1995) noch 2.996 WE vorhanden, die in den Jahren 1961 – 1964 als Kontingentzuteilung für den Betrieb aus dem staatlichen Bauvorhaben zugeführt wurden.
In einem ,Untersuchungsprogramm zur Wohnraumversorgung der Werktätigen der Großbetriebe der führenden Industriezweige' (26.6.1965) wurde festgestellt: Bestand an werkseigenen Wohnungen: 28 Wohnungseinheiten (Werksiedlung), bei den 28 genannten WE handelt es sich um Einfamilienhäuser, die vom Eisenhüttenkombinat auf einem zusammenhängenden Territorium als Dienstwohnungen für Mitarbeiter des Betriebes errichtet wurden (Die Bezeichnung ‚werksgebunden' kann dabei nur mit Einschränkungen gebraucht werden, da die Mieter beim Ausscheiden aus dem Betrieb nach wie vor in der Wohnung verbleiben.) (vgl. A 1681/113).

264) „Die bisherigen Vorstellungen des Rates des Bezirkes zur Entwicklung des Wohnungsbaus, die bisher am klarsten herausgearbeitet waren, sind durch die neuen Vorstellungen über die Entwicklung der Anzahl der Bau- und Montagearbeiter in Eisenhüttenstadt völlig über den Haufen geworfen. Zur Zeit können noch keine verbindlichen Zahlen über die Entwicklung der Anzahl der Bau- und Montagearbeiter gegeben werden, auch für die Jahre 1965 bis 1967 gibt es z.Z. noch völlig widersprechende Angaben. Das erschwert außerordentlich stark die Arbeit der örtlichen Staatsorgane." (A 1030/231, Schreiben des Leiters der Bezirksplankom-

mission Frankfurt/O. an den Staatlichen Beauftragten für das Investitionsvorhaben EKO, 1.2.1964)

265) „Eine wichtige Voraussetzung für die Bestimmung des Umfanges der komplexen Entwicklung besonders der Stadt Eisenhüttenstadt bildet die auf Grund des notwendigen Arbeitskräftevolumens ermittelte Stadtgröße von ca. 49.500 Einwohnern im Jahre 1970 und von ca. 57.000 im Jahre 1980 (einschl. 3000 Reserve), die auch dem im Plan der Folgemaßnahmen enthaltenen Wohnungsbau entspricht." (A 56/285, Plan der Folgemaßnahmen zur Sicherung des Ausbaus des EKO Ost und der komplexen Entwicklung der Stadt Eisenhüttenstadt, Bezirksplankommission Frankfurt/Oder, 11.3.1964)
In dieser Planinformation wird die ungenügende Vorbereitung der Ausarbeitung der außerhalb des Verantwortungsbereiches des Rates des Bezirkes liegenden Maßnahmen durch die ‚zentralen Planträger' (Ministerium für Verkehrswesen, Ministerium. für Post- und Fernmeldewesen, VVB Energieversorgung u.a.) kritisiert. So fehlten z.B. Vorlagen für die Zuleitungen an Elektroenergie für die neuen Wohnkomplexe, für die Wärmeversorgung u.a.

266) „Die Problematik liegt in der zeitlichen Folge insbesondere des Arbeitskräfte-Bedarfs für das EKO, der nach Bestätigung der z.Z. erarbeiteten Ministerratsvorlage unter Beachtung der gebietlichen Möglichkeiten konkretisiert werden muß. Der im Material bereits für 1975 eingeschätzte Einwohnerstand von ca. 61.000 basiert auf der Konzeption, den WK VII bis zum Jahre 1975 fertigzustellen. Nach den im Programm erarbeiteten Materialien ist dies nicht gerechtfertigt, sondern es ergibt sich für den Endausbau des EKO (damaliger Termin 1972!; d.A.) lediglich die Notwendigkeit, ca. 1750 Wohnungen aus dem VII. WK als mittelbare standortbedingte Folgemaßnahme des EKO anzusehen." (BLHA, III/2 Bez. Ffo. Rep. 601, Akte 1976, Stadtkonzeptionen für die Städte Frankfurt/Oder, Eisenhüttenstadt und Schwedt 1965-1968, Bezirksplankommission – Planung von Wirtschaftsgebieten, 1.2.1966, Zur Vorlage des Rates der Stadt Eisenhüttenstadt ‚Stand und Entwicklung des weiteren Aufbaus von Eisenhüttenstadt'; Punkt 1. Bevölkerungsentwicklung und Stadtgröße.)

267) „Der Hauptsiedlungsfläche der Stadt sind durch die Oderniederungen im Osten, die Höhengebiete im Süd-Westen sowie durch die Bergbauschutzgebiete natürliche Grenzen gesetzt, die zur Sicherung eines wirtschaftlichen Stadtaufbaus und einer vollen Funktionsfähigkeit der Stadt eine besonders rationale Flächennutzung verlangen. Das erfordert, die flächenextensive Bebauung der Wohnkomplexe I bis V mit einer Einwohnerdichte von nur ca. 190 Einwohner/ha in Zukunft zu vermeiden und durch 5- und vielgeschossige Bebauung mindestens eine Einwohnerdichte von 300 Einwohner/ha zu erreichen. Diese Konzentration des Wohnungsbaues verringert den Aufwand für die ingenieur-technische Erschließung und schafft gleichzeitig die Voraussetzungen für einen konzentrierten und damit ökonomisch günstigen Aufbau der Gemeinschaftseinrichtungen wie Schulen, Kinderbetreuungseinrichtungen, Verkaufsstellen, Clubgaststätten, Annahmestellen für Dienstleistungen und deren rationale Ausnutzung. Im Interesse der Senkung des Bauaufwandes sind für die Gemeinschaftseinrichtungen solche Typen zu verwenden, die der Technologie und den Bauelementen des Wohnungsbaus entsprechen. Weiterhin sind besonders für die Kombination von Verkaufsstellen, Clubgaststätten und Annahmestellen für Dienstleistungen Kompaktbauten anzustreben." (A 1779/132-133, Programm zur ökonomischen Entwicklung des Wirtschaftsgebietes Eisenhüttenstadt-Frankfurt/Oder – Informationsübersicht, April 1965)

268) „Die Standortverteilung wesentlicher die Silhouette der Stadt beeinflussender Bauwerke des EKO wurde und wird auch weiterhin in enger Zusammenarbeit mit dem Werk beeinflußt. Es erscheint uns ratsam, durch den Rat des Bezirkes kurzfristig eine Auswertung der beim Aufbau von Schwedt, Halle-West und anderer Städte in der DDR sowie der beim bisherigen Aufbau von Eisenhüttenstadt gesammelten Erfahrungen bei der Schaffung einer einheitlichen Leitung der Vorbereitung und Durchführung der Investitionen für die weitere Stadtentwicklung durchzuführen." (BLHA, III/2, Bez. Ffo. Rep. 601, Akte 1976, Vorlage für die Sitzung am 23.11.1965, Rat der Stadt Eisenhüttenstadt, 16.11.1965)

269) Vgl. A 1030/242, Beschluß der gemeinsamen Sitzung des Rates der Stadt und des Rates des Kreises Eisenhüttenstadt, 9.1.1964; vgl. A 896/76, Beschluß des Rates der Stadt am 6.5.1964, 16.5.1964; Vorlage für das Sekretariat der Bezirksleitung der SED über die Sicherung aller Bauvorhaben und Nachfolgeeinrichtungen, die sich im Zuge des Ausbaus der Neuen Hütte in der Stadt Eisenhüttenstadt ergeben, 4.7.1964

270) Die kulturelle Arbeit im Betrieb war wiederum unmittelbar mit der Kulturarbeit der Stadt verbunden: „Für die Anleitung der Kulturgruppen im Stadtgebiet stellt der Rat der Stadt – Abt. Kultur – einen Fachmethodiker ein. Dieser ist auf Honorarbasis für die Anleitung des Arbeitertheaters zu gewinnen. Das Arbeitermusiktheater (Chor, Orchester und Ballett) bereiten zum Jahresende 1965 ein Unterhaltungsprogramm vor. Des weiteren bereitet es ein Programm zum 20. Jahrestag der Gründung der SED vor. Aus diesen Programmen wird ein gemeinsames Programm für die 8. Arbeiterfestspiele zusammengestellt. (A 1901/164f., Entwurf Plan zur Verbesserung der Arbeits- und Lebensbedingungen der Werktätigen für 1966, 16.8.1965) Weiterhin wurde geplant, vom Arbeitermusiktheater ein Musical und vom Kinderballett ein Märchen aufzuführen. Die Aufgaben für das Betriebsfilmstudio, Klubhaus der Gewerkschaft, die Betriebsbibliothek, die Betriebssportgemeinschaften (Organisation der EKO-Meisterschaften und des Betriebssportfestes) und der sportlichen Beteiligung der Bewohner verschiedener Wohnkomplexe zum 1. Mai, 8. Mai, Tag der Republik und zum Hüttenfest in Zusammenarbeit mit der Wohngebietsleitung wurden festgeschrieben. Im Plan 1967-70 erfolgten auf Grund der zur Verfügung stehenden knappen Investitionsmittel verstärkt Abstimmungen zwischen Werk und Stadt zu finanziellen Fragen, wie z.B. im Hinblick auf den Ausbau der Sportanlagen in der Stadt, der Kultureinrichtungen und der Erholungsmöglichkeiten von Werksangehörigen. Jedes Jahr wurden u.a. mit Kultureinrichtungen anderer Städte Verträge abgeschlossen, wie z.B. mit Berliner Kultureinrichtungen (Deutsche Staatsoper, Komische Oper, Metropol-Theater, Deutsches Theater), wobei für die ca. 10 Veranstaltungen jährlich Busfahrten für die Werksangehörigen aus dem Kultur- und Sozialfond des Werkes finanziert wurden.

271) Zur Durchführung der Kinderferienlager standen 1965/66 die Ferienlager Lauterbach und Bad Saarow zur Verfügung sowie zwei weitere Lager im Austausch mit anderen Betrieben (Eisenach und Dunaujvaros in Ungarn). Für die Arbeitskräfte des EKO standen das „Haus Goor" auf Rügen und ein Naherholungsheim in Müllrose zur Verfügung, wo insgesamt über 1600 Personen ihren jährlich Urlaub verbrachten: „Auf Grund der wachsenden Zahl der Stammarbeiter durch Inbetriebnahme des KWW steigt auch die Zahl der Kinder, die in der Ferienzeit zu betreuen sind. Das Betriebs-Kinderferienlager Lauterbach mit 200 Plätzen reicht für die Kinderferienbetreuung der 9 bis 12-Jährigen nicht aus. Es ist vorgesehen, ein weiteres Kinderferienlager zu schaffen, das außerhalb der Ferienzeit für Zwecke der Naherholung der Werktätigen mit genutzt werden kann. Obwohl bis 1970 Baukapazität und Investmittel für kulturelle und soziale Zwecke nicht zur Verfügung stehen, ist in Abstimmung mit dem Territorium die Standortfrage usw. im Zusammenhang mit dem Aufschluß des Naherholungsgebietes Helene-See zu klären. Das Kombinat ist Trägerbetrieb für das Zentrale Pionierlager Bad Saarow. Auf der Grundlage des Ministerratsbeschlusses vom 2.6.1966 über Maßnahmen zur Weiterentwicklung der Leitungstätigkeit der Feriengestaltung ist für das Pionierlager ein Perspektivplan hinsichtlich Unterhaltung, Verbesserung und Erweiterung der Anlagen in Zusammenarbeit mit der Pionierorganisation der VVB Eisenerz-Roheisen zu erarbeiten." (A 1901, Die soziale Betreuung)

272) Vgl. A 1030/242f., Beschluß der gemeinsamen Sitzung des Rates der Stadt und des Rates des Kreises Eisenhüttenstadt, 9.1.1964
Durch den Rat der Stadt wurde die *Koordinierungs- und Kontrollfunktion* für die Versorgung, soziale-, Freizeit- und kulturelle Betreuung, die Absicherung eines funktionierenden Dienstleistungsnetzes u.a. wahrgenommen.: „Zur Erhöhung des Versorgungsniveaus hat der Rat der Stadt eine ständige Kontrolle und den notwendigen Einfluß auf die Entwicklung sozialistischer Kooperationsbeziehungen zwischen Handels- und Produktionsbetrieben auszuüben." (A 1186/38, Beschlußvorlage für die XIV. Öffentliche Stadtverordnetenversammlung am 6.12.1967 ‚Schlußfolgerungen zur Verbesserung des Handelstätigkeit in Auswertung des Berichtes des Rates der Stadt an die Stadtverordnetenversammlung zu Fragen des Handels und der Versorgung')

273) „Ein besonderer Schwerpunkt beim Ausbau des Eisenhüttenkombinates ist die Sicherung des Arbeitskräftebedarfs an Bau- und Montagearbeitern, sowie der Stammarbeiter für die neuen Produktionsbereiche. Die Schaffung günstiger Voraussetzungen für die Ansiedlung der Arbeitskräfte und deren Versorgung ist die vordringliche Aufgabe. In diesem Zusammenhang ist die Wohnraumfrage als besonderer Schwerpunkt zu betrachten. Es muß gewährleistet sein, daß 1. die Unterbringung der Bau- und Montagearbeiter planmäßig erfolgt, 2. Wohnungen für die Stammbelegschaft und Fachkader für die „Neue Hütte" im Vorlauf bereitgestellt werden. Nur unter diesen Voraussetzungen ist es möglich, die Arbeitskräfte für das Kaltwalzwerk zu gewinnen. Es wurde veranlaßt, die hier dargelegten Entwicklungszahlen der Arbeitskräfte mit den Bilanzierungsorganen beim Rat der Stadt nochmals abzustimmen. Falls der Arbeitskräftezulauf in den kommenden Monaten nicht mit den geplanten Werten übereinstimmt, sind wir damit einverstanden, daß ursprünglich als Arbeiterhotel vorgesehene Wohnblöcke für den Bevölkerungsbedarf freigegeben werden. Aus dem Wohnungsbauprogramm 1965 werden im Rahmen der insgesamt für Eisenhüttenstadt vor-

gesehenen 612 Wohnungseinheiten für das EKO 240 WE für Arbeiterhotels und 150 WE für den Bevölkerungsbedarf bereitgestellt. In diesen 150 WE sind 100 AWG-Wohnungen enthalten." (A 899/63-66, Diskussionsbericht des Werkdirektors zur Stadtverordnetenversammlung am 28.4.1965 zu Fragen des Ausbaus)

274) Bei der Verteilung der Wohnungen wirkte die Gewerkschaft maßgeblich mit. Dazu wurde ein ‚Verteilungsprogramm' nach Abteilungen aufgestellt. Die Wohnungszuteilungen waren öffentlich vorzunehmen und zu begründen. Weiterhin wurde die AWG dahingehend unterstützt, daß AWG-Mitglieder ihre Eigenleistungen mehr als bisher am Werk erarbeiten konnten: „Wohnraumlenkung: Auf der Grundlage des Perspektivplanes erfolgt eine Abstimmung und vertragliche Regelung über die Zurverfügungstellung von Wohnungen zur Verteilung an die Werktätigen aus dem staatlichen und dem AWG-Fonds sowie zur Einrichtung von Arbeiterwohnhotels mit dem Rat des Bezirkes, Hauptplanträger Komplexer Wohnungsbau, und dem Rat der Stadt. Unter maßgeblicher Beteiligung der Gewerkschaftsorganisationen wird der vertraglich bereitgestellte neue Wohnraum auf EKO und die Hauptauftragnehmer verteilt. Schwerpunkt ist hierbei die wohnungsmäßige Unterbringung von Stammkadern für die ‚Neue Hütte'." (A 1901/163, Entwurf Plan zur Verbesserung der Arbeits- und Lebensbedingungen der Werktätigen 1966)

275) Vgl. A 216/279, Vorlage für das Sekretariat der Bezirksleitung der SED über die Sicherung aller Bauvorhaben und Nachfolgeeinrichtungen, die sich im Zuge des Ausbaus der Neuen Hütte für die Stadt Eisenhüttenstadt ergeben, 4.7.1964

276) „Ein besonders kompliziertes Problem bei der Deckung des Wohnraumbedarfs ist die Beseitigung des unterbelegten Wohnraumes. Wir sind der Auffassung, daß es sich hierbei nicht nur um ein Problem handelt, daß das Werk allein berührt, sondern daß gleiche Fragen im gesamten Stadtgebiet bestehen." Teilweise wurde unterbelegter Wohnraum mit Ofenheizung genutzt, indem eine kleinere Fernheizungswohnung zur Verfügung gestellt wurde. Hier wurden auch Umzugskosten durch den Betrieb übernommen „Wir unternehmen selbstverständlich weiterhin größte Anstrengungen, um den unterbelegten Wohnraum zu beseitigen. Dazu ist im Betriebskollektivvertrag 1965 festgelegt, daß in den Betriebsabteilungen Aussprachen mit den Kollegen geführt werden, um nach entsprechender Überzeugung auf freiwilliger Grundlage die Zustimmung zum Austausch unterbelegten gegen überbelegten Wohnraumes zu erreichen." (A 899/69, Diskussionsbeitrag des Werkdirektors zur Stadtverordnetenversammlung am 28.4.1965)

277) „Das EKO hat ein Kindergartenprovisorium eingerichtet mit einer Kapazität von 350 Plätzen. Weiterhin werden in diesem Jahr die Voraussetzungen zur Errichtung eines weiteren Kindergartenprovisoriums mit 107 Plätzen geschaffen. Die Einweisungen erfolgen grundsätzlich über den Rat der Stadt, Abt. Volksbildung. Betriebseigene Kinderkrippen bestehen nicht. Damit der notwendige Bedarf gedeckt werden kann, werden ebenfalls in diesem Jahr alle Voraussetzungen zur Errichtung eines Kinderkrippenprovisoriums geschaffen. Vom Kindergarten- und Kinderkrippenprovisorium stehen dem EKO einschließlich der Bau- und Montagebetriebe 70% der Plätze zur Ersteinweisung zur Verfügung." (A 1901, Die soziale Betreuung.)

278) „Das Kombinat hilft dem Rat der Stadt bei der Ausnutzung örtlicher Reserven, um zusätzlich Kindergarten- bzw. Kinderkrippenplätze zu schaffen. So wird der Rat der Stadt durch Umsetzung des ehemaligen Gästehauses des Kombinates ohne Wertausgleich in die Lage versetzt, in den Jahren 1967/68 am ehemaligen Handwerkerhof zu einer zusätzlichen Kindergarteneinheit auszubauen. Bei der Belegung neugeschaffener Kapazitäten für die Kinderbetreuung ist das Kombinat entsprechend seiner Stellung im Territorium im angemessenen Umfang zu beteiligen. Dazu sind jeweils entsprechende Vereinbarungen zwischen dem Rat der Stadt und dem Kombinat abzuschließen." (A 1695/18, Soziale und kulturelle Entwicklung auf Grund der Rationalisierungskonzeption für 1967-1970 – im wesentlichen abgestellt auf die Erfordernisse des Zusammenwirkens von Werk und Territorium')

279) „Freizeitgestaltung (kulturelle Massenarbeit): Die vorhandenen Einrichtungen im Haus der Gewerkschaft können die zu erwartenden allgemeinbildenden Zirkel nicht aufnehmen. Es fehlen in diesem Hause Räume für Brigadezusammenkünfte und Schulungen von kleineren Arbeitsgruppen. Die vorgesehenen Einrichtungen der Stadt lassen z.Z. eine Fertigstellung vor 1970 nicht erkennen. Vom Rat des Bezirkes wurde jedoch auf Grund unserer Vorstellungen in Verbindung mit dem Rat der Stadt, Abt. Kultur, empfohlen, daß sich das Eisenhüttenkombinat an dem vorgesehenen Erweiterungsbau des Friedrich-Wolf-Theaters investkostenmäßig beteiligt." (A 93/102, Konzeption für kulturelle und soziale Aufgaben – Teilvorhaben I und II, EKO, 13.12.63)

280) Zitiert nach ‚Einschätzung der ZK-Abteilung Parteiorgane v. 20.8.63' (SAPMO-BArch, ZPA, IV 2/2.031/27) „Die Kehrseite war die Eingrenzung der Masseninitiative. Anders als die Freilichtbühne 1960 waren Hallenschwimmbad und Theater Millionen-Projekte, die sich nicht außerhalb staatlicher Bilanzen realisieren ließen. Halblegal wurde die Schwimmhalle noch gebaut. Weitere Unternehmungen dieser Dimension gab es nicht." (Cerný 1991:11)

281) „Das vorgesehene Theater auf dem Zentralen Platz (12 Mio. Mark) entfällt, dafür ist geplant, das Friedrich-Wolf-Theater zu erweitern, um eine moderne Bühne zu schaffen einschl. der erforderlichen Garderobenräume sowie einzelner Zirkelräume." (A 93/113, Konzeption für kulturelle und soziale Aufgaben (Entwurf), EKO, 13.12.1963; vgl. auch A 97/93f., Konzeption für kulturelle, soziale und sportliche Betreuung der Bau- und Montagearbeiter – Teilvorhaben I und II, 6.1.1964); Die Liste der Bearbeiter der Konzeption macht die enge Zusammenarbeit von Werk und Stadt deutlich – *Stadt:* die Abteilungsleiter Handel und Versorgung, Kultur, Stadtplanung, Verkehr, Stadtarchitekt, HO-Kreisbetrieb, Kreiskulturhaus; *Werk:* Betriebsleiter VEB Kraftverkehr, Leiter Poliklinik EKO, Arbeitsdirektor, Abteilungsleiter Lohn- und Sozialfragen, Direktor Investitionen u.a..

282) „Die komplexe Entwicklung der Stadt Eisenhüttenstadt erfordert auch die Errichtung verschiedener Einrichtungen der Kultur, der Körperkultur und des Sports, die als weitere Maßnahmen zur komplexen Entwicklung der Stadt im Zusammenhang mit dem Ausbau des EKO betrachtet werden müssen. In den Jahren 1968-1970 ist ein Mehrzweckgebäude zu errichten, das eine Vielzahl von Räumen für die kulturelle Selbstbetätigung, Zirkeltätigkeit usw. und einen Saal für kulturelle und sportliche Veranstaltungen enthält. Dieses Gebäude muß der Gestaltung des Zentralen Platzes entsprechen." (A 56/303, Plan der Folgemaßnahmen zur Sicherung des Ausbaus des EKO Ost und der komplexen Entwicklung der Stadt Eisenhüttenstadt, Bezirksplankommission Frankfurt/Oder, 11.3.1964) Weitere kulturelle Einrichtungen, die im gesamten Stadtgebiet geplant waren: Endausbau des Stadions, Freibad, Kultur-Räume in den Wohnblöcken für die Bau- und Montagearbeiter, Rekonstruktion des Friedrich-Wolf-Theaters. Für den Landkreis Eisenhüttenstadt war die weitere Erschließung der Naherholungsgebiete Schlaubetal, Müllrose und Brieskow-Finkenheerd Bestandteil der Folgemaßnahmen und mit der ‚Ökonomisch-technischen Konzeption zur Entwicklung des Gebietes Eisenhüttenstadt-Frankfurt/O.' verbunden (vgl. A 1063/102f. und 1779/120f.). In diesem Zusammenhang war eine Verkehrsschnellverbindung Frankfurt/O. – Markendorf (Berufsverkehr Halbleiterwerk) – Müllrose (Naherholung) – Eisenhüttenstadt geplant. „In Zusammenarbeit mit dem Min. für Verkehrswesen sind konkrete Vorschläge zur möglichst schnellen Verwirklichung dieses Vorhabens zu erarbeiten. Hieraus kann sich eine Erhöhung der im Plan der Folgemaßnahmen ausgewiesenen Investitionsmittel im Zusammenhang mit dem Ausbau EKO ergeben." Zur sinnvollen Koordinierung von Investitionsmaßnahmen für die Herausbildung eines zentralen politischen und kulturellen Zentrums in Eisenhüttenstadt ist in Zusammenarbeit mit der VVB Eisenerz-Roheisen, dem VEB EKO Ost und der Abt. Kultur des Rates des Bezirkes eine Studie auszuarbeiten. (Termin: 31.5.1965, verantwortlich: Oberbürgermeister der Stadt Eisenhüttenstadt)" (A 1063/117, Entwurf ‚Beschluß der Ökonomischen Kommission beim Präsidium des Ministerrates der DDR zum ‚Programm der ökonomischen Entwicklung des Wirtschaftsgebietes Eisenhüttenstadt-Frankfurt/O.', Rat des Bezirkes, 28.12.1964)

283) Diese Versorgungsfragen standen im Mittelpunkt des Diskussionsbeitrages des Werkdirektors EKO auf einer Stadtverordnetenversammlung 1965: „Gestatten Sie mir, abschließend auf einige Probleme der Schwerpunktversorgung einzugehen. Es kann eingeschätzt werden, daß sich die Bereitstellung von hochwertigen Industriewaren, wie PKW, Kühlschränke und Waschmaschinen verbessert hat. Der Bedarf an Kühlschränken kann im Jahre 1965 mit dem uns zur Verfügung stehenden Kontingent gedeckt werden. Gefordert werden muß, daß eine kontinuierliche Auslieferung durch die Handelsorgane das ganze Jahr erfolgt. Den Bedarf an Waschmaschinen werden wir im Jahr 1965 noch nicht abdecken können. Auch hier muß unsererseits eine kontinuierliche Auslieferung während des ganzen Jahres gefordert werden. Die Aufschlüsselung des PKW-Kontingentes befriedigt derzeit nicht. Es besteht keine Übersicht, welche Fahrzeugtypen für das gesamte Jahr bereitstehen. Dadurch wird die Aufschlüsselung innerhalb des Betriebes sehr erschwert. Wir halten es weiter für erforderlich zu untersuchen, inwieweit die Möglichkeit besteht, die augenblickliche Wartezeit bei Trabant-Limousinen von ca. 5-6 Jahren zu verkürzen. Auf der anderen Seite erfolgen Zuweisungen von Trabant-Kombi Fahrzeugen, für die nicht der erforderliche Bedarf vorliegt. Wir schlagen vor, daß durch den Rat der Stadt vom Ministerium für Handel und Versorgung eine detaillierte Schwerpunktversorgung verlangt wird. Das trifft auch auf das Angebot von Textilwaren zu. Die von der HO im Kombinat geplanten Sonderverkäufe können nur als Übergangslösung

betrachtet werden und führen nicht zu einer kontinuierlichen befriedigenden Versorgung unserer Werktätigen. Die Vorschläge des HO-Kreisbetriebes hinsichtlich der Aufstellung von Schauvitrinen innerhalb des Kombinates als Grundlage für ein Bestellsystem begrüßen wir. Der HO-Kreisbetrieb sollte bemüht sein, diese Vorschläge schnellstens zu realisieren." (A 899/70-71, Diskussionsbeitrag des Werkdirektors zur Stadtverordnetenversammlung am 28.4.1965)

284) Vgl. A 896/1,10,16,23, Protokolle der Sitzungen der Schwerpunktversorgungskommission v. 11.10.65, 22.6.65, 10.5.65, 4.3.65

285) „Südfrüchte zu Weihnachten gab es immer, der Glasladen führte Meißner Porzellan, hier wurden Instrumente aus Markneukirchen verkauft, und im Textilkaufhaus existierte eine eigene Pelzabteilung. ... Hier hatte die Arbeiterklasse wirklich die Macht gehabt und hat sich wohlgefühlt."(‚Die Zukunft des Stahls entscheidet über die Lebensqualität' In: Neue Zeit, 24.2.93); „Schon seit Beginn der sechziger Jahre wurde Eisenhüttenstadt zur Wohlstandsfestung ausgebaut und mit Erzeugnissen beliefert, die im ganzen Lande nicht zu haben waren. Wer etwa ein Fahrrad brauchte, fuhr nach langer Odyssee nach Eisenhüttenstadt und fand es dort mit Sicherheit, und als der Trabi schon ein rares Fahrzeug war, stand er im Autosalon Eisenhüttenstadts noch mitnahmebereit im Schaufenster." "Vom Tabakdorf zum Stahlstandort", Märkische Allgemeine, 29.12.1993, S. 24)

286) In die Passage sind folgende Inhalte eingegangen: Semmelmann (o.J.); Niethammer (1988).

Die dritte Phase 1969 bis 1989 – Von punktuellen Erfolgen zu Stagnation und Abbruch

287) Die Kombinatsbildung in den 50er Jahren umfaßte v.a. die Metallurgie und die Grundstoffindustrie. Zu den ersten Kombinaten in dieser Zeit gehörten Carl Zeiss Jena, die Leuna-Werke und die Chemischen Werke Buna.

288) Die Wirtschaftspläne 1969 und 1970 konnten nicht erfüllt werden, die Planziele für 1971 wurden wesentlich reduziert. Trotz punktueller Erfolge konnte das Ziel, den Anschluß an den Lebensstandard in der Bundesrepublik zu erreichen, nicht realisiert werden.

289) „1979/80 kam es zur Auflösung der VVB und in einer 3. Etappe der Kombinatsbildung – nach der in den 50er Jahren und ab 1969 – wurden an ihre Stelle nach Branchenschwerpunkten zusammengefaßte Industriebetriebe gebildet. 1986 gab es in der zentralgeleiteten Industrie 127 ‚Kombinate' mit durchschnittlich 20.000 Beschäftigten und in der bezirksgeleiteten Industrie 95 Kombinate mit durchschnittlich 2000 Beschäftigten." (Herbst et al. 1994:1164)

290) Unter der Voraussetzung einer „Einheit von Wirtschafts- und Sozialpolitik" sollte mit Beginn des Fünfjahrplanes 1971-1976 alles für eine ‚Verbesserung der Arbeits- und Lebensbedingungen' getan werden. Verbesserungen sollten jedoch stets in Relation zum wirtschaftlichen Wachstum gesetzt werden. Rationalisierung und Produktivitätssteigerung in der Wirtschaft wollte man mit einer- erneut- zentralistisch organisierten Wirtschaftslenkung realisieren.

291) „Die Verbesserung der Versorgung der Bevölkerung als Hauptaufgabe wurde das Gegenprogramm zu der in den 60er Jahren geltenden Erhöhung der Investitionen. Gleichzeitig wurde gefordert, die ‚Intensivierung' zum Hauptweg des Wachstums zu machen." (Cornelesen 1989:269)

292) Trotz Weltwirtschafts- und Rohstoffkrise war es gelungen, Preise stabil zu halten und Vollbeschäftigung zu garantieren.

293) Hinzu kam ein weiterer ‚Umschichtungsprozeß' zur Gewinnung von Arbeitskräften: 1972 wurden die wirtschaftlichen Eigentumsformen weiter an die der UdSSR angeglichen. Im ersten Halbjahr 1972 wurden in der gesamten DDR Betriebe mit staatlicher Beteiligung (halbstaatliche Betriebe) sowie noch existierende private Betriebe im Industrie- und Baubereich bzw. industriell arbeitende Produktionsgenossenschaften des Handwerks in Staatseigentum überführt. 11.300 neue Betriebe entstanden auf diese Art und Weise mit 585.000 Beschäftigten. Betroffen in Eisenhüttenstadt während dieser letzten Phase der Verstaatlichung waren die noch bestehenden privaten und halbstaatlichen kleinen Betriebe in Fürstenberg und Schönfließ, die – bis auf wenige Ausnahmen – entweder verstaatlicht oder auch ganz geschlossen wurden.

294) „Diese ‚Integration' in den Ostblock gestaltete sich für die DDR jedoch problematisch. Sie brachte engere ökonomische Verflechtungen, allein der Warenaustausch mit der UdSSR stieg von 1970 bis 1975 um 50 Prozent. Die Einbindung ging zu Lasten des Westhandels, der für die DDR wegen des Technologie-Transfers ausgebaut werden mußte. Da der Lebensstandard in der DDR weit höher lag als in der Sowjetunion, widersprach eine zu weit betriebene Annäherung den Interessen des zweiten deutschen Staates." (Weber 1993:84)

Die Sonderstellung des EKO wird durch die Möglichkeit der Investitionen von Anlagen aus Österreich und Frankreich im Kaltwalzwerk deutlich.

295) Im Vorwort zum Vertrag (‚Präambel') bestätigten beide Staaten, einen Beitrag zur Entspannung und Sicherheit in Europa leisten zu wollen sowie normale gutnachbarliche Beziehungen anzustreben. Bis 1978 wurde die DDR durch 123 Regierungen der Welt anerkannt.

296) Auf dem IX. Parteitag 1976 wurde ein neues Parteiprogramm angenommen, das, im Unterschied zum Parteiprogramm von 1963, welches die Unabhängigkeit und Souveränität der einzelnen sozialistischen Länder betonte, die Anerkennung der Hegemonie der UdSSR hervorhob. Die weitere Verbesserung der Lebenslage war erklärtes Ziel. Die ‚Einheit von Wirtschafts- und Sozialpolitik' wurde fortgeführt und vor allem in den unteren Einkommensschichten zum Tragen kommen. Versprochen wurden der verstärkte Wohnungsbau, die stabile Versorgung mit Konsumgütern und die 40-Stunden-Arbeitswoche. Nach den Beschlüssen kam es zu unmutigen Reaktionen breiter Kreise der Bevölkerung, da die Hoffnung auf umfassende sozialpolitische Maßnahmen enttäuscht wurden. Deshalb kam es schon eine Woche nach diesen Beschlüssen zu Teilzugeständnissen der SED-Führung, die sich auf die Erhöhung der Mindestlöhne, Mindestrenten und den Mutterschutz bezogen. Nach einer kurzen Phase der Stabilisierung seit Beginn der 70er Jahre stieg nach 1976 die Anzahl der Unzufriedenen, die Ausreiseanträge stellten. Ein sprunghafter Anstieg war 1976/77 mit den Ausbürgerungen von Wolf Biermann und dem Schriftsteller R. Kunze zu verzeichnen.

297) Auf dem sog. ‚Mikroelektronik-Plenum' des ZK der SED 1977 wurde diese Entscheidung verkündet. 1978 wurde das Kombinat Mikroelektronik in Erfurt gegründet. Für die Entwicklung der Mikroelektronik wurden z.B. von 1986 bis 1990 ca. 30 Milliarden an Forschungs-, Entwicklungs- und Investitionsgeldern zur Verfügung gestellt.

298) Durch die Auflösung der VVB wurde den Kombinatsleitungen ein Teil der Entscheidungsrechte der mittleren Leitungsebene übertragen. So wurden Planungs-, Bilanzierungs- und Preisbildungsfunktionen von den Kombinaten übernommen.

299) „Mit dem Beschluß des IX. Parteitages wurde der Schwarzmetallurgie der DDR die Aufgabe gestellt, durch ein hohes Entwicklungstempo der Eigenproduktion und auf der Grundlage einer engen Zusammenarbeit mit der UdSSR und den anderen sozialistischen Staaten eine bedarfsgerechte Versorgung der Volkswirtschaft und den weiteren Ausbau des EKO vorzubereiten."(A 1981/8, Komplexaufgabenstellung zum Vorhaben Ausbau EKO, VEB BKE und VEB ZIM (Zentraler Ingenieurbetrieb der Metallurgie) Berlin, 20.2.1980)

300) Mit den Beschlüssen des Politbüros v. 21.3.1978 zur Entwicklung der Schwarzmetallurgie („Analyse der Entwicklung der Schwarzmetallurgie bei der Durchführung der Beschlüsse des VIII. und IX. Parteitages und Maßnahmen zur weiteren Beschleunigung der Leistungsentwicklung") u. vom 26.6.1979 zum ‚Ausbau des EKO' wurden diese Aufgaben konkretisiert. Aus dem Beratungsmaterial der Wirtschaftskommission beim Politbüro des ZK der SED geht hervor: „Auf der Grundlage des Politbürobeschlusses vom 26.6.79 ist der Ausbau des Eisenhüttenkombinates Ost zu einem Werk mit vollem metallurgischen Zyklus durch die Errichtung einer Warmbandstraße und mit der Rekonstruktion des Kaltwalzwerkes bis 1990 fortzusetzen." (SAPMO-BArch, ZPA, DY 30 / IV 2 / 2.101-70, Beratungsmaterial für die Wirtschaftskommission beim Politbüro des ZK der SED v. 29.10.79). Das Programm zur Entwicklung der Schwarzmetallurgie betraf alle Betriebe des Zweiges in der DDR, wobei EKO als das ‚Kernstück' bezeichnet wurde. In den weiteren Produktionsstufen betraf das die Produktionssteigerung des Edelstahlwerks Freital, die Inbetriebnahme des Elektrostahlwerkes mit Stranggießanlagen in Brandenburg und weitere Intensivierungsmaßnahmen in den Produktionsstufen Walzstahl und Veredlung.

301) Als der einzige ‚Vorteil' dieser Entwicklung muß wohl die Möglichkeit gesehen werden, daß ab diesem Zeitpunkt für Personen, die sich insbesondere im Versorgungsbereich selbständig machen wollten, bürokratische Barrieren verringert wurden und vorrangig im Handels- und Gaststättenbereich kleinere Geschäfte entstanden.

302) Die durch Geschäftsbanken zur Verfügung gestellten Kredite reichten nicht aus, die sozialistische Volkswirtschaft zu sanieren. „Nach dem am 27.10.1989 im Politbüro der SED vorgelegten ‚Schürer-Bericht' drohte der DDR erneut Zahlungsunfähigkeit; eine Reduzierung der Verschuldung im Jahr 1990 wäre demnach nur möglich gewesen, wenn man der DDR-Bevölkerung eine Minderung des Lebensstandards um 25-30 Prozent zugemutet hätte." (Herbst et al. 1994:1167)
34.000 DDR-Bürger siedelten 1984, 18.000 (1985), 20.000 (1986), 11.500 (1987) und ca. 30.000 (1988) in die Bundesrepublik über.

303) Die seit Ende der vierziger bis Mitte der 80er Jahre verbreitete politische Parole „Von der Sowjetunion lernen, heißt siegen lernen" verlor ihre Gül-

tigkeit. Die SED verwies auf ihre Eigenständigkeit, was die Bevölkerung aufbrachte und selbst Funktionäre der SED verunsicherte.

304) So beschrieb ein ehem. EKO-Mitarbeiter seine Dienstreisen nach Österreich: „Wir haben also da schon auch Referenzreisen gehabt nach Österreich zum Beispiel, zu dieser Beize. Und damit haben wir bloß der Beize geguckt, da haben wir was anderes gesehen. Das war unsere Hauptaufgabe. Wenn wir mal 'ne Referenzreise hatten, mußten wir mit den Augen klauen wie die Japaner. Wir sind ja sonst nicht rausgekommen privat. Es ging nur über Dienstreise." (13, B 4 ehem. EKO-Mitarbeiter)

305) Auch diese Bauten waren Beschluß des Politbüros, wie z.B. der Beschluß vom 11.12.73 zur Errichtung der Warmbandscher (vgl. SAPMO-BArch, ZPA, IV B 2 / 5 /575 Parteiorgane 1972 – 1980 ZK der SED).

306) Aus einem Protokoll der Sitzung der Wirtschaftskommission beim ZK der SED geht hervor: „Genosse Schürer verwies darauf, daß die Vorlage die Grundlinie für die Entwicklung der Metallurgie bei gleichzeitig hoher Verflechtung mit der UdSSR beinhaltet. Allerdings sind die Probleme der Versorgung unserer Wirtschaft mit metallurgischen Erzeugnissen nicht ohne die weitere Anwendung von Kompensationsobjekten in diesem Bereich zu lösen. Genosse Mittag: Es hat sich gezeigt, daß die Anwendung der Kompensationsprinzipien in der Metallurgie Erfolge gebracht hat. Damit ist es gelungen, den Import aus dem nichtsozialistischen Wirtschaftsgebiet in Grenzen zu halten. Deshalb ist die Linie richtig, weitere Kompensationsobjekte, besonders im Bereich der veredelten Metallurgie, vorzubereiten. Mit dem Ziel, den Import von metallurgischen Erzeugnissen weiter zu minimieren und aus eigener Kraft die Versorgungsprobleme unserer Volkswirtschaft ständig besser zu lösen." (SAPMO-BArch, ZPA, DY 30 / IV 2 / 2. 101-70, ZK der SED, Wirtschaftskommission beim Politbüro, Protokoll der Sitzung der Wirtschaftskommission am 5.11.79)

307) Der Maßnahmeplan TAOP (Territorial abgestimmtes Objektsicherungsprogramm) wurde am 9.10.1979 in Kraft gesetzt. Zur Leitgruppe für die Koordinierung der Arbeiten gehörten ein Beauftragter des Ministeriums für Erzbergbau, Metallurgie und Kali, der Generaldirektor BKE, der Vorsitzende der Bezirksplankommission, der Oberbürgermeister Eisenhüttenstadt und der Generaldirektor des Bau- und Montagekombinates Ost (vgl. A 1981/200).

308) Vgl. ZUPA, S. 14; Von 1968 bis 1970 ist ein kontinuierlicher Anstieg der Arbeitskräfte zu verzeichnen. Die Fluktuationsrate in diesem Zeitraum ging auf 3,3% zurück.

309) „Für die Inbetriebnahme des Vorhabens zeichnen sich in bezug auf die Bereitstellung von Arbeitskräften Schwierigkeiten ab. Im Arbeitskräfteplan sind bis 31.12.1972 556 Arbeitskräfte (AK) vorgesehen. Damit werden zum Jahresende ca. 300 AK fehlen. In der Bilanzentscheidung für 1972 ist aus dem Stadt- und Landkreis Eisenhüttenstadt die Zuführung von 270 Arbeitskräften vorgesehen. Insgesamt konnten bisher nur 213 AK zugeführt werden. Damit konnte jedoch nur die Fluktuation beglichen werden. Vom Rat des Bezirkes wurde jetzt in Anbetracht der kritischen Situation die öffentliche Werbung im Bezirk genehmigt. Die Erfahrung zeigt aber, da ab 1.1.72 nur 20 AK aus dem Bezirk geworben werden konnten, daß die Werbung im Bezirk kaum eine nennenswerte Verbesserung der AK-Situation bringt." (A 1057/347-348, Arbeitskräftebereitstellung 1972); das Problem der Arbeitskräftegewinnung verschärfte sich noch durch die Einrichtung des Werkes für die Konsumgüterproduktion Anfang 1973. Auf Beschluß des Parteitages 1971 sollte die Konsumgüterproduktion verstärkt werden und alle Großbetriebe richteten Abteilungen ein, wobei die erforderlichen Arbeitskräfte durch Freisetzung im eigenen Betrieb gewonnen werden sollten: „Es ist festgelegt, daß die benötigten Arbeitskräfte innerhalb des Werkes umbesetzt werden" (A 1055/263, Sicherung des Arbeitskräftebedarfs für die Abteilung Konsumgüter, 16.1.1973)

310) 1969 führte z.B. das Bezirksbauamt Frankfurt/Oder ein Seminar zum Thema „Anordnung zur Aus- und Weiterbildung der Frauen für technische Berufe und ihre Vorbereitung für den Einsatz in leitenden Tätigkeiten" mit den Direktoren der Kombinate, Baubetriebe, Kreisbaudirektoren u.a. durch. Ergebnis sollte ein ‚Maßnahmeplan zur Auswertung des II. Frauenkongresses sein, der die verstärkte Einbeziehung der Frauen, u.a. in leitende Funktionen forderte. Frauenförderung war damit ‚Gesetz'. Es wurden Frauenförderpläne mit abrechenbaren Festlegungen, die Einrichtung von Frauensonderklassen etc. festgelegt (vgl. BLHA, III/2 Bez. Ffo. Rep. 601, Akte 7431, Maßnahmeplan zur Auswertung des II. Frauenkongresses im Zusammenhang mit dem Kontrollbericht der ABI Bezirksinspektion v. 25.3.1969).
Und im EKO-Arbeitskräfteplan wurde festgehalten: „Durch weitere Arbeitsplatzstudien wird angestrebt, bis 1975 den Anteil der Frauen an den Gesamtbeschäftigten von 30 – 32% und bis 1980 auf 35% zu erhöhen." (A 1053/38, Entwicklung der Arbeitskräfte)

311) *Entwicklung der Anzahl betriebseigener Kinderkrippen- und Kindergartenplätze 1967-1970*

Jahr	Krippenplätze/ betriebseigen	Krippenplätze staatlich/dav on EKO	EKO insgesamt	Kindergarten/ betriebseigen	Kindergarten/ staatlich/dav. EKO	EKO insgesamt
1967	77	1.066/193=18,1%	270	422	1.684/16=1%	438
1970	186	1.066/157=14,9%	345	490	1.987/–	532

Die betriebseigenen Plätze waren in allen Einrichtungen des Stadtgebietes verteilt, „da die EKO-Angehörigen, die Krippen- bzw. Kindergartenplätze dringend benötigen, in verschiedenen Wohngebieten der Stadt wohnen und für die Eltern und Kinder es vorteilhafter ist, die Kinder in einer Nähe der Wohnung liegende Einrichtung zu bringen." (A 2050/104-106, Information über die Kapazität und Belegung in den betriebseigenen sowie staatlichen Einrichtungen für die Kinderbetreuung und Schlußfolgerungen zur Unterbringung weiterer Kinder, Direktor für Kader u. Bildung, 17.7.1970). Bei den Krippenplätzen war es wiederum nicht möglich, alle Anträge zu befriedigen. „Bis Mitte Juni benennt uns die Kommission des Rates der Stadt die Anzahl der Krippenplätze, die das EKO 1972 in den einzelnen Altersgruppen erhält. Diese Plätze werden in Zusammenarbeit mit der Arbeitskräftelenkung und des Zentralen Frauenausschusses der BGL verantwortungsvoll vergeben." (A 1901/24, Vorlage für die Sitzung der Betriebsgewerkschaftsleitung am 13.4.72 über Werksversorgung, kulturelle und soziale Betreuung, Kinderkrippen und -gärten, Feriengestaltung der Werktätigen, Kinderferiengestaltung, Direktor Kader und Bildung, 7.4.1972)

312) „Gemeinsam mit den örtlichen Organen werden alle Anstrengungen unternommen, damit 1974 die Kinder von Schichtarbeiterinnen in Wochenkrippen und Wochenkindergärten weitestgehend untergebracht werden können. Diese Zielstellung bezieht sich auch auf Tageskrippenplätze." (A 2050/86f., Konzeption zur weiteren Verbesserung der Arbeits- und Lebensbedingungen im Jahre 1974, Direktor für Kader und Bildung, 24.5.1973)
Die Notwendigkeit und auch ‚Natürlichkeit' der damaligen Entscheidung, Kinder in eine Wochenkrippe oder -kindergarten zu geben, wurde in den 60/70er Jahren nicht in Frage gestellt. In der gegenwärtigen Reflexion über diesen Zeitraum bei unseren Interviewpartnerinnen – wobei negative Auswirkungen dieser Betreuungsart auf die physische oder psychische Gesundheit des Kindes verneint werden – erschien diese Lösung dennoch nicht als die günstigste. So antwortete eine unserer Interviewpartnerinnen: „Ja, ich weiß auch nicht, was uns damals so bewogen hat. Aber dadurch, daß nun wirklich beide im Schichtsystem gearbeitet haben – wenn wir damals beide Spätschicht hatten, mußte eben das Kind dann – die Eltern hatte ich nicht hier – mußte das Kind in dieser Wochenkrippe bleiben. Wir haben's natürlich wirklich so oft geholt. Und wenn wir frei hatten, haben wir das Kind nicht da gelassen. Aber es gab Tage, wo's nicht ging. Da war ja die Spätschicht bis abends 22.00 Uhr. Ja, dann blieb es eben die Nacht über in der Krippe. Ja, es ist aber trotzdem – es ist kein Ersatz. Das war eigentlich nicht so gut. Das ist so ein bißchen 'ne Sache, wo ich auch denke, naja, ganz so gut war's eben vielleicht doch nicht, was man da gemacht hat. Kann man nicht mehr rückgängig machen." (21, E 10 Mitarbeiterin Frauenprojekt)
In Eisenhüttenstadt existiert bis Ende 1995 noch eine Wocheneinrichtung für die Kinderbetreuung, die nach der Wende von der Arbeiterwohlfahrt übernommen wurde. Diese Einrichtung wird aber aller Voraussicht nach schließen, da sie finanziell nicht mehr unterstützt werden kann und zudem bundesdeutscher Gesetzgebung entgegensteht. Eine Mitarbeiterin der Arbeiterwohlfahrt führte aus (August 1995): „Hier im Haus haben wir im Moment noch 'ne Sache laufen – wir haben also noch 'ne Wocheneinrichtung, aber wir haben auch Termine, wann wir diese auslaufen lassen müssen, obwohl daran ja die sozialen Probleme der Leute hängen, denn wir haben z.Z., wir haben wirklich nur Alleinerziehende, die ihre Kinder in einer Wocheneinrichtung haben und die die Wocheneinrichtung brauchen, um arbeiten zu gehen. Wenn sie die nicht hätten, dann könnten sie im Prinzip nicht mehr arbeiten gehen. Aber da Wocheneinrichtung laut bundesdeutscher Gesetzgebung nicht erwünscht ist und überhaupt nicht vorgesehen ist, wird das auch den Bach runtergehen und es wird auslaufen. Also wir kriegen es einfach nicht mehr finanziert, das ist der Zwang. Also, wir könnten es gerne machen, aber dann müssen die Leute so viel bezahlen, was sie nicht können, und damit können wir es nicht machen in der Stadt und das Land gibt dann keine Zuschüsse mehr."

313) Dabei führten die EKO-Strategien zur Arbeitskräfteknappheit in anderen Volkswirtschaftszweigen: „Im Zusammenhang mit der Entwicklung des Aufkommens an Schulabgängern stellt die jährliche Bereitstellung von 455 bzw. 375 Schulabgängern (davon ca. 250 bzw. 200 aus anderen Kreisen) eine Größenordnung dar, die bereits zu Einschränkungen für andere Volkswirtschaftszweige führt. Die planmäßige Gewinnung von Schulabgängern aus anderen Kreisen, ohne die die o.g. Größenordnungen nicht zu realisieren sind, erfordert entsprechende Kapazitäten in

Lehrlingswohnheimen." (A 1981/202-203, Arbeitskräfte und Berufsausbildung)

314) „Weiterhin besteht die Aufgabe, durch den Bau und Einsatz eigener Rationalisierungsmittel einen hohen Anteil der Arbeitskräfte freizusetzen, die für die Inbetriebnahme der neu geplanten Anlagen benötigt werden. Gleichzeitig sind in diesem Zusammenhang Aufgaben der territorialen Rationalisierung zu lösen." (A 1981/118, Komplexaufgabenstellung zum Vorhaben Ausbau EKO v. 20.2.1980)

315) „Die Auswirkungen des Vorhabens innerhalb des Industriezweiges sind in der Freisetzung von ca. 2.450 Arbeitskräften nachweisbar, deren Einsatz sowohl für das Vorhaben Konverterstahlwerk EKO (Umsiedlung von Erfahrungsträgern), für die notwendige Entwicklung des Rationalisierungsmittelbaus, für die Arbeitskräftebereitstellung in anderen Bereichen der Betriebe und für neue Produktionsabteilungen vorgesehen ist." (A 1981/175, Folgewirkungen des Baus des Konverterstahlwerkes). Mit der ‚veralteten' Siemens-Martin-Technik arbeiteten u.a. die Stahlwerke Riesa, Gröditz und Hennigsdorf.

316) Vgl. Zusammenstellung ‚Komplex Bildung' (EKO Unternehmensarchiv).

317) „Eine Analyse der Arbeitskräftebewegung von 1980-1985 macht deutlich, daß mit 1285 Arbeitskräften im Zugang ein hohes Ergebnis 1985 erzielt wurde, wenn man berücksichtigt, daß in den Jahren 1983-1984 der Hauptanteil der Erfahrungsträgerzuführung lag. Gleichzeitig ist jedoch mit einem Gesamtabgang von 976 Arbeitskräften ebenfalls ein Spitzenwert im Fünfjahrplanzeitraum erreicht worden." (ZUPA, S. 41)

318) „Der 1987 begonnene Trend eines beschleunigten AK-Wechsels zwischen Betrieb und Territorium hat sich 1988 mit einem negativen Saldo für das Territorium fortgesetzt." (vgl. ZUPA, S. 56). Dabei arbeiteten knapp über die Hälfte der Fluktuanten unter fünf Jahre im EKO und 42% im 3-Schichtsystem. Der Frauenanteil der Fluktuanten lag mit 40% deutlich über dem Betriebsdurchschnitt von 34% und die Fluktuation konzentrierte sich weiterhin auf die Altersgruppe von 21-30 Jahren. Bei der Verdienstunzufriedenheit handelte es sich hauptsächlich um Hoch- und Fachschulkader und im geringeren Umfang um Meister.

319) Für das Jahr 1990 wurde die Arbeit mit Fluktuationsvorgaben nicht mehr als zweckmäßig erachtet, da die Auswirkungen der instabilen politischen Situation auf die Arbeitskräfteentwicklung in den Struktureinheiten kaum vorhersehbar war (vgl. ZUPA, S. 58).
Diese ‚Negativbilanz' wurde 1989 durch die Berichtlegung und Begriffsbildung in den EKO-Ausführungen zur Entwicklung der Anzahl der Arbeitskräfte deutlich: Dort schrieb man über die -Überschreitung des betrieblichen Fluktuationslimits, -Nichterfüllung der Zielstellung für die Zuführung der Jungfacharbeiter, -Nichterreichen der erhöhten Vorgabe für Neueinstellungen, -Nichtgelingen der Gewinnung von Absolventen (vgl. ZUPA, S. 57).

320) Auch andere Betriebe wurden in den 70er Jahren errichtet bzw. erweitert, wie z.B. das Plattenwerk des WGK (Wohnungs- und Gesellschaftsbaukombinat) Frankfurt/Oder, der VEB Zuschlagstoffe, der VEB Industriebau des BMK Ost. Das Möbelwerk Eisenhüttenstadt (seit Anfang 1995 nicht mehr existierend) sowie die Schiffswerft (heute ‚Oderwerft' und um das ‚Überleben' kämpfend) gehörten schon durch den Zusammenschluß von Stalinstadt und Fürstenberg ab 1961 zu Eisenhüttenstadt.

321) Ein Beispiel für den ‚Rückzug' stellte die Absage des Werkes dar, eine Gemeinschaftsverpflegung der Betriebe innerhalb der Stadt aufzubauen: „Nach gründlicher Prüfung des übergebenen Material „Gemeinschaftsverpflegung" wird von uns folgende Stellung bezogen: Das EKO lehnt zum gegenwärtigen Zeitpunkt eine Beteiligung am Interessenverband ‚Gemeinschaftsverpflegung' ab, da mit den perspektivisch zu lösenden Versorgungsaufgaben im Werk selbst keine personellen und materielltechnischen Voraussetzungen für eine Beteiligung bestehen. Die Aufgabenerfüllung mit dem Bau des Stahlwerkes, der Rekonstruktion des Roheisenwerkes und der Errichtung einer Warmbandstraße bis zum Jahre 1990, verlangt die volle Auslastung vorhandener Koch- und Vorbereitungskapazitäten und läßt jetzt bereits ein Koch- und Speisesaaldefizit deutlich werden. Unabhängig von der Beteiligung des EKO sollten, nach Überarbeitung des Inhaltes der Aufgabenstellung, starke territoriale Partner (Schulküchen, Krankenhaus, Kraftverkehr, Plattenwerk, Stadtküche) zu einem Interessenverband vereinigt werden." (A 1777/46-47, Schreiben des Direktors für Arbeits- und Lebensbedingungen an den Rat der Stadt Eisenhüttenstadt, stellv. Vorsitzenden für Handel und Versorgung, 19.11.1979)

322) „Mit der derzeitig konzipierten Größe des Wohnungsneubaus in Eisenhüttenstadt von 3800 WE 1981-1985 ist darüber hinaus die Möglichkeit gegeben, den derzeitigen Nachholebedarf an Wohnungen (rd. 1000 WE für Beschäftigte des EKO) bis 1985 um ca. 800 WE zu reduzieren. Damit werden insgesamt rd. 50% des Wohnungsneubaus in Eisenhüttenstadt dem EKO zur Verfügung gestellt. Die übrigen 50% sind vor allem zur Versorgung des Bau- und Montagekombinat Ost sowie weiterer Betriebe des Territoriums erforderlich. Es wird davon ausgegangen, daß der Wohnungsbedarf in den Relationen. 60% zu 40% in Eisenhüttenstadt bzw. Frankfurt/O. gesichert wird." (A 1981/207, Wohnungsbereitstellung, Arbeiterwohnunterkünfte, Versorgung und weitere Fragen der Arbeits- und Lebensbedingungen) Die Planung zum damaligen Zeitpunkt wies eine Pendlergröße von ca. 1100 Arbeitskräften täglich zwischen Frankfurt/O. und Eisenhüttenstadt auf.

323) „Über die mit dem komplexen Wohnungsbau zu schaffenden gesellschaftlichen Einrichtungen hinaus können keine weiteren Objekte im Bereich des sozialen Infrastruktur (insbesondere Kultur, Sport, Gaststätten) in Eisenhüttenstadt geschaffen werden." (A 1981/207, Wohnungsbereitstellung, Arbeiterwohnunterkünfte, Versorgung und weitere Fragen der Arbeits- und Lebensbedingungen.)

324) Diese ‚harmonische' Verbindung sollte noch 1965, beim zweiten Versuch der Schaffung eines vollständigen metallurgischen Zyklus, durch den damals geplanten und nicht realisierten Neubau der Wohnkomplexe VI und VII noch realisiert werden. „Mit dem Aufbau der Wohnkomplexe VI und VII ist eine gute funktionelle Verbindung zwischen den Stadtteilen Mitte und Ost herzustellen." (A 1779/133)

325) Die Kehrseite der Förderung des Plattenbaus in der DDR war ein ansteigendes Potential an verfallenden, nicht mehr bewohnbaren Wohnungen. 1990 war der bauliche Zustand von mehr als der Hälfte der Wohnungen des Landes katastrophal. 40% hatten schwerwiegende bauliche Mängel, 11% waren für Wohnzwecke ungeeignet. Bei weiteren 40% wurden geringe Schäden festgestellt. 1989 stammte die Hälfte aller Wohnungen aus der Zeit vor 1945 (vgl. Crow/Hennig 1995:101).
Aber auch der Widerstand der Bürger gegen diese Abrißbestrebungen war schon vorhanden. Hier trafen diese Bestrebungen „aber schon auf ein anderes kulturelles und wie politisches Umfeld. Zum einen waren differenziertere Wohnbedürfnisse entstanden und wurde dem Wohnen in innenstadtnahen Altbaugebieten z.T. der Vorzug gegenüber den teilweise komfortableren Bedingungen im Neubau gegeben. Zum anderen war das Bewußtsein für den kulturhistorischen Wert der Altbauquartiere deutlich gewachsen und trafen Abrißpläne auf den Widerstand der Bevölkerung, z.B. im Erfurter Angerviertel, in der Dresdener Neustadt, am Neustädter Markt in Leipzig, im Hallenser Paulusviertel u.a." (Rink 1996:2)

326) „Im Interesse der effektiven Nutzung des Wohnungsfonds für die Versorgung der Bevölkerung, zur Sicherung des Beschäftigtenzuwachses und auch zur Gewährleistung von Ordnung und Sicherheit sind als Bestandteil der Ausbaukonzeption des EKO geeignete Kapazitäten für die Unterbringung in- und ausländischer Bau- und Montagearbeiter zu errichten. Es sollte ein gesonderter Unterbringungskomplex errichtet werden." (A 1981/207, Wohnungsbereitstellung, Arbeiterwohnunterkünfte, Versorgung und weitere Fragen der Arbeits- und Lebensbedingungen)

327) Vergleichbar ist die Errichtung des Baucamps in Eisenhüttenstadt mit der massenhaften Zuwanderung ausländischer Arbeitskräfte beim Ausbau des VW-Werkes in Wolfsburg. Diese waren aber zur unmittelbaren Arbeit im VW-Werk eingestellt, nicht nur, wie im Vertrag von EKO und VOEST, zur zeitlich abgrenzbaren Errichtung eines Werkteiles: „Als das VW-Werk 1962 fast mit einem Schlag 3.200 italienische Arbeiter anwarb, wurde der Wohnungsbau der Stadt damals erstmalig mit dem Problem der Unterbringung von ‚Gastarbeitern' konfrontiert. Die städtischerseits unvorhergesehene und noch dazu schubweise Anwerbung bei einer ohnehin angespannten Lage auf dem Wohnungsmarkt führte in Wolfsburg zu einer Art Kasernierung der Ausländer in einer ‚Barackensiedlung', im sog. ‚Italienerdorf'. In unmittelbarer Nähe vom VW-Werk entstanden bis 1964 46 Baracken. An einem Pförtnerhaus mußten die Bewohner vor dem Betreten des ansonsten umzäunten Geländes den Werksausweis vorzeigen, während Besucher nur nach Abgabe ihres Passes oder Personalausweises Zutritt erhielten. Frauen war das Betreten grundsätzlich untersagt, auch den Ehefrauen!" (Herlyn et al. 1982: 62)

328) Einer unserer Interviewpartner beschrieb das ‚Alltagserleben' in bezug auf die Anwesenheit ausländischer Arbeitskräfte: „Nein. Die saßen in Gaststätten und überall wurden sie bedient. Die haben doch bezahlt mit Schilling oder mit Westmark. Und die haben beim Wechseln unser Geld nicht genommen. Was wollen sie denn mit dem Mist? Ein bißchen zum telefonieren, aber sonst. Aber die konnten überall hin, die konnten nach Westberlin fahren. Die haben Brigadeausflüge gemacht, manchmal auch mit Bussen. Aber da war das viel aufgelockerter dann, nicht. Aber im Prinzip hat die Stadt besser verkaffert, als die ganzen Moraltheologen es gedacht haben. Deswegen, ich sage, die Wende hat bei vielen wahrscheinlich eingeschlagen wie ein Blitz. Aber bei uns nicht. Wir haben schon zwei, drei Jahre vorher schon fast die Wende gehabt, nicht. Und die Österreicher mit dieser Firma, da sind ja die Ausländer nicht mehr abgerissen, das ist ja Vorzeigeobjekt. Modernstes Stahlwerk Europas, die

gibt's halt nur in der westlichen Welt. Ich meine, die Stahlwerke gibt's nicht in Osteuropa, jetzt auch. Die sind von hier aus zur Ukraine gefahren. Der ganze Troß, sind gleich weiter gefahren. Da haben sie nicht mal so gelebt wie hier. Das Verhältnis ist eigentlich immer besser geworden. Da hat's also – schon zu DDR-Zeiten ist viel abgebaut worden. Aber weil's von oben also geduldet wurde. Das war eben – EKO mit dem Stahlwerk war das Vorzeigeobjekt. Das haben ja nicht umsonst die Österreicher gekriegt. Nicht, Erich (E. Honecker; d.A.) fährt nach Japan, wann war das, so '85 oder '86. Was bringt er mit? Ein Walzgerüst, was da im Kaltwalzwerk steht ... Das Ding hat noch nie die Parameter gebracht, die sie bringen sollten. Das Ding hätten wir von Westdeutschland bedeutend preiswerter und besser bekommen können. Aber das war ein Politikum. Er war dort, nun mußte er auch ein bißchen was kaufen." (20, B 4 ehem. EKO-Mitarbeiter)

329) „Die Stahlkocher aus der Partnerstadt Linz errichteten Europas modernstes Werk, das in dem Billiglohnland DDR Konverterstahl erzeugen sollte. Viele junge Frauen Eisenhüttenstadts verstanden den Begriff der Partnerstadt auf ihre Weise, und in Linz kann man seit dieser Zeit auch das Idiom des spröden Brandenburgischen vernehmen." (Vom Tabakdorf zum Stahlstandort, In: Märkische Allgemeine, 29.12.1993)

Die Architektur der ‚Stadt ohne Vergangenheit' (Exkurs)

330) So wird sie in einem der vielen über sie erschienen Artikel genannt (vgl. „Vom Tabakdorf zum Stahlstandort", In: Märkische Allgemeine, 29.12.1993, S. 24.).
In diesem Exkurs werden die grundlegenden architektonischen Maßgaben sowie städtebaulichen Faktoren zusammenfassend beschrieben. In den anderen Kapitel dieser Arbeit wurden städtebauliche und architektonische Fragen insofern einbezogen, wie sie grundlegenden Einfluß auf strukturelle, soziale sowie auch politische Entwicklungen ausübten.

331) Die Einführung der gesetzlich geregelten Architekturkontrolle vom 6.3.1953 (Gbl. DDR 34/1953) und die nachfolgende Bildung von Architekturbeiräten bestimmten die weitere Entwicklung von Städtebau und Architektur. Der Architekturkontrolle unterlagen „ohne Ausnahme alle Vorprojekte und Projekte für Hoch- und Ingenieurbauten, die das Bild der Städte und Dörfer sowie die Landschaft durch ihre Form und Gestaltung (städtebaukünstlerisch und architektonisch) beeinflussen." (Hoscislawski 1991:63)

332) Werkssiedlungen, wie die in Essen 1907-11 gebaute Siedlung für das Krupp-Werk, die Siedlung des Opel-Werkes in Rüsselsheim oder die Arbeitersiedlung des Stahl- und Walzwerkes Brandenburg/Havel entsprachen nicht den Vorstellungen. „Eine Wohnsiedlung, die vor allem aus einer Aneinanderreihung von Wohnhäusern besteht, hätte ähnlich einem neuen Stadtteil in Fürstenberg/Oder kein adäquates wirtschaftliches soziales und kulturelles Zentrum ermöglicht." (Fromm 1981:13)
Unter den Planern selbst war bis 1952 das Wissen um den Stellenwert dieser ersten sozialistischen Stadt noch nicht so recht ausgeprägt: „Hauptabteilungsleiter Pisternik übermittelt einen eindringlichen Hinweis vom Minister Dr. Lothar Bolz, daß die EKO-Wohnstadt vorläufig die erste und einzigste Stadt ist, die wir zu planen und zu bauen haben (in den nächsten Jahrzehnten die einzigste!). Politisch und gesellschaftlich ist das die Aufgabe Nr. 1" (BArch, Akte 38706, Protokoll der Entwurfsratssitzung Wohnstadt Fürstenberg/Oder, 21.6.1952, v. 23.6.1952)
Der ehemalige Stadtplaner von Eisenhüttenstadt (1956 bis 1968) führte zu diesem Thema aus: „Aber es war 1950 durchaus nicht so, daß sich alle darüber einig waren. Eine siedlungshafte Bebauung im Sinne einer Schlafstadt – nicht auf diesem Standort hier, sondern an einem Standort, der Bebauung des Pohlitzer Sees. Die Duplizität der Ereignisse hat dazu geführt, daß dort später ein Camp für österreichische Bauarbeiter entstanden ist, also wirklich eine Schlafstadt – war der Ansatzpunkt für die Entwicklung der ersten Stadtpläne von Eisenhüttenstadt. Es ist dann der Standort verändert worden. (VG 11, Stadtplaner in Eisenhüttenstadt 1956-1968)

333) Parallelen gibt es auch zum Dritten Reich, vor allem zur Stadt Salzgitter und den Hermann-Göring-Werken. Hier herrschte das bevorzugte städtebauliche Leitbild einer ganzheitlich zu konzipierenden ‚organischen' Stadtanlage vor, die die ‚sozialpolitische Kompetenz des Nationalsozialismus' unterstreichen sollte (vgl. Recker 1992:157). So ist die Parallele zu anderen Stadtgründungen im 20. Jahrhundert mehr als deutlich. Ohne die Diskussion um die Gemeinsamkeiten von Nationalsozialismus und Stalinismus in den Mittelpunkt stellen zu wollen, erschreckend ist wohl der eindeutige Bezug zur Stadtgründung Salzgitters während der Nazizeit. Die Entscheidung, im Harzvorland Erzlagerstätten massiv abzubauen und die gewonnenen Erze am selben Ort zu verhütten, machte den Bau einer neuen Stadtanlage notwendig. So entschied die politische Führung des Dritten Reiches 1937 neben der Errichtung der ‚Hermann-Göring-Werke' den parallelen Bau der neuen Stadt. Diese war zunächst für 130.000 Einwohner vorgesehen, mit dem Plan, die Einwohnerzahl später mehr als verdoppeln zu können. W. Benz zieht einen Vergleich zur Stadt Eisenhüttenstadt: „Von der Intention her vergleichbar mit Salzgitter wäre eine andere deutsche Kommune, nämlich Eisenhüttenstadt am neuen östlichen Rand der Bundesrepublik. Beide Stadtgründungen, Salzgitter wie Eisenhüttenstadt, waren quasi von Anbeginn historisch belastet, hatten und haben nach ihrer ideologisch bedingten Anfangsprosperität wirtschaftliche Strukturprobleme und müssen sich außerdem um Reputation als Städte gegenüber der so zahlreichen, kunsthistorisch belangvolleren Konkurrenz mühen. Dank der vielen Freiflächen, dem Gartenstadtcharakter, den großzügiger als in den meisten alten Städten bemessenen öffentlichen Lebensräumen ist das Wohnen und Arbeiten, die Erholung und die Freizeitgestaltung in diesen beiden Städten nach kompetenter Auskunft ihrer Bürger aber erfreulicher und erstrebenswerter als an manchem renommierten Platz." (Benz 1992)

In dem Buch von W. Benz werden weitere Stadtgründungen des 20. Jahrhunderts ausführlich beschrieben. Das ist Salzgitter in allen Phasen seines Aufbaus, die englischen Städte Welwyn und Harlow, das schottische Cumbernauld, die deutschen Städte Allendorf, Geretsried, Sennestadt und Wulfen sowie in Polen Nowa Huta und Nowe Tychy.
Auch Salzgitter sollte Vorbildcharakter tragen, die enge Verbindung von Werk und Stadt demonstrieren, die Bewohner sollten sich zu einer städtischen Gemeinschaft zusammenfinden, die Kulturbauten sollten den Wohnungsbauten schnell folgen. Man wollte durch gute Wohnbedingungen der Gefahr begegnen, daß sich hier, wie die Erfahrung in anderen Industriesiedlungen zeigte, eine ‚Brutstätte des Kommunismus' entwickelt. Die Prämissen für die Stadtplanung waren folgende:
„1.Die Wohnungen sollten modernen wohnungspolitischen und wohnungshygienischen Erkenntnissen entsprechen. In Größe und Ausstattung sollten sie deutlich über dem Standard anderer Industriestädte liegen und damit den Reichswerken die Anwerbung neuer Arbeitskräfte erleichtern.
2.Durch die großzügige Ausgestaltung der Stadt mit öffentlichen Bauten für Staat und Partei sollten die neuen Einwohner in das Gemeinwesen integriert und Stolz und Verbundenheit mit der neuen Stadt geweckt werden. Insbesondere von seiten der NSDAP wurde dies immer wieder angemahnt; nicht nur über die großen Repräsentationsbauten im Zentrum sollte dieses Ziel erreicht werden, sondern ebenso durch die entsprechenden Partei- und Gemeinschaftshäuser in den einzelnen Stadtteilen und Wohnbezirken, die es ihr ermöglichen würden, ‚das gesellige Leben in der Ortsgruppe weitgehend in der Hand zu haben und zu überwachen.'
3. Die neue Stadt sollte eine Stadt im Grünen werden. Dies entsprach den generellen städtebaulichen Vorstellungen im Dritten Reich, sollte im vorliegenden Fall aber auch ein Korrektiv sein für die beschwerlichen und ungesunden Arbeitsbedingungen in den Erzgruben und den Hüttenwerken." (Recker 1992:150f.)
Diese Prämissen wurden aufgrund fehlender finanzieller Mittel, die durch die Kriegsvorbereitungen verschlungen wurden, nicht durchgesetzt. Der Ausbau der Stadt Salzgitter wurde bald gestoppt. Das betrifft sowohl den Wohnungsbau bezüglich der Anzahl der Wohnungen und des Komfort, der nie mit dem Werkausbau Schritt halten konnte, als auch die unzureichende städtische Infrastruktur. Völlig fallengelassen wurde die Idee der Repräsentationsbauten. So ist der Anspruch, eine soziale Stadt für die Arbeitskräfte der Hermann-Göring-Werke zu sein, nicht realisiert worden. „Die Stadt blieb ein Torso, das Leben dort war bestimmt von beschwerlichen Wohnbedingungen, einer allenfalls halbfertigen Infrastruktur und einer völlig unzureichenden Ausstattung mit Schulen, Geschäften und Freizeitangeboten. Vorbildfunktion konnte ein solches Gemeinwesen nicht haben, vielmehr klafften Anspruch und Wirklichkeit desto weiter auseinander, je stärker die Einwohnerzahl wuchs. Konzipiert als zukunftsweisendes Modell für großstädtische Wohn- und Lebensbedingungen im neuen Staat, hat die Realität nationalsozialistischer Politik diese Intention sehr schnell überholt und überlagert." (Recker 1992:161)
Der weitere Aufbau Salzgitters konnte erst 1953 fortgesetzt werden. Besonders Ende der 50er Jahre wandte man in Salzgitter die Grundsätzen der ‚gegliederten und aufgelockerten Stadt' an. „Die Trennung der verschiedenen Funktionen hatte sich durchgesetzt. Nicht allein der ‚Charta von Athen' ist das zuzuschreiben, sondern der Tatsache, daß es sich dabei um die Zusammenfassung jener erst Ende der fünfziger Jahre in Deutschland bekanntgewordenen Grundsätze handelte, die in der fortschrittlichen Stadtplanung um 1930 bereits praktiziert worden waren." (Schneider 1992, 201)
Zur weiteren Entwicklung Salzgitters vgl. Schneider (1992:202f.)

334) Die damaligen Bodenbesitzer – Bauern aus Fürstenberg und Umgebung – wurden, wenn auch spät, ausgezahlt und die Werksflächen der früheren DEGUSSA fielen sowieso dem Staat zu.

335) Der von 1956 bis 1968 in Eisenhüttenstadt tätige Stadtplaner führte aus: „Natürlich wurde die Stadt geplant nach dem Sozialismus gemäßen Funktionsabläufen und Besitzverhältnissen. Das heißt, es gab kein Netz an Privathandelseinrichtungen, es gab kein Angebot an Industrie, die als bedienende Industrie zu bezeichnen wäre in Form einer großen Fläche, auf der sich die Industrie hätte einrichten können, wie sie wollte. Oder auch darüber hinaus gehen können, wie sie wollte. So wie das heute ist. Heute schießt eine Stadt ein Gewerbegebiet vor, partitioniert dieses Gewerbegebiet und das andere macht dann die Industrie. Wir haben die Großbäckerei geplant, wir haben die Großwäscherei geplant, wir haben das Fleischkombinat geplant, wir haben jegliche Dienstleistungseinrichtungen geplant. Wir haben sogar im Bereich des Handwerks einen Handwerkerhof geplant. . So, das ist natürlich etwas völlig anderes, als sich heute unter marktwirtschaftlichen Bedingungen abspielt." (15, VG 11 Stadtplaner Eisenhüttenstadt 1956-1968)

336) Zwei Parallelen lassen sich in bezug auf eine sogenannte ‚stalinistische Bauweise' nachvollziehen. Einmal die ‚personelle Kontinuität'. Sie tritt da auf, wo z.B. deutsche Architekten ab den 20er/30er Jahren in der UdSSR Städte planten und nach 1945 nach Deutschland zurückkehrten bzw. ab 1949 in der DDR tätig waren.
So führte ein ehemaliger Stadtplaner Eisenhüttenstadts aus: „Ich betone also, das sind nicht nur sowjetische Erfahrungen, sondern auch Erfahrungen einer eigenen, die - bei den Leuten die dort waren - jahrzehntelangen Berufserfahrungen eingeflossen. Und damit - nicht zuletzt - damit natürlich auch über die sowjetischen Erfahrungen, denn viele wissen, daß deutsche Architekten in den 20er Jahren in der Sowjetunion maßgeblich im Städtebau gearbeitet haben und daß städtebauliche Erfahrungen der Sowjetunion in gewisser Hinsicht auch deutsche Architekturerfahrungen gewesen sind." (VG 11 Stadtplaner in Eisenhüttenstadt 1956-1968)
Zweitens besteht eine ‚zeitliche Parallelität' in der Architektur über einzelne Städte in der DDR sowie die DDR hinaus. Bauten dieser Art findet man in Leipzig's Gebäuden am Roßplatz, in der Stalinallee – jetzigen Frankfurter Allee – in Berlin, in der Langen Straße in Rostock sowie in den Gebäuden am Altmarkt in Dresden. Auch in anderen, zuvor vornehmlich volksdemokratisch und sozialistisch orientierten Ländern, gibt es diese Architektur: Nova Huta als Stadtteil Krakows bzw. Nowe Tychy bei Kattowice in Polen, Dunauvjaros (früher Stalinvjaros) in Ungarn, Dimitroffgrad in Bulgarien. Die in den sozialistischen Staaten in der ersten Hälfte der fünfziger Jahre errichteten neuen Städte zeichneten sich durch eine geschlossene räumliche Konzeption aus (vgl. Goldzamt 1975:59f.)

337) Wie in anderen Bereichen auch, trug die Zentralisierung und Entscheidungsgewalt der Ministerien und die parallele Einrichtung von verantwortlichen Abteilungen beim Zentralkomitee der SED zur Durchsetzung der ideologischen Programmatik bei. „Vorbild war die Architektur in der Sowjetunion: »Bei der Lösung der eigenen Aufgaben löst die sowjetische Baukunst auch die wichtigsten Probleme der Weltarchitektur«, betonte der Moskauer Chefarchitekt Alexander Wlassow auf dem ersten Architektenkongreß der DDR. Um dieser Auffassung wirkungsvoll Nachdruck zu verleihen, wurden die entsprechenden Kompetenzen nach sowjetischem Muster neu geregelt. Ein wichtiger Schritt in diese Richtung war die Entmachtung der Länder in ihrer Planungskompetenz durch die Bildung einer überregionalen, für die Sowjetzone zuständigen Hauptabteilung Bauwesen. Um noch direkter Einfluß nehmen zu können, bildete die SED 1953 die Abteilung Bauwesen beim Zentralkomitee." („Ulbrichts gotisches Arbeiterparadies" In: taz, 26.9.1995, S. 17)
Interessant ist der Bezug zum Zusammenhang von Politik, Wirtschaft und Städtebau im Kapitalismus und die Parallelität im Sozialismus. Rodenstein verwendet zur Erklärung der Entstehung städtebaulicher Konzeptionen in Abhängigkeit von den gesellschaftlichen Bedingungen den gesellschaftstheoretischen Ansatz der ‚Regulationsschule'. In der 3. These heißt es: „Die jeweiligen hegemonialen Gruppen einer Akkumulationsperiode werden zur Stabilisierung ihrer politischen und ökonomischen Vorherrschaft kulturelle Ausdrucks- und Repräsentationsformen suchen. Die baulich-räumliche Gestalt der Städte ist eines der Medien, in denen - gefiltert durch politische Entscheidungsprozesse und Entwicklungen in Kunst und Ästhetik – Macht in der Gesellschaft nicht nur zum Ausdruck gebracht, sondern sich auch erweitern und ausdehnen kann, denn Städtebau ist auch eine Form der Körperpolitik." (Rodenstein 1991:34f.)

338) „Die Sowjetunion hatte im Zusammenhang mit der sozialistischen Industrialisierung viele Städte erbaut. In der Zeit von 1926 bis 1965 entstanden in der UdSSR 814 neue Städte. Neugründungen sind bspw. Magnitogorsk, Kusnezk, Karaganda." (Fromm 1981:14) „Der Grundrißplan und die Erfahrungen der sowjetischen Städtebauer der neuen Stadt bei Saporoshje in der Ukraine waren bei der konzeptionellen Planung im besonderen Maße wertvoll." (Fromm 1981:18, zitiert nach ‚Unser Friedenswerk' v. 14.2.1952)

339) Zur ‚funktionellen Stadt' Le Corbusiers: „Die weitverbreitete Anschauung, von der auch Le Corbusier ausgeht, ist immer noch die eines Determinismus der Baulich-räumlichen, mit dem die kausale Beeinflussung sozialen Verhaltens durch baulich-räumliche Bedingungen behauptet wird." (Rodenstein 1991:54)
Die Festlegung der Inhalte der ‚Charta von Athen' wird folgendermaßen beschrieben: „Die vierte Tagung der CIAM stand unter dem Thema ‚Die funktionelle Stadt'. Die rund sechzig Teilnehmer trafen sich in Marseille und schifften sich am 29. Juli 1933 auf dem griechischen Dampfer ‚Patris' ein. In den Diskussionen während der Fahrt wurde ein Grundsatzprogramm zur Verbesserung der neuzeitlichen Stadtplanung durchgesprochen, das, später von Le Corbusier redigiert und herausgegeben, schließlich als ‚Charta von Athen' berühmt wurde. Das Programm beschrieb in allgemeinen Feststellungen die augenblickliche Situation in den großen Städten und konstruierte daraus Folgerungen für eine Erneuerung des Städtebaus, die zu Lehrsätzen für einen Städtebau der Zukunft konkretisiert und in fünf Hauptgruppen – Wohnung, Arbeit, Erholung, Verkehr, zuletzt das ‚historische Erbe' – detailliert abgehandelt wurden. Die ‚Charta von Athen' sollte sich bald zu einer Art von universalem Katechismus für den modernen Städtebau entwickeln, zu einem Normenkatalog, an dessen Verbindlichkeit nicht zu zweifeln war. Sie wirkte weit in die Zeit nach dem zweiten Weltkrieg hinein, erst in den sechziger Jahren wurde allmählich Widerspruch laut und setzte die ernsthafte Kritik ein. In Deutschland war dem Programm der CIAM in der Zeit des Nationalsozialismus die Wirkung versagt geblieben, um so gläubiger folgte man den Lehren der Charta in der Zeit des Wiederaufbaus nach dem Kriege, mit durchaus nicht immer glücklichen Folgen." (Isaacs 1986:633f.)
Zwischen den 16 Grundsätzen des Städtebaus, wie sie in der DDR Anfang der fünfziger Jahre realisiert wurden, und der ‚Charta von Athen' läßt sich *Kontinuität'* und *Wandel'* aufzeigen. Einer unserer Gesprächspartner hob die Kontinuität der formulierten Inhalte in den Grundsätzen des Städtebaus der DDR hervor: „1950, da war der zweite Weltkrieg gerade fünf Jahre vorbei. Die Städte lagen in Trümmern. Es wurde schüchtern da und dort wieder aufgebaut. Neubauten hatten absolut noch nicht den Vorrang gegenüber Instandsetzung. In dieser Zeit also wurden Erwartungen formuliert im Ergebnis des zweiten Weltkrieges, wie sie bereits im Ergebnis des ersten Weltkrieges formuliert worden sind. Wenngleich nicht unmittelbar danach, aber immerhin im Ergebnis einer Auseinandersetzung unter fortschrittlichen Architekten der Welt, die über 10-15 Jahre reichten und die Anfang der 30er Jahre zur Veröffentlichung der Charta von Athen geführt haben. Und dort sind ganz ähnliche Grundsätze formuliert worden. Also Grundsätze zur klaren Gliederung der Stadt, zur Funktionstrennung von Wohnen, Arbeiten und Erholung. Zum gesunden Wohnen, zum Vorrang der Wohnfunktion, der Befriedigung der Wohnfunktion bei der Bedürfnisbefriedigung insgesamt. Aber auch zur komplexen Befriedigung aller Bedürfnisse usw.. Diese Charta von Athen war 1945 und in den folgenden Jahren modifiziert auf DDR-Territorium durch die 16 Grundsätze des Städtebaus, die gemeinsame Arbeitsgrundlage der Architekten von Ost und West." (VG 11 Stadtplaner in Eisenhüttenstadt 1956-1968)
In Westdeutschland setzte sich jedoch eher die moderne Sachlichkeit durch, d.h. die Anknüpfung war in stärkerem Maße an den funktionalistisch betonten Siedlungsbau der 20er Jahre – in vielen Variationen – als an den Klassizismus gegeben.
Der Wandel zwischen den sechzehn Grundsätzen des Städtebaus der DDR und der ‚Charta von Athen' läßt sich an folgender Aussage festmachen: „sie beziehen sich darauf, aber sie stellen eine DDR-spezifische Modifikation dieser Charta von Athen dar. Es gibt aber in diesen 16 Grundsätzen natürlich auch Punkte, in denen das Wort ‚sozialistisch' vorkommt. Und die demzufolge den Anspruch auf DDR-Spezifik erheben: »Das Zentrum der Stadt ist der politische Mittelpunkt für das Leben seiner Bevölkerung. Im Zentrum der Stadt liegen die wichtigsten politischen, administrativen und kulturellen Stätten. Auf den Plätzen im Stadtzentrum finden die politischen Demonstrationen, die Aufmärsche und die Volksfeiern an Festtagen statt«. Das sind Formulierungen, die finden sie natürlich nicht in der Charta von Athen. Das sind auch Formulierungen, hinter die sich kein bürgerlicher Architekt stellen würde. Das sind aber Formulierungen, die finden sie in Eisenhüttenstadt stadtplanerisch umgesetzt" (17, VG 11 Stadtplaner Eisenhüttenstadt 1956-1968)
„Ich würde diese 16 Grundsätze sogar noch 'ne Etage höher setzen. Die sind nämlich nicht nur die Aufnahme und erste Versuche – es sind nicht, es hat andere Versuche gegeben – aber doch Versuche, auf deutschem Boden das gute der Charta von Athen zu verwirklichen. Sie sind aber zugleich auch eine progressive Kritik an der Charta von Athen. Denn die Charta von Athen, die hat ja Manches in der Welt produziert und noch nach dem Krieg produziert, was auch so ein Ideal war, was sogar furchtbar war, also ich vereinfache mal das. Die Charta von Athen, die gibt es

auch dargestellt wie so 'ne Apfelsine. Da ist der Sektor der Kultur, da ist er Sektor der Arbeit, da ist der Sektor des Wohnens und der Erholung, das Zentrum. Also das wollten ja auch – was man später bezeichnete als die Entmischung der Stadt. Die Kritik kam im Westen zuerst, im Grunde gar nicht von menschlichen Denken her, also von der Menschlichkeit her, sondern man bemerkte einmal, daß das Verkehr produziert, der gar nicht erforderlich ist. Daß man eben zum Beispiel Wohnen und Arbeiten im verträglichen Sinne verbinden konnte. Natürlich kann man nicht Eisenhüttenkombinat zwischen dem Wohnen verbinden. Und deshalb war es hier sauber nach der Charta von Athen auch getrennt. Also das war gleich wieder 'ne Kritik. Und ich glaube, die 16 Grundsätze, die sind wohl mit das Beste, was die DDR an städtebaulichen Gedanken mitgebracht hat." (19, VG 11 Denkmalpfleger)

340) Vgl. auch Fromm (1981:48f.)
„Walter Ulbricht, Ehrenmitglied der Deutschen Bauakademie, entdeckte 1950 Parallelen zwischen den ‚hitlerschen Kasernenbauten' und den ‚seelenlosen Kästen des amerikanischen Imperialismus' in Westdeutschland. Der ‚formalistischen Ideenlosigkeit im Bauwesen, wie sie dem zum Untergang verurteilten Monopolkapital eigen ist', sollte in der DDR eine Architektur entgegengesetzt werden, die sich auf nationale Bautraditionen stützt, ‚national in ihrer Form, fortschrittlich in ihrem Inhalt'. („Ulbrichts gotisches Paradies", taz, 26.9.1995, S. 17)

341) Das Leitbild ist „eine bildhafte Konkretion komplexer Zielvorstellungen, die einzelnen Entwürfen, Planungskonzepten und persönlichen Gestaltungspräferenzen einen gemeinsamen Hintergrund gibt und sie in einen übergreifenden Konsens über ‚Wertmaßstäbe' einbindet, der »die Grundlage für eine umfassende Schau der wünschenswerten räumlichen Ordnung« bildet." (Rodenstein 1991:33, zitiert nach Durth/Gutschow 1988:161)

342) Weiter wurden Plan 3 bis 5 der Architekten Geiler (ehem. Institut für Städtebau und Hochbau), Prof. Paulick (Deutsche Bauakademie) und Leucht (Ministerium für Aufbau) beschrieben. An der Ausschreibung, die K. Leucht gewann, hatten sich diese fünf Architekten beteiligt. Der Dresdener Oberbaurat K. Leucht war in der Hauptabteilung I des Ministeriums für Aufbau als Generalprojektant der Stadt Leiter eines Kollektivs mit ca. 400 Mitarbeitern. Generalauftragnehmer war die Bau-Union Fürstenberg. Am 3.1.51 wurden die Grundrißpläne, im April 1951 die konkretisierten Pläne des Architekten Leucht durch die Vertreter des Ministeriums angenommen: „Der Entwurf zeigt gegenüber den bisherigen Entwürfen eine klare und folgerichtige Gruppierung der Wohnkomplexe zur Gesamtstadt. Bei diesem Entwurf sind die Erfahrungen des Städtebaus in der Sowjetunion und die spezifischen Gegebenheiten der Erfordernisse der Wohnstadt des Hüttenkombinates Ost berücksichtigt worden." (BArch, Akte 38708, Kurze Analyse der bisher gefertigten Entwürfe für die Wohnstadt des Eisenhüttenkombinates Ost, Ministerium für Aufbau, Hauptabteilung II, Abt. Städtebau, 26.6.1951)
„Die Regierung hatte bereits 1950 einen Architektenwettbewerb ausgeschrieben. Den gewann nicht die Prominenz, die vom Bauhaus her kam und dem EKO eine Industriewohnsiedlung geben wollte, sondern der Dresdner Oberbaurat K.W. Leucht. Zum Generalprojektanten ernannt, verwertete er neben Dresdner Leitbildern und Erfahrungen die Ergebnisse einer Studienreise in die Sowjetunion und folgte den 16 von der Regierung im Juli 1950 beschlossenen ‚Grundsätzen des Städtebaus', die eine ‚harmonische Befriedigung des menschlichen Anspruchs auf Arbeit, Wohnung, Kultur und Erholung' verlangten. Nach dem Urteil des Architekturtheoretikers Bruno Flierl zeigt der ‚Idealplan' von Leucht »geradezu modellhaft die Umsetzung einer gesellschaftlichen Strukturform in eine baulich-räumliche«, deren ‚Hauptelemente' die Arbeitsstätte (nämlich die Hochofenanlage), der ‚Zentrale Platz' (mit Rathaus und Kulturpalast) sowie beides verbindende Magistrale waren. Um den Zentralen Platz gruppierten sich vier Wohnkomplexe. Die Versorgungseinrichtungen befanden sich außerhalb der Stadt, die auch von Fernstraßen und Eisenbahn lediglich tangiert wurden." (Cerný 1990:3, zitiert nach Flierl 1978:42)
Nach diesem Entscheid im April 1951 für den Entwurf von Leucht stand der Grundriß für die Gesamtstadt. Im Oktober 1951 wurde ein Wettbewerb ‚Fassadengestaltung' durchgeführt, von den eingereichten Arbeiten wurden sieben Entwürfe ausgewählt und drei davon ausgezeichnet (vgl. BArch, Akte 38708, Protokoll über das Preisgericht des Wettbewerbs Fassadengestaltung Wohnstadt Fürstenberg, 22.10.1951)

343) In einem Artikel aus dem Jahr 1952 heißt es: „In der Architektur hindert uns am meisten der sogenannte ‚Bauhausstil' und die konstruktivistische, funktionalistische Grundeinstellung vieler Architekten an der Entwicklung einer Architektur, die die neuen gesellschaftlichen Verhältnisse in der Deutschen Demokratischen Republik zum Ausdruck bringt." („Der Kampf gegen den Formalismus " 1952:436)
Stalin kritisierte massiv die Vertreter der Bauhaus-Architektur. Der ehemalige Stadtplaner Eisenhüttenstadts führte zu diesem Problem aus: „hier muß man wissen, daß die Sowjetunion mit den städtebaulichen Leistungen, die (spätere; d.A.) DDR-Architekten in den 20er und 30er Jahren vollbrachten, durchaus nicht immer zufrieden war, und daß es vor allem in der Zeit unter Stalin erhebliche Kritiken gab Aber es war das Credo des Städtebaus der 20er Jahre, wiederum geboren aus der Opposition gegen die Architektur, die wir heute so lieben, gegen die Architektur der Gründerzeit.". (3, VG 11 Stadtplaner in Eisenhüttenstadt 1956-1968)

344) „Bei der Grundsteinlegung Eisenhüttenstadts sprach man indes ausführlich von der Baukunst der Befreier; die sowjetische Ästhetik war wohl Vorbild in den Leitartikeln, doch das Geld für solche Opulenz war nie vorhanden oder schon in die zur gleichen Zeit erbaute Renommiermeile Berlins, die Stalinallee, abgeführt. Auch ihr versuchte man, das Vorbild Moskauer Bebauungspläne nachzureden, doch sie war vom Bauhausschüler Henselmann errichtet, der war wiederum von Schinkel stärker inspiriert als von der vielgerühmten sowjetischen Ingenieurkunst." ("Vom Tabakdorf zum Stahlstandort", Märkische Allgemeine, 29.12.93, S. 24)

345) So führte ein in den 60er Jahren in Eisenhüttenstadt tätiger Stadtarchitekt aus: „Aber noch mal der Vergleich mit der ‚Dritten Reich-Architektur' Das entdecke ich schon seit mindestens zehn Jahren. Also wenn es noch irgendwo solche Wohnsiedlungen aus der Nazizeit gibt, dann haben die Ähnlichkeit. Die haben sogar mitunter fatale Ähnlichkeit mit denen. Und trotzdem ist das nur eine Kategorie der Architektur des dritten Reiches. Bei den Wohnsiedlungen haben nämlich die gleichen Architekten – Schmidt, Tesselow – das Beste mitgebracht, was sie aus den 30er Jahren brachten. In ihrer ganz individuellen Ablehnung der deutschen Bauhaus. Und dessen haben sich die Nazis bedient, wie Politiker sich natürlich immer der Fachleute bedienen. Und die Architekten, davon kenne ich auch einige, die 1946/47, als wieder gebaut wurde, erklärten, wir bauen ganz anders. Die haben gebaut, wie sie es gelernt haben und wollten in der Handschrift protestieren. Aber wenn ich nun als Denkmalpfleger dann rankomme und merke ich, daß ja zwischen dem Bauen des dritten Reiches, was ungefähr '38 dann schon total wieder abebbte und dem Neubeginn, da waren eben nicht 40 Jahre, um die es sich diesmal handelt oder handeln soll. Sondern es waren bestenfalls zehn Jahre. Und da verliert der Mensch halt auch die Handschrift nicht, auch wenn er will." (20, VG 11 Denkmalpfleger)

346) Zitiert nach Rietdorf (1976:104);
Eine kurze Definition der Spezifik der Stadt Eisenhüttenstadt als ‚Sozialistische Stadt' wird in der ‚Baustilkunde' (1991:423) gegeben: „Die **Sozialistische Stadt**' als Neugründung oder neuer Stadtteil soll »durch Struktur und Lebensführung die politischen und gesellschaftlichen Ideale des Sozialismus ins Bewußtsein der Bürger tragen . Ziel: Kollektives Wohnen, Sich-Versorgen, Sich-Bilden, Sich-Erholen; Reine Wohnstädte für Pendler zu benachbarten Industriezentren, z.B. Eisenhüttenstadt, Hoyerswerda; Grundeinheit ist der sozialistische Wohnkomplex mit Versorgungseinrichtungen, Schulen und Sportanlagen für 5.000-28.000 Einwohner. Er wird in Wohngruppen für 1000-3000 Einwohner unterteilt. Mehrere Wohnkomplexe werden zu Wohnbezirken bis 60.000 Einwohnern zusammengefaßt; zentraler Platz mit großzügigen, weiträumigen Repräsentationsbauten: Kulturpalast, Gewerkschafts- und Parteizentrale; Magistrale = Geschäfts-, Hauptverkehrs und Demonstrationsstraße; einheitliches, oft monotones Straßenführungs- und Gebäudebild, meist 5- und mehrgeschossige, oft bis über 200 m lange Blocks aus vorgefertigten Betonplatten; wenige Wohnungstypen. Im Durchschnitt 60 qm incl. Bad, WC; geringe Mieten erlaubten weder Verzinsung noch Sanierung der Altbauten und wurden hoch subventioniert; Stadtrand-Eigenheime meist für verdiente Führungskräfte aus Politik und Wirtschaft.

347) „Die Zukunft des Stahls entscheidet über die Lebensqualität" (Neue Zeit, 24.2.93)
Aus den sozialreformerischen Ideen der Stadtplanung gingen im wesentlichen vier Konzepttypen hervor: **1. Ville sociale** = menschenwürdige Verbindung von Arbeitsplatz und Wohnung innerhalb einer Neusiedlung mit einer alle Bedürfnisse abdeckenden Infrastruktur; **2. Gartenstadt** = eigenständige Siedlung im Sinne einer ville sociale, aber mit ländlichen Charakter (z.B. die erste deutsche Gartenstadt Hellerau bei Dresden ab 1908), **3. Gartenvorstadt** = durchgrünte Bebauung mit Gartenstadt, aber berufs- und verwaltungsabhängig von einer nahen City oder Industrie; **4. Arbeitersiedlung** (vgl. z.B. Kommunaler Wohnungsbau im ‚Roten Wien' 1919-1934: In den einzelnen Wohnanlagen wurden Infrastrukturleistungen angeboten, wie Bäder, Sportanlagen, Krankenanstalten, Kindergärten und Spielplätze, Jugendhorte, Pflegeheime, Volksbibliotheken, Kulturvereine usw.). Allen Konzepten sind volkspädagogische Absichten gemein (vgl. Baustilkunde 1991:417).

348) Zu dem sozialen Anliegen, den baulich-räumlichen Vorstellungen sowie Vertretern (Howard, Taut u.a.) der Konzeption der ‚Gartenstadt' vgl. Rodenstein (1991:49f.).

349) Der Begründer des ‚Raumstadt'-Begriffs Walter Schwagenscheidt definiert seine Stadt 1921 wie folgt:
„Die Stadt teilt sich in Industrie-, Geschäfts- und Wohnstadt. Die Industriestadt wird gesondert von der Wohnstadt angeordnet, die Geschäftsstadt bildet einen Teil der Wohnstadt. Die notwendigen Straßen mit starkem Durchgangsverkehr sind außerhalb der Räume gelegt; die Straßen mit schwächerem Verkehr können durch die Räume geführt werden, ohne sie zu zerstören. Man wohnt nicht an der Straße, sondern an und in den Räumen. Es wird bei der Gestaltung der Räume systematisch die Natur zur Hilfe genommen. Die Fabriken werden zu einer Industrie-Raumstadt aufgebaut; diese wird an der den vorherrschenden Winden entgegengesetzten Seite von der Wohnstadt angeordnet" (Preusler 1985: 44f.)

350) Zu dieser Thematik ein ehemaliger Stadtarchitekt: „In diesem Sinne war Stalinstadt natürlich auch vielleicht als totale Stadt geplant. Aber es hat immer solche total geplanten Städte gegeben. Und die waren dann immer Inkarnation einer Idee. Und diese Idee, und da lasse ich nicht davon ab, die haben deutsche Architekten gemacht. Und wenn man jetzt mal resultieren würde, waren die an die Partei gebunden, waren sie Mitglied. Ein Teil davon, die sind sogar – wie wir sagten – nach dem Westen abgehauen. Also das geht quer durch den Gemüsegarten. Auch von daher kann man nicht sagen, daß die Stadt nun ganz ideologiegebunden ist. Sondern sie ist eben ein Kulturgut, ein Geschichtssachzeuge, der verdient, Denkmal zu sein für ganz Deutschland." (12, VG 11 Denkmalpfleger)

351) Das Zitat beruht auf einem Interview mit K.W. Leucht.

352) Die Phasen der städtebaulichen Entwicklung in der DDR wurden von verschiedenen Autoren aus der DDR und der Bundesrepublik Deutschland beschrieben. Dabei kommen die Autoren zu teilweise übereinstimmenden Periodisierungen. Der DDR-Kunsthistoriker Topfstedt (1980) und der westdeutsche Geograph Werner (1981) grenzen den Zeitraum 1945-1949/50 ab, den sie durch das Wiederaufgreifen von Vorstellungen des gemeinnützigen Wohnungsbaus der späten 20er Jahre und der Gestaltungsprinzipien des Neuen Bauens und anderer Architekturströmungen der Zeit vor 1933 charakterisieren. Topfstedt sieht darin eine gewollte Alternative zum Pathos der Architekturbilder des Dritten Reiches. Werner, Topfstedt und der westdeutsche Politologe Beyme (1987) charakterisieren den Abschnitt 1949 bis 1954/55 als eine Anknüpfung an nationale Traditionen. Topfstedt sieht darin die Notwendigkeit, die sowjetischen Erfahrungen zu verarbeiten. Beyme interpretiert diesen Zeitraum als Fortsetzung des bis 1945 bestehenden Leitbildes. Der DDR-Architekturtheoretiker Flierl (1978) grenzt eine stalinistische Bauperiode und eine nachstalinistische ab. Bis Mitte der fünfziger Jahre sei die Architektur durch die Politik und Ideologie der SED maßgeblich bestimmt worden. Mitte der fünfziger Jahre fand nach Meinung aller Autoren ein baupolitischer Kurswechsel statt. Beyme charakterisiert die nächste, bei ihm bis 1975 reichende Phase, als ‚Phase des industrialisierten Städtebaus'. Topfstedt grenzt diese Phase bis 1971 ein und unterteilt in zwei Teilperioden: Einmal in die Periode aufgelockerter Bauweise, der bis Ende der 60er Jahre eine Phase verdichteter Bauweise folgt. Werner beschreibt diese Phase als eine Orientierung am ‚aufgelockerten Städtebau' Westeuropas. Diese Orientierung sei maßgeblich durch den Entstalinisierungsprozeß möglich geworden. Ab 1964 wurde unter dem Einfluß der internationalen Diskussion um Urbanität das Leitbild der ‚kompakten Stadt' verfolgt. Flierl wiederum grenzt die Etappe Mitte der fünfziger Jahre bis 1978 als die eigentliche Phase sozialistischen Bauens ab. Die westdeutschen Autoren Werner und Beyme beschreiben die Periode ab Mitte der 70er Jahre mit dem Leitbild des ‚qualitativen Stadtumbaus'. In dieser Phase sei die Korrektur erkannter Fehler des Wiederaufbaus erfolgt und das Bemühen um die Erhaltung vorhandener Altbausubstanz wurde verstärkt (vgl. Hoscislawski 1991:31f.). Kritisch bleibt anzumerken, daß sich die Charakterisierung der letzten Phase doch eher auf den westdeutschen Städtebau bezieht, da gerade die Vernachlässigung der Altbausubstanz ein Kennzeichen des DDR-Städtebaus war.

353) Der Begriff ‚Wohnkomplex' wird beibehalten, da er für die Stadtplanung Eisenhüttenstadts schon eine historische Kategorie darstellt. Es wird in diesem Kapitel auch die Unterteilung nach Wohnkomplexen getroffen, da die bis 1989 erfolgte Einteilung nach Stadtteilen, wie z.B. Eisenhüttenstadt-Ost, -West etc. nach der Wende nicht mehr aktuell ist und neue Stadtgrenzen noch nicht festgelegt sind.
„Damals wurde ja auch der Begriff Wohnkomplex geboren, eine Einheit von etwa 5000 Einwohnern, die sich um eine Schule, um einen Kindergarten, eine Krippe, ein Einkaufszentrum und eine entsprechende Freifläche gruppiert, wie das eindrucksvoll am ehesten im Wohnkomplex II, aber Architekturkomplex I noch zu sehen ist." (6, VG 11 Stadtplaner in Eisenhüttenstadt 1956-1968)

354) Einige Parallelen anderer ‚sozialistischer Städte' zu Eisenhüttenstadt sind eindeutig. Das trifft z.B. auf die polnische Stadt Nowe Tychy bei Kattowice zu: „In Nowe Tychy ist der Entwicklungsprozeß im sozialistischen Städtebau noch deutlicher als in Eisenhüttenstadt am Stadtgrundriß ablesbar. Die baulichen Zeugen der verschiedenen Leitbilder – vom repräsentativ klassischen Städtebau über die gleichförmigen Typenbauten der Großserienproduktion bis zu einer in den siebziger Jahren zu beobachtenden Verdichtung und Differenzierung der Baukörper – liegen in Nowe Tychy vor." (Fritzsche 1992:267)

355) „Die Zukunft des Stahls entscheidet über die Lebensqualität", In: Neue Zeit, 24.2.93; In einem Artikel über die Architektur der Stadt wird auch verkürzt der Weg als der „vom Neo-Klassizismus zur Standard-Platte" beschrieben. In: Meuser, Ph. (1993, Teil 1)

356) So wurden nur am Rand des WK VII einige Wohnbauten in Erwartung der Arbeitskräfte für das Warmwalzwerk errichtet: „EKO sollte ja sukzessive immer erweitert werden, das letzte große war ja dieses Warmwalzwerk gewesen und mit dem Warmwalzwerk war ja verbunden auch das Heranziehen von Arbeitskräften, von sogenannten Leistungsträgern auch, wie's damals immer hieß, und da hatte man so die Zahl 500 zum Beispiel auch im Kopf. Und da wurde eben auch schon, in Erwartung dessen wurden eben auch schon Wohnungen gebaut." (4, E 15 Mitarbeiter Stadtverwaltung)

357) Auf Ausführungen zu Standortbedingungen, die die Geologie, Morphologie, Bodengüte, Klima, Verkehrs- und Betriebsanlagen sowie architektonische Details, die Dachgestaltung, Grünflächengestaltung etc. betreffen, wird hier verzichtet. Sie sind grundlegend im Buch von K.W. Leucht (1957) beschrieben.

358) Zur Umsetzung des Nachbarschaftsprinzipes im Städtebau der sozialistischen Länder vgl. Goldzamt (1975:265f.). Das Konzept der Nachbarschaftseinheit wurde in den sechziger Jahren zum Gegenstand der Kritik westeuropäischer Soziologen und Städtebauer. Ab den 20er Jahren hatte man mit diesem Konzept die Idee der sozialen Integration und das Milieu nachbarschaftlicher Verbundenheit fördern wollen. Sozial differenzierte lokale Gemeinschaften sollten räumlich zusammengebracht werden. Jedoch die räumliche Organisation konnte keinen Beitrag gegen die sozialökonomischen Differenzierungsprozesse leisten. Da sich die Erwartungen, die mit der Nachbarschaftsidee verbunden wurden, nicht erfüllten, wurde die Idee insgesamt in Frage gestellt.

359) Zitat aus einem Gespräch mit K.W. Leucht 1987

360) Hier kann auch das Element der ‚Stadtkrone', wie es von Architekten (Bruno Taut, Theodor Fischer, Peter Behrens u.a.) zu Beginn des 20. Jahrhundert hervorgehoben wurde, angeführt werden. Diese ‚Stadtkrone' sollte Bezugs- und Mittelpunkt des Volkes sein, hier sollten sich die Bewohner treffen. In der Planung für Wolfsburg stellte sie ebenfalls ein bestimmendes Element dar. Ursprünglich zielte die Stadtplanung für Stalinstadt auf den Werkseingang, das sogenannte ‚Dreieck'. Dort sollte der architektonische Punkt entwickelt werden. Erste Stadtentwürfe ließen die Straßen auf diesen Werkseingang zufließen. Mit Verlust dessen Monumentalität rückte die Hochofengruppe in den Mittelpunkt:
„Das gab dem Werkseingang eine unerhörte Bedeutung, dort hätte nur ein Schloß stehen können, um den Auftakt zu rechtfertigen, den die Stadt dazu gab. Wir haben das alles weggelassen, haben das entschärft und dann entdeckt, daß eigentlich die Hochofengruppe etwas furchtbar Schönes ist." (14, VG 11 Stadtplaner Eisenhüttenstadt 1956-1968)

361) Am 8.1.53 wurden in der Sitzung des Sekretariats des ZK der SED die Abteilung Finanzverwaltung und Parteibetriebe beauftragt, für das Gebäude der Massenorganisationen in der Wohnstadt des EKO einen Wettbewerb auszuschreiben. (Vgl. SAPMO-BArch, ZPA, DY J IV / 2/3 – 353 Reinschriftenprotokoll. 8.1.53, S. 12, Punkt 58, Gebäude der Parteien und Massenorganisationen in der Wohnstadt des EKO)

362) Bis Ende 1955 existierten folgende Gebäude (Auswahl): Kindergarten IIa und IIb, Krippe II und III, Oberschule II, Berggaststätte Diehloer Höhe, Friedrich-Wolf-Theater, Bettenflügel Süd des Krankenhauses, Schwesternwohnheim, 45 Verkaufsstellen in der Stadt, zwei Wäschereien, Haus der Parteien und Massenorganisationen. Im Bau befanden sich ein weiterer Kindergarten und eine Krippe, eine Oberschule sowie das ‚Ledigenwohnheim' mit 170 Plätzen. Ab 1955 entstanden in der Straße der Republik auch die ersten Wohnungen mit Zentralheizung, was für die damals bestehenden wirtschaftlichen Verhältnisse in der DDR ein enormer Fortschritt war.

363) „Die Zukunft des Stahls entscheidet über die Lebensqualität", In: Neue Zeit, 24.2.1993

364) Ein Kapitel zur Entwicklung der Kirche wurde in diesen Bericht nicht aufgenommen. Ausführlich zu diesem Thema vgl. Bräuer (1990) und Tillmann (1995).

365) Der Ministerrat beschloß am 21.4.1955 das ‚Dokument über die wichtigsten Aufgaben im Bauwesen'. Das Kernstück war die Industrialisierung. Es ging um die Ablösung traditioneller Bauweise durch die Fließ- und Taktmethode, Montage-, Großblock- und Plattenbauweise.

366) Vgl. Wettbewerb Magistrale und Zentraler Platz von Stalinstadt. In: Deutsche Architektur 5/1953.

367) „weil eine Sache von Anfang an mit Konsequenz betrieben worden ist in Eisenhüttenstadt, und ich weiß sehr genau, daß das heute noch so ist und begrüße das sehr, nämlich daß die langfristige Planung in dieser Stadt und an dieser Stadt zu einem Zeitpunkt, ob staatlicherseits gefordert oder nicht gefordert, immer als selbstverständliche Maßnahme – und sei es auch nur von dem Stadtplaner selbst für den Hausgebrauch – betrieben worden ist. Man konnte die Eisenhüttenstädter nie in Verlegenheit bringen, wenn man sagte, also Freunde, ihr könnt in zwei Jahren noch 500 Wohnungen bauen oder was weiß ich und tausend, wir müssen vorbereitete Standorte habt dafür. Da war immer irgendwas im Tischkasten und in Vorbereitung." (5, VG 11 Stadtplaner in Eisenhüttenstadt 1956-1968)

368) Ein einheitliches Systemmaß wurde festgelegt. Die Zwei- bis Vierraumwohnungen verfügten über Zentralheizung und Warmwasser, einen Keller und Bodenkammer. Auch die Innengestaltung war genormt – Badezimmer und Küchen teilweise gefließt, Badewannen eingemauert. Das bedeutete einen enorm hohen Komfort im Vergleich zu anderen DDR-Städten in dieser Zeit.

369) „Die im Werk vorgefertigten Module erhielten einen fünfstelligen Code. Die Architekten bauten Häuser nicht mehr nach Ansprüchen des Bauherrn, sondern nach Verfügbarkeit der Platten im Lager. In industrieller Produktion wurden die dreischichtigen Elemente komplett mit Wärmedämmung vorgefertigt. Fenstermodule verließen bereits mit Glas das Plattenwerk, viele Scheiben gingen noch vor dem Einbau zu Bruch. Die Einsparungen bei Beton und Stahl ließen sich politisch zwar gut verkaufen, doch spätestens mit den ersten Bauschäden rächten sich die Qualitätsverluste. Die Sanierung der Plattenbauten in der ehemaligen DDR wird einer Berliner Studie zufolge weit über einhundert Milliarden Mark verschlingen." (Meuser 1993, Teil 3)

370) Die Gestaltung der Fassaden wurde ebenfalls kritisiert: „Die offene Zeilenbebauung wirkt jedoch einer klaren sowie übersichtlichen Gliederung des Wohnkomplexes entgegen In ihrem ästhetischen und emotionalen Erscheinungsbild bleibt die Gestaltung dieser Fassade hinter dem Niveau vorangegangener Wohnbaugestaltungen zurück. Die Anordnung der einzelnen Funktionsflächen ist schematisch und monoton, unterstützt durch das Fehlen plastischer Ausformungen der Hausfront. Die Frage bleibt, ob eine zweckmäßige Baukörperkomposition eine schmucklose Fassadengestaltung zur Folge haben muß." (Eger 1987:56f.)

371) Im Zentrum der Wohnungsbaupolitik stand dabei der Wohnungsneubau. Durch das im internationalen Städtebau geltende Leitbild der 60er Jahre wurde die zentralistische Städtebaukonzeption hinsichtlich ihres rigiden Bruchs mit den Werten der alten Stadt noch begünstigt. „Orientiert wurde auf großräumige und offene Bebauung als Negation überkommener Funktions- und Raumstruktur" (Hunger 1994b:314). Bereits seit Mitte der 60er Jahre rückten allerdings in der Städtebauforschung zunehmend Positionen in den Vordergrund, die einen behutsamen Umgang mit vorhandener Wohnsubstanz neben dem Wohnungsneubau proklamierten. Derartige Positionen wurden jedoch nicht in größerem Umfang in der Praxis umgesetzt. „Die Konsequenzen des technokratischen, verengt auf den Bauprozeß orientierten Neubau-Denkens führte zum Festhalten an sozial- und baupolitischen Prinzipien der 50er und 60er Jahre, während zeitgleich in der Bundesrepublik nach massiven Bürgerprotesten die Trendwende zur Innenstadterneuerung eingeleitet wurde und das Instrumentarium der Sozialplanung in der Stadterneuerung entstand." (Hunger 1994b:315)

372) BLHA, III/2, Bez. Ffo. Rep. 601, Akte 1976, Vorlage für die Sitzung am 23.11.1965, Rat der Stadt Eisenhüttenstadt, 16.11.1965, S. 8

373) Unter einem ‚Versorgungszentrum' verstand man die Zusammenfassung mehrerer Teil-Gebäude innerhalb eines Gebäudekomplexes. Der Zweck wurde mit den Begriffen ‚Versorgen', ‚Bilden', ‚Erholen', ‚Vergnügen' beschrieben. Integriert wurden z.B. eine Kaufhalle, Gaststätte, Schulspeisung, Bibliothek, Post, Annahmestellen der Dienstleistungskombinate, Friseur etc..

374) Vgl. ‚Die Architektur und die bildenden Künste. Entschließung.' In: Deutsche Architektur 1/1955; „Konzeptionen zur Stadtgestaltung von Eisenhüttenstadt zielen zunehmend auf die Integration der bildenden und angewandten Künste, landschaftlich-gärtnerischen und gebrauchsgegenständlichen Elemente in die Architektur." (Eger 1987:6)

375) Zitat beruht auf einer Aussage von F. Gericke, dem damaligen Stadtrat für Kultur.

376) Eisenhüttenstadt und das Schlaubetal (1986); Sichting (1993); Synthese Architektur und Bildende Kunst (1976), Architektur, Denkmale, Bildende Kunst (1988), EKO-Pleinair EKO (1988)
Die ersten Patenschaftsverträge mit Künstlern schloß das EKO 1952 ab. Bei Werken zu Malerei/Grafik standen das Thema Werk und Stadt im Mittelpunkt (z.B. ‚Arbeiter von der Aufbaubrigade Schornstein II', ‚Von den Diehloer Bergen auf das EKO', ‚Wohnstadt' etc.) (vgl. Fromm 1981:65). 1994 fand im Städtischen Museum Eisenhüttenstadt eine Ausstellung mit Werken der sog. ‚Auftragskunst' statt.

377) Überlegungen im Nachhinein, ob die DDR in der Lage gewesen wäre, dieses Programm bis 1990 zu erfüllen, gehen von den Schwierigkeiten aus, die dessen Realisierung wahrscheinlich unmöglich gemacht hätten: starres Festhalten am Wohnungsneubau auf der ‚Grünen Wiese'; Ignoranz der Spezifik privaten Mietshausbesitzes, die auch Ursache des Verfalls vieler Innenstädte war; Bevorzugung Berlins sowie einiger Industriestandorte, wie Eisenhüttenstadt, Hoyerswerda, Schwedt; die späte Hinwendung zum innerstädtischen Bauen; dogmatisches Festhalten an viel zu niedrigen Mieten (ca. 3,6% des Familieneinkommens) (vgl. Kühnert 1994:173f.). R. Kühnert war bis 1989 stellv. Leiter der Abt. Bauwesen beim ZK der SED.

378) Der damalige Vorsitzende des BDA (Bund Deutscher Architekten) der DDR Bruno Flierl (s. auch Literaturverzeichnis), 1980 als Professor an die Humboldt-Universität, Sektion Ästhetik/Kulturwissenschaften berufen, wurde 1982 aus dem Präsidium des BDA ausgeschlossen. Weiterhin wurde ihm ein Parteiverfahren nach seiner Kritik am extensiven Wohnungsbau bei Vernachlässigung des innerstädtischen Bereichs angedroht (vgl. Cerný 1992:116).
"Nach heftigen Diskussionen unter Architekten und in der Bevölkerung über Monotonie in den Städtebau wurde Anfang der achtziger Jahre in einem gemeinsamen Beschluß des Politbüros und des Ministerrates über die ‚sozialistische Entwicklung von Städtebau und Architektur' ausgearbeitet und im ‚Neuen Deutschland' veröffentlicht. Bezeichnend war nur, daß die politische Führung der DDR die von ihr gefaßten Beschlüsse vielfach ignorierte, indem sie weiterhin dem Neubau den Vorrang gab und die Erhaltung der Wohnbausubstanz vernachlässigte." (Kühnert 1994:172)

379) Die Einwohnerdichte der ersten fünf WK liegt zwischen 150 – 240 EW/ha, im VI. WK beträgt sie 276 EW/ha. WK VII verfügt über 300 EW/ha.

380) Der von 1957 bis 1967 in Stalinstadt / Eisenhüttenstadt tätige Stadtarchitekt H. Härtel bezeichnet diesen Prozeß als einen ‚entsetzlichen Verfall der Städtebau- und Architekturwerte.' (Vgl. Meuser 1993, Teil 2); im ‚Volksmund' wurden die Wohnungen auch als ‚Arbeiterschließfächer' bezeichnet.

Eisenhüttenstadt zwischen Vergangenheit und Zukunft

381) „Wir sind mehr als nur Eisen und Hütten" wurde ebenfalls zum geflügelten Wort. (Vgl. Marketing-Konzept nach der OSW-Studie Eisenhüttenstadt 1993.)Interessant in diesem Spruch ist der Versuch der Auflösung der Verbindung von Werk und Stadt, die ja 1961 durch dieses ‚Wort' – Eisenhüttenstadt – dokumentiert wurde. Unter Werk verstand man allerdings damals die ‚Eisenhütte'. In dem Satz „Wir sind mehr als nur Eisen und Hütten" erscheint es so, als seien mit den Hütten die Wohnblöcke der Stadt gemeint.

382) „Ist unsere Stadt die Geschichte einer Utopie?" (MOZ v. 9.11.1990) Schon 1990 war von Vertretern der Stadt ein Buchprojekt über die Entwicklung Eisenhüttenstadts geplant, unter dem Titel „Eisenhüttenstadt – eine gescheiterte Utopie?" oder „Eisenhüttenstadt – die Geschichte einer Utopie". Leider wurde dieses Buch-Projekt nicht realisiert.

383) Einen generellen Rückzug und eine zunehmende politische Enthaltsamkeit unter den Bürgern nach 1990 konstatieren ebenfalls Herlyn/Bertels (1994:126)

384) ‚Pluspunkte für Bremer-Hütte' (taz 1.10.93)

385) In den Regionen des Ruhrgebietes und im Saarland hingen in fünfziger Jahren 80% der Wirtschaft von der Stahlindustrie ab, 1990 30%. 1974 bis 1987 schrumpfte z.B. die Beschäftigtenzahl in der nordrhein-westfälischen Stahlindustrie etwa um 90.000 (40%). Bis 1986 fand ein gigantischer Arbeitsplatzabbau über Sozialpläne statt. Instrumentarium war z.B. die Frühverrentung ab 55 Jahre mit 90% des letzten Nettogehaltes. Der Arbeitsplatzabbau gestaltete sich so lange unproblematisch, wie für die nachwachsende Generation Beschäftigung in neuen Bereichen entstand. 1986 wurden die Probleme offensichtlich. Die Arbeitslosenrate im Revier stieg Mitte der 80er Jahre bis auf 15%. Es gab massiven Widerstand der Stahlarbeiter, wie z.B. in Rheinhausen. Die fieberhafte Suche nach neuen Instrumenten, die die klassische Sozialplanpolitik ergänzen soll-

ten, brachte die durch die IG Metall initiierten sog. ‚Beschäftigungsgesellschaften' ins Spiel. Bisher konnten auf diesem Weg jedoch kaum neue konkurrenzfähige Arbeitsplätze geschaffen werden. Qualifizierungszentren fungierten allenfalls als Elemente der Beschäftigungsgesellschaften. Ein neues Modell des ‚Krisenbewältigungsmanagement' gab es zu diesem Zeitpunkt nur im Saarland. Dort wurde die „Stahlstiftung Saarland" gegründet, die mit Kapital der werkseigenen Wohnungsbaugesellschaft Sanierungsprozesse begleitete.

386) In der *Krupp-Stahl AG* begannen im Juli 1990 die Auseinandersetzungen um die Weiterführung des Werkes in Duisburg-Rheinhausen. Nach der zu diesem Zeitpunkt bestehenden Konzeption sollte das Werk als ‚Ein-Hochofen-Betrieb' weitergeführt werden. Es war ein Personalabbau von 2.800 auf 1.600 Beschäftigte vorgesehen. Mit der reduzierten Belegschaft sollten weiterhin monatlich 40.000 Tonnen Stahl in die damalige DDR geliefert werden, davon 30.000 Tonnen ins EKO. EKO und Krupp schlossen auch vertragliche Vereinbarungen zur Zusammenarbeit und technischen Optimierung der Anlagen sowie über die Lieferung von 300.000 Tonnen Stahl pro Jahr. Der Vertrag galt zunächst für vier Jahre ab März 1991. Die Stahllieferungen waren teilweise Ersatz für ausgefallene Lieferungen aus der UdSSR. Im Oktober 1991 fusionierten das Dortmunder *Hoesch-Stahlwerk* und Krupp, wobei letzteres über die Aktienmehrheit verfügte. Schon Anfang der 80er Jahren gab es Versuche, eine Fusion von Hoesch und Krupp unter der Bezeichnung ‚Ruhrstahl AG' zu erreichen, die jedoch zum damaligen Zeitpunkt scheiterte. 1991 kündigte Krupp Beteiligungsabsichten an EKO an, die jedoch von der IG Metall als ‚undurchsichtig' bezeichnet wurden. Auch auf seiten des Hoesch-Stahlwerkes wurden diese Beteiligungsabsichten kritisiert: Man fürchtete um die Stahlbasis in Dortmund, da schon der Zusammenschluß Hoesch-Krupp eine Reihe von unabsehbaren Risiken mit sich brachte. Am 10.3.1993 wurde der Stillegungsbeschluß für Rheinhausen getroffen. Anfang 1994 kündigte der Chef der Krupp-Hoesch Stahl AG den Abbau von 2.800 Arbeitsplätzen an. Im Dezember 1993 waren es 18.700 Beschäftigte, Ende 1995 sollten es 14.000 sein. Das Geld für die bisher üblichen Sozialpläne war nicht mehr in vollem Umfang vorhanden. Der Branchenriese *Thyssen* reagierte 1992 als erster auf die Konjunkturschwäche: bis September 1992 wurden weitere 2000 Arbeitskräfte im Duisburger Raum abgebaut. Noch Ende 1994 sollte die Belegschaft von den damals vorhandenen 33.000 Beschäftigten um 4.000 reduziert werden. Bis Ende 1995 sollte die Zahl trotz Stahlboom auf 22.000 sinken. Man ging von einem Personalabbau von über 10.000 Arbeitsplätzen aus, quer durch alle Bereiche und Standorte. Die *Klöckner*-Hütte baute ihre Belegschaft 1992/93 von 5.900 auf 4.700 ab und führte Fusionsverhandlungen mit dem niederländischen Hoogovens-Konzern sowie deutschen und japanischen Stahlunternehmen. Im August 1993 wurde auch die Idee geäußert mit EKO zusammenzugehen und in einer ‚Dreierlösung' (Bremen, Klöckner, EKO) die Werke weiterzuführen. Der Vorschlag war jedoch damit verbunden, daß in Eisenhüttenstadt kein Warmwalzwerk errichtet werden solle. Ende 1993 kauften für einen symbolischen Preis von 1 Mark der private Investor Hegemann 8%, die Bremer Vulkanwerft 13% und das Land Bremen knapp die Hälfte der Klöckner-Stahl-Aktien auf. Diese führte wieder zur Kritik von EU-Seite, da nach Ansicht der dortigen Kommission die Hauptlast vom Staat übernommen worden war. Anfang Januar 1994 stand das Sanierungsmodell ‚auf der Kippe'. Die EU-Kommission eröffnete ein Verfahren wegen öffentlicher Subventionierung entgegen den europäischen Bestimmungen. Mit dem wiedererstarkten Stahlmarkt Mitte 1994 wurde die Klöckner-Hütte als ‚gerettet' bezeichnet. Die *Georgsmarienhütte* in Osnabrück bei Hannover erhielt über sogenannte ‚Forschungsbeihilfen' des Landes für den Bau eines Elektroofens Subventionen in zweistelliger Millionenhöhe. Auch der 1989 gegründete *Saarländische Stahlverbund* hatte enorme Schwierigkeiten. Anfang 1992 erhielt der französische Stahlgigant Unicor-Salicor 70% Anteile. Doch schon Ende 1993 stellte die Regierung der maroden Saarstahl AG 220 Millionen Mark für die Finanzierung der Unternehmensanteile an den Sozialplänen zur Verfügung. Ende 1994 standen die *Hamburger Stahlwerke* vor dem ‚Aus'. Die EU hatte einen Prüfbericht angefordert. Seit Mitte der achtziger Jahre waren die Werke nur noch mit Stadtstaatsbürgschaften über Wasser gehalten worden, was schon zum damaligen Zeitpunkt als ein ‚Vabanquespiel zwischen EG-Richtlinien und Konkurs' bezeichnet wurde. (Zu den Entwicklungen in der Preussag Stahl, der ‚Neuen Maxhütte' sowie der Vereinigten Schmiedewerke GmbH – VSG – vgl. Billig/Geist 1993).

387) Zwischen 1988 und 1990 kletterten osteuropäische Billigexporte in der EG um 30% auf über 2 Millionen Tonnen.

388) Die EG-Kommission wollte mit Hilfe der nationalen Regierungen den Abbau der Arbeitsplätze mit 1 Milliarde Mark abfedern. Abgelehnt wurde ein Vorgehen, wie noch bei der Stahlkrise Anfang der achtziger Jahre, daß die Unternehmen in einem sog. ‚Strukturkrisenkartell' Quoten für ihre Erzeugnisse festlegen.

389) ‚Welcher Stahlstandort darf überleben?' (taz v. 10.2.1993) Die westdeutsch dominierte Wirtschaftsvereinigung schlug vor, auf die Ausweitung der Warmwalzkapazitäten im EKO zu verzichten und statt dessen das vorhandene Kaltwalzwerk der EKO Stahl mit Investitionen in Höhe von 310 Millionen zu erhalten. Deutsche Warmbandhersteller sollten verpflichtet werden, das Kaltwalzwerk zu konkurrenzfähigen Konditionen langfristig zu versorgen. Bis Ende 1993 gab es auf dem europäischen Stahlmarkt nur auf dem Gebiet des Abbaus von Rohstahlkapazität Erfolge, auf dem der Warmbandkapazität kaum. Nach den EG-Vorstellungen sollten europaweit ca. drei Warmbreitbandstraßen abgebaut werden, Deutschland besaß zu diesem Zeitpunkt sechs solcher Straßen, von denen eine betroffen sein würde.

390) ‚Stirbt das Werk, stirbt auch die Stadt' (taz 19.2.1993)

391) Gegenstimmen zur EKO-Privatisierung kamen auch aus den SPD-regierten Ländern, insbesondere aus Nordrhein-Westfalen, das am meisten um den Kapazitätsabbau fürchten mußte. Der nordrhein-westfälische Wirtschaftsminister schrieb an den bundesdeutschen Wirtschaftsminister Rexrodt einen Brief mit der Forderung, jeglichen Subventionen für EKO eine deutliche Absage zu erteilen. Vertreter der Regierungskanzlei in Nordrhein-Westfalen fuhren persönlich zum zuständigen EG-Kommissar van Miert nach Brüssel, um ihre Beschwerden vorzutragen.

392) Vgl. ‚Rexrodts Erpressung' (taz 23.9.1993)

393) Vom 1.4.1991 an waren 65% des Westtarifs für Ostdeutschland vereinbart worden Zum 1.4.1993 war laut Tarifvertrag im Stufenplan eine Steigerung um 26 Prozentpunkte auf 80% des Westgehaltes (in Anlehnung an die Tarife in Nordrhein-Westfalen) vorgesehen.

394) Wesentliche Einschnitte in den ostdeutschen Stahlunternehmen gab es sowohl bei den Produktionskapazitäten, die um 60%, als auch bei den Belegschaften, die um 70% verringert wurden.

395) Exkurs: Die Entwicklung der ostdeutschen Stahlindustrie nach 1989 (Stand 1995) (zusammengestellt aus verschiedenen Dokumenten und Artikeln)
Hennigsdorfer Stahl GmbH
Am 8. August 1990 wurde aus dem ehemaligen VEB Stahl- und Walzwerk Hennigsdorf die *Hennigsdorfer Stahl GmbH.* Bis zu diesem Zeitpunkt waren schon eine Reihe von ostdeutschen Kooperationspartnern der Hennigsdorfer Stahl GmbH weggebrochen. Hennigsdorf war z.B. Hauptlieferant der LKW-Produktion in Ludwigsfelde. Nach der Übernahme des Werkes durch Mercedes-Benz brachte Mercedes seine vertrauten Zulieferer mit. Innerhalb von einem Monat (von 7.000 Beschäftigten im Juli 1990) wurde ein Personalabbau von 700 Mitarbeitern vorgenommen. Von den 6.300 befanden sich 4.000 in Kurzarbeit, von denen wiederum die meisten weniger als 30% arbeiteten. Die UdSSR als Haupthandelspartner war vollständig ausgefallen. Die alten Siemens-Martin-Hochöfen hatten vor der Wende noch 700.000 Tonnen Stahl produziert, Ende 1990 wurde in Abständen noch einer der Hochöfen zur Beheizung des nahegelegenen Wohngebietes angefahren. Hennigsdorf hatte nur mit der westdeutschen Klöckner-Hütte Kooperationsverträge im Vertrieb abgeschlossen. Hennigsdorf kämpfte jedoch selbst um seinen Standort. Das Management der Hennigsdorfer Stahl GmbH versuchte selbst, das Unternehmen als eigenständigen Betrieb zu retten. Es begann die fieberhafte Suche nach Ersatzarbeitsplätzen für ca. 2.500 Stahlarbeiter, die selbst bei einer erfolgreichen Sanierung des Kernbereiches und teilweise Frühverrentung über den Sozialplan noch entlassen werden mußten. Ende 1991 war der ‚Verkaufsmarathon' zu Ende – das Land Brandenburg und der Verwaltungsrat der Treuhand billigten die Übernahme der Werke durch Riva. Dieses hatte sich gegen das Thyssen-Konsortium durchgesetzt. Riva verpflichtete sich, in den nächsten drei Jahren 200 Millionen Mark zu investieren. Die Arbeitskräfte fanden größtenteils in Auffanggesellschaften Beschäftigung. Ende 1993 wurden im Zusammenhang mit der EKO-Privatisierung erstmals Befürchtungen um einen Kapazitätsabbau in Hennigsdorf geäußert.
Stahl- und Walzwerk Brandenburg
Das VEB *Stahl- und Walzwerk Brandenburg* wurde zusammen mit dem Hennigsdorfer Werk durch Riva übernommen. In Brandenburg wurde durch 12 Siemens-Martin-Öfen die gleiche Rohstahlmenge produziert, wie in Rheinhausen in einem Hochofen. Bis 1994 sollte das veraltete Siemens-Martin-Werk als Auslaufbetrieb weitergeführt werden.
Kaltwalzwerk Oranienburg
Das erst 1986 von westdeutschen Firmen errichtete *Kaltwalzwerk Oranienburg* zählte mit zu den modernsten Europas. 1990 arbeiteten dort 1.026 Menschen, Anfang 1993 noch 330. Es wurde von Krupp 1990 gekauft und 1993 geschlossen.
Stahl- und Walzwerk Riesa
Das *Stahl- und Walzwerk Riesa* war für die 50.000 Einwohner zählende Stadt Riesa und die Region ebenso strukturbestimmend, wie das EKO in

Eisenhüttenstadt. Im Oktober 1990 hatte Riesa zusammen mit der Mannesmann AG ein Strukturkonzept erarbeitet. Ein halbes Jahr benötigte die Berliner Treuhand für die Begutachtung. Schon 1991 befanden sich 6.000 der ehemals 9.000 Stahlarbeiter des Werkes in Kurzarbeit. Das Stahlwerk wurde wegen völliger Überalterung bereits 1991 geschlossen. Am Standort wurde stattdessen ein neues Ministahlwerk für Betonstahl von einer italienischen Unternehmensgruppe errichtet. Heute arbeiten im neuerbauten Ministahlwerk noch ca. 400 Beschäftigte, das sind 3% der früheren Gesamtbelegschaft (vgl. Gebbert: 1995). Bis Mitte 1995 siedelten sich mehr als 70 Unternehmen auf dem Gelände an. 1995 arbeiteten insgesamt 3.900 Mitarbeiter in diesen neuen Firmen. Mitte 1995 wurde ebenfalls eine neue Walzstraße der norditalienischen Feralpi-Gruppe erstellt, die jährlich etwa 450.000 Tonnen Betonstahl liefert. Mit der Inbetriebnahme dieser Walzstraße fand eine der größten Umwälzungen in der Geschichte Riesas ihren Abschluß. Bis 1995 erhielt Riesa mehr als 200 Millionen Mark an Fördergeldern von Bund und Land.

Edelstahlwerk Freital
Die *Edelstahlwerke GmbH Freital* erarbeitete gemeinsam mit der Thyssen AG ab Dezember 1990 an einem Sanierungskonzept. Von den über 4.000 noch 1991 beschäftigten Stahlarbeitern wurden ca. 1.000 entlassen. Im Zusammenhang mit der EKO-Privatisierung erfolgte für die Sanierung des Werkes in Freital zunächst keine Freigabe der beantragten 72 Millionen Mark Kosten durch die EU.

Maxhütte Unterwellenborn
Ein Teil der *Maxhütte Unterwellenborn* wurde vom luxemburgischen Stahlkonzern ‚ARBED' gekauft und mußte ebenfalls im Zusammenhang mit der EKO-Privatisierung Kapazitäten abbauen.

Walzwerke Finow
Das Werk wurde im Januar 1993 für eine Million Mark an die VSZ Metal Trade Deutschland GmbH (VMD) verkauft. VMW gehört den ostslowakischen Stahlwerken Kosice sowie deren Beteiligungsgesellschaften VSZ Metal Trading Kosice und R & S Rohstoff- und Stahlvertriebsgesellschaft Wien. Zunächst war 1991 an einer Übernahme der Walzwerke Finow GmbH Thyssen interessiert. Bereits im Sommer wollten Finow und die Thyssen Stahl AG einen Partnerschaftsvertrag unterzeichnen. Dann trat Krupp in die Verhandlungen mit ein, blieb ein Jahr im Gespräch und zog sich im Herbst 1991 zurück. Nachdem Krupp abgesprungen war, übernahm wieder Thyssen das Feld. Thyssen sicherte die Übernahme der gesamten Belegschaft (1.100 Arbeitsplätze) solange zu, bis die Treuhandanstalt Anfang Januar 1992 über den Verkauf entscheiden wollte; dann ‚zauberte' der Konzern ein Konzept mit nur noch 650 Arbeitsplätzen aus der Tasche. Die Treuhand vertagte die Entscheidung und bot der Geschäftsleitung des Werkes 50 Millionen Mark an, um das Werk aus eigener Kraft zu sanieren. Die Geschäftsleitung legte jedoch kurze Zeit später Pläne vor, von denen Thyssens sich nicht unterschieden. Die Belegschaft besetzte daraufhin das Werk. „Eineinhalb Jahre lang haben die Thyssen Stahl AG und Krupp hinter den Kulissen um das Finower Walzwerk gepokert. Ein Wirtschaftskrimi, meint der IG-Metaller und Ex-Betriebsrat Ernst Meszbach, in dem bisher nur das Opfer klar ist: die Belegschaft." (‚Welcher Stahlstandort darf überleben?', taz 10.2.1993) 1989 waren im Werk über 2000 Beschäftigte, Mitte 1995 waren es 400.

396) „So wird nun Standort gegen Standort im Osten ausgespielt, und die Stahlbarone im Westen können sich die Hände reiben." (,Ost gegen Ost', taz 11.11.1993)

397) „Aber ich finde, es gehört zu einer ehrlichen Diskussion zwischen den Regionen in Deutschland, daß man jetzt den Osten nicht dafür bestraft, daß die DDR kein integriertes Stahlwerk bauen konnte." (Wirtschaftsminister Brandenburgs Walter Hirche, 10.9.93 in einem taz-Interview, S.1, ‚Eko-Stahl will nicht sterben') „So wird nun Standort gegen Standort im Osten ausgespielt, und die Stahlbarone im Westen können sich die Hände reiben." (,Ost gegen Ost', taz 11.11.1993)

398) „Wir haben gegenwärtig so die Kapazitätsgröße von rund 1 Mio. Tonnen. Cockerill Sambre hat vor, den Betrieb wieder hochzufahren auf 1,6- 1,7 Mio. Tonnen. Und dann werden wir die 2.300 Mitarbeiter, die wir zum Jahresende sein sollen, auch weiter halten. Und wir hoffen auch, daß sich die Umfeldindustrie weiter aufbaut." (VG 12, ehemaliger Betriebsratsvorsitzender)

399) Zu den ausgegliederten Firmen gehören unter anderem die 100%-Töchter: Stahlhandel Burg GmbH, EKO Feinblechhandel GmbH, EKO Anlagenbau GmbH, Bauteilwerk GmbH, EKO Handelsunion GmbH; Unternehmen mit 50 und mehr Prozent Beteiligung: EKO Stahlhandel Berlin, Neue Faßtechnik, Gesellschaft für stahlwirtschaftliche Zusammenarbeit, EKO Skandinavien AS, EKO Stahlexport Essen, EKO Feinblechhandel Burbach GmbH, QCW; Unternehmen mit weniger als 50% EKO Beteiligung: Eisenhüttenstädter Schlackeunion, Völkl EKO GmbH, Eisenhüttenstädter Wertstoffgewinnungs GmbH.

400) Laut 38 der BetrVG standen dem Betriebsrat 11 freigestellte Betriebsräte zu. Die Freistellung von sieben weiteren Betriebsräten war Ergebnis der Verhandlungen des Betriebsrates.

401) Dies zeigte sich bspw. an der Diskussion um Betriebsteilausgründungen: „Wir haben mit dem Betriebsrat ein großes Mitspracherecht im Unternehmen gehabt, ob wir den Bereich ausgliedern, ob der an die Firma sowieso geht oder so geht, diese ganzen Verhandlungen haben wir wie das Unternehmen auf der Managementseite geführt, haben wir auf der ganzen Strecke des Personals, der sozialen tariflichen begleitenden Probleme geführt. Und wenn wir eben gemerkt haben, daß eine Firma diesen Ansprüchen und Bedingungen nicht gerecht wird, und daß die Leute, wenn privatisiert wird und sie in den Bereich übergehen, so viele finanzielle oder soziale Nachteile haben, daß man das nicht verantworten kann, dann ist es uns auch gelungen, das zu verhindern." (VG 12, ehemaliger Betriebsratsvorsitzender)

402) Bei dieser Wahl verkleinerte sich der Betriebsrat entsprechend der Belegschaftsstärke auf 23 Mitglieder, davon 16 Arbeiter und 7 Angestellte. Im neuen Betriebsrat arbeiten sechs Frauen.

403) Die Wahlbeteiligung bei der Wahl 1994 lag unter 60%. Als Grund dafür wird angegeben, daß die Belegschaft an der Sinnhaftigkeit der Betriebsratsarbeit zweifelte.

404) Dem Betriebsrat ist es im Gegensatz zu vielen anderen Unternehmen gelungen, bei jedem Anpassungsakt einen Sozialplan mit finanziellen Zuwendungen auszuhandeln. Dabei erhöhten sich die Abfindungssummen teilweise erheblich. „Und wir haben es trotzdem geschafft, bei jedem einzelnen Jahrgang, der vorzeitig die Arbeit beenden mußte, über 'ne Sozialplanregelung noch finanzielle Zulagen zu geben." (5, E3, ehemaliger Betriebsratsvorsitzender) „Abfindungssummen: Ja, die waren sehr unterschiedlich, wir haben angefangen von 5.000 DM bis zu dem jetzigen Sozialplan ist es möglich bis zu 30.000 bis 40.000 DM. Da gibt es dann verschiedene Möglichkeiten, wie man das ansetzt, eine praxisübliche ist, daß man sagt, Alter mal Betriebszugehörigkeit. Schwerbehinderte und alleinstehende Frauen mit Kindern erhielten auch noch mal Zulagen. Das ist aber auch die Frage, was stellt der Betrieb bereit, was stellt in unserem Falle die Montanunion oder die Treuhand bereit." (VG 12, ehemaliger Betriebsratsvorsitzender)

405) Dieses Instrument wurde durch Einrichtung eines Personaleinsatzbetriebes (PEB) bereits 1990 eingesetzt. Im Februar 1996 befanden sich noch 222 Personen im PEB. Diese Kurzarbeiterregelung lief teilweise zum 31.3.1995 aus und führte, bis auf wenige Ausnahmen (Frauen über 50 Jahre), auf den Arbeitsmarkt. Eisenhüttenstadt verfügt über den höchsten Anteil an Kurzarbeitern im Kreis.

406) „1990 stand ein Gesetzesinstrument – der sog. Vorruhestand zur Verfügung, d.h., es gab bei EKO den ersten Sozialplan und die erste Betriebsvereinbarung des Übergangs in den Vorruhestand. Die Mitarbeiter bekamen 70%, nachher 65% ihres durchschnittlichen Nettoverdienstes von der Arbeitsverwaltung. EKO zahlt eine Sozialplanstützung in Höhe von 20% des letzten Entgeltes, so daß sich das bei diesen Mitarbeitern auf 90% des letzten Entgeltes bezogen hat. Allerdings muß man dazu sagen, daß sich das bei den Vorruheständlern noch auf das alte Tarifniveau der DDR durch Anpassungen bezog. Dieses Instrument konnten wir in den Jahren 1991/92 durch die sog. Altersübergangsregelung fortsetzen." (Niebur 1995)

407) Dies ist nicht nur ein personalpolitisches, sondern ein regional-wirtschaftliches Instrument, das dem Aufbau von Gewerbestrukturen dient (vgl. Industriepark Oderbrücke 1993).

408) EKO ist mit 50% am Qualifizierungszentrum der Wirtschaft (QCW) beteiligt. Das Qualifizierungszentrum der Wirtschaft GmbH wurde am 12. Dezember 1990 gemeinsam von der EKO Stahl AG, der Krupp Stahl AG, der Peine Salzgitter AG und der MA Management Akademie Essen mit der Inanspruchnahme von 4,5 Millionen Mark Fördergeldern gegründet. Diese überbetriebliche Fort- und Weiterbildungseinrichtung wurde errichtet, um mit Hilfe von AFG-Mitteln Qualifizierungsmaßnahmen für Dauerkurzarbeiter, Kurzarbeiter und Arbeitslose in der Region anbieten zu können (vgl. BSMO-Studie 1991: 26).

409) Neben dem Verzicht auf betriebsbedingte Kündigungen mußten Möglichkeiten der Beschäftigung geschaffen werden. Zu den Hauptaufgaben der Betriebsratsarbeit zählte die soziale Absicherung der Mitarbeiter: „1992 war das, glaube ich. Dort hat der Vorstand mal die Position bezogen, daß der Vorstand ja eigentlich dafür da ist, um für die betrieblichen Belange und ausschließlich betrieblichen Belange die Verantwortung zu tragen. Das heißt also, für Menschen, die rausgehen, für Betriebsbereiche, die nicht mehr benötigt werden, haben andere dann die Verantwortung. Ich habe damals da ziemlich stark gegengehalten und gesagt – weil ich wußte, daß die Organisation im Stadtstrukturbereich, in den Kommunen usw. noch lange nicht funktioniert hat – wenn wir das zulassen und

die sich hier aus der Verantwortung ziehen, das heißt also, die behalten den Kernbereich und alles andere muß sehen, wie sie klarkommen, dann ist 'ne riesengroße Gefahr da, daß das zusammenbricht und daß das dann nicht mehr zu 'ner Neuentwicklung gebracht wird." (19, E3 ehemaliger Betriebsratsvorsitzender)

410) Vgl. ‚EKO: Ängste der Älteren ausgeräumt. 80-Prozent-Verdienst für Ausscheidende.' (MOZ, 24.8.1994)

411) Die „Gemeinnützige Gesellschaft für Qualifizierung und produktive Berufs- und Arbeitsförderung der Region Eisenhüttenstadt mbH" (GEM) wurde im April 1991 gegründet. Gesellschafter und Träger der GEM GmbH waren die EKO Stahl AG als Hauptaktionär, die Stadtverwaltung und der Landkreis. Die Schaffung dieser Beschäftigungsgesellschaft ordnete sich in die beschäftigungspolitische Strategie der EKO Stahl AG ein, die zum einen auf sozialverträglichen Personalabbau orientiert ist. Zum anderen sollte die GEM in einem bestimmten Maße auch zur Lösung der Beschäftigungsprobleme der Region Eisenhüttenstadt beitragen (vgl. Jasper 1994:31).
Die GEM integrierte bis Ende August 1993 1.980 Erwerbslose und KurzarbeiterInnen in ABM. Zwei Drittel von ihnen kamen aus dem EKO, ein Drittel aus dem Territorium. Gut ein Drittel der ABM-Beschäftigten waren Frauen. Die über 100 Projekte der GEM waren in den unterschiedlichsten Bereichen angesiedelt. Dazu zählen z.B. Sanierungsmaßnahmen an öffentlichen Gebäuden sowie die Anlage von Parkplätzen und Radwegen. Frauen waren insbesondere in sozialen Projekten, wie in der Altenpflege, aber auch im Umweltschutz- oder in Dienstleistungsbereichen tätig.

412) Die Anteile zu diesem Zeitpunkt: 80% EKO Stahl AG, 10% Landkreisverwaltung Eisenhüttenstadt, 10% Stadt Eisenhüttenstadt. „Ursprüngliche Intentionen der Stadtverordnetenversammlung, der Kommune eine Majorität beim Stammkapital zuzusichern, wurden vor allem vom Unternehmen abgelehnt und fanden auch in der Stadtverwaltung keine Befürwortung. Die Stadt Eisenhüttenstadt trat nach Beilegung dieser Diskussion dem Gesellschaftervertrag wenige Wochen später bei." (Kühnert 1992:17)

413) 237 von 493 Arbeitnehmern in Beschäftigungsmaßnahmen stammen nicht aus dem EKO.

414) Vgl. weitere Arbeiten von Bütow und Stecker (1994); Engelbrech (1993 a,b); Holst und Schupp (1993a,b); Kistler et al. (1993), Nickel (1992, 1993); Nickel und Schenk (1995); Schenk und Schlegel (1993), Schupp (1992), Dahms und Wahse (1995).

415) EKO hatte entsprechend der Betriebsgröße bei der Vergabe das größte Wohnungskontingent aller Betriebe der Stadt. 262 Wohnungen sind noch werkseigen. Diese sollen in den nächsten Jahren privatisiert werden.

416) Nach Angaben des Statistischen Jahresberichtes 1994 der Stadt Eisenhüttenstadt standen zum 31.12.1994 752 Wohnungen leer (vgl. auch Kapitel ‚Prozesse der Auf- und Abwertung von Stadtquartieren').

417) Bei der Untersuchung der Veränderung des Traditionellen Arbeitermilieus in der Stadt Brandenburg charakterisieren Schweigel/Segert/Zierke (1995:198) die enge Bindung kultureller Arbeit an den Betrieb als eine ‚negative Hypothek', die mit der Degradierung der Vereinskultur zu politisch ohnmächtigen, isolierten Halböffentlichkeiten einhergeht. Dieser politisch initiierte Formalisierungsprozeß kann jedoch für Eisenhüttenstadt nicht in dem Maße angenommen werden, da die Vereinskultur nicht auf eine so lange Tradition wie in älteren Städten zurückgeführt werden kann und der Wegfall dieser Institutionen von den Betroffenen als eine starke Verlusterfahrung charakterisiert wurde.

Erosion oder 2. Aufbruch ? – Stadtentwicklung 1989 bis 1995

418) In Umsetzung des „Vorschaltgesetzes zum Landesplanungsgesetz und Landesentwicklungsprogramm des Landes Brandenburg" hat die Landesregierung den Entwurf der ‚Zentralörtlichen Gliederung des Landes Brandenburg' am 22.3.1994 beschlossen. Weiterhin zählt Eisenhüttenstadt als industrieller Kern der neuen Bundesländer, Mittelzentrum und wirtschaftlicher Schwerpunkt der Region Oder-Spree sowie zum Kammerbezirk Frankfurt/Oder (IHK u. HWK) mit Sitz in Frankfurt/Oder und zum Arbeitsamtsbezirk Frankfurt/Oder. Eisenhüttenstadt liegt 100 km von Berlin entfernt. Sowohl in der südöstlichen Region Brandenburgs, die durch den engeren Verflechtungsraum Berlin-Brandenburg, regionale Freiräume und die Oderregion mit länderübergreifenden Beziehungen charakterisiert werden kann, als auch im Kreis Oder-Spree, der sich durch den Zusammenschluß der ehemaligen Kreise Fürstenwalde, Beeskow, Eisenhüttenstadt/Land und der kreisfreien Stadt Eisenhüttenstadt bildete, nimmt Eisenhüttenstadt eine periphere Lage ein. Frankfurt/Oder und Eisenhüttenstadt bilden dabei innerhalb ihres Ober- bzw. Mittelbereiches die Schwerpunkte eines Verflechtungsraumes entlang der Grenze zu Polen, die von Eisenhüttenstadt alleine über eine Länge von 14 km eingenommen wird (vgl. Stadtentwicklungsplan 1994:14).

419) Die Diskussionen 1996 um die Fusion der Länder Berlin und Brandenburg zeigten, daß die Verwaltungsstrukturen auch nach der Gebietsreform 1993 nicht als endgültig angesehen werden können. Im Falle eines nach der Abstimmung im Mai 1996 vollzogenen Zusammenschlusses der Länder Berlin und Brandenburg waren sowohl Fusionsgegner als auch -befürworter von erneuten Strukturänderungen ausgegangen.

420) Vgl. zu weiteren Auswirkungen ‚Kreisgebietsreform ging wohl eher nach hinten ‚LOS'.' (MOZ, 17.11.1995, S. 7)

421) Friedrichs und Kahl prognostizieren für die Städte Berlin (Ost), Dresden, Frankfurt/Oder, Greifswald, Potsdam, Schwerin ein Wachstum. Eine Stagnation wird für die Städte Chemnitz, Cottbus, Eisenhüttenstadt, Erfurt, Gera, Halle, Leipzig, Plauen, Rostock und Schwedt prognostiziert. Zumindest die Prognose ‚Leipzig als Verlierer' erwies sich bisher als falsch (vgl. Friedrichs 1995:48).

422) Quelle IHK- Recherche Stand 31.12.1994

423) Dabei muß – auch unabhängig von der Cockerill AG, die mit dem neuen Hochofenwerk die industrielle Schrottverwertung im EKO aufbaut – ein neuer Sektor für den Mittelstand geschaffen werden, was z.B. in Anfängen über die Restrukturierung ausgegründeter Betriebe des EKO in bezug auf Umwelttechnologie geschieht. Hier sind Parallelen zum Bildungssektor zu ziehen, da mit dem Vorhaben der Gründung der Fachhochschule Ostbrandenburg die Ingenieurausbildung Umwelttechnologie aufgenommen werden soll. Eine Voraussetzung für eine positive Entwicklung ist die 1994 erfolgte Übernahme der zu vermarktenden Flächen auf dem EKO-Gelände durch die Kommune.

424) Erst Mitte 1995 erfolgte eine Neuverteilung der Fördermittel in Brandenburg, welches innerhalb der Gemeinschaftsaufgabe „Verbesserung der regionalen Wirtschaftsstruktur" laut Aussagen des Wirtschaftsministers Brandenburgs nicht mehr nach dem Gießkannenprinzip verteilt werden sollte. Die Zahl der förderfähigen Städte in Brandenburg wurde von 324 auf 164 reduziert. Damit will man die bessere Förderung von Städten in den Randzonen erreichen, die die bessere Stellung der Städte im ‚Speckgürtel' von Berlin kritisierten (vgl. ‚Fördermittel gehen stärker in die Ränder', MOZ, 12.5.1995, S. 3).

425) Der Verkauf der EKO-Flächen an die Kommune erfolgte im September 1994. 90 Prozent der Kosten bezahlte das Land. Von den 30 Millionen Mark Erschließungskosten der rund 80 Hektar sind somit nur noch 10% von der Stadt zu zahlen.

426) Vgl. ‚Eisenhüttenstadt nicht schlechter als andere Kommunen. Krisenregion-Image schadet dem Standort.' (MOZ, 29.11.1994)

427) Zu den Stärken und Schwächen vgl. ‚Entwicklungskonzeption Industrielle Schwerpunktstandorte 1994', Ministerium für Wirtschaft, Mittelstand und Technologie Brandenburg, S. 135/136

428) Die Haushaltssituation der Stadt ist prekär. Das Defizit 1995 betrug rund 52 Millionen DM. Diese finanzielle Situation wird auf das fehlende Steueraufkommen und den verlorenen Rechtsstreit mit dem Kreis wegen der Kreisumlage nach der Gebietsreform zurückgeführt. Gerade die seit der Wende drastisch gesunkene Einwohnerzahl spiegelt sich in der größten Einnahmequelle – der Einkommenssteuer – wider. 1995 wird mit 13 Millionen Mark Einnahmen aus dieser Steuer gerechnet. Zweitgrößte Einnahmequelle ist die Gewerbesteuer mit 7,5 Millionen Mark. Größte Steuerzahler sind die Bauwirtschaft und die Apotheken. Mit positiven Auswirkungen der erfolgreichen Privatisierung des EKO in diesem Bereich wird erst in den nächsten Jahren gerechnet, wenn EKO ‚schwarze Zahlen' schreibt. Die Tariferhöhungen im öffentlichen Dienst egalisieren den Spareffekt im Kernbereich. Die Einsparungen an Lohnkosten in Höhe von 2,5 bis 3 Millionen Mark sind durch die Kosten der Tariferhöhung von rund einer Million Mark gesunken. 30 Prozent der Gesamtkosten entsprechen den Personalkosten. Die geplanten Sozialausgaben in Höhe von 13,5 Millionen Mark (1994 = 11 Mill.) sind im Nachtragshaushalt um 2 Millionen Mark aufgestockt worden. Der Haushalt wurde mit mehreren Millionen ebenfalls durch die sogenannte Kreisumlage belastet. Dieser Rechtsstreit der Kommune Eisenhüttenstadt mit dem Kreis entstand als Folge der Gebietsreform.
Von der Stadt werden u.a. Kindertagesstätten, das Theater und das Kulturzentrum finanziert. Ab 1991 wurden die Bereiche Wachdienst, Reinigung und Schulspeisung ausgegliedert. 1994 waren 654 Mitarbeiter im Kernbereich beschäftigt, im Juli 1995 noch 594. Die Kommune hat eine Reihe Kindergärten vor allem von den Betrieben übernommen. Dies führte seit der Wende in Folge Finanzknappheit der Kommune sowie Rückgang der Geburtenzahlen zu harten Diskussionen um Schließung von Kindereinrichtungen sowie Erhöhung der Kita-Gebühren. Die notwendigen Kosteneinsparungen wurden von der Stadtverwaltung durch spezielle Vereinbarungen zur Teilzeitarbeit erzielt. Die noch in den Kitas be-

schäftigten 340 Erzieherinnen konnten für die nächsten vier Jahre dadurch gesichert werden, daß die Wochenarbeitszeit nur noch 28 Stunden beträgt. Dieses Teilzeitarbeitsmodell wurde in der Kommune bereits seit 1993 praktiziert, im Dezember 1995 verlängert und verhinderte somit die Entlassung von 100 Angestellten zum 1.1.1996. Die Gewerkschaften gingen diesen Kompromiß, der unter den Tarifvereinbarungen lag, ein, um der kritischen Situation die Spitze zu nehmen und Arbeitsplätze zu sichern.

Seit Mitte 1995 laufen in acht Kommunen Brandenburgs Modellprojekte zur Verwaltungsmodernisierung. Auch Eisenhüttenstadt hatte sich als Modellstadt beworben, wurde jedoch nicht ausgewählt. Im Juni 1995 wurde vom Stadtparlament der Antrag angenommen, eine Unternehmensberatung mit einer Strukturanalyse der Verwaltung zu beauftragen. Für 160.000 DM führte die DGM (Deutsche Gesellschaft für Mittelstandsberatung) von Oktober bis Dezember 1995 eine Effektivitätsanalyse durch. Die DGM stellte abschließend einen Stufenplan bis zum Jahr 2002 vor. Vorrangig geht es um Kosteneinsparungen, u.a. auch mit Hilfe des Stellenabbaus von 100 Arbeitsplätzen in der Kernverwaltung und den Folgeeinrichtungen. Die Ergebnisse führten zu hitzigen Diskussionen innerhalb der Verwaltung und wurden der Öffentlichkeit nicht zugänglich gemacht. Es scheint sich auch über das Jahr 1996 hinaus anzudeuten, daß die Verwaltung nach dieser großangelegten Studie wie so viele andere Stadtverwaltungen mit den Ergebnissen alleingelassen wird. Die Mitwirkung der ÖTV, die ihre Mitarbeit mehrmals angeboten hatte, wurde vom Stadtparlament mehrheitlich abgelehnt.

429) Vgl. auch „Eisenhüttenstadt – Ohne Stahl geht hier gar nichts." (Neue Zeit, 20.2.1992, S. 17)

430) Die Entwicklung eines einheitlichen Marketings für die gesamte Oder-Neiße-Region wurde ab 1995 nicht immer konfliktfrei diskutiert. Dennoch könnte Eisenhüttenstadt in dieses neu zu erstellende Marketingkonzept seine historische Spezifik gut einbinden (vgl. ‚Aktivitäten für Tourismus bündeln', MOZ, 11.5.1995, S. 9).

431) Vgl. ‚OSW hätte schon eher aufhören sollen.' (MOZ, 28.6.1994, S. 13). Nach Auflösung der OSW übernahm das Amt für Wirtschaftsförderung die Aufgaben.

432) Das J.O.B.-Projekt ist Bestandteil des Ouverture-Programmes und wurde bis September 1995 zu 75% aus EU-Mitteln finanziert. Die restlichen Prozent trägt die Stadt Eisenhüttenstadt. Die englische Partner-Region ist Amber Valley, die in den 60er Jahren einen starken Strukturwandel vollzog. Die polnische ist das grenznahe Glogow, welchem die Auswirkungen des anstehenden Strukturwandels noch bevorstehen.

433) ‚Im Halbkreis läßt sich schlecht nach allen Seiten agieren. Lage an der Grenze noch kein Nach- als Vorteil.' (MOZ, 24.2.1995) Das Bundeswirtschaftsministerium verwies jedoch darauf, daß es in Bonn keine Mehrheit für eine Grenzlandförderung geben werde (vgl. ‚In Bonn keine Mehrheit für Grenzlandförderung', MOZ, 24./25.6.1995, S. 7).

434) Kooperationsideen, die die polnische Seite mit einschließen, scheinen eher geringere Chancen zu besitzen, da z.B. der Einsatz von EU-Geldern in Polen gegenüber den anderen Ländern der EU kaum durchsetzbar ist (vgl. EG-Gelder gehen nur an deutsche Seite', MOZ 27.6.1995, S. 3).

435) ‚Eisenhüttenstadt – Ein Modell für Europa'. (DEMO Demokratische Gemeinde, Heft 3/1995, S.36)
Ausführliche Bemerkungen zu den geplanten Vorhaben in Eisenhüttenstadt sind dem Vortrag von S. Behrendt zu entnehmen (In: ‚Wandel in Eisenhüttenstadt', Broschüre zur Tagung vom 14.3.1995, Eisenhüttenstadt)

436) Die Entwicklung neuer sozialer Bewegungsmilieus z.B. erfolgte in starker Anlehnung an das gewerkschaftlich-sozialdemokratische Milieu. In der ‚Hoch-Zeit' ihrer Wahlerfolge kamen z.B. die ‚Grünen' knapp über die 5%-Hürde (vgl. Vester 1993:159).

437) Beworben hatten sich Neuruppin, Wittenberge, Schwedt, Prenzlau und Eisenhüttenstadt.

438) Denkmalgesetz vom 19.6.1975 der DDR. Diese Verordnung wurde durch das brandenburgische Denkmalschutzgesetz vom 22.7.1991 übernommen.

439) Anfang 1994 existierte das Problem der Finanzierung für die Sanierung der WK I bis IV, da die Förderrichtlinien für die Sanierung nur auf Wohngebäude zutrafen, die bis 1949 errichtet worden waren: „Gegenwärtig bestehen Probleme der Sanierung des Wohnungsbestandes darin, daß trotz denkmalgeschützter Wohnviertel aus den 50er Jahren, die Förderrichtlinie des MSWV (Ministerium für Städtebau, Wirtschaft und Verkehr; d.A.) nur Wohnungen bis 1949 berücksichtigt." (Entwicklungskonzeption industrieller Schwerpunktstandorte 1994, S.153)

440) Der Kostenaufwand pro Wohnung beträgt ca. 81.000 DM (vgl. auch MOZ v. 24.1.1995); mit diesem Kostenaufwand liegt Eisenhüttenstadt wesentlich über dem Durchschnitt in Brandenburg, wo er normalerweise 40.000 DM beträgt. Der höhere Aufwand ergibt sich aus den Anforderungen des Denkmalschutzes z.B. bei der Wärmedämmung. Das Land schießt 80% zu den Maßnahmen der Wohnumfeldverbesserung zu, den Rest bringen Stadt und Gebäudewirtschaft auf. Die Reihenfolge wird sein: Fritz-Heckert-Straße, Karl-Marx-Straße, Saarlouiser Straße, Poststraße, Clara-Zetkin-Straße, so daß ein ganzes Quartier in den nächsten drei Jahren einer kompletten inneren und äußeren Rekonstruktion unterzogen wird.

441) „Am Anfang war das Werk" (Neue Zeit, 3.3.94)

442) Unter Suburbanisierung wird die „Verlagerung von Nutzungen und Bevölkerung aus der Kernstadt, dem ländlichen Raum oder anderen metropolitanen Gebieten in das städtische Umland bei gleichzeitiger Reorganisation der Verteilung von Nutzungen und Bevölkerung in der gesamten Fläche des metropolitanen Gebietes" (Friedrichs 1995:99) verstanden.

443) Die Sparkasse beschäftigt 466 MitarbeiterInnen, von denen 38 in Ausbildung sind (Stand: Ende 1995).

444) So führte ein ehemaliger Stadtplaner Eisenhüttenstadts in einer Diskussion zur Stadtentwicklung aus: „wir müssen feststellen, daß aus dem Widerspruch, der zwischen einer schwachen Wirtschaft und einer starren volkswirtschaftlichen Planung erwächst, kein guter Städtebau kommen kann. Daß aber zugleich auch eine leistungsfähige Wirtschaft ohne den ordnenden Einfluß einer Planung zu städtebaulichen Problemen führen kann. Ansonsten sähe unsere Stadt, wie wir sie heute vor uns haben, vermehrt, erweitert, ergänzt durch das, was inzwischen dazu gekommen ist an Bauwerken, anders aus." (7, VG 11 Herr H., Stadtplaner in Eisenhüttenstadt 1956-1968)

445) Parallelen gibt es zu weiteren stadtsoziologischen Untersuchungen, z.B. in Gotha. Herlyn und Bertels (1994:349f.) stellten fest, daß sich in bezug auf die gewerbliche Nutzung von Räumen im Rahmen eines umfassenden Tertiärisierungsprozesses bei ca. 60% der erfaßten Einrichtungen ein Nutzungswandel vollzogen hat. Außerdem wurde eine Zunahme der Einzelhandelsbetriebe und ein Rückgang von Handwerksbetrieben konstatiert. Bei Handwerksbetrieben fand nach der Wende häufig eine Schwerpunktverschiebung von der Werkstatt zum Handel statt. Im Bereich des Einzelhandels ist der Nutzungswandel besonders auffällig. Zurückgegangen ist v.a. die Zahl der Lebensmittelgeschäfte, die im Konkurrenzkampf den Einkaufsmärkten am Stadtrand unterlagen. Ein starker Zuwachs hat in den Bereichen Kleidung, Schuhe und Lederwaren stattgefunden. Die Zahl derartiger Geschäfte stieg um 65% an. Insgesamt wurde festgestellt, daß es sich bei den meisten Neueröffnungen um Geschäfte des unteren Preisniveaus handelte. Diese können sich mit kurzfristigen Mietverträgen auch dort ansiedeln, wo ungeklärte Eigentumsfragen bestehen.

446) Vgl. auch ‚Kaum Nachfrage nach Läden in Zentrumslage' (MOZ, 11.10.94); ‚Pläne neu überdenken' (MOZ, 24.1.95)
Kurz nach der Wende planten Investoren ein ‚Audiovisuelles Design Center' mit 1000 Arbeitsplätzen am Stadtrand von Eisenhüttenstadt. Hier sollten per Computer Schnittmuster gefertigt werden. Aus diesem Projekt wurde nichts, statt dessen eröffnete dort ein Verbrauchermarkt seine Pforten.

447) Als Gegenentwurf für die Entwicklung in den neuen Bundesländern führen Ipsen und Fuchs an: „Gesellschaftspolitisch laufen diese Überlegungen darauf hinaus, vollständige, alle Bereiche durchdringende Modernisierungsformen soweit wie möglich zu vermeiden, das Alte nicht schlichtweg als veraltet anzusehen, sondern als Potential einer noch nicht erkennbaren Zukunft." (Ipsen/Fuchs 1995:238)

448) ‚Am Ende hängt dann doch wieder alles am Stahl'. (Neue Zeit, 25.5.94)

449) In der Untersuchung der Stadt Gotha (Herlyn/Bertels 1994:357f.) wurde festgestellt, daß die von den Autoren befürchtete übermäßige Ausbreitung von Spielhallen und Videotheken ausblieb. Die Hauptursache wurde darin gesehen, daß die Stadt die Ansiedlung von Spielhallen im Altstadtbereich untersagt hat.

450) Dieser Schwerpunkt der Stadtplanung wurde ebenfalls in anderen stadtsoziologischen Projekten beschrieben. So weisen Herlyn und Bertels (1994:355f.) in ihrer Untersuchung der Stadt Gotha auf die Veränderung des Angebotes an gastronomischen Einrichtungen hin. Ungeklärte Eigentumsfragen und überhöhte Mietforderungen führten auch in Gotha zu vielen Schließungen in diesem Bereich, die durch Neueröffnungen noch nicht wieder ausgeglichen werden konnten.

451) ‚Kartengrüße aus Stalinstadt' (MOZ, 19.2.1993); über die im Text aufgeführten Beispiele hinaus wurde der Verfall des ‚Kulturhauses der Zementwerker', in dem sich eine Theaterbühne mit mehreren Schnürböden im sanierungsbedürftigen Zustand befindet, beschrieben. Der neue Eigentümer des Werkes übernahm diese Kultureinrichtung nicht. Auch der Verfall der ‚Diehloer Berggaststätte' wird erwähnt, wo die Entscheidung für einen Eigentümer noch aussteht.

452) Dabei scheint es so, als könnten die Ideen dieser alternativen Gruppen wesentlich das Stadtimage aufpolieren. Im August 1995 wurde eine Aktionsgruppe ‚Fantasielabor' am Club ‚Marchwitza' gegründet, die Ideen, Erinnerungen und Vorschläge zusammentrug, wie die kulturelle Zukunft Eisenhüttenstadts gestaltet werden und wie man der Verschiebung von ‚Kultur zu Konsum' entgegentreten könnte. Filmszenen in den leerstehenden Gebäuden wurden gedreht, eine Ausstellung wurde gemacht. Diese stellte den Kontrast zwischen der organisch gewachsenen Kultur in Eisenhüttenstadt und der ‚Amerikanisierung' – zum Beispiel durch das ‚City-Center' – dar. Es besteht z.B. die Idee, den ‚Aktivisten' wieder zu dem sozio-kulturellen Zentrum werden zu lassen, was er unter einem etwas anderen Vorzeichen in den fünfziger Jahren schon einmal war. (Als Idee besteht die Einrichtung von Probebühne, Tanz- und Musikrestaurant, Café, Bibliothek, Kino, Versammlungsort etc.) (vgl. ‚Was wird aus ‚Aktivist' und ‚Huckel'?', MOZ, 9.8.1995, S. 9).

453) Im Februar 1992 wurden noch 5.614 Kinder in 24 Kindereinrichtungen der Stadt betreut, im August 1995 noch ca. 3.000. Fünf Kindereinrichtungen mit 540 Kindern wurden 1992/93 von Freien Trägern übernommen. Anfang 1995 wurde von der Stadt vorgeschlagen, sechs Kindertagesstätten zu schließen. In der Stadt-Konzeption ist die Grundversorgung mit Kita-Plätzen bis zum Jahre 2010 abgesichert. Sorgen, daß Kinder nicht untergebracht werden können, gibt es in Eisenhüttenstadt nicht.

454) In der Ausschreibung wurden Ideen eingefordert, wie „der bestehende Torso des Kernbereiches neugeordnet und zum erlebbaren stadtgestalterisch überzeugenden und durch eine hohe Funktionsdichte attraktiven wie räumlich abgeschlossenen städtischen Oberzentrum entwickelt werden könnte." (Meyhöfer 1995:48)

455) „Eisenhüttenstadt – ohne Stahl geht hier gar nichts." (Neue Zeit, 20.2.92, S. 17)

456) Die Richtlinien für die Flächengröße Handel für die Bebauung des Zentralen Platzes wurden von ursprünglich 11.000 qm auf 2.000 qm verringert, bei der Verwaltungsfläche auf 5.000 qm. Derzeit (9/95; d.A.) gibt es schon mehr als 62.000 qm Verkaufsfläche in Eisenhüttenstadt (vgl. MOZ, 23./24.9.95).

457) Wir schließen uns nicht dem Begriff ‚Urbanität' in dem Sinn an, wie er z.B. in der Stadtplanung der Gegenwart positiv besetzt und oft mit hoher Bebauungsdichte und Mischung verschiedener Funktionen gleichgesetzt wird. Straßengewühl und Urbanität sind für Städtebauer nahezu identische Begriffe (Häußermann 1995:89). Der Begriff ‚Urbanität' tauchte bereits im 18. Jahrhundert auf. In ‚Urbanität' drückt sich Aufgeschlossenheit und Toleranz gegenüber dem anderen aus. Es handelt sich dabei um Toleranz gegenüber Unterschiedlichkeiten und Widersprüchen. Viele Stadtsoziologen (Jane Jacobs, Alexander Mitscherlich, Robert Sennett) haben darauf hingewiesen, daß die Entwurfsprinzipien des modernen Städtebaus eine urbane Vielfalt, tolerantes Zusammenleben, attraktive Alltagskultur und Vielfalt der öffentlichen Umgangsformen geradezu verhindern (zur weiteren Bestimmung des Begriffs vgl. auch Feldtkeller 1994).

458) Zur Kritik am Begriff ‚sozialer Brennpunkt' vgl. Alisch/Dangschat (1993:23f.) und Hermann (1994:57).

459) Der Bauminister des Landes Brandenburg sprach sich Anfang 1995 nachdrücklich gegen den Abriß der DDR-Plattenbausiedlungen aus. Trotz erheblicher Mängel und Schäden müßten sie angesichts von 100.000 fehlenden Wohnungen unbedingt erhalten werden. Erforderlich ist der Einsatz erheblicher Mittel für die wohngerechte Gestaltung der Siedlungen. In Brandenburg gibt es 340.000 in den sogenannten industriellen Bauweise errichtete Wohnungen. Darin leben rund ein Drittel aller Brandenburger (800.000). Bei einem kontinuierlichen Fluß der Mittel könnte die Sanierung aller Plattenwohnungen bis zum Jahr 2006 erfolgen. Die Gesamtkosten für Brandenburg werden auf über 18 Milliarden DM beziffert.

460) Die Förderung der Wohnumfeldverbesserung im WK VII erfolgt auf dem Bund-Länder-Programm zur ‚Weiterentwicklung großer Neubaugebiete' sowie auf der Grundlage der ‚Verwaltungsvereinbarung zur Förderung der städtebaulichen Weiterentwicklung großer Neubaugebiete (VV-Neubaugebiete) vom 11.05.1993'.

461) In den letzten Jahren vollzog sich in den 60er und 70er Jahren entstandenen Siedlungen der alten Bundesländer wieder ein sozial-räumlicher Umschichtungsprozeß von erheblichem Ausmaß. Sozio-ökonomisch stabile Mietergruppen verließen diese Siedlungen in großer Zahl, während gleichzeitig ökonomisch und sozial schwache Mietergruppen eingewiesen wurden (vgl. Bertels/Herlyn 1990:179f.). Folgende Haupttendenzen sozialer Umschichtungsprozesse in den Neubausiedlungen der alten Bundesländer sind feststellbar: Abwanderung von Bevölkerungsteilen mit gehobenem sozialen Status und Einkommen; Bindung jener Bevölkerungsteile, die sich an der Schwelle der erforderlichen ökonomischen Leistungsfähigkeit auf den Verbleib in der Neubausiedlung eingestellt haben; Anwachsen der Zahl sozialer Problemfamilien, v.a. verursacht durch die kommunale Einweisungspolitik und Prozesse sozialer Verelendung in den Siedlungen selbst. In einem beachtlichen Teil der neuen Siedlungen änderte sich also die soziale Zusammensetzung und zwar eindeutig im Sinne einer sozialstrukturellen Abwärtsentwicklung. Ökonomisch und sozial schwache Bevölkerungsgruppen wurden verstärkt in die durch den Auszug zahlungskräftiger Mietparteien frei werdenden Wohnungen eingewiesen. Diese Belegungspolitik förderte wiederum den Auszug anderer Mietergruppen. Durch die Konzentration von Randgruppen zumindest in Teilbeständen der Großsiedlungen verwandeln sich diese mittel- bis langfristig in soziale Ghettos.

462) Z.B. führt A. Kahl als Beispiel für die Neubaugebiete in Leipzig die andersartige soziale Zusammensetzung der Bewohner an: „Die Mieter der Neubauwohnungen am Stadtrand von Leipzig gehören nur zu einem geringen Grad dem Personenkreis an, der z.B. in der alten BRD Anspruch auf eine Sozialwohnung hätte." (Kahl 1991:75) Allerdings verweist A. Kahl darauf, daß „der größte Teil unter marktwirtschaftlichen Bedingungen eine andere Lösung seines Wohnungsproblems anstreben (würde), und bei mittleren bis höheren Einkommensgruppen auch viele bereit sind, mehr für ihr Wohnen aufzuwenden." (S. 75)

463) Vgl. ‚Es gibt auch Fördermittel für Maßnahmen an Privathäusern' (MOZ, 17.11.95, S. 15) Bei einigen Häusern bestehen jüdische Rückführungsansprüche, so daß Sanierungsmaßnahmen verzögert werden (vgl. ‚Jüdische Rückführungsansprüche in Fürstenberg', MOZ, 29.4.1994, S. 12)

464) Fürstenberg wurde für die Sanierung in 23 Quartiere unterteilt. Der größte Teil dieser Quartiere ist als Flächendenkmal mit Ensembleschutz ausgewiesen. So ist der Gestaltungssatzung für diesen Ortsteil zu entnehmen: „Die Bebauung der Altstadt ‚Fürstenhäuser' wird v.a. geprägt durch repräsentative gründerzeitliche Stadthäuser, Mietshäuser, Wirtschaftsgebäude sowie durch Ackerbürger- und Handwerkerhäuser überwiegend aus dem 18. und 19. Jahrhundert. Zielist es, die historische Eigenart des Orts- und Straßenbildes zu wahren und vor Verunstaltung zu schützen, Fehler, die in der Vergangenheit an Fassaden und Dächern begangen wurden, zu korrigieren und Neu-, Um- und Anbauten in die schützenswerte bauliche Eigenart der historischen Altstadt sinnvoll einzufügen." (Sanierungszeitung Fürstenberg Nr. 2, Juli 1994, S. 4) 1995 wurden 17 Millionen Mark für die Sanierung Fürstenbergs im Haushalt bereitgestellt (vgl. auch ‚Die Altstadt zu neuem Leben erwecken', MOZ, 12.6.1995, S. 9).

465) Das erste Mal fiel das Bauwerk 1604 einem Brand zu Opfer. Den 30jährigen Krieg überstand es, aber nicht die Bombardements am Ende des letzten Weltkrieges. Der Wiederaufbau, der in den Nachkriegsjahren begann, wurde 1963 abgebrochen.

466) So kritisiert auch P. Hesse den Ablauf von Sanierungsmaßnahmen in der Altstadt von Bautzen: Bei den verwaltungstechnischen Sorgen um den puren Substanzerhalt bliebe keine Zeit, um über kommunalpolitische und kulturelle Folgen nachzudenken. Das Bewußtsein, daß auch die sozialen Strukturen erhalten werden müssen, fehlt häufig (vgl. Hesse 1993:370).

467) Lokale Identität bezieht sich in größeren Städten häufig mehr auf einzelne Stadtteile und deren Eigenwelt als Ausgangs- und Rückkehrpunkt. Die Vertrautheit mit dem Stadtteil ergibt sich nach längerer Wohndauer und er wird als der eigentliche Ort des städtischen Lebens begriffen (vgl. auch Herlyn 1993:254f.).

468) Die Ortsteile Fürstenberg/Oder, Schönfließ und Diehlo zählen zu Eisenhüttenstadt und werden durch einen Ortsbeirat vertreten. Dieser kann aus drei Mitgliedern bestehen und einen Ortsvorsteher wählen.

469) Zu den unterschiedlichen Milieudimensionen vgl. Keim (1979).

470) In unserer Befragung im Zusammenhang mit der Ausstellung ‚Wandel in Eisenhüttenstadt' (März 1995) konnten wir im Rahmen der Aktionsforschung Meinungen über die Vorstellungen zur zukünftigen Stadtentwicklung erhalten. Neben den Gesprächen, die wir während der Ausstellung mit vielen Besuchern – oft bei einer Tasse Kaffee – führten, konnte ein Fragebogen anonym ausgefüllt werden. Eine der Fragen, die gestellt wurde, lautete: ‚Was müßte sich in Eisenhüttenstadt in Zukunft verändern, um die Stadt attraktiver zu machen?' Aus den Anmerkungen in den Fragebögen, die in der Wortwahl der Befragten wiedergegeben werden sollen, wurde ersichtlich, daß sich viele Einwohner Gedanken zu unterschiedlichsten Themen machen. In bezug auf die persönlichen Zukunftsaussichten fiel zunächst auf, daß die aufgezeigten Probleme, die die Besucher bewegten, stark von der Generation, der sie angehören, abhängig waren. Jugendliche z.B. bemängelten vorrangig das Fehlen von Ausbildungsplätzen und das Defizit an alternativen Kultureinrichtungen. Die Meinungen der Besucher im mittleren bzw. höheren Alter konzentrierten sich eher auf Fragen der Stadtentwicklung, die nachfolgend aufgeführt sind. Für eine Erhöhung der Attraktivität der Stadt wurden angeführt:

Schaffung einer Sporthalle mit Sitzplätzen; Fußball- und Basketballspielmöglichkeiten; mehr Jugendklubs bzw. ‚kostengünstige' Vereine für Schüler; differenzierte Angebote für die ab 30-Jährigen und Alleinstehenden; vorrangige Sanierung der Schulen; den Kampf um den Standort der Fachhochschule weiterführen; Proportionen von Produktionsstätten und Verkaufseinrichtungen zugunsten der ersteren erhöhen; Textilkaufhaus im Zentrum schaffen; Entwicklung der traditionellen Stadtteile voranbringen; Möglichkeiten zum Baden im Sommer verbessern; Wegkommen vom Status ‚Provinzstadt'; Aufbau eines Programmkinos, das mehr als nur die gängigen ‚Trendfilme' zeigt; Fehlen weiterer niveauvoller Cafés für Jugendliche; das ‚Schaufenster' der Stadt – den Bahnhof Fürstenberg – sanieren; Stadtmarketing auf die Qualitäten der Stadt konzentrieren, nicht vorrangig auf die der Landschaft drumherum; Bürgerbeteiligung vor Verwaltungsentscheidungen, Stadtteilarbeit ausbauen, z.B. durch Förderung der Selbsthilfe von Wohngebietsgruppen; Schaukästen im Stadtzentrum wieder attraktiv machen. Anmerkungen zum Stadtzentrum machten insbesondere diejenigen, die das Wachstum der Stadt seit ihrer Gründung miterlebt haben. So schrieb ein über 70-jähriger Besucher: „Gebt das Geld für den Zentralen Platz nicht ohne zu überlegen aus. Am besten die Bevölkerung fragen. Mein Vorschlag: ein kleiner Kulturpark mit lauschigen Orten, tags für die Rentner, abends für die Liebespärchen und in den Pausen für die Ratsangestellten." (Vgl. ‚Wandel in Eisenhüttenstadt' – Fazit einer Ausstellung des ZAROF Leipzig und der FH Jena vom 1.-21. März, In: Stadtspiegel Eisenhüttenstadt Mai 1995, S. 28/29)

471) Vgl. zu diesem Herangehen auch die Ausführungen von Ipsen und Fuchs (1995:254) zur „Kulturalisierung der Planung" und „Abkehr von der fordistischen Planungspraxis". Zur Umsetzung von Ansätzen einer „lebensraumbezogenen integrativen Sozialplanung" vgl. Prengel (1995:329f.) sowie zur „Geschichte der Beteiligungsverfahren" Selle (1991). Zu „gruppenspezifischen selbstorganisierten Projekten" vgl. Karhoff/ Ring/ Steinmaier (1993) und Braun/Röhrig (1987) sowie zum Ansatz einer „qualitativen Stadt- und Gemeindeforschung" Pfeiffer (1991).
Im Zusammenhang mit der im Projekt durchgeführten Arbeitstagung ‚Wandel in Eisenhüttenstadt' (März 1995) schlugen die Projektmitarbeiter/-innen weitere Möglichkeiten stadtteilbezogenen Herangehens vor: Die Hinweise sollten dazu beitragen, daß die Potentiale der Stadt in bezug auf die Erfassung sozialer Problemlagen im städtischen Zusammenhang nicht weiter ungenutzt bleiben und kommunalpolitisch effizienter gearbeitet werden kann (vgl. Wandel in Eisenhüttenstadt 1995:10f.):
1. Durchsetzung der kleinräumigen kommunalen Gebietsgliederung
Im Sommer 1994 erfolgte durch das Hauptamt der Stadt an alle anderen Ämter die Aufforderung, Zuarbeiten zur kommunalen Gebietsgliederung zu erarbeiten. Diese gliedert ein Gebiet nach Stadtteil-Stadtbezirk-Block-Blockseite auf. Dadurch besteht auch die Möglichkeit, Haushaltsdaten zu erhalten und bspw. soziale Prozesse stadtteilbezogen beschreibbar zu machen. Man kommt in der Verwaltung eher davon ab, den Bewohner nach dem Anfangsbuchstaben seines Nachnamens zu beurteilen, als nach der Problemlage. Bisher wurde das Konzept leider nicht durchgesetzt.
2. Aufbau eines ‚Datenpools'
In Eisenhüttenstadt werden als Besonderheit im Vergleich zu anderen Städten zahlreiche Untersuchungen durchgeführt, um soziale Problemlagen beschreibbar zu machen, Erkenntnisse über die Veränderung sozialer Beziehungen oder Hinweise für Stadtmarketing zu erhalten. Aber auch hier bestehen Widersprüche und Probleme. So wurde oftmals bei der Konzeption der Erhebungen die Auswertungsphase vernachlässigt und damit Potentiale nicht genutzt. Es wurden kaum stadtteilbezogene Korrelationen gebildet und im Anschluß mit den Ergebnissen ressortübergreifend gearbeitet.
Übersicht zu Befragungen in Eisenhüttenstadt und deren Rücklauf

	Fragebögen	ausgewertete Fragebögen	Rücklauf
Frauenbefragung	900	394	44%
Befragung Wohnungsamt	20.000	1.035	5%
Befragung OSW	1.000	950	95%

Neben der kleinräumigen Gliederung könnte eine *Datenbank* aufgebaut werden, über deren Anbindung noch diskutiert werden müßte. Vorstellbar ist solch eine Anbindung am Stadtplanungsamt oder auch an die Abteilung Statistik. Oder über den Bereich Stadtmarketing könnte ein ‚Büro für stadtteilbezogene Probleme' aufgebaut werden, wobei hier ein ‚Verantwortlicher' alle Daten zusammenträgt. Auf dieser Grundlage ist der Aufbau eines Daten-Netzwerkes in der Verwaltung möglich, das über die punktuelle Zusammenarbeit der Ausschußsitzungen reicht und eine Effektivierung der Verwaltungsarbeit ermöglicht.

3. Durchführung einer Sozialraumanalyse
Gerade weil Eisenhüttenstadt in übersichtliche Stadtteile mit abgrenzbaren Linien zwischen historischen, sozialen und räumlichen Merkmalen einteilbar ist, halten wir Sozialraumanalysen, die auf eine der kleinräumigen Gebietsgliederung und Datenbank aufbauen können, für die Stadt und deren weitere Entwicklung für ein hilfreiches Instrument, um Problemlagen und Bedürfnisstrukturen zu erkennen und darauf einzuwirken.

472) In den 50er und 60er Jahren entstanden folgende Betriebe in Eisenhüttenstadt: 1952 das Hüttenzementwerk, später ein Betriebsteil des VEB Zementwerke Rüdersdorf, das aus Hochofenschlacke und Klinkerzusatz Hochofenzement herstellte; der VEB Betonwaren, der Baumaterialien herstellte; die Kieswerke des VEB Zuschlagstoffe; das Plattenwerk des Wohnungs- und Gesellschaftsbaukombinates: Eisenhüttenstadt war Sitz des Bau- und Montagekombinates Ost (BMK), das aus der er früheren Bauunion Fürstenberg hervorging und heute Industriebau (IB) Ost GmbH heißt. Das durch die Gichtgase der Hochöfen betriebene erste Gichtgaskraftwerk Europas entstand in den 50er Jahren auf dem EKO-Gelände. Es versorgte das Werk und die Stadt mit Energie. Weitere bedeutende Industriebetriebe waren der VEB Baumechanik, der VEB Elektroinstallation, das Heizkraftwerk und ein Zweigbetrieb der VEB Möbelwerke Frankfurt/Oder. Letzter wurde schon 1994 geschlossen. Die schon vor der Jahrhundertwende gegründete Werft wurde VEB Yachtwerft Eisenhüttenstadt. Eisenhüttenstadt verfügte über den zweitgrößten Binnenhafen der DDR, der sich in vier verschiedene Anlagen unterteilt (Neuer Hafen im EKO-Gelände, Alter Hafen an der Yachtwerft, Stadthafen im VI. Wohnkomplex sowie Kohlelager Ost). In den 50er Jahren entstanden drei Großbetriebe der Lebensmittelbranche. Der VEB Fürstenberger Fleischwaren (später VEB Bezirksfleischkombinat mit Sitz in Eisenhüttenstadt: 1980 = 670 Arbeitskräfte, gegenwärtig Fürstenberger Fleischwaren GmbH), der VEB Großbäckerei (heute F&M Backwaren GmbH) sowie der VEB Molkerei (heute Onken GmbH).

473) Für eine zweifelsfreie Bewertung der Veränderungen im wirtschaftlichen und sozialen Bereich fehlen wesentliche statistische Angaben und Strukturdaten (Strukturen der Unternehmen, der Wirtschaftsbereiche, des Arbeitsmarktes). Z.B. wurden ausgegliederte Betriebe der Metallurgie anderen Wirtschaftsbereichen zugeordnet, damit die Beschäftigtenstruktur umgebildet, obwohl der Arbeitsplatz und die -aufgabe unverändert blieben.

474) Die Oderwerft beschäftigt noch 200 von ehemals 700 Mitarbeitern, die Privatisierung ist noch immer nicht geklärt. Ein Konkurs wurde im Oktober 1995 zunächst abgewendet.

475) Diese Regelung bot die Möglichkeit, fünf Jahre vor Erreichen des regulären Rentenalters in den Vorruhestand einzutreten. Das Vorruhestandsgeld zahlte der ehemalige Betrieb, wobei der Staat 50% beisteuerte. Das Vorruhestandsgeld betrug 70% des durchschnittlichen Nettolohnes der letzten 12 Monate. Zu den weiteren Regelungen vgl. Lehmann (1994:287) und Kretzschmar/Wolf-Valerius (1995:364f.).

476) Die Zahlen sind den Statistischen Monatsberichten des Arbeitsamtes Frankfurt/Oder entnommen. Eine Aufschlüsselung für die Dienststelle Eisenhüttenstadt war nach Angaben des Arbeitsamtes Frankfurt/Oder nicht möglich.

477) Im September 1993 bezogen in den neuen Bundesländern und Ost-Berlin 199.163 Personen Vorruhestandsgeld und 640.869 Altersübergangsgeld. Insgesamt waren damit 840.032 Personen von dieser ‚Vorverrentung' betroffen. Das waren ca. 5% der Bevölkerung Ostdeutschlands (vgl. Kretzschmar/Wolf-Valerius 1995:362f.).

478) Die Generation der bis 1935 Geborenen hat vielfältige Erfahrungen in lebensgeschichtlichen Brüchen und in der Konfrontation mit von ihnen kaum zu beeinflussenden Zeitereignissen: „Der gesamte Lebenslauf dieser Kohorten wurde in beruflicher und familiärer Hinsicht durch Krieg und Nachkriegszeit aus der Bahn geworfen, viele fühlten sich um ihre besten Jahre betrogen. Diese Rentnergenerationen, namentlich die Frauen haben unter schwierigsten Bedingungen die deutsche Nachkriegsentwicklung mitgetragen." (Prengel 1995:333f.)

479) Bis 1989 gab es einen verschwindend geringen Anteil von Rentnern in der DDR, die Sozialhilfe empfingen: „1989 hatte es in der ganzen DDR nur 2.000 Rentner gegeben, die Sozialhilfeempfänger waren. Durchschnittlich nahmen die Rentnerhaushalte in der DDR mindestens 800 Mark gesellschaftliche Aufwendungen, insbesondere kostenlose Leistungen des Gesundheits- und Sozialwesens in Anspruch." (Prengel 1995:345)

480) Diesem stellt Lehmann den Typus ‚Offensive Selbstbehauptung' gegenüber, der sich gegen die externe Zuschreibung, in den Vorruhestand gehen zu müssen, wehrt und um Umschulung bzw. Weiterbeschäftigung kämpft. Vier weitere Typologien beschreiben Kretzschmar und Wolf-Valerius (1995:370f.). Sie unterteilen 1. in den Typ, der ‚das Leben ohne Arbeit endlich genießen will'. Dabei handelt es sich jedoch um eine sehr

kleine Gruppe. Der 2. Typ bezeichnet den ‚eher freiwilligen' Übergang in den Vorruhestand. Zu diesem Typ zählen vorrangig Betroffene, die sich auch dem veränderten Betriebsklima nicht aussetzen wollten. 3. wird der Typus des ‚einsichtigen Übergangs' beschrieben, wobei Einsicht hier ‚Einsicht in die Notwendigkeit' bedeutet. Als 4. und letzter Typ wurde der des ‚Übergangs wider Willen' herausgearbeitet. Charakteristisch für diese Probanden ist, daß sie sich ungerecht behandelt fühlten und den Übergang als ‚Rausschmiß' empfanden.

481) Nach einer überblicksartigen Darstellung der zahlenmäßigen Entwicklung von Altersübergangsempfängern und Vorruheständlern wendet sich Lehmann (1994:293f.) der Auseinandersetzung mit dem Vorruhestand in biographischen Erzählungen zu.

482) Zusammenfassend zu einigen Tendenzen in den alten Bundesländern vgl. Lehmann (1994:289f.)

483) Hinzu kam, daß in der ehemaligen DDR ein bestimmter Teil der Rentner noch erwerbstätig war:
„Trotz des Rückgangs der Erwerbstätigkeit seit 1972 in der ehemaligen DDR waren dort Ende 1989 anteilig weit mehr Rentenbezieher als in den alten Bundesländern erwerbstätig, wobei sich die Berufstätigkeit erwartungsgemäß auf die ersten fünf Jahre des Rentenalters konzentrierte. 23% der Männer im Alter von 65 bis 69 Jahren und 28% der Frauen in der Altersgruppe von 60 bis 64 Jahren waren dort 1989 erwerbstätig, gegenüber 7% erwerbstätiger Männer und 11% erwerbstätiger Frauen dieser Altersgruppen in der alten Bundesrepublik." (Schwitzer 1995:288)
H. Lehmann (1994:285) führt an: „So waren 1989 83,2% aller 50- bis 55-jährigen Arbeitnehmer berufstätig. In der Altersgruppe der 55- bis 60-jährigen lag die Quote bei 73,5% (Werte, die in Westdeutschland letztmalig 1970 zu verzeichnen waren). Darüber hinaus arbeiteten 1989 in der DDR 203.000 Frauen und 76.000 Männer im Rentenalter. Das waren 10,5% aller Rentnerinnen und 11% aller Rentner. Arbeitslosigkeit und verschiedene Wege des vorzeitigen Ausscheidens aus dem Erwerbsleben vor dem gesetzlichen Rentenzugangsalter – 60 Jahre für Frauen und 65 Jahre für Männer – waren dagegen, abgesehen von Frühinvalidität in der DDR unbekannt und fehlten damit im kollektiven und individuellen Bewußtsein."

484) In der Untersuchung wurden 11 Wertorientierungen abgefragt und zu den drei Gruppen Konventionalismus (Pflicht- und Akzeptanzwerte), Idealismus und Engagement (idealistische Selbstentfaltung) sowie Hedonismus und Materialismus (Hedomaterialistische Selbstentfaltung) zusammengefaßt. Konventionalisten wurden so definiert, daß sie Pflicht- und Akzeptanzwerte hoch bewerten, Selbstentfaltungswerte jedoch niedrig. Idealisten sollten idealistische und engagierte Selbstentfaltungswerte hochschätzen, Pflicht- und Akzeptanzwerte dagegen niedrig. Hedomaterialisten wiederum sollten Pflicht- und Akzeptanzwerte ebenfalls niedrig schätzen, dafür aber hedomaterialistische Selbstentfaltungswerte hoch. Resignierte (Werteminimalisten) waren auf allen drei Dimensionen negativ definiert, Realisten positiv (Wertemaximalisten).

485) Im Jahr 1993 wurden in Eisenhüttenstadt von der Gleichstellungsbauftragten der Stadt ca. 900 Frauen (bei einem Rücklauf von n=394 = 43,8 %) zu ihrer beruflichen Entwicklung und Leistungsbereitschaft, zu kulturellen Wünschen und Bedürfnissen, zu Partnerschaft, zu Problemen, die ihre Stadt betreffen und zu ihrer Person befragt. Zum Zeitpunkt der Befragung waren von den Frauen, die sich an der Befragung beteiligten, ca. 80% berufstätig, die restlichen 20% befanden sich in Umschulung, Vorruhestand etc.. Die Befragung wurde im ZAROF Leipzig ausgewertet. Die Broschüre mit den gesamten Ergebnissen der Befragung kann über die Gleichstellungsstelle Eisenhüttenstadt bezogen werden.

486) Die Angaben von 1994 belegen, daß die versteckte Arbeitslosigkeit in Eisenhüttenstadt fast genauso hoch ist, wie die offene. Zu dem Bestand in der offiziellen Arbeitslosenstatistik kamen 1994 noch ca. 4.500 erwerbsfähige Personen, die Altersübergangsregelungen, Dauerkurzarbeit und Kurzarbeit „0", Fortbildung und Umschulung sowie ABM und Maßnahmen nach 249h nutzten. In ABM und 249h-Maßnahmen befanden sich damals 1.053 Beschäftigte, davon 382 Frauen. Unterhaltsgeld erhielten 1.005 Personen, davon 660 Frauen, 912 Arbeitnehmer befanden sich noch im PEB des EKO, davon 684 (75%) Frauen.

487) Vom Land Brandenburg wurde aus diesem Grund eine besondere Projektinitiative „Wirtschaftsnahe Arbeitsmarktförderung in Eisenhüttenstadt" für Frauen gestartet. 1994 wurden im Rahmen dieser Initiative zwei Projekte begonnen:
1) HIZ - ‚Handwerklich Innovatives Frauen- und Dienstleistungszentrum Eisenhüttenstadt.'; 2) ÖGIZ - ‚Ökologie- und Gründerinnenzentrum Eisenhüttenstadt'.
In beiden Projekten soll Frauen „die Möglichkeit eröffnet werden, über kombinierte, wirtschaftsnahe Qualifizierungs- und Beschäftigungsmaßnahmen mit besonderem Fokus auf innovativ-ökologische Technologie und Dienstleistungen, den Einstieg in zukunftsweisende Branchen und Nischen zu finden." (Konzeptpräsentation zum Projekt wirtschaftsnahe Arbeitsmarktförderung, Eisenhüttenstadt 1994, S.3) Die Projekte wurden für ein Jahr angelegt mit einer Verlängerungsoption um zwei Jahre. Das Fördervolumen betrug 2,1 Mio. DM, wobei 10% durch die Kommune zu tragen waren.

488) Die durchschnittliche Dauer der Arbeitslosigkeit erhöhte sich von 201 (1993) auf 227 Tage (1994) (vgl. Jahresbericht 1994 des Arbeitsamtes Frankfurt/Oder, Dienststelle Eisenhüttenstadt).

489) Aus einer Untersuchung des Bundesministeriums für Jugend, Familie und Gesundheit geht hervor, daß innerhalb von vier Jahren nach der Wende das Durchschnittsalter ostdeutscher Frauen bei der Geburt des ersten Kindes um 3,3 Jahre stieg. Der Kinderwunsch wird allgemein auf ein späteres Lebensalter verschoben. 1989 betrug das Durchschnittsalter 22,9 Jahre, 1993 aber bereits 26,2 Jahre. (Untersuchung zur Veränderung des Durchschnittsalters ostdeutscher Frauen bei der Geburt des ersten Kindes, MOZ, 13.2.1996)

490) Das sind 15.088 von 48.701 Einwohnern.

491) 1994/95 wurden 82 Auszubildende im EKO (darunter sechs polnische Jugendliche) eingestellt.

492) Ein Teil der Schüler absolvierte die 10. Klasse noch einmal, um nicht auf den Arbeitsmarkt zu ‚fallen'. Dieses Problem wurde erstmals in Diskussionen mit 10. Klassen angesprochen, die die Projekt-Ausstellung „Wandel in Eisenhüttenstadt" im Rahmen des Geschichtsunterrichtes besuchten und wir diese im Anschluß diskutierten. Hier wurde auch die Ratlosigkeit der Lehrer in bezug auf die Erklärungen und Diskussion von Alternativen deutlich. Auf der anderen Seite gibt es Widersprüche, denn einige Ausbildungsplätze, die z.B. das EKO 1995 Jahr bereitstellte, waren lange Zeit unbesetzt. Das hängt mit dem ‚Statusverlust' des Berufes Hochöfner zusammen, den kaum noch ein Jugendlicher erlernen möchte.

493) Vgl. auch die Untersuchung der Stadt Wittenberg von Lange/Schöber (1993). Mit dem gesellschaftlichen Umbruch entstanden auch in dieser Stadt neue Problemgruppen, die auch im Oktober 1990 schon eine Rolle spielten. Zu diesen Problemgruppen zählen die Autoren Strafentlassene, Heimentlassene, Ausländer, Alkoholiker und Drogenabhängige. Nach der Vereinigung der beiden deutschen Staaten vergrößerte sich auch die Gruppe der Obdachlosen, die ihre Wohnungen aufgrund von Mietrückständen, Scheidungen u.a. verlieren.

494) Im Oktober 1995 waren es 3.322 Bürger, die ‚Hilfe zum Lebensunterhalt' in Anspruch nehmen mußten, das sind 1,7 Prozent der Kreisbevölkerung. Im Vorjahr waren es 1,4 Prozent. Die Tendenz ist leicht steigend und vorher nicht genau berechenbar. Im Landkreis Oder-Spree mußten 1995 fünf Millionen Mark mehr für die Steigerung der Sozialausgaben zusätzlich in den Haushalt eingestellt werden. Insgesamt gab der Kreis 1995 85 Millionen für Hilfebedürftige aus.

495) Anzahl der Hilfempfänger je 1000 Einwohner (September 1995): Eisenhüttenstadt 20, Fürstenwalde 27, Beeskow 36.

496) Hunger (1994:289) führt als weitere Unterschiede an: 1. Bei der Wohnraumwahl kam in der DDR v.a. politischen und administrativen Regelungen und weniger den ökonomischen Kriterien Bedeutung zu. 2. Es herrschte in der DDR eine sehr hohe Wohnsicherheit, die vergleichbar ist mit dem Bereich des sozialen Wohnungsbaus in der alten Bundesrepublik. 3. Das eigentumsähnliche Verhältnis der Mieter zu ihren Wohnungen und Unzulänglichkeiten des Baugewerbes setzten in der DDR große Selbsthilfepotentiale frei, die in Westdeutschland nur für Wohneigentum charakteristisch sind. 4. Der Anteil des privaten Wohnungsbaus am gesamten Wohnungsneubau war in der alten Bundesrepublik um ein Mehrfaches höher als in der DDR. 5. Ein Wechsel des Wohnmilieus erfolgten in der DDR, vermutlich aufgrund der allgemein geringeren Mobilität, seltener als in Westdeutschland. 6. Dem Wohnmilieu als „Stätte des Alltags" kam in der DDR eine tendenziell geringere Bedeutung zu als in der alten Bundesrepublik, was v.a. auf die hohe Beschäftigungsrate und die Rolle des Arbeitskollektivs sowie auf die Relevanz „privater Freizeitwelten" außerhalb des Wohnmilieus zurückzuführen ist. 7. Der Standard gesellschaftlicher Kinderbetreuung war in ostdeutschen Wohnmilieus sehr hoch, als defizitär dagegen war das allgemeine Versorgungsangebot zu bezeichnen. 8. Der relativ niedrige Standard der Individualmotorisierung entlastete ostdeutsche Wohnmilieus zumindest teilweise vom privaten Autoverkehr, kennzeichnend war auch ein preiswertes und dichtes Netz öffentlicher Verkehrsmittel.

497) Diese Programme zur Beseitigung von Unterschieden bezogen sich auf die Unterschiede zwischen Stadt und Land, auf die Beseitigung sozialer Unterschiede und ihrer räumlichen Äußerungsform (Segregation), auf die Brechung des Bildungsmonopols, auf die Gleichberechtigung der Geschlechter etc.. So schreibt Hunger (1991:35): „Das zentrale Dirigieren der Stadtentwicklung ging einher mit einem normativen Menschenbild, dem

eine Vorstellung der sozialen Struktur der sozialistischen Gesellschaft zugrunde lag, die den großen Gedanken sozialer Gleichheit aller Menschen auf das Streben nach sozialer Annäherung der Klassen und Schichten durch Gleichförmigkeit der Lebensbedingungen zurechtbog."

498) Die Autoren entwickeln Hypothesen für den Wandel von Wohnmilieus und vergleichen vier unterschiedliche Wohnmilieus in den Städten Halle und Wittenberg. Im Anschluß werden Grundsätze zur lokalen Sozialplanung bei der Stadterneuerung in ostdeutschen Städten entwickelt.

499) Friedrichs schreibt weiter: „Die ohnehin hohe Nachfrage nach Wohnraum und die Flächenansprüche werden sich erhöhen. Der bis ins nächste Jahrtausend nicht behebbarer Wohnungsmangel wird zu erheblichen Mietsteigerungen führen, differenziert nach Lage und Ausstattung der Wohnung. Damit ist ein Wandel der Wohnviertel verbunden: eine Entmischung in den Neubausiedlungen, eine Aufwertung (Gentrification) der innerstädtischen Wohnviertel, ferner eine insgesamt steigende Segregation der Stadtbewohner nach dem sozialen Status und dem Alter." (1995:57)

500) Ebenfalls nimmt Cornelsen (1994b:305) nach ihrer Befragung in der Stadt Gotha an, daß diejenigen, die sie als ‚Aufsteiger' nach der Wende bezeichnet, eher den Wunsch nach räumlicher Distanzierung verspüren. Sie definiert Auf- und Absteiger anhand der Merkmale Geschlecht, Alter, Erwerbsstatus, Berufsstatus und Einkommen. Als ‚Aufsteiger' sehen sich z.B. Personen, die mehr als 3500 DM Haushaltseinkommen beziehen. Diese äußerten in der Befragung auch eine höhere Umzugsbereitschaft. Der subjektiv empfundene Aufstieg soll auch nach außen hin durch einen verbesserten Wohnungsstandard und eine verbesserte Wohnlage zum Ausdruck gebracht werden. Die Aufsteiger planen etwa doppelt so häufig einen Umzug wie die Absteiger. Aus diesem Ergebnis schließt die Autorin, daß damit die soziale Segregation im städtischen Raum vorgezeichnet ist.

501) Rink schlägt für eine differenzierte Bewertung der Segregation in der DDR und nach 1989 in Ostdeutschland vor, diese Prozesse in ihrer historischen Entwicklung darzustellen. Die Unterteilung ließe sich aus der aus dem Vorkriegsdeutschland überkommene Segregation, die sich in der DDR herausgebildete Segregation sowie die nach 1989 einsetzende Segregation vornehmen (Rink 1996:7).

502) Aus diesem Grund ist auch die Anwendung spezifischer Methoden der Stadterneuerung in den neuen Bundesländern gefragt, die nicht durch eine einfache Übernahme westdeutscher Standards geleistet werden kann. So gelangt Ch. Hannemann im Zusammenhang mit der Begleitung von Sanierungsprozessen in Ostberlin zu der Feststellung, daß die Realitäten in Ostberliner Innenstadtgebieten gänzlich andere sind als in den Westberliner Bezirken. Insbesondere zeigt sich in den östlichen Bezirken keine Parallelität von baulichem und sozialem Verfall. Hier herrscht eine hohe soziale Durchmischung, und in vielen Aspekten (z.B. Alters-, Erwerbs- und Qualifikationsstruktur) repräsentieren die Ostberliner Innenstadtgebiete durchschnittliche Ostberliner oder ostdeutsche Verhältnisse. Außerdem ist hier eine hohe Gebietsbindung feststellbar (lange Wohndauer, überdurchschnittliches Engagement in Bürgerinitiativen). Das Fazit der Autorin lautet folgendermaßen: „Die segregierte Stadt als Voraussetzung für eine öffentlich geförderte Sanierung gibt es in Ostberlin also nicht. Die sozialen Problemlagen im Gebiet haben nicht, wie im Westen, mit sozial-räumlicher Segregation zu tun, sondern entsprechen den allgemeinen Tendenzen der Entwicklung bzw. ‚Abwicklung' des Lebensstandards der Bevölkerung in der ehemaligen DDR." (Hannemann 1993:379)

503) Folgende Tendenzen faßt Hunger (1994a:289f.) zusammen: 1. Der Wandel des Wohnmilieus vollzieht sich mit zeitlicher Verzögerung als indirekte Folge des wirtschaftsstrukturellen Wandels und seiner sozialen Folgen. Besonders altindustriell geprägte Städte sind von dem Deindustrialisierungsprozeß betroffen. Durch die veränderten Berufschancen und Lebensperspektiven der Bewohner haben sich die Wohnmilieus dieser Städte bereits im Kern gewandelt. Der angenommene „Mobilitätssprung" zeigt sich einerseits in einer „freiwilligen Mobilität" jüngerer, gut verdienender Kernfamilien und andererseits in einer „erzwungenen Mobilität", die v.a. Ältere und sozial Schwache betrifft. Die Lockerung tradierter Bindungen bei gleichzeitig zunehmenden Wahlmöglichkeiten hinsichtlich Mobilität, Kontaktpartnern und Lebensstilen wird zu größerer sozialer Vielfalt, aber auch Unverbindlichkeit innerhalb der Wohnmilieus führen. 2. Der unter DDR-Verhältnissen eher lose Zusammenhang zwischen Lebenslage und Wohnqualität wird enger. Der bereits sichtbare Prozeß sozio-ökonomischer Differenzierung wird noch weiter an Dynamik gewinnen. Obwohl Segregation bisher kaum zu beobachten ist, so hat sich doch die psychosoziale Grundstimmung schon deutlich ausdifferenziert. Einerseits ist diese von Aufbruchstimmung und andererseits von Melancholie geprägt. 3. Allgemein hat das Wohnmilieu einen Bedeutungsgewinn als Stätte des lokalen Lebens und des Bewohneralltags erfahren. Das Ende der Vollbeschäftigung hat dazu geführt, daß für wesentlich mehr Menschen die Wohnumwelt als bislang zum Zentrum des Lebensalltags wird. Hunger vertritt hierbei die These des „Anwesenheitsschubes", der die aus dem Arbeitsprozeß Herausgedrängten in ihre Wohnungen zwingt. 4. Der physische Wandel des Wohnmilieus wird von den Bewohnern ambivalent und vorwiegend passiv erlebt. Während die Voraussetzungen sozialverträglicher Stadterneuerung in den kommunalen und genossenschaftlichen Wohnungsbeständen der randstädtischen Großsiedlungen relativ günstig zu bewerten sind, zeichnen sich in den innerstädtischen Altbaubeständen eher negative Tendenzen ab. Für die zu erwartende nach und nach flächendeckende Stadterneuerung ist die Einbeziehung und Mitwirkung der Bewohner von besonderer Bedeutung. Allerdings wirkt sich der prognostizierte und empirisch festgestellte „Entpolitisierungsschub" negativ auf die Sozialplanung aus. 5. Die soziale Situation in vielen ostdeutschen Wohngebieten ist aktuell geprägt durch die sensible Gleichzeitigkeit von Entwicklungschancen und hochgradiger Gefährdung bislang funktionierender Alltagsstrukturen.

504) Das Problem quantitativ angelegter Untersuchungen zu sozial-räumlichen Prozessen ist der Zugang zu amtlichen Daten in akzeptabler kleinräumiger Struktur, die ermöglichen, unterhalb der Stadtteilebene Quartierstypen zu identifizieren (vgl. Hoffmeyer-Zlotnik 1995). Unser Projekt wandte qualitative Methoden an, jedoch in der Dokumentenanalyse war die Erfassung kleinräumiger Daten vorgesehen. Als ein Problem erwies sich, daß Daten zur kleinräumigen Gliederung Eisenhüttenstadts über die Verwaltung nicht zu beziehen waren. Da aus unterschiedlichen Gründen die genauen Stadt- und Quartiersgrenzen noch nicht festgelegt waren, wurden Aussagen zu Agglomerationsprozessen nicht getroffen. Problematisch ist, daß auch in den verschiedenen Verwaltungsebenen die Notwendigkeit der Beachtung stadtteilspezifischer Prozesse in den Gesprächen zwar befürwortet, jedoch selten umgesetzt wurde. Die Daten für Aussagen zum Thema ‚ökonomische Ausdifferenzierung' stammen aus unterschiedlichen Expertengesprächen und allgemeinen statistischen Berichten.

505) Diese Besonderheit Eisenhüttenstadts als ‚neuer Stadt' wird in anderen Städten nur in Teilräumen sichtbar, wie z.B. den randständischen Neubaugebieten in Halle mit kommunalem und genossenschaftlichem Eigentum. Dort wird von den Mietern ein hohes Maß an Wohnsicherheit artikuliert (Hunger 1994a:300). Eine Konsequenz der wohnungspolitischen Entwicklung in traditionellen Städten der DDR ist die Verteilung des Wohneigentums: Je kleiner eine Stadt, desto höher war der Anteil an privater Wohnungssubstanz. Je größer die Stadt war, desto höher der Anteil an genossenschaftlichem und kommunalem Wohnungseigentum (vgl. Schubert 1991:148).

506) Im Bericht des Wohnungsamtes 1991 (vgl. Arbeitsbericht ... 1991) wird das „Gesetz über Belegungsrechte im kommunalen und genossenschaftlichen Wohnungswesen" vom 22. Juli 1990 als ein völlig neues Kapitel der Wohnungspolitik in Eisenhüttenstadt bezeichnet. Dieses Gesetz sowie das im Spätsommer 1991 verabschiedete Wohngeldsondergesetz hatten in den ersten beiden Jahren nach der Wende den entscheidenden Einfluß auf die Strukturbildung des Wohnungsamtes.

507) Nur einige Grundstücke im WK I bis IV sind mit Golddollarhypotheken belastet.

508) Das Verhältnis der unterschiedlichen Wohnungsgrößen hatte sich bis 1993 nicht maßgeblich verändert. Gravierende Veränderungen sind erst nach Abschluß der Sanierungsmaßnahmen sowie dem Neubau von Eigentums- und Sozialwohnungen zu erwarten. Folgende Wohnungs-

	1991	1992	1993
Einraum-WE	2.041	2.026	2.023
Zweiraum-WE	5.717	5.708	5.704
Dreiraum-WE	10.915	10.974	10.970
Vierraum-WE	2.386	2.388	2.386
Fünfraum-WE	494	494	494
6 und mehr Räume-WE	84	84	83

größen waren 1991 – 1993 in Eisenhüttenstadt vorhanden:

509) Eisenhüttenstadt erfüllt bestimmte, durch das Land Brandenburg festgelegte Kriterien, die die Stadt in die Kategorie der Städte mit erhöhtem Wohnraumbedarf einordnen läßt. „Durch die Landesregierung des Landes Brandenburg wurde Eisenhüttenstadt per gesetzlicher Verordnung zum Gebiet mit erhöhtem Wohnraumbedarf bestimmt (Gesetzes- und Verordnungsblatt vom 5.12.1991). Die Begründung, daß Eisenhüttenstadt in dieses Gebiet eingeordnet wurde, liegt darin, daß 5,5 Wohnberechtigungsscheine auf 100 Wohnungen entfallen und damit nicht in je-

dem Falle der benötigte Wohnraum bereitgestellt werden konnte. Speziell die 4-Raumwohnungen bilden den Schwerpunkt, da hier der Bedarf nicht gedeckt werden kann. Gebiet mit erhöhtem Wohnraumbedarf heißt, daß der Verfügungsberechtigte (Wohnungsunternehmen) eine frei- oder bezugsfertig werdende Wohnung einem von der zuständigen Stelle (Wohnungsamt) benannten Wohnungssuchenden zum Gebrauch überlassen darf. Dabei kann die verfügungsberechtigte Stelle dem Verfügungsberechtigten mindestens drei berechtigte Wohnungssuchende benennen. Der Verfügungsberechtigte hat das Recht, aus diesen Bewerbern den zukünftigen Mieter auszuwählen." (Arbeitsbericht ... 1993:7). 1991 wiesen 1.441 Bürger dringenden Wohnbedarf nach.

510) In Eisenhüttenstadt selbst ist auf seiten der Verwaltung die genaue Anzahl der leerstehenden Wohnungen nicht bekannt. So tauchten in der regionalen Presse Meldungen von bis zu 1000 leerstehenden Wohnungen auf, in Statistischen Berichten schwankten die Zahlen zwischen 750 und über 1000. Für 1996 ist noch eine Analyse zur Anzahl und zu den Gründen leerstehender Wohnungen geplant. Die Leerstandsdauer der Wohnungen der EGW GmbH betrug am Jahresende 1991 im Durchschnitt 6 Monate.

511) Vgl. ‚Bald 1000 Wohnungen, die keiner mieten will. Vermietungsbüros im Umfeld waren ein Flop.' (MOZ, 27.6.1995, S. 9)

512) Vgl. ‚Tausch weiter ankurbeln und Leerstand verringern' (MOZ, 6.6. 1995, S. 7) und ‚Am Bedarf orientieren. Stadt erarbeitet Wohnungskonzept' (MOZ, 27.9.1995, S. 7). Ziel sei der Abbau von Leerstand, das bedarfsgerechte Wohnen, die Wohnungsprivatisierung und die Mietpreisentwicklung.

513) Eigentumswohnungen werden seit April 1994 von der NOSTRO Wohn- und Gewerbebauten GmbH in einer Wohnanlage am Oder-Spree-Kanal errichtet. 200 Wohnungen auf einem Areal von über 20.000 qm sind vorgesehen. Bis Mitte 1995 entstanden 14 Eigentumswohnungen und 77 Mietwohnungen. Des weiteren sind 109 Sozialwohnungen vorgesehen. Insgesamt 500 Eisenhüttenstädter können dort eine neue Wohnung beziehen.

514) Mitte 1995 waren z.B. die Erschließungsarbeiten für die Wohngebiete in Lawitz abgeschlossen. Dort ist der Bau von ca. 70 Eigenheimen vorgesehen. Auch am Ortseingang von Eisenhüttenstadt in Schönfließ ist der Bau von 13 Eigenheimen geplant. Auf dem Gelände der ehemaligen Gärtnerei am Rosenhügel in Schönfließ entstehen bis Ende 1996 mehrere Einfamilien-, Reihen-, Doppel- und Häuser mit mehreren Eigentumswohnungen. Mehrere Reihenhäuser sind am Stadtausgang Richtung Neuzelle geplant. In Mixdorf sind 160 Wohneinheiten vorgesehen. In bezug auf diesen Standort ergaben sich auch die meisten Diskussionen mit Naturschützern, die durch diese Siedlung eine Beeinträchtigung der Umgebung befürchten.

515) Ein Grund könnte der Wegzug der Vorruheständler mit ausreichenden Spareinlagen in Einfamilienhaussiedlungen sein. Leider waren diese Prozesse zu dieser Zeit quantitativ noch nicht zu belegen, da die entsprechenden Daten fehlten. So muß die Aussage eine Hypothese bleiben.

516) Die Sanierung der Häuser der EGW GmbH beginnt in der Stadt im WK I-IV (südliche Wohngruppe, Beeskower Straße, Karl-Liebknecht-Straße, Bergstraße). Die Mieterhöhungen erfolgen im gesetzlichen Rahmen. Ab 1995 lief eine begleitende Untersuchung zur Privatisierung von Wohnungen an der Beeskower Straße und ‚An der Schleuse', die auf Erfahrungen eines Modellprojektes in Kitzscher (bei Leipzig) basieren (vgl. ‚Kauf oder Miete'-Schreiben der EGW, In: Eisenhüttenstädter Gebäudewirtschaft Nr. 7/1995, S. 10, basierend auf den Erfahrungen der ISG mhB Strausberg, die im Auftrag der EGW Objekte auf der Grundlage des Altschuldenhilfegesetzes zu privatisieren hat) sowie Pressemitteilung, Eisenhüttenstädter Gebäudewirtschaft Nr 5/1994; vgl. auch Dr. Riese und Partner GmbH, Privatisierung im Lilienthalring und die Erfahrungen des Modellprojektes des Bundesbauministeriums in Luckenwalde, In: Eisenhüttenstädter Gebäudewirtschaft Nr. 6/1994, S. 11). In den Objekten ‚An der Schleuse' war z.B. eine 3-Raum-Wohnung mit 57 qm Größe (Plattenbau) für ca. 100.000 DM zu erwerben. Die EGW unterstrich mehrfach die Feststellung, daß diese preiswerten Angebote einmalig bleiben werden und für die erste Zeit vorgesehen sind, um die Privatisierung zu befördern. Die Wohnungsgenossenschaft privatisiert ebenfalls zu einem Quadratmeterpreis von 1.100 bis 1.600 DM rund 1.100 Wohnungen.

517) Vgl. ‚Den Bewohnern fehlt das notwendige Kleingeld. Privatisierung der EKO-Wohnungen kommt nicht voran.' (MOZ, 23.2.1996, S. 7)

518) Von 1991 zu 1992 stieg zunächst die Zahl der Wohngeldanträge um 10%. Die Zahl der Bewilligungen ging von 7.216 Bewilligungen 1993 (bei 12.961 Anträgen=55,6%) auf 3.232 Bewilligungen 1994 (bei 10.662 Anträgen=30,3 %) zurück. Gründe dafür liegen v.a. in der erfolgten Rentenanpassung, was zum Rückgang der Anteile von Antragstellern im Rentenalter führte (1991=59,1%, 1994=38,7%).

Aufschlüsselung der Bewilligungen und Ablehnungen nach Haushaltgrößen (Arbeitsbericht 1991:10)

	gesamt	bewilligt	abgelehnt
1- u. 2-Personen-Haushalte	5.770	4.336	1.434
3-Personen-Haushalte	949	635	314
4-Personen-Haushalte	874	702	172
5-Personen-Haushalte	261	232	29

Im Landesamt für Datenverarbeitung und Statistik Düsseldorf wurde eine Unterteilung der Antragsteller auf Wohngeld nach ihrer sozialen Stellung vorgenommen. Auch wenn u.E. diese Aufstellung zu wenig differenziert und deshalb nicht sehr aussagefähig ist, sollen die Daten dennoch aufgezeigt werden, da sie für diese Fragestellung das einzige verfügbare statistische Datenmaterial darstellten: (in Prozent)

	1991	1992	1993	1994
Selbständige	0,3	0,7	0,8	0,89
Arbeiter/ Angestellte	32,9	42,9	39,2	30,30
Rentner/Pensionäre	59,1	41,9	40,1	38,78
Arbeitslose	8,4	12,56	16,1	24,13
Sonstige	%	2,29	3,8	5,42

519) Vgl. ‚Klage, Räumung – dann wieder die Vermietung. Mietschulden in Millionenhöhe – Zahlungsmoral wird eher schlechter.' (MOZ, 12.10.1995, S. 7)

520) Ein Nachvollzug der sozialstatistischen Zusammensetzung der ‚Wegziehenden' war aufgrund fehlender Verwaltungsdaten nicht möglich. Es kann davon ausgegangen werden, daß die neuen Reihenhaus- und Einfamilienhaussiedlungen um Eisenhüttenstadt eher in ein konservatives Milieu eingebettet sind. Das läßt sich an den Ergebnissen der letzten Wahlen in bezug auf die Siedlung in Diehlo festmachen. Bei der Bundestagswahl 1994 erhielt bei einer Wahlbeteiligung von 69% die SPD in Eisenhüttenstadt mit 44,8% den größten Anteil der Stimmen (gefolgt von der PDS 24,2% und CDU 24%). Bei den Zweitstimmen wurde ein ähnliches Ergebnis erzielt. 1994 fanden auch Landtagswahlen statt (Erststimme gesamte Stadt für die Kandidaten: 45% SPD, 25% PDS, 21% CDU). Bei der Stimmenverteilung für die Erststimme nach Wohngebieten erhielt die SPD in Diehlo 42% und in Fürstenberg, Schönfließ sowie in den städtischen Wohngebieten 41% bis 50%). Die CDU erhielt in Diehlo ebenfalls 42%, dafür jedoch in den städtischen Wohnkomplexen nur 15% bis 20%. In bezug auf die Zweitstimmen wird das Ergebnis noch deutlicher. Hier erhielt die CDU im Ort Diehlo fast das dreifache an Stimmen (34%) (FDP 6,6%) wie in der Stadt (in allen Wohnkomplexen I bis VII durchschnittlich CDU 11% bis 15%, FDP 0,9%). Auch in Fürstenberg und Schönfließ schnitten die konservativen Parteien besser ab (in Fürstenberg CDU 23%, FDP 1,4%, Schönfließ CDU 19%, FDP 1,7%). Die SPD erhielt in Diehlo einen niedrigeren Stimmanteil (43%), während sie in der Stadt zwischen 52% und 57% erhielt. Auch in bezug auf das Wahlergebnis der PDS ist die gleiche Tendenz vorhanden (Stadt zwischen 21% und 27%, Fürstenberg 17%, Schönfließ 18%, Diehlo 10%). Für die Europawahl 1994 sind ähnliche Ergebnisse zu verzeichnen, der Stimmenanteil für die CDU war in Diehlo doppelt so hoch, wie in den städtischen Wohnkomplexen und für die FDP betrug er das sechsfache (vgl. Eisenhüttstadt wählte, Brandenburgischer Landtag 1994, Stadtverwaltung Eisenhüttenstadt, SG Statistik).

521) Das Altschuldenhilfegesetz verlangt, daß bis zum Jahr 2003 15% des zahlenmäßigen Wohnungsbestandes mit gleichzeitig 15% des Bestandes an qm Wohnfläche in Wohneigentum zu überführen sind. Dabei können die Mieter der Wohnungsunternehmen bei akzeptablen Modellen der Hauptkunden sein. Als gesetzliche Grundlage gilt neben dem Altschuldenhilfegesetz das Wohnungseigentumgesetz. Jeder Interessent an einer Eigentumswohnung erwirbt zwei unterschiedliche Eigentumsformen. Das sogenannte Sondereigentum ist die Wohnung, über die frei verfügt werden kann. Zum anderen werden prozentuale Anteile am Gemeinschaftseigentum erworben, wie an Grundstück, Dach, Fassade, Treppenhaus etc.

522) Beim Kriterium der *Lage* ist eine Bevorzugung der WK I-IV (50er Jahre-Bauten) auszumachen, bei *Lage und Wohnqualität* auch für die Wohnlagen am Rande der Neubausiedlungen WK V und VI, die Nähe zu Grünflächen haben. Eine besonders begehrte Lage ist die schon in den fünfziger Jahren entstandene Werkssiedlung mit Eigenheimbauten insbesondere für die Fachkräfte des EKO. Ab 1994 wurden hier auch neue Eigenheime errichtet, von denen es auch davon auszugehen ist, daß ‚ökonomisch stabile Familienhaushalte' dort einziehen. Damit kann dieses Gebiet in naher Zukunft wieder zu einem stärker segregierten Gebiet werden.

523) Im Arbeitsbericht des Wohnungsamtes 1991 wurde festgestellt: „Es hat sich aber in den letzten Monaten gezeigt, daß sich speziell nach der Miet-

erhöhung das Verhalten der Bürger bei der Wohnungssuche verändert hat. So legen viele Antragsteller jetzt viel mehr Wert auf eine spezielle Wohngegend und lehnen Wohnungsangebote, die außerhalb ihrer Vorstellung liegen ab, obwohl sie einen dringenden Wohnbedarf haben. Dies läßt sich besonders für die Wohnungen im VII. WK und in den Etagen vier und 5 belegen. Da es aber noch keine Mietstaffelung nach Wohnlagen gibt, werden wir im Wohnungsamt überlegen müssen, ob bei Beharren von Bürgern auf eine bestimmte Wohngegend oder sogar auf eine bestimmte Wohnung und Ablehnen von durchaus akzeptablen Angeboten die Dringlichkeit aufrechterhalten werden kann." (Arbeitsbericht ... 1991:8)

524) Die Übersicht zeigt die geringe Anzahl der errichteten Eigenheime in Stalinstadt/Eisenhüttenstadt 1958 bis 1964 (zusammengestellt aus den Statistischen Jahrbüchern der betreffenden Jahre).

Jahr	gebaute Wohnungen	Wohnfläche	durchschnittl. Wohnfläche je Wohnung
1958	11	-	-
1959	-	-	-
1960	5	287	57,4qm
1961	-	-	-
1962	8	554	69,3qm
1963	-	-	-
1964	1	62	62,0qm

525) A. Hardt stützt sich in ihren Ausführungen auf die empirische Untersuchung der Städte Halle und Wittenberg. Als typisches städtisches Wohnmilieu wurde in Halle das Domplatzviertel als Repräsentant einer mittelalterlich geprägten Altstadt ausgewählt. Hier finden sich sowohl Altbauten als auch Neubauten in Plattenbauweise. Das Paulusviertel wurde als Repräsentant eines Gründerzeitviertels gewählt. In Wittenberg steht die Werkssiedlung Piesteritz als Repräsentant des Siedlungsbaus sowie das Neubaugebiet Trajunscher Bach/Lerchenberg für ein randstädtisches Wohngebiet in Plattenbauweise.

526) Angaben zur DDR vgl. Friedrichs (1995:67/68). In Westdeutschland besaßen 1990 73,3% der Wohnungen eine moderne Heizung.

527) In Brandenburg gilt die Regelung, daß Mietern, die älter als 65 Jahre oder schwer krank sind, der neue Eigentümer ein lebenslanges Wohnrecht zusichern muß. Lichtenberger (1991:241) zählt zu den Antisegregationsstrategien auch die Vergabe von Wohnverbesserungskrediten.

528) Im Informationsheft der EGW 5/1994 wurde aufgrund der massiven Zunahme des Mietrückstände die ‚Geschichte einer Räumung' nachvollzogen (S. 7): „In den Zeiten vor der Wende gab es in unseren Breiten im Zivilgesetzbuch 121 Abs. 1 ebenso eine Anspruchsgrundlage des Vermieters, die gerichtliche Aufhebung des Mietvertrages bei wiederholten gröblichen Pflichtverletzungen des Mieters zu beantragen. Aber dieses Recht wurde nicht so konsequent durchgesetzt. Jetzt, wo die Wohnung auch eine Ware ist, die man so billig nicht bekommt, kann es sich ein Wohnungsunternehmen nicht leisten, die Mietrückstände ins Unermeßliche wachsen zu lassen. Waren ehedem Zeiträume von fünf Jahren notwendig, um eine Mietschuld von ca. 5000 Mark entstehen zu lassen, ist diese Summe jetzt bei einer normalen 2 1/2 Zimmerwohnung mit Fernheizung in weniger als einem Jahr zusammen."

529) Bei Alleinerziehenden erfolgt nicht die sofortige Räumung, sondern zunächst die Beschlagnahme der Wohnung durch die Wohnungsgesellschaften. Dann erfolgt die Umsetzung in eine andere Wohnung, jedoch keine Einweisung in das Obdachlosenheim.

530) Für die Benachteiligung im Rahmen staatlicher Wohnungsvergabepolitik wird z.B. konstatiert: „Insbesondere solche Gruppen, die nicht im ‚Zentrum staatlicher Wohnungsverteilungspolitik' standen, mußten sich mit schlechten Wohnverhältnissen – oft in maroden Altbauwohnungen – bescheiden (vgl. Hinrichs 1992:25 ff., Rohrmann 1992, Kleine 1992): -Arbeiter und Angestellte in untergeordneter beruflicher Position (einfache Tätigkeit, geringe Bildung); -junge Menschen vor einer Haushaltsgründung oder Geschiedene; -Personen ohne Lobby bzw. sozial Hilfebedürftige wie Rentner, Behinderte, Pflegebedürftige – und allgemein nicht im Arbeitsprozeß stehende Personen; -politisch und sozial nicht angepaßte Personen (im damaligen Sprachgebrauch: ‚Asoziale')." (Hanesch et al. 1994:79 f.)

531) L.A. Vaskovics (1990:59f.) verwendet den Begriff der ‚negativen' Typisierung. Die soziale Distanz kommt in Form von erhöhter Kategorisierungs-, negativer Typisierungs-, Stigmatisierungs- und Diskriminierungsbereitschaft der Bevölkerung gegenüber der segregierten Bevölkerungsgruppe zum Ausdruck. Ein Aspekt, der ebenfalls zu einer negativen Typisierung führt, ist das Wohnen in diskreditierenden Wohnobjekten (alte, z.T. verwahrloste Häuser). Und gerade alte Menschen wohnen überproportional häufig in Altbauten und in Wohnungen, die dem heutigen Wohnstandard nicht mehr entsprechen. Den eben dargestellten Zusammenhang stellt der Autor unter Bezugnahme auf ‚Theorien objektbezogener Stigmatisierung' her.

532) Das Obdachlosenheim verfügt derzeitig über 44 Plätze, ausschließlich für Männer.

533) Die Zahl der Alkoholkranken in Eisenhüttenstadt soll nach Aussagen verschiedener Experten mit Dunkelziffer 5000-7000 Betroffene betragen. Im gesamten Kreis Oder-Spree sind schätzungsweise 20.000 Menschen betroffen. Spezifisch für Eisenhüttenstadt ist dieses Problem auch auf die Zeit vor 1989 zurückzuführen, indem ein Teil der Brigaden in Großbetrieben aus sogenannten ‚F-Schichtlern' (Fehl-Schichtlern) zusammengesetzt waren, in denen Alkoholabhängige zum großen Teil vertreten waren. Anderseits verfügte Eisenhüttenstadt über einen hohen Anteil an Ehescheidungen (1986 bis 1988 wurden 60 von hundert Ehen geschieden), was zur Verstärkung des Problems führte (vgl. Interview: 10, E 13 Mitarbeiterin Obdachlosenhilfeverein e.V.).

534) Wie z.B. das Sozialamt, die Arbeiterwohlfahrt mit der Sozialstation, die Diakonie, der Arbeitersamariterbund, das DRK, die Volkssolidarität, der IB – Internationaler Bund für Jugend- und Sozialarbeit, die Suchtberatung des Gesundheitsamtes, verschiedene Selbsthilfegruppen u.a..

535) Begonnen hatte die Arbeit des Obdachlosenhilfevereins auf ehrenamtlicher Basis. Inzwischen (Ende 1995) sind einige ABM-Stellen für den Verein bewilligt. Supervision für die im Obdachlosenhilfeverein Tätigen fehlte bisher völlig. Der Obdachlosenhilfeverein hat vier Schwerpunkte seiner Arbeit: 1. Präventionsarbeit mit von Obdachlosigkeit Bedrohten, z.B. durch Schuldnerberatung oder auch Hauswirtschaftshilfe. 2. Tagesaufenthaltsstelle für Obdachlose und Nichtseßhafte. Die Räume der Tagesaufenthaltsstätte wurden weitgehend in Eigeninitiative hergerichtet. 3. Resozialisierungsmaßnahmen für geräumte Bürger, v.a. durch ‚Hilfe zur Selbsthilfe'. 4. Im Rahmen des Landesprogrammes ‚Arbeit statt Sozialhilfe' Beschäftigung von Sozialhilfeempfängern.

536) Vgl. ‚Immer mehr Leute ohne Dach über dem Kopf' (MOZ, 3./4.6.95, S. 11)

537) Vgl. Keim (1979). Erstmalig wurden 1971 in das Städtebauförderungsgesetz Westdeutschlands Bestimmungen zu einem Sozialplan aufgenommen. Diese waren als Soll-Bestimmungen formuliert, lösten aber zahlreiche Untersuchungen und Diskussionen aus. Bei der kommunalen Neubauförderung oder der Ausweisung städtischer Teilregionen im Rahmen der Bauleitplanung (Flächennutzungs- und Bebauungsplan) ist auf eine geeignete Mischung von Eigentums-, Miet- und Sozialwohnungen zu achten. Insgesamt ist der soziale Wohnungsbau weiter zu fördern bzw. auszubauen. Im 2. Wohnungsbaugesetz heißt es in 1,1: Bund, Länder und Gemeinden haben den Wohnungsbau unter besonderer Bevorzugung des Bauens von Wohnungen, die nach Größe, Ausstattung und Miete oder Belastung für die breiten Schichten des Volkes bestimmt und geeignet sind (sozialer Wohnungsbau) als vordringliche Aufgabe zu fördern. Es kommt dabei auch darauf an, das Wohnungsangebot für sozial benachteiligte Haushalte zu verbreitern durch Vergabe von Sozialwohnungen an Angehörige ganz bestimmter Personenkreise (Kinderreiche, Behinderte, Aussiedler) oder kommunales Benennungsrecht (3 Wohnungssuchende müssen dem Vermieter von seiten der Kommune vorgestellt werden; 4 Wohnungsbindungsgesetz). Zur Entwicklungsgeschichte der Stadterneuerung in der Bundesrepublik vgl. Hardt/Herlyn (1994:302f.).

538) Hunger (1994b:329) schlägt thesenartig politische Grundsätze für die lokale Sozialplanungsstrategie bei Stadterneuerungen in ostdeutschen Städten vor: 1. ‚Keiner soll wegziehen müssen.'; 2. ‚Sozialverträgliche Interessenabwägung und Toleranz unter verschiedenartigen Betroffenengruppen.; 3. Selbsthilfe fördern, Beteiligung Raum geben, Identität stärken.'; 4. ‚ABM für Stadterneuerung und Sozialarbeit anstelle unproduktiv finanzierter Arbeitslosigkeit'.

539) 1993 befragte das Wohnungsamt zur Erstellung eines wohnungspolitischen Konzeptes 20.000 Einwohner Eisenhüttenstadts. Der Rücklauf betrug 5%. 1994 führte die Eisenhüttenstädter Gebäudewirtschaft (EGW) eine Befragung durch, indem in ein in einer Zeitschrift der EGW enthaltene Seite ausgefüllt werden konnte. Der Rücklauf war ähnlich gering. Die Ergebnisse konnten wir im Projektzeitraum nicht erfahren.

540) „In der Segregationsforschung nahm und nimmt die Diskussion der Folgen einen breiten Raum ein. Je nach den zugrundeliegenden Gesellschaftsmodellen wird die Segregation unterschiedlich bewertet. Mit einem gesellschaftlichen Konfliktmodell verbinden sich Argumente *für* die Trennung gesellschaftlicher Gruppen in verschiedenen Wohngegenden (wie z.B. Intensivierung der Nachbarschaft, Schutz von Minderheiten, Abbau von Konsumzwängen); Ansätze zu einer *Integration* der (lokalen) Gesellschaft stehen hinter den Mischungsvorstellungen (wie z.B. Entwicklung demokratischer Kultur, Erleichterung des sozialen Aufstiegs,

541) Die Verlängerung des Bestandes der GEM von 1995 auf vorerst 1998 ist ein Indikator für Maßnahmen, die zur Abfederung sozialer Härtefälle dienen.

542) In weiteren Forschungszusammenhängen wurden gerade in bezug auf einen Rollenwechsel in der häuslichen Arbeitsteilung andere Ergebnisse erzielt. So konstatierten Kretzschmar und Wolf-Valerius (1995:372), daß sich eine erstaunlich große Zahl von Männern im Vorruhestand überhaupt erstmals bzw. verstärkt (im Sinne von gleichverpflichtet) an der Erledigung von Hausarbeit beteiligte.

543) Kontrastiert werden können unsere Ergebnisse aus dem Metallbereich, die nahezu nur einen Typ von Bewältigungsstratgie hervorbrachten, den des ‚Beharrens' auf Erwerbstätigkeit, mit Typologien aus dem Dienstleistungsbereich. Thielecke (1993) fand bei der Untersuchung des Finanzsektors drei typische Bewältigungs- und Anpassungsstrategien von Frauen. Den ersten Typ charakterisiert er als ‚Leistungstyp'. Hierbei handelt es sich um Frauen, die die mit der Individualisierung verbundenen Risiken im Berufsleben als individuelle Chance begreifen. Zweitens fand er als größte Gruppe den eher ‚gleichgewichtsorientierten',‚ normalen' Typ heraus, der um eine ausgewogene Balance zwischen Beruf und Familie bemüht ist. Hierzu läßt sich auch der größte Teil unserer Gesprächspartnerinnen zuordnen. Drittens beschreibt er den Typus des eher ‚orientierungslosen' Frauentyps, der sich als Gruppe möglicherweise durch eine starke Antizipation der Chancenlosigkeit auf dem Arbeitsmarkt vergrößern wird (vgl. auch Nickel/Schenk 1995:277f.).

544) Winkler et al. konstatierten jedoch eine relative Gleichverteilung der anfallenden Familienarbeiten: „Insgesamt war in Ostdeutschland Ende der 80er Jahre eine relative Gleichverteilung der anfallenden Familienarbeiten (verstanden als häusliche Gesamtarbeit, die alle zur Versorgung einer Familie notwendigen Arbeiten einschließt) an beide Geschlechter erreicht." (Winkler 1992:229)

545) Herlyn bezieht sich dabei ansatzweise auf Schelsky, der unter den Bedingungen der Nachkriegszeit eine Restabilisierung der Familie konstatierte.

546) Als wesentliche Ursachen für veränderte mikrolokale Sozialbeziehungen definiert A. Hardt (1994:159) folgende Dimensionen: 1. die Auflösung der notgemeinschaftlichen Unterstützungsleistungen: Es zeichnet sich dagegen die Tendenz zu einer Spezialisierung der Nachbarschaftsbeziehungen auf milieuspezifische Problemlagen ab. 2. die Veränderungen im Arbeitsbereich: Zusätzliche Arbeitsbelastungen und Angst um den Arbeitsplatz binden Energien für soziale Kontakte außerhalb des Arbeitsbereichs. 3. die zunehmende Differenzierung und Pluralisierung der Lebenslagen: Damit verbundene Individualisierungsprozesse führen zu einem Rückzugsverhalten aus quartiersspezifischen Sozialbeziehungen. 4. die Zunahme der Mobilität: Insbesondere die berufsbedingte Mobilität erschwert den Aufbau und die Pflege nachbarschaftlicher Kontakte. 5. die Erosion vormaliger Regelungen: Die Veränderungen bei der Wohnsicherheit und neue rechtliche Rahmenbedingungen haben ein Vakuum geschaffen, das teilweise bislang noch nicht durch neue Regelungen ersetzt wurde. Der gesamtgesellschaftliche Umbruch hat nach Auffassung von Herlyn/Bertels (1994:256f.) ebenfalls die privaten Verkehrskreise mit Verwandten, Bekannten, Freunden und Kollegen erschüttert. In ihrer Befragung 1991 und 1993 in der Stadt Gotha konstatierten die Autoren eine Einschränkung des Verkehrskreises insbesondere bei Berufstätigen. Als Ursachen wurden die Konzentration auf die Erwerbsarbeit (Existenzsicherung), ein steigender Egoismus unter den neuen gesellschaftlichen Bedingungen, verstärkte räumliche Mobilität sowie politisch motivierte Meinungsverschiedenheiten angegeben.

547) Die Nachbarschaftsidee wurde in den 30er und 40er Jahren mit den Grundsätzen des sozialen Siedlungsbaus verbunden. Diese Begriffe ‚soziale Siedlung' oder ‚sozialer Siedlungsbau' wurden in der Zwischenkriegszeit nicht explizit angewandt. Konzepte der Nachbarschaftseinheit entstanden in den 40er Jahren auch in Polen und England (z.B. 1939 ‚Housing of the Machine Age' von Perry, C.A.). In der UdSSR wurde diese Idee nach 1945 insbesondere in den sogenannten ‚Mikrorayons' umgesetzt.

548) Im Zusammenhang mit der Abschlußveranstaltung zur Ausstellung ‚Wandel in Eisenhüttenstadt', riefen wir als Projektmitarbeiter gemeinsam mit der Geschichtswerkstatt Eisenhüttenstadt zu einem Arbeitseinsatz ("Frühjahrsputz") in den Wohngebieten auf (vgl. ‚Wandel in Eisenhüttenstadt' – Fazit einer Ausstellung des ZAROF Leipzig und der FH Jena vom 1.-21. März. In: Stadtspiegel Eisenhüttenstadt Mai 1995). Für uns als Projektmitarbeiter stellte dieser Aufruf ein Experiment dar, inwieweit sich die Bewohner/-innen an einem Arbeitseinsatz beteiligen würden und wenn nicht, welche Argumente sie für die Nicht-Beteiligung vorbringen. Die Anrufe der Einwohner bei den Vertretern der Geschichtswerkstatt, die Ansprechpartner für diese Aktion waren, bestätigten unsere Hypothesen. Ein Arbeitseinsatz kam nicht zustande, da alle Maßnahmen und Tätigkeiten der Gebäudewirtschaft und Wohnungsgenossenschaft zugeschrieben werden. Von den wenigen Wortmeldungen, die überhaupt erfolgten, teilten auch einige Einwohner mit, daß sie mit einigen Mitgliedern der Hausgemeinschaft schon einen Frühjahrsputz gemacht hätten und ansonsten für die größeren Flächen die beiden großen Wohnungsverwaltungen EGW und EWG verantwortlich wären. Von EGW und EWG wurden bei der Organisation unseres Vorhabens auch in verschiedener Hinsicht Bedenken geäußert. Ein Großteil dieser Bedenken gingen in die Richtung, daß sich gegenwärtig keiner der Einwohner mehr für solche Aktionen gewinnen lassen würde. Diese Einwände bestätigten sich letztendlich. Auch in anderen Forschungszusammenhängen wurde ein massiver Rückgang an Bürgerengagement im Wohnbereich, insbesondere in Gebieten, die vormals durch ein hohes Engagement gekennzeichnet waren, wie z.B. die Neubaugebiete, konstatiert. Neue Engagements lassen sich nicht ausmachen. Als Ursachen dieser Entwicklung lassen sich folgende Dimensionen nennen:
1. Es sind Symptome einer allgemeinen Frustration und Politikverweigerung feststellbar. 2. Bei einem Teil derjenigen, die sich während oder nach der Wende engagiert haben, breitet sich Enttäuschung über fehlende Resonanz und komplizierte und langwierige Durchsetzungswege aus. 3. Vormals bestehende Regelungen über Einsatzmöglichkeiten sind ersatzlos weggefallen. 4. Neue Möglichkeiten zur Interessenartikulation und -bündelung sind entweder wenig bekannt oder stoßen auf Desinteresse. 5. Bei vielen Bewohnern kann eine verstärkte Hinwendung zu individuellen Problemen festgestellt werden, was v.a. auf die Arbeitssituation zurückzuführen ist (vgl. Hardt 1994:183f.).

549) „In Scunthorpe führte u.a. die bloße Tatsache, daß die Hinterhöfe der einzelnen, in Reihen aneinander gebauten einstöckigen Backsteinhäuser durch z.T. mannshohe Mauern voneinander abgetrennt sind, wodurch Sicht- und Gesprächskontakte zum jeweiligen Nachbarn erschwert, wenn nicht unmöglich gemacht werden ... zur Preisgabe der sogenannten ‚Nachbarschaftshypothese': Wenn es den Leuten schlecht geht, rücken sie enger zusammen, praktizieren sie lebendige Nachbarschaft u.ä.. Daß es sich nicht so verhält, daß eher von Rückzug und Vereinzelung auszugehen ist, erfuhr er dann später u.a. im ‚Neighbourhood-Center'. Eine vergleichsweise hohe Mobilität in Verbindung mit Arbeitslosigkeit wurde dabei als Hauptgrund angegeben. Funktionalistisch gedacht, könnte man sagen: Das Problem existiert, aber keine von den Betroffenen geschaffene Problemlösungsinstanz wie Nachbarschaft, sondern offizielle ‚funktionale Äquivalente', wie das ‚Neighbourhood-Center', die das Problem aber nicht lösen, sondern lediglich bearbeiten." (Schönbauer 1990)

550) Damit ist der Individualisierungsansatz von Beck einbezogen. Beck geht von vier Prämissen aus. Erstens öffnet sich die Einkommensschere. Zweitens werden immer mehr Gruppen – zumindest vorübergehend – von Arbeitslosigkeit und Armut betroffen. Drittens folgen diese immer weniger den sozialen Stereotypen und sind daher auch immer schwerer identifizierbar. Arbeitslosigkeit und Armut trifft immer weniger dauerhaft eine Gruppe, sondern ist lebensphasenspezifisch querverteilt: Die Gegensätze sozialer Ungleichheit tauchen als Gegensätze innerhalb der Biographie auf, was bedeutet, daß ein wachsender Teil der Gesamtbevölkerung mindestens vorübergehend Arbeitslosigkeit und Armut ausgesetzt ist. Viertens müssen in den Existenzformen des eigenen Lebens die Menschen das, was früher als Klassenschicksal gemeinschaftlich verarbeitet wurde, nun als persönliches Schicksal, individuelles Versagen sich selbst zuschreiben und oft allein verkraften (vgl. Beck 1994)

551) Vgl. auch a) Archiv-Film der EKO Stahl GmbH zu „Verfall der Kultur. Eine Reise durch die neuen Bundesländer", gesendet in „aspekte" und b) Video Nr. 1, „Eisenhüttenstadt 1990" (Film des WDR)

552) In dem von Gansleweit 1986 erschienenen Buch „Eisenhüttenstadt und seine Umgebung" wurde das kulturelle Leben der Stadt folgendermaßen beschrieben (in Klammern erfolgen Anmerkungen zum gegenwärtigen Zustand, Frühjahr 1996): „Das kulturelle Leben der Stadt bringt ihren Bewohnern viel Abwechslung. Das am 6.3.1955 der Öffentlichkeit zunächst als Kino übergebene Friedrich-Wolf-Theater hat sich in den fast 30 Jahren seines Bestehens zu einem geistig-kulturellen Mittelpunkt entwickelt. Es bietet 731 Zuschauern Platz und wird ... vom Frankfurter Kleist-Theater, vom Theater der Stadt Cottbus und der Volksbühne Berlin bespielt (keine umfassenden Gastspiele der auswärtigen Theater mehr; d.A.). Weitere kulturelle Einrichtungen sind die Erich-Franz-Lichtspiele in Eisenhüttenstadt Ost (gegenwärtig nicht mehr in Betrieb; d.A.), das dortige staatliche Kulturhaus Ernst Thälmann (heute ‚Schleichers' und Treff für Jugendliche; d.A.), zwei gewerkschaftliche Klubhäuser und zwei Wohngebietsklubs (nicht mehr in dieser Funktion; d.A.). Die Freilichtbühne in den Diehloer Bergen hat 3500 Sitzplätze (wird nicht mehr genutzt und ist bis-

her dem Verfall ausgesetzt; d.A). Das Volkskunstschaffen wird vom EKO-Ensemble mitbestimmt, das im Klubhaus der Gewerkschaft seine Heimstatt hat, und vom Pionier- und FDJ-Ensemble des Pionierhauses Konstantin Saslonow (beide Ensemble aufgelöst; d.A)... Insgesamt zeigen 26 Sportplätze, 12 Schulsporthallen, das Freibad in der Buchwaldstraße (seit der Wende gesperrt; d.A) von der großen Bedeutung, die in der jungen Stadt dem Sport, der gesunden Lebensweise beigemessen wird." (Gansleweit 1986:128f.)

553) Auswahl von Kultur-, Freizeit und Beratungsangeboten der Stadt: KULTUR: Stadtverband der kulturellen Vereine 1992 gegründet, Mitglied sind 25 Gruppen und Vereine, Friedrich-Wolf-Theater mit verschiedenen Veranstaltungsformen, Club ‚Marchwitza' Kultur und Begegnung, Kulturzentrum mit verschiedenen Kursen und Angeboten, Städtisches Museum und Galerie, Theatergruppe TheEi, Feuerwehrmuseum, Kunstverein Eisenhüttenstadt, Männergesangschor ‚Germania 1885' Fürstenberg, Volkschor Eisenhüttenstadt, Galerie ‚Kunststübchen', ‚Kleine Galerie Wallstraße'; FREIZEIT: Club 13, Heimattiergarten, Inselbad, Kinderhaus ‚Sonnenhügel', Kinderhaus ‚Wi-Wa-Wunderland', Kunststübchen, Musikschule, Stadtbibliothek, Volkshochschule; Schwimmhalle (z.B. mit Veranstaltungen für unterschiedliche soziale Gruppen, wie z.B. Seniorenschwimmfest 1995), ‚CiS'-Club im VII. WK für Jugendliche; SPORT: 29 Sportvereine mit 3443 Mitgliedern; BERATUNGSSTELLEN und VEREINE nach Zielgruppen (ausschließlich der kommunalen Ämter): *mehrere Zielgruppen ansprechend*: Arbeiterwohlfahrt Eisenhüttenstadt e.V. (u.a. Projekt ‚Weidehof' für Langzeitarbeitslose, Sozialhilfeempfänger), Arbeiter-Samariter-Bund, Caritas, DRK, Evangelische Friedensgemeinde, Fürstenberger Bürgervereinigung e.V., Geschichtswerkstatt Eisenhüttenstadt e.V., Pro Familia e.V., Schönfließer Heimatverein e.V., Clubs der Volkssolidarität; *Arbeitslose*: Arbeitslosentreff; *Frauen*: Demokratischer Frauenbund e.V., Frauenhaus, IBEA Treppeln, ‚Selbsthilfezentrale' Beratungszentrum für Frauen und Familien, Selbsthilfegruppe ‚Krabbelbox', Verein ‚Frauen für Frauen' e.V.; *soziale Problemgruppen*: Blinden- und Sehbehindertenverband e.V., Kontakt- und Begegnungsstätte ‚Lebensbrücke' (hier auch Projekt ‚Betreutes Einzelwohnen' im Rahmen des Modellprogramms ‚Gemeindenahe Psychiatrie' des Bundes), Kreisverband der Behinderten e.V., Lebenshilfe e.V., Mobile gGmbH-regionale Suchtpräventionsstelle, Selbsthilfegruppen ‚Lichtblick', ‚Strohhalm', Verein Obdachlosenhilfe e.V., Märkisches Sozial- und Bildungswerk; *übergreifende Interessenverbände*: Interessenverband Fachhochschule e.V., Kunstverein Eisenhüttenstadt e.V.; *Angebote für Kinder und Jugendliche durch Vereine und Institutionen (Stand 1994)*: Aktion Sonnenschein e.V., Arbeiter-Samariter-Bund, Arbeiterwohlfahrt, Don Bosko Jugend, Evangelische Jugend, Haus der Sozialarbeit e.V., IG Stadtökologie e.V., Internationaler Bund für Jugend- und Sozialarbeit, Jugendwerkstatt ‚Alpha', Jugendwohnheim der Arbeiterwohlfahrt, Kreissportjugend, PeWoBe gGmbH, Verein für kommunale Jugendarbeit e.V.

554) Vgl. ‚Architekten tüfteln am Friedrich-Wolf-Bau. Vielfältigere Nutzung der Räume geplant.' (MOZ, 28.4.1995, S. 7)

555) Nach der Wende erhöhte sich der Kartenpreis für das Kino von 1,25 Mark auf 6 DM. Die anderen Veranstaltungen kosteten von 12 – 30 DM/Karte.

556) „So standen wir vor der Entscheidung, Film als Kultur – oder Film als Kommerz anzubieten. Ein Dazwischen gab es nicht! Da auf der einen Seite die größere Nachfrage nach Kommerz und auf der anderen Seite der große ökonomische Zwang stehen, mußten wir uns für Kommerz entscheiden." (‚Das Ende vom kleinen Idyll', Wochenpost 8/1991, zitiert nach Stadtspiegel Eisenhüttenstadt, Januar 1991)

557) ‚Das Ende vom kleinen Idyll'. (Wochenpost 8/1991)
Leider war es nicht möglich zu analysieren, wie sich die Besucherzahlen gegenwärtig auf die einzelnen Veranstaltungen verteilen. Nur so wäre eine genaue Aussage möglich, inwiefern Veranstaltungen, die erst seit der Wende angeboten werden, von den Einwohnern angenommen und frequentiert werden.

558) Vgl. ‚Schicksal des ‚Akki' ist noch weiter ungewiß.' (MOZ, 4.5.1995, S. 9)

559) Nach Vaskovics (1990:62f.) weisen ältere Menschen vor allem zu Familien mit Kindern unter 15 Jahren eine höhere Dissimilarität auf, d.h. sie leben von diesen räumlich getrennt. In den Städten der Bundesrepublik vollzog sich in den letzten Jahren langsam eine räumliche Segregation von jung und alt. Das Ausmaß der Segregation nimmt innerhalb der Kategorie der über 65jährigen mit zunehmendem Alter noch weiter zu. Allerdings hat die Konzentration und räumliche Distanz der alten Menschen in den untersuchten Städten kein Ausmaß erreicht, das auf eine Ghettobildung schließen läßt. Dies ist vermutlich auch darauf zurückzuführen, daß es zwischen Stadtteilen mit einem hohen Altenanteil und solchen mit einem hohen Anteil jüngerer Familien meist fließende Übergänge gibt. Der Kontrast zwischen diesen Stadtteilen ist nicht so groß, wie z.B. im Fall von Teilgebieten mit hohem Ausländeranteil.

560) Die Tagespflege ist ein teilstationäres Angebot für ältere und pflegebedürftige Menschen mit der Möglichkeit, den Tag von 8 bis 16 Uhr gemeinsam zu verbringen und versorgt zu werden. Die Kosten übernimmt die Pflegekasse.

561) In den Gesprächen mit Jugendlichen sowie in den Gruppendiskussionen während der Ausstellung „Wandel in Eisenhüttenstadt" im März 1995 wurden hauptsächlich zwei städtische Einrichtungen, das ‚Café Bijou' im WK VI und ‚Schleichers' in Fürstenberg genannt, die ihren Ansprüchen gerecht werden.

562) Vgl. ‚Nur von einer Frage leiten lassen – was dient der Jugend' (MOZ, 16./17.12.1995).

563) Zu diesen positiven Ansätzen zählt ebenfalls die Anfang 1996 erfolgte Begehung der Stadt durch das Bauamt und der Vorschlag an verschiedene Jugendgruppen, leerstehende Gebäude nutzen und in Eigeninitiative gestalten zu können (vgl. ‚Schulspeisesaal künftig ein Clubraum?', MOZ, 22.1.1996, S. 7).

564) Ein Fehlbedarf an Spielflächen wird insbesondere in den WK II, VI und VII hervorgehoben.

565) Diese offensichtliche Geringschätzung der Raumbedürfnisse Jugendlicher bei der Organisation und Planung von Städten entspricht der nur peripheren Behandlung dieser Thematik in der stadt- und regionalsoziologischen Literatur.

566) In einem Kommentar der MOZ (‚Keine Kinder an die Macht!', 27.6.1995, S. 9) heißt es dazu: „Der Alibibeschluß stammt vom Dezember 1994. Ja, wir wollen ein Kinder- und Jugendparlament gründen, meinte damals die Mehrheit der ‚erwachsenen' Abgeordneten. Doch seitdem ruhen sich die Parteien auf diesem Lippenbekenntnis aus, täuschen Interesse und Bereitschaft vor, doch kneifen, wenn es konkret wird. So empfinden es nicht nur die, die mit ihrer Unterschrift unter die Vorlage etwas auf den Weg bringen wollten. Ja, wir unterstützen das Parlament – das ist alles, was von den vier Punkten unterm Strich übriggeblieben ist. Vom Slogan ‚Kinder an die Macht!' weit entfernt. Klare Worte sind in diesem Punkt allein von den Christdemokraten zu hören, die von alledem nichts halten. ‚Die Verantwortung liegt bei den Eltern', sagen sie und halten Kinder im Rathaus für fehl am Platz. Ein klares und deutliches Nein! Andere Parteien drücken sich um eine klare Stellungnahme herum. Für die Kinder und Jugendlichen bester Anschauungsunterricht in Sachen Demokratie." (Vgl. auch ‚SVV: Keine Redezeit für Kinderforum', MOZ, 29.3.95)

567) Eine unserer Gesprächspartnerinnen brachte ihre Meinung zur Teilzeitarbeit wie folgt zum Ausdruck: „Nein, das ging bei uns relativ problemlos. EKO, in der Abteilung wo ich vor dem Mütterjahr gearbeitet habe. Zwar dann nicht mehr die gleiche Tätigkeit, die ich vorher hatte, das war eine andere, das war keine Leitungsfunktion mehr, sondern wie gesagt Investitionsvorbereitung, also Schreibtischarbeit überwiegend, und das hat mir dann auch die Möglichkeit gegeben, daß ich auch mal zu Hause arbeiten konnte, wenn die Kleine mal krank war. Und mein Chef war da auch sehr kulant gewesen. Das wäre in meiner Funktion als Abteilungsleiter damals nicht machbar gewesen. Also da hätte ich mich dann entscheiden müssen, aber diese Entscheidung war für mich vorher schon klar gewesen. Es war ja von vornherein schon klar, es soll nur für eine bestimmte Zeit sein, für den Betrieb und für mich. Teilzeitarbeit insgesamt war sehr schön. Ich hatte sechs Stunden im Betrieb, hab ich konzentriert meine Aufgaben abgearbeitet und hatte dann am Nachmittag auch noch genügend Zeit für die Familie. Ich empfand es als angenehm." (19, B 9 Mitarbeiterin GEM)

568) ‚Erforderliche Wanderungsgewinne für die Bevölkerungsentwicklung bis 2010 durch Zuzüge von außerhalb des Landkreises unter Einrechnung des Ausgleiches des natürlichen Bevölkerungsrückganges' (Angaben aus: MOZ, 5.2.1996, S. 10)

569) Die Autorinnen konstatieren im Zusammenhang mit der Untersuchung der Veränderung des traditionellen Arbeitermilieus eine beschleunigte Überalterung des Brandenburger Arbeitermilieus. Insbesondere junge Männer bis 30 Jahre mit guter Facharbeiterausbildung verlassen die Stadt Richtung alte Bundesländer. Neben den älteren verbleiben in der Region die weniger gut Ausgebildeten, Alleinstehende mit Kindern und andere sozial mehrfach belastete Betroffene, die in der Region auch keine hinreichende Perspektive haben. Die mittlere und ältere Generation des traditionellen Arbeitermilieus verfügt demgegenüber über eine starke Bindung an die Region und Stadt sowie ausgeprägte Familien- und Freundeskreise (vgl. Schweigel/Segert/Zierke 1995:196).

570) Vgl. auch die Ergebnisse unserer Befragung und Gruppendiskussionen mit Schülern während der Ausstellung „Wandel in Eisenhüttenstadt" („Wandel ... 1995:24)

571) Eine Repräsentativbefragung im Zusammenhang mit einem anderen stadtsoziologischen Projekt über die Stadt Gotha (Herlyn/Bertels

572) 1994:90) ergab, daß der Großteil derjenigen Befragten, die sich aktiv in der Wendezeit an den Demonstrationen beteiligten, stärker daran interessiert waren, zu eng mit der SED-Herrschaft verknüpfte Straßennamen umzubenennen.
572) Zu Meinungen zur Umbenennung der Stadt vgl. „Wer stört sich an dem Namen Eisenhüttenstadt?" (MOZ, 4.7.95, S. 9, MOZ, 15./16.7.95, S. 13)
573) Vgl. ‚Streit um Stadtnamen ist erst mal eingestellt' (MOZ, 12.2.1991)
574) Im Herbst 1989/ Frühjahr 1990 war die Region Eisenhüttenstadt noch eine SPD-Hochburg. Die Wahl im Oktober 1990 entschied die CDU für sich, der man mehr Kompetenz in wirtschaftlichen Sachfragen zutraute. 1993 kam es zur Ablösung des CDU-Bürgermeisters durch die SPD (vgl. ‚Stahl bestimmt das Wohl und Wehe', Tribüne, 7.3.1991)

Die Sitzverteilung der Stadtverordnetenversammlung Eisenhüttenstadt (Stand jeweils 31.12. des Jahres):

	1992	1993	1994	1995 (1.9.95)
Sitze insgesamt	51	40	40	41
SPD	12	14	14	16
PDS	12	11	11	11
CDU	15	6	6	•
FDP	6	1	1	
Bündnis 90/Grüne	3	2	2	s. Grau/Grün
Neues Forum		1	1	
Bürgervereinigung Fürstenberg		3	3	4
Die Grauen		1	1	Grau/Grün 3
Republikaner		1	1	1
Sonstige	3			

575) Vgl. „Stadtteile bekommen Geld für ihre Feste" (MOZ, 5.5.1995, S. 7)
576) Der Rat der Stadt Stalinstadt hatte am 25.1.1958 eine Vorlage betr. „Entfaltung der atheistischen Propaganda" erarbeitet, in dem noch keine Hinweise auf Beschlüsse übergeordneter SED-Instanzen zu den einzuführenden Feierlichkeiten vorhanden waren. „Vielmehr übertünchte man die zentralistische Vorgehensweise von oben nach unten mit der Suggerierung eines der Maßgabe entsprechenden Bedürfnisses aus der Bevölkerung. In der Vorlage einleitenden Begründung heißt es: ‚Die sozialistische Erziehung der Einwohner Stalinstadts durch die Sozialistische Einheitspartei Deutschlands, durch die Organe der Arbeiter- und Bauernmacht und durch die Massenorganisationen hat den Wunsch zahlreicher Bürger der Stadt geweckt, alle wesentlichen Ereignisse ihres persönlichen Lebens mit dem gesellschaftlichen Leben unserer ersten sozialistischen Stadt und der Deutschen Demokratischen Republik sinnvoll und würdig zu verbinden. Angesichts der festlichen Jugendweihe schlagen viele Werktätige von Stalinstadt vor, zur Namensgebung der Neugeborenen, zur Eheschließung und zur Beerdigung neue feierliche Formen zu schaffen und anzuwenden, die den atheistischen Überzeugungen entsprechen und den sozialistischen Lebensinhalt der Werktätigen ausdrucksvoll verwirklichen." (Tillmann 1995b:7) Für die Organisation dieser Feiern wurde beim Rat der Stadt, Abteilung Kultur, extra eine Planstelle geschaffen. „Die seit 1958 neben den Teilnehmerzahlen für die Jugendweihe akribisch geführten Teilnehmerzahlen für die Feiern in den Berichten der Abteilungen für innere Angelegenheiten scheinen jedoch die Wirksamkeit der getroffenen Entscheidung in Stalinstadt zu bestätigen. Während der Bezirksdurchschnitt bei der ‚sozialistischen Eheschließung' 1958 noch bei einer Teilnahme von 5,3% der Brautpaare lag, konnte Stalinstadt mit 73,4% aufwarten; ein Jahr später sogar mit 89,5% gegenüber 14,9% im Bezirk." (Tillmann 1995b: 8f.) Letztlich konnte diese Tradition jedoch nicht ‚durchgesetzt' werden, da sie langfristig trotz Bemühungen der obersten Parteiinstanzen von den Bürgern nicht angenommen wurden. 1960 wurde der Dogmatismus sogar etwas abgebaut und es war z.B. möglich, Kommunion und Jugendweihe zu erhalten oder kirchlich und ‚sozialistisch' zu heiraten.
577) So merkte ein ehemaliger Stadtplaner in einer Diskussion zur zukünftigen Stadtentwicklung an: „wenn ich jetzt hier öfter wieder hergekommen bin, dann fühle ich manchmal so etwas wie Scham oder Unsicherheit, sich zu dieser Stadt zu bekennen. Da kann ich nun bloß sagen: Lassen sie dies bei allen ihren Mängeln etwas sehr Gutes. Und es gibt wenige Länder, die den Versuch gemacht haben, für eine neue Technologie, also hier in einem eisenarmen Gebiet, Eisen- und Stahlindustrie zu machen. Sich gewagt haben, in einer einmalig schönen Natursituation, eine Stadt für Menschen zu bauen." (12, VG 11 Denkmalschützer)
578) Vgl. dazu Aussagen von Journalisten dieser Gruppe in „Die Stadt ist ja überhaupt nicht häßlich und stinkig" (MOZ, 19.5.95, S. 9)

579) Ab 3.9.1995 war diese Ausstellung im Berliner Martin-Gropius-Bau zu sehen. Insgesamt 2200 Exponate waren zu sehen, darunter Entwürfe der Stadtplanung für die EKO-Wohnstadt/Stalinstadt.
580) Vgl. „Eisenhüttenstadt zieht für einen Monat nach Bonn" (MOZ, 9.5.95, S. 9) sowie „Östlichste Region dem fernen Bonn nahebringen" (MOZ, 28.7.95, S. 7)
581) Die Ausstellung findet von Mitte Mai bis August im Berliner Zeughaus unter den Linden statt.
582) Wir verwenden ‚Tradition' und nicht den ‚Heimat'-Begriff als Überschrift für diesen Abschnitt, da wir in diesem Abschnitt mehr auf die Stadtgeschichte als die individuell erlebte Geschichte eingehen. Der Gebrauch von ‚Heimat' wird im Rahmen der raumbezogenen lebenslauftheoretischen Forschung als günstiger erachtet. ‚Heimat' ist nach Ansicht von Bertels und Herlyn (1990:25f.) besser als alle anderen Begriffe dazu geeignet, die „Verklammerung objektiver Umweltstrukturen mit subjektiven Erlebnissen der Bewohner" zu leisten. Sie betonen in diesem Zusammenhang, daß auch für Erwachsene neue Orte zur Heimat werden können. „So wichtig sozialräumliche Erfahrungen in der Kindheit sind, so wichtig ist die Feststellung, daß sie in allen Altersgruppen gemacht werden: Heimat muß somit als eine biographisch durchaus variable Raumdeutung begriffen werden und sollte nicht – wie es immer wieder fälschlicherweise passiert – auf eine Lebensetappe begrenzt werden." (S. 25) Auch in der heutigen Gesellschaft kommt, ähnlich wie in den vormodernen Gesellschaften, konstanten räumlichen Umwelten eine stabilisierende Funktion zu. Die Stadtgestalt bleibt meist über längere Zeiträume gleich, und die kontinuierlich stattfindende Begegnung damit sowie mit anderen Menschen sind wichtige Voraussetzungen dafür, daß Identifikationsleistungen erbracht werden. Diese führen zur Bildung von Identität.
583) Vgl. ‚Konzeption zum langfristigen Aufbau eines Dokumentationszentrums Alltagskultur der DDR' (Museum), Amt für Schulverwaltung und Kultur, Städtisches Museum Eisenhüttenstadt, 1994
Die erste Ausstellung ‚Tempolinsen und P 2' fand nach zwei Jahren Sammlungstätigkeit von November 1995 bis Februar 1996 in Eisenhüttenstadt statt. Sie wurde in einem Gebäudeteil einer Kindereinrichtung des II. Wohnkomplexes gezeigt, die dem typischen Baustil der 50er Jahre entspricht. Danach wurde die Ausstellung im Berliner ‚Kreuzberg-Museum' gezeigt. Es erfolgt die Vorstellung der Vielfalt und Unterschiedlichkeit des Objektwelt der DDR, wenn auch nur in einem kleinen Ausschnitt und als Zwischenstand. Die Ausstellung zeigt vor allem das, was die Schenker der Objekte für aufhebenswert betrachteten. Anhand folgender Themen wurden die Objekte vorgestellt: Bildung und Erziehung, Jugendkulturen, Familie, Konsumkultur, Präsent 20-Kleidung, Freizeit und Medien, Fotogalerie, Massenprodukte, Das Büro des Sekretärs, Küchengeräte, Wohnkultur.
584) Aus diesem Grund wurde eine wissenschaftliche Tagung durchgeführt, die sich speziell mit der „DDR-Alltagskultur" beschäftigte (vgl. dazu „Sich erinnern und ins Nachdenken kommen", MOZ, 11./12.11.1995, S. 7 sowie „Theoretischer Blick auf 40 Jahre DDR-Geschichte", MOZ, 8.12.1995, S. 9)
585) Unter ‚Generationszusammenhang' versteht Karl Mannheim folgendes: „Von einem Generationszusammenhang werden wir also nur dann reden, wenn reale soziale und geistige Gehalte gerade in jenem Gebiete des Aufgelockerten und werdenden Neuen eine reale Verbindung zwischen den in derselben Generationslagerung befindlichen Individuen stiften." ‚Generationseinheiten' sind: „Dieselbe Jugend, die an derselben historisch aktuellen Problematik orientiert ist, lebt in einem ‚Generationszusammenhang', diejenigen Gruppen, die innerhalb desselben Generationszusammenhangs in jeweils verschiedener Weise diese Erlebnisse verarbeiten, bilden jeweils verschiedene ‚Generationseinheiten' im Rahmen desselben Generationszusammenhangs." (Mannheim 1928b: 310f.)
586) Nähere Angaben zu dieser Untersuchung und den genannten Wertetypen wurden bereits im Abschnitt ‚Ökonomische Ausdifferenzierung städtischer Bevölkerungsgruppen' gemacht.
587) In der mittleren Generation wird eine Zunahme realistischer Werte zuungunsten idealistischer Wertorientierungen verzeichnet. Die Gruppe der 30-44jährigen ist durch einen Rückgang hedomaterialistischer Wertestrukturen gekennzeichnet, während hier die Idealisten zunehmen. Bei den 18-29jährigen sank die Zustimmung zu hedomaterialistischen Werten, hier jedoch zugunsten der Resignation (vgl. Gensicke 1995).
588) Zum Begriff ‚Life-Experiment' vgl. Giesen/Leggewie (1991).
589) Der Begriff ist aus der Biologie entlehnt: Biotop=Lebensraum einer einzelnen Art.
590) In Anwendung des Milieubegriffs wurde in weiteren Forschungszusammenhängen die Beschreibung der Entwicklung und Veränderung unterschiedlicher Arbeitermilieus vorgenommen. Vester (1995:37) unterscheidet drei Arbeitermilieus nach ihrer Kultur, nach der Qualifikation sowie

dem ökonomisch-politischen Kontext. Des weiteren wird die Unterscheidung nach der Milieusteuerung getroffen: Entweder die Milieus konstituieren sich aus sich selbst oder können durch ein Milieumanagement von oben arrangiert werden. Beschrieben wurde die Konstituierung der Milieus der Kohlearbeiter von Espenhain (Hofmann 1995), der Metallarbeiter der Kirow-Werke in Leipzig (Hofmann 1995) sowie der Brandenburger Stahlarbeiter (Schwarzer/Schweigel 1995). So kann für Stalinstadt/Eisenhüttenstadt auch nicht von der Entwicklung eines traditionellen Arbeitermilieus, wie z.B. in der Stahlarbeiterstadt Brandenburg, ausgegangen werden, die Schwarzer/Schweigel als eine dritte Form der Arbeiterkultur charakterisieren. Für die Beschreibung des Milieus der Kohlearbeiter in Espenhain wird folgende Charakteristik gegeben: Hierbei handelt es sich um paternalistische Klientelbeziehungen zwischen einer schon bei den Nazis entwickelten Staatsprotektion, einer privilegierten und loyalen Stammbelegschaft und einer traditionslosen, durch materielle Anreize und organisierte Gesellschaftlichkeit interessierten Massenbelegschaft mit relativ geringer Berufsqualifikation. Die Metallarbeiter der Kirow-Werke werden als selbstbewußte, sich unter allen Systemen selbst konstituierende und auch erneuernde Facharbeiterschaft als Bestandteil der klassischen ‚sozialdemokratischen' Milieukultur in Ostdeutschland beschrieben. In Brandenburg herrscht das Milieu technokratisch geführter Facharbeiter der großen Stahlindustrie, die am selben Ort mit hochspezialisierten Facharbeitern moderner industrieller Mittelbetriebe koexistieren und mit diesen zusammen eine andere Variante sozialdemokratischer Milieukultur bilden, als die Leipziger Kirow-Werker. In den traditionellen Arbeitermilieus, wie bei den Leipziger Metallarbeitern und Brandenburger Facharbeitern, wurde seit der Industrialisierung im letzten Jahrhundert eine dichte Garten-, Vereins-, Sport- und Wassersportkultur entwickelt, verbunden mit einer hohen gewerkschaftlichen und sozialdemokratischen Identifikation.

591) Entweder hatten die Angehörigen des früheren Bildungsbürgertums bis 1961 die DDR verlassen oder hatten Zugang zu einer anderen Klassenlage bzw. widersprüchlichen Klassenpositionen der sozialistischen Planwirtschaft gefunden (vgl. Solga 1995:115).

592) So argumentiert H. Solga: „Frauen waren die einzige verfügbare Ressource. Infolgedessen galt es, über gezielte Maßnahmen – vorwiegend ökonomischer Art – die Frauenerwerbstätigkeit zu erhöhen. Neben darauf ausgerichteten Bestimmungen der Sozialversicherung, der Sozialfürsorge und der Familienrechtssprechung (z.B. Streichung der Witwenrenten), zog auch die Abschaffung der Lebensmittelkarten 1958 eine erhöhte Erwerbsbeteiligung von Frauen nach sich, da sich die Versorgungslage von Familien mit nur einem Einkommen wesentlich verschlechterte. Im Ergebnis dieser Politik stieg die Frauenerwerbsquote von etwa 44 Prozent 1950 auf 55,4 Prozent 1955 und auf über 60 Prozent 1960 Anzumerken bleibt hier jedoch auch, daß die Einbindung der Frauen in das Erwerbssystem der DDR nicht nur aufgrund von ökonomischen Notwendigkeiten erfolgte. Man sah darin auch eine notwendige Bedingung, um dem Gleichberechtigungsanspruch der Geschlechter gerecht zu werden." (Solga 1995:99f.).

593) „Der kapitalistische Sektor wurde mittels der Wirtschafts-, Finanz- und Steuerpolitik der SED in die ‚planmäßige' Entwicklung einbezogen und in seinem Wachstum begrenzt. Viele private Unternehmen sahen sich durch diese Maßnahmen zur Aufgabe ihrer ‚Selbständigkeit' gezwungen. 1955 wurden bereits etwa 85 Prozent der industriellen Produktion in den staatlichen Betrieben erzeugt." (Solga 1995:100)

Literaturverzeichnis

Alheit, P.; *Hoerning*, E. M. (Hrsg.) (1990): Biographisches Wissen: Beiträge zu einer Theorie lebensgeschichtlicher Erfahrung. Frankfurt/Main, New York

Alheit, P.; *Hoerning*, E. M. (1990): Biographie und Erfahrung. Eine Einleitung. In: Alheit, P.; Hoerning, E. M. (Hrsg.), Frankfurt/Main, New York, S. 8-23

Alisch, M.; *Dangschat*, J. S. (1993): Die solidarische Stadt. Ursachen von Armut und Strategien für einen sozialen Ausgleich. Darmstadt

Altenhilfe Stadt Eisenhüttenstadt – Organisation der Leistungen für ältere Bürger. (1994). Eisenhüttenstadt

Arbeitsbericht des Wohnungsamtes der Stadt Eisenhüttenstadt (1991), (1992), (1993)

Architektur, Denkmale, Bildende Kunst (1988). Hrsg. Rat der Stadt Eisenhüttenstadt, Abt. Kultur

Axelrod, R. (1991): Die Evolution der Kooperation. München

Baethge, M. (1991): Arbeit, Vergesellschaftung, Identität – Zur zunehmenden normativen Subjektivierung der Arbeit. In: Soziale Welt Nr. 1/1991, S. 6-14

Bahrdt, H. P. (1961): Die moderne Großstadt. Soziologische Überlegungen zum Städtebau. Hamburg

Baltz, St. (1992): Akademikerarbeitslosigkeit in Frankfurt/Oder. Bilanz und Perspektiven. Diplomarbeit, Berlin

Bärsch, J.; *Brech*, J. (Hrsg.) (1993): Das Ende der Normalität im Wohnungs- und Städtebau? Thematische Begegnungen mit Klaus Novy. Darmstadt

Bassand, M.; *Hainard*, F. (1985): Regionale sozio-kulturelle Dynamik. Bern, Stuttgart

Baustilkunde (1991). München

Beck, U. (1994): Eigenes Leben – eigene Armut. In: taz, 30.4.1994, S. 15

Becker, U.; *Becker*, H.; *Ruhland*, W. (1992): Zwischen Angst und Aufbruch. Das Lebensgefühl der Deutschen in Ost und West nach der Wiedervereinigung. Düsseldorf

Behrendt, S. (1995): Strategische Ansätze zur Schaffung wettbewerbsfähiger Arbeitsplätze in Eisenhüttenstadt. In: Wandel in Eisenhüttenstadt, S. 15-21

Benz, W. (Hrsg.) (1992): Salzgitter. Geschichte und Gegenwart einer deutschen Stadt. 1942-1992. München

Berger, P. A. (1992): „Was früher starr war, ist nun in Bewegung" – oder: Von der eindeutigen zur unbestimmten Gesellschaft. In: Thomas, M. (Hrsg.), Berlin

Berger, P.A.; *Hradil*, S. (Hrsg.) (1990): Lebenslagen, Lebensstile, Lebensläufe. In: Soziale Welt, Sonderband 7, Göttingen

Bertels, L.; *Herlyn*, U. (Hrsg.) (1990): Lebenslauf und Raumerfahrung. Opladen (Biographie und Gesellschaft, Bd. 9)

Bertram, H. (Hrsg.) (1995): Ostdeutschland im Wandel: Lebensverhältnisse – politische Einstellungen. Opladen

Bertram, H.; *Hradil*, S.; *Kleinhenz*, G. (Hrsg) (1995): Sozialer und demographischer Wandel in den neuen Bundesländern. Berlin

Beyme, K. v. (1987): Der Wiederaufbau. Architektur und Städtebaupolitik in beiden deutschen Staaten. München

Bialas, C.; *Ettl*, W. (1993): Wirtschaftliche Lage, soziale Differenzierung und Probleme der Interessenorganisation in den neuen Bundesländern. In: Soziale Welt, Heft 1, S. 52-74

Billig, S.; *Geist*, P. (1993): Kalt geschaßt. In: Die Mitbestimmung 9/93, S. 17-22

Böckmann-Schewe, L.; *Kulke*, C.; *Röhrig*, A. (1995): „Es war immer so, den goldenen Mittelweg zu finden zwischen Familie und Beruf war das eigentlich Entscheidende." Kontinuitäten und Veränderungen im Leben von Frauen in den neuen Bundesländern. In: Berliner Journal für Soziologie, Heft 2, S. 207-222

Bourdieu, P. (1982): Die feinen Unterschiede. Frankfurt/Main

Bourdieu, P. (1985): Sozialer Raum und 'Klassen'. Frankfurt/Main

Bräuer, H. (1990): Die ersten drei Jahrzehnte der evangelischen Friedenskirchengemeinde Eisenhüttenstadt – Erinnerungen. Eigenverlag der Kirche

Bräuer, H. (1994): Wider das Vergessen. In Memoriam Reinhard Gnettner, Pfarrer in Fürstenberg/Oder.

Braun, J., *Röhrig*, P. (1987): Praxis der Selbsthilfeförderung: das freiwillige soziale Engagement am Beispiel von vier Städten. Frankfurt a. M./New York

Brech, J.; *Thalgott*, C. (1993): Akteure der Stadtentwicklung, In: Bärsch, J.; Brech, J. (Hrsg.), Darmstadt

BSMO (Beratungsbüro für die Stahl- und Metallindustrie in Ostdeutschland) (1991): Arbeitsplatzsicherung und neue Beschäftigung an den Standorten der ostdeutschen Eisen- und Stahlindustrie. Hennigsdorf, Bochum, Düsseldorf

Bütow, B.; *Stecker*, H. (Hrsg.) (1994): EigenArtige Ostfrauen. Frauenemanzipation in der DDR und den neuen Bundesländern. Bielefeld

Cerný, J. (1970): Der Aufbau des Eisenhüttenkombinates Ost 1950/51. Diss., Jena

Cerný, J. (1984): EKO-Eisen für die Republik. Illustrierte Historische Hefte 34, Berlin

Cerný, J. (Hrsg.) (1990): Brüche, Krisen, Wendepunkte. Neubefragung von DDR-Geschichte. Leipzig

Cerný, J. (1991): Stalinstadt – Erste sozialistische Stadt Deutschlands. Unveröff. Manuskript

Cerný, J. (Hrsg.) (1992): DDR-Wer war wer. Berlin

Cerný, J. (1994): Das Eisenhüttenkombinat Ost und die erste sozialistische Stadt Deutschlands. Kreuzberg Museum (Hrsg.), Berlin

Cerný, J. (1994): Erkunden oder aufarbeiten? Un/Arten des Umgangs mit deutscher Zeitgeschichte. In: Utopie konkret, Berlin, S. 13-27

Collein, E.; *Gericke*, H.; *Kadatz*, H.-J. (1969): Architektur und Städtebau in der DDR. Berlin

Cornelesen, D. (1989): Die Volkswirtschaft der DDR: Wirtschaftssystem – Entwicklungsprobleme. In. Deutschland-Handbuch. Bonn: Bundeszentrale für politische Bildung

Cornelsen, I. (1994a): Zwischen östlichen Bindungen und westlichen Standards. In: Herlyn, U.; Bertels, L. (Hrsg.), S. 292-309

Cornelsen, I. (1994b): Soziale Merkmale der Mobilen. In: Herlyn, U.; Bertels, L. (Hrsg.), S. 300-305

Crow, K.; *Hennig*, M. (1995): Wohnen und soziale Infrastruktur von Familien in den neuen Bundesländern. In: Bertram, H. (Hrsg.), Opladen, S. 99-126

Dahms, V.; *Wahse*, J. (1994): Zur Erwerbstätigkeit in Ostdeutschland im Transformationsprozeß. In: Nickel, H.M. et al. (Hrsg.), Berlin, S. 29-54

Dangschat, J. (1988): Gentrification: Der Wandel innenstadtnaher Wohnviertel. In: Friedrichs, J. (Hrsg.), Sonderheft der KZfSS 29/1988, Opladen, S. 272 – 292.

Dangschat, J.; *Blasius*; J. (1994): Lebensstile in den Städten. Konzepte und Methoden. Opladen

DDR – Werden und Wachsen (1975), Berlin

Denzin, N. K. (1978): The research act. McGraw Hill, 1978, New York 1978; zitiert nach Flick, U. 1991b

Die Frau in der Deutschen Demokratischen Republik (1989): Statistische Kennziffernsammlung 4.9/229/89, Ministerrat der DDR, Juni 1989

DIW-Wochenbericht 17/91.

Döhler, M.; *Rink*, D. (1995): Stadtentwicklung in Leipzig: Zwischen Verfall und Deindustrialisierung, Sanierung und tertiären Großprojekten. Manuskript UFZ (Umweltforschungszentrum Leipzig-Halle GmbH) (unveröff.)

Dr. Riese und Partner GmbH (1994): Modellprojekt des Bundesbauministeriums in Luckenwalde. In: Eisenhüttenstädter Gebäudewirtschaft Nr. 6/1994

Durth, W., *Gutschow*, N. (1988): Träume in Trümmern. Planungen zum Wiederaufbau zerstörter Städte im Westen Deutschlands 1940-1950. 2 Bd. Braunschweig/Wiesbaden

Düwel, J. (1995): Baukunst voran! Architektur und Städtebau in der SBZ / DDR. Berlin

Eger, U. (1987): Entstehungsbedingungen, städtebauliche Gestaltungskonzeptionen und architektonische Entwicklung der ersten neuen Stadt der DDR: Eisenhüttenstadt 1950-1987. Diplomarbeit Humboldt-Universität Berlin.

Eichholtz, D. (Hrsg.) (1993): Brandenburg in der NS-Zeit. Studien und Dokumente. Brandenburgische Landeszentrale für politische Bildung

Eisenhüttenstadt – Ein Modell für Europa. In: DEMO Demokratische Gemeinde, Heft 3/1995

Eisenhüttenstadt und das Schlaubetal (1986). Beiträge zur Geschichte Eisenhüttenstadts, Regionalgeschichtliche Veröffentlichung des Städtischen Museums Eisenhüttenstadt (Teil I 1986, Teil II 1989), Rat der Stadt Eisenhüttenstadt, Abt. Kultur (Hrsg.)

Eisenhüttenstadt wählte. Brandenburgischer Landtag 1994, Stadtverwaltung Eisenhüttenstadt, SG Statistik)

EKO-Pleinair (1988): 3. EKO-Pleinair vom 5.-27. September 1988. Veranstalter: VEB Bandstahlkombinat Hermann Matern EKO, Verband bildender Künstler (VBK)-DDR, Bezirk Frankfurt/Oder, Rat des Bezirkes Frankfurt/O., Abt. Kultur (Broschüre im EKO-Unternehmensarchiv)

Engelbrech, G. (1993a): Alterssicherung von Frauen in West- und Ostdeutschland. Auswirkungen von Bevölkerungsentwicklung und Erwerbsbeteiligung auf geschlechtsspezifisch segregierten Arbeitsmärkten. Nürnberg (unveröff. Manuskript)

Engelbrech, G. (1993b): Einstellung ostdeutscher Frauen zur Berufstätigkeit und deren Realisierungsmöglichkeiten zwei Jahre nach der Wende. Nürnberg (unveröff. Manuskript)

Entwicklungskonzeption Industrielle Schwerpunktstandorte (1994): Ministerium für Wirtschaft, Mittelstand und Technologie Brandenburg

Ermischer, I.; Preusche, E. (1993): Auswirkungen der Privatisierung auf die betrieblichen Interessenvertretungen im Prozeß der Neugestaltung industrieller Beziehungen in Chemnitzer Industriebetrieben. In: Arbeitskreis Sozialwissenschaftliche Arbeitsmarktforschung (SAMF). Arbeitspapier 1993-4, S. 119-131

Feld, S. L. (1981): The Focused Organisation of Social Ties. In: American Journal of Sociology 86, S. 1015-1035

Feldtkeller, A. (1995): Die zweckentfremdete Stadt. Wider die Zerstörung des öffentlichen Raums. Frankfurt/M., New York

Fielding, N. G.; *Fielding*, J. L. (1986): Linking Data. Sage, Beverly Hills; zitiert nach *Flick*, U. (1991b)

Fischer, W. (1978): Struktur und Funktion erzählter Lebensgeschichten. In: Kohli, M. (Hrsg.), Darmstadt, S. 311-336

Fischer, W.; *Kohli*, M. (1987): Biographieforschung. In: Voges, W. (Hrsg.), Opladen, S.25-49

Fischer-Rosenthal, W. (1991a): Biographische Methoden in der Soziologie. In: Flick, U. (Hrsg.), München, S. 253- 256

Fischer-Rosenthal, W. (1991b): Zum Konzept der subjektiven Aneignung von Gesellschaft. In: Flick, U. (Hrsg.), München, S. 78- 89

Flick, U. (1991a): Der qualitative Forschungsprozeß als Abfolge von Entscheidungen. In: *Flick*, U. (Hrsg.), München, S. 148-173

Flick, U. (1991b): Triangulation. In: *Flick*, U. (Hrsg.), München, S. 432- 434

Flick, U. (Hrsg.) (1991): Handbuch Qualitative Sozialforschung: Grundlagen, Methoden und Anwendungen. München

Flierl, B. (1978): Zur sozialistischen Architekturentwicklung in der DDR. Theoretische Probleme und Analysen in der Praxis. Humboldt-Universität Berlin, Diss.

Flocken, J. V.; *Scholz*, M. F. (1994): Ernst Wollweber. Saboteur, Minister, Unperson. Berlin

Förster, H. (1995): Entwicklung von Handlungsstrategien bei Führungskräften in der DDR-Wirtschaft – eine empirische Untersuchung von Lebens- und Karriereverläufen ehemaliger Betriebs- und Kombinatsdirektoren. Frankfurt/Main, Berlin, Bern, New York, Wien

Förster, H.; *Röbenack*, S. (1996): Wandel betrieblicher Interessenvertretungen in Ostdeutschland. Graue Reihe der KSPW 96-03, Berlin

Forndran, E. (1984): Die Stadt- und Industriegründungen Wolfsburg und Salzgitter. Entscheidungsprozesse im nationalsozialistischen Herrschaftssystem. Frankfurt/Main, New York

Friedrichs, J. (1995): Stadtsoziologie. Opladen

Friedrichs, J.; *Kahl*, A. (1991): Strukturwandel in der ehemaligen DDR – Konsequenzen für den Städtebau. In: Archiv für Kommunalwissenschaften, II. Halbjahresband 1991

Fritzsche, S. (1991): Stadtgründungen im 20. Jahrhundert – Salzgitter im internationalen Vergleich. In: Benz, W. (Hrsg.), München, S. 233ff.

Froessler, R.; *Lang*, M. et al. (1994): Lokale Partnerschaften. Zur Erneuerung benachteiligter Quartiere in europäischen Städten. Basel, Boston, Berlin

Fromm, G. (1981): Die Planung, der Aufbau und die Entwicklung Stalinstadts (Eisenhüttenstadts) in den Jahren 1950 bis 1955. Diplomarbeit, Humboldt-Universität Berlin

Gansleweit, K. D. (Hrsg.) (1986): Eisenhüttenstadt und seine Umgebung. Berlin

Gauss, G. (1983): Wo Deutschland liegt. Eine Ortsbestimmung. Hamburg

Gebbert, V. (1995): Stahlstandort Ostdeutschland. Marktorientierungen und Modernisierungsstrategien. In: *Schmidt*, R.; *Lutz*, B. (Hrsg.), Berlin. S. 335-355.

Geißler, R. (1991): Transformationsprozesse in der Sozialstruktur der neuen Bundesländer. In: Berliner Journal für Soziologie, Heft 2, S. 177-194.

Gensicke, T. (1995): Pragmatisch und optimistisch: Über die Bewältigung des Umbruchs in den neuen Bundesländern. In: *Bertram*, H. (Hrsg.), Opladen, S. 127-154

Gensior, S. (1992): Die Bedeutung von Gruppenstrukturen und sozialer Bindung – Frauenerwerbstätigkeit in ostdeutschen Betrieben. In: Heidenreich, M. (1992), Berlin, S. 273-282

Geschichte der deutschen Arbeiterbewegung. Hrsg. Institut für Marxismus-Leninismus beim ZK der SED (1966), Bd. 7 '1949 bis 1955'

Giesen, B.; *Leggewie*, C. (Hrsg.) (1991): Experiment Vereinigung. Ein sozialer Großversuch. Berlin

Glaeßner, G. J. (Hrsg.) (1992): Eine deutsche Revolution. Frankfurt/Main, Bern, New York, Paris

Glaser B. G.; *Strauss*, A. L. (1967): The discovery of grounded theory. Strategies for qualitative research. Aldine

Goldzamt, E. (1975): Städtebau sozialistischer Länder. Stuttgart

Graml, H. (1988): Die Märznote von 1952. Legende und Wirklichkeit. Melle

Grundmann, S. (1984): Die Stadt. Gedanken über Geschichte und Funktion. Berlin

Grundmann, S. (1992): Soziale Probleme der Stadtentwicklung in der DDR. In: *Glaeßner*, G. J. (Hrsg.), Frankfurt/Main, Bern, New York, Paris

Grüning, M. (1989): Der Wachsmann-Report. Auskünfte eines Architekten. Berlin

Gurwitsch, A. (1974): Das Bewußtseinsfeld. Berlin/New York.

Gut, P.; *Heering*, W.; *Rudolph*, J.; *Schroeder*, K. (1993): Normative Regulierung von Arbeit: Zum Wandel betrieblicher Arbeitsbeziehungen in Unternehmen der ehemaligen DDR. KSPW-Studie Nr. 311, Halle/Berlin: KSPW

Habermas, J. (1990): Strukturwandel in der Öffentlichkeit. Untersuchungen zu einer Kategorie der bürgerlichen Gesellschaft. Frankfurt/M.

Hahn, T. (1993): Erwerbslosigkeitserfahrungen von Frauen in den neuen Bundesländern. In: *Mohr* G. (Hrsg.), Weinheim

Handbuch DDR-Wirtschaft (1985): Deutsches Institut für Wirtschaftsforschung (Hrsg.), Reinbek b. Hamburg

Hanesch, W. (Hrsg.) (1994): Armut in Deutschland. Armutsbericht des DGB und des Paritätischen Wohlfahrtsverbandes. Reinbek b. Hamburg

Hannemann, C. (1993): Berlin – Soziale Sanierungsziele in Prenzlauer Berg. In: Bauwelt, Heft 9, S. 378-379.

Hardt, A. (1994): Wohnbedingungen im Wandel. In: *Herlyn*, U; *Hunger*, B. (Hrsg.), S. 64ff.

Hardt, A; *Herlyn*, U. (1994): Die sanierungsbezogene Sozialplanung der Bundesrepublik Deutschland. In: *Herlyn*, U; *Hunger*, B. (Hrsg.), S. 302f.

Hauser, R. (1995): Die Verteilung der Einkommen in den neuen Bundesländern wird ungleicher. In: Berliner Journal für Soziologie, Heft 4, S. 463-474

Häußermann, H.; *Siebel*; W. (1978): Thesen zur Soziologie der Stadt. In: Leviathan, Heft 1

Häußermann, H. et al (1991): Stadt und Raum. Soziologische Analysen. Pfaffenweiler

Häußermann, H. (1995): Die Stadt und die Stadtsoziologie. Urbane Lebensweise und die Integration des Fremden. In: Berliner Journal für Soziologie, Heft 1, S. 89-98

Heidenreich, M. (1991): 'Die Doppelstruktur planwirtschaftlichen Handelns'. In: Zeitschrift für Soziologie, Heft 6, S. 411-426

Heidenreich, M. (Hrsg.) (1992): Krisen, Kader, Kombinate – Kontinuität und Wandel in ostdeutschen Betrieben. Berlin

Heinze T. (1992): Qualitative Sozialforschung. Opladen

Herbst, A.; *Ranke*, W; *Winkler*, J. (1994): So funktionierte die DDR. Band 1-3. Reinbek b. Hamburg

Herlyn, U.; *Schweitzer*, U.; *Tessin*, W.; *Lettko*, B. (1982): Stadt im Wandel. Eine Wiederholungsuntersuchung der Stadt Wolfsburg nach 20 Jahren. Frankfurt/Main, New York

Herlyn, U. (1985): Die Stadt als lokaler Lebenszusammenhang aus der Sicht der stadtsoziologischen Forschung. In: Die alte Stadt, 12.Jg., H.4, S. 369-386

Herlyn, U. (1990): Leben in der Stadt. Opladen

Herlyn, U.; *Lakemann*, U.; *Lettko*, B. (1991): Armut und Milieu. Benachteiligte Bewohner in großstädtischen Quartieren. Stadtforschung aktuell Bd. 33, Basel, Boston, Berlin

Herlyn, U. (1993): Stadt- und Regionalsoziologie, In: *Korte*, H.; *Schäfers*, B. (Hrsg.), Opladen, S. 245-263

Herlyn, U.; *Bertels*, L. (Hrsg.) (1994): Stadt im Umbruch: Gotha. Wende und Wandel in Ostdeutschland, Opladen

Herlyn, U.; *Hunger*, B. (Hrsg.) (1994): Ostdeutsche Wohnmilieus im Wandel. Basel, Boston, Berlin

Herlyn, U.; *Scheller*, G.; *Tessin*, W. (1994): Neue Lebensstile in der Arbeiterschaft? Eine empirische Untersuchung in zwei Industriestädten. Opladen

Hermann, T. (1994): Wahlverhalten und soziale Spaltung. Soziale Integration und Desintegration als Parameter kommunalen Wahlverhaltens am Beispiel zweier Stadtteile in Hannover. In: Stadtforschung und Statistik, Heft 2, S. 44f.

Hermanns, H. (1991): Narratives Interview. In: *Flick*, U. (Hrsg.), München, S. 182-185

Hesse, P. (1993): Bautzen – Modellfall ostdeutscher Sanierungsprobleme. In: Bauwelt, Heft 9, S. 367-377.

Hildebrandt, K. (1994): Übersicht über wichtige sozialpolitische Maßnahmen, Gesetze und historische Ereignisse von 1945 – 1989. In: *Bütow*, B.; *Stecker*, H. (Hrsg.), Bielefeld

Hinrichs, W. (1992): Wohnungsversorgung in der ehemaligen DDR – Verteilungskriterien und Zugangswege. In: WZB-Diskussionspapier P 92-105, WZB Berlin

Hinte, W.; *Karas*, F. (1989): Studienbuch Gruppen- und Gemeinwesenarbeit. Neuwied, Frankfurt/Main

Hirschmann, A. (1992): Abwanderung, Widerspruch und das Schicksal der Deutschen Demokratischen Republik, In: Leviathan, Heft 3, S. 330-358

Hockerts, H.G. (1994): Grundlinien und soziale Folgen der Sozialpolitik in der DDR. In: *Kaelble*, H; *Kocka*, J.; *Zwahr*, H. (Hrsg.), Stuttgart, S. 519-546

Hoerning; E. M. (1990): Erfahrungen als biographische Ressourcen. In: *Alheit*,P.; *Hoerning*, E. M. (Hrsg.), Frankfurt/Main, New York, S.148-163

Hoffmann, H.; *Oldenburg*, E. (1960): 'Stalinstadt'. Dresden

Hoffmeyer-Zlotnik, J.H.P. (1995): Welcher Typ Stadtbewohner dominiert welchen Typ Wohnquartier? Merkmale des Wohnquartiers als Hintergrundmerkmale zur Regionalisierung von Umfragen. In: ZA-Information 37, November 1995

Hofmann, M. (1995): Die Kohlearbeiter von Espenhain. Zur Enttraditionalisierung eines ostdeutschen Arbeitermilieus. In: Vester (Hrsg.), S. 91ff.

Hofmann, M. (1995): Die Leipziger Metallarbeiter. Etappen sozialer Erfahrungsgeschichte. In: Vester (Hrsg.), S. 136ff.

Holst, E.; *Schupp*, J. (1993a): Umbruch am ostdeutschen Arbeitsmarkt benachteiligt auch die weiterhin erwerbstätigen Frauen – dennoch anhaltend hohe Berufsorientierung. In: DIW-Wochenbericht (59) 18; S. 235-241

Holst, E.; *Schupp*, J. (1993b): Perspektiven der Erwerbsbeteiligung von Frauen im vereinten Deutschland. DIW-Diskussionspapier Nr. 68, Berlin

Hopf, C.; *Weingarten*, E. (1984): Qualitative Sozialforschung. Stuttgart,

Hoscislawski, T. (1991): Bauen zwischen Macht und Ohnmacht – Architektur und Städtebau in der DDR. Berlin

Hradil, S. (1983): Die Ungleichheit der „sozialen Lage". In: *Kreckel*, R. (Hrsg.), Sonderband 2 der Sozialen Welt, Göttingen.

Hradil, S. (1995): Die Modernisierung des Denkens-Zukunftspotentiale und 'Altlasten' in Ostdeutschland. In: Aus Politik und Zeitgeschichte. Beilage zur Wochenzeitung Das Parlament, B 20/95, 12. Mai 1995, S. 3-15

Hübner, P. (1990): Löhne und Normen. Soziale Spannungen und Konflikte im Vorfeld des 17. Juni 1953. In: *Cerný* , J. (Hrsg), S. 118f.

Hübner, P. (1994): Die Zukunft war gestern: Soziale und mentale Trends in der DDR-Industriearbeiterschaft. In: *Kaelble*, H.; *Kocka*, J.; *Zwahr*, H. (Hrsg.), S. 171-187

Hunger, B. (1991): Stadtverfall und Stadtentwicklung – Stand und Vorschläge, In: *Marcuse*, P.; *Staufenbiel*, F. (Hrsg.), Berlin

Hunger, B. (1994a): Gemeinsamkeiten und Unterschiede von Wohnmilieus in den alten und neuen Bundesländern. In: *Herlyn*, U.; *Hunger*, B. (Hrsg.), S. 287f.

Hunger, B. (1994b): Stadterneuerung und Sozialplanung in der DDR. In: *Herlyn*, U.; *Hunger*, B. (Hrsg.), S. 312f.

Hunger, B. (1995): Das Beispiel Rostock-Warnemünde: Fallstudie zum sozialen Wandel. In: *Bertram*, H.; *Hradil*, S.; *Kleinhenz*, G. (Hrsg), Berlin, S. 209-234

Hurrelmann, K.; *Ulich*, D. (1980): Handbuch der Sozialisationsforschung. Basel

Industriepark Oderbrücke (1993), OSW GmbH Eisenhüttenstadt

Ipsen, D.; *Fuchs*, Th. (1995): Die Zukunft der Vergangenheit. Persistenz und Potential in den Altstädten der neuen Bundesländer, untersucht am Beispiel der Stadt Erfurt. In: *Bertram*, H.; *Hradil*, S.; *Kleinhenz*, G. (Hrsg), Berlin, S. 235-255

ISA-Consult (1994): Beratungsbüro für die Stahl- und Metallindustrie in Brandenburg (BSMB) – Zwischenbericht. Hennigsdorf

Isaacs, R. R. (1986): Walter Gropius. Der Mensch und sein Werk. Frankfurt/M., Berlin

Jahoda, M.; *Lazarsfeld*, P.F.; *Zeisel*, H. (1982): Die Arbeitslosen von Marienthal. Ein soziographischer Versuch. 4. Auflage (zuerst 1933), Frankfurt/M.

Jasper, G. (1994): Beschäftigungssituation und Beschäftigungsperspektive der Frauen an den Stahlstandorten Brandenburgs. a&o research Berlin

Kädtler, J.; *Kottwitz*, G. (1994): Industrielle Beziehungen in Ostdeutschland: Durch Kooperation zum Gegensatz von Kapital und Arbeit? In: Industrielle Beziehungen, Heft 1, S. 13-38

Kaelble, H; *Kocka*, J.; *Zwahr*, H. (Hrsg.) (1994): Sozialgeschichte der DDR. Stuttgart

Kahl, A. (1991): Leipzig – ungelöste Probleme führen zum Aufbruch. In: *Marcuse*, P.; *Staufenbiel*, F. (Hrsg.), Berlin

Kanter, R. M. (1968): Commitment and social organisation. In: American sociological review. 33, S. 499-517

Kardoff, E.v. (1991): Soziale Netzwerke. In: *Flick*, U. (Hrsg.), München

Karhoff, B.; *Ring*, R.; *Steinmaier*, H. (1993): Frauen verändern ihre Stadt: selbstorganisierte Projekte der sozialen und ökologischen Stadterneuerung; vom Frauenstadthaus bis zur Umplanung einer Großsiedlung. Zürich, Dortmund

Kasek, L. (1990): Die Entwicklung arbeitsbezogener Werte zwischen 1986 und 1990 auf dem Gebiet der ehemaligen DDR. In: Informationen zur soziologischen Forschung in der DDR, 6/90, Berlin, S. 50-59

Keim, K. D. (1979): Milieu in der Stadt. Ein Konzept zur Analyse älterer Wohnquartiere. Stuttgart

Kern, H.; *Schumann*, M. (1984): Das Ende der Arbeitsteilung. München

Kiera, H. G. (1975): Partei und Staat im Planungssystem der DDR. Düsseldorf

Kistler, E.; *Jaufmann*, D.; *Pfaff*, A. (1993): „Die Wiedervereinigung der deutschen Männer braucht keine Frauen …"- Frauen als Wendeverliererinnen? In: Aus Politik und Zeitgeschichte, B 6, S. 39-52

Klein, H. (1955): Das Kino in Stalinstadt. In: Deutsche Architektur 7 / 1955

Kleine, G. (1992): Historisches Reminiszens: das Recht auf Wohnraum als soziales Grundrecht – praktische Erfahrungen bei der Versorgung von 'Randgruppen' in der DDR. In: *Koch*, F.; *Reris*, C. (Hrsg.), Frankfurt am Main

Kleßmann, C. (1994): Relikte des Bildungsbürgertums in der DDR. In: *Kaelble*, H; *Kocka*, J.; *Zwahr*, H. (Hrsg.), Stuttgart

Kleßmann, C.; *Wagner*, G. (1993): Das gespaltene Land. Leben in Deutschland 1945-1990. München

Koch, F.; *Reris*, C. (Hrsg.) (1992): Wohnungspolitik in sozialpolitischer Perspektive. Deutscher Verein für öffentliche und private Fürsorge, Heft 44 (Arbeitshilfen), Frankfurt am Main

Köhler, T. (1994): Kohle zu Eisen-Eisen zu Brot – Die Stalinstadt. Berlin

Körner-Badoni, T. (1991): Die Stadt als sozialwissenschaftlicher Gegenstand. Ein Rekonstruktionsversuch stadtsoziologischer Theoriebildung. In: *Häußermann*, H. et al. (Hrsg.), Pfaffenweiler

Kohli, M. (Hrsg.) (1978): Soziologie des Lebenslaufs. Darmstadt, Neuwied

Kohli, M. (1980): Lebenslauftheoretische Ansätze in der Sozialisationsforschung. In: *Hurrelmann*, K.; *Ulich*, D. (Hrsg.), Basel, S.299-317

Kohli, M. (1981): Zur Theorie der biographischen Selbst- und Fremdthematisierung. In: *Matthes*, J. (Hrsg.), Frankfurt/ Main, New York, S.502-519

Kohli, M. (1991): Altersgrenze als Manövriermasse? Das Verhältnis von Erwerbsleben und Ruhestand in einer alternden Gesellschaft. Institut für Soziologie der Freien Universität Berlin, Berlin

Kohli, M. (1992): Altern in soziologischer Perspektive. In: Zukunft des Alterns und gesellschaftliche Entwicklung

Korte, H.; *Schäfers*, B. (1993): Einführung in Spezielle Soziologien. Opladen

Kosel, G. (1980): Die Industrialisierung des Bauens in der DDR. In: Deutsche Architektur, Heft 6

Kreckel, R. (Hrsg.) (1983): Soziale Ungleichheit und Arbeitsmarktsegmentierung. In: Soziale Welt, Sonderband 2, Göttingen

Kreckel, R. (1995): Makrosoziologische Überlegungen zum Kampf um Normal- und Teilzeitarbeit im Geschlechterverhältnis. In: Berliner Journal für Soziologie, Heft 4, S. 489-496

Kretzschmar, A.; *Wolf-Valerius*, P. (1995): Vorruhestand – eine neue soziale Realität in Ostdeutschland. In: *Bertram*, H.; *Hradil*, S.; *Kleinhenz*, G. (Hrsg), Berlin, S. 361-379

Krömke, C.; *Friedrich*, G. (1987): Kombinate. Rückgrat sozialistischer Planwirtschaft. Berlin

Kuczynski, J. (1990): Lügen, Verfälschungen, Auslassungen, Ehrlichkeit und Wahrheit: Fünf verschiedene und für den Historiker gleich wertvolle Elemente in Autobiographien. In: *Alheit*, P; *Hoerning*, E. M. (Hrg.), Frankfurt/Main, New York, S. 24-37

Kühnert, R. (1994): Bauen in der DDR. Anspruch und Realität eines Programms. In: *Modrow*. H. (Hrsg.), Berlin, S. 165f.

Kühnert, U. (1992): Aktive Arbeitsmarktpolitik in Frankfurt/Oder. Eine Untersuchung der „Beschäftigungs, Qualifizierungs- und Strukturfördergesellschaft Frankfurt/Oder". Landesagentur für Struktur und Arbeit Brandenburg (LASA), Studie Nr. 11

Kürth, H.; *Kutschmar*, A. (1978): Baustilfibel, Berlin

Kulke, C.; *Kopp-Degethoff*, H.; *Ramming*, U. (1992): Wider das schlichte Vergessen. 'Der deutsch-deutsche Einigungsprozeß: Frauen im Dialog. Berlin

Kurz-Scherf, I. (1992): Geschlechterkampf am Arbeitsmarkt? Frauenperspektiven in Deutschland. In: WSI-Mitteilungen, 45. Jg. Heft 4, S. 203-216

Lakemann, U. (1993): Wandel industrieller, regionaler und sozialer Strukturen in Eisenhüttenstadt. Forschungsantrag an die Hans-Böckler-Stiftung

Lakemann, U.; *Röbenack*, S.; *Hirschfeld*, K. (1994): Herrschaftswandel in Treuhandbetrieben. Arbeitsberichte und Forschungsmaterialien Nr. 89, Fakultät für Soziologie der Universität Bielefeld: FSP 'Zukunft der Arbeit'

Lamnek, S. (1989): Qualitative Sozialforschung. Band 1 u. 2. München

Lange, E., *Schöber*, P. (Hrsg.) (1993): Sozialer Wandel in den neuen Bundesländern – Beispiel: Lutherstadt Wittenberg. Opladen

Lange, L. (1993): Kollektiv, wo bist du hin? In: Die Zeit 45, 5. November 1993, S. 56

Lappe, L. (1992): Der verzögerte sektorale Wandel in der ehemaligen DDR und seine Folgen für erwerbstätige Frauen und Jugendliche. In: *Heidenreich*, M. (Hrsg.), S. 199-214

Läpple, D. (1991): Essay über den Raum. Für ein gesellschaftswissenschaftliches Raumkonzept. In: *Häußermann*, H. et al (Hrsg.), Pfaffenweiler

Lehmann, H. (1994): Muster biographischer Verarbeitung von Transformationsprozessen von Vorruheständlern. In: Nickel, H.M. et al. (1994), Berlin, S. 283-311

Leucht, K. W. (1952): Die sozialistische Stadt des Eisenhüttenkombinates Ost. In: Deutsche Architektur, Heft 3

Leucht, K. W. (1953): Wettbewerb Magistrale und Zentraler Platz von Stalinstadt. In: Deutsche Architektur, Heft 5

Leucht, K. W. (1954): Handbuch für Architekten. Berlin

Leucht, K. W. (1957): Die erste neue Stadt in der DDR. Planungsgrundlagen und -ergebnisse von Stalinstadt. Berlin

Leucht, K. W. (1985): Eisenhüttenstadt – ein Beginn im sozialistischen Städtebau der DDR. In: Denkmale und Geschichtsbewußtsein. Referate der Konferenz der Gesellschaft für Denkmalpflege Eisenhüttenstadt, 14. und 15. Dezember 1984; Berlin

Lichtenberger, E. (1991): Stadtgeographie. Stuttgart

Lohr, K.; *Röbenack*, S.; *Schmidt*, E. (1994): Industrielle Beziehungen im Wandel. In: *Schmidt*, R.; *Lutz*, B. (Hrsg.), Berlin, S. 183-215

Ludz, P.C. (1977): Die DDR zwischen Ost und West. München

Maier, F. (1991): Patriarchale Arbeitsmarktstrukturen. Das Phänomen geschlechtsspezifisch gespaltener Arbeitsmärkte in Ost und West. In: Feministische Studien (10) 1; S. 107-115

Mangold, W. et al. (1994): Zwischenbericht des DFG-Projektes über 'Die Herausbildung neuer Formen der innerbetrieblichen Austauschbeziehungen im Reorganisationsprozeß der ostdeutschen Industriebetriebe'. Erlangen

Mannheim, K. (1928a): Das Problem der Generationen I. In: Kölner Vierteljahrshefte, Heft 2, S.157-185

Mannheim, K. (1928b): Das Problem der Generationen II. In: Kölner Vierteljahrshefte, Heft 3, S.309-330

Manz, G. (1992): Armut in der DDR-Bevölkerung. Lebensstandard und Konsumtionsniveau vor und nach der Wende. Augsburg

Manz, G.; *Winkler*, G. (1988): Sozialpolitik. (2. Auflage). Berlin

Marchwitza, H. (1955): Roheisen.

Marcuse, P. (1991): Die Zukunft der „sozialistischen" Städte. In: Berliner Journal für Soziologie, Heft 1, S. 203-210

Marcuse, P.; *Staufenbiel*, F. (Hrsg.) (1991): Wohnen und Stadtpolitik im Umbruch. Perspektiven der Stadterneuerung nach 40 Jahren DDR. Berlin

Marz, L. (1992): Geständnisse und Erkenntnisse – zum Quellenproblem empirischer Transformationsforschung. In: *Heidenreich*, M. (Hrsg.), Berlin, S. 215-238

Marz, L. (1993): Dispositionskosten des Transformationsprozesses. Werden mentale Orientierungsnöte zum wirtschaftlichen Problem? In: Aus Politik und Zeitgeschichte, B 24, S.3-14

Matthes, J. (Hrsg.) (1981): Lebenswelt und soziale Probleme. Frankfurt/ Main, New York

Mayer, K. U. (1981): Gesellschaftlicher Wandel und soziale Struktur des Lebensverlaufs. In: *Matthes*, J. (Hrsg.), Frankfurt/Main, New York, S.492-501

Mayer, K. U. (1987): Lebenslaufforschung. In: *Voges*, W. (Hrsg.), Opladen, S.51-73

Mayring, P. (1990): Qualitative Inhaltsanalyse. Weinheim

Mayring, P. (1991): Qualitative Inhaltsanalyse. In: *Flick*, U. (Hrsg.), München, S.209- 213

Melzer, M.; *Scherzinger*, A.; *Schwartau*, C. (1979): Wird das Wirtschaftssystem der DDR durch vermehrte Kombinatsbildung effizienter? In: DIW, Vierteljahrsheft 4/79, Deutsches Institut für Wirtschaftsforschung, S. 365-395

Merton, R. K.; *Kendall*, P. L. (1984): Das fokussierte Interview. In: *Hopf*, C.; *Weingarten*, E. (Hrsg.), Stuttgart, S. 171-204

Meuser, P. (1993): Auf den architektonischen Spuren der 'letzten Idealstadt Deutschlands', Teil 1-3, Märkische Oderzeitung, 6.5.1993

Meyhöfer, D. (1995): Wiedersehen mit Eisenhüttenstadt. In: Deutsche Bauzeitung 5/95

Modrow. H. (Hrsg.) Das Große Haus. Berlin

Mohr, G. (Hrsg.) (1993): Ausgezählt. Theoretische Beiträge zur Psychologie der Frauenerwerbslosigkeit. Bd.6: Psychologie sozialer Ungleichheit. Weinheim

Müller, D.; *Hofmann*, M.; *Rink*, D. (1996): Diachrone Analysen von Lebensweisen in den neuen Bundesländern. Zum historischen und transformationsbedingten Wandel der sozialen Milieus in Ostdeutschland. (Expertise für die Berichtsgruppe II 'Soziale Ungleichheit und Sozialpolitik' in der KSPW), Hannover und Leipzig 1996

Nickel, H. M. (1992): Arbeitsmarktsegregation: Mentale Brüche und ambivalente Folgen. In: ZIF-Bulletin Nr 4, S. 5-10

Nickel, H. M. (1993): Trotz Fleiß kein Preis? Geschlechtstypische Übergänge von DDR-Mädchen in den Beruf. In: Durchblick – Zeitschrift für Ausbildung, Weiterbildung und berufliche Integration, Nr 1, S. 10-12 (Heidelberger Institut Beruf und Arbeit-hiba)

Nickel, H. M. et al. (Hrsg.) (1994): Erwerbsarbeit und Beschäftigung im Umbruch. Berlin

Nickel, H. M.; *Schenk*, S. (1994): Prozesse geschlechtsspezifischer Differenzierung im Erwerbssystem. In: *Nickel* et al. (Hrsg), Berlin, S. 259-282

Niebur, J. (1992): Zwischen Stillegung und Privatisierung – Die Sanierung eines Stahlstandortes. In: *Heidenreich*, M., S. 95-108

Niebur, J. (1995): Personalpolitik der EKO Stahl GmbH – zwischen betrieblicher Notwendigkeit und sozialem Gewissen. transkribierter Vortrag auf der Tagung 'Wandel industrieller, regionaler und sozialer Strukturen in Eisenhüttenstadt' am 14.3.1995, (unveröffentlicht)

Niethammer, L. (1988): Annäherung an den Wandel. Auf der Suche nach der volkseigenen Erfahrung in der Industrieprovinz der DDR. In: BIOS. Zeitschrift für Biographieforschung und Oral History, Heft 1, S. 66

Niethammer, L.; *von Plato*, A.; *Wierling*, D. (1991): Die volkseigene Erfahrung. Eine Archäologie des Lebens in der Industrieprovinz der DDR. Berlin

Nitzschke, R., *Schiwok*, H. (1955): Wohnbauten in Stalinstadt. In: Deutsche Architektur, Heft 8

Opaschowski, H. W.; *Neubauer*, U. (1984): Freizeit im Ruhestand. Was Pensionäre erwarten und wie die Wirklichkeit aussieht. B.A.T Freizeit-Forschungsinstitut, Schriftenreihe zur Freizeitforschung Bd. 5. Hamburg.

Oswald, H. (1966): Die überschätzte Stadt. Ein Beitrag der Gemeindesoziologie zum Städtebau.

Pegert, W. (1975): Die Taten der Helden werden nie vergessen. ('Neuer Tag' v. 11.4.75)

Pfeiffer, T. S. (1991): Qualitative Stadt- und Gemeindeforschung. In: *Flick*, U. (Hrsg.), S. 394-402

Piore, M. J.; *Sabel*; C. F. (1989): Das Ende der Massenproduktion. Frankfurt/Main

Prengel, G. (1995): Ältere Menschen im Umbruch der lokalen Alltagspraxis Ost (Fallstudie Friedrichshain). In: *Bertram*, H.; *Hradil*, S.; *Kleinhenz*, G. (Hrsg), Berlin, S. 329-359

Presseinformation des Arbeitsamtes Frankfurt/Oder Nr. 1/1995

Pressemitteilung Eisenhüttenstädter Gebäudewirtschaft Nr. 5/1994

Preusler, B. (1985): Walter *Schwagenscheidt* 1886-1968. Architekturideale im Wandel sozialer Figurationen. Stuttgart

Quasthoff, U. (1979): Eine intakte Funktion von Erzählungen. In: *Soeffner*, H. G. (Hrsg.), Stuttgart, S.104-126

Recker, M.L. (1981): Die Großstadt als Wohn- und Lebensbereich im Nationalsozialismus. Zur Gründung der 'Stadt des KdF-Wagens'. Frankfurt/Main, New York

Recker, M.L. (1992): Das Leben in der neuen Stadt. Zwischen sozialpolitischem Anspruch und sozialer Realität. In: *Benz*, W. (Hrsg.), München, S. 149-164

Reichertz, J. (1986): Probleme qualitativer Sozialforschung: Zur Entwicklungsgeschichte der objektiven Hermeneutik. Frankfurt/ Main; New York

Reichertz, J. (1991): Objektive Hermeneutik. In: *Flick*, U. (Hrsg.), München, S.223-228

Reißig, R.(1993): Rückweg in die Zukunft. Frankfurt/Main

Ribhegge, H. (1995): Auswirkungen der Arbeitslosigkeit auf die Volkswirtschaft unter besonderer Berücksichtigung der Region Eisenhüttenstadt. In: Wandel in Eisenhüttenstadt (1995), S. 11-15

Rietdorf, W. (1976): Neue Wohngebiete sozialistischer Länder. Berlin

Rink, D. (1996): Zur Segregation ostdeutscher Großstädte, Manuskript UFZ (Umweltforschungszentrum Leipzig-Halle GmbH) (unveröff.)

Rink, D.; *Grahl*, R. (1993): Die Entwicklung der Stadtregion Leipzig zwischen 1945 und 1992. Vom Versuch des Wiederanknüpfens an Traditionen nach 1945 über den verhinderten Strukturwandel in der DDR-Zeit zum Strukturbruch nach 1989 (Endbericht). Leipzig

Ritsert, J. (1972): Inhaltsanalyse und Ideologiekritik. Ein Versuch über kritische Sozialforschung. Frankfurt/Main

Rodenstein, M. (1991): Städtebaukonzepte – Bilder für den baulich-räumlichen Wandel der Stadt. In: *Häußermann*, H. et al (Hrsg.), S. 31-67

Roesler, J. (1978): Die Herausbildung der sozialistischen Planwirtschaft in der DDR. Berlin

Roesler, J. (1991): Zwischen Plan und Markt: Die Wirtschaftsreform in der DDR zwischen 1963 und 1970. Berlin

Roesler, J. (1994): Die Produktionsbrigaden in der Industrie der DDR. Zentrum der Arbeitswelt? In: *Kaelble*, H; *Kocka*, J.; *Zwahr*, H. (Hrsg.), Stuttgart, S. 144ff.

Rohrmann, E. (1992): Soziale Sicherung und das Problem der 'Asozialen' in der DDR. In: *Koch*, F.; *Reris*, C. (Hrsg.), Frankfurt am Main

Rosenthal, G. (1987): „Wenn alles in Scherben fällt …". Opladen

Rosenthal, G. (1990): „Als der Krieg kam, hatte ich mit Hitler nichts mehr zu tun …". Opladen

Rosenthal, G. (1992): Erlebte und erzählte Lebensgeschichte. Habilitationsschrift, Kassel

Rottenburg, R. (1992): Welches Licht wirft die volkseigene Erfahrung der Werktätigen auf westliche Unternehmen? – Erste Überlegungen zur Strukturierung eines Problemfeldes. In: *Heidenreich*, M. (Hrsg.), Berlin, S. 239-272

Schenk, S. (1995): Neu- oder Restrukturierung des Geschlechterverhältnisses in Ostdeutschland? In: Berliner Journal für Soziologie, Heft 4, S. 475-488

Schenk, S.; *Schlegel*, U. (1993): Frauen in den neuen Bundesländern zurück in eine andere Moderne. In: Berliner Journal für Soziologie, Nr. 3, S. 369-384

Schmidt, R. et al. (1994): Industrielle Beziehungen in Ostdeutschland. Zwischenbericht (unveröffentlicht)

Schmidt, R. (1995): Die Bedeutung der sozialen Beziehungen für die ostdeutsche Produktionsmodernisierung. In: Berliner Journal für Soziologie, Heft 4, S. 455-462

Schmidt, R.; *Lutz*, B. (Hrsg.) (1995): Chancen und Risiken der industriellen Restrukturierung in Ostdeutschland. Berlin

Schneider, C. (1992): Stadt-Bau Salzgitter 1937-1990. In: *Benz*, W. (Hrsg.), München, S. 166-212

Schober, K. (1991): Lehrstellensuche '91 – eine Zwischenbilanz. IAB-Werkstattbericht, Nürnberg

Schönbauer, G. (1990): Stahlkrise, Stadtgemeinde und städtisches Leben in Völklingen und Scunthorpe. Abschlußbericht des von der VW-Stiftung geförderten Forschungsprojektes.

Schreiber, E.; *Ermischer* I. (1992): Arbeitsfördergesellschaften im Osten Deutschlands. In: *Heidenreich*, M. (Hrsg.), Berlin, S. 187-198

Schröter, U. (1995): Ostdeutsche Frauen zwischen Verlieren und Gewinnen. In: *Bertram*, H.; *Hradil*, S.; *Kleinhenz*, G. (Hrsg), Berlin, S. 141-157

Schubert, A. (1991): Vernachlässigte Kleinstädte. In: *Marcuse*, P.; *Staufenbiel*, F. (Hrsg.), Berlin

Schupp, J. (1992): Familienstrukturen und Erwerbsbeteiligung in den neuen Bundesländern – Erste Veränderungen im Spiegel von Längsschnittanalysen. DIW-Sonderheft 148, S. 209-252

Schuster, P. (1985): Berufliche und menschliche Erfahrungen eines Architekten aus Eisenhüttenstadt. In: Denkmale und Geschichtsbewußtsein. Referate der Konferenz der Gesellschaft für Denkmalpflege Eisenhüttenstadt, 14./15.12.1984, Berlin

Schwarzer, T.; *Schweigel*, K. (1995): Brandenburg – Industriestadt zwischen Stahlmodell und wirtschaftlicher Vielfalt. In: Vester (Hrsg.), S. 230ff.

Schweigel, K.; *Segert*, A.; *Zierke*, I. (1995): Das Eigene und das Fremde: regionale soziale Milieus im Systemwechsel. In: *Bertram*, H.; *Hradil*, S.; *Kleinhenz*, G. (Hrsg), Berlin, S. 189-207

Schwitzer, K.-P. (1995): Lebensbedingungen und Handlungsintensionen älterer Menschen im Zuge des Transformationsprozesses in den neuen Ländern. In: *Bertram*, H.; *Hradil*, S.; *Kleinhenz*, G. (Hrsg), Berlin, S. 277-305

Schwonke, M.; *Herlyn*, U. (1967): Wolfsburg. Soziologische Analyse einer jungen Industriestadt. Stuttgart.

Selle, K. (Hrsg.) (1991): Mit den Bewohnern die Stadt erneuern. Der Beitrag intermediärer Organisationen zur Entwicklung städtischer Quartiere. Beobachtungen aus sechs Ländern. Teil 1: Ausgangspunkte, Übersicht. Dortmund/Darmstadt 1991.

Semmelmann, D. (1993): Schauplatz Stalinstadt / EKO – Erinnerungen an den 17. Juni – Teil II: Zu den Ursachen und Hintergründen des 17. Juni. (Hrsg.) Brandenburger Verein für politische Bildung 'Rosa Luxemburg' e.V.

Semmelmann, D. (o.J.): Heimat Stalinstadt. unveröff. Oral-History-Studie

Sennett, R. (1996): Etwas ist faul in der Stadt. Wenn die Arbeitswelt bröckelt, wird die Lebenswelt kostbar: Perspektiven einer zukünftigen Urbanität. In: Die Zeit Nr. 5/1996 v. 26.1.1996, S. 47f.

Sichting, D. (1993): Eisenhüttenstadt – Fürstenberg, Schönfließ – wie es früher war. Wartberg-Verlag

Soeffner, H. G. (Hrsg.) (1979): Interpretative Verfahren in den Sozial- und Textwissenschaften. Stuttgart

Soeffner, H. G. (1979): Interaktion und Interpretation – Überlegungen zu Prämissen des Interpretierens in Sozial- und Literaturwissenschaft. In: *Soeffner*, H. G. (Hrsg.), Stuttgart, S. 328-351

Solga, H. (1995): Auf dem Weg in eine klassenlose Gesellschaft? Klassenlagen und Mobilität zwischen Generationen in der DDR. Berlin

Sozialhilfe und Jugendhilfe in Deutschland 1990 – Auswirkungen der Sozialunion. Dokumentation einer Fachtagung, Deutscher Verein für öffentliche und private Fürsorge, Frankfurt am Main

Spellerberg, A. (1994): Alltagskultur in West- und Ostdeutschland. Unterschiede und Gemeinsamkeiten. WZB-paper P 94-101, Berlin

Stadtentwicklungskonzeption 1994. Eisenhüttenstadt

Staritz, D. (1985): Geschichte der DDR. Frankfurt/Main

Statistische Jahresberichte der Stadt Eisenhüttenstadt 1992-Halbjahr 1995

Statistische Monatszahlen der Stadt Eisenhüttenstadt (Dezernat I: Hauptverwaltung Sachgebiet Statistik)

Statistische Taschenbücher Eisenhüttenstadt 1957-1967

Steininger, R. (1990): Eine vertane Chance. Die Stalin-Note vom 10. März 1952 und die Wiedervereinigung. Berlin; Bonn

Strauss, A. I. (1991): Grundlagen qualitativer Sozialforschung. München

Strohmeier, K. P. (1983): Quartier und soziale Netzwerke. Grundlagen einer sozialen Ökologie der Familie. Frankfurt/Main, New York

Synthese Architektur und Bildende Kunst (1976). Hrsg. Rat der Stadt, Abt. Kultur; Eisenhüttenstadt

TAKT (1995): Text-Analyse und Kodierungstool (TAKT). Ein Programm zur Auswertung qualitativer Interviews. Berlin

Tessin, W.; *Knorr*, T.; *Pust*, C.; *Birlem*, T. (1983): Umsetzung und Umsetzungsfolgen in der Stadt-sanierung. Basel, Boston, Stuttgart

Teudt, M. (1987): Zur Geschichte der Berufs- und Fachschulausbildung der Lehrlinge und Studenten an der Medizinischen Fachschule „Prof. Dr. Karl Gelbke" Eisenhüttenstadt. Diplomarbeit, Humboldt-Universität

Thielecke, F. (1993): Der Habitus im Veränderungsprozeß eines Versicherungsunternehmens. Humboldt-Universität Berlin, Diss.

Thomas, M. (1992): Abbruch und Aufbruch. Sozialwissenschaften im Transformationsprozeß. Erfahrungen – Ansätze – Analysen. Berlin

Tillmann, M. (1995a): Das Verhältnis von Staat und Kirche am Fallbeispiel Stalinstadt in den fünfziger Jahren. (Hausarbeit an der Universität Potsdam)

Tillmann, M. (1995b): Sozialistische Feiern in der DDR unter besonderer Berücksichtigung der Stadt Stalinstadt. (unveröff. Manuskript, Vortrag auf dem XII. Kolloquium zur DDR-Geschichte 24.-26. November 1995 in der Ost-Akademie Lüneburg)

Topfstedt, T. (1980): Grundlinien und Entwicklung von Städtebau und Architektur in der DDR 1949 bis 1955. Universität Leipzig, Diss. A

Topfstedt, T. (1988): Städtebau in der DDR 1955-1971. Leipzig

Unser Friedenswerk Teil I-III (1968): Betriebsgeschichte des VEB Bandstahlkombinat „Hermann Matern"

Vaskovics, L. A. (1990): Soziale Folgen der Segregation alter Menschen in der Stadt. In: *Bertels*, L.; *Herlyn*, U. (Hrsg.), Opladen (Biographie und Gesellschaft, Bd. 9), S. 59-76

Vester, M. u.a. (Hrsg.) (1993): Soziale Milieus im gesellschaftlichen Strukturwandel. Köln

Vester, M. u.a. (Hrsg.) (1995): Soziale Milieus in Ostdeutschland. Köln

Voges, W. (1987a): Sozialforschung auf der Grundlage einer Lebenslaufperspektive. In: *Voges*, W. (Hrsg.), Opladen, S.9-24

Voges, W. (1987b): Zur Zeitdimension in der Biographieforschung. In: *Voges*, W. (Hrsg.), Opladen, S.125-141

Voges, W. (Hrsg.) (1987): Methoden der Biographie- und Lebenslaufforschung. Opladen

Voskamp, Ulrich; Volker *Wittke* (1991): Aus Modernisierungsblockaden werden Abwärtsspiralen- zur Reorganisation von Betrieben und Kombinaten der ehemaligen DDR. In: Berliner Journal für Soziologie, Heft 1, Berlin, S. 17- 41

Wagner, K. (1991): Ideologie und Alltag. Regensburg

Wandel in Eisenhüttenstadt (1995): Dokumentation der Arbeitstagung 14.3.1995 in Eisenhüttenstadt, Hrsg. v. ZAROF Leipzig, gefördert durch die Hans-Böckler-Stiftung

Wandel in Eisenhüttenstadt – Fazit einer Ausstellung des ZAROF Leipzig und der FH Jena vom 1.-21. März. 1995, S. 28/29 In: Stadtspiegel Eisenhüttenstadt Mai 1995

Weber, H. (1991): DDR – Grundriß der Geschichte 1945-1990. Hannover

Weber, H. (1993): Die DDR 1945-1990. München

Wenzel, S. (1992): Wirtschaftsplanung in der DDR – Struktur-Funktion-Defizite. Berliner Arbeitshefte und Berichte zur sozialwissenschaftlichen Forschung Nr. 75, Berlin

Werlhof, C.; *Mies*, M.; *Bennholdt-Thomsen*, V. (1988): Frauen, die letzte Kolonie. Zur Hausfrauisierung der Arbeit. 2. Auflage, Reinbek

Werner, F. (1981): Stadt, Städtebau, Architektur in der DDR. Aspekte der Stadtgeographie, Stadtplanung und Forschungspolitik. Erlangen

Werner, R. (1995): Eine Stadt im Zentrum des neuen Europa – Eisenhüttenstadt. In: DEMO – Demokratische Gemeinde, H. 3/95

Whyte, W. H. (1988): City – Rediscovering the Center. New York.

Wiedemann, P. (1991): Gegenstandsnahe Theoriebildung. In: *Flick*, U. (Hrsg.), München, S. 441-445

Wiens, P. (1952): Das Kombinat. In: Menschen und Werke. Vom Wachsen und Werden des neuen Lebens in der DDR.

Winkler, G. (1987): Lexikon der Sozialpolitik. Berlin

Winkler, G. (Hrsg.) (1990): Sozialreport DDR 1990. Daten und Fakten zur sozialen Lage in der DDR. Stuttgart

Winkler, G. (Hrsg.) (1992): Sozialreport 1992. Berlin

Wolf, C. (1994): Auf dem Weg nach Tabou. Texte 1990-1994. Köln

Zapf, W. (1991): Der Untergang der DDR und die soziologische Theorie der Moderne. In: *Giesen*, B.; *Leggewie*, C. (Hrsg.), Berlin

ZUPA (Zeitliche Entwicklung der AK-Gesamtzahl, Zusammenstellung 'Personal- und Arbeitswirtschaft 1950-1989', Projekt Betriebsgeschichte)

Zusammenstellung ‚Komplex Bildung', Projekt Betriebsgeschichte

Archivnachweis

A – Archiv der EKO Stahl GmbH

Nr.	Titel
5	Protokolle der Sitzungen der EKO-Kommission 1951/52
40	Investitionsvorhaben Gesamtausbau EKO 1965
42	Investitionsvorhaben Ausbau EKO 1969, 1963, 1965-67
56	Aufbau des Kaltwalzwerkes 1962-1968
64	Ausbau des Eisenhüttenkombinates 1961-1965
75	Die Entwicklung und Perspektiven des Eisenhüttenkombinates Ost unter den Bedingungen der Arbeiter- und Bauernmacht 1957-1969
96	Perspektivische Vorplanung zum Ausbau des EKO 1956, 1958-1959
97	Vorplanung Ausbau EKO 1956, 1961-1964
98	Vorplanung Ausbau EKO 1960-1963
140	Analyse der ökonomischen Entwicklung des VEB EKO 'J.W. Stalin' im ersten Fünfjahrplan 1951-1955
182	Gewerkschaftsarbeit 1965
216	Der Aufbau des Kaltwalzwerkes 1964-1965
242	Investitionsplanung und Durchführung 1962-1964
251	Der Auf- und Ausbau des Eisenhüttenkombinates 1958-1963
255	Der Aufbau der Wohn- und Barackenstadt Fürstenberg/Oder 1951-1953
256	Berichte über das Betriebsgeschehen 1951-1953
263	Der Aufbau der Hochöfen 1950-1952
270	Der Aufbau des Eisenhüttenkombinates
273	Investitionsplanung 1952-1953
319	Der Aufbau des Kaltwalzwerkes und die Versorgung mit Warmband 1967-1969
344	Der Aufbau des Kaltwalzwerkes 1964, 1966-1968
368	Statistische Meldungen und Berichte Juni 1963- Januar 1964
442	Dokumentation über den Abbruch der Vorbereitungen für die 3. Ausbaustufe des Stahlwerkes, Strangguß und des Warmwalzwerkes 1967
463	Bau einer Kulturhalle für das Kombinat 1951
467	Wohnraumangelegenheiten 1952-1954
469	Geschichte und Perspektive des Eisenhüttenkombinates 1969-1970
583	Kulturarbeit im EKO 1950-54, 1959-62, 1969-72
608	Die Beschaffung und Verteilung von Wohnraum für die Bauarbeiter und Werktätigen des EKO September 1951- April 1953
614	Soziale und kulturelle Betreuung der Werktätigen des EKO Oktober 1950- Januar 1953
621	Gewerkschaftsarbeit der AGL Oktober 1951-April 1952
632	Die Entwicklung und Durchführung der Kinderferienlager in Müllrose und Bad Saarow 1952-1954, 1956-61
644	Der Aufbau der Wohnstadt des EKO 1951-1954
648	Betriebsgeschichtliche Sammlung zu Werk und Stadt 1954-70, 1974
652	Soziale Betreuung der Werktätigen 1952-1962
654	Kulturelle Betreuung der Werktätigen im Eisenhüttenkombinat 1951-1954
665	Aufbau Kraftwerk Fürstenberg/Stalinstadt 1951-1954
667	Soziale Betreuung der Werktätigen im Eisenhüttenkombinat 1950-1955
678	Investitionsgeschehen im Eisenhüttenkombinat 1953
691	Soziale Betreuung im Eisenhüttenkombinat 1950-1955
695	Der Auf- und Ausbau des Eisenhüttenkombinates 1950-53
715	Aufbau des Kaltwalzwerkes November 1963- Dezember 1969
738	Der Ausbau des EKO zu einem modernen Kombinat mit vollem metallurgischen Zyklus 1966
747	Investitionen und Abrechnungen Soll-Ist 1951-1952
758	Investitionsgeschehen im EKO August 1952- November 1954
779	Entwicklung der dem Kombinat unterstellten Betriebe und des EKO vor und nach 1945 (1970)
842	Der Ausbau des EKO und die Vorbereitungen zum Bau eines Konverterstahlwerkes 1962-1966
865	Ausarbeitung der Ministerratsvorlage zur Bestätigung der Projektaufgabe 'Ausbau EKO' 1964-1966
889	Entwicklung des Betriebes und der Produktion 1957-1959
896	Beratungen der zentralen Versorgungskommission März 1964- Oktober 1965
899	Informationen über den weiteren Ausbau des EKO April-Juli 1965
903	Dokumentation über die ökonomischen Auswirkungen der Konzeptionsänderung Ausbau EKO Ausbaustufe III-VI April-Mai 1968
958	Die Arbeit der BPO und die Arbeit der APO der SED im EKO 1952-55, 1958, 1960-61, 1966, 1969, 1976-77
960	Wirtschafts- und leitungsorganisatorische Erfahrungen und Probleme bei der Entwicklung des BKE 'H. Matern' 1971-1975
967	Der Ausbau des EKO um ein Stahl- und Walzwerk 1963- Juli 1966
969	Die Vorbereitung und Durchführung der Feierlichkeiten zum 10-jährigen Bestehen von Werk und Stadt Dezember 1959- August 1960
978	Verlorener Aufwand beim Ausbau des EKO infolge Strukturentscheidungen Sept. 1966- Sept. 1969
979	Einrichtung und Durchführung der Kinderferienlager / Rügen 1957/1958
1030	Der Ausbau des EKO und die Errichtung eines Kaltwalzwerkes 1963-1965
1047	Der Ausbau des Eisenhüttenkombinates Ost 1962-1964
1052	Der Ausbau der Dachgeschoßwohnungen für die Jugend des EKO 1970, 1973
1053	Investitionsvorhaben zum Ausbau des EKO 1963-1968
1055	Vorbereitung und Durchführung von Investitionsvorhaben im EKO 1972-1973
1063	Vorbereitungen zum Ausbau des EKO durch die Errichtung eines Kaltwalzwerkes 1963-1965
1179	Die Feriengestaltung im Pionierlager 'Bad Saarow' 1964-1967
1186	Die Pausenversorgung der Werktätigen des EKO 1967-1968
1187	Die Pausenversorgung der Werktätigen des EKO 1965-1966
1295	Festlichkeiten zum 20. Jahrestag von Werk und Stadt 1969-1970
1558	Vereinbarung zwischen dem Rat der Stadt Eisenhüttenstadt und dem VEB EKO zur Durchführung der Aufgaben des Volkswirtschaftsplanes 1966
1617	Konzeption zur Entwicklung der sozialökonomischen und kulturpolitischen Aufgaben im Perspektivzeitraum 1970-1975 (1970)
1630	Festlegung von Maßnahmen, die sich aus der Durchsetzung des Beschlusses des Ministerrates vom 1.4.1972 zur weiteren Entwicklung der Arbeiterversorgung für unseren Betrieb ergeben (1972)
1631	Bericht über den derzeitigen Zustand des Volkskunstensembles EKO 1972/73
1667	Die soziale Betreuung der Werktätigen 1950-55, 1957-58
1672	Die kulturelle Betreuung der Werktätigen des EKO 1950-54, 1958-62, 1967, 1975-76
1674	Der Aufbau der Hauptgranulieranlage und des Hüttenzementwerkes 1952-1953
1675	Gewerkschaftsarbeit 1958-1977
1681	Planung und Bau von Werkswohnungen 1952-59, 1965-66, 1969-71
1688	Die Vorbereitung und Durchführung der Kinderferienlager 1952-1958, 1962
1695	Die Entwicklung der Kulturarbeit im EKO 1954-59, 1964, 1967, 1969, 1975-77
1726	Plan der weiteren Entwicklung des geistig-kulturellen und sportlichen Lebens der Werktätigen des EKO (1973)
1732	Die Arbeit der Veteranen-AGL EKO (1978)
1770	Die Kulturarbeit im EKO 1967-1973
1777	Die weitere Entwicklung der sozialen Betreuung der Werktätigen des EKO 1976-81
1779	Geschichtliches Sammlungsgut zum Aufbau von Werk und Stadt 1957, 1964-66, 1984
1901	Die soziale Betreuung und die Verbesserung der Arbeits- und Lebensbedingungen der Werktätigen des EKO 1965-66, 1969-73
1979	Die soziale Betreuung der Werktätigen des EKO
1981	Komplex-Aufgabenstellung zum Vorhaben Ausbau des EKO 1980
2024	Die kulturelle Betreuung der Werktätigen des EKO 1967-68
2050	Die soziale Betreuung und die Verbesserung der Arbeits- und Lebensbedingungen der Werktätigen des EKO 1963-1964, 1967, 1970-81
2139	Analyse über die Arbeit mit den Eingaben für das Jahr 1980 (März 1981)
2157	Vorbereitung und Durchführung des 'Tages des Metallurgen' 1976-1986
2158	Die Kulturarbeit im VEB BKE 'H. Matern' EKO Ost 1973-85
2159	Die Vorbereitung und Durchführung der Betriebsfestspiele im EKO 1971-72, 1974-1977
2160	Die Vorbereitung und Durchführung der Betriebsfestspiele im EKO 1977-1979
2161	Die Vorbereitung und Durchführung der Betriebsfestspiele im EKO 1979-82
2165	Die Vorbereitung und Durchführung der Kulturarbeit im EKO 1979-84
2178	Geschichte der Arbeiterbewegung im Kreis Eisenhüttenstadt von 1800-1969
2195	Brigadetagebuch des Kollektivs 'Käthe Kollwitz' 1978
2241	Wohnungsbau im EKO 1969-1975
2255	Zusammenarbeit von Werk und Stadt 1974-1980
2275	Rahmenkonzeption für eine künstlerisch-ästhetische Umweltgestaltung im VEB BKE 1983
2278	Künstlerisches Volksschaffen in Eisenhüttenstadt 1986-1988 (1990)
2279	Tag des Metallurgen 1987
2281	Ferienheim und Kinderferienlager 1969-1982
2282	Kultur, Kunst, Umweltgestaltung im EKO 1983-1985
2321	Tag des Metallurgen 1989
2322	Internationaler Frauentag 1987-1990
2323	17. und 18. Betriebsfestspiele 1986-1987
2324	19. und 20. Betriebsfestspiele 1988-1989
2325	Internationaler Studentensommer 1988 u. 1989
2326	22. Arbeiterfestspiele 1987/1988

SAPMO-BArch (Stiftung Archiv der Parteien und Massenorganisationen im Bundesarchiv, Berlin)

Die nachfolgend aufgeführten Akten entstammen dem zentralen Parteiarchiv (ZPA)

NY 4090 / 321	Otto Grotewohl	DY 30 / IV 2 / 6.04-48	SED-ZK Maschinenbau und Metallurgie	J IV 2/201 / 257	Büro Ulbricht
NY 4090 / 351	Otto Grotewohl	DY 30 / IV 2 / 14 – 198	Fotofiche	J IV 2/202 / 428	Büro Ulbricht
NY 4062 / 101	Heinrich Rau / Materialsammlung über einige Großbetriebe der DDR 1951, 1952, 1954	DY 30 / IV B 2 / 5 /575	Parteiorgane 1972 – 1980 SED ZK	J IV 2/2 A – 300	Politbüro des ZK der SED
		DY 30 / IV 2 / 5 / 682	SED ZK Parteiorgane (1956/57)	J IV 2/2-264	Politbüro des ZK der SED
NY 4113 / 20	Fritz Selbmann			J IV 2/2 A – 248	Arbeitsprotokoll 24.2.53e
NY 4182 / 685	Büro Ulbricht	DY 30 / IV B 2 / 5 /582	SED ZK Parteiorgane 1975	J IV 2/2 A – 258	Arbeitsprotokoll v. 8.4.53
SgY 30 / 2240	Graupner, Siegfried	DY 30 / IV B 2 /5 / 596	SED ZK Parteiorgane 1976	J IV 2/3 – 375	Reinschriftenprotokoll Sekretariat ZK der SED 13.4.53
SgY 30 / 2069	„Erinnerungen" R. Rossmeisl	DY 30 / IV 2/ 14 – 47	Fotofiche		
DY 30 / IV 2/ 6.04-158	ZK d. SED / Maschinenbau und Metallurgie	DY 30 / IV B 2 /5 / 615	Sitzungen Sekretariat Bezirksleitung SED Frankfurt/O. 1978	J IV 2/3 – 374	Reinschriftenprotokoll vom 9.4.53
DY 30 / IV 2/ 2.029-21	Büro Dr. Apel, Erich	DY 30 / IV B 2 /5 /638	Sitzungen Sekretariat Bezirksleitung SED Frankfurt/O. 1980	J IV 2/3 A – 338	Arbeitsprotokolle 15.1.53
DY 30 / IV 2/ 2.029-55	Büro Dr. Apel, Erich und Wirtschaftskommission beim Politbüro			J IV 2/3 A – 336	Arbeitsprotokoll 8.1.53
		J IV 2/3 – 355	Sekretariat des ZK Reinschriftenprotokoll 15.1.1953	J IV 2/2 – 316	Politbüro des ZK der SED
DY 30 / IV 2/ 6.06-32	ZK der SED, Abteilung Bauwesen			J IV 2/ 202 – 458	Büro Ulbricht
DY 30 / IV 2/ 2.101-70	ZK der SED, Wirtschaftskommission beim Politbüro	J IV 2/3 – 353	Sekretariat des ZK Reinschriftenprotokoll 8.1.53	J IV 2/3 A 358	Arbeitsprotokoll zum 13.4.53
DY 30 / IV 2/ 602-96	ZK der SED, Abt. Wirtschaftspolitik	J IV 2/2 – 799	Sekretariat des ZK Reinschriftenprotokoll 7.11.61	J IV 2/3 – 363	Reinschriftenprotokoll 16.2.53
DY 30 / IV 2/ 6.04-134	ZK der SED, Abt. Maschinenbau u. Metallurgie 1961	J IV 2/2 A – 860	Sekretariat des ZK Arbeitsprotokoll 7.11.61	J IV 2/3 A – 346	Arbeitsprotokoll zum 16.2.53
DY 30 / IV 2 / 6.04-58	SED-ZK Maschinenbau u. Metallurgie	J IV 2/2-274	Reinschriftenprotokoll 1953	J IV 2/3 A – 357	Arbeitsprotokoll vom 9.4.53
				J IV 2/3 – 358	Reinschriftenprotokoll 29.1.53

BArchP – Bundesarchiv Koblenz, Abteilungen Potsdam

Alle nachfolgend aufgeführten Akten entstammen dem Bestand DG 2 – Ministerium für Schwerindustrie 1945-1958

686	Pressearbeit Ministerium für Schwerindustrie	1350	Schriftwechsel mit dem ZK über den Aufbau EKO	3592	Vorbereitung Volkswirtschaftsplan Juni 1950-September 1951
3109	Schriftwechsel F. Selbmann mit Schwerpunktbetrieben und Sonderbeauftragten Jan. – April 1951	168	Bd. 2: Eingaben EKO 1953	2499	Aufbau EKO Dezember 1950-August 1953
		206	Schriftwechsel 1950/51	1646	Schriftwechsel mit dem Büro Förderungsausschuß der Intelligenz
		151	Tagesnotizen Sept.-Dez. 1950		
1648	Schriftwechsel mit Ministerpräsidenten Nov. 1949 bis Dez. 1952	8512	Schwerpunktbetriebe und Sonderbeauftragte Januar bis April 1951	1457	Verbesserung der Arbeit im EKO Oktober 1954 – Dezember 1955
		2004	Arbeitspläne Juni 1950 bis Dezember 1952		

BArchP – Bundesarchiv, Außenstelle Coswig

Alle nachfolgend aufgeführten Akten entstammen dem Bestand DH 1 – Ministerium für Bauwesen

38706	Entwurfsratssitzungen beim Generalprojektanten zum Aufbau EKO-Wohnstadt Fürstenberg 1952-53	38711	Aufbau Wohnstadt Hüttenkombinat Fürstenberg 1952-1953	39034	Städtebauliche Planungen Frankfurt/Oder, Stalinstadt, Weimar 1959-1960
38707	Entwicklung eines gesellschaftlichen Strukturplanes für die Wohnstadt Fürstenberg 1950	38712	Aufbau Wohnstadt Hüttenkombinat Fürstenberg 1953-1955	38577 bis 38581	Stadtplanung Fürstenberg/Stalinstadt (38577 Bd. 1 1950-1951, 38578 Bd. 2 1952, 38579 Bd. 3 1. Halbjahr 1953, 38580 Bd. 4 2. Halbjahr 1953, 38581 Bd. 5 1954)
38708	Schriftwechsel mit dem ZK der SED, staatl. Organen und Strukturteilen des Ministeriums über Aufbau Wohnstadt Fürstenberg 1950-1951	38822	Übertragung der Planträgerschaft Stalinstadt an den Rat des Bezirkes Frankfurt/Oder mit nachfolgender Übertragung der Planträgeraufgaben an den Rat der Stadt Stalinstadt 1953-1957	38522	Vorschläge zur Verbesserung der Stadtplanung 1949-1954
		38869	Teilbebauungsplan Stalinstadt, Schönfließer Dreieck 1954	38662	Verkehrs- und städtebauliche Planung Fürstenberg 1951-1956
38710	Schriftwechsel mit dem ZK der SED, staatl. Organen und Strukturteilen des Ministeriums zur Standortfrage Wohnstadt Hüttenkombinat Fürstenberg (später Stalinstadt) 1950-1953	39023	Städtebauliche Planungen für Dessau, Frankfurt/Oder, Hennigsdorf, Hoyerswda, Stalinstadt	38689	Grundlegende städtebauliche Planung Stalinstadt 1953

BLHA – Brandenburgisches Landeshauptarchiv Potsdam (Orangerie)

Alle nachfolgend aufgeführten Akten entstammen dem Bestand III / 2 Bez. FFO. Rep. 601 Rat des Bezirkes Frankfurt / Oder

593	Stadtplanung Stalinstadt 1958, 1960	220	Kommunalpolitische Entwicklung von Stalinstadt 1952-1953	6059	Stellungnahmen 1961-1962
390	Kirchliche Bauvorhaben in Stalinstadt 1957			6065	Territorialstruktur Stalinstadt 1950-1954
4860	Ausbau EKO, Entwicklung Eisenhüttenstadt 1964	99	Zusammenarbeit mit der VP und Justizorganen 1964-1970	8170	Entwicklung des Gesundheits- und Sozialwesens 1960 bis 1971
382	Gleitfertigerproduktion im EKO / Eisenh. 1960-1964	7461	Aufgaben der Abteilung Wohnungspolitik bei der besseren Befriedigung der Wohnbedürfnisse der Bevölkerung	1976	Stadtkonzeptionen für die Städte FFO, EH und Schwedt 1965-1968
1740	Baubeschreibungen zu verschiedenen Ausführungsprojekten in Stalinstadt 1960-61	6060	Unterstützung des Eisenhüttenkombinates 1962 – 1963	3576	Jahresanalyse 1959 (1960)
1739	Baubeschreibungen zu verschiedenen Ausführungsprojekten in Stalinstadt 1960-61	3351	Anleitung des Bezirksbauamtes 1955	5224	Zusammenarbeit mit der Bezirksplankommission 1964-1965
7431	Dienstberatungen des Bezirksbaudirektors mit den Kreis- und Stadtbaudirektoren 1969-1970	5201	Anleitung des Rates des Kreises Eisenhüttenstadt 1967	5250	Schriftwechsel mit den Ministerien 1956
				7712	Gebietsentwicklungsplanung 1958 – 1960

StA EHS – Stadtarchiv Eisenhüttenstadt

RS 1953	Protokolle der Ratssitzungen 1953	SVV 1953	Protokolle der Stadtverordnetenversammlungen 1953	
RS 1954	Protokolle der Ratssitzungen 1954			

»...von jetzt an geht es nur noch aufwärts: entweder an die Macht oder an den Galgen!«

Ullrich Amlung/Gudrun Richter/Helge Thied

Carlo Mierendorff (1897-1943)
Schriftsteller, Politiker, Widerstandskämpfer

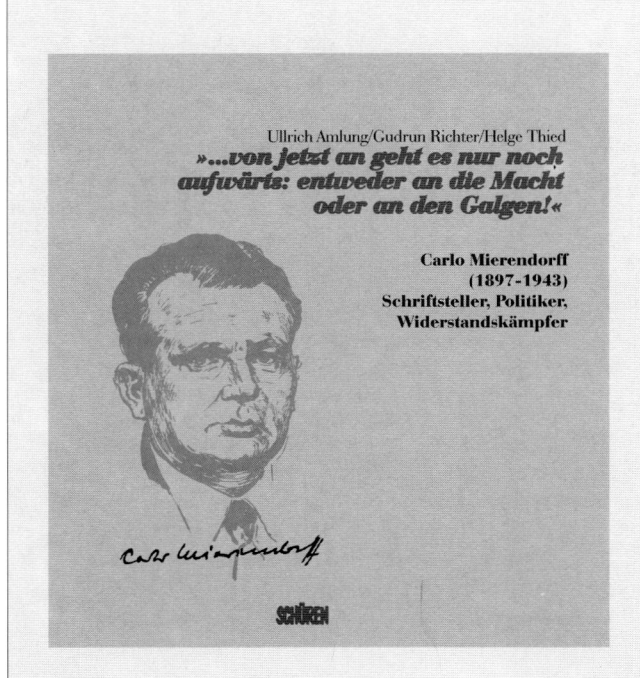

96 Seiten, Pb., zahlr. Abb.
DM 28,- (ÖS 204/SFr 26,-)
ISBN 3-89472-151-0

Am 24. März 1997 ist der 100. Geburtstag von Carlo Mierendorff (1897-1943).
Dieser reich bebilderte Katalog dokumentiert Leben und Werk eines brillanten Schriftstellers und Politikers, dessen unermüdlicher Einsatz für Demokratie und Menschenrechte, dessen rhetorische Begabung und politische Führungskraft ihn in der beschränkten Zeit seines Wirkens zu einer der eindrucksvollsten Persönlichkeiten der deutschen sozialdemokratischen Bewegung in diesem Jahrhundert gemacht haben.

SCHÜREN

»...in der Entscheidung gibt es keine Umwege«

Ullrich Amlung

Adolf Reichwein (1898-1944)
Reformpädagoge, Sozialist, Widerstandskämpfer

104 Seiten, Pb., zahlr. Abb.
DM 28,- (ÖS 204/SFr 26,-)
ISBN 3-89472-107-3

Dieser reich bebilderte Band vermittelt Einblicke in die vielfältigen Lebensstationen von Adolf Reichwein vor dem historischen Hintergrund der Weimarer Republik und der Zeit des Nationalsozialismus.
Reichweins unermüdliche Schaffenskraft ließen ihn auf vielen Gebieten als Anreger, Reformer und Förderer wirken. Als Sozialist und „planetarischer Europäer" war er entschiedener Gegner des Nationalsozialismus und hatte sich der Widerstandsbewegung gegen Hitler angeschlossen. 1944 wurde er verhaftet und zum Tode verurteilt.

SCHÜREN